▲ 会长郑惠强出席数字化转型引领现代服务业高质量发展创新论坛并发表讲话

年度重大事件集锦

▲ 常务副会长陈振鸿在海南未来产业园项目推进会发表讲话

▲ 副会长孙建平在"助推上海服务业高质量发展媒体座谈会"上发表讲话

▲ 上海市商务委主任顾军一行莅临现代服务业联合会调研指导工作

▲ 会长郑惠强一行出席第十届创意博览会活动

年度重大事件集锦

▲ 联合会领导出席上海物流日高峰论坛

▲ 上海现代服务业联合会庆祝建党100周年"光荣在党50年"专题活动

▲ 上海现代服务业联合会第四届理事会第四次会议（扩大）

▲ 上海现代服务业联合会第四届理事会第五次会议

年度重大事件集锦

▲ 联合会专委会主任工作（扩大）会议

▲ 联合会领导为新加入会员单位颁证

▲ 常务副会长陈振鸿出席联合会金融科技服务专家内部研讨会

▲ "走进普陀"上海现代服务业企业家考察活动

年度重大事件集锦

▲ 联合会举行"走进企业、服务会员"活动

▲ 上海现代服务业联合会培训中心成立仪式

▲ 会长郑惠强出席上海现代服务业联合会培训中心首批项目开班仪式

年度重大事件集锦

▲ 上海现代服务业联合会大数据中心成立暨上海市北数智生态园签约仪式

▲ 副会长简大年出席《数据价值解析蓝皮书2022》发布现场

▲ 上海现代服务业联合会评估中心成立揭牌仪式

▲ 上海现代服务业团体标准编制指南发布暨首批示范项目签约启动仪式

年度重大事件集锦

▲ 会长郑惠强会见斯里兰卡大使一行

▲ 长三角现代服务业联盟轮值主席交接

▲ 上海现代服务业发展研究基金会"双碳中国行"专项基金启动

◀ 上海现代服务业发展研究基金会与百联股份、云南省玉龙县签署合作备忘录,助力一针一线公益项目

◀ 上海现代服务业发展研究基金会主办优质职场活动,副会长孙建平出席并发表讲话

年度重大事件集锦

▲ 商务部部长王文涛考察 TX 淮海年轻力中心

▲ "2021 笑果收麦秀"上海站演出现场

▲ 会长郑惠强携邮轮经济服务专委会一行考察中国首艘大型邮轮建造

▲ 会长郑惠强会见上海联合产权交易所党委书记、总裁周小全

年度重大事件集锦

▲ 会长郑惠强、医疗服务专委会主任朱同玉走访合富（中国）医疗科技股份有限公司

▲ 会长郑惠强接见融创中国执行总裁田强一行

▲ 江苏省现代服务业联合会智慧健康数据信息服务专业委员会成立大会

▲ 首届长三角服务创新高峰论坛暨创新企业榜单发布会

年度重大事件集锦

▲ 安徽省首届先进制造业和现代服务业发展试点巡回宣传推介会

▲ G60科创云廊鸟瞰

2021
上海现代服务业发展报告

SHANGHAI MODERN SERVICE
INDUSTRY DEVELOPMENT REPORT

上海市人民政府发展研究中心
上海现代服务业联合会 编著

上海社会科学院出版社
SHANGHAI ACADEMY OF SOCIAL SCIENCES PRESS

特 别 鸣 谢

本报告由上海现代服务业发展研究基金会专项基金资助出版,特向基金会及参与报告编制的社会团体、科研机构、服务平台和企业致以衷心感谢和崇高敬意!

《上海现代服务业发展报告》编撰委员会

编撰委员会

主　　任　郑惠强
副 主 任　陈振鸿　孙建平　李关德　简大年　周师迅
委　　员　（按姓氏笔画排序）

卫　勇　马　骏　王小明　王拥群　毛伟雄　卞百平　叶坚华
叶松青　叶晓春　叶黎明　史一兵　史支焱　白焕耀　乐贵忠
邢　波　朱同玉　朱　勇　任福明　刘　宇　刘建民　刘春景
刘海明　刘　静　汤奇峰　孙卫国　严　俊　杜贵根　李　文
李永忠　李　林　李金轩　李　栋　杨俊和　杨　奕　邹　荣
沈　荣　张　杨　张丽丽　张柏琳　张　剑　张　雄　张　勤
张　巍　陆　澄　陈洪鹏　陈　跃　陈铭勋　陈　喆　陈煜涛
易光志　罗　岚　季　诺　金建华　周福生　周德刚　郑国杰
郑锦荣　胡　卫　查建渝　俞　标　祝波善　耿鸿民　夏　冰
倪伟源　徐　明　徐跃明　徐　斌　郭继丰　郭　强　唐　华
浦再明　浦静波　涂　欣　谈剑峰　桑敬民　黄兆强　黄郑明
黄颖雷　黄　震　章　华　章宏伟　彭建忠　蒋卫兵　蒋佳学
傅大煦　谢　峰　蔡　克　薛　平　戴佩华　戴剑飚

主　　编　李关德
执行主编　郑国杰
编辑人员　（按姓氏笔画排序）

丁　闻　王立强　王　伟　王　芳　王林国　王宗挺　王春华
王　彬　王惠群　王　强　王　震　仇国华　石国清　石章强
朱龙舟　朱庆阳　朱建中　朱建东　朱静莲　任凯国　刘伟东
刘建伟　刘秋丽　汤春方　孙　立　孙　露　李玉新　李永杰
李会琴　李尚华　李海歌　李家祥　李　通　杨　庆　杨　军
杨　迅　杨根兴　吴　军　吴常产　应文灿　应容润　冷恩光
沈一峰　沈颐辰　沈　群　沈耀中　宋竞彦　张卫东　张立伟
张羽祥　张博琳　陆思耶　陈少雄　陈　龙　陈　东　陈丽莉
陈　亮　陈　骁　陈爱华　陈　震　卓训方　金　文　金　蕾

　　　　　　周建国　赵　海　胡雪莲　施　建　袁小明　顾薇艳　钱振峰
　　　　　　徐云程　徐逢治　高克敏　高镇海　郭一丁　郭德利　诸晓江
　　　　　　龚良枚　盛翼明　章　明　商　艳　屠建卿　蒋金琪　韩元良
　　　　　　韩志雄　程杰铭　焦梅生　裘维东　樊　宏　樊泽芳　潘国强
　　　　　　戴秋萍　魏文静
执行编辑　李　文　马启国　李燊洋

长三角现代服务业发展报告编撰团队　（按姓氏笔画排序）
　　　　　　田宁中　白焕耀　吕　锁　李　松　杨诗男　吴晓羚　张国云
　　　　　　张道祥　赵芝明　高　涛　戴建华

上海现代服务业发展景气指数研发团队　（按姓氏笔画排序）
　　　　　　马颖杰　王　瑞　吕　洁　刘玉飞　余红心　狄　蓉　沈荣耀
　　　　　　邵　伟　易艳红　贺　瑛　顾薇艳　殷开宇　曹　静

《上海现代服务业发展报告》编辑委员会 & 编辑部

地址 & 电话：

1. 滨江大道 2525 弄 5 号 A 栋（上海现代服务业联合会办公楼内）
　　邮政编码：200120　　电话：50151866（总机）　　传真：50151827
2. 北海路 8 号福申大厦 1001 室（上海现代服务业促进中心办公区内）
　　邮政编码：200001　　电话：23292214，23292224　　传真：23292238
　　网　　站：http://www.ssfcn.com

前　言

《上海现代服务业年度发展报告》(简称"白皮书")是2014年联合会依托市政府发展研究中心争取到的珍贵资源,来之不易,至今已编制第八年。联合会近几年开春第一会,都是"白皮书"编辑工作动员会,既意味着"白皮书"编写工作的重要性,也表明这项工作的紧迫性。

查阅《中国大百科全书》,"白皮书"是指政府或议会正式发表的以白色封面装帧的重要文件或报告书,即国际公认的正式的官方文书。官方文件代表政府立场,就必须做到:内容讲究、事实清楚、立场明确、行文规范、文字简练。

2021版"白皮书"的推出,是联合会工作重要成果之一,客观反映了这一年上海现代服务业发展状况,编撰质量在以往基础上有了新的进步,一些内容有了新的突破。成绩的取得,来自参加撰写工作的全体同仁,在此我谨代表联合会表示由衷感谢!

从这两年全国范围的经济发展状态来看,笼罩在疫情反复的阴影下,经济运行很不乐观,去年经济下行压力未见减轻,不断给服务业和消费复苏带来冲击。联合会的企业数超千家,大部分是中小企业,生存发展压力很大。

在疫情尚未过去,经济并不景气的形势下,如何把2021版"白皮书"编撰工作做得更好,既是压力又是挑战。联合会对此高度重视,年初首次会长会议就专题讨论此议题。会议决定调整编辑班子,加强领导力量,提出新的思路。就此提出三点想法:

一、继续提升编写质量。质量是"白皮书"赖以生存的生命线。在信息时代,各种资讯、统计、年报比比皆是,一些智库如四大会计事务所的研究报告,无论信息掌握量还是分析研究能力都是一流的。相比之下,"白皮书"质量差距甚大。客观上,我们的人力、财力都有限。但既然是联合会主编,又是官方"白皮书",就应按高标杆来努力,就应将质量贯穿编写的全过程。如何持续提升质量,特别是在广度(覆盖面)、深度(分析提炼)、力度(权威性)上再下功夫,很值得研究和思考。

二、尽力呈现服务业的现代性。尽管"白皮书"涉及行业和领域在不断地拓展,但就联合会拥有186个行业协会的体量而言,可拓展空间依然不小。特别是需要多关注与新兴服务业、高端服务业、专业服务业相关的新业态、新技术、新模式,持续扩大覆盖面,真正体现现代性。同时要以积极的姿态、有效的措施,将相关协会和企业最大限度纳入编撰队伍中,联手合作,充实内容,使"白皮书"能够尽量客观、真实、全面地反映本市现代服务业的真正形态。

三、充分盘活社会资源。联合会是一个跨行业、跨领域的综合性枢纽型的社会组织,具有跨界融合、异业联盟、学科交叉的独特优势。这些年来,通过广交朋友、海纳百业、包容千家,逐渐积累了不少社会优质资源,构建了多个功能平台,包括国际交流服务、标准研制、技能人才培训、大数据开发应用、社会第三方评估等,有效实现服务要素的高效组合和协同创新。"白皮书"编写工作离不开社会各界的介入和支持。行业发展是当今亟待需要研究的领域,一些高校和研究机构都对行业发展有兴趣,而"白皮书"主要反映的就是行业发展状况。因此,如何盘活社会资源,非我所有但可为我所用?如何采用多种手段,通过与社会资源的精诚合作、资源分享,实现互利共赢?都值得我们思考和研究。

总而言之,编写"白皮书"对于及时总结上海现代服务业发展现状,是一件具有现实意义和历史意义的大事。我相信,在各行业协会、专委会和企业的积极参与和大力支持下,《上海现代服务业年度发展报告》一定会越来越出彩,成为联合会一张靓丽的名片。

上海现代服务业联合会会长

《上海现代服务业发展报告》编撰委员会主任

2022年9月

目　　录

前言 1

综述 1

一、2021年上海现代服务业发展巡礼 1
 (一)上海现代服务业发展总体特征 1
 (二)2021年上海推进现代服务业发展
   政策重点 5
 (三)上海现代服务业发展大事记 10
 (四)后疫情时代服务业发展的挑战与
   机遇 13
二、2021年上海市服务业发展主要成果
    15
 (一)2021年上海市服务业主要分类
   统计数据 15
 (二)2021年上海规模以上服务业企业
   主要经济指标总体情况 18

2021年上海现代服务业景气指数报告 20

一、景气指数的定义和概念模型 20
二、景气指数指标体系 21
三、景气指数综合评分 26
四、分维度指数情况 28
五、总结与展望 42
六、金融与保险行业景气指数报告 42
七、居民服务行业景气指数报告 46
八、科学研究与技术服务行业景气指数
  报告 50
九、商业服务行业景气指数报告 54
十、文化娱乐行业景气指数报告 57
附录　调查问卷 60

分行业发展报告 67

一、金融和保险服务业 67
 (一)上海期货行业2021年发展报告 67
 (二)上海基金行业2021年发展报告 72
 (三)上海典当行业2021年发展报告 80
 (四)上海金融信息行业2021年发展报告
    90
 (五)上海保险行业2021年发展报告 92
 (六)上海银行业2021年发展报告 101
二、交通运输、仓储和邮政服务业 110
 (一)上海物流行业2021年发展报告 110
 (二)上海邮政快递业2021年发展报告
    113
 (三)上海港口行业2021年发展报告 124
 (四)上海仓储与配送行业2021年
   发展报告 143
三、商务服务业 151
 (一)上海律师行业2021年发展报告 151
 (二)上海会展行业2021年发展报告 156
 (三)上海拍卖行业2021年发展报告 159
 (四)上海咨询行业2021年发展报告 173
 (五)上海建设工程咨询行业2021年
   发展报告 184
 (六)上海人力资源服务行业2021年
   发展报告 189
 (七)上海信用服务行业2021年发展报告
    193
 (八)上海合同信用行业2021年发展报告
    201

（九）上海标识行业 2021 年发展报告 …… 210
（十）上海房地产经纪行业 2021 年
　　　发展报告 ………………………… 212
（十一）上海公证行业 2021 年发展报告
　　　　 …………………………………… 218
（十二）上海广告行业 2021 年发展报告
　　　　 …………………………………… 221

四、批发和零售业 ……………………… 229
（一）上海纺织品商业行业 2021 年
　　　发展报告 ………………………… 229
（二）上海纺织服装行业 2021 年发展报告
　　　 …………………………………… 242
（三）上海电子商务行业 2021 年发展报告
　　　 …………………………………… 255
（四）上海汽车销售行业 2021 年发展报告
　　　 …………………………………… 266
（五）上海水产行业 2021 年发展报告 …… 284
（六）上海瓜果行业 2021 年发展报告 …… 292
（七）上海及长三角汽车零部件贸易行业
　　　2021 年发展报告 ………………… 304
（八）上海宝玉石行业 2021 年发展报告
　　　 …………………………………… 315
（九）上海药品流通行业 2021 年发展报告
　　　 …………………………………… 319
（十）上海执业药师行业 2021 年发展报告
　　　 …………………………………… 325
（十一）上海货物贸易进出口行业 2021 年
　　　　发展报告 ……………………… 327

五、信息传输、软件和信息技术
　　服务业 ……………………………… 330
（一）上海软件行业 2021 年发展报告 …… 330
（二）上海信息家电行业 2021 年发展报告
　　　 …………………………………… 344
（三）上海数字内容产业 2021 年发展报告
　　　 …………………………………… 350
（四）上海网络和信息安全行业 2021 年
　　　发展报告 ………………………… 357
（五）上海区块链技术应用和行业 2021 年
　　　发展报告 ………………………… 361

六、科学研究和技术服务 ……………… 369

（一）上海工业设计行业 2021 年发展报告
　　　 …………………………………… 369
（二）上海数字印刷行业 2021 年发展报告
　　　 …………………………………… 372
（三）上海生物医药行业 2021 年发展报告
　　　 …………………………………… 377
（四）上海有色金属行业 2021 年发展报告
　　　 …………………………………… 385
（五）上海重型装备制造行业 2021 年
　　　发展报告 ………………………… 391
（六）上海安装行业 2021 年发展报告 …… 394
（七）长三角大健康一体化建设 2021 年
　　　发展报告 ………………………… 400

七、居民服务、维修和其他服务业 ……… 409
（一）上海洗染行业 2021 年发展报告 …… 409
（二）上海空调清洗行业 2021 年发展报告
　　　 …………………………………… 414
（三）上海物业管理行业 2021 年发展报告
　　　 …………………………………… 420
（四）上海婚庆服务行业 2021 年发展报告
　　　 …………………………………… 424
（五）上海家政服务行业 2021 年发展报告
　　　 …………………………………… 426
（六）上海停车服务行业 2021 年发展报告
　　　 …………………………………… 429
（七）上海摄影行业 2021 年发展报告 …… 431
（八）上海室内环境净化行业 2021 年
　　　发展报告 ………………………… 456
（九）上海餐饮行业 2021 年发展报告 …… 462
（十）上海食品行业 2021 年发展报告 …… 505

八、文化娱乐和其他服务业 …………… 513
（一）上海文化娱乐行业 2021 年发展报告
　　　 …………………………………… 513
（二）上海文化创意产业 2021 年发展报告
　　　 …………………………………… 524
（三）上海朗诵行业 2021 年发展报告 …… 530
（四）上海工艺美术行业 2021 年发展报告
　　　 …………………………………… 532
（五）上海黄金珠宝行业 2021 年发展报告
　　　 …………………………………… 536

社会团体公共服务平台发展报告 …… 540

 一、上海经贸商事调解中心 2021 年发展报告 …… 540

 二、上海现代服务业促进中心 2021 年发展报告 …… 544

 三、上海现代服务业标准创新发展中心 2021 年发展报告 …… 547

 四、上海现代服务业联合会国际交流服务中心 2021 年发展报告 …… 552

 五、上海现代服务业联合会培训中心 2021 年发展报告 …… 555

 六、上海现代服务业联合会大数据中心 2021 年行业发展报告 …… 559

 七、上海现代服务业联合会评估中心 2021 年发展报告 …… 563

上海现代服务业联合会各专委会年度报告 …… 565

 一、服务外包专委会：上海离岸服务外包 2021 年发展报告 …… 565

 二、设计服务专委会：上海勘察设计业 2021 年发展报告 …… 567

 三、商务服务专委会：上海商务服务业 2021 年发展报告 …… 577

 四、品牌服务专委会：上海品牌服务业 2021 年发展报告 …… 593

 五、低碳经济服务专委会：上海低碳经济服务业 2021 年发展报告 …… 602

 六、"互联网＋科创"服务专委会：上海市终身教育学习者分布画像 2021 年发展报告 …… 606

 七、健康服务专委会：上海大健康服务业 2021 年发展报告 …… 613

 八、养老服务专委会：上海养老服务业 2021 年发展报告 …… 619

 九、汽车产业金融服务专委会：上海汽车产业金融行业 2021 年发展报告 …… 626

 十、自驾房车露营地服务专委会：上海自驾车房车露营地 2021 年发展报告 …… 628

 十一、物流与供应链服务专委会：上海物流与供应链服务 2021 年发展报告 …… 632

 十二、邮轮经济服务专委会：上海邮轮产业 2021 年发展报告 …… 633

 十三、区块链应用服务专委会：上海区块链应用行业 2021 年发展报告 …… 635

 十四、金融科技服务专委会：上海金融科技行业 2021 年发展报告 …… 637

 十五、城市更新与保护服务专委会：上海城市更新和保护行业 2021 年发展报告 …… 646

 十六、教育服务专委会：上海教育服务行业 2021 年发展报告 …… 651

 十七、医疗服务专委会：上海医疗服务行业 2021 年发展报告 …… 652

经济产业园区与现代服务业专题报告 …… 669

 一、中国（上海）自由贸易试验区临港新片区 2021 年发展报告 …… 669

 二、上海市市北高新园区 2021 年发展报告 …… 678

 三、虹桥国际中央商务区（闵行）2021 年发展报告 …… 681

附录 …… 683

 附录一 长三角区域发展与现代服务业专题报告 …… 683

 （一）江苏省现代服务业 2021 年发展报告 …… 683

 （二）浙江省现代服务业 2021 年发展报告 …… 691

 （三）安徽省现代服务业 2021 年发展报告 …… 701

 （四）长三角 G60 科创走廊 2021 年

　　　　发展报告 …… 717
（五）社会组织服务长三角一体化发展报告
　　　　…… 721

附录二　2021年上海现代服务业创新发展案例 …… 724
（一）笑果文化：脱口秀行业创新发展报告
　　　　…… 724
（二）盈展·年轻力消费集团2021年创新发展报告 …… 726

附录三　2021年上海现代服务业发展报告（特邀版） …… 730
（一）全球数字产业发展报告 …… 730
（二）元宇宙数字鉴权与NFT权属流转、运营合规 …… 735

（三）上海道路货物运输行业发展回顾 …… 739
（四）上海国际物流行业发展简报暨东泽国际2021年经营报告 …… 744

附录四　2021年度上海现代服务业相关政策 …… 749
（一）2021年服务业部分政策文件（中央政策） …… 749
（二）2021年服务业部分政策文件（上海市） …… 750
（三）上海"十四五"发展专项规划（服务业相关部分） …… 751

后记 …… 753

综　　述

一、2021年上海现代服务业发展巡礼

(一) 上海现代服务业发展总体特征

现代服务业是提升城市能级的关键所在,也是驱动上海支撑力、竞争力、引领力提升的核心引擎。2012年,上海市服务业增加值占GDP比重首次超过60%,标志着上海已稳步迈入服务经济阶段;2021年上海服务业占比达到73.3%。过去十年间,上海服务业增加值增幅超13%,主要业绩源于以生产性服务业、数字化导向的生活性服务业等为主体的现代服务业的发展,而非传统服务业。上海以现代服务业为主体、战略性新兴产业为引领、先进制造业为支撑的现代产业体系初步形成。

2021年是新冠疫情冲击后波及之年,全市经济运营总体平稳,现代服务业在各方面呈现出强势恢复的势头,发挥了"稳定器"作用,发展韧性进一步显现。

1. 服务业发展稳定向好,规模质量持续拉升

2021年上海市服务业增加值31 665.56亿元,同比增长7.6%,两年平均增长4.7%。服务业增加值占全市生产总值的比重为73.3%,成为全市经济增长的主动力。

(1) 服务业稳步恢复,交通运输业和信息服务业同比较快增长

全年全市服务业增加值比上年增长7.6%。其中,交通运输、仓储和邮政业增加值1 843.46亿元,同比增长13.5%,两年平均增长2.0%;信息传输、软件和信息技术服务业增加值3 392.88亿元,同比增长12.4%,两年平均增长13.8%;批发和零售业增加值5 554.03亿元,同比增长8.4%,两年平均增长2.4%;金融业增加值7 973.25亿元,同比增长7.5%,两年平均增长7.9%;房地产业增加值3 564.49亿元,同比增长4.8%,两年平均增长3.2%。

(2) 市场消费持续改善,基本生活类和升级类商品销售增势良好

全年全市社会消费品零售总额18 079.25亿元,比上年增长13.5%,两年平均增长6.8%。分行业看,批发和零售业零售额16 623.32亿元,同比增长12.7%;住宿和餐饮业零售额1 455.93亿元,同比增长22.7%。从主要商品类别看,基本生活消费增势较好,日用品类零售额同比增长24.7%;升级类消费需求持续释放,文化办公用品类、金银珠宝类和化妆品类零售额同比分别增长40.1%、30.3%和15.7%。

(3) 固定资产投资较快增长,民间投资增势较好

全年全市固定资产投资比上年增长8.1%,两年平均增长9.2%。分领域看,工业投资同比增长8.2%,两年平均增长12.0%,其中,制造业投资同比增长7.8%,两年平均增长14.0%;房地产开发投资同比增长7.2%,两年平均增长9.1%;基础设施投资同比增长5.8%,两年平均增长1.0%。民间投资同比增长10.3%,两年平均增长9.3%。全年全市新建商品房销售面积1 880.45

万平方米,比上年增长5.1%,两年平均增长5.3%。其中,新建商品住宅销售面积1489.95万平方米,同比增长3.9%,两年平均增长4.9%。

(4) 金融市场平稳运行,财政收入较快增长

全年全市金融市场成交额2511.07万亿元,比上年增长10.4%。其中,上海证券交易所有价证券、期货交易所和中国金融期货交易所成交额分别增长25.7%、40.4%和2.4%。12月末,全市中外资金融机构本外币存款余额17.58万亿元,同比增长12.8%;贷款余额9.60万亿元,增长13.5%。

全年全市地方一般公共预算收入7771.80亿元,比上年增长10.3%。其中,增值税增长8.8%,企业所得税增长21.5%,个人所得税增长28.4%,契税增长8.0%。全年全市地方一般公共预算支出8430.86亿元,同比增长4.1%。

(5) 居民消费价格涨势温和,工业生产者价格持续上涨

全年全市居民消费价格比上年上涨1.2%,涨幅同比回落0.5个百分点。八大类价格"六升二降",交通通信类价格上涨4.0%,教育文化娱乐类价格上涨2.7%,居住类价格上涨1.1%,其他用品及服务类价格上涨0.9%,生活用品及服务类价格上涨0.7%,食品烟酒类价格上涨0.5%,衣着类价格下降0.5%,医疗保健类价格下降1.1%。

2. 服务业功能能级不断提升,保持高质量发展态势

(1) 服务业继续担当外资增长"主引擎"

① 实到外资金额再创历史新高。

上海2021年实到外资金额达225.51亿美元,同比增长11.5%,再创历史新高。其中,服务业外商直接投资实际到位金额增长12.7%,占全市的比重为95.5%。以投资性公司、地区总部、股权投资项目为主的商务服务业,实际使用外资76.04亿美元,同比增长38%。

② 商务服务业、高技术服务业引领增长。

以信息服务、研发和技术服务为主的高技术服务业,实际使用外资65.69亿美元,同比增长11%。新设外资企业6708家,同比增长16.6%;吸引合同外资603.91亿美元,同比增长16.9%。此外,2021年申城新增跨国公司地区总部60家、外资研发中心25家。至2021年底,本市累计设立跨国公司地区总部831家、外资研发中心506家。

(2) 对外贸易发展良好,出口逆势增长

货物进出口较快增长,利用外资增势良好。全年全市货物进出口总额40610.35亿元,比上年增长16.5%。其中,进口24891.68亿元,增长17.7%;出口15718.67亿元,增长14.6%。一般贸易进出口增长24.1%,占进出口总额的比重为57.5%,比上年提高3.8个百分点。民营企业进出口增长32.5%,占进出口总额的比重为27.2%,比上年提高3.3个百分点。在严峻的国内外经济环境下,上海外贸总额已突破40000亿,占据全国外贸总额1/10以上,上海外贸的强劲增长是中国经济复苏的重要标志。

(3) 上海港连续12年位列全球第一,国际中转枢纽地位凸显

① 突破困难,上海港集装箱吞吐量逆势上扬。

2021年,上海港集装箱吞吐量突破4700万标准箱,同比增长8%,连续12年位居全球第一。其中,外贸集装箱吞吐量超过3200万标准箱,同比增长约3%;内贸集装箱吞吐量超过630万标准箱,同比增长约2.3%。受疫情巨大冲击,货物滞港、流转不畅、突发不断、成本高困扰着全球航运业。在重重挑战下,上海港集装箱吞吐量实现逆势上扬,连续12年集装箱吞吐量位列全球第一,为保障全球物流供应链畅通做出了不可替代的贡献。

② 国际中转枢纽地位进一步凸显。

2021年上海港国际中转箱吞吐量首破600万标准箱,同比增长约13.4%,国际中转枢纽地位

持续凸显,也进一步增亮了上海国际航运中心成色。上海在航运硬件和软件建设上持续发力,通过枢纽建设与服务业发展"双轮"驱动,借助自贸试验区发展、科技创新赋能、长三角协同发展等机制,持续提升全球资源配置能力。2021年7月11日,《2021新华·波罗的海国际航运中心发展指数报告》发布。报告显示,2021年全球航运中心城市综合实力上海排名第三,仅次于新加坡和伦敦。

3. 服务业发展韧性显现,数字化发展趋势明显

(1) 服务业爆发强劲修复力,上半年整体恢复至2019年同期

① 信息服务业、批发和零售业领先增长。

2021年上半年,服务业增加值15 080.35亿元,占全市生产总值的比重为75.0%,同比增长11.3%,两年平均增长5.2%。其中,信息服务业、批发和零售业领先增长。信息传输、软件和信息技术服务业增加值1 770.06亿元,同比增长16.1%,两年平均增长14.8%;批发和零售业增加值2 428.92亿元,同比增长15.2%,两年平均增长2.2%;金融业增加值3 842.65亿元,同比增长7.7%,两年平均增长7.5%。

② 人员聚集型服务行业恢复明显。

上半年,全市社会消费品零售总额9 048.44亿元,比去年同期增长30.3%,两年平均增长7.6%。实体店铺经营明显回暖。上海住宿餐饮消费已基本恢复至疫情前水平,上半年住宿餐饮业零售额同比增长54%,已恢复至2019年同期水平。6月,星级饭店客房平均出租率、铁路旅客发送量均恢复至2019年同期水平九成以上。

(2) 疫情加速服务业数字化发展,提升线上消费热度

疫情和贸易摩擦等加速了生产性服务业的发展,加速了其数字化、智能化发展进程,部分高端制造企业在数字化、智能化转型过程中,也实现了服务化转型。同时,疫情加速生活服务业数字化渠道建设。数字经济已成为助推上海现代服务业高质量发展的新动能,数字连通了服务和消费、融合了服务和制造,服务业低效率的局面正在改变。线上消费热度不减,2021年全市网上商店零售额3 365.78亿元,比上年增长20.8%,两年平均增长15.4%;占社会消费品零售总额的18.6%,比上年提高2.2个百分点。

4. 消费市场强劲复苏,呈现引领全国的新业态、新格局

(1) 消费需求复苏,节庆消费持续火爆

2021年,上海实现社会消费品零售总额1.81万亿元,全年社会消费品零售总额同比增长13.5%,两年平均增长6.8%,规模位居全国城市首位,成为经济增长一大动力。制定并落实了建设国际消费中心城市实施方案,成功举办第二届"五五购物节"等重大促消费活动,加快打造"全球新品首发地"和"全球消费目的地"。推出加快发展外贸新业态新模式实施意见等政策,离岸贸易"白名单"企业扩围至522家,认定首批国际贸易分拨中心示范企业40家,"上海号"中欧班列开通运行。全年货物进出口总额同比增长16.5%,时隔3年再次实现两位数增长。

节庆消费持续火爆,节假日期间景区游客人数和重点商圈营业额均大幅增长,外来消费占比超过1/3。第十届花博会累计接待国内外游客超212万人次,展园规模、数量均创历史新高。

(2) 首店经济持续引领全国

2021年上海共计引入1 078家首店(含旗舰店/概念店),同比2020年增幅18.6%。从首店量级来看,全球首店或者亚洲首店14家,中国及内地首店167家,上海首店880家。其中,巴黎世家全球首店零售概念店、施华洛世奇亚洲首家旗舰店等一批重磅首店登陆上海。上海虹口区、长宁区、奉贤区成为全球新品首发地示范区,逐步形成"全球新品首发地示范区+首发首店地标性载体+网络新品首发平台"的首发经济载体建设体系,"进博会+时装周+首发季"的新品发布平台发

展体系,进一步提升"上海购物"品牌国际影响力,更好地满足了人们对美好生活的向往。上海首发经济在数量和质量上领跑全国的同时,开始聚焦"低碳化""科技感""国际范"。

(3) 演艺新空间强劲复苏,"脱口秀"引领新消费场景

据2021年底上海市演出行业协会对上海45家专业剧院70个剧场以及50家演艺新空间数据统计,年度上海剧场及演出场所的总演出场次为24 681场,其中剧场演出场次共8 894场,演艺新空间演出场次共15 787场。尽管受到新冠疫情影响,2021年仅专业剧场就基本达到2019年同期水平。同时,演艺新空间显示出强劲的市场优势,截至2021年底已达成100家,遍布申城各个角落。

"脱口秀"作为喜剧新秀,成为头部舞台力量。2021年全年在专业演出剧场完成660场演出,观看人次14.3万,剧场票房1 171.12万元。年轻态、喜剧向的脱口秀元素,正在上海遍地开花,更是融合商业消费,打造"喜剧消费场景式"会客厅,"有笑果"零售快闪店将在静安大悦城、静安嘉里中心、环球港、合生汇、LuOne五家商场同时开业。脱口秀大会和线下文化场所"笑果工厂"入选了上海市促进文化创意产业发展财政扶持资金的支持项目。该资金专门用于服务打响上海"四大品牌",支持国际文化大都市建设及发展,聚焦文化创意产业重大、关键和基础性环节。

5. 功能平台提升服务能级,区域协同助推资源互利共赢

(1) 顺应需求搭建三大专业服务平台,提升服务能级

上海现代服务业联合会作为全国首家服务业跨行业、跨领域的综合性枢纽型社团组织,在助推上海现代服务业高质量发展中发挥了重要作用,也为社会组织如何推动我国经济转型和高质量发展提供了重要实践和样本。顺应会员需求和市场需要,联合会2021年新成立了培训中心、大数据中心和评估中心三个直属机构。

① 培训中心。

经市人力资源和社会保障局批准,联合会先后成为本市第十批"上海市高技能人才培养基地"、第二批"职业技能等级认定社会培训评价组织"及第六批"上海市专业技术人员继续教育基地"。中心正式成立后,积极开展培训工作。通过与会员单位合作,已完成健康管理师、专利转化专员(一期)、海关关务教学知识更新高级师资研修班、全国大学生纺织贸易与商业策划创新能力大赛、人工智能算法工程师班(一期)等11个班次培训,线上线下共计4 870人,发放专利转化专员职业技能培训证书110张。由培训中心遴选申报的30位教师获批普通培训教师上岗资格、63位教师获批特聘教师上岗资格,为开展培训工作奠定了优质教育资源基础。获得"室内装饰设计师""呼叫中心服务员"两个职业等级认定资格备案,具备对这两个职业进行"高级技师"和"技师"等岗位等级认定。

② 大数据中心。

用数据要素配置链接全球资源、激发社会创造力和市场潜力,将是持续增强服务业能级的重要命题。大数据正在渗透各个领域,其中服务业是最具潜力、最有发展前景的产业。鉴于此,大数据中心于2021年7月成立并落户静安区市北高新园区。市北高新园区为上海数据智能产业的集聚地,具有深厚的"数字基因",是本市推进"全球科创中心、国际数字之都"建设的重点发展区域,集聚了全市超30%的核心大数据企业,正在打造"块状"数字化转型示范园区。据战略合作协议,双方将打造一站式大数据赋能平台,通过提供有行业针对性的数据全链路服务,帮助本市乃至全国现代服务业加快实现数字化转型,成为服务业数字化转型提供的最佳实践。2021年12月,大数据中心联合毕马威共同打造的《价值为纲数智领航——数据价值解析2022》蓝皮书正式发布。

③ 评估中心。

于2021年12月成立,旨在通过服务业发展评估评价理论创新、服务业政策规划评估评价和服务质量评价评估,构建服务业发展评价评估创新体系,打造服务上海、辐射长三角、影响全国的高水

平专业性评估评价平台。与上海国信社会服务评估院合作,将2021年国家有关领域和行业的第三方评估政策进行汇编,联合发布了《2021年国家评估政策汇编》。根据服务业发展需要和企业需求,评估中心目前的业务重点聚焦于数字经济服务、双碳环保服务、金融服务、信息服务、专业服务、医疗教育文化服务、生产性服务、消费性服务、社区家政服务等多个服务业领域以及相关社会领域。将开展服务业的规范标准、评估互认、项目合作、信息共享、学术交流、机构认证等业务,包括创建服务业服务质量标准体系、研发服务质量评价系统、研制服务质量指数、发布服务业发展地方指数、编写服务质量评估报告、建立服务品牌评选机制和数据库、研制最佳服务创新实践案例库、创建"现代服务业示范园区"等内容。

服务业功能平台在推进长三角服务业一体化发展、服务业标准制定与认证、职业技术技能人才培训与鉴定、服务业大数据应用等方面积极作为,实现了服务要素的高效组合和协同创新。

(2) 长三角现代服务业联动发展,助推资源共享、互利共赢

推进长三角一体化发展是国家战略所向,也是从事服务业企业的发展机遇所在。2020年9月,上海现代服务业联合会作为发起单位,策划成立"长三角现代服务业联盟"(亦称"长三角现代服务业社团联合体",简称"社团联合体"),旨在为长三角区域现代服务业行业企业发布信息、打造品牌、开展交流、促进合作。在社团联合体成员共同努力下,将社团联合体打造成参与长三角一体化发展的重要平台、为长三角服务业创新建言献策的重要智囊、推动服务业高质量发展的重要载体、展示长三角一体化协同发展成果的重要窗口。

2021年,社团联合体单位携手多次组织企业调研考察,组织主题论坛、项目推介会等活动。上海现代服务业联合会作为首任轮值主席和秘书长单位,牵头成功举办"长三角养老产业协同发展研讨会"和"长三角城市更新论坛"等主题活动,并正筹建长三角一体化现代服务业创新发展大会,凝聚三省一市力量,推动资源共享、互利共赢。

(二) 2021年上海推进现代服务业发展政策重点

1. 优化结构,提升能级,2025年上海市服务业增加值占GDP比重力争达到75%
——《上海市服务业发展"十四五"规划》解读

(1) 目标设定

根据《规划》目标,到2025年,上海要实现服务功能强辐射、服务环节高增值、服务内容高品质,数字技术深度融合和产业跨界深度融合,在全球服务网络中的核心枢纽位势和能级不断攀升。具体指标方面,服务业增加值占全市GDP比重要达到75%左右,其中生产性服务业增加值占服务业增加值比重要达到66.7%。此外,知识密集型服务业增加值占全市GDP比重要达到40%左右。

表1 上海"十四五"服务业发展主要指标

序 号	指 标 名 称	指标属性	2025年
1	服务业增加值占全市生产总值比重	预期性	75%左右
2	生产性服务业增加值占全市服务业增加值比重	预期性	66.7%左右
3	金融市场成交额	预期性	2 800万亿元左右

续　表

序　号	指　标　名　称	指标属性	2025 年
4	金融市场直接融资额占国内直接融资额比重	预期性	85%左右
5	国际展览面积占比	预期性	80%左右
6	每万人口高价值发明专利拥有量	预期性	30 件左右
7	跨国公司地区总部数量	预期性	累计 1 000 家左右
8	贸易型总部数量	预期性	累计 300 家左右
9	通过"上海品牌"认证的产品和服务数量	预期性	累计 300 项左右
10	服务业创新发展示范区数量	预期性	大于 25 个

到 2025 年,上海口岸货物进出口总额占全球比重稳定在 3.2%左右,金融市场直接融资额占国内直接融资额比重保持 85%左右,集装箱水水中转比例不低于 52%。

到 2025 年,上海将累计认定跨国公司地区总部 1 000 家左右、贸易型总部 300 家左右;通过上海品牌认证的产品和服务累计达到 300 项左右,创建 25 个以上服务业创新发展示范区。

(2) 发展主线

《规划》围绕"553"主线,努力构筑新时期"上海服务"品牌战略发展新优势。第一个"5"即遵循"数字赋能、融合、规则创新、生态培育、品牌塑造"5 个发展方针;第二个"5"即围绕"优结构、升能级、增动力、提效率、强品牌"5 个目标维度;"3"是围绕"三个导向"发展"三大板块",即发展城市能级导向的功能性服务业板块、价值增值导向的服务业板块和消费升级导向的生活性服务业板块。为凸显"五型经济"的鲜明特征和显著优势,"十四五"期间,上海市服务业将在"553"主线之下,梳理形成 11 个专动作为规划专栏,共涉及 29 个服务业重点领域,总体上形成"3+29+11"的任务框架体系。

(3) 空间布局

按照"中心辐射、两翼齐飞、新城发力、南北转型"城市功能优化和空间布局规划导向,上海市服务业将坚持城区提能级、强密度,郊区显特色、促转型的基本思路。《规划》提出,"十四五"期间,上海将着力构建以"一核、两带、三极、多片区"为主体的服务业空间格局。

"一核"即中央活动区(CAZ),将突出总部经济、楼宇经济和街区经济,引导中心城市核心功能集聚,形成高端服务高密度聚集的全球城市 24 小时服务活力核心,强化能级提升。

"两带"呈南北、东西两个方向聚焦辐射带动。黄浦江两岸将打造服务业活力滨江带,延安路—世纪大道轴线将打造业创新发展带。

自贸试验区临港新片区、长三角生态绿色一体化发展示范区和虹桥国际开放枢纽均为国家战略承载区域,未来将成为引擎,打造上海"十四五"服务业开放创新的强劲活跃增长极。即通过这"三极"强化战略引领。

"多片区"则包括五个新城、示范区、试验区等,主要打造特色服务。《规划》提出,"十四五"期间,要推动五大生产性服务业特色化发展,增强新城生活性服务业综合配套功能,打造未来上海服务经济重要活力承载区;创建 25 个以上创新发展示范区,打造一批服务经济发展新高地;推进服务业综合改革试点、临空经济示范区、邮轮旅游发展实验区、服务型国家物流枢纽等国家级试点示范建设。

2. 强化国家战略承载区域的示范作用，未来三年形成服务业扩大开放新格局
——《上海市服务业扩大开放综合试点总体方案》解读

国务院于4月23日批复《上海市服务业扩大开放综合试点总体方案》，将上海纳入服务业扩大开放综合试点城市。

（1）背景机遇

2021年中央《政府工作报告》提出"推动服务业有序开放"，并提出增设服务业扩大开放综合试点。服务业是上海下一步持续推进改革创新和开放发展的重点领域，也是上海增强全球资源配置能力、提高区域服务功能的重要依托。上海近年来已连续出台《上海市新一轮服务业扩大开放若干措施》《关于推动服务业高质量发展的若干意见》等文件，2020年12月召开全市服务业大会，着力推动服务业高质量发展，促使服务业开放领域不断拓宽，行业结构不断优化，功能能级不断提升。此次纳入服务业扩大开放综合试点扩围，不仅是上海全市域范围推动服务业高水平开放的重要机遇，同时也能积累在全国可复制可推广的试点经验，为国家全方位主动开放和服务业开放创新发展提供引领示范。

（2）目标设定

《总体方案》要求，上海经过3年试点，通过放宽市场准入、完善监管模式、优化市场环境，努力形成市场更加开放、制度更加规范、监管更加有效、环境更加优良的服务业扩大开放新格局。积累在全国可复制可推广的试点经验，为国家全方位主动开放和服务业开放创新发展提供引领示范。

（3）聚焦8大重点领域，分类放宽服务业准入限制

对标国际最高标准，主动适应全球产业链重塑和国际经贸规则重构新趋势，《总体方案》紧紧围绕上海城市发展战略，从四个方面提出具体任务措施。

一是高水平开放重点行业领域。聚焦科技服务、商务服务、物流运输服务、金融服务、健康医疗服务、教育服务、旅游服务、电信服务八大重点领域，分类放宽服务业准入限制。

在科技服务领域，探索和完善知识产权质押融资等知识产权融资机制，开展科创企业专利保险试点。在商务服务领域，探索取消商业特许经营备案。在物流运输服务领域，在对等原则下允许外籍国际航行船舶开展以洋山港为国际中转港的外贸集装箱沿海捎带业务。在教育服务领域，除义务教育学校、普通高中外，探索引进国家重大发展战略急需的、反映科学专业和行业发展前沿的理工农医类教材。在金融服务领域，支持符合条件的外资机构在上海设立或参股证券公司、基金管理公司、期货公司、人身险公司、养老金管理公司等。在健康医疗服务领域，在营利性医疗机构先行先试治未病服务；支持符合条件的企业按照有关规定开展干细胞临床前沿医疗技术研究项目。在旅游服务领域，允许在上海设立的外商独资旅行社试点经营中国公民出境旅游业务。在电信服务领域，进一步开放增值电信业务。探索建立适应海外客户需求的网站备案制度。

二是增强开放示范效应。聚焦虹桥商务区和浦东软件园，发挥平台和园区的示范作用。将中国国际进口博览会期间的相关创新政策固化为常态化制度安排；鼓励金融机构为虹桥商务区内企业和非居民提供跨境金融业务；探索设立虹桥商务区与国际通信业务出入口局间的国际互联网数据专用通道。鼓励浦东软件园发展集成电路、数字文化、人工智能、信息安全等主导产业，积极布局3D打印、大数据等新兴领域。

三是优化服务业开放发展的体制机制。消除行政壁垒，加快简政放权，不断优化营商环境，在形成创新发展制度优势方面开展探索。如将中资邮轮运输经营者开展中资非五星红旗邮轮海上游运输业务，以及在上海注册的经营者从事国际客船、散装液体危险品船运输相关业务的许可下放至上海市交通运输主管部门；完善政务服务"一网通办"功能；探索开展数字营商环境建设工作。

四是加强政策要素保障。推进贸易投资便利化、优化人才保障、强化知识产权及数据保护,并在扩大开放的同时,完善监管体系,加强风险防范。如试行跨境服务贸易负面清单管理模式,放宽境外消费、自然人移动等模式下的服务贸易市场准入限制;支持金融机构依法为真实合法的大宗商品现货离岸交易和保税交割以及离岸加工贸易、服务转手买卖等各类离岸经贸业务提供更加便利的跨境金融服务。

3. 打造全球新品首发地、全球消费目的地,力争率先基本建成国际消费中心城市
——《上海建设国际消费中心城市实施方案》解读

经国务院批准,7月19日,商务部宣布上海等5个城市率先开展国际消费中心城市培育建设。根据商务部总体部署,结合上海实际,在2018年实施打响"上海购物"品牌三年行动计划取得扎实成效的基础上,制订了《上海市建设国际消费中心城市实施方案》。

《实施方案》以规划引导、市场驱动、标准对接、制度创新为着力点,坚持政府引导、市场主导,突出特色、创新融合,科学布局、区域联动的基本原则,明确了打造全球新品首发地、全球消费目的地,全面打响"上海购物"品牌,力争到"十四五"末率先基本建成具有全球影响力、竞争力、美誉度的国际消费中心城市的总体目标。围绕七个方面,提出28项具体任务。

(1) 构建融合全球消费资源聚集地

打造全球消费品集散中心,放大进博会溢出效应,持续提升"五五购物节"影响力。建设浦东国际消费中心,加快推进浦东"全球消费品牌集聚计划",扩大与消费相关的服务业开放。集聚国际品牌,吸引国际品牌总部入沪,为国际品牌打造全场景体验中心或服务中心创造条件。打响本土制造消费品品牌,打造外贸企业自有品牌,打响一批引领性本土品牌,打造网络新消费品牌。发展零售自有品牌,支持大型连锁商业企业和电商平台实施自有品牌战略,提升自有品牌形象。重振老字号品牌,支持国资老字号产权改革,支持老字号企业挂牌上市,加强老字号保护。

(2) 推动多领域服务消费提质扩容

打造国际美食之都,培育一批具有国际水准的环球餐饮美食街,打造"环球美食节"等标志性活动。扩大文旅休闲消费,打造一批具有国际影响力的文化设施集聚区,建设全球规模最大、密度最高的剧场群。促进丰富体育消费,培育体育运动品牌,开展国家体育消费试点城市建设。发展提升健康养老消费,打造健康产业集聚区和一批有国际竞争力的健康服务项目,建设一批中医药健康旅游示范基地,发展养老辅具产业。

(3) 打造引领全球消费潮流新高地

打造全球新品首发地,建设首发经济示范地标,提升"全球新品首发季",打造专业新品发布平台。加快商业数字化转型,打造商业数字化转型示范区,培育一批百亿千亿级电子商务标杆企业。创新升级信息消费,促进智能终端、可穿戴设备、智能家居等新型信息产品升级消费,加速发展网络视听消费。点亮城市夜间经济,构建1+15+X夜间经济整体布局,打造一批地标性夜生活集聚区,打响"六六夜生活节"节庆品牌。

(4) 建设具有全球影响力标志性商圈

提升世界级商圈业态和功能,南京东路集聚国内外特色品牌打造接轨国际的城市会客厅,南京西路打造城市更新与品质消费的世界级标杆,小陆家嘴商圈打造高端商业商务集聚互动、文化体验、商务观光功能突出的世界级地标性综合商圈,淮海中路—新天地打造引领高端时尚潮流的时尚消费地标,豫园商圈打造连接民俗与潮流、民族与世界的特色消费地标,徐家汇商圈打造体验化、立体化、智慧化的世界级文商融合商圈,北外滩商圈打造高端商业商务、特色文化体验、国际化会议博览功能集聚的世界级中央活力区。培育特色商业街区,形成一批潮品牌特色街、一批国别商品特色街区、一批分时步行街区和一批海派特色商业街区。打造"五个新城"商业地标,形成层次分明、布局合理、功能完备、业态先进、错位发展的新城商业体系,打造商旅文结合的特色消费功能区。提升社区生活圈能级和水平,建立跨部门、跨地区、产业链各环节集聚的主副食品运行调控系统,培育家政龙头企业,完善早餐供应体系。

(5) 营造具有全球吸引力消费环境

完善综合交通物流体系,打造浦东综合交通枢纽,提升虹桥枢纽交通服务能级。构建高效便捷绿色的四级生活消费物流网络。倡导绿色低碳消费,全面推行绿色产品政府采购制度,深入开展"光盘行动",推动汽车使用全生命周期管理。优化城市商业空间,积极发展后街经济和夜间经济,打造24小时城市社交目的地。优化消费市场环境,完善重点商圈数字人民币受理环境建设,推进"七日无理由退货服务承诺亮牌行动",健全消费者权益保护机制。完善消费领域标准体系,推动企业首席质量官队伍培养,健全市场监测、用户权益保护、重要产品追溯等机制。

(6) 完善国际消费政策和制度体系

大力发展免退税经济。支持企业申请免税品经营资质,优化境外旅客购物离境退税流程。增强外籍人士消费便利性,拓宽入境旅客数字化支付渠道,完善外卡收单受理环境和支付便利度,打造多语种服务示范场景。优化市场准入监管体系,推进"证照分离"改革全覆盖,深化"一业一证"改革试点,更新市场轻微违法违规经营行为免罚清单,加大知识产权保护力度。

(7) 构建区域协同产业联动新格局

加强国内大市场联动,把"五五购物节"打造成为长三角消费资源联动推广载体和平台。加强四大品牌联动,深化商产文旅体联动发展,支持文化艺术、科学教育与商业跨界合作融合,打造上海制造"设计100+、品牌100+、时尚100+",创建一批时尚消费品特色产业园区。

4. 全面推进城市数字化转型,"元宇宙"首次写入地方规划

城市数字化转型,系列政策落地。2021年先后发布《上海市促进城市数字化转型的若干政策措施》《推进上海生活数字化转型构建高品质数字生活行动方案(2021—2023年)》《推进上海经济数字化转型赋能高质量发展行动方案(2021—2023年)》《上海市数据条例》《上海市全面推进城市数字化转型"十四五"规划》等系列政策,致力于打造数字经济国际创新合作典范之城,为上海现代服务业高质量发展提供有利的政策保障和行动指引。经济数字化转型是新供给、新动能,为高品质生活、高效能治理提供新产品、新服务;生活数字化转型是新需求、新体验,能激发广大市场主体的创新活力,催生新业态、新模式。

2021年是元宇宙的元年,国家相继出台系列政策引导和扶持区块链等元宇宙相关技术的发展。国家"十四五"规划中,首次将区块链纳入国家五年规划,区块链明确被列为数字经济重点产业。

2021年12月21日,市委书记李强在上海市委经济工作会议上表示:"加快培育壮大发展新动能,着力强化'新赛道'布局,强化'终端带动'。引导企业加紧研究未来虚拟世界与现实社会相交互的重要平台,适时布局切入。高度重视终端产品具有的技术迭代主导权、行业标准定义权、价值格局分配权,加快发展直接面向个人消费者、家喻户晓的新终端产品,加大新能源智能网联汽车研发攻关力度,加强智能服务机器人、智能穿戴设备、智能家居等领域培育布局。"这是地方政府对元宇宙相关产业发展的第一次正面政策表态,背后是上海市开展已久的元宇宙新基建。

2021年12月底,"元宇宙"被首次写入了地方"十四五"产业规划。上海市经济和信息化委员会发布《上海市电子信息产业发展"十四五"规划》,其内容显示,上海将加强"元宇宙"底层核心技术基础能力的前瞻研发,推进深化感知交互的新型终端研制和系统化的虚拟内容建设,探索行业应用。

5. 全力推进"两业融合",助推经济高质量发展
——《上海市推动先进制造业和现代服务业深度融合发展的实施意见》

国家发展改革委等15部门于2019年联合发布《关于推动先进制造业和现代服务业深度融合发展的实施意见》(简称《意见》),提出先进制造业和现代服务业"两业融合"的发展思路。并上升为国家发展战略。先进制造业和现代服务业融合是顺应新一轮科技革命和产业变革,以及增强制造业核心竞争力、培育现代产业体系、实现高质量发展的重要途径。本次上海《意见》发布,是积极响应国家发展战略。

《意见》提出,围绕产业链、价值链、创新链、服务链、供应链,锻造上海产业"长板"新优势。先进制造业和现代服务业平稳增长,生产性服务业重点领域主要经营指标年均增长10%左右;形成一批创新活跃、效益显著、质量卓越、带动效应突出的两业深度融合品牌企业、特色集群,一批成熟的两业融合新业态、新模式,一批营商环境优、产业链联动效应好的两业融合示范区。

《意见》在实施层面,聚焦基于需求驱动的服务型制造、基于数字赋能的工业互联网和智能制造、基于资源整合的总集成总承包、基于技术引领的创新服务、基于流程协同的供应链管理、基于价值提升的品牌建设、基于低碳转型的绿色制造、基于业态融合的产业文旅等八大重点领域,并提出六大重点产业融合路径。

(三) 上海现代服务业发展大事记

1. 2021年上海生产性服务业十大事件

(1) 推动"两业融合",制定发布《上海市推动先进制造业和现代服务业深度融合发展的实施意见》

市经济信息化委联合市发改委等10部门制定发布《实施意见》,明确"两业融合"的总体要求、重点领域、重点产业融障措施等,提出重点发展基于需求驱动的服务型制造、基于数字化的智能制造和工业互联网、基于资源整合的总集链的创新服务、基于协同化的供应链管理、基于价值提升的品牌建设、基于低碳转型的绿色制造、基于业态融合的产业文旅等。

(2) 确定发展蓝图,编制完成《上海市生产性服务业发展"十四五"规划》

通过深入调研、深度对接、广泛征求意见等,完成《上海市生产性服务业发展"十四五"规划》编制发布。规划明确"服务业发展总体要求、重点领域、重点任务及保障措施"等,提出"十四五"全市生产性服务业发展目标和对服务六大重点产业的生产性服务业分别进行阐述。

(3) 激发数字经济活力,成功举办第二届工业品在线交易节

4月28日至7月7日,"2021中国(上海)第二届工业品在线交易节"成功举行。交易节以"产业互联双循环,数字经济新活力"为主题,突出场景驱动,聚焦数字化转型,遴选20家产业互联网数字化转型应用场景;联手23家电商平台,推出60款新品云首发和宝武、临港等20家央企、国企,举办"临港巡礼"直播专场、化工区数字化转型专场、东方美谷·爱企谷527专场等一批标志性活动;372家企业线上开店,新增工业品单品120万,最终交易额达310亿元。

(4) 善统计制度,全年生产性服务业营收增长预计15%以上

按照国民经济行业分类(GB/T4754—2017)和《生产性服务业统计分类(2019)》,完善上海市生产性服务业重点《上海市生产性服务业重点领域统计调查制度》,并配合开展"两业融合"发展指标体系研究。2021年前三季重点领域实现营收28 296.5亿元,同比增长19.8%,全年生产性服务业重点领域营收总额预计增长15%以上。

（5）树立示范标杆，参评工信部服务型制造示范成果丰硕

上海报送参评工信部第三批服务型制造示范推荐单位14家，最终11家单位上榜，浦东新区被评为示范城市[工业设计业、3个示范平台、1个示范平台（共享制造类）]、1个共享制造示范项目获评，上海服务型制造整体水平在全国处于第一梯队，在各直辖市中名列第一。《解放日报》头版刊发《上海制造企业卖服务卖出大名堂》《服务造就》等报道，"上观新闻""学习强国上海学习平台"等同步宣传。

（6）载体建设开新局，高标准完成生产性服务业功能区复审

重点聚焦"五个新城"，持续推进生产性服务业功能区载体建设，2021年新批复5家园区为生产性服务业功能区，市级有45家。高标准完成生产性服务业功能区复审工作，精准指导功能区后续发展。复审数据显示，45家功能区集聚生产性服务企业超4万家、员工47万人；功能区经济贡献率较往年提升显著，2020年平均营收301亿元，同比增长约5.06%；平均税收106.83%；平均利润21.79亿元，同比增长7.67%。

（7）谋划工作重点，开展生产性服务业十大领域推进方案研究

根据上海市生产性服务业发展"十四五"规划，开展总集成总承包、供应链管理、产业电商、研发和设计、检验检测认保（工业洁净）、生产性金融、生产性专业服务、职业教育培训和人力资源服务等生产性服务业十大重点领域推进重点领域发展情况，研判各领域发展水平和发展趋势，建立重点企业和重点项目数据库，提出推进举措和建议。

（8）推进供应链创新，研究制定《关于促进快递业与制造业深度融合发展的实施意见》

根据国家邮政局、工信部《关于促进快递业与制造业深度融合发展的意见》，市邮政管理局、市经济信息化委《研究快递业与制造业深度融合发展的实施意见》，提出重点面向集成电路、生物医药、汽车、时尚消费品等重点产业，推进供应链集成创新，鼓励供应链服务企业为制造业企业提供专业化、一体化服务，形成高效协同、弹性安全供应链管理服务。

（9）深度服务赋能企业，举办上海生产性服务业@临港新片区系列活动

以"数联智造"为主题，11月22日在滴水湖畔举行上海生产性服务业@临港新片区首场活动，活动聚焦两业融合、服务功能区培育等，引导生产性服务业企业走进临港新片区、加快对接临港新片区。"上海生产性服务业促进会临港新片牌，18家生产性服务业企业与港城集团签订战略合作协议，共同推进临港新片区生产性服务业高质量发展。"

（10）促进智能运维区域合作，成立"长三角设备智能运维服务联盟"

为服务长三角一体化发展战略，推进智能运维服务产业发展，促进设备智能运维技术的应用与推广，探索智能运维服月市经济信息化委会同长三角三省经信部门和长三角区域合作办公室，指导三省一市设备管理协会在上海召开"2021经验交流大会"，来自上海、江苏、浙江、安徽及北京的智能运维服务企业代表作经验交流，分享设备运维数字化转型与实践。"长三角设备智能运维服务联盟"在会上揭牌成立，并发布《设备运维数字化转型行动倡议》。

资料来源：上海市经信委

2. 社会团体助推上海现代服务业发展十大事件

（1）上海现代服务业联合会培训中心成立

2月2日，上海现代服务业联合会获批上海市高技能人才培养基地授牌暨上海现代服务业联合会培训中心成立仪式举行。联合会作为枢纽型社会组织，开展技能人才培养和技能评价工作，符合时代发展需要，顺应会员单位需求，也是联合会秉承"服务企业、服务会员、服务社会"的办会宗旨、搭建功能平台更多更好服务会员单位之必然。中心将适时举办各类各级高技能竞赛，参与承担中

高级专业技术职称评审和高校 1＋X 证书制度实施等工作,为健全职业技能等级认定与专业技术职称评审的贯通机制发挥社会组织的独特作用。

(2) 上海现代服务业联合会大数据中心成立

2021 年 7 月 8 日,上海现代服务业联合会大数据中心揭牌暨与市北高新战略合作协议签约仪式在静安区市北国际科创社区举行,联合会大数据中心揭牌并与市北高新战略合作协议签约。大数据中心将充分利用本市的产业、科技及人才优势,打造一站式大数据赋能平台,通过提供具有行业针对性的数据全链路服务,服务覆盖全上海、辐射长三角,延伸全国服务业,积极助推实现数字化转型。

(3) 助推实现"双碳目标","双碳中国行"专项活动启动

2021 年 8 月 28 日,由上海现代服务业联合会低碳经济服务专委会与上海环境能源交易所"碳中和行动联盟"共同主办的"碳交易员班结业仪式暨'双碳中国行'启动座谈会"在沪举行。"双碳中国行"将汇聚优势资源,策划和筹建双碳中国的联合研究平台、技术服务联盟以及专项公益基金等,通过政策解读、低碳规划咨询和设计、技术转化服务、标准与评测、人才培养培训、产业及示范项目引进等服务,积极助推"双碳目标"实现,体现社会组织的应用价值。

(4) 全国首个现代服务业团体标准编制指南性文件发布

2021 年 9 月 13 日,全国首个关于现代服务业团体标准编制的指南性文件——《上海现代服务业团体标准编制指南》正式发布。该文件由上海现代服务业联合会、上海现代服务业标准创新发展中心与中国质量认证中心现代服务业评测中心等共同编制完成,在推动现代服务业标准的培育和系统的构建、促进行业的行为规范以及发展方向、通过标准战略实现市场引领的作用、增加企业竞争力等方面,将产生持续、深远的影响。联合会发挥枢纽型社会组织跨行业、跨领域的独特优势,协调各类市场主体开展团体标准化合作,共同研制发布满足市场需求的团体标准,以此推动不同领域、多个产业间的相互融通,扩大团体标准应用的覆盖范围,引领新技术、新产业、新业态和新模式不断涌现与持续发展。

(5) 推动区域资源互利共赢,举办"2021 长三角城市更新论坛"

9 月 23 日,上海现代服务业联合会、长宁区政府、长三角现代服务业社团联合体携手举办的"2021 长三角城市更新论坛",聚焦"城市更新的美好愿景",集聚三省一市多方力量,推动四地资源共享、合作共赢。现场发布了《2021 年城市更新发展系列报告》,为践行城市更新的机构组织、社会企业、院企高校提供发展灵感和借鉴,为进一步推动长三角城市更新搭建更好的合作交流平台。

(6) 发挥资源优势,积极参与国产首制大型豪华邮轮建造

10 月 13 日,上海现代服务业联合会、邮轮经济服务专委会走访外高桥造船场,郑惠强会长一行参观正在建造中的国产首制大型邮轮,就未来在国产大型邮轮工程项目建造、邮轮供应链本土化集成、康养型邮轮经济发展、邮轮人才培养等方面的合作进行了深入交流。联合会和邮轮经济服务专委会将全力支持和协助外高桥船厂邮轮建造业务的发展,提供标准研制、人才支撑和大数据应用服务,助推豪华邮轮设计建造。

(7) 联合主办"2021 上海供应链发展高峰论坛"

10 月 20 日,联合会和上海市供应链发展促进会联合主办"2021 上海供应链发展高峰论坛"暨"上海市供应链发展促进会成立大会"。国家高度重视供应链的创新与应用,上海"十四五"规划提出"加快产业链供应链锻长板、补短板。推动供应链多元化,集聚更多产业链供应链骨干企业,着重培育一批细分领域龙头企业"。面对供应链行业蓬勃发展的重要机遇期,上海现代服务业联合会一如既往地支持供应链创新发展,协助相关企业和协会,积极推进上海和长三角供应链事业再上新台

阶、再作新贡献。

（8）举行"助推上海服务业高质量发展媒体座谈会"

12月24日，联合会主办"助推上海服务业高质量发展媒体座谈会"，来自中央和上海20余家主要新闻媒体齐聚一堂，共话服务业创新与发展。座谈会上，郑惠强会长的讲话引发记者们的热烈反响，并对联合会近年发展予以高度赞赏，对若干功能平台的运行表示极大关注。人民网、解放日报、新民晚报等近十家媒体记者在发言中表达了与联合会加强联系、深度合作的愿望，并就各自感兴趣问题进行了提问。联合会经贸商事调解中心、大数据中心、标准创新发展中心、培训中心、医疗服务专委会等负责人分别作了相应的互动回答。

（9）上海现代服务业联合会评估中心成立

12月22日，上海现代服务业联合会评估中心成立揭牌暨《国家评估政策汇编（2021年）》发布式在联合会本部举行。为推动上海服务业高质量发展和提升国际竞争力，上海现代服务业联合会协同上海国信社会服务评估院共同创建上海现代服务业联合会评估中心。评估中心将依托联合会专业力量和社会资源，努力打造集研究开发、技术服务、测量评价等为一体的综合性能力验证实施机构，以现代化的评估理念、科学化的组织体系、专业化的评估方法、规范化的评估程序促进服务业各类测评评估事业快速发展，在构建服务业新发展格局、推动经济高质量发展的进程中发挥重要的智力支撑作用。

（10）数字化转型引领现代服务业高质量发展，联合主办"徐汇创新论坛"

12月27日，由上海现代服务业联合会与徐汇区人民政府共同主办的"数字化转型引领现代服务业高质量发展"徐汇创新论坛暨《上海现代服务业发展报告2020》发布会在徐汇区举行。联合会与徐汇区继续保持密切合作，助推徐汇区深化数字化转型、引领高质量发展，更多汇聚会员单位优质资源，充分发挥"跨界融合、异业联盟、学科交叉"的独特优势，为徐汇区全力提升城区能级和核心竞争力，更好担当面向全球、面向未来的战略使命，创造新时代徐汇发展新奇迹多作贡献。

（四）后疫情时代服务业发展的挑战与机遇

2022年是全国经济发展受疫情影响的第三年，上海更是遭遇了疫情以来最严重的一次冲击。面对疫情冲击下的困难挑战，行业从业者不仅需认清后疫情时代服务业发展的趋势，更应坚信上海现代服务业发展的前景。

1. 疫情冲击下现代服务业发展的新困惑

2021年12月，中央经济工作会议指出，当前经济发展面临"需求收缩、供给冲击、预期转弱"三重压力，2022年以来经济形势的发展印证了中央的判断，而体现在服务业上，主要特征是服务业企业生存压力巨大，服务业行业发展举步维艰。

3月份以来，疫情给上海经济社会发展和城市运行带来极大挑战，服务业相关生产经营更是遭遇巨大冲击。由于服务业依赖于人对人、面对面的服务，全城静默导致停摆，所遭受的重创极为惨烈，整个服务行业在煎熬、挣扎中。上海是服务业比重最高的城市之一，疫情造成的损失和创伤比其他任何城市都严重。从数据来看，4月份，全国服务业PMI指数降至36.2，低于同期俄罗斯；社会消费品零售总额同比下降11.1%，上海下降高达48.3%，而同期欧洲下降3.5%，美国增长5.58%；各项经济数据状况，1949年以来从未遇到。

在上海此次疫情之前，全国范围内的服务型企业注销或倒闭的已不在少数。2022年3月，李克强总理在十三届全国人大五次会议闭幕记者会上表示，"疫情发生后，受冲击最大的是服务业，特别是接触型的服务业,其中量大面广的是中小微企业。他们底子本来就薄,而且可以说是精打细算、日清月结的经营,很多困难积累起来让他们难以支撑。帮助他们实际上也是支撑就业,因为仅1亿个体工商户就带动了近3亿人的就业,如果等苗枯旱透根了,再帮他们就来不及了。所以我们一定要看到'秤砣虽小压千斤',得给他们及时的扶持。"

从上海市场统计数据看,2022年上半年上海城镇调查失业率为8.9%,高居全国第一。7月份,全国16~24岁年轻人失业率为19.9%,创下自2018年此项指标发布以来的最高值。上海商业平均空置率不断走高,二季度上升至7.0%,超警戒线2个百分点。重点商业项目平均空置率达9%,浦东正大广场空置率飙升至34%。当下这些困境,预计在相当一段时期还将延续。

2. 后疫情时代现代服务业发展的新趋势

当前疫情正趋于稳定,受疫情严重冲击的服务行业的元气终将恢复。未来如何发展,须认清后疫情时代现代服务业发展的主旋律,即跨界、变革和融合。

(1) 技术已经全面改变了生活

新技术给生活带来前所未有的便捷,且赋能到个人行为和企业行为。特别是数字经济,已逐渐渗透到服务业。据统计,目前数字经济增加值占国民经济比重的36%左右;细分来看,农业只占约8%,工业超20%,而服务业达到40%。从居民日常打车、外卖、网购等生活消费方式的演变中,更能直观感受到服务业的数字经济渗透率越来越高。

(2) 消费升级已经成为不可逆转的趋势

随着消费者代际更替,90后、00后成为主流消费群体,成为消费品市场最重要力量。年轻群体消费的不再是产品本身,而是体验、氛围、品牌、便利等附加值。近两年上海最火爆的商场——TX淮海力年轻力中心,将传统百货模式通过潮流文化,转型为沉浸式、策展型、社交化、跨界融合的商业与文化结合体,满足和激发年轻人追求闪变、打卡的需要,创造出新的消费势能。可见,新消费群必将刺激和催化服务业的新模式、新业态不断涌现。

(3) 传统行业与互联网的边界已被打破

传统企业会因为互联网而发生裂变、重构,带来创新。互联网已成为所有行业的工具,边界已经不复存在。从互联网经济发展几大现象级历程看,淘宝通过"互联网+商业"的组合,吸引大量消费者;微信使社交网络与营销搭档,孕育巨大商机;拼多多通过"社交+团购+电商"三种要素重组,迅速掀起流量红利;抖音以"短视频+智能分发"的模式,颠覆了传统的搜索模式下的信息分发。这一切意味着跨界、变革和融合已成为服务业发展的主流趋势。

3. 后疫情时代现代服务业的发展预期

其一,目前中国服务业占GDP比重仅超过50%。纵观世界发达国家,大多在75%以上,其中美国为81.5%。中国服务业占比从50%提升至81.5%,将有大量的服务新业态、新模式、新产业等待着被分化、创造。在现实经济发展中,这种分化、创造在不断加速和刷新。从长远发展来看,现代服务业终将成为未来潜力最大的领域。

其二,未来不少制造业的有形产品的盈利有限,而它们承载无形的文化属性价值日趋高涨。如汽车制造的利润日趋薄弱,但汽车的后服务利润越来越高。汽车产品的价值收益向着两端延伸,前端设计、研发,后端物流、售后服务、汽车会展及汽车文化等服务业态;又如美容产品利润越来越小,美容过程的利润越来越高,从业者大多赚取服务过程的收益;提供这些无形的文化属性,就是典型的服务业。

由此可以预见,未来有形的产品,利润都会无限缩小。无形的产品,利润将不断膨胀。也可预见,未来社会的商业关系,不再靠有形的产品去连接,而是靠无形的文化来嫁接、靠高质量的现代服务来支撑。基于上述理念,我们应坚信,上海现代服务业的发展前景依然值得看好,上海始终是中国现代服务经济的高地。

二、2021年上海市服务业发展主要成果

(一) 2021年上海市服务业主要分类统计数据

1. 综合

全年实现地区生产总值(GDP)43 214.85亿元,比上年增长8.1%,两年平均增长4.8%。其中,第一产业增加值99.97亿元,下降6.5%;第二产业增加值11 449.32亿元,增长9.4%;第三产业增加值31 665.56亿元,增长7.6%。第三产业增加值占地区生产总值的比重为73.3%。

在地区生产总值中,公有制经济增加值19 440.52亿元,比上年增长7.4%;非公有制经济增加值23 774.33亿元,增长8.6%。非公有制经济增加值占地区生产总值的比重为55.0%。

全年战略性新兴产业增加值8 794.52亿元,比上年增长15.2%。其中,工业战略性新兴产业增加值3 651.43亿元,增长19.2%;服务业战略性新兴产业增加值5 143.09亿元,增长12.5%。

2. 批发和零售业

全年实现批发和零售业增加值5 554.03亿元,比上年增长8.4%。全年实现商品销售总额16.28万亿元,比上年增长16.5%。其中,批发销售额14.62万亿元,增长16.9%。全年实现社会消费品零售总额18 079.25亿元,比上年增长13.5%。其中,无店铺零售额3 738.79亿元,增长18.0%。网上商店零售额3 365.78亿元,增长20.8%,占社会消费品零售总额的比重为18.6%。

全年完成电子商务交易额32 403.6亿元,比上年增长10.2%。其中,B2B交易额19 240.6亿元,增长8.7%;网络购物交易额13 163.0亿元,增长12.3%。网络购物交易额中,商品类网络购物交易额7 829.7亿元,增长13.8%;服务类网络购物交易额5 333.3亿元,增长10.1%。

3. 交通和邮电

全年实现交通运输、仓储和邮政业增加值1 843.46亿元,比上年增长13.5%。全年各种运输方式完成货物运输量155 211.94万吨,比上年增长11.5%。旅客发送量14 035.33万人次,增长17.2%。

全年完成港口货物吞吐量77 635.43万吨,比上年增长8.3%;集装箱吞吐量4 703.33万国际标准箱,增长8.1%。集装箱水水中转比例达49.6%,国际中转比例13.0%,分别比上年减少2.0和提高0.7个百分点。上海浦东、虹桥两大国际机场全年共起降航班57.47万架次,增长5.4%;实现进出港旅客6 541.41万人次,增长6.1%。其中,国内航线进出港旅客6 373.62万人次,增长12.9%;国际及地区航线进出港旅客167.79万人次,下降67.7%。

轨道交通14号线、18号线(御桥站—长江南路站)建成试运行,S7公路(月罗—宝钱段)、北横通道西段、江浦路越江等项目建成通车。至年末,全市轨道交通运营线路20条,长度达到831千米,运营车站508个。至年末,地面公交运营车辆达1.76万辆。其中,国V及以上和零排放公交车1.67万辆,占全部公交运营车辆的94.4%。公交运营线路达1 596条,线网长度9 243千米;运营出租车3.53万辆,全年载客车次2.02亿次。全年公共交通客运总量51.06亿人次,日均1 398.79万人次,比上年增长20.6%。其中,轨道交通客运量35.72亿人次,增长26.1%;公共汽电车客运量14.95亿人次,增长9.5%;轮渡客运量3 889.49万人次,增长3.1%。

全年完成邮政业务总量1 691.92亿元,比上年增长20.4%;电信业务总量557.74亿元,增长

18.8%。邮政业全年完成快递业务37.41亿件,快递业务收入1 715.82亿元。

4. 金融业

全年实现金融业增加值7 973.25亿元,比上年增长7.5%。

至年末,全市中外资金融机构本外币各项存款余额175 831.08亿元,比年初增加19 966.51亿元;贷款余额96 032.13亿元,比年初增加11 390.73亿元。

全年金融市场交易总额达到2 511.07万亿元,比上年增长10.4%。上海证券交易所总成交额461.13万亿元,增长25.7%。其中,股票成交额114.00万亿元,增长35.7%;债券成交额16.91万亿元,增长47.7%。全年通过上海证券市场股票筹资8 335.93亿元,比上年下降8.9%;发行公司债和资产支持证券共50 239.17亿元,增长4.2%。至年末,上海证券市场上市证券26 989只,比上年末增加4 067只。其中,股票2 079只,增加236只。

全年上海期货交易所总成交金额214.58万亿元,比上年增长40.4%。中国金融期货交易所总成交金额118.17万亿元,增长2.4%。银行间市场总成交金额1 706.93万亿元,增长5.4%。上海黄金交易所总成交金额10.26万亿元,下降52.6%。

全年保险公司原保险保费收入1 970.90亿元,比上年增长10.3%。其中,财产险公司原保险保费收入632.41亿元,增长7.1%;人身险公司原保险保费收入1 338.49亿元,增长11.9%。全年原保险赔付支出737.95亿元,增长18.5%。

5. 中国(上海)自由贸易试验区建设

2021年,中国(上海)自由贸易试验区贯彻《中共中央、国务院关于支持浦东新区高水平改革开放打造社会主义现代化建设引领区的意见》,贯彻新发展理念、构建新发展格局,进一步深化自贸试验区制度创新、改革集成,进一步强化核心功能、提升服务能级,推进高水平制度型开放,不断增强国际开放合作和竞争新优势,为上海加快打造国内大循环中心节点和国内国际双循环战略链接发挥更大作用。

法治保障取得突破性进展。浦东新区首批"6+2+1"法治保障成果全面落地。包括"一业一证""市场主体退出"等6部浦东新区法规,《上海市城市更新条例》《上海市数据条例》等2部地方性法规中设置的"浦东专章",以及浦东新区首部管理措施,均由市人大通过并开始在自贸区实施。

投资环境进一步优化。全面落实"一业一证"改革试点实施方案,建立"一证准营"的行业综合许可制度,配套建立各负其责、协同高效的行业综合监管制度,持续提升审批服务水平,大幅降低行业准入成本。市场准营承诺即入制试点正式启动。海关对集成电路税收优惠政策项下进口生产原材料等试点减免税快速审核确认模式,从3～4天压缩至当天完成。推动生物医药部分原料药和原辅料实现进口零关税和降税,助推CAR-T细胞免疫疗法新药研发上市。

金融市场进一步开放。截至2021年末,全年跨境人民币结算总额81 230.0亿元,比上年增长49.6%,占全市比重为45.2%;跨境人民币境外借款总额42.4亿元,比上年增长5.3倍。包括首家合资转外资独资的人寿保险公司、全国前三家外商独资公募基金等重要外资金融企业均落户自贸区。截至2021年末,监管类金融机构达982个。

6. 城市信息化

作为全国首批"千兆城市",至年末,千兆光网接入能力已覆盖961万户家庭。家庭宽带用户平均接入带宽达386.95 Mbps,比上年末增加117.04 Mbps;互联网省际出口带宽31 900 Gbps,比上年末增加3 037 Gbps;互联网国际出口带宽8 902.32 Gbps,比上年末增加1 960.39 Gbps。IPTV用户数559.53万户,比上年末减少5.31万户。至年末,累计建设超5.4万个5G室外基站、14万个室内小站,实现全市域5G网络基本覆盖。在智能制造、健康医疗、智慧教育等十大领域累计推进

700余项5G应用项目。5G用户数达1 028.41万户,比上年末增加415.68万户。

政务服务"一网通办"实现行政审批事项全覆盖,至年末,"一网通办"总门户已接入3 458项服务事项,其中87%的事项可实现全程网办。日均办事28万件,实际网办率达77%,实际全程网办率达69.3%,分别比上年提升19个和17.4个百分点。"一网通办"个人实名用户数达6 195万,同比增长40.3%;法人用户超249万。总客服解决率和满意率分别达到98.7%和84.9%。推出"随申码"支持疫情防控,用码人数超6 137万人,累计使用超57亿次。推进长三角三省一市30类电子证照共享互认,实现126项服务事项跨省通办。拓展长三角"一网通办"线下专窗,开通567个线下专窗办理点,全程网办办件537万余件。

7. 教育和科学技术

2021学年,全市共有普通高等学校64所,普通中等学校867所,普通小学680所,特殊教育学校31所。全市共有49家机构培养研究生,全年招收全日制研究生6.55万人,在校全日制研究生19.1万人,毕业全日制研究生4.84万人。

2021学年,全市共有民办普通高校19所,在校学生12.89万人;民办普通中学130所,在校学生9.33万人;民办小学68所,在校学生10.38万人。全市共有成人中高等学历教育学校21所,成人职业技术培训机构548所,老年教育机构289所。

全年研究与试验发展(R&D)经费支出相当于地区生产总值的4.1%左右。

全市新增科技"小巨人"企业和"小巨人"培育企业153家,累计近2 500家。年内新认定高新技术企业7 015家,有效期内高新技术企业数突破2万家。全年共落实研发费用加计扣除上年度减免税额458.25亿元,享受企业数28 631家;落实高新技术企业减免所得税额201.26亿元,享受企业数3 127家;新认定技术先进型服务企业15家,累计认定250家。落实技术先进型企业减免所得税额7.6亿元,享受企业数135家。全年共认定高新技术成果转化项目556项,其中,电子信息、生物医药、新材料、先进制造与自动化等重点领域项目占84.53%。至年末,累计认定高新技术成果转化项目14 341项。转化医学国家重大科技基础设施(上海)、上海超强超短激光实验装置投入运行,大科学设施和研发与转化功能型平台集聚效应显现、运行能效不断提升。

全年专利授权量为17.93万件,比上年增长28.3%。其中,发明专利3.29万件,增长35.7%;实用新型专利12.09万件,增长31.0%;外观设计专利2.56万件,增长9.8%。全年PCT国际专利申请量为4 830件,比上年增长35.8%。至年末,全市有效专利达67.67万件,比上年增长24.7%。其中,发明专利17.20万件,增长18.1%;实用新型专利41.18万件,增长28.6%;外观设计专利9.29万件,增长21.2%。每万人口高价值发明专利拥有量达34.2件,增长15.7%。

全年商标申请量为55.94万件,比上年增长10.7%;商标注册量为42.10万件,增长37.0%。至年末,商标有效注册量达211.71万件,比上年末增长21.9%;商标活跃度(每新增1户市场主体同时新增注册商标)达到0.80件,增长25.0%;商标集聚度(每万户市场主体的平均有效注册商标拥有量)为6 634件,增长11.9%。全年新增1件地理标志商标,至年末,全市共有地理标志商标18件,地理标志保护产品8件。全年经认定登记的各类技术交易合同36 998件,比上年增长38.0%;合同金额2 761.25亿元,增长52.1%。

深入推进科创板注册制试点,至年末累计上市企业377家,共募集资金5 280亿元。科创板上海上市企业59家,居全国第2位;融资额1 603.40亿元,总市值1.4万亿元,均居全国首位。

8. 文化旅游、卫生健康和体育

年内成功举办第二十四届上海国际电影节、第二十七届上海电视节等重大文化活动。建成100家"演艺新空间"和100个"家门口好去处"文旅民心工程。

举办第三届上海国际艺术品交易月,审批文物拍卖会1 004场,成交额突破60亿元,同比增长25%。

至年末,全市共有市、区级公共图书馆23个,总流通人次1 293万人次;备案博物馆158个,参观人次1 646万人次。全年共出版报纸6.39亿份、各类期刊0.53亿册、图书4.79亿册。

全年实现旅游产业增加值1 500.52亿元,比上年增长12.2%。中共一大、二大、四大纪念馆成功创建国家5A级景区。举办"建筑可阅读、城市微旅行"为主题的上海旅游节,实现开放历史建筑1 056处,完成二维码设置2 957处。评选"非遗在社区"示范项目19个、示范点14个。

至年末,全市已有星级宾馆177家,旅行社1 865家,A级旅游景区(点)134个,红色旅游基地34个。

全年接待国际旅游入境者103.29万人次,比上年减少19.7%。其中,入境外国人56.67万人次,减少31.7%;港、澳同胞19.16万人次,增长25.0%;台湾同胞27.46万人次,减少9.3%。在国际旅游入境者中,过夜旅游者102.69万人次,减少1.4%。全年接待国内旅游者29 382.21万人次,增长24.5%,其中,外省市来沪旅游者14 228.28万人次,增长20.2%。全年入境旅游外汇收入35.85亿美元,减少5.0%;国内旅游收入3 536.53亿元,增长25.9%。

至年末,全市共有医疗卫生机构6 317所,卫生技术人员23.96万人。全年全市医疗机构共完成诊疗人次2.72亿人次;上海地区婴儿死亡率2.30‰;上海地区孕产妇死亡率1.60/10万。

压实各级各类医疗机构疫情防控主体责任,推进127个发热门诊和222个社区发热哨点规范建设。全市164家核酸检测机构日检测能力增至95.1万人份(单人单管)。累计采样6 863万人次,支撑大规模人群核酸筛查任务23次。全市累计接种疫苗超5 117.43万剂次,完成基础免疫全程接种人数达2 209.69万人。

进一步深化家庭医生制度,全市家庭医生"1+1+1"累计签约超864万人,签约率超过34%。其中,重点人群签约超439万人,签约率达到77%。

加强院前急救能力建设,在远郊布局急救分站136个,负压救护车140辆,全市急救平均反应时间达12分钟以内。新建6个医疗急救分站,设置后备定点医院22家,储备救治床位8 000张以上;规划布局23处具备快速转化为临时性医疗设施的区域大型公共设施,可转换床位1.6万张。全市危重孕产妇、危重新生儿抢救成功率分别达99.5%和92.6%。

年内共举办46项国际国内重大赛事。成功举办上海赛艇公开赛、2021—2022国际雪联城市越野滑雪中国巡回赛上海杨浦站、首届上海杯象棋大师公开赛等品牌赛事。组织以"一起上赛场,人人享健康"为主题的城市业余联赛,共举办6 121余场赛事活动,870万人次参与。在东京奥运会上,46名上海运动员参加了17个大项、22个分项、50个小项的比赛,获得5枚金牌、4枚银牌、2枚铜牌,取得了历史最佳成绩。在第14届全运会上,上海体育健儿获得36枚金牌、27枚银牌、28枚铜牌、91枚奖牌,奖牌、金牌和总分均超上届。重大体育设施项目顺利推进,浦东足球场项目顺利竣工。全年新建107条市民健身步道、743个市民益智健身苑点、98片市民多功能运动场。至年末,全市体育场地面积6 072万平方米,人均面积2.44平方米。

资料来源:上海市统计局

(二) 2021年上海规模以上服务业企业主要经济指标总体情况

根据上海市统计局统计,2021年1月—12月上海市规模以上服务企业主要经济指标(分行业)请见下表:

表2 2021年1月—12月规模以上服务业企业主要经济指标(分行业)

行　　业	营业收入（亿元）	比去年同期增长(%)	营业利润（亿元）	比去年同期增长(%)
总计	45 920.86	27.3	4 162.28	31.6
交通运输、仓储和邮政业	17 470.18	49.4	1 161.91	451.1
信息传输、软件和信息技术服务业	10 616.62	20.2	837.54	－6.7
电信、广播电视和卫星传输服务	946.51	4.4	82.73	－18.2
互联网和相关服务	4 724.81	34.4	－15.62	—
软件和信息技术服务业	4 945.30	12.1	770.42	20.1
租赁和商务服务业	9 863.10	14.9	1 599.23	1.2
租赁业	298.20	16.2	12.67	－25.2
商务服务业	9 564.90	14.9	1 586.56	1.4
科学研究和技术服务业	4 136.56	17.0	301.89	31.4
水利、环境和公共设施管理业	592.89	9.6	31.03	－10.4
居民服务、修理和其他服务业	360.57	10.5	31.11	84.1
教育	303.97	20.2	－11.14	—
卫生和社会工作	310.84	22.8	－13.80	—
文化、体育和娱乐业	570.63	5.8	14.11	－48.7

注：规模以上服务业企业统计范围、采集渠道及主要指标解释
一、统计范围
本表统计范围为从事交通运输、仓储和邮政业，信息传输、软件和信息技术服务业，水利、环境和公共设施管理业和卫生等国民经济行业，年营业收入在2 000万元以上，执行企业会计准则的法人单位；从事租赁和商务服务业，科学研究和技术服务业，教育，公共管理、社会保障和社会组织，以及物业管理、房地产中介服务、房地产租赁经营和其他房地产业等国民经济行业，年营业收入在1 000万元及以上，执行企业会计准则的法人单位；从事居民服务、修理和其他服务业，文化、体育和娱乐业，以及社会工作等国民经济行业，年营业收入在500万元及以上，执行企业会计准则的法人单位。
二、采集渠道
服务业规模以上企业统计按照《服务业统计报表制度》规定，采用全面调查的方法，经过各级统计部门逐级审核统计数据，由上海市统计局汇总规模以上服务业企业总量数据。
三、主要统计指标说明
表中增速指标均为同口径的可比增速。

资料来源：上海市统计局

2021年上海现代服务业景气指数报告

一、景气指数的定义和概念模型

服务业发展水平是衡量现代经济发达程度的重要标志,在现代国民经济体系和国际合作竞争中的地位日益凸显。现代服务业作为经济发展中的新兴产业,在国民经济中所占的比重越来越大,具有举足轻重的地位。2021年,服务业在我国GDP中的占比达到53.3%。加快发展现代服务业,提升服务业在国民经济中的地位,是我国长期以来的经济发展重点,也是推动高质量发展的重大任务。"十四五"期间国家及各地政府密集出台了许多关于促进现代服务业的发展、提升现代服务品质、规范市场经营秩序等的法规和政策,更是为现代服务业创造了良好的发展机遇,同时也使现代服务业面临着新的挑战。

(一) 景气指数的定义

现代服务业是根据现代服务业评价指标体系综合得出的服务业运行模式,对社会经济具有引领作用,能够促进经济发展、社会进步,包括以新科技为代表的云计算、智能终端、生物工程等,也包括以新的生活方式为代表的电子商务、文化产业、娱乐行业等。从外延来看,现代服务业不仅存在于新兴产业,也存在于传统产业,以及新兴科技等高端服务作用于传统产业带来的满足现代服务业评价指标的服务业形态,例如"互联网+"等。现代服务业在发展过程中会受到自身产业活动、关联产业的经济活动、宏观经济政策等诸多因素的限制。而且,现代服务业包罗万象,各细分行业差异很大,在全球化进程加快的影响下整个产业波动激烈。因此,开展服务业景气指数的分析就显得很重要。

现代服务业景气指数即客观描述和衡量一定时期内现代服务业增长能力的指标,在我国被首次定义和研究。该指数以50为基数,对选择的行业进行景气度衡量,以保持景气指数在高于50的状态下运行。当现代服务业景气指数低于50时,则说明所选择的若干行业不能满足现代服务业评价指标体系的要求,意味着可以对那些不能满足该体系的行业进行调整,优胜劣汰,以保持现代服务业优中择优的本意。

在经济新常态背景下,现代服务业景气指数的编制与测算对服务业运行状态的监测和预警具有十分重要的现实意义。一方面,有助于及时、准确地反映现代服务业的景气状况和发展态势;另一方面,我国正处于服务业和工业并行发展的阶段,当前宏观经济景气监测研究框架普遍采用工业增加值作为基准指标,对现代服务业的景气监测可以使国家宏观经济监测框架更加完善,有助于政府更加全面和深入地把握宏观经济运行状况。

(二) 景气指数的概念模型

从相关文献来看,国外对服务业景气指数的研究始于Layton 和 Moore(1989)用合成指数方法构建的美国服务业一致指数和先行指数,该指数可以对服务业增长的重大波动做出预警。近年来,Sinha 等(2012)构建了印度的月度服务业指数来测定服务业增加值的走势,以期能助力当局制定货币政策。服务业细分行业的景气指数研究,则主要关注了几个重点行业的研究。例如,Lahiri 等(2003)采用链式 Laspeyres 指数和 Fisher 理想指数方法分别构建了美国交通运输行业的月度产量指数。Lahiri 等(2006)则采用 NBER 合成指数方法和动态因子方法分别构建了交通运输行业的一致指数,两种结果相近。Zetland(2010)构建了美国房地产市场指数(REMI)以测量房地产市场运行及流动性。Tsolacos 等则(2014)采用 Probit 模型和马尔科夫转移模型对美国房地产市场商业用房的租赁情况做了转折点预测。近年来对金融业指数的研究相对较多,如 Koop 等(2014)采用具有时变参数的因子增广向量自回归(TVP-FAVAR)模型构建了美国的金融状况指数以反映金融业的运行状况。

受统计部门公布的服务业数据种类、数量和公布频率等方面限制,中国对服务业景气指数的研究起步较晚。王小平等(2012)用合成指数方法对相关年度指标进行计算,编制了中国服务业年度的先行、一致和滞后合成指数。张玉霞(2013)将景气指数、预警信号灯系统两者结合,用合成指数方法研究了我国 1982—2010 年服务业年度景气指数。陈磊和王艺枞(2019)通过 6 个服务业相关指标构建中国服务业月度一致景气指数来分析我国服务业 2002 年 1 月至 2017 年 12 月的景气波动情况,发现 21 世纪中国服务业增长总体呈现"缓增速降"的特征,且服务业在进入经济新常态后呈现与以往不同的波动特点。王艺枞等(2019)则使用混频动态因子方法对 5 个一致指标的信息进行提取,构造了我国服务业月度一致景气指数并对服务业增加值增速走势进行实时预测,并表明监测的精度会随着服务业一致指标的公布逐渐提高。

综上,国外研究景气指数较早,涉及的领域也较为广泛,除了分析宏观经济景气状况之外,还涉及金融证券、工业、农业、市场与企业等诸多领域的景气指数。国内也有不少将景气研究应用于服务业子产业的研究,如旅游业、房地产市场、商品流通业、银行业、物流业等。但无论国外还是国内,将服务业作为整个产业而进行的监测预警研究都还比较少。而且,由于我国现代服务业存在较大的地区性差异,有必要针对特定区域服务业走势进行及时的监测和分析。

二、景气指数指标体系

近年来,上海始终坚持"三二一"产业发展方针,推进产业结构战略性调整,大力发展现代服务业,服务业已成为支撑上海经济的主力。上海现代服务业景气指数的编制可用以反映上海现代服务业及相关子行业的景气状况,全面揭示上海现代服务业发展的现状及未来变动趋势。上海现代服务业景气指数指标体系的构建对现代服务业运行状态的监测和预警具有十分重要的现实意义,这为相关行业及政府主管部门研究制定发展战略和产业政策等提供科学参考依据。

(一)基本原则

本报告指标编制遵循如下原则:
1. 代表性
上海现代服务业景气指数的编制要依据现代服务业景气指数的概念内涵,充分体现现代服务业的特征。
2. 可获得性
选取可以通过资料和问卷收集获得和量化的变量作为评价指标,并充分考虑指标的简明、清晰和可获得性。

3. 纵向合理性

数据统计口径是科学的、客观的,选取的指标既要考虑数据的可获得性,也要保证指标在时间上是纵向连续数据。

4. 统计充分性

上海现代服务业景气指数的指标比较完整,覆盖面广,数据的周期波动基本得到体现,且与数据统计口径相一致。

5. 发展性

指标的选取既要反映当前的发展状况,也应体现未来的发展趋势。

6. 独立性

指标之间具有独立代表性,辨识度、区分度高,不互相干扰,不重复叠加计算某方面的属性,使每项指标都能反映现代服务业发展的某个显著特征。

7. 客观性

指标分解的数量分布无明显偏向性,权重的设置充分考虑了客观现实性与专家评价合理性,在兼顾各项指标的同时又能侧重评价的主要方面,使对现代服务业未来发展具有较大影响力和较高时效性的指标能够突出,具有鲜明的时代特征。

(二) 指标体系

基于2020年现代服务业景气指数报告,课题组在指标选取与模型构建上进行了全面的创新,更加科学合理的反映出景气指数的变动情况。根据现代服务业景气指数概念模型和指标构建的原则,报告从服务市场景气度、服务机构景气度、服务人才景气度、服务创新景气度和服务生态景气度五个维度构建了现代服务业景气指数的指标体系。

1. 服务市场景气度

选取能够反映市场总体概况及发展趋势的指标,包括服务市场总量、服务市场增长、服务市场供需匹配度、企业家信心等指标。

2. 服务机构景气度

选取能够体现服务机构的经营状况、发展及投资等情况的指标,包括服务机构绩效指标、服务机构增长指标、服务机构知名度、服务机构投资等指标。

3. 服务人才景气度

选取能够反映服务业行业人才供需情况的指标,包括服务人才供给、服务人才需求、服务业人才供需匹配度、服务业人才流动率、服务业人员薪酬增长等指标。

4. 服务创新景气度

选取可以体现服务业创新发展状况的指标,包括服务行业创新能力、服务技术创新指标、服务模式创新指标、服务产品创新指标等指标。

5. 服务生态景气度

选取可以反映服务行业生态状况的指标,包括中介服务、基础设施、服务市场可持续发展、服务政策支持、服务监管环境等指标。

为体现上海现代服务业景气指数指标体系构建的完整性和优越性,在二级指标选取的基础上,充分考虑指标分解的均衡性和数据的可得性、连续性等因素,分别设置了2020年和2021年的问卷调查(见附录),以便于后续对模型结果的分析和对比。上海现代服务业景气指数指标体系具体如表1所示。

表1 景气指数指标体系

一 级 指 标	二 级 指 标
1. 服务市场景气度	服务市场总量
	服务业市场增长
	服务市场供需匹配度
	企业家信心
2. 服务机构景气度	服务机构绩效指标
	服务机构增长指标
	服务机构知名度
	服务机构投资
3. 服务人才景气度	服务人才供给
	服务人才需求
	服务业人才供需匹配度
	服务业人才流动率
	服务业人员薪酬增长
4. 服务创新景气度	服务行业创新能力
	服务技术创新指标
	服务模式创新指标
	服务产品创新指标
5. 服务生态景气度	中介服务
	基础设施
	服务市场可持续发展
	服务政策支持
	服务监管环境

(三) 调研对象

考虑到上海现代服务业包罗万象,共选择了514家企业进行了调研,它们所属的行业如图1所示,这514家企业都是每个行业具有代表性的优秀企业,根据他们的经营状况如实填写了调研数据,同时也吸收了《上海统计年鉴》的相关数据。

		频 率	百分比	有效百分比	累积百分比
有效	金融和保险服务业	107	20.8	20.8	20.8
	交通运输、仓储和邮政服务业	24	4.7	4.7	25.5
	商务服务业	60	11.7	11.7	37.2
	批发和零售业	49	9.5	9.5	46.7
	信息传输、软件和信息技术服务业	46	8.9	8.9	55.6
	科学研究和技术服务业	61	11.9	11.9	67.5
	居民服务、维修和其他服务行业	79	15.4	15.4	82.9
	文化娱乐和其他服务业	62	12.1	12.1	94.9
	洗染行业	1	2	2	95.1
	其他	25	4.9	4.9	100.0
	合计	514	100.0	100.0	

图1 514家服务企业所属的行业

（四）研究方法

整个景气指数的计算采取的是模糊综合评价法，是一种定性与定量相结合的评价模型，一般是先用层析分析法确定因素集的权重，然后用模糊综合确定评判效果。模糊法在层次法之上，两者相互融合，对评价有着很好的可靠性。

1. 层次分析法确定各级权重

各级指标的权重是通过各指标相对重要性通过层次分析法得到。课题组邀请现代服务业相关领域20位专家，利用层次分析法（AHP）对指标的相对重要性进行打分赋值，对每一位专家的打分计算权重，然后取平均值得到一级与二级的权重。得到权重如表2所示。

表2 上海现代服务行业指标体系及指标权重

指标名称		指标权重	
一级指标	二级指标	一级指标权重	二级指标相对一级指标权重
1. 服务市场景气度	服务市场总量	37.08%	15.93%
	服务业市场增长		31.17%
	服务市场供需匹配度		28.04%
	企业家信心指数		24.86%
2. 服务机构景气度	服务机构绩效指标	14.62%	26.85%
	服务机构增长指标		33.06%
	服务机构知名度		15.74%
	服务机构投资		24.35%

续　表

指　标　名　称		指　标　权　重	
一级指标	二级指标	一级指标权重	二级指标相对 一级指标权重
3. 服务人才景气度	服务业人才供给	16.13%	16.92%
	服务业人才需求		21.38%
	服务业人才供需匹配度		29.72%
	服务业人才流动率		11.39%
	服务业人才薪酬增长		20.6%
4. 服务创新景气度	服务行业创新能力	19.14%	30.78%
	服务技术创新指标		21.55%
	服务模式创新指标		25.49%
	服务产品创新指标		22.18%
5. 服务生态景气度	中介服务	13.03%	8.95%
	基础设施		22.60%
	服务市场可持续度		23.75%
	服务政策支持		21.52%
	服务监管环境		23.18%

2. 综合景气指数计算过程

在景气指数的计算中，首先已通过层次分析法确定了一、二级指标的因素指标 A_i 权重（$i=1,2$），三级指标是具体的调查指标，一个二级指标包含几个三级指标，三级指标的均值即是二级指标。

在调查问卷中设置的等级情况为"大幅减少、略有减少、基本不变、略有增长、大幅增长"或者"非常不同意、不同意、一般、同意、非常同意"，因此以50作为基准，设置模糊分值表如下表3，得到每一个指标的模糊分值 C。

表3　企业景气指标分值表

问卷项	大幅减少	基本不变	基本不变	略有减少	大幅增长
	非常不同意	不同意	一般	同意	非常同意
分值表	10	30	50	70	90

通过对518个企业的调查，得到三级指标的各级评论的百分比 R，因此算出每一个企业的三级指标的得分为 $C \times R$。

通过计算几个三级指标的均值即可得到二级指标的得分;一级指标的得分即二级指标的得分 * 二级指标的权重;景气指数的综合得分即一级指标的权重 * 一级指标的得分。

三、景气指数综合评分

对问卷所获取的数据进行分析后,得到2021年和2020年上海现代服务业景气指数综合数值分别为62.42和61.89,2021年相比于2020年服务业景气度略有提升,综合景气指数数值高0.53(见图2)。

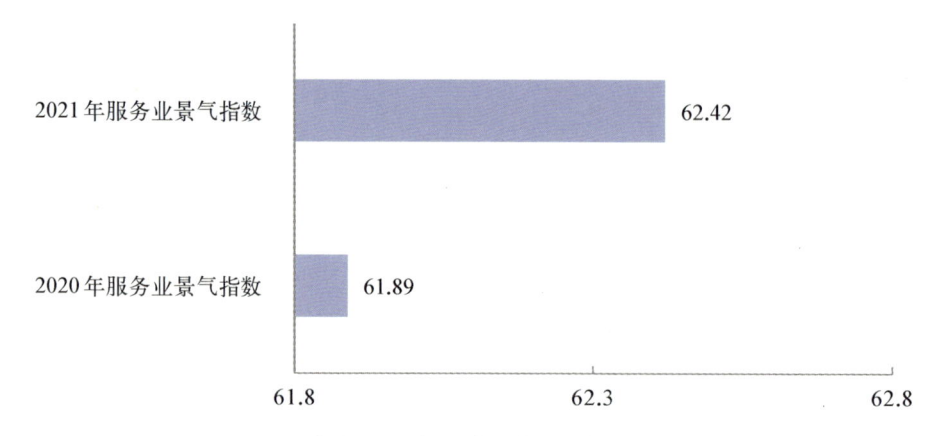

图2 2021年和2020年上海服务业景气指数综合得分

为了与过去5年进行对比,我们以上海工程技术大学现代服务业景气指数课题组核算出的2015—2020年的景气指数值为基础,并以本课题的50荣枯线为基准,2020年指数值为基期,经过平减处理后得到可比的过去5年服务业景气指数。最终得到2015—2021年服务业景气指数的变化趋势如图3所示。从图3中可以看出,经历过2020年疫情冲击,服务业景气度出现短暂下滑,2021年已开始呈现复苏的态势,并超越了2019年的景气度水平,但与近5年的峰值相比还有一定的差距,这也意味着有较大的提升空间。

图3 服务业景气指数变化趋势:2015—2021年[①]

---

① 本图中2020年和2021年的指数值为本课题组根据问卷调查数据核算,2015—2019年的数据是在上海工程技术大学现代服务业景气指数课题组核算的数据基础上平减折算所得。

从构成整个服务业景气指数综合值的各一级指标的综合情况来看,2021年服务业生态景气度指标数值最高,为64.95;其次是服务市场景气度,指标数值为64.35;排在三、第四位的服务创新景气度和服务机构景气度指标数值分别为62.82和59.97;服务人才景气度的指标数值最低,为57.69(见图4)。

服务业综合景气指数	62.42
服务生态景气度	64.95
服务创新景气度	62.82
服务人才景气度	57.69
服务机构景气度	59.97
服务市场景气度	64.35

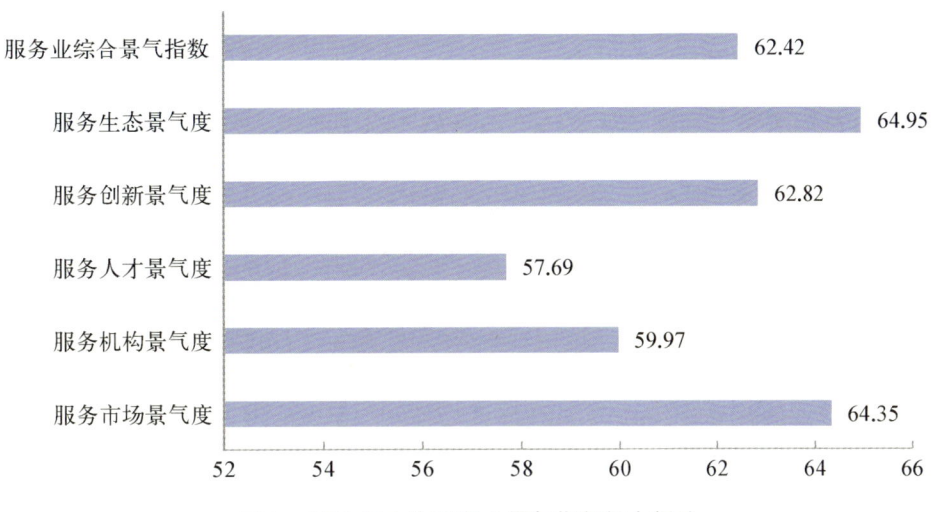

图4　2021年上海服务业景气指数综合得分

2020年构成整个服务业景气指数综合值的各一级指标中服务业生态景气度数值也是最高的,为66.15;其次是服务创新景气度,指标数值为63.57;排在第三、第四位的服务市场景气度和服务机构景气度,其指标数值分别为61.88和59.95;服务人才景气度的指标数值最低,为58.25(见图5)。

服务业综合景气指数	61.89
服务生态景气度	66.15
服务创新景气度	63.57
服务人才景气度	58.25
服务机构景气度	59.95
服务市场景气度	61.88

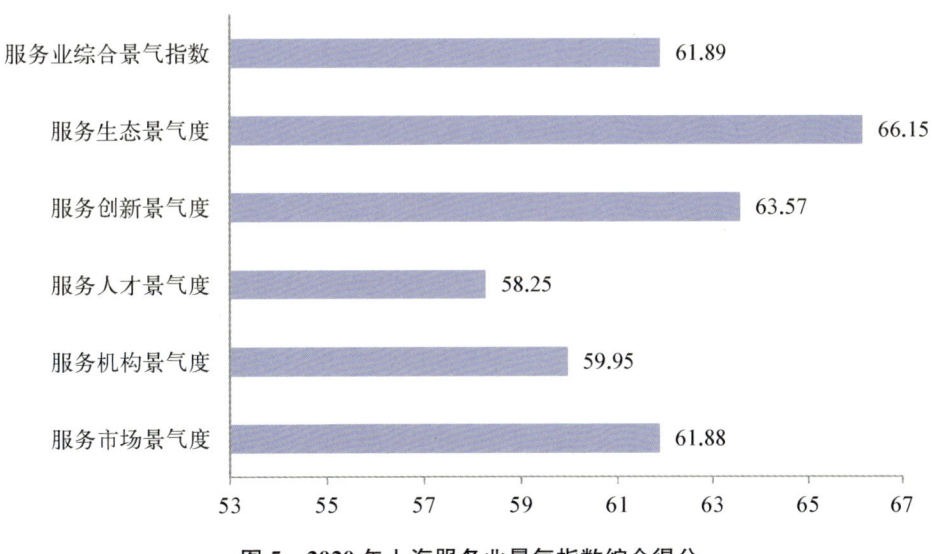

图5　2020年上海服务业景气指数综合得分

对比两年间的差距可以发现,2021年服务业行业景气指数综合值高于2020年主要是因为构成的5个一级指标中服务市场景气度指数综合值在2021年有了显著地提升,服务市场景气度指标综合值2021年相比于2020年多2.47。

从图6可以看出,2021整个服务业景气度综合构成里的服务人才景气度、服务创新景气度以及服务生态景气度等指标值均低于2020年。服务机构景气度综合值表现为2021年与2020年基本持平。

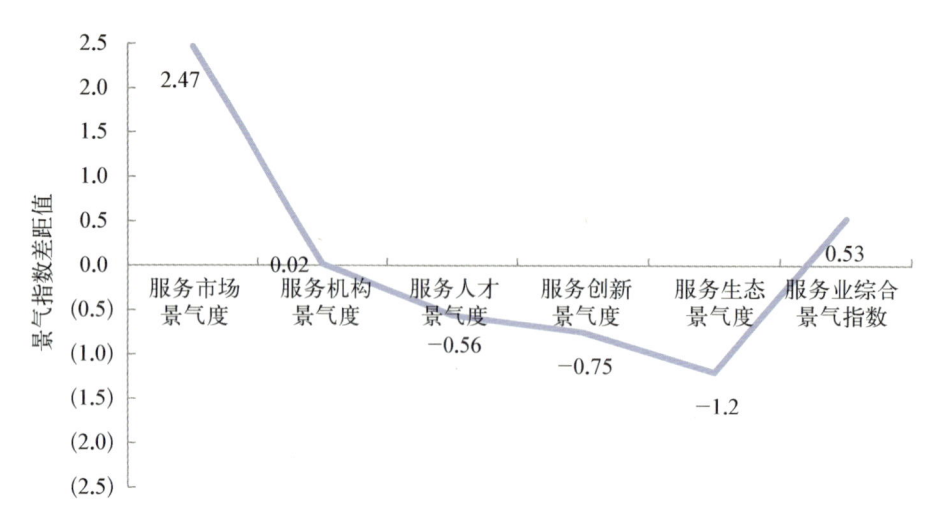

图 6　2021 年相比于 2020 年景气指数的差距

四、分维度指数情况

(一) 服务市场景气度

景气度,又称景气指数,是对企业景气调查中的定性指标通过定量方法加工汇总,综合反映某一特定调查群体或某一社会现象所处的状态或发展趋势的一种指标。服务市场景气度是服务业整体市场的景气程度,即服务市场的兴盛和繁荣程度。通过测度分析服务市场景气度,不仅能及时反映宏观经济运行情况和服务业企业的经营状况,还能在一定程度上预测未来经济走势和服务业发展。结合市场景气度的特点以及作用,服务市场景气度(一级指标)包括服务市场总量、服务业市场增长、服务市场供需匹配度、企业家信心四个二级指标。

从一级指标总体上来看,服务市场景气度指标权重为 0.191 4,其中 2020 年服务市场景气度评分为 61.87 分,2021 年服务市场景气度评分为 64.35 分,较 2020 年景气度评分上升 2.48 分。在五个一级景气度指标中,2020 年服务市场景气度指标与其他景气度指标相比较,整体景气度指标居中,低于服务生态景气度和服务创新生态景气度,高于服务机构景气度和服务人才景气度。2021 年服务市场景气度指标上升一位,位列第二位,评分指标仅低于服务生态景气度。

从二级分指标上来看,2020 年服务市场总量指标评分为 50.00 分,服务业市场增长指标评分为 58.32 分、服务市场供需匹配度指标评分为 65.50 分和企业家信心指标评分为 69.86 分;四项二级指标差距较大,其中企业家信心指标评分最高,服务市场总量指标评分最低。2021 年服务市场总量指标评分为 70.00 分,服务业市场增长指标评分为 58.40 分、服务市场供需匹配度指标评分为 63.60 分和企业家信心指标评分为 69.02 分;四项二级指标仍存在较大差距,其中服务市场总量指标评分最高,服务业市场增长指标评分最低,如图 7 所示。

较比于 2020 年,2021 年服务市场总量指标评分出现大幅提高,由末位上升至首位;服务业市场增长指标评分稍稍上涨。服务市场供需匹配度指标评分和企业家信心指标评分均有所下降,但均高于 60 分。服务市场总量的急剧上升原因在于受新冠肺炎疫情的冲击,多数服务订单出现收缩,外需相对较弱出现回落。疫情对服务业本身以及上下游供应链的冲击在短期内难以消弭,市场增长短期内难以出现大幅反弹,随着国内疫情干扰减缓,生产效率得到改善,疫情防控的有序化,服务

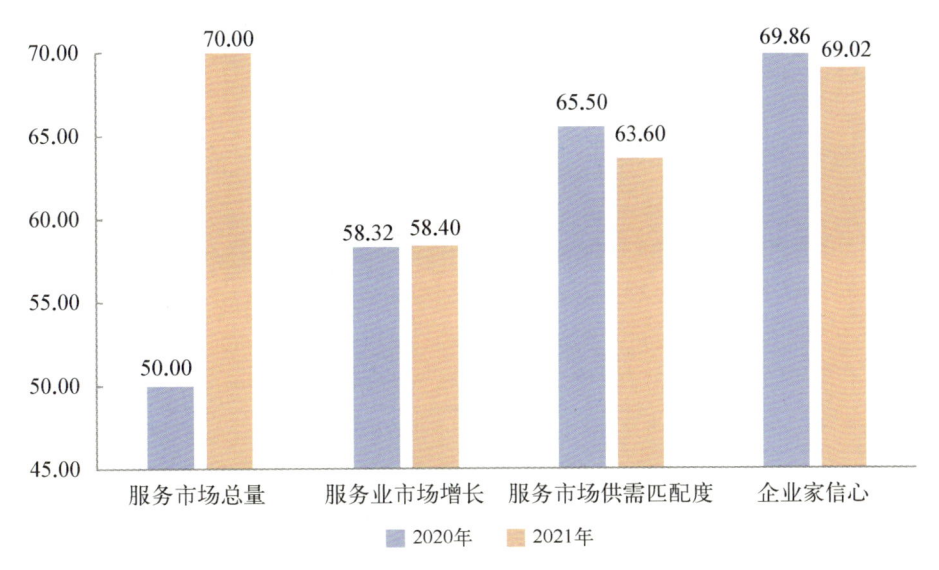

图 7　2020 年和 2021 年服务市场景气度评价对比

市场逐步复苏。同时，上海服务市场呈现出明显的数字化特征，数字化基础设施的完善、数字应用场景的布局，尽管受到疫情冲击，服务市场供需匹配度有所下降，但整体上多数企业对市场预期保持乐观态度。

（二）服务机构景气度

服务机构是指从事服务产品的生产部门和企业的集合，是能给企业提供技术、人才、信息、管理、政策等服务的企业统称。主要通过服务机构绩效指标、服务机构增长指标、服务机构知名度和服务机构投资四个二级指标来衡量服务机构景气度。

从一级指标总体上来看，服务机构景气度指标权重为0.146 2，其中2020年服务机构景气度评分为59.95分，2021年服务机构景气度评分为59.97分，较2020年景气度评分上升0.02分。在五个一级景气度指标中，2020年服务机构景气度指标与其他景气度指标相比较，整体景气度指标较低，仅高于服务人才景气度，位列第四位。2021年服务机构景气度指标仍旧位列第四位，评分指标低于服务生态景气度、服务市场景气度和服务创新景气度。

从二级分指标上来看，2020年服务机构绩效指标表现最好，评分为64.49分；服务机构知名度表现次之，评分为64.32分；服务机构增长指标表现排第三，评分为59.06分；服务机构投资指标表现排第四，评分为53.34分。2021年服务机构景气度二级分指标中，服务机构绩效指标表现最好，评分为63.90分；服务机构知名度指标表现次之，评分为62.77分；服务机构增长指标表现排第三，评分为59.53分；服务机构投资指标表现排第四，评分为54.44分。与2020年相比，2021年服务机构绩效指标和知名度指标评分分别降低了0.59分和1.55分，而服务机构增长指标和投资指标评分分别提高了0.47分和1.1分，如图8所示。

1. 服务机构绩效指标

服务机构绩效是指一定经营期间的服务机构经营效益和业绩。服务机构绩效的评价主要基于财务指标。财务指标涉及企业的成本—收益对比，度量服务机构最核心的盈利能力，因此在服务机构绩效评价体系中处于基础地位。针对服务机构绩效，主要通过服务机构的营业收入、服务机构的净资产收益率和服务机构的利润率三个问题来进行评价。

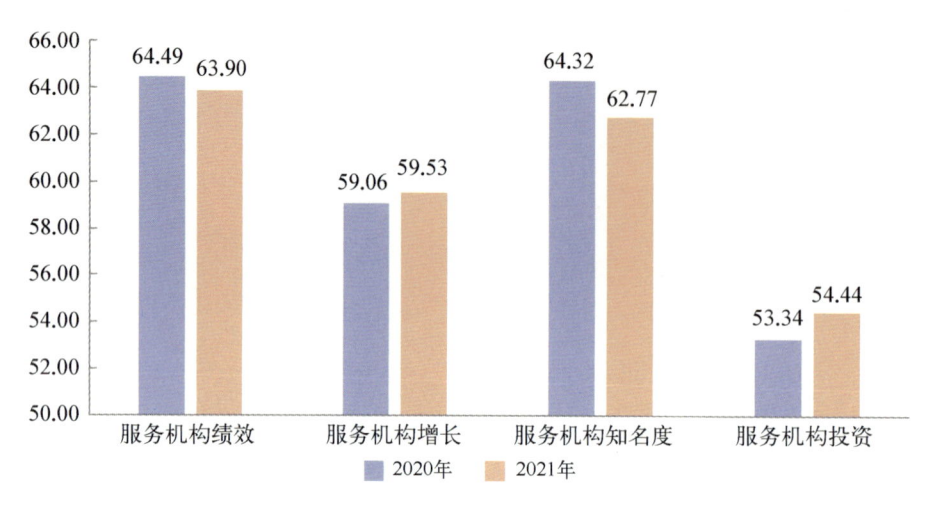

图 8　2020 年和 2021 年服务机构景气度评价对比

从图 9 中可以看到,2020 年服务机构的营业收入表现最好,评价分数为 73.38 分;服务机构的净资产收益率表现次之,评价分数为 64.66 分;服务机构的利润率评价分数最低为 55.44 分,这表明服务机构的利润率大约介于 30%～50%之间。2021 年服务机构的营业收入表现最好,评价分数为 71.53 分;服务机构的净资产收益率表现次之,评价分数为 64.26 分;服务机构的利润率表现排第三,评价分数为 55.92 分。与 2020 年相比,2021 年服务机构营业收入指标、净资产收益率指标得分分别降低了 1.85 分和 0.4 分,而服务机构利润率指标得分提高了 0.48 分。

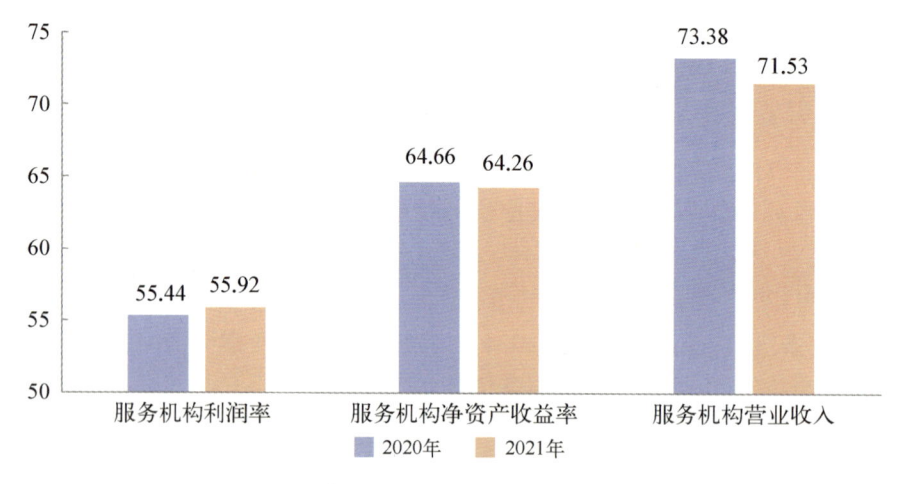

图 9　2020 年和 2021 年服务机构绩效评价对比

2. 服务机构增长指标

服务机构增长能力也称服务机构的成长性,它是服务机构通过自身的生产经营活动,不断扩大积累而形成的发展潜能。针对服务机构增长,主要通过服务机构的营业收入增长率和服务机构的营业利润增长率两个问题来进行评价。

从图 10 中可以看到,2020 年服务机构的营业收入增长率表现最好,评价分数为 59.51 分;服务机构的营业利润增长率表现次之,评价分数为 58.6 分。2021 年服务机构的营业收入增长率表现最好,评价分数为 60.93 分;服务机构的营业利润增长率表现次之,评价分数为 58.13 分。与 2020 年相比,2021 年服务机构营业收入增长率指标评价分数提高了 1.42 分,而营业利润增长率指标评价分数降低了 0.47 分。

图 10　2020 年和 2021 年服务机构增长评价对比

3. 服务机构知名度指标

服务机构知名度是指服务机构被大众所熟知的程度大小,它关系着这个服务机构的影响力和竞争力。虽然知名度不像产品那样会给服务机构带来直接的利润,但它却是服务机构潜在的财富,会间接地给服务机构带来许多好处,因为任何经济交往都是从知道和了解开始的。知名度对服务机构的生存和发展起着重要作用。针对服务机构知名度主要通过服务机构的品牌知名度、服务机构在品牌排行榜中排名、服务机构的媒体曝光率三个问题来进行评价。

从图 11 中可以看到,2020 年服务机构的品牌知名度表现最好,评价分数为 67.02 分;服务机构在品牌排行榜中排名表现次之,评价分数为 64.9 分;服务机构的媒体曝光率表现排第三,评价分数为 61.05 分。2021 年服务机构知名度子指标中,服务机构的品牌知名度表现最好,评价分数为 65.59 分;服务机构在品牌排行榜中排名表现次之,评价分数为 63.77 分;服务机构的媒体曝光率表现排第三,评价分数为 58.96 分。与 2020 年相比,2021 年服务机构知名度三个子指标评价分数都降低了,服务机构的品牌知名度、服务机构在品牌排行榜中排名和服务机构的媒体曝光率评价分数分别下降 1.43 分、1.13 分和 2.09 分。

图 11　2020 年和 2021 年服务机构知名度评价对比

4. 服务机构投资指标

服务机构投资,是指服务机构作为一级投资主体把资金投放于生产经营环节中所进行的投资。总体上说,服务机构投资的目的是为了获取投资收益,从而实现财务目标。主要通过服务机构用于购建固定资产、无形资产和其他长期资产支付的现金占总资产的比值、服务机构用于购建厂房和设备支出减去折旧、损耗和摊销之差占总资产比值两个问题来进行评价。

从图12中可以看到,2020年服务机构投资子指标中,服务机构用于购建固定资产、无形资产和其他长期资产支付的现金占总资产的比值表现最好,评价分数为53.72分;服务机构用于购建厂房和设备支出减去折旧、损耗和摊销之差占总资产比值表现次之,评价分数为52.96分。服务机构用于购建固定资产、无形资产和其他长期资产支付的现金占总资产的比值得分与服务机构用于购建厂房和设备支出减去折旧、损耗和摊销之差占总资产比值得分非常接近50分,表明服务机构投资占总资产比值为20%～30%。2021年服务机构投资子指标中,服务机构用于购建固定资产、无形资产和其他长期资产支付的现金占总资产的比值表现最好,评价分数为54.74分;服务机构用于购建厂房和设备支出减去折旧、损耗和摊销之差占总资产比值表现次之,评价分数为54.13分。服务机构用于购建固定资产、无形资产和其他长期资产支付的现金占总资产的比值评价分数与服务机构用于购建厂房和设备支出减去折旧、损耗和摊销之差占总资产比值评价分数非常接近。与2020年相比,2021年服务机构投资两个子指标评价分数都有所提高。

图12 2020年和2021年服务机构投资评价对比

(三) 服务人才景气度

服务人才景气度包括服务人才供给、服务人才需求、服务业人才供需匹配、服务业人才流动率和服务业人员薪酬增长五个维度。

本报告使用群决策的专家数据集结方法,取各专家排序向量加权算术平均,计算得出2021年服务人才景气指数为57.691901,以50为基准,2021年服务人才市场处于景气状态;与2020年服务人才景气指数(58.246178)相比,降低0.9516%,基本持平。

从服务人才景气度的五个维度的指数来看,2021年服务人才供给情况良好(指数为60.015),较2020年减少;服务人才需求情况不佳(指数为46.91),较2020年减少;服务业人才供需匹配度指数为67.41666667,较2020年降低;服务业人才流动率指数为54.25,较2020年增高;服务业人员薪酬增长指数为54.81,较2020年有所增长。2021年,除服务人才需求市场不景气外,服务人才供给、服务业人才匹配度、服务业人才薪酬增长均处于较好的状态;但与2020年相比,仅服务业人员薪酬增长的指数是向好增长的。

表 4 服务人才景气指标

年度指标	服务人才供给	服务人才需求	服务业人才供需匹配度	服务业人才流动率	服务业人员薪酬增长	服务人才景气度
2021 年	60.015	46.91	67.416 666 67	54.25	54.81	57.691 901
2020 年	60.65	47.61	68.666 666 67	53.84	54.68	58.246 178

注：基准为 50。

具体而言，服务人才供给方面，相比于 2020 年，2021 年仅有 34.4% 的企业应聘人数减少，其中，有 14.4% 的企业应聘人数大幅减少，此外，有 35.4% 的企业应聘人数基本不变，有 30.1% 的企业应聘人数增加（见图 13）；2021 年，有一大半企业（51.1%）的应聘者大专及以上学历人数占比高于 60%（见图 14）。服务人才供给指数为 60.015，服务人才供给情况良好。

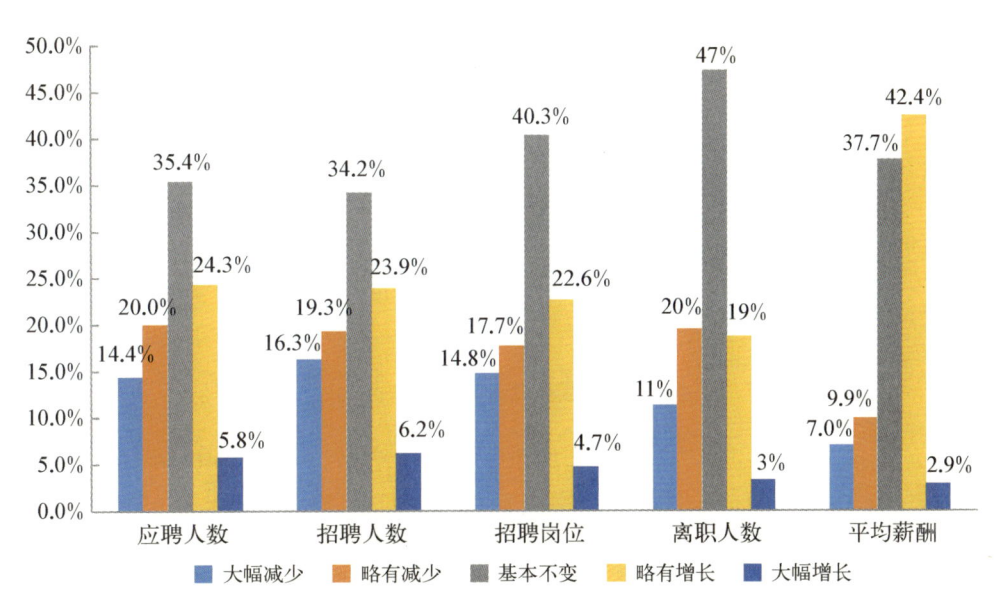

图 13 服务业人才景气情况 1

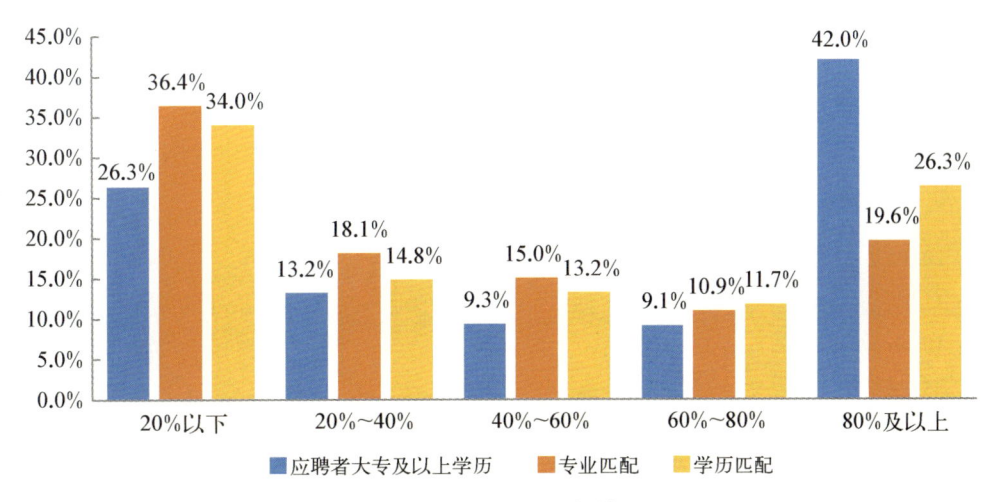

图 14 服务业人才景气情况 2

服务人才需求方面,相比于2020年,2021年有35.6%的企业招聘人数减少,34.2%的企业招聘人数基本不变,仅30.1%的企业招聘人数增加;相比于2020年,2021年有32.5%的企业招聘岗位减少,40.3%的企业招聘岗位基本不变,仅27.3%的企业招聘岗位增加(见图13)。服务人才需求指数为46.91,服务人才需求情况不佳。

服务人才供需匹配方面,2021年有54.5%的企业相关岗位需求专业的应聘人员人数占比低于40%,48.8%的企业相关岗位需求学历的应聘人员人数占比低于40%(见图14)。此外,有44.5%的企业岗位空缺与求职人数比率小于1,劳动力市场供过于求,其中有17.5%的企业岗位空缺与求职人数比率为0,即这些企业不提供就业岗位;有55.4%的企业岗位空缺与求职人数比率大于1,即劳动力市场供不应求(见图15)。服务人才供需匹配指数为67.416 666 67,服务人才供需匹配状况良好。

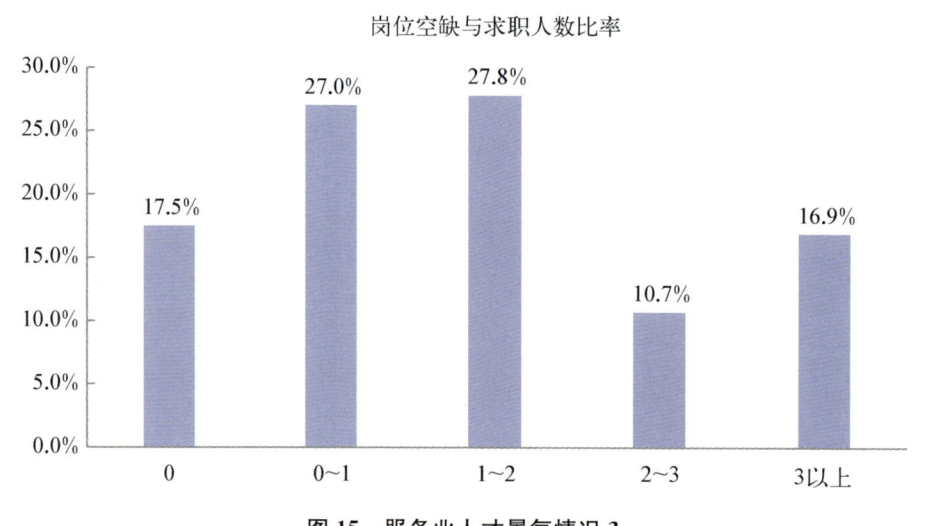

图15　服务业人才景气情况3

服务业人才流动方面,2021年有42.2%的企业人才流动率低于5%,40.9%的企业人才流动率在5%~15%,仅有16.9%的企业人才流动率高于15%(见图16);2021年有47%的企业离职人员人数基本不变,31%的企业离职人员人数减少,22%的企业离职人员人数增加(见图13)。服务业人才流动率指数为54.25,服务业人才流动态势良好。

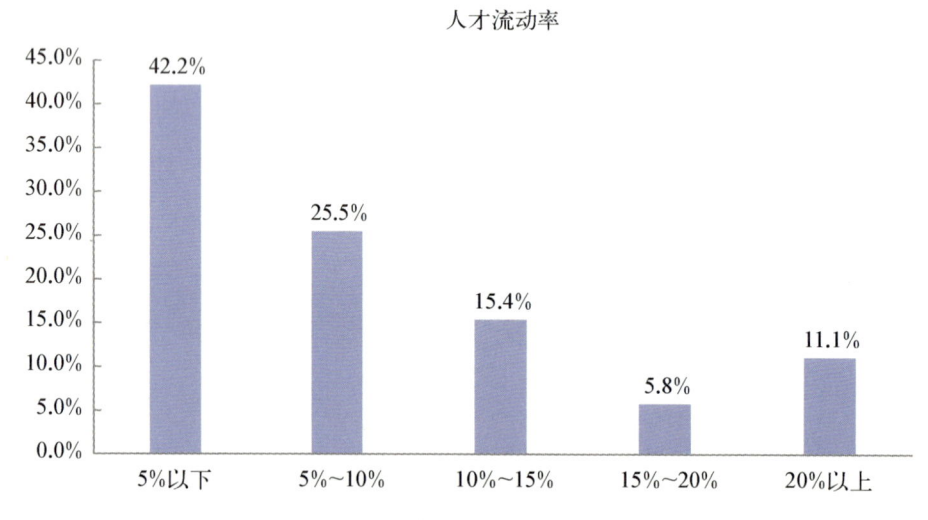

图16　服务业人才景气情况4

服务业人员薪酬方面,2021年有45.3%的企业平均薪酬增长,37.7%的企业平均薪酬基本不变,仅16.9%的企业平均薪酬降低(见图13)。服务业人员薪酬增长指数为54.81,服务业人员薪酬增长态势良好。

(四) 服务创新景气度

服务创新就是使潜在用户感受到不同于从前的崭新内容,是指新的设想、新的技术手段转变成新的或者改进的服务方式,是一种技术创新、业务模式创新、社会行业创新和需求与用户创新的综合。主要通过服务行业创新指标、服务技术创新指标、服务模式创新指标和服务产品创新四个二级指标来衡量服务企业创新景气度。

从一级指标总体上来看,服务创新景气度指标权重为0.1914,其中2020年服务创新景气度评分为63.57分,2021年服务创新景气度评分为62.82分,较2020年景气度评分下降0.75分。在五个一级景气度指标中,2020年服务创新景气度指标与其他景气度指标相比较,整体景气度指标较高,仅次于服务生态景气度,位列第二位。2021年服务创新景气度指标下降一位,位列第三位,评分指标低于服务市场景气度和服务生态景气度。

从二级分指标上来看,2020年服务行业创新能力评分为63.57分,服务技术创新指标评分为63.34分、服务模式创新指标评分为64.26分和服务产品创新63.02分,整体分数均高于63分,其中服务模式创新评分达到64分以上,为四个指标最高分,服务产品创新指标分数最低。2021年服务行业创新能力评分为63.19分、服务技术创新指标评分为62.01分、服务模式创新指标评分为63.43分和服务产品创新62.39分,所有指标评分均低于2020年,其中服务模式创新指标评分最高,服务技术创新指标评分最低,如图17所示。

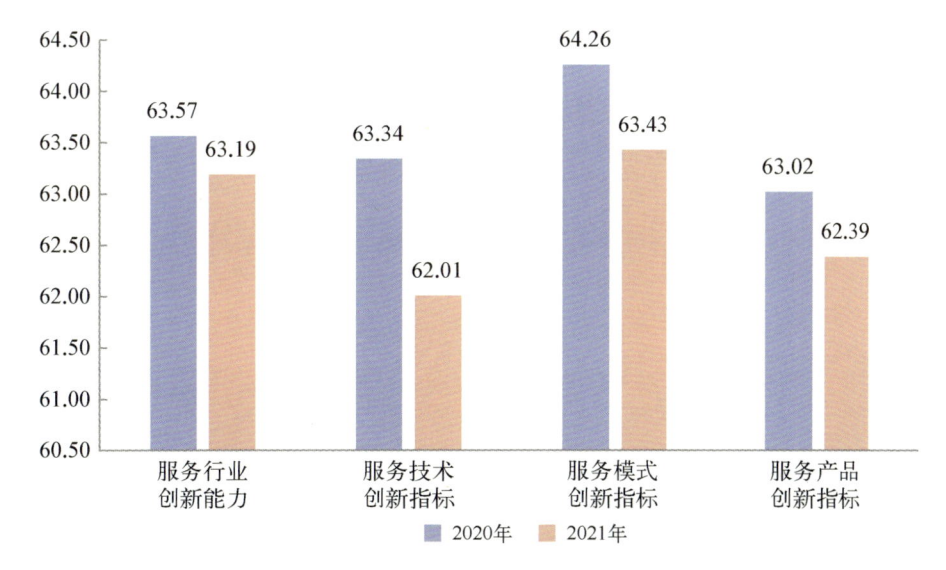

图17 2020年和2021年服务创新景气度评价对比

1. *服务行业创新能力*

服务行业创新能力是指在商业服务、通信服务、销售服务等服务贸易行业上进行的创新活动能力,通过非物质制造手段所进行的增加有形或无形"产品"之附加价值的行业经济活动,这种能力是企业进行市场竞争的重要武器。针对服务行业创新能力,主要通过服务企业拥有较高的创新研发投入、服务企业人员具有较高的创新素质和服务企业拥有较好的创新投资环境三个问题来进行评价。

从图18中可以看到,2020年服务创新研发投入、服务人员创新素质和服务企业创新投资环境的评价分数分别为62.25分、65.13分和63.32分,其中服务人员创新素质达到65分以上,说明服务人员创新素质整体评价较高。2021年服务创新研发投入、服务人员创新素质和服务企业创新投资环境的评价分数分别为61.84分、65.08分和62.66分,服务人员创新素质下降0.05分,但依旧在65分以上,而服务创新研发投入与服务企业创新投资环境分数下降较多,分别下降0.41分和0.66分。

图18 2020年和2021年服务行业创新能力评价对比

2. 服务技术创新指标

服务技术创新是以满足人类需求为目的的软技术创新活动。服务技术创新分为围绕物质生产部门的管理、组织、设计等软技术创新活动,围绕文化产业、社会产业的推动社会和生态进步,丰富精神生活的软技术创新活动以及围绕传统服务业和狭义智力服务业的软技术创新。针对服务技术创新能力,主要通过服务企业拥有较高的数智化水平、服务企业拥有较好的技术科技发展环境和服务企业技术创新资源投入比例三个问题来进行评价。

从图19中可以看到,2020年服务企业数智化水平、服务企业技术科技发展环境和服务企业技

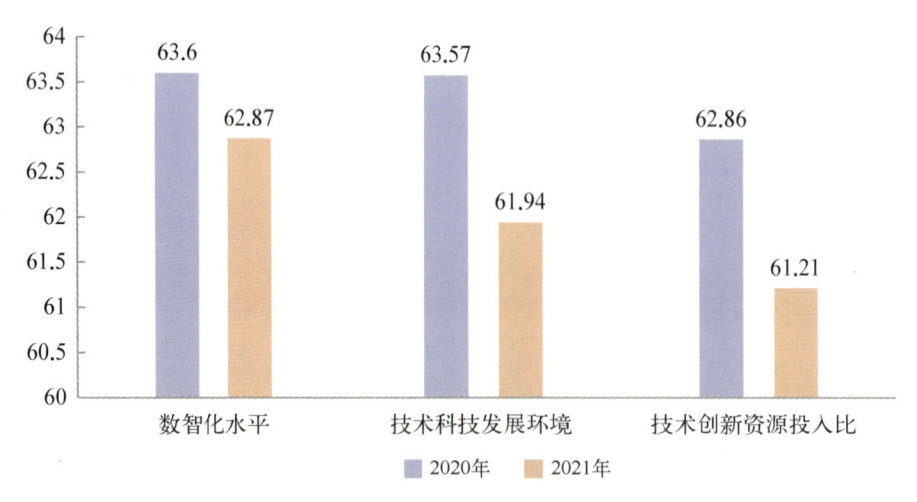

图19 2020年和2021年服务技术创新能力评价对比

术创新资源投入比的评价分数分别为63.60分、63.57分和62.86分,其中服务企业数智化水平、服务企业技术科技发展环境评分均达到63分以上,服务企业技术创新资源投入评分相对较低。2021年服务企业数智化水平、服务企业技术科技发展环境和服务企业技术创新资源投入比例的评价分数分别为62.87分、61.94分和61.21分,均低于2020年评价分数,其中服务企业技术科技发展环境和服务企业技术创新资源投入比例为61分左右,下降较多,较2020年分别下降1.63分和1.65分。

3. 服务模式创新指标

服务模式创新是指在服务过程中采取不同的创新模式,如创新合作、创新文化等,通过构建创新战略伙伴关系,提高创新效率,降低创新成本,实现创新的互利共赢。针对服务模式创新主要通过服务企业拥有较好的产学研合作水平、服务企业拥有较好的创新文化氛围、服务企业与其他科研机构保持良好的合作伙伴关系三个问题来进行评价。

从图20中可以看到,2020年服务企业的产学研合作水平、创新文化氛围和与其他科研机构保持良好合作伙伴关系的评价分数分别为62.92分、65.07分和64.8分,其中服务人员创新素质达到65分以上,说明与其他科研机构保持良好合作伙伴关系的整体评价较高。2021年服务企业的产学研合作水平、创新文化氛围和与其他科研机构保持良好合作伙伴的评价分数分别为62.46分、63.99分和63.84分,均低于2020年评价分数。其中创新文化氛围分数下降较多,较2020年下降1.08分。产学研合作水平和与其他科研机构保持良好合作伙伴分别下降0.46分和0.96分。

图20 2020年和2021年服务模式创新能力评价对比

4. 服务产品创新指标

服务产品创新,是以各种劳务形式表现出来无形产品的创新活动,服务产品创新可以与有形产品密切联系,也可以表现为无形产品。主要通过服务企业高新产品具有较高的投入与产出比、服务企业产品创新可持续性和服务企业具有较强的产品获利增长力三个问题来进行评价。

从图21中可以看到,2020年高新产品投入与产出比、产品创新可持续性和产品获利增长力的评价分数分别为61.71分、64.36分和63分,其中产品创新可持续性分数较高,达到64分以上,高新产品投入与产出比分数较低。2021年高新产品投入与产出比、产品创新可持续性和产品获利增长力的评价分数分别为61.32分、64.17分和61.67分。虽然三项都有所下降,但高新产品投入与产出比、产品创新可持续性的分数下降不明显,产品获利增长力评分下降较多,达到1.33分。

图 21　2020 年和 2021 年服务产品创新能力评价对比

(五) 服务生态景气度

服务生态是生态循环经济的有机部分,是服务业内部有序运转发展及同外部产业和谐共促的状态。健康的服务生态能够有效服务于经济体系的其他产业和国民的生活,促进经济的发展,维护社会稳定,提升民众幸福感。主要通过中介服务、服务基础设施、服务市场可持续发展、服务政策支持、服务监管环境五个二级指标来衡量服务生态的景气度。

一级指标服务生态景气度的权重为0.1303,2020 年服务生态景气度的得分为66.15 分,2021年得分为64.95 分,2021 年相较 2020 年得分下降 1.2 分。对比五个一级景气度指标,无论是 2020 年还是 2021 年,服务生态景气度都是得分最高,生态意味着服务业长期运行的健康状况,所以可以看出被调查者对服务市场的长远前景还是较为看好。

从二级指标上来看,2020 年中介服务得分为 65.43 分,基础设施得分为 65.02 分,服务市场可持续发展得分为 67.06 分,服务政策支持得分为 64.39 分,服务监管环境得分为 68.21 分,五项分值除服务政策支持接近外,其余均超过 65 分,其中监管环境得分最高为 68.21 分。2021 年,中介服务的得分为 64.86 分,基础设施得分为 63.84 分,服务可持续发展得分为 66.43 分,服务政策得分为 62.78 分,服务监管环境得分为 66.56 分,2021 年各二级指标的得分相较于 2020 年都在下降,但服务市场可持续发展和服务监管环境代表长远前景的指标得分保持在 65 分以上,中介服务、基础设施和服务政策支持等能代表当前服务市场环境的指标跌至 65 分以下,说明被调查者认为服务生态当前的现状比较艰难,但长期虽评价有所降低,但仍较为看好。

1. 中介服务指标

《关于进一步促进本市中介服务业发展若干意见的通知》中,中介服务业是指介于各类市场主体之间,提供居中专门服务,发挥鉴证、经纪、咨询、代理、监督、公证等功能的行业总称。

从图 23 可以看出,2020 年中介服务的便利性、服务满意度、质量认知和中介服务企业诚信度得分分别为 65.16 分、64.97 分、65.11 分和 66.48 分,其中中介服务企业诚信度的得分最高,满意度

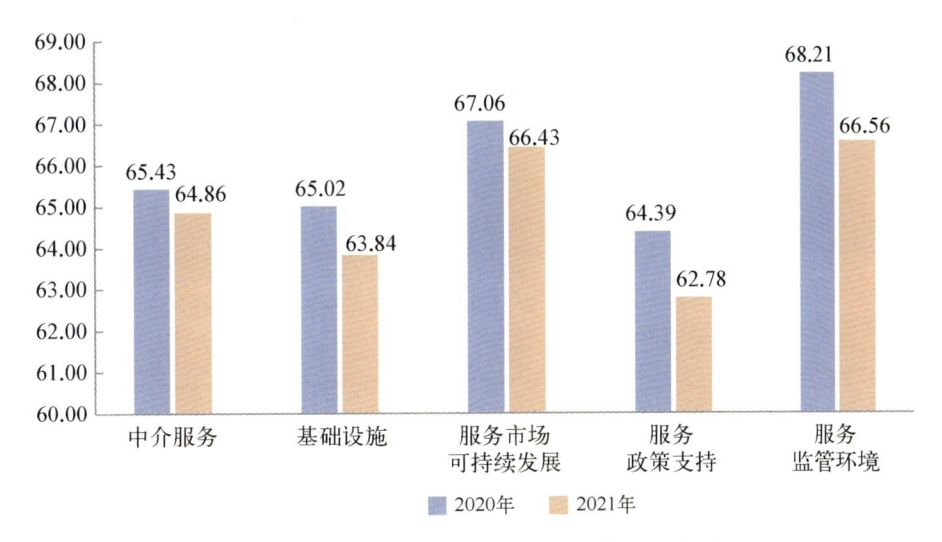

图 22　2020 年和 2021 年服务生态景气度评价对比

的得分最低,2021 年,所有四项得分数据变为 64.41 分、64.39 分、65.08 分和 65.56 分,得分最高的仍是企业诚信度,但 2021 年的得分数据与 2020 年相比,普遍下降,下降最小的是中介服务质量认知,落差最大的是中介服务企业诚信度,可以说市场所提供的中介服务的水平在整体降低,这是受外部客观情况的影响,其中服务质量相对保持较好,但企业诚信度和中介服务便利性落差要大一点,说明整个中介服务市场生存与经营相对艰难。

图 23　2020 年和 2021 年中介服务评价对比

2. 基础设施

服务生态中的基础设施决定了服务业向其他产业及民生提供服务的基础能力和能力上限,是整个服务行业存在的根基,有效的基础设施能够扩大服务行业的规模,提高服务效率,为服务行业的创新与发展提供底层支持。

在基础设施的得分数据中,2020 年便利性、支持力和完备性方面得分分别为 63.62 分、66.06 分和 65.37 分,支持力方面的数据最高,表明受访者认为基础设施对服务市场的发展起很大的作用。2021 年数据普遍下降 1 分左右,分别为 62.41 分、65.08 分和 64.02 分,最高得分仍然是支持力,便利性方面的得分明显低于另外两项,应该是与疫情的延续有关,疫情阻碍了基础设施对服务

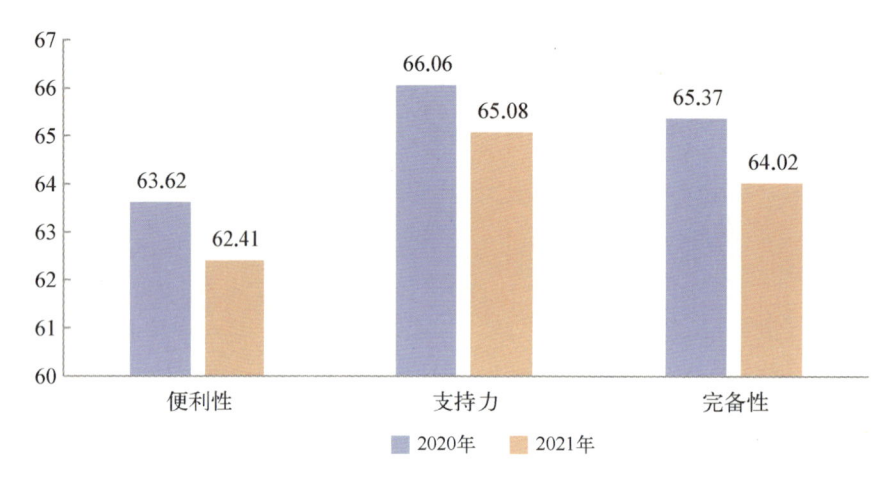

图 24 2020 年和 2021 年基础设施对服务的影响评价对比

市场的支持作用,让服务接受者感受到了不便。

3. 服务市场可持续发展

可持续发展追求的是一种长远持续发展的经济模式,服务市场的可持续发展也要求在发展过程中,在满足当代人需求的情况下,以不损害后代人的利益为前提,追求服务市场的持续稳定发展,不对环境造成损害。

由图 25 可知,相对于对中介服务和基础设施的评价,服务市场的可持续发展得分普遍要高。但同样,比较 2020 年与 2021 年的得分数据,对可持续发展的认可度还是有所降低的。2020 年与 2021 年的分数,可持续发展理念认同方面分别是 67.76 分和 67.31 分;可持续发展技术应用方面,分别是 65.1 分和 64.38 分;可持续发展执行效果方面,分别是 68.08 分和 67.08 分;可持续发展关注度方面,分别是 67.3 分和 66.94 分,总体得分最高的是可持续发展执行效果,其次是可持续发展关注度,两年得分最低的是可持续发展的技术应用。比较可以得出,对可持续发展观念上的认同度及取得的成绩评价较高,意识先行,但对技术应用的认可度评价较低,说明这方面还有很大的发展空间。

图 25 2020 年和 2021 年服务市场可持续性发展认知比较

4. 服务政策支持

服务政策支持是政府和法律环境对服务行业的支持度,以及对资源投入服务行业的政策性引导状况,也表现出社会对服务产业重视与支持程度,良好的政策支持能引导和推动服务业快速高质量的发展,能影响对服务行业的投资偏向,也能影响从业人员的在服务行业的就业意愿,更能激发对服务业的消费需求。

从得分数据看,2020年的政策支持力度为64.39分,政策支持广度为64.48分,数据基本持平,政策支持广度略高,但2021年的得分下降明显,力度和广度分别为62.56分和63分,政策支持广度要高于政策支持力度,可以看出在被调查者的认知中,政策支持的覆盖面要大于支持力度的,所以有必要在一定程度上加强某些服务业政策的支持力度,让支持效果体现出来,特别是在经济下行和疫情影响的情况下,对服务业的政策支持力度和广度方面都要下功夫,让政策切实起效果,以缓解经济下行和疫情带来的压力。

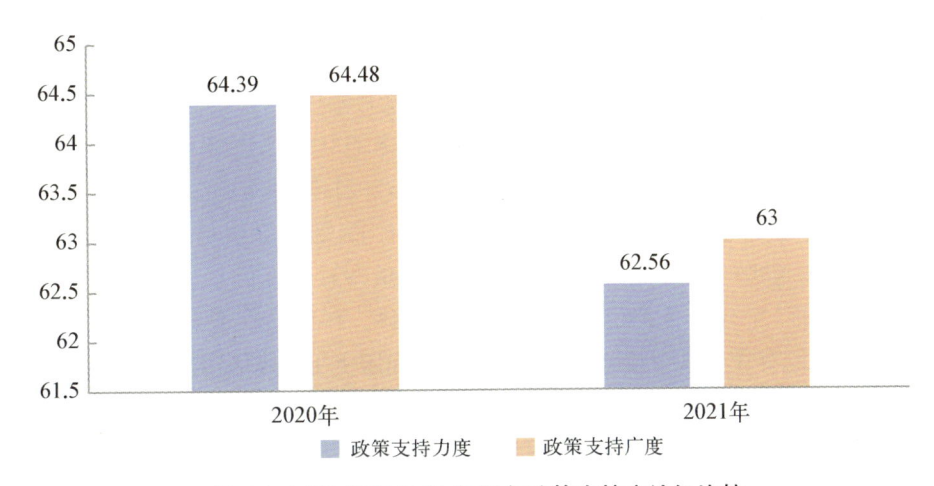

图 26　2020 年和 2021 年服务政策支持度认知比较

5. 服务监管环境

服务监管环境是有权利对服务行业监管的组织和机构对服务行业企业进行监督管理,规制调整其行为而构成的服务业外部环境的一部分。良好的监管环境能够让服务业高效、有序、公平的发展,不良的监管环境会导致服务行业低效、无序,增加经营成本,体量萎缩,对社会的支持作用下降。

由图27可得,2020年的得分,在监管合理性、监管力度和监管效果方面,分别是68.7、68.7分和67.23分,仍全面高于2021年67.31分、67.23分和65.14分,总体得分最高的项为监管合理性,最低项为监管效果,从三项数据综合来看,对于监管效果仍有提升的空间。

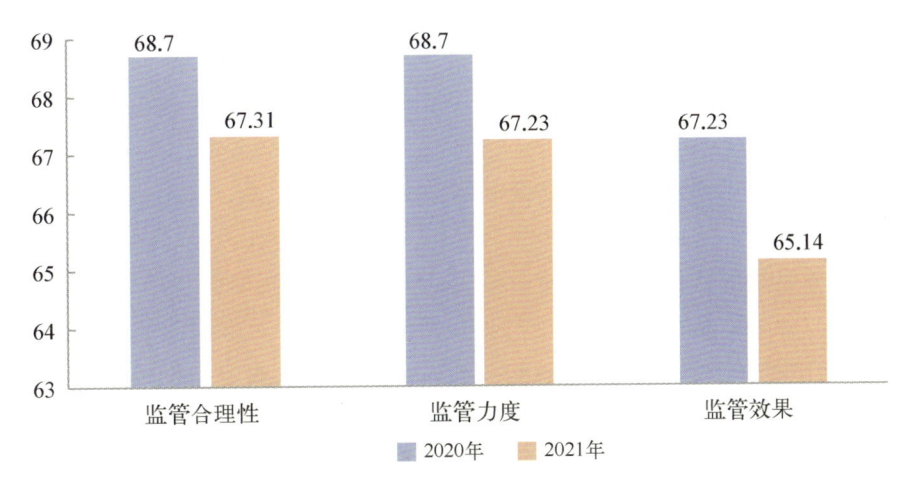

图 27　2020 年与 2021 年服务监管环境认知比较

五、总结与展望

　　基于 2020 年现代服务业景气指数报告，本课题组在指标选取、模型构建、数据处理及结果分析方法上进行了全面的创新，更加科学合理的反映出景气指数的变动情况。在此次景气指数编制过程中，为了实现其可参照性，课题组以上海工程技术大学现代服务业景气指数课题组核算出的 2015—2020 年的景气指数值为基础，利用新的编制规则同时对 2015—2021 年现代服务业景气指数进行了测算分析。对结果进行显著性修正后，计算可得 2015—2021 年的现代服务业景气指数分别为 59.87、61.54、67.14、60.21、62.06、61.89 及 62.42，总体呈现稳中有升的态势。

　　对构成整个服务业景气指数综合值的各一级指标的综合测算结果进行分析可知，2021 年服务业服务市场景气度对比 2020 年相关数值具有显著的提升，提升幅度为 2.47 分。其中，服务市场总量指标评分提升最为显著，说明上海整体服务市场在疫情防控常态化下已逐渐复苏，并呈现快速增长的趋势。然而，在服务市场供需匹配度及服务人才景气度方面，2021 年对比 2020 年有了一定程度的下滑，说明传统的服务业人才已无法完全满足数字化服务市场需求，如何吸引更多的复合型高素质人才也成为相关企业所必须要考虑的问题。尽管在 2021 年服务生态景气度仍是得分最高的景气指标，但是对比 2020 年的相关数据，2021 年依旧呈现小幅下降的趋势。特别是在服务基础设施、服务政策支持和服务监管环境方面，仍有较大的发展空间，这也为政府和服务业市场提出了更多的要求。除上述各一级指标外，2021 年服务机构景气度和服务创新景气度得分基本保持稳定，但随着数字经济时代的到来，服务行业应该更加注重技术、产品和模式的创新，进一步提高服务机构的知名度与顾客接受度。

　　根据上海现代服务业景气指数的变化趋势，课题组针对上海服务业未来发展有如下展望：

　　（一）新冠疫情对上海现代服务业特别是旅游业、文化服务业等造成了巨大冲击，但也带动了电商、健康服务业和生产性服务业等的发展。未来上海现代服务业景气将继续呈现稳中有升的态势，为进一步促进经济发展和就业做出贡献。

　　（二）上海现代服务业正逐渐向数字化、网络化和智能化发展，这对高校和职业教育机构等提出了更高的人才培养要求，在未来会有越来越多的复合型高素质人才投身到现代服务业中，进一步提升现代服务业的现代化和创新水平。

　　（三）以国内大循环为主体的新发展格局将促进国内现代服务业市场结构发生巨大的变化，也为很多国内品牌的发展提供了更多的机会，在未来会有越来越多的本土企业加入到现代服务业市场，成为其中的中坚力量。

六、金融与保险行业景气指数报告

（一）金融与保险业景气指数综合评分

　　金融与保险服务业是指经营金融、保险业务的行业。金融是指经营货币资金融通活动的业务，包括贷款、融资租赁、金融商品转让、金融经纪业和其他金融业务。保险是指将通过契约形式集中起来的资金，用以补偿被保险人的经济利益的活动。金融与保险业应当积极发挥服务实体经济发展和民生改善的作用，要提升金融服务效率、加强保险保障、维护资金安全，要做好"六稳""六保"工作，特别是保就业、保民生、保市场主体的工作。促进金融与保险服务业的发展，对于推动构建"双循环"新格局，推动经济向更深层次发展有着十分重要的意义。本节主要根据服务市场景气度、服务机构景气度、服务人才景气度、服务创新景气度和服务生态景气度这五个一级指标,来衡量和分析2021年上海市金融与保险服务业景气度。

总体来看,2021年上海市金融与保险服务业景气度评分为64.95分,较2020年的64.30分,增加0.65分。从一级指标来看,服务生态景气度评分最高,为68.16分,较上一年降低0.85分;服务市场景气度评分为66.78分,比上一年上升2.18分,变化幅度最大;服务人才景气度评分为63.51分,与2020年相比上升0.27分;服务创新景气度评分为63.33分,比上一年降低0.55分;服务机构景气度评分为61.15分,相比2020年上升0.10分,变化幅度最小(如图28所示)。

图28　2021年和2020年上海市金融与保险业景气度一级指标评价

(二) 分维度指数情况

1. 服务市场景气度

与2020年相比,2021年金融与保险业服务市场景气度指标的评分整体提高2.18分,提升主要源于服务市场总量这一指标,服务市场总量指标由2020年的50分提升到了2021年的70分。除了这一项指标之外,服务业市场增长、服务市场供需匹配度,以及企业家信心指标评分均有所下降,分别由上一年的62.43分、67.80分和73.08分下降为61.31分、66.26分和72.17分,其中服务市场供需匹配度下降幅度最大,减少了1.54分(如图29所示)。

2. 服务机构景气度

从服务机构景气度二级分指标来看,2020年金融与保险业的服务机构绩效指标表现最好,评分为66.34分;金融与保险业知名度表现次之,评分为63.6分;金融与保险业增长指标表现排第三,评分为62.95分;金融与保险业投资指标表现排第四,评分为50.99分。2021年金融与保险业景气度二级分指标中,金融与保险业绩效指标表现最好,评分为66.61分;金融与保险业知名度指标表现次之,评分为63.75分;金融与保险业增长指标表现排第三,评分为62.81分;金融与保险业投资指标表现排第四,评分为51.21分。与2020年相比,2021年金融与保险业增长指标评分降低了0.14分,而金融与保险业绩效指标、知名度指标和投资指标评分分别提高了0.27分、0.15分和0.22分(如图30所示)。

3. 服务人才景气度

在服务人才景气度的二级指标中,2021年的上海市金融与保险业的服务人才供给、服务人才

图 29　2021 年和 2020 年上海市金融与保险业的服务市场景气度指标评价

图 30　2021 年和 2020 年上海市金融与保险业的服务机构景气度指标评价

需求、服务业人才供需匹配度，服务业人才流动率，以及服务业人员薪酬增长的指标评分分别为67.88 分、52.42 分、73.47 分、59.72 分、59.14 分。服务人才供给指标基本与上一年持平；服务人才需求和服务人才供需匹配度指标的评分有所下降，其中，服务人才供需匹配度指标下降幅度略高一些，评分降低了 1.18 分，整体供需匹配度方面亟需调整；服务业人才流动率和服务业人员薪酬增长指标的评分相较 2020 年分别提高了 3.7 分和 1.22 分（如图 31 所示）。

4. 服务创新景气度

从二级指标来看，2021 年上海市金融与保险业的服务行业创新指标、服务技术创新指标、服务模式创新指标和服务产品创新指标的评分均比 2020 年有所减少。可能受近年来 P2P 事件的影响，普通民众对金融与保险业创新的信心下降。四个指标的评分减幅依次为 0.42 分、0.83 分、0.59 分和 0.40 分，其中，服务技术创新指标下降分数最大。

5. 服务生态景气度

服务生态景气度主要包括中介服务、基础设施、市场可持续发展、服务政策与监管等二级指标。通过对比 2020 年和 2021 年，在服务生态景气度的二级指标中，上海市金融与保险业的中介服务指标评分基本与上一年持平；基础设施、服务市场可持续发展、服务政策支持和服务监管环境的指标

图 31　2021年和2020年上海市金融与保险业的服务人才景气度指标评价

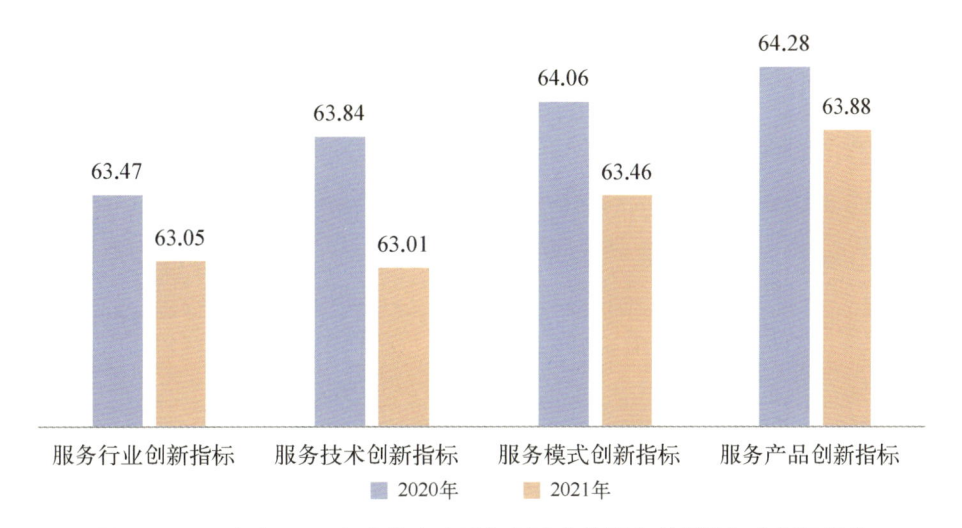

图 32　2021年和2020年上海市金融与保险业的服务创新景气度指标评价

评分均有所下降,分别减少了1.12分、0.43分、1.79分和0.53分。表达了非金融专业人士对互联网金融创新平台迅速发展过程中自身的金融乱象的担忧。

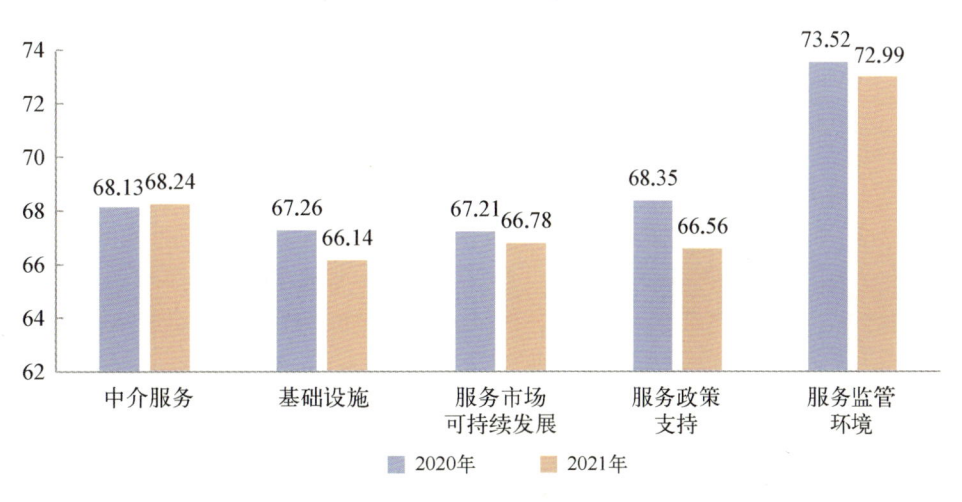

图 33　2021年和2020年上海市金融与保险业的服务生态景气度指标评价

七、居民服务行业景气指数报告

（一）居民服务业景气指数综合评分

对问卷所获取的数据进行分析后，得到 2021 年和 2020 年上海居民服务业景气指数综合数值分别为 59.17 分和 58.66 分（如图 34 所示），2021 年相比于 2020 年服务业景气度略有提升，综合景气指数数值高 0.51 分。与整个服务业综合情况相比，居民服务业景气度更低，表现为测算出景气指数值更小，2021 年居民服务业景气指数比整个服务业景气指数低 3.25 分，2020 年居民服务业景气指数比整个服务业景气指数低 3.23 分，这一差距在 2021 年略有增加。

图 34　2021 年和 2020 年上海服务业景气指数综合得分

从构成整个居民服务业景气指数综合值的各一级指标的综合情况来看，2021 年服务业市场景气度指标数值最高，为 62.50 分；其次是服务生态景气度，指标数值为 62.14 分；排在三、第四位的服务创新景气度和服务机构景气度指标数值分别为 58.58 分和 57.76 分；服务人才景气度的指标数值最低，仅为 51.10 分（见图 35）。对比整个服务业的综合情况来看，居民服务业所有一级指标的景气指数值均低于服务业综合情况，差距最为明显的为服务人才景气度。

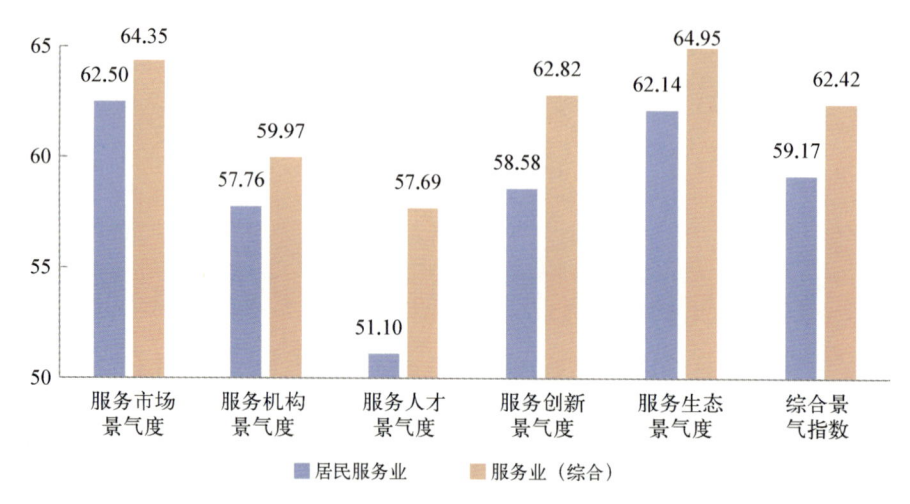

图 35　2021 年上海居民服务业景气指数综合得分

2020年构成居民服务业景气指数综合值的各一级指标中服务业生态景气度数值是最高的,为64.19分;其次是服务市场景气度,指标数值为59.79分;排在第三、第四位的服务创新景气度和服务机构景气度,其指标数值分别为58.93分和57.72分;服务人才景气度的指标数值最低,为52.17分(见图36)。对比整个服务业的综合情况来看,2020年居民服务业的所有一级指标景气指数值也均低于服务业综合情况,差距最为明显的仍然为服务人才景气度,差距最小的为服务生态景气度。

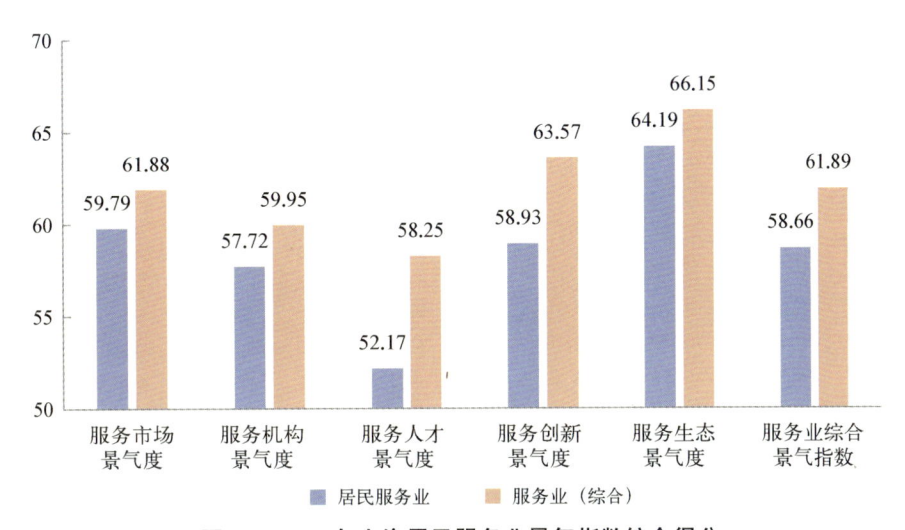

图36 2020年上海居民服务业景气指数综合得分

对比2021年和2020年可以发现,2021年居民服务业行业景气指数综合值高于2020年主要是因为构成的五个一级指标中服务市场景气度指数综合值在2021年有了显著地提升,服务市场景气度指标综合值2021年相比于2020年高了2.72分。2021年整个居民服务业景气度综合构成里的服务人才景气度、服务创新景气度以及服务生态景气度等指标值均低于2020年。服务机构景气度综合值表现为2021年与2020年基本持平。对比整个服务业的综合情况来看,2021年居民服务业的一级指标中服务市场景气度复苏的情况优于整个服务业的平均情况,但服务人才景气度和服务生态景气度恶化的程度要高于整个服务业的平均情况(见图37),这也意味着要进一步助推居民服

图37 2021年相比于2020年景气指数的差距

务业复苏需要在人才服务和生态建设方面下更多功夫。

（二）分维度指数情况

1. 服务市场景气度

从图38中可以看到，2020年服务市场总量、服务业市场增长、服务市场供需匹配度和企业家信心的评价分数分别为50.00分、56.60分、61.68分和67.92分，其中企业家信心达到65分以上，说明企业对居民服务行业市场预期保持积极乐观态度。2021年服务市场总量、服务业市场增长、服务市场供需匹配度和企业家信心的评价分数分别为70.00分、56.83分、60.60分和66.96分。较2020年，2021年服务市场总量大幅提高20.00分；服务业市场增长略有提高0.23分；服务市场供需匹配度和企业家信心皆有所下降，分别下降1.08分和0.96分，但依旧在60分以上。

图38 2020年和2021年居民服务行业服务市场景气度评价对比

2. 服务机构景气度

从图39中可以看到，2020年服务机构绩效指标、服务机构增长指标、服务机构知名度和服务机构投资的评价分数分别为60.58分、56.53分、60.67分和54.10分。2021年服务机构绩效指标、服务机构增长指标、服务机构知名度和服务机构投资的评价分数分别为58.65分、57.57分、59.34分和56.01分。较2020年，2021年服务机构绩效指标、服务机构知名度略有降低，分别下降1.93分和1.38分；但服务机构增长指标和服务机构投资有所提高，分别上升1.04分和1.91分。整体而言，居民服务行业中服务机构景气度仍远大于40分。

3. 服务人才景气度

从图40中可以看到，2020年服务人才供给、服务人才需求、服务业人才供需匹配度、服务业人才流动率和服务业人员薪酬增长的评价分数分别为51.43分、44.18分、63.73分、53.27分和43.74分。2021年服务人才供给、服务人才需求、服务业人才供需匹配度、服务业人才流动率和服务业人员薪酬增长的评价分数分别为49.78分、40.16分、62.87分、51.70分和46.22分。较2020年，2021年除却服务业人员薪酬增长提高了2.48分，服务人才供给、服务人才需求、服务业人才供需匹配度和服务业人才流动率皆有所下降，分别下降1.65分、4.02分、0.86分和1.57分。服务人才供给和服务人才需求同时下降，反映出居民服务行业整体环境受到新冠肺炎疫情冲击的结果，但

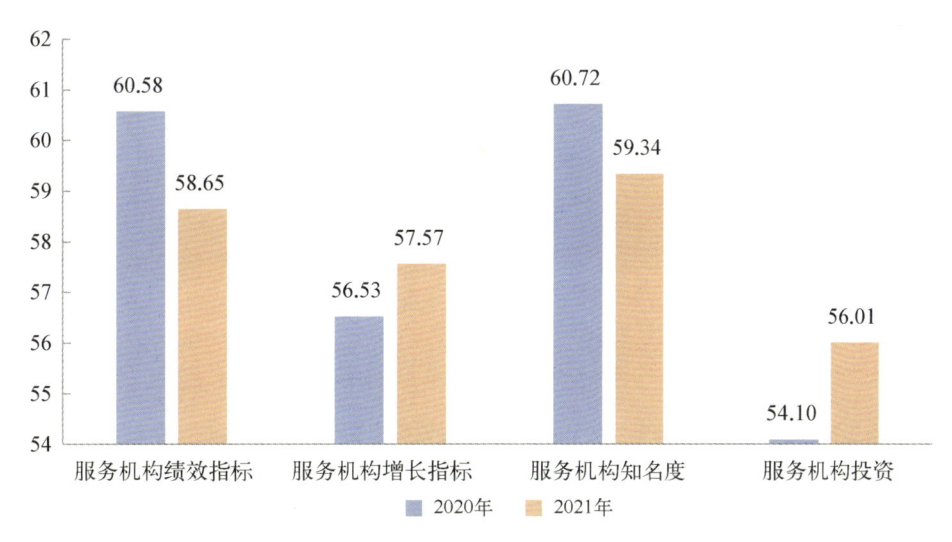

图39 2020年和2021年居民服务行业服务机构景气度评价对比

图40 2020年和2021年居民服务行业服务人才景气度评价对比

服务业人才供需匹配度仍高于60分,并且服务业人才流动率降低,一定程度上体现了居民服务行业恢复发展的韧性。

4. 服务创新景气度

从图41中可以看到,2020年服务行业创新能力、服务技术创新指标、服务模式创新指标和服务产品创新指标的评价分数分别为60.73分、58.93分、58.79分和56.58分。2021年服务行业创新能力、服务技术创新指标、服务模式创新指标和服务产品创新指标的评价分数分别为59.40分、56.87分、59.93分和57.55分。较2020年,2021年服务行业创新能力和服务技术创新指标有所下降,分别下降1.33分和2.06分;服务模式创新指标和服务产品创新指标有所提高,分别提高1.14分和0.97分,但各项指标皆高于55分。

5. 服务生态景气度

从图42中可以看到,2020年中介服务、基础设施、服务市场可持续发展、服务政策支持和服务监管环境的评价分数分别为64.94分、59.92分、65.76分、63.97分和66.68分。2021年中介服务、基础设施、服务市场可持续发展、服务政策支持和服务监管环境的评价分数分别为62.28分、

图 41 2020 年和 2021 年居民服务行业服务创新景气度评价对比

图 42 2020 年和 2021 年居民服务行业服务生态景气度评价对比

59.04 分、64.58 分、60.39 分和 64.24 分。较 2020 年,2021 年服务生态景气度各项指标皆有所下降,分别下降 2.66 分、0.88 分、1.18 分、3.58 分和 2.44 分。尽管有所下降,但各项指标得分基本高于 60 分(基础设施指标得分低于 60 分,但远高于 40 分)。

八、科学研究与技术服务行业景气指数报告

(一)科学研究与技术服务业景气指数综合评分

科学研究与技术服务业是现代服务业的重要组成部分,是推动产业结构升级优化的关键产业。它是运用现代科技知识、现代技术和分析研究方法,以及经验、信息等要素向社会提供智力服务的一门新兴产业,其产业活动范围包括科技信息、科技设施、科技贸易、科技金融和企业孵化器等系统。促进科学研究与技术服务业的发展,对于战略性新兴产业的培育、经济发展方式的加速转变以及自主创新能力的提升有着十分重要的意义。本节主要根据服务市场景气度、服务机构景气度、服务人才景气度、服务创新景气度和服务生态景气度这五个一级指标,来衡量和分析 2021 年上海市科学研究与技术服务业景气度。

总体来看,2021 年上海市科学研究与技术服务业景气度评分为 64.34 分,较 2020 年的科学研

究与技术服务业景气度 63.32 分,增加 2.02 分。从一级指标来看,服务创新景气度评分最高,为 66.14 分,较上一年上升 0.15 分;服务生态景气度评分为 66.11 分,比上一年下降 0.12 分,变化幅度最低;服务市场景气度评分为 65.39 分,与 2020 年相比上升最为明显,高出 3.52 分;服务机构景气度评分为 61.56 分,比上一年高 0.25 分;服务人才景气度评分为 60.92 分,相比 2020 年的评分下滑较为明显,下降 2.51 分。如图 43 所示。

图 43　2021 年和 2020 年上海市科学研究与技术服务业景气度一级指标评价

(二) 分维度指数情况

1. 服务市场景气度

从二级指标来看,2021 年上海市科学研究与技术服务业的服务市场总量、服务业市场增长、企业家信心的评分为 70.00 分、60.16 分、69.36 分,与 2020 年相比这三个指标均有所上升。其中,服务市场总量评分较上一年增加了 20 分,比 2000 年增长 7.6%,表现出科学研究与技术服务市场发展可观。但是,2021 年科学研究与技术服务业的服务市场供需匹配度未升反降,2021 年的评分为 65.05 分,相较于 2020 年的 66.11 分,下降 0.06 分。如图 44 所示。

2. 服务机构景气度

从图 45 中可以看到,在服务机构景气度的二级指标中,2020 年上海市科学研究与技术服务业的服务机构绩效和服务机构知名度的评价分数分别为 68.89 分和 65.17 分,而 2021 年这两个指标的评分则为 68.73 分和 63.56 分,均有小幅下降。但是,在服务机构增长指标和服务机构投资这两个方面,2021 年的指标评分分别为 59.96 分和 54.54 分,相比 2020 年这两个指标的评价 58.80 分和 53.87 分,分别上升 1.16 分和 0.67 分。

3. 服务人才景气度

服务人才景气度聚焦人才方面的供给、需求和增长,是服务行业景气度的重要力量。对比 2020 年和 2021 年,在服务人才景气度的二级指标中,上海市科学研究与技术服务业的服务人才需求指标和服务业人才流动率指标评分相对较低,其中服务人才需求方面评分 2021 年为 51.15 分,2020 年为 55.12 分,评分相对较低,降幅较大,达到 3.97 分。服务人员供给和服务业人员供需匹配度方

图 44　2021 年和 2020 年上海市科学研究与技术服务业的服务市场景气度指标评价

图 45　2021 年和 2020 年上海市科学研究与技术服务业的服务机构景气度指标评价

图 46　2021 年和 2020 年上海市科学研究与技术服务业的服务人才景气度指标评价

面都分别下降 3.28 分,可见在服务人才供需方面总体 2021 年的评分低于 2020 年,整体供需匹配亟需调整。服务业人才流动率指标评分略微有所下降,下降比分 0.63 分,服务业人员薪酬增长两年基本持平,在 59 分左右。

4. 服务创新景气度

从二级指标来看,2021 年上海市科学研究与技术服务业的服务行业创新指标、服务技术创新指标、服务模式创新指标的评分为 66.40 分、65.18 分、68.69 分,与 2020 年相比这三个指标均有所上升,增长分数分别为 0.81 分、0.86 分和 0.81 分,整体服务创新水平较 2020 年有一定幅度的提升,服务创新发展程度较好。但 2021 年科学研究与技术服务行业的服务产品创新指标未升反降,2021 年的评分为 63.76 分,相较于 2020 年的 64.17 分,下降 0.41 分,在产品创新部分有待进一步加强。如图 47 所示。

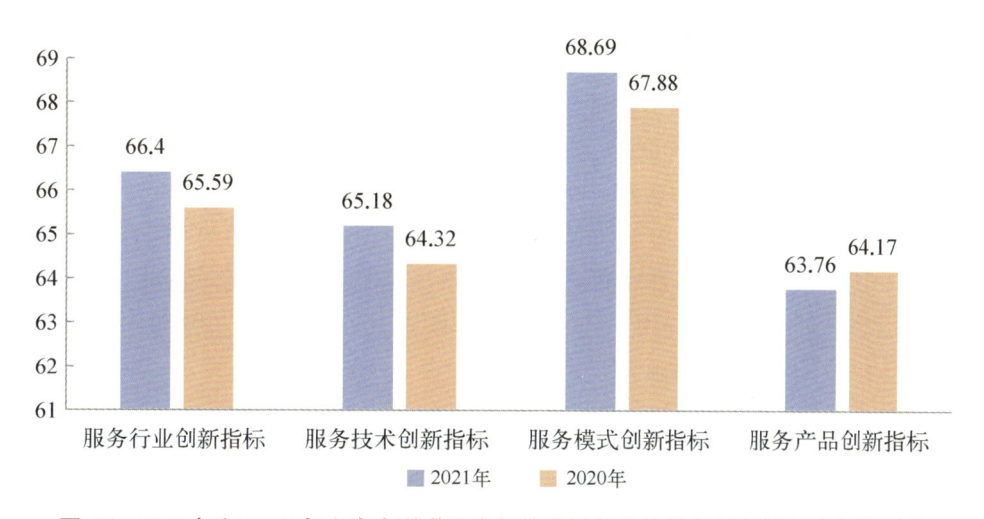

图 47　2021 年和 2020 年上海市科学研究与技术服务业的服务创新景气度指标评价

5. 服务生态景气度

服务生态景气度聚焦于服务市场、基础设施等方面。通过对比 2020 年和 2021 年,在服务生态

图 48　2021 年和 2020 年上海市科学研究与技术服务业的服务生态景气度指标评价

景气度的二级指标中,上海市科学研究与技术服务业的中介服务指标和服务市场可持续发展指标以服务政策支持指标评分均有所上升,分别增长 0.37 分、0.95 分和 1.17 分。但在基础设施方面,2021 年比 2020 年下降 0.79 分,服务监管方面下降较多,从 2020 年的 67.14 分下降到 2021 年的 65.22 分,降幅为 1.92 分。

九、商业服务行业景气指数报告

(一) 商业服务业景气指数综合评分

商业服务业属于现代服务业的范畴,包括企业管理服务、法律服务、咨询与调查、广告业、职业中介服务等行业,是符合现代服务业要求的人力资本密集行业,也是高附加值行业,它是拉动经济发展的重要力量。加快发展商业服务业,积极开发新的服务渠道和服务产品,提高服务质量,降低服务成本,扩大服务消费规模,对于节约能源资源、提高资源利用效率具有重要意义。本节主要通过 2020 年和 2021 年服务市场景气度、服务机构景气度、服务人才景气度、服务创新景气度和服务生态景气度这五个一级指标的评分数据,来衡量和分析上海市商业服务业景气度。

总体来看,2021 年上海市商业服务业景气度评分为 62.29 分,较 2020 年的商业服务业景气度 60.68 分,增加 1.61 分。服务市场景气度提升最高,市场信心在恢复,虽开始对市场有所影响,如商业服务人才的景气度、创新景气度和生态景气度都有所上升,但影响还不是很明显,所以商业服务机构景气度 2021 年数据相较于 2020 年反有所下降。

图 49 2021 年和 2020 年上海市商业服务业景气度一级指标评价

(二) 分维度指数情况

1. 服务市场景气度

商业服务市场景气度 2021 年比 2020 年整体提高 3%,提升主要集中在服务市场总量上,由 2020 年的 50 分提升到 70 分,提升值高达 20 分,随着疫情的恢复,对市场也在恢复,对服务总量的需求明显回升扩大。企业家信心由 69.67 分增至 70.66 分,略有提升,但服务业市场增长从 58.08 分略降至 57.77 分,服务市场供需匹配度从 62.61 分略降至 61.39 分,与前面服务市场总量数据结合起来看,2021年总量相对于2020年的增长是市场相对于疫情前存量的恢复,增量增长不明显,导致服务业市场增长和供需匹配度并没有正增长(如图50所示)。

图 50　2021 年和 2020 年上海市商业服务业的服务市场景气度指标评价

2. 服务机构景气度

商业服务机构景气度得分由 2020 年的 60.20 分变为 2021 年的 59.81 分,下降了 0.39 分,服务机构绩效指标、服务机构增长指标、服务机构知名度和服务机构投资 2020 年的得分分别为 64.10 分、60.06 分、62.66 分和 54.52 分,2021 年的得分分别为 63.19 分、59.42 分、62.63 分和 54.80 分,其中前三项得分均下降,下降最多的是绩效指标,说明市场恢复并不理想,经济下行的压力仍在,倒是服务机构投资的得分略微上升,说明就当时形势下,市场远期看好(如图51所示)。

图 51　2021 年和 2020 年上海市商业服务业的服务机构景气度指标评价

3. 服务人才景气度

在服务人才景气度的二级指标中,2021 年的上海市商业服务业的服务人才供给、服务人才需求、服务业人才供需匹配度,服务业人才流动率,以及服务业人员薪酬增长的指标评分分别为 61.20 分、50.06 分、66.70 分、52.59 分、57.37 分。其中,服务业人才流动率指标的评分相较 2020 年的

53.30分略有下降,其余四个指标的评分均有所提升,其中,服务人才需求的评分变动幅度最大,增加了6分,商业服务行业的服务人才需求情况有较大改善(如图52所示)。

图52　2021年和2020年上海市商业服务业的服务人才景气度指标评价

4. 服务创新景气度

从二级指标来看,2021年上海市商业服务业的服务行业创新指标、服务技术创新指标、服务模式创新指标和服务产品创新指标的评分均比2020年有所提升,反映出上海商业服务业在服务创新景气度的二级指标上有了总体的改善和提升。四个指标的评分增幅依次为1.18分、0.55分、0.70分和1.50分,其中,服务产品创新指标提高分数最大,服务技术创新指标和服务模式创新指标略有增加(如图53所示)。

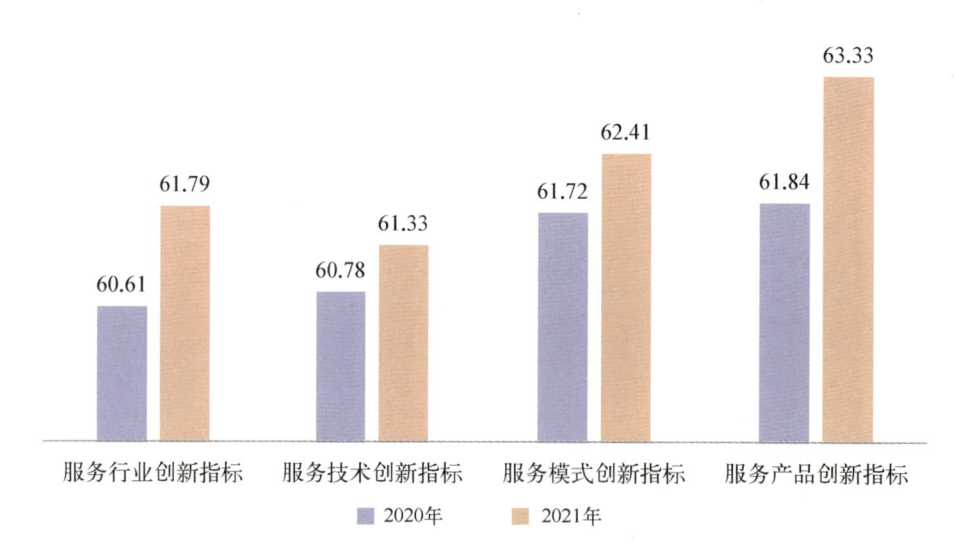

图53　2021年和2020年上海市商业服务业的服务创新景气度指标评价

5. 服务生态景气度

服务生态景气度聚焦于中介服务、基础设施、市场可持续发展、服务政策与监管等方面。通过对比2020年和2021年,在服务生态景气度的二级指标中,上海市商业服务业的中介服务、基础设施、服务政策支持和服务监管环境的指标评分分别提升了 1.08 分、0.61 分、0.19 分和 1.25 分。受疫情等因素的影响,服务市场可持续发展的指标评分相较于 2020 年的 67.26 分则有所下降,有待进一步的恢复(如图 54 所示)。

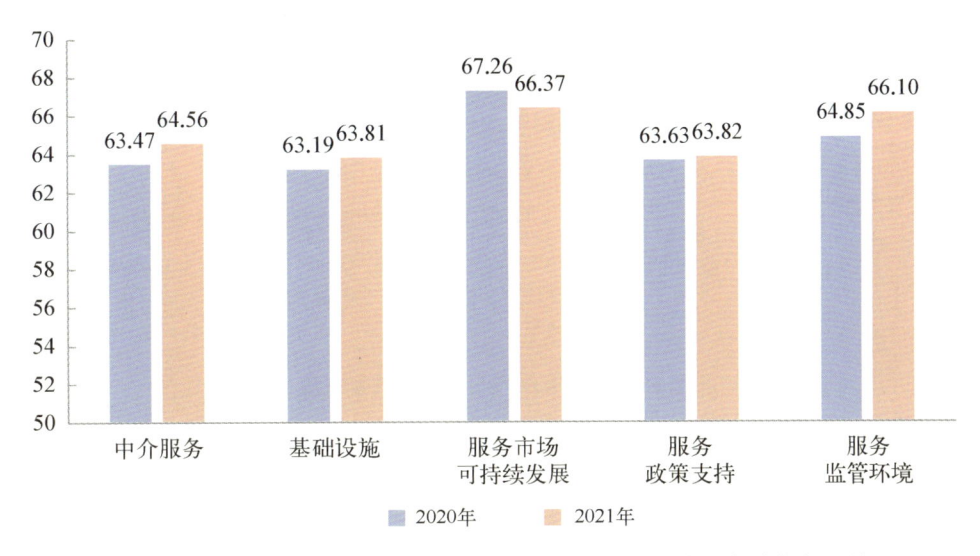

图 54　2021 年和 2020 年上海市商业服务业的服务生态景气度指标评价

十、文化娱乐行业景气指数报告

(一) 文化娱乐行业景气指数综合评分

统计指标显示,2021 年文化娱乐行业景气指数达到 57.82 分,总体呈景气态势,但相较于 2020 年的景气指数 58.35 分,景气指数减少 0.91%,文化娱乐行业景气度略微下降,但基本持平。总体而言,2021 年文化娱乐行业依旧呈现较高的景气水平,虽然部分指标相较于 2020 年有小幅下降,但大部分指标的降幅保持在 5% 以下,属于稳态发展。作为受到新冠疫情影响最为严重的行业之一,文化娱乐行业已在新冠疫情防控常态化背景下慢慢复苏,特别是服务市场总量和服务机构投资均比 2020 年有了较为显著的提升。

(二) 分维度指数情况

1. 文化娱乐行业市场景气度

2021 年文化娱乐行业市场景气指数达到 59.76 分,文化娱乐行业市场景气,并且相较于 2020 年的市场景气指数 58.00 分,景气指数增加 3.03%,文化娱乐行业市场景气度有所增长。

从市场景气度的细分维度来看,文化娱乐行业的服务市场总量指数增加最为明显,从 2020 年的 50 分增长到 2021 年的 70 分,增加了 40%;文化娱乐行业市场增长指数也略有增长,从 2020 年的 54.14 分增长到 2021 年的 55.64 分,增长了 2.77%。但文化娱乐行业服务市场供需匹配度和企业家信心均有所降低,前者从 2020 年的 62.68 分减少到 2021 年的 58.06 分,降低了 7.37%;后者从 2020 年的 62.72 分减少到 2021 年的 60.3 分,降低了 3.86%。

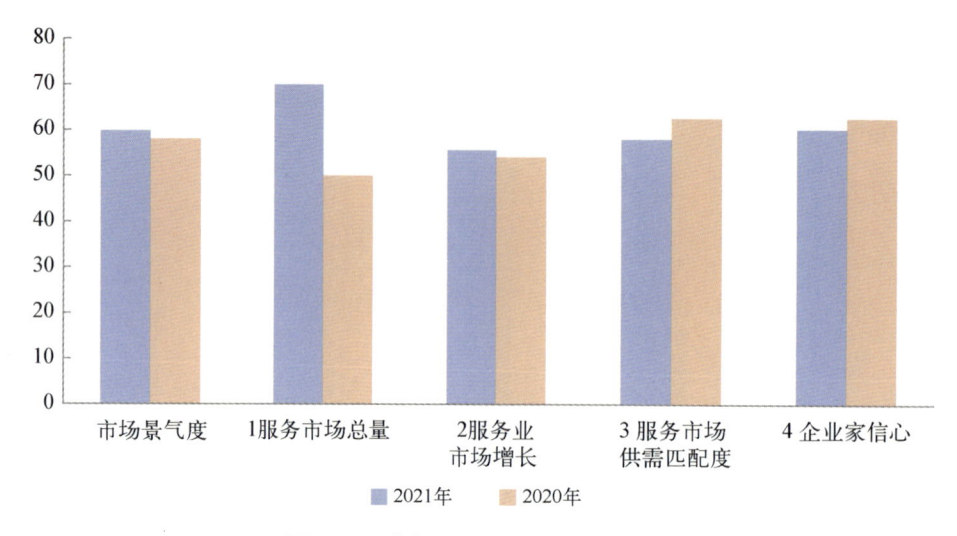

图 55　文化娱乐行业服务市场景气度

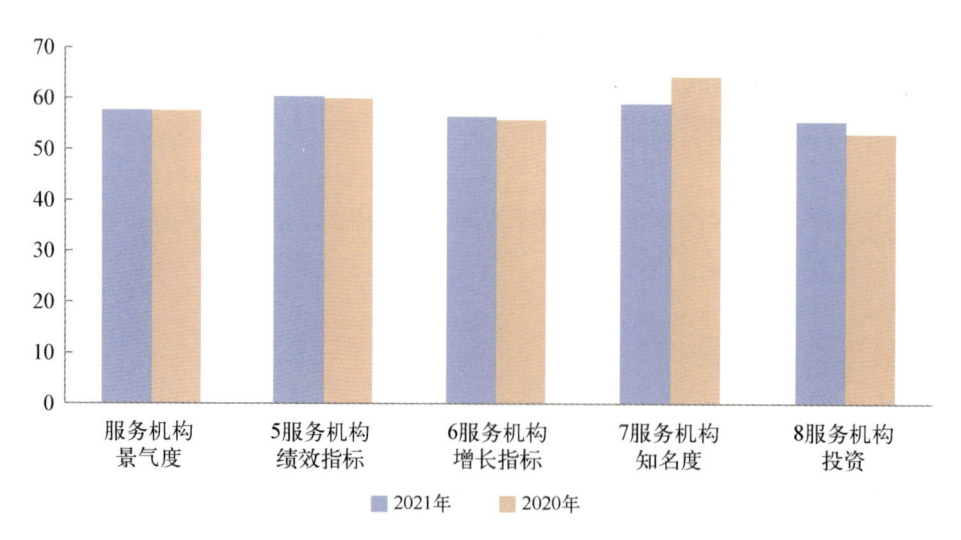

2. 文化娱乐行业服务机构景气度

2021年文化娱乐行业服务机构景气指数达到57.63分,文化娱乐行业服务机构景气,并且相较于2020年的服务机构景气指数57.56分,景气指数增加0.13%,文化娱乐行业服务机构景气度基本不变。

从服务机构景气度的细分维度来看,文化娱乐行业的服务机构绩效指标基本持平,从2020年的59.93分增长到2021年的60.35分,略微增长了0.71%;文化娱乐行业的服务机构增长指标略微增长,从2020年的55.76分增长到2021年的56.36分,略微增长了1.08%;文化娱乐行业的服务机构投资指标有所增长,从2020年的53.02分增长到2021年的55.49分,增长了4.66%;但文化娱乐行业的服务机构知名度有所下降,从2020年的64.33分降低到2021年的59.05分,降低了8.20%。

图 56　文化娱乐行业服务机构景气度

3. 文化娱乐行业服务人才景气度

2021年文化娱乐行业服务人才景气指数达到53.00分,文化娱乐行业服务人才景气,但相较于2020年的服务人才景气指数55.27分,景气指数减少了4.11%,文化娱乐行业服务人才景气度有所下降。

从服务人才景气度的细分维度来看,文化娱乐行业的服务人才供给、服务业人才供需匹配度和服务业人才流动率指标尚处于景气水平,但较2020年有所下降。其中,服务人才供给指标从2020年的57.44分减少到2021年的55.66分,下降了3.10%;服务业人才供需匹配度指标从2020年的66.37分减少到2021年的63.21分,下降了4.76%;服务业人才流动率指标从2020年的52.32分减少到2021年的51.65分,下降了1.28%。同时,文化娱乐行业的服务人才需求和服务业人员薪酬增长指标却已然降至不景气的水平。其中,服务人才需求指标持续不景气,并从2020年的43.39分降至2021年的41.26分,下降了5.0%;服务业人才薪酬增长指标从景气变为不景气,从2020年的51.42分降至2021年的49.04分,下降了4.63%。

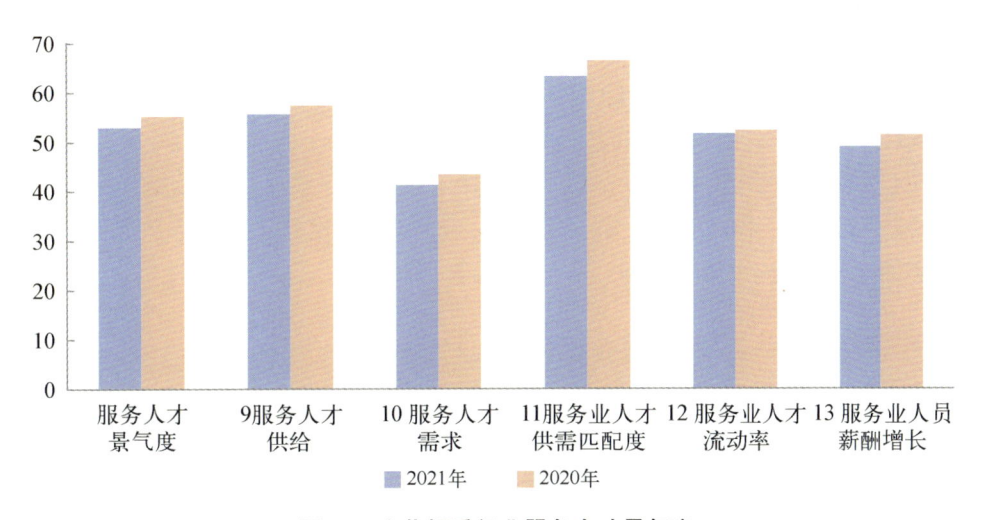

图57 文化娱乐行业服务人才景气度

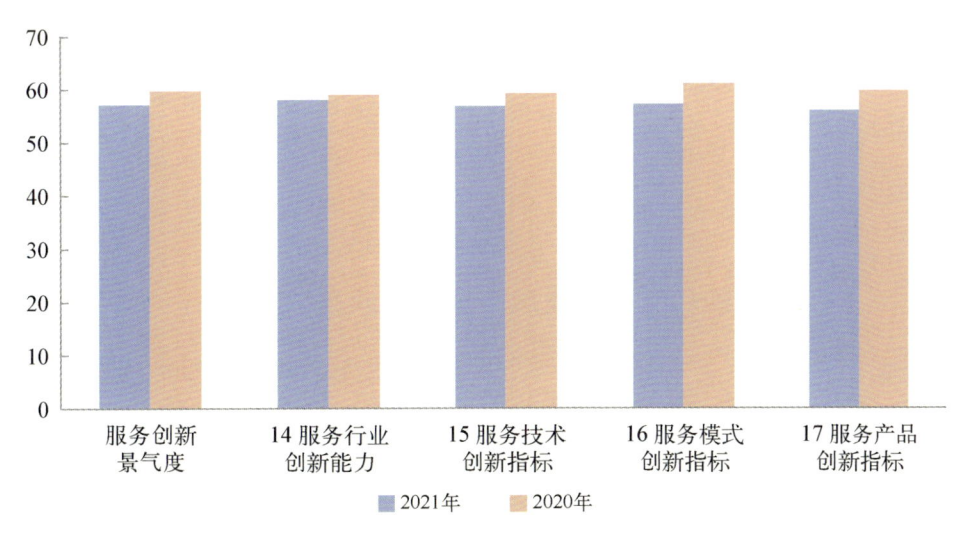

4. 文化娱乐行业服务创新景气度

2021年文化娱乐行业服务创新景气指数达到57.14分,文化娱乐行业服务创新尚处于景气水平,但相较于2020年的服务创新景气指数59.75分,景气指数减少了4.36%,文化娱乐行业服务创新景气度有小幅下降。

从服务创新景气度的细分维度来看,文化娱乐行业的服务行业创新能力、服务技术创新指标、

图58 文化娱乐行业服务创新景气度

服务模式创新指标和服务产品创新指标均处于景气水平,但较2020年有小幅下降。其中,服务行业创新能力指标从2020年的58.99分减少到2021年的58.06分,下降了1.58%;服务技术创新指标从2020年的59.27分减少到2021年的56.89分,下降了4.02%;服务模式创新指标从2020年的61.07分减少到2021年的57.21分,下降了6.32%;服务产品创新指标从2020年的59.73分减少到2021年的56.04分,下降了6.18%。

5. 文化娱乐行业服务生态景气度

2021年文化娱乐行业服务生态景气指数达到59.43分,文化娱乐行业服务生态尚处于景气水平,但相较于2020年的服务生态景气指数61.96分,景气指数减少了4.08%,文化娱乐行业服务生态景气度有小幅下降。

从服务生态景气度的细分维度来看,中介服务指标、基础设施、服务市场可持续发展、服务政策支持及服务监管环境均处于景气水平,除2021年文化娱乐行业的中介服务指标(60.57分)与2020年对应指标(60.59分)基本持平之外,其他指标较2020年有小幅下降。其中,基础设施指标从2020年的61.64分减少到2021年的59.03分,下降了4.24%;服务市场可持续发展指标从2020年的65.71分减少到2021年的62.87分,下降了4.33%;服务政策支持指标从2020年的57.09分减少到2021年的55.47分,下降了2.83%;服务监管环境指标从2020年的63.48分减少到2021年的59.55分,下降了6.20%。

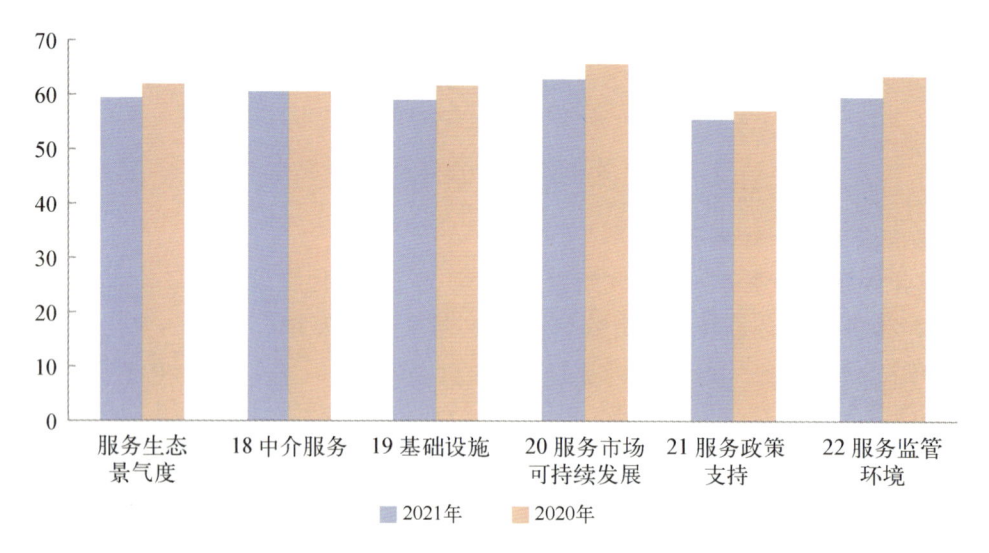

图59 文化娱乐行业服务生态景气度

附录　调查问卷

上海现代服务业发展情况调查问卷(2021年)

1. 您的企业名称是:＿＿＿＿＿＿＿＿
2. 您企业所在的行业是:

A. 金融和保险服务业　　B. 交通运输、仓储和邮政服务业　　C. 商务服务业　　D. 批发和零售业　　E. 信息传输、软件和信息技术服务业　　F. 科学研究和技术服务业　　G. 居民服务、维修和其他服务行业　　H. 文化娱乐和其他服务业　　I. 洗染行业　　J. 其他

(一) 关于本企业的经营情况和人才情况

3. 2021 年本企业的营业利润率为_____。
   ① 10%及以下   ② 10%~30%   ③ 30%~50%   ④ 50%~100%   ⑤ 高于100%

4. 2021 年本企业的净资产收益率为_____。
   ① 2%及以下   ② 2%~4%   ③ 4%~6%   ④ 6%~10%   ⑤ 10%以上

5. 2021 年本企业的营业收入为_____。
   ① 500 万及以下   ② 500 万~1 000 万   ③ 1 000 万~2 000 万
   ④ 2 000 万~1 亿   ⑤ 1 亿以上

6. 2021 年本企业的营业收入增长率为_____。
   ① 5%以下   ② 5%~10%   ③ 10%~20%   ④ 20%~50%   ⑤ 高于50%

7. 2021 年本企业的营业利润增长率为_____。
   ① 5%以下   ② 5%~10%   ③ 10%~20%   ④ 20%~50%   ⑤ 高于50%

8. 2021 年本企业的增加值增长率为_____。
   ① 5%以下   ② 5%~10%   ③ 10%~20%   ④ 20%~50%   ⑤ 高于50%

9. 2021 年本企业用于购建固定资产、无形资产和其他长期资产支付的现金占总资产的比值为_____。
   ① 10%以下   ② 10%~20%   ③ 20%~30%   ④ 30%~50%   ⑤ 高于50%

10. 2021 年本企业用于购建厂房和设备支出减去折旧、损耗和摊销之差占总资产比值为_____。
    ① 10%以下   ② 10%~20%   ③ 20%~30%   ④ 30%~50%   ⑤ 高于50%

11. 相比于 2020 年,2021 年本企业应聘人数_____?
    ① 大幅减少   ② 略有减少   ③ 基本不变   ④ 略有增长   ⑤ 大幅增长

12. 2021 年本企业应聘人员中,大专及以上学历人数占比_____?
    ① 20%以下   ② 20%~40%   ③ 40%~60%   ④ 60%~80%   ⑤ 80%及以上

13. 相比于 2020 年,2021 年本企业招聘人数_____?
    ① 大幅减少   ② 略有减少   ③ 基本不变   ④ 略有增长   ⑤ 大幅增长

14. 相比于 2020 年,2021 年本企业招聘岗位_____?
    ① 大幅减少   ② 略有减少   ③ 基本不变   ④ 略有增长   ⑤ 大幅增长

15. 2021 年本企业相关岗位需求专业的应聘人员人数占比为_____?
    ① 20%以下   ② 20%~40%   ③ 40%~60%   ④ 60%~80%   ⑤ 80%及以上

16. 2021 年本企业相关岗位需求学历的应聘人员人数占比为_____?
    ① 20%以下   ② 20%~40%   ③ 40%~60%   ④ 60%~80%   ⑤ 80%及以上

17. 2021 年本企业岗位空缺与求职人数比率为_____?
    ① 0   ② 0~1   ③ 1~2   ④ 2~3   ⑤ 3 以上

18. 2021 年本企业的人才流动率_____?
    ① 5%以下   ② 5%~10%   ③ 10%~15%   ④ 15%~20%   ⑤ 20%以上

19. 2021 年本企业离职人员人数_____?
    ① 大幅减少   ② 略有减少   ③ 基本不变   ④ 略有增长   ⑤ 大幅增长

20. 2021 年本企业平均薪酬_____?
    ① 大幅减少   ② 略有减少   ③ 基本不变   ④ 略有增长   ⑤ 大幅增长

（二）2021年，关于本企业的服务创新

内　　容	1 非常 不同意	2 不同意	3 一般	4 同意	5 非常 同意
21. 服务企业拥有较高的创新研发投入					
22. 服务企业人员具有较高的创新素质					
23. 服务企业拥有较好的创新投资环境					
24. 服务企业拥有较高的数智化水平					
25. 服务企业拥有较好的技术科技发展环境					
26. 服务企业技术创新资源投入比例高					
27. 服务企业拥有较好的产学研合作水平					
28. 服务企业拥有较好的创新文化氛围					
29. 服务企业与其他科研机构保持良好的合作伙伴关系					
30. 服务企业高新产品具有较高的投入与产出比					
31. 服务企业产品创新可持续性					
32. 服务企业具有较强的产品获利增长力					
33. 本企业具有较高的品牌知名度					
34. 本企业具有较高的媒体曝光率					
35. 本企业在品牌排行榜中排名较靠前					
36. 你觉得服务市场的供需匹配度很高					
37. 你对所在行业的发展很有信心					

（三）2021年，关于本企业的服务生态

内　　容	1 非常 不同意	2 不同意	3 一般	4 同意	5 非常 同意
38. 本企业在经营过程中所需要的中介服务都能在上海市场上获得					
39. 本企业在经营过程中对所接受的中介服务满意					
40. 为本企业提供中介服务的企业具有较高的服务质量					
41. 为本企业提供中介服务的企业履约情况较好					

续 表

内 容	1 非常不同意	2 不同意	3 一般	4 同意	5 非常同意
42. 本企业经营所需的上海基础设施的规模较大					
43. 上海基础设施为本企业经营提供的便利程度较高					
44. 上海所提供的基础设施为本企业竞争提供较大的优势助力					
45. 行业企业在绿色环保、低碳等方面的理念氛围浓厚					
46. 行业企业在绿色环保、低碳等方面的技术应用广泛					
47. 行业企业环保措施执行的效果好					
48. 本企业客户对服务产品的环保属性关注度较高					
49. 本企业所处行业得到政策支持的力度较大					
50. 本企业所处行业得到政策支持的范围较广					
51. 行业监管制度体系合理					
52. 行业监管力度适当					
53. 行业内交易竞争状况有序合理					

上海现代服务业发展情况调查问卷(2020年)

1. 您的企业名称是：_____
2. 您企业所在的行业是：
   A. 金融和保险服务业　　B. 交通运输、仓储和邮政服务业　　C. 商务服务业　　D. 批发和零售业　　E. 信息传输、软件和信息技术服务业　　F. 科学研究和技术服务业　　G. 居民服务、维修和其他服务行业　　H. 文化娱乐和其他服务业　　I. 洗染行业　　J. 其他

（一）关于本企业的经营情况和人才情况

3. 2020年本企业的营业利润率为_____。
   ① 10%及以下　　② 10%～30%　　③ 30%～50%　　④ 50%～100%　　⑤ 高于100%
4. 2020年本企业的净资产收益率为_____。
   ① 2%及以下　　② 2%～4%　　③ 4%～6%　　④ 6%～10%　　⑤ 10%以上
5. 2020年本企业的营业收入为_____。
   ① 500万及以下　　　　　　② 500万～1 000万　　　　　　③ 1 000万～2 000万
   ④ 2 000万～1亿　　　　　　⑤ 1亿以上
6. 2020年本企业的营业收入增长率为_____。
   ① 5%以下　　② 5%～10%　　③ 10%～20%　　④ 20%～50%　　⑤ 高于50%
7. 2020年本企业的营业利润增长率为_____。
   ① 5%以下　　② 5%～10%　　③ 10%～20%　　④ 20%～50%　　⑤ 高于50%

8. 2020年本企业的增加值增长率为_____。
   ① 5%以下　　② 5%～10%　　③ 10%～20%　　④ 20%～50%　　⑤ 高于50%
9. 2020年本企业用于购建固定资产、无形资产和其他长期资产支付的现金占总资产的比值为_____。
   ① 10%以下　　② 10%～20%　　③ 20%～30%　　④ 30%～50%　　⑤ 高于50%
10. 2020年本企业用于购建厂房和设备支出减去折旧、损耗和摊销之差占总资产比值为_____。
    ① 10%以下　　② 10%～20%　　③ 20%～30%　　④ 30%～50%　　⑤ 高于50%
11. 相比于2019年,2020年本企业应聘人数_____?
    ① 大幅减少　　② 略有减少　　③ 基本不变　　④ 略有增长　　⑤ 大幅增长
12. 2020年本企业应聘人员中,大专及以上学历人数占比_____?
    ① 20%以下　　② 20%～40%　　③ 40%～60%　　④ 60%～80%　　⑤ 80%及以上
13. 相比于2019年,2020年本企业招聘人数_____?
    ① 大幅减少　　② 略有减少　　③ 基本不变　　④ 略有增长　　⑤ 大幅增长
14. 相比于2019年,2020年本企业招聘岗位_____?
    ① 大幅减少　　② 略有减少　　③ 基本不变　　④ 略有增长　　⑤ 大幅增长
15. 2020年本企业相关岗位需求专业的应聘人员人数占比为_____?
    ① 20%以下　　② 20%～40%　　③ 40%～60%　　④ 60%～80%　　⑤ 80%及以上
16. 2020年本企业相关岗位需求学历的应聘人员人数占比为_____?
    ① 20%以下　　② 20%～40%　　③ 40%～60%　　④ 60%～80%　　⑤ 80%及以上
17. 2020年本企业岗位空缺与求职人数比率为_____?
    ① 0　　② 0～1　　③ 1～2　　④ 2～3　　⑤ 3以上
18. 2021年本企业的人才流动率_____?
    ① 5%以下　　② 5%～10%　　③ 10%～15%　　④ 15%～20%　　⑤ 20%以上
19. 2020年本企业离职人员人数_____?
    ① 大幅减少　　② 略有减少　　③ 基本不变　　④ 略有增长　　⑤ 大幅增长
20. 2020年本企业平均薪酬_____?
    ① 大幅减少　　② 略有减少　　③ 基本不变　　④ 略有增长　　⑤ 大幅增长

(二) 2020年,关于本企业的服务创新

内　　容	1 非常不同意	2 不同意	3 一般	4 同意	5 非常同意
21. 服务企业拥有较高的创新研发投入					
22. 服务企业人员具有较高的创新素质					
23. 服务企业拥有较好的创新投资环境					
24. 服务企业拥有较高的数智化水平					
25. 服务企业拥有较好的技术科技发展环境					

续 表

内　容	1 非常 不同意	2 不同意	3 一般	4 同意	5 非常 同意
26. 服务企业技术创新资源投入比例高					
27. 服务企业拥有较好的产学研合作水平					
28. 服务企业拥有较好的创新文化氛围					
29. 服务企业与其他科研机构保持良好的合作伙伴关系					
30. 服务企业高新产品具有较高的投入与产出比					
31. 服务企业产品创新可持续性					
32. 服务企业具有较强的产品获利增长力					
33. 本企业具有较高的品牌知名度					
34. 本企业具有较高的媒体曝光率					
35. 本企业在品牌排行榜中排名较靠前					
36. 你觉得服务市场的供需匹配度很高					
37. 你对所在行业的发展很有信心					

(三) 2020 年,关于本企业的服务生态

内　容	1 非常 不同意	2 不同意	3 一般	4 同意	5 非常 同意
38. 本企业在经营过程中所需要的中介服务都能在上海市场上获得					
39. 本企业在经营过程中对所接受的中介服务满意					
40. 为本企业提供中介服务的企业具有较高的服务质量					
41. 为本企业提供中介服务的企业履约情况较好					
42. 本企业经营所需的上海基础设施的规模较大					
43. 上海基础设施为本企业经营提供的便利程度较高					
44. 上海所提供的基础设施为本企业竞争提供较大的优势助力					
45. 行业企业在绿色环保、低碳等方面的理念氛围浓厚					
46. 行业企业在绿色环保、低碳等方面的技术应用广泛					
47. 行业企业环保措施执行的效果好					

续表

内容	1 非常 不同意	2 不同意	3 一般	4 同意	5 非常 同意
48. 本企业客户对服务产品的环保属性关注度较高					
49. 本企业所处行业得到政策支持的力度较大					
50. 本企业所处行业得到政策支持的范围较广					
51. 行业监管制度体系合理					
52. 行业监管力度适当					
53. 行业内交易竞争状况有序合理					

续 表

分行业发展报告

一、金融和保险服务业

(一) 上海期货行业 2021 年发展报告

1. 行业发展情况

(1) 概述

2021年中国期货市场保持良好发展态势,规模体量持续增长,成交量创历史新高,市场建设不断深化,在全球场内衍生品市场中,中国 4 家期货交易所的成交量排名稳中有升,尤其面向低碳经济的广州期货交易所正式揭牌成立,期货期权新品种稳步增加,衍生品体系更加完善,商品期货期权国际化品种增至 9 个。同时,期货市场积极服务大宗商品稳产保供稳价,市场功能日益显现,包括:充分发挥期货价格信号作用,明确和稳定市场预期;充分发挥风险管理功能,有效帮助实体企业利用衍生品工具应对价格波动风险;服务中小微企业力度不断增强,期货公司及风险管理公司积极通过专业手段为中小微企业提供服务。

(2) 国内期货市场主要交易情况

图 1 2021 年全国期货市场累计成交量

1月—12月全国期货市场累计成交量为 7 514.03百万手,同比增长22.13%

上期所累计成交量为 2 370.54百万手,占全国市场的31.55%,同比增长14.39%

上期能源累计成交量为75.23百万手,占全国市场的1.00%,同比增长33.55%

郑商所累计成交量为2 581.80百万手,占全国市场的34.36%,同比增长51.75%

大商所累计成交量为2 364.42百万手,占全国市场的31.47%,同比增长7.12%

中金所累计成交量为122.03百万手,占全国市场的1.62%,同比增长5.86%

(数据来源:中国期货业协会统计)

2021年中国期货市场累计成交量为 75.14 亿手,同比增长 22.13%。其中,上海期货交易所(简称"上期所")累计成交量为 23.71 亿手,同比增长 14.39%,占全国市场成交量的 31.55%。上海国际能源交易中心(简称"上期能源")累计成交量为0.75亿手,同比增长33.55%,占全国市场成交量的1%。郑州商品交易所(简称"郑商所")累计成交量为25.82亿手,同比增长51.75%,占全国市场成交量的34.36%。大连商品交易所(简称"大商所")累计成交量为23.64亿手,同比增长7.12%,占全国市场成交量的31.47%。中国金融期货交易所(简称"中金所")累计成交量为1.22亿手,同比增长5.86%,占全国市场成交量的1.62%。

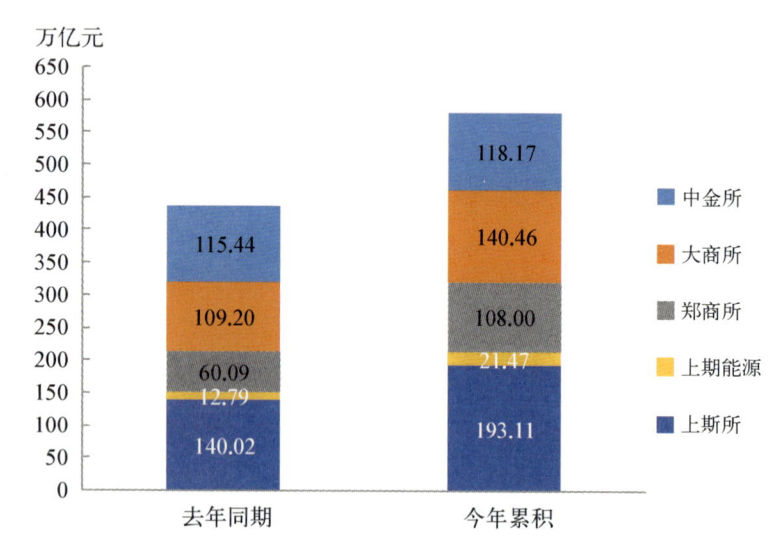

图2 2021年全国期货市场累计成交额

1月—12月全国期货市场累计成交额为581.20万亿元,同比增长32.84%

上期所累计成交额为193.11万亿元,占全国市场的33.23%,同比增长37.92%

上期能源累计成交额为21.47万亿元,占全国市场的3.69%,同比增长67.93%

郑商所累计成交额为108.00万亿元,占全国市场的18.58%,同比增长79.73%

大商所累计成交额为140.46万亿元,占全国市场的24.17%,同比增长28.62%

中金所累计成交额为118.17万亿元,占全国市场的20.33%,同比增长2.37%

(数据来源:中国期货业协会)

2021年,中国期货市场累计成交额为581.2万亿元,同比增长32.84%。分交易所来看,上期所累计成交额为193.11万亿元,同比增长37.92%,占全国市场成交额的33.23%。上期能源累计成交额为21.47万亿元,同比增长67.93%,占全国市场成交额的3.69%。郑商所累计成交额为108万亿元,同比增长79.73%,占全国市场成交额的18.58%。大商所累计成交额为140.46万亿元,同比增长28.62%,占全国市场成交额的24.17%。中金所累计成交额约为118.17万亿元,同比增长2.37%,占全国市场成交额的20.33%。

(3)上海地区期货机构发展情况概述

截至2021年底,上海市期货同业公会共有会员单位269家,其中,期货公司35家,期货分支机构179家,风险管理子公司40家,银行7家,软件公司8家。会员中期货公司数量占全国期货公司的23.33%,居各地区排名首位,整体综合实力全国领先。

2. 行业发展主要成果

(1)全年上市4个品种,期货和期权产品达94个

2021年,中国期货市场全年上市4个品种,包括2个期货品种、2个期权品种。截至2021年底,中国期货与衍生品市场上市品种数量达到94个,其中商品类84个(期货64个、期权20个),金融类10个(期货6个、期权4个),覆盖农产品、有色金属、钢铁、能源、化工、金融等多个领域。

(2)广州期货交易所成立

2021年4月19日,第五家期货交易所——广州期货交易所举行揭牌仪式。设立广州期货交易所是落实党中央国务院决策部署,健全多层次资本市场体系、服务粤港澳大湾区和国家"一带一路"建设的重要举措。根据证监会批复的广期所两年品种上市计划,产品布局主要涉及四大板块、共16个品种。其中,碳排放期货等绿色发展类产品是广期所核心战略板块。

(3) 期货立法加快,期货和衍生品法草案完成二审

2021年4月26日,全国人大常委会会议初次审议《期货法(草案)》,并向社会公开征求意见。10月19日,全国人大常委会会议审议《期货和衍生品法(草案二次审议稿)》。我国期货市场立法进程不断加速。《期货和衍生品法(草案二次审议稿)》将期货和衍生品并列,增加和明确了相关定义,完善了对衍生品交易的监管,同时为更多期货服务机构参与期货和衍生品市场创造了良好的市场环境,在风险监控、防范化解系统性风险方面也提供了更坚实的保障。

(4) 市场成交量创历史新高

2021年,中国期货市场成交75.14亿手和581.2万亿元,同比分别增长22.13%和32.84%。全球期货市场成交625.84亿手,中国期货市场成交量占全球期货市场总成交量的12%,较2020年占比13.2%下降了1.2个百分点。

(5) 期货公司资本实力增强

截至2021年底,中国期货公司总资产1.38万亿元,净资产1 614.46亿元,同比分别增长40.8%和19.56%。资本实力有所增强。期货公司的主要业务包括经纪业务、投资咨询业务、资产管理业务和风险管理公司业务。其中经纪业务收入314.98亿元,同比增长64.06%;投资咨询业务收入1.76亿元,同比增长39.68%;资产管理业务累计收入12.14亿元,同比增长35.34%,截至2021年底,资管产品数量共1 726只,产品规模3 542.65亿元,产品规模同比增长62.42%。风险管理公司业务本年累计业务收入2 628.59亿元,同比增长26%。

(6) 期货公司多年来首次扩容

7月24日,备受瞩目的全国第150家期货公司——山东港信期货有限公司正式开业,为最近12年国内首次新设的期货公司。

(7) 超900家上市公司参与期货套期保值

截至2021年底,我国4 500多家A股上市公司中有超过900家参与期货套期保值,远超2020年全年,并创历史新高。

(8) 期货行业累计向河南捐款、捐物约5 700万元

7月下旬,河南地区遭遇历史罕见特大暴雨。面对突如其来的自然灾害,国内4家期货交易所、期货行业自律组织及众多期货经营机构深入贯彻落实习近平总书记对防汛救灾工作作出的重要指示精神和党中央、国务院相关决策部署,守牢风险底线,及时、快速、有效应对汛情,在确保各项工作安全有序进行的同时,积极履行社会责任,根据自身实际情况,向河南受灾地区捐资捐物,全力支持河南防汛救灾及灾后重建工作。据不完全统计,包括期货交易所在内的期货行业机构和自律组织通过各种方式向河南省慈善总会、河南省红十字会等慈善组织累计捐资、捐物约5 700万元。

(9) 期货行业文化建设工作纲要发布

9月30日,中国期货业协会发布《期货行业文化建设工作纲要》,明确了期货行业文化建设的指导思想,详细阐述了"合规、诚信、专业、稳健、担当"的期货行业文化内涵,并向行业发出《期货行业文化建设倡议书》,旨在统一思想、凝聚共识,动员全行业积极行动起来,为期货行业立得更稳、做得更强、走得更远凝聚不竭的精神动力。

(10) 上海地区期货行业重要活动及工作成效

上海市期货同业公会(简称"公会")在上海证监局和上海市民政局的指导下,秉承"重实务、促协调,守自律,拓发展"宗旨,构建"合规、诚信、专业、稳健、担当"行业文化,为促进经济高质量发展做出应有贡献。

① 学好百年党史,坚定理想信念。

一是在建党百年之际开展上海地区期货行业主题党日活动,组织从业人员参观红色主题展览,传承红色基因,赓续共产党人精神血脉。二是组织"守初心　学四史　观秀带——上海地区期货公司负责人"主题活动,在拥有深厚历史底蕴的上海杨浦滨江工业遗址中学习"四史",深入贯彻"人民城市人民建,人民城市为人民"重要理念。三是结合"十四五"规划、十九届六中全会精神开展线上培训,帮助会员单位加强理论水平,熟悉政策导向。

② 加强法律研讨,助力高质量发展。

邀请在金融商事法律领域有丰富经验的法学专家,对《期货法(草案)》《期货和衍生品法(草案二次审议稿)》开展线上专题解读,引发了会员单位极大的学习热情;同时联合上海证监局机构二处、上海期货交易所会员部、同济大学法学院共同开展学习交流,反映行业立法诉求。

③ 开展投教保护,形成长效机制。

一是成功举行第十二届期货机构投资者年会,通过新华社现场云、新浪财经等直播平台吸引近4.6万人次的关注,有力彰显期货市场服务于投资者,服务于实体经济发展的初心与使命。二是坚持"以人民为中心",持续开展"走进高校、走进社区"投资者教育与保护活动,联合上海投保联盟成员等单位,在高校、商务楼宇、街道社区向大学生、白领及周边居民宣讲金融知识、发放投教产品、接待群众咨询,进一步倡导理性投资,提升投资者素养。三是做好多元纠纷化解工作:全年共受理期货纠纷投诉194件,办结171件。其中,和解74件,未和解87件,其他结案方式10件,已办结的案件赔付金额共计545.8万元;全年共接到调解申请40件,受理26件,达成和解15件,未和解7件,达成和解的赔付金额共计120.15万元。同时公会参与《上海资本市场纠纷案例汇编》,在中期协专题会议中分享纠纷化解经验,参与"上海证券期货金融国际仲裁中心"建设,深入推进纠纷多元化解机制建设。

④ 履行社会责任,强化使命担当。

一是向河南省卫辉市红十字会捐赠10万元用于灾后重建,并积极发动会员单位一同行动,据不完全统计,有27家会员单位共捐款、捐物620余万元助力河南灾后重建,践行企业责任。二是积极投身三区建设,公会向"2021年崇明区建设镇界东村5队绿化小品的打造项目"公益捐赠5万元,展现期货行业正能量。三是连续13年组织上海地区期货公司编制社会责任报告,并发布于《期货日报》,通过报告编制进一步提升期货经营机构的内在价值,促进合规诚信发展。四是编制内部刊物《上海期货》着力展现行业风采。

⑤ 聚焦自律服务,推动稳健发展。

一是充分发挥联席会议机制,2021年召开4次首席风险官联席会、1次首席风险官联席会风险管理专题研讨会、1次信息技术负责人联席会,通过联席会议机制搭建优质交流平台,探讨行业热点问题、传递最新监管动态、凝聚行业共识。二是加强与各期货交易所、中国期货业协会等合作,完成产业培训、分析师培训、高校人才培育等,并协助落实居间人管理等各项重点工作。三是积极谋划培训活动,做好会员服务,举办衍生品服务新经济之"走进临港"半导体硅产业上海临港研讨培训会、"PPT高效制作与设计优化"线上培训、上海地区风险管理公司业务研讨会以及营销谈判培训、亲子关系讲座、趣味运动会等。此外公会还配合上海证监局对6家法人机构和2家分支机构开展现场检查。

⑥ 贯彻新发展理念,激发创新活力。

公会组织会员单位积极参与2020年上海金融职工立功竞赛活动,经过层层评比和合规审核,最终获评主题立功竞赛个人奖9个、主题立功竞赛集体奖10个、主题立功竞赛案例奖5个、重点立功竞赛个人奖8个、重点立功竞赛案例奖12个、专项立功竞赛集体奖3个,其中,公会获得了主题立功竞赛案例奖一等奖。通过活动涌现出一批德才兼备的优秀人才,形成人人渴望成才、努力成才的良好局面,为高质量发展提供坚强的人才支撑。

3. 行业创新案例:东证期货"繁微"衍生品大数据平台

作为金融市场成熟的标志,发达的金融衍生品市场可以在市场经济发展中发挥极为重要作用。从宏观方面来说,发展金融衍生品市场可以显著提升金融市场的宽度和深度、优化资源配置效率;从微观方面来说,金融衍生品能够为投资者提供规避风险、发现资产价格、对资产进行套期保值的金融工具。

金融衍生品不仅可以满足客户精确定价、灵活避险的需求,还能有效增加市场流动性,降低交易成本,有利于改善资本市场投融资功能,同时还有利于提高金融市场的弹性,从而有效支持实体经济发展。美国独立经济智库米尔肯学会2014年的研究表明:在过去10年间,金融衍生品的普及使美国实际GDP提高了1.1%,就业率上升了0.6%。

金融衍生品可有效提升金融市场的宽度和深度,同时促进资本市场形成。例如,股指期货的发展就能很好促进股票市场稳健运行。一个波动剧烈,风险巨大的市场很难吸引长期投资者进入市场。而没有长期资金入市,金融市场将缺乏足够的规模和承载能力。社会资金也就难以通过金融市场转化为长期资本。

上海市《关于推动我市服务业高质量发展的若干意见》指出:"提升金融市场国际竞争力和影响力,增强金融服务实体经济能力。""推动金融与科技联动发展,加强金融科技创新应用。""探索发展航运指数衍生品业务,提升高端航运服务功能。"《上海服务业发展"十四五"规划》提出:"聚焦钢铁、有色金属、石油化工等领域,加快建设大宗商品交易全球集散与定价中心。""强化金融与科技联动发展。"上海在金融与科技结合、金融衍生品交易中提出了具有引领性的指导要求。

由于全球化程度的加深和金融市场的日趋成熟,全球金融市场的涨落起伏会极大地影响全球各国的经济成长和金融市场状况,其重要性不言而喻。股票、债券、基金、保险、期货市场的价格形成和变动,也受宏观经济、地缘政治、天灾地害、勘探开采、仓储运输、科学技术、行业监管等多种复杂因素的共同影响,因而显得波诡云谲、变幻莫测。这种情形为所有金融市场相关的参与方带来了大量的不确定性,或者说风险。近年来以大数据、云计算、人工智能、区块链为代表的信息技术蓬勃发展,并且广泛地渗透到金融行业的各个领域。随着信息技术与金融行业的日益融合加深,金融科技正在迅猛发展,给金融行业带来发展机遇的同时,也给金融行业的创新服务带来了新的挑战。

上海东证期货有限公司成立于2008年,是一家经中国证券监督管理委员会批准的经营期货业务的综合性公司。公司主要从事商品期货经纪、金融期货经纪、期货投资咨询、资产管理、基金销售等业务,拥有上海期货交易所、大连商品交易所、郑州商品交易所和上海国际能源交易中心会员资格,是中国金融期货交易所全面结算会员。然而传统的管理模式,已经不能满足公司内部和外部的需求,也不能满足未来业务扩张所带来的需要,无论是从实际服务客户还是风控角度来讲,通过大数据、人工智能、深度学习、数据挖掘等信息技术手段,增强在金融市场服务客户及风险防范能力,降低在经营过程中的风险,提高管控和服务客户水平,都是刻不容缓的应有之义。

(1) 2021年繁微项目新品发布

2021年4月7日,东证衍生品研究院旗下智能投研平台"繁微"举办线上产品发布会。东证期货作为期货市场上第一家打造智能投研数据一体化平台的公司,一直在探索如何提高期货市场卖方服务的质量,今年繁微在BETA版的基础上继续升级,优化数据目录、商品监控、智能助手能等模块,推出全景图、范式周期研究、另类数据等新功能,并宣布了移动端App上线。

这是繁微自推出以来首次举办产品发布会。2020年,繁微BETA版推出,注册机构数超过

1 000,客户数超过 2 000,且还在加速增长。东证期货董事长卢大印表示,繁微的不断升级迭代离不开客户的支持,我们会从客户需求出发,不断优化产品体验,想客户之所想,急客户之所急,为客户提高工作效率,帮助客户辅助投资决策,增加客户投资收益。

(2) 繁微支持数十万条指标的可视化分析

繁微与大量第三方数据平台合作,提供从宏观到微观的多维度数据进行投研分析,本次新产品对数据目录进行优化,从商品板块出发构建新的数据目录,此外,推出另类数据品牌,卫星数据、移动数据、航运数据,让投资者对大宗商品的研究更加多样化。

(3) 繁微凝聚 30 多位研究员的分析成果

繁微的背后是一支由 30 多位研究员组成的队伍,平台通过商品监控、实时策略、范式模板、新闻点评、每周观点、产业链图、研究报告、智能助手等功能,多角度、多方式地给投资者呈现最新的资讯和研究成果。

(4) 繁微 App 提供更有温度的卖方服务

本次重磅登场的繁微 App 端,不仅提供了部分 web 端的重要功能,用户可随时随地查看最新资讯,将投研工具装进口袋,App 更是客户和研究员直接联系的纽带,可提交定制化服务需求,一键预约研究员线上/线下路演,让卖方服务更有温度。

本着以"金融科技助力期货服务实体经济"的初心,东证期货将一如既往地发挥自身在金融科技领域的积累,借助于繁微大数据平台,为客户提供更优质服务,为实体经济健康发展添砖加瓦,朝着建设一流衍生品服务商的目标继续前行。

在如今瞬息万变的宏观环境下,数据、资讯的获取和分析方法,在投资研究中的地位将会越来越重要,如何及时掌握最新信息,如何灵活应对环境的变化,繁微智能投研平台将会成为投研工作中强有力的工具。

繁微新产品开发的脚步不会停下,我们会始终从用户角度出发,不断优化迭代,帮助客户提高工作效率,辅助投资决策,达到增加投资收益的目的。

4. 期货行业未来发展展望

2022 年将召开党的二十大,对于期货行业未来发展有着非常深远意义。展望 2022 年:

一是《期货和衍生品法》有望正式发布,要以期货立法为契机,进一步加强期货市场法治建设。

二是加强市场建设,打造多元开放期货衍生品市场体系,包括完善品种规则体系、持续优化做市制度、加快场外衍生品市场建设以及持续扩大对外开放等。

三是继续完善期货中介机构体系,其中包括支持行业领先公司加快发展、大力支持期货风险管理公司发展、稳步扩大交易商群体。

(上海市期货同业公会供稿)

(二) 上海基金行业 2021 年发展报告

1. 基金行业发展概况

2021 年是中国基金业不忘初心、砥砺奋进,迈入高质量发展的一年。一是管理规模在平稳中跑出"速度",截至 11 月底,公募和私募基金管理规模分别超 25 万亿元和 19 万亿元。二是行业创新迭出,公募 REITs、债券南向通、ESG 投资、"双碳"目标、养老金融等纷纷开拓产品版图。三是双向开放激发竞争活力,贝莱德、富达和路博迈相继获批设立外资独资公募基金公司,落户上海,施罗德、联博、范达等国际资管机构也在排队申请公募牌照。随着资管新规的正式实施以及"双碳"目标下的新旧动能转换，中国基金业也将在复杂的市场需求、多元化的市场主体中探索更多因地制宜的发展策略。

(1) 2021年公募基金管理业务

根据中国证券投资基金业协会(简称"基金业协会")数据，截至2021年12月底，全国共有151家公募基金管理机构，其中，基金管理公司137家，含外商投资基金管理公司45家，内资基金管理公司92家；取得公募基金管理资格的证券公司或证券公司资产管理子公司12家、保险资产管理公司2家。上海辖区的公募基金管理人67家，占全国的44.37%，其中外商投资基金公司23家，占全国所有合资基金公司的比例超过50%；另外，基金子公司37家，公募基金异地分支机构22家。

根据上海市基金同业公会(简称"公会")数据，12月底上海辖区基金公司(含券商资管公司)管理的总产品数量(含公募基金、专户、年金、社保、养老金)7 724只，环比增长1.36%，同比增长21.64%，其中，公募基金产品数量3 506只，环比增长2.48%，同比增长23.02%，非公募产品数量4 218只，环比增长0.45%，同比增长20.51%。总资产规模118 504.35亿元，环比增长2.14%，同比增长23.83%，其中，公募基金资产规模为95 632.01亿元，环比增长2.50%，同比增长28.27%，非公募资产规模22 872.34亿元，环比增长0.65%，同比增长8.17%。上海基金业主动管理能力稳步上升，权益类公募基金(股票型和混合型)规模为37 102.09亿元，占公募基金整体规模38.80%，去年该值为38.02%。

对比来看，上海辖区公募基金管理机构的管理规模稳步增长，近5年上海地区与全国基金产品的规模对比见下图。

图3 近5年上海辖区与全国基金公司公募规模概览(单位：万亿元)

图4 近5年上海辖区与全国基金公司非货币规模概览(单位：万亿元)

图5 近5年上海辖区与全国基金公司权益类(股票型+混合型)规模概览(单位:万亿元)

2021年我国公募基金整体仍保持快速增长的趋势,公募基金规模、非货币型基金规模、权益类产品(股票型+混合型)规模分别为25.56万亿元、16.09万亿元、8.63万亿元,上海辖区公募基金规模、非货币型基金规模、权益类产品规模全国占比分别为37.40%、40.02%、42.99%,在全国占重要份额。

从主要类型基金的规模增长率来看,主动管理型产品仍旧是上海基金业的发展特色,辖区权益类基金3年增长率和年复合增长率均高于全国水平。

表1 主要类型基金3年规模增长情况 (万亿元)

上 海	2021年	2020年	2019年	2018年	3年增长率	年复合增长率
总规模	9.56	7.46	5.21	4.24	125.47%	31.13%
非货基	6.44	5.02	3.13	2.18	195.41%	43.49%
权益类	3.71	2.83	1.37	0.90	312.22%	60.34%
全 国	2021年	2020年	2019年	2018年	3年增长率	年复合增长率
总规模	25.56	19.89	14.77	13.03	96.16%	25.18%
非货基	16.09	11.84	7.65	5.42	196.86%	43.72%
权益类	8.63	6.42	3.19	2.18	295.87%	58.19%

(2) 2021年私募基金管理业务

根据基金业协会数据,截至2021年12月底:存续私募基金管理人24 610家,较上月增加68家,环比增长0.28%;较2020年底增加了49家,同比增长0.20%。管理基金数量124 117只,环比增长2.14%,同比增长28.15%。管理基金规模达19.76万亿元,环比增长0.18%,同比增长23.73%。

从各类型私募基金存续规模情况来看,私募证券投资基金76 839只,规模6.12万亿元,数量和

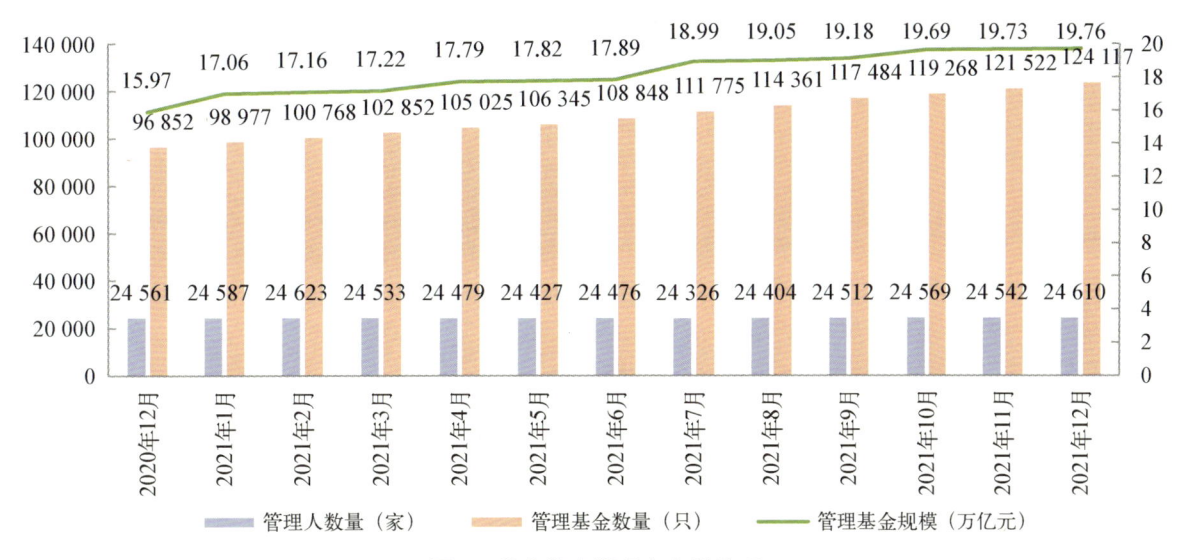

图 6 私募基金管理人存续情况

（数据来源：基金业协会）

规模同比增长分别为 41.37% 和 62.62%；私募股权投资基金 30 801 只，规模 10.51 万亿元，数量和规模同比增长分别为 4.75% 和 11.11%；创业投资基金 14 510 只，存续规模 2.27 万亿元，数量和规模同比增长分别为 39.53% 和 41.84%。2021 年私募证券投资基金无论从产品数量还是管理规模上都出现了爆发性增长，相比 2020 年末，产品数一年内增加 22 484 只，规模增加 2.36 万亿。私募股权类管理规模 10.51 万亿，突破 10 万亿元。

表 2 各类型私募基金存续统计情况

基金类型	基金数量（只）	较20年变化（只）	同比（%）	基金规模（亿元）	较20年变化（亿元）	同比（%）
私募证券投资基金	76 839	22 484	41.37%	61 247.38	23 585.08	62.62%
私募股权投资基金	30 801	1 398	4.75%	105 116.19	10 512.54	11.11%
创业投资基金	14 510	4 111	39.53%	22 704.22	6 697.86	41.84%
私募资产配置类基金	24	14	140.00%	46.48	36.52	366.67%
其他私募投资基金	1 943	−742	−27.64%	8 525.1	−2 942.25	−25.66%
合计	124 117	27 265	28.15%	197 639.37	37 889.75	23.72%

2021 年，上海辖区存续的私募基金管理人 4 531 家，管理基金数量 35 323 只，管理基金规模 5.07 万亿，均为全国首位。对比来看，近 5 年上海辖区与全国私募基金的存续基金数量、在管规模对比见下图。

2021 年，在全国私募基金管理规模稳步增长的趋势下，上海辖区私募在管规模增长率持续走高，在管规模突破 5 万亿元，全国占比 25.66%。但私募基金业发展分化明显，头部集聚效应突出。据公会会员不完全统计，截至 2021 年 12 月，公会私募会员单位 123 家，在管基金规模 1.79 万亿，

图7 近5年上海辖区与全国私募基金产品数量概览(单位：只)

图8 近5年上海辖区与全国私募基金管理规模概览(单位：万亿元)

管理人数量占上海辖区比重2.71%,而在管规模占上海辖区比重约35.31%。

在当前私募行业"扶优限劣"的大背景下,管理人的有序进退场以及产品数量和规模的不断突破,凸显出在高质量发展的整体要求下,行业积极性和活力未减,私募生态不断完善。

(3) 上海市基金同业公会积极履责,促进行业高质量发展

2021年,公会引领上海基金业团结奋进,在稳固发展、服务社会等方面不断续写新篇章。

在行业影响力方面,公会获第四届"全国先进社会组织"、国家省级证券期货投资者教育基地、上海百佳社会组织、上海市品牌社会组织、上海市公益之申"十佳公益机构"等荣誉。

在提升凝聚力方面,"上海基金业致敬白衣天使专项基金"持续践行公益使命,对本市疾控防疫人员奖励资助;携手上海市医药卫生发展基金会,组织上海基金公司基金经理和上海儿童医学中心诊疗专家一起组成爱心大使,为上海市儿童福利院孤残儿童捐赠100套春夏衣物,以及玩偶、花露水、湿巾等应急物资;倡导上海基金业支援河南防汛救灾工作,累计捐赠金额达3 570万元。

在国际化方面,公会结合最新的政策方向和投资形势编撰修订《海外资管机构赴上海投资指南2021》;参与编写《实践与创新》和《上海金融发展报告》,聚焦全球资产管理中心建设;举办"中国机构投资者线上圆桌""香港金融市场大讲堂2021""卢森堡网络研讨会"等,打造"走出去、引进来"互

通机制。

在投资者教育方面,以4个"首创",开拓创新投教模式。携手第一财经首创电视投教公益节目《基金时间》,电视、App、抖音等全平台累计浏览量超千万,帮助投资者树立科学的投资理念;首创"上海辖区基金公司投资者网上集体接待日",连续举办4年,业内百余位高管、基金经理、投研专家等参加;首创全国第一家自律组织和地方政府共建的投教基地——上海基金业—陆家嘴金融城投资者教育基地,荣获国家省级投资者教育基地;首创网上基金学院,带领投资者走近基金,了解基金。

在专业性方面,公会结合市场热点和行业需求,共开展了逾70场各类专业培训研讨会,参加人数超过7 000人次,涵盖法律法规、监管动态、宏观经济、行业发展和资管创新,以守住合规线、强化专业性、提升竞争力为锚,引导基金业高质量发展。

2. 基金行业发展特色

(1) "双碳"目标促进行业转型,ESG投资迎来布局年

在国家推进"碳中和"和"碳达峰"的大背景下,制度转型将催生中国资管行业呈现出新的特征和增长点。万得数据显示,截至2021年末,全国ESG投资基金共188只,基金规模为2 792.33亿元,其中2021年新成立基金55只,基金规模320.85亿元。近5年来,以ESG为主题的公募基金数量快速上升,2017—2021年,每年新成立ESG投资基金数量分别为9只、9只、12只、29只和55只,基金规模也由2017年的14.93亿元跃升至2021年的320.85亿元(均为当年新成立基金规模)。截至12月底,上海辖区ESG投资基金共计86只,基金规模为1 703.57亿元,全国占比分别为45.74%和61.01%。2017—2021年的5年,上海辖区新成立的ESG投资基金数量分别3只、2只、7只、11只和24只,新发数量占全国比见图9。

图9 近5年上海辖区与全国新成立ESG基金概览(单位:只)

2021年,在全国ESG投资快速推进的趋势下,上海基金业积极布局绿色投资版图,近3年,新发ESG主题基金全国占比分别为58.33%、37.93%和43.64%,占据重要位置。

从发展潜力来看,截至2021年底,188只基金中,13只基金的年化收益率超过50%,53只基金年化收益率超过20%,115只基金年化收益率超过10%。

在"双碳"目标提出和逐步实施的过程中,作为服务实体经济的重要工具,基金业应时而变、提前布局是适应新金融发展生态的重要策略。

表3　ESG投资基金年化收益超50%的统计情况

证券代码	证券简称	基金成立日	成立以来年化收益率(%)	基金管理人简称	基金规模（亿元）
562300.OF	银华中证内地低碳经济主题ETF	20211220	93.85	银华基金	4.20
159885.OF	鹏华中证内地低碳经济ETF	20210406	86.49	鹏华基金	7.97
516070.OF	易方达中证内地低碳经济ETF	20210415	80.62	易方达基金	5.51
159861.OF	国泰中证环保产业50ETF	20210319	78.28	国泰基金	4.97
014536.OF	诺安高端制造C	20211222	77.74	诺安基金	0.05
012631.OF	中银行业优选C	20210616	61.56	中银基金	2.16
010419.OF	申万菱信中证环保产业C	20201023	60.25	申万菱信基金	0.67
161912.OF	万家社会责任定开A	20190321	55.30	万家基金	15.04
161913.OF	万家社会责任定开C	20190321	54.53	万家基金	0.50
007163.OF	浦银安盛环保新能源A	20190709	52.03	浦银安盛基金	1.47
011146.OF	创金合信气候变化A	20201230	51.76	创金合信基金	1.87
007164.OF	浦银安盛环保新能源C	20190709	51.29	浦银安盛基金	2.48
011147.OF	创金合信气候变化C	20201230	51.17	创金合信基金	2.47

(2) 发展和规范并重，促进行业回归"私募"和"投资"本源

2021年1月8日，证监会正式发布《关于加强私募投资基金监管的若干规定》(简称"规定")，通过重申和细化私募基金监管的底线要求，对私募行业的风险敞口进行严控，让私募行业真正回归"私募"和"投资"的本源。

在规定"十四条"的要求下，私募基金的市场准入门槛不断提高，同时，存量市场优胜劣汰加剧。规定发布后，监管态度进一步趋紧，基金业协会注销的私募基金管理人数量明显增加，而通过备案的管理人家数在2021年上半年的走低后于下半年稳步增长。根据基金业协会数据，2021年全年共注销私募管理人1 236家，通过登记的管理人1 285家，整个市场优胜劣汰的竞争激烈，市场结构加速调整和分化。

但监管的趋严和门槛的提升并未抑制行业发展的脚步，相反地，有进有出的态势为构建良好的行业生态提供了保障。数据显示，私募基金管理规模达19.76万亿元，相较2020年增加了3.79万亿元，增幅达23.73%，其中，私募证券投资基金规模6.12万亿元，相较2020年增加2.36万亿，增幅62.62%；私募股权、创业投资基金规模12.78万亿元，相较2020年增加了1.72万亿元，增幅为15.55%。

(3) 从"走出去"到"引进来"，加快双向开放步伐

2021年1月31日，中共中央办公厅、国务院办公厅印发《建设高标准市场体系行动方案》，强调有序扩大金融服务业市场开放。允许在境内设立外资控股的合资银行、证券公司及外商独资或合资的资产管理公司。

在"走出去"方面，截至2021年12月，国家外汇管理局(简称"外汇局")向5家机构发放第7轮

图10　2021年基金业协会注销和登记私募基金管理人情况

QDII额度,共计35亿美元。发放完毕后,外汇局已批准174家QDII机构合计1 575.19亿美元的投资额度。其中,公募基金获批的QDII额度达到705.4亿美元,占比44.78%,在各机构中排名第一。根据基金业协会数据,截至12月底,QDII基金199只,管理规模2 384.13亿元,相较2020年底的1 288.94亿元增长84.97%,公募基金QDII业务驶入"快车道"。

在"引进来"方面,自贝莱德申请公募基金管理资格正式获批后,于2021年9月成立首只公募基金产品——贝莱德中国新视野混合,首募规模约66.81亿元。此外,由贝莱德、淡马锡、建信理财合作设立的外资控股理财公司贝莱德建信理财于2021年5月获批,继续发挥协同效应积极布局中国版图。2021年8月6日,富达基金管理(中国)有限公司获批设立,成为国内第二家获批的外资独资公募,9月份路博迈基金也正式获批,3家外商独资公募均落户上海。截至2021年11月,我国已经有45家外商投资基金管理公司,施罗德、联博、范达等国际资管巨头也在排队申请公募牌照。同时,根据基金业协会数据,截至2021年12月,外商独资的私募证券投资基金管理人(WFOE PFM)增至35家,较2017年增加25家,其中,29家WFOE落户上海。

3. 基金业发展展望

2021年是实施《关于规范金融机构资产管理业务的指导意见》(简称"资管新规")实施前过渡期的最后一年,也是凸显中国资本市场韧性的一年。这一年,在全球疫情的阴霾尚未完全褪去时,中国经济增长表现亮眼,GDP增长达8.1%;同时,北交所成立、注册制提速、深交所主板和中小板合并、养老基金、公募REITs等一系列资本市场的深化改革和行业创新持续推进,为未来新发展阶段的金融生态做足铺垫。

(1) 养老基金,前景和挑战并存

2022年4月21日,国务院办公厅发布《关于推动个人养老金发展的意见》(简称《意见》),成为完善多支柱养老保险体系建设的又一重要举措,标志着国内养老体系第三支柱——个人养老金进入了全新的发展阶段。中国证监会于同一天表示,将抓紧制定出台个人养老金投资公募基金配套规则制度,完善基础设施平台建设,优化中长期资金入市环境。养老基金的布局和推动,将有利于深化长期投资、长期持有的价值理念,但其民生属性也将对基金公司提出更高的专业性要求。进一步厚植大类资产配置能力,提升投资管理水平,是托起基金行业和养老民生共利共赢局面的基石。

(2) ESG 投资,打造中国经济的"绿水青山"

在环境变化和政策等因素的推动下,国内金融行业开展 ESG 投资已成为不可阻挡的趋势。根据联合国责任投资原则组织(UN PRI)数据,截至 2022 年 1 月,国内已成为 UN PRI 签署方的机构达 84 家,其中,63 家以资产管理者身份加入,将可持续运营和可持续投资纳入发展战略。随着"双碳"目标和环保概念的不断加深,基金公司以及各类产品正在加速拥抱责任投资、绿色投资理念。一系列 ESG 主题产品创新,绿色债券的发行以及环保项目的投资等,将积极推进投融资端的良性互动,哺育绿色实体。

(3) 公募 REITs,助力实体经济的推进器

自 2020 年 4 月国家发改委联合中国证监会发布《关于推进基础设施领域不动产投资信托基金(REITs)试点相关工作的通知》以来,公募 REITs 成为市场的聚焦。2021 年 6 月,首批 9 只基础设施公募 REITs 试点项目上市;同年 7 月,国家发改委又出台了"958 号文",进一步扩大了 REITs 试点区域和试点范围;2022 年 6 月,《"十四五"现代能源体系规划》又提出,探索将新能源项目纳入试点支持范围,国家在政策层面上不断给予 REITs 肯定。截至 2022 年 4 月,全市场共计 12 只公募 REITs,合计发行规模超 458 亿元。未来,随着公募 REITs 的良性运作,一方面可以促进基础设施建设和房地产行业结构优化,盘活海量存量资产,为基础设施投资提供退出渠道并降低宏观杠杆率;另一方面将作为大类资产,进一步契合保险、养老金等长期稳健资金的需求,形成共赢的局面。

(上海市基金同业公会供稿)

(三) 上海典当行业 2021 年发展报告

2021 年,在欢庆中国共产党建党 100 周年之际,也是国家"十四五"规划开局之年,典当行业作为上海国际金融中心建设中普惠金融体系的一员,身负的社会责任重大,在提高自身发展能力、助力中小微企业开拓融资渠道、满足人民群众融资需求方面任重道远。行业纳入普惠金融体系,既是对行业地位作用的肯定,也给行业未来发展和协会服务工作提出新的、更高的要求。

1. 经营网点统计及分布情况

截至 2021 年 12 月底,新设典当企业 3 家,被市金融局收回典当经营许可证 9 家。全市典当企业为 232 家,分支机构 57 家,共计 289 家经营网点。

表 4　上海市典当经营网点分布

行政区县	经营网点	其中 法人企业	其中 分支机构	所占比例	行政区县	经营网点	其中 法人企业	其中 分支机构	所占比例
黄浦区	23 家	20 家	3 家	7.96%	长宁区	18 家	14 家	4 家	6.23%
静安区	38 家	32 家	6 家	13.15%	浦东新区	50 家	38 家	12 家	17.3%
徐汇区	21 家	15 家	6 家	7.27%	闵行区	21 家	18 家	3 家	7.27%
虹口区	18 家	14 家	4 家	6.23%	青浦区	11 家	9 家	2 家	3.81%
普陀区	25 家	17 家	8 家	8.65%	松江区	11 家	9 家	2 家	3.81%
杨浦区	19 家	18 家	1 家	6.57%	宝山区	12 家	9 家	3 家	4.15%

续表

行政区县	经营网点	其中		所占比例	行政区县	经营网点	其中		所占比例
		法人企业	分支机构				法人企业	分支机构	
奉贤区	7家	7家	0家	2.42%	金山区	2家	2家	0家	0.69%
嘉定区	12家	10家	2家	4.15%	崇明区	1家	0家	1家	0.34%

73.36%的经营网点分布在主城区,周边城区经营网点占26.64%。经营网点最多的依旧是浦东新区,为50家;其次是静安区,为38家;最少的崇明区,仅有1家分支机构。

企业总数较少,转让企业较多。由于行业同质化竞争激烈,经营优势逐年弱化,获利大幅下降,与新设门槛提高因素叠加,使行业新设数持续处于低位。过去各行业竞相申办典当行的场景不见,每年新增典当企业只有1~2家,即便2021年新增企业为近年来最多,也仅为3家。主动或被动退出企业数量持续多于新增,一方面,个别国企战略调整,主动退出典当行业;另一方面,部分企业经营管理混乱,诉讼或坏账缠身,被动退出典当行业。

转让企业数增多,与新设企业数少形成鲜明对比,分析主要有三方面原因:

(1) 相比新设典当的行业要求,转让要求相对较低。

(2) 部分经营不善企业,选择主动转让方式退出行业。

(3) 在年审中被主管部门责令整改的部分企业,由于各种原因,无法整改完毕,通过转让行为完成整改。

图11 2021年上海市典当经营网点对比

2. 注册资本金统计

2021年全市注册资本金(按232家企业计算)为66.86亿元,比去年66.62亿元,上升0.36%。企业数量的减少,注册资本金却有小幅增长,主要是减少的企业注册资本多为1 000万~2 000万元,新设的3家典当企业注册资本金均为5 000万元,另有个别企业增资。

注册资本规模主要集中在1 000万~5 000万元(不含5 000万元),占总注册资金的82.33%。注册资本金过1亿元企业10家,其中3家注册资本金在2亿元或2亿元以上,注册资本金最高企业仍为2.45亿元。平均每家注册资本金2 882万元。

表5 企业注册资本分布结构情况

注册资本金分类	2021年	所占比重	2020年	所占比重
1 000万元以下（不含1 000万）	7家	3.02%	7家	2.94%
1 000万～2 000万元以下（不含2 000万元）	88家	37.93%	93家	39.08%
2 000万～5 000万元以下（不含5 000万元）	103家	44.4%	107家	44.96%
5 000万～1亿元（不含1亿元）	24家	10.34%	21家	8.82%
1亿～2亿元（不含2亿元）	7家	3.02%	7家	2.94%
2亿元或2亿元以上	3家	1.29%	3家	1.26%
共计	232家		238家	

3. 经营数据统计

2021年完成典当总额365.94亿元，同比2020年301.37亿元，大幅增长21.43%；典当业务总计17.96万笔（新当4.69万笔，续当13.27万笔），比2020年18.21万笔，下降1.37%；总费收入6.28亿元，比2020年5.16亿元，增长21.71%；应交税金0.36亿元，比2020年0.39亿元，下降7.69%。

平均每笔典当业务为20.37万元；平均每月典当总额30.5亿元；年末典当余额为56.03亿元；资金年周转次数约为6.53次，快于2020年的5.17次；平均月息费率1.54%，比2020年1.52%略有提升。

（1）总体分析

根据今年经营情况分析，在总体的经营压力依旧巨大的情况下，经营业绩数据同比去年大幅度增长，实属不易。有以下几点值得关注：

① 典当业绩大幅增长，超出行业发展预期。

2021年完成典当总额365.94亿元，同比2020年301.37亿元，大幅增长21.43%，为近5年来首次出现大幅度增长，即便与2019年疫情前相比，也增长5.56%，基本恢复到疫情前水平。收入随着大幅度增长。

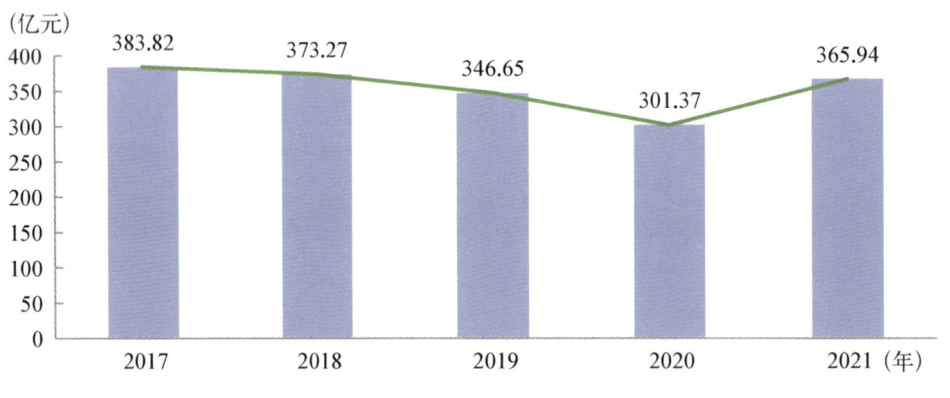

图12 近5年典当总额对比

表6　2021年主要经营指标情况

主要经营指标	2021年	2020年	同比增减比例
典当笔数(万笔)	17.96	18.21	-1.37%
典当总额(亿元)	365.94	301.37	21.43%
总费收入(亿元)	6.28	5.16	21.71%
典当余额(亿元)	56.03	58.26	-3.83%
应交税金(亿元)	0.36	0.39	-7.69%

表7　2021年主要业务经营情况

主要业务	2021年(亿元)	2020年(亿元)	同比增减比例
典当总额	365.94	301.37	21.43%
其中：房地产	211.91	173.23	22.33%
财产权利	51.97	50.48	2.95%
动产	102.06	77.66	31.42%

主要有以下三个方面因素使得典当业绩大幅增长：

A. 相比2020年疫情暴发之年，2021年疫情防控机制成熟有序，使得整体经济大环境逐步稳定，在此带动下，不少受到疫情冲击的中小微企业为恢复生产，寻求资金支持，这给同样受到疫情冲击的典当行业带来商机，企业业绩同比普遍增长，有部分企业业绩甚至突破疫情前水平。

B. 国有企业重点为自身所处产业链内配套企业提供服务，业绩普遍大幅增长，成为行业发展的主要引擎，国有企业典当总额同比2020年增长40.48%，所占行业整体比重达46.02%，大幅超过去年占比的32.76%，也超过疫情前2019年占比的38.51%。对行业贡献率达16.12%。

C. 近两年新设和部分新转让企业，找准企业定位，专注自身业务领域，对行业整体业绩贡献突出，贡献率达5.74%。

② 各业务比重保持合理稳定。

分析业务比重，房地产业务依旧占比最高，机动车业务和生产资料业务占比近5年持续走高，财产权利和民品业务处于稳定。

表8　近5年业务所占比重对比

年　份	房地产	机动车	生产资料	财产权利	民　品
2021	57.9%	4.3%	7.3%	14.2%	16.3%
2020	57.4%	3.7%	3%	16.8%	19.1%

续 表

年 份	房地产	机动车	生产资料	财产权利	民 品
2019	60.1%	3%	2.2%	17.5%	17.2%
2018	65.3%	2.2%	1.3%	11.5%	19.7%
2017	65%	1.2%	1.9%	11.9%	20%

各类业务从事企业数全面多于去年同期,房地产和民品业务是行业生存发展支柱业务。

表9 全市主要从事各类业务企业数情况

业务分类 \ 企业分类	2021年(按232家计算)		2020年(按238家计算)	
	企业数(家)	所占比例	企业数(家)	所占比例
房地产	134	57.8%	126	52.9%
生产资料	21	9.1%	13	5.5%
财产权利	53	22.8%	43	18.1%
机动车	47	20.3%	37	15.5%
民品	130	56%	122	51.3%

③ 典当息费率处于低位趋势不变。

2021年平均月费率1.54%,比2020年1.52%略有提升。但还是保持在相对低位,也有个别企业平均月费率仅为1%～1.2%,不排除有进一步下降的可能性。但即便息费率处于低位,还是出现其他同质化融资行业,因为息费率更低,将典当客户挖走的情况,有企业反映,长期合作的客户,要求息费一降再降,已突破典当企业承受能力,双方无法达成一致,使企业失去重要客户。

④ 业绩大幅增长,有效缩小亏损面。

2021年行业49.5%的企业出现不同程度亏损,相比2020年56.4%,缩小6.9%;16.1%的企业业务停滞,同比去年下降6.3%。行业业绩的大幅增长,带动行业亏损面缩小,有效遏制亏损面持续扩大局面。

亏损企业中,有65.4%出现房地产业务亏损,32.7%出现民品业务亏损,其次是机动车业务、财产权利业务、生产资料业务,分别为9.6%、9.6%、5.8%。

虽然同比去年亏损面有效缩小,但仍处于高比重,尚未完全缩小至疫情前水平,未来是否能扭转高比重亏损局面,有待观察。另外,企业经营状况分化严重,头部企业经营情况保持相对稳定,中、尾部许多企业经营还非常艰难,有尾部企业亏损幅度有所扩大。

⑤ 绝当收入帮助行业渡过难关。

2021年绝当收入6 283万元,同比2020年增长8.38%,占行业总收入的10%,占比略低于2020年的11%。2020年、2021年有不少企业抓住市场的契机,积极处置绝当库存,加快盘活流动资金,补充息费收入的不足,通过绝当收入,渡过疫情冲击带来的种种难关。

另外，2021年行业主要绝当处置方式依次集中在专人收购、柜面交易、拍卖等三种方式中，分别有56.7%、43.3%、32.2%的企业选择。这三种方式也是行业最为传统的绝当处置方式，其中专人收购、柜面交易绝大多数发生在动产业务中，拍卖方式中35.8%为房地产业务、17.5%为财产权利业务、46.7%为动产业务。仅有7.8%的企业选择网络交易处置方式，还不及通过内部人员消化处置方式的8.9%，更多处置方式还有待创新。

(2) 房地产抵押业务情况

2021年房地产业务总额比2020年增长22.33%，比2019年增长1.64%，恢复至疫情暴发前水平，对典当总额增长贡献率约60%。最短当期为5天，平均单笔典当金额为216万元。

从行业整体看，业务比重和从事企业数占比均接近60%。从每家企业看，有20%的企业，房地产业务占本公司业务比重50%～80%；有32.6%的企业占80%以上或只从事房地产业务，合计有52.6%的企业，房地产业务占本公司业务比重超50%，说明房地产最支柱业务低位不动摇，从事的优劣，直接反映出行业发展的好坏和企业经营的成败。

表10　2021年房地产业务情况对比

业务分类	2021年(亿元)	2020年(亿元)	同比增减比例
房地产	211.91	173.23	22.33%

从本市房地产发展形势看，2021年上海在政府的有效监管调控下，有效稳定房地产市场价格剧烈波动，全年新建商品住宅供应面积、成交面积、成交总额均同比明显增长，稳中有升。大局的稳定，也让典当行业房地产业务稳步提升，但业务逾期金额同比2020年增长近10%，这说明风险与收益并存，过往的经验告诉我们，一笔业务的损失，会抹去10年的利润，2021年退出的企业中，不少就是吃了这个亏。企业要从业务审核、材料准备、双方约定、业务留痕等进行全流程监控，切勿急于求成，简化或删除必要环节，要为可能面临的催讨客户逾期欠款做好准备。

有智库分析表示，预计2022年针对上海房地产市场，政府将继续出台一系列优化引导政策，可能会迎来诸多新变化，会使房地产行业持续处于回暖上行中，这将给典当行业房地产业务的发展注入信心。

(3) 财产权利业务情况

2021年财产权利业务相比2020年增长2.95%，但与2019年相比仍旧下降14.04%，业务比重有所下降，占14.2%。业务额排名前十的典当企业占该业务总额的81.7%，相比2020年的88.6%有所下降。从事该业务的53家企业中，国有企业仅有4家，但所占该业务比重高达65%。不过财产权利业务超一半的业务额来自1家国有企业。

表11　2021年财产权利业务情况

业务分类	2021年(亿元)	2020年(亿元)	同比增减比例
财产权利	51.97	50.48	2.95%

业务息费率持续低位，月平均息费率0.68%，相较2020年为0.5%，2019年为0.6%。

财产权利业务处于业务结构有益补充的地位，不少企业为规避现行管理办法业务结构限制，将财产权利业务作为房地产业务的替代,也有个别企业专业从事财产权利业务,不过由于业务从事的专业性比较强,涉足的企业有限。

（4）动产业务情况

表12　2021年动产业务经营情况

业务分类	2021年(亿元)	2020年(亿元)	同比增减比例
动产	102.06	77.66	31.42%
其中：生产资料类	26.7	9.06	194.7%
机动车辆类	15.67	11.07	41.55%
民品	59.69	57.53	3.75%

① 民品业务。

2021年民品典当业务总额同比2020年增长3.75%,与2019年基本持平,所占业务比重有所下降,为16.3%。占动产类业务比重55.6%。从事企业数增至130家。

民品业务整体发展相对稳定,未出现较大幅度波动,作为行业差异化竞争业务,在行业受到冲击逆境时,起到平衡杆、稳定剂的作用,让不少企业渡过逆境。

民品业务品种分析,"贵金属"是最受追捧的民品业务,87.8%的企业从事,其中"黄金"作为抗通胀最强的品种,近年来价格维护在高位,各从事企业抓住有利时机,取得较好业绩;列次席的是"钻石或有色宝石饰品",占61%,随着疫情影响相对弱化,消费复苏带动钻石价格上涨,据国际钻石交易平台数据,2021年全球钻石价格指数上涨14.9%,作为钻石重要终端消费市场的中国,价格也呈两位数幅度增长,其中1~3克拉的裸钻具备良好的流通性、保值性日益提高,领涨势头突出,助推钻石价格指数走高,这也带动典当行业钻石业务持续升温;之后分别是,"世界名表"占56.1%,"翡翠玉石饰品或摆件"占51.2%,"名家字画"占20.7%,数码产品、瓷器古玩杂件、名牌箱包等均占10%或10%以下。

表13　2021年民品业务经营情况

业务分类	2021年(亿元)	2020年(亿元)	同比增减比例
民品	59.69	57.53	3.75%
其中：生活资料类	3.43	3.61	−4.99%
金银珠宝类	39.46	38.54	2.39%
艺术品	8.97	6.47	38.64%
其他类	7.83	8.91	−12.12%

② 生产资料业务。

2021年生产资料业务实现跳跃式增长,同比2020年增长194.7%,相比2019年增长更是高达

249%;所占业务比重升至 7.3%,占动产业务比重提升至 26.2%,(2020 年为 11.66%,2019 年为 9.84%);从事企业数为 21 家。对 2021 年动产业务增长贡献巨大,占增长额的 72.3%。

表 14　2021 年生产资料业务情况

业 务 分 类	2021 年(亿元)	2020 年(亿元)	同比增减比例
生产资料类	26.7	9.06	194.7%

不过大幅增长与个别企业生产资料业务额大幅增长有关,并占据绝大部分份额。究其原因,是个别企业产业链内业务结构调整所致。

③ 机动车业务。

2021 年机动车典当业务同比 2020 年增长 41.55%,相比 2019 年增长 50.38%;所占比重再创新高,占 4.3%,占动产业务比重 15.4%;从事企业升至 47 家。机动车业务近年来出现连续增长,势头强劲,业务额排名前列的企业多专业从事机动车业务或经验丰富企业,业务占比普遍超过 80%。

表 15　2021 年机动车业务情况

业 务 分 类	2021 年(亿元)	2020 年(亿元)	同比增减比例
机动车辆类	15.67	11.07	41.55%

2021 年机动车业务虽然增长幅度较大,但占业务比重还处于低位,业务发展空间较大,有更多企业愿意开展该业务。此外,伴随业务增长而来的是业务投诉的增加,虽然大半属于恶意投诉,但也有个别投诉是典当企业自身存在操作不合理,让客户体验感不佳而产生矛盾,为了避免这类事情的发生,作为典当企业首先规范自身操作行为,规避存在的风险,提升客户体验感,如发生投诉也应正确面对,按照规范流程配合操作,相信清者自清。

4. 2021 年上海典当行业为中小微企业服务情况

大力发展普惠金融,是我国全面建成小康社会的必然要求,有利于促进金融业可持续均衡发展,有助于上海国际金融中心建设。上海典当行业作为普惠金融体系中的一员,2021 年,在自身发展环境仍然处于较大困境下,始终坚持为中小微企业提供融资服务,助力中小微企业发展创新。

2021 年上海典当行业有 67% 的企业为中小微企业提供融资服务,向中小微企业提供贷款合计达 261.83 亿元,占全市典当总额的 71.55%,其中,房地产抵押贷款约 170 亿元,其次是动产和财产权利质押贷款。虽然相比 2020 年,向中小微企业发放贷比重有所下降(2020 年为 73.55%),但是随着业务额的大幅增长,发放贷款额增长 18.12%。

在向中小微企业提供贷款企业中,45.4% 的企业发放贷款额占本企业业务比重 50% 以上,15.6% 的企业占 10%～50%,39% 的企业占 10% 以下。

2021 年为中小微企业服务呈现以下情况:

一是典当企业不断贴近当下经济运行的需要,主动调低息费率,满足和缓解中小微实体企业融资难、融资贵的问题。

二是典当企业发挥自身优势,运用更加灵活的操作和业务模式,提升中小微企业体验感,以此提高行业竞争力。如为中小微企业客户设定最高贷款额度,额度内随借随还,贷款期限短的只有5~10天。

三是针对涉及中小微企业的逾期业务,尽量采取协商展期、抽当操作等措施,给到这些中小微企业充分还款时间或逐步减轻企业还款压力。

5. 典当行业发展中存在问题

(1) 企业经营遇到的风险和问题

协会在2021年开展了一次行业问卷调查,针对典当企业经营中遇到的主要风险,调查发现有64.3%的企业选择"客户资质风险",排首位;41.7%的企业选择"法律政策风险",排第二;其余依次是,"绝当变现风险"33.9%,"放款比例风险"27%,"职业道德风险"10.4%,"其他风险"9.6%。

在"典当企业发展中遇到的主要问题"调查中,排第一的是"征信难",有54.8%的企业选择;第二是"法律法规滞后",46.1%的企业选择;接下来依次是"人才缺失"34.8%,"资金短缺"33.9%,"内部管理"11.3%,"其他问题"9.6%。

① 客户资质审核能力有待提高,征信难困扰企业发展。

结合上述两项调查可以看出,大部分企业认为"客户资质风险"是威胁企业经营的首要风险,解决之道,可以通过征信有效降低客户资质风险,但"征信难"却又成为困扰企业发展的首要问题,虽然行业与一些大型平台和金融机构进行了沟通,尝试去合作,但是对方或对行业合作要求过高,或存在典当自身客户反被对方挖走情况,导致至今没有突破,尤其是涉及公民信息安全的相关法律法规相继出台,阻断原先典当企业仅存的征信渠道。目前各企业只能自己寻找渠道获得客户征信,存在渠道要价过高、信息滞后、获取稳定性不佳等问题,降低业务效率,有的还需要客户配合才能获得征信,如房地产业务。行业亟须一个权威、稳定、高效、廉价的征信平台或征信渠道,解决长期困扰的"征信难"问题。

另外,在调查中还发现,典当企业征信多半发生于贷前客户资质审核过程,对贷中征信比较忽视,让部分典当企业丧失及时发现或化解可能存在风险的最佳时机。

目前,在市地方金融监管局的推动下,上海典当行业已建立自己的监管平台,第一期数据报表报送功能已实现,未来计划在监管平台建立典当内部的征信系统,供监管部门和行业使用,这将给行业解决"征信难"问题带来福音。

② 行业突破发展瓶颈,有待于法律法规的推陈出新。

在上述调查中,法律法规滞后给企业经营所带来的风险排次席,行业普遍认为,只有国家出台新的、与典当相配套的法律法规,将原有法律法规中滞后或不合理条款覆盖,才能让行业从根本上突破发展瓶颈。

有部分企业表示,现在各司法部门关于典当的司法实践,与典当现有法律法规存在诸多矛盾,如存在鼓励客户违约的矛盾,未能充分体现"违约成本必须大于守约成本"的普世原则。还有部分企业表示,虽然通过诉讼是处置绝当物品或解决与客户之间矛盾的正确方式,但"执行难"却阻碍绝当物品最终处置到位,通过调查,2021年有近53.9%的企业发生诉讼,典当企业几乎均赢得诉讼,不过只有约25%的企业执行最终到位,这一方面有如房地产诉讼程序周期比较长,执行也需要较长时间,往往要跨年或跨几年有关;另一方面说明,执行到位率确实不高,间接影响到具有短小灵快特性的典当行业的生存模式,导致不少企业虽然出现客户逾期,却不愿意选择采取诉讼来处置物品。这也从有33.9%的企业选择自身存在"绝当变现风险"得到印证。

③ 行业人才缺失问题影响企业生存。

从调查中能看出,34.8%的企业认为自身存在"人才缺失"问题。由于近年来,行业业绩下滑,让企业难以留住人才,行业人才缺失问题凸显。2021年,疫情影响犹存,部分企业顶着在自身经营不佳、收入减少的巨大经营压力,通过提高工资福利等手段努力留住人才,但有不少企业反映,企业员工流失,却很难招到合适的人才,人才的流失又给企业本就压力巨大的经营带来困难,这样恶性循环,影响到企业生存。目前企业反映最为短缺的人才,主要集中在各类熟练鉴定师、高级管理人员。

(2) 行业发展环境和前景

2021年行业问卷调查中,有47%的典当企业认为典当行业目前面临的发展生存环境一般;45.2%的企业认为环境恶劣;只有7.8%的企业认为环境尚佳。

在典当业的发展前景调查中,61.7%的企业选择"前景一般,无大发展",28.7%的企业选择"看好,发展前景广阔",选择"不看好,行业将大衰退"的企业占9.6%。

分析以上两项调查结果,发现行业整体发展遇到较大挑战,很多企业表示悲观情绪,有更多的企业对行业未来流露出观望态度。同质化行业竞争加剧和疫情冲击的叠加,着实改变了典当原本较为宽松的发展环境,让典当企业出现行业定位迷茫,甚至有个别企业直接选择退出。不过在大片悲观情绪下,我们也看到行业发展希望,比如在认为"环境恶劣"的企业中,有63.5%的企业表示恶劣环境在逐步趋缓,看好行业发展前景的企业要比看衰行业的多,从新增企业逐年增多也能说明行业吸引力在逐渐增大。

我们认为,发展环境改善是典当行业发展的基础,分外部环境和内部环境两部分,外部环境很难通过行业自身力量得到根本性改变,但可以通过加强行业宣传,让社会大众更加了解典当,转变原本误解,传递行业正能量。内部环境方面,需要企业保有发展信心,可以采取行业建立发展机制,良性竞争和互动合作,提高行业凝聚力、积极性。另外,通过不断的呼吁,促使主管部门制定行业健康发展政策,为企业解决后顾之忧。

6. 2021年上海典当行业十强企业

2021年度上海典当行业十强企业排名依据企业典当规模、典当收入、应交税金等3个指标的综合指数产生,综合指数越小排名越靠前。

表16 2021年度上海典当行业十强企业排名

排　名	企　业　名　称	综　合　指　数
1	上海欧冶典当有限公司	2
2	上海国盛典当有限公司	3.7
3	上海香溢典当有限公司	4
4	上海东方典当有限公司	5
5	上海北翼典当有限公司	5.7
6	上海市华联典当行有限公司	6.3
7	上海国信典当有限公司	8
8	上海宝融典当有限公司	8.3

续　表

排　　名	企　业　名　称	综合指数
9	上海老凤祥典当有限公司	9.7
10	上海中财典当行有限公司	10.7

7. 总结

2021年，在行业经历低迷后，一扫发展阴霾，业绩出现大幅反弹，业务结构趋于合理，企业经营向细分化、专业化发展，不少企业打破行业惯例，采取人性化和谐操作，在获得好收益的同时，取得良好社会口碑。行业的出色表现，起到融资服务最后一公里作用，一定程度避免社会融资矛盾激化，有效抑制"套路贷""高利贷"等非法金融对中小微企业的侵害。

2022年本市典当行业将迎来一系列地方性监管规定的出台，随后监管细则和新监管模式将接连落地。适应新发展格局下的新监管模式，实现行业新发展目标，是行业需要认真面对的课题。相信在新监管规定和模式的推动下，行业借助业绩反弹势头，将迎来持续尚佳表现，为党的"二十大"胜利召开献礼。

（上海典当行业协会供稿）

（四）上海金融信息行业 2021 年发展报告

自从2019年上海金融信息服务业形成了"双城（陆家嘴金融城、张江科学城）+双轮（业务、技术）驱动"的区域格局之后，2020年《加快推进上海金融科技中心建设实施方案》和《关于进一步加快上海国际金融中心建设和金融支持长三角一体化发展的意见》发布，助力上海国际金融中心建设和科技创新中心建设联动发展，着力挖掘上海金融信息行业发展潜能，深度激发金融信息行业发展活力，提升金融信息行业赋能实体经济的质量和效率，为把上海建设成与国际金融中心地位相适应的金融信息中心提供有力支撑。

上海市下辖各区金融信息服务业发展主要依托金融业发展，从整体金融业发展来看，与2020年相比，2021年依旧是中心城区（黄浦区、静安区、徐汇区）和浦东新区发展程度高于其他区，松江区在支持企业上市挂牌方面具有相对优势。

1. 浦东新区

2021年上半年，浦东金融业增加值2 021.7亿元，实现同比增长7.5%，占全区GDP比重33.9%，占上海市金融业增加值比重达到58.2%。浦东已集聚股票、债券、期货、保险、信托、外汇等13类金融要素市场和基础设施，是全球金融要素市场最完备、交易最活跃的地区之一。截至2021年底，浦东新区全年新增持牌类金融机构32家，总量达到1 110家，占全市2/3；共有74家国际知名资管机构设立101家各类外资资管机构，占全国90%；融资租赁机构近1 700家，资产规模达到2万亿元，占全国30%。新区充分发挥金融服务实体经济作用，新增12家科创板企业，总量达到21家，占全市57%；累计拥有国内上市企业128家、境外上市企业63家、新三板挂牌企业119家及上海股交中心挂牌企业185家。

2. 黄浦区

金融服务业持续增长。受资本市场活跃助推，证券、基金、资管等子行业持续增长，金融业实现增加值1 106.93亿元,同比增长6.8%,占比达42.3%。完成税收177.89亿元,同比增长3.7%,占比27.8%,成为区域经济增长的重要动力支撑。截至2021年末,区内金融市场交易总额占全市比重保持在70%以上。2021年区内金融市场交易总额达1 639.89万亿元,占全市比重72.1%。2021年末,区内共有持牌金融机构660余家,汇集包括银行、证券、保险、信托、基金、期货在内的各类持牌金融机构,资产管理、财富管理、金融科技等细分领域稳健发展,实现了金融机构多类型、全方位、立体式集聚。

3. 徐汇区

2021年全年实现金融业增加值278亿元,同比增长7.7%。金融服务业累计营业收入434.7亿元,累计同比增长8.9%;金融业累计税收34.5亿元,累计同比增长1%。

徐汇区紧紧围绕上海建设"五个中心"、强化"四大功能"的战略部署,抓住"发展金融科技"和"金融领域不断对外开放"两个历史性机遇,以科技化、国际化、高端化为方向,推动"科创、产业、金融"三角互动,全力实现科技赋能金融、金融赋能产业的发展愿景。围绕这一规划目标,徐汇区积极汇聚金融科技头部企业,努力培育行业标准,鼓励行业创新,全力落实好上海金融中心增长极的使命要求。

4. 松江区

2021年全年实现金融业增加值59.38亿元,比上年增长6.2%。至年末,全区共有银行32家,金融机构各项存款余额3 913.3亿元,比年初增长3.6%,其中人民币3 209.4亿元,占存款余额的82%。金融机构各项贷款余额2 323.5亿元,比年初增长6.2%,其中人民币1 869亿元,占贷款余额的80.4%。至年末,共有证券公司27家。全年实现证券交易成交额26 854.26亿元,比上年增长68.1%。成交额中,国家债券1 428.82亿元,比上年增长68.3%;股票22 291.17亿元,比上年增长68.8%;基金1 389.38亿元,比上年增长212.0%。

5. 青浦区

2021年全年实现金融业增加值49.67亿元,比上年增长8.7%。2021年全年新增场外市场挂牌企业22家,其中,上海股交中心22家。区内5家保理公司共放款459 783万元。年末全区28家银行各项存款余额2 200.6亿元,比年初增长10.9%,其中,单位存款余额1 148.6亿元,增长10.5%,个人存款余额1 021亿元,增长16.9%。各项贷款余额1 286.6亿元,增长17.5%;其中,单位贷款691亿元,增长24.2%,个人住房贷款375.2亿元,下降18.6%。年末存贷比为58.5%。

6. 静安区

2021年金融服务业累计实现税收收入520.41亿元,占总税收比重15.1%。其中,2021年金融服务业实现税收总收入108.09亿元。区内共有持牌类金融机构459家,其中,证券76家(含营业部)、中外资银行55家(不含分支机构)、私募股权136家。龙头企业包括国泰君安、光大两大总部型证券公司,上汽、电气、光明三大财务公司以及平安、光大、国际集团三大资管公司。金融服务业稳步有序发展。着力优化金融产业格局,提升金融集聚度与能级,集聚了摩根大通、国泰君安、光大证券等一批知名金融机构,营造新兴金融发展大生态圈,打造静安跨国金融功能区。

7. 普陀区

2021年全年金融业实现增加值96.58亿元,环比增长6.7%。年末区内主要商业银行各项存款余额2 646.94亿元,其中,企业存款969.44亿元,居民储蓄存款1 455.93亿元;各项贷款1 690.79亿元,其中,短期资金贷款225.94亿元,中长期贷款871.57亿元,个人住房担保贷款486.23亿元。

8. 嘉定区

2021年全年新增股权托管交易及新三板挂牌企业7家,累计达316家。2021年末,大数据产融平台与36家银行开展合作,汇聚117种金融产品。平台注册企业数量达到2580家,其中,本年新增722家,发布融资需求84.4亿元。目前,平台已对321家企业实现放款,贷款金额42.6亿元,其中,本年新增30.1亿元,贷款额的75%为信用类贷款。银行存贷款稳健发展。至2021年末,全区统计范围内营业网点数163个,银行存款余额3 650.5亿元,较年初增长15.6%,其中,单位存款和居民储蓄存款分别为1 802.8亿元和1 847.8亿元,分别较年初增长15.8%和15.4%;银行贷款余额1 701.0亿元,较年初增长8.1%,其中,单位贷款和个人贷款分别为990.9亿元和710.1亿元,分别较年初增长7.3%和9.3%。

9. 奉贤区

2021年全年实现金融业增加值44亿元,环比增长7.3%。至2021年末,全区共有银行分支机构28家。分布经营网点141个,证券业15家。同年末,全区各项存款余额2 117.7亿元,比年初增长14.9%。各项存款余额1 481.8亿元,比年初增长14.7%;全区证券交易总额17 952亿元,比上年增长51.6%。其中,A股成交13 366亿元,比上年增长41.1%。全区新增上市和挂牌企业25家,其中科创板1家,创业板1家,上海股权托管交易中心N板挂牌企业10家,Q板挂牌企业13家。截至2021年底,全区累计上市挂牌企业共283家,其中A股20家,新三板64家。

10. 长宁区

2021年全年实现金融业增加值136.1亿元,比上年增长9.7%。4家小额贷款公司当年累计发放贷款82.4亿元。2家融资性担保公司获得银行业金融机构和其他准金融机构授信总额3.3亿元。

11. 虹口区

2021年全年金融业实现增加值198.60亿元,比上年增长9.7%。北外滩财富管理高地品牌全面打响,金融服务业区级税收完成22.23亿元,同比增长36.8%,全区集聚金融企业和机构1 806家。

12. 杨浦区

2021年科技金融产业增加值112.7亿元,比上年增长6.5%。2021年新增各类资本市场上市挂牌企业5家,累计达到104家。全区企业全年获得融资性担保公司担保额26.2亿元。

13. 闵行区

2021年末,全区金融机构各项存款余额5 149.31亿元,比年初增长17.6%。贷款余额2 431.7亿元,比年初增长17.2%。

14. 崇明区

至2021年末,全区有各类金融机构14家;各项银行存款余额1 262.6亿元,比年初新增177.4亿元,增长16.3%;城乡居民储蓄存款余额747.7亿元,比年初新增104.1亿元,增长16.2%;各项贷款余额785.9亿元,比年初新增78.8亿元,增长11.1%。

(上海金融信息行业协会供稿 执笔人:陆珂玮)

(五) 上海保险行业2021年发展报告

1. 上海保险业年度发展综述

2021年,上海保险业坚持以习近平新时代中国特色社会主义思想为指导,深入贯彻党的十九大和十九届历次全会精神,不断增强"四个意识",坚定"四个自信",做到"两个维护",坚决落实党中央、国务院重大决策部署,认真执行银保监会和上海市委、市政府工作要求,各项工作稳中加固、稳中有进。

(1) 业务经营稳步发展

① 行业主要经营数据。

2021年1月—12月,上海共实现原保险保费收入1 970.90亿元,较去年同期(1 864.99亿元)增加105.91亿元,同比增长5.7%,全国排名第9位,全国市场份额占比4.39%。

2021年1月—12月,财产险公司原保险保费收入632.41亿元,同比增长6.4%;人身险公司原保险保费收入1 338.49亿元,同比增长5.34%。财产险、人身险公司原保险保费收入比例为32∶68,与去年持平。

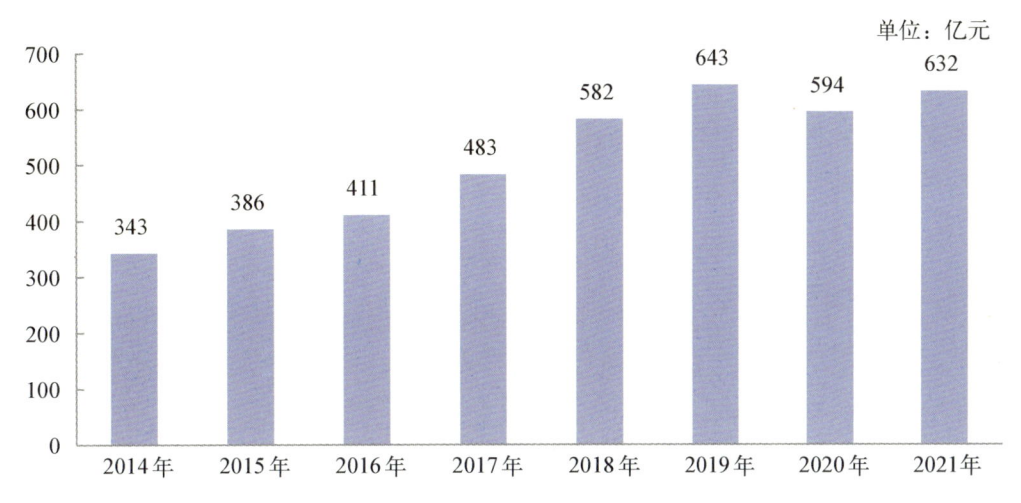

图13 财产险公司原保费收入情况

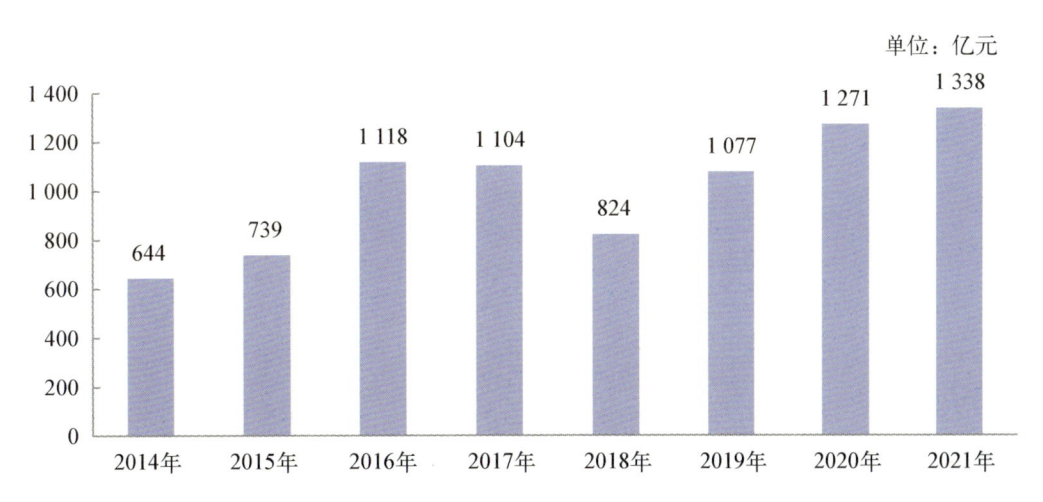

图14 人身险公司原保费收入情况

② 保险保障功能方面。

2021年1月—12月,上海保险业为上海经济社会共提供风险保障金额976.07万亿元,是同期上海GDP(4.32万亿元)的226倍,为实体经济健康发展提供了有力支持和风险保障。

2021年1月—12月,上海辖内保险公司原保险赔付支出累计737.95亿元,同比增长18.5%。其中,财产险公司原保险赔付支出348亿元,人身险公司原保险赔付支出390亿元。2021年1月—

12月,上海辖内保险公司保单件数当年累计423 140万件,其中,财产险公司420 488万件,人身险公司2 652万件。

据银保监会公布数据显示,截至2021年末,全国保险业总资产24.9万亿元,同比增长6.82%。其中,产险公司总资产2.5万亿元,较年初增长6.0%;人身险公司总资产21.4万亿元,较年初增长12.4%;再保险公司总资产6 057亿元,较年初增长22.2%;保险资产管理公司总资产1 030亿元,较年初增长35.4%。

(2) 保险深度和保险密度

2021年1月—12月,全国原保险保费收入4.49万亿元,同比下降0.79%。其中:人身险保费收入为3.32万亿元,占比高达74%;财产险保费收入为1.17万亿元,占比进一步降至26%。

全国保险深度(保费收入/GDP)3.92%(2021年我国GDP达114.37万亿元),排名前5位的省市依次为黑龙江、北京、吉林、河北和辽宁;全国保险密度(保费收入/总人口)为3 179.88元,排名前5位的省市依次为北京、上海、江苏、天津、浙江。

上海在保险密度和保险深度两个重要指标方面,2021年保险密度为7 917.07元/人,保险深度为4.56%,均高于全国平均水平。

图 15 上海保险密度历年变化

注:全国七普人口14.117 8亿人,上海常驻人口2 487千万人。

图 16 上海保险深度历年变化

（3）市场体系保持稳定

上海保险市场覆盖数据后援、电销运营和审计研发等诸多领域，形成了综合性与专业性齐头并进，保险法人公司和分支机构共济并存，原保险、再保险、保险资管和保险中介协调发展的现代保险机构体系。2021年，中德安联人寿股权变更获批，成为我国金融业进一步扩大开放后首家合资转外资独资的人身保险公司。

截至2021年末，上海共有58家法人保险机构，其中，保险集团2家，财产险公司19家（其中，自保公司1家），人身险公司22家，再保险公司5家，资产管理公司10家；共有108家省级保险分支机构，其中，财产险分公司53家，人身险分公司52家，再保险分公司3家。全市共有226家保险专业中介法人机构，其中，保险专业代理机构105家，保险经纪机构83家，保险公估机构38家；共有286家保险专业中介分支机构，其中，保险专业代理机构109家，保险经纪机构147家，保险公估机构30家。

此外，上海保险交易所、中国保险投资基金、上海航运保险协会，中国银行保险信息技术管理有限公司上海分公司等机构集聚上海。

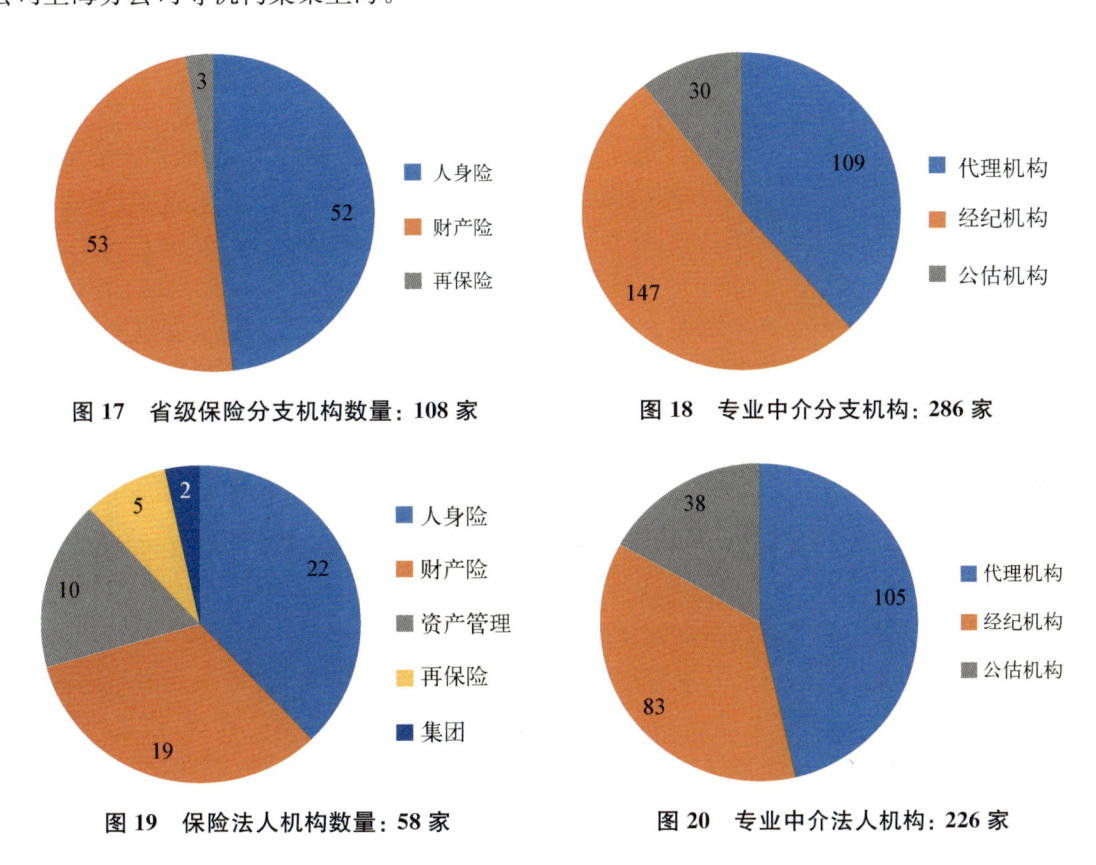

图17　省级保险分支机构数量：108家

图18　专业中介分支机构：286家

图19　保险法人机构数量：58家

图20　专业中介法人机构：226家

（4）自律组织立足本位，党建引领促高质量服务行业

上海市保险同业公会（本文简称"公会"）成立于1994年2月，是全国保险行业内成立最早的保险行业协会，为上海市5A级社会组织。公会现有各种所有制会员单位366家。

2021年，公会按照2021年上海银行业保险业监管工作会议有关精神和协会工作职责，在深入开展党史学习教育、加强联合支部规范化建设、发挥行业自律作用、联动推进清廉合规建设、构建行业宣传平台等方面较好完成各项工作目标。

① 扎实推进党史学习教育，规范开展支部党建。

一是政治学习常态化，不断提升"政治三力"。注重"三会一课"的质量，集中开展读原文学原著悟原理活动，包括总书记"七一"讲话、党的十九届六中全会《决议》等，开展"十四五规划"纲要、"四史"专题、反腐倡廉、作风建设等学习研讨。二是因地制宜丰富党史学习教育内容，举办党课党员人人讲、征文暨演讲比赛、文化理念征集、毛泽东诗词诵读会等。三是注重纪律规矩制度意识的培养，注重意识形态领域管控。制定基层联系点、"三重一大"事项规定等17项党建及内部管理制度，并加强督办；加强党风廉政建设和反腐败工作教育。四是努力践行"我为群众办实事"任务，稳步落实"沪惠保"工作、车险电子投保单上线、打击"退保黑产"等。

② 加强宣传，为行业高质量发展营造良好氛围。

一是组织推进主题为"感党恩、跟党走、守初心、担使命"的上海保险业庆祝建党百年系列活动，推出"红色经典读书月""优秀党日活动微视频展播""向党说说心里话"等。二是丰富行业宣教平台及内容。创新推出"上海保险"视频号，做优"上海保险"官方微信号，两大宣传平台联动。开设《学百年党史》《上海保险红色记忆》《为群众办实事》《内控合规》等栏目，策划推出《保险产品库》《行业招聘》专栏。三是注重保险消费者宣教活动，如"3·15"消费者保护周、"7·8"全国保险公众宣传日、上海市科普周、9月金融知识普及月，以及税延养老险、防范非法集资、"沪惠保"、车险综改等民生保障类主题宣传。

③ 践行"人民城市人民建，人民城市为人民"重要理念。

一是协调组建"沪惠保"共保体，组织召开关于机构费用分配、舆情应对、共保体线上分配比例、线下销售额度分配等会议70余次。二是协调中银保信、上海市交警总队等及时处置"快处易赔"突发情况；完善、简化"快处易赔"使用功能，开发辅警版；与公安部12123、"随申办"完成对接。三是推动上线车险实名缴费，2021年12月1日全面上线车险电子投保功能，形成上海特色的车险"实名缴费""电子投保单"，标志着上海率先实现了个人车险业务行业统一流程线上化。四是推动"双录"工作，公会统一制作"双录视频示范样本"，规范标准话术，成立"双录"讲师团加强政策解读和规范培训。五是积极推进大数据智能反保险欺诈工作，全年大数据集中筛查赔案1.8万件，涉案金额2.6亿元。六是深入推进车险综改后的行业自律。综改一年来，组织自律协调近40次，通过行业自律有力维护车险市场秩序。上海车险达成了"降价、增保、提质"综合改革目标。七是推出上海保险行业首部消费者权益保护白皮书——《上海保险业消费者权益保护白皮书（2016—2020）》。

④ 一体推进清廉金融文化和内控合规管理建设工作。

一是发布《上海保险业"内控合规管理建设年"行业倡议书》。二是配合银保监局与6所高校合作共建清廉金融教育基地，制订《合作共建清廉金融教育基地推进工作计划》，推动学生寒暑假期实习实践、廉课讲师队伍扩充。三是建立"阳光承保""阳光理赔"服务模式。开展"阳光承保""阳光理赔"自律公约签定，启动"阳光承保"课题研究。四是牵头业内清廉交流。通过"上海保险"直播间开展清廉金融文化建设与内控合规管理方面经验分享，组织清廉金融与合规文化活动情况调研督导。

⑤ 牵头长三角区域保险社会组织有关工作一体化发展。

一是在年初走访调研基础上，牵头组织长三角保险协会学会首次联席会议，共同签署长三角区域一体化发展工作合作框架协议和保险宣传、车险工作2个合作备忘录。二是推动长三角行业联动，联合发布行业合规建设倡议书；开通"长三角保险直播间"，组织骗取公司佣金系列案件警示教育（4.5万人次观看）、新能源车、惠民保健康图谱、网络安全培训等。三是《上海保险》杂志开辟《长三角瞭望》专栏，聚焦长三角区域创新研究与实践探索。《长三角养老金融已初具规模，联动仍需深化发展》等多篇在行业中颇具影响力的专栏报告。四是通过线上线下方式组织长三角保险行业清廉文化教育及内控合规工作经验交流研讨会。五是组建长三角保险业专家智库。

2. 上海保险业年度发展主要特点及典型案例

2021年是实施"十四五"规划、开启全面建设社会主义现代化国家新征程的一年,是建党100周年大庆的一年。在上海银保监局的坚强领导下,上海保险业立足新发展阶段,坚持新发展理念,构建新发展格局。坚持把党史学习教育丰硕成果转化为奋进新征程的生动实践,结合上海实际,践行人民城市重要理念,聚焦金融利民、金融惠民、金融护民、金融便民,扎实开展"我为群众办实事"实践活动。深入推进服务实体经济、防控金融风险、深化金融改革三项任务,推动各项工作取得良好成效。

(1) 服务民生,辅助特大城市治理,打造人民城市"上海样本"

① 城市定制型商业补充医疗保险"沪惠保"成功上线。

为进一步践行"人民城市人民建,人民城市为人民"的重要理念,从2020年下半年起,在上海市医疗保障局指导、上海银保监局监督、上海市大数据中心技术支持下,公会协调各方积极推进上海城市定制型商业补充医疗保险。沪惠保于2021年4月27日正式上线,这是一项普惠性的现代金融服务项目。进一步完善了本市多层次医疗保障体系,促进商业医疗保险加快发展,减轻本市基本医疗保险参保人的医疗费负担。为把项目作出上海特色、做成精品工程,公会在市医保局和上海银保监局的指导下,协调行业,克服困难,做到四个创新:一是创新销售模式,协调组建沪惠保共保体。二是创新共保原则,项目统一管理、产品统一宣传、系统统一建设、服务统一运营、保费统一结算、费用统一分摊的共保原则,集行业之力,确保沪惠保高效有序推进。三是创新项目规则,推举太保寿险为共保体的主承保单位,并制定了共保服务协议中共保体成员的组成范围、分配比例、信息托管、信息支持单位等主要条款,为沪惠保有序销售、可持续推进打下了坚实的基础。四是创新项目运营,积极处置不实舆论和违规销售行为,协调共保体开展沪惠保理赔服务工作,解决合规经营和创新运作的矛盾。截至2021年底,沪惠保全市参保人数达到739万人,保费8.5亿元,参保率达38.98%。受理案件超8.9万件,赔付金额超过3.78亿元,平均每天207万元,日结案率95.4%,平均结案周期2.83天。真正彰显了以人民为中心,保险服务民生保障功能,做到政府满意、实现百姓认可、赢得市场口碑,达到共保、共融、共生、共赢局面。

② 上海车险综合改革一周年报出成绩单。

上海保险业围绕"降价、增保、提质"的改革思路,稳妥有序推进上海车险综改实施工作,着力提升人民群众的幸福感、获得感和满意度,有力地支持了上海城市安全、交通治理和经济发展。

2021年9月,车险综改实施一年来,改革目标基本实现,改革效果初步显现。根据数据回溯结果,车险综改一周年,上海市累计承保车辆560.47万辆(商业车险口径),累计赔款162.7亿元(平均每个工作日6 500万元),处理理赔案件99万件。

"降价"减轻消费者保费负担和续保成本。商业车险单均保费3 476元,同比下降356元,累计向消费者直接让利20亿元。88.4%的私家车主享受了降价的优惠,私家车续保保费平均降幅达到11.2%,私家车新车保费下降达到22.3%,31.1%的客户保费降幅超过30%,47.4%的客户保费降幅在10%~30%。续保车辆NCD系数(即无赔优待系数,是计算保费的重要依据,NCD系数越低、保费越低)由0.766降至0.708。

"增保"扩大消费者保障范围和保障金额。在保费支出下降的同时,保险责任进一步扩展,多项综改前的附加险纳入综改后的主险范围。商业车险保障水平也不断提升,平均保额由综改前的127万元提升至147万元,保额150万元以上保单占比达到64.8%,保额100万元以上保单占比达到94.2%。交强险保额统一提升至20万元。消费者投保意愿进一步上升,商业三责险投保率达到99.7%。

"提质"加大服务消费者的能力建设和资源投入。一是以增值服务的方式赠送道路救援服务、代为驾驶服务、车辆安全检测服务和代为送检服务。二是实现车险保单电子化,车险线上化水平位居全国前列;持续推进车险电子投保单工作,通过"人脸识别+实名验证"保障客户信息真实性和投保自主选择权,全力推进"投保—承保—理赔"全流程线上化。三是理赔便利性和时效性进一步提升,平均结案周期下降18.85%,其中非人伤(纯物损)案件平均结案周期下降11.05%。

同时,上海银保监局指导上海财险业积极落实国家支持新能源车产业发展战略,满足新能源车车主保险需求。车险综改实施一年来,交强险口径承保新能源车46.24万辆,同比增长48%。其中,私家车32.60万辆,同比增长57%;非营业企业和机关6.52万辆,同比增长50%;承保公交、出租、租赁等服务于城市公共交通的新能源车5.84万辆。

③ 持续提升上海车险理赔服务质效,优化上海市民体验度。

一是持续发挥"快处易赔"系统的便捷性。由公会负责运营的上海道路交通事故"快处易赔"管理信息系统自2016年6月1日正式上线以来,累计处理事故154.23万件。2021年,"快处易赔"新增了辅警版,与公安部12123、"随申办"完成对接;自2021年7月起,日均处理案件量保持在2 000起左右。截至2021年12月底,"快处易赔"微信公众号关注总人数158.8万人,使用量86.36万次,录入的案件共61.93万件,生成协议书53.02万件;案件处理时间明显缩短,快撤平均时间为4分8秒,快处平均时间为3分52秒,合计平均用时8分1秒。为事故当事人提供快速、高效的事故自主处理方式,为特大型城市交通的排堵保畅发挥了重要作用。

二是深入开展"警保联动"方便市民出行。人保财险上海市分公司自2018年6月28日起正式启动"警保联动"以来,先后与黄浦、杨浦、浦东、松江、嘉定等地交警支队建立警保联动独家合作关系,形成网格化事故处理机制。国定假日、法定假日于高速道口常态化设点,每逢节假日出行高峰,在G1503高东收费站设立"温暖驿站",为出行市民提供便捷服务。目前,已在上海9个郊远行政区建设完成40个可设立农村道路交通安全劝导站的点位及1个交通安全管理站。

④ 扎实推进金融服务"适老化",做"有温度的保险"。

上海作为老龄化程度较高的城市,目前60周岁及以上老年人口占比已超过35%。上海保险业聚焦提升老年群体金融服务的便利性、安全性,进一步优化传统金融服务方式。多家保险机构纷纷开辟了专属绿色通道,或发展服务老年人的特色网点,安排专人接待,为不擅长使用智能设备的老年客户提供线下咨询、业务办理、现金收取等服务,进一步完善老年客户基础服务,打造有温度的保险服务体验。

典型案例:中国人寿上海市分公司切实协助老年群体跨越"数字鸿沟"

中国人寿上海市分公司推出多项适老化服务改造和尊老服务举措,便于老年群体在信息化发展进程中获得便捷、高效的保险服务。

一是全方位优配服务资源,助老服务有"温度"。立足助老服务的痛点,分公司不仅为年长客户配置一对一的专属服务经理,全市柜面配备老花镜、放大镜、医药箱、爱心轮椅等便民暖心设施。同时,为缩短年长客户柜面业务办理等候时长,系统自动识别60岁以上客户为年长客户,为其提供优先叫号、免排队的绿色通道,今年共为3.94万名年长客户提供该项服务。此外,通过开辟线上"免疫力提升"专栏,帮助老年客群树立健康生活理念,养成健康生活习惯。

二是定制尊老专享App,适老服务有"内核"。创新上线"尊老版"寿险App,挖掘助老服务痛点,对保单查询一键触达、养老认证一步到位、适老险种定制推荐等功能进行精简,还设置了声控智能客服机器人"e小宝",让老年客群尽享一站式业务办理高品质体验。考虑到部分老年人的智能产品壁垒,分公司服务电话启用为65岁以上老年客户提供优先接入功能。截至2021年12月21日,共优先接入老年客户来电 1.7 万人次。

三是优化业务办理流程,尊老服务有"速度"。考虑到老年客户的金融服务需要,分公司在全市优配 14 家柜面网点,最大程度满足老年客户传统金融业务办理需求。针对年长行动不便的客户,全市柜面主动提供上门服务 220 人次,针对 80 岁以上行动不便的老年客户,柜员提供上门收取纸质版理赔申请资料、上门提供伤残观察等"上门赔"服务 8 人次,累计赔款达 69.66 万元。同时,老年客户在有需要时亦可拨通"空中客服"视频,无需面见,不用临柜,云端柜面一点即办,直连柜面客服人员面对面解答问题。

(2) 服务实体经济,支持小微企业,贡献普惠金融"上海经验"

① 中国集成电路共保体在上海正式成立,18 家保险公司为集成电路发展贡献保险力量。

2021 年 10 月 27 日,在银保监会财产保险监管部和上海银保监局指导下,中国集成电路共保体(简称"集共体")在上海自贸试验区临港新片区成立,由 18 家满足条件的国内财产保险公司和再保险公司组建,首届理事会由 7 家成员单位组成,推选人保财险作为首届理事长单位及执行机构。

集共体通过产品创新、机制创新和服务创新,设计中国方案,探索服务集成电路全产业链自主可控的新型风险保障需求,解决集成电路产业"卡脖子"问题,助力构建中国集成电路自主、安全、可控的产业链和供应链。截至 2021 年底,集共体从零开始一步步成长,初步探索出一条保险服务中国集成电路产业发展的新路子。一是建立了集成电路企业生产风险量化评估模型,该模型是保险行业针对集成电路产业建立的首个风险量化评估模型,以风险管理的视角,采用量化模型的方式,从工厂建筑物与结构、工艺设备、消防及安全管理等方面,对集成电路制造企业运营期面临火灾爆炸、烟熏污染、危险性液体和气体泄露、服务中断等风险进行全面评估,为集成电路产业发展提供高质量风险管理服务;二是设立了集共体创新风险实验室,组建了跨行业的风控专家团队,通过集聚各方专家力量,推动行业与产业的深度融合,共同开展风险减量管理与风险灾害监测评估,围绕集成电路产业设计、建设、生产到使用的全生命周期,探索建立一套多方参与、行业认证、国际接轨的保险风险管理中国标准;三是制定了集共体业务运营规则,集聚中国力量,努力解决现有保险供给无法满足集成电路产业高质量快速发展需求的矛盾,形成以集共体为核心,政府支持、产业认同、行业齐心的集成电路保险生态圈,逐步提升我国集成电路保险独立性和可持续性。

在签约仪式上,5 家集成电路企业代表首批合作意向客户,与集共体签署了合作意向书。集共体为首批合作意向客户提供约 3 800 亿元风险保障,标志着集共体工作迈出实质性步伐。

② 上海银保监局、上海市科委联合印发《关于进一步做好科技型中小微企业贷款履约保证保险工作的意见》。

为深入贯彻银保监会、上海市委市政府关于金融支持高水平科技自立自强的决策部署,推动上海保险业科技金融与普惠金融服务提质增效,持续缓解中小微企业融资难、融资贵问题,2021 年 11 月,上海银保监局、上海市科委联合印发《关于进一步做好科技型中小微企业贷款履约保证保险工作的意见》,面向辖内财产保险公司、各区科技主管部门提出要求,重点突出责任担当、考核评价、优化服务、信息共享四方面内容。这是上海银保监局、上海市科委落实党中央、国务院完善金融支持创新体系要求的重要举措,是强化普惠金融服务、增强中小微企业创新活力的重要抓手。《意见》将进一步优化科技履约贷业务流程和服务效率,健全科技金融风险分担和补偿机制,更有力支持中小微企业在科技创新和产业结构升级中发挥作用,实现保险业高质量发展与科技型实体经济高质量发展的相互促进、有机统一。

截至 2021 年末,面向科技型中小微企业的"科技贷""微贷通"等贷款履约保证保险项目,累计服务企业 3 331 家次,支持贷款金额 123.89 亿元。

(3) 服务国家战略,深化金融改革,擦亮新发展格局"上海名片"

① 服务第四届中国国际进口博览会。

上海人寿主动对接服务进博会参会客户,做到"两个保障",即服务保障和网络安全保障,用实际行动为进博会顺利召开贡献保险力量。一是服务保障,开通进博绿色服务通道。截至2021年10月末,已累计为进博会相关的进出口贸易、国际物流、商贸服务等24家企业,近3000人提供了风险保障。公司开设了进博绿色理赔通道,保证7×24小时服务畅通;团险部门成立进博服务专项工作组,开通了双语通道和服务,为相关公司外籍员工、进博会参展外籍人士等客户群体提供门诊协助、就医咨询、住院协助等全流程VIP服务。二是网络安全保障,确保保险服务不中断。全面梳理公司网络系统的建设、运维、服务、应急等各环节,编制了公司运营系统责任清单,确保责任落实到人。同时,公司积极开展自查自纠,对安全风险进行排摸,梳理完善了10余份网络安全应急预案,公司总部开展了2次网络安全应急演练,崇明后援中心对数据中心、机房等重要设备设施开展了2次巡查加固,确保隐患清零。进博会期间,公司印制了"网络安全责任人联系卡",确保第一时间联络处置各项突发情况,全力确保各项保险服务不中断。

② 发扬"首创"精神,服务"碳达峰、碳中和"战略。

英大长安经纪上海分公司:一是创新落地国内首个新能源碳资产损失保险。其一,成立专业技术小组,联合碳资产公司,精准评估上海东海大桥海上风电示范项目的二期工程碳减排量,确定项目年总碳减排量18.6万吨,保障项目由于风机故障停摆造成的碳资产经济损失。其二,确定太保财险作为主承保公司,但由于无现成保险产品,创新在财产一切险项下营业中断险的基础上,以附加扩展碳资产损失责任保险形式承保,厘定项目各台风机的保额,并直接约定赔付定额标准和事故触发机制。其三,创新将碳减排量这一金融资产转化为可保利益,为促进后续传统企业及新能源企业发展提供有力支撑,开启保险创新新蓝海。该项目是上海市人民政府与国家电网"十四五"战略合作框架协议下,推动绿色低碳技术创新成果在沪转化的有益探索。

二是助力世界首条35千伏千米级超导电缆示范工程在沪投运。2021年12月22日,世界首条35千伏千米级超导电缆示范工程在沪正式投运,标志着国内新型电力系统建设领域关键技术取得重大突破,市委副书记、市长龚正出席投运启动仪式并宣布投运。该项目由英大长安经纪上海分公司为运营提供独家全方位保险经纪服务:其一提供高质量保险安排。该项目纳入上海地区"电网资产共保体",提供财产一切险、机器损坏险、供电责任险、公众责任险等全面、优质保险保障。其二创新信息化作业。通过国网保险管理信息系统,信息化管理保险标的投保出险全流程,构建电话、电脑、App多维度现场查勘信息交互体系。其三常态化风险管理。定期查勘及测评保险标的,有效排查风险,制定标准化应急预案,提高电力运维人员事故应对处置水平。

太保产险上海分公司:一是落地全国首笔碳排放配额质押贷款保证保险业务。为深入贯彻ESG理念,服务国家"双碳"战略,太保产险上分与上海环境能源交易所、申能碳科技有限公司、交通银行股份有限公司达成"碳配额+质押+保险"合作,并落地全国首笔碳排放配额质押贷款保证保险业务。分公司为碳资产持有人提供增信,保障了质权人合法权益,提高了碳资产的流动性。二是在2021年举办的"节能降碳,绿色发展"全国节能宣传周期间,太保产险上分与上海市氢能产业发展专业委员会等单位签署保险合作协议,未来将加速对氢相关企业在"气、车、站、运"产业链各环节面临的风险和保险保障需求加强供给侧创新研发,构建绿色新产业集群和空间集聚,为实现上海氢能"百座站、千亿产值、万辆车"的目标保驾护航。

③ 加快数字化转型,科技赋能促高质量保险服务。

一是积极为智能驾驶等技术提供保险服务。在服务自动驾驶、智能化方面,围绕智己汽车、R

汽车、"5G+L4"洋山智能重卡、Robotaxi(L4级)等智能驾驶重点项目,上汽保险销售深入研究智能驾驶、新能源汽车的技术特征,与保险产品设计、开发的理论和实践相结合,为相关项目提供保险整体服务方案。二是全面升级城市家庭财产保障服务。在智慧居家方面,人保财险上海市分公司升级城市家庭财产保障,将保险融入"社区云平台"建设中,以加强物业合作为突破,创新发展服务型家财险;依托网格化城市管理模型,发挥科技赋能保险的作用,引入"保险+科技+服务",在产品中加入居家服务、健康管理、智能设备监控等新产品形式,协助街道、物业建设城市的数字社区、智慧社区、平安社区。三是科技赋能不断拓展惠民场景应用。保险与科技的结合,不断扩展应用场景,推动改善民众体验。例如,中国人寿上海市分公司携手上海市嘉定区中心医院成功搭建"多场景商保医疗费用直结平台",利用科技赋能实现"一站式理赔";配合复旦大学附属金山医院完成自助机开通直赔功能的开发上线,截至目前,已与7家上海市二级以上公立医院签署商保直付协议,完成了5家医院直付平台搭建,努力做到让"数据多跑路,客户少走路"。

3. 上海保险业2022年展望

2022年是实施"十四五"规划的关键一年。上海保险业将更加紧密地团结在以习近平同志为核心的党中央周围,深刻认识"两个确立"的决定性意义,增强"四个意识",坚定"四个自信",做到"两个维护",以迎接和学习宣传贯彻党的二十大为主线,深入学习贯彻党的十九届六中全会精神和中央经济工作会议精神,坚决落实党中央、国务院重大决策部署,认真执行银保监会和上海市委、市政府各项工作要求,坚持稳中求进工作总基调,立足新发展阶段,完整、准确、全面贯彻新发展理念,加快构建新发展格局,努力描绘上海银行业保险业高质量发展新画卷,以优异成绩迎接党的二十大胜利召开。

(1) 要服务实体经济平稳健康运行

深化金融供给侧结构性改革,围绕"六稳""六保",服务"三大任务一大平台"、浦东打造社会主义现代化建设引领区,助力上海"五型经济""四大功能"和"3+6"产业体系再上台阶。做好科技金融、产业金融、绿色金融等领域创新产品服务,对接新旧动能转换金融需求。深入践行人民城市重要理念,在提高居住质量、强化保险功能、优化教育体系、帮助"新市民"安居乐业等民生问题上加大金融服务工作力度,持续深化"全流程金融消费者权益保护体系"。

(2) 要深化保险业改革开放

助力提升上海国际金融中心能级,推进上海国际再保险中心建设;推动保险机构数字化科技进步,引导机构找准定位、回归本源、转型发展;推动长三角一体化发展,协调机构加大对示范区建设的金融赋能;参与浦东高水平改革开放,做好临港新片区保险服务。

(3) 要涵养风清气正政治生态

全面落实党中央、同业公会党委的有关廉洁文化意见精神。解放思想,提高站位,用清廉金融文化助力建设上海国际金融中心金融政治生态的"绿水青山",为推动上海保险业高质量发展提供思想保证和精神动力。

市场数据、相关政策案例支持:上海银保监局
(上海市保险同业公会供稿　执笔人:徐轶群)

(六) 上海银行业2021年发展报告

2021年,面对新冠肺炎疫情巨大冲击和复杂严峻的国内外环境,上海银行业深入贯彻落实党中央、国务院决策部署,统筹推进疫情防控和经济社会发展,以供给侧结构性改革主线和"十四五"

规划为工作目标,全力推动金融支持疫情防控、稳企业保就业,进一步深化金融改革创新,以金融活水助力上海经济社会高质量发展。

1. 上海银行业发展状况

(1) 上海银行业保持良好发展态势

2021年,上海银行业坚持以习近平新时代中国特色社会主义思想为指导,科学把握新发展阶段,坚决贯彻新发展理念,以金融服务实体经济融入上海新发展格局,不断巩固科技金融、开放金融、民生金融、普惠金融、绿色金融、养老金融等方面的发展成果,整体呈现稳中加固、稳中有进、稳中向好态势,实现了"十四五"良好开局。

截至2021年末,上海银行业资产总额21.31万亿元,同比增长10.91%,商业银行本外币总资产余额18.53万亿元,同比增长10.28%,大型商业银行本外币资产余额7.68万亿元,同比增长13.14%;股份制商业银行本外币资产余额5.07万亿元,同比增长12.65%。其中,上海银行业各项存款、贷款余额分别为17.58万亿元和9.6万亿元,同比分别增长12.7%和13.2%,各项贷款余额较年初增加1.11万亿元,为实体经济健康发展提供了有力支持和风险保障。截至2021年末,上海辖内银行业不良贷款余额772.28亿元,不良贷款率为0.81%,关注类贷款比例为1.17%,资产质量持续优化,各项关键指标处于全国较优水平。

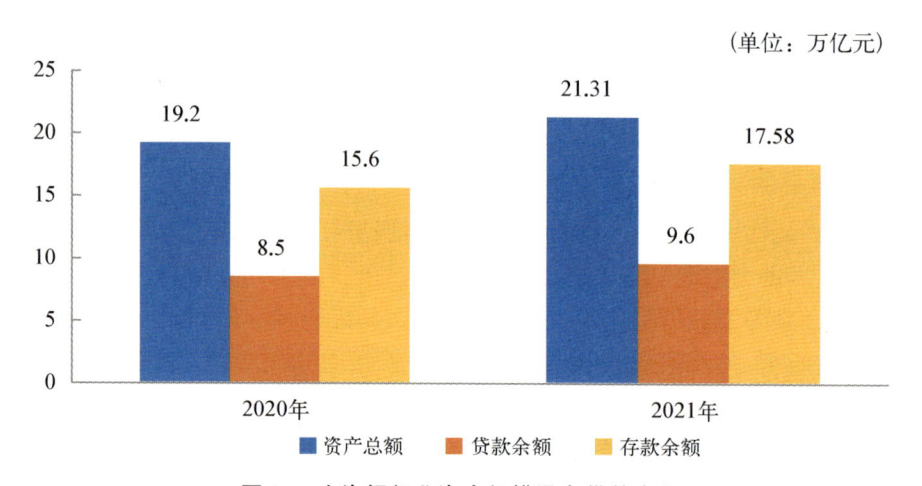

图21 上海银行业资产规模及存贷款变化

(2) 上海银保监局牢记"国之大者"抓实金融工作

2021年,上海银保监局坚持以习近平新时代中国特色社会主义思想为指导,全面贯彻党的十九大和十九届历次全会精神,不断增强"四个意识",坚定"四个自信",做到"两个维护",把党史学习教育丰硕成果转化为奋进新征程的生动实践,始终牢记"国之大者",聚焦服务实体经济、防控金融风险、深化金融改革等3项任务,推动各项监管工作取得良好成效。

① 防范化解重点领域风险取得新成效。

坚持"房住不炒"定位,联合多部门出台系列调控文件,共同维护上海房地产市场平稳健康发展,维护住房消费者合法权益。稳妥推进辖内高风险机构处置。

② 规范整治市场乱象取得新成果。

指导人身险行业配合公安部门破获百人"退保黑产"犯罪团伙案件。扎实开展互联网保险乱象专项整治,持续纠正销售误导、理赔难、强制搭售、套路续费、信息泄露等问题。帮助金融消费者守好"钱袋子",全年共妥善处理涉及非法放贷、非法集资、非法经营保险及保险中介业务等举报事项

14起。推动上海银行业建立健全打击防范黑恶违法犯罪长效常治机制,加强跨部门协同联动,助力提升平安上海建设水平。

③ 压实机构防风险主体责任取得新进步。

开展银行保险法人机构公司治理评估、董事监事履职评价,印发鼓励五类非银机构设立独立董事的意见,持续完善辖内机构公司治理体系。扎实推进"内控合规管理建设年"活动和数据治理工作,提升机构内控管理水平。研究出台指定内审工作管理办法、保险专业中介机构合规管理办法,探索建立上海银行业从业人员监管信息系统,深挖机构防控风险内生动力。加大监管处罚力度,提升违法违规成本,2021年,共处罚银行保险机构126家次,处罚责任人员63人次,罚没总金额1.06亿元。

④ 助力提升上海国际金融中心能级。

推动出台《关于推进上海国际再保险中心建设的指导意见》,助力打造我国深度融入全球经济发展和治理的功能高地。引导优质金融机构在沪集聚,2021年贝莱德建信理财获批开业,施罗德交银理财、高盛工银理财获批筹建,全国现有4家外资控股理财公司均在上海"落地生根";"一带一路"沿线中东地区最大银行之一的阿布扎比第一银行在沪开设分行;中德安联人寿股权变更获批,成为我国金融业进一步扩大开放后首家合资转外资独资的人身保险公司;有序辅导专营机构在沪筹建10家,开业2家。

⑤ 积极推动长三角一体化发展。

与长三角生态绿色一体化发展示范区执委会等部门联合制定示范区绿色金融改革实施方案和绿色保险实施方案,推动长三角绿色金融协同创新。协助示范区执委会组建"示范区金融同城化服务创新发展联盟",并出任联盟指导单位,协调银行保险机构加大对示范区建设的金融赋能。以"产融对接"为重点,支持长三角G60科创走廊打造"产融结合高质量发展示范园区"。

⑥ 深度参与浦东高水平改革开放。

扩大"上海自贸区银行业务创新监管互动机制"试点领域,由跨境金融拓展至科技和产业金融。与自贸区临港新片区管委会签订战略合作协议,成立支持服务临港新片区领导小组及办公室,更好对接临港新片区建设需要。支持临港新片区实行更大程度压力测试,与临港新片区管委会探索金融风险联合监测模式并实现首批基础数据共享。

(3) 银行同业公会积极履行职责,促进行业健康发展

上海市银行同业公会是经上海市民政局批准,依法设立的由本市银行业金融机构以及其他相关组织自愿组成,实行行业服务和自律管理的专业性、非营利性、行业性的社会团体法人。截至2021年末,公会共有254家会员单位。会员单位包括中外资法人银行、政策性银行、大型商业银行、股份制商业银行、城市商业银行、外资银行分行、商业银行持牌专营机构、村镇银行、资产管理公司、信托公司、财务公司、金融租赁公司、汽车金融公司、消费金融公司、货币经纪公司、外资金融机构驻沪代表处、金融科技公司等各类型金融机构。

2021年,在上海银保监局的指导下,公会以习近平新时代中国特色社会主义思想为指导,坚持人民金融上海实践,全面贯彻新发展理念,引领上海银行业在"双循环"新发展格局下,持续深化金融供给侧结构性改革,推动上海银行业高质量发展,为更好地服务新时期上海"五个中心"建设和强化"四大功能"发挥积极作用。

① 提高政治站位,支持金融服务实体经济取得成效。

公会不断深化银税互动机制,打造服务实体经济"上海模式"。提升银税平台效能。"上海银税互动信息服务平台"完成二期主体功能升级开发,实现三方面功能提升,共享数据项进一步扩增至195项,显著提升数据完整性和准确性,大幅优化平台服务管理功能,设立银税平台客服热线。同

时,完成银税平台移动端开发工作。截至12月末,银税互动合作银行达61家,其中,30家银行已完成专线直联;银税平台注册企业135 002家,授信企业39 963家,授信总额度435.42亿元,累计贷款发放额95.03亿元,银税交互数据150万多条。同时,公会联合相关税务部门,通过线上、线下相结合的方式举办"银税互动"大讲堂,宣传"银税互动"政策,辅导企业线上申贷。

② 积极开拓上海红色金融历史和资源,展示行业良好形象。

一是在中国共产党百年华诞之际,举行庆祝中国共产党成立100周年新闻通气会,向全社会发布《上海银行业红色金融服务宣言》。二是"上海银行同业"微信公众号积极发挥行业宣传主阵地的作用,围绕"建党百年""百年党史",银行"红色金融"系列活动等主题活动,以连载百年党史、银行红色金融主题报道等方式,拓展宣传辐射面,营造上海银行业喜迎我党百年华诞的浓厚热烈氛围。

③ 深入推进清廉金融文化建设,组织开展"清廉金融深化落实年"系列活动。

一是以"海上扬清风 金融倡廉明"为主题,面向全行业开展清廉金融文化建设作品征集活动,通过微信公众号分批进行交流展示,评选出优秀作品62件、优秀组织单位19家。二是由上海银保监局与沪上6所高校签订《清廉金融教育基地合作共建备忘录》,公会配合落实建立合作共建长效机制,在上海大学举办"清廉金融文化教育进高校"系列活动的第十场讲座。三是在上海银保监局指导下,组织开展银行业违纪违法典型案例征集工作,遴选出20个典型案例。

④ 关注国家战略,发挥平台与桥梁作用,引领行业促进上海经济社会发展。

一是明确机制保障,公会秘书处成立专项工作小组,加强相关条线专业委员会和联席会议的协同配合,集行业之力推动引领区工作落实落地。二是支持临港新片区离岸贸易创新发展。发布《上海银行业支持洋山特殊综合保税区发展创新金融服务倡议书》《上海银行业支持自贸新片区发展离岸国际贸易金融服务倡议书》,鼓励和支持上海银行业持续以临港新片区和洋山特殊综保区建设作为上海金融对外开放及改革创新的窗口,加强主体扶持,有效落实"六稳""六保"任务。制定发布《离岸转手买卖业务同业操作指引》《上海银行业离岸转手买卖业务案例汇编》,促进离岸转手买卖业务高质量发展,引导各会员单位在为离岸转手买卖业务客户提供高效便捷的金融服务的同时,进一步加强行业自律。三是与临港新片区管委会签署《推动创新发展实践区建设战略合作协议》《促进洋山特殊综保区保税大宗商品现货市场平台健康发展战略合作协议》,提交《关于洋山特殊综合保税区货物贸易外汇收支信息交互需求及建议》,共同推进新片区离岸贸易创新发展实践区和大宗商品交易平台的建设,加强在离岸贸易金融创新方面的紧密合作。

⑤ 发布自律公约,规范行业经营管理。

一是落实房地产调控政策,注重源头管理,建立上海银行业防止信贷资金违规流入房地产领域自律机制,发布《上海银行业防止信贷资金违规流入房地产领域自律公约》《上海银行业防止信贷资金违规流入房地产领域倡议书》及《信贷资金用途合规承诺书》。二是积极践行社会责任,支持实体经济发展,发布《上海市银行业对公账户收费自律公约》,督促金融机构减费让利,要求会员单位适当降低、减免向小微企业和个体工商户收取的相关费用。三是规范外部催收,优化支付环境,开展POS专业化服务公司年检工作,持续落实信用卡授信"刚性扣减"监管要求,加强委外催收公司管理。四是推进银行函证业务规范化数字化建设,组织开展银行函证区块链服务平台专题培训,持续关注辖内银行函证业务集中处理和数字化工作的落实情况,向监管部门报送数据台账和季度报告。

2. 上海银行业发展的主要特点

(1) 上海银行业推动支持重大战略和重点领域

① 上海银行业支持长三角一体化成效斐然,《长三角银行金融服务满意度调研报告》出炉。

2021年是"十四五"开局之年,央行、银保监会、证监会及上海市政府等发布《关于进一步加快推进上海国际金融中心建设和金融支持长三角一体化发展的意见》已一年有余。在《意见》的指导下，为更好地服务国家区域发展战略，助力长三角一体化高质量发展，沪上多家银行发布了"金融支持长三角一体化行动方案"，并根据方案持续有效地为长三角区域提供金融服务。

在长三角一体化战略落实过程中，沪上各家银行积极响应、以实际行动助力长三角金融一体化高质量发展。《长三角银行金融服务满意度调研报告》于2021年8月启动，针对在上海展业的国有银行、股份制银行、城农商银行共计30家开展金融服务满意度测评，受调研对象覆盖长三角各中小企业的从业人员共计1 200人。调研发现，上海地区各银行金融服务整体表现出色，总体净满意度约56%、总体净推荐值约42%。调研的企业中，近六成企业客户表示对合作银行非常满意，有近五成企业进一步表达了较强的推荐意愿。在服务质量和服务专业性两方面，超九成中小企业客户认为银行服务基本满意或非常满意，服务态度和服务能力都得到了广大中小企业客户的认可。服务专业性方面，各银行对企业的贷款服务均能较好地满足企业客户的需求。

② 提升服务实体经济质效，打造人民城市"上海样本"。

一是大力支持高水平科技自立自强。推动中国集成电路共保体在上海正式成立，为集成电路产业自立自强提供高质量、差异化、全流程的风险解决方案，目前已完成首批3 800亿元风险保障的意向签约。加大科技金融支持力度，截至2021年末，辖内科技型企业贷款余额4 536.56亿元，较年初增长33.4%；面向科技型中小微企业的"科技贷""微贷通"等贷款履约保证保险项目，累计服务企业3 331家次，支持贷款金额123.89亿元。二是加大信贷支持小微力度。完成辖内49家银行机构小微企业金融服务评价，持续落实小微信贷监测考核。截至2021年末，全辖普惠型小微企业贷款余额7 265.59亿元，较年初增长37.08%；辖内中资银行单户授信总额1 000万元以下（含）小微企业贷款加权平均利率较年初下降0.18个百分点。三是强化民生领域金融服务。截至2021年末，辖内旧区改造贷款余额同比增长57.3%，住房租赁开发贷款余额同比增长89.7%。

③ 聚焦重点领域，力撑"上海制造"。

2021年，上海制造业中长期贷款则持续"量增价降"，年末贷款余额为3 049.89亿元，同比增长39.2%，增速较各项贷款高26.8个百分点。全年新增中长期制造业贷款875.37亿元，且投向与上海先进制造业发展目标领域基本一致：投向计算机通信和电子设备制造业、通用和专业设备制造业以及医药化学制造业的新增贷款合计占比近七成。2021年12月，上海新发放制造业中长期贷款平均利率为3.89%，较年初下降0.76个百分点，较单位中长期贷款低0.63个百分点。

（2）多举措助企纾困，提升服务实体经济能力

① 前瞻研判，多举措助力企业复工复产。

2021年，面对新冠病毒肺炎疫情，上海银行机构在银保监局的指导下努力做好新冠肺炎疫情防控和金融支持复工复产工作。在沪中外资银行齐发力，积极落实《关于进一步强化金融支持防控新型冠状病毒感染肺炎疫情的通知》相关要求，为受到此次疫情影响较大的医药生产、物流运输、医疗等相关抗击疫情企业通过下调贷款利率、减免手续费、完善续贷政策安排、增加信用贷款和中长期贷款等方式，有效解决相关企业的资金缺口，为企业复产增产一路开绿灯，获得了难得的喘息机会。截至2021年末累计投放疫情防控贷款超7 000亿元，支持企业4万多户。

② 稳健发展，提升服务实体经济能力。

截至2021年末，全辖各类银行业金融机构数量达4 258家，其中，大型商业银行金融机构个数1 643个，股份制商业银行金融机构个数857个，邮政储蓄金融机构个数486个，城市商业银行金融机构个数476个，小型农村金融机构个数359个，外资银行金融机构个数209个。截至2021年末，上海银行业资产总额21.31万亿元，同比增长10.91%。中外资各类型机构发挥专业优势，聚力提

升上海银行业服务能级和全球金融资源配置能力。

③ 发展绿色金融,探索碳达峰、碳中和路径。

2021年,上海银行业按照碳达峰、碳中和总体要求,高度重视业务结构转型,加大产品创新,积极履行社会责任,引导企业践行低碳发展、清洁生产等要求。截至2021年末,上海辖内银行业绿色信贷规模达到18 841亿元。其中,已发放碳减排支持工具贷款37.5亿元,支持了50余家企业,其中投向清洁能源领域34.3亿元,投向节能环保领域3.2亿元,预计贷款带动的年碳减排量为75.2万吨。

(3) 助力上海科创金融中心建设,大力发展科技金融

2021年,上海银行业主动对接科创中心建设"四梁八柱"任务,丰富完善"4465"科技金融体系。上海银行业持续加大创新步伐,深化科技金融专营体制建设,提高科技金融专业化水平,为科技企业融资提供大力支持。截至2021年末,上海辖内科技型企业贷款余额4 536.56亿元,较年初增长33.4%;面向科技型中小微企业的"科技贷""微贷通"等贷款履约保证保险项目,累计服务企业3 331家次,支持贷款金额123.89亿元。

科技产业发展离不开科技金融支撑。自2010年被列入国家首批促进科技和金融结合试点地区以来,上海已逐步探索并形成"1+4+1"的科技金融工作机制,并通过不断完善"3+X"科技信贷体系满足不同发展阶段科创企业的融资需求。2021年,上海"3+X"科技信贷产品不断完善,"科技履约贷"完成科技信贷26.69亿元,600家企业获贷;"小巨人信用贷"完成35.49亿元,187家企业获贷;"科技微贷通"完成0.195亿元,11家企业获贷;"高企贷"完成1 521.63亿元,3 983家企业获贷。

2021年上海科技金融发展取得丰硕成果,辖内科技金融供给进一步扩大,专业化经营机制体制进一步深化,重点领域金融创新进一步丰富。在服务实体经济、支持科技创新过程中,上海还将培育更多专营机构,积极推进建设科技信息数据共享平台,鼓励科技金融产品和模式创新,进一步发挥银行作为金融体系主力军的作用。截至2021年末,上海科技信贷授信规模达1 583亿元,服务科技企业4 793家,同比分别增长6%和18%。此外,上海市科委、市地方金融监管局、上海银保监局于2021年9月正式推出"科创助力贷"产品,进一步丰富科技信贷产品体系,提升科技金融覆盖面和影响力。"科创助力贷"具有无须抵押或担保、贷款利率不高于4.5%、审批高效、贷款额度最高可达300万元等特点,契合科技型小微企业"短小频快"的融资需求。该产品将服务对象"下沉"至初创型科技企业,只要符合"无不良信用记录且未资不抵债"等标准,注册地在上海的科技型中小企业均可通过登录上海市"一网通办"或上海市科技金融信息服务平台申请这种贷款期限为1年以内的信贷产品。

供应链金融作为科技赋能银行的一大利器,能为供应链上下游中小微企业提供融资支持,提高企业融资便利度。截至2021年末,上海辖内银行供应链金融业务合作的核心企业/平台共计1 651家,服务的上下游小微企业达2.25万户,表内外融资余额为1 177.81亿元,同比增长33.31%。

(4) 大力支持自贸区建设

截至2021年末,自贸区内银行业营业性机构数量为573家。区内法人、分行级以及分行级以下机构数量分别为49家、117家和407家。区内银行业机构总资产、各项存款和各项贷款分别为15.97万亿元、10.19万亿元和6.7万亿元。

(5) 自由贸易账户改革创新和市场规模情况

2021年,上海自由贸易账户业务以临港新片区和浦东引领区建设规划等为指引,坚持推动改革创新和市场驱动,不断拓展功能,将自由贸易账户服务扩大至虹桥商务区;市场规模稳步扩大,更

(单位：万亿元)

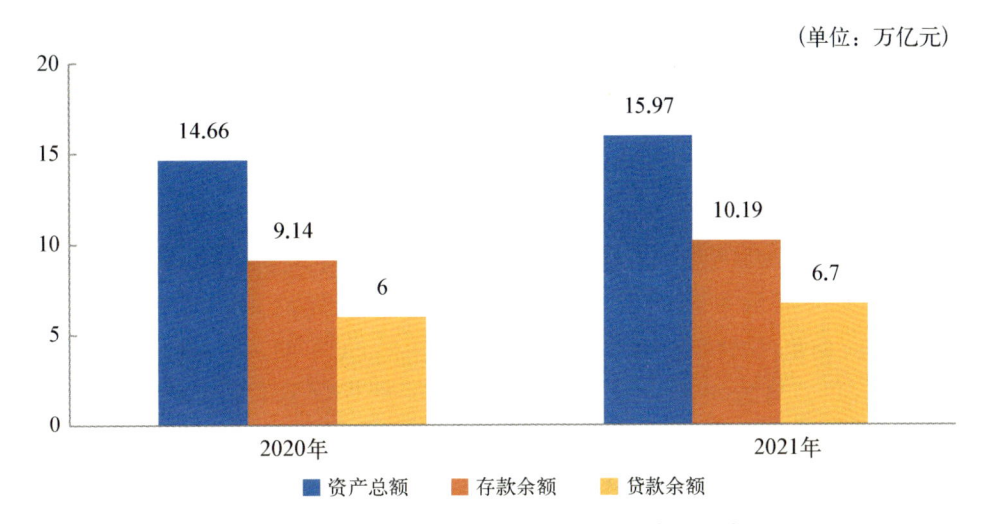

图22　上海自贸区内银行业资产规模及存贷款变化

好发挥试验田优势，促进实体经济发展。

① 市场参与主体不断增加。

至2021年末，上海63家各类金融机构共为3.8万家境外及区内企业开立自由贸易账户超13万个，年末余额折合人民币超4 000亿元，较上年末增长约14%。

② 资金流动规模持续扩大。

2021年，上海分账核算单元资金流动同比增长32%，增速连续7年保持在30%以上。

③ 融资功能不断增强。

2021年，企业通过自由贸易账户办理各项融资及金融机构分账核算单元从境外融资同比分别上升10%和11%。

④ 自由贸易账户自由兑换功能认可度持续攀升。

2021年，企业通过自由贸易账户在银行办理代客买卖人民币以及银行自营买卖人民币同比分别上升47%和66%。

⑤ 跨境金融交易再创新高。

2021年，金融机构分账核算单元跨境同业往来同比上升23%，连续7年同比上升。

⑥ 创新业务发展势头良好。

2021年，自由贸易账户支持下的全功能可兑换资金池跨境收支、离岸经贸业务跨境收支及黄金国际板交易跨境收支同比分别增长69%、72%和1.8倍。

(6) 助力小微复工复产，打造大都市型普惠金融体系

疫情发生以来，上海及监管部门陆续出台了《关于进一步做好金融支持稳企业保就业工作的指导意见》《关于降低小微企业和个体工商户支付手续费的通知》《关于进一步强化金融支持防控新型冠状病毒感染肺炎疫情的通知》《2021年上海信贷政策指引》等一系列举措。上海银行业围绕加强小微民营企业金融服务、落实房地产调控措施、支持重点产业和重点区域发展、推进城乡融合与乡村振兴等重点工作方向，贯彻金融机构扎实有序做好防疫保供、复工复产金融服务的大局任务，重点加强金融支持稳企业保就业，全力推动支持政策快速精准直达实体经济，为实体经济迅速恢复提供了有力支持。截至2021年末，全辖普惠型小微企业贷款余额7 265.59亿元，较年初增长37.08%；辖内中资银行单户授信总额1 000万元以下(含)小微企业贷款加权平均利率较年初下降0.18个百分点。

2021年以来,面对疫情对中小微企业造成的冲击,上海市银行机构积极利用自身与上海市中小微企业政策性融资担保基金管理中心、各区财政局合作推出的批次担保业务,即"批次担保贷",通过建立"政府+担保+银行"的政策性融资贷款联动服务机制,充分发挥政策性担保基金"四两拨千斤"的引导撬动功能和"放大器"作用,不让企业因业务搁置、供应链中断、资金回流困难等"掉链子"。在"批次贷"这一融资模式下,市融资担保中心对特定批次额度内的项目实行"银行先审批放款,担保中心后备案担保"的新模式,相较于"银行先审批,担保中心再审批"的旧模式,流程更为便捷,大幅提升了企业融资获得效率。"批次贷"的贷款额度最高可达1000万元,同时采取优惠定价,对于政府"白名单"内企业,贷款年化利率一般不高于1年期LPR(贷款市场报价利率)。

在减费让利方面,为落实2021年6月25日人民银行、银保监会、发展改革委和市场监管总局发布的《关于降低小微企业和个体工商户支付手续费的通知》相关要求,上海银行业针对小微企业、个体工商户等小微主体进行了多项降费,项目包括银行账户服务费、转账汇款手续费、电子银行服务费、支付账户服务收费等四大类10小项。全市132家银行和45家支付机构按照减费要求梳理支付手续费收费情况,对银行卡使用过程中变相收费、隐形收费等情况开展自查,对发现的问题即查即改。同时,各金融机构还主动扩大政策降费力度和惠及范围,有序完成配套机制建设工作,及时公示降费服务项目,做好减费政策宣传。截至2021年底,上海市各银行和银行支付机构已识别小微企业和个体工商户1790.67万户,累计惠及1419万户,共实现降费24.3亿元。

为保障小微企业合理账户开户需求,在央行上海总部指导下,上海银行业以"风险为本、企业自愿、银行自主"为原则,以"精简客户资料要求、精简尽职调查程序、精简银行账户功能"为核心,试点简易开户服务。目前,上海辖内49家中资银行已全面提供简易开户服务,企业平均开户时长从预约到完成开户缩减为1~2天。截至2021年末,上海市各银行为小微企业通过简易开户服务开立简易账户超1.7万户。

3. 上海银行业特色机构的发展状况及成效

(1)上海多元要素市场及外资银行业机构情况

金融开放一直是上海建设国际金融中心的底色。近年来,上海金融开放步伐不断加快,国际交流合作持续深化。截至2021年,上海拥有各类持牌金融机构近1700家,外资金融机构占比超过30%;在全球排名前20位的国际资管机构中,截至2021年末,已有17家在上海设立主体,上海作为中国金融开放前沿的地位更加凸显。

2021年以来,在建设上海国际金融中心的带动下,外资金融机构在上海继续组团落地,上海1600多家持牌金融机构中,约1/3是外资机构,而这一数字还在不断增加。与此同时,上海在全球金融中心指数(GFCI)中的排名已连续两次位居第三。截至2021年末,共有全球六大洲31个国家和地区的营业性银行业金融机构在沪落地。总部设在上海的外资法人银行占全国总数的一半以上,资产规模占全国的84%。

(2)银行理财业务发展概况

2021年是资管新规的收官之年,历时3年多的资管新规过渡期正式结束,银行理财正式迈入新元年。资管新规以来,理财行业监管政策日趋完善,理财业务规范化转型成效显著,银行理财市场呈现稳健向好的发展态势。近日银行理财登记托管中心发布的《中国银行业理财市场年度报告(2021年)》显示,截至2021年底银行理财市场规模已达到29万亿元。截至2021年9月末,上海银行理财产品存续规模4329.42亿元,较上年末增长13.27%。

数据显示,截至2021年底,"洁净起步"的理财公司产品存续规模占全市场的比例近六成,已发展成为理财市场重要机构类型,同时部分中小银行不再发行理财产品,而是通过产品代销继续参与理财业务,理财市场已呈现出以理财公司为主、银行机构为辅的格局。

4. 上海银行业发展面临的挑战与应对

2021年是"十四五"的开局之年,我国宏观经济"稳"字当头,科技产业、绿色产业、内需消费等国家战略重点领域得到积极推动落实。在此背景下,银行业的发展环境出现了较大变化。在实体经济快速增长的情况下,市场对金融的需求比较旺盛。随着中国GDP的高速增长,整个银行业经历了快速增长,入世以来,中国银行业的资产规模扩张了10倍以上,从2003年不到30万亿元,到2021年末的时候,大约在350万亿元以上,这实际上是由于外部经济快速发展所带来的动力和需求。

随着全球疫情的延续和国际局势的影响,使得我国在新格局的构建过程当中,经济长期的增长中枢将会缓慢"降速",市场对于金融的需求也会逐渐降低。在这种情况下,金融的增长速度和实体经济、名义GDP增长的速度将会逐步趋于一致,银行业的增长速度可能会有所下降。

同时,银行业的监管也以稳定经济与行业长期可持续发展为核心,监管要求与标准的覆盖度与清晰度将持续提升。后疫情时期,金融监管延续了之前严监管的态势。2021年,上海银保监局共处罚银行保险机构126家次,处罚责任人员63人次,罚没总金额1.06亿元。在此背景下,各类银行业机构在战略调整上呈现出不同侧重,如在产业金融、养老金融、资产管理、数字化、客户经营等领域将呈现不同地发展趋势,多元化的经营与适应监管要求为银行业的发展带来了更高的挑战。

2021年8月,上海市政府发布《上海国际金融中心建设"十四五"规划》,明确了未来5年上海国际金融中心的建设目标和重要任务,提出的总体目标:计划到2025年,上海国际金融中心能级显著提升,服务全国经济高质量发展作用进一步凸显,人民币金融资产配置和风险管理中心地位更加巩固,全球资源配置功能明显增强,为到2035年建成具有全球重要影响力的国际金融中心奠定坚实基础。作为实体经济的"压舱石",银行业在上海国际金融中心建设中面临很多机遇,但更多的却是严峻的挑战。银行必须要夯实自身的风险管控和合规管理的基础,才能更好地为上海国际金融中心建设贡献自己的力量。

(1) 上海银行业亟须加强信贷融资力度

2021年以来,受疫情影响,上海地区信贷市场、债券市场、基金市场、保险市场、黄金市场与其他市场(银行卡市场)虽然较2020年逐步恢复,但是整体增长速度放缓,在新的监管形势下,信贷市场和货币市场对上海银行业的发展产生了较大挑战。上海信贷市场一直以服务本地企业和居民的间接融资需求为主,随着上海国际金融中心建设各类要素资本市场等的逐步发展,银行业传统的信贷业务将受到进一步的冲击。资本市场融资成本的下降导致了金融脱媒化,传统上银行贷款式的公司客户,将纷纷越过银行转向多元化的资本市场。

(2) 银行如何更好地运用"创新"助力发展

创新是金融改革发展的灵魂,是金融业高质量发展的原动力。2021年,上海银行业瞄准产品创新、服务创新,不断自身内部制度建设和优化金融服务,为上海科技和产业的创新发展提供了"金融力量"。但上海银行业的创新能力,特别是中间业务和产品的创新能力有待进一步提高。商业银行在创新过程的自我保护能力不强,缺乏对创新业务和产品全面的风险评价体系,一部分所谓的"创新"已经存在一定的风险隐患,并有可能传导入金融市场,破坏良好的金融生态。

5. 2022年上海银行业发展展望

2022年是党的二十大召开之年,也是"十四五"规划深入实施的重要一年。上海银行业将以高度的责任心和使命感,脚踏实地、求真务实地做好消费者权益保护工作,着力打造独具特色的"上海经验"和"上海模式"。

(1) 要服务实体经济平稳健康运行

深化金融供给侧结构性改革,围绕"六稳""六保",合理增加融资供给,聚焦扩大内需战略,精准支持"十四五"重大项目建设和国家发展战略实施,满足基础设施适度超前投资的资金需求。其次,上海银行业需要进一步服务"三大任务一大平台"、浦东打造社会主义现代化建设引领区,助力上海"五型经济""四大功能"和"3+6"产业体系再上台阶。进一步创新科技金融、产业金融、绿色金融等领域创新产品服务,对接新旧动能转换金融需求。深入践行人民城市重要理念,在提高居住质量、优化教育体系、帮助"新市民"安居乐业等民生问题上加大金融服务工作力度,持续深化"全流程金融消费者权益保护体系"。

(2) 要持之以恒防范化解金融风险

上海银行业要把握好化解风险的时序、节奏与力度,坚决防止处置风险的风险。持续加大不良资产处置力度。坚持"房住不炒"定位,维护上海房地产市场平稳健康运行。有序推进高风险机构处置工作。加强法人机构公司治理,发挥党组织领导核心和政治核心作用。坚决防止资本在金融领域无序扩张。

(3) 要加强对"专精特新"企业金融支持

促进中小微企业融资增量、扩面、降价,优化民营经济金融服务,继续引导金融系统向实体经济让利。完善绿色金融政策体系,推动绿色低碳转型,支持能源保供稳价。加强对乡村振兴的金融支持,促进共同富裕。

(4) 要紧跟银行 4.0 更新迭代步伐

优化金融科技布局,加快数字化转型,提升数字化经营能力;要借助于科技赋能,为数字经济发展提供强大动能。要提升场景的开发与合作能力、数据整合和分析能力,及深度大数据分析和建模的能力,还要提升数字开发运营能力,要能够实现完全的、数字化运营。在逐步提升自身科技实力的同时,上海银行业也应当加强同业交流,技术分享,加快对同业的科技输出赋能,为金融业构筑科技生态圈,实现共赢发展。

(5) 积极支持上海经济恢复重振

后疫情时代,上海银行业要进一步创新展业,精准施策为市场主体纾困解难。各类银行机构要继续加大信贷助企纾困力度,为抗疫保供企业、餐饮零售、旅游文创等受疫情影响较大的困难行业提供贷款支持。指导银行建立应急处理机制,破解疫情期间企业工资发放难题。开通征信异议处理绿色通道,为受疫情影响的个人、企业调整还款安排或征信记录。

(上海银行业同业公会供稿　执笔人:吴立昊)

二、交通运输、仓储和邮政服务业

(一) 上海物流行业 2021 年发展报告

1. 2021 年行业发展概要

(1) 交通运输业同比较快增长

全年全市第三产业增加值比上年增长 7.6%。其中,交通运输、仓储和邮政业增加值 1 843.46 亿元,同比增长 13.5%,两年平均增长 2.0%。

（2）市场消费持续改善

全年全市社会消费品零售总额 18 079.25 亿元，比上年增长 13.5%，两年平均增长 6.8%。全市网上商店零售额 3 365.78 亿元，比上年增长 20.8%，两年平均增长 15.4%，占社会消费品零售总额的比重为 18.6%，比上年提高 2.2%。

（3）货物进出口较快增长

全年全市货物进出口总额 40 610.35 亿元，比上年增长 16.5%。其中，进口 24 891.68 亿元，增长 17.7%。

（4）货物运输总量增长

全年货物运输总量 155 211.94 万吨，同比增长 11.5%。其中，铁路 496.12 万吨，同比增长 3.8%；水运 101 379.81 万吨，同比增长 9.8%；道路 52 899.40 万吨，同比增长 14.9%；机场货运量 436.60 万吨，同比增长 8.5%。

全年港口货物吞吐 77 635.43 万吨，同比增长 8.3%。其中，进港量 45 774.44 万吨，同比增长 6.9%；出港量 31 860.99 万吨，同比增长 10.4%；出口 15 718.67 亿元，增长 14.6%。

2. 发展亮点

（1）国际标准集装箱吞吐量连续 12 年位于世界第一

全年完成国际标准集装箱吞吐 4 703.33 万标准箱，同比增长 8.1%。其中，进港量 2 325.01 万标准箱，同比增长 8.3%；出港量 2 378.32 万标准箱，同比增长 7.9%。

（2）基本建成上海国际航运中心

上海市市长龚正在中宣部新闻发布会上宣布，上海已基本建成"五个中心"的基本框架。上海作为我国最大的经济中心城市，"新华·波罗的海国际航运发展指数"中排名世界第三，口岸贸易总额位居全球城市首位，国际零售商集聚度位居全球城市第二，上海港集装箱吞吐量连续 12 年位居世界第一，上海机场航空货邮吞吐量位居世界第三。国际航运中心基本建成。

（3）"中欧班列—上海号"第一趟列车正式发车

首发启动仪式在铁路闵行货运站举行，上海市副市长宗明、副市长张为等领导共同启动发车，首列列车装运 50 个满载服装鞋帽、玻璃器皿、汽车配件、精密仪器等货物的 40 尺（1 尺约等于 0.33 米）集装箱，将从上海一路向西，经阿拉山口、波兰马拉舍维奇，驶往德国汉堡。上海开通中欧班列是贯彻落实国家战略、服务构建新发展格局的重要举措，对进一步提升上海国际贸易中心能级、强化上海全球资源配置能力和开放枢纽门户功能具有重要意义。

（4）航空货邮量逆势上扬创历史新高

2021 年，上海浦东机场和虹桥机场年货邮吞吐量达 436.6 万吨，同比增长 8.47%，一跃而超过 2017 年 423 万吨的历史高点。面对全球严峻复杂防疫形势，上海机场集团积极服务上海"国内大循环中心节点和国际国内双循环战略链接"定位，服务保通、保运、保供大局，为全球产业链、供应链稳定贡献上海力量。

（5）上港集团投资运营的以色列海法新港正式开港

这是以色列 60 年来的第一个新码头。海法港位于以色列重要的港口城市——海法市，在国际航运版图中占有重要地位。2018 年正式启动港口建设工程。项目计划分两期建设，一期码头岸线长度 805.5 米，年设计吞吐量为 106 万标准箱；二期码头岸线长度 715.7 米，年设计吞吐量为 80 万标准箱。目前一期已建成投用，上港集团全面负责码头运营管理。

（6）中国船舶集团有限公司总部迁驻上海

中国船舶集团总部迁驻上海，将进一步提升上海国际航运中心的全球资源配置能力，也将为中国船舶集团加快建设世界一流船舶集团注入强劲动力。

（7）"洋山四期超大型自动化集装箱码头关键技术研究与应用"被授予上海市科技进步奖特等奖

这座拥有完全自主知识产权的全自动化集装箱码头，打破国外垄断并实现技术反超，年吞吐量和作业效率均居世界自动化码头首位。

（8）东航物流正式在上海主板挂牌上市，成为"航空混改第一股"

东方航空物流是一家现代综合物流服务企业，总部位于上海，致力于为全球客户提供安全、高效、精准、便捷的"天地合一"全程综合物流服务。作为国家首批、民航领域首家混合所有制改革试点企业，东航物流在国资委以及东航集团的支持下，率先实施了挂牌增资入股，完成股权多元化改革。东航物流已成为集航空货运、货站操作、多式联运、仓储、跨境电商解决方案等业务功能于一体的航空物流综合服务公司。

（9）政策环境进一步向好

市政府印发关于《上海市营商环境创新试点实施方案》的通知，提出把上海打造成贸易投资最便利、行政效率最高、政府服务最规范、法治体系最完善的一流营商环境标杆城市，提升上海的城市软实力和核心竞争力。用3~5年时间，上海营商环境国际竞争力跃居世界前列，政府治理效能全面提升，在全球范围内集聚和配置各类资源要素能力明显增强，市场活跃度和发展质量显著提高，率先建成市场化、法治化、国际化的一流营商环境。

3. 不足和问题

（1）宏观物流规划需要在区级层面进一步明确。
（2）城市管理需进一步优化，持续缓解诸如，城区停车难、装卸难等长期以来的困局。
（3）物流企业一线操作员工的年龄结构老化，需要从政策、技术层面及早规划和支持。
（4）物流标准化需要强化统一规划和组织推进。

4. 发展展望

（1）实施扩大内需战略将推动物流补短板、强服务

新一轮扩大内需战略重在围绕做大做强国内市场，把满足国内需求作为出发点，加快构建完整的内需体系，着力打通生产、分配、流通、消费等各个环节，增强经济内生动力，这对与内需相适应的物流基础设施和服务能力都提出了更高要求。将推动城市物流普遍面临的限行限地，城市末端网点短缺，高时效、高频次消费物流需求，区域物流枢纽承载条件，多层级物流基础设施布局，高标准物流交付能力等的改变和发展，通过补短板、强服务，使物流更好为经济发展和社会民生发挥支撑作用。

（2）数字经济成为物流发展的新动能

《数字经济"十四五"发展规划》明确提出，大力发展智慧物流，涉及物流新基建、新技术、新模式、新业态等。物流行业特别是中小企业所面临的数字化鸿沟，数据治理、平台治理能力的薄弱等，将成为大力提升的重点，从而催生智慧物流发展的巨大空间。

（3）碳达峰、碳中和带来物流绿色转型机遇

中央提出要把碳达峰、碳中和纳入生态文明建设整体布局。这意味着未来发展范式将发生深刻转变。随着物流相关领域碳排放核算监测和评价体系的建立发展，碳排放交易市场上线，交通运输绿色低碳行动开展等，给物流企业绿色转型的自主变革带来重大机遇。

（4）向降低供应链全流程物流成本转变将成为趋势

当前，单纯依靠降低运输、仓储、配送等单环节成本下降空间已经较小。随着物流与制造业、商

贸业、农业等深度融合,将通过资源整合、流程优化、组织协同、生态共建等降低供应链全流程物流成本,进一步推进物流运行水平提升潜力巨大。

(5) 城乡应急物流将成为发展的新领域

疫情防控和突发灾害,提出了本市发展应急物流的新要求。无论是常态化应急物流体系建设、应急物流管理协同,应急物流数字化、智能化发展,还是应急物流基础设施建设、应急物流运作主体、应急物流人才培养等,都是当前本市物流业的弱项,也是今后破解和发展的重点,将形成一个潜力巨大、关乎城市和民生的细分新领域。

(6) 营商环境优化和体制机制改革将保障物流业高质量发展

随着改革逐步进入深水区,破除阻碍高质量发展的政策瓶颈,逐步由监管缺位、越位、错位向综合监管、协同监管、数字监管转变,形成有利于现代物流高质量发展的公平竞争、规范有序、开放稳定的营商环境,充分激发起市场主体的活力,为推动现代物流供需适配、经济高效、开放协同、安全可靠和可持续发展奠定制度基础。

(上海市物流协会供稿)

(二) 上海邮政快递业2021年发展报告

1. 上海邮政快递业2021年运行情况综述

2021年是中国共产党成立100周年,是党和国家历史上具有里程碑意义的一年,也是邮政快递业发展历程中极不平凡的一年。面对百年未有之大变局和疫情冲击,上海邮政快递业在市委市政府和国家邮政局的坚强领导下,始终坚持以习近平新时代中国特色社会主义思想为指导,坚持以人民为中心的发展思想,坚持稳中求进工作总基调,以供给侧结构性改革为主线,以高质量发展为主题,认真贯彻落实习近平总书记关于邮政业的重要指示、批示精神,按照国家邮政局"服务全领域、激活全要素,打造双高地、畅通双循环"的战略思路,统筹行业疫情防控、行业发展和安全工作。各项工作取得显著成效。

(1) 持续优化市场环境,行业发展基础进一步夯实

① 规划引领显著增强。

制发"十四五"上海市邮政业发展规划。基本建成上海邮政快递国际枢纽中心、加强绿色邮政建设、加快行业网络建设等内容被纳入《上海市国民经济和社会发展第十四个五年规划和二〇三五年远景目标纲要》。加快推进青浦区全国快递行业转型发展示范区建设、快递"两进一出"工程、智能配送设施网络布局和邮件快件包装减量化、绿色化、可循环等邮政快递业重要内容纳入16个市级相关规划。会同相关省局完成长江三角洲地区快递服务发展"十三五"规划评估工作。市快递行业协会在市邮政管理局、中国快递协会和国家邮政局发展研究中心指导下,成功举办了"2021快递业发展与服务高峰论坛(上海)""上海国际快递物流博览会"两项层次高、规模大、有影响力的活动。此次大会暨展会为期3天,大会以"绿色环保、安全高效、科技创新"为主题。为快递物流业和相关行业搭建一个展示行业发展成果、加强技术交流、促进企业合作、扩大上下供应链、提高品牌和企业知名度的平台。

② 营商环境进一步优化。

上海自贸区和临港新片区国际快递经营业务许可审批政策落实落地,完成1家自贸区企业新申请和1家企业换证工作。印发行业贯彻落实新时代加快完善社会主义市场经济体制意见工作方案。7家服务站企业、9家智能快件箱企业等末端形态纳入监管。市公安、应急管理、市场监管、城

管、消防、邮政管理等部门联合开展快递市场秩序整顿专项行动,快递市场秩序进一步规范。完成绿盾工程和安检机联网配套设施建设并推广应用。开展智能安检系统试点和智能视频监控试点工作。完成"12305"申诉热线与地方政务服务便民热线归并。

③ 法制邮政建设进一步加强。

参与制定并组织落实《上海市非机动车安全管理条例》。完成行政执法年度报告和全年执法数据公开,开展行政执法案卷评议及重大行政执法决定法制审核。启动行业"八五"普法工作。每季度召开行业经济运行分析会,及时把握行业发展态势。组织市邮政管理局和驻沪总部企业统计人员培训。开展行业统计督察整改"回头看"。

(2) 服务能力不断提升

① 运输能力。

持续加强与综合交通运输体系的衔接力度,与上海海关、上海检验检疫局、市口岸办、上海机场集团等部门建立联合推进工作机制。通过定期召开联席会议以及开展交流研讨、联合调研、定期沟通等方式,为政策落地营造良好环境。通过上海地区"平安货运"建设工作领导小组、上海空港社区货运枢纽专业委员等成员单位全体联席会议机制,推进国际航运中心建设、"快递＋综合交通"体系建设。

　A. 公路运输快件

公路运输是构成陆上运输的两种基本运输方式之一,是快递企业运输快件的主要方式,各品牌寄递企业不断充实公路运输车辆,提升公路运输能力。2021年,全行业快递专用车辆12 626辆,其中,新能源汽车1 820辆。

　B. 航空运输快件

航空运输快件快速高效,成为快递运输的重要助力。上海将以全货机转板转飞等形式实现全网覆盖330个城市。2021年,国际及港澳台业务完成1.5亿件,同比增长9.9%,国际及港澳台业务收入累计完成143.8亿元,同比增长16.0%。

　C. 铁路运输快件

持续推进快递"三向、三上"工程,加快航空邮件快件绿色通道建设,推动"快递＋高铁"联合运营,持续推进上海寄递企业与中铁快运深度合作。

　D. 水路运输快件

紧抓机遇,积极作为,加快推进"快递出海"新模式,充分发挥上海国际航运中心资源优势,积极开拓"空改水"新路径,全力推进海运快船渠道,全力保障上海口岸国际邮件出口运输渠道通畅。海运快船模式一方面大大降低了航运成本,另一方面有效缓解了疫情停航期间出现的重点路向运能短缺的问题,成为中国邮政疫情期间邮件疏运的主渠道之一。

② 分拣能力。

　A. 分拣转运中心

鼓励各快递企业加快分拣转运中心升级改造,提升快件分拣效率,保障快件分拣质量,目前全市规模以上快递企业已基本形成了健全的转运配送网络。

　B. 自动化及智能化设备使用情况

积极推动企业研发和使用自动化分拣设备及其他智能化设备,降低差错率和人工成本,提高快件的转运时效,为包裹的全链路数字化管理搭建技术平台。

　C. 快递物流园区建设情况

积极推动快递物流园区建设,鼓励企业通过共享相关基础设施和配套服务设施,发挥整体优势和互补优势,进而实现物流集聚的集约化、规模化效应,促进载体城市的可持续发展。

③ 末端服务能力。

智能快件箱和快递公共配送站建设相关内容被纳入《上海市城市管理精细化"十四五"规划》。实施智能快件箱服务用房设置行政协助,共完成项目审核531个,其中,164个项目为住宅和商务楼宇建设项目,设置配套智能快件箱服务用房面积1.8万平方米。截至目前,全市共有智能快件箱38 060组,其中,新建智能快件箱6 000余组;格口数357万,同比增长18.6%,箱递率22.5%,位列全国第一。

第三方权威机构出具的《2021年上海市快递行业协会服务质量监测报告》的测评结论:2021年上海市快递行业服务质量满意度评价结果为81.92,处于满意水平。

(3) 产业贡献逐年提高

① 电商快递协同情况。

持续推动快递电商协同发展,结合《上海市促进在线新经济发展行动方案(2020—2022年)》,发挥邮政快递行业优势,推动企业借助于新零售平台,助力拓展生鲜电商零售业态,支持直播电商、社交电商、社群电商、"小程序"电商等智能营销新业态发展,规模化布局冷链仓储设施,推进生鲜、农产品标准化建设,优化配送体系。推动农村邮政电商服务平台建设,将邮政电商发展与邮乐购站点建设有机结合,加快推广"农产品+大同城寄递"的区域服务模式,实现线上线下联动发展。助力实现农业现代化,支持发展生产、生态、生活多功能融合、高附加值都市现代农业。

② 助力乡村振兴情况。

快递进村扎实推进,农产品"一市一品"示范项目销售额达6 168.67万元,邮乐购标准化站点数量达907家。邮快合作在崇明区、金山区实现突破,全市首个邮快合作示范点在崇明区竖新镇育才村邮政综合便民服务站揭牌成立。

③ 服务制造业发展情况。

快递企业深化产业合作,持续提升服务能力,丰富服务产品,发展智能仓储,延伸服务链条,为制造企业提供一体化解决方案。打造智慧物流,借助于科技力量,深化与制造企业物流科技自动化项目合作,提升效率,降低成本。开发国内代理采购、集货、报关服务,利用多式联运,提供海陆空空铁一体化、一单到底国内国际物流服务。推动将"两进一出"工程相关内容纳入《上海市综合交通发展"十四五"规划》。快递进厂步伐加快,与市经信委联发实施《关于促进本市快递业与制造业深度融合发展的实施意见》,推动品牌快递企业为上海大众汽车、米思米、水星家纺等制造企业提供快递服务。

④ 快递出海情况。

与市经信委联合印发《关于促进本市快递业与制造业深度融合发展的实施意见》,推动品牌快递企业为上海大众汽车、米思米、水星家纺等制造企业提供快递服务。推进快递出海,强化上海邮政快递国际枢纽中心建设,推动邮政企业联手海关拓展跨境电商邮件项目,推进跨境电子商务出口海关监管作业场地建设规划和建设;参与临港新片区特保区产业规划制定,推动邮政快递企业在特保区的产业落地;建设国际航空、中欧班列、远洋海运、陆路卡运等多种模式的邮政快递物流供应链。

(4) 着力推进"三大工程"建设,行业发展格局不断优化

① 加快推进"两进一出"工程。

推动将"两进一出"工程相关内容纳入《上海市综合交通发展"十四五"规划》。快递进村扎实推进,全市建制村邮政普遍服务直投到户比例达到92.7%,11个乡镇邮政局所试点采用信息化手段

开展监管,乡镇邮政局所投递打卡率保持在99%以上,农产品"一市一品"示范项目销售额达6168.67万元,邮乐购标准化站点数量达907家。全市首个邮快合作示范点在崇明区竖新镇育才村邮政综合便民服务站揭牌成立。快递进厂步伐加快,与市经信委联发实施《关于促进本市快递业与制造业深度融合发展的实施意见》,推动品牌快递企业为上海大众汽车、米思米、水星家纺等制造企业提供快递服务。快递出海稳步推进,上海邮政快递国际枢纽中心建设有序开展,上海海关积极推进在邮政企业规划建设跨境电子商务出口海关监管作业场地。参与临港新片区特保区产业规划制订,推动邮政快递企业在特保区的产业落地。建设国际航空、中欧班列、远洋海运、陆路卡运等多种模式的邮政快递物流供应链。全市评选出11个2020年"两进一出"工程示范项目,其中,"快递进村"2个,"快递进厂"6个,"快递出海"3个,共计实现快递业务量5 719万件,快递业务收入21.05亿元。

② 积极推进末端建设工程。

智能快件箱和快递公共配送站建设相关内容被纳入《上海市城市管理精细化"十四五"规划》。实施智能快件箱服务用房设置行政协助,共完成项目审核531个,其中,164个项目为住宅和商务楼宇建设项目,设置配套智能快件箱服务用房面积1.8万平方米。推动菜鸟驿站与社区超市、便利店、物业等开展合作,探索家门口的社区快递服务平台建设。截至目前,全市共有智能快件箱38 060组,其中,新建智能快件箱6 000余组;格口数357万,同比增长18.6%。

③ 持续推进绿色环保工程。

大力实施上海邮政快递业"25941"绿色升级工程,实现全市可循环快递箱(盒)应用33万个、循环使用次数超500万次、电商快件不再二次包装比例达到92%、不可降解塑料胶带使用量下降40%的推进目标。大力开展《固废法》《邮件快件包装管理办法》等法律法规的宣贯,组织召开本市邮政快递业塑料污染治理培训会议。联合市发展改革、经信、商务、绿化市容部门共同加快推进快递包装绿色转型。联合市机管、经信、商务、绿化市容、水务部门共同举办"绿色生产生活方式进机关"活动。组织快递企业发起"推进绿色认证、使用绿色产品"倡议。开展邮件快件过度包装和随意包装专项治理,立案查处3家企业。推动地方政府承担行业环境污染治理责任,首次争取到"快递包装绿色转型工作推进"专项资金。

(5) 全面统筹发展与安全,行业综合治理取得新成效

① 疫情防控有力有序。

严格落实国家邮政局《疫情防控期间邮政快递业生产操作规范建议(第七版)》,制定实施《上海市邮政快递业疫情防控规范(加强版)》。妥善做好河北、江苏、内蒙古涉疫邮件快件处置工作。扎实推进行业从业人员新冠疫苗接种工作,接种率达到97%。

② 寄递安全基础不断夯实。

扎实推进行业安全生产专项整治三年行动,深入推进邮件快件处理场所安全管理规范化提升行动,健全安全生产责任和管理制度体系、隐患排查治理和风险防控体系。完善政企安全工作联席会议机制,强化企业安全生产主体责任,严格落实"两张清单",持续推进"三项制度"落地。督促邮政快递企业加强协议客户寄递物品安全管控和零散用户交寄物品验视把关,加强安检设备的日常管理和使用,配齐、配足安检机操作人员,严格落实应检必检要求。全面推进绿盾工程建设,完成绿盾监控中心装修改造工程。

③ 重大活动和业务旺季安保水平持续提升。

周密部署、精心组织重大活动和业务旺季寄递安全保障工作,与公安、国安、交通委等部门开展联合检查,圆满完成全国"两会"、第十届花博会、建党百年庆祝活动、第四届进博会等重大活动和业

务旺季寄递安全服务保障任务。

(6) 不断强化日常监管，行业治理能力和水平持续提升

① 强化普遍服务监管。

落实政企联席会议制度。严格审批管理，确保守住两条红线。圆满完成重大专项工作专用邮政信箱邮件、高校录取通知书寄递服务保障任务。做好普遍服务质量控制，开展乡镇局所、挂号邮件专项整治，进行普服时限测试，直辖市、省会城市间普服邮件全程时限由 3.38 天压降至 2.66 天，给据邮件和条码平信信息断点率稳定受控。《人民日报》当日见报率保持 100%。邮政综合服务平台拓展至 220 家社区事务受理中心，形成三级服务网络。开展机要通信两轮全覆盖检查，与市国家保密局建立会商、培训、联合检查长效机制。扎实开展"扫黄打非"工作。开展《中国共产党成立一百周年》等纪特邮票发行监管。完成邮政特邀监督员调整工作。

② 强化快递市场监管。

持续推进"四不"治理，开展涉枪涉爆、打击寄递野生动物、打假、打击涉及冷光烟花和"钢丝棉烟花"生产运输销售、传送带堵缝和人车分流两项任务、电动自行车消防安全、寄递渠道禁毒百日攻坚行动等专项整治工作。联合市检察院举办"守护安全、放心寄递"倡议活动，做好信息安全工作。

③ 强化支撑保障建设。

召开 2021 年市促进邮政业发展联席会议，全面部署落实国家邮政局和上海市政府第二轮部市合作协议。制定局工作要点，细化成 74 项工作任务。建立落实习近平总书记对邮政业重要指示批示精神台账。围绕建党百年等重大活动做好行业新闻宣传工作，及时处理各种舆情。圆满完成 20 件市人大代表建议和市政协委员提案办理。处理各类信访 353 件。编发各类政务信息 641 条。全力推进中央与地方财政事权与支出责任划分改革方案制订。

(7) 积极落实七部门意见，快递员群体合法权益得到切实保障

① 制度建设不断完善。

成立工作领导小组，建立政府部门联系机制。通过座谈交流、检查走访、调阅资料等方式全面掌握快递员群体权益保障工作现状。开展快递员末端派费调整和品牌企业内部罚款情况月度调查。快递员公租房政策纳入《上海市住房发展"十四五"规划》。

② 部门联动持续增强。

深化"暖蜂行动"，市快递行业协会积极参与开展"迎新春送温暖、稳岗留工""工会进万家服务月""双 11 快递员温暖行动服务月"等活动，全年开展"快递从业青年服务月"活动。联合市总工会等 10 部门印发《关于上海推进新就业形态劳动者入会和服务工作的指导意见》，4 万多名"快递小哥"成为工会会员。落实市总工会"五送"实事项目，累计开展慰问活动 514 次，共有 2 770 名"快递小哥"获得意外伤害基本保障，8 384 名"快递小哥"享受免费体检，200 名"快递小哥"参加免费疗休养。推进快递企业为快递员购买社会保险或商业保险 77 650 份。全市共 1 365 个"爱心接力站"为快递员提供服务。

③ 快递从业人员技能进一步提升。

与市人社局联发《关于加强快递从业人员职业技能提升工作的通知》，出台多项培训激励保障措施。全年共培训快递从业人员 20 353 人，争取地方资金补贴 207.16 万元；共聘任快递工程技术初级职称 185 人，获评中级职称 6 人，2 人参评高级职称。顺丰快递公司成为全国首家在省级范围内获得企业职业技能等级认定资质的快递企业。举办快递行业职业技能竞赛，在第三届全国总决赛中取得个人三等奖、团体优胜奖、优秀技术指导奖和优秀组织单位奖等荣誉。组织推荐 3 名个人

入选年度全国邮政行业技术能手推进计划,6名个人入选科技英才推进计划。市快递行业协会在市邮政管理局关心指导下,成立了"教育培训专业委员会"。其目的是积极发挥协会的"上海高技能人才培养基地"作用,继续做好"快递员""快递分拣员"能力评估和"安检员"专项培训,以及市快递行业协会取得人社部颁布职业技术大典"网约配送员"社会培训鉴定资质,这也是市快递行业协会服务邮政快递业的重要任务。

2. 行业运行状况良好,圆满实现年度工作目标

2021年,扎实做好"六稳""六保"工作,行业高质量发展有力推进,圆满完成市委市政府下达的年度稳增长目标任务,行业治理能力和水平稳步提升,服务能力不断提升,产业贡献逐年提高,圆满实现了年初确定的全行业生产经营目标。

(1) 上海快递2021年业务量和业务收入统计

表17　2021年全市及各区快递业务量和业务收入情况

上海及各区	快递业务量(万件)	同比增长(%)	快递业务收入(万元)	同比增长(%)
上海市	374 137.9	11.2	17 158 198.9	20.1
浦东新区	45 366.5	25.3	609 458.5	12.8
黄浦区	3 693.9	2.1	60 346.4	−5.6
虹口区	1 587.5	−11.9	20 853.6	15.0
杨浦区	3 241.3	−9.6	26 384.5	−7.5
长宁区	1 703.1	−10.9	397 089.8	42.4
宝山区	12 708.6	−30.3	59 728.3	−28.3
崇明区	438.1	−26.1	6 676.2	16.5
静安区	17 059.3	−2.9	353 882.2	5.7
青浦区	147 473.4	24.3	13 773 106.7	22.8
嘉定区	42 205.7	12.6	486 538.8	12.1
普陀区	3 577.6	−29.2	24 471.1	−32.5
松江区	21 488.0	−4.2	159 688.5	2.1
闵行区	48 873.4	20.6	1 058 567.4	13.4
徐汇区	3 019.1	−29.7	29 159.1	−25.4
金山区	6 369.8	−14.3	30 712.7	−21.3
奉贤区	15 332.7	−9.5	61 535.2	−16.4

(2) 上海市快递行业全国排位

① 快递业务量前20位城市排位,上海位列第四。

表18 全国城市快递业务量20强排名

排　　名	城　　市	快递业务量累计(万件)
1	金华(义乌)市	1 163 887.9
2	广州市	1 067 831.2
3	深圳市	597 984.4
4	上海市	374 137.9
5	杭州市	367 134.0
6	揭阳市	353 294.5
7	东莞市	268 421.3
8	苏州市	247 215.2
9	北京市	221 030.0
10	泉州市	216 624.2
11	汕头市	216 245.1
12	成都市	182 528.9
13	温州市	167 965.9
14	武汉市	160 412.4
15	郑州市	154 844.0
16	宁波市	153 194.8
17	石家庄市	148 812.6
18	佛山市	142 372.9
19	临沂市	132 630.1
20	台州市	132 257.2

② 快递业务收入前20位城市排位，上海位列第一。

表19 全国城市快递业务9收入20强排名

排　　名	城　　市	快递业务收入累计(万元)
1	上海市	17 158 198.9
2	广州市	8 171 900.1
3	深圳市	6 489 185.1
4	杭州市	4 162 523.5

续　表

排　　名	城　　市	快递业务收入累计(万元)
5	金华(义乌)市	3 351 505.4
6	北京市	3 134 341.1
7	东莞市	2 810 693.4
8	苏州市	2 454 081.5
9	成都市	1 656 935.4
10	揭阳市	1 611 212.4
11	佛山市	1 597 063.0
12	武汉市	1 442 769.3
13	天津市	1 401 165.0
14	宁波市	1 369 433.7
15	泉州市	1 290 800.9
16	郑州市	1 243 960.0
17	汕头市	1 094 205.7
18	重庆市	1 034 335.2
19	无锡市	1 017 029.8
20	温州市	999 223.7

3. 2022年重点工作安排及继续推进民生七件实事

2022年是实施"十四五"规划的关键之年，我们将喜迎党的二十大胜利召开，做好邮政快递业改革发展各项工作意义重大、使命光荣。

持续提高邮政、快递服务质量，持续推进快递包装绿色转型，持续增强寄递渠道安全保障能力，持续提升行业发展质效，切实保障快递员群体合法权益，更好满足人民群众日益增长的美好生活用邮需要。重点抓好以下6个方面工作和推进更贴近民生七件实事。

（1）上海邮政快递业2022年重点工作

① 坚持党的全面集中统一领导。

一是深入推进党的建设。学习贯彻习近平新时代中国特色社会主义思想，深入学习贯彻党的十九届六中全会、党的二十大精神，通过党组理论中心组学习、党组会第一议题学习、专题讲座、专题党课、党员轮训、"学习强国"学习等方式，持续强化理论武装。坚守政治机关职责定位，不折不扣抓好习近平总书记重要指示批示精神和中央决策部署的贯彻落实。

二是推进全面从严治党。加强巡视巡察上下联动，自觉接受监督检查，抓好整改落实。开展巡视整改"回头看"。开展专项治理、专项监督检查。认真贯彻十九届中央纪委六次全会精神，加强党员干部党风廉政建设和反腐倡廉工作。

三是加强干部队伍建设。严格执行《党政领导干部选拔任用工作条例》，不断健全完善干部选拔任用机制,提高选人用人质量。做好培训计划管理,增加频次、丰富内容、创新方式,全面提高干部队伍综合素养和履职能力。

四是稳妥推进行业党建。按照国家邮政局部署推进上海市快递行业党建工作,建立健全行业党建工作领导体制,推动快递员群体融入城市基层党建格局。发挥快递行业党建联盟作用,推动落实行业党建共推行业发展、共同服务群众、共爱"快递小哥"、共树行业新风、共育行业队伍五方面任务。持续弘扬"小蜜蜂"精神,开展上海市首届寻找"最美快递员"活动,继续推进文明单位、工人先锋号、五一劳动奖、青年文明号等创建和评选表彰活动,大力选树和宣传行业先进典型。

② 推动上海邮政快递国际枢纽中心建设。

一是全面落实部市合作协议。充分发挥市促进邮政业发展联席会议机制作用,推动第二轮部市合作协议重点任务落实。强化联席会议办公室统筹协调、组织推进职能,制订年度工作计划,细化分解任务,定期跟踪督办。研究制订上海快递发展指数。研究制定上海市邮政快递国际枢纽中心建设实施意见。

二是积极贯彻实施"十四五"行业发展规划。持续推进"十四五"行业发展规划落实,紧盯重点任务和重要工程,主动对接市发改、交通、商务、住房等部门,做好任务分解,细化工作目标和推进计划,扎实推进各项工作取得成效。大力推动本市企业未来五年发展目标与"十四五"行业发展规划有效衔接,做到贯彻实施全覆盖、无死角。

三是推进农村寄递物流体系建设。推动出台并实施《关于加快上海市农村寄递物流体系建设实施意见》。落实政府补一点、村里贴一点,邮政企业出一点"三个一点"措施,巩固提升建制村邮政普遍服务邮件直投到户比例,年内达到95%,力争实现全覆盖。加强农村邮政基础设施和服务网络共享,深化邮快合作,加强"一点多能"村级寄递物流综合服务站(快递公共服务站)建设。加快农村邮路汽车化。

③ 推进行业高质量发展。

一是持续推进"两进一出"工程。推进落实国家邮政局快递服务先进制造业"5312"工程实施方案。贯彻落实本市快递业与制造业深度融合发展实施意见。推动邮政与农村电商协同发展,因地制宜打造一批"一市一品""一区一品"农特产品进城精品项目。鼓励邮政快递企业加大中欧班列运邮力度,加强国际干线自主航空能力和海外仓建设,拓展全球服务网络。深入推进邮政企业"三关合一"工作,支持邮政企业更好地服务跨境电商。积极引导邮政企业加强国际互换局和交换站能力建设,鼓励与其他快递物流企业合作共赢。

二是完善末端服务体系。推动集中建设快递公共服务站,推动各区设置1个街道快递公共服务站。分类推进智能末端配送设施建设,全年新建智能快件箱5000组,力争到年末,符合设置条件的住宅小区智能快件箱布设比例达到90%以上,商务楼宇布设比例大幅提高,新建住宅小区和商务楼宇实现智能配送设施全覆盖。

三是开展绿色邮政建设。贯彻执行国家邮政局行业绿色发展五年行动计划,全面推进减污降碳。实施上海邮政快递业绿色发展"9954"工程,推动快递包装减量化、标准化和循环化,到年底实现采购使用符合标准的包装材料比例超过90%,规范包装操作比例超过90%,可循环快递箱达到50万个,回收复用瓦楞纸箱4000万个。引导寄递企业优先采购使用绿色认证的包装产品,持续大力整治过度包装和随意包装。深入推进塑料污染治理,督导寄递网点严格落实不可降解的塑料包装袋和一次性编织袋的禁用要求。联合相关部门组织开展可循环快递包装规模化应用试点工作,培育循环模式。加大新能源、清洁能源车辆的推广应用,推动绿色网点和绿色分拨中心建设。

④ 强化防范化解重大风险能力。

一是抓好常态化疫情防控。落实行业疫情防控相关要求,持续落实"外防输入、内防反弹"防控措施,抓实抓细"人""物""环境"同防。坚持常态化精准防控和局部应急处置有机结合,及时处置涉疫突发事件。持续做好从业人员疫苗接种,推动"加强针"应接尽接。

二是坚守安全底线不动摇。深入落实行业安全生产专项整治三年行动,提升安全生产水平。加大安全生产执法力度,开展企业安全生产场所大检查。扎实推进寄递渠道安全。深入落实政府监管责任和属地管理责任。充分发挥寄递安全联合监管机制作用,严格落实"三项"制度,开展涉枪、涉爆、涉危化品、涉毒等专项治理,推动多部门情况互通、信息共享,保障寄递渠道安全畅通。保障信息安全。落实《网络安全法》《数据安全法》《个人信息保护法》,确保信息数据有序安全流动。

三是做好行业应急管理。持续推进行业应急管理体系建设,做好行业监测预警,及时发现、妥善处置苗头性事件,将矛盾风险化解在萌芽状态;加强舆情监测管理,有效防范应对因市场主体退出、上下游摩擦及各种违规问题引发的群体事件、社会舆情等衍生风险;加强自然灾害、事故案件、经营异常、负面舆情等突发事件处置工作指挥调度,加强突发事件请示报告。进一步探索完善网格化监督员体系,提高覆盖率。

四是做好重大活动安保。统筹协调寄递渠道安全监管和服务保障,坚决完成党的二十大、北京冬奥会、进博会、杭州亚运会和成都大运会等重大活动寄递安全保障任务,做好业务旺季服务和安全保障工作。

⑤ 维护快递员群体合法权益。

一是贯彻落实七部门意见。实施《关于做好本市快递员群体合法权益保障工作的实施意见》。加强与市相关单位协同配合与政策衔接。积极维护快递员群体合法权益。督促快递企业有效落实派费调整承诺,推广实施《末端派费核算指引》。加快推进基层网点优先参加工伤保险工作,进一步提高参保水平。推动企业为快递员购买商业险,不断拓展险种覆盖面。

二是深化"暖蜂行动"。支持快递企业依法成立工会、共青团、妇联等组织,推进快递企业属地建会、快递小哥入会,促进"会、站、家"建设。联合市总工会开展"双11快递员温暖行动服务月"活动,落实"五送"关心关爱服务项目,联合团市委推进"快递从业青年服务月"活动,推动快递企业党工团组织开展"夏送清凉、冬送温暖"活动。帮助快递员群体改善生产生活条件。引导工会组织、行业协会围绕涉及快递员群体切身利益问题制定集体协商机制、企业民主管理机制。

三是加强行业人才队伍建设。推动行业职业技能等级认定,扩大从业人员职业培训规模。2022年实现培训2万人次,均按照标准获得政府补贴。推动和鼓励快递从业人员参评快递工程技术专业职称,推动获得初、中、高级职称的快递工程技术人员数量稳定增长。

⑥ 提升治理体系和治理能力现代化水平。

一是推进法治邮政建设。开展重大行政执法决定法制审核。制定邮政业法治宣传教育第八个五年规划上海市实施意见,全面开展"八五"普法工作。

二是加强邮政普遍服务监管。做好专用邮政信箱和高校录取通知书寄递服务保障。做好日常监督检查、双随机执法、行政审批、时限测试等工作。开展乡镇邮政服务专项检查。利用信息化手段开展远程监管。做好社会监督工作。关注邮政企业分业改革,推动邮政企业聚焦主责主业做强做优做大寄递业务。做好《中国共产党第二十次全国代表大会》等纪特邮票销售服务监督检查,做好仿印邮票图案及其制品许可审批工作,组织做好《第一部〈中国共产党章程〉通过一百周年》纪念邮票发行和首发仪式工作。做好机要通信保密监管、"扫黄打非"等工作。

三是强化邮政市场监管。持续开展市场秩序整顿，依法严肃查处超许可范围经营、无证经营、委托无许可企业经营等违法行为。加强对企业履行服务承诺事项监督检查。加强末端服务质量监管，严格规范未按服务约定履行服务义务行为。加强信用监管，推广信用承诺制度，推动实施严重违法失信名单管理。持续推进绿盾工程建设和应用。推动邮政业用户申诉渠道改革完善工作。

四是推进服务型政府建设。持续优化"放管服"。继续做好上海自贸试验区及临港新片区国际快递业务经营许可审批事项权限下放承接工作。逐步将本市邮政业新业态纳入监管。进一步深化与上海地方政务平台的系统对接，加强数据共享、业务协同。

五是提升综合服务保障水平。协调推动出台上海市邮政领域中央和地方财政事权与支出责任划分改革方案，确保改革措施落地。落实财政部关于加强资金全收全支管理要求，持续提高预算管理的规范化、精细化水平。做好行业统计工作，抓好邮政统计系统与安监系统、品牌企业总部和上海区公司的数据核对，做到应统尽统。做好行业新闻宣传工作，引导正面宣传，拓展宣传渠道，传递行业正能量。做好信访、信息公开、人大政协提案意见办理等工作，为行业发展营造良好氛围。

(2) 上海邮政快递业2022年更贴近民生七件实事

一是深入实施"快递进村"工程。推动出台并实施《关于加快上海市农村寄递物流体系建设实施意见》。开展农村电商协同示范，建设农村电商快递协同发展示范区和快递服务现代农业示范项目。深化邮快、快快、快商合作，提升农村快递服务水平，推进城乡快递服务均等化。

二是提升农村地区邮政普遍服务水平。提升建制村直投到户比例，年内达到95％，力争实现全覆盖。建制村打卡率保持在99％以上。加快农村邮路汽车化。

三是强化快递员（投递员）权益保障。推动快递员权益保障政策的落实，督促快递企业有效落实派费调整承诺，推广实施《末端派费核算指引》。加快推进基层网点优先参加工伤保险工作，推动企业为快递员购买商业险，不断拓展险种覆盖面。持续开展"暖蜂行动"，推进落实快递员公租房政策，进一步推动解决快递员在住房、子女教育、医疗体检等方面的实际困难。开展上海市首届寻找"最美快递员"活动，大力选树和宣传行业先进典型。开展"服务月"活动，落实"五送"关心关爱服务项目。

四是优化快递服务消费环境。加强产品服务创新引导，推动快递成本分区、服务分层、产品分类，着力提升用户服务体验。强化末端服务质量监管，加大未按名址投递快件行为查处力度，保障用户合法权益。开展市场秩序整顿，依法严肃查处超许可范围经营、无证经营、委托无许可企业经营等违法行为，维护市场公平竞争秩序。发布上海快递发展指数。新建智能快件箱5 000组。推动各区设置1个街道快递公共服务站。

五是加强用户个人信息安全保护。加强对用户信息安全保护方面法律法规的宣传。推动企业加大虚拟安全号码、隐私面单、电子身份证等技术应用，严格落实计算机信息系统安全等级保护工作，加强个人信息安全保护。会同有关部门严厉打击非法泄露、买卖寄递服务信息等行为。做好"快递电子运单"国家标准的落实工作。

六是实施绿色发展"9954"工程。推动快递包装减量化、标准化和循环化，到年底实现采购使用符合标准的包装材料比例超过90％，规范包装操作比例超过90％，可循环快递箱达到50万个，回收复用瓦楞纸箱4 000万个。

七是加大行业人才培养力度。提升快递从业人员职业技能和服务技能，对技能岗位从业人员开展职业技能等级认定。实现培训2万人次，均按照标准获得政府补贴。稳步推进快递工程技术人员职称评审，着力壮大中高级工程师队伍。

上海邮政快递业将继续践行"人民城市人民建,人民城市为人民"重要理念,着力提高邮政快递服务质量水平,改善人民生活品质,不断增强人民群众的获得感、幸福感、安全感。

表20　2021年全市及各区快递业务量和业务收入情况

上海及各区	快递业务量(万件)	同比增长(％)	递业务与收入(万元)	网比增长(％)
上海市	374 137.9	11.2	17 158 198.9	20.1
浦东新区	45 366.5	25.3	609 458.5	12.8
黄浦区	3 693.9	2.1	60 346.4	－5.6
虹口区	1 587.5	－11.9	20 853.6	15.0
杨浦区	3 241.3	－9.6	26 384.5	－7.5
长宁区	1 703.1	－10.9	397 089.8	42.4
宝山区	12 708.6	－30.3	59 728.3	－28.3
崇明区	438.1	－26.1	6 676.2	16.5
静安区	17 059.3	－2.9	353 882.2	5.7
青浦区	147 473.4	24.3	13 773 106.7	22.8
嘉定区	42 205.7	12.6	486 538.8	12.1
普陀区	3 577.6	－29.2	24 471.8	－32.5
松江区	21 488.0	－4.2	159 688.5	2.1
闵行区	48 873.4	20.6	1 058 567.4	13.4
徐汇区	3 019.1	－29.7	29 159.1	－25.4
金山区	6 369.8	－14.3	30 712.7	－21.3
奉贤区	15 332.7	－9.5	61 535.2	－16.4

(上海市快递行业协会供稿　执笔人:陈明)

(三) 上海港口行业2021年发展报告

1. 行业概述

2021年是中国共产党建党100周年,也是实施"十四五"规划,开启全面建设社会主义现代化国家新征程的第一年。面对全球持续的新冠病毒肺炎疫情和海运供应链压力,上海港口行业坚持以习近平新时代中国特色社会主义思想为指导,认真贯彻落实习近平总书记考察上海重要讲话精神,在市委、市政府的正确领导下,行业各单位齐心协力,攻坚克难,取得了不俗的成绩,向着世界一流港口的目标迈出坚实步伐。

港口生产业绩再创新高。2021年,上海港完成货物吞吐量77 635.43万吨,同比增长8.3％。

集装箱吞吐量4 703.33万标准箱,同比增长8.1%,全国占比16.6%,连续12年居全球首位。

绿色智慧港口建设持续发力。绿色智慧港口建设步伐加快,主要生产装备使用清洁能源的比例保持行业领先水平,油改电、混合动力等节能改造的轮胎吊比例达98%。新科技赋能港口主业发展,上港集团超远程智慧指挥控制中心正式成立,集装箱码头智能化作业管控技术取得新进展。

上海港口服务国家战略作用重大。上海港口连通度指数排名连续11年位列全球第一;首票国际中转集拼实货试点完成,彰显了上海国际航运中心枢纽港能级不断提升。上港集团以色列海法新港正式建成开港,在"一带一路"沿线重要节点港口拓展母港辐射范围。湖州上港码头开港,持续优化长三角地区集疏运体系。"税港通"助力长江经济带企业出口退税业务办理。

在取得重要成就的同时,港口行业的发展也面临着挑战,尤其是新冠病毒肺炎疫情所带来的人流和物流受阻,导致国际物流和海外港口效率大幅下降,大量空箱在海外积压,市场面临一箱难求、一舱难求、一车难求,枢纽、场站拥堵导致班期延误等困难;国内因防疫政策要求升级而导致通关流程变长、环节增加、效率降低等问题,都给港口的韧性带来了极大的挑战。展望未来,全球新冠病毒肺炎疫情并未现缓和下降趋势,将持续扰动全球供应链的安全与稳定,同时叠加全球政治动荡和经济衰退的影响,港口行业继续承压,仍需坚守信仰,不忘初心,砥砺前行。

2. 上海港口行业发展现状

(1)港口吞吐量及港口集疏运

① 全港货物吞吐量。

2021年,上海港完成货物吞吐量77 635.43万吨,同比增长8.3%。其中,海港码头70 774.07万吨,同比增长7.3%;内河码头6 861.36万吨,同比增长20.1%。上海港公用码头完成货物吞吐量5.34亿吨,同比增长6.9%,全港占比68.8%;专用码头完成货物吞吐量1.74亿吨,同比增长8.7%。

表21 近5年上海港货物吞吐量

年份指标	单位	2021年	2020年	2019年	2018年	2017年
货物吞吐量	万吨	77 635.43	71 669.9	72 031.3	73 047.93	75 050.79
同比增长	%	8.3	−0.5	−1.4	−2.7	7.0

(资料来源:上海市交通委员会)

2021年,上海港外贸货物吞吐量完成41 489.33万吨,同比增长6.6%;外贸货物全港占比57.9%。内贸货物吞吐量完成36 146.1万吨,同比增长10.4%。

② 主要货种吞吐量。

A. 集装箱吞吐量

2021年,上海港完成集装箱吞吐量4 703.33万标准箱,同比增长8.1%,全国占比16.6%,连续12年居全球首位。其中,全年进港2 325.01万标准箱,同比增长8.3%,出港2 378.32万标准箱,同比增长7.9%。

2021年,上海港重箱吞吐量为3 407万标准箱,同比增长5.8%,全港占比72.4%;空箱吞吐量为1 296.33万标准箱,同比增长14.7%,全港占比27.6%。

表 22　2020—2021 年上海港集装箱吞吐量

指　　标	单　位	2021 年	2020 年	同比增长(%)
重箱	万 TEU	3 407	3 219.79	5.8
♯货重	万吨	36 572.63	35 017.36	4.4
空箱	万 TEU	1 296.33	1 130.55	14.7
共计	万 TEU	4 703.33	4 350.34	8.1

[资料来源：上海国际港务(集团)股份有限公司]

截至 2021 年底，上海港每月国际集装箱航班达 1 338 班，国际航线全年完成集装箱量 3 449.9 万标准箱，同比上升 10.6%。内贸集装箱吞吐量共完成 627.2 万标准箱，同比增长 1.8%，创历史新高。其中，内贸中转集装箱共完成 468.3 万标准箱，同比下降 2.9%。

表 23　2021 年上海港外贸集装箱航线航班

目的地	单　位	2021 年	2020 年	同比增长(%)
日本	班/月	221	221	0
韩国	班/月	87	91	−4.4
中国香港	班/月	0	0	0
中国台湾	班/月	65	65	0
东南	班/月	394	368	7.1
波斯湾红海	班/月	43	39	10.3
澳大利亚	班/月	48	39	23.1
南美	班/月	65	65	0
非洲	班/月	69	69	0
美西	班/月	134	95	41.1
美东	班/月	65	43	51.2
地中海	班/月	43	43	0
远东	班/月	30	30	0
西北	班/月	74	82	−9.8
总计	班/月	1 338	1 250	7.0

[资料来源：上海国际港务(集团)股份有限公司]

2021年,上海港水水中转箱量2 330.7万标准箱,同比增长3.8%。其中,长江内支线481.4万标准箱,沿海内支线144.8万标准箱,内支线共计626.2万标准箱。国际中转610万标准箱,同比增长14.4%;内贸中转468.3万标准箱,同比下降2.9%。

表24 2020—2021年上海港集装箱吞吐量结构

指　标	单　位	2021年	2020年	同比增长(%)
水水中转箱量	万TEU	2 330.7	2 245.1	3.8
♯内支线	万TEU	626.2	614.8	1.9
长江	万TEU	481.4	490.6	−1.9
沿海	万TEU	144.8	124.2	16.6
国际中转	万TEU	610.0	533.3	14.4
内贸中转	万TEU	468.3	482.2	−2.9
水水中转比重	%	49.6	51.6	−3.9
外贸干线	万TEU	3 449.9	3 119.2	10.6
远洋	万TEU	2 362.3	2 133.2	10.7
近洋	万TEU	1 087.6	986.0	10.3

[资料来源:上海国际港务(集团)股份有限公司]

2021年,洋山深水港区班轮航班每月达368班,全年完成集装箱吞吐量2 281.3万标准箱,同比增长12.8%,占全港集装箱总吞吐量的48.5%。

表25 2016—2021年洋山深水港区吞吐量及水水中转情况

指　标	单　位	2021年	2020年	2019年	2018年	2017年
洋山港区集装箱吞吐量	万TEU	2 281.3	2 022.2	1 980.8	1 842.4	1 655.2
其中:水水中转量	万TEU	1 141.4	1 114.4	1 026.3	937.8	836.8
中转比例	%	50.0	55.1	51.8	50.9	50.6

[资料来源:上海国际港务(集团)股份有限公司]

B. 散杂货吞吐量

2021年,全港煤炭吞吐量共完成了4 835.78万吨,同比增长5.7%。石油制品吞吐量共完成2 680.35万吨,同比下降8.0%。液化天然气类吞吐量共完成548.97万吨,同比增长10.0%。矿建材料共完成1.15亿吨,同比增长36.0%,增幅显著大于全港其他主要货种。

表26 2020—2021年上海港货物吞吐量分货类

货　类	单　位	2021年	2020年	同比增长(%)
煤炭及制品	万吨	4 835.78	4 576.5	5.7
石油、天然气及制品	万吨	2 466.04	2 680.4	−8.0
金属矿石	万吨	2 322.86	2 387.4	−2.7
钢铁	万吨	5 126.16	5 599.1	−8.5
矿物性建筑材料	万吨	11 499.39	8 457.6	36.0
水泥	万吨	747.65	806	−7.2
木材	万吨	4.05	0	100
非金属矿石	万吨	884.35	360	145.7
化学肥料及农药	万吨	8.16	3	172.0
盐	万吨	119.82	105	14.1
粮食	万吨	636.98	524	21.6
机械、设备、电器	万吨	479.31	383.2	25.1
化工原料及制品	万吨	1 177.8	922.2	27.7
有色金属	万吨	39.54	51	−22.5
轻工、医药产品	万吨	276.21	154	79.4
农林牧和渔业产品	万吨	123.84	133	−6.9
其它	万吨	46 894.66	44 526	5.3
合计	万吨	77 635.42	71 668.4	8.3

(资料来源：上海市港航事业发展中心)

C. 汽车滚装吞吐量

2021年，全市完成滚装汽车194.58万标辆，同比增长28.7%。其中，出港完成110.03万标辆，同比增长55.3%。出港汽车中，前往海外市场的滚装汽车共完成88.31万标辆，同比增长190.2%。汽车滚装全年外贸进港35.51万辆，同比增加10.7%；外贸出港88.31，同比增加190.2%。内贸进港49.04万辆，同比增加1.6%；内贸出港21.72万辆，同比减少46.2%。

表27 2020—2021年上海港商品车和零部件运输业务吞吐量

指　标	单　位	2021年	2020年	同比增长(%)
商品车吞吐量	万辆	194.58	146.19	33.1
零部件运输业务	万TEU	22.11	19.42	13.9

(资料来源：上海市港航事业发展中心、上海海通国际汽车物流有限公司)

D. 危险货物吞吐量

2021年,上海港危险货物吞吐量4 600.41万吨(外港4 453.57万吨,内河146.84万吨),同比减少1.9%。外港同比减少1.8%,内河同比减少3.9%(2020年上海港港口危险货物吞吐量4 690.03万吨,其中,外港4 537.24万吨,内河152.79万吨)。

表28　2020—2021年上海港危险货物吞吐量

指　　标	单　位	2021年	2020年	同比增长(%)
专用码头	万吨	3 126.65	3 350.55	−6.7
公用码头	万吨	1 326.92	1 186.70	11.8
合计	万吨	4 453.57	4 537.25	−1.8

(资料来源:上海市港航事业发展中心)

③ 港口集疏运。

2021年,上海港完成集疏运货物总量10.17亿吨,同比增长6.4%。全港海港完成货物集疏运量9.48亿吨,同比增长10.2%,占全港集疏运总量的93.2%。内河港完成货物集疏运量1.61亿吨,同比增长69.5%,占全港集疏运总量的15.8%。集装箱海铁联运完成41.7万标准箱,同比增长59.8%,占上海港集装箱吞吐量的0.9%。

上海港集疏运系统运行以水路和公路运输为主要方式,集疏运网络不断完善。2021年,水路集疏运量7.76亿吨,占集疏运总量的76.3%;公路集疏运量2.4亿吨,占集疏运总量的23%;铁路及其他方式集疏运量比重不足1‰。

(2) 邮轮及水上客运

① 邮轮旅游。

2021年,吴淞口邮轮港暂未恢复运营,无经营性航次停靠。全年顺利完成了3次非经营性停靠,为邮轮提供船员换班、物资补给等工作。2021年累计完成船员换班5人次。2021年,为恢复邮轮运营,邮轮母港及邮轮综合防疫体系初步构建;制订《上海邮轮港口恢复运营工作方案》;提前做好"海上游"试点准备,编制《上海邮轮港口海上游试点方案》;加强与国际邮轮企业沟通,指导企业加强内部管理,完善应急预案,落实防控措施,做好复产前的各项准备工作;推进邮轮船票认证码、行李码、通关码多码合一,升级完善健康管理、国际旅行健康证明等新功能,行业恢复运营即可实现功能升级。

② 水上客运。

2021年,崇明、长兴、横沙三岛旅客运输量361.43万人次,同比增长0.6%;黄浦江城市轮渡旅客运输量2 268.58万人次,同比下降74.5%;浦江游览完成游客运输量170.15万人次,同比增长2.2%。受新冠病毒肺炎疫情影响,国际航线客班轮旅客运输量为0,国内水运航线旅客运输量为20.06万人次,同比基本持平。

(3) 绿色低碳港口

① 绿色港口建设成效。

截至2021年底,上海五类专业化泊位(集装箱、客货滚装、邮轮、3 000吨级以上客运、5万吨级以上干散货专业化泊位)共建成岸电设施65套、覆盖泊位68个,岸电泊位占比达到79%。上海市共有113家内河港口企业签约建设低压港口岸电,签约设备159台,完成设备安装100台,完成企业施工76家,内河码头标准化岸电覆盖率达20%以上。上港集团内场集卡共1 311辆,LNG内集卡达1 281辆,LNG应用比例达97.7%;RTG(轮胎式龙门吊)共490台,完成油改电或混合动力改造479台,改造比例达97.8%;全年能源消耗48万吨标准煤,同比增加6%,每万吨吞吐量能耗5.13吨标准煤,同比下降1.9%。

② 船舶污染物预警平台建设。

为落实交通运输部《防治船舶污染内河水域环境管理规定》以及市交通委发布的《上海市交通行业数字化转型实施意见(2021—2023年)》工作要求,上海市港航事业发展中心委托上海城市地理信息系统发展有限公司开发了"内河船舶污染物排放智能监管平台"。该平台主要实现了内河水域船舶污染物排放的数字化智能监管,对污染物排放异常的船舶进行智能辅助分析,为水上污染物防治案件提供线索。在优化政府管理模式、促进跨部门协同、提升海事监管能力等方面发挥了巨大的作用。该平台在2021年"智慧港航"数据创新应用大赛晋级赛中荣获"逐浪万里"奖。

③ 内河港口标准建设。

上海市港航事业发展中心积极研究推进内河港口标准化建设工作,组织编制的《上海市内河港口标准化技术规范》于2021年9月7日发布团体标准(T/SHJX026－2021),并于2021年11月1日正式实施。该规范从内河港口总平面布置、设施结构外观、港口涂装、码头附属设施、节能环保及光伏、岸电等新能源新技术应用等方面做了全面具体的要求,对于本市内河港口全面开展环保提升和标准化建设有着重要指导意义。

(4) 科技创新与智慧港口

① 洋山四期自动化集装箱码头荣膺上海市科技进步奖特等奖。

2021年5月25日,2020年度上海市科学技术奖重磅揭晓,"洋山四期超大型自动化集装箱码头关键技术研究与应用"荣获科技进步特等奖。"洋山四期超大型自动化集装箱码头关键技术研究与应用"通过在生产管控系统、工程设计、智能装备等方面的创新研究,建成了全球单体规模最大、智能化程度最高、拥有完全自主知识产权的洋山四期自动化集装箱码头。自主研发的自动化码头作业管控系统,在全球港口行业首次实现全业务自动化和核心业务智能化,打破国外技术垄断并实现反超。项目社会和经济效益显著,码头生产效率屡创世界纪录,生产作业实现本质安全,劳动环境极大改善,劳动生产率是传统码头的213%,码头作业实现零排放。项目成果已在14个国内外码头中应用,彰显了"中国智造、中国服务、中国品牌"的实力。

② 远程智慧指挥控制中心项目正式落地。

2021年6月25日,上港集团尚东分公司两位岸桥司机,分别在距离洋山四期超大型自动化集装箱码头30千米和100千米外的上海自贸区临港新片区和上海市区,精准地控制岸桥(岸边集装箱起重机)操纵杆,稳稳地完成一个又一个集装箱装卸,实现"隔空取物"。当日,由上港集团主办、上港集团尚东集装箱码头分公司、哪吒港航智慧科技(上海)有限科技公司、华为协办的"上港集团超远程智慧指挥控制中心项目发布会"成功举办,标志着上港集团超远程智慧指挥控制中心项目正式落地上海临港新片区同盛物流园区,这是上港集团联合华为在全球港口首次将F5G技术应用在港口超远程控制作业场景,是新一代智慧港口运营模式的重大突破。这一作业场景从根本上避免了往返洋山甚至外地码头现场的长时间通勤,大大提升了远程操作员的操作效率和"所见即所得"的舒适度,也提高了员工工作安全性和生活幸福感。超远程智慧指挥控制中心项目在洋山四期的实施,将成为洋山四期产能释放、产量增加、提升洋山深水港区协同联动规模效应的重要抓手,也将上海港昼夜不停、连续作业、全速运转的服务,延伸得更远、更稳定。

③ 高等级航道外场感知系统建设。

在"高等级航道外场感知系统"项目建设中,通过优化和调整外场港航智能感知设备的布局与选点,利用多种感知手段获取船舶数据信息,实现对出入上海港船舶的智能识别,同时结合航道扫测资料、疏浚资料、航道通航影响条件评价信息以及航道基础信息和空间地理信息来打造上海港电子航道图,完整展示上海港航道动态、静态情况。2021年试点完成了约15万艘船舶的船名图片知识库训练。

④ 码头智能技术创新不断。

上港集团振东分公司代表集团公司参与的"智能集装箱全球应用关键技术及标准化"项目获得2021年度中国航海学会科技进步奖一等奖,公司"集装箱码头堆场智能选位系统的开发及应用"项目获得集团科学技术进步奖,"自重式防脱落快速安全插销"项目获得集团"五小"创新一等奖,公司还荣获上海港口行业协会颁发的"2020—2021年度企业优秀管理奖"等奖项。全年完成集装箱吞吐量640.12万标准箱,与去年同比增长4.56%;完成营业收入22.67亿元,与去年同比增加5.81%;实现利润11.74亿元;能源单耗为25.88吨标煤/万标准箱,碳排放为68.36 tCO_2/万标准箱。

(5) 平安与效率港口

① 平安港口。

2021年,上海市区两级交通执法机构开展港口企业执法检查9 555户次,开展港口安全生产风险辨识评估,建立港口安全风险分级管控和隐患排查治理双重防控机制。

全年,上海港装卸各类危险货物集装箱合计89.5万标准箱,占总集装箱吞吐量的1.9%,同比增加13.6%。上海市交通委印发《上海港口危险货物安全生产重点难点问题整治工作方案》,重点加强对动火、受限空间等特殊作业监管;开展港口危险货物作业四项备案,共完成港口危险货物安全评价报告备案18份,危险货物事故应急预案19份,港口重大危险源备案4份,无港口重大事故隐患;会同上海海关和上港集团落实"外五期"烟花爆竹通关查验场地设置,严格执行出口烟花爆竹落地查验的边界条件。《上海市水上搜寻救助条例》正式出台,并于2021年10月1日起实施。《条例》共六章四十条,为进一步推进水上搜救体系和能力现代化建设,建成国际一流水上搜救体系,全面提升上海国际航运中心能级和上海城市软实力,筑牢守好城市安全底线,提供了坚实的法治保障。

② 效率港口。

2021年6月,由上海市港航事业发展中心承办的"船舶开航一件事",被列为2021年12个市级"高效办成一件事"重点事项之一,并于8月在市"一网通办"正式上线。"船舶开航一件事"将10个事项整合为"一件事一次办",按照"分步推进、综合平衡"原则,最终实现"减环节、减时间、减材料、减跑动"的成效,申请人一次申请,多证联办,大幅减少办事环节;申请材料由最多54份精简至最少5份,最大减幅91%,大幅提高申请人办事便利度;跑动次数从最多需14次缩至0次,大幅降低申请人的跑动成本;办理期限由原来最多35个工作日缩减至15个工作日,最大减幅57%,大幅节省申请人的时间成本,使船舶能够尽早投入运营,实现申请人经济效益的最大化。

(6) 主要港口企业

① 上港集团。

A. 全力打造全球卓越码头运营商

2021年,上港集团设立东北亚空箱调运中心,加力调运空箱、灵活配置资源,进一步解决"季节性缺箱"问题,提高洋山港区码头资源配套能级;积极响应国家"一带一路"倡议,推动以色列海法新港正式建成开港,成为我国首个向发达国家输出"智慧港口"先进技术和管理经验的企业;积极开拓武汉、连云港等沿江、沿海码头投资,全面参与湖北、江西等省港集团的整合,大力推进淮安、蚌埠等淮河流域港口合作,外埠累计投资码头达18个;全年共完成科技创新项目23项,获得省部级一等奖以上奖项2个,申请国家专利28项。

B. "以评促建"机制助力港口高质量发展

2021年,上港集团振东分公司积极响应中国港口协会组织开展绿色港口等级评价工作要求,认真对照《绿色港口等级评价指南》等细则,申报并递交了绿色港口四星级评审申请表和相关报告。为创建"绿色港口",公司完成了能源、环境管理体系认证,开展内审员培训,制定并落实可操作、可执行的考核指标。在绿色港口建设管理方面,实现码头岸基供电泊位全覆盖,通过生活污水纳管、轮胎吊主柴油机国产化改造、高杆灯改造、光伏发电等项目促进节能低碳、绿色环保。为提升全公司的绿色环保意识,每年专款做好古树保护,同时积极做好节能减排、绿色环保宣传活动。在港口智能和智慧建设方面,公司还完成智能选位系统开发、无纸化电子单证、海关互认等工作,有力推动公司朝向更高质量的智慧绿色码头发展。

C. 多措并举应对"一箱难求"

2020年在疫情影响下,我国上半年外贸产业相对低迷,下半年迅速回暖,但国际物流和海外港口效率受制于疫情影响,大量空箱在美国、欧洲和澳大利亚等地积压,市场上大量缺箱导致航运运价上涨,热门航线的价格甚至成倍增长。2021年8月10日,上海港东北亚空箱调运中心在上海自贸区临港新片区签约并揭牌。上港集团在洋山港区建一个45万平方米的空箱堆场,吸引空箱集聚。堆场还能提供修箱、洗箱、验箱、发箱等配套服务。空箱调运中心将加快港内空箱周转效率,根据各航运物流公司的需求和特点分块运营空箱中心,解决因进出口箱量不平衡所导致的季节性缺箱。此外,上海港还推出了"异地还箱""异地提箱"等一系列创新举措,加速全国和世界各地集装箱流转。当空箱变得越来越紧缺后,上海港主动与国内外各大船公司沟通,出台费率优惠等措施,请他们从海外尽量多调运空箱回港。2021年下半年,上海港助推回流的空箱达到22万标准箱,既缓解了海外港口的周转困难,又促使海运价格加快回归正常,为更多从事国际贸易的企业降低成本负担。

D. 铁路箱下水"首箱"发运

2021年11月23日,由安徽省滁州站发出的铁路集装箱搭乘着"海丰江苏号"轮集装箱船,从外高桥四期港区发运至泰国林查班港,标志着"滁州—上海港—东南亚"铁路箱下水第一箱成功运行。这是上港海铁、中铁集装箱上海局、山东海丰以及中集凯通联手合作,积极响应国家"公转铁"号召的重要行动,也是打造上海港领先的港口供应链综合服务平台的又一创新举措。该模式减少了客户从上海港调运空箱装货的物流环节,使客户能在发运场站使用铁路箱装货运至上海港后直接装船出海,大大提升海铁联运的物流时效及服务品质。

表29 2021年上海港口主业部分单位经营概况

序号	单 位 名 称	2021年经营概况
1	上海冠东国际集装箱码头有限公司	完成集装箱吞吐量820.36万TEU,增长10.32%。营业收入25.25亿元,增长15.19%。利润6.08亿元
2	上港集团振东集装箱码头分公司	完成集装箱吞吐量642.12万TEU,增长4.5%。营业收入22.67亿元,增长5.81%。利润11.74亿元,减少1.69%
3	上海海通国际汽车码头有限公司	完成汽车装卸量192.66万辆,增长31.79%。营业收入11.24亿元,增长51%

续 表

序号	单 位 名 称	2021年经营概况
4	中化中石化上海东方石油储运有限公司	完成作业量210万吨,增长27.29.1%。营业收入11 000万元,增长24.3%。利润3 000万元,增长17.6%
5	上海港城危险品物流有限公司	完成作业量24.17万标准箱,增加3%。营业收入4.87亿元,增长15.6%。利润9 930万元,增长22.8%
6	上港集团尚东集装箱码头分公司	吞吐量570.56万标准箱,增长35.71%;营业收入21.69亿元,增长40.39%。净利润15.7亿元,同比增长42.49%

② 港口辅助业。

A. 船舶引航

2021年,上海港共安全引领中外船舶63 871艘次,同比下降4.8%。引领集装箱船28 952艘次,同比下降0.9%;引领吃水10米及以上的深吃水船舶19 075艘次。

引航站洋山分站全年实现安全引领8 665艘次,同比增加2.1%。其中,首创的三套泊作业开展78艘次;双套泊作业1 820艘次,增长216.7%;超大型船舶顺流离泊作业407艘次,增长4.6%;"重载船舶初涨水靠泊"拓展性作业实验取得成功,首次将吃水限制从13.8米提升到14.5米;引领吃水大于14.5米的深吃水船舶373艘次,同比增加3%。

B. 船舶拖带

2021年,全年拖带作业量完成103 053艘次,同比上升4.3%。其中,上海港复兴船务有限公司拖带作业量完成68 980艘次,同比上升3.9%。上海深水港船务有限公司拖带作业量完成34 073艘次,同比上升5.1%。

C. 外轮理货

2021年,全港共完成外轮船舶理货90 885艘次,同比下降9.2%;完成理货重量42 208.6万吨,同比下降0.2%;集装箱理箱量4 483.56万标准箱,同比上升9.4%。

表30 2021年上海港外轮理货业绩

指 标	单 位	上海外轮理货有限公司	中联理货有限公司上海分公司	合 计
船舶理货	艘次	89 892	993	90 885
理货重量吨	万吨	41 967.6	241	42 208.6
理货件数	万件	5 228.4	—	5 228.4
集装箱理箱数	万TEU	4 437.9	45.66	4 483.56
进口箱量	万TEU	2 188.5	22.65	2 211.15
出口箱量	万TEU	2 249.4	23.01	2 272.41

(资料来源:上海外轮理货有限公司、中联理货有限公司上海分公司)

表31　2021年上海港口辅助业部分单位经营概况

序号	单位名称	2021年经营概况
1	润通航运服务有限公司	完成供应船舶46 543艘次,增长20.1%。营业收入6.5亿元,增长6.9%。利润4 045万元,增长5%
2	上海蔓意船舶技术服务有限公司	完成供应船舶787艘次。营业收入1.55亿元,减少11.4%。利润156万元,减少21%
3	上海外轮理货有限公司	理货吨44 470万吨,件杂货1 705.3万吨,集装箱4 437.9万TEU,营业收入8.23亿元,净利润2.01亿元
4	上海中联理货有限公司	完成件杂货理货241万吨,同比增长35.4%,营业收入2 359万元,同比增长26%,利润290万元、同比增长3%
5	上海良友新港仓储有限公司	吞吐量618.12万吨,集装箱作业量37.74万吨,增加64.66%,营业收入1.65亿元,利润总额4 209.15万元
6	上海港复兴船务有限公司	拖带艘次68 980艘次,同比上升3.9%。营业收入82 879万元,净利润7 861.8万元
7	中交上海航道局有限公司	合同额360亿元,增长15.84%;营业收入1 725 342.1万元增长9.33%;净利润89 582.2万元减少13.4%
8	上海港引航站	引航63 871艘次,减少4.81%。营业收入8.53亿元,减少7.2%

3. 基础设施建设

(1) 码头

截至2021年底,上海港共有海港码头泊位1 075个,海港码头长度109.15千米,货物年通过能力5.87亿吨,其中,集装箱年通过能力2 627万标准箱。

按生产类型分类,上海港(海港)共有生产性码头泊位567个,码头长度76.48千米;非生产性码头泊位508个,码头长度32.67千米。按使用类型分类,公用码头泊位224个,同比增加6个,码头长度共31.1千米;专用码头泊位851个,同比增加7个,码头长度共78.05千米。全港万吨级码头泊位共238个,其中,103个公用码头泊位均为生产性码头泊位,专用生产性码头泊位82个,专用非生产性码头泊位53个。

海港码头单位共有202家,同比新增1家。公用码头企业拥有仓库面积22.82万平方米,堆场面积939.79万平方米,其中,集装箱堆场面积756.65万平方米,堆存能力可达110.21万标准箱。

表32　2020—2021年上海港海港码头泊位基本情况

指标名称	单位	2021年			2020年		
		公用码头	专用码头	合计	公用码头	专用码头	合计
码头单位数	个	22	180	202	22	179	201
码头长度	米	31 098	78 053	109 151	30 520	75 294	105 814
泊位数	个	224	851	1 075	218	844	1 062

续 表

指 标 名 称	单 位	2021年			2020年		
		公用码头	专用码头	合 计	公用码头	专用码头	合 计
内：万吨级	个	103	135	238	103	132	235
码头货物年通过能力	亿吨	3.01	2.86	5.87	2.99	2.86	5.85
内：集装箱年通过能力	万TEU	2 587	40	2 627	2 587	40	2 627
1. 生产用泊位							
码头单位数	个	17	134	151	17	134	151
码头泊位长度	米	29 492	46 988	76 480	28 933	46 884	75 817
泊位数	个	151	416	567	145	415	560
内：万吨级	个	103	82	185	103	82	185
2. 非生产用泊位							
码头单位数	个	5	46	51	5	45	50
码头泊位长度	米	1 606	31 065	32 671	1 587	28 410	29 997
泊位数	个	73	435	508	73	429	502
内：万吨级	个	0	53	53	0	50	50
内：浮筒	个	公用	专用	合计	公用	专用	合计
		38	0	38	38	0	38

（资料来源：上海市交通委员会）

截至2021年底，上海港共有内河码头泊位853个，码头长度39.3千米，年综合货物通过能力1.16亿吨。

表33　2020—2021年上海港内河码头泊位基本情况

指　标	单　位	2021年	2020年	同比增长(%)
内河码头泊位	个	853	759	12.4
内河码头长度	千米	39.3	38.75	1.4
设计年通过能力	亿吨	1.16	1.08	7.4

（资料来源：上海市港航事业发展中心）

（2）航道

① 沿海航道。

截至2021年底，上海市共有9条沿海航道，沿海航道里程为311.77千米，其中，洋山深水港区航道 81.68 千米,长江口支航道 19.72 千米,黄浦江航道 77.49 千米,杭州湾区域航道 132.88 千米。

② 内河航道。

截至 2021 年底,上海市共有 154 条内河航道(段),内河航道通航里程为 1 589.49 千米,同比持平。其中,三级(及以上)航道 200.81 千米,四级航道 23.08 千米,五级航道 92.76 千米,六级航道 431.51 千米,七级航道 110.85 千米,等外航道 730.48 千米。

表 34　2021 年内河航道里程

指　　标	内河航道通航里程(千米)
内河航道里程总计	1 589.49
1. 等级航道合计	859.01
一级	—
二级	—
三级	200.81
四级	23.08
五级	92.76
六级	431.51
七级	110.85
2. 等外航道合计	730.48

(资料来源:上海市交通委员会)

(3) 行业重大建设项目

① 海通汽车码头立体整车库建成。

2021 年,海通码头在疫情的肆虐下勇做逆行者,海通汽车码头立体整车库建成投用,宝马品牌已正式入驻。该车库建筑面积 167 900 平方米,拥有 7 193 个的大型整车车位。作为海通码头第四座整车立体库,该车库是迄今为止最大的立体库,立体整车库的建成投用,标志着海通的口岸汽车物流供应链的综合能力再上新台阶。

② 吴淞口国际邮轮港客运大楼改造项目。

A. "东方之睛"大修改造

受疫情影响,2021 年"东方之睛"大修改造基本处于完善收尾阶段,室内装修、安装、弱电、设备设施等取得较大进展,室外膜结构、幕墙、海关监管区等均完成建设。

B. 贵宾休息室建设

随着港区新旅客动线模式基本确定,结合功能配备,计划将 T1 和 T2 航站楼一层约 370 平方米区域改造为贵宾休息区,提供简餐、沙发、办票等服务。

③ 大芦线航道整治二期工程。

A. 闵行浦江段

航道里程 5.69 千米,按照Ⅲ级航道标准建设,初步设计批复总投资 306 128.39 万元。工程于

2013年12月开工,累计完成投资28.70亿元,完成率94%,航道部分工程建成,跨航道桥梁中的里秦桥(湖北码头桥)、恒南路桥、新汇路桥、浦星公路桥建成。在建的三鲁公路桥,主桥完成0#块施工,引桥上部结构完成50%。

B. 航头新场段

航道里程8.97千米,按照Ⅲ级航道标准建设,初步设计批复总投资211 837.35万元。工程于2013年12月开工,累计完成投资19.47亿元,完成率92%,航道部分工程建成,跨航道航南路桥、航都路桥、杨辉路桥和航塘公路桥建成。在建的新奉公路桥全桥结构贯通。

C. 大团惠南段

航道里程9.21千米,按照Ⅲ级航道标准建设,初步设计批复投资204 029.03万元。工程于2014年12月开工,累计完成投资20.04亿元,完成率98%。航道部分工程建成,跨航道西乐路桥、二团桥、兴隆桥和川南奉公路桥建成,整体工程于2021年完工。

D. 老港书院段

航道里程6.55千米,按照Ⅲ级航道标准建设,初步设计批复总投资148 287.59万元。工程于2015年6月开工,累计完成投资13.46亿元,完成率91%。全线航道工程建成,跨航道南滨公路桥、老泥公路桥、沈港桥建成;在建的老芦公路桥完成引桥架梁和主桥钢管拱架设。

④ 平申线航道(上海段)整治工程。

A. 亭枫公路桥工程

按照Ⅳ级航道通航标准,拆除、新建跨平申线亭枫公路桥,概算总投资59 717万元。工程于2016年12月底开工,累计完成投资5.47亿元,完成率93%。第一幅新桥建成,完成老桥拆除,第二幅新桥主线结构贯通。

B. 叶新公路泖港大桥

按照Ⅳ级航道通航标准,拆除并新建叶新公路泖港大桥,概算总投资98 906.5万元。工程于2017年12月开工,累计完成投资9.52亿元,完成率96%。整体工程于2021年建成。

⑤ 苏申内港线西段航道整治工程。

A. 老白石路—油墩港段

按照Ⅲ航道通航标准,整治航道4.975千米,初步设计批复总投资177 190万元。2020年开工,累计完成投资8.71亿元,完成率49%。在建的跨航道G1503桥完成老桥顶升,东幅新桥主桥钢箱梁架设,并完成D匝道现浇箱梁3联、C匝道现浇箱梁1联、Z匝道北幅翻交;累计新建护岸结构7 299米(占总长8 441米的86%),8座支流河桥同步建设。

B. 省界—老白石路

按照Ⅲ航道通航标准,整治航道5.44千米,初步设计批复总投资154 357.57万元。2021年开工,当年完成投资1.1亿元,完成率7%。

4. 服务国家战略

(1) 上海国际航运中心建设

① 上海国际航运中心建设年度进展。

A. 海空枢纽结构持续优化

上海国际集装箱第一大港地位进一步巩固,2021年海港集装箱吞吐量达到4 703.3万标准箱,连续12年位居全球首位,港口连通度位列全球首位;海铁联运共完成41.7万标准箱,同比增长55.7%,海港集疏运结构持续优化。亚太国际航空枢纽能级进一步提升,2021年,上海机场实现飞机起降58.08万架次、旅客吞吐量6 541.41万人次、货邮吞吐量436.6万吨,货邮吞吐量占全国运输量的 59.6%,创历史新高。

B. 航运要素服务质量显著增强

2021年上海船舶险和货运险业务总量全国占比近 1/4,国际市场份额仅次于伦敦和新加坡。航运融资规模不断扩展,上海的商业银行和政策性银行对航运相关企业提供的授信总额从 2009 年的 2 072 亿元扩大至 2021 年的 9 700.47 亿元。航运信息资源持续在沪集聚,港口码头、航运服务、航运市场等信息数据得到快速积累。海事仲裁服务争议类型更加多样,首次受理双方当事人均为外国公司、适用外国法、选定外籍仲裁员、仲裁语言为英文的仲裁案件。

C. 港航绿色智能发展转型加速

港口主要生产装备使用清洁能源的比例保持行业领先水平,油改电、混合动力等节能改造的轮胎吊比例达 98%,港区污水纳管工程持续推进,船舶废弃物排放管理水平提升显著。上港集团超远程智慧指挥控制中心正式成立,集装箱码头智能化作业管控技术取得新进展。绿色智慧航运发展取得新进展,形成了《内河绿色智能船舶技术标准体系框架》《内河船舶智能能效技术标准》等标准体系。

D. 航运市场营商环境持续优化

临港新片区获批"外贸集装箱沿海捎带业务"试点,将带动洋山港的中转集拼业务发展,吸引国外船公司在洋山港进行货物中转。上海港全面落实国家减税降费部署,降低港口使用成本。上海口岸持续深化"单一窗口"特色功能建设,优化"通关物流"作业流程,推出预约申报、"单一窗口"收费公示及服务信息发布、出口退税在线申报办理等特色功能,提升服务能级。发布实施《上海口岸 2021 年跨境贸易营商环境专项行动方案》和《上海口岸 2021 年深化跨境贸易营商环境改革若干措施》,进一步优流程、减单证、提效率、降费用、可预期。

② 上海港服务国际航运中心建设举措。

2021 年,上海港集装箱吞吐量突破 4 700 万标准箱,同比增长 8%,连续 12 年位居全球第一。

表 35　2021 年全球前十大港口集装箱吞吐量排名　　　　　　　　　　（单位：万 TEU）

港　　口	2021 年	2020 年	同比增长(%)
上海	4 703	4 350	8.1
新加坡	3 747	3 687	1.6
宁波舟山	3 108	2 872	8.2
深圳	2 877	2 655	8.4
广州	2 418	2 317	4.4
青岛	2 371	2 201	7.7
釜山	2 269	2 181	4.0
天津	2 027	1 835	10.5
香港	1 777	1 796	−1.0
鹿特丹	1 530	1 435	6.6

[数据来源:《全球港口发展报告(2021)》]

2021年,上海港班轮运输连通度指数得分为145.79(该得分为4个季度得分的平均值),同比增加8.05分,港口连通度指数排名连续11年位列全球第一。

表36　2021年上海港港口连通度指数得分及排名

时间	2021年				2020年			
	第一季度	第二季度	第三季度	第四季度	第一季度	第二季度	第三季度	第四季度
得分	142.95	145.85	146.85	147.51	136.85	134.51	138.91	140.70
排名	1	1	1	1	1	1	1	1
平均得分	145.79				137.74			

[数据来源:联合国贸易和发展会议(UNCTAD)]

首票国际中转集拼实货试点完成。2021年12月22日,一票来自马来西亚的集装箱在上海海关隶属外高桥港区海关关员监管下,在上海外高桥四期码头国际中转拼集仓库内完成拆箱作业。随后,集装箱内的电解电容等国际转运货物与其他出口货物重新拼箱后装船出境。这是外港海关开展的首票国际中转集拼实货测试,标志着上海外高桥港在海关支持下,实现了国际海运中转集拼业务的全流程畅通,为全面推广此项业务打下坚实基础。国际中转集拼业务是衡量一个国际枢纽港口发展程度的重要指标。相较原先绕道釜山、香港等中转港相比,如果依托上海港进行国际中转集拼,上海乃至长三角区域的物流、进出口企业可以大幅节省转运时间和成本。拓展上海港国际中转集拼业务,有利于发展上海生产性服务业、吸引国际采购、分拨配送等高附加值物流增值服务向上海港集聚,推进上海港向港口综合物流服务提供商转变。

(2)"一带一路"建设

① "一带一路"建设年度进展。

2021年,新增7个国家同中国签署共建"一带一路"合作文件,共建"一带一路"大家庭成员增至145个国家和32个国际组织。中国与沿线国家货物贸易额为11.6万亿元,创8年来新高,同比增长23.6%,占中国外贸总额的29.7%。跨境电商等外贸新业态快速发展,一批海外仓建成并投入运营。首个海外仓供需对接的海外智慧物流平台"海外仓服务在线"正式上线。中欧班列全年开行1.5万列,运送146万标箱,同比分别增长22%和29%。陆海新通道建设加快,中国与新加坡签署了合作规划,共同举办了2021陆海新通道国际合作论坛。

中国对沿线国家的直接投资达1384.5亿元,同比增长7.9%,占对外投资总额的14.8%。沿线国家企业对中国直接投资首次超百亿美元,达112.5亿美元,折合人民币742.8亿元。22家境内外金融机构参与中国人民银行发起的数字货币桥项目测试,交易总额超过20亿元人民币,大幅提升国际贸易跨境支付效率。中国进出口银行"进博融2020"专项金融服务,支持40余个国家和地区近2000笔业务,带动进出口额5700余亿元。

"一带一路"项目建设稳步推进,中国企业在沿线国家承包工程完成营业额5785.7亿元,占对外承包工程总额的57.9%。据商务部统计,我国企业建设的境外经贸合作区,累计向东道国上交税费66亿美元,为当地创造39.2万个就业岗位。中国与沿线国家之间贸易和投资的提升推动了产业的集聚发展,创造了就业,带来了税收,有效拉动了各国的经济增长。

② 上海港服务"一带一路"倡议举措。

上港集团以色列海法新港正式开港。2021年9月1日，由上港集团在海外投资建设并拥有运营权的自动化集装箱港口——以色列海法新港正式开港。这是以色列60年来的首个新码头，也是我国企业首次向发达国家输出"智慧港口"先进科技和管理经验。上港集团响应国家"一带一路"倡议，经过激烈的竞标，从多家国际竞争者中脱颖而出，获得了海法新港码头运营权，2018年正式启动港口建设工程，项目计划分两期建设，一期已建成。一期码头岸线长度805.5米，年设计吞吐量为106万标准箱；二期码头岸线长度715.7米，年设计吞吐量为80万标准箱。以色列国家港口公司负责该项目码头水工和码头前沿部分的建设，上港集团以色列公司负责项目码头后方陆域的地基处理、上层建筑施工、设备配置等投资建设，开港后全面负责运营管理。海法港位于以色列北部城市海法市，是以色列最大最繁忙的航运枢纽，也是地中海东部最大的港口之一。海法新港将加强上海港与"海上丝绸之路"各港口之间的业务联系，成为进出欧洲市场的重要贸易通道。

（3）长三角一体化建设

① 长三角一体化建设年度进展。

经过3年来的发展，长三角地区生产总值占全国比重从2018年的24.1%提高至2021年三季度的24.5%，呈现出明显的强劲活跃增长特征，长三角地区对全国经济影响力带动力不断增强，对全国经济贡献率持续提高。

区域一体化发展示范区建设已推出两批八大类73项一体化制度创新成果。虹桥国际开放枢纽、G60科创走廊、皖北承接产业转移集聚区、宁马宁滁等一批跨界区域率先突破。科创产业融合发展、基础设施互联互通、生态环境共保联治、公共服务便利共享等重点领域建成一批高显示度标志性工程。浙江被赋予高质量发展建设共同富裕示范区新使命，在全国发展版图上带动其他地区不断增添高质量发展板块。系统集成16个大领域120项政务服务事项实现"一网通办"，人民群众高品质生活正在变为现实。上海浦东新区被赋予高水平改革开放打造社会主义现代化建设引领区的重大任务，长三角正大步走在全国现代化建设前列。

② 上海港服务长三角一体化战略举措。

A. 湖州上港码头开港，优化长三角地区集疏运体系

2021年10月28日，湖州铁公水内河枢纽港（湖州上港码头）正式开港，湖州上港码头位于浙江省太湖南岸，与湖州铁路西站同处于湖州铁公水综合物流园区内，东邻杭宁高铁，南侧为长湖申航道，西侧为商合杭高铁，北侧为临港路东延，距离长兴港20千米、德清港56千米、安吉港43千米，陆路交通与G50沪渝高速、G25长深高速、S12申嘉湖高速、杭宁高铁、沪苏湖高铁等路网链接，地理位置优越。该港口以湖州地区为核心，辐射范围广至浙西北及安徽皖南等地区。湖州上港将利用上港集团的整体优势，与马士基、达飞、地中海、海洋网联等国内外知名船公司展开深度业务合作，力争打造成内陆地区集装箱集散中心、长三角一体化的铁公水多式联运平台及内河水运转型升级示范区。

B. 集装箱"联动接卸"模式落地，助力长三角港口监管一体化

2021年，上海海关与南京海关、合肥海关、杭州海关携手拓展"联动接卸"海关监管模式，共完成进出口近30万标箱。这一监管模式将长三角地区相关港口作为上海洋山港接卸地，实施"联动接卸、视同一港"整体监管，实现进出口货物"一次申报、一次查验、一次放行"。在"联动接卸"模式之下，洋山港—芜湖港之间货物全程运输时间平均约48小时，相较于其他模式节省近一半时间。相较于传统的"水水中转"模式，"联动接卸"模式出口每标箱可节约物流成本400元人民币，进口每标箱可节约200元。上海洋山港已与江苏太仓港、安徽芜湖港、浙江独山港和安吉港等形成常态化

"联动接卸"工作模式,未来还将推广到江苏大丰、苏州高新、张家港、扬州等沿江沿海港口。

C. 长三角船舶检验通检互认机制落地

交通运输部海事局印发《长三角部分区域实施船舶检验通检互认机制试点工作的通知》,进一步明确通检互认机制。2021年9月27日,被列入首批试点单位的上海海事局、上海市港航事业发展中心、浙江省船舶检验中心(舟山)、江苏省南京市交通运输综合行政执法监督局、江苏省泰州市交通运输综合行政执法支队、安徽省皖江船舶检验局6家单位签订合作协议。根据协议,各试点单位对登记在上海、舟山、南京、泰州、皖江地方船检机构的船舶,优先考虑对两个换证检验周期内、回船籍港不便船舶的定期检验(不包括换证检验)和临时检验实施"通检互认"。不到半年,试点单位成功互检20余艘。

(4) 长江经济带建设

① 长江经济带建设进展。

长江经济带覆盖上海、江苏、浙江、安徽、江西、湖北、湖南、重庆、四川、云南、贵州等11个省市,面积约205.23万平方千米,占全国的21.4%,人口和生产总值均超过全国的40%。推动长江经济带发展,是以习近平同志为核心的党中央作出的重大决策,是关系国家发展全局的重大战略,对实现"两个一百年"奋斗目标、实现中华民族伟大复兴的中国梦具有重要意义。

A. 经济保持持续健康发展

长江经济带经济总量占全国的比重从2015年的42.3%提高至2019年的46.5%,2021年长江经济带11省市地区生产总值53.02万亿元,同比上升12.4%,经济总量占全国的46.4%。新兴产业集群带动作用明显,电子信息、装备制造等产业规模占全国比重均超过50%。

B. 综合运输大通道加速形成

长江干支线高等级航道里程达上万千米,14个港口铁水联运项目全部开工建设,沿江高铁规划建设有序推进,一批枢纽机场项目加快实施。截至2020年11月,长江经济带铁路、高铁通车里程分别达到4.37万千米、1.54万千米,比2015年分别新增9120千米、7824千米;高速公路里程达到6.37万千米,比2015年新增1.55万千米。长江经济带黄金水道功能也持续提升。交通运输部综合规划司副司长苏杰表示,5年来,20余项航道建设工程先后实施,2020年长江干线船舶平均吨位达到1960吨,比2015年增长42%;长江干线货物通过量突破了30亿吨,再创历史新高。

C. 对外开放水平大幅提高

长江经济带与"一带一路"建设融合程度更高。西部陆海新通道加快形成。2016年以来,长江经济带新增8个自贸试验区、24个综合保税区,2019年货物贸易进出口总额突破2万亿美元。

② 上海服务长江经济带战略举措。

"税港通"提升出口企业贸易便利性。2021年11月,由上港集团港航数科开发的"税港通"出口退(免)税系统迎来了首票出口退税业务。首批参与"税港通"系统使用的客户企业共12家,申报出口退(免)税金额62万元,其中,5.2万元税额在当天通过税务局审核,港航数科平台融合、技术创新的效果初步显现。在集团统一部署下,港航数科打通平台间数据通路,将受理业务平台、长江区块链平台、港航纵横平台相互融会贯通,联合重庆市税务局为出口企业搭建具备税务与港航数据相融合的"税港通"出口退(免)税系统。据重庆市税务局测算,出口企业通过该系统操作,可减少1/3的纸质单证备案程序。"税港通"出口退(免)税系统利用集团在港口和物流运输领域的数据优势,助力税务局出口退税单证备案的数字化和退税管理的电子化。同时,单证备案数字化为企业简化了收集、整理、存储和上报相关纸质资料的数量和流程,有效解决单证备案收集难、整理繁、往返跑等问题,切实减轻企业出口退税申报负担,为优化长江沿线口岸营商环境作出了贡献。

5. 年度行业大事记

1月20日，洋山特殊综合保税区（二期）顺利完成验收。

2月9日，上港集团与江苏省港口集团举行太仓港集装箱四期沪太合作签约仪式。

2月26日，上海市商务委联合上海市交通委、上海海关等9个单位共同发布《上海口岸2021年深化跨境贸易营商环境改革若干措施》。

3月1日，上港集团与中远海运集团在上海举行双方全面推进战略合作伙伴关系协议签约仪式。

3月1日，《上海海事局船舶交通管理系统安全监督管理办法》正式实施，长三角海事VTS（船舶交通服务）覆盖范围实现无缝衔接。

3月8日，上海市交通委与中国（浙江）自由贸易试验区舟山管委会签订《保税船用燃料油一体化供应协议》，标志着长三角港口海事服务一体化迈出坚实步伐。

3月10日，上海、安徽合肥两地"联动接卸"业务正式启动，标志着关港合作携手推动的"联动接卸"新监管模式向长三角地区拓展迈出了坚实一步。

3月15日，中远海运集团携手安徽芜湖港航实现区块链无纸化进口放货，芜湖港成为我国第一个实现区块链无纸化进口放货的内河港口。

4月6日，洋山口岸进境肉类指定监管场地二期项目投入运营。

4月15日，上海外高桥港综合保税区揭牌。

4月23日，上海市首个行业数字化转型"白皮书"——《上海市交通行业数字化转型实施意见（2021—2023年）》发布。

4月26日，浦东新区借助于自贸试验区航运制度创新优势，实现国际船舶管理跨境收支便利化试点首创突破。

5月7日，《长三角生态绿色一体化发展示范区航道图》发布。

5月10日，长三角自由贸易试验区联盟成立。

5月22日，2021上海邮轮港国际帆船赛在上海吴淞口国际邮轮港拉开帷幕。

5月25日，"洋山四期超大型自动化集装箱码头关键技术研究与应用"荣获2020年度上海市科技进步特等奖。

6月17日，平申线（上海段）航道整治工程（叶新公路泖港大桥）建成。

6月24日，临港新片区管委会与上海海关、上港集团启动"洋山国际中转集拼服务中心"。

6月25日，上港集团超远程智慧指挥控制中心项目落地临港新片区同盛物流园区，F5G技术首次应用于港口超远程控制作业场景。

6月25日，大芦线航道整治二期工程航头新场段航塘公路桥、大团惠南段川南奉公路桥建成通车。

6月28日，太仓港集装箱四期码头启用，上海港太仓服务中心揭牌投运。

7月8日，上海市政府正式印发《上海国际航运中心建设"十四五"规划》。

7月10日，由"AI+海洋科创中心"打造的上海首个人工智能水域应用场景试验区落地张江人工智能岛。

7月11日，新华·波罗的海国际航运中心发展指数报告发布，"2021年全球航运中心城市综合实力"排名上海位居第三。

7月15日，《中共中央 国务院关于支持浦东新区高水平改革开放打造社会主义现代化建设引领区的意见》发布。

7月21日，由中远海运集团、上港集团等发起的GSBN宣布，该联盟成立以来的首个应用产品"无纸化放货"在中国正式上线。

7月29日，中远海运科技与上海市气象局航运气象联合创新实验室成立。

8月10日，上海港东北亚空箱调运中心成立，该中心由上港集团与马士基、达飞、地中海和长荣等全球知名航运物流公司签约共建。

8月20日，平中线（上海段）亭枫公路桥南幅主桥钢结构桥面系钢梁合龙。

8月27日，洋山港海事局为上海碧洁船舶管理有限公司颁发《临时符合证明证书》，标志着临港新片区首家LNG运输/加注船舶管理公司取得国内沿海航线气体运输船（含LNG加注）船舶管理业务的资质。

8月31日，市级重点"一件事"之一"船舶开航一件事"在上海市"一网通办"平台的"高效办成一件事"专栏中正式上线。

9月1日，上港集团投资运营的以色列海法新港开港。

9月22日，上海港芜湖集装箱联合服务中心揭牌运营。

9月27日，长三角区域船舶检验"通检互认"合作协议签署仪式在上海海事局举行，长三角部分区域实施船舶检验通检互认机制试点。

10月28日，川南奉公路桥通过交工验收，大芦线航道整治二期工程（大团惠南段）建成。

10月28日，湖州铁公水内河枢纽港（湖州上港码头）正式开港。

10月31日，国务院正式印发《关于开展营商环境创新试点工作的意见》（国发〔2021〕24号），赋予上海国际航行船舶保税加油许可权。

11月3日—5日，北外滩国际航运论坛首次举办，上港集团与中远海运集团联合承办2021北外滩国际航运论坛国际海运平行论坛举行。

11月30日，"上海—重庆·税港通"全面启动发布会以视频会议形式在上海召开，在全国率先推出"税港通"出口退（免）税业务产品，为企业出口退税提速。

12月14日，临港新片区获批"外贸集装箱沿海捎带业务"试点。

12月17日，中国首艘大型邮轮在中国船舶集团旗下上海外高桥造船有限公司顺利实现坞内起浮的里程碑节点。

12月23日，"洋山港智能重卡2021年度4万标箱运输任务达成仪式"在上港集团洋山四期自动化集装箱码头举行。

12月24日，中国船舶集团总部迁驻上海，进一步提升上海国际航运中心的全球资源配置能力。

12月29日，中国首制全球最大型2.4万标准箱集装箱船在中国船舶集团有限公司旗下沪东中华造船（集团）有限公司长兴造船基地一号船坞顺利出坞。

12月30日，长江口南槽航道治理一期工程通过竣工验收。

（上海港口行业协会供稿）

（四）上海仓储与配送行业2021年发展报告

2021年是中国共产党建党百年伟大纪念年，是我国攻坚克难，全面脱贫实现年，是"十四五"规划开局年。这一年，上海仓储业在建党百年伟大精神鼓舞下，在市商务委支持下，谋定思动，守正创新，一手抓防疫安全；一手抓经营发展，行业经济发展得到恢复提升，质量取得全面提高，新举措、新亮点、新事物不断出现，取得了新成就，作出了新贡献。

1. 上海仓储物流业发展基本情况和特点

(1) 行业营收,稳中有升

经对典型企业抽象调查,2021年实现业务收入约14.7亿元,环比上升5%,利润1.17亿元,环比增加5%。反映企业经营稳定,规模和利润同步有所增长,但增长幅度不大。

(2) 仓储租金小幅增涨,仓库出租率略有下降

经调查摸底,上海地区2021年仓库平均月租金为49元/平方米,同比上年上涨约0.02%。仓库平均出租率约为93%,同比上年下降约0.9%。反映仓储市场整体处于平衡状况,两项指标均处于良好区段。

(3) 物流地产投资持续上升,高标立体仓库不断投入市场,有力助推仓储业高质量发展

国内物流地产行业龙头企业普洛斯2021年度共投资近200亿,计划在全国新建40个园区,年内运营面积增量达480万平方米。无论是投资金额还是仓储库规模,均保持行业领先地位。

宝湾物流2021年在上海地区投资3.3亿,将新建一个物流园区;在长三角地区投资5.5亿,将新建二个物流项目;国内其他地区投资27.3亿,将新建8个物流园区,去年已建成物流基地(园区);长三角4个,共计近50万平方米高标库;国内其他地区5个,共计近45万平方米高标库,合计约95万平方米高标库。宁波镇海园区建设为3栋双层坡道立体库;奉化园区为3层坡道立体库;余姚园区为10栋单层立体库,得到宁波地区业内人士高度关注。

(4) 上海市电商物流不断扩展

2021年上海电子商务保持平稳增长,实现电子商务交易额32 403.6亿元,较2020年增加了2 986.20亿元,同比增长10.15%。其中,2021年上海市B2B交易额达19 240.6亿元,较2020年增加1 543.30亿元,同比增长了8.72%;网络购物交易额13 163亿元,较2020年增加了1 442.90亿元,同比增长了12.31%。(其中,商品类网络购物交易额7 829.70亿元,占上海市网络购物交易总额59.48%;服务类网络购物交易额5 333.30亿元,占上海市网络购物交易总额40.52%)。

(5) 快递服务企业业务量上升

2021年上海市快递服务企业业务量累计完成37.40亿件,同比增长了11.20%。其中,同城业务量完成8.3亿件,同比下降4.8%;异地业务量完成27.6亿件,同比增长17.2%;国际及港澳台业务完成1.5亿件,同比增长9.9%。业务收入累计完成1 715.80亿元,同比增长了20.10%。其中,同城业务收入累计完成55.4亿元,同比下降0.8%;异地业务收入累计完成212.9亿元,同比增长6.7%;国际及港澳台业务收入累计完成143.8亿元,同比增长16.0%。

(6) 加强行业监管,助推科技发展

浦东新区高东镇辖区现有仓储物流企业80余家,近几年来为浦东外高桥经济建设以及就业等做出了一定的贡献。但因多数企业长期游离于会员单位之外,行业间无序竞争、各类安全问题时有发生,既限制自身发展,也给当地政府的管理和发展带来了一定的难度和影响。为此,在镇政府以及上海市仓储与配送行业协会的指导和关心下,成立了上海市仓储与配送行业协会仓储货场分会(现有会员40余家)。分会成立后,一方面带领高东镇仓储企业,逐步规范生产经营业务,做好安全管理工作,避免同业间的恶性竞争而引发的各类问题,整体提升了高东镇地区的仓储企业的品质;另一方面起到镇政府与会员企业之间沟通和桥梁作用,将会员企业的合理合法的期望以及需求,及时向镇政府反映,对政府对仓储企业的要求,做好宣传贯彻工作,并落实到位。

与此同时,协会始终把发展会员作为一项重要的基础工作来抓。一年来,在会长、副会长的关心下,通过各种方式先后发展了25家企业入会,壮大了队伍。特别是协会秉着"跨界融合发展"理念,发展了铽罗(上海)机器人科技有限公司、上海三思电子工程有限公司、上海讯轻信息科技有限

公司、上海驭源信息科技有限公司和江苏东大集成电路系统工程技术有限公司5家高科技公司,进一步扩大了协会在仓配行业内的影响力和知名度。

2. 行业发展新举措、新亮点、新事物

(1) 全国性可流转仓单体系进入实质运营阶段

2021年4月29日,上海期货交易所经过多年探索,在充分调研并征求行业意见的基础上,结合监管经验,开始对交割仓库实施分类评估考核工作。

2021年7月15日,《中共中央国务院关于支持浦东新区高水平改革开放打造社会主义现代化建设引领区的意见》发布,该意见明确支持上期所探索建立场内全国性大宗商品仓单注册登记中心,开展期货保税仓单业务,并给予配套的跨境金融和税收政策。

(2) 仓储金融发展有新模式

作为中国首批基础设施公募REITs之一,也是上交所首支"仓储物流"基础设施REIT,普洛斯REIT于2021年6月21日在上交所上市交易,成为高标准现代化园区的行业标杆。基础设施公募REITs的成功推出,是我国基础设施领域重大的投融资机制创新,也是国家深化金融供给侧结构性改革的一大举措。

(3) 地产物流发展有新举措

普洛斯发布《2021智慧物流园区白皮书》,阐述了智慧物流园区主要内容,分享了物流园区"智慧升级指南";智能机器人在仓储场景中更广泛应用,智慧仓储取得了显著成果,成为动产物流发展的新高地。

(4) 旧库换新颜,文化艺术冷库闪亮登场

上海陆储仓储有限公司是一家传统第三方物流企业,2021年该公司为提升企业形象,改变仓库面貌,转变传统经营模式,发展现代冷链,毅然斥巨资将旗下经营的嘉定马陆李家村仓库进行创意开发,实施整体改造。

该仓库建筑系20世纪80年代建成的农村工业仓储通用类普通仓库,占地面积1万平方米左右,共计8幢,每幢约1 200平方米,仓库陈旧,库区乱差。经过改造开发,仓库外墙呈现青砖黛瓦,仓库内为层高8米,具有冷藏冷冻恒温等功能的冷库。库区周边建有亭子、花台、水池、雕塑,办公室配置了健身房、茶室,成了一处具有文化艺术休闲的创意冷库,得到了行业内外高度赞扬。该库建成不久,即找到合作伙伴,从而实现了企业转型升级的目标。

(5) 坚持"客户至上,服务第一"方针,努力提升仓储企业软实力

久江控股集团是一家以开发工业地产物流仓储、现代农业为主的民营企业集团,2021年旗下奉贤物流园区2万平方米高标立体库客户合同到期,因"偶遇疫情影响"和"自身业务衔接不畅"的主客观原因,先后两次提出推迟退仓,造成招商工作难以顺利开展的情况。面对客户的要求和招商工作困难矛盾,公司认为,满足客户需求,提高服务质量,是仓储企业的生命线,是打造企业品牌重要信誉,也是现代物流高质量发展的基础要求,提出了把方便留给客户,把困难留给自己的决定:一是想客户所想,急客户所急,积极配合,满足客户二次延期要求;二是公司上下齐动员,千方百计,努力开拓市场,拓展新客户,争取做到老客户一退,新客户能及时进仓。最终,久江公司不仅满足了老客户的要求,得到了老客户好评、尊重,更可喜的是及时招到新客户,实现无缝衔接,保证了企业效益,从而成为业内一段佳话。

(6) 举办2021中国仓储物流创新与发展高峰论坛

2021年4月27日—29日,上海市仓储与配送行业协会参与主办的"2021上海国际快递物流博览会"在上海世博展览馆隆重举行,由上海市仓储与配送行业协会负责主办的"2021中国仓储物流

创新与发展高峰论坛暨智慧仓配医药冷链物流高质量发展论坛"隆重召开,中国仓储与配送协会会长沈绍基、商务部特聘物流专家、中国物流技术协会副会长王继祥、上海市商务委市场建设体系处处长肖刚,以及本次论坛主承办单位的领导和来自全国各地的仓配、医药、冷链物流行业的负责人共250余位代表参加了会议。会上,国内著名专家学者纵论行业重点发展方向,先进标杆企业负责人介绍典型案例,开拓了行业同仁的思路,对促进行业企业实现高质量发展起到了一定作用。

(7) 加强标准建设,"星级仓库""服务金牌企业"队伍明显增加

2021年行业协会积极宣传和推广《通用仓库等级》(简称"星级仓库")《仓储服务质量要求》(简称"金牌企业")国家标准,同时加强贯标工作,坚持开展国家标准评定工作,加强与有关部门和企业联系,认真做好贯标工作。一年内新评定"五星级仓库"3家,新鉴定"金牌企业"2家,复审评定"星级仓库"8家,复审鉴定"金牌企业"7家。这些仓配物流企业通过初审、复审,巩固与提升了企业的管理水平和服务能力以及在行业内的知名度和影响力,在行业内起到了标杆和引领作用。截至2021年,上海地区被中国仓储与配送协会评定的共计星级仓库43家。其中,五星级35家,四星级3家(其中一家为四星级绿色仓库),三星级5家。金牌企业共计23家。

表37 上海市"星级仓库"企业名单

序　号	仓库库区名称	星　级
1	上海北芳储运实业有限公司武威基地	五星
2	上海医药物流中心有限公司绥德路库	五星
3	国药集团医药物流有限公司上海物流中心	五星
4	上海宝湾国际物流有限公司上海宝湾国际物流中心库区	五星
5	上海华联配送实业有限公司(百联配送)丰茂路库区	五星
6	上海晶通化轻发展有限公司南大路综合库区	五星
7	上海闵行普洛斯置业有限公司普洛斯闵行物流园	五星
8	上海普洛斯槎浦置业有限公司西北物流园	五星
9	上海临港普洛斯国际物流发展有限公司临港普洛斯国际物流园	五星
10	上海松江普洛斯置业有限公司松江物流园	五星
11	上海普冈仓储有限公司虹桥北物流园	五星
12	上海上房现代物流有限公司松江库区	五星
13	安博(中国)房地产咨询有限公司安博上海奉贤物流中心	五星
14	盈置(上海)房产项目开发有限公司安博上海九亭物流中心	五星
15	上海青浦安同仓储有限公司安博上海青浦配送中心	五星
16	上海宇航安亭物流有限公司宇培安亭物流园	五星
17	上海宇培实业有限公司宇培西北(嘉定)物流园	五星
18	上海宇培实业有限公司宇培西北物流园	五星

续 表

序　号	仓库库区名称	星　级
19	上海全方物流有限公司东兴路库区	五星
20	上海北芳储运集团有限公司西北保税物流库区	五星
21	上海北芳储运集团有限公司金山浦卫公路库区	五星
22	上海国储物流股份有限公司临港仓储中心	五星
23	上海国储物流股份有限公司黄渡仓储中心	五星
24	明江(上海)国际物流有限公司明江库区	五星
25	上海普闵仓储有限公司普洛斯虹桥西物流园	五星
26	维龙仓储(上海)有限公司普洛斯嘉定维龙物流园	五星
27	上海闵行普洛斯仓储有限公司普洛斯浦东机场物流园	五星
28	上海芦潮港星月投资管理有限公司久江(临港)国际物流园	五星
29	国本(上海)国际物流有限公司国本物流浦东库区	五星
30	上海苏宁物流有限公司苏宁奉贤物流中心	五星
31	上海瑞地物流有限公司龙地松江瑞地物流园	五星
32	维玉(上海)工程技术有限公司新宜嘉定维玉物流中心	五星
33	嘉里上海物流中心	五星
34	五矿物流(上海)有限公司五矿上海物流园库区	五星
35	上海鸣延实业有限公司龙地松江天马物流园	五星
36	上海伊能国际物流有限公司久江(奉贤)现代物流园	四星
37	上海久江国际物流有限公司久江(绿色)现代物流园	四星
38	上海唯新企业投资有限公司上海嘉定区科茂路库区	四星
39	上海腾宏物流有限公司景联路仓库	三星
40	上海友谊集团物流有限公司复兴岛仓库	三星
41	上海久江国际物流有限公司绿色生态久江现代物流基地	三星
42	上海新英源物流有限公司新英源上海青浦库区	三星
43	上海旭隆贸易有限公司上海松江库区	三星

表38　上海市"服务金牌企业"名单

序　号	企　业　名　称
1	上海北芳储运实业有限公司
2	上海医药物流中心有限公司

续 表

序　号	企　业　名　称
3	国药集团医药物流有限公司
4	上海商业储运有限公司
5	上海全方物流有限公司
6	上海外运张华浜公司
7	上海华联配送实业有限公司
8	上海晶通化轻发展有限公司
9	上海腾宏物流有限公司
10	上海新天天低温物流有限公司
11	上海吴泾冷藏有限公司
12	上海吴泾罗吉冷藏有限公司
13	上海友谊集团物流有限公司
14	上海山汉国际物流有限公司
15	中外运化工国际物流有限公司
16	上海国储物流股份有限公司
17	上海新英源物流有限公司
18	中国兵工物资华东有限公司
19	上海新贸海国际集装箱储运有限公司
20	上海外贸仓储解放岛储运公司
21	上海苏宁物流有限公司
22	上海星力仓储服务有限公司
23	五矿物流(上海)有限公司

3. 上海仓储物流业存在的问题

2021年,在广大物流企业的共同努力下,整体发展水平稳中有升,亮点多多,成绩不小,实现了"十四五"开门红。但由于我国经济发展面临需求收缩,供给冲击,预期转弱,疫情冲击以及企业自身等诸多因素,行业发展中还有不少问题,有的问题长期得不到改善解决,以致成为老生常谈的难题。主要体现在以下几个方面。

(1) 经研究发现,行业企业经营状况、发展水平、发展速度极不平衡,很不理想,因而行业总体发展水平与现阶段经济发展水平和规模要求相比,仍存在一定的差距和问题。

(2) 仓储企业降本增效目标越来越难实现,形同虚设。由于原材料成本、常态化疫情防控成本、劳动力成本等持续上涨,加剧了企业经营难度,造成企业经营效益长期处于微利运营状况,严重影响了企业发展能力和创新能力,其中尚未考虑企业的前期投资(土地成本、建造成本、设施设备购置成本)。据调查,以仓储为主企业一般利润率为3%～10%,配送为主企业一般利润率为1%～7%。业内人士讨论,冷链物流热为何至今还没大爆?主要原因在于冷库建设技术要求高,投资成本大,企业经营难。

(3) 劳动力存在结构性缺口。根据行业调研显示,将近半数仓储企业表示基层操作员工方面存在用工紧张,仓配员、熟练司机(含铲车工)等领域工种存在普遍短缺。特别是复合型仓配人才成为紧缺人才,尽管上述领域用工工资不断上涨,但仍然面临供应不足,不时影响企业的正常运营。

(4) 目前我国自动分拣技术在快递邮政行业发展较快,但由于我国商品包装标准化程度不高,面对商品包装规格中的异型件、超大件、超重件不能使用普通的自动分拣系统进行分拣,若对包装特性定制特定的分拣机,必将使硬件成本上升。所以自动分拣技术快速复制困难,难以在仓配企业普遍推广,一定程度制约了智能仓储的发展。

(5) 城市仓储用地价格越来越高,城市仓储企业仓库面积越来越少,城市仓配企业经营越来越难。随着上海城市功能转型升级步伐越来越快,而鉴于仓储物流企业普遍处于微利运行状况,属于上缴税收较低的行业企业,被列为上海城市发展的外迁对象。这不仅严重影响了仓储企业经营,更严重打击了广大仓储人的信念和信心。

(6) 仓储物流企业数据收集工作越来越困难,由于市场经济的发展,一方面对统计数据要求发生了较大变化;另一方面物流市场竞争越来越激烈,仓储企业性质变化越来越多,情况越来越复杂,企业经营保密条例要求越来越高,业务数据都列进保密条款,都不方便透露,故行业调研数据收集困难重重,造成行业统计材料数据很不完整、很不准确。行业统计工作还要不要?怎么做好行业统计工作?已成为行业发展中的最大问题。

4. 上海仓储物流业发展趋势

2021年是"十四五"规划开局之年,也是中国进入高质量发展的重要一年,国家陆续颁布了"十四五"冷链物流发展专项规划、商贸物流高质量发展专项行动计划、"十四五"现代流通体系建设规划等一系列"十四五"专项规划,国家支持物流业发展相关政策措施密集出台,上海仓储物流业将面临新的发展机遇,将迎来更大发展空间。为此,我们必须把握好新时代新物流发展趋势。

主要有以下几大发展趋势:

(1) 仓储智能化发展将进入高速增长期

近几年,随着互联网+物联网、大数据智能计算、人工智能、5G通信、工业机器人等先进技术的不断创新、不断突破,并在物流技术装备集成应用;智慧物流如今已经成为与智慧供应链相融合的新基础设施,成为自动化技术与各类智能软件技术集成应用的创新领域。预计随着技术的不断成熟和迭代发展,随着各级政府的政策支持,仓储业智能化发展将迎来较长历史机遇期。这给目前多数还是传统仓储企业的仓储物流业将带来一场革命,它将使劳动力得到更大解放,仓储物流效益得到更大的提升。

(2) 仓储绿色化发展作为高质量发展重要内容、重要抓手,将得到进一步加强和深化

绿色化发展是经济社会高质量发展的题中之义,是实现经济可持续发展的必要条件。在中国政府宣布双炭目标这一大背景下,商务部流通司和中国仓储与配送协会共同提出了仓储与配送绿色行动计划,提出了仓储设施绿色化解决方案,物流作业绿色化解决方案,物流管理模式绿色化解决方案,以及商品包装绿色化解决方案,目前正大力推进"绿色仓库"国际标准的认证工作;推动电商物流包装绿色化,发布绿色物流技术装备产品目录及产品推荐;推动绿色物流仓储与配送创新模

式。毫无疑问,这些工作将极大推助仓储绿色发展步伐。

(3) 仓储物流企业面对竞争整合压力,纷纷开始向"做强""做专""做精"方向发展

2020年,中国物流集团的成立,标志着行业重组加速,市场竞争加剧,预示着培育壮大具有国际竞争力物流企业的趋势。中国物流集团作为国内物流大企业,着眼国有经济布局优化和资本结构管理,对中央企业物流业务实施专业化整合,经营实施综合化、网络化、信息化管理。做大做强现代物流事业,实现物流强国梦,是推动我国物流高质量发展的一项重要举措和重大行动。市场竞争规律"优胜劣汰",无数物流实践经验告诉我们,面对当前物流市场竞争不断加剧的趋势,大企业发展必须"大而强",中企业则"中要专",小企业则是走"小而精"道路。唯有这样才能成为现代物流产业的骨干力量,方能立于不败之地。目前行业众多仓储企业处于大而不强,中小企业散乱粗放,不专不精,转型升级任务严峻,提升发展空间巨大。

(4) 仓储行业出现新亮点模式,将不断满足物流高质量发展需求

① 随着物流机器人进入仓储配送分拣作业场景越来越多,技术越来越成熟,运作效率高优势明显,受到业内好评;而随着劳动力成本的增加,机器人智能仓库经济性越来越好,回报快,将受到广泛欢迎和使用。

② 近几年出现的共同配送是物流企业多品牌或多客户共享配送资源的共享模式。这是通过共享物流资源实现现代化配置,从而提高物流资源的使用效率,降低物流成本,推动物流系统变革的物流模式。随着信息化发展,共同配送将爆发巨大的创新活力,促进仓储配送行业实现新的突破,做出新的贡献。

③ "多层坡道库"近几年来明显增多,成为高标立体库发展的新亮点。"多层坡道库"是2层及2层以上,具有多层室外装卸作业区,各层室外装卸作业区通过坡道联通仓库,要求单独每层都达到立体库要求。"多层坡库"的大量涌现,是为了应对土地资源稀缺,提升土地容积率运营,受到大中城市相关部门和企业的青睐,发展前景看好。

5. 仓储物流业发展建议

(1) 积极推进物流标准化建设

2021年10月,中共中央、国务院发布《国家标准化发展纲要》,明确了标准化工作的新定位,提出了标准化改革的新路径,确定了标准化开放的新格局。为此,一是建议市商务和技改局组织物流联盟相关协会、有关高校和龙头企业,成立标准化建设合作工作机制,开展调研,落实项目,扎实推进;二是建议政府部门、行业协会、有关媒体加强对已有行业有效标准的"贯标"宣传力度,改变"贯标"落后"制标"的状况;三是建议政府和有关部门设立标准化推进专项资金,对"制标"和"贯标"工作给予必要的鼓励,行业协会也应对要求实施标准的中小企业的评审评鉴费给予必要的优惠,调动广大物流企业实施贯标的积极性。三管齐下推动标准化建设有序开展。

(2) 加强物流人才培训

随着智能化以及互联网的发展,仓储物流业急需一批高质量、懂技术、能跨界复合型人才,尤其是信息人才、管理人才、供应链贯通人才以及精通国际贸易业务的人才。建议政府出面出资设立人才培训基金,组织相关高校、行业协会、部分大型物流企业成立人才培训平台,共同出力合作,落实培训任务,开展人才培训工作,满足行业企业人才需求。

(3) 加快仓储企业转型升级

未来一个时期,将继续围绕"三新一高"推动仓配行业升级,即准确把握新发展阶段,深入贯彻新发展理念,加快构建新发展格局,推进行业高质量发展。建议服务功能单一、专业水平低、企业盈利状况差的中小仓储企业,认清形势,找到差距,转变经营方式,向仓配一体化、供应链物流方向发

展,从原来"得过且过"的粗放式方式向"优质高效"的精益化方式转变。

(4) 重视完善仓储统计工作

仓储物流企业基础数据统计工作是行业发展的一项重要的基础性工作。行业企业数据统计全面规范,正确精细为经济发展作出了有力支持,发挥了积极作用。建议政府通过行政立法(或管理规范)的方法,建立经济统计工作体系;增设统计员序列岗位,大企业应设专职统计员,中小企业可设兼职统计员。制定行业统计规则,规范统计范围、方法,制定行业统计制度,严格纪律,确保统计资料安全,确保统计工作顺利进行,确保行业统计更全面、更规范、更科学,促进行业发展,指导企业的经营。

这项建议若能实施,将有"一举三得"的效果:一是可解决长期以来"统计数据收集难,既是花钱也难买到"的现象;二是可促进行业企业精细化管理;三是可为国家、社会增加一条新途径。

(5) 加强应急物流建设

鉴于本次疫情时间长、变化快、病毒传播广等特点,现已进入后疫情时代,必须进一步加强应急物流体系建设,完善健全应急物流方案。业内人士认为,应急物流最关键要做到"三落实":组织落实、设备落实、人员落实。建议在国家布局规划建设城郊应急仓储基地的同时,应积极发挥各相关物流行业的主动性、积极性,组织确定一批仓储企业,落实一定数量面积的仓库,作为后备应急仓库,并配备建立相应的应急车队,组成突击队伍,从而做到组织落实、设施落实、人员落实,应对实发疫情(或突发事情)做到拉得出队伍,打得响战役。

各个行业协会手中有了这样的组织基础,不仅能更好地确保城市生活物资的供应,还能支持重点特殊企业物流供应链的应急需求。

(上海市仓储与配送行业协会供稿)

三、商 务 服 务 业

(一) 上海律师行业 2021 年发展报告

1. 行业发展综述

一年来,上海律师行业延续了稳中有进、稳中向好的发展态势。截至 2021 年底,上海共有律所 1 776 家,同比增长 3.92%;共有律师 35 060 人,其中,执业律师 31 633 人,同比增长 9.4%,公职律师 2 100 人,公司律师 1 327 人。

普通合伙制律所仍占绝对主流。普通合伙所共 1 317 家,同比增加 72 家,占比 74.16%;特殊普通合伙所共 83 家,同比增加 16 家,占比 4.67%;个人所共 376 家,同比减少 21 家,占比 21.17%。

中小律所仍为本市律师行业构成主体。100(含)人及以上律所 51 家,同比增加 4 家,占比 2.87%;50(含)—100 人律所 45 家,占比 2.53%;30(含)—50 人律所 68 家,占比 3.83%;10(含)—30 人律所 518 家,占比 29.17%;10 人以下的律所 1 094 家,占比 61.6%。

上海律所的全国布局趋势明显呈现。外省市律所上海分所 162 家,同比增长 2.53%。上海律所在外省市设有分所 456 家,同比增长 42.06%,其中,以江苏省、浙江省、北京市、广东省最多,律师人数达到 100 人以上分所达到 19 家,占比 4.17%。上海律所在境外设有分支机构 27 家,同比增长 3.85%。

头部律所创收不断提高。创收 10 亿元以上律所 6 家,同比增加 2 家;创收 1 亿元以上律所 73 家,同比增加 22 家;创收 1 000 万元以上律所 357 家,同比增加 53 家。

规模化律所的集聚效应进一步增强。创收排行前20名的律所创收,占上海律师行业总创收的47.5%。创收排行前10%的律所创收,占上海律师行业总创收的82.8%。51家100人律所的创收,占上海律师行业总创收的60%,人均创收是人均总创收的1.57倍。

诉讼案件数量连续2年保持10%以上增长。据不完全统计,办理各类诉讼案件39.06万件,同比增长12.56%。其中,刑事诉讼案件4.7万件,同比增长6.82%;民事诉讼案件33.76万件,同比增长13.29%;行政诉讼案件0.6万件,同比增长20%。办理各类非诉讼业务16.1万件,同比下降8%。

2. 上海律师业年度发展特点

(1) 坚定不移强化党建引领

《法治日报》头版头条刊发《"海派律师"全面进入高质量发展"赛道"》,报道上海律师行业党建工作成果与经验。全国政法队伍教育整顿中央第六督导组下沉督导本市律师行业党建、专项治理工作,给予充分肯定。着力增强组织力,不断提高行业党建工作质量。织密建强党的组织体系。截至2021年底,上海律师行业共有律所党组织650个。其中,党委16个;专兼职党员律师12215名,占比39%;成立市律协党建工作委员会,充实行业党建工作力量。把习近平新时代中国特色社会主义思想、习近平法治思想作为主课主业,对新任党组织书记、党务工作者开展分层分类培训,累计培训10236人次。着力增强引领力。各级党组织书记讲授专题党课658次,主题党日活动2079次、"我为群众办实事"活动5000余次,为特殊群体和困难群众提供公益法律服务41800件次。举办律师行业党外人士党史学习教育座谈会,听取建议、凝聚共识。着力增强创新力。举办"百年同心史 奋斗中国梦"上海律师行业庆祝中国共产党成立100周年活动。发布《日出东方亮 奋进正当时——上海市律师行业党建工作巡礼》,系统总结上海律师行业党建工作经验。发起成立长三角律师行业党建联盟,建立跨区域党建合作交流机制。

(2) 坚持不懈推进职业化建设

深入开展律师行业突出问题专项治理。广泛深入开展政治教育、警示教育和先进典型教育。引导规范执业,强化纪律惩戒质效。向全行业发放《上海律师执业规范手册》,编写《上海律师行业违规违纪案例汇编》,持续升级"警示台"制度,多措并举引导律师学习掌握执业规范,提升执业风险防范意识和能力。通过组建宣讲团、加强纪律与惩戒培训、拍摄纪律警示教育课件、举办纪律警示教育专项培训与考试等措施,将预防与惩戒结合,降低律师违规行为的发生率。优化投诉办案机制,提高工作质效。制订市律协《优化纪律委员会议事、表决流程的方案》,改革纪律投诉立案流程,提高办案效率、透明度及公信力。全年共对217件违纪案件予以立案调查,作出处分决定77件。持续做优申请律师执业人员实习管理考核制度,建设专业化考官队伍。平稳有序落实"先上岗后考证"制度。持续完善远程视频考核方式,把关考核尺度,实现面试考核"零接触"、高质量。全年共受理实习人员申请3990人,较去年增长17%。组织实习人员网络远程、线下面试考核102期。

(3) 持之以恒升级专业化建设

依托53个业务研究委员会,举办各类活动578次。首创"律师实务线上精品课程评选展示活动",128节课程被列入精品课程。新推出品牌培训项目"上海律协青年律师参与仲裁业务培养计划"。推出律师参与多元纠纷化解特色培训项目,为着力构建以大调解工作机制为牵引的多元矛盾纠纷化解格局贡献力量。持续输出研究成果,打造专业理论素养和法律实践能力特色品牌。发布活动简讯、纪要、论文等研究成果1831篇。出版2021年《第二届上海律师学术大赛获奖实务作品选集》,收录24篇获奖作品。出版《文化传媒领域实务》《公司诉讼律师实务(修订版)》等专著。

（4）扎实有力拓展市场化建设

承办以"新发展格局下的长三角律师行业一体化发展"为主题的第五届长三角律师行业合作发展论坛。与苏浙皖律协共同签署《长江三角洲区域律师业一体化发展工作会议纪要（2021版）》。《法治日报》头版刊登《长三角律师行业走向更高质量合作发展——汇聚行业资源护航"平安长三角""法治长三角"建设》。搭建多领域业务市场交流平台。自与本市证券、基金、期货等3家同业公会签订战略合作协议以来，7名律师获评上海市证券、基金、期货业纠纷联合人民调解委员会2021年度优秀调解员。

（5）守正出新打造国际化建设

举办第四期"领航计划"涉外律师培训营，首次开设对日业务课程。与上海仲裁委签署合作协议，共同推进建设亚太仲裁中心。与新加坡律政部商谈开展长期培训互访项目。增设国际法业务研究委员会。上海东方域外法律查明服务中心有序运转，全年完成委托案件9件。参与主要国际律师组织，切实加强境内外律师交流与合作。成功协办环太平洋律师协会第30届年会。作为LAWASIA的团体会员，继续加大向国际律师组织输送人才的力度。主办"后疫情时代跨境投资与国际争端——新加坡篇"论坛，推动本市7家律所、66名律师加入"一带一路"律师联盟。成功支持举办第十二届Moot Shanghai国际商事模拟仲裁邀请赛，共同助力优秀涉外法律人的培养事业。积极吸纳上海涉外人才，目前共有团体会员38家，个人会员166位。开展学术、文化交流研讨活动，对外扩大影响力，对内增强凝聚力。

（6）全面系统促进信息化建设

正式上线新版"上海律师"App，实现电子执业证、法规查询、律师云学院、律师黄页、证明申请等常用功能。新增北大法宝法规查询移动端，与企查查、扫描全能王等开展合作，打造上海律师旗舰级工作平台。加快行业数字化转型升级。与本市检察系统共同推动律师在线阅卷"一次也不用跑"，范围从上海本市扩大至苏浙等地。开发电子公章盖印生成系统，可提供线上开具律所、律师相关证明以及二维码防伪查询功能。启动律师会员系统密码更新工作，完成上海市律师行业综合管理信息系统三级等保项目，确保行业数据安全稳定。免费为会员提供企业邮箱，行业覆盖率持续提升。紧跟当下行业热点，召开以"拥抱数据合规元年"为主题的第三期"法律与科技"论坛，邀请资深律师、专家、学者以主旨演讲和圆桌座谈的形式共同探讨数据合规实务过程中的法律问题。

（7）统筹兼顾探究律所发展战略

完成《上海规模化和精品化律师事务所发展现状调研》《上海小微型律师事务所发展调研报告》，分层分类展现律所历史发展、现状及存在的问题，从行业整体角度思考、探索上海律所长远健康的发展路径。成功举办首期律所行政运营主管训练营。修订更新《上海市律师事务所行政主管工作手册》，组建首批行政运营主管讲师团，提升律所行政运营团队能力及管理水平。

（8）持续推进改善律师执业环境

针对疫情反复、律师正常会见受阻的情况，与市司法局、市公安局监管总队多次召开三方工作会议进行协商，研究制订适应律师办案和疫情防控需要的会见方案并达成一致意见，及时发布相关通知公告5次，尽最大努力保障律师依法执业权利。积极构建法律职业共同体，与本市各级法院、检察院、公安局建立沟通联络机制，通过定期工作例会、调研座谈等形式开展交流合作。与市高院开展全流程网上办案应用实践和执行领域突出问题研讨。与市检察院持续深化律师互联网阅卷试点工作。与上海金融法院签订《关于推动职业共同体建设合作备忘录》。与法律职业共同体单位对部分律师维权典型案件进行有效交流,构建了较为高效的反映渠道,共同保障律师合法执业权利。

(9) 凝心聚力服务国家重大战略

组建"城市更新和城市治理法律服务与研究中心",参与《上海市城市更新条例(草案)》的立法研究工作。开展《上海市优化营商环境条例》修订的平行研究工作,首次完成从提出立法建议到起草法规草案建议稿的功能拓展。助推加强浦东新区创新立法,提交9篇系统专业建议。《长三角地区仲裁一体化发展研究》《职场性骚扰防治体系建设探索》等研究课题得到交办部门的充分认可。制定《上海市律师参政议政工作表彰办法》并在2022年首次开展参政议政工作表扬活动。赴全市16个区调研律师参政议政成果和先进经验,开展编写《上海律师参政议政报告(2019—2021)》。市律协在市委推进基层立法联系点工作座谈会上作专题发言,交流工作成效。优化营商环境,为重大涉外经贸活动保驾护航。升级完善中英双语版《律师解读上海优化营商环境政策法规读本4.0版》和《知识产权政策法规知识问答2.0版》,首次编撰《国际贸易百问百答》。12家上海涉外律所受邀参加2021中国国际服务贸易交易会,占全国参展律所总数过三成,居全国首位。

(10) 尽心竭力参与公共法律服务

全市律师参与各类公益法律服务4.48万件,其中,办理法律援助案件2.18万件,参与信访工作1.67万件,参与律师调解3 851件,参与城管执法2 419件。1 765名律师担任村居法律顾问,服务对象4 422次,为弱势群体提供免费法律服务61 237件。市律协荣获中华全国总工会、司法部和中华全国律师协会"尊法守法、携手筑梦"服务农民工公益法律服务行动成绩突出集体。推深做实援藏援疆律师的服务保障工作。深入开展"法治体检"促进民营经济发展。全市共165家律所与工商联及所属251家商会建立联系合作机制。充分发挥行业先进典型的引领示范作用。编写《上海律师社会责任报告——抗击新冠疫情特别报告》,全面呈现上海律师在2020年参与抗击新冠疫情的风采。区律工委组织开展社会公益服务活动。

(11) 提质增效完善行业治理体系

结合行业发展现状、趋势、特点和内在规律,持续加强顶层设计和制度供给。完成《新时代律师协会组织框架与运行机制的比较研究调研报告》。推动加强律所财务管理。制定《律所财务管理培训手册》《关于加强律所财务管理的意见》等文件,发放至全市律所,规范律所财务制度。紧跟行业发展步伐,创新提升秘书处工作质效。首次面向社会招聘副秘书长,进一步加强秘书处领导力量。增设信息中心,适应行业信息化发展需求。建立新入职工作人员培训机制,用心培育新生力量。疫情防控期间,在为行业提供好服务的同时,积极响应组织号召投身基层疫情防控第一线,为上海抗击疫情贡献一份力量。

(12) 关爱会员做好文体福利保障

持续构建完善律师保障体系。调整市律协2022年律师执业责任险的承保人为太平洋财险上海分公司。稳步开拓文体工作新局面,不断提升律师文化建设影响力。制定《上海市律师协会体育比赛举办规则》,规范文体活动承办、招投标、冠名等工作流程。

(13) 用心用情做好青、老、女律师工作

加大青年律师培养力度,储备行业发展动力。紧密对接长三角、各区律工委、高校法学院,为本市青年律师搭建更广阔的学习、交流、成长平台。开展《青年律师入行指南》编撰工作和青年律师生存发展调研。与长三角各高校联合主办第二届"近在职尺"长三角法律职业能力线上面试大赛。秉承协会传统,情暖老年律师。组织开展重阳节、中秋节等系列老律师活动。定期组织上门慰问、到医院病房看望因病住院治疗的老律师等活动,加强对律师前辈的重视、关心和爱护,始终铭记他们

为律师行业发展做出的重要贡献。不忘初心勇担当,巾帼律师绽芳华。顺利召开市女律联第三次会员大会,定期召开市女律联2021年各区女律师负责人联席会议。成功举办建党百年庆祝系列活动,走近中共二大会址纪念馆回顾党章发展历史,召开"铿锵百玫瑰,初心述芳华——我与党的故事"系列活动。开展"蓝天下的至爱"慈善募捐活动,筹得善款150余万元。持续推进"春华秋实""八五普法"系列活动。受邀参加"6·6上海海派旗袍文化节"、梦想成真公益健步行等活动。评选出第七届上海市优秀女律师。

(14) 踔厉奋发构建行业大宣传格局

突出重点创新工作,强化与主流媒体、新媒体的沟通协作。编印完成《四十而律——律师制度恢复重建40周年画册》。积极主动与新华社、人民日报、法治日报、解放日报、央视等开展合作,形成纸媒报道15篇,客户端报道近150篇。提升舆论引导力,不断拓宽"6+N"媒体传播矩阵。进一步深化以新闻发布会、杂志、网站、微信公众号、视频号、电视栏目为中心的"6+N"宣传模式,"上海律师"服务品牌的辐射力、引领力持续彰显。"上海律协"抖音号推出"上海律师行业先进事迹分享会""我的进博故事"等系列短视频,累积关注人数3.4万,获赞11.5万,单条最高点击量突破15.5万。正式入驻哔哩哔哩视频网站并开设"上海律协"官方账号。与上海电视台法治频道联合制作电视栏目《律师界》,录制17期,播出11期。

3. 上海律师业新时期展望与工作建设

(1) 以"七个一"为主线深化行业党建

学习贯彻党的二十大精神,开展"七个一"系列活动,包括举办一系列党的二十大精神学习宣讲活动、拍摄一部上海律师红色精神宣传片、打造一处党建品牌新阵地、举办一场喜迎二十大主题纪念展、开展一系列公益法律服务活动、开展一次先进典型选树活动、带动营造一个全新的长三角党建生态圈。加强党建调研,完善工作制度。更新并丰富"律师云学院"思想政治课程。加强中小规模律师事务所党建和联合党支部建设。向党龄50年以上的党员律师颁发纪念章。

(2) 应对疫情影响,助力行业纾困

协调落实各项纾困政策,尽最大努力减轻疫情所带来的负面影响。推动政府加大法律服务采购力度。努力推动房租减免、减税降费等政府纾困政策在上海律师行业有效实施。推动律协会员服务全流程线上办理。持续推出线上培训课程与研究成果。积极协调解决疫情期间律师会见等执业权利保障问题。

(3) 推动服务中心大局,强化法治保障

完成编撰《上海律师参政议政报告(2019—2021)》。设立人民建议征集工作联系点,加强市人大常委会基层立法联系点工作,推动建议成果有效转化。进一步发挥市优化营商环境法治保障共同体联系点作用,组建专项法律服务团。组织疫情防控法治保障组加强实务研究,积极建言献策,在依法防控、复工复产、矛盾化解等方面发挥更大作用。充分发挥"城市更新和城市治理法律服务与研究中心"功能作用。做好第五届进博会服务保障工作。强化长三角一体化律师行业联络办公室、发展研究中心、会员服务中心功能建设,研究探索试点设立分所的便利化措施,进一步辐射带动长三角地区的法律服务。

(4) 促进行业履行社会责任

起草并发布《上海律师社会责任报告(2018—2021)》。举办第二届上海律师行业履行社会责任主题宣传活动。调研律师参与公益法律服务先进经验,评选"上海律师公益服务典型案例",深入挖掘疫情防控先进事迹。组织动员本市律师积极参加"1+1中国法律援助志愿者行动"和援藏服务并做好保障工作。

(5) 继续加强律师队伍职业化发展

开展律师行业"规范管理提升年"活动。编写《上海律师事务所合规管理指南》。制定《上海市律师事务所律师服务收费标准制定指引》《上海律师事务所合并操作指引》。预备实施《上海市律师协会律师、律师事务所职业道德与执业纪律计分规则(试行)》。组建律所与律师合规讲习团开展巡回讲习。持续优化完善纪律惩戒流程。

(6) 继续促进行业专业化发展

完成第三届学术大赛评选活动并做好成果展示。举办2022上海律师辩论大赛。举办陆家嘴法治论坛、黄浦滨江论坛、徐汇滨江论坛等大型论坛。组建律协专业课程讲习团,加强与兄弟省市律协在对口援助及专业培训方面的合作,宣讲律师实务精品公益课程。

(7) 持续提升涉外法律服务能级

推进涉外法律人才库和涉外法律领军人才库建设。筹备世界主要城市律师会会长年会。争取"一带一路"律师联盟长三角中心落户上海。继续举办第五期"领航计划"涉外律师培训营。推进与新加坡律政部的互派律师培训交流项目。与上海国际经济贸易仲裁委员会、上海仲裁委员会合作培养国际仲裁法律人才。加强东方域外法律查明服务中心品牌建设。正式上线"东方律师网"英文版。

(8) 推动信息化建设赋能行业发展

对律师会员系统用户统一登录平台进行升级改造,提升信息化安全保障能力。新研发纪律惩戒登记、律所财务管理备案、参政议政表扬登记等信息系统,开展申请律师执业人员线上申请全流程工作可行性调研。不断优化升级"上海律师"App,争取拓展不动产信息查询等便利律师执业的新功能。持续开展"法律与科技"论坛品牌活动。

(9) 持续完善行业工作机制和治理结构

启动《上海市律师协会规则与规范汇编(2023版)》编写工作,全面梳理市律协各项规则制度,探索律协管理职业化、专业化改革。加强律师工作委员会制度研究,组织开展市区律师协会组织架构优化调研工作。落实律所财务管理备案相关制度并开展相关培训。研究针对两公律师、老律师等会员群体的管理服务政策。筹备召开第十一届律师代表大会第四次会议,做好换届选举准备工作。

(10) 进一步加强青年律师培养

关注青年律师的生存与发展。研究制订《青年律师教育培训常态化工作方案》,完善青年律师进阶培训体系。组织开展青年律师阶梯培训课程、"斜杠青年"系列专题沙龙。探索建立市区两级青年律师联动长效机制。深化与高校和区律师青联、团委联络合作。持续推进市律协综合见习基地建设。完成编撰《新会员入行指南》。

(11) 推动宣传工作转型升级。组织开展第五届东方大律师、上海市优秀律师、上海市优秀律师事务所评选。推动向新媒体转型升级,开设微信视频号,重点打造抖音、哔哩哔哩等视频账号,改版《上海律师》杂志为双月刊,重新定位电视栏目《律师界》,征集并打造"上海律协"吉祥物形象,持续深化"6+N"宣传模式。

(上海市律师协会供稿)

(二) 上海会展行业 2021 年发展报告

2021年,本市共举办各类展览活动542个,同比减少1.46%,举办总面积1 086.02万平方米,同比减少1.97%。其中,举办国际展142个,同比减少21.55%,展览面积932.84万平方米,同比增长6.76%;举办国内展341个,同比增加32.17%,展览面积122.63万平方米,同比减少26.47%。

2021年上海举办10万平方米以上展览会31个,展览面积594.4万平方米,相比2020年略有回升;但与2019年相比,数量和面积分别减少了31.11%和30.56%(详见表39)。

表39　2019—2021年上海展会情况

展 会 项 目		2019年	2020年	2021年
展览数(个)		806	439	483
其中	国际展	310	181	142
	国内展	496	258	341
会议活动数(个)		237	111	59
数量总计(个)		1 043	550	542
展览面积(万平方米)		1 775.36	1 040.48	1 055.47
其中	国际展	1 502.65	873.72	932.84
	国内展	272.71	166.76	122.63
会议活动面积(万平方米)		166.31	67.31	30.55
面积总计(万平方米)		1 941.67	1 107.79	1 086.02
5万—10万平方米展会数量(面积)		36(260.34)	28(203.76)	28(190.91)
10万—30万平方米展会数量(面积)		39(658.78)	23(405.42)	25(385.53)
30万平方米以上大展数量(面积)		6(197.16)	2(68.39)	6(208.91)

(数据来源:协会统计)

图23　2019—2021年上海展规模

(数据来源:协会统计)

1. 10万平方米以上大型项目分析

跟踪比较2019年45个10万平方米以上的展览会在2021年的举办情况,可以较直观地看到上海会展行业受到疫情的影响。

有14个展览会未按计划在线下举办,合计249.32万平方米,占比近1/3。其中,中国国际工业博览会、中国国际家具展、上海国际汽车零配件、维修检测诊断设备及服务用品展览会、亚洲宠物展等11个展览会年内未能举办,且中国国际缝制设备展2022年将迁至外地举办;中国华东进出口商品交易会、世界制药原料中国展、中国国际宠物水族展等三展会改为线上举办。

另有2个展览会分别进行了合并:一年两届的上海国际婚纱摄影器材展合并为一届,且规模缩减至10万平方米以下;中国国际家用纺织品及辅料秋冬展,与同期的中国国际纺织面料及辅料秋冬展合并举办。

其余29个展览会项目中,规模增长的有11个、减少的有18个。其中,增长20%以上的有2个,减少20%以上的有5个。

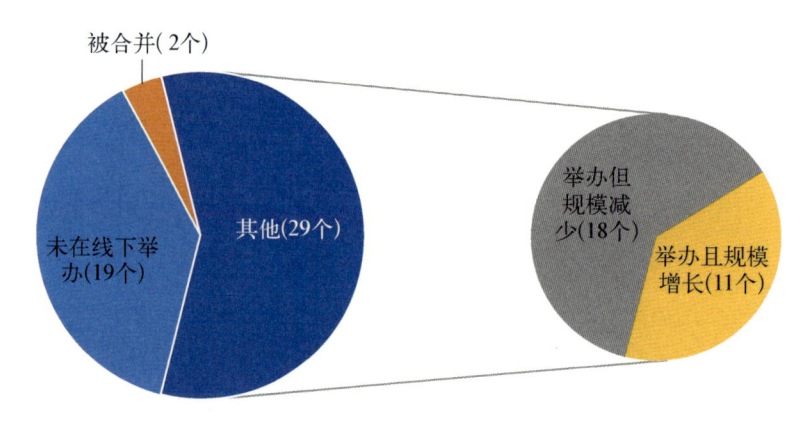

图24 2019年45个10万平方米以上展会在2021年发展情况

(数据来源:协会统计)

2. 2021年上海会展业历经五个阶段

2021年的上海会展业经历了5个阶段,复展之路颇为艰难:

(1)首次停摆阶段

元旦至3月16日仅举办5场展览会。其中,元旦期间举办4场展会;春节后仅新国际博览中心于2月23日—25日举办了世界移动通信大会,展览规模约15万平方米。

(2)复展阶段

3月17日新国际博览中心的慕尼黑上海电子展和国家会展中心的中国国际纺织面料及辅料春夏展开展,标志着2021年的会展行业步入正轨。受其他城市疫情反复影响,8月2日在新国际博览中心闭幕的中国国际数码互动娱乐展览会成为本轮复展的尾声。2020年延期展会加上2021年计划内的项目,四个半月的复展阶段合计办展面积约909万平方米,约占全年经贸类展会的89.4%。

(3)第二次停摆阶段

8月3日—10月8日,因疫情防控要求,上海全面停止了展览会的举办。

(4)"有限复展"阶段

自10月9日起,至11月11日中国国际进口博览会结束。10月份以中国国际纺织面料及辅料秋冬展为代表的4个展会作为"进博会的压力测试展",11月上旬的中国国际进口博览会、上海环球食品展等5个展会,行业磕磕绊绊地"有限复展",9个展览会合计约109万平方米。

(5)第三次停摆阶段

11月12日至12月底,由于国家疫情防控办要求,再次全面停展。

15万平方米	909万平方米		109万平方米	
	3月17日	8月3日	10月9日	11月12日

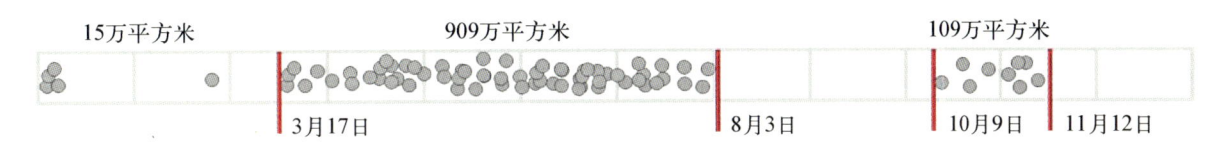

图 25　2021 年上海展览会举办情况

3. 疫情对上海会展业的影响

（1）办展窗口期太短

受疫情影响，2020 年本市可办展时间为半年，2021 年仅为四个半月。特别是去年的 8 月—12 月，本市仅举办 20 个展会，展览面积仅 128.9 万平方米，比 2020 年同期下降 83%。

据协会不完全统计，原计划 2021 年内举办而最终未办的展会 100 余场，如工博会、家具展、汽配展、亚宠展、乐器展等规模合计超过 400 万平方米。

（2）部分国际展欲易地举办，对上海会展业的国际化带来冲击

据协会初步统计，已迁移或准备迁移外省的国际展会超过 30 场，展会规模合计近 100 万平方米。如原定去年 9 月在上海举办的畜牧展，已于同月在青岛举办，展会规模近 5 万平方米；原定去年 8 月在新国际 3 万平方米的发酵展，经过一次延期，已决定下个月在济南会展中心；原定于今年 1 月在新国际博览中心举办的近 14 万平方米的大展"中国国际缝制设备展"，已确定今年 4 月底在宁波国际会议中心举办。

（3）会展企业运营压力加大

上海会展业规模缩水、展会临时取消等种种不确定因素，导致整个产业链上下游企业受损严重。主办企业、展商、展示工程企业等企业之间产生大量合同纠纷，尤其以展示工程企业为代表的配套服务企业生存困难，不少企业不得不减薪、裁员、转行、关停。

如果 2022 年不能顺利重启或重启时断时续，将会对本市的国际大展和名展的举办造成不利影响，进而影响国际、国内展览业对上海建设国际会展之都的信心。

（上海市会展行业协会供稿）

（三）上海拍卖行业 2021 年发展报告

2021 年，上海拍卖业坚持"向质量要市场、向管理要效益"的理念，努力克服复杂多变的新冠病毒肺炎疫情给行业所造成的困难，再调整，变被动为主动，再拓展，"转战"在线拍卖，再发力，扎实做好网络司法拍卖辅助业务。同时，在文物艺术品拍卖领域，坚持精耕细作；在二手机动车拍卖领域，强化专业服务；在公物罚没物资拍卖领域，巩固国有企业实物资产拍卖，拓展国有房屋租赁权拍卖。总体上来说，企业总量在增加，行业规模在扩大，服务能力在提高，行业形象在提升。

1. 2021 年上海拍卖市场稳中向好

（1）上海拍卖市场总体稳定

数据显示（本市拍卖企业申报），截至 2021 年 12 月 31 日，全行业举行线上、线下拍卖会 14 184 场（次），与上年同期 9 015 场（次）相比，增加 5 169 场（次），增幅为 57.33%；拍卖成交总额 535.41 亿元，与上年同期 748.95 亿元相比，减少 213.54 亿元，降幅为 28.51%。

① 标杆企业贡献度大。

2021 年，"上海国拍"围绕国际化、平台化、专业化的创新转型方向，积极贯彻落实差异化发展战略，依托品牌、技术、流量等多方面的优势，坚持创新驱动，巩固传统业务，开拓新兴市场，取得可

喜业绩。全年拍卖会场次达到589场,创历史纪录,拍卖成交额超过200亿元。在全行业拍卖成交额榜单上占得首席,行业贡献度达60.87%。

② 艺术品拍卖企业稳中求进。

"朵云轩""嘉禾"等上海艺术品拍卖第一"阵营",以庆祝中国共产党成立100周年为契机,组织红色题材作品的传统拍卖,好评如潮。于藏家而言,收藏红色经典作品,是追忆,是缅怀,是追溯与致敬;于拍卖人而言,举办红色专题拍卖,是坚守,是传承,是责任与使命。在艺术品拍卖板块,泓盛、敬华排名前列,上海拍卖行、工美等拍卖公司成为中坚力量,匡时拍卖、一条拍卖等发挥着生力军作用。

③ 资产拍卖企业拓展市场有收获。

在二手机动车拍卖板块,上海常信拍卖有限公司以"上海主脑"中心,布局各地的地手车经营,全年举行拍卖会达4 515场,拍卖成交额达486 001.85万元。产权、国泰、国证、青莲阁等拍卖公司策划组织生产流水线、房屋、房屋租赁权、船舶等拍卖,借力"公拍网",扎实做好招商宣传,采用现场与网络同步拍卖方式,发现更多的竞买人、更高的市场价。"新拍卖企业"——上海通贸国际供应链管理有限公司的业务定位、服务模式也是值得肯定。

2021年,政府公物拍卖(特别是海警查处的罚没物资拍卖)这一块有所增长,在受托海关罚没物资拍卖量上有减少,相对稳定。司法拍卖(辅助服务)在量、竞价平台分布上,有了发生新的变化。人民法院网络司法拍卖标的数量有所增加,而其中的P2P刑案标的价值低。另外,司法拍卖标的中的房产(包括商业地产)成交量有所下滑。

(2) 上海拍卖业规模扩大

2021年,上海很多拍卖企业坚持"在稳定中探求新路,在服务中拓展业务"的理念,小步快跑,有了新气象。金磐、国拍、上拍、东方国拍、申之江、华夏和国泰7家拍卖公司荣获上海市文明单位称号。

① 专业人员提质。

全行业从业人员为3 350名,经过3年的行业培训,《上海拍卖业专业人员资格证书》持有者达12%以上。通过继续教育、持有效《中国拍卖行业执业资格证书》的国家注册拍卖师为478名,有国家注册拍卖师2名以上的企业占30%以上。

② 资质企业增长。

全行业取得《文物拍卖许可证》的拍卖企业达48家;具备公物罚没物资拍卖资质的企业达51家,其中,产权、青莲阁、国证、长城等拍卖公司多年从事国有产权(包括实物资产、破产财产、房屋租赁权)拍卖;从事网络司法拍卖辅助工作的企业达43家。

③ 信用等级提升。

全行业取得中国拍卖行业拍卖等级的企业达56家。2021年上海市拍卖企业信用资质等级企业达64家,其中,AAAAA级信用资质企业31家,AAAA级15家,AAA级18家。(已于2021年12月30日公布)。

(3) 上海拍卖业结构稳定

2021年,上海拍卖业稳定发展,拍卖企业总量增长,新企业的投资主体多元,企业申请拍卖业务许可的需求较大。按申报拍卖数据口径统计,截至2021年11月底,上海拍卖企业(从事拍卖业务企业)达331家,较2020年底参加"年检"企业281家(通过261家),新增拍卖企业60家,全行业拍卖企业数上升26.82%。进入行业"大家庭"的新拍卖企业具有3个特征:

① "从事拍卖业务"企业增多。

社会一般企业(即非拍卖企业)为增加拍卖业务范围申请《拍卖经营许可证》,有的企业未开展拍卖活动。

② "网络拍卖牌照"需求增加。

"平台类企业"为增加拍卖功能并且符合有关"规则",专门申请《拍卖经营许可证》而不举行拍卖会。

③ "放管服改革"促进拍卖市场发展。

自2021年7月1日起,试点拍卖行政许可的审批制调整为备案制,投资人在浦东自贸区、临港新片区和奉贤区申请设立"备案类"拍卖企业达10家,其中,若干家企业开展线下拍卖活动。

(4) 上海拍卖业服务效能提升

① 服务能力不断提高。

司法拍卖辅助机构按照上海市高级人民法院"精细化管理"的要求,严格执行上海高院制定的司法拍卖辅助工作实施细则,认真做好每一个拍卖项目的辅助工作,在司法拍卖辅助工作量化考核中取得良好成绩。

② 深耕市场收效明显。

很多文物拍卖企业克服新冠病毒肺炎疫情所造成的困难,积极有为,探索新模式。艺术品拍卖公司以传统拍卖、线上拍卖"双运行"的方式赢得市场主动;上海拍卖行、驰翰等拍卖公司以"呵护客户,稳定资源"为目标,拓展线上拍卖并取得新业绩。

③ 勤练内功拓展外延。

上海临港新片区首家文物拍卖企业——"宸资文化",打造滴水湖文化"新名片",当年设立企业、组织"首拍"并取得可喜成绩。

(5) 上海拍卖业经营分析

① 标的类型分析。

按照标的类型,数据统计显示:房地产成交额227.35亿元,与上年同比增加30.52亿元;机动车拍卖成交额55.82亿元,同比上年增加15.9亿元;文化艺术品拍卖成交额21.67亿元,同比上年减少3.31亿元;生产生活资料拍卖成交额6.31亿元,同比上年减少3.37亿元;股权拍卖成交额46.2亿元,同比上年减少162.97亿元;无形资产拍卖成交额163.98亿元,同比上年减少65.11亿元;其他拍卖标的成交额14.08亿元,同比上年减少25.38亿元。详见下表(按标的分类)。

表40 拍卖成交额一览 （单位：亿元）

标的类型	2021年	2020年	增减额
房地产	227.35	196.83	30.52
机动车	55.82	39.92	15.9
文物艺术品	21.67	24.8	−3.13
生产生活资料	6.31	9.68	−3.37
股权	46.2	209.17	−162.97
无形资产	163.98	229.09	−65.11
其他	14.08	39.46	−25.38
合计	535.41	748.95	−213.54

注：2021年与2020年对比,共七大类,其中,2类增项,5类减项。

从表上看,房地产、机动车拍卖呈增长态势,其中,房地产拍卖增加 30.52 亿元,增幅 15.51%,这与房地产调控政策出台有密切关系,也与上海地域性因素密不可分。另外,机动车拍卖增长 15.9 亿元,增幅 39.83%,随着新能源车入市量增加,二手交易"落地"宽松,二手机动车交易量出现"井喷"。当然,文物艺术品、生产生活资料、股权、无形资产及其他拍卖有所下滑。特别是股权类拍卖与 2020 年比,有比较大的落差。

② 委托渠道分析。

法院委托成交额 255.68 亿元(其中,法院自主拍卖 253.36 亿元,上海法院委托拍卖 0.95 亿元,外地法院委托拍卖 1.37 亿元),同比上年减少 61.76 亿元;政府部门委托成交额 164.81 亿元,同比上年减少 26.7 亿元;金融机构委托成交额 4.7 亿元,同比上年减少 5.25 亿元;破产清算委托成交额 28.98 亿元,同比上年减少 49.94 亿元;其他机构委托成交额 70.01 亿元,同比上年减少 58.09 亿元;个人委托成交额 11.23 亿元,同比上年减少 11.8 亿元。详见下表(按委托渠道分类)。

表 41　拍卖成交额一览

(单位:亿元)

委托渠道	2021 年	2020 年	增 减 额
法院	255.68	317.44	−61.76
政府部门	164.81	191.51	−26.7
金融机构	4.7	9.95	−5.25
破产清算	28.98	78.92	−49.94
其他机构	70.01	128.1	−58.09
个人委托	11.23	23.03	−11.8
合计	535.41	748.95	−213.54

注:2021 年与 2020 年对比,共六大类,均为减项。

从上表看,六大类委托均呈下降势头,其中,人民法院(含司法辅助)委托减少 19.46%,主要是股权类拍卖标的明显减少;政府部门委托减少 13.94%,主要是海关罚没物资的委托量减少,拍卖标的多为存量标的;金融机构委托减少 52.76%,不良资产处置渠道多元而委托拍卖相对减少;破产清算委托减少 63.28%,与新出台的破产管理人选择公网平台处置有着相关性。另外,其他机构委托减少 45.35%,个人委托减少 51.24%,主要是转让资产方式多选性因素增多。

需要指出的是,上述数据"样本"不完全、不准确。因为,从拍卖企业申报数据来看,有 115 家企业逐月申报,占企业总数的 34.53%;有 58 家企业非逐月申报,占企业总数的 17.42%。然而,有 160 家企业未申报,占企业总数的 48.05%。因此,拍卖企业的业务开展是基础,而拍卖企业数据申报也是一个关键因素。作为行业的一分子,拍卖企业要高度重视数据申报,自觉地将这一工作纳入流程管理、关键要素管理。

③ 服务能力分析。

拍卖企业在适应中调整。全行业面对新冠病毒肺炎疫情复杂多变的外部环境,化被动为主动,自我加压,"固线下,拓线上"成为普遍认知。

拍卖业务在稳固中做精。除司法拍卖的房地产板块有"客户精准、成交率高"的特征外,海警、监察等部门委托的公物罚没物资拍卖成为亮点,这与拍卖公司的线下专业服务、行业的线上拍卖平台"双飞轮"作用密切相关。

在线拍卖在提速中增效。公拍网的"基础设施"不断完善,拍卖企业在电脑"桌面"上做"文章",生活用品(民品)、艺术品等专场拍卖一轮接一轮,很多拍卖企业实现了在线拍卖"零"的突破。

(6)上海拍卖业持续调整

紧扣以稳求进,稳中有进,成为上海拍卖人的共识。近几年,随着营商环境优化,上海拍卖业发展较快。当然,2021年,拍卖成交额指标"退坡"。总结经验,分析原因,调整策略,持续努力,特别立足于长远,加快数字化转型,是上海拍卖人的必然选择。

①"微笑曲线"与"痛苦曲线"并存。

过去通常认为,"拍卖槌声响,佣金收进筐"。随着互联网发展,这根"微笑曲线"被拉平,某些领域甚至反转成中间高于两端的"倒微笑曲线"亦即"痛苦曲线"。当外部环境发生变化,一味迷信"微笑曲线",就会失去发展后劲。在新的一年里,拍卖企业调整业务定位,改进服务方式。无论是老企业还是新企业,探索新业务,敢试多试,在服务上多做加法,在降低成本上多尝试在线拍卖。以"点"推"线",以"线"带"面",以"面"筑"体"。相信在政府的指导下,在全行业的共同努力下,走稳走好,逐步实现突破。

②"二八定律"与"长尾理论"并存。

传统形态中,20%的业务贡献80%的利润,20%的客户贡献80%的收入。随着小众化、个性化需求被激活,形成"长尾",成为新的引爆点。对从"长尾"切入的拍卖项目(破产财产、租赁权、农产品等),要高度关注,发现新空间,不能一味求"大",以免错失新机遇。相信在行业平台服务功能增强、市场影响力扩大、行业良好形象提升等因素加持下,连接更多的市场,融入更多的平台,抓住更多的机会。

③"生命周期"与"第二曲线"并存。

传统企业一般经历初创、成长、爆发、成熟、衰退的周期。在多重力量作用下,企业发展的逻辑在发生变化,作为拍卖企业要打破这个宿命,在成熟期和衰退期到来之前,找到新的赛道,或者说拓展新的业务领域,实现"跳变",形成"第二曲线",从而避免被动。相信数字经济发展的利好,专业服务创造价值的优势,对拍卖业来说,焕发"第二春"。

总之,顺时应势、优化策略,才能掌握发展主动。在有限的空间中,找到主攻方向,确立生态位,持续锻造长板,打造"人无我有、人有我优、人优我特"的竞争力,是拍卖企业持续发展的重要根基。我们要跳出固化思维、破除思维定式、及时转变观念,开拓新业务,形成新模式,让拍卖业务增长的接续力量不断被激发、涌现。

2. **上海拍卖企业亮点纷呈**

2021年,上海拍卖企业坚持"在稳定中探求新路,在服务中拓展业务"的理念,积极应对复杂多变的新冠肺炎疫情,变被动为主动,小步快跑,取得新收获,跃上新高度,充满新气象。

——金磐、国拍、上拍、东方国拍、申之江、华夏和国泰7家拍卖公司荣获上海市文明单位称号。

——产权、青莲阁、国证、长城等拍卖公司组织国有产权拍卖(包括实物资产、破产财产、房屋租赁权等拍卖),将公共资源拍卖向纵深推进。

——朵云轩、嘉禾等拍卖公司采用传统拍卖+线上拍卖的方式,赢得市场主动;上海拍卖行、驰翰等拍卖公司以"呵护客户,稳定资源"为抓手,线上拍卖打开新天地。

——网络司法拍卖辅助机构着力于"精细化管理、规范化服务",公物罚没物资拍卖企业服务于海警、监察等部门依法拍卖涉案财产成新亮点,这与"线下专业服务、线上专业拍卖"的"双飞轮"作用密不可分。

（1）开拓拍卖市场

① 拓"新赛道"，上海国际商品拍卖有限公司联合胡润研究院发布"全球艺术榜"。

2021年11月29日，上海国际商品拍卖有限公司联合胡润研究院在沪发布"2021上海国拍·胡润全球艺术榜"。在发布会上，上海国拍与上海大学上海美术学院和上海大学经济学院签署战略合作协议，共同推动外滩艺术综合体建设，深化艺术指数、艺术教育、艺术金融等相关产业的研究。

近年来，上海国拍围绕国际化、平台化、专业化的创新转型方向，积极贯彻落实差异化发展战略，以上海正着力推进国际文化大都市建设为历史契机，依托品牌、技术、流量等多方面的优势，在外滩构建艺术综合体，高效对接艺术创作和市场需求，致力于推动沪上文化创意产业创新发展，体现上海应有的文化高度。

2021年，上海国拍坚持创新驱动，巩固传统业务，开拓新兴市场，全年拍卖会场次达到589场，创历史纪录，拍卖成交额超过200亿元。

② 助"主通道"，上海自贸区拍卖有限公司在服务第四届进博会中发挥积极作用。

第四届中国国际进口博览会服务贸易展区首次设立"文物艺术品板块"，奠定了政策性和市场性基础，打开了海外文物回流的大门。上海自贸区国际文化投资发展有限公司抓住打响品牌的绝好时机，实施差异化竞争策略，加速自贸区文化产业平台资源集聚，走在了落实政策的前沿。营销团队顶着时间档期紧的压力，梳理流程，优化打磨招展宣传材料累计30稿，为进博局、海关、文物局、外管局提供决策依据。开展了全方位、多角度、立体式的传播，拜访、联系了118家企业，成功签约了33家展商，保障了21家展商的178件艺术品参展，总货值达23.5亿元，形成了海外文物回流的"主通道"，实现了41件文物艺术品，交易额达7.6亿元的目标。

上海自贸区国际文化投资发展有限公司旗下的上海自贸区拍卖有限公司在引入了诸多国际顶尖外资拍卖行、知名艺术机构等文化艺术展商，成功打造"服务进博会、服务文物艺术品交易"的新名片中发挥了积极作用。

③ 建"新高地"，上海宸资文化投资有限公司当年设立当年秋拍打造临港文化新名片。

上海宸资文化投资发展有限公司致力于临港新片区的文化和艺术市场建设，从空间到内容、从产品到服务的全方位打造滴水湖畔特有的文化魅力和文化气质。2021年6月申请拍卖业务许可，精心筹备并于当年12月10日举行秋季拍卖会，创下成交率达72%的业绩，实现"临港首拍"圆满成功，为建设上海海派文化艺术品拍卖市场而努力。

"宸资文化"贯彻《中国(上海)自由贸易试验区临港新片区发展"十四五"规划》精神，落实"提高城市文化软实力，繁荣社会主义先进文化，弘扬上海城市品格和城市精神，更好地传播红色文化、海派文化和江南文化"的目标任务。"临港驻地当代艺术作品专场""第三届民族美术双年展专场""陈佩秋旧藏专场""唐卡专场"以及"南京当代书画作品专场"的拍卖，创下成交率达72%的业绩。未来，"宸资文化"继续聚焦文体旅融合发展，打造世界级文体旅游目的地，积极探索跨境艺术品保税交易，做大做强"海派艺术品拍卖"。

④ 推"同步拍"，朵云轩拍卖公司规范经营"老字号"新气象。

2021年12月31日，朵云轩2021秋季艺术品拍卖会圆满收槌。拍卖会推出11个专场，呈现了1 100余件拍品。虽然天气寒冷，但是拍卖会现场人流如织，人气火爆。便利的"同步拍"小程序满足了投资者、收藏家实时观摩、即时参拍的需求。

"渔网龙须早结名流之契，鹤翎凤尾奉扬君子之风"——朵云轩开轩立号经营之初心。朵云轩拍卖致力于为买家奉献众多首次面世的"真、精、新"好作品，恪守"公开、公平、公正"原则，诚信操作,规范经营,博得了客户信任与良好口碑。

数据显示,朵云轩拍卖有限公司在2020年的主营业务利润、企业人均创利、企业所得税、企业实收佣金、企业各类纳税、企业总创税等指标排名均进入前五名。其中,企业所得税、人均创利两项位列全国第二。

⑤ 强"协同力",上海诚信拍卖有限公司协助人民法院进行标的"清场"溢价成交。

2021年6月,诚信拍卖公司接受人民法院委托,为位于徐盈路1188弄"仁恒西郊花园"小区内房产标的提供司法拍卖辅助。接到承办法官通知,为了确保拍卖成交后标的交付没有障碍,法院决定,在拍卖前对标的进行强制清场。

清场当天,诚信拍卖公司工作人员提前抵达小区物业,先与物业确认是否准备好,后与法院确认,所有工作人员到齐后,一同前往标的处,由公证员现场录制视频。一部分人员陪同公证老师清点物品,另一部分负责物品清点后的打包搬运工作。法院强势出击、高效组织,诚信拍卖公司准备充分、分工明确、动作迅速,确保了清场工作顺利完成。人民法院的高效工作,拍卖人的全力配合,加上招商宣传,此标的拍卖成交价774万元,与评估价相比,溢价50万元。

上海诚信拍卖有限公司加强党风廉政建设,坚持把廉洁自律作为一种思想境界来提升,作为一种职业操守来要求,作为一种工作能力来培养,牢固树立正确的人生观、价值观、利益观。这是"诚信拍卖"的成功密码。

(2) 铸造服务品牌

① 打"服务牌",上海莘闵拍卖有限公司开展贴近民众系列活动提升专业能力。

上海莘闵拍卖有限公司坚持"从百姓中来,回百姓中去"的理念,以实现"老百姓都能参与的拍卖"为己任,让艺术走近民众,鼓励收藏,促进流通,发现价值。

一是开展专家团的"面对面"服务。与沪上权威专家团队成立"莘闵古董文玩鉴定专家团"开展免费的民间鉴宝活动,交流收藏文化。二是开展艺术品收藏的引导性服务,将传统拍卖的流程搬到线上,借力微信小程序进行拍卖,拍卖标的是收藏门槛较低、群众基础更广的邮票、钱币类等藏品,吸引更多收藏爱好者参与。三是开展形式多样的"线上服务"。推出"专场限时拍""主题专场拍""线上线下同步拍"等拍卖会,加入了抖音直播及带货。

② 铸"金字匾",上海博古斋拍卖有限公司荣获"2021年上海市首发经济引领性本土品牌"荣誉证书。

2021年10月,上海博古斋拍卖有限公司入选"2021年上海市首发经济引领性本土品牌推荐榜单",荣获"2021年上海市首发经济引领性本土品牌"荣誉证书。

上海博古斋拍卖有限公司全力打造文化品牌,践行初心,创新突破,持续焕发品牌生命力。特别是2020年新冠疫情以来,加大改革举措,探索古籍拍卖行业数字化转型,依托信息技术提升古籍精细化管理,打造古籍善本线上"首发""首秀"的重要阵地。

上海博古斋拍卖有限公司从海内外享有盛誉的上海古籍书店发展而来,有着60年的古旧书刊字画经营史。自20世纪90年代以来,开展以古籍善本为主的艺术品拍卖业务,扎实根基,稳步发展,凭借在上海乃至中国古籍拍卖领域的市场引领性、品牌引领性、创新引领性,社会责任引领性,成为国内重要的古籍拍卖企业之一。

③ 用"工具箱",上海金沪拍卖有限公司精心组织国有企业办公用房拍卖取得好成绩。

上海金沪拍卖有限公司接受国资委下属某世界500强企业委托,以拍卖的方式处置静安区长安路某大厦部分房屋(48套办公用房)。拍卖专业人员在拍卖过程中通过不断努力和付出,化解难点,解决了一个又一个问题,取得了拍卖成功。

做好前期调查。由于标的处于长期空置状态,出于安全考虑,电力及空调均已切断。本着对客户负责的态度,业务人员连续一周,带着照明头盔,冒着35℃的高温,将48套房屋清扫干净,使房屋焕然一新。

优化拍卖方案。派遣经验丰富的"拍卖老兵"走访部门调阅标的相关资料,从招商材料的制作到招商主要对象的筛选、汇总直至最后的拍卖方案的确定。

组织拍卖招商。集思广益,找准目标打攻坚战。充分考虑到面与点的关系,通过报纸、网络、微信、微博等铺开招商工作,以扩大信息的受众面,精准地将招商信息推介到意向客户手中。为国有资产的保值、增值做出贡献。

④ 破"梗阻点",上海申之江拍卖有限公司探索"电子封条"有成效。

上海申之江拍卖有限公司党支部组织党员和员工收看习近平总书记在庆祝中国共产党成立100周年大会上的重要讲话,回顾百年党史,牢记初心使命,领会以史为鉴、开创未来的根本要求,进一步增强实现中华民族伟大复兴的信心。积极主动承担社会责任。2021年7月郑州水灾,公司党支部立即决定捐款10万元赈灾。

2021年6月,申之江拍卖公司接受法院委托,为上海莱士18亿元股票标的提供司法拍卖辅助服务。业务经理尽责尽力,打电话联系客户,通过"企业招商"途径,找到意向竞买人,确保标的于2021年7月22日成功拍卖。

另外,针对房产司法拍卖实践中被执行占用标的问题,申之江拍卖公司探索"电子封条"方式,以防止被执行人再次进入列入拍卖的房产标的中,收到了一定的效果。

⑤ 扬"青春力",上海产权拍卖有限公司拓展在线拍卖多点开花。

上海产权拍卖有限公司党支部在各级党组织的领导下,开展"三会一课",实行"三重一大"事项集中决策。坚持"向质量要市场、向管理要效益"的理念,强化"下沉"意识,扎实做好拍卖业务,促进企业发展。

产权拍卖公司以"上实集团"及金融服务大平台为依托,发挥党员先锋模范带头作用,开展国有资产处置协同,将诚信融入公司的发展血脉,将诚信作为企业最为核心的竞争力。与政府部门、中央企业、大中型国有企业以及社会各方开展广泛的交流与合作,积累了丰富的业务渠道和客户资源。特别是,发挥网拍部青年骨干的作用,总结经验,分析市场,结合自身优势,拓展在线拍卖业务。2021年,在公拍网上组织玉器专场拍卖达10场,成交率达52.9%。

(3) 增强内生动力

① 增"内驱力",上海青莲阁拍卖有限责任公司船舶拍卖超纪录。

2021年3月,公司受托拍卖船舶标的,正逢国内局部地区疫情有所反弹、疫情防控等级升级。共产党员迎难而上冲在前,不分昼夜地落实标的勘查、看样、交接等工作。期间,需要穿戴医用全套密封防疫服工作数小时,闷热难熬,汗流浃背,他们克服困难、坚持工作,直至全面完成任务。

在青莲阁团队的共同努力下,4艘万吨级散货船以及工作船、聚集筏等4艘船舶,成功拍卖,成交额突破1亿元,溢价率达30%。

② 举"大爱旗",上海东方财富网络科技有限公司拍卖善款用于帮困助学。

2021年8月20日,上海东方财富网络科技有限公司举行慈善拍卖会,拍卖善款16 630元全部用于社会帮困助学。

作为东方财富信息股份有限公司子公司,上海东方财富网络科技有限公司秉承"守正出奇"理念,上门慰问拉萨市城关区社区孤寡老人,帮扶四川彭州市龙门山镇九年制学校,开展"东方财富年终感恩——爱心援藏义卖"活动、参加河南抗洪救灾捐赠,为巩固脱贫攻坚成果、助力乡村振兴发展作贡献。

2021年,东方财富股份公司及子公司、东方财富证券分支机构、上海东方财富公益基金会等对外捐赠款项及物资合计220.53万元。

③ 开"节点锁",上海金磐拍卖有限公司辅助人民法院执行异地房地产拍卖圆满成功。

上海金磐拍卖有限公司接受人民法院委托,辅助位于新疆乌鲁木齐市沙依巴克区西八家户路100号房地产的网络司法拍卖。业务经理尽责调查,一丝不苟,在当地不动产登记中心查阅信息时发现4层楼商用房中的标的一个楼层已转移,与实物现状有差异。经沟通,当地不动产登记中心及时纠正。接着,业务经理按照乌鲁木齐市的有关规定来到当地规划部门获取查询结果。然而,土地规划部门给出"经核查,没有相关信息"的答复。在人民法院的支持下,业务经理用了一个多小时的时间对每项信息逐条核对,找到了源头。当地规划部门据此核实,纠正了登记信息,更新了数据,出具了证明。

人民法院承办法官给予金磐拍卖公司团队一个大大的点赞。拍卖如期启动,拍卖圆满成功,买受人按约付款,人民法院高效结案。

④ 燃"一团火",上海金槌拍卖有限公司发挥党员模范作用促进拍卖业务发展。

发挥党员骨干作用。倡导"党员就是一团火"的高尚情操,广大党员发光发热,踊跃参与各项社会慈善和公益活动。在汶川地震、玉树地震、胶州路大火等重大事件中,捐款捐物,缴纳特殊党费,承担社会责任。还参与资助贫困学生的"帮困结对"活动,不少受助学生先后大学毕业,走上自强自立之路。金槌拍卖公司连年向上海市慈善基金会捐款,累计达到数十万元。

发挥党员桥梁作用。每年除夕前,金槌拍卖公司领导和员工们放弃与家人团聚的时光,与街道领导一起前往位于武定路上的乐宁福利院,将防寒用品送到耄耋老人的手上,向卧病在床的老人嘘寒问暖,叮嘱老人保重身体,祝愿老人健康长寿。不只是暖心的年夜饭,更是发扬尊老敬老的好风尚。

⑤ 推"一元拍",上海大众拍卖有限公司创新保险损余物资在线拍卖收获多多。

上海大众拍卖有限公司利用自身平台、仓储物流等优势,助力保险公司公开处置损余物资,首创推出了"一元拍"模式——在公拍网上,专门开设线上拍卖专场,即湿损百货上架拍卖平台,拍卖标的均一元起拍。

拍卖前,工作人员将百货损余物资统一存放,按种类、数量、尺寸等信息进行详细整理登记,有计划的、定期安排线上拍卖活动,提升了在有限的拍卖活动中同质损余物资的丰富性和多样性。在拍卖中,通过线上引流、简化参与途径、降低参与门槛等举措;在微信微博,公拍网等各大平台发布拍卖会链接推送,并在"55拍卖节""6·18活动""双十一拍拍节"等特定时期大力宣传,扩大影响力,有效提升拍卖参与度。在拍卖后,组织专门力量,切实做好拍卖款项结算、拍卖标的交割等工作,配套物流服务,使买受人买得开心、买得实惠。实践证明,"一元起拍"效果显著,成交价理想,提高了成交率与溢价率。

(4) 扩大服务半径

① 扩"服务圈",上海嘉禾拍卖有限公司为打造上海国际重要艺术品交易中心做贡献。

上海嘉禾拍卖有限公司坚持党建引领,履行社会责任,恪尽职守,以诚待人,推进内部改革,拓展外部市场,强化合作交流,谋求持续发展。

上海嘉禾团队精心筹备,专家顾问团层层把关,遴选出107件具有代表性的红色美术作品,举行"百年征程·庆祝中国共产党成立100周年"红色书画展及专题拍卖,特别出刊发行《百年征程——致敬中国共产党百年华诞红色专题》画册,向党的百年华诞献礼。

"2021年秋季拍卖会"成功举办,首次实现重要艺术品拍卖活动全环节落地,对于推动徐汇和上海艺术品交易产业链进一步延伸具有重要意义,为打造上海国际重要艺术品交易中心作出贡献。

② 下"拍卖棋",上海驰翰拍卖有限公司策划组织公务礼品在线拍卖取得成效。

上海驰翰拍卖有限公司稳住文物艺术品拍卖"基本盘",守住司法拍卖业务"大阵地",发挥自身优势,以公开拍卖的方式,协助某市局直属机关纪委处置历年来公务员主动上交的公务礼品。

驰翰拍卖公司落实专人对拍品进行分类拍照、一一记录。针对储值卡超过使用年限问题,联系所有发卡机构,落实拍卖成交后"可激活";对接艺术品专家,对书画作品进行估值。在此基础上,完善《拍卖计划书》,在公拍网上发起"公务礼品专场拍卖"。

凭借公拍网的公信力、驰翰拍卖团队的服务能力,通过线上拍卖+线下预展的方式,浏览量达6 000人次,报名人数不断攀升。2021年10月26日—28日拍卖过程中,人气十足,热门拍品都进入"延时拍"。最终,拍品全部成交,达到预期的目标,博得委托人大大的点赞。

③ 圆"大学梦",上海华夏拍卖有限公司慈善义拍"结对"贫困家庭。

2021年10月28日,第九届"和谐供销、与爱同行"慈善义拍圆满落下帷幕。本场拍卖会成交122件标的,筹集善款29 073元,凝聚着上海华夏拍卖有限公司干部职工和社会人士的大爱之心、奉献之情。

华夏拍卖公司党支部把慈善义拍作为基层党建特色做法,精心组织,全程服务,体现价值,感召社会爱心人士参与爱心活动,奉献自己的一份爱心。积极响应国家脱贫攻坚计划,与云南省临沧市双江县忙糯乡富王村"结对"。2018年以来,慈善义拍所筹部分善款专用于资助富王村贫困家庭。目前,17名贫困学生考上大学。

在过去的8年时间里,华夏拍卖每年举行慈善义拍,累计成交标的达1 500件,累计筹集善款309 708元。在打造企业服务品牌的同时,实实在在帮助了贫困家庭。

④ 亮"爱心槌",上海大公拍卖有限公司组织多项慈善公益活动展示拍卖人良好形象。

1月15日,《城市景酒》珍藏版的专场拍卖会募得善款47.8万元,支持文创产业发展、热心助老助残、扶贫帮困公益事业。3月22日,"遇见美好"——喜迎中国共产党成立100周年云间·版纳脱贫攻坚公益作品线下拍卖会,45件艺术作品全部成交,筹得善款26.51万元,将用于沪滇两地儿童帮困、对口扶贫等公益项目。5月29日,"她公益"拍卖专场,30件"暖星艺"公益特殊儿童艺术作品圆满成交,募得善款5.99万元,定向捐赠上海真爱梦想公益基金,用于特殊儿童艺术教学。

⑤ 拍"租赁权",上海百昌网络拍卖科技有限公司为国有(集体)资产保值增值做贡献。

上海百昌网络拍卖科技有限公司以市场需求为导向,以创新发展为动力,以客户需求为己任,依托资源优势,携手合作伙伴,组织国有(集体)资产租赁权拍卖。

截至2021年12月15日,某区属企业419个标的,拍卖成交金额达8 259.35万元。"浦卫公路10718号办公商务楼"标的溢价率达到48.67%;"谈中路233号"标的溢价率达到36.21%;"航中路372号"标的溢价率达到12.31%,为国有(集体)和农村集体资产的保值增值贡献了力量。

3. 拍卖专业平台服务能级提升

经过11年的不懈努力,公拍网的综合能力业内领先,服务能级增长明显,用户流量逐年上升,行业社会效益显著,成为国内具有一定影响力和品牌知名度的专业互联网拍卖服务平台。

(1)精心打造服务平台

① 公拍网成为上海市公共资源交易平台拍卖分平台。

2021年1月4日,《上海公共资源交易平台目录》正式发布,公拍网正式成为上海市公共资源交易平台拍卖分平台;8月26日《上海市公共资源交易管理办法》正式发布,各交易平台及分平台深入落实推进公共资源"一网交易"精神。

② 公拍网 App6.0 版带来 6 项暖心升级。

2021 年 11 月,全新打造的公拍网 App6.0 版正式发布。从网上拍卖到掌上拍卖,新版 App 带来 6 项暖心升级,平台品类更聚焦、用户搜索更便捷、页面设计更美观、交互流程更舒适、拍品曝光更充分、系统推荐更智能。

③ 新增资产处置机构超 300 家,公拍网打开数字交易新模式。

2021 年,公拍网加快推进平台赋能、数字驱动,以优质高效的服务获得众多资产处置机构的信赖,全年吸引全国各地包括银行、金融机构、破产管理人、拍卖行等 300 余家机构正式入驻,进一步打开了资产数字化交易新模式。

(2) 发挥平台赋能作用

① 首届"公拍网杯"上海拍卖师主持技巧大赛隆重举行。

初心担使命,奋进新征程,在中国共产党百年华诞之际,首届由公拍网冠名的上海 100 名拍卖师主持技巧大赛隆重举行。大赛别开生面地引入了真实环境下的直播拍卖主持,不仅考验和锻炼了拍卖师主持技巧能力,更引发社会广泛关注,积极展示行业形象和风采。

② 公拍网拍卖标的数和用户访问量创历史新高。

在主管部门监管和指导下,公拍网充分利用创新性的数字化技术和平台,保证交易流程公开透明,全年公拍网拍卖标的近 12 万件,比上年增加 7 万件,上拍数量增长 140%,平台用户访问同比上年增长 34%,均创下平台运行以来的最高纪录。

③ 公拍网造节热浪不断,人气火爆。

2021 年,公拍网继续推出"五五拍卖节""双 11 拍拍节""双 12 拍拍节",大宗资产、文创作品、生活用品等众多专场精彩呈现,引起入驻机构和用户的火爆热情。活动期间,入驻平台企业增长 60.53%,拍卖标的数量上升 45.36%,成交额增长 34.63%。

④ 公拍平台参与多个重点课题研究,成果丰富。

2021 年,公拍平台配合相关主管部门完成了多个重点课题研究项目,包括国家商务部《"放管服"形势下拍卖行业改革与发展》、上海市市场监督局《网络拍卖发展现状及监管对策研究》等,相关研究成果得到主管部门认可。

(3) 不断优化平台生态

① 直播看样助力司法拍卖"云招商"。

在直播拍卖的基础上,2021 年公拍网推出直播看样服务,并率先应用到司法拍卖标的展示中,意向竞买人打开手机就可以与辅助机构的工作人员在现场互动,身临其境了解每处细节。"云招商"还将应用到更多的资产推介、项目路演中。

② 公拍平台音视频传输升级与市公共资源"一网交易"总平台深度融合。

作为上海市公共资源交易平台拍卖分平台,公拍平台积极落实与监管平台的数据对接、音视频传输等,实时推送各项交易数据和信息,全力配合"一网交易"推进,2021 年下半年,在各分平台每月量化评价中,得分均排名前列。

③ 公拍平台配合上海高院修订拍辅量化考评标准。

公拍平台全力配合上海高院拍辅机构精细化、信息化管理要求,除了提供考评管理的技术支持,还积极配合完成了新版量化考评标准的修订,配合对全体拍辅机构从业人员进行规范和实务培训,向社会发布行业自律承诺书。

2022 年,公拍平台将着力于资产交易数字化转型升级,构建具有特色的资产交易生态圈,继续为维护企业利益提供保障和支撑,推进重点业务市场覆盖,探索并实现商业服务价值。

4. 上海拍卖业展望

2022年,上海拍卖业坚持党建引领,自我加压,勇于突围。要以"高质量发展"为目标,以"高水平管理"为手段,以"高品质服务"为重点,实施"四个推进"战略——全力推进拍卖服务品牌化建设,全力推进拍卖队伍专业化建设,全力推进细分市场精准化建设,全力推进拍卖平台市场化建设。

(1) 高度重视行业信用监管

2022年,是上海拍卖行业信用监管"启动年",是拍卖企业信用资质"宣传年",是上海商务诚信——拍卖子平台建设"深化年"。作为上海市商务委系统首批行业信用监管六大行业之一的上海拍卖业,在新的一年里,要紧紧抓住"弘扬守信拍卖,提升服务质量"这一关键点,充分认识信用监管工作的重要性和迫切性,牢固树立讲信用促发展的理念,把守信践约经营当成企业的立身之本。

① 紧扣"拉长板,补短板"。

加强拍卖行业信用监管,是规范拍卖经营活动,推动行业持续、稳定、健康发展,营造公平竞争、诚信守法市场环境的需要和保障。拍卖企业把信用评价作为提升行业能级的抓手和契机,增强"第一粒纽扣"责任意识,做好每一单业务,组织好每场拍卖会。

② 紧扣"不失信,少失分"。

市商务委建立以信用评价为基础的新型监管机制,在行业内实行企业守信激励和失信惩戒措施,在行业分类监管、行业协会评级、政府业务委托等方面引入信用监管机制。2022年,要夯实基础起步好,积极参与争上游。

③ 紧扣"行业一致行动"。

2021年12月,协会配合商务委选择一项"关键"指标(按时申报统计数据)进行"试评价",即商务委暂时不将"试评价"情况推送到"一网通办"系统。从"试评价"情况来看,大部分企业重视并落实专人申报数据,部分企业有待改进。自2022年起,全面推开行业信用监管。全行业的拍卖企业要对照"12项"失信减分标准,避免因管理不到位而失分,防止失信情形发生而"掉队"。

(2) 全力铸造诚信服务品牌

2021年,上海司法拍卖辅助机构向社会公示服务承诺,以专业、专注、专心的"三专精神",向社会各界提供放心、安心、省心的"三心服务"。这是持续保证上海法院司法拍卖高质量运行,进一步树立规范、优质、高效的司法拍卖辅助机构的服务形象,维护拍卖当事人合法权益的积极举措,是铸造诚信服务品牌的实际行动,博得社会积极反响。2022年,要进一步推进诚信服务品牌建设。

① 要向标杆企业学习。

"高水平管理、高质量服务"的理念贯穿于拍卖活动是拍卖企业成功密码。要善于借鉴行业领军企业、骨干企业先进的管理方式、务实的操作方法,从实际情况出发,确立本企业的诚信服务品牌建设的目标,确定行动计划,共同将上海拍卖业的"学习先进榜样、争创优秀企业"的主题活动推向新的高度。

② 要"对标"和"对表"。

倡导拍卖企业"向阳生长",以标杆性企业为榜样,以完善管理制度为抓手,把诚信服务品牌建设要求细化到具体的工作中,落实到拍卖文件编制、拍卖标的宣传、拍卖会组织和拍卖标的交割等拍卖服务全过程之中,善于总结经验,努力提高服务质量。

③ 要持续推广经验。

在行业层面上,通过协会的官网、公拍网,推广成功的经验、先进的模式,持续宣传上海拍卖人"弘扬积极进取精神、秉持诚信服务理念"的好形象,讲好"拍卖人故事",分析"拍卖案例",分享"服务锦囊"。倡导拍卖企业宣传与行业宣传形成积极互动,可借力平台多"被发现",用好平台多觅商机,做足"在线拍卖+服务"的文章,续写"创新服务+拍卖"的新辉煌。

(3) 持续开展慈善拍卖活动

多年来,上海拍卖人以慈善拍卖会、义拍、义卖和公益活动等多种方式,将爱心善款资助给困难群体,取得了可喜的成绩。2022年,要进一步激活公益与拍卖的"双飞轮"势能,再上新台阶。

① 要弘扬爱的奉献精神。

在过去的一年中,拍卖企业把爱的春风送到养老院,"两新企业"共建"爱之蓝天","十年义拍"圆满,续写"新十年义拍"爱的篇章。2022年,要大力倡导"奉献爱心、回报社会"理念,将慈善义拍活动与党建工作相结合,与企业管理上等级相结合,与拍卖会、公益健步行相结合,做到有突出的主题内容,有详细的行善计划与责任落实。

② 要创新公益慈善活动。

协会倡议——"爱心义拍""爱心一日捐"定期化、"慈善联拍"多元化、公益主题活动多样化,创新"爱心拍卖"的内容与形式,充分发挥上海拍卖业"义工大队"的作用,把"履行社会责任,爱在身边"的理念植入拍卖活动中,持续将上海拍卖业的"爱心大旗"飘扬在社区中和更多的服务场景中。

③ 要汇聚更多爱心热流。

在全行业的共同努力下,上海拍卖人的"大爱之心、温暖之情"成就了《梦想成真——爱心拍卖专项基金》。协会倡导多层次、多主题开展公益慈善活动,除了行业自身开展慈善义拍外,联合其他行业协会、国有集团公司、文化传播公司开展献爱心活动,汇聚善款,为《梦想成真——爱心拍卖专项基金》"充值",扩大上海拍卖人"至真至诚、至善至美"的成果,提升上海拍卖业的良好形象。

(4) 持续加大行业培训力度

上海拍卖业要在调整期有所创新、在转型期有所突围,主要看在行业管理上、在拍卖人才队伍培养方面是否有大的动作、多的举措、细的安排。在新的一年里,要扎实做好行业培训的规划与落实。

① 服务好新设立的拍卖企业。

近几年,投资人申请设立拍卖公司,各类企业申请拍卖经营许可证,特别是在浦东自贸区、临港新片区和奉贤区新设立的拍卖企业越来越多。同时,经营多年的拍卖企业新员工也不少。2022年,继续做好行业培训工作,将重点放在新拍卖企业、新拍卖从业人员上。要扎实做好培训基础工作,了解新拍卖企业的需求,调整和丰富培训教材,引导新拍卖企业"快学早入行,多学起好步",融入行业"大家庭"之中。

② 策划好行业培训重点内容。

总结行业培训经验,正是有了一支"三员一师"(拍卖企业的信息员、管理员、操作员和拍卖师)队伍,在公拍平台建设中、行业发展中发挥了重要作用。2022年,行业培训要保持"从业基础版",强化"服务专业版",突出"三个重点",一是以学习"新政新规"为重点。在"普法教育"基础上,深入解读财政部、发展改革委等部门规章,"以案说法",增强防范风险意识。二是以行业数字化转型为重点。行业培训要为行业数字化转型打基础,学习处理数据、挖掘数据、利用数据的方法,培养数字化管理的专业人员,并将数字应用与拍卖业务开展相结合,与公拍网安全运行相结合,实现数字化协同管理。三是以辅导拍卖企业组织在线拍卖为重点。去年,行业培训的内容增加了拍卖数字公场景应用。随着公拍网直播、直播看样等功能完善,可将"拍卖师直播拍卖""拍卖标的直播看样"等应用与拍卖活动有机结合,以提升客户体验度,促进拍卖成交率。

③ 组织好新领域的合作培训。

2021年,行业培训收获很多,积累了一定的经验。当然,适应形势发展,拓开知识视野,提升服务技能的任务很重。在新的一年里,继续与上海高院办好网络司法拍卖辅助岗位培训,还要与国资委、金融局、技术交易所、农村要素交易所等部门和单位合作,围绕不良资产、破产财产、农村集体资产、农产品等开展专业培训。一要提早安排。争取在2022年的上半年度完成"不良资产处置与专业拍卖""破产财产拍卖与专业服务"等合作培训,下半年扩展到"农村集体资产与拍卖服务""农产品拍卖与专业服务"。二要精心策划。在教材选用、师资聘请、培训方式等方面有一个详细的计划(包括针对多变疫情的预案),并且制定时间表,逐一落实。三要务实操作。创造学习交流的环境与空间,除了利用公拍中心的线下培训资源外,尝试公拍网"拍卖知识讲堂"进行直播培训,有条件的话加持"直播回放""知识城邦",把行业培训服务能力上升新的高度。

(5) 继续推进拍卖高地建设

2022年,要继续打好"三张牌",一是上海文物艺术品拍卖"文化牌",二是上海二手机动车拍卖"联合牌",三是上海技术成果转移的"服务牌"。

① 共推上海艺术品拍卖"海派特色"。

"老字号"——朵云轩,主力军——嘉禾、荣宝斋、阳明等,生力军——上拍、驰翰等在上海艺术品拍卖市场发挥了重要作用。在新的一年里,要推高"海派特色"拍卖,一是要学习国家文物局会同国家发展改革委、人力资源社会保障部、商务部、文化和旅游部、市场监管总局联合出台的《关于加强民间收藏文物管理促进文物市场有序发展的意见》,以"精、特、优"为牵引,对位"高品位、高品质",编制上海艺术品拍卖"三年行动计划",促进上海艺术品拍卖市场繁荣发展。二是要联合上海社会文物经营行业协会编制文物艺术品线上拍卖的规范性指南,确保拍卖信息安全,保护和利用好服务数据。三是要完善公拍网"珍品拍卖子平台",优化后台管理功能,提升用户体验度,引导具有文物拍卖资质的拍卖企业在公拍网上组织在线拍卖会,推出海上名家作品"专题拍""系列拍",与传统的"春拍秋拍",有特点的"季拍月拍"形成有益的互补。

② 共享上海二手机动车"联拍机制"。

2021年,上拍协二手机动车拍卖专业委员会着力做好两件事,一是专题培训,解读二手机动车交易数据,宣贯《二手机动车拍卖规程》,分享二手机动车拍卖经验。二是实操辅导,上拍协二手机动车专业委员会成员单位为有少量的二手机动车委托的拍卖企业服务,"手把手"辅导如何开展二手机动车拍卖。2022年,力推"前道"受托+"后道"服务,即有二手机动车拍卖标的企业("前道"标的为重心)与有二手机动车拍卖专业能力企业("后道"运维为重心),有所分工,协同拍卖——在"联拍机制"下练兵作战、获得收益。

③ 共建上海技术交易的"朋友圈"。

2021年,上海市拍卖行业协会与上海技术交易所"强强联合",开展基础培训,进行业务交流,助推"技术成果转让路演",取得了阶段性成果。2022年,要在"三个点"上发力,一是内容驱动,公拍网作为上海技术交易所的"信息分平台",集中展示部属大学、市属大学的科技成果转让信息。二是服务驱动,试行"能力挂牌"标的导入服务方的新模式,要创造条件,搭建"戏台",引导拍卖企业探索新业务、新服务。三是机制驱动,上海市拍卖行业协会与上海技术交易所共同扩建技术交易"朋友圈",把上海拍卖行业协会、公拍网推向"长三角",推向全国,让拍卖企业在定期的技术成果展览、不定期的"项目路演"中发现服务内容、拍卖项目。

(6) 持续推进公拍网创新发展

公拍网建设和发展在行业改革创新方面起到了示范引领作用。经过11年的不懈努力,公拍网的综合能力业内领先,服务能级增长明显,用户流量逐年上升,行业社会效益显著,成为国内具有一定影响力和品牌知名度的专业互联网拍卖服务平台。2022年,公拍网将着力于资产交易数字化转型升级,构建具有特色的资产交易生态圈,继续为维护企业利益提供保障和支撑,推进重点业务市场覆盖,探索并实现商业服务价值。

① 夯实发展基础,巩固特色成果。

服务市场主体与满足用户需求是公拍网下一阶段的主要目标。首要任务是,夯实平台持续发展的基础,包括经营资质、专利、知识产权、著作权、安全运维、资质认证等。同时,保持经营特色,巩固服务成果,在产品研发、数字升级、平台运营等方面持续发力,提高重点业务领域的占有量,提升市场影响力。

② 提升市场份额,深化商业模式。

公拍网在确定商业价值目标、平台功能定位的基础上,实施特色化、差异化的竞争策略,通过优化商业服务模式,形成重点领域的价值变现通道,努力扩大收入来源。同时,利用好政府关于平台经济的政策,发挥好线下服务机构的优势,加快互联网产品与线下服务的输出,争取在金融资产、破产清算、无形资产、新零售等重点板块创造服务新空间,提升市场份额。

③ 优化产品功能,提升服务能极。

2022年,公拍网的用户目标是"新用户留下来,老用户回过来,忠实用户存下来"。一是切入点,第三方数据埋点,完善用户画像,优化拍卖成交"后流程",改进用户推送通知系统,开发用户裂变系统。二是服务点,拍卖公司"独立店铺",轻松的自行装修,灵活的招商信息发布,多平台(小程序、PC、H5、App)的店铺分享。三是支撑点,完善结算体系,优化运营体系,配套适宜的工具箱,全网的数字化营销。

2022年,上海拍卖人要以习近平新时代中国特色社会主义思想为指导,贯彻新发展理念,服务新发展格局,以"深化改革、服务创新、数字化转型"为主线,以"诚信自律、合规经营"为牵引,稳字当头,稳中求进,不断提升公拍网(市公共资源拍卖分平台)的服务能级和拍卖企业核心竞争力。

(上海市拍卖行业协会供稿)

(四) 上海咨询行业 2021 年发展报告

2021年,面对百年变局和新冠疫情,在以习近平同志为核心的党中央坚强领导下,坚持以习近平新时代中国特色社会主义思想为指导,深入贯彻落实习近平总书记考察上海重要讲话精神和对上海工作的重要指示,在上海市委领导下,科学把握新发展阶段,坚决贯彻新发展理念,服务融入新发展格局,推动高质量发展、创造高品质生活、实现高效能治理,巩固拓展疫情防控和经济社会发展成果,实现了"十四五"良好开局。

一年来,全市经济社会平稳健康发展,呈现稳中加固、稳中有进、稳中向好态势。经济持续回升向好。

2021年,上海市咨询业也继续保持平稳增长,取得了良好的经济效益。

1. 行业发展概况

2021年行业(规模以上)营业收入5 177.72亿元,同比增长20.3%。其中,工程咨询营业收入1 432.95亿元,同比增长14.9%;管理咨询营业收入2 457.17亿元,同比增长19.0%;技术咨询营业收入1 287.64亿元,同比增长29.6%。

2021年行业(规模以上)营业收入与2013年相比,平均发展增长速度为16.62%,与上海市工业总产值和消费品零售总额相比,比工业总产值的平均发展增长速度2.72%增加了13.9个百分点,比全市消费品零售总额的平均发展增长速度8.10%增加了8.52个百分点。

(单位：亿元)

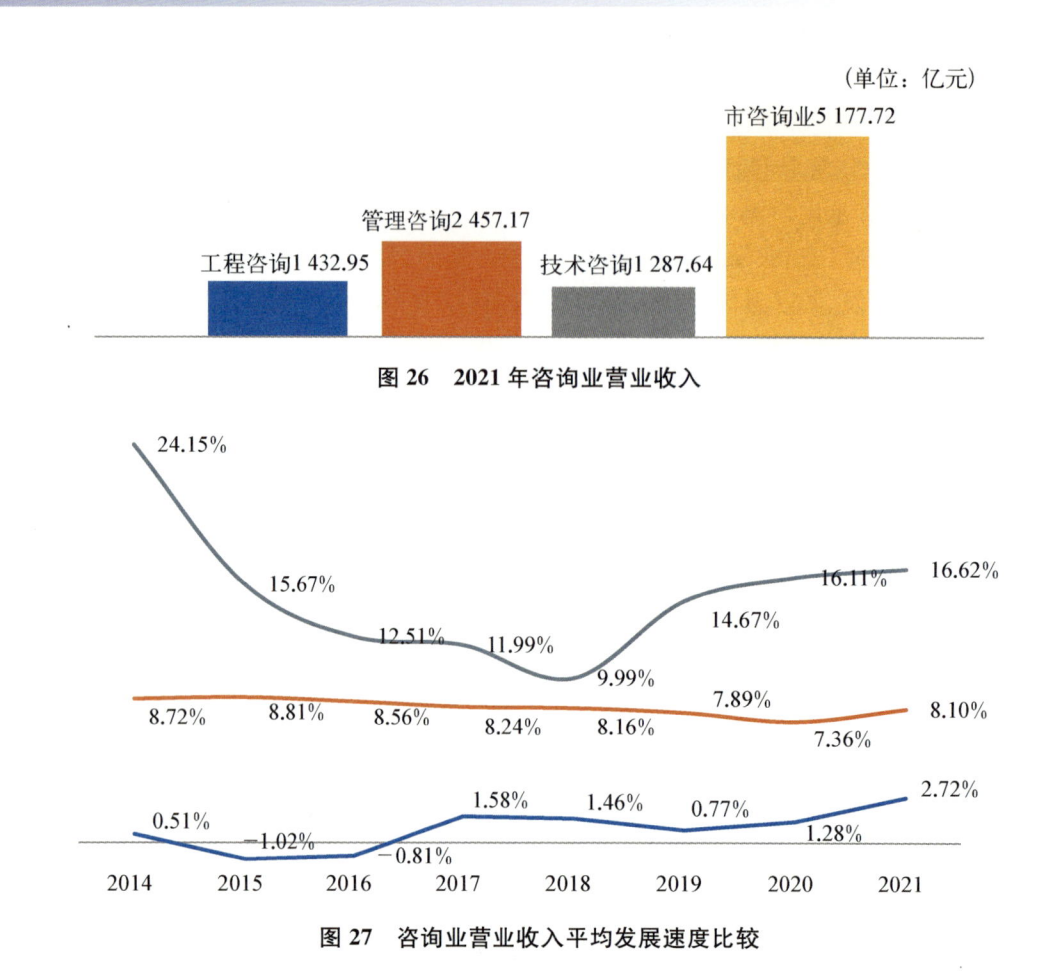

图 26　2021 年咨询业营业收入

图 27　咨询业营业收入平均发展速度比较

2021年上海咨询业（规模以上）按行业小类分，工程设计活动和社会经济咨询独占鳌头，分别为1 223.2亿元和1 190.2亿元，远大于其他咨询小类一个数量级，奠定了工程咨询和管理咨询的基数。

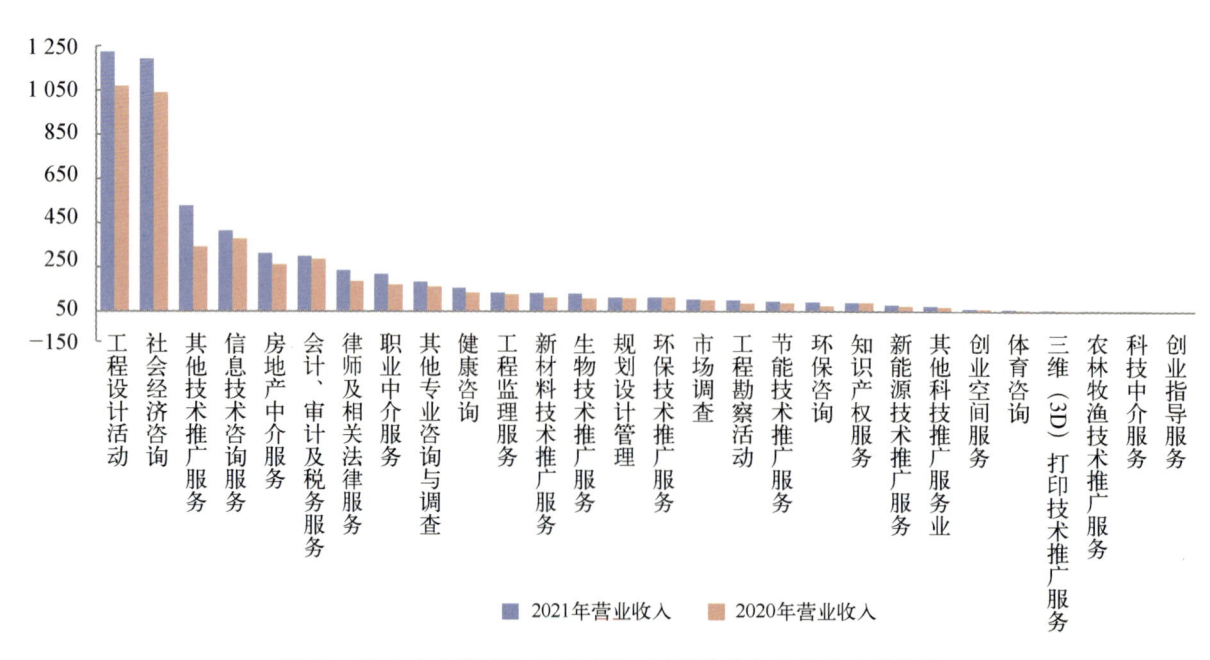

图 28　2021 年上海咨询业（规模以上）营业收入分行业小类情况

表 42　2021—2020 年上海咨询业(规模以上)行业小类营业收入情况

行业小类	营业收入(亿元)		行业小类	营业收入(亿元)	
	2021年	2020年		2021年	2020年
工程设计活动	1 223.2	1 061.81	市场调查	57.57	53.50
社会经济咨询	1 190.2	1 031.37	工程勘察活动	54.05	39.05
其他技术推广服务	496.73	304.56	节能技术推广服务	48.99	41.38
信息技术咨询服务	379.87	342.23	环保咨询	45.18	27.52
房地产中介服务	274.21	222.21	知识产权服务	41.83	41.79
会计、审计及税务服务	259.85	247.01	新能源技术推广服务	30.89	26.77
律师及相关法律服务	194.11	143.57	其他科技推广服务业	25.27	21.42
职业中介服务	175.17	127.4	创业空间服务	11.03	9.68
其他专业咨询与调查	141.01	116.92	体育咨询	8.13	6.13
健康咨询	111.5	89.56	三维(3D)打印技术推广服务	5.83	4.36
工程监理服务	89.51	82.35	农林牧渔技术推广服务	4.49	4.56
新材料技术推广服务	87.21	66.42	科技中介服务	4.31	4.28
生物技术推广服务	85.23	61.32	创业指导服务	0.24	0.22
规划设计管理	66.19	63.4	合计	5 177.72	4 305.70
环保技术推广服务	65.96	65.18			

2021 年上海市咨询业经济效益持续向好。

2021 年上海咨询业(规模以上)应交税金 164.49 亿元,同比增长 17.9%。其中,工程咨询应交税金 39.47 亿元,同比增长 12.7%;管理咨询应交税金 89.77 亿元,同比增长 20.4%;技术咨询应交税金 35.25 亿元,同比增长 17.6%。

(单位:亿元)

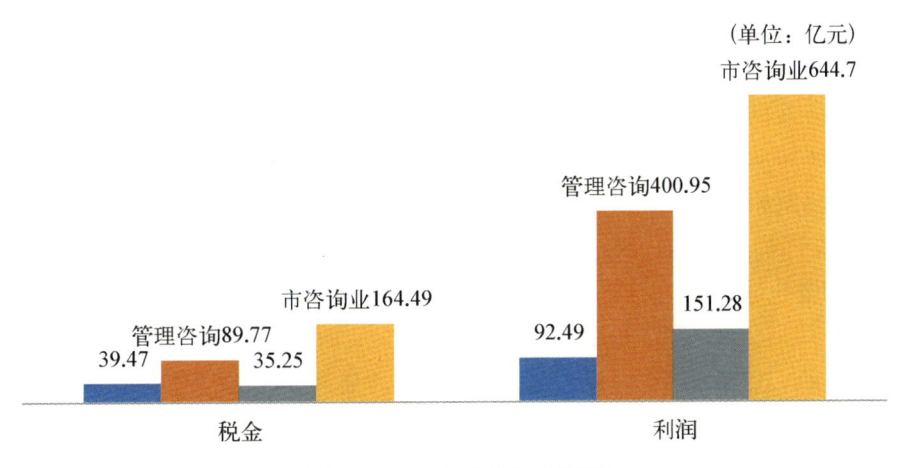

税金:工程咨询 39.47,管理咨询 89.77,技术咨询 35.25,市咨询业 164.49
利润:工程咨询 92.49,管理咨询 400.95,技术咨询 151.28,市咨询业 644.7

图 29　2021 年市咨询业利税

2021年上海咨询业（规模以上）营业利润644.7亿元，比上年增长27.2%。其中，工程咨询营业利润92.49亿元，同比下降11.1%；管理咨询营业利润400.95亿元，同比增长18.0%；技术咨询营业利润151.28亿元，同比增长47.9%。

2021年上海咨询业（规模以上）实现利税率15.63%。其中，工程咨询9.21%，管理咨询19.97%，技术咨询14.49%。

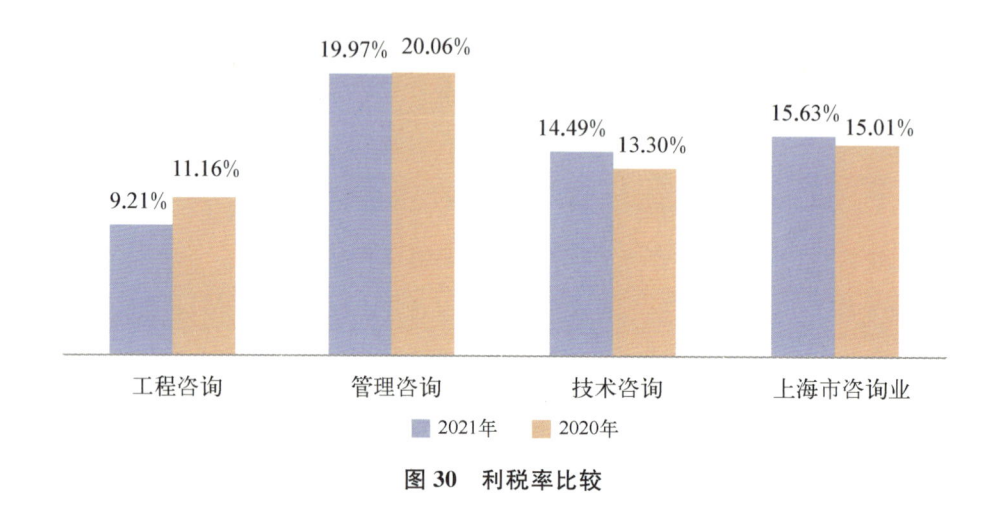

图30 利税率比较

表43 2021年上海咨询业（规模以上）营业收入、税金、利润情况

咨询分类	营业收入（亿元）			税金（亿元）			营业利润（亿元）		
	2021年	2020年	同比%	2021年	2020年	同比%	2021年	2020年	同比%
总计	5 177.72	4 305.70	20.3%	164.49	139.56	17.9%	644.70	506.93	27.2%
工程咨询	1 432.95	1 246.61	14.9%	39.47	35.03	12.7%	92.49	104.05	−11.1%
管理咨询	2 457.17	2 065.41	19.0%	89.77	74.55	20.4%	400.95	339.87	18.0%
技术咨询	1 287.64	993.93	29.6%	35.25	29.97	17.6%	151.28	102.27	47.9%

2021年末，上海咨询业（规模以上）企业数为2 869家。其中，工程咨询有676家，管理咨询有1 589家，技术咨询有604家。

2021年，上海市咨询业咨询企业数（规模以上）按经济类型分，私营企业1 410家，与2011年相比，平均增长速度为10.28%，占咨询业企业数比重为49.15%；外商投资咨询企业483家，平均增长速度为3.39%，比重为16.84%；港澳台投资咨询企业425家，平均增长速度为12.32%，比重为14.81%。其他内资咨询企业487家，平均增长速度为44.22%，比重为16.28%；股份有限公司咨询企业53家，平均增长速度−11.21%，比重为1.85%。国有、集体咨询企业数31家，发展速度各为−11.41%和−16.40%，比重为1.08%。

非公经济咨询业（规模以上）企业数2 318家，平均发展增长速度为8.67%，占总体比重为80.79%；公有经济咨询业（规模以上）企业数551家，平均发展增长速度为6.34%，占总体比重为19.21%。

表 44　2021 年上海咨询业(规模以上)单位数情况

2021 年	合计	按经济类型分							按经济成分分	
		私营	外商投资	港澳台投资	其他内资	股份制	国有	集体	非公经济	公有经济
单位数(家)	2 869	1 410	483	425	467	53	28	3	2 318	551
平均增长速度(%)	8.18	10.28	3.39	12.32	44.22	−11.21	−11.41	−16.40	8.67	6.34
比重(%)	100.00	49.15	16.84	14.81	16.28	1.85	0.98	0.10	80.79	19.21

2. 主要咨询专业

(1) 工程咨询

2021年上海市工程咨询发展稳定。营业收入继续以两位数同比增长。上海市工程咨询营业收入占上海市咨询业的27.7%,利税占16.3%。

2021年上海市工程咨询(规模以上)单位数676家。

上海市工程咨询(规模以上)营业收入848.37亿元,同比增长24.23%,占行业(规模以上)营业收入的比重24.85%。与2011年比,平均发展增长速度16.49%。

上海市工程咨询(规模以上)实现营业利润92亿元,同比下降11.1%,占行业(规模以上)营业利润的比重14.3%;实现税金39.47亿元,同比增长12.7%,占行业(规模以上)税金的比重24%。

上海市工程咨询(规模以上)利税率为9.21%,比去年减少了1.95个百分点。

上海市工程咨询(规模以上)按行业小类分,有工程监理服务、工程勘察活动、工程设计活动和规划设计管理。

表 45　2021 年上海市工程咨询(规模以上)主要指标

咨询分类	工程咨询			♯工程监理服务			♯工程勘察活动			♯工程设计活动			♯规划设计管理		
	2020	2021	同比(%)	2020	2021	同比(%)	2020	2021	同比(%)	2020	2021	同比(%)	2020	2021	同比(%)
单位数(个)	—	676	—	—	98	—	—	26	—	—	507	—	—	45	—
营业收入(亿元)	1 246.60	1 433.0	14.90	82.34	89.51	8.7	39.05	54.05	38.4	1 061.8	1 223.2	15.2	63.40	66.19	4.4
营业利润(亿元)	104.00	92.00	−11.10	7.60	8.16	7.40	1.80	6.44	249.30	89.40	70.87	−20.70	5.20	7.02	34.00
税金(亿元)	35.03	39.47	12.7	4.11	4.65	13.0	1.41	1.64	16.4	26.89	30.47	13.3	2.62	2.71	3.30
利税率(%)	11.16	9.21	−1.95	14.22	14.31	0.09	8.32	14.95	6.62	10.95	8.28	−2.66	12.40	14.70	2.30

2021年,上海市工程监理服务(规模以上)单位98家,营业收入89.51亿元,实现利税12.81亿元,利税率为14.31%。

上海市工程勘察活动(规模以上)单位 26 家,营业收入 54.05 亿元,实现利税 8.08 亿元,利税率为 14.95%。

上海市工程设计活动(规模以上)单位 507 家,营业收入 1 223.2 亿元,实现利税 101.34 亿元,利税率为 8.28%。

(2) 管理咨询

2021 年上海市管理咨询(规模以上)单位数 1 589 家。

上海市管理咨询(规模以上)营业收入 2 457.17 亿元,同比增长 18.97%,占行业(规模以上)营业收入的比重为 47.5%。

上海市管理咨询(规模以上)实现营业利润 89.77 亿元,同比增长 20.42%,占行业(规模以上)营业利润的比重为 62.2%;实现税金 400.958 亿元,同比增长 17.97%,占行业(规模以上)税金的比重为 54.6%。

上海市管理咨询(规模以上)利税率为 19.97%,分别比去年减少了 0.09 个百分点。

上海市管理咨询(规模以上)按行业小类分,有房地产中介服务、律师及相关法律服务、会计、审计及税务、市场调查、社会经济咨询、健康咨询、环保咨询、体育咨询、其他专业咨询与调查、职业中介服务和创业指导服务。

2021 年,上海市社会经济咨询(规模以上)单位 890 家,营业收入 1 190.2 亿元,实现利税 251.2 亿元,利税率为 21.11%。

上海市会计、审计及税务服务(规模以上)单位数 114 家,营业收入 259.85 亿元,实现利税 46.71 亿元,利税率为 17.98%。

上海市律师及相关法律服务(规模以上)单位数 106 家,营业收入 194.11 亿元,实现利税 125.33 亿元,利税率为 64.57%。

表 46　2021 年上海市管理咨询(规模以上)主要指标

咨询分类	单位数(家)	营业收入(亿元)			营业利润(亿元)			税金(亿元)			利税率(%)		
		2020	2021	同比(%)	2020	2021	同比(%)	2020	2021	同比(%)	2020	2021	同比(%)
管理咨询	1 589	2 065.41	2 457.17	18.97	74.55	89.77	20.42	339.87	400.95	17.97	20.06	19.97	−0.09
房地产中介服务	120	222.21	274.21	23.40	8.10	10.59	30.76	28.93	17.88	−38.20	16.66	10.38	−6.28
律师及相关法律服务	106	143.57	194.11	35.20	8.73	11.98	37.21	81.20	113.35	39.60	62.64	64.57	1.93
会计、审计及税务服务	114	247.01	259.85	5.20	10.38	11.14	7.35	38.33	35.57	−7.20	19.72	17.98	−1.74
市场调查	34	53.50	57.57	7.60	2.42	2.80	15.96	4.77	4.41	−7.60	13.44	12.53	−0.91
社会经济咨询	890	1 031.37	1 190.2	15.40	32.11	38.04	18.49	175.30	213.16	21.60	20.11	21.11	1.00
健康咨询	62	89.56	111.5	24.50	3.37	3.79	12.39	—	−3.10	—	3.76	0.61	−3.15
环保咨询	18	27.52	45.18	64.20	0.62	2.05	230.69	0.65	1.29	98.80	4.61	7.39	2.78

续　表

咨询分类	单位数（家）	营业收入（亿元）			营业利润（亿元）			税金（亿元）			利税率（%）		
		2020	2021	同比（%）	2020	2021	同比（%）	2020	2021	同比（%）	2020	2021	同比（%）
体育咨询	6	6.13	8.13	32.70	0.42	0.13	−69.22	—	−0.06	—	6.91	0.87	−6.05
其他专业咨询与调查	154	116.92	141.01	20.60	4.26	4.56	7.08	9.19	14.07	53.10	11.50	13.21	1.71
职业中介服务	84	127.40	175.17	37.50	4.14	4.65	12.40	1.50	4.39	192.80	4.43	5.16	0.74
创业指导服务	1	0.22	0.24	8.00	0.00	0.03	2 534.15	—	−0.01	—	0.55	9.33	8.78

（3）技术咨询

2021年上海市技术咨询（规模以上）单位数604家。

上海市技术咨询（规模以上）营业收入1 288亿元，同比增长29.6%，占行业（规模以上）营业收入的比重为24.9%。

上海市技术咨询（规模以上）实现营业利润35亿元，同比增长17.6%，占行业（规模以上）营业利润的比重为23.5%；实现税金151亿元，同比增长47.9%，占行业（规模以上）税金的比重为21.4%。

上海市技术咨询（规模以上）利税率为14.49%，比去年增加了1.18个百分点。

上海市技术咨询主要成分是信息技术咨询服务、其他技术推广服务、知识产权服务、生物技术推广服务、新材料技术推广服务。

2021年上海市信息技术咨询服务（规模以上）单位数157家，营业收入379.87亿元，实现利税69.7亿元，利税率为18.35%。

上海市其他技术推广服务（规模以上）单位数139家，营业收入496.73亿元，实现利税49.08亿元，利税率为9.88%。

上海市生物技术推广服务（规模以上）单位数62家，营业收入85.23亿元，实现利税18.29亿元，利税率为21.46%。

上海市知识产权服务（规模以上）单位数36家，营业收入41.83亿元，实现利税9.15亿元，利税率为21.91%。

表47　2021年上海市技术咨询（规模以上）主要指标

咨询分类	单位数（家）	营业收入（亿元）			营业利润（亿元）			税金（亿元）			利税率（%）		
		2020	2021	同比（%）	2020	2021	同比（%）	2020	2021	同比（%）	2020	2021	同比（%）
技术咨询	604	994	1 288	29.6	30	35	17.6	102	151	47.9	13.30	14.49	1.18
信息技术咨询服务	157	342.2	379.87	11.0	10.8	11.88	10.3	52.8	57.82	9.5	18.58	18.35	−0.23

续 表

咨询分类	单位数（家）	营业收入(亿元)			营业利润(亿元)			税金(亿元)			利税率(%)		
		2020	2021	同比(%)	2020	2021	同比(%)	2020	2021	同比(%)	2020	2021	同比(%)
农林牧渔技术推广服务	5	4.6	4.49	−1.6	0.1	0.04	−33.1	0.2	0.43	89.4	6.23	10.43	4.20
生物技术推广服务	62	61.3	85.23	39.0	0.9	1.51	72.4	16.2	16.78	3.6	27.85	21.46	−6.38
新材料技术推广服务	32	66.4	87.21	31.3	2.2	3.34	51.4	8.0	16.06	99.6	15.44	22.25	6.81
节能技术推广服务	46	41.4	48.99	18.4	0.7	0.86	20.5	3.2	6.24	97.9	9.34	14.49	5.15
新能源技术推广服务	23	26.8	30.89	15.4	0.8	0.88	9.6	2.7	1.54	−42.4	12.99	7.84	−5.15
环保技术推广服务	54	65.2	65.96	1.2	2.3	1.97	−15.1	8.0	6.65	−17.1	15.87	13.07	−2.80
三维(3D)打印技术推广服务	5	4.4	5.83	33.6	0.0	0.07	87.1	—	−0.97	—	0.90	−15.37	−16.28
其他技术推广服务	139	304.6	496.73	63.1	10.0	12.17	22.2	—	36.91	—	3.27	9.88	6.61
知识产权服务	36	41.8	41.83	0.1	1.3	1.50	13.7	8.9	7.66	−14.1	24.51	21.91	−2.60
科技中介服务	11	4.3	4.31	0.7	0.2	0.23	23.9	—	−0.66	—	4.36	−9.95	−14.31
创业空间服务	20	9.7	11.03	14.0	0.3	0.31	−5.6	—	0.12	—	3.36	3.87	0.51
其他科技推广服务业	14	21.4	25.27	18.0	0.4	0.48	22.3	2.2	2.70	21.2	12.22	12.57	0.35

年度咨询业取得较大的发展，主要指工程咨询、管理咨询和科技咨询等三大门类。限于统计口径问题，其中，国有大型工程设计企业、大型的民营咨询公司、外商咨询企业等作出了较大贡献。从统计数据来看，上海地区咨询的上述业绩并不包括规模以下的众多中小咨询企业，特别是管理咨询企业和科技咨询企业。实际的增长速度有可能要高于上述统计数据。说明上海咨询业在整个上海地区经济发展中起到重要作用，占据重要地位。

3. 当前咨询业发展的新特点

(1) 平台型咨询公司(联盟)已经开始形成

随着各行业间跨界、融合的不断发展，对咨询企业的不断浸润，平台型咨询公司(联盟)已经形成，通过平台加盟的形式构建管理咨询公司的服务团队，咨询公司利用资源的差异性进行互补。

深圳管理科学咨询协会以协会为平台，构建企业的咨询服务平台，整合咨询公司的资源，共同开拓咨询市场。

上海管理咨询联盟和天津管理咨询联盟等也是为适应市场的需求而成立，这种民间自在助互利性的联盟，完全有可能为今后咨询市场开拓一种新的经营模式。

（2）管理咨询与培训结合的新模式

通过管理咨询公司的培训，将管理咨询业务的拓展开发到深层次。上海地区一些管理咨询公司正在积极拓展网络培训业务，将品牌管理、质量管理、人力资源管理等业务通过网上培训开拓市场。

（3）咨询评估业务与投资业务相结合

一些咨询评估机构，在对项目的评估过程中，通过对项目的评估，发现项目今后的增值亮点和可投资性，进一步对项目进行投资。上海万隆国际集团通过对项目的咨询评估，将其中的部分项目，作为公司的投资对象，提高了一部分科创项目的转化成功率，同时为咨询公司的投资寻找较为可靠的项目。

（4）规划建设咨询与资金相结合

从上海地区咨询企业为兄弟省市规划咨询的现状来分析，将咨询业务与资金结合起来，加强了咨询市场的活力，同时也为一部分投资资金寻找到投资方向。

中船勘测设计研究院利用技术设计和资金的优势，在PPP项目上有了重大突破，并以工程设计为引领，带动PPP项目的实施。

（5）科技咨询业务有较大的发展

政府部门的政策扶持使得科技咨询也有了较大的发展，受惠的不仅仅是科技咨询企业，还有享受咨询服务的科技企业，在知识产权、行业规划、产品开发等方面都得到支持。

（6）新技术发展使产业和行业划分变得模糊

计算机、信息技术高度发展，使得信息技术已经深深地嵌入各行各业之中。第二产业和第三产业间的跨界融合，行业与行业间的跨界融合，从传统意义上来划分产业分类和行业分类，也变得模糊不清，变得困难和无从入手。例如，计算机软件的开发与应用，是属于第二产业还是第三产业变得模糊；大数据的数据分析是对传统咨询业的颠覆还是仅仅为咨询业提供了工具与手段；传统工业企业中利用自身技术优势发展的生产性服务业，其中一部分不属于科技咨询四技服务范畴：技术开发、技术转让、技术咨询与技术服务。

4. 新的经济环境下的上海市咨询业

（1）传统咨询企业的不适应性充分体现出来

在市场竞争中，一部分较为传统的中小咨询企业面对经济技术的飞速发展，咨询企业的不适应性已经体现。

部分管理咨询和科技咨询企业的业务量下降，咨询企业自觉提升自身能力的紧迫感迫在眉睫。相当多的案例表明，咨询企业凡能跨界进入互联网技术领域，将互联网技术融入企业咨询工作中，咨询业绩都有较大的发展。一部分互联网企业利用技术优势，跨界进入咨询业有着令人瞩目的业绩。面对当前咨询业的巨大变化，必须大力吸引综合性人才，开拓咨询企业与互联网技术企业的融合渠道，应对市场的巨大挑战。

（2）疫情对上海市咨询业的影响

疫情严重影响各行业企业的开工运营，众多企业甚至面临生存危机，这势必影响企业的咨询需求。咨询需求下降和合同、计划咨询项目的延迟都给咨询业带来了业务萎缩的困境，而疫情前完成的咨询项目尾款回收困难则造成资金流的断流。

咨询需求与付费能力下降,对于不同类型、不同发展阶段的咨询公司产生不同程度的影响。尤其对没有从雇佣制变革为合伙制的管理咨询公司尤为明显。中小咨询公司或将面临生存危机。

疫情之后将催生新的产业生态与商业逻辑,客户的咨询需求将会发生新的变化,咨询公司需要对咨询产品与服务进行快速创新、迭代与升级。能够生存到疫情结束后的中小咨询公司,或将面临常规业务集中或新业务需求的机会。

(3) 当前咨询业的发展面临新的挑战

国际经济格局由全球化向非全球化方向发展,全球经济领域的竞争将趋向更激烈的程度,一些涉及国家经济科技信息安全领域的咨询业务要面临较大的挑战。

(4) 上海缺少拥有知名品牌的管理咨询

在上海众多的管理咨询公司中,仍然以中小企业为主,特别是民营小微企业为数众多。在市场上缺少能力与资金打造有一定知名度的管理咨询公司。面对众多的外资咨询公司,中小管理咨询公司很难做大做强。

5. 解决问题措施及方法

(1) 传统咨询业与互联网技术相结合

传统产业面临经济转型与结构调整的大趋势,对咨询业提出了新的要求;新兴产业的发展,又要求咨询业要变换服务模式和服务的手段,来适应当前急剧变化的形势。在充分了解市场情况,咨询企业掌握互联网技术,将互联网技术和咨询理论与知识结合起来,充实咨询服务能力,更好地服务中小企业,推动咨询业的发展。

(2) 对组织进行适当调整与创新

从短期角度看,要使业务组织与市场变化尽可能保持动态匹配,激励员工共同应对挑战。从长期角度看,要从反脆弱的角度重新构建组织机制。在此次疫情中,合伙制咨询公司的抗风险能力明显超过雇佣制,因此,咨询公司应通过适当的组织变革应对未来更复杂的社会经济环境。

(3) 开发远程在线咨询服务能力

通过远程在线咨询服务,调整咨询交付的成果与节奏。针对客户的履约风险和客户关系风险,制订解决方案。积极拓展在线培训、在线诊断与辅导的线上管理咨询服务,智力支持与赋能企业,并为疫情后积累潜在客户。

(4) 政府部门加大对咨询服务的购买力度

我国政府加大了基础建设的投资,加大了政府采购的力度。咨询企业业务量在上升。在市场经济发育并不充分的条件下,加大政府购买服务,有利于政府决策科学化、民主化,有利于促进上海咨询业的发展。政府购买咨询业的服务,要走市场化道路,有利于咨询企业业务量提升,有利于通过市场竞争,提升上海咨询业的市场竞争能力。

(5) 认真研究对上海咨询业发展的扶持政策

上海地区管理咨询业的发展落后于北京。咨询业的发育与发展,与市场经济的发展密切相关。上海以国有经济体制为主,主体企业是国有企业,在管理咨询的服务中,有较大的困难。

"科技创新券"作为扶持科技中小企业的举措,已经取得相当的成就。要进一步深化完善,吸纳更多的中小科技咨询企业,进入服务渠道。

(6) 加大改革力度,传统的事业单位要走市场化道路

在上海地区的现行体制下,还有相当部分的事业单位,占有大量的社会资源,按传统的体制运行,潜能没有发挥出来,不利于咨询企业的发展。要强化改革,推向市场,才有希望求得咨询业在这

些领域的大发展。

(7) 充分发挥行业协会的中介作用,加大对咨询企业扶持政策的力度

在现行体制下,社会中介组织发展不平衡。除部分发展较好的中介组织(协会)外,大部分协会处于一般或较弱的状态,关键在于经济收入较弱。

国内市场经济发达地区如北京、广东、福建、深圳等区域,或部分经济欠发达地区如湖南、广西等地,政府通过购买服务的办法,加大对行业协会的扶持,由此加大对咨询企业的扶持力度。咨询企业在地区经济发展、咨询服务开拓中发展较为迅速,业务范围正在迅速扩大。特别是互联网经济较为发达地区,咨询业发展迅速。各地方政府通过购买服务的方式扶持咨询业的发展,促使地方咨询企业扩大服务范围,积极地参与到当地的经济建设中去,并取得了一定的效果,获得政府和企业的好评。

(8) 建立科学有效、与国际接轨的统计系统

中介服务业的属性,按计划经济的行业分类,涉及很多行业和部门,因此其属性是不清楚的,导致政府部门对中介服务业的认识不足,政策指导不够,在过去缺少一个牵头部门来统筹中介服务业的规划发展,也无法进行有效的行业统计,提不出可靠的统计数据。

市统计局联合各相关行业组织(协会),根据我国现代服务业、咨询业的实际情况,制定出科学有效的分类方法,对咨询企业进行分类研究,建立有效的统计体系。

6. 咨询行业的前景

《上海市经济和社会发展第十四个五年规划和二〇三五年远景目标纲要》中"推动服务经济提质增效"提出以新型技术为驱动,以商业模式创新和应用场景开放为牵引,以市场准入、行业监督等规则体系创新为突破口促进新型服务业繁荣壮大,推动传统服务业提质升档,持续打好"上海服务"品牌。加快培育一批具有国际竞争力的本地跨国企业和知名服务品牌,构建国际化高端专业服务体系,延展科技创新服务链,支持技术转移服务机构形成独特服务模式和特色产品,加快推进国家要素市场上海技术交易所建设,探索便利化、高效率的跨境技术交易体系。加快知识产权新型服务和国际运营。提升专业服务能级,大力发展法律、财会、咨询、广告、检验检测、人力资源等专业服务,加快推动职业资格互认试点,开放第三方检验检测认证服务。

希望通过贯彻《上海市经济和社会发展第十四个五年规划和二〇三五年远景目标纲要》,落实培育一批拥有知名品牌的科技服务机构和龙头企业,涌现一批新型科技服务业态,形成一批科技服务产业集群,提升科技服务业产业规模成为促进科技经济结合的关键环节和经济提质增效升级的重要引擎。

提倡"跨界、融合、创新、发展",促进上海咨询业的整体发展。咨询企业增强咨询服务手段,传统咨询企业向"互联网+"转型,企业组织架构变革、商业模式改变、工作流程的重组、行业价值链颠覆、基于大数据的分析决策要求等,以及整个管理思想的变革。转型的目标是让传统企业在"互联网+"的大潮中练就适应新形势、新常态的新秩序,进而形成自身发展的持续动力,成就更高层次的新价值。

充实咨询业的业务范畴。主动拥抱网络经济新规则,善用传统企业的现有资源优势、以集约型经济手段参与上海地区"十四五"规划建设的社会化大生产浪潮中。借助于行业协会的服务平台,加强不同地区咨询企业在不同地区平台上沟通协调,加强咨询企业与其他行业平台的沟通协调,开拓新的市场渠道,为企业提供咨询服务。

(上海市咨询业行业协会供稿 执笔人:郭德利、陈慧琴)

(五) 上海建设工程咨询行业 2021 年发展报告

1. 行业发展综述

2021年是国家"十四五"规划和第二个一百年奋斗目标的开局之年,也是中国共产党建立100周年。在党的坚强领导下,在各级主管部门的支持下,上海建设工程咨询行业稳步前行,广大企业与从业人员携手共进,开拓进取,实现了行业发展质量和效益的不断提升。

在2021年,国家及上海相继出台了一系列政策,对建设工程咨询行业企业的经营与发展产生了深远的影响。2021年初,国家及上海发布了"十四五"规划,为建设工程咨询行业的发展指明了方向,同时也提出了更高的要求。

为规范房屋建筑和市政基础设施项目工程总承包活动,促进工程设计、施工及监理等各阶段的深度融合,住建部于2021年年初发布《房屋建筑和市政基础设施项目工程总承包管理办法》(征求意见稿),内容涉及工程总承包的各个环节。同时住建部印发《关于开展建筑企业跨地区承揽业务要求设立分(子)公司问题治理工作的通知》,要求各级房屋建筑与市政基础设施工程招投标监管部门,清理招标文件中将"投标企业中标后承诺设立分(子)公司"作为评审因素等做法。2月,住建部等十一部门联合发文,建立健全招标投标领域优化营商环境长效机制,进一步深化招标投标领域营商环境专项整治,切实维护公平竞争秩序。

5月,《国务院关于深化"证照分离"改革进一步激发市场主体发展活力的通知》正式发布,在全国范围内直接取消部分工程资质审批,其中包括工程造价等资质。随后,住建部正式发布通知,自7月1日起,住房和城乡建设主管部门停止工程造价咨询企业资质审批,工程造价咨询企业按照其营业执照经营范围开展业务,行政机关、企事业单位、行业组织不得要求企业提供工程造价咨询企业资质证明。

由国家发改委印发的《必须招标的工程项目规定》6月1日起正式实施。新规定大幅缩小了必须招标的工程项目范围,提高了必须招标项目的规模标准,明确了全国执行统一的规模标准。10月,国务院决定在北京、上海、重庆、杭州、广州、深圳等6个城市开展营商环境创新试点,改革精简房屋建筑、城市基础设施等工程建设项目审批全过程和所有类型审批事项,推动流程优化和标准化。11月,住建部发布通知简化监理工程师执业资格注册程序和条件。12月,住建部发布了《危险性较大的分部分项工程专项施工方案编制指南》,进一步加强和规范房屋建筑和市政基础设施工程中危险性较大的分部分项工程安全管理。

与此同时,上海在2021年也发布了一系列政策,如:《上海市全面深化工程建设项目审批制度改革持续优化营商环境工作方案》《上海市深化工程造价管理改革实施方案》及《关于建立本市建设工程招标投标活动函询制度及风险警示制度的通知》等多项与建设工程咨询行业息息相关的重要举措。这些政策的发布,从根本上影响了行业的改革与创新。

在2021年,上海建设工程咨询行业企业一方面认真学习各项政策把握新机遇新方向;另一方面严格落实好疫情常态化防控措施,从而保证了行业平稳有序的发展。

2. 2021年上海建设工程咨询行业发展概况

(1) 工程监理行业

① 资质情况。

至2021年末,上海市工程监理企业共279家,其中综合资质10家,甲级有144家,乙级有72家,丙级有53家。279家企业中同时兼营造价咨询业务的企业有61家,兼营招标代理业务的70

家,兼营工程项目管理与咨询服务业务的94家,具有设计资质的有14家,通过工程咨询资信评级的有42家。

② 业务开展情况。

根据住建部2021年建设工程监理行业统计,参与统计的271家上海工程监理企业中,承揽合同额合计840.6亿元,其中,工程监理合同额133.5亿元,同比增长2.98%;境内新开工建设工程监理项目数量为25 147个,较前一年减少1.42%;期末境内在建建设工程监理项目有26 976个,其中,强制监理的项目有18 272个,占67.73%;承揽境内建设工程监理项目投资额共21 970.67亿元。

③ 营业收入情况。

2021年,上海市监理企业总营业收入共529.14亿元。其中,工程监理收入共110.61亿元,较前一年增加8.39%;招标代理收入7.54亿元;造价咨询收入14.76亿元;工程项目管理与咨询服务收入17.19亿元;全过程工程咨询收入3.31亿元;工程勘察设计收入74.93亿元;工程施工收入269亿元。其中,监理营业收入达到1亿元以上的有24家(综合甲级10家,甲级14家),累计达到59.27亿元,占监理营业收入总数的53.58%。

监理营业收入达到5 000万~1亿元的有37家(甲级35家,乙级2家),累计达到25.99亿元,占监理营业收入总数的23.50%。

监理营业收入达到2 000万~5 000万元的有55家(甲级49家,乙级6家),累计营业收入达到18.38亿元,占监理营业收入总数的16.62%。

监理营业收入2 000万以下的有107家(甲级38家,乙级46家,丙级23家),累计营业收入达到6.97亿元,占监理营业收入总数的6.30%。

监理营业收入为0的有48家(甲级7家,乙级15家,丙级26家),这部分企业以工程勘察设计、招标代理、造价咨询、项目管理与其他咨询服务、工程施工或其他业务为主营业务。

④ 期末从业人员情况。

2021年期末,上海市监理企业中从业人员共66 721人。其中,工程监理人员42 251人,较前一年增长1.82%,占总人数的63.32%;招标代理人员1 105人;造价咨询人员3 095人;项目管理与咨询服务人员10 976人;全过程工程咨询人员676人;工程施工人员544人。

2021年期末,上海市监理企业中注册执业人员共21 096人。其中,注册监理工程师10 590人,较前一年增加21.07%。

2021年,上海市监理行业人均年产值为26.18万元,同比增长6.46%。

(2) 工程造价咨询行业

① 企业分布。

2021年,上海市工程造价咨询企业228家,甲级141家,乙级87家。其中,仅从事造价咨询业务的有84家,占上海市造价咨询企业的36.84%;同时从事招标代理业务的140家;拥有工程监理资质的56家;拥有工程咨询资质的120家;还有16家企业拥有设计资质。

② 人员结构。

2021年,上海市工程造价咨询企业期末从业人员合计15 579人,同比增长6.73%,其中,正式聘用人员14 370人,临时工作人员1 209人;正式聘用人员中高级职称人员为1 870人,中级职称人员为4 467人,中、高级职称人员占比达到了44.1%。

2021年,上海市工程造价咨询企业中一级注册造价工程师4 161人,同比增长5.18%,二级注册造价工程师283人。

③ 经济指标。

A. 营业收入

根据统计调查数据显示,2021年上海市工程造价咨询企业营业总收入508.91亿元,同比增长28.34%,其中,工程造价咨询业务收入为64.67亿元,同比增长10.62%,占营业总收入的12.71%;招标代理业务收入为23.09亿元,占营业总收入的4.54%;项目管理业务收入为162.55亿元,占营业总收入的31.94%;工程咨询业务收入为7.52亿元,占营业总收入的1.48%;建设工程监理业务收入为38.11亿元,占营业总收入的7.49%。另外,其他业务中还包括勘察设计、会计审核、银行金融等,这部分营业收入为212.96亿元,占比41.85%。

根据统计调查数据显示,2021年,上海市有13家工程造价咨询企业工程造价咨询业务收入在1亿元以上,同比增加1家;15家工程造价咨询企业工程造价咨询业务收入在5 000万～1亿元,同比减少4家;26家工程造价咨询企业工程造价咨询业务收入在3 000万～5 000万元,同比增长6家;工程造价咨询业务收入在1 000万～3 000万元有61家;工程造价咨询业务收入在500万～1 000万元有30家;其余83家企业工程造价咨询业务收入在500万以下,其中14家企业无工程造价咨询业务收入。

2021年,上海市工程造价咨询业务收入3 000万元以上有54家企业(同比增长3家),占企业总数的23.68%,合计工程造价咨询业务收入50.37亿元,占据市场份额为77.89%,与上年度77.23%基本持平;工程造价咨询业务收入3 000万元以下有174家企业,占企业总数的76.32%,合计工程造价咨询业务收入为14.3亿元,仅占市场份额的22.11%。

B. 造价业务分类

根据统计调查数据显示,2021年,上海市工程造价咨询业务收入按专业类别分类,收入排名前五的专业分别是房屋建筑工程、市政工程、公路工程、城市轨道交通工程及火电工程。占比最多的仍是房屋建筑工程,2021年收入达47.68亿元,占比73.73%;其次是市政工程,2021年收入为8.79亿元,占比13.26%;另外,公路工程收入1.05亿,占比1.62%,排序由去年的第五名上升至第三名;同时,城市轨道交通工程收入1.02亿,占比1.57%,重回前五行列。

另外,根据统计调查数据显示,2021年上海市工程造价咨询收入业务范围5个分类中,全过程工程造价咨询服务收入仍然为最高,合计34.05亿元,占比52.65%;其次是结(决)算阶段咨询服务,为20.5亿元,占比31.7%。从"2021年上海市工程造价咨询收入业务范围分类表"可以看出,全过程工程造价咨询业务占比较去年仍有上升,已超过一半市场份额。

(3) 工程招标代理行业

① 企业分布。

上海市122家工程招标代理企业参与了2021年度的统计调查。统计结果显示,其中,仅从事工程招标代理业务的企业有3家,占工程招标代理企业的2.46%;同时拥有工程监理业务的46家,从事工程造价咨询业务的106家,从事工程项目管理与咨询服务业务的75家。

② 人员结构。

根据统计调查数据显示,2021年上海市工程招标代理企业期末从业人员合计32 086人(正式聘用人员28 477人,临时工作人员3 609人)。其中,招标代理人员2 483人,占比7.74%。

2021年,上海市工程招标代理企业期末正式聘用人员中、高级职称人员为3 006人,中级职称人员为8 791人,中、高级职称人员占比达到了41.43%;期末正式聘用人员中注册执业人员合计8 577人。

③ 经济指标。

A. 合同额

根据统计调查数据显示,2021年,上海市招标代理企业承揽合同额合计为326.71亿元,其中,承揽招标代理合同额为19.46亿元,占比5.96%。

B. 营业收入

根据统计调查数据显示,2021年上海市工程招标代理企业营业总收入154.4亿元,同比下降12.61%。其中,工程招标代理业务收入为18.88亿元,同比下降1.31%,占营业总收入的12.23%;工程监理业务收入为42.56亿元,占营业总收入的27.56%;工程造价咨询业务收入51.98亿元,占营业总收入的33.67%;工程项目管理与咨询服务业务收入14.05亿元,占营业总收入的9.1%;另外,其他业务收入26.93亿元,占比17.44%。

根据统计调查数据显示,2021年上海市有3家工程招标代理企业招标代理业务收入在1亿元以上,同比减少1家;有11家工程招标代理企业招标代理业务收入在3000万~1亿元,同比增加2家;有33家工程招标代理企业招标代理业务收入在1000万~3000万元,同比减少2家;招标代理业务收入在500万~1000万元的企业有18家;另外有57家企业招标代理业务收入在500万以下。

2021年,上海市工程招标代理业务收入1000万元以上有47家企业,占企业总数的38.52%,合计工程招标代理业务收入15.6亿元,占据市场份额的82.63%;工程招标代理业务收入1000万元以下有75家企业,占企业总数的61.48%,合计工程招标代理业务收入为3.28亿元,仅占市场份额的17.37%。另外,工程招标代理业务收入前十的企业招标代理业务收入合计为8.73亿元,占据整个市场的46.23%,占比较上年度有所增长(2021年占比为42.71%)。

3. 上海建设工程咨询行业发展面临的机遇

(1) 国家全面推进全过程工程咨询

住建部在《"十四五"建筑业发展规划》中明确提出,加快建立全过程工程咨询服务交付标准、工作流程、合同体系和管理体系,发展涵盖投资决策、工程建设、运营管理等环节的全过程工程咨询服务模式,鼓励政府投资项目和国有企业投资项目带头推行,同时培养一批具有国际竞争力的全过程工程咨询企业和领军人才。

(2) 新基建快速发展

"新基建"催生了新技术、新业态、新模式,带动了企业实现数字化转型,增强了各类企业的自主创新能力。根据《上海市推进新型基础设施建设行动方案(2020—2022年)》总体部署,2021年上海市"新基建"重点工作涵盖五方面26项任务,并持续推进8项保障措施。到2022年,上海市新型基础设施建设规模和创新能级迈向国际一流水平,新型基础设施成为上海经济高质量发展和城市高效治理的重要支撑。

(3) 城市更新

2021年3月,国家"十四五"规划首次提出,要"实施城市更新行动,推进城市生态修复、功能完善工程,统筹城市规划、建设、管理,合理确定城市规模、人口密度、空间结构,促进大中小城市和小城镇协调发展",将城市更新提升至国家战略,其重要性不言而喻。2021年9月1日《上海市城市更新条例》正式实施,有了法律法规加持,未来城市更新也将成为发展重点。城市更新是传统建设工程咨询企业实现转型发展的重要指向,具有推动质量变革、动力变革、效率变革,实现持续发展的现实需要。

(4) 上海五大新城建设

上海"十四五"规划明确提出,新城发力建设独立综合性节点城市,即要大力实施新城发展战略,承接主城核心功能,按照产城融合、功能完备、职住平衡、生态宜居、交通便利的新一轮新城建设要求,把嘉定、青浦、松江、奉贤和南汇五个新城建设为长三角城市群中具有辐射带动作用的独立综合性节点城,2021年1月,"五个新城"被首次写入上海的《政府工作报告》,当年上海制定"1+6+5"新城规划建设总体政策框架。2022年伊始,上海的一个大动作就是总投资1328.2亿元的"五个新城"40个重大建设项目集中开工。

4. 上海建设工程咨询行业发展存在的问题

(1) 较长时期存在的问题

例如,工程监理的责权错位、法律责任界定模糊及监理取费较低等,其中,工程监理费用的低下给行业健康发展带来了极大负面影响。同时从企业结构上看,具备较强实力的甲级企业偏少,从监理人员结构看,注册监理工程师明显不足;在造价咨询方面,由于工程造价咨询企业数量增长较快,业务量相对不足,竞争异常激烈,导致部分企业为招揽业务竞相压价,有的企业甚至出现"0收费"等不良行为;招投标行业则长期存在围标、窜标及挂靠等现象,由于发现难、取证难、处理难等,致使这些现象较难杜绝。

(2) 民营企业、中小企业面临发展压力

在国家未来投资结构分化,建筑业继续深化改革的背景下,不同规模的企业、国企、民企之间的发展差异进一步扩大,国有企业相对于民营企业、大型企业相对于中小企业明显更具有优势,这也使得民营企业、中小企业的生存环境比较艰难。另外,近年来国家重点推广工程总承包、全过程工程咨询等新型发展模式,然而建设市场仍主要以政府投资的基建、房建领域为主,由于业主对企业工程总承包服务能力、工程咨询业务水平等要求更高,相对而言,国企、大型企业也更加有利。因此,随着行业集中度进一步提升,民营企业、中小企业发展将面临更大的挑战。

(3) 复合型人才短缺

随着招标代理、工程造价咨询等资质的取消,建筑设计业务资质进一步简化,建筑业市场化改革将进一步加速,行业资质准入壁垒逐渐放开。因此,在短期内,市场化改革带来的市场环境变化给工程咨询行业从业者提出了一定挑战,从事全产业链服务的企业也将进一步增加。由于工程咨询服务业是智力密集型行业,在这样的发展背景下,具有综合服务能力的复合型人才对于行业企业来说至关重要,建设市场对具有经验的复合型人才的争夺也将日益激烈,但是目前看来这类人才还较为欠缺。

5. 对发展上海建设工程咨询行业的建议

(1) 拥抱科技补齐短板

为充分把握"十四五"时期的发展机遇,建设工程咨询行业企业应立足发展实际,密切关注社会发展的重大需求,进一步加紧整合资源,补齐短板、突破瓶颈,强化风险抵抗能力。现阶段来看,需要顺应绿色建造、建筑工业化及信息化等发展趋势,以科技创新为抓手,持续培育优秀人才,充分利用BIM、人工智能、大数据等新技术、新理念来提升企业服务水平,从而深入推动企业转型升级。

(2) 提升专业化竞争力

2021年10月,国家市场监督管理总局和国家标准化管理委员会联合发布了《工程咨询基本术语》,除传统的评估、项目、全过程工程咨询等外,还提出了专项工程咨询等概念,这也给行业企业的发展带来了新的启示。因此有条件的企业可根据自身资源、人才、资质等优势聚焦特定细分领域、强化自身能力建设、努力塑造专项品牌,如提供专业轨道建设工程咨询、高层建筑工程咨询等,不断通过自身专业能力的锤炼塑造,增强核心竞争力。

（3）全面推进信用体系建设

加强信用体系建设是规范建筑市场秩序的重要举措，也是实现建筑业融合创新的必要条件，还能为建筑业改革和发展提供有力保障，同时也与建筑企业的诚信度与建设工程的质量安全密切相关，影响着社会的各个方面。因此，住建部在2022年初发布的信用体系建设工作要点中明确提出要推进全国信用信息共享平台建设，不断完善住房和城乡建设领域信用信息共享平台数据归集、共享、分析功能，同时鼓励行业协会商会依法依规开展会员企业信用等级评价，督促会员企业守信合法经营、营造公平诚信市场环境。

（上海市建设工程咨询行业协会供稿）

（六）上海人力资源服务行业 2021 年发展报告

人力资源服务业作为现代服务业的重要组成部分，在我国社会主义市场经济的产业发展过程中起到了日趋重要的作用。十九大报告中指出，着力加快建设实体经济、科技创新、现代金融、人力资源协同发展的产业体系，在中高端消费、创新引领、绿色低碳、共享经济、现代供应链、人力资本服务等领域培育新增长点。2021年，人力资源社会保障部、国家发展改革委、财政部、商务部、市场监管总局共同发布《关于推进新时代人力资源服务业高质量发展的意见》，对加快构建中国特色的人力资源服务产业体系提出了更高要求。

上海人力资源服务业在政府引导、市场参与、行业自律的模式下，围绕打响"上海服务"品牌、提升上海全球人力资源配置能力、服务经济社会高质量快速发展，已形成公共市场健全、规模水平突出、业态体系完备、专业能级领先、国际要素集聚的产业体系，行业营业总收入年均增长率超过30%，对上海产业经济建设发挥了配置、开发人力资源的基础性作用。

1. 上海人力资源服务行业发展历程

改革开放以来，我国人力资源服务业发展迅速。在国家人力资源社会保障部和市委市政府的关心支持下，上海人力资源服务业经历了从无到有、从小到大、从国有独办到多元竞争的发展历程。

1979年，《人民日报》刊登了上海市徐汇区设立劳动服务公司的消息，在全国范围内首次出现了劳动服务公司的名称。1994年，由国家人事部和上海市政府共同组建的国家级区域性人才市场——中国上海人才市场正式挂牌成立，同时在全国范围内率先提出"构筑上海人才资源高地"战略。1996年出台了《上海市人才流动条例》，是上海第一部与人力资源服务业直接相关的规章条例。

进入21世纪，随着知识经济的到来，社会分工的细化以及"人力资源是第一资源"的概念提出，人力资源服务业受到政府、市场、社会等各方面更多关注。2002年，上海开始执行人力资源服务许可制度，在全国率先开展人力资源服务市场化改革，并建立全国第一家市场化的人才中介行业协会（现为上海人才服务行业协会）；2006年出台《上海市人才中介服务机构管理暂行办法》，有效规范人力资源服务市场。2010年，全国首个国家级人力资源服务产业园区——中国上海人力资源服务产业园揭牌，人社部在《关于同意筹建中国上海人力资源服务产业园区的复函》中明确："制定促进人力资源服务业发展的优惠政策，加快招商引资步伐，发挥园区集聚产业、拓展服务、孵化企业、培育市场的功能，逐步扩大园区的规模和影响。"

近年来，上海出台了一系列人力资源服务相关政策：2015年，上海自贸区取消外资独资设立人力资源企业的限制，并于2016年落地了全国第一家外资独资企业，大大推动了国际优秀人力资源服务机构进入上海的步伐。2019—2021年，先后出台了《关于加快本市人力资源服务业发展的若干意见》《中国上海人力资源服务产业园区建设管理办法(试行)》《上海市人力资源服务"伯乐"奖励计划实施办法(试行)》等一系列政策文件。2020年,上海市市场监督管理局批准成立"上海市人力资源服务标准化技术委员会",标志行业标准化工作进入新阶段。2022年初,上海市人力资源社会保障局、市发展改革委、市财政局、市商务委、市市场监管局等五部门联合印发《关于促进本市人力资源服务业高质量发展的实施意见》,从进一步实行财税支持政策、进一步拓宽投融资渠道、进一步提升产业发展能级、进一步加强人才队伍保障等4个方面,共提出23条政策举措,促进人力资源服务产业高质量发展,加快赋能上海新时代高水平人才高地建设。

目前,上海人力资源服务业正处于快速发展期,其服务体系、产品体系、管理体系已渐趋完善,产业结构仍在持续调整升级,行业正向着专业化、标准化、品牌化、科技化、国际化方向迈进,并不断实现创新、融合与发展。

2. 上海人力资源服务行业发展成果

上海人力资源服务业在近40多年的发展历程中,在政府部门主导、行业协会自律、市场机构有序发展的"三位一体"的"上海模式"推动下"双轮驱动",已建立起全国领先的公共人力资源服务体系和市场化人力资源服务体系。上海人力资源服务业已经形成在全国领先的服务体系、产品体系和行业规模,具备专业化、标准化、品牌化、科技化、国际化等五大特点,为上海产业经济和社会发展提供了有效的人力资源服务保障、实现人力资源集聚配置的功能。

(1) 专业化服务能级不断提升

① 机构及从业人员数量增加。

据上海市人力资源和社会保障局数据显示,2020年底,上海市共有人力资源服务机构2 278家,从业人员7.23万人,相比上一年度分别上涨31.7%和34.5%,呈快速上升趋势。

② 服务能力完善。

经过多年的发展,上海人力资源服务业已形成集公共服务与市场服务于一体的"双轮驱动"人力资源服务体系,涵盖了高级人才寻访、人力资源咨询、人才派遣、人力资源外包、人才测评、人才培训、现场招聘会、网络招聘、人力资源软件服务等服务产品。同时,随着新技术、新产品、新模式不断涌现,移动化人力资源服务平台、人力资源SaaS服务、人力资源+金融服务、人力资源生态服务等业态不断兴起,正服务于上海乃至全国经济社会持续发展。

从各业态发展来看,人力资源外包、劳务派遣仍是行业的主要收入来源,受相关政策法规以及行业合规化要求,劳务派遣业态占比逐渐下降,人力资源外包业态呈逐年上升趋势。

③ 营收规模扩大。

据上海人才服务行业协会统计分析,上海人力资源服务行业营业总收入年均增长率超过30%,在行业营收规模上处于全国领先水平。

④ 产业集聚发展加快。

2010年11月,中国上海人力资源服务产业园区作为我国第一家国家级人力资源服务产业园在上海静安区揭牌成立,并于2019年成立东部园,2022年成立虹桥园。近年来,产业园在"助力就业、配置人才、服务全国、链接全球"等方面取得了明显成效,成功打造了人力资源峰会、人力资源机构助力大学生就业联盟、梅园论剑、大咖论创新、梅园书院、全球服务商计划等系列品牌活动,并与全国各省市产业园区开展交流合作,推广产业园区发展的"上海模式",为全国人力资源服务产业园的建设和发展贡献上海智慧。

⑤ 资本投资规模扩大。

资本投资活跃度作为行业兴衰的重要指标之一,伴随着上海人力资源服务业的快速发展,摩根士丹利、软银控股、中信资本、联想资本、蚂蚁金服等国内外知名的金融投资机构纷纷涉足人力资源服务领域。同时，本土代表人力资源服务机构，如上海外服、中智上海等纷纷成立人力资源服务行业相关的产业基金，为行业新兴力量、新型产品、新锐机构提供支持。据上海人才服务行业协会统计，协会目前有近50家会员单位实现各类交易所的挂牌上市，在新兴服务业领域处于较高水平。

(2) 技术标准日益完善

随着上海人力资源服务业规模不断扩大，竞争日益激烈，对人员、市场、产业规范化、标准化、技术化要求逐渐显现，标准化工作逐步在行业发展中发挥越来越重要的作用。在此背景下，在各级政府部门的指导下，上海人才服务行业协会牵头组织行业各方专业力量共同研究，发布了《人力资源派遣服务规范》《人才测评服务规范》《高级人才寻访服务质量要求和评价方法》《网络招聘服务规范》《人力资源培训服务规范》《人力资源外包服务规范》《人力资源管理咨询服务规范》等上海市地方标准，并以此为依托牵头编制了《人力资源服务术语》《人力资源外包服务规范》两项国家标准。2017年11月，国内首个人力资源服务业团体标准《人力资源外包服务先进性质量要求》正式发布。目前已有650家次人力资源服务机构贯标行业国家、地方标准或团体标准，有力推动了行业标准化工作的落实。

2012年6月，由国家标准化委员会在静安区(原闸北区)开展国内首个"国家级人力资源服务标准化试点项目"。2015年2月，"闸北区国家级人力资源服务业标准化试点"通过国家标准委验收。2020年，经上海市市场监管局批准，成立上海市人力资源服务标准化技术委员会，并于2021年的标委会成立大会上签署了《长三角地区人力资源服务行业协会框架合作协议》，推动长三角地区人力资源服务行业标准化体系的一体化发展。

(3) 品牌化体系不断健全

在政府引导、协会推动以及市场机构的共同努力下，上海人力资源服务业已经形成较为完善的行业品牌体系，在为本土市场和行业机构实际操作过程中树立基础标准及形象标杆的同时，也通过品牌效应扩大上海人力资源服务业的国内外影响力，进一步推动我国人力资源服务行业的健康有序发展。

为推进行业高质量发展，上海人才服务行业协会每年开展"上海人力资源服务业诚信示范机构创建"活动，发布行业百强排名指数以及"招聘、培训、咨询"分业态排名榜单。此外，上海市市场监督管理局等部门每年开展"中小企业品牌""上海名牌""上海市政府质量奖""上海品牌"等评选活动，截至2021年底，共有20家人力资源服务机构获评上海市"中小企业品牌"、23家机构获评"上海名牌"、2家机构(上海外服、中智上海)获评"上海市质量金奖"、2家机构(上海外服、中智上海)获评"上海品牌"第一批认证企业。

自2020年起，上海市人力资源和社会保障局每年开展"上海市人力资源服务'伯乐'奖励计划"，激励和引导人力资源服务机构为上海集聚优秀人才做出更大贡献。

(4) 科技赋能成效不断升级

随着科技赋能在人力资源服务行业的不断深入，人力资源服务机构在推动传统人力资源服务业能级提升的同时，把握新机遇，不断研发新产品、打造新模式，丰富上海人力资源服务业内涵，根据上海人才服务行业协会统计，目前上海有46家人力资源服务机构获评"高新技术企业"称号。

在行业科技赋能方面，上海人力资源服务行业逐渐呈现以下发展特点：

一是结合大数据和云平台，开发科技化、普适性现代人力资源服务产品，帮助企业了解自身痛点、个性化制订解决方案。

二是加强数据安全建设,基于《人力资源市场暂行条例》《数据安全法》《网络安全法》《个人信息保护法》规定,企业不断加大对自身数据安全体系的建设和投入,参与国家乃至国际数据安全认证,为客户和个人提供更安全、可靠的人力资源数据信息的收集、整理、储存和发布服务。

三是结合行业上下游和人才工作生活的内容,开发陪伴人才全方位服务产品,形成人力资源生态服务,将更多产品纳入"人力资源服务＋"的范围。

四是把握新场景,探索便利化、实时化产品内容,如针对移动办公新场景,发布各类移动人事产品,集成薪资计算、智能绩效、自动报表、远程监督、线上审批等功能,在传统一网通办的基础上向移动设备一网通办升级。

五是运用技术实现跨区域联网互动,推动全国乃至全球人力资源服务一体化的实现。

六是围绕重点、热点领域,研发灵活用工、共享用工等服务产品,合法合规为企业解决灵活用工的痛点和难点。

七是鉴于多种用工模式将会成为组织构成的常态,开发去中心化的人才获取和管理模式。

八是拥抱新媒体,运用抖音、快手、微信视频号等平台,拓宽人力资源宣传渠道和引流,让更多人认识人力资源服务业,参与人力资源服务业,为人力资源服务产品买单。

九是拓展人工智能、区块链、5G等技术与人力资源产品和服务的融合,形成人力资源物联网和远程服务产品。

十是科学应对延迟退休和老龄化对于劳动力市场影响,开发并使用数字化员工体验等科技手段加强企业对于不同代际员工的需求管理。

（5）行业配套逐步成熟

随着上海人力资源服务业的发展,行业配套及第三方组织逐步兴起并发展成熟,在政策传递、理论研究、市场自律、品牌建设等方面有力地促进了行业发展。一是行业协会发展方面,2002年4月,上海人才服务行业协会成立,逐步成长为全国同行业内最好的行业协会,目前拥有会员单位750余家,囊括了国际、国内领先的人力资源服务机构；二是行业媒体方面,HROOT、第一资源、伯乐会、HRFLAG等媒体机构均在全国具有较大影响力,通过现场交流、平面媒体、网络宣传等方式,发布行业信息,宣传行业正能量；三是行业理论研究方面,在行业协会开展理论研究同时,市场化人力资源服务机构也逐步开始建设自身行业理论体系,如万宝盛华产业发展研究院、诺姆四达研究院、天坤大学等已成为行业研究不可或缺的力量；四是支撑人力资源服务业发展的专业机构日益丰富,人力资源上下游相关要素支持更加密切,如蓝白律师事务所、江三角律师事务所等提供行业合法合规性法律保障,如薪太软、嘉薪等解决行业垫付资金短期流动紧张瓶颈,如财才网、亿企赢提供行业合法合规财税培训与咨询,如商保通、瑞众商保结合人力资源外包及非标准劳动关系等特点提供雇主责任险、商业保险等产品切实保障劳动者和用人单位双方利益。

人才是第一资源,创新是第一动力。上海人力资源服务业历经40多年的发展,已经能够为上海的产业人才引进、集聚、培养和发展提供国际化、市场化的道路,其服务体系、产品体系、管理体系已渐趋完善,其产业结构性调整仍在继续,行业专业化、标准化、品牌化、科技化、国际化的进一步转型和升级正在开展。随着《关于促进本市人力资源服务业高质量发展的实施意见》出台,上海人力资源服务业迈入高质量发展阶段,上海人力资源服务业将继续在政府部门引导、行业协会自律、市场机构共同发展的模式下,创新服务产品、搭建行业平台、优化发展环境,推动上海人力资源服务业专业化、标准化、品牌化、科技化、国际化发展,推进全国人力资源服务行业的共同繁荣。

（上海人才服务行业协会供稿　执笔人：朱庆阳、汪艳彦、孙远、毛毓郁）

(七) 上海信用服务行业 2021 年发展报告

1. 上海市信用服务行业发展综述

依据《上海市社会信用条例》，信用服务机构是指依法设立，向社会提供信用产品、从事信用咨询、信用风险控制等相关经营活动的专业服务机构。人们往往把信用服务行业归结为通常所说的人民银行依据《征信业管理条例》开展持牌管理的传统信用服务机构，主要包括资信评级、企业征信、个人征信等；但在市场中依托互联网、大数据技术以及已积累的行业经验等开展信用服务的新兴机构大量存在，包括互联网金融征信、大数据信用服务、商业保理、信用保险、信用咨询等。就信用服务行业的实际发展情况来看，截至 2021 年，底带有征信、信用、信用管理、信用服务字样（或经营范围中含信用）的信用机构预计有 900 余家。经各区核查确认，仍在从事信用服务业务的机构约 120 家。其服务类型可分为：基础信用服务、增值信用服务和衍生信用服务三大类。

目前上海信用服务机构数量和规模居全国前列，以企业征信和信用评级为例，截至 2021 年底，央行备案企业征信机构 136 家，上海机构有 21 家；证监会、人民银行、银行间交易商协会等部门认可的信用评级机构 15 家，总部位于上海的有 5 家，其中，全牌照 3 家，总部加分支机构位于上海的 9 家，数量与北京相当。

根据统计数据，56 家信用服务机构 2021 年总营业收入为 32.29 亿元，较 2021 年 27.93 亿元增加了 16%；从业人员达到 3 971 人，较 2020 年的 3 751 人增加了 5.8%，整体情况如下图所示。

图 31　上海市信用服务行业收入增长情况

图 32　上海市信用服务行业从业人员增长情况

图 33 近 5 年收入增长率变化趋势

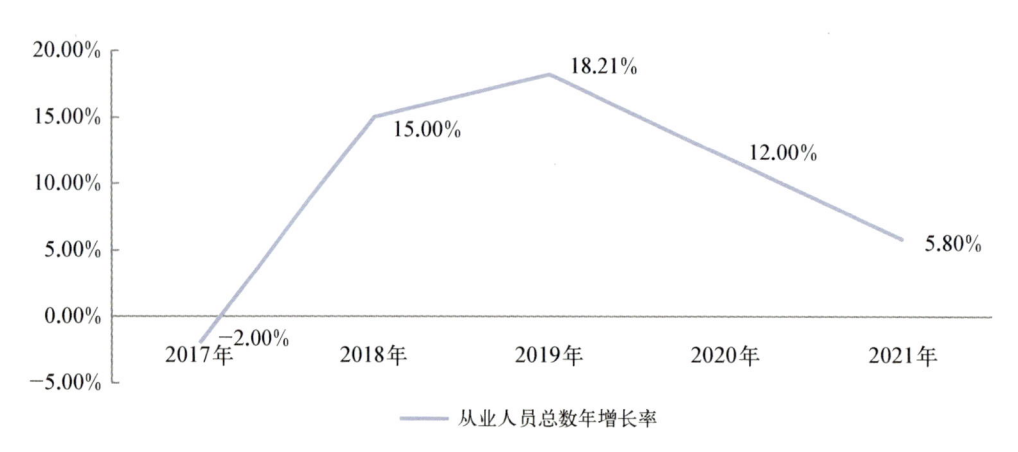

图 34 近 5 年上海信用服务行业从业人员增长趋势

2021年,参与统计的信用服务机构平均营业收入为5 766万元,每家机构的平均从业人员约为71人,人均营业收入为81.3万元,具体变化情况如图35。

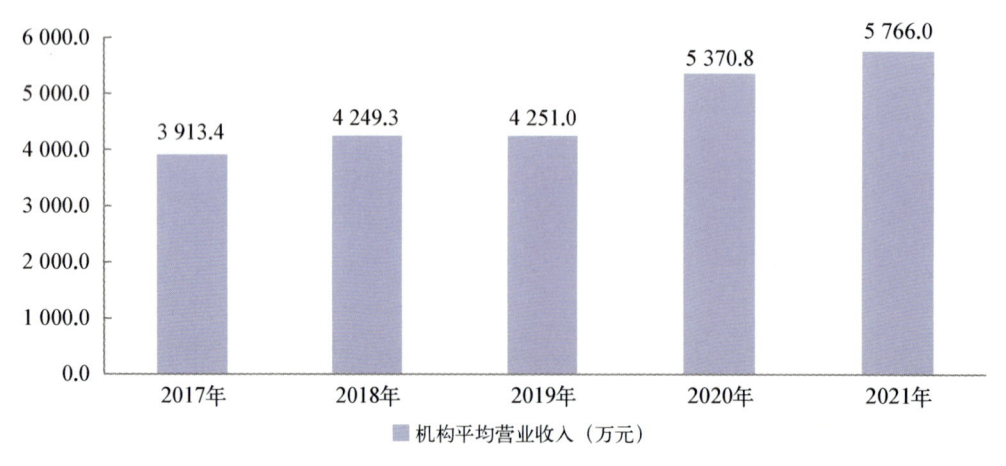

图 35 近 5 年上海市信用服务机构收入情况

截至2021年末,56家信用服务行业从业人员合计3 971名,其中,研究生及以上学历者有1 229人,大学本科学历1 926人,大专学历610人,高中及以下学历仅206人;从业5年以上的人员

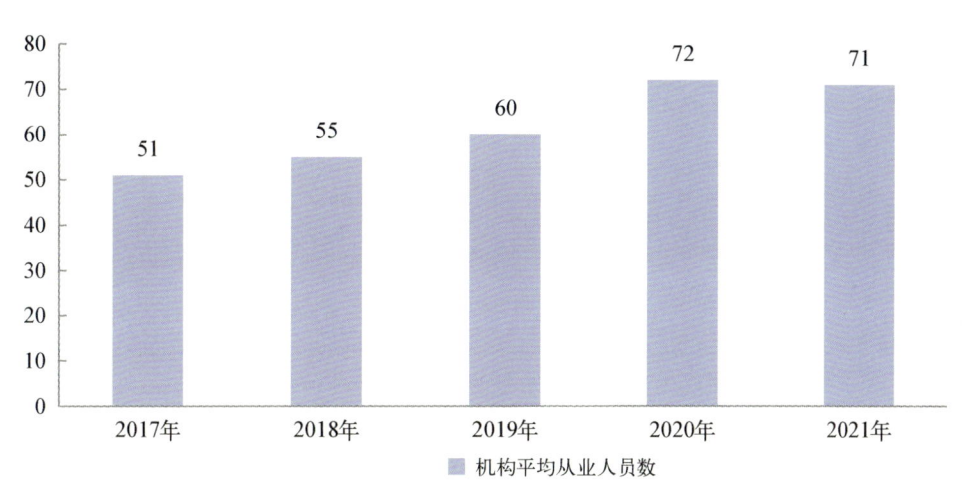

图 36　近 5 年上海市信用服务机构从业人员变化情况

图 37　近 5 年上海市信用服务机构人均收入变化情况

为 1 932 人,3 年以上 5 年以下的为 857 人,1 年以上 3 年以下的为 731 人,1 年以下的 451 人。

从业人员中具有高级技术职称的 33 人,中级技术职称的 121 人,初级及以下技术职称的 78 人;持有注册会计师证书资格的 48 人,持有证券从业资格证书的 526 人,具有律师资格的 22 人,持有特许金融分析师(CFA)证书的 19 人,持有国际注册信用分析师(CICA)证书的 2 人。具体情况如图 38 至图 40 所示。

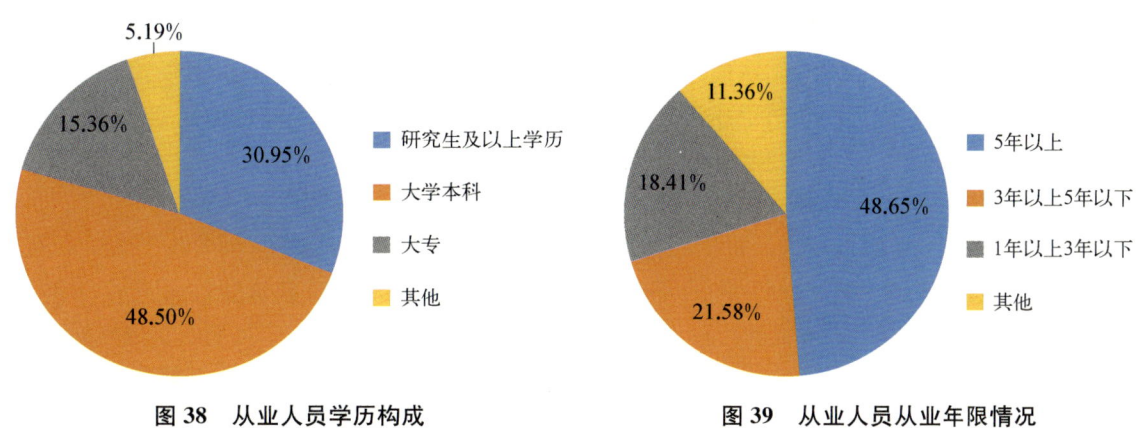

图 38　从业人员学历构成

图 39　从业人员从业年限情况

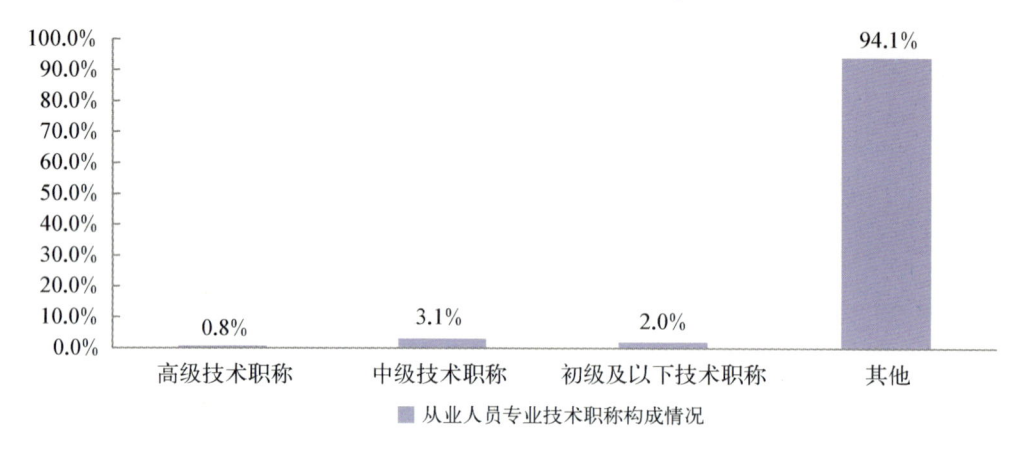

图中数据：高级技术职称 0.8%，中级技术职称 3.1%，初级及以下技术职称 2.0%，其他 94.1%。图例：从业人员专业技术职称构成情况。

图 40　从业人员学历情况

2. 行业年度发展主要特点

（1）信用服务行业企业发展特点

① 信用服务行业发展顶层设计加强。

2021年，一系列法律规定的出台为信用服务行业发展提供依据。8月，信用评级行业迎来新规，中国人民银行会同国家发展改革委、财政部、银保监会、证监会联合发布《关于促进债券市场信用评级行业健康发展的通知》旨在促进债券市场信用评级行业规范发展，提升我国信用评级质量和竞争力，推动信用评级行业更好地服务于债券市场健康发展的大局。6月，第十三届全国人民代表大会常务委员会第二十九次会议通过《中华人民共和国数据安全法》，规范了数据处理活动，保障数据安全，促进数据开发利用，保护个人、组织的合法权益，维护国家主权、安全和发展利益。3月，《中华人民共和国国民经济和社会发展第十四个五年规划和2035年远景目标纲要》公布，《纲要》对进一步健全社会信用体系作了明确部署，并在其他领域中多次提及信用、诚信、事中事后监管、信息共享和保护等关键词。上海也于10月印发《上海市深化社会信用体系建设三年行动计划（2021—2023年）》，从建设社会信用体系发展应用新格局、深化社会信用体系建设重点任务、发挥重点区域信用应用示范作用、形成重点领域应用标杆效应、积极营造社会信用体系建设发展良好环境5个方面对2021—2023年上海信用体系进行了全面的规划和部署。

② 长三角区域一体化建设信用合作成果丰硕。

2021年"一市三省"在信用体系合作方面取得丰硕成果。上海市加强信用联动，深化区域旅游领域分级分类监管合作，进一步优化了信用长三角网站信息归集机制；浙江省将信用建设作为深化"放管服"改革、推进全省数字化改革、高质量发展建设共同富裕示范区的关键支撑，以打造"两省两高地"为主线，加快建设信用"531X"工程，持续推动区域信用合作和全省信用建设；安徽省深化信用联动监管，牵头推进产品质量领域信用合作工作；江苏省推动食品安全、药品安全领域信用制度趋同，拓展和深化文化旅游领域信用建设；一体化示范区初步建成了公共信用综合管理平台，实现了三地公共信用数据的统一汇聚和实施共享交换。

③ 行业的集聚和机构间的分化趋势明显。

据统计，在2021年相当于统计机构总数44%的25家信用服务机构营业收入超1000万元，这21家征信机构营业收入合计31.61亿元，占行业总营业收入的97.8%，其营业收入连续3年占全行业比已经超过了90%。信用服务行业的集聚和机构间的分化趋势进一步明显。其中，营业收入超1亿元的有8家，中诚信国际、合合信息、新世纪资信评估、华夏邓白氏、天翼征信、三零卫士、高柏（中国）、致融征信贡献了上海信用服务业收入的主要部分，占比约80%，行业发展"二八"现象较为明显。而总营业收入 100 万元以下的企业有 14 家,更是有 4 家企业 2020 年没有开展业务,行业发展不平衡问题进一步突出,当然这也是行业集聚发展的体现。

④ 信用服务产品内容丰富多样。

随着中国市场经济尤其是上海经济的迅猛发展,上海信用服务行业近年来取得了快速发展,信用服务产品的内容也发生了变化。一方面信用服务机构充分利用大数据等互联网技术搜集分析更有效的数据和信息,并从中创新出更多的新型信用服务产品,产品业务类型大致分为信用调查与服务、信用评级、信用管理咨询、大数据信用服务及信用人才培养,应用领域全方位涵盖政府机关、各类企业、金融机构、院校。另一方面近年来上海着重推动重点领域信用分级分类监管,并鼓励上海信用服务机构参与信用监管工作,使得信用服务机构研发出更多的政府应用产品,其服务领域主要涉及政府专项监管,产品主要用于协助政府部门在信用系统建设、评价标准设计、数据价值挖掘、信用风险预警等方面做好工作。

(2) 2021 年上海信用服务行业重大事件

12 月,上海数据交易所数据产品挂牌(社会信用专场)推进会举行。

11 月,第四届全国信用管理学科专业建设学术研讨会举行。

10 月,《上海市深化社会信用体系建设三年行动计划(2021—2023 年)》发布;上海信易贷综合服务平台亮相 2021 年全国双创活动周。

8 月,2021 年上海区级信用子平台和信用门户网站建设观摩现场会成功召开。

7 月,《2021 年长三角区域信用合作工作计划》印发;市信用平台(二期)部分核心功能完成开发。

6 月,海信易贷综合服务平台在"随申办"开通"信用融资"服务板块。

4 月,2021 年上海市社会信用体系建设联席会议召开;上海市信用服务行业协会第四届第四次会员大会召开;信用天下之淄博论剑暨第二届信用 50 人论坛举行。

1 月,市政府办公厅印发《进一步做好本市公共信用信息修复工作的若干意见(试行)》。

(3) 2021 年上海信用服务行业创新案例

案例(1)

案例名称	新世纪评级评定首单疫情防控资产支持证券
案例简介	2020 年初新冠肺炎疫情暴发以来,为确保市场资金充裕和流动性,各监管部门认真落实党中央和国务院的部署要求,出台多项政策共同呵护债券市场。2 月开始,监管机构对募集资金主要用于疫情防控以及疫情较重地区金融机构和企业发行的金融债券、资产支持证券、公司信用类债券采取优先发行的措施,"疫情债"迎来发行热潮,为抗击疫情提供强有力的资金支持。2020 全年,新世纪评级共为 50 支"疫情债"提供评级服务,涉及发行规模 367.19 亿元。 其中,新世纪评级评定了市场首单疫情防控资产支持证券,为 2 月 14 日簿记发行的"中信证券—联易融—中交二航局供应链金融 2 期资产支持专项计划(疫情防控)",证券发行规模 2.3 亿元,其中优先级证券规模 2.29 亿元,期限 1 年,优先级票面利率 2.80%
应用领域	债券市场;信用评级;疫情债
案例特色	疫情防控债是募集资金主要用于疫情防控以及疫情较重地区金融机构和企业发行的金融债券、资产支持证券、公司信用类债券,是金融市场支持防控疫情的重要产品

	续 表
效果评价	新世纪评级在全民战"疫"的大环境中,充分发挥信用评级在资本市场中的重要作用,为发债企业提供高质高效的评级服务,满足企业融资需求
未来应用前景	随着疫情进入防控阶段,后续疫情防控债再次发行的可能性较低,但疫情防控依然可以作为后续发行类似主题债券的参考。未来,评级将继续为主题债券提供助力

(上海新世纪资信评估投资服务有限公司)

案例(2)

案例名称	构建以信用为基础的供应商信用管理模式 ——上海资信协助杨浦区五角场镇政府开展信用监管
案例内容	一、案例背景 　　为贯彻落实《社会信用体系建设规划纲要(2014—2020年)》(国发〔2014〕21号)、《国务院关于建立完善守信联合激励和失信联合惩戒制度加快推进社会诚信建设的指导意见》(国发〔2016〕33号)及《上海市社会信用条例》的有关要求,上海资信充分发挥多年积累的征信、评级业务优势,助力杨浦区五角场镇政府构建以信用为基础的供应商信用管理模式 二、主要做法 　　项目以企业主体信用状况和政府宏观管理深度融合为主线,以差异化服务、监测预警、联动奖惩、考核评价等为重点,以重点行业和领域为突破口,推动形成"事前、事中、事后"全过程信用管理,构建跨部门、跨行业、跨领域的信用联动奖惩机制,为打造"诚行杨浦,信建双创"提供强有力的支撑 　　项目目标是以"信用大数据＋评级人工智能"为重要抓手,建立杨浦区五角场镇政府服务供应商信用评价指标体系,实现对施工、监理、造价、设计等重点行业和领域的32家企业主体信用状况的信用评价及动态监测 　　(一)确定重点行业及领域 　　上海资信结合杨浦区五角场镇政府服务供应商管理要求,依托公司自建的商业企业征信系统CCS的海量数据,结合多年的征信、评级经验,对服务供应商涉及的重点行业及领域进行了划分与筛选,确定施工、监理、造价、设计4个重点领域的32家企业主体 　　(二)开发设计企业信用评价指标体系 　　上海资信根据筛选出企业主体的行业特性,运用大数据的先进理念、技术和资源,深入挖掘公开信息、监管信息等,以行政处罚、奖励记录等为切入点,通过汇总设计,形成动态的信用评价和风险评估指标体系。指标体系包括企业经营能力、企业管理能力、监管情况、企业信用信息、企业发展前景5个一级指标;基本素质、资源状况、管理规范性、行业状况、企业成长性等13个二级指标,通过综合反映供应商内外部信用以及实际运营状况,为评价信息使用者提供合规的、客观的、中立的、准确的专业意见 　　(三)实现信用信息有效整合共享 　　针对传统政府对管理方式和体系存在监控不全面、预警不及时、所得信息的真实性和准确性不高、成本过高等问题,上海资信发挥信用信息整合、甄别与核实的优势,有效利用交易主体信用信息资源,多平台、多渠道形成政府和市场信用信息交换共享,为加强行业自律、促进行业发展、倡导诚信经营主提供有效信用信息支撑 　　(四)建立监测预警服务功能 　　上海资信在对信用主体进行甄别、评估、核实的基础上,形成"发生不良信用事件预警""被列为失信黑名单及重点关注名单的市场主体信用状况"的重点分析报告,为政府部门按照信用预警结果实施零距离、近距离和远距离监管提供重要支撑 　　(五)明确信用等级划分及释义 　　杨浦区五角场镇政府服务供应商信用等级以"红黄绿灯"标识,根据企业信用评分换算为5个等级:AAA级(信用好)、AA级(信用较好)、A级(信用尚可)、B级(信用一般)、C级(信用较差)。A级及以上对应"绿"标,B级对应"黄"标,C级对应"红"标

续 表

案例内容	三、项目服务特色 （一）全方位的数据业务支持 上海资信拥有丰富的企业信用信息资源，目前运营的商业信用征信系统为杨浦区五角场镇政府服务供应商信用评价提供了全方位的数据业务支持，依托经典的数据挖掘、广泛和深层次的统计分析报告、全面的风险管理功能等，上海资信对国际先进的信用风险模型进行了长期、深入的研究，并结合国内企业的实际情况，对影响企业信用能力和信用意愿的因素进行统计分析和模型化处理，进一步为项目评价结果的客观、公正提供了保障 （二）科学的信用评价指标体系 建立科学的信用评价指标体系，是项目评价结果严谨性的关键因素。项目评价指标体系具有以下特征：定性分析判断和定量分析相结合，征信数据与评级数据相结合，历史考察、现状分析与长期展望相结合，侧重于对服务供应商未来偿债能力的分析和评价，注重现金流的水平和稳定性。其中： 全面性方面，项目评价指标体系必须能够体现五角场镇政府监管思路，并达到全面的、多方位、多角度反映服务供应商信用状况。因此，必须将反映评价主体信用状况的各种因素纳入指标体系考虑范围，并据此设计指标体系。上海资信在详细分析项目类型的基础上，借鉴了国内外同类评估体系的经验和做法，结合专家的意见，制定了项目信用评价指标体系 必要性方面，信用评价模型并不是包含的指标越多越好，上海资信在制定项目评价模型过程中，主要考虑两方面因素，一是所选指标与项目主体信用状况紧密相关，二是所选指标对信用评价指标体系有较大贡献度。从而使信用评价模型既可以有效地评估服务供应商信用状况，也与其实际情况紧密联系。 可测量性方面，项目信用评价必须满足量化评价的要求，一是能够准确度量定量指标，二是定性指标能够通过制定标准进行量化评估。通过指标量化可以保证客观、公正的评估结果，而尽可能地避免主观臆断 可比性方面，项目信用评价指标体系不仅同类业务、同类规模的主体指标数据具有可比性，不同业务、不同规模主体之间的指标数据也应具有一定的可比性。这一思想主要体现在两方面，一是尽可能选取主体的共性指标，二是对不同业务、不同规模的主体设定不同的目标参考值 四、取得成效 （一）有助于缓解"信息不对称"局面 构建以信用为基础的新型监管模式实现了对重点行业和领域的企业主体信用状况的信用评价及动态监测，信用评价结果更能反映服务供应商整个生命周期的全过程信用状况，为服务供应商之间搭建起统一的信息交流、彼此了解、互相竞争、共同提高的平台，能够帮助监管部门全面掌握服务供应商信用状况，降低"信息不对称"风险，降低制度性交易成本 （二）有助于引导服务供应商增强诚信意识 构建以信用为基础的新型监管模式将第三方信用管理与服务供应商规范化管理直接挂钩，引入信用监管的手段，使信用评价结果更能反映服务供应商整个生命周期的全过程信用状况，大大激发了服务供应商诚信经营的动力，有助于引导服务供应商增强诚信意识、强化诚信运营、提升管理水平，进一步夯实了"守信激励、失信惩戒"的信用环境，促进了杨浦区社会信用体系建设 （三）有助于推动事中、事后监管有效运行 构建以信用为基础的新型监管模式是杨浦区五角场镇政府区别不同主体信用状况的分类监管、瞄准违法失信风险的精准监管、多部门配合联动的协同监管、社会力量共同参与的综合监管。该项目为杨浦区政务服务起到了重要的支撑作用，促进了政府职能转变，有助于推进"放管服"改革向纵深发展，提升杨浦区五角场镇政府公信力和治理能力
应用领域	杨浦区五角场镇政府
案例特色	上海资信充分发挥征信、评级业务优势，以"信用大数据＋评级人工智能"为重要抓手，助力杨浦区五角场镇政府构建以信用为基础的供应商信用管理模式，实现对施工、监理、造价、设计等重点行业和领域的 32 家企业主体信用状况的信用评价及动态监测 项目以企业主体信用状况和政府宏观管理深度融合为主线，以差异化服务、监测预警、联动奖惩、考核评价等为重点，以重点行业和领域为突破口，为打造"诚行杨浦，信建双创"提供强有力的支撑

	续 表
效果评价	上海资信助力杨浦区五角场镇政府构建以信用为基础的供应商信用管理模式，通过对供应商信用评价的"三个更加"，即更加突出信息共享，更加突出事中事后监管，更加突出联合惩戒，构建了从事前审批到事中事后监管的全过程监管模式，引导和规范供应商主体诚实守信，为形成"让守信者一路畅通、让失信者处处受制"的社会氛围提供有力支撑
未来应用前景	政府部门全过程信用监管、市场信用信息和政府信用信息融合等相关应用中

（上海资信有限公司）

3. 行业新时期展望与工作建议

（1）信用服务业集聚高地加速成型

根据上海信用服务行业的发展现状和地位，结合上海的先天优势，需立足支撑上海国际金融中心建设，以主业发展和增收为核心，以重点信用服务机构培育为抓手，多措并举，树立信用服务机构发展标杆和典型。政府通过示范带动作用，做强产业链，做深价值链，提高行业集中度和核心竞争力，实现整个行业转型升级和高质量发展，将上海打造成信用服务业集聚高地，信用产品和服务在经济社会各领域得到广泛运用，基本形成信用服务机构与信用体系建设互促共进、互相支撑的格局。

（2）全社会诚信意识进一步激发

通过政府示范应用，带动企业主动应用、个人自觉应用和信用服务机构的创新供给，全面激发潜在的信用需求。加强宣传引导，充分发挥社会各方力量，通过报纸、电视、城市公益广告位等渠道，微博、微信、短视频等媒体，信用产品服务交流、推荐、观摩等形式，大力宣传信用服务机构培育工作的重大意义、作用，做好政策解读培训工作，宣传普及信用知识，提高全社会诚信意识。

（3）长三角区域信用合作再上新台阶

长三角区域合作继续以"信息共享、监管共为、市场共育、规制共建、品牌共铸"，着力发挥点上突破、以点带面的示范效应，复制推广前期探索的好经验、好做法，主动作为，多措并举，持续发力，区域信用合作将取得新突破、再上新台阶。要加快推进重点领域跨区域信用联合奖惩合作。在环保、旅游、市场监管等领域，落实长三角地区各领域信用联合奖惩合作备忘录，加快实现长三角地区企业信用信息开放共享，形成环保、旅游、质量、食品药品、交易、价格、商务等跨区域失信联合惩戒机制。推动三省一市行政许可、行政处罚等双公示数据、各行业领域黑名单等公共信用信息共享。进一步加大平台整合各类市场信用信息力度，丰富信息主体信用档案，打造长三角信用数据资源池。完善联合奖惩系统，建立严重失信主体名单信息公示、动态发布机制。运用大数据、区块链等技术，开展信用风险监测、图谱关联分析、动态预警提示等工作。

（4）人才培养机制逐步完善

信用服务行业的高质量发展，急需大量的信用管理专业人才做后盾。据不完全统计，我国开设信用管理专业的高校近30家，上海也只有5家高校，信用人才的培养速度已经远远跟不上信用经济发展的需求步伐，要多方合力不断缓解人才需求压力。需要推动高校信用管理相关专业和学科建设，鼓励信用服务机构与科研机构、高校、企业共同探索适应市场需求的信用人才培养机制，培养一批能够突破信用产品关键记述，带动信用应用领域发展的复合型人才，开展前瞻性理论研究和技术研发。

（5）行业发展日趋规范

人民银行应推动企业征信机构备案管理，加强个人征信信息安全管理和个人隐私包含，强化银行间债券市场的经验评级业务监督管理,规范信用评级机构发展。上海市信用服务行业协会也应主动作为发挥行业自律功能。通过已建立的"上海信用服务行业综合智慧数据库管理平台"加强对行业中会员单位的日常监督,建立信用服务机构和从业人员信用记录。对新加入的会员机构设定一定的门槛,施行公司信用承诺制度,注重信用服务行业的健康度。制定信用行业从业人员的职称认定办法,对行业从业人员分类开展培训。要从业人员签订职业承诺书,防范系统性金融风险的发生。制定行业规范,强化管理与服务,积极主动吸引外资信用服务机构入会。

(上海市信用服务行业协会供稿)

(八) 上海合同信用行业 2021 年发展报告

2021年,上海市合同信用行业认真学习贯彻习近平新时代中国特色社会主义思想,以社会主义核心价值观为根本遵循,以迎接中国共产党成立100周年为动力,学史明理、学史增信、学史崇德、学史力行,以组织会员企业开展合同信用资信评估和"守合同重信用"企业公示认定为导向,引导行业企业弘扬契约精神,争创诚信企业,营造诚信氛围,打造金字招牌,努力推进本市企业信用建设在进入新发展阶段,贯彻新发展理念、构建新发展格局中再上新的台阶,为促进全市社会诚信建设作出积极贡献。

1. 2021年上海市合同信用行业发展概况

(1) 从会员数量看,继续保持增长态势

截至2021年底,全市共有会员总数3 951家,其中,2021年新发展会员企业486家,占会员总数12.3%。

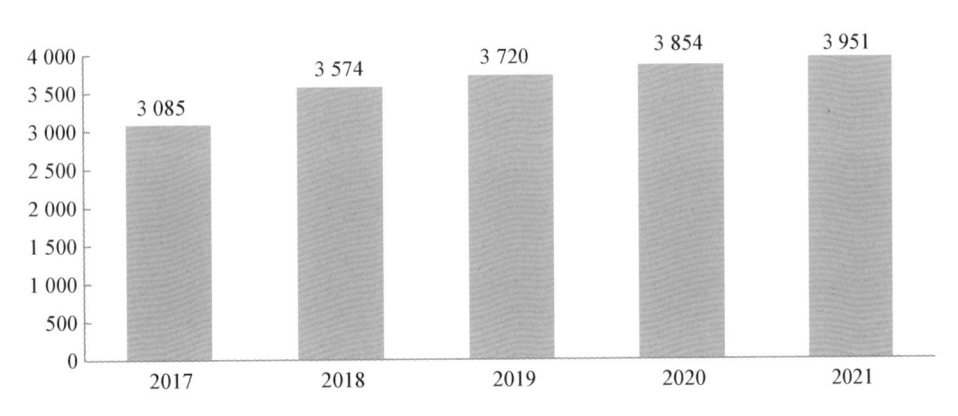

图 41　近 5 年会员数量态势

表 48　全市各区会员数及企业合同信用等级

序号	地区	截至2021年在册会员数	守重情况					
			2019—2020年度			2018—2019年度		
			3A	2A	A	3A	2A	A
1	浦东	503	59	15	4	325	22	4
2	黄浦	139	11	1	1	98	14	3

续 表

序号	地 区	截至2021年在册会员数	守重情况					
			2019—2020年度			2018—2019年度		
			3A	2A	A	3A	2A	A
3	徐汇	250	52	3	1	165	25	5
4	长宁	130	9	1	1	84	17	—
5	静安	215	22	2	1	127	23	6
6	普陀	92	11	6	—	61	4	1
7	虹口	130	15	9	4	89	9	2
8	杨浦	196	32	12	1	130	14	4
9	宝山	380	59	15	6	227	31	14
10	闵行	225	39	12	4	142	25	3
11	嘉定	470	123	29	17	218	73	10
12	金山	227	109	11	4	49	2	—
13	松江	143	18	1	3	108	10	3
14	青浦	259	115	18	1	85	20	10
15	奉贤	247	73	11	6	137	15	5
16	崇明	170	6	1	1	155	5	0
17	市促进会	175	33	11	1	92	18	8
	总计	3 951	786	158	56	2 292	327	78

(2) 从行业规模看，中、小企业成为主体

目前全市会员中，大型企业355家，占会员总数的8.98%；中型企业908家，占会员总数的22.98%；小型企业1 886家，约占会员总数的47.73%；微型企业793家，约占会员总数的20.07%。小、微企业合计2 679家，占整个会员总数的67.8%。

(3) 从行业分布看，工业制造、服务行业成为主流

会员队伍中，工业制造业企业1 225家，占会员总数的31%；建筑施工行业801家，占会员总数的20.24%；商业企业306家，占会员总数的7.74%；服务业企业1 215家，占会员总数的30.75%；其他类型企业404家，占会员总数的10.22%。

(4) 从所有制性质看，民营企业成为会员队伍的主力军

目前会员队伍中央企98家，占会员总数的2%；国企477家，占会员总数的12%；民营企业3 239家，占会员总数的82%；外资企业137家，占会员总数的3%。民营企业的数量在会员队伍中独占鳌头，成为本市企业信用建设的主力军。

图 42　会员规模

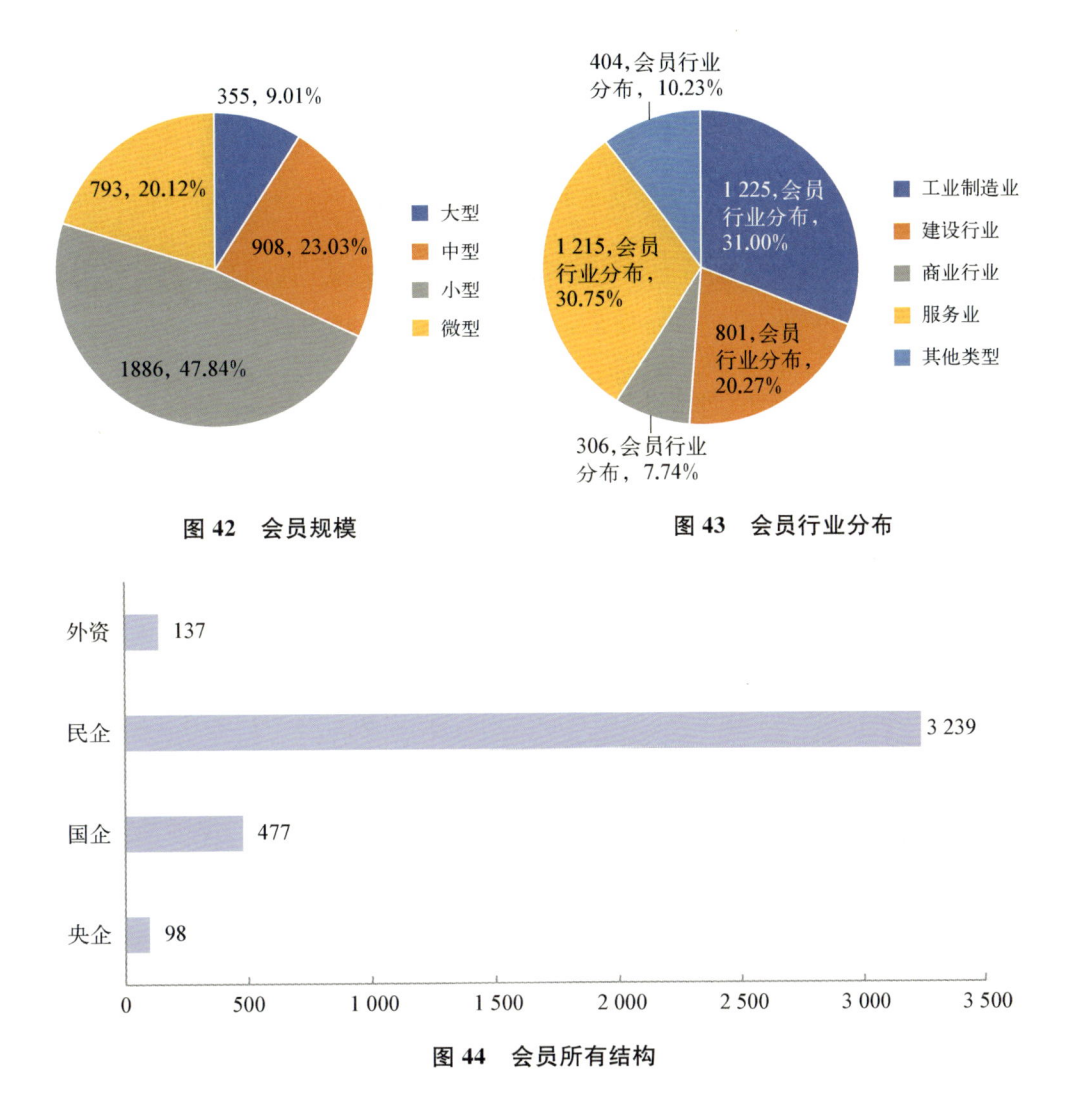

图 43　会员行业分布

图 44　会员所有结构

(5) 从会员社会荣誉看,会员队伍社会地位总体优秀

统计表明,目前会员队伍中,各类文明单位 800 余家,驰名、著名商标品牌企业 270 余家,获得上海市和省部级表彰荣誉企业 2 208 家。2021 年上海市公布的各类百强企业名单中,31 家会员企业获得上海市百强企业,36 家会员企业获得上海市民营企业百强企业,39 家会员企业获得上海市制造业百强企业,28 家会员企业获得上海市服务企业百强企业,30 家会员企业获得上海市新兴企业百强企业。

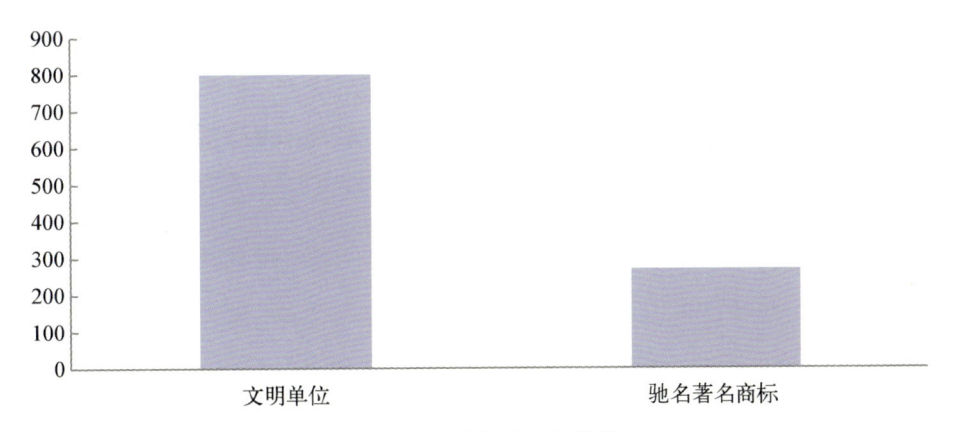

图 45　会员企业社会荣誉

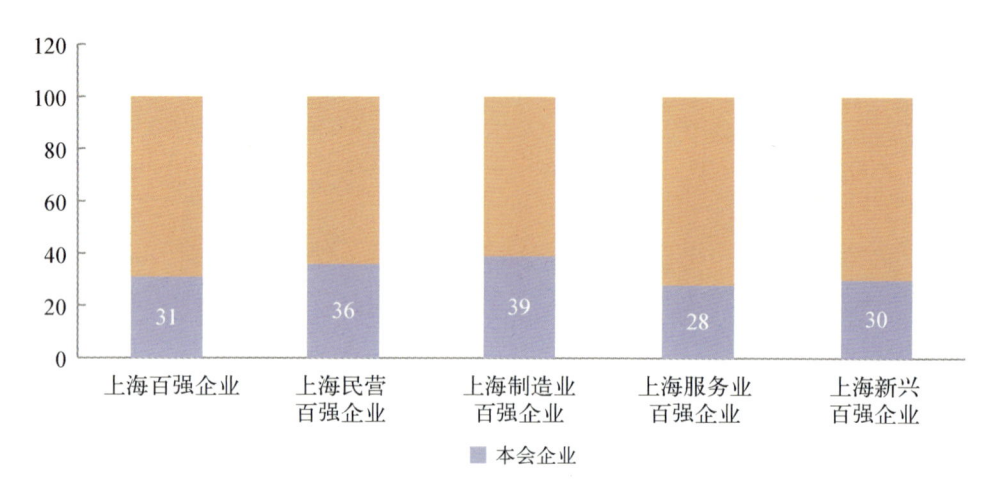

图46 会员企业在上海百强企业中占比

数据显示:上海百强企业中本会企业31家,上海民营百强企业中本会企业36家,上海制造业百强企业中本会企业39家,上海服务业百强企业中本会企业28家,上海新兴百强企业中本会企业30家。

2. 2021年上海市合同信用行业主要工作与特点

(1)主要工作

① 以迎接建党100周年为引领,坚定信念,弘扬先进。

2021年,喜逢中国共产党百年华诞,全市合同信用行业积极行动,学史明理,坚定信念,开展各项活动,为党的初心始发地红色文化增添诚信色彩。

一是组织各级促进会工作人员专题学党史,话党恩,抒豪情,强使命,自觉增强"四个意识""四个自信",坚决做到"两个维护"。

二是积极组织会员企业参观上海红色基地,赓续红色基因,体会开天辟地的历史意义,坚定新形势下跟党走的坚定信心。全市促进会共组织参观活动100余次,参加会员企业约1 700余人次。

三是开展"点亮诚信火花,讲好诚信故事"专题活动,积极宣传本市会员企业在党的领导下,坚持诚信理念,传承诚信文化,开展诚信建设的典型事例、典型单位、典型人物,先后在《上海合同信用网》《上海合同信用》内刊宣传报道诚信典型160余件,编辑《上海企业诚信故事100例》发至全市会员企业。

四是组织会员企业开展叫响诚信格言、寻找诚信瞬间活动,为企业诚信建设营造良好诚信氛围,先后有100多件"诚信瞬间"被推送,增强了企业开展诚信建设的信心。

五是开展庆祝中国共产党成立100周年上海市优秀"守合同重信用"企业评比表彰活动。在大庆之年,评比优秀"守合同重信用"企业,让会员企业倍感荣光,深受鼓舞。通过自下而上报名、推荐、审核、公示,全市102家会员企业脱颖而出,12月6日,市合同信用促进会重召开颁奖大会,让"优秀守合同重信用企业"享受荣光时刻。

表49 庆祝中国共产党成立100周年上海市优秀守合同重信用企业名单

1	中国建筑第八工程局有限公司	2	上海医药集团股份有限公司
3	上海沪佳沪颐建筑装饰有限公司	4	上海银都机动车驾驶员培训中心
5	上海上勤建设发展有限公司	6	富春控股集团有限公司
7	上海建工一建集团有限公司	8	欧普照明股份有限公司
9	上海深水港国际物流有限公司	10	上海大屯能源股份有限公司

续　表

11	上海佳保环境服务有限公司	12	上海浦发综合养护(集团)有限公司
13	上海清美绿色食品(集团)有限公司	14	上海烟草包装印刷有限公司
15	上海聚通装饰集团有限公司	16	上海振博建设(集团)有限公司
17	上海产权拍卖有限公司	18	上海协营投资咨询有限公司
19	上海新世界股份有限公司	20	上海美达建筑工程有限公司
21	上海三枪(集团)有限公司	22	上海国际技贸联合有限公司
23	中智上海经济技术合作有限公司	24	迪爱斯信息技术股份有限公司
25	上海申大物业有限公司	26	上海复医天健医疗服务产业股份有限公司
27	上海华晶口腔门诊部有限公司	28	上海春秋国际旅行社(集团)有限公司
29	上海新长宁(集团)有限公司	30	上海建工七建集团有限公司
31	舜元建设(集团)有限公司	32	上海达安企业股份有限公司
33	中铁十五局集团有限公司	34	中铁二十四局集团有限公司
35	上海市北高新(集团)有限公司	36	上海建筑装饰(集团)有限公司
37	上海风语筑文化科技股份有限公司	38	上海红星美凯龙装饰家具城有限公司
39	上海中远建设(集团)有限公司	40	上海市机械设备成套(集团)有限公司
41	上海海直投资集团有限公司	42	上海嘉春装饰设计工程有限公司
43	上海海志建设工程有限公司	44	上海杨浦百联东方商厦有限公司
45	上海华中进出口有限公司	46	上海殷行建设集团有限公司
47	上海畅铭保安服务有限公司	48	上海奥力福实业有限公司
49	上海妙想广告企划有限公司	50	上海宝经科技产业公司
51	上海宝华国际招标有限公司	52	上海石洞口经济发展有限公司
53	上海一钢建设有限公司	54	上海广普贸易有限公司
55	上海鑫昌众星实业有限公司	56	上海宝钢工程咨询有限公司
57	上海大件运输有限公司	58	宝钢发展有限公司
59	上海景铭建设发展有限公司	60	上海题桥纺织染纱有限公司
61	上海合丰电器有限公司	62	上海上药第一生化药业有限公司
63	上海汽轮机厂有限公司	64	上海美农生物科技股份有限公司
65	上海华特企业集团股份有限公司	66	上海航天电子有限公司
67	上海连成(集团)有限公司	68	上海振华轴承总厂有限公司
69	双龙集团有限公司	70	上海睿丰自动化系统有限公司

续表

71	上海市江桥批发市场经营管理有限公司	72	安科瑞电气股份有限公司
73	上海新铁链筛网制造有限公司	74	上海东慧口腔医院有限公司
75	上海原始物业管理有限公司	76	上海新跃物流企业管理有限公司
77	上海起帆电缆股份有限公司	78	上海贝恒人居建设集团有限公司
79	上海台界化工有限公司	80	上海飞航电线电缆有限公司
81	上海开天建设(集团)有限公司	82	上海杉欣建筑工程有限公司
83	上海宝鹿车业有限公司	84	上海远跃制药机械有限公司
85	上海欧秒电力监测设备有限公司	86	上海联航国际旅行社有限公司
87	上海朗达电缆(集团)有限公司	88	肯佐控制设备(上海)有限公司
89	上海康恒环境股份有限公司	90	上海华新建设(集团)有限公司
91	菲林格尔家居科技股份有限公司	92	上海鼎丰酿造食品有限公司
93	上海恒业分子筛股份有限公司	94	上海东安保安服务有限公司
95	上海晨冠乳业有限公司	96	上海凯宝药业股份有限公司
97	上海永进电缆(集团)有限公司	98	上海华夏拍卖有限公司
99	上海为中集团混凝土有限公司	100	上海市建设工程监理咨询有限公司
101	上海同济工程项目管理咨询有限公司	102	上海城建工程咨询有限公司

② 以新一届会员大会为契机,统一思想,明确方向。

2021年3月,在上海市市场监督管理局领导下,在上海市民政局指导下,上海市合同信用促进会第四届会员代表大会胜利召开。会议审议过上海市合同信用促进会2016—2020年工作,根据有关部门对社团工作要求修改通过了《上海市合同信用促进会章程》,选举产生了新一届上海市合同新用促进会理事会和领导机构。大会通过的决议要求新一届促进会振奋精神,永葆初心,守正创新,坚持发展,在新发展阶段积极围绕上海"十四五"发展目标,努力推进上海企业信用建设取得新的成效。上海市市场监督管理局领导出席会议并讲话,要求全市合同信用促进会行业乘势而上,奋发有为,努力打响企业合同信用建设"金字招牌",开创本市合同信用建设工作新局面,为新时期上海合同信用行业发展指明方向。

③ 以推进企业诚信为根本,规范管理,促进发展。

2021年,全市合同信用评估期满企业749家,全市促进会在积极做好应期评估企业工作同时,认真开展新会员发展工作。一是抓好走访,摸清应期企业评估意向,有针对性做好老会员稳定工作。二是根据疫情特点,改进工作方法,扩大网上受理、微信受理、上门指导等方式,方便企业参加评估和递送相关材料。三是运用各种形式加强宣传,特别结合迎接建党百年系列活动,融入新会员发展要素,使很多企业通过活动走近了促进会,了解了企业金字招牌的重要性,主动提出了入会参评的要求。至年底,全市共有906家会员企业参加新一轮企业信用评估和守合同重信用公示认定,使全市会员数量和守合同重信用企业又有新的增长。

④ 以贯彻《民法典》为抓手,开展培训,精准指导。

2021年是《民法典》实施元年,全市合同信用促进会行业根据《民法典》对企业合同信用建设针对性强、指导性强的特点,在前一年宣传普及的基础上,针对企业需求,以深化《民法典》贯彻实施为重点,结合企业发展和企业信用建设实际,积极开展分类培训。重点突出工程风险、合同诈骗、电信诈骗、网络欺诈、企业财务管理、票据管理及反不正当竞争等内容,邀请相关专家和市场监督管理部门为企业开展专题培训,精准指导,受到会员企业欢迎。据统计,全年共组织各类培训40余场次,参加受训人员4 641人次。部分区促进会还为参加培训并考核合格人员颁发了市促进会新版《合同信用培训证书》390余份。

⑤ 以增强队伍凝聚力为目标,搭建平台,深化服务。

为会员企业提供服务是各级合同信用促进会的重要职责,2021年全市合同信用行业积极强化服务理念,搭建平台,为会员企业提供有效服务。一是在全市促进会行业开展"我为会员办实事"活动,运用各种方式为企业提供服务,先后走访会员企业596家,上门颁授企业合同信用等级证书和"守合同重信用"牌匾838家,协调各方为企业排忧解难113件,组织送温暖、送清凉活动795次,向会员企业发布各种警示、告示、提示2 203条。二是在会员企业中开展诚信建设交流活动168场次,开展诚信产品互认互用推广活动42次,扩大诚信企业经验和诚信产品的影响。三是运用市区促进会网站、公众号、微信群开展讲好诚信故事、叫响诚信格言、寻找诚信瞬间活动,评出"诚信瞬间"100例,积极为企业诚信建设营造良好氛围。

⑥ 以建好队伍提高能力为重点,规范内务,严格自律。

全市合同信用行业在建党百年和市促进会换届之年,注重自身建设,以党建理论指导促进会建设。一是加强理论学习,不断增强党的观念,完善组织领导机制,确保各级促进会工作人员思想稳定、政治坚定。二是以换届和章程修改为契机,加强制度建设与执行,完善业务工作流程,确保企业信用评估、公示活动公开、公平、公正。三是严格落实监督管理机制,完善各级促进会监事制度,落实自身信用管理,确保促进会人财物管理安全有效。

(2) 主要特点

① 坚持围绕中心,服务发展。

社会诚信建设、企业信用建设已经成为新发展阶段的重要内容与重要保障,是新时代企业生存发展的软实力。只有始终围绕社会与经济发展中心,企业信用建设才有方向,只有始终服务经济发展,企业信用建设才有地位。近年来,本市促进会始终将工作定位、开展活动与本市"五个中心""四大品牌"建设紧密结合,使会员参加促进会开展企业合同信用评估和参加"上海市守合同重信用企业"创建的积极性不断高涨,众多企业通过参加促进会,为企业信用建设找到了平台,提升了素养,拓展了企业发展空间,更加坚定了参加企业合同信用促进会的积极性。"守合同重信用"企业凝聚的诚信力量也为申城社会的诚信建设营造了良好氛围。

② 坚持突出诚信,守正创新。

诚信是个古老话题,也是个实实在在的建设工程,全市促进会行业始终不渝地将讲好诚信理念、追求诚信真谛、培育诚信企业作为工作主题,从普及开始、从点滴起步,向纵深延续。经过多年努力,在会员企业中形成一定影响与认同。进入新时代,我们更注重守正创新,注重引导会员企业创新发展,根据新时代、新形势、新业态、新变化的要求,善于企业信用的创新建设、创新发展,使诚信这个古老话题在新的历史时期不断焕发新的生机,新的活力。

③ 坚持规范有序,注重建设。

企业合同信用促进会的不断发展,一个重要因素是我们坚持规范有序的工作标准与制度。当初,将此项工作与政府行政部门脱钩,实现政府指导下的社团组织评估公示,就是为了减少行政干预,实现规范化运行,社会化办事,制度化管理。近年来,本会坚持规范化建设不动摇,从会员入会、机构入围、评估申报、工作流程、公示期限等都作出明确统一的制度规则,各项工作有章可循,保证了企业合同信用建设和评估事项的顺利开展,杜绝了各种不规范、不统一、不明确的现象,为全市企业合同信用建设可持续发展创造了良好条件。

④ 坚持凝心聚力,勠力同心。

提升企业诚信自觉,培育申城企业诚信标杆,是本会的重要职责,而要做好此项工作必须凝聚各方的共识。2021年,上海市合同信用行业以迎接建党百年为动力,通过宣传发动、学习教育、工作动员、典型引路、参观熏陶、精神激励等工作形式,凝聚力量,勠力同心推进各项工作。首先,下力气抓好各级秘书长队伍,统一思想,明确任务,过程规范,深入指导,使秘书长队伍开动脑筋、心无旁骛全力投入工作。其次,是抓好会员企业联系人、联络员这支队伍,架起促进会与会员企业联系沟通的桥梁,使之与各区秘书处合力合拍。再次,抓好签约评估机构的工作人员工作态度、工作标准、工作节奏,形成上下齐努力、齐心促诚信的良好局面。

3. 深入推进企业信用建设,促进行业发展思考

上海市合同信用行业诞生已届20年。作为上海企业信用建设的推进者,见证了上海企业合同信用的建设发展与进步。如何做好下一步企业信用建设,需要我们冷静思考,潜心钻研,用心组织。

(1) 推进企业信用建设要注重宣传,扩大影响

世界进入新媒体时代、多媒体时代、超媒体时代,其目的就是一个宣传,让别人知道,扩大事物的社会影响力。目前看,我们对企业信用、企业诚信的宣传还很不够。推进企业诚信建设,必须加强宣传。要运用各种方式和途径,加强对企业诚信内涵的宣传,提高社会对企业诚信重要性的认知度。要加强对诚信企业典型的宣传,像宣传品牌、推广名牌那样宣传诚信企业,提高社会对诚信企业的认知度、赞誉度。要创新宣传方式,运用各种途径宣传企业诚信与诚信企业。要巩固已有的宣传资源,继续定期在市中心宣传公示本市"守合同重信用"企业,扩大"上海市守合同重信用企业"的社会影响力。

(2) 推进企业信用建设要注重建设,持之以恒

要将企业诚信建设的重心转移至建设上。接下来,本会将调研探讨按相关法律法规对企业信用建设的要求,推出企业合同信用建设相关指导意见(如合同示范文本、相关管理软件),引导企业不断深化企业诚信文化和内部管理、监督、考核的诚信指标,将企业诚信建设内化于心,外化于行,成为企业发展壮大的重要资源。

(3) 推进企业信用建设要注重创新,服务大局

要坚持创新思维,根据新时代法律法规变化、管理模式变化、监管方式变化、管理格局变化、管理手段变化的需要,创新企业信用建设、管理、褒奖、惩戒的办法和意见,改革不合理、不规范的方式方法。要坚持从服从、服务经济、社会发展大局,思考企业信用建设工作,真心鼓励、真情引导更多企业投入企业诚信建设,做大上海企业诚信建设朋友圈。

(4) 推进企业信用建设要注重融合,形成合力

企业信用建设要注重方方面面融合,各方形成合力。要与社会信用主管部门融合,让社会更加关注诚信企业,了解诚信企业。要与文明创建部门融合,在促进社会文明单位创建、评比中,突出企业诚信的贡献,增加诚信企业在文明单位中的比重。要与相关社会组织融合,使社会各界关注身边的诚信企业,关心诚信企业对社会文明、社会诚信的贡献,更好发挥诚信企业在社会诚信建设中的

示范引领作用,共同推进社会诚信建设。

(5) 推进企业信用建设要注重深化,分类指导

上海企业合同信用建设要注重深化,以企业需求为导向,以社会诚信的要求为导向,深化服务,提高质量。要结合经济社会发展需要,适时提出企业合同信用评估管理2.0、3.0版,体现企业合同信用评估活动的时代性。要积极探索企业信用评估公示的差异化管理,分类指导企业合同信用建设与管理。要与相关社会机构探讨研究企业信用培训,完善会员培训长效机制,落实精准化培训事宜,提高会员培训针对性、有效性。

4. 上海企业合同信用建设典型案例与分析

案例(1)　　　　　　　　　　小信成则大信立
　　　　　　　　　——上海一荣门窗安装设计有限公司诚信立业案例

小信成则大信立,是战国末期思想家韩非子在《韩非子·外储说左上篇》中的一段重要论句。意思是人生最重要的是要讲信用,小的诚信树立了,大的诚信才能树立。做小事讲信用,就能够建立起大的信用。

位于上海嘉定外冈的上海一荣门窗安装设计有限公司就是这样一家从小诚信做起,注重诚信细节,讲究诚信形象的民营企业。2004年企业创办初期,就明确,诚信起步,信用立业,不求订单,但求精品,一点一滴积累信用,建立起企业诚信大形象。

初创时期,企业曾遭受重重困境,名气不响,没有订单;资金缺乏,难以开工;设计单调,无法接单等,曾几度想到放弃。但就是这样艰难的时刻,他们还是将产品和服务的诚信放在企业发展、市场开拓的首位,坚定不移讲质量,不屈不挠树诚信。总经理王晓东坦言:创立一荣以来,在企业信用和产品质量上,从来不敢偷懒,不敢省钱,不敢敷衍,小信成则大信立,唯有老老实实,货真价实,才有了企业发展的今天。

如今,一荣门窗享誉海内外,订单源源不断,从名不经传的小工厂,一跃而成为闻名的门窗设计安装专业企业,企业年产销售业绩早已突破1亿元关口。北京大兴国际机场、雄安新区、北京金融大厦、天津地铁7号线等都留下一荣的足迹。不仅如此,一荣早已将发展眼光投向国际市场,先后在澳大利亚、西班牙、葡萄牙、中东等地区承接了多项订单,这两年,疫情在世界各地频繁出没,而一荣车间的告示板上写满了急需发往世界各地的产品名录。

案例(2)　　　　　笃守诚信,让华翔羊毛衫越走越远
　　　　　　　　　——上海华翔羊毛衫有限公司诚信发展案例

上海华翔羊毛衫有限公司是从一家家庭作坊起家的个体户,成长为注册浦东的民营企业,已经步入而立之年。华翔成立之初,只做内贸订单,处在企业初创和资本的原始积累阶段,但企业的诚信接单、诚信履约、诚信善后已经在业内小有影响。当时接到一个东北客户仿羊绒的订单,总量6万件,客户以不久前的价格冲华翔而来。当时仿羊绒服饰处于流行爆发期,但企业自身受限于资金因素,库存备料不多,如果买品质差的原料,能赚取高额的利润;如果买高品质的原料加工,几乎没有什么利润可赚。紧要关头,华翔依然选择践行企业"讲诚信才能走远,守信用方有未来"的信条,不讲条件、不作解释,保质保量,按时完成客户订单。最后,当客户知晓情况后,一方面给企业适度加价;另一方面将后续订单都交给华翔,同时,又介绍了不少其他客户,以至于华翔的内销订单到了连年来不及做的盛况。

2020年国内疫情爆发,很多企业的供应链、运输链出现了问题,华翔出口至欧美的订单受阻。

面对困难,华翔想尽办法,出高价也要按时完成订单,确保企业诚信形象,来自海内外的赞誉雪花般飘向华翔。

案例(3)　　　　　　　　　　偷鸡不成蚀把米
——上海某知名企业因失信与全国"守合同重信用"企业荣誉失之交臂案例

几年前,国家工商行政管理总局公示的全国"守合同重信用"企业公示名单即将公布,这是一次对全国各行各业贯彻社会主义核心价值观,坚持诚信经营,打造诚信企业典型的隆重褒奖,机会难得,荣誉可贵,全国近4 000家企业翘首以盼。正式公布前夜,本市一家著名企业从已确定的名单里被剔除。

这是本市一家著名企业,之前一直注重企业信用建设,企业产品一直稳定可靠,深受市民欢迎,企业积极参加社会公益事业,在社会树立了企业的良好形象,在注重企业主打产品发展的同时,企业积极开发生产各类产品。在一项涉及资金申报管理的项目中,违反了政府相关诚信的规定,被国家相关部门查处并通报,使企业信用蒙受巨大损失,与全国"守合同重信用"企业荣誉失之交臂,教训深刻。

(上海市合同信用促进会供稿)

(九)上海标识行业2021年发展报告

2021年是全国新冠病毒肺炎疫情冲击后恢复生产、复苏经济的第一年,党和国家为恢复经济采取了各项有效措施。

标识行业小型企业多,个体民营企业多,基本是服务型加工企业,科技含量低,在生产制作过程中产生一定三废污染。产生三废主要原因在于常规生产工艺,所产生三废是间断性;其次是对环保三废处理认识不足,企业规模有限,导致处理三废设备投入与产出不相匹配,特别是2018年后市政府对存在三废企业进行环评,很大程度上促进标识行业生产方式的改型。

上海市标识行业协会2020年上半年有223家会员单位,由于环保问题,许多企业将产生三废工艺车间和企业外迁其他省市。协会认为,遇到问题不是积极治理而是采取消极回避态度,将落后生产工艺带到新的地方制造新的污染。

协会秘书处与协会各级领导有针对性实地走访企业。发现目前存在外迁企业是少部分,不能作为协会行业的主导问题,但却又产生一定的影响力。经调查,外迁企业有以下因素和现象:其一,上海作为企业管理公司;其二,调整经营思路,降低生产成本;其三,外迁进入当地工业园区,有利行业和企业管理。

协会经调查还认为,外迁企业有可提倡的一面,上海寸土如金,应为生产附加值高的行业腾出一定空间,能为上海创造更多的产业价值。上海标识行业企业主要经营标识设计、标识制作、标识安装、标识维修。从2018年开始,视觉设计作为行业扩张方向,从单层标识延深现代视觉设计,涵盖面广,整体扩展面深,如橱窗设计、整张4S店整体设计。根据目前情况,协会应该因势利导,为行业制定比较清晰发展方向,否则,行业生产发展会受到一定的限制。

1. 从新材料、新工艺着手,增强行业科学发展观,改变行业生产格局

外迁外省市各企业情况各异,却存在着在沪用工成本高,在市场竞争中处于劣势,迫使这些企业向低成本方向流转。企业的生成也必须要有与时俱进思想指导,符合时代发展,按照市政府要求,淘汰生产落后的工艺。

协会引导企业,特别是在环评工作方面,改进落后的生产方式,不能违背国家方针政策。要有一个正确指导思想,统一行业对企业管理,使企业认识到,国家对一些生产企业有要求、有限制政策,目的是为提高改进现有落后生产管理水平,淘汰有污染和消耗能量高企业和产品,这是时代趋势,是今后对生产企业重点监管的方向。落实行业绿色低碳生产方式,必须坚决落实贯彻执行2020年颁布的安全生产三大资质要求,即设计、生产、安装三大资质。行业首要从制度着手,资质不达标,无法进入市场竞标,这样体现了行业资质权威性,也管控行业内无资质企业,加速行业企业达标管理。

制度是管理上的利剑,从根本解决行业外迁,保留企业在上海,是行业协会的根本。至2021末,据统计,行业近20%生产企业外迁,外迁地主要分部在安徽六安、江苏盐城东台、山东临沂等地区。

协会领导认为这是行业内问题,需要认真去思考解决。标识行业是生产服务性行业,跨行业大,涉及建筑业、机场建设、高铁车站、地铁站建设、公交、大型商业、市政建设、景观照明,每年创造GDP近100亿元。

协会认为,解决以上问题要有科学的方法,引导单一生产转为专业生产,减少二次污染和固定资产重复投资,加强行业内协调机制,满足市场需求。2021年上半年,协会采取相互交流和互访模式,召开了二次会长会议和一次理事会,在协会理事以上领导统一思想。协会部分企业小而全,负担重,逐渐向专业化方向转型,提倡专业化生产方式,努力做精做强。

协会将此决策作为2021年、2022年工作重点,用2年时间使行业专业化生产达到20%。从行业发展来看,小而全模式,按照现代企业管理,已不适应市场化管理要求;也暴露出企业在市场竞争薄弱环节,如无价格优势,产品粗糙,粗加工中易产生环评问题。如在设计、制作、景观照明工程、安装、服务等细分领域,企业能专一生产,做精做强,是未来发展方向。行业在全国标识设计中占有一席之地,继续发挥上海在设计领域优势,是行业应该支持提倡的。

从行业生产发展需要看,协会还要有意引导企业减少材料粗加工工艺,如木材油漆工艺、亚克力、PPC板喷涂工艺、金属喷漆工艺等,都是造成行业污染的来源。为减少行业制作产生新的污染源,协会组织大型生产企业传授经验,尽可能减少粗加工工艺,材料尽可能按市场标准化定型设计生产,满足市场要求,也符合当前环评要求。

2. 发挥三省一市优势,为统一制定标识技术标准而努力

根据协会发展工作需要,协会携手长三角标识行业联合举办2021《城市未来》长三角视觉论坛暨大奖赛。

根据行业特点和行业本身的发展趋势,行业发展重点在江浙沪二省一市,承担着全国标识主要业务量。按长三角一体化要求,安徽省标识行业纳入长三角经济区一体化内。由上海市标识行业协会主办的2021《城市未来》长三角视觉论坛暨大奖赛,属行业首创,得到全国标识行业充分肯定,是上海标识行业协会海纳百川,为全国服务的风采展示。通过2021《城市未来》长三角视觉论坛暨大奖赛,集三省一市优势,相互学习相互交流,做到资源共享共同发展的目标。

协会决定在下半年举办设计论坛暨大奖赛,向市容景观处做了专题汇报,市容景观处对协会举办设计论坛表示充分的肯定和支持。

设计论坛暨大奖赛吸引了上海以外各省好作品,相互学习,意义深远,影响之大。根据市市容景观处的意见,设计论坛暨大奖赛应常态化,由三省一市轮流举办,形式可以多样化,坚持创新,作为树立上海品牌、展示上海风采标识的排头兵。其目的是通过设计论坛,促进标识行业在各自省市推广技术标准。各项技术标准有统一规范标准,通过2年努力,由地方标准上升为国标,并将规范标准系列化,促进行业各项技术有序可遵。

"标识与城市的发展是同步共享的关系,城市的发展是未来标识的发展方向,未来城市标识的方向重点怎样去理解和把握"。这是上海标识行业提出的新的议题,也是行业今后发展的走向,把握好行业发展方向,发挥三省一市优势,深挖资源,为论坛及上海标识行业发展聚集丰富资源。

在2021《城市未来》长三角视觉论坛暨大奖赛中,行业精英发表专题讲座之多,创全国之最,其中有量和标准研究院培训中心刘荣富的《标准化引领行业高质量发展》,鑫泽设计总监、江南大学和东华大学硕导章宏泽的《标识系统设计到体验的提升》,深训市西利研究院院长张西利的《标识设计新思维》等。出席论坛的专家还有:上海绿化和市容管理局二级巡视员、景观处处长丁勤华,主题报告《从城市管理视角看——标识(户外)行业面临的机遇与挑战》;上海同济城市规划设计研究院、城市规划博士陈飞,主题报告《风貌保护区(街坊、道路与历史建筑)的户外招牌设计》;清华大学美术系视觉传达设计专业夏磊教授,主题报告《户外招牌与区域文化》;上海广境规划院院长周伟,主题报告《户外招牌的实践与思考》;同济大学创意学院教授范圣玺,主题报告《基于行为的设计》;同济大学建筑设计研究院教授江立敏,主题报告《数智——让建筑无限可能》;同济大学经济管理学院教授蓝峻,主题报告《管理的前沿挑战与市场创新》。

出席论坛讲座专家、学者宣讲内容丰富,内容为标识行业发展贡献新的理论基础,将加快促进标识行业中系统制定标识各项规范技术标准,具有重要深远意义。

2021年,行业发展因疫情受到一定影响。2022年换届后,争取有新的、有可行性的发展计划。

(上海市标识行业协会供稿)

(十)上海房地产经纪行业 2021 年发展报告

2021年的上海楼市注定是不平凡的一年,在中央坚持房住不炒的定位基础上,以稳地价、稳房价、稳预期为目标,上海因城施策,发布了"沪十条";"法拍房"纳入限购;严控个人住房信贷;"新沪七条";二手房价格核验;"三价就低"审批贷款额度等一系列举措,力度大、覆盖面广。与此同时,为有效遏制职场乱象,进一步优化市场环境,促进本市房地产市场平稳健康发展,管理部门出台了"关于进一步加强本市房地产经纪机构和住房租赁经营机构主体管理的通知""持续整治规范房地产市场秩序工作方案"等文件,房地产经纪行业发展进入新阶段。

1. 行业概况

新建商品房2021年总成交17.82万套,总成交面积1 571万平方米,总成交金额6 834亿元。其中,住宅9.52万套,成交面积1 071万平方米,成交金额5 924亿元,成交均价5.5万元/平方米;商办用房0.98万套,成交面积209万平方米,成交金额739亿元;其他7.32万套,成交面积291万平方米,成交金额171亿元。

存量房2021年总成交30.59万套,总成交面积2 464万平方米,总成交金额9 353亿元。其中,住宅27.18万套,成交面积2 218万平方米,成交金额8 921亿元,成交均价4万元/平方米;商办用房1.77万套,成交面积155万平方米,成交金额371亿元;其他1.64万套,成交面积91万平方米,成交金额61亿元。

机构备案和人员登记情况,截至2021年底,上海市共有备案的房地产经纪机构13 710家。其中,外资企业1 400家,港澳台独资企业383家,内资企业12 310家。已纳入"诚信平台"信用管理的经纪机构约3 600多家,平台在册登记的经纪人共84 700余名。

表50 2021年存量房成交排名前十位公司

排 名	经 纪 机 构	成交套数（套）	成交面积（万平方米）	成交金额（亿元）
1	德佑房地产经纪有限公司	55 275	410	1 910
2	上海菁英房地产经纪有限公司	15 192	122	603
3	上海中原物业顾问有限公司	9 484	76	349
4	上海我爱我家房地产经纪有限公司	9 169	58	281
5	上海乔彤企业管理有限公司	5 287	44	211
6	上海易居房地产交易服务有限公司	3 746	31	162
7	上海贵民房地产经纪有限公司	3 436	29	93
8	上海众仕珩房地产经纪有限公司	3 180	28	117
9	上海云房数据服务有限公司	2 250	17	79
10	上海佑骏房地产顾问有限公司	2 191	16	50

2. 积极推动住房租赁高质量发展

为贯彻落实党的十九大提出的"房住不炒、租购并举"重要精神，聚焦打造人才高地、建设具有全球影响力科技创新中心的发展战略，本市租赁住房运营管理以建立多主体供给、多渠道保障、租购并举的住房制度为主要方向。为引导租赁住房市场健康发展，聚焦服务包括新市民、青年人在内的各类引进人才、公司职员、产业工人和城市公共服务人群等不同层次、不同人群住有所居、安居宜居需求，加快推进本市租赁住房市场体系建设，提高整体服务水平，服务规范性，满足更多人的需求，协会从以下几个方面开展工作。

(1) 开展"住房租赁行业经营风险调研及创新保险服务模式可行性研究"

随着住房租赁行业的发展，住房租赁经营中出现了大量的邻里纠纷、租赁住房装修质量纠纷、租赁住房违规安装造成的消防风险等。由于住房居住密度的提高容易引发租客间或邻里间的矛盾，对于相对年轻的租客群体已有发生严重人身伤害的案例；由于出租屋内设施设备的使用不当导致人身伤害甚至触电致死也已有发生。这些较严重的风险一旦超过经营者或责任人的赔偿能力，容易引发社会矛盾并累及管理部门。

通过深入研究本市住房租赁行业企业，充分调研目前上海市住房租赁行业企业经营商业模式、存在的潜在风险及形成因素，聚焦在企业风险点识别和经营管理痛点等问题上。在住房租赁方面引入保险作为风险管理工具，从保险行业切入，形成一套有效的服务方案，并通过各方的相互配合初步形成对行业整体风险的防控能力，将社会影响和百姓的损失降到最低。

盛元保险代理、中国人民保险、太平洋保险、中国大地保险、中国平安保险、中国人寿财险等单位参与了调研工作。

① 保障方案设计思考：发生重大风险事故必然带来高额的赔偿责任，对于行业内的经营机构来说，这未必是他们能够承担和愿意承担的。一旦经营机构选择注销经营主体，政府部门不得不介入处理。而通过保险公司的介入，强化了责任认定的专业性、增加了出租方的抗风险能力、减少了

承租方的损失、减轻了管理部门的工作量。

而在过去的固有的保险方案中,保障内容虽然包括房屋装修、室内财产、水暖管等,但无法把三方(房东、租赁机构和租客)都保障到,更没有针对我们行业的险种,且保障额度普遍较低。

故产品设计时,我们需要归集三方不同的需求痛点,并得出大家共同聚焦的三大痛点:其一,租客在房屋内发生伤亡;其二,第三者伤亡;其三,重大火灾爆炸等事件。只有如此住房租赁保险方案才能有效起到保障作用。

表51 保障方案(围绕重大责任、保费低、保额高,具有普适性)

保障名称	保障内容		保 额		阳光价	保 期
责任保险	出租人责任		每套累计赔偿限额100万元:其中人身伤亡80万,财产损失20万。	每100套累计赔偿限额1 000万;每张保单100套起	5元/月/套	一年
	第三者责任	火灾爆炸				
		水管爆裂				
		高空坠物				

② 目前该项目进展:在唐巢公寓和汇成集团(上海徐汇惠众公共租赁住房运营有限公司、上海徐汇房地产市场管理有限公司、上海汇成公共租赁住房建设有限公司)的试点非常成功,都选择了复合型保险方案,即重大事故风险保障方案+财产保险保障方案,达到了1+1>2的效果。

去年7月下旬,因台风"烟花",汇成集团投保的一套位于黄石路的房屋,因楼上房屋(非汇成管理)装修不当造成屋内大面积漏水,租客为肺科医院医生。事故后第一时间,保险公司开通VIP理赔通道进行赔偿,并协助汇成与事故方进行沟通,将汇成以及租客的损失降到最低。

③ 工作意义:提高上海市住房租赁行业的整体管理水平,增强住房租赁经营管理的稳定性、连续性和效率性,更加有效维护租赁当事人的合法权益,保持社会稳定,提高社会的和谐。

提高上海市住房租赁行业和保险行业之间相互服务监督能力,提高住房租赁行业的服务质量。

提高上海市住房租赁行业整体健康发展的水平,有利于整个行业按照有序、健康、稳定、创新的原则发展。

降低住房租赁行业经营的风险,消除风险隐患,及时转移重大风险,降低行业风险损失。

(2) 制定《上海市租赁住房运营管理导则》

为推进本市租赁住房规范运营,在满足市场需求的同时,提高租赁住房承租人、居住人的生活品质,依照国家和本市相关法律、法规及规范性文件精神,结合租赁住房项目产品实际情况及运营特点,研究制定了《上海市租赁住房运营管理导则》(简称《导则》)。

《导则》的编制由上海市房屋管理局牵头,协会组织,得到了上海领昱公寓管理有限公司(旭辉瓴寓)、上海徐汇房地产市场管理有限公司(憬家)、上海自如企业管理有限公司(自如)、上海金遇商务服务有限公司(金地草莓)、德佑房地产经纪有限公司(链家)、魔方(上海)公寓管理有限公司(魔方)、上海窝趣投资管理有限公司(窝趣公寓)、上海锐诩企业管理有限公司(安歇集团)、上海地产集团住发公司(上海地产)、上海建信住房服务有限责任公司(建融家园)等单位的大力支持。

《导则》按租赁住房项目特点及运营管理差异性,将租赁住房项目归纳为:社区类租赁住房、分散类租赁住房、公寓类租赁住房和宿舍类租赁住房等4种代表类型,分别制定了有针对性的行业运营规范。从运营管理主体、从业人员要求、房源信息发布、房屋租赁租金收费、租约管理、承租人信息管理、安全管理等10个方面，以合法依规、职住平衡、供需适配、以人为本、质价相符为基本原则，明确了租赁住房运营过程中应持续符合权属合法、结构安全、消防安全、技防安全、环保卫生、设施配套、面积合规等规范和技术标准。并提出了问题反馈及投诉处理机制以及违规监督与处置方案，倡导引入社会化机构提供服务，提升居住品质。

（3）积极参与保障性租赁住房价格评估

上海是住宅租赁市场需求最为旺盛的城市，租赁市场的健康发展对于引进人才、发展产业至关重要。为全面、准确监测上海市住房租赁市场发展状况，在协会的带领下，上海联城房地产评估咨询有限公司（本文简称"联城行"）联合上海房地产估价大数据研究中心、上海师范大学房地产经济研究中心等组成住房租赁价格指数监测办公室，利用大数据手段，通过多方数据源采集住房租赁市场的行业以及市场分布数据，发布了上海市租赁住房指数，并定期发布上海市住宅租赁指数及相关研究报告，获得政府相关机构、企业运营机构、租赁住宅开发企业的广泛认可。

2021年住房租赁价格指数监测办公室不断完善和丰富租赁住宅数据库，目前针对集中式长租公寓、分散式住宅、代理经租公寓等形成相应的数据库，分散式租赁住宅基础数据库覆盖全上海1.5万个小区，单元数量约55万栋，单套住宅数量约720万套，集中式长租公寓覆盖约400家门店。

基于累积的丰富的数据资源，联城行在保障性租赁住房的租金评估、规划支持等方面为政府部门施政提供了重要参考依据。

2021年5月—7月，为全国第一块租赁用地——浦东新区张江南区配套生活基地A3-06地块提供租金价格测算报告，得到地块持有方张江集团及管理机构浦东建交委的一致认可。8月，地块建成的纳什国际社区一期以测算市场价格的九折推向市场，稳步运营，为浦东新区提供了近1000套保障性租赁住房。

2021年8月，为闵行第一块R4建成的保障性租赁住房项目"莘至城"社区提供租金评估服务，同时，针对R4租赁用地，联城行为新黄浦集团、上海城开、上海城投、浦发集团、旭辉、万科、金地等保障性租赁住房开发运营企业提供相关咨询服务，得到了相关企业的一致好评。

2021年9月，受南桥镇镇政府委托，对五大新城之一——奉贤新城所在的行政辖属区域进行租赁住宅房源摸底调研工作，按照奉贤区提出10年纳管40万套（间）租赁住房的发展指标，南桥镇预计将承担15万～20万套的租赁住房纳管指标，联城行从南桥镇现状租赁房源摸底入手，得出与纳管目标的缺口约6万套，并从规划出让租赁用地、探索集体经营性建设用地建设保障性租赁住房、统筹集中园区内配套用地建设保障性租赁住房、利用企事业单位自有闲置或低效土地建设保障性租赁住房、利用非居住存量物业改建保障性租赁住房等渠道出发提出具体筹措建议。

3. 创新驱动，认真参与商办楼宇市场研究

商办楼宇不仅勾勒着城市的轮廓和天际线，是展示城市风貌的"亮丽名片"，也是现代经济特别是服务业发展的重要载体，被喻为反映城市经济实力、活力和潜力的"晴雨表"。近年来，上海商务办公楼取得快速发展，对集聚资源要素、带动产业发展、促进财税增长、吸纳人口就业等都作出了不小的贡献。但受各种因素影响，也出现了阶段性的局部区域或板块新增供应偏大、去周期化长、空置率上升、租金下滑等情况。

商办楼宇的空置是社会资源的严重浪费，同时也关联到城市规划、土地出让、招商引资、财税增长等方方面面，商办市场的问题引起了市委市政府的高度重视。

2021年初，协会参与市房管局关于商办监测平台搭建先期研究，梳理了上海商办市场的发展历程，初步厘清了上海市商办物业的总量及分布情况，研究商办项目开发运营的全生命周期流程，调研走访了商办项目开发运营的相关主管单位,并分析了比较有代表性的典型商务板块,如陆家嘴、临港新城等,得出现阶段上海商办市场存在的一些主要问题,如郊区后续供应量仍然较大,短期内吸纳压力较大、商办二手市场上80%采用股权交易方式以节省税费、缺乏系统统一的数据标准、商办监测平台的缺失等。

2021年底,上海市商办监测平台正式启动搭建,目前办公数据库覆盖办公项目约5 000个,办公楼栋数量约1万栋,单套办公数量约70万套。基于大数据建设积累的丰富经验,协会联合了联城行、锦明地产、58商办、链家商办等多家企业,开展了《上海市办公楼宇数据标准研究》课题,推动各中介机构对商办数据标准达成共识,为后续行业内参与各方进行统一的数据采集、数据分析、数据展示、数据交换等提供基础。

4. 持续推进行业自律建设

房地产经纪行业是我国房地产业的重要组成部分,是关系到老百姓安居乐业的重要行业。经过20多年的发展,中国房地产经纪行业已拥有数百万从业者、年经纪业务交易额也突破10万亿元大关。但是在房地产经纪行业高速发展的过程中也暴露出来越来越多的问题,房地产经纪从业人员的职业素质参差不齐、准入门槛低,虚假房源、虚标房价等不正当竞争行为层出不穷,转卖、泄露用户资料,挪用甚至侵占交易资金等行为也直接侵犯了消费者的合法权益,制约了房地产经纪行业持续健康发展,为此协会开展了以下工作。

(1) 加强房地产经纪行业诚信平台建设

在加快推进社会信用体系建设的大背景下,对于房地产经纪行业存在的各种问题和乱象,建设房地产经纪行业的信用管理体系的探索刻不容缓。通过建立房地产经纪机构和从业人员的信用档案管理机制,对房地产经纪机构和从业人员的良好行为加大激励,对不良行为进行有效惩戒,有望促进房地产经纪行业持续健康稳定发展。

房地产经纪行业诚信平台的建立,积极探索落实房地产经纪行业的信用管理体系,建立行业从业人员主体管理机制,由平台签发行业统一的从业人员信息卡,做到一人一卡,编号唯一。平台在册登记的经纪人共84 700多名,其中二手住宅经纪人81 200多名;新盘住宅经纪人600多名;住宅租赁、长租公寓经纪人1 600多名;商业办公经纪人1 300多名。

(2) 完善《黑名单管理规定》

为建立良好的房地产服务行业诚信自律机制,规范行业从业人员行为,在从业人员信息卡的基础上,实行"从业人员黑名单"管理。2021年,根据市场情况,在已有"黑名单"房地产中介人员违规行为认定的基础上,增加房地产租赁机构人员及房地产代理机构人员违规行为的认定,修改后的《黑名单管理规定》于2022年1月1日起施行。

截至2021年底,累计对行业和社会发布21批"从业人员黑名单",合计608人,处理平台收到消费者投诉数百余起。

诚信平台自发布近两年以来,行业秩序和信用氛围有明显改善,行业从业人员自律意识有明显提高。根据诚信平台对行业信用数据统计显示,2021年行业新增黑名单数量同比减少45.6%,月均"飞单"违规数量同比降低52%,协会总受理相关消费者信访件同比减少18%。总体来看,诚信平台推出后,明确了行业信用主体责任,建立了行业信用积分的数据归集通道,丰富了行业信用奖惩机制。促进了行业内严重违规纠纷显著降低,营造了行业机构间的良性竞争环境,提升了行业整体运行的效率。最终有效培养提升了行业信用意识,建立健全了行业不敢失信、不能失信、不想失信的长效机制,有效增强了行业从业人员自律意识,推动行业健康可持续发展,也提升了消费者的认可度。

（3）做好房地产经纪纠纷调解工作

为公正、便捷、高效地解决当事人之间的房屋买卖纠纷，及时有效地化解矛盾，保护消费者和房地产经纪人及经纪机构的合法权益；整合各专业部门的资源，发挥协会在房地产经纪活动中的积极作用；规范房地产经纪行为，加强行业自律，促进房地产经纪的健康发展，2017年协会设立了上海市房地产经纪纠纷调解中心。

2021年全年共受理并完成信访投诉案件1494件，其中，租赁相关1002件，占67%；存量房相关488件，占32.9%；新建商品房相关4件，占0.1%。

其中，租赁案件涉及纠纷主要包含：① 退租后，租押金不及时退还；② 租赁房屋内质量问题和水电煤纠纷。

存量房交易涉及纠纷主要包含：① 关于意向金、违约金、定金及中介费的纠纷；② 投诉中介隐瞒信息，利用信息不对称影响交易进程；③ 骚扰电话及个人信息泄露。

（4）主动发挥自媒体积极作用

协会微信公众号开设至今始终保持每工作日更新，经过3年摸索发展，现已初具规模。基本实现了设立之初"宣传房地产政策法规，发布房地产行业资讯、公告，促进行业交流，支持企业发展"的愿景。现关注人数近1.9万人，2021年共推送各类文章997篇，其中，2月25日发布的《上海新房摇号积分制新规实施后，最新购房政策汇总》目前阅读量已超7.2万次；7月22日发布的介绍商品房及售后公房补足维修资金流程的两篇文章也都有近3.6万次的阅读量。

针对8月房贷新政后相关纠纷投诉激增这一情况发布的《"三价就低"房贷新政下避免交易纠纷的几点提示》被澎湃新闻、网易财经、东方广播、上海市消保委等媒体、机构所援引或转载，对缓解此类矛盾起到了一定的作用，彰显出行业协会应有的社会价值。

5. 行业展望

2021年上海楼市调控政策密集出台，下半年楼市降温明显，基本回归理性。年底中央多个会议释放利好信号，明确要通过分类调控满足合理的住房需求。进入2022年，上海房贷政策开始松动，关于稳定市场预期，促进居民购房需求释放的信号越来越强烈，楼市风向开始转变，但转变的最终目的都是为了支持刚需和改善型购房者的合理需求，"房住不炒"的主基调依旧是坚实的底线。

从住宅市场供应端分析，新房推盘节奏加快，预计今年下半年新房市场将会迎来大批量的开盘入市，供应量预期会初遇高位，尤其是五大新城、临港、奉贤、青浦、嘉定等地住宅待入市规模较大。

从住宅市场需求端分析，需求预期稳定，居民购房偏好或将转变。预计部分观望的客群，因加大人才引进力度，降低落户门槛，带动新增购房需求，以及在2021年一系列调控政策高压下而延迟购房的需求会在下半年的窗口期加速入市。

租赁住宅市场方面，综合来看，疫情后，上海租赁市场将逐渐恢复供应节奏，长租公寓市场将再度迎来洗牌，优胜劣汰，头部效应加剧，整体租赁市场发展趋向规范化，散租市场也将迎来洗牌，物业管理较好、品质较高的租赁产品将受到市场追捧；反之，群租、物业管理混乱的住宅在疫情大考中劣势尽显，后续市场监管会进一步趋严。今年毕业租赁需求和外来社会求职租赁需求走弱直接导致租赁市场增量需求减少，存量租赁客群部分进入买卖市场，导致存量租赁需求也出现缩减，结合下半年租赁市场高供应的情况来看，预计后续市场不容乐观，租金上涨会比较乏力。

租赁市场仍然是解决超大城市住房紧张问题的重要途径之一，短暂的低迷之后市场会以更加健康的方式前行，在"房住不炒、租购并举"、增加保障性租赁住房供给、规范发展长租房市场、降低租赁住房税费负担等一系列政策利好的市场大环境下,上海租赁住房的健康长远发展仍然是未来可期的。

(上海市房地产经纪行业协会供稿)

(十一) 上海公证行业 2021 年发展报告

1. 行业综述

2021年,中国共产党建党100周年之际,实现了全面建成小康社会的目标。上海市公证协会(简称"协会")在市局党委领导下,在各级司法行政机关和有关部门的大力支持下,紧紧围绕市局中心工作,深入贯彻落实市委《关于以组织体系建设为重点推进新时代基层党建高质量创新发展的意见》《关于加强和改进市级机关党的建设的实施意见》,积极发挥行业自律管理职能,引导公证行业克服困难、转变思维、积极作为,不断创新公证服务方式,拓展公证业务领域,提升公证服务质量,各项工作稳步推进并取得较好成绩。

截至2021年12月20日,全市共有公证处25家(含合作制公证处5家)。公证员467人,其中,公证员党员233人;公证员学历结构:本科学历占比80%,硕士及以上学历占比19%;公证员年龄结构:30岁以下占比14%,30—50岁占比61%。2021年,公证办证量31.54万件。

根据司法部《关于优化公证服务更好利企便民的意见》的精神,结合专项治理的要求,部分公证机构通过邀请群众、企业代表等座谈和走访调研形式,收集意见建议,及时公开公布治理内容、治理成果,提高群众获得感。有关公证机构由第三方人员向公证当事人随机发放"问卷调查表",被调查者对接待环境、服务态度、办证质量和服务承诺满意率达100%,出证速度满意率达98%,交通便捷满意率达96%。

扎实开展"我为群众办实事"实践活动。公证行业始终以切实解决人民群众急难愁盼问题为导向,把解决市民群众烦心事、揪心事作为提升工作能力的重要抓手,把为市民群众做好事、办实事、解难事作为出发点和落脚点,认真倾听市民群众反映强烈的突出问题,各公证机构积极开展"我为群众办实事"相关公证业务服务,累计约10万件。协会印发《关于公证行业"我为群众办实事"长效工作机制的指导意见》,引导广大公证人员牢固树立以人民为中心的思想,不断增强宗旨意识,紧紧围绕公证工作主责主业,不断提升政治素养、转变工作作风,努力为群众办实事、办好事。

对全市公证机构进一步加强公证质量监管,抓好党风廉政建设和反腐败工作,结合业务工作进行统筹部署、检查、考核,按照市局《关于开展本市公证执业专项检查工作实施方案》,组织开展专项质量检查,重点查找执业活动中的风险点、内部管理中的异常点、影响公证质量的不足点,形成《专项检查工作总结报告》;在2021年开展的全市公证质量卷宗的检查中,通过现场阅卷、视频抽查、数据分析对全市23家公证处的6 693卷共计9 044件公证书质量检查工作,平均合格率达到97.91%。

对办理公证"最多跑一次""一次都不跑"服务项目进行大幅扩容。扩容之后,"最多跑一次"服务在原有103个事项的基础上,增加97个事项,将服务事项目录增加至200个,增幅达94%;"一次都不跑"服务试点事项的扩容,在原有91个试点事项基础上,增加了29个,试点事项目录增加至120个,增幅32%。为了更好满足疫情冲击下境外当事人对公证服务的需求,切实服务疫情防控期间滞留海外居民的公证法律需求,各公证机构积极应对,进一步优化远程视频公证举措,为打造优质的国际营商环境做出积极的贡献。

主动搭建平台,建立与政府有关部门、行业协会、组织的沟通合作机制,做好协会对接各类查询工作以及涉台公证书核对、寄送等相关工作。2021年协会协助档案查询17 664件、新增房产查询10 202件、涉台公证书副本寄送6 955件、涉台公证书核对12 091件。

持续做好12348公共法律服务热线、12345市民热线工单以及线上咨询工作，掌握咨询电话的接听情况，发现问题及时与公证机构了解情况，做好12348和12345投诉建议转办单的处理工作。自2021年12348归并入12345市民热线后，接答咨询类、求助类、投诉类工单量总计约2 400件。

上海公证行业紧紧围绕公证工作主责主业，增强公证机构和公证员参与公益法律服务的积极性和主动性，协会制定《关于全市公证行业参与公益法律服务的意见》，不断拓展公益法律服务范围，努力为群众办实事、办好事。2019年上半年至2021年上半年，本市公证机构办理免费遗嘱共计5 574件，免费遗嘱保管共计90件，为失独家庭办理公证共计222件。2021年办理涉法律援助类公证1 132件，减免费用约166万元。

按时完成"上海公证"服务品牌三年行动方案的各项任务，全力打造上海公证服务品牌，充分发挥公证服务在加快构筑新时代上海发展战略优势中的职能作用。积极引导本市公证机构结合自身专长和区域服务优势，引导公证机构准确把握差异化品牌定位，形成错位竞争，差异化竞争，根据市场主体需求，塑造各公证机构品牌形象，提炼品牌核心价值理念，开展公证品牌培育和认证。2021年评选出知识产权公证服务品牌示范机构1家、互联网公证服务品牌示范机构2家、家事公证服务品牌示范机构4家、涉老公证服务品牌公证机构1家、三农公证服务品牌示范机构2家，2020年度12家参加复评的公证品牌全部通过复评。

2. 年度发展特点

（1）坚持政治引领党建先行，不断加强公证行业思想政治建设

协会党委积极推动基层党组织和广大党员深入学习习近平新时代中国特色社会主义思想，贯彻落实党中央重大决策部署，将党建与行业发展同谋划、共部署、齐推进。结合公证行业实际，制定《关于全面加强公证行业党的建设的指导意见》《中共上海市公证协会委员会意识形态工作责任制细则》，提出上海公证行业党的建设的指导意见，加强党对公证工作的领导，坚持公证工作正确发展方向，充分发挥公证制度作用，更好满足人民群众日益增长的公证法律服务需求。

进一步加强党对公证工作的领导，全面贯彻新时代党的建设总要求，深入落实司法部党组工作部署，组织各公证机构党支部书记、党务人员参加线上党建工作轮训；结合公证行业实际情况制定《关于规范公证行业党员干部网络行为的实施办法》，牢牢把握意识形态工作领导权和话语权，充分运用网络媒介，大力弘扬和培育社会主义核心价值观，弘扬主旋律，传播正能量。

持续贯彻市局党委相关会议的精神和要求，紧密结合习近平总书记系列讲话精神，开展"四史"学习教育工作，充分发挥党支部在"四史"学习教育中的主体作用，把党员组织起来，把群众动员起来；教育引导党员干部绝对忠诚于党的领导、绝对忠诚于党的组织、绝对忠诚于党的路线方针政策和决策部署，推动学习教育往深里走、往心里走、往实里走。

（2）加强公证业务建设，不断完善公证法律服务体系

从推动上海公证行业完善自身建设的角度，针对行业外发生的涉及公证的个案以及各公证处的办案请示，根据不同的案件特点，酌情结合从法律适用、事实认定、办证操作程序等一个或多个方面进行指导，组织开展理论研究工作并及时制定相关政策。持续引导鼓励公证机构、公证员创新思维和创新方法办理公证业务，及时总结做法，通过指导意见、指导性案例等形式形成一定规范，促进业务开展。制定《涉外知识产权公证法律服务指引》《公证知识产权专家库管理办法》《关于全市公证行业参与公益法律服务的意见》《上海市公证行业信用信息管理规定》等相关指导意见，并及时对现有的指导意见或规范等予以修订。

(3) 改进公证服务模式,提升公证工作能级

进一步健全利企便民制度,完善服务机制,不断提升公证服务流程,减少办事环节,提高办证效率,制定《关于进一步优化公证服务利企便民行动实施方案》,促进公证服务能力和水平的整体提升。

积极做好信访维稳工作,营造良好和谐氛围。及时妥善地做好化解和稳控工作,加强政策宣传解读,引入第三方机制,聘请律师事务所介入化解矛盾,与律师合力分析案情,积极出谋划策,消除群众疑虑,化解矛盾。

(4) 深化公证理论研究,推动公证工作良好发展势头

积极探索关于促进金融、知识产权、司法辅助、"三农"、海外远程等新兴领域公证业务,进一步拓展、筛选优秀案例提交中国公证协会。

坚持需求导向,进一步深化多元化纠纷解决机制改革,进一步探索司法辅助新领域,规范各公证机构参与法院司法辅助事务活动,拓宽公证法律服务领域,错层次发挥公证机构在司法辅助中更多的职能作用,包括公证参与调解、执行、案件文书送达、提存、保全证据等辅助事务,助力解决法院"案多人少"的困境,推动资源合理配置和高效利用,促进公证业务的创新和行业的健康发展。

(5) 加强公证队伍建设,不断提升公证人员综合素养

为积极推进全市公证人才培养,加快行业急需紧缺专门人才培养,实现"合作共赢、产学共赢",2021年11月,上海市公证协会与华东政法大学签订战略合作协议,共建公证培训教育基地,充分发挥公证行业与法学院校的优势和作用,着力培养一批全方位高素质的公证法律人才,推动公证理论研究和法学实践教学工作共上新台阶,进一步提升上海乃至长三角地区公证法律服务的质量,打响公证品牌,把上海打造成为高端公证人才集聚的高地。

(6) 坚持公证公益属性,建立公证服务长效机制

持续做好公证行业参与公益服务工作的机制。协会制定《上海市公证行业奖惩办法》,将党建工作和公益服务列入行业奖惩的重要指标。制定本市公证行业年度公益活动方案,继续为广大群众提供优质、精准的法律服务保障,营造具有行业特色、服务水平高、群众反映好的上海公证行业服务团队形象。

(7) 强化公证文化建设,不断扩大行业社会影响力

开展公证文化宣传活动。多形式强化宣传平台,注重宣传实效。一是充分结合运用传统杂志和全媒体平台,发挥《上海公证》杂志和协会微信公众号的作用大力宣传上海公证服务品牌,扩大上海公证服务在国内外的美誉度,稳步推进公证宣传工作;二是立足上海,为长三角乃至全国公证行业的对外交流提供优质服务,通过收集公证员办证的经典案例,大力宣传公证行业正能量事迹,提振行业信心,增强行业凝聚力;三是巩固舆论阵地,认真做好舆情应对和处置工作,为本市公证工作发展创造了良好舆论环境。

(8) 强化社会组织自律意识,提高社会组织行业规范

为有效发挥协会职能作用,推动行业有序发展。年内,协会首次参加由上海市民政局组织的上海市社会组织等级评估活动,经上海市社会组织评估委员会严格审议,最终荣获"4A"级社会组织荣誉称号。

3. 未来展望

回望2021年,协会按照司法部和市局的任务部署,引导全市公证机构把握公证发展的正确方向,坚持以问题为导向,厚植发展优势、补齐发展短板、破解发展难题,力争在"走出去""一带一路"长三角公证合作办证机制、加强公证队伍建设、提升行业监管力度、创新公证业务发展、坚持公益属性、增强公证公信力建设、推进公证+大数据体系模式行动计划等方面取得重大进展。

在总结成绩的同时,我们也深切体会到公证工作依旧面临严峻挑战。一是公证业务创新能力不强;二是行业影响力不足,社会认同感有待增强;三是队伍建设措施力度不够,对优秀人才的吸引力不足;四是公证执业秩序仍需规范。协会决心团结全市公证工作人员,锤炼队伍,以铁的纪律规矩和严的作风为引领,面对新的发展形势,抢抓新的发展机遇,整合资源、搭建平台、设计载体,形成工作合力,打造有影响、有温度、有作为的"上海公证"服务品牌。

(上海市公证协会供稿)

(十二)上海广告行业 2021 年发展报告

1. 2021 年广告市场经营概况

(1)主要经营情况

本市市场监管部门登记数据显示,截至 2021 年底,上海共有广告经营单位 556 000 户,同比增加 61 829 户,增幅 12.5%。其中,主营广告单位 76 167 户,同比增长 10.7%;兼营广告单位 410 413 户,同比增长 13.5%;互联网企业 69 236 户,同比增长 9.4%。

市场监管总局组织开展了 2021 年广告业统计调查。从规模以上企业和事业单位统计调查情况来看,上海的广告营业收入共计 2 335.5 亿元,同比增长 20.3%。同口径下占全国总量的 19.8%,位居全国第二。

2021 年,上海规模以上企业和事业单位广告业市场主体单位直接缴税金额共计 33.7 亿元,较 2020 年增长 13.9%,全国排名第二,仅次于北京,对经济增长发挥了积极作用。

(2)广告业务收入结构

从规模以上企业和事业单位统计调查情况来看,上海的广告业务收入结构特征依然明显。上海的广告发布业务占 42.4%,较 2020 年增加了 4 个百分点。上海广告业的主要收入来自广告代理,收入占比为 48.6%。

上海的广告发布业务中,互联网营业收入大幅增长,达 716 亿元,同比增幅达 45.4%,占广告发布业务的 72.2%,比 2020 年增加了 6 个百分点,超过全国平均水平。

(3)广告从业人员情况

从规模以上企业和事业单位统计调查情况来看,上海的广告从业人员 53 610 人,同比上升 17.3%。人均产值方面,上海为 436 万元,比 2020 年增长 2.6%。

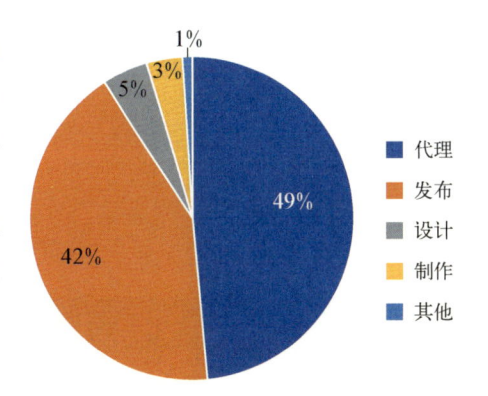

图 47 2021 年上海广告业务收入结构

从业人员的岗位技能方面,上海的信息技术人员数量比 2020 年下降 0.8%,占比从 2020 年的 12.9% 下降至 10.9%,上海的创意设计人员比 2020 年减少了 5.1%,占比为 17.0%。

上海广告从业人员的高学历、年轻化的结构特征依然显著。上海的本科及以上学历的人员占比为 72.6%,30 岁以下的人员占比为 47.0%,这两项人员结构基本稳定。

2. 不同类型企业的经营情况

(1)事业单位广告经营情况

2021 年,上海的事业单位广告营业收入 2.4 亿元,同比下降 3.2%。其中,94.4% 的收入来源于广告发布业务,约 2.3 亿元,同比下降 1.9%。而广告发布业务中,报纸是主要的发布媒体类型,占比为 85.9%,收入下降 2.4%。

(2) 规模以上企业经营情况

2021年,上海的规模以上企业广告营业收入为2 333.1亿元,同比增长20.3%。

上海的规模以上企业广告营业收入中,48.6%来自广告代理业务,约1 134亿元,同比增长12.4%,42.4%来自广告发布业务(约989亿元),同比上涨32.9%。而广告发布业务中的互联网媒体是主要的发布媒体类型,占比72.4%,增长45.4%。

从调查统计的其他细项数据发现,上海规模以上企业的广告业务利润约为129.2亿元,同比增长58.4%。广告从业人员的工资总额约为397亿元,同比上涨41.2%,福利费总额约为12.9亿元,同比增长36.2%。

3. 各区广告经营状况

(1) 各区广告主要经营情况对比

全市16个区按照广告营业收入排序,静安区以487.2亿元遥遥领先,嘉定区282.8亿元次之,营收超200亿元的还有宝山区、普陀区和长宁区3个区,分别位居第3、4、5位,杨浦区以168.4亿元的营收位列第6,崇明区、黄浦区、徐汇区和浦东新区的广告营收均在100亿元以上。这10个区的广告营业收入合计占全市总量的89%,其中,广告营业收入超过200亿元的前5位,收入合计占全市总量的61%。

从各区域的广告营业收入增速来看,黄浦区的增长最为显著,增幅达123.4%,排名相应从2020年的第11位上升至第9位,其次是长宁区,营收同比增长78.8%,虹口区和杨浦区的增长也在30%以上,排名均有提升;崇明区、金山区和奉贤区则较2020年营收有所下降,分别下降15.3%、12.7%和4.4%;其余各区的广告营业收入较同期相对处于稳定态势。

从各区域的广告业主体直接缴税金额来看,长宁区以5.3亿元排名第一,其增长也最为显著,较2020年有59.3%的增幅;静安区、浦东新区和崇明区分别位列第2、3、4位,这四个区的直接缴税金额占全市总量的54.8%。黄浦区、奉贤区和杨浦区3个区较2020年均有较好的增长,分别为32.9%、18.4%和16.3%。

表52 2021年本市各区广告经营情况 (单位:户)

行政区	广告营业收入(亿元)	广告经营单位注册户数	广告经营主营单位	广告经营兼营单位	广告经营互联网企业
黄浦	114.4	3 229	548	2 383	270
徐汇	111.1	5 580	953	3 626	967
长宁	210.6	6 746	866	5 001	861
静安	487.2	7 537	1 396	5 277	827
普陀	211.5	11 136	1 904	7 746	1 479
虹口	56.7	7 538	1 809	4 680	1 039
杨浦	168.4	12 978	1 560	8 981	2 430
闵行	53.9	34 836	7 108	22 719	5 000
宝山	221.5	37 582	4 831	28 134	4 616

续 表

行政区	广告营业收入（亿元）	广告经营单位注册户数	广告经营主营单位	广告经营兼营单位	广告经营互联网企业
嘉定	282.8	49 218	8 217	33 305	7 695
浦东	121.2	51 676	7 126	37 031	7 503
奉贤	61.2	115 985	15 972	86 514	13 498
松江	21.3	32 577	4 464	24 525	3 588
金山	14.7	57 963	5 966	46 291	5 706
青浦	46.3	26 661	3 892	20 275	2 494
崇明	142.6	93 449	9 424	72 963	11 062
合计	2 325.3	554 691	76 036	409 451	69 035

注：表内广告营业收入数据为国家市场监管总局组织开展的2021年广告业统计中本市规模以上企业和事业单位的汇总数据。广告经营单位注册户数为截至2021年12月31日全市数据。

（2）各区的广告经营单位数量

全市注册数最高前5位的依次为奉贤区、崇明区、金山区、浦东新区和嘉定区，5个区的注册数占全市总数的66.4%。

从增量情况看，金山区的增量最多，约3.2万户，增幅达122.4%；其次是嘉定区和奉贤区，分别增长1.1万户和1.6万户，增幅分别达30.6%和16.2%；闵行区和浦东新区紧随其后，全年增量均超过6 000户。

从整体来看，从事广告经营的单位主要以兼营为主，在各区中的占比均在七成上下。而虹口区和闵行区的以广告作为主营的单位占比更高，均超过了20%。

从企业的经营范围来看，互联网企业数量占广告经营单位总量的12.4%，有8个区的占比超过这一平均值。其中，杨浦区以18.7%的互联网企业占比在各区中位列第一，徐汇区为17.3%排在

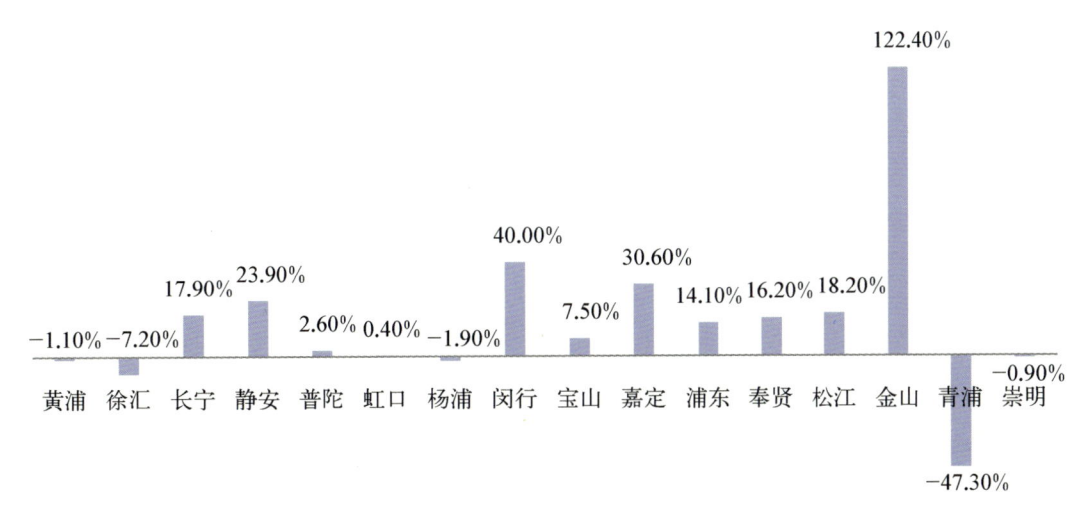

图48　2021年全市各区广告经营单位户数增幅

第二,嘉定区为15.6%,位居第三。

（3）各区的广告从业人员情况

从参与调查的规模以上企业来看,上海的广告从业人员总计53 130人,其中,长宁区的从业人员在全市范围内占比最大,达到了21.1%;静安区和嘉定区分别以14.6%和13.4%的占比紧随其后。

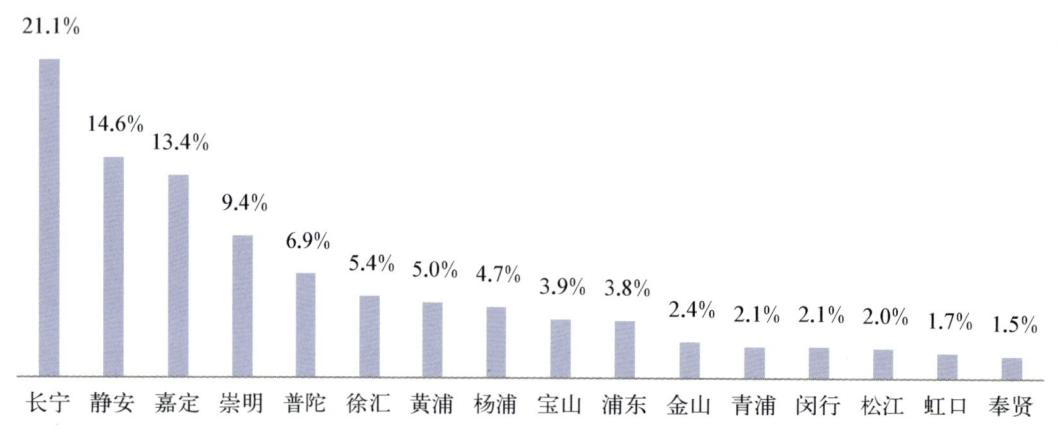

图49　2021年广告从业人员的各区分布

从广告从业人员岗位技能方面来看,宝山区和杨浦区的信息技术人员占比较去年分别提升了14.2%和7.5%,在各区中提升最快;普陀区以35.5%的占比在各区中位列第一,其次是宝山区32.6%。

创意设计人员整体占比较2020年有一定的缩减,下降4%,其中,宝山区降幅最为明显,达8.6%,其次是金山区、浦东新区和长宁区,均下降6%以上。金山区、奉贤区和徐汇区的创意设计人员占比均在30%左右,高于其他区。

图50　2021年各区广告从业人员的信息技术人员与创意设计人员的占比

规模以上企业的从业人员中72.6%为本科及以上学历,其中,排名前四的徐汇区、黄浦区、杨浦区和长宁区4个区的本科及以上从业人员占比均在80%以上,分别为83.7%、83.4%、83.0%和81.8%。

在年龄方面,规模以上企业的近半数广告从业人员年龄小于30岁,其中,宝山区和金山区的30岁以下人员占比达到了69.5%和68.3%,在各区中最为年轻化。

图51　2021年各区的广告从业人员中本科及以上学历和30岁以下年龄的人员占比

4. 各类媒介广告经营分析

（1）传统媒体广告经营收入分析

在本次调查中,电视、广播、报纸、期刊四类传统大众传播媒介广告营业收入合计为124亿元,其中100.4亿来源于电视媒体。和2020年相比,电视和报纸的广告营收略有回升,分别增长4.8%和3.7%;广播和期刊依然呈下滑态势,较2020年分别下降4.9%和19.8%。

电视广告领域中广告营业收入超10亿元的有3户,分别是上海广播电视台、上海东方娱乐传媒集团有限公司和中视金桥广告有限公司。

户外广告市场营业收入较2020年有明显的增长,增幅为18.5%,达98.2亿。户外广告领域营业收入排名前三位的分别是上海铁路文化广告发展有限公司、上海机场德高动量广告有限公司和盛世长城国际广告有限公司上海分公司。

（2）数字广告经营收入分析

2021年互联网广告营业收入为716亿元,较上年度有45.4%的显著增长。互联网广告收入在整体广告营收中的占比从2020年的25.4%提升至30.7%,在广告发布业务中的占比从2020年66.0%提升至72.2%,企业数量也较上年度有9.4%的增长,对整体广告行业的推动作用明显。其中,移动互联网广告发展迅速,广告营业收入从2020年的289.3亿增长至390亿,增幅达34.8%。

互联网广告企业营业收入排名前三位的是：上海今日头条科技有限公司、上海爱奇艺网络技术有限公司、盛世长城国际广告有限公司上海分公司。

（3）商业广告投放分析

根据央视市场研究的监测数据分析,2021年本市报纸商业广告发布面积前10位依次是《上海证券报》《解放日报》《第一财经日报》《新民晚报》《新闻晨报》《文汇报》《每日经济新闻》《青年报》《国际金融报》和《劳动报》。与2020年相比,报纸商业广告发布面积整体有小幅增长,为3%。不同报纸媒体表现呈两极化,《上海证券报》《国际金融报》和《文汇报》增长明显,增幅分别为60.3%、53.8%和42.6%,《青年报》的增幅也在20%以上;但另一方面,《新民晚报》《劳动报》《新闻晨报》的发布面积下滑明显,降幅均在30%以上。从行业来看,商业广告发布面积前10位的行业依次是金融业、交通、个人用品、家居用品、工业用品、房地产/建筑工程行业、邮电通讯、商业及服务性行业、食品和IT产品及服务行业。

2021年本市杂志的商业广告发布面积排名前10的依次是《世界时装之苑》《东方航空》《家居廊》《上海电视》《尚流》《新民周刊》《现代家庭》《理财周刊》《大都市NUMERO》《悦游Traveler》。与2020年相比,杂志商业广告发布面积下降0.8%,基本保持稳定。其中,《上海电视》增长最为显著,增幅达73.1%,《东方航空》和《家居廊》的增长也均在20%以上,《现代家庭》增长7.1%,其余杂志均有不同幅度的下降,其中,以《理财周刊》和《大都市NUMERO》下降最为显著,降幅分别达50.1%和53.7%。从行业来看,广告发布面积前10位的行业依次是个人用品、化妆品/浴室用品、家居用品、交通、衣着、娱乐及休闲、商业及服务性行业、金融业、邮电通讯和家用电器。

2021年上海广播各频率的商业广告播出时长4408小时,较上年度下降17.6%。广告时长排名前5位的频道依次是五星体育广播(FM94.0)、动感流行音乐广播(FM101.7)、新闻广播(FM93.4)、上海第一财经广播(FM90.9)和魅力流行音乐广告(FM103.7)。2021年商业广告播放时长的下降主要是因为上海电台第一财经广播(FM97.7)、经典音乐广播(FM94.7)、戏剧曲艺广播(FM97.2)和电台故事广播(FM107.2)等4个频道的大幅下降,分别达-97.8%、-87.8%、-75.4%、-62.8%。商业广告播出时长前10位行业依次是:家居用品、娱乐及休闲、金融业、商业及服务型行业、IT产品及服务、活动类、交通、食品、邮电通讯和房地产/建筑工程行业。

本市电视台频道2021年商业广告播出时长6750小时,较2020年略有下降,为-1.9%。广告时长排名前5的频道依次是都市频道、东方影视频道、哈哈炫动卫视、新闻综合频道、五星体育频道。商业广告播出时长前10位的行业依次是家居用品、商业及服务性行业、食品、娱乐及休闲、活动类、邮电通讯、饮料、个人用品、酒精类饮品、化妆品/浴室用品。

传统户外整体的广告发布面积与2020年相比下降27.8%。排名前10的行业依次为邮电通讯、商业及服务性行业、娱乐及休闲、IT产品及服务、金融业、衣着、交通、个人用品、房地产/建筑工程行业、活动类。

5. 2021年上海广告行业发展大事记

举办庆祝建党100周年"奋斗百年路 启航新征程"公益广告征集活动。 上海市市场监督管理局、上海市精神文明建设委员会办公室、上海市广告协会于4月—7月组织开展"奋斗百年路 启航新征程"庆祝建党100周年公益广告征集活动。活动共征集到公益广告作品405件,共评选出平面类、音频类、视频类的金银铜作品17件,传播效果奖、公益贡献奖8个。

建党百年视阈下的"国家叙事"暨上海第三届数字公益广告论坛成功召开。 6月20日,由复旦大学新闻学院、上海市广告协会、复旦大学国家文化创新研究中心主办,复旦大学新闻学院广告学系、上海公益广告创新发展研究中心、同济大学艺术与传媒学院公益广告研究中心共同承办的建党百年视阈下的"国家叙事"暨上海第三届数字公益广告论坛在复旦大学复宣酒店成功召开。

上海国际广告节暨数字广告高峰论坛隆重开幕。 7月21日,2021年上海国际广告节暨数字广告高峰论坛在静安瑞吉酒店隆重开幕,上海市副市长陈通为开幕式致辞。英国广告从业者协会执行董事郝佳昵(Janet Hull OBE)、戛纳创意节主席Philip Thomas等也通过云端致辞。中国广告协会会长张国华、总局广告监管司规划发展处处长贺艺娇、市局局长陈学军、市局总工程师周群,上海市广告协会会长杜贵根等出席开幕式。市委宣传部、市发展改革委、市经济信息化委、市商务委、市外办、市台办、市文化旅游局、静安区政府等相关部门,安徽省、浙江省、江苏省市场监管局及本市市场监管部门代表,东浩兰生集团、中广园区、分众传媒、利欧集团、宝洁公司等业界负责人,人民网、上海广播电视台等媒体单位300余人出席。

长三角广告一体化发展论坛(广告产业园区专场)顺利举办。 7月22日上午,沪苏浙皖三省一市市场监管局、广告协会、国家广告产业园区就优化长三角广告产业结构区域布局,探索产业链上下游创新合作,促进长三角广告服务业高质量发展进行了交流和探讨。6家园区共同发起、成立了长三角广告一体化发展促进会。

长三角广告监管与发展一体化工作研讨会在上海召开。7月22日下午,长三角广告监管与发展一体化工作研讨会在上海召开。会上,沪苏浙皖三省一市市场监管局充分交流了长三角地区在广告市场监管、广告业发展指导等方面的经验和做法,共同签署了《长三角地区广告监管、发展一体化工作合作备忘录》。

市局复函普陀区、青浦区支持广告产业园区建设。8月24日,市局分别复函普陀区、青浦区,支持创建广告产业园区,推动广告产业集聚发展。

"上海市场品牌广告发布规范度指数分析"获奖。10月19日,第一届上海市市场监管系统大数据应用分析大赛决赛在浦东举行。陈通副市长、市局局长陈学军、书记倪俊南出席。市局监测评价中心参赛队以"上海市场品牌广告发布规范度指数分析"为题荣获大赛二等奖。

上海广告产业发展"十四五"规划正式发布。为促进上海广告产业发展和服务能级提升,根据《上海市国民经济和社会发展第十四个五年规划纲要》《上海市服务业发展"十四五"规划》《上海市市场监管现代化"十四五"规划》等相关文件精神,制定《上海广告产业发展"十四五"规划》,并于11月15日正式发布。

市政府常务会议原则同意数字广告指导意见。11月25日,市政府常务会议原则同意《关于推动上海市数字广告业高质量发展的指导意见》并指出,要强化数字赋能,加快广告业数字化战略布局和人才培养,推进前沿技术应用。

市局联合市经济信息化委发布全国首个省级数字广告业发展文件。12月9日,市市场监管局、市经济信息化委联合发布《关于推动上海市数字广告业高质量发展的指导意见》,明确提出将上海建设为"国际数字广告之都"的目标。同时,以"技术+创意"双核驱动,强化人才培养、科技创新、创意水平、推动产业集聚和国际交流等具体任务,提升上海广告业能级和竞争力。

市政府召开上海市数字广告业高质量发展推进会。12月15日上午,陈通副市长在市政府第一会议室主持召开推进会,市政府副秘书长尚玉英主持会议。市市场监管局局长陈学军,市经济信息化委等相关部门、相关区政府和区市场监管局以及市广告协会、高校、研究机构和广告企业负责人参加会议。

第20届上海国际大学生广告节圆满落幕。12月14日,第20届上海国际大学生广告节总决赛暨闭幕式颁奖盛典在上海举行。本届上海国际大学广告节由共青团上海市委员会、上海市市场监督管理局、上海市教育委员会指导,上海市普陀区文化和旅游局支持,上海大学、上海市广告协会主办,上海剧星传媒股份有限公司独家承办。本届活动自4月8日启动,以"犇跑"为主题,以四大创意命题开篇,其中市局命题为"广告,让生活更为美好"。参与活动的国内外高校达400余所,收到来自国内外院校的参赛作品1万余件,经激烈角逐,评出24组优秀等级作品奖。

推动广告业首次纳入《上海市服务贸易促进指导目录(2021版)》。9月3日至15日,市局对纳入广告业季度统计的212户企业组织开展问卷调查,深入了解上海广告服务业跨境贸易情况。12月21日,市商务委牵头九部门印发指导目录,首次纳入广告业。

上海市首家"广告服务行为规范示范基地"的揭牌仪式隆重举行。为全面优化营商环境,提升企业广告服务行为的质量,上海市广告协会与真新街道办事处一起携手打造"广告服务行为规范示范基地"。12月30日,上海市首家"广告服务行为规范示范基地"的揭牌仪式,在真新街道新时代文明实践分中心小剧场隆重举行。

附：2021年上海广告行业各类排名

附表1　本市广告企业广告业务收入前10位

序　号	单　位　名　称	广告营业收入（万元）
1	群邑（上海）广告有限公司	1 438 672
2	上海盟聚信息科技有限公司	852 357
3	上海今日头条科技有限公司	809 861
4	电通安吉斯（上海）投资有限公司	776 432
5	盛世长城国际广告有限公司上海分公司	720 323
6	上海爱奇艺文化传媒有限公司	666 262
7	上海盟耀信息科技有限公司	641 878
8	华扬联众数字技术股份有限公司上海分公司	575 440
9	上海剧星传媒股份有限公司	575 044
10	上海聚胜万合广告有限公司	489 724

附表2　本市互联网媒介单位广告营业收入前10位

序　号	单　位　名　称	广告营业收入（万元）
1	上海今日头条科技有限公司	809 861
2	盛世长城国际广告有限公司上海分公司	720 323
3	上海爱奇艺网络技术有限公司	666 262
4	上海聚胜万合广告有限公司	489 724
5	上海爱奇艺文化传媒有限公司	384 167
6	幻电科技（上海）有限公司	324 760
7	巨量引擎（上海）计算机科技有限公司	315 132
8	群邑利华（上海）广告有限公司	277 905
9	谷歌广告（上海）有限公司	222 004
10	薯一薯二文化传媒（上海）有限公司	209 454

附表3　外省市广告企业在沪分支机构广告营业收入前10位

序　号	单　位　名　称	广告营业收入（万元）
1	盛世长城国际广告有限公司上海分公司	720 323
2	华扬联众数字技术股份有限公司上海分公司	575 440
3	阳狮广告有限公司上海静安分公司	321 569

续 表

序 号	单 位 名 称	广告营业收入(万元)
4	北京恒美广告有限公司上海分公司	222 018
5	盛世长城国际广告有限公司上海第二分公司	100 683
6	灵智精实广告有限公司上海分公司	90 438
7	电通数码(北京)广告有限公司上海分公司	65 060
8	北京电通广告有限公司上海分公司	40 821
9	北京赫斯特广告有限公司上海分公司	39 631
10	麦肯·光明广告有限公司上海分公司	36 563

附表4 2021年上海广告企业选送作品获行业最高奖项名单

广告企业	作品详情	获奖奖项	颁奖活动
上海胜加广告有限公司	蕉内三部曲	金奖 全场大奖	长城奖
上海胜加广告有限公司	蕉内三部曲	金奖	长城奖
上海胜加广告有限公司	美团买药——真的值得更多人知道	金奖	长城奖
好旺角 GMKOK	《你就是我的齐天大圣》	金奖	长城奖
上海擅美广告有限公司	宏光 MINIEV 马卡龙《春色 IN 象》	金奖	长城奖
上海观池文化传播有限公司	新技术还是老朋友可靠——创新 BMW iX3 品牌视频	金奖	长城奖
上海天与空广告有限公司	中国银联诗歌 POS 机《万物有诗》	金奖	长城奖
上海天与空广告有限公司	中国银联诗歌 POS 机诗歌长河	金奖	长城奖
上海天与空广告有限公司	奥利奥新年大戏《三仙归洞》	金奖	长城奖
上海黑闻黑尔广告有限公司	非遗不生僻	金奖	长城奖

(上海市广告协会供稿)

四、批发和零售业

(一) 上海纺织品商业行业 2021 年发展报告

1. 2021年上海市纺织行业经济运行情况

2021年,面对错综复杂的国内外发展环境,上海纺织行业全面贯彻落实党中央、国务院决策部署,持续巩固拓展疫情防控成果和生产运行稳定态势,产业循环保持畅通,企业效益稳步改善,主要运行指标平稳,受国内疫情反复和国外贸易政策壁垒影响,经济运行态势整体下降明显。但上海的纺织行业仍然展现了较强的发展韧性,确保了产业链供应链的完整、稳定运行。

展望2022年，纺织行业面临的发展形势仍错综复杂，不稳定、不确定因素较多，全年保持平稳运行仍面临诸多考验。

(1) 2021年上海纺织行业整体经济运行概况

① 产值方面。

2021年1月—12月，上海纺织行业实现现价产值446.52亿元，可比价产值436.15亿元，同比下降7.0%。其中，纺织业可比价产值201.80亿元，同比下降6.69%；纺织服装服饰业可比价产值240.13亿元，同比下降6.91%；化纤制造业可比价产值17.62亿元，同比上升8.45%，玻璃纤维及制品制造9.59亿元，同比下降45.9%，工业总产值略有下跌，总体平稳。

2021年1月—12月，上海纺织行业实现销售产值442.74亿元，同比下降5.9%。其中，纺织业189.69亿元，同比下降4.85%；纺织服装服饰业220.36亿元，同比下降9.57%；化纤制造业销售产值22.80亿元，同比上升27.63%，玻璃纤维及制品制造9.89亿元，同比上升3.0%，销售总产值同样略有下降，整体呈现缓慢下降趋势。

② 利润与税金总额方面。

2021年1月—12月，上海纺织行业实现利润总额20.09亿元，同比下降39.9%。其中，纺织业利润11.90亿元，同比下降58.64%；纺织服装服饰业利润为5.23元，同比暴涨152.02%；化纤制造业利润1.11亿元，受大宗商品价格上涨以及上年同期低基数因素影响，同比增长108.73%，玻璃纤维及制品制造利润1.85亿元，同比下降9.3%。整体而言，上海纺织行业的利润下滑比较严重。

2021年1月—12月，上海纺织行业税金总额7.71亿元，同比下降11.5%。其中，纺织业税金总额3.36亿元，同比下降20.63%；纺织服装服饰业税金总额3.44亿元，同比下降6.00%；化纤制造税金总额0.44亿元，同比下降7.71%，玻璃纤维及制品制造税金总额0.46亿元，同比增长36.7%。

③ 出口交货值方面。

2021年1月—12月，完成出口交货值为97.16亿元，同比下降6.0%；出口交货占销售产值比重达21.95%。其中，纺织业出口交货值41.54亿元，同比下降6.92%；纺织服装服饰出口交货值52.41亿元，同比下降5.71%；化纤制造出口交货值2.04亿元，同比上升8.88%，玻璃纤维及制品制造出口交货值1.17亿元，同比下降6.9%。整体而言，上海纺织行业出口呈现下降趋势，主要原因可能随着年初颁布的美国贸易禁令开始实施，部分出口受到影响；另一方面，国外对于防疫物资的进口需求量也呈现稳定，出口贸易前景不容乐观。

(2) 2021年上海纺织服装子行业运行情况

据不完全统计，2021年1月—12月上海市纺织业企业数总计373家。其中，纺织153家；纺织服装服饰200家；化纤16家，玻璃纤维及制品制造4家。亏损企业111家，亏损面达到29.76%，较前三季度亏损企业数减少了30家，情况略有好转。

表53 2021年1月—12月上海纺织子行业工业总产值、销售总产值、出口交货值情况

（单位：亿元，%）

行业	总产值(现价) 2021年(1月—12月)	总产值(可比价) 2021年(1月—12月)	同比	销售总产值 2021年(1月—12月)	同比	出口交货值 2021年(1月—12月)	同比
全行业合计	446.52	436.15	−7.0	442.74	−5.9	97.16	−6.0
棉纺织及印染精加工	27.18	26.63	12.4	27.82	18.4	12.04	23.4

续 表

行　　业	总产值(现价) 2021年(1月—12月)	总产值(可比价) 2021年(1月—12月)	同比	销售总产值 2021年(1月—12月)	同比	出口交货值 2021年(1月—12月)	同比
毛纺织和染整精加工	3.34	3.40	−5.0	3.42	−4.1	0.63	−6.2
化纤织造及印染精加工	14.04	14.38	38.1	13.63	39.7	5.73	39.8
针织或钩针编织物及其制品制造	3.07	3.02	−1.5	2.99	−1.1	1.36	−20.7
家用纺织制成品制造	64.56	61.44	18.1	63.07	18.1	9.50	−10.5
产业用纺织制成品制造	80.10	79.44	−27.1	78.76	−25.8	12.28	−30.9
机织服装制造	131.28	134.46	−11.2	131.46	−16.1	19.96	1.3
针织或钩针编织服装制造	74.24	73.66	3.7	72.05	2.4	25.59	−11.5
服饰制造	17.09	15.42	−13.1	16.85	0.8	6.86	−1.5
合成纤维制造	21.93	18.38	7.5	21.95	26.5	2.04	8.9
生物基材料制造	0.86	0.73	40.5	0.85	64.5	0	0
玻璃纤维及制品制造	8.83	5.19	−45.9	9.89	3.0	1.17	−6.9

(数据来源：上海市经信委)

分析12个主要子行业运行情况：

① 工业总产值。

毛纺织和染整精加工、针织或钩针编织物及其制品制造、产业用纺织制品成品制造、机织服装制造、服饰制造、玻璃纤维及制品制造等6个子行业同比下跌。其中，服饰制造、玻璃纤维及制品制造仍然出现两位数下跌，其余4个子行业跌幅保持个位数，剩下6个子行业中有4个实现两位数增长，其中生物基材料制造增幅最大，同比增长40.5%。上海纺织2021年1月—12月整体进一步下滑，降幅在7.0%，产值趋于减少。

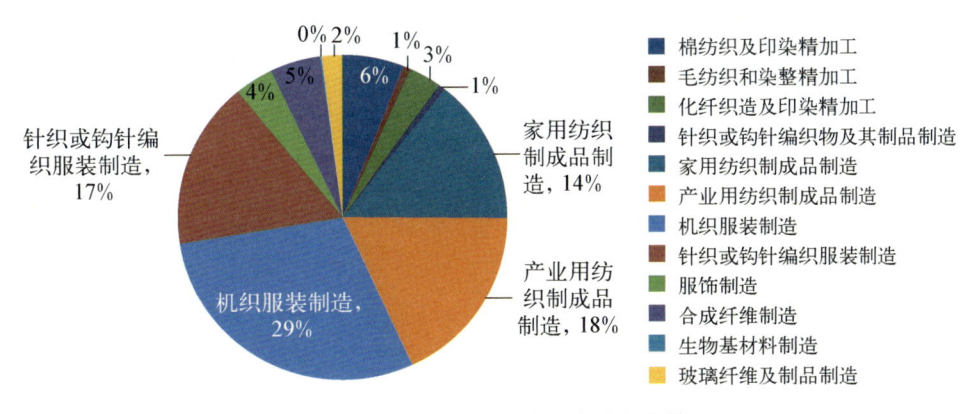

图52　各行业在工业总产值中的占比情况

② 经济效益。

全行业1月—12月利润总额20.09亿元，去年同期33.42亿元，同比大幅下降39.9%。分布在12个主要子行业中,降幅最大的是产业用纺织制成品制造,同比大幅下跌74.3%,拉低了整个行业的利润。玻璃纤维及制品制造下跌9.3%,针织或钩针编织物及其制品略微下降0.6%。而化纤织造及印染精加工同比暴涨552.2%,其次针织或钩针编织服装制造也出现259.2%的暴涨,机织服装制造紧随其后,同比增长155.6%,其余子行业均出现不同程度的增长。

表54 2021年1月—12月上海纺织子行业利润情况 （单位：亿元,%）

行业	利润总额		
	2021年(1月—12月)	2020年(1月—12月)	同比
全行业合计	20.09	33.42	−39.9
棉纺织及印染精加工	1.02	0.61	68.3
毛纺织和染整精加工	0.02	0.01	52.1
化纤织造及印染精加工	0.91	0.14	552.2
针织或钩针编织物及其制品制造	0.05	0.05	−0.6
家用纺织制成品制造	3.61	3.43	5.2
产业用纺织制成品制造	6.29	24.53	−74.3
机织服装制造	4.16	1.63	155.6
针织或钩针编织服装制造	1.11	0.31	259.2
服饰制造	−0.04	0.14	0
合成纤维制造	1.11	0.53	110.9
生物基材料制造	0	0.005 5	0
玻璃纤维及制品制造	1.85	2.05	−9.3

（数据来源：上海市经信委）

2020年由于防疫物资需求的推动,我国产业用纺织品行业经历了一轮高速增长,为2021年行业的发展积累了较大的基数,同时随着全球疫情形势的变化,防疫物资的需求已经大幅下降,口罩、防护服以及相关原辅材料产业的收入和利润增速在2021年出现大幅回调,带动整个行业主要经济指标增速下降。

③ 出口方面。

全行业1月—12月完成出口交货值为97.16亿元,同比减少6.0%。其中,降幅最大的是产业用纺织制成品制造,降幅为30.9%,其次是针织或钩针编织物及其制品,降幅为20.7%,针织或钩针编织服装制造紧随其后,下降11.5%。化纤织造及印染精加工的涨幅最大,高达39.8%,其次为棉纺织及印染精加工,涨幅为23.4%,再次为合成纤维制造,涨幅为8.9%。

出口交货值的下降,一方面因为我国纺织产品的国际竞争力明显下降。尤其是对欧洲以及日本市场,这两个市场是我国纺织产品出口的两大主要市场,受欧债危机,中日关系的恶化影响,对欧盟和日本市场中所占份额都是有所下降,市场份额进一步减少。另一方面表现为防疫类物资的出口较疫情高发期迅速减少,产业出现结构调整所致。

(3) 2022年上海纺织行业预测

① 产业用纺织品出口趋于稳定纺织行业压力大。

产业用纺织品占整个上海纺织服装出口比重较大,2021年全球疫情趋于常态化控制,对防疫物资供求相对稳定,出口回调明显。此外整个形势不利因素较多,环保趋严、中美贸易不确定性等都给行业发展带来压力。特别是人民币汇率变化大,汇率变化对整个纺织行业影响较大。目前来看,无论是国内市场还是国外出口市场,下滑趋势仍然明显,面临较大的下行压力,同质化竞争日益严重,行业受市场饱和、原材料价格波动等因素影响,整体市场下行压力较大。

纺织行业要继续加强服务供给侧改革,继续推动行业创新与产业升级,积极扩大国内消费市场。

② 行业出口压力较大。

对于上海的纺织企业来说,当前主要面临的问题是市场需求下降、订单不足,其次,由于疫情防控,企业基本不能参加国外展会和拜访国际客户,在开拓国际市场时面临阻力。另外,国际运费的大幅增长也给企业出口带来了极大的困扰。由于目前国外对我国纺织品采取贸易禁令政策和全球疫情反复以及国内疫情局部反弹,增加了市场复苏的不确定性,对上海纺织行业产销形式保持平稳形成考验,原材料价格上涨明显,超出终端市场恢复程度,对企业形成一定的压力,预计2022年,行业利润的降幅还将扩大,行业的盈利水平回归正常水平。

③ RCEP的正式实施带来机遇。

RCEP的正式实施,对于中国的纺织业来说,是一件机遇与挑战并存的大事。机遇是,15个国家、23亿人口的大市场趋于一体化,对于上海的纺织企业而言,如果具有竞争力,出口前景乐观,但是对于那些生产常规中低端产品的企业来说,东南亚国家的纺织企业也会带来巨大的竞争压力。印度、巴基斯坦、越南等国家的纺织产业,将成为我们的主要竞争对手,对于国际同行,需要加强研究分析。未来几年,进口纱线出现较大幅度增长是大概率事件,上海的纺织企业必须尽快实现产品的重新定位和升级以应对机遇与挑战。

2. 2021年上海纺织品商业行业运行分析

(1) 2021年上海纺织品商业行业数据分析

① 上海纺织品商业销售总额有上升。

据上海纺织品商业行业协会统计,2021年纺织品内销总额为3.66亿元,较2020年上升5.67%。其中,针纺总额2.86亿元,较2020年上升62.57%。纺织品零售总额0.4亿元,较2020

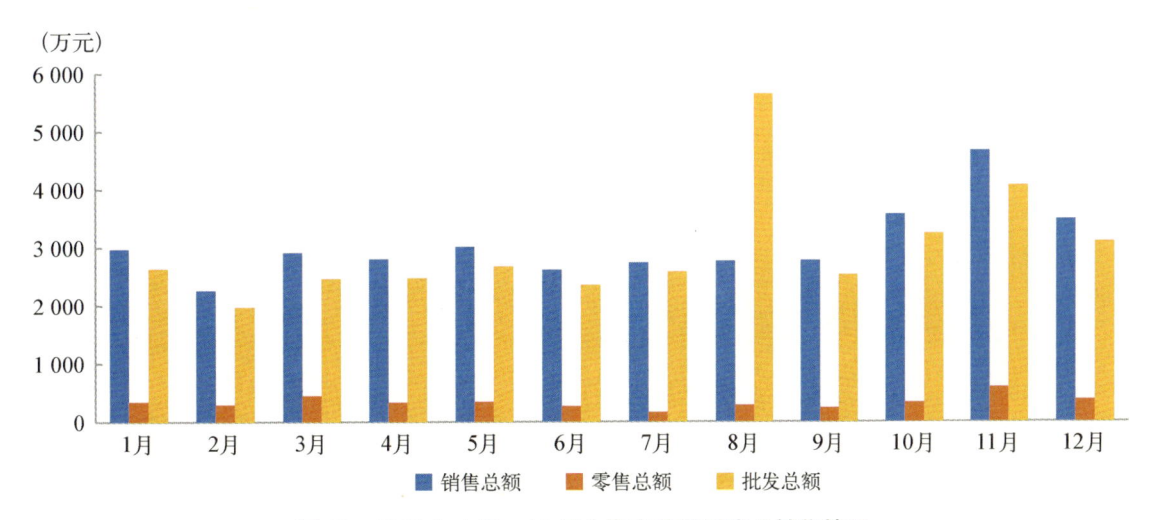

图53 2021年1月—12月上海市纺织品商业销售情况

图 54　2021 年 1 月—12 月上海市纺织品商业针纺销售情况

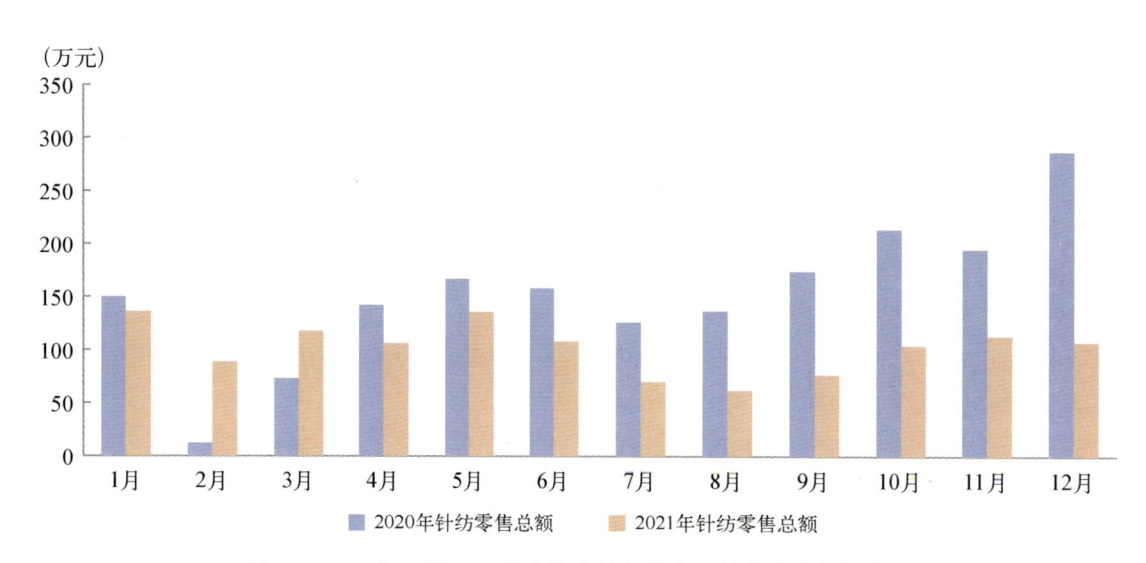

图 55　2021 年 1 月—12 月上海市纺织品商业针纺零售销售情况

图 56　2021 年 1 月—12 月上海市纺织品商业针纺批发销售情况

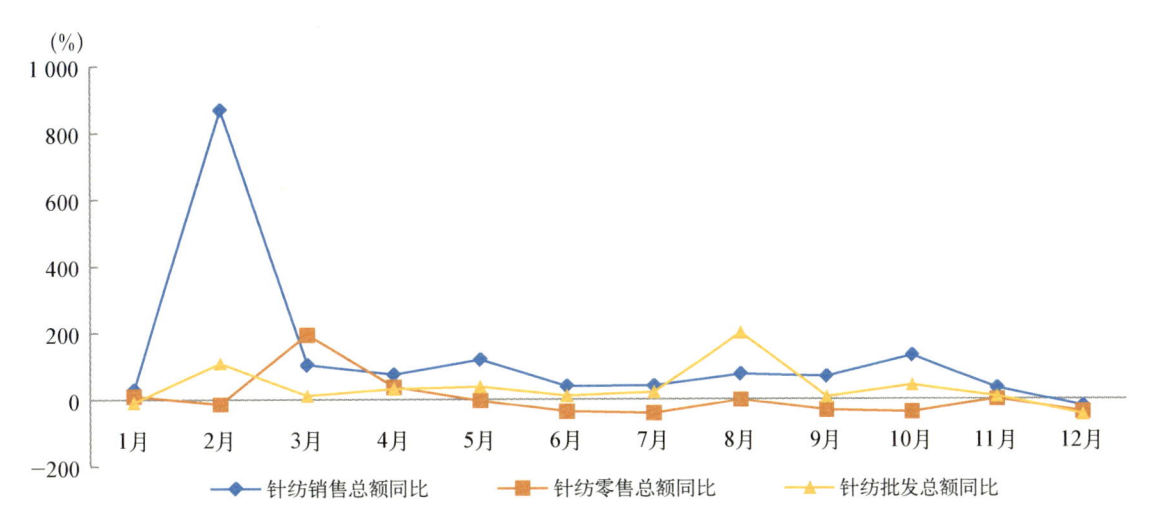

图 57　2021 年 1 月—12 月上海市纺织品商业针纺销售同比情况

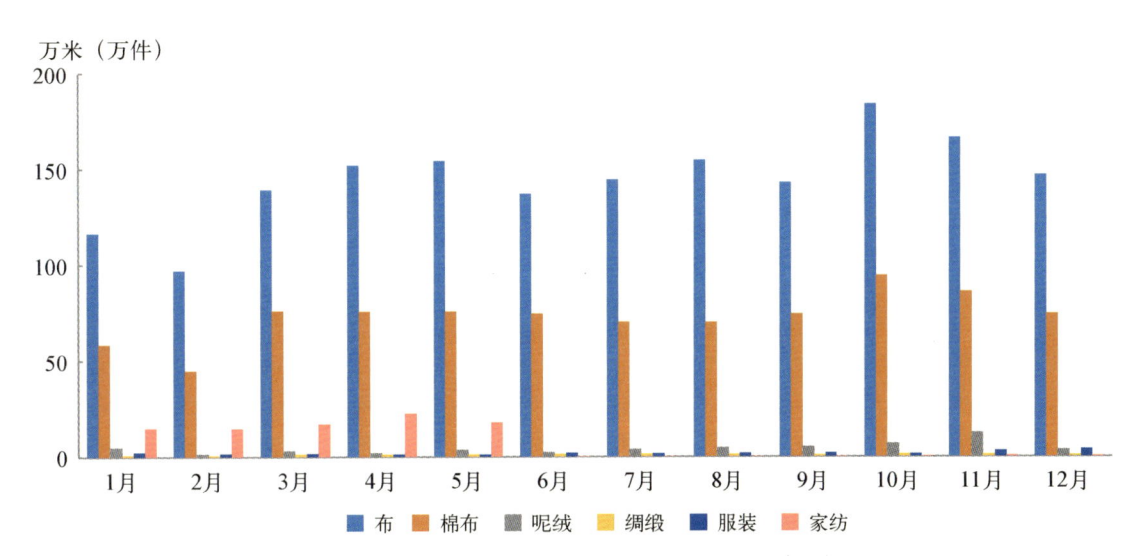

图 58　2020 年 1 月—12 月上海市布、棉布、呢绒、绸缎、服装、家纺销售情况

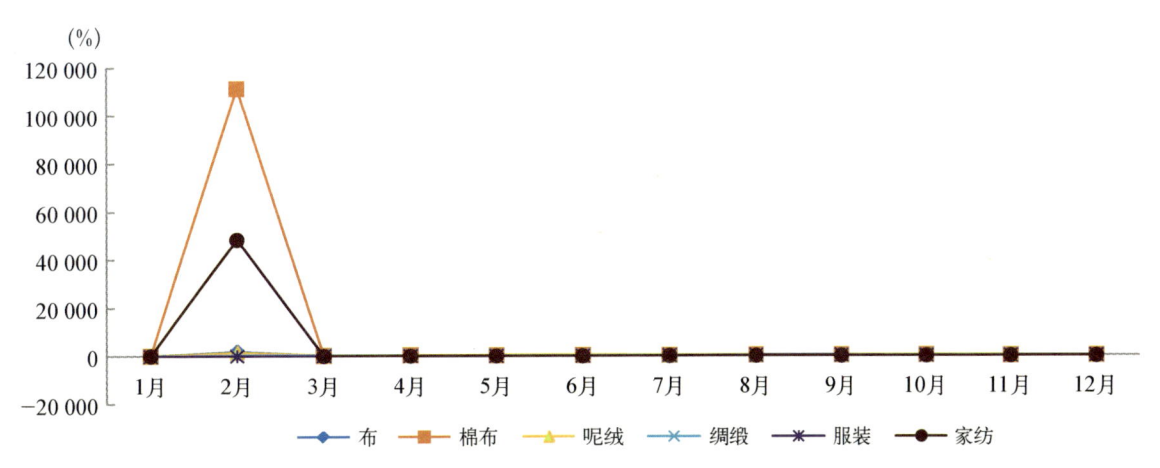

图 59　2020 年 1 月—12 月上海市布、棉布、呢绒、绸缎、服装、家纺销售总量同比

年下降11.3%。其中,针纺总额0.13亿元,较2020年下降33.1%。纺织批发总额3.58亿元,较2020年上升19.03%。其中,针纺总额3.21亿元,较2020年上升9.87%。

由统计数据分析,2021年上海纺织品商业行业销售总量1 734.57万米,较2020年上升86.82%;棉布销售量875.15万米,较2020年上升99.59%;呢绒销售量54.31万米,较2020年上升73.63%;绸缎销售量13.01万米,较2020年上升31.41%;服装销售量24.69万件,较2020年上升8.01%;家纺销售量89.49万件,较2020年下降56.07%。

② 2021年上海纺织品商业行业的纺织品销售额、销售量上升。

从2021年上海纺织品商业行业的统计数据来看,纺织品销售总额较2020年上升5.67%,针纺总额上升62.57%,零售总额下降11.3%,批发总额上升19.03%。从数量上分析,销售总量较2020年上升86.82%。棉布销量较2020年上升99.59%,呢绒销量较2020年上升73.63%,绸缎销量较2020年上升31.41%,服装销量较2020年上升8.01%,家纺销量较2020年下降56.07%。

从以上数据分析看,由于2021年新冠肺炎疫情得到了有效管控,服装企业的恢复也带动了纺织品面料的销售,促成了2021年,上海纺织品的销售额和销售量都有增加。

(2) 2022年上海纺织品商业行业运行预测及措施

2021年上海纺织品商业行业内销量较2020年有较好的恢复,纺织品销售总额较2020年上升5.67%,特别是纺织品销售总量上升86.82%。

2022年上海纺织品商业行业要牢牢把握党和国家中心任务及总体目标要求,要坚持围绕中心,在上海市委、市政府的领导下,助力优化营商环境。在市商务委领导下,推动纺织品商业行业发展,承前启后,继往开来,开拓进取,勇于创新,战胜疫情,使上海纺织品商业行业工作再上一个新台阶。

① 为中小企业做好服务。

为中小企业解忧纾困。中央经济工作会议要求今年经济工作要稳字当头,稳中求进,鼓励企业家要有企业家精神,对技术的执着追求,同时还有他们的爱国、创新、诚信、社会责任和国际视野的情怀,体现出"专精特新"中小企业身上的特质。

② 投入"十四五"的实践中去。

进入"十四五",纺织行业在转型升级中进一步树立起崭新形象,行业的健康发展得到国家和社会的进一步重视。近期各地纷纷出台相关政策规划,明确了利好纺织服装行业稳中求进、高质量发展的多项措施,我们要抓住机遇,借东风促发展。

③ 转变发展方式,提升创新能力。

通过加强东华大学的科研支持,推进产业链向智能化、绿色化和高端化转型,营造良好的科技创新环境。

④ 培育时尚中心,推进品牌建设。

要突出南外滩的历史和文化优势,力争将南外滩面料城打造成上海、全国、世界知名的纺织服装定制时尚中心,通过政府、行业协会、高校等各方资源,着力培育和打造一批竞争力强、市场占有率高、在国内外享有盛誉的纺织品牌。

⑤ 网络零售市场呈现新特点。

在1月27日举行的商务部例行发布会上,发言人指出,2021年,中国网络零售市场保持稳步增长,成为稳增长、保就业、促消费的重要力量,为推进构建新发展格局做出了积极贡献。

消费升级趋势明显,健康、绿色、高品质商品越来越受到消费者青睐,如智能家居、智能穿戴呈现高速增长态势,我们行业要跟上时代步伐。

⑥ 宣传绿色消费。

国家发改委、商务部等七部门正式印发了《促进绿色消费实施方案》,要求大力发展绿色消费。所谓绿色消费,就是指各类消费主体在消费活动全过程,始终贯彻绿色低碳理念的消费行为。促进绿色消费是消费领域的一场深刻变革,关系到整个生产生活方式的绿色低碳转型,对贯彻新发展理念,构建新发展格局,推动高质量发展,实现碳达峰、碳中和目标具有十分重要的意义。

"稳字当头,稳中求进"是2022年中国经济的"八字方针",那么,行业方针则是:求"稳"而"进"。在"百年未有之大变局"环境下,在"脱虚向实"大政方针指导下,行业精英们勠力前行、不坐等、敢破局,为振兴实体经济而奋斗。

3. 2021年消费者抽样问卷调查报告

随着中美贸易争端的不断发展,和国家对双循环新发展格局的推进,国内消费市场越来越被大家所看重。特别是纺织服装行业,在劳动力成本增加等因素的影响下,外向型发展越发困难,而内需市场进一步成为未来发展的重点。为了解中国纺织品服装终端市场的实际需求状况和消费趋势,中国纺织工业联合会上海办事处和东华大学联合进行了终端消费情况抽样调查。调查对象为中国大陆地区的普通消费者,调查方法为通过网络线上发放调查问卷和线下实地访问个人消费者。调查内容包括一年来个人的消费状况、消费习惯、疫情的影响和对后市的看法等。希望通过这次调查,为判断下半年纺织服装行业的经营环境提供参考依据。此次调查共采集到1 422份样本,其中,线上832份,线下590份。被调查对象是覆盖国内除西藏、宁夏、澳门以外的所有地区的普通消费者,年龄分布从15岁至81岁,且大部分集中于25~50岁消费活跃的年龄阶段。此次调查问卷主要分3个部分,一是被调查者基本情况;二是对被调查者消费情况的调查;三是对疫情影响的调查。

(1) 被调查者基本情况

从被调查者的基本情况来看,样本中有2/3左右是女性;学历方面,本科以上学历的占62.45%;年龄上,25岁至50岁的占58.51%。因此,被调查的样本大都为主要消费群体,能客观反映目前终端消费者的实际情况。

从被调查者的收入情况来看,大部分人的家庭收入在5 000~25 000元,比例占74.05%。通过对消费者近一年的收入情况调查发现,有16.88%的人表示今年的收入是下降的,这个比例比去年的调查数据下降了18.14个百分点。主要是因为去年受到疫情影响的直接冲击,停工停产的现象严重,收入受到较大影响所致。今年在国家有力管控疫情的情况下,经济有较好的恢复。另外,有33.69%的受访者表示收入有所增加。这些数据都明显好于去年,但和2019年以前的调查数据相比较,仍然有不足。由此可见,在国家大力管控疫情和刺激经济的措施下,通过一年的恢复,大家的收入情况有所改善,但疫情的影响仍然存在,还没恢复到疫情前的水平。

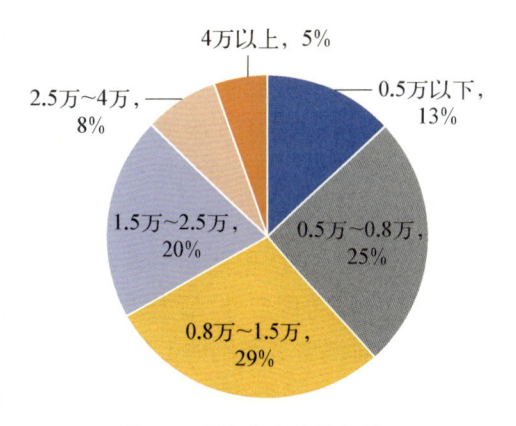

图60 受访者家庭收入情况

(2) 消费情况调查

对消费情况的调查主要从3个方面进行,一是消费渠道,二是消费能力,三是消费习惯。从统计数据来看,可以获得以下几个方面的信息:

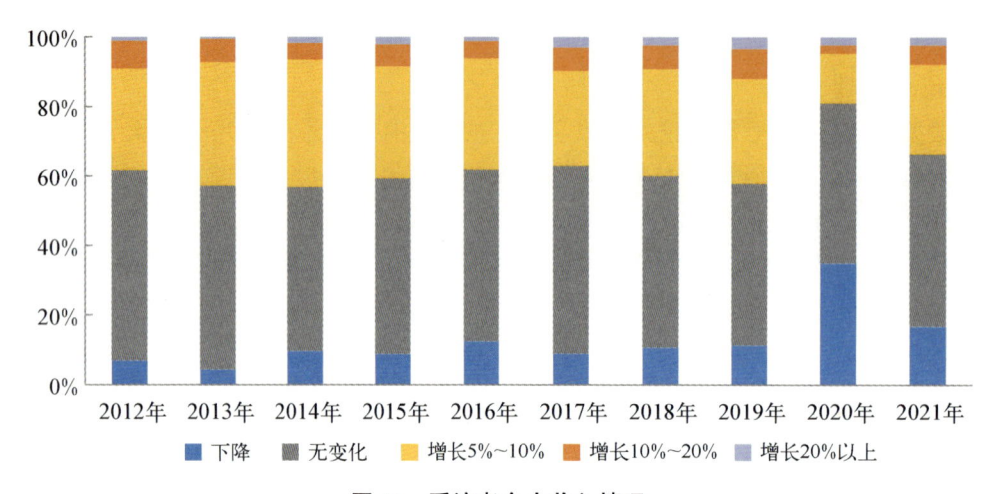

图 61　受访者个人收入情况

① 从消费渠道来看,网购已经成为消费者最主要的购物渠道,在今年的调查中48.95%的受访者表示他们最主要的购买服装的渠道是通过网购,虽然这一比例比去年下降了1.89个百分点,但考虑到去年疫情影响大家出行不便的因素,大家选择网购的趋势已经越来越明显。而且,今年的调查中发现,在高收入群体中,选择网购的比例也首次超过了服装品牌专卖店。另外,老年人选择网购的比例也在逐年增加;大家选择的购物渠道第二多的是百货商场,占比达到25.32%,这一比例与往年相比仍在逐年缓慢下降;大家选择的另一渠道是服装品牌专卖店,选择这种购物渠道的比例相对较为稳定,今年的比例为19.20%。从分年龄和收入的不同阶层消费者的情况看,低收入的和年轻的人群更倾向于网购,年龄大于50岁的人群则倾向于去百货商场购买服装。而高收入人群则倾向于去服装品牌专卖店。

② 针对与服装定制的消费模式,目前虽然还不是很多,但随着生活条件的提高,越来越被大家所接受。在此次调查中,有8.16%的受访者表示过去一年中有过定制服装。而从定制服装的类别来看,最主要的是西装,其次是旗袍。而时装等其他类别几乎都没有涉及。

③ 从消费者购买服装的频率和所购服装的价格来看和往年没有多大变化,购买频率大多为每月一次,这一比例占到38.33%。大部分人每月在服装上面的花费为300~1 000元,这部分人群的比例为41.98%。从购买的服装单品价格上来看,大多数人购买的服装的价格在100~300元/件,这一比例占到48.31%,其次为300~1 000元/件,这一比例为34.60%。

④ 在对消费者用在服装上的总体花费的调查中看到,有34.32%的受访者表示今年在服装上的花费是减少的,这一比例比去年下降了16.88个百分点。另外,表示花费同比增加的有16.1%,比去年增加了8.18个百分点。这说明今年的消费情况比去年是有所改善的,但是这些数据与2019年以前的数据相比,仍然处于不景气的地位。进一步探究消费者花费增减的原因,除了消费者的消费习惯和喜好等因素外,最主要的还是收入和物价等因素占主导。

⑤ 针对消费者在网购上的花费,从调查数据上看,有23.7%的受访者表示今年在网购上的花费减少了,有28.97%的受访者表示今年网购上的花费是增加的。结合消费者总体花费的情况和往年的数据,也进一步证明网购在消费者服装消费渠道中的比重越来越重。

⑥ 在针对影响购买服装的首要因素的调查中,有53.38%的人认为,服装的款式是影响他购买服装的首要因素,有32.28%的人认为价格是影响的首要因素,有11.18%的人认为品牌是首要因素。与往年的数据相比,价格因素越来越受到重视。

⑦ 网络直播带货这种模式近年来的发展非常迅速,正在受到人们的关注,在此次调查中,有

95.99%的人表示知道或了解这种购物模式,其中,有19.97%的人表示对此很关注,这一比例比去年调查时增加了5.57个百分点。更有15.75%的人表示已经通过网络直播带货的方式进行消费了,而在去年调查时,这一比例还仅为8.8%。

⑧ 针对目前服装设计、生产及销售上存在的问题的调查中,反馈的结果与往年相比没有太大的变化,最受消费者诟病的还是服装价格高和服装设计没有个性、定位不够鲜明这两个问题,所占的比例分别有40.79%和44.94%。

⑨ 在对品牌的认可度上,国内品牌进一步得到了大部分消费者的认可,有77.64%的受访者表示对国内品牌的认可。而国内品牌最大的优势还是价格优势,在调查中有69.69%的受访者是这么认为的。

⑩ 对于下半年在服装方面的预算,有26.79%的人表示预算在减少,这一比例比去年下降了10.81个百分点。有12.73%的人表示预算会增加,这一比例比去年增加了2.24个百分点。而更多的受访者表示预算和去年差不多,这一比例为60.48%。

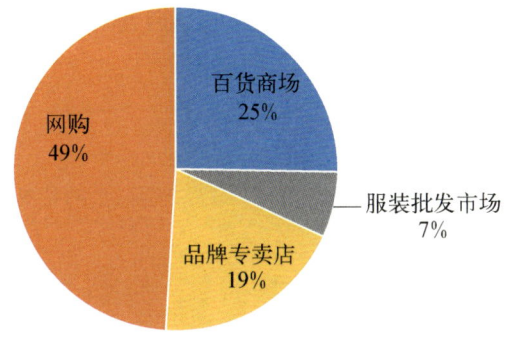

图62 购买服装的主要途径

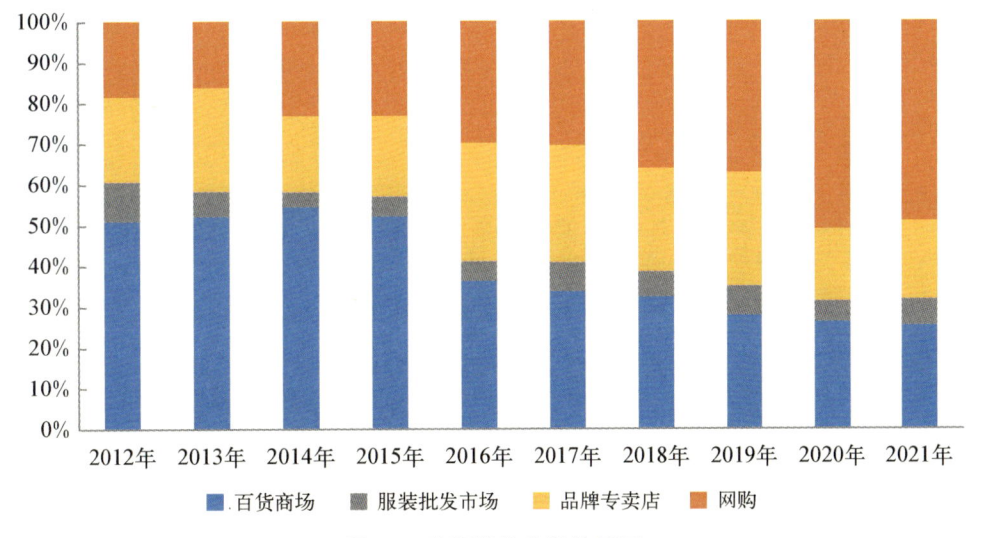

图63 购买服装途径的情况

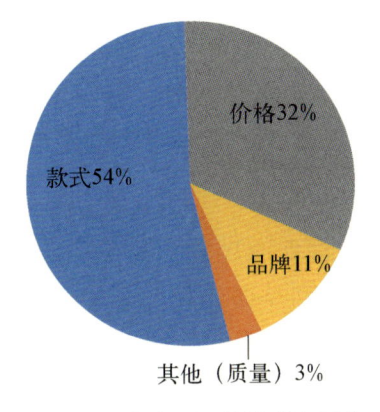

图64 影响购买服装的首要因素

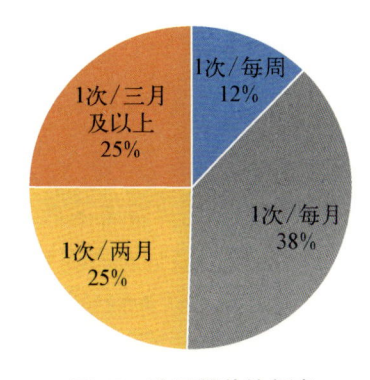

图65 购买服装的频率

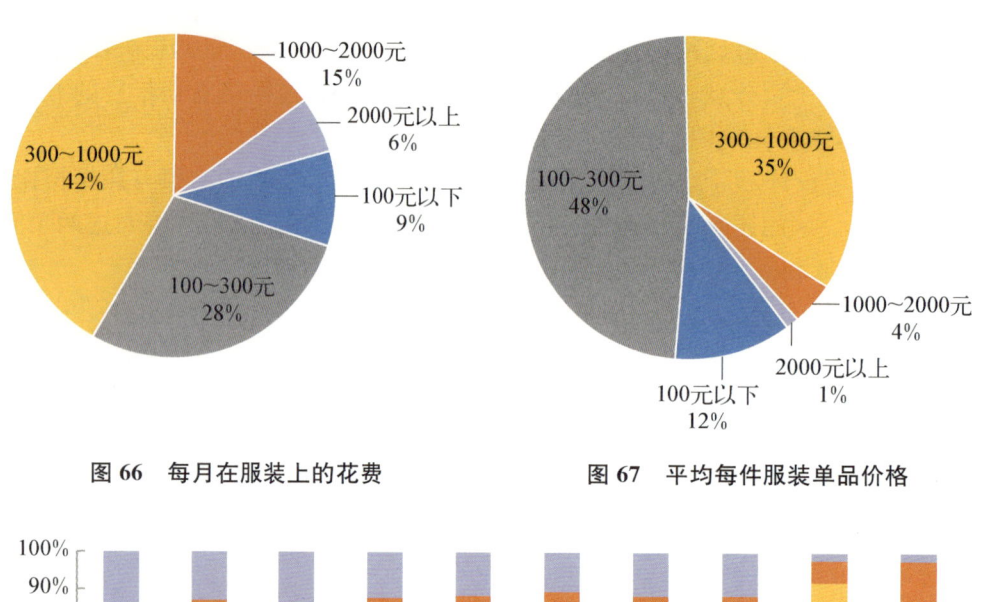

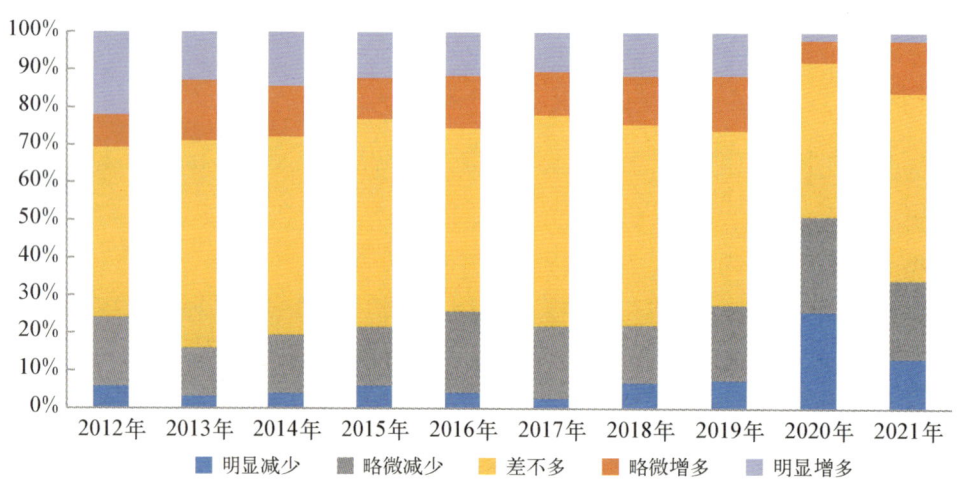

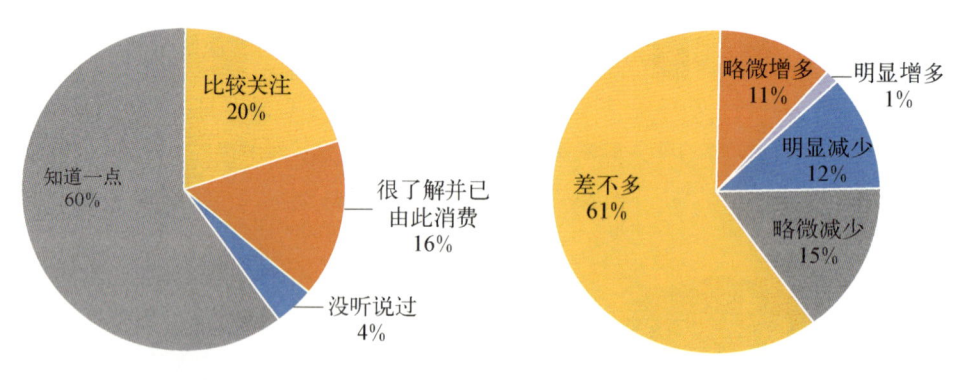

图 66　每月在服装上的花费　　　　　　图 67　平均每件服装单品价格

图 68　与上一年同比购买服装的总体花费(历年)

图 69　对直播带货的看法　　　　　　图 70　今年下半年服装消费的预算

(3) 新冠疫情的影响

去年初突发的新冠疫情对消费者的收入、消费行为、消费心理等方面都造成了一定的负面影响。经过一年多的管控,国内疫情基本得到控制,社会秩序和经济活力得到一定恢复。

① 在收入方面,大部分人认为影响不大或没有影响。31.15%的受访者表示疫情对他们的收入没有影响,这比去年的调查数据增加了2.79个百分点。仅有4.29%的受访者表示影响较大,而这一数据比去年也下降了1.84个百分点。

② 针对疫情期间消费愿望的调查显示,有52.11%的人表示消费减少甚至根本没有消费欲望,但这个数据和去年的调查相比已经下降了10.29个百分点。表示正常消费的受访者达到了43.39%,比去年增加了7.57个百分点。表示消费增加的受访者有4.5%,比去年增加了2.72个百分点。

③ 在对于疫情过后会否在服装上有报复性消费的问题上,大家还是比较理性。仅有13.22%的人表示会,而有78.06%的人明确表示不会。

④ 对于疫情过后大家对国内经济形势走势的观点,大部分人表示乐观或很乐观,其中,表示乐观的受访者达到53.31%,比去年增加了7个百分点,表示很乐观的受访者占到15.96%,比去年增加了7.34个百分点。

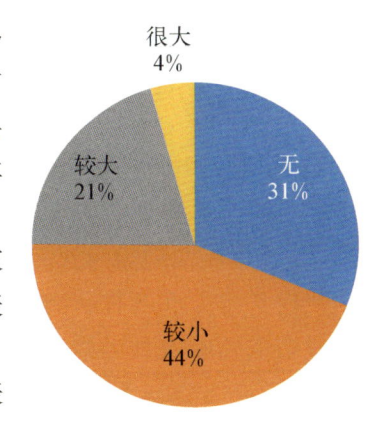

图71 疫情对个人收入的负面影响

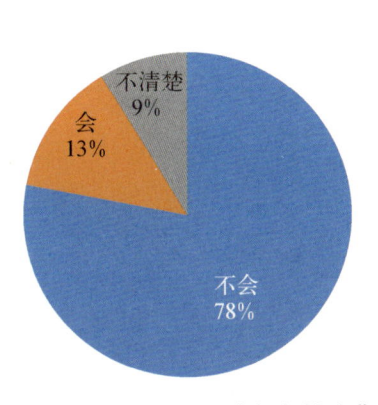

图72 疫情过后是否会报复性消费

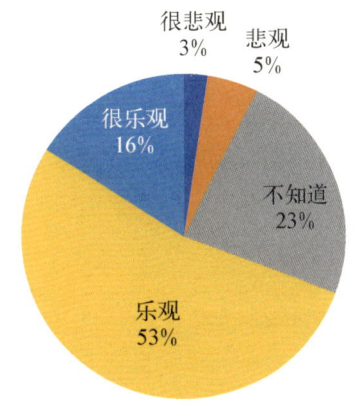

图73 对疫情后国内经济走势的看法

4. 总结

纺织品服装的内需市场正在恢复中,消费者的收入、消费欲望与去年疫情时期相比已经有了较大的改善。但是疫情对经济的影响还远远没有结束,从消费者的反馈来看,虽然情况在好转,但是还没有恢复到疫情前的状态。

在疫情的推动下,人们的消费习惯正在加速变化,网购因为其便捷、低成本、非接触消费等优势而越来越受到青睐,再加上现在物流业的高度发展带来的退换货的便利性,进一步推动了服装消费的网络化。网购模式也已经成为老年人和高收入人群的主要购物手段。

目前消费模式正在呈多元化发展,直播带货模式异军突起,正在吸引广大消费者的目光,而且有加速发展的趋势,这给企业经营模式的转变带来了考验。另外,消费者越来越追求个性化的消费,对品牌的追求欲望不如以往强烈,而个性化的款式、高性价比的产品才是人们青睐的目标。

在国家防疫措施得力、经济复苏良好的大环境下,大家对经济形势抱有乐观的态度,大家的消费能力和消费欲望也都在加强,这对企业经营来说是利好消息,但怎样抓住消费者的痛点、怎样吸引消费者的目光才是问题的关键。

(上海纺织品商业行业协会、中国纺织工业联合会上海办事处、上海市纺织科学研究院有限公司产业经济研究室供稿 执笔人:任凯国、陆 敏、蒋伟文、魏 皓)

(二) 上海纺织服装行业 2021 年发展报告

2021年,国内疫情仍有零星爆发,国外疫情仍不乐观,疫情防控叠加国家间政治经济摩擦等因素,使得航运费用高涨、原材料涨价、人工成本上升等。加上部分国家蓄意制造的新疆棉花事件,以及年中期间国内部分地区暴雨等多重因素影响,上海纺织服装行业形势仍不乐观,总体上生产销售出口和营收利润同比均呈下降趋势。但是,受到国家多项促进经济增长措施的利好,服装制造的营收及利润均上涨比较明显,但整个纺织服装制造行业的复苏之路仍面临不小的压力与困难。

1. 2021 年上海市社会服装消费情况概述

2021年,上海全市社会消费品中服饰的商品零售总额为4161.15亿元,同比上升12.3%,占全市社会消费品零售总额的23.0%,占比下降了0.6个百分点。全年来看,服饰类商品零售总额在全市社会消费品零售总额的占比,随着季度变化先呈逐渐下降至三季度为全年谷底,第四季度则因年终促销的拉动而有明显增长。

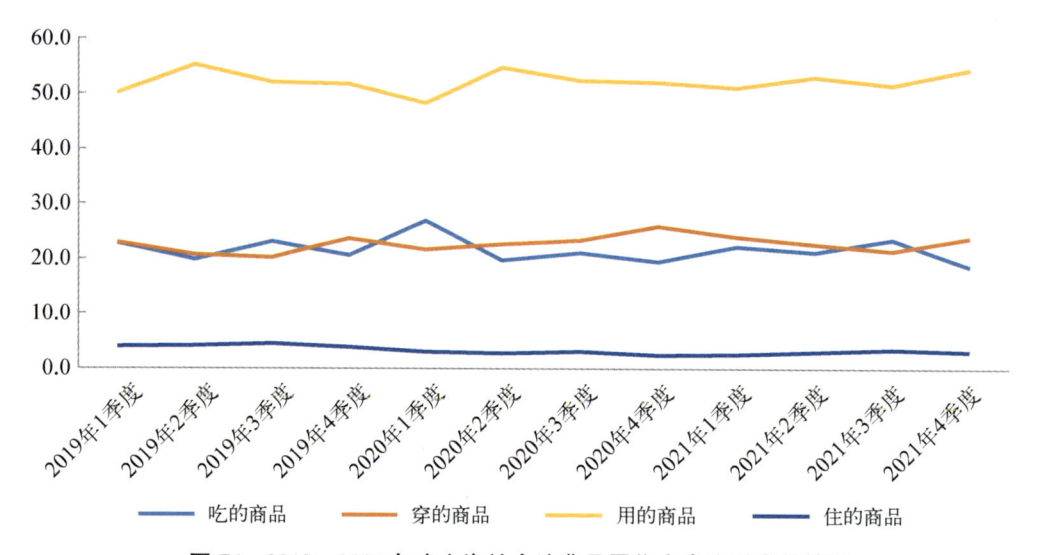

图74 2019—2021年度上海社会消费品零售大类比重变化情况

2021年,上海市居民人均可支配收入78 027元,比上年增长8.0%,人均消费支出48 879元,比上年增长14.9%。上海市居民消费价格指数比上年下降0.5%,其中,衣着类居民消费价格指数比上年下降1.4%。今年的后疫情时代生活趋于正常,国家实施多项刺激内循环举措,居民消费价格指数有所下降,居民的消费欲望得到了释放,可支配收入增长的同时消费支出也明显增长,同时,众多服装类企业因出口国际市场受到多重因素影响而转向国内市场,衣着类消费品价格日趋平稳,居民的消费理念也逐渐转向理性,追求性价平衡。

2. 上海市纺织服装制造行业规模以上企业经济运行情况

2021年,上海纺织服装制造行业继续受到疫情和国际经济贸易形势影响,产销出口同比下降,资产和负债规模持续缩减但幅度有所放缓,企业户数同比上年末减少,亏损企业占比同比下降,虽有疫情防控、原材料涨价、人工成本上升等因素影响,但受益于国家相关扶助支持政策的利好,以及行业企业深入推进转型升级的作用下,产量同比有所增长,三项费用(管理+营业+财务费用)同比下降,营收有所增长,利润增长明显。其中,机织服装制造企业生产和销售情况同比劣于针织服装制造企业,而针织服装制造企业出口情况劣于机织服装制造企业。

(1) 工业总产值、销售产值先降后升,全年同比下降

2021年,上海市纺织服装制造行业规模以上企业累计完成工业总产值205.52亿元,同比下降7.6%,占全市工业总产值的0.53%,占全市纺织规模以上工业总产值的46.03%。累计完成生产制造服装29 048.49万件,同比上升2.6%。其中,机织服装制造规模以上企业工业总产值131.28亿元,同比下降11.2%,针织服装制造规模以上企业工业总产值74.24亿元,同比上升3.7%。

表55 2021年上海市纺织服装制造行业规模以上企业产销情况

项 目	工业总产值(现价)		现价销售总值		工业总产值产销率	
	亿元	增长率(%)	亿元	增长率(%)	%	增幅(%)
全市合计	38 437.80	10.2	38 228.27	11.6	99.5	−1.4
纺织合计	446.52	−7.0	442.74	−5.9	99.2	−6.4
服装制造合计	205.52	−7.6	203.51	−10.3	99.0	−4.4
机织服装制造	131.28	−11.2	131.46	−16.1	100.1	−3.3
针织或钩针编织服装制造	74.24	3.7	72.05	2.4	97.0	−2.0
服饰制造	17.09	−13.1	16.85	0.8	98.6	7.2

表56 2021年上海市纺织服装制造行业规模以上企业产值销售占比情况

项 目	单 位	工业总产值	现价销售总值
纺织占全市比重	%	1.16	1.16
增幅	百分点	−0.2	−0.2
服装占纺织比重	%	46.03	45.97
增幅	百分点	−3.2	−2.3
服装占全市比重	%	0.53	0.53
增幅	百分点	−0.1	−0.1

2021年,上海市纺织服装制造行业规模以上企业累计完成销售产值203.51亿元,同比下降10.3%,占全市销售产值的0.53%,占全市纺织规模以上企业销售产值的45.97%。其中,机织服装制造规模以上企业实现销售产值131.46亿元,同比下降16.1%,针织服装制造规模以上企业实现销售产值72.05亿元,同比上升2.4%。

2021年,上海市纺织服装制造行业规模以上企业工业产品产销率为99.0%,同比增加2.4个百分点。其中,机织服装制造规模以上企业产销率100.1%,同比下降3.3个百分点,针织服装制造规模以上企业产销率97.0%,同比下降2.0个百分点。

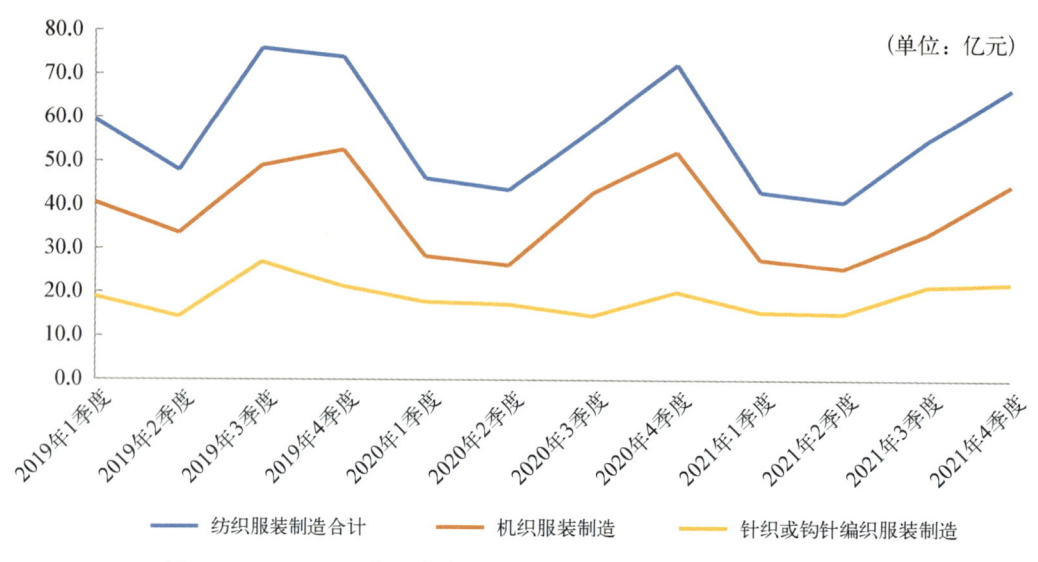

图 75　2019—2021 年上海市纺织服装制造规模以上企业工业总产值

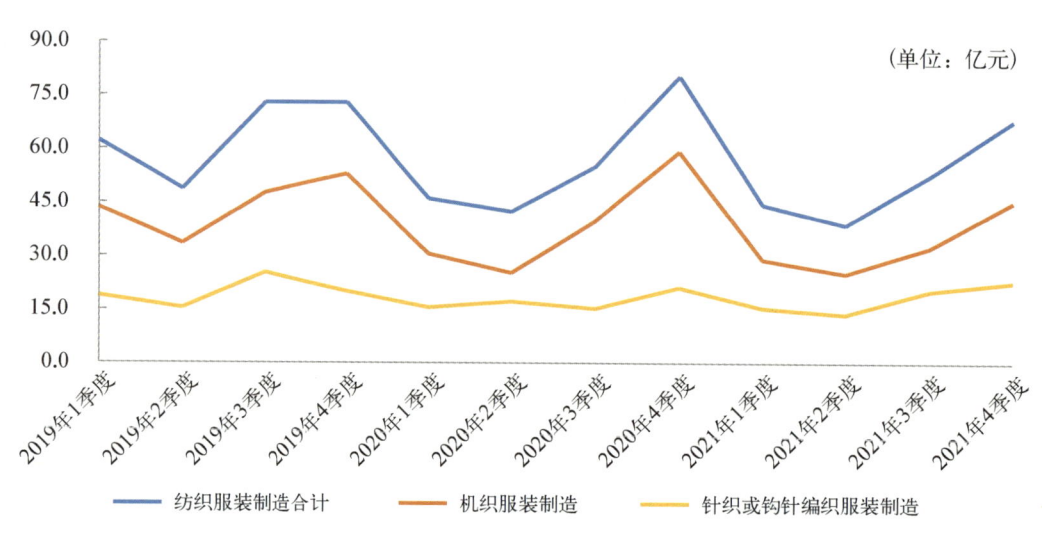

图 76　2019—2021 年上海市纺织服装制造规模以上企业现价销售产值

（2）出口交货值由谷值缓慢上升，全年同比下降

2021 年，上海市纺织服装制造行业规模以上企业实现出口交货值 45.55 亿元，占全市规模以上企业出口交货值的 0.56%，占全市纺织制造行业规模以上企业出口交货值的 46.88%，同比下降 6.3%。其中，机织服装制造规模以上企业实现出口交货值 19.96 亿元，同比上升 1.3%，针织服装制造规模以上企业实现出口交货值 25.59 亿元，同比下降 11.5%。

表 57　2021 年上海市纺织服装制造业规模以上企业出口情况

项目	出口交货值		出口率	
	亿元	增长率(%)	%	增幅(%)
全市工业合计	8 187.88	8.4	21.3	−1.0
纺织合计	97.16	−6.0	21.8	−1.4

续 表

项 目	出口交货值		出 口 率	
	亿元	增长率(%)	%	增幅(%)
服装制造合计	45.55	−6.3	22.2	0.3
机织服装制造	19.96	1.3	15.2	2.2
针织或钩针编织服装制造	25.59	−11.5	34.5	−6.2
服饰制造	6.86	−1.5	40.2	2.1

表58 2021年上海市纺织服装制造业规模以上企业出口交货值占比情况

项 目	出口交货值占比(%)	比上年增幅(百分点)
纺织占全市比重	1.19	−0.1
服装占纺织比重	46.88	−0.2
服装占全市比重	0.56	−0.1

图77 2019—2021年上海市纺织服装制造行业规模以上企业出口交货值

2021年全年,上海纺织服装制造行业规模以上企业出口率为22.2%,同比上升0.3个百分点。其中,机织服装制造规模以上企业出口率15.2%,同比上升2.2个百分点,针织服装制造规模以上企业出口率34.5%,同比下降6.2个百分点。

(3) 营业收入、成本和利润总额先下降后上升,全年同比上升

2021年,上海纺织服装制造行业规模以上企业累计实现营业收入265.52亿元,占全市规模以上企业营业收入的0.61%,占全市纺织制造规模以上企业营业收入的48.91%,同比上升2.1%。其中,机织服装制造规模以上企业实现营业收入164.53亿元,同比上升1.9%,针织服装制造规模以上企业实现营业收入65.64亿元,同比上升5.0%。

2021年,上海市纺织服装制造行业规模以上企业实现营业成本230.17亿元,占全市规模以上企业营业成本的0.65%,占全市纺织制造规模以上企业营业成本的49.89%,同比增加3.1%。其中,机织服装制造规模以上企业实现营业成本164.53亿元,同比上升2.3%,针织服装制造规模以上企业实现营业成本65.64亿元,同比上升5.0%。

表59　2021年上海市纺织服装制造业营业收益情况

项目	营业收入		营业成本		利润总额		利润率	
	亿元	增长率(%)	亿元	增长率(%)	亿元	增长率(%)	%	增幅(%)
全市工业合计	43 627.81	13.3	36 510.88	14.7	3 008.97	6.6	6.9	−0.4
纺织合计	542.83	−1.0	461.31	2.5	20.09	−39.9	18.8	2.2
服装制造合计	265.52	2.1	230.17	3.1	5.27	172.1	2.0	1.2
机织服装制造	191.21	1.9	164.53	2.3	4.16	155.6	2.2	1.3
针织或钩针编织服装制造	74.31	2.6	65.64	5.0	1.11	259.2	1.5	1.1
服饰制造	21.35	10.1	18.12	12.8	−0.04	—	—	—

表60　2021年上海纺织服装制造业营业收益占比情况

项目	营业收入		营业成本		利润总额	
	%	增幅	%	增幅	%	增幅
纺织占全市比重	1.24	−0.2	1.30	−0.2	0.67	−0.5
服装占纺织比重	48.91	1.5	49.89	0.3	26.23	20.4
服装占全市比重	0.61	−0.1	0.65	0.1	0.18	0.1

2021年,上海市纺织服装制造行业规模以上企业累计实现利润总额5.27亿元,占全市规模以上企业实现利润总额的0.18%,占全市纺织制造行业规模以上企业实现利润总额的26.23%,同比增长172.1%。其中,机织服装制造规模以上企业实现利润4.16亿元,同比上升155.6%,针织服装制造规模以上企业实现利润1.11亿元,同比上升259.2%。

2021年,上海市纺织服装制造行业规模以上企业累计实现利润率为2.0%,同比上升了1.2个百分点。其中,机织服装制造规模以上企业累计实现利润率为2.2,同比上升了1.3个百分点,针织服装制造规模以上企业累计实现利润率为1.5,同比上升了1.1个百分点。

2021年,上海市纺织服装制造行业规模以上企业实现税金总额3.31亿元,占全市规模以上工业企业实现税金总额的0.18%,占全市纺织制造行业规模以上企业实现税金总额的42.96%,同比减少4.5%。其中,机织服装制造规模以上企业实现税金总额2.35亿元,同比减少6.9%,针织服装制造规模以上企业实现税金总额0.96亿元,同比增加1.9%。

图 78　2019—2021 年上海市纺织制造规模以上企业营业收入

图 79　2019—2021 年上海市纺织制造规模以上企业营业成本

图 80　2019—2021 年上海市纺织制造规模以上企业利润总额

（4）资产与负债总值下滑，负债率上升

表 61　2021 年末上海市纺织服装制造业资产和负债情况

项　　目	资产总计		负债总计		资产负债率	
	亿　元	增长率(%)	亿　元	增长率(%)	%	增幅(%)
全市合计	50 564.63	6.9	24 708.54	7.7	48.9	0.4
纺织合计	498.10	−3.2	227.98	−5.0	45.8	−0.9
纺织服装制造合计	250.42	−1.6	129.20	−0.6	51.6	0.5
机织服装制造	187.76	−2.2	95.75	−1.0	51.0	0.6
针织或钩针编织服装制造	62.66	0.2	33.46	0.7	53.4	0.2
服饰制造	15.24	−17.9	10.09	−21.3	66.2	−2.9

表 62　2021 年末上海市纺织服装制造业资产和负债占比情况

项　　目	资产总计		负债总计	
	%	增幅	%	增幅
纺织占全市比重	0.99	−0.1	0.92	−0.1
服装占纺织比重	50.28	0.8	56.67	2.5
服装占全市比重	0.50	−0.1	0.52	−0.1

2021 年末，上海市纺织服装制造行业规模以上企业资产总计为 250.42 亿元，与年初相比下降 1.6%，负债总计为 129.20 亿元，与年初相比下降 0.6%，资产负债率为 51.6%，比年初上升 0.5 个百分点。其中，机织服装制造规模以上企业资产总计为 187.76 亿元，同比下降 2.2%，负债总计为 95.75 亿元，同比下降 1.0%，资产负债率为 51.0%，比年初上升 0.6 个百分点，针织服装制造规模以上企业资产总计为 62.66 亿元，同比增长 0.2%，负债总计为 33.46 亿元，同比上升 0.7%，资产负债率为 53.4%，比年初上升 0.2 个百分点。

（5）经济运行状况

2021 年末，上海纺织服装制造行业规模以上企业 179 户，含亏损企业 62 户，亏损企业占比 34.6%，同比收窄了 2.9 个百分点。其中，机织服装制造规模以上企业 104 户，含亏损企业 36 户，亏损企业占比 34.6%，同比收窄了 3.3 个百分点，针织服装制造规模以上企业 75 户，含亏损企业 26 户，亏损企业占比 34.7%，同比收窄了 2.2 个百分点。

纵观 2021 年上海纺织服装制造行业企业运行情况，整体上，上海纺织服装制造企业后半年好于前半年，一季度比上年四季度下滑明显，二季度受到新疆棉花事件和苏伊士运河堵塞、暴雨灾情等影响进一步下滑到全年谷底，三季度则随疫情缓解逐渐上升，四季度上升到全年的峰值。

表63　2021年末上海纺织服装制造规模以上企业亏损情况

项目(同比分析)	制造企业单位数		亏损单位数		亏损单位占比	
	12月末(户)	同比增长率(%)	12月末(户)	同比增长率(%)	12月末(%)	同比(%)
纺织合计	373	−6.5	111	−17.7	29.8	−4.1
纺织服装制造合计	179	−10.5	62	−17.3	34.6	−2.9
机织服装制造	104	−10.3	36	−18.2	34.6	−3.3
针织或钩针编织服装制造	75	−10.7	26	−16.1	34.7	−2.2
服饰制造	21	−30.0	7	−53.3	33.3	−17.0

3. 上海市服装消费市场变化情况概述

2021年1月—12月，上海十大商场服装大类商品总体累计销售362.50万件，同比上升6.2%，累计销售收入28.66亿元，同比上升8.4%，平均累计销售单价790.67元，同比上升2.1%。其中，由于销售量增加，影响销售额增加1.64亿元，由于商品结构变化及平均销售价格变化，影响销售额增加0.58亿元，两项合计净增加2.22亿元。从上海服装行业协会网络商场销售情况来看，2021年1月—12月的销售数量和金额同比双双上升，今年尽管仍处于后疫情时代，国内新冠病毒肺炎疫情形势仍不乐观，但在国家系列促进内循环政策和多项刺激消费措施的引领下，实体销售相比疫情爆发形势严重的去年同期明显起色不少，不过所面临的线上销售冲击压力不容忽视，传统实体销售还需要认真思考与线上销售融合及转型升级以着眼于未来的长远发展。整体上，由于年初突发新冠疫情使得线下实体零售一季度销售惨淡，二季度随着国内疫情防控形势不断好转及政府发起的五五购物节等多项刺激消费措施，销售有所起色，但在线上销售的冲击下仍然面临不小的困难，传统实体零售如何与线上销售相融合并调整转型升级以应对突发疫情仍任重而道远。

（1）服装大类销售

表64　2021年上海服装行业协会网络信息十大商场服装类商品全年累计销售情况（按大类分）

项目	销售数量		销售金额		平均销售单价	
	1月—12月(件/条/双)	同比增长率(%)	1月—12月(万元)	同比增长率(%)	1月—12月(元)	同比增长率(%)
包袋	71 004	−11.5	13 386.76	8.0	1 885.35	22.1
男衬衫	30 966	−3.6	2 031.73	7.8	656.12	11.8
男式休闲装	286 849	41.7	22 827.30	24.4	795.79	−12.2
男式正装	137 059	3.1	2 446.42	0.9	1 785.10	−2.2
男西裤	18 748	−13.1	1 386.09	−6.5	739.33	7.5
牛仔服	83 471	27.1	5 983.32	22.9	716.81	−3.3
女式时装	968 777	30.6	116 145.77	15.0	1 198.89	−12.0

续 表

项目	销售数量		销售金额		平均销售单价	
	1月—12月 (件/条/双)	同比增长率 (%)	1月—12月 (万元)	同比增长率 (%)	1月—12月 (元)	同比增长率 (%)
皮装	2 866	−18.2	660.18	−44.0	2 303.50	−31.5
童装	1 156 645	−8.1	40 911.10	−2.4	353.70	6.2
鞋类	442 666	10.5	32 683.61	5.1	738.34	−4.9
羊毛(绒)衫	223 397	−9.2	17 350.69	−0.1	776.68	9.9
针织内衣	202 550	−11.1	8 783.66	1.5	433.65	14.2
总计	3 624 998	6.2	286 616.65	8.4	790.67	2.1

(2) 服装大类销售同比有升有降,女士服装销售远超其他

就累计销售数量而言,2021年1月—12月,上海服装行业协会网络信息十大商场销售的服装大类商品,童装售出约116万件,名列榜首且远超其他类别;女式时装售出约96万件,当仁不让的位居第二;皮装则位列最后一名,仅售出0.29万件。按月来看,排名也大多如此。与去年同期相比,男式休闲装、男式正装、牛仔服、女式时装和鞋类的销售数量均有不同程度的增加,其他大类的销售数量则有不同程度的减少,其中,男式休闲装的销售数量增加最为明显,约42%,皮装的销售数量减少较多达约18%。

就累计销售金额而言,2021年1月—12月,上海服装行业协会网络信息十大商场销售的服装大类商品,名列榜首的女式时装销售约11.6亿元且远超其他类别,童装位居第二名仅销售约4.1亿元,而皮装位列最后一名仅销售约0.07亿元。按月来看,排名也是大多如此。

就平均销售价格而言,2021年1月—12月,上海服装行业协会网络信息十大商场销售的服装大类商品,皮装以约2 303元/件的平均销售价格位列榜首,包袋以约1 885元/件的平均销售价格位居第二,童装则以约354元/件的平均销售价格位列最后一名。按月来看,排名也大多如此。与去年同期相比,各类别的平均销售价格有升有降,男式休闲装、男式正装、牛仔服、女式时装、皮装和鞋类的平均销售价格分别有不同程度的下降,其他类别的平均销售价格则有不同程度的上升,其中,皮装的平均销售价格下降最为明显达约32%,包袋的平均销售价格上升较为明显约22%。

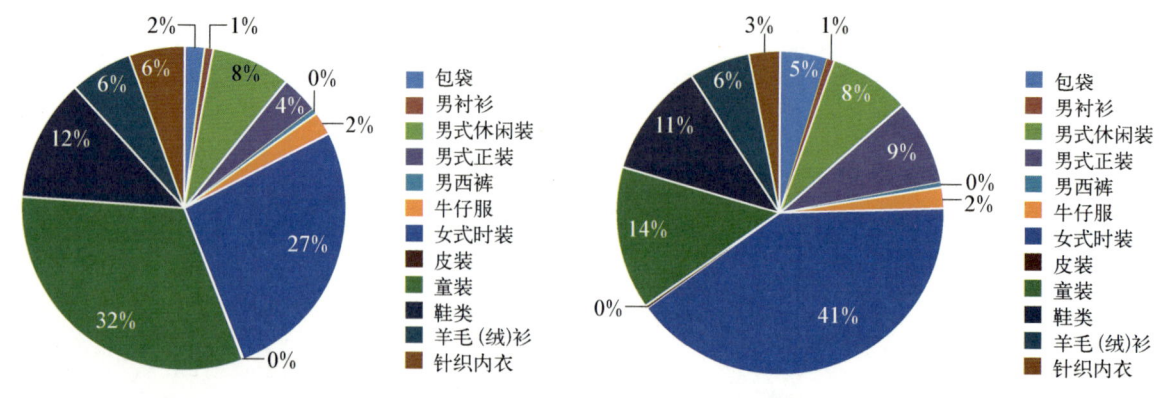

图81 2021年上海服装行业协会网络信息
服装大类商品累计销售数量占比

图82 2021年上海服装行业协会网络信息
服装大类商品累计销售收入占比

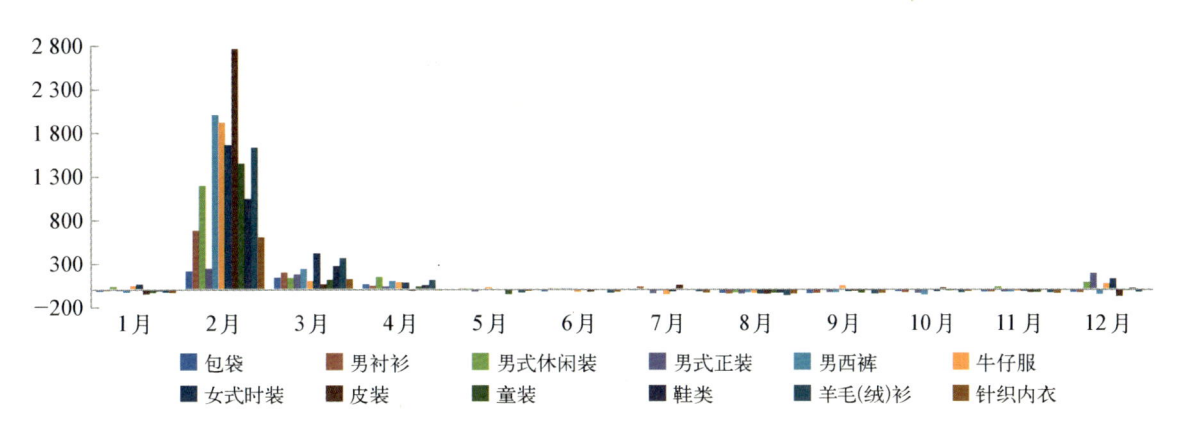

图 83　2021 年上海服装行业协会网络信息服装大类商品分类销售数量（单位：件）

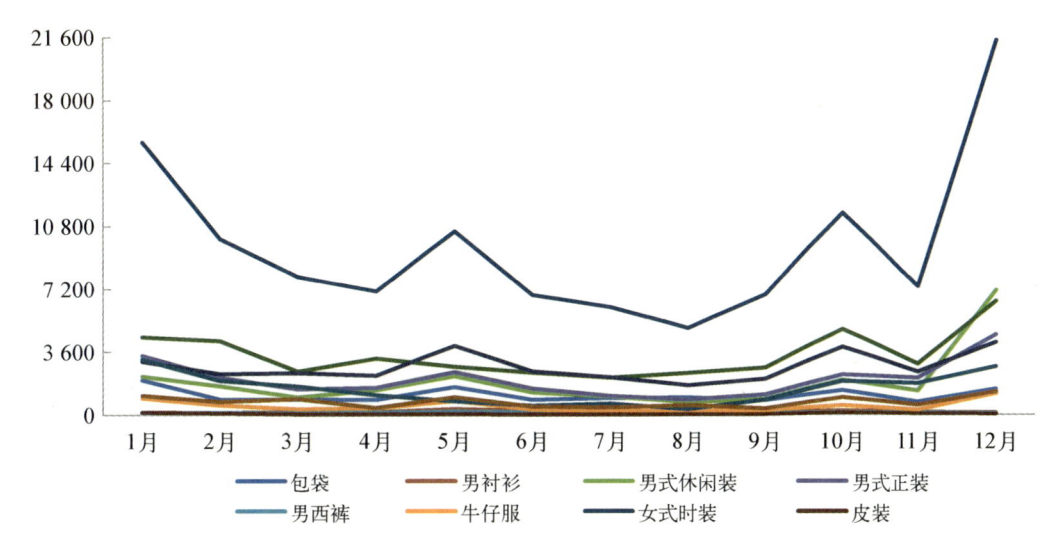

图 84　2021 年上海服装行业协会网络信息服装大类商品分类销售数量同比（单位：件）

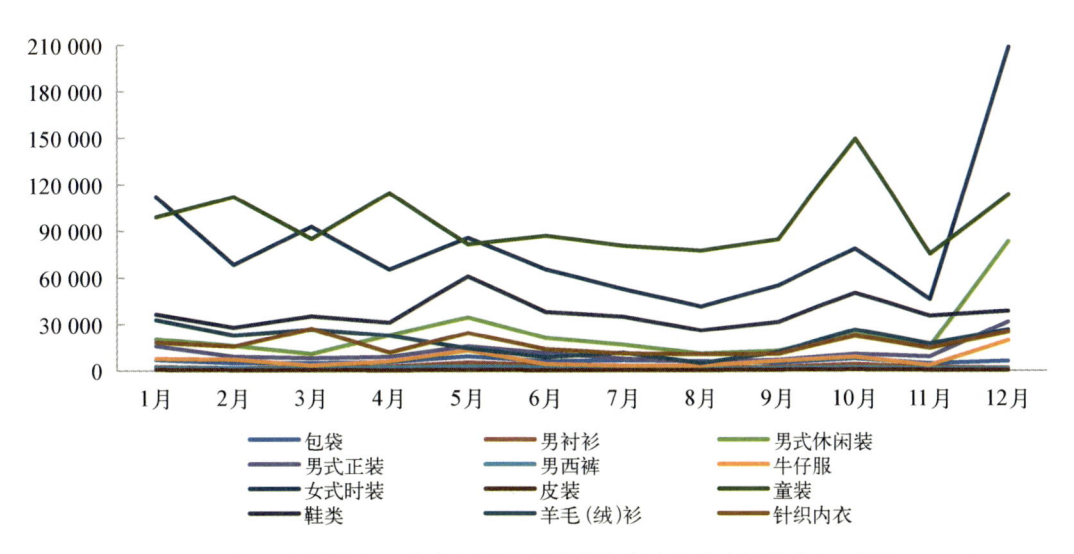

图 85　2021 年上海服装行业协会网络信息服装大类商品分类销售收入（单位：万元）

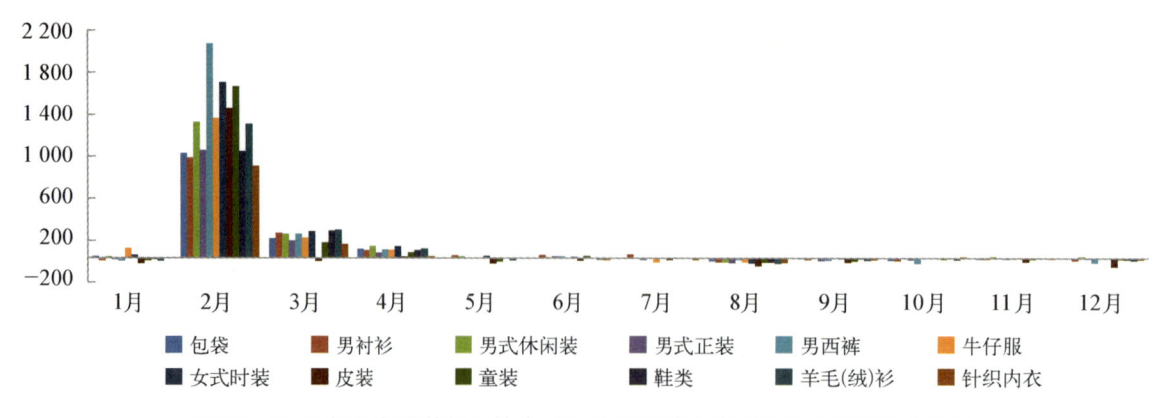

图 86　2021 年上海服装行业协会网络信息服装大类商品分类销售收入同比

综合 2021 年上海服装行业协会网络信息服装大类商品的分类销售情况来看,童装与女式时装的销售数量和销售收入分别远超其他类别,这说明女士和儿童青少年仍是服装商品消费的主要对象,童装的价格在服装销售中的优势比较明显。同比来看,由于去年初新冠病毒肺炎疫情突发极大地影响了当时的销售,今年处于后疫情时代商场销售较为平稳从而呈现出同比较为明显的增长,年中以后则销售相对平稳,年末促销效应则再次明显促进了销售的增长。

（3）商场销售

表 65　2021 年上海服装行业协会网络信息十大商场服装类商品全年累计销售情况（按商场分）

商　场	销售数量		销售金额		平均销售价格	
	1月—12月（件/条/双）	同比增长率（%）	1月—12月（万元）	同比增长率（%）	1月—12月（元）	同比增长率（%）
宝大祥	804 640	−17.6	25 709.15	−7.0	319.51	12.9
第六百货	236 951	1.1	20 247.15	13.2	854.49	12.0
第一八佰伴	949 526	44.1	119 923.05	7.7	1 262.98	−25.2
第一百货	237 667	−1.2	23 742.88	7.4	999.00	8.8
东方中环	276 861	−0.7	22 331.32	14.5	806.59	15.3
淮海路妇女用品商厦	44 810	20.1	1 349.08	20.8	301.07	0.6
嘉定商城	35 723	−5.1	1 408.08	−5.3	394.17	−0.2
时装公司	210 583	−25.8	9 352.72	−15.5	444.13	13.8
新世界商城	629 769	20.9	51 538.53	16.6	818.37	−3.6
永安百货	198 468	37.6	11 014.69	36.2	554.99	−1.0
总计	3 624 998	6.2	286 616.65	8.4	790.67	2.1

2021 年,上海服装行业协会网络信息服装大类商品各商场的累计销售数量,宝大祥、第一百货、东方中环、嘉定商城和时装公司呈现不同程度的减少,其中,减少最为明显的商场为时装公司达

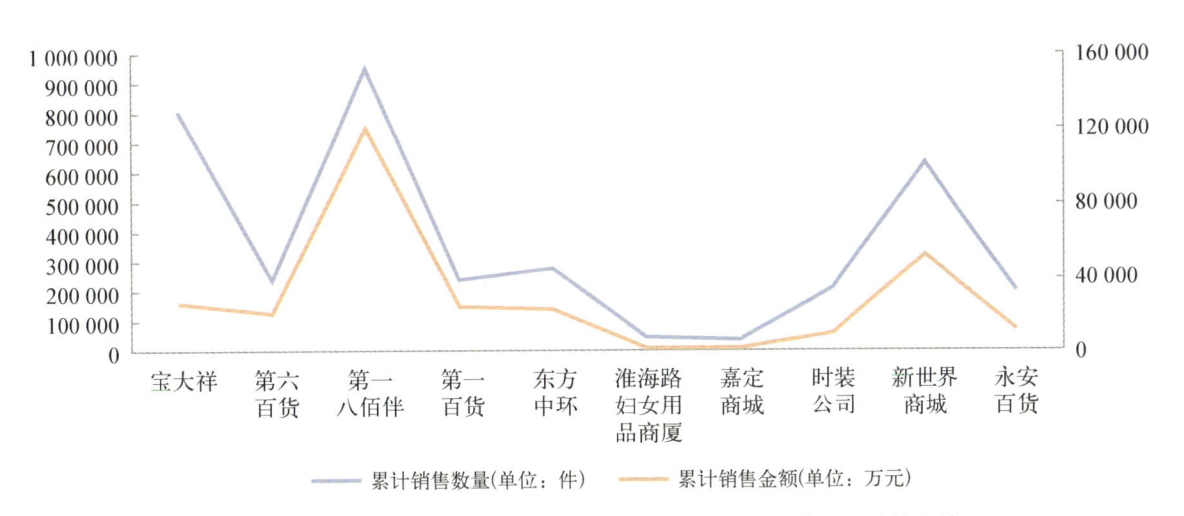

图 87 2021年上海服装行业协会网络信息服装大类商品商场累计销售情况

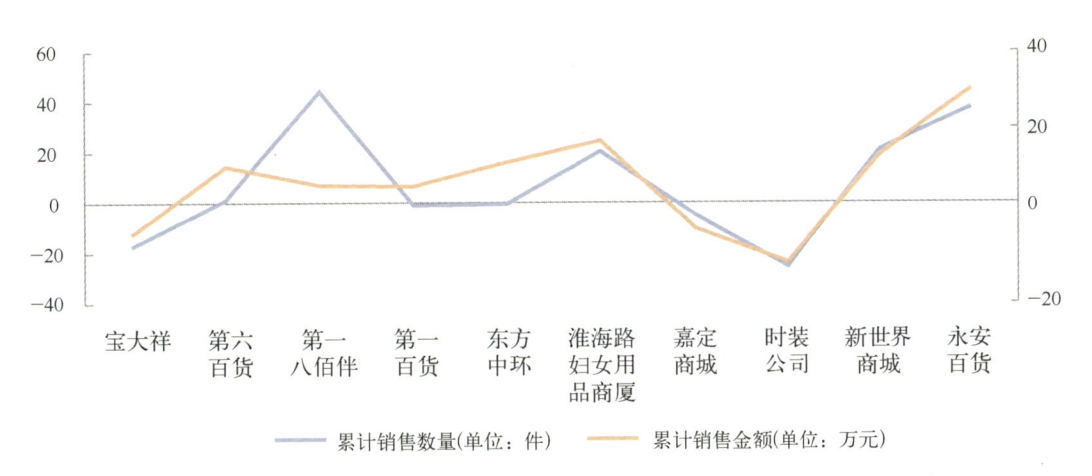

图 88 2021年上海服装行业协会网络信息服装大类商品商场累计销售同比情况

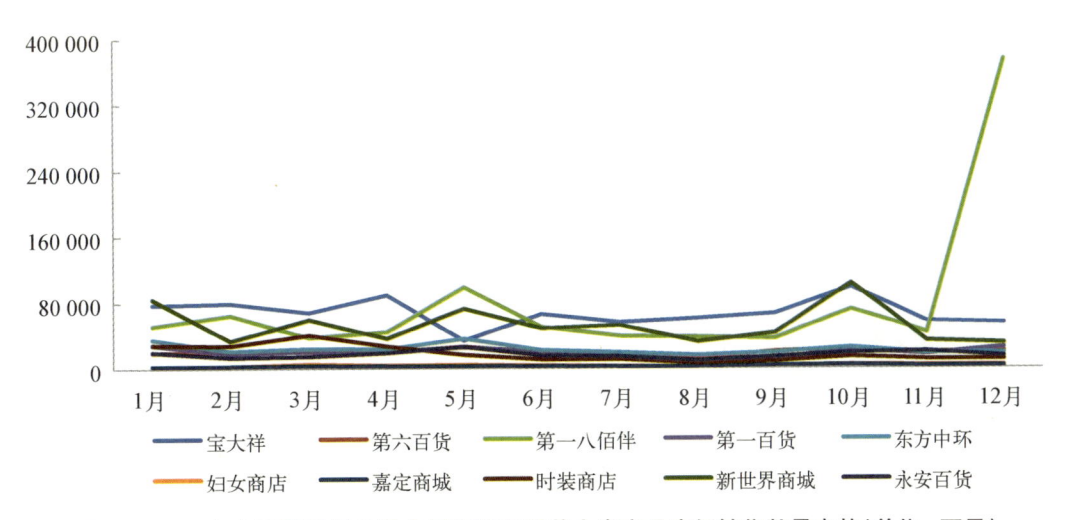

图 89 2021年上海服装行业协会网络信息服装大类商品商场销售数量走势（单位：万元）

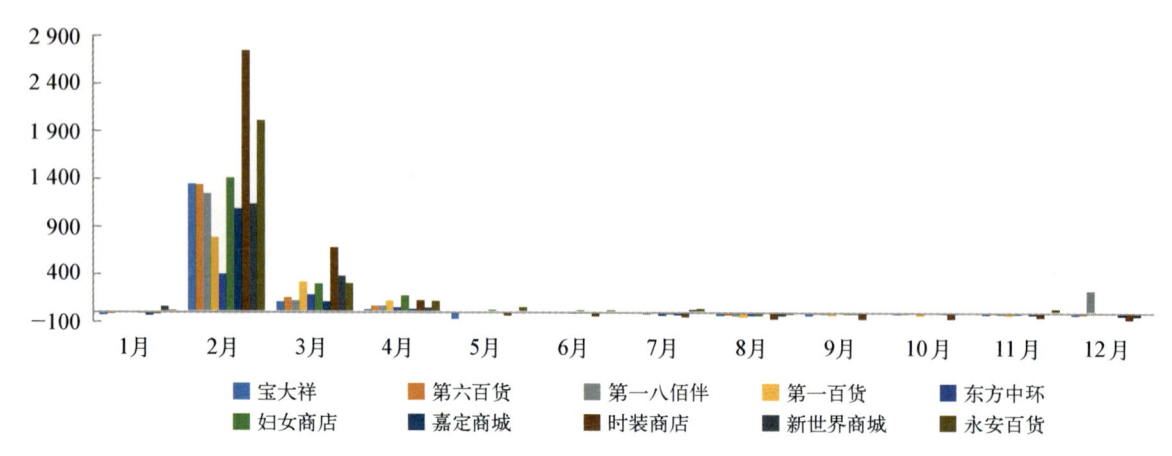

图 90 2021年上海服装行业协会网络信息服装大类商品商场销售数量同比情况（单位：件）

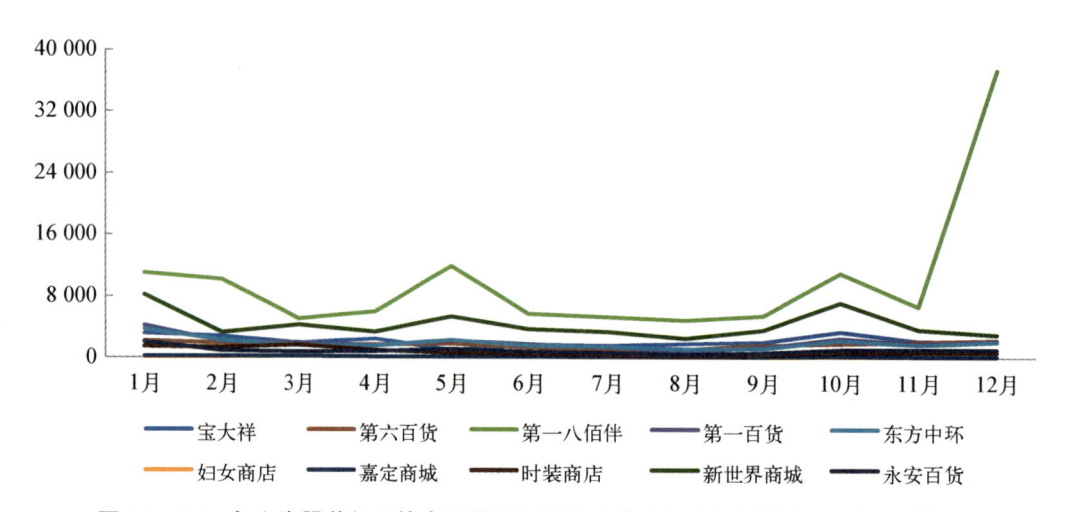

图 91 2021年上海服装行业协会网络信息服装大类商品商场销售金额（单位：万元）

约26%，第六百货、第一八佰伴、淮海路妇女用品商厦、新世界商城和永安百货呈现不同程度的增加，其中，增加最为明显的商场为第一八佰伴达约44%。

2021年，上海服装行业协会网络信息服装大类商品各商场的累计销售金额，仅嘉定商城、宝大祥和时装公司分别减少约5%、7%和16%，其他商场分别有不同程度的增加，其中增加较为明显的商场为永安百货达约36%。

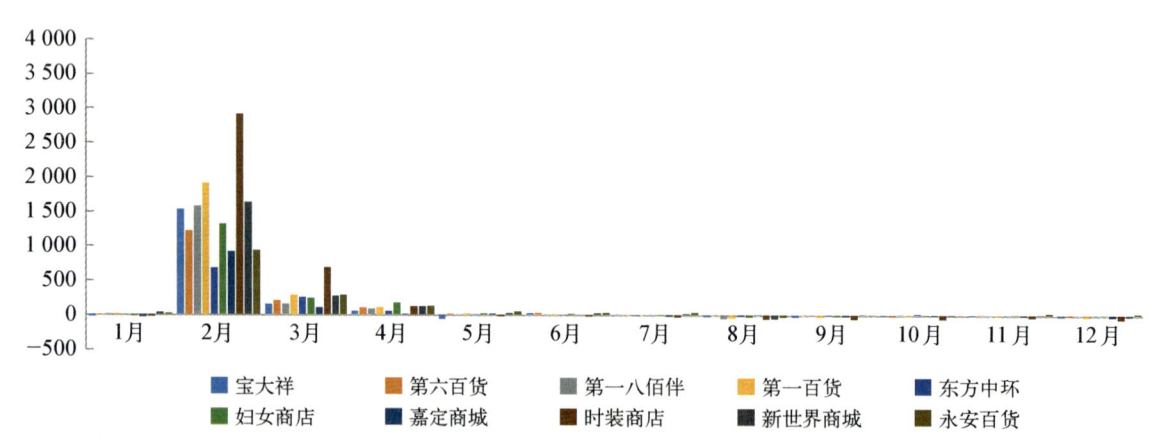

图 92 2021年上海服装行业协会网络信息服装大类商品商场销售金额同比情况（单位：万元）

2021年,上海服装行业协会网络信息服装大类商品各商场的累计平均销售价格,因受商场自身定位、品牌选择等策略影响,嘉定商城、永安百货、新世界商城和第一八佰伴分别有约0%～25%的下降,其他商场则分别有约1%～15%的上升。

综合2021年上海服装行业协会网络信息服装大类商品的各商场累计销售数量和金额来看,第一八佰伴因占据商圈优势和多样促销手段等,销售数量和收入远超其他商场,稳定居于榜首,嘉定商城和淮海路妇女商厦因地理位置和商业体量等,销售数量和收入则相对处于末二位。同比来看,由于去年初新冠病毒肺炎疫情突发极大影响了当时的销售,今年处于后疫情时代各商场销售较为平稳从而呈现出同比较为明显的增长,年中以后则销售相对平稳,仅有第一八佰伴年末促销效应则再次明显促进了销售的增长。

(上海服装行业协会供稿　执笔人:杨红穗)

(三) 上海电子商务行业 2021 年发展报告

1. 上海市电子商务行业发展基本情况

(1) 总体情况

2021年,电子商务持续发挥创新优势,赋能品牌商家、联动线上线下,促进消费增长,有力地保障了民生。本市电子商务运行交易额仍保持两位数增长,电子商务交易总额达到32 403.6亿元,同比增长10.2%。

图93　2008—2021年上海电子商务交易额及增长速度

从交易结构上看,本市电子商务仍以大宗商品类B2B交易为主,同时,商品网络购物交易额增长稳定,对全市网络购物交易额增长的拉动作用进一步凸显。本市2021年B2B交易总额19 240.6亿元,同比增长8.7%;网络购物交易额13 163.0亿元,同比增长12.3%。

(2) 网络购物运行情况分析

网络购物方面,2021年上半年的网络交易平稳增长,为下半年消费的稳步增长奠定了坚实的基础。下半年,受"十一黄金周""双十一""11直播月""网上年货节"等节日促销的带动,商品类销售继续保持较快增长,同比增长13.8%;餐饮、本地游等服务销售则呈现稳步回升态势,整体市场较上半年稳中有升,同比增长10.1%。全市网络购物重点电商企业中,生鲜农产品增幅最快,餐饮服务类、综合百货电商平台涨幅居前,同比增长分别为42.0%、26.9%、23.6%。

表 66　2021年上海市网络购物交易情况　　　　　　　　　　　（单位：亿元）

交 易 类 型	2021年交易额	2020年交易额	同比（%）	占比（%）
网络购物交易总计	13 163.0	11 720.1	12.3	100
商品类	7 829.7	6 877.9	13.8	59.5
服务类	5 333.3	4 842.2	10.1	40.5

从细分行业上看，商品类行业主要呈现以下特征：

一是生鲜农产品消费市场规模效应显现。2021年全市网络购物重点电商企业，生鲜农产品类交易额496亿元，同比增长42.0%。代表企业叮咚买菜、盒马同比增幅都超50%。叮咚买菜第三季度财报显示其月活跃用户数量达到1 050万人，规模效应显现。盒马加速布局下沉市场，探索生鲜奥莱模式，10月在上海金桥开业生鲜奥莱首店。

二是重点综合电商平台拉动作用明显。2021年综合百货类交易额6 055.3亿元，同比增长23.6%，占到网购重点企业商品类交易额的八成。重点企业京东在沪全年销售同比增长23.2%。拼多多第三季度财报显示三季度收入同比增长51%。

表 67　2021年网络购物重点企业交易额占比情况　　　　　　　　（单位：亿元）

行　　业		交　易　额	同　比（%）
商品类	综合百货	6 055.3	23.6
	生鲜农产品	496.0	42.0
	建材家居	469.9	−14.2
	服装纺织品	681.3	4.7
服务类	餐饮服务	2 878.3	26.9
	住宿旅游	2 174.6	12.4
	生活服务	48.6	−12.0

从细分行业上看，服务类行业主要呈现以下特征：

一是餐饮和到家服务实现较快增长。2021年全市网络购物重点电商企业中，餐饮服务类交易额2 878.3亿元，同比增长26.9%。饿了么、美团点评较上年同期增长超50%。达达集团财报显示其第三季度总营收为17亿元，同比增长86%，京东到家平台总交易额(GMV)为372亿元。

二是住宿旅游消费受疫情影响较大。在国内旅游总人次同比下降的情况下，国内住宿预订和票务营收同比和环比均呈现下滑，但省内酒店预订上升超60%。2021年全市网络购物重点电商企业中，住宿旅游类交易额2 174.6亿元，同比增长12.4%。携程第三季度财报显示，前三季度总营收恢复至2019年同期的56%。

（3）B2B电子商务运行情况分析

B2B方面，上半年大宗商品价格受宏观经济和市场需求扩大等因素影响涨幅较快。下半年，随着国内多地疫情反复,各地出现项目停工停产,大宗商品交易增速有所放缓。全市 B2B 重点电商企业中,钢铁、石油化工仍是本市 B2B 电子商务交易的主要品类,同比增长分别为 23.5%、25.0%。汽车类交易增速趋缓,同比增长 5.2%。

一是钢铁电商逆市增长。2021 年全市 B2B 重点电商企业中,钢铁类交易额 9 626.6 亿元,同比增长 23.5%。今年以来,钢材价格自 6 月起先升后降,钢铁电商通过数字供应链体系防范市场风险,同时助力产业链上的中小企业,交易额快速增长。代表企业欧冶云商、上海钢银、找钢网同比增幅均超 20%。

二是石油化工持续增长。2021 年全市 B2B 重点电商企业中,石油化工类交易额 2 701.5 亿元,同比增长 25.0%。易贸通过数字化产品与解决方案服务产业链上下游企业,交易额增长迅速,较上年同期增长超 50%。塑米以交易服务为切入点,打造聚合交易、金融、制造、流通的全产业链综合服务平台,助力产业升级。

三是汽车品类交易额增速放缓。2021 年全市 B2B 重点电商企业中,汽车类交易额 318.5 亿元,同比增长 5.2%。其中,谨务汽车交易额同比下降 19.4%。

2. 2021 年度上海市电子商务行业发展特点

(1) 上海电子商务主体保持较强竞争力

截至 2021 年底,上海共有 5 家国家级电子商务示范基地,10 家市级电子商务示范园区,37 家国家级电子商务示范企业,200 余家上海市电子商务示范企业。据胡润研究院、广州市商务局、广州高新区联合发布的"2021 全球独角兽榜",上海有 71 家企业上榜,比 2020 年增加了 24 家。其中,电子商务企业 15 家,占到所有上榜企业的 1/5 以上。小红书、哈啰出行、美腕等企业榜上有名。

电子商务促进邮政行业快速发展,2021 年前三季度,上海市邮政企业和快递服务企业业务收入完成 1 279.9 亿元,同比增长 23.7%,业务收入占全国的比值为 13.8%,增速高于全国。

拼多多、美团、饿了么、盒马、京东到家、叮咚买菜等电商平台的快速发展,带动了灵活就业人数的持续增长。

(2) 电商新模式、新领域促进消费者探索新需求

上海市电子商务平台以消费者为中心,用优质的内容促进消费者探索电商新需求。

跨境电商平台小红书以内容分享方式推广电商业务。其社区内容覆盖了时尚美妆、美食、旅行、娱乐、读书、建设运营和家居,日均笔记的曝光量是超过 100 亿次,成为中国最大的电商分享社区。

知识科普网站哔哩哔哩不断提升视频内容生产力带动电商业务。目前,月均活跃内容制作者数量达 270 万,同比增长 61%;专业用户创作的视频内容播放量已占平台总播放量的九成。2021 年第三季度财报显示,B 站电商及其他业务收入达 7.3 亿元,同比增长 78%。

兴趣电商平台抖音用内容激活用户的消费需求,满足潜在兴趣用户购物需求,提升消费者生活品质。

在零售领域,花式宅家、购物养生、冰雪热潮等物质需求变化,国潮澎湃、老字号焕新、沉浸式开运等精神需求的变化将结合细分品类数据洞察被重点展开。锅圈食汇打通到家服务新赛道。在疫情的推动下,火锅消费由外出转变为居家,火锅食材赛道开始出现爆发式增长。锅圈食汇 2021 年交易额同比增长超过 50%。通过"门店—仓储—物流—工厂"等一站式建设供应链物流网络,围绕供应链建立起核心竞争力,深度布局在家吃饭场景。

(3) 电商平台加速赋能传统产业

上海市电商平台依托大数据、云计算、人工智能等技术优势帮助传统产业对接上下游,优化产

业链,提高服务能力。

2021年,上海一些大型工业企业和互联网企业,诸如上海钢联、宝武、震坤行、固安捷、密尔克卫、云汉芯城等,共同推进上海的制造业转型,新技术、新产品、新业态、新商业模式不断涌现,生产的网络化、智能化、绿色化特征日趋明显,互联网经济正在从消费型向生产型拓展。

大宗商品行业数字化转型成效显著。欧冶云商研发了国内钢铁行业领先的数字化物流管理软件系统,钢银电商推出生态型SaaS服务——钢银云系列产品,协同优化钢铁产业生态圈,使整个钢铁行业降本增效。欧冶化工宝充分发挥平台优势,为化工生态圈客户提供智慧制造、数字化转型咨询及落地实施服务。南极电商自主研发数据管理工具南极数云,对供应链合作伙伴进行数字化指导,整合上游零散产能、下游零散流量,不断扩宽产品类目,打造多梯度品牌矩阵。

上海市持续推动交通运输、仓储设施、货物包装与搬运等领域的信息化改造,供应链服务基础设施与装备发展初具规模。同时,专业化供应链服务和相关专精特新企业也先后涌现。震坤行、固安捷、欧冶工业品、西域供应链等头部平台已成为引领行业、融合产业、发展上海数字经济的重要动能和引擎。

上海医药产业以上海医药集团为龙头,充分发挥上海在医药流通产业电商领域的优势,积极拓展和完善药品商业销售领域终端的网络布局,取得明显的效果。上药云健康平台打通医院HIS系统,实现了医院处方线上导流、线下配送。伊邦医药开发解决药店用户痛点的智慧药房ERP,帮助中小药店开辟互联网销售渠道。

(4) 电商直播全面推广

2021年,直播成为电商平台、品牌、商家的"标配"。上海市各大电商平台都开辟了直播板块,集中资源为商家宣传和导流。头部主播带货、品牌自播、虚拟偶像直播等形式大大拉动了销售增长。

在上海市电商直播生态形成的过程中,不仅有供应商、直播商、电商台商、直播电商服务商等普遍参与,还有积极拥抱直播电商的传统商业企业、搭载直播电商快车的进博会常年展示交易平台和助力直播电商的产业园区,这是上海直播电商生态的独特之处。

除了头部企业快手、天猫、字节跳动(抖音)等外,直播生态中的MCN新军也崭露头角。美腕(上海)公司已成为直播界的MCN巨头。百秋MCN是百秋电商旗下的直播机构,致力于做奢品直播的定义者,2021年,百秋斩获"2021年数字化先锋案例合作伙伴奖",并助力法国时尚奢侈品牌BALENCIAGA荣膺"2021年数字化先锋案例奖",成为唯一问鼎此奖项的奢品赛道服务商。

上海尚街X创邑SPACE依托"6天+365天"进博会及每年2季上海时装周的禀赋资源,通过场景互动直播等方式,用线上流量反哺实体经济,推动两者融合共生。2021年5月,园区携手长宁区商务委、抖音电商,联手打造长宁区抖音"抖音潮盒"线下快闪共享直播间。万香国际创新港基于直播电商的行业发展趋势与园区的自身需求,集聚直播要素企业,建设成为上海丝路电商直播服务基地。虹桥进口商品展示交易中心虹桥品汇借助于虹桥品汇功能性平台建立直播基地,解决消费者最后一公里问题,放大了进博会溢出效应。

在拥抱直播电商的传统商业企业中,新世界大丸百货是典型代表。该企业在原有的柜台展台直播的基础上打造专业的直播间,在"抖音"平台上开展了12场长达12小时的达人专柜直播带货活动,共计下单金额(GMV)达到2.33亿元,一举打破全国百货单场+年度的直播新纪录。

产业电商探索"工业直播"新模式。爱姆意云商打造中国(上海)工业品在线交易节,举办近200场线上直播,超过2.5万家企业参与,第二届交易节交易额较第一届同比增长138%。震坤行通过全链条数字化改造,全方位满足工业制造行业企业客户的一站式采购需求,助力上下游企业采购降本增效,重构中国传统工业用品采购生态,目前服务超过1.8万家制造业客户。

在市商务委指导下,上海市电子商务行业协会与上海市国际贸易促进委员会联合主办"2021上海直播电商大会暨上海国际直播设备技术应用展",会上,长三角电商中心、上海市电子商务协会、浙江省电子商务促进会、江苏省电商协会与安徽省电商协会共同签订长三角直播电商联盟发起倡议书。

(5) 生鲜电商塑造消费新习惯

上海市统计局数据显示:2021年前三季度,全市实现社会消费品零售总额13 279.18亿元,比2020年同期增长19.6%;与2019年同期相比,社会消费品零售总额增长14.1%;两年平均增长6.8%。其中,网上商品零售额比去年同期增长23.4%,两年平均增长13.7%。线上和线下消费稳步回暖。从统计数据可以看出,疫情防控期间,越来越多的消费者逐渐倾向于网上购物,生鲜电商正在影响和塑造消费者的消费习惯,促进生鲜交易由线下到线上转变,进一步提升沪上生鲜电商的线上渗透率。

上海作为相对早期的"生鲜大战"主战场,已经沉淀一批重要的生鲜商家,包括盒马、叮咚买菜、每日优鲜、淘鲜达、美团买菜、永辉生活、清美鲜到、京东生鲜、百联到家(i百联)、食行生鲜、两鲜、京东到家、饿了么、本来生活、苏宁生鲜、美菜等。无论是电商巨头、老牌零售企业,还是成长于美团等本地生活服务平台上的初创型企业,已经逐步构建起自身的"护城河"。本地生活方面,饿了么"牵手"叮咚买菜与美团的小象生鲜、美团买菜等下场较量;垂直领域内,每日优鲜、百果园以巨头姿态崛起;直接面向消费方面,本来生活网生鲜DTC已打造品牌超过400个,为农产品品牌化探索出一条行之有效的道路,成为国内农产品品牌化最具影响力的生鲜DTC电商平台。此外,以永辉为首的老牌零售企业同样开启了线上生鲜品类的探索。

2021年,全市各大生鲜电商围绕"双品购物节""五五购物节""双十一""网络购物狂欢季"等重点节庆活动发挥电商平台优势,踊跃参与,通过"线上发券+线下消费""平台+商场"等营销新模式成为竞合双赢的有效途径,深度激活了上海生鲜消费市场,有效地促进消费回补和潜力释放。

(6) 跨境电商成为外贸稳增长的重要力量

随着国家跨境电商利好政策的连续出台,以及跨境电商从业者的积极推动,使得出口跨境电商成为外贸领域中一匹令人惊艳的"黑马",成为推动中国经济增长的一个重要组成部分。在国家"一带一路"政策和各地政府大力建设跨境产业园的相关背景下,出口跨境电商迎来了诸多机遇。

随着互联网普及和智能手机的推动,地球村的进程俨然已经加快,它缩小了各个国家的时空距离,使得国际间的交往日益便利和频繁。电子商务的全球化浪潮已然势不可当,这在一定程度成了中国出口跨境电商蓬勃发展的重要推动力,使中国的产品能够快速出现在国外消费者面前,尤其是2008年经济危机以后,迫使一些外国消费者在网络上寻找物美价廉的消费品,这个契机让中国的商品进入他们的视线。经历了2020年的全球新冠病毒肺炎疫情,中国制造大国的优势得以进一步发挥,更加促进了跨境电商出口的发展。2021年,随着跨境电商出口B2B业务的顺利落地,助力出口企业在跨境电商新赛道跑出加速度。

疫情发生后,中国的制造及供应链优势进一步显现,以Amazon、Newegg、eBay、OTTO为首的跨境交易平台,2021年都加大了在中国招商的力度,增加了中国区域招商经理的人数,并且通过参加各种跨境峰会和论坛宣传自己的平台。因此,中国的卖家也大量涌入这些平台,将自己的产品卖给海外的消费者,增加自身的销售额和利润额,促进了出口跨境电商卖家数量和规模的迅速壮大。不过随着中国卖家数量越来越多,一些卖家也开始使用不规范的竞争手段,致使Amazon等平台调整了策略,采取了比以往更加严格的准入机制。

2021年，中国制造从"产品出海"走向"品牌出海"趋势更加明显。根据海关统计，2021上半年，中国出口跨境电商贸易额同比增长44.1%。从交易规模和包裹量看，跨境电商已经步入具备规模效应的成长期，其体量已经足够支撑跨境物流的管理和技术升级。从增量趋势看，跨境电商出口未来5年有望保持30%的增速，这正是品牌出海的好时机。

（7）积极推动电商行业绿色发展

2021年，在国家"碳达峰、碳中和"目标引导下，我国的消费升级也向绿色消费深化演进，京东在绿色消费、低碳服务等方面持续加码，所打造的以旧换新、9.9服务包等绿色服务深受追捧。悦易（爱回收）提升二手3C行业的规范化和规模化水平，服务覆盖从回收、检测、评级、定价到再销售的全流程，打通的全产业链闭环，促进行业可持续发展。

上海邮政行业大力践行环保理念，全力促进本行业的绿色发展。按照绿色化、标准化、减量化和可循环的工作思路，上海邮政局全面加强邮政业生态环保工作，推动企业落实节能减排要求，积极建设绿色网点、绿色分拨中心和绿色园区，鼓励企业健全生态环保管控制度，加大对绿色快递包装研发生产、绿色物流和配送体系等重点项目投入，努力完善绿色综合交通体系，以物流配送行业为突破，逐步实现物流车辆清洁化、物流模式集约化、全供应链绿色化发展。

绿色供应链管理作为实现碳达峰的重要手段受到重视。中国宝武集团以大数据、云计算、人工智能技术为基础，聚焦主业所需的矿产资源的开发、交易和物流业务，创新商业模式，构建全供应链世界一流的矿产资源综合服务平台和基于钢铁及相关大宗商品的第三方平台，践行建设生态文明的责任与担当。

（8）电商扶贫助力乡村振兴

从脱贫攻坚到助力乡村振兴，上海本土电商企业一直在发挥着重要作用。各企业充分利用自身优势，不断创新方式方法，发掘优质农产品，培育农村电商品牌，搭建产销供应链，提高产品销量，促进农民增收，助力当地经济发展。

结合"五五购物节""11直播月"等特色活动，上海本土商业企业整合线下线上资源，通过专区、专柜、专场、专用频道等丰富形式，整合营销网络，打通立体渠道，链接帮扶地区，提升消费帮扶成效。

乡村振兴示范村建设是上海实施乡村振兴战略的重要抓手。上海市自2018年起开始乡村振兴示范村创建工作，围绕乡村振兴20字总要求，深入谋划"产业兴旺、生态宜居、乡风文明、治理有效、生活富裕"五方面建设内容。各创建单位根据自身自然、产业、人文特色，积极探索依托利用互联网建设产业融合发展平台，集聚优势资源，推动新产业、新业态植入，实现乡村产业升级，打造互联网＋产销一体化农业电商经营实体。

在决胜脱贫攻坚过程中，电商扶贫是贫困群众脱贫增收最直接、最有效的途径之一。电商进农村综合示范项目实现了国家级贫困县全覆盖；大型电商企业建设电商扶贫公益频道，积极培育农村电商品牌等具体举措为电商扶贫提供了重要支撑。我国脱贫攻坚战已经取得全面胜利，乡村振兴新篇章已全面开启，如何有效衔接脱贫攻坚与乡村振兴，充分发挥电商在助力乡村振兴中的作用，商务部办公厅《关于加快数字商务建设服务构建新发展格局的通知》提出开展"数商兴农"行动。在提升电商与快递物流协同发展水平的同时，提升农产品可电商化水平。

（9）专业培训提升电商专业人才竞争力

2021年，上海市电子商务行业协会、浦东电商协会、上海跨境电子商务行业协会等部门通过各类专题、讲座和分享会，为电子商务专业人才培养提供助力。

2021年，上海市电子商务行业协会组织两期"产业互联网加速企业数字化转型高级游学班"活动,从工业数字化、人工智能和数据安全等维度,在理论和实践方面,为学员深入剖析产业互联网的发展趋势、机遇、挑战以及应对策略,助力企业抓住"互联网+"的契机,成功实现转型升级。此外,协会还组织汇付天下企业数字化转型研讨会,以"智启时代,数领未来"为主题,邀请相关协会领导、业内精英齐聚一堂,共探行业发展新风向,共谋数字化转型新升级;组织电商资源对接沙龙活动;与腾讯云联合主办"泛互联网行业:腾讯云数字商务私享会",探讨如何通过技术支持,助力电商企业高质快速发展,共同寻找电商行业未来增长的新动力。

2021年,浦东电商协会组织会员活动,推动各理事单位之间的资源整合、共享福利、及时更新行业动态,实现互相站台、共谋发展的目的,树立浦东电商的整体形象。组织品牌数字化创新转型峰会暨第二届"X时代"数字化零售大会,研讨品牌数字化困境,探寻企业创新转型高效方法;组织电商短视频和直播运营高级研修班,为各领域直播创新应用等方面组织人才培训;组织数字商务创新发展系列专题培训暨第二期私域流量运营培训,帮助有志于进行品牌数字化转型的新国潮、新消费品牌企业及转型中的老字号品牌及线下商业企业,用好数字化技术,创新商业模式和各种各样的营销裂变模式,提升效果,打造长红爆品;承办第一届商业数字化转型学术年会探讨数字化生态的建设对上海的城市化转型的重要意义和商业数字化转型的落地探索。

2021年,上海跨境电子商务行业协会举办"进口化妆品法规沙龙活动",详细解读化妆品相关最新法律法规,帮助企业了解政策要求,明确管理标准;组织2021年度上海跨境电商出口培训周线下公益培训活动,联合100多家商贸制造企业的行业精英们齐聚上海世贸展馆,共同学习和交流;举办"SCEA跨境进口好物直播日"活动,进一步承接和放大进博会溢出效应,帮助企业更好地宣传产品及服务;举办"走近2021上海跨境电商"主题直播活动,进一步加强上海口岸跨境电商营商环境的宣传。

(10)电子商务区域协同合作与发展

7月7日,第二届长三角三省一市电子商务行业联席会议在长三角电商中心召开。来自三省一市的电子商务协会负责人、原商务部电商司巡视员兼中国电子商务商协会联盟主席聂林海、直播电商研究院执行院长应中迪等行业组织代表齐聚上海,共同商议联席会议新一年的工作,为打造数字经济发展新高地建言献策,共策长三角电子商务发展新未来。

长三角产业互联网总部基地正式启用、上海长三角产业互联网促进中心正式揭牌入驻西虹桥商务区。基地将充分发挥西虹桥的区位优势、人才优势、资源优势,通过政策聚焦、服务聚焦、生态聚焦,引进产业互联网产业链上下游企业,催生全产业、全场景、全技术的产业互联网应用领域,力争成为全国最有影响力的产业互联网总部聚集的新高地。促进中心将推动产业互联网生态发展,推动政、产、学、研协同,积极融入长三角一体化发展国家战略。

3. 上海市电子商务行业发展趋势

(1)平台经济将进入新的加速发展阶段

平台经济的快速崛起是近年来全球经济发展的一个重要态势。在我国,发展平台经济已连续两年写入《政府工作报告》,既充分肯定了平台经济对于我国经济社会发展的重要贡献,也充分体现了政府对于发展平台经济的高度重视。特别是2019年国务院办公厅《关于促进平台经济规范健康发展的指导意见》的发布,为平台经济的发展指明了方向。随着新一轮科技革命和产业变革的不断推进,平台经济发展的大势不可逆转。

上海市政府发布的《"十四五"时期提升上海国际贸易中心能级规划》提出,"十四五"期间,上海将实施平台经济能级提升行动,大力发展平台经济,建立适应现代市场流通体系建设需要的平台经济治理体系,提升国内国际资源配置能力和定价话语权。

为此,上海将推动电子商务交易平台的能级提升。聚焦钢铁、有色、化工等领域,建立网上网下联动、国内国外连接的产业电商市场,打造集交易、结算、物流、金融、资讯等功能为一体的电商行业生态圈。同时,创建与之相配套的产业电商市场规则和治理体系,吸引境内外贸易商平台竞价,提升大宗商品国际资源的配置能力。在宝山、浦东等区持续推进平台经济示范区建设,推动上海期货交易所标准仓单交易平台建设,实现从标准仓单逐步向非标仓单、保税仓单和场外衍生品交易拓展,形成满足实体企业风险管理、融资和定价需求的综合服务体系。

同时,上海将建设联通供应链全链条的公共与专业服务平台。以汽车、电子、船舶、航空航天、医药、能源设备等优势行业为依托,持续培育供应链公共服务与专业服务平台,拓展质量管理、追溯服务、金融服务、研发设计等功能,提供供应链全链条服务。

(2)电商市场加速扩展及延伸,在线服务覆盖面进一步扩大

2021年,上海电商平台交易中对单位的交易额为2.77万亿元,比2020年增长25.0%,增速连续3年保持提升。其中,产品销售类电商交易额同比增长75.9%,钢铁、煤炭等大宗商品电商交易额同比增长45.0%,物流服务类电商同比增长24.7%,以云计算为代表的信息技术服务类电商交易额同比增长22.6%。单位电商平台的快速发展,加速了互联网、云计算、大数据等信通技术与研发设计、生产要素采购、物流服务、产品销售等生产环节融合,提升传统产业全链条的协同效率和数字化水平,推进了产业数字化转型。

2021年,上海电商平台交易中服务类电商交易额同比增长32.8%,增速较商品类电商交易额高5.6个百分点。其中,对单位生产服务类电商交易额同比增长22.7%,增速虽然低于对单位商品类电商交易额2.6个百分点,但两年平均增速达30.8%,高于对单位商品类电商交易额两年平均增速18.2个百分点;对消费者生活服务类电商增长36.8%,增速较对消费者商品类电商交易额高3.5个百分点。交通运输、租赁和商务服务文化、住宿餐饮、教育、旅游、体育、家庭服务等传统生产、生活服务的数字化供给不断增加,网络化服务覆盖面持续扩大。

(3)平台经济监管将走向"协同化"和"线上线下一体化"

平台具有突出的跨领域、跨行业特征,以属地化、行业分割和科层管理为主要特征的传统监管体系越来越难以适应平台经济发展的要求。因此需要探索适应新业态特点、有利于网络市场公平竞争的监管办法。

监管协同化,不仅体现在部门之间、区域之间和中央与地方之间的协同,还体现在参与主体由过去政府主导的监管体系转变为政府、平台企业、社会组织等参与的多元共治监管格局。这就需要明确政府、平台企业、社会组织等各自的职责和作用,依法合理确定平台承担的责任。

监管的线上线下一体化意味着,从监管机制来看,平台的监管需要不同监管平台与企业平台实现联通,分工合作,形成合力;从监管手段来看,需要借助于大数据等新的技术工具,实现监管的数字化、智能化、精准化。无论是信息监测、在线证据保全、在线识别、源头追溯,还是识别行业风险和违法违规线索,都离不开大数据、云计算、物联网、人工智能等新兴技术的应用,技术手段创新将为提升平台经济监管能力提供有力支撑。

(4)B2B电商重心从"交易"向"全产业链数字化"转移

B2B电商是带动工厂数字化、形成数字供应链的牵引力。B2B电商从信息服务走向交易,呈现出平台即供应商的特征,即平台是交易主体,采用自营或者准自营的方式。但B2B的价值空间并不在交易,而是交易拉动的供应链管理。准确来说,供应链的数字化管理和运营才是产业互联网平台真正的价值所在——纵向,数字化改造连接工厂;横向,数字化调配物流、加工、数据及金融资源。

在产业互联网时代,原先的B2B电商模式已经不能完全适应行业提升产业链、供应链效率的要

求。在业内人士看来,普通B2B电商只是解决了样品、长尾等采购难题,并没有真正达到"产业互联网"层面。无论是从业者,还是投资方,都不再将电商业务作为关注重点,而是强调向上下游延伸的能力。2021年,不少B2B数字供应链平台开始向上游工厂数字化连接和渗透,可见数字化连接工厂是数字供应链做长、做大价值空间的重要趋势。而数字供应链无疑是未来的一个突破口。无论是B2B电商还是产业互联网平台,只有做到了供应链的数字化,才能形成更加高效的、更加规模的、成本更加低的供应链体系。

(5) 供应链金融成为产业互联网发展的重要助推器

供应链金融将演变为产业互联网平台主导,由支持一个核心企业转变为支持特定产业链。通过平台,金融企业能实时了解企业经营动态,不断转化和创新金融产品。构建"生态",实现多平台多维度信息交叉验证,是供应链金融升级的最高形式。产业互联网作用之下,"供应链金融产品会更加主动满足业务实际场景需求,其场景适配性更强。"同时值得一提的是,中国人民银行令〔2021〕第4号《征信业务管理办法》要求,"金融机构不得与未取得合法征信业务资质的市场机构开展商业合作获取征信服务。"

由前面的论述我们可知,产业互联网的本质不是电商,而是供应链管理、生态圈管理,是核心企业搭建生态圈、驱动产业链整合升级的最佳时机,其核心价值是合作共赢、开放生态。这里的生态圈也包括了金融生态圈。在互联网时代发展产业供应链金融,通过产融结合的手段实现产业链整合,是企业未来的发力方向之一,亦即"核心企业+互联网金融科技+多元化资本市场=互联网时代产业供应链金融的发展方向"。产业供应链金融不只可以为企业带来丰厚的金融收益,更是整合产业链最有力的武器。

此外,由于每个产业的供应链模式,盈利模式,资金需求的强弱、周期都是不同的,供应链金融应用于不同的行业必然催生出不同的行业特征,这将促使供应链金融平台向更垂直细分、更精准、更专业的方向发展。

(6) 产业电商垂直化趋势明显,综合型垄断型平台难以发展

以目前的形式来看,B2B综合电商的格局已定,西域、震坤行等巨头企业的优势地位在短时间内不会改变,垂直领域深耕成新电商的建设趋向。新电商企业趋于聚焦母婴、医疗、家装、汽车后市场等垂直电商领域深耕,这些都是发展B2B电商新格局的主要促进点。

虽然B2B电商发展趋向垂直化、细分化,但依然难形成具有垄断性的大平台。纵观上海近些年产业电商发展,不仅B2B综合电商、较大的垂直类2B电商也是相对固定的。当然巨头也曾经尝试进入钢铁这种客单价5万以上的领域,但相关的项目一直是GMV几十亿,这可能也存在基因的问题。现在B端电商的完全在线交易确实还未成熟,但伴随着B2B平台基础设施的逐步完善,未来是很容易看到的。但2B电商里总会有采购相对复杂、对个性化服务要求比较高的特点,这些用户我们会有专门的交易服务人员来长期维护,可以理解为VIP客户的专属服务。

最大阻力来自B2B的基础设施没有现成的,需要一点点打造。我们可以看2C电商,由于这个领域的支付、物流、IM等基础设施已经被阿里和腾讯打造完毕,甚至上游的各种厂商和供应商已经被整体"洗脑"和改造完毕,所以拼多多等电商可以借助这些基础设施和被改造过的生态迅速做大。而B2B电商,他的基础设施在有以下几个:B2B的基础平台、B2B的支付、B2B的平台式物流、B2B的金融体系、服务于B2B的交易型SaaS。这些很多是需要企业自身去花时间累积打造的,导致了B2B垂直电商难以在短时间内迅速做大。

(7) 综合服务能力逐渐成为产业电商平台发展的核心竞争力

完整的B2B电子商务生态系统包括信息流、物流和资金流。在中小企业内部各管理系统集成

之后,跨企业之间的协同至关重要,实现与电商大数据对接。在 B2B 电子商务现阶段及可预见的未来,B2B 企业竞争的不再是平台的信息量,而是电子商务作为一个生态系统能够提供综合服务的能力。提供综合服务是中小企业未来发展的趋势之一。

与消费不同,2B 是烧钱无用的领域,未来核心的壁垒在于服务。可以说 B2B 电商未来一定拼的是综合服务能力,类似天猫、淘宝的撮合交易、物流、金融服务和 SaaS 都要有。如果有先后的话,肯定是交易第一、服务和 SaaS 第二。因为有了前者,进入后者就容易一些。B 端用户最在意的是交易,交易就是生意,生意对 B 端用户来说永远是第一位的。先做 SaaS 再切交易也可以,但前提是你所在的领域还没有人已经把交易做成气候。这个逻辑在几万亿的钢铁行业已经被完全证明了。未来的"互联网+"时代,B2B 行业发展的关键不仅是信息和撮合,更重要的是服务。

(8)"碳达峰、碳中和"行动加速绿色供应链发展

2020 年 9 月 22 日,习近平总书记在第七十五届联合国大会一般性辩论上,向国际社会作出庄严承诺:中国二氧化碳排放力争于 2030 年前达到峰值,努力争取 2060 年前实现碳中和。上海也在《上海市城市总体规划(2017—2035 年)》中提出具体目标,"全市碳排放总量和人均碳排放于 2025 年达到峰值,至 2035 年控制碳排放总量较峰值减少 5% 左右。"这意味着,上海将力争比全国时间表提前 5 年实现碳达峰目标,而这一过程中,绿色供应链管理作为实现碳达峰的重要手段在未来也必将更受重视。

绿色供应链管理作为一种创新型环境管理方式,在传统的供应链管理中融入了全生命周期、生产者责任延伸等理念,依托上下游企业间的供应关系,以核心企业为支点,主要通过绿色供应商管理、绿色采购等工作,带动整个供应链持续提升绿色绩效。核心企业打造的绿色供应链,往往可以牵一发而动全身,起到"以点带线"和"以线带面"的作用,带动供应链上相关企业持续提高绿色发展水平。

依靠市场机制,绿色供应链管理可以有效调动全产业链系统性节能减碳。各行业龙头企业发挥自身信息和资金等方面的优势,通过绿色采购、供应商黑白名单等绿色供应链管理措施,推动其上下游供应商和合作伙伴开展更积极有效的环保节能减碳行动。

绿色供应链管理可以有效提高企业节能减排技术升级改造的能力。龙头企业通过与其供应商建立信息交流机制,开展产品的联合设计和研发,帮助其供应商及时获得相关环境政策变化信息,了解技术升级方向,制订解决方案,提升环境管理能力。

绿色供应链管理可以成为环境行政管理的必要补充。绿色供应链管理由企业主导,基于市场机制,通过绿色采购、绿色生产、绿色金融等共同作用,使节能减碳和生态环境保护的理念渗透到产业链的各个环节,促使供应链各环节参与者主动挖掘自身环保低碳转型潜力并采取行动。这种管理运作模式,可以更好地降低行政管理的成本,提高管理效率。

此外,目前上海市二氧化碳排放总量约 2 亿吨,从行业结构看,钢铁、石油化工、航空、水运等四大行业碳排放量合计占全市总排放量的 55.5%。如果要实现碳达峰,就要针对这四大行业包括供应链在内的环节进行重点改造。

作为能源消耗高密集型行业,钢铁行业是制造业 31 个门类中碳排放量的大户,占全国碳排放总量 15% 左右。钢铁行业的绿色低碳发展,对国家如期实现"碳达峰"和"碳中和"目标至关重要。2021 年 1 月 20 日,中国宝武发布碳减排宣言,2023 年力争实现碳达峰,提前 7 年实现"碳达峰"目标,2050 年力争实现碳中和,提前 10 年实现"碳中和"目标,并发起设立国内市场规模最大碳中和主题基金,积极践行绿色发展理念、建设生态文明的责任与担当。

(9) 电子商务发展进入全面社交化阶段

商业的价值在于创造和留住客户。在商业竞争激烈时期的持续收入压力下,企业为快速获取利润,不得不以牺牲产品质量、精简服务、收取高额费用或欺骗客户为代价。这种短期行为会损害客户忠诚度,降低客户为企业创造的价值。然而,现在越来越多的企业认识到,客户才是公司价值的最终来源。许多企业都提出了客户终生价值的概念,将客户看为核心资产,或者将运营客户作为核心要务,已经成为许多企业的共识。在互联网领域,以客户为依托的活跃用户(流量)及其相关联的数据早就是判定企业发展潜力和资产实力的重要指标。不论这些平台是否已经实现正向收入,但是否拥有足够数量的活跃用户群体是显示平台实力的重要指标。

在当前中国网民数量超过 10 亿元,流量成本日趋高昂的背景下,企业已难以通过消耗平台的流量红利实现创造粗放式的增长,因而对自有流量的精细化运营成为越发重要的一项能力。因此,传统电商平台希望借助于内容、社交等方式增加用户黏性,同时内容和社交类平台在原有开展引流或者导购业务的同时,一些平台慢慢将业务版图扩张到电商交易领域。最为典型的就是,京东在 2020 年就开始大力推广芬香、京喜等拼团类的社交电商业务;以淘宝网在 2021 年开始开展"淘宝逛逛"业务。反之,小红书、抖音等原本基于内容引流的平台,逐渐开始布局自有电商业务,并大有超过货架式电商的劲头。而一些原本依附于大平台开展引流业务的平台发展趋势不太明朗,如蘑菇街在转型发力直播之后业务并没有出现太大的起色。不论平台企业原有的站位是什么,是从商品交易逻辑出发还是从引流逻辑出发,到了现阶段,都一同站在流量竞争的舞台上。挣得更多的流量是第一位的,然后第二步是流量变现,而作为流量变现的最直接手段就是电商交易。

经过多年的渗透,互联网、数字技术目前应该已经覆盖到几乎所有具有行为能力的个人使用范围。作为最接近消费终端的端口,渠道的数字化在各行各业中应该是面临挑战和变革压力最大的行业。同时,渠道作为零售端口,多年以来面临的模式变化也是最大的。2016 年在"新零售"被提出以后,渠道端口基本上都投入线上线下全渠道运营中。然而,经过电商平台瓜分线上流量红利之后,线下出现的颓势是无法通过纯粹复制原有电商平台的线上动作来获得挽救的。以及,越来越多的企业在进行全渠道运营的过程中发现,对于品牌或者企业用户的运营才是真正能给零售业数字化带来转机的关键动作。用户运营的关键无外乎引流、留存和激活用户资产价值。

企业通过社交链接构建"私域"是一个从兴趣和内容开始的过程。经过 10 多年互联网模式在社会大众中的渗透,目前应用平台在互联网用户中已经形成"诸侯割据"的格局。各应用平台面向不同的用户群体形成了吸引力。党的十九大报告中指出,我国当前社会基本矛盾是人民对美好生活的需要与不平衡不充分发展之间的矛盾。这实际指出了:第一,人民对美好生活的需要是个性化的、差异化的;第二,美好生活不是过去的"楼上楼下、电灯电话",而是需要专业人员从具体产品和服务层面去洞察能够代表"美好生活"的具象载体,然后再引导大众消费者去形成认可与认知。目前电子商务行业发展的趋势也符合这个规律。

得物、抖音电商、小红书等从内容出发引领消费的平台,已经形成各自的优势领域,潮鞋潮物潮牌、时尚生活和兴趣电商已然成为下一代电商的中流砥柱。特别是随着主流消费群体从过去的"70后""80后"跃迁为"90后"甚至"00后"时,这些兴趣和内容种草引领性的平台逐渐成为主流平台。不仅如此,从这些平台上产生的小众、国潮、文创类的品牌也层出不穷。随着电商平台与品牌之间达成这样的共生关系,兴趣和内容背后的文化将成为链接这些品牌商品/服务与消费者之间的重要黏性,两者之间相辅相成,甚至互相强化,形成较为稳固的护城河,并且对传统的淘宝、天猫、京东等综合性平台提出了挑战。

(上海市电子商务行业协会供稿　执笔人:高平)

（四）上海汽车销售行业 2021 年发展报告

2021年的中国汽车行业在疫情传播、原材料大幅上涨和供应链"缺芯"的大背景下，面临着多重的困难和挑战，汽车销售行业忍辱负重、奋发图强，打破了汽车销售市场连续4年负增长，终于迎来汽车市场的全面复苏，全国汽车销量同比增长5.6%，汽车消费市场规模进一步发展壮大，汽车产销量连续13年雄霸全球第一，汽车行业已然成为国民经济发展中重要的支柱产业之一。

1. 全国汽车销售行业发展概况

（1）汽车保有量首次全球第一

根据公安部统计，截至2021年末，全国机动车保有量达3.95亿辆，2021年净增2 350万辆，同比增长6.3%。其中，汽车保有量突破3.02亿辆，同比增长8.2%，新能源汽车保有量达784万辆，占汽车总保有量的2.6%，汽车保有量规模首次历史性地超过美国而成为全球汽车保有量最大的国家。

（2）汽车经销商数量略有增长

根据中国汽车流通协会的统计，2021年底全国乘用车授权经销商的数量为29 318家，同比增长3.9%。2021年新能源汽车爆发式增长，自主品牌强势崛起，带动汽车销售渠道网络的迅速扩张，比亚迪、上汽飞凡、蔚来、小鹏、理想、广汽埃安、长安和奇瑞等自主品牌销售网络的建设给汽车销售渠道的网络增长做出了重要的贡献。

2021年退网的4S店销售服务网络约有1 400余家，其中，合资品牌退网占比高达57.3%，主要表现在北京现代、别克、东风标致、广菲克、斯柯达等品牌，长安马自达和一汽马自达并网调整后也促使一部分相关经销商退网。

（3）汽车经销商的经营状况有所好转

根据中国汽车流通协会的调查显示，2021年由于芯片短缺所致的产品"供不应求"，经销商库存压力大幅降低；各汽车经销商整体盈利状况有所好转，汽车经销商对主厂家的总体满意度明显提升。2021年完成汽车销量目标的经销商占比约为29.4%，其中，豪华品牌的经销商的销量完成情况相对较好，近四成豪华品牌汽车经销商完成了年度销量目标。

新车销售毛利明显提升。尽管疫情反复和经济下行等因素影响了汽车消费，但2021年经销商盈利面上升至53.8%，亏损面下降至17.5%。豪华进口品牌的经销商整体盈利情况较好，近八成的经销商实现盈利，合资品牌及自主品牌的盈利经销商占比在50%上下。

2. 上海汽车销售行业发展情况综述

（1）汽车销售行业向着"十四五"规划目标不断变革与创新，取得丰硕成果

2021年是"十四五"规划纲要实施的第一年，在国家"十四五"规划中，明确提出了加快推动汽车等消费品由购买管理向使用管理转变的大背景下，上海也提出了以新能源、智能网联为方向提升汽车产业特色优势和规模，把握电动化、智能化、网联化、共享化发展的趋势，着力优化汽车产品和服务结构的目标。上海汽车销售行业迎来了壮大发展的春天。

① 2021年，全市汽车类消费总额首次突破2 000亿元大关，达到了2 042.1亿元，同比增长9.9%，占全市社会零售总额的11.3%，在全市各类中排名第二。全市新车销售的合计销售额约1 600亿元，同比增长15.1%，约占汽车类社会零售消费额近七成，新车消费额的增速大于汽车类总消费额的增速，汽车行业对全市社会零售增长的贡献率达到了25%以上。

② 2021年初，上海市汽车销售行业协会向市政府和相关管理部门持续建言献策，提出了老旧机动车置换再次给予补贴的建议，得到了政府的积极响应。在政府出台的《2021年全市老旧汽车报废更新补贴实施细则》中得到采纳，2021年内个人消费者报废或转出本市注册登记的国四及以下排放标准的燃油汽车，同时在本市注册登记的汽车销售企业购买符合要求的国六及以上排放标准燃油新车的，可以享受每辆车2 800元人民币的财政补贴。叠加上海各大汽车经销商集团或企业持续推出形式多样的其他促销活动效应，给上海汽车市场注入了一股涌动的活力，给消费者带来实惠，加快了全市汽车更新换代的步伐。

③ 2021年4月，上海市汽车销售行业协会根据汽车市场将不予A0级新能源汽车发放牌照的实际，从行业内经销商的实际利益出发，向市经信委递交了关于暂停部分新能源车型申领牌照的行业情况报告，及时提出将政策出台前已售近5 000辆A0级新能源车给予正常申领新能源牌照的建议，最终建议被政府有关部门所采纳，最大限度地减轻了相关汽车经销商的经营压力，维护了经销商的合理利益。

④ 作为汽车品质消费的重要保障机制，2021年6月，全市汽车销售行业启动了汽车销售合同网签试点的项目，由上海市汽车销售行业协会和车信盟正式向绿地徐通汽车销售服务有限公司、绿地宝仕汽车销售服务有限公司、永达丰田汽车销售服务有限公司、上海宝诚悦鑫汽车销售服务有限公司等4家汽车经销商的合同网签试点企业颁发了首批证书，拉开了全市汽车流通全生命周期的可追溯治理平台建设的序幕，标志着上海率先全国在传统的汽车销售流程上步入数字化治理的新时代。

⑤ 汽车销售模式勇于创新，全市汽车销售持续突破传统4S店销售模式，稳步实现了电视销售、线下体验、线上销售、商场展示等新零售新模式。同时，针对展厅客流减少的现状，各汽车经销商积极探索各种新型营销模式，通过微信、抖音、快手和西瓜视频等短视频或直播平台对进行汽车介绍，开展VR展厅、电销等多种形式，积极尝试新型的线上销售活动，不断加大汽车新零售模式的覆盖面和影响力。

⑥ 根据2021年5月市人大发布的《上海市促进多元化化解矛盾纠纷条例》中关于支持商会、行业协会、社会服务机构或仲裁机构等设立调解组织，对特定行业、专业领域的矛盾纠纷进行调解的相关规定，协会利用原市工商局"消费维权联络点"的平台工作机制，成立了协会的调解服务专业委员会，开展汽车消费的调解服务试点工作，专业化地成功化解了年内12345市民热线中的6起重点、难点汽车类消费纠纷问题，受到了消费者和有关管理部门的高度赞赏，创新地开启了协会介入汽车消费纠纷专业调解的新举措，保障了消费者和经销商的合法权益，加快了汽车市场良好消费环境的建设步伐。

⑦ 为推进上海"四大品牌"的建设战略和助力国际消费中心城市的建设，协会积极配合政府推进汽车销售行业的规范化管理。在2018年发布了全国首个《汽车销售服务管理规范》团体标准和2020年与市市场局、市商务委和市消保委共同起草发布《上海汽车买卖示范合同文本2019版》等文件的基础上，2021年4月发布《汽车销售服务性收费指南》的行业指引性文件，10月参与起草和发布了《汽车销售神秘客户和体验官使用规范》团体标准，同时还参与起草了《汽车销售试乘试驾管理规范》团体标准的起草等。这一系列针对行业规范和品牌建设的标准，助推了上海汽车销售行业的品牌服务建设，其不仅填补了国内起草销售行业标准的空白，而且对将来的行业认证标准和认证参考以及制定地方标准都具有十分重要的意义。标准的制定促进了全市汽车销售行业规范服务和管理水平的不断提升，为营造上海汽车市场"近悦远来"的营商环境和助力国际消防中心城市的建设做出了重要的贡献。

(2) 上海汽车市场总体情况

① 全市汽车总保有量。

2021年上海机动车保有量达500万辆,其中,汽车保有量达443万辆。2021年上海新注册登记汽车61.2万辆,比2020年增加11.8万辆,增长23.8%。2021年上海新能源汽车推广量达到25.4万辆,同比增长109.9%;新能源车辆的注册数量达到注册登记汽车总量的42.5%,近3年来,全市能源汽车呈高速增长的态势迅猛发展。

另外,根据2021年发布的《上海市综合交通运行年报》,在本市购买保险的外省市牌照的车辆约有154.9万辆,同比下降约10%,因此,实际上全市汽车的保有量约598万辆。与北京、成都、重庆等城市一起并列全国汽车保有量超越500万辆的第一阶梯城市之列。

② 千人汽车保有量。

全市千人汽车保有水平持续提高,根据2021年上海的人口基数来计算,上海全市汽车千人保有量增长至222辆(不含外省市在沪车辆)的规模,较2014年增加68%;其中外环线以外的千人汽车保有量为257辆,远超中心城区179辆的水平,全市拥有车辆的家庭达到34%,比2014年增加了6个百分点。目前,发达国家千人汽车保有量总体在800辆左右的水平,随着全市的经济发展和民众收入的不断提高,上海的千人汽车保有量水平还有较大的增长空间,上海汽车市场的发展空间未来可期。

(3) 上海汽车销售市场的发展情况

① 汽车市场所销售汽车的品牌情况。

截至2021年底,上海汽车市场所经销的汽车品牌约142个,有一小部分汽车品牌退出全市汽车市场,但仍有诸多的造车新势力品牌不断加入,品牌数较2020年增加了18个,其中:

A. 高端品牌合计34个,占品牌总数的23.7%,品牌数量同比增加4个。

B. 合资品牌合计24个,占品牌总数的16.7%,品牌数量同比增加2个。

C. 自主品牌合计84个,品牌数量同比增加40个,占品牌总数的58.7%,增加的品牌中主要是部分国产新能源汽车品牌的入市。

可见,在全市汽车市场所经销的各类汽车品牌中,国产自主汽车品牌数占比最高,高端汽车品牌数占比紧随其后,合资汽车品牌数占比第三,由于国内新能源品牌的不断涌入,自主品牌在全市汽车市场的渗透率已达到59.2%。

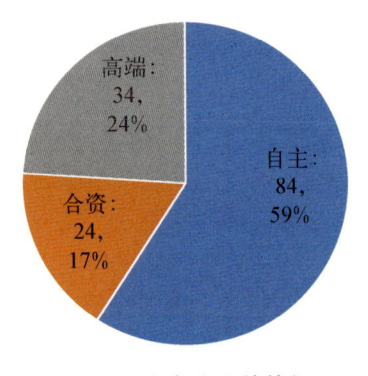

图94 汽车分品牌等级数量与占比

从汽车分类来看,2021年乘用车品牌和商用车品牌的占比保持持平。其中,乘用车品牌121个,占品牌总数的85.2%,商用车品牌合计21个,占品牌总数的14.7%。显示上海汽车市场以乘用车为主的市场格局未变。

② 全市汽车销售市场经销商的规模。

截至2021年末,全市汽车市场各汽车品牌授权经销商(含乘用车、商用车等品牌厂家授权或认定的经销商、直营店、城市展厅或体验店等;不含普通非品牌授权经销商和平行进口汽车经销商)企业总量约为1 047家,同比增长10.1%,除了一部分品牌的经销商有所扩展外,主要的增量来自大量的新能源汽车在全市各级大型商场铺设的体验店,但也有近20家的传统汽车品牌的经销商退出了本市汽车市场。

在全市所有的授权汽车经销商中,高端汽车经销商约有235家,合资品牌汽车经销商约有239

家,自主品牌经销商约573家,其呈现出两个特点,第一是高端汽车品牌与合资品牌的经销商数量继续保持接近的水平,变化不大;第二是自主品牌的汽车经销商数量的规模要大于高端和合资汽车品牌的合计总量,增量主要来自新能源品牌,也体现了中国品牌汽车市场随着新能源汽车的入市而不断走强。新型的商超型、网络型等创新汽车销售模式迎合了以"90后"为主的Z世代汽车消费者的消费习惯,对传统的汽车销售模式带来了巨大的挤压。

③ 各区汽车经销商的规模。

2021年,在全市16个行政区域中,浦东新区的授权汽车经销商数继续保持领先,达到248家;闵行区紧随其后达到153家,并继续和浦东新区一起成为各区域中汽车经销商数破百的行政区域,位列全市汽车经销商总数的第一阵队;宝山、普陀、嘉定、松江和青浦以区域内超过50家经销商数位列第二阵队;奉贤、静安、杨浦、徐汇和金山以区域内超过20家经销商位列于第三阵队;不到20家汽车经销商的区域为黄浦、虹口、长宁和崇明。

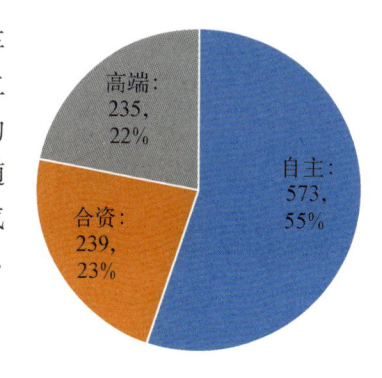

图95 各级汽车品牌经销商数量与占比

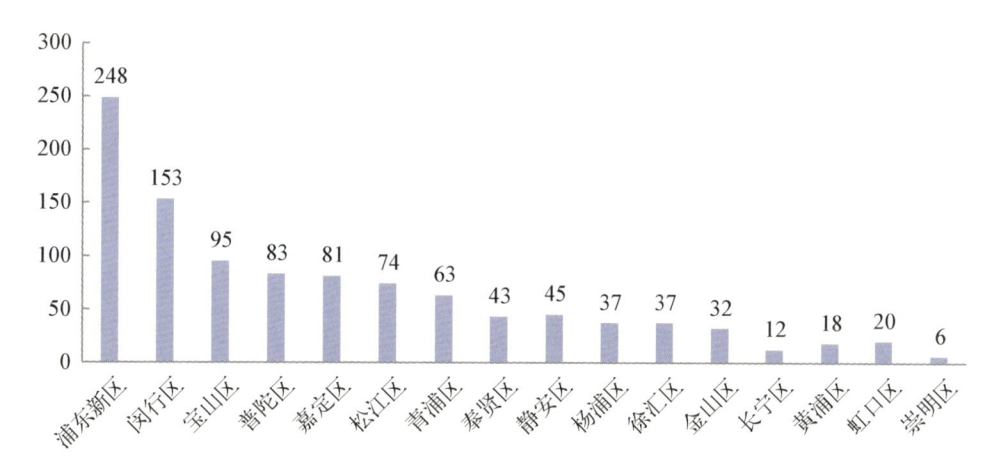

图96 各区授权汽车经销商数量

由上文可见,因本市中心区域环保要求的不断提升,汽车经销商的布局呈现向浦东新区、闵行、宝山、嘉定、松江、青浦等全市外环以外的区域发展的大趋势。而内环和中环内市中心区域的经销商大部分以购物商场内的高端品牌展示中心或体验店的形态呈现,其中绝大多数为新能源汽车品牌,其在市内各级大型商场的展示中心或体验店的建设,在2021年里得到了较快的发展。

④ 专业新能源汽车经销商数快速增加。

全市汽车市场中专做新能源汽车的经销商数量快速增长,其数量快速攀升至331家,同比增长195.5%,而传统燃油车品牌的经销商首次出现减少,其规模数量约为716家,同比下降9.6%。全市竞争力较差的品牌退网情况加剧,剩下的传统燃油车品牌中的高端品牌或有新能源车型的汽车品牌经销商的经营状况相对好些。

⑤ 汽车进入商场是车企对产品、消费、产业变革,进行适应性的改变的一种行为,其正在快速发展,成为汽车销售的直营新模式。但也存在着经营的风险。

A. 汽车进商场是一场双赢的合作,商场的购物属性可以为汽车品牌吸引客流,商场也通过引入汽车为消费者带来更好的购物体验。不过,作为一种新型的消费模式,汽车进商场后汽车消费的习惯和品牌认知还需要进一步的培育。

B. 商场直营店对传统汽车经销商带来的冲击,加大了众多品牌的传统经销商的经营压力,加速了一部分非主流品牌的车型退出了本市的汽车市场。

C. 商场是人们购物休闲的地方,而汽车作为交通工具,对人和商超的生命和财产安全存在着一定的隐患。

D. 与传统的汽车经销商相比,商场的环境和人流具有不可控性,一旦用户在销售服务环节与品牌出现纠纷,将对汽车品牌形象造成致命性打击。

E. 对于黄金商圈的购物中心而言,其场地的租金真可谓寸土寸金,且具有不断上涨的趋势,尽管大多数新能源汽车品牌的付租能力强,但多数经销商还是靠品牌主机厂的支持。商场的租金与租期的不确定性,将为汽车进商场模式的稳定性带来挑战。

F. 商场的管理模式与汽车销售的管理模式还存在着一定的差异,很容易引起汽车消费的纠纷。且处理起来因被诉主体不清,很难及时得到解决。

3. 上海汽车销售市场情况

(1) 销量分析

① 2021年全市合计汽车销量。

根据协会统计数据及上海经济信息中心等相关数据推算,全市合计的推算汽车销量约为63.8万辆,同比增加12.1%。其中,乘用车销量约59.5万辆,同比增长11.2%;商用车推算销量约4.3万辆,同比下降12.2%;在乘用车和商用车中,新能源汽车的推广量达到25.4万辆,同比增加109.9%。

② 2021年分月汽车销量与同比。

协会统计样本中绝大多数为各汽车品牌的传统燃油车,2021年1月—4月,其销量同比均大于去年同期,但是自5月份起,市场上因"缺芯"导致供应不足,销量开始出现逐步的下滑,且总体呈下半年的同比下降幅度高于上半年5月后的下降幅度的态势。

图97　2021年分月汽车销量及同比

③ 乘用车分车型销量分析。

从2021年全市各车型的合计销量来看,除传统品牌的乘用车中的轿车同比出现下降外,其余各车型都出现了不同程度的同比增长。上海市场的销售占比依然以轿车为主,SUV居次,其他车型的占比较小,符合上海作为一线城市的汽车消费特征。

表68　2021年乘用车分车型销量情况　　　　　　　　　　　　　　（台）

车型	销量	同期	同比	销量占比
轿车	139 667	152 293	−8.3%	51.7%
SUV	102 893	98 639	4.3%	38.1%
MPV	17 261	15 454	11.7%	6.4%
微型车	10 195	5 416	88.2%	3.8%

④ 乘用车分级别销量分析。

表69　2021年乘用车分级别销量及同比　　　　　　　　　　　　　（台）

级别	合计销量	同期	同比增减
高端品牌	94 789	98 475	−3.7%
合资品牌	120 195	137 340	−12.5%
自主品牌	17 332	17 056	1.6%

从2021年乘用车各级别的合计销量来看,高端品牌和合资品牌的销量均有不同程度的下降,但自主品牌的同比呈上升态势,显示自主品牌汽车跑赢了整个车市。

(2) 库存分析

① 合计库存分析。

从协会统计的库存数据来看,今年各月的合计库存系数均处于安全警戒线下,下半年由于产能不足,市场上呈现了供不应求的情况,库存竟下降到了行业的历史最低水平,2021年的合计库存系数达到了1.0。

表70　各月合计库存系数情况

月份	1	2	3	4	5	6	7	8	9	10	11	12	合计
库存系数	1.0	1.8	1.1	1.1	1.2	1.0	1.1	0.9	0.9	1.0	0.9	0.8	1.0

② 分品牌库存情况。

分品牌来看,各级别品牌的库存差异还是较大的,总体呈现自主品牌库存系数大于合资品牌,合资品牌库存系数大于高端品牌,但商用车品牌的库存系数仍较高,具体如下:

A. 高端品牌上半年和分月库存系数变化情况

表71 高端品牌上半年及分月库存系数变化

月份	1	2	3	4	5	6	7	8	9	10	11	12	合计
库存系数	0.8	1.5	0.9	0.9	0.9	0.8	0.9	0.7	0.7	1.0	0.8	0.8	0.9

B. 合资品牌上半年和分月库存系数变化情况

表72 合资品牌上半年及分月库存系数变化

月份	1	2	3	4	5	6	7	8	9	10	11	12	合计
库存系数	0.9	1.8	1.1	1.1	1.2	1.0	1.0	0.8	0.7	0.9	0.8	0.7	1.0

C. 自主品牌上半年和分月库存系数变化情况

表73 自主品牌上半年及分月库存系数变化

月份	1	2	3	4	5	6	7	8	9	10	11	12	合计
库存系数	1.6	2.8	1.7	1.7	2.2	1.6	1.9	1.5	1.4	1.3	1.0	0.8	1.9

D. 商用车品牌上半年和分月库存系数变化情况

表74 商用车品牌上半年及分月库存系数变化

月份	1	2	3	4	5	6	7	8	9	10	11	12	合计
库存系数	2.9	3.9	1.4	1.6	2.0	1.3	2.3	2.6	1.9	2.0	1.9	1.4	1.9

（3）销售额分析

① 推算销量的销售额。

根据全市汽车销量计算出2021年全市新车销售的合计销售额约为1 600亿元。同比增长15.1%。

② 2021年分车型合计销售。

表75 2021年分车型销售额

全年合计销售额（亿元）		2021年	同期	同比
乘	轿车	2 252 898	2 465 447	−8.6%
	SUV	2 125 034	1 875 225	13.3%

续 表

全年合计销售额(亿元)		2021年	同 期	同 比
乘	MPV	313 278	245 114	27.8%
	微型车	61 344	42 453	44.5%
	新能源(含混动)	477 427	249 861	91.1%
商	商用车	214 820	236 644	−9.2%

由上表统计可见,2021年各车型的合计汽车销售额随销量同步起伏,且上升或下降的幅度略好于销量,乘用车中仅轿车车型的销售额同比出现下滑,商用车的销售额表现也呈下降,但合计的销售额依然呈强劲的增长,显示全市汽车市场的新车价格随着技术进步随之提升和市场上高端车的销量表现较好。

③ 2021年分月的累计销售额分析。

图98 2021年分月销售额及同比变化

可见,2021年各月销售额和销量的上下波动基本保持一致,上半年保持增长,下半年出现下降,总体来说,同比的下降情况要略好于销量的同比。

④ 2021年各月平均销售单价变动情况。

由下图统计可见,2021年仅2、3月的平均销售单价低于去年同期水平,其他月份均高于去年的水平,这是由于价格低廉的A0级新能源汽车不再给予绿牌后,总体客单价逐步上升,特别是自5月份起的各月由于汽车市场货源紧张,供需倒挂导致了汽车销售单价普遍上扬,一直到12月才开始出现回落。

全市2021年合计的汽车销售平均单价达到23.14万元,高于同期0.09万元。表明尽管下半年的销售单价再上涨,但由于销量的减弱,并没有带来全市年度合计水平的上涨。但总体来说,各品牌已经进入不再以价格博取市场的新阶段,全市汽车市场的新车销售价格总体趋于相对稳定,说明了汽车消费市场的日益成熟和理性。

图 99　2021 年分月平均销售单价变动及差异

4. 新能源汽车市场的发展情况

近年来,新能源汽车市场成为全市汽车销售行业发展亮点和促进汽车销量增长的重要力量,上海已经成了国内当之无愧的新能源汽车的消费龙头,并且将持续领跑全国。

(1) 全市新能源汽车保有量飞速增长

截至 2021 年末,上海新能源汽车累计推广量已超过 67 万辆,占全市汽车总保有总量的 14.3%;远高于全国新能源汽车保有量的合计占比水平;新能源汽车的保有量出现了大幅度增长的态势,助推上海保持国内和国际新能源汽车推广领先城市的地位。

(2) 2021 年全市新能源汽车推广量再创历史新高

2021 年全市新能源汽车的推广量达到 25.4 万辆,同比增长达到 109.9%,占上海全市新车销量的 43.2%,位居全国首位,新能源汽车市场成为全市汽车市场独领风骚的一道靓丽风景。2020 年相关部门出台的外牌限行政策影响逐步显现,加快了部分本市车主的外牌车的更新步伐,随着部分消费者对新能源汽车较高的接受度,特别是新一代年轻人的青睐,新能源汽车爆发性的销量填补了传统乘用车和商用车市场因各种因素所导致的销量下滑空缺,成为全市 2021 年汽车销售增长的最大贡献者。

① 2021 年新能源汽车合计推广量。

表 76　2021 年新能源汽车合计推广量及同比

年　　度	推广量(万台)
2020 年新能源汽车推广量	12.1
2021 年新能源汽车推广量	25.4
同比增长	109.9%

② 新能源汽车分月推广量情况。

2021 年仅 12 月的新能源汽车推广量低于同期,但也达到了 2021 年单月推广量的最高水平,全年合计的推广量创下了历史新高。

③ 新能源汽车分月的市场渗透率情况。

2021 年分月来看,合计的新能源汽车推广量占全市汽车销量的占比(渗透率)达到了 39.8%,

图 100　2021 年分月新能源汽车推广量及同比

图 101　2021 年分月新能源汽车市场渗透率

高于 2020 年合计汽车市场渗透率的一倍;分月来看,年中有 4 个月的汽车市场渗透率超过了 40%,其中,12 月份的新能源汽车的市场渗透率达到了 51.8%。

(3) 全市能源汽车的推广再现新特点

① 为促进全市新能源汽车的高质量发展,构建友好的生态环境,上海市出台多项政策促进全市新能源汽车的发展,自 2020 年 10 月份上海市进一步限制外地车辆通行后,促使原来许多拥有外地牌照的上海车主加入新能源汽车消费市场,再加上传统汽车牌照拍牌额度在 2021 年没有增量等因素,进一步激发了上海市新能源汽车的市场需求。

② 2021 年初印发的《上海市鼓励购买和使用新能源汽车实施办法》促进全市新能源汽车市场迈向一个新高度。宣布从 2021 年 3 月 1 日起,上海实行新版新能源汽车上牌政策,提高了申请新能源专用牌照额度的要求,明确从 2023 年 1 月起不再对插电式混动车辆发放新能源专用牌照;2021 年 5 月起对 A0 级新能源车不再发放新能源专用牌照,这也是随着全市新能源汽车渗透率不断提高后的必然趋势。从全国来讲,上海 2021 年的新能源政策的收紧已略显"滞后",但始终并未在推广总量上进行限制,政策收紧一方面保障了 20 多年来交通治理拥堵的成果,也促使全市新能源汽车发展迈入一个新高地,促进了上海新能源汽车市场由数量向质量发展的新趋势。

③ 上海新能源汽车市场上各路品牌蜂拥而至、争奇斗艳,2021 年特斯拉 Model Y 和 Model 3 包揽了销量的冠亚军,紧随其后的是荣威 RX5、比亚迪汉 EV、比亚迪 DMI 系列、蔚来 ES6、大众 ID.4X、小鹏 P7、蔚来 EC6、别克 VeIIto6 等品牌。许多造车新势力品牌的产品和传统车企的新能

源车型纷纷进入上海的新能源汽车消费市场,并以商超体验店或网上销售的形式在上海汽车消费市场里争奇斗艳,市场表现丰富,推进了上海汽车市场新销售模式的不断创新。

④ 上海市场的汽车消费者对新能源汽车的接受度较高,促进了全市新能源汽车市场上的产品类型较为丰富、市场开放度更高。目前在全市推广应用的新能源品牌约100余家,车型累计已超过400款,车型除家用乘用车之外,还包括各类商用车和特种车辆等诸多车型。

⑤ 新能源汽车技术进步明显,除快充技术、阿特金森发动机、高功率和压比发动机等的技术飞速发展,促进了新能源汽车的续航里程不断创新高,广汽埃安LX、蔚来ET7、智己L7和奔驰Vision EQXX等品牌都推出了续航里程超过1 000公里的纯电车型,彻底打破了先前纯电车续航焦虑的顾忌;此外比亚迪皇朝和海洋的混动系列、帝豪L、雷神HxX电混、理想ONE和赛力斯SF5等品牌的部分混动车型的综合里程都已超越了1 000公里的关口。

(4) 新能源汽车市场中的纯电车占比不断提高

2021年,全市新能源汽车中的私人推广量占比达到75.5%,同比下降1.7个百分点,表明全市新能源汽车市场中公务和商用车的比重在不断的提高,几乎所有使用政府采购资金的车辆采购都逐渐加大了新能源车辆的采购比例。在新能源汽车中纯电动车推广量为17.2万台,插电式混动车辆的推广量为8.2万台,纯电车占比达到67.8%,纯电动力的新能源汽车逐步占据了市场主流。纯电式的增长速度远高于混动式,表明以造车新势力为代表的纯电式新能源汽车因其品牌众多、造型新颖、配置独特、续航里程长和智能互联强等高科技方面的优势,越来越受市场的欢迎。形成了纯电新能源汽车逐步占上风的新能源汽车销售市场新格局。

(5) 新能源补贴政策不断退坡,但对终端市场的影响不大

2021年,全市的新能源购买补贴额度继续退坡,除了国家补贴和免交购置税外,地方性的补贴已被完全取消,但经过新能源汽车近几年的发展革新,新能源汽车已实现了其市场的发展从政策驱动转向市场拉动新阶段,呈现出市场规模、发展质量双提升的良好发展局面,为全市的"十四五"汽车行业高质量发展打下了坚实的基础。

(6) 部分新能源汽车保费略有增长

2021年新能源汽车实施了《新能源汽车商业保险专属条款(试行)》《新能源汽车商业保险示范条款(试行)》《新能源汽车驾乘人员意外伤害保险示范条款(试行)》和《新能源汽车商业保险基准纯风险保费表(试行)》。与传统燃油车相比,新能源车险主险新包含了起火燃烧、电池、出厂设备、电网故障、电桩损失等,充分涵盖了新能源车风险,这和部分车型保费上涨有着密切关系。按照已公布的新能源车基准纯风险保费表测算来看,纯风险费率中25万元以下车价不涨费;25万元以上车价部分车型会涨费,但涨费幅度原则上不超过3.0%。从险种来看,车损险60.2%降费,21.0%不变,18.8%上涨;三者险25%降费,62%不变,13%上涨。表明在新能源汽车保单中,将有20.7%面临涨费;而将近80.3%的新能源汽车在使用专属条款投保车损险和三者险后,同等条件下,保费持平或下降。但实际市场上大部分新能源车主的感受保费的增长还是比较明显。

(7) 新能源汽车对传统汽车的市场冲击不断增大

全市新能源汽车的不断增长发力,难免使传统的汽车品牌市场受到了影响。随着全市的新能源汽车渗透率的快速提升,在全市汽车总销量变化不大和传统高端、豪华品牌和部分自主品牌依然销量较好的情况下,一部分中端的合资传统燃油车品牌和小众品牌的市场空间受到了挤压,导致有些品牌或车型退出了上海汽车市场,相应的汽车经销商纷纷转型或转品牌。

随着数量众多的各品牌新能源车型的不断亮相和对A0级汽车的限售,全市新能源汽车的发展将开启走高端路线的趋势,也预示着全市新能源汽车市场的各个品牌的竞争会愈加激烈,消费者

的选择程度也更加宽广。

(8) 上海新能源汽车的发展趋势

① 新能源汽车发展进入快车道。

全球汽车未来发展的方向是新能源化已成为上海汽车消费的共识。随着各品牌燃油车停售时间的相继出台,汽车新能源化的趋势已基本形成。目前,上海的新能源汽车渗透率已接近一半,预计到2023前就会突破50%。

② 上海将在较长时间处于领跑地位。

随着2021年上海销量突破20万台和上海特斯拉超级工厂二期的扩建,上海在这几年里已发展成为全球新能源汽车的市场和产地之最,预计到2025年,上海除继续保持保有量和推广量全球第一的地位外,新能源汽车的研发、产量和产业链也将成为全球最重要的基地和领先的城市。

③ 新能源汽车助推上海双碳目标的实现。

未来3~5年,上海作为中国新能源汽车的市场最热点,预计新能源汽车将对全市的节能减排和碳达峰目标的实现发挥巨大作用。

④ 电动汽车真正进入竞争白热化新阶段。

从政策扶持来看,2022年财政补贴将全部退出,2023年起上海还将取消插电式混动车的免费绿牌的发放,所有车企将处于同一政策起跑线,竞争会进入一个白热化的阶段。补贴退出后,新上市的车型也会扎堆出现,特别是外资品牌车型。未来几年里,上海新能源汽车市场新车型、新品牌将不断涌现,一些靠补贴成长起来的新能源品牌和车型将会加速退出和销声匿迹。

⑤ 汽车电动化和智能化愈加紧密。

未来新能源汽车的主题是基于电动化的智能化。电动化的普及要靠智能化来拉动,智能技术是产品的竞争焦点,电动化加速智能化的实现,汽车的电动化和智能化将愈加密不可分。市场会激发新一轮汽车技术创新浪潮,技术将成为新能源汽车和燃油车竞争的核心要素;技术的进步使新能源汽车基本具备与同级燃油车竞争的经济优势,高端品牌电动化的发展速度非常快,蔚来汽车已进入同价位宝马、奔驰的汽车市场,并逐渐形成新的优势,真正迎来了汽车行业期待的拐点。

⑥ 上海将成为新能源汽车供应链的重要一极。

供应链是电动汽车和智能汽车未来发展要迈过的一道关键门槛。供应链是全球化的,但上海作为全国的科技高地和制造基地,势必发挥自己人才优势、物流优势、港口优势和长三角的区位优势,成为新能源汽车供应链的重要一极,会在汽车产业供应链中的影响越来越大。

⑦ 新能源汽车带动汽车销售商业模式的快速创新。

新能源汽车进入市场化竞争阶段后,将带动大量汽车销售商业模式的快速创新,例如,网上销售、App、光储充一体化模式、换电模式和电池银行模式等。

⑧ 基础设施配套逐步补齐并衍生三网融合新业态。

传统燃油车的基础设施是加油站和加气站,新能源汽车的发展将促进未来能源基础设施发生重大的变化。充电、换电、快充、慢充和电池的移动补电、加氢等,将构成融合的新型基础设施,促进未来汽车电动化发展的重大亮点,也将成为行业投资的新热点。

5. 汽车类纠纷总体下降,新车消费纠纷有所增长

(1) 根据上海12345市民热线的数据统计,2021年累计收到汽车类致电共6 210起,同比下降14.7%。

(2) 2021年涉及新车的致电累计达到4 735起,占合计汽车类总致电量的76.2%,同比增长2.6%。

图102 2021年分月涉及新车的致电量占比情况

从上图可见,涉及新车消费致电量自4月份起在不断的增多,涉及新车的致电量与总致电量的占比则从年初的60.7%不断上升至年末的82.7%,表示新车销售的纠纷在不断增多的趋势。其中,在涉及新车销售的致电中,重新交办的有102起,因此,2021年实际涉及新车销售的致电为4 633起。涉及新能源的致电为1 351起,占新车致电总量的29.2%。

根据每月协会推算销量和12345涉及新车销售的工单量计算,2021年累计的投诉率为0.78%。

图103 2021年分月和合计投诉率

可见,8月起投诉率出现连续攀升,至12月投诉率达到最高为1.04%,2021年2月的投诉率最低。

(3) 2021年新车销售投诉分类分析

根据12345热线的电话记录中消费者所描述的内容梳理出十三大类别的结果,其中,合同、虚假宣传或销售、定金、补贴和强迫消费或服务性收费类的五大类别的投诉量占比达到新车投诉总量的81%,其余项目的投诉量相对较小。

① 合同类的投诉九成以上的问题集中在逾期交付或要求变更合同车型,甚至部分经销商故意在合同中不确定交车日期;芯片短缺是导致主机厂供应链出现问题的主要原因,目前全市经销商的合计库存仅为0.9,不能完全满足汽车市场的需求。

② 定金类投诉主要是双方对定金的退还无具体约定,造成退还定金困难,特别是在网上和促销活动中给予优惠条件等诱惑促使消费者下定金,然后优惠无法兑现,且又不退定金的问题比较多。另外,新能源汽车销售中的不退定金情况也日益凸显。

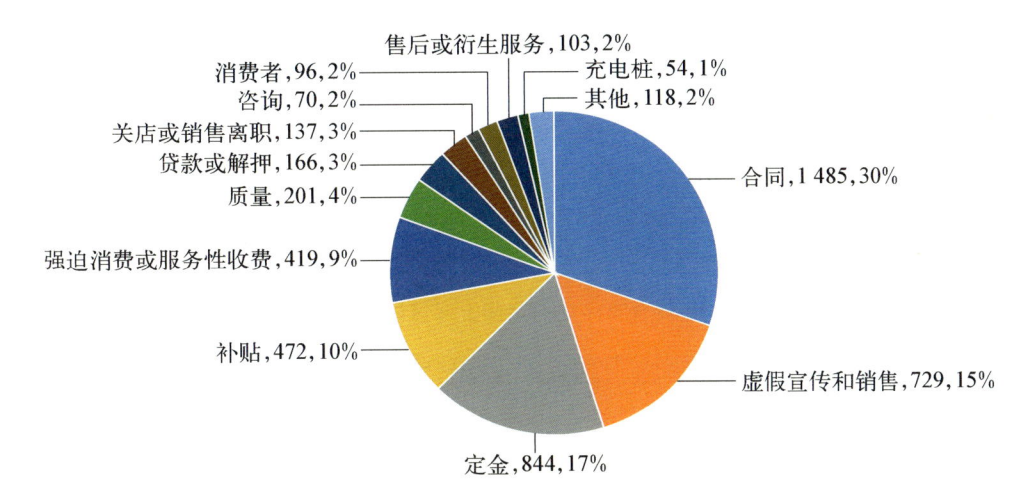

图 104　2021 年具体的各类别投诉量比及占比情况

③ 虚假宣传或销售类的主要问题集中在一部分销售人员的不符合实际的扩大宣传、虚假优惠的宣传、订车时销售（或店家及厂房）承诺的项目不兑现和新能源汽车的续航与配置与宣传不符等。

④ 强迫消费类主要存在的问题是强制收取服务费而不提供服务，或强制捆绑销售如保险或装潢等，甚至还有不规范收费，另外部分热销车型在交付前另立名目强制要求加价等。

⑤ 补贴类问题主要集中在消费者认为置换补贴的到账时间过慢的问题，其中约有五分之一的致电涉及主机厂的置换补贴因为各种原因未兑现或延误，其他还有部分经销商不配合消费者申请补贴在车信盟上进行相关操作或申报流程延误以及不到位等问题。

⑥ 质量类的问题主要是能源汽车里程不达标，燃油车发生质量问题后主机厂响应不及时，交车时部分配件有质量问题或外观漆面有瑕疵等问题。

⑦ 贷款或解押存在的问题主要是贷款额度与约定不一致，免息贷款变成了有息贷款、代为办理贷款服务费收取不规范、贷款利息过高、贷款额度变化和与外地贷款机构进行交易等情况，以及消费者在解押时经销商不提供要求的证材而导致的解押困难等。

⑧ 关店和销售人员离职引起的纠纷是部分经销商关店或销售人员的离职造成了消费者的相关权益受损。部分经销商或销售员的承诺因此不能兑现。

⑨ 咨询类的问题主要集中在消费者关于新车购置、置换补贴范围等问题的咨询。

⑩ 消费者自身原因类问题主要反映了消费者对新车的认知和定义问题存在偏差所引发的矛盾，还存在消费者不合情理的诉求等问题。

⑪ 售后或衍生服务类问题反映的大多是消费者对赠送装潢的异议和对新车购买延保服务上出现的矛盾。此外，还存在没有做好上牌服务、置换服务等问题。

⑫ 电桩类投诉主要反映了新能源汽车销售中不按合同要求安装电桩或强制收取上牌服务也造成了经销商和消费者的矛盾。

⑬ 其他问题主要相关消费者是对 12345 办结情况的表扬或投诉，以及一些不涉及具体销售行为的其他问题。

总体来看，2021 年引发消费者各类投诉的主要因素除了芯片短缺和原材料上涨导致车价上涨外，其他原因还是要归结于本市部分经销商的服务不规范和部分销售人员职业素养较差这两个原因，在当前汽车销售队伍还存在准入门槛低和职业素养较差的情况下，坚持普法培训的从业人员全覆盖，提升汽车销售从业人员的法制意识，推进汽车销售服务的规范化是全市汽车销售行业助力上海建设国际消费中心的必要手段之一。

6. 全市汽车经销商的营业规模

2021年,永达汽车作为上海地区最大汽车经销商在上海汽车市场的新车销量中继续保持第一,排名前十的汽车经销商集团在上海汽车市场的销量排名如下。(数据来源:上海市汽车销售行业协会统计样本)

表77 2021年度全市经销商集团上海区域销量排名TOP10

排 名	经销商集团	2021上海地区销量(台)	上海地区经销商数
1	永达集团	80 550	51
2	上汽销	36 180	18
3	东昌汽车	19 150	19
4	广汇汽车	17 221	15
5	协通汽车	15 905	12
6	冠松集团	14 407	9
7	绿地汽车	10 581	12
8	众国汽车	9 534	7
9	云峰集团	8 054	8
10	交运汽车	7 692	10

注:销量仅指各经销商集团在全市汽车市场的销量,不含二手车;另有部分经销商集团未参加排名。

7. 上海汽车销售行业发展的亮点

2021年,在政府出台的系列汽车促销政策的刺激下,促进了作为上海社会消费品零售中重要的商品汽车的消费在发展过程又前进一大步,出现了较多亮点,主要表现在以下几个方面。

(1) 新能源政策放宽购买限制促进市场潜能提升

2021年3月1日实施的《上海市鼓励购买和使用新能源汽车实施办法》明确对符合条件的来沪个人的用户缴纳社会保险或个人所得税时限由上一轮政策的12个月缩短至最少仅需要6个月就可以购买新能源车。同时,相关部门也正在积极推动出台便利二手新能源车流通的相关政策,有力地激发了新能源市场的潜能。

(2) 5.5购物节促进汽车消费新高潮

为激活市场,继续扩大消费者的"5·5购物节"活动的影响力,上汽集团在2021年4月29日傍晚在上海展览中心举办"5动全城,嗨购5限"的上汽专场活动和4月30日上午"上海市汽车消费节"普陀专场暨第二届"5·5购物节"普陀区系列活动的盛大启动,拉开了2021年"上海市汽车消费节"帷幕。系列活动延续了去年促进消费的目的,并将主旨升级为"推动消费升温、抢抓市场机遇",培育汽车消费的线上消费、夜间经济、首发经济等新亮点和新增长点。会上还发布了"上海市汽车消费品质推介"各汽车品牌名单和"车信盟"的公众号,汽车企业开启线上线下促消费活动的互动。200余款新车将首发亮相,全市800余家4S店的大力促销活动也参与其中。

(3) 继续实施报废更新补贴加快汽车升级换代步伐

2021年5月,市商务委发布2021年上海老旧汽车报废更新补贴新政,此次补贴标准为每辆车2 800元,加快了全市汽车消费的升级换代的步伐。

(4) 全面推进"汽车品质消费示范区(园区)"的建设促进汽车销售服务品质提升

为了让广大消费者享受更安心、更舒心的汽车消费体验。目前在全市汽车消费"区域集聚"的特征比较明显的浦东、闵行、宝山、静安、普陀、嘉定、松江等区,积极推进"汽车品质消费示范区(园区)"建设,要以汽车品牌的聚集度、丰富度和汽车新品首发、首秀、首展、首店的能级作为重要考量指标。同时,示范区(园区)着力推进汽车流通全生命周期治理平台建设,全力推进汽车网上销售的模式,完善汽车流通行业的数字化治理。同时,市商务委还推动建设"汽车消费纠纷调解平台",力争"投诉不出区,化解在园区"。让品质消费成为汽车消费的重要动力,全市也已启动汽车销售合同网签试点。上海市汽车销售行业协会、车信盟正式向上海绿地徐通等4家销售服务有限公司的汽车销售合同网签试点企业颁发证书,标志着上海传统的汽车销售流程将步入线上化、数字化时代,实现可追溯、可留痕。

(5) 汽车产业高质量发展开创新局面

上海聚焦抓新、抓大、抓生态,在建设世界级汽车产业中心上取得新突破。2021年汽车产量283.3万辆,同比增长7.3%,产值7 586亿元,同比增长21.1%。其中,新能源汽车产量63.2万辆,同比增加160%,产值1 772.6亿元,同比增长190.0%。

(6)《上海市加快新能源汽车产业发展实施计划》发布

2021年初,上海发布《上海市加快新能源汽车产业发展实施计划(2021—2025年)》,加快打造具有全球影响力的汽车产业发展高地,明确到2025年,新能源汽车产量超120万辆,产值突破3 500亿元,新增销售车辆中纯电动占比超50%,燃料电池汽车总量突破1万辆,建成并投入加氢站超过70座等。上海全面突破燃料电池电堆、膜电极、双极板、催化剂、空压机、质子交换膜、碳纸、氢循环系统等8项关键零部件。2021年12月,共计1 000辆燃料电池汽车率先启动示范应用。

(7) 上汽集团创新转型呈现新局面

上汽集团坚持新能源化、智能化转型,重点聚焦R标、智己等战略项目,加快创新转型升级发展,打造高端豪华纯电动品牌"智己",发布"飞凡"汽车为上汽R品牌成为科技时尚的主流品牌。

(8) 上海被列为首批智慧城市加速技术创新和转型升级

① 2021年5月,住建部和工信部联合印发《关于确定智慧城市基础设施与智能网联汽车协同发展第一批试点城市的通知》,确定北京、上海、广州、武汉、长沙、无锡等6个城市为智慧城市基础设施与智能网联汽车协同发展第一批试点城市。上海作为首批"双智"试点单位,大力推进城市数字化转型,实行智慧城市、智能交通、智能网联汽车与智慧能源深度融合一体化的战略,推广多元化应用示范工作。

② 为加快推动技术创新和产业转型升级,2021年10月上海发布《上海市智能网联汽车测试与示范实施办法》,围绕"高速""商业化运营""完全自动驾驶(无安全员)"和"网络数据安全"等方面作了突破,开展高速、快速路测试,开展特定路线智能网联汽车载人、载物或特种作业的准商业化活动,支持浦东新区制定完全自动驾驶智能网联汽车测试与应用的管理。

③ 2021年11月,上海正式开放嘉定新城全域、临港新区等共372条722.6千米的智能网联汽车测试道路,新增7 000余个可测交通场景。目前上海已累计开放615条1 289.83千米测试道路,开放道路里程居全国第一,2021年累计为25家企业发放325张智能网联汽车道路测试与示范应用牌照,居全国第一。

(9) 汽车销售模式呈现多样化发展

① 汽车商超体验店发展势头正劲。

由新能源汽车引发的销售多样化的模式改变,极大地丰富了汽车市场的营商环境。目前,在全市汽车市场,品牌之争已走向体验之争,在上海各大型商场的门店开设汽车体验店已成为一种新潮流,其驻购物中心开体验店纷纷扎堆涌入购物中心,集展示、销售等功能于一体,为购物中心在"衣食住行"的"行"方面提供了很好的解决方案,也潜移默化地改变了汽车消费者对品牌和销售模式的认同。据不完全统计,目前全市已有特斯拉、上汽飞凡、小鹏、蔚来、理想、爱驰和哪吒等几十个品牌近200家体验店入驻全市各大商业中心。

② 电商平台的汽车销售模式步入新阶段。

随着电商市场的不断成熟和普及,汽车电商也越来越满足了一部分消费者的网上选车,汽车之家等几大汽车垂直网站或一大部分新能源汽车品牌在App实现了网上购车,但汽车商品的特殊性,因其试乘试驾、等销售的一系列服务,决定了其不能完全应用电商的场景销售,所以,电商平台在线上引流+线下体验+线下提车的模式上又发展到了一个新阶段。

③ 电视购车平台依然充满活力。

上海东方永达积极发展其汽车电视零售的业务模式,2021年依然保持较好的销售业绩,2021年直播汽车节目近100场,实现销售车辆7 000余台,电视平台购车依然充满活力。电视直播销售汽车的方式能全方位传递车型信息,促使潜在消费者转为实际客户,又能够为厂家节省传统广告的巨额成本,受到了越来越多品牌主机厂的欢迎和参与。

2021年在电视渠道继续推出新的内容,通过网红打造等多种尝试开展新媒体创新工作;通过打造电视、抖音等多轮驱动的营销矩阵,探索新媒体全新应用场景,并通过大屏小屏的内容互动、线上线下的渠道联动,实现了内容与渠道的双向拓展。

④ 新零售模式的浪潮滚滚而来。

多种新颖形式的汽车销售模式的转型成为未来行业发展的新趋势,行业对消费者的需求进行重新的精准定位,才能找到适合自己的新零售模式。永达汽车、东昌汽车等全市规模较大的汽车经销商集团打造了企业的新媒体矩阵,以每天几万"粉丝"的速度快速增长,同时,行业内各企业还开通了抖音官方账号,坚持定期发布,通过短视频的小型情景剧,潜移默化地将企业或新车型的形象进行软植入,获得了大量关注,收效明显。

8. 汽车销售行业的发展趋势

2022年起始我们迎来了全球芯片荒继续、动力电池涨价、国家新能源汽车补贴退坡30%等,汽车销售行业仍将砥砺前行。预计2022年上海汽车市场的销量同比基本持平,新车销售额同比略有增长,上海汽车销售行业的发展势必稳中有进。

(1) "十四五"规划纲要明确提出了促进汽车消费的要求

2022年是全面实施"十四五"规划纲要的第二年,规划中明确提出的促进汽车消费的内容,将全面提振汽车消费市场,促进汽车市场的发展由数量到质量的转变,同时,规划中还明确要求了建设汽车全生命周期的数字监测系统,也必将进一步推进全市的汽车销售行业"网签"的深度覆盖。

① 加快培育完整内需中包括全面促进消费。提出提升传统消费,加快推动汽车等消费品由购买管理向使用管理转变,健全强制报废制度和废旧耐用消费品回收处理体系。

② 营造良好数字生态中包括营造规范有序的政策环境,提出探索建立无人驾驶等监管框架,完善相关法律法规和伦理审查规则。健全数字经济统计监测体系。

③ 加快发展方式绿色转型中包括大力发展绿色经济,推动城市公交和物流配送车辆电动化。

（2）继续出台促进新能源汽车消费的政策措施

各级政府在新能源汽车推广中将大力推动公共领域车辆电动化，将进一步促进全市新能源汽车的推广迈上新高峰。

① 提高城市公交、出租（含网约车）、环卫、城市物流配送、邮政快递、民航机场以及党政机关公务领域等新能源汽车应用占比。

② 推动国家机关、事业单位、团体组织类公共机构率先采购使用新能源汽车，新建和既有停车场配备电动汽车充电设施或预留充电设施安装条件。

③ 加大金融支持力度，鼓励开发新能源汽车保险产品。

④ 充分发挥价格机制作用，逐步扩大新能源车和传统燃料车辆使用成本梯度。探索实行有利于缓解城市交通拥堵、有效促进公共交通优先发展的停车收费政策。

⑤ 推动公路服务区、客运枢纽等区域充（换）电设施建设，为新能源汽车和绿色运输出行提供便利。

（3）汽车市场将积极发展二手车置换业务，推动落实全面取消二手车限迁政策，进一步扩大二手车流通。激发汽车市场上占一半以上销量的升级置换型的汽车消费需求。

（4）2022年的促进汽车消费补贴新政和"5·5购物节"将继续发挥提振车市的效应

2022年，预计市商务委和财政局将继续出台新政促进汽车消费，提振市场的消费信心，同时，市、区两级商务委还将组织全市各区开展以品质消费建设为核心的第三届"5·5购物节"活动，营造汽车消费的良好环境，活动的影响力将贯穿一整年。

（5）新能源汽车的普及程度越来越高

在各种利好消息的影响下，全市新能源汽车将得到更高的推广量，新能源汽车的自动化、智能化和网联化等核心的技术，已远远超越了传统燃油车时代的技术发展。

① 上海将在2023年启动对插电式混动新能源汽车取消新能源牌照，无疑解决了先前相当一部分混动新能源汽车加油不充电的现象，会更利于纯电新能源汽车的技术发展，也会激发出在2022年的汽车市场上，混动车型或将迎来一个销量增高的小高潮。

② 随着自主品牌进一步主导新能源汽车的市场地位，促进其销量的占比不断提升，有望实现对合资品牌的逆转，表明中国自主品牌汽车的长足进步。

③ 中国汽车核心技术的不断成熟推动了智能汽车产业的高速发展。车辆的智能化升级也提升了智能电动汽车产品的质量与销量。预计到2025年智能电动汽车渗透率将达到新能源汽车的61.7%。

④ 智能汽车竞争向高价值、高差异化方向发展。随着汽车的智能化和电动化，其产品属性、核心零部件、供应体系以及商业模式都将发生改变，汽车属性也发生了质的变化。未来车企的品牌竞争点将朝着电池、芯片、线上销售和用户服务差异化等具有高价值的方向发展。

（6）汽车销售行业的多元化和差异化服务赢得市场竞争，促进市场随着智能电动汽车市场不断注入互联网思维以满足消费者的需求，各品牌为实现提供最全面的服务用足脑筋。蔚来、广汽埃安、小鹏汽车等车企处于第一梯队，多元化及差异化的服务较为成熟。以理想汽车为首的第二梯队紧随其后，整体差距不大。在"品牌更接近用户"的背景下，直营的销售模式更加接近用户，不仅新势力车企采用直营模式，红旗、凯迪拉克、上汽奥迪等传统车企也在逐渐转型。企业的竞争集中在基础服务、线上服务以及补能等多元化的服务中，车企通过建设独有的定制化服务、个性化服务打造核心竞争力。

（7）高端品牌依然看好

市场上传统汽车的豪华高端品牌车依然看好。由于其产品线拉长，2022年高端豪华车市场销量将保持稳中有升。豪华车在原有较高配置上的升级,和其上百年的品牌效应,依然会吸引消费者,将会继续挤占合资及自主品牌的市场空间,这是上海汽车市场的一种特有的现象。

(8)换购和增购规模持续扩大

2022年预计汽车市场将进入增换购高峰期,以旧换新补贴后的盘活二手车存量是活跃整个汽车市场的关键所在。一方面,二手车置换是提振汽车消费升级,尤其豪华车和新能源车是2021年汽车市场增长的主要驱动力;另一方面,二手车的置换流通促进车辆向经济欠发达地区的转化,盘活二手车存量才能真正地拉动汽车增量市场。

(9)营销模式愈加多样化

传统的4S店销售模式依然是汽车消费的主要渠道,但网络的线上销售将越来越成为汽车销售的重要手段。但基于消费端的集客线上化,整个流通行业包括试乘试驾、商品车的PDI、汽车销售特有的衍生服务和交付等环节还是需要有实体店铺的支持,特别是市场上传统燃油车频繁需要的维修和保养,促进传统的4S店仍将长期并存发展。

(10)影响汽车销售行业发展的不利因素

当前,我国经济发展环境的复杂性、严峻性、不确定性在上升,稳增长、稳就业、稳物价面临新的挑战,经济下行的压力不断增大,2022年汽车销售行业的发展将面临以下3个方面的不利因素。

① 疫情反弹的影响不容小觑。

始于2019年底的新冠疫情至今尚未结束,新一轮的病毒不断在全球施虐,新冠肺炎疫情给经济所带来了极大的不确定性会导致经济下行的压力增大和消费信心的减弱,这也将是2022年我们无法回避的现实问题,内防反弹、外防输入依然是汽车销售行业每一个人刻不容缓的责任。

② 芯片短缺的情况相当一段时期内仍将影响行业。

汽车芯片短缺的问题将在未来相当长的一段时间内影响各汽车品牌的产能,在全球汽车芯片短缺的大背景下,汽车芯片自给率只有5%的中国,对汽车芯片的缺乏和依赖程度更为严重。因此,会给新车的按时交付带来影响。

③ 大宗原材料的涨价促使汽车价格持续走高。

俄乌战争促使石油价格大涨,同时也促进了已涨价的大宗商品进入了新一轮的弥漫性和恐慌性的涨价周期中,促使汽车商品价格的不断涨价,增加了使用的成本,会使汽车市场的消费信心遭受严重挫折。

(上海市汽车销售行业协会供稿)

(五)上海水产行业2021年发展报告

2021年是"十四五"改革发展开局之年,一年来,面对复杂严峻的国内外形势和诸多风险挑战,上海水产业界在上海市委、市政府的统一领导下,在有关部门的指导、支持下,统筹疫情防控和行业发展,竭尽全力,砥砺前行,促进了教学、科研、生产、流通的有效开局,体现了上海水产行业从业者不畏艰难、奋勇拼搏的精神。

1. 行业概况

(1)水产品养殖、捕捞

截至2021年底,上海淡水养殖面积13.4万亩,同比减少12.87%。捕捞渔船和渔业辅助船等各类渔船538艘,同比增加0.19%。水产品总产量23.04万吨,同比减少6.87%,其中,淡水产品产量6.84万吨,同比减少17.99%,海水产品产量16.2万吨,同比减少1.22%。渔民人均纯收入达29 792元,同比增加2.82%。

(2) 水产品批发交易

上海主要水产批发市场有上海东方国际水产中心市场经营管理有限公司、上海江杨水产品批发市场经营管理有限公司、上海江阳水产品批发交易市场经营管理有限公司、上海农产品中心批发市场经营管理有限公司、上海嘉燕水产批发市场等五大水产品交易市场,水产品经营商户3 700多家,总摊位数4 380多个。

2021年度,五大水产市场及上海水产集团龙门食品有限公司的同口径水产品交易总量89.78万吨,同比增加9.16%。交易总额约412.26亿元,同比增加36.92%。年加权平均价格45.91元/千克,同比上升25.44%。

交易总量中淡水产类交易总量约41.06万吨,同比增加39.51%;海水产类交易总量约48.73万吨,同比减少7.75%。

交易总额中淡水产类交易总额156.631 4亿元,同比增加114%。海水产类交易总额255.585 6亿元,同比减少15.10%。

各月交易情况见下表:

表78 上海主要水产批发市场及龙门食品公司2021年水产品批发交易月度情况

月 份	总交易量(吨)	总交易额(万元)	加权平均(元/千克)
1	81 865.52	310 787.00	37.96
2	63 927.17	248 968.38	38.95
3	69 986.19	302 929.57	43.28
4	68 807.41	338 784.66	49.24
5	66 471.98	294 488.61	44.30
6	59 041.93	264 233.64	44.75
7	58 402.37	267 880.90	45.87
8	71 906.92	325 289.66	45.24
9	96 004.43	571 584.66	59.54
10	94 799.95	523 700.46	55.24
11	82 970.75	336 881.07	40.60
12	83 645.96	336 642.33	40.25
2021年合计	897 830.58	4 122 170.92	45.91
2020年合计	822 463.60	3 010 570.23	36.60
增减量	75 366.98	1 111 600.69	9.31
增减百分比(%)	9.16	36.92	25.44

(3) 远洋渔业

2021年实现捕捞产量14.95万吨,完成预算13.31万吨的112.32%,同比减少0.12万吨;实现营业收入31.9亿元,完成预算31.3亿元的101.92%,与去年同期基本持平。

2021年我市远洋渔业企业运回远洋自捕水产品14.67万吨,比2020年增长21.95%,优质、高档的深海水产品持续供应市民餐桌。

(4) 水产品进出口

据海关数据,2021年上海进口水产品约17.66万吨,同比减少6.91%;总值约126.48亿人民币,同比增加17.03%。

上海出口水产品约1.09万吨,同比减少24.68%,总值约9.51亿人民币,同比减少26.12%。

2. 抗疫保供

2021年,全球新冠病毒肺炎疫情继续蔓延,国内时有反复,行业各级党组织坚持党建引领,以抗疫保供成绩迎接建党100周年。

(1) 身先士卒。各单位的领导、党员,面对疫情,身先士卒,主动积极发挥抗疫先锋作用,夜以继日工作在国内、远洋抗疫保供一线。

(2) 确保市场供应。东方、江杨、江阳、上农批、嘉燕五大水产市场,积极开拓货源,实现了交易总量增长9.16%,交易总额增长36.92%的业绩。

(3) 确保一方平安。各水产市场不计付出,落实抗疫措施,千方百计,历经千辛万苦,实现了"外防输入,内防反弹,严防死守,精确防治"。

(4) 不惧疫情,科研硕果累累。上海海洋大学、东海水产研究所、渔业机械仪器研究所、上海市水产研究所、上海科技管理学校以及各区水产技术推广站等科研院所,全身心投入科研教育,取得了可喜的科研成果。

(5) 不忘初心,庆祝建党百年。各单位党组织,以学党史、参观瞻仰、召开庆祝大会和座谈会等形式热烈庆祝中国共产党成立100周年,激励奋斗意志。

3. 行业成效

2021年,虽然新冠病毒肺炎疫情时有反复,但在行业同仁同舟共济,努力拼搏下,仍然取得了各方面的显著成效。

(1) 渔业管理

① 长江"十年禁渔"扎实推进。深入开展"清船、净岸、打非"三大行动。全市累计查处非法捕捞、运输、交易长江野生鱼类案件1060起,涉案人员1283人。清除违规网具4000多顶、清理取缔"三无"船舶141艘。检查市场、商超、餐饮等经营主体17.22万个次,监测电商平台(网站)95.8万个次,督促下架(删除、屏蔽)非法交易信息300多条。投资1.38亿元在我市长江禁捕区域(逾3200平方千米水域)建设了上海市长江禁捕智能化管控系统,统一接入"一网统管"平台。投资1亿元建设200米岸线执法码头。追加2400万元新建高速船艇及配套装备,新增各类执法船艇8艘。创新跨部门协同执法机制,形成"先发现、即暂扣、再移交、后处置"联动执法模式。加强长三角区域协同,长三角三省一市同步出台《关于促进和保障长江流域禁捕工作若干问题的决定》,联合签订《长三角地区联合做好长江"十年禁渔"合作备忘录》,并同步开展长江禁捕联动监督联合执法行动。崇明区与江苏海门、启东、太仓,浦东新区与浙江嵊泗,宝山与江苏太仓,金山与浙江平湖等加强省际交界水域联合执法监管。我市"水上不捕、市场不卖、餐馆不做、群众不吃"的社会氛围日渐浓厚,长江流域禁捕成效逐渐显现。

② 水产养殖绿色发展取得新成效。2021年全市共有634家水产养殖场开展绿色生产方式养

殖,覆盖水面7 600公顷(100公顷等于1平方千米),覆盖率达82.6%。推进水产养殖尾水治理,至2021年我市共下达尾水治理面积5 733.33公顷。全市创建(含复审)水产健康养殖示范场19家,创建面积达384.73公顷,共有87家水产养殖场获得水产健康养殖示范场称号,面积达3 866.67公顷。市、区两级均已编制和发布养殖水域滩涂规划(2018—2035年),发放水域滩涂养殖证677本,发证总面积6 960.75公顷。发布《上海市水产原种遗传资源保护名录》,公告刀鲚等31个品种为上海市水产原种遗传资源保护品种,实现鱼类良种覆盖率达96%,虾类良种覆盖率达50%。高效完成水产养殖种质资源普查,全市应普查主体2 465个,普查完成率100%,获得农业农村部表扬。

③ 渔业行政执法管理和生态资源养护迈上新台阶。渔船证书"电子证照"改革试点取得突破,在全国行业内首次实现纸质证书与"电子证照"并行。组织开展2021年我市海蜇专项限额捕捞,21艘专项捕捞渔船生产秩序良好。加强珍稀濒危物种救护保护,2021年全市共收容、救护灰鲸、长江江豚、瓜头鲸等各类水生野生动物及其制品133尾(只)。中华鲟保护基地二期项目建设进展顺利。建设长江口生物多样性监测及修复信息平台,在长江口水域设立25个监测点,监测评估渔业生态资源状况。长江口国家级海洋牧场示范区建设通过验收,有效恢复生物多样性。共投入各类增殖放流资金1 291.8万元,在重要渔业水域放流各类水生生物1.2亿尾(只)。

④ 渔业安全生产监管水平得到新提升。实施水产养殖用投入品白名单制度,共组织抽检154家水产养殖场271份地产养殖水产品,其中1份不合格,合格率99.6%。加强水生动物疫病监测,组织完成国家和我市水生动物重大疫病监测任务355批次。推进水产苗种产地检疫,全市设置水产苗种产地检疫申报点17个,出具《动物检疫合格证明》288份,检疫苗种数量1.18亿尾。加强渔业安全生产监管,全年无重特大渔业安全事故发生。落实远洋渔船船员疫情防控、远洋渔船船位监管和西非海域作业远洋渔船防海盗日报制度,相关远洋企业疫情防控、船位监控和防海盗措施落实情况正常。

(2) 科研教育

① 上海海洋大学。

A. 加强与FAO合作。9月22日—24日,成功承办由中国首次作为主办方之一的联合国粮农组织10年一次的"第四届全球水产养殖大会",推动FAO生态水产养殖卓越中心落户上海。来自120个国家、地区和经济体及有关国际和区域组织的2 700多人参加会议。会议发布了《促进全球水产养殖业可持续发展的上海宣言》。

B. 服务海洋强国。黄大年式远洋渔业国际履约团队34次代表国家参与国际渔业谈判,提交区域渔业管理组织报告19份、政策建议报告27份,主持完成《中国远洋渔业十四五发展规划》《远洋渔业履约评价体系》。

C. 投身乡村振兴。成立乡村振兴研究院,与崇明共建获批全国农业科技现代化先行县,西藏亚东渔业扶贫实践入选教育部精准脱贫典型项目,千岛湖保水渔业工作入选中央党校案例。

D. 服务科创中心建设。新增上海市深渊生物圈前沿科学研究基地,共建自然资源部海洋生态监测与修复技术重点实验室。创设临港新片区水产未来生物技术学院、信创现代服务产业学院。共建华为ICT产业学院、"AI+海洋创新中心"。成立上海海洋可再生能源科学数据联合实验室。

E. 基础研究增强。植物与动物科学、农业科学及环境/生态学进入ESI全球前1%行列,工程科学接近ESI全球前1%。建立"从基因到生态系统"研究体系,在鱼类视觉基因、海沟汞埋藏、电解水制氢、南海甲烷迁移转化等研究取得重要进展,马里亚纳海沟自驱动软体机器人、蓝色食品环境研究成果登上《自然》杂志封面。

② 中国水产科学研究院东海水产研究所。

A. 科研项目硕果累累。在研项目557项(主持503项),其中,国家重点研发计划项目及子课题49项、国家自然科学基金21项、其他省部级项目101项。新上项目142项(主持140项),其中,国家自然科学基金3项、其他省部级项目36项。申请专利81项(发明专利47项);授权专利95项(发明专利40项);授权软件著作权27项。发布行业标准2项。12项技术开发项目和2项技术转让项目通过上海市技术市场管理办公室认定。获得各类科技奖励7项(主持5项,参与2项),包括海洋工程科学技术二等奖1项、上海海洋科学技术一等奖1项、二等奖2项。

B. 种业创新有新进展。在国家种业振兴政策引领下,重点围绕大黄鱼、青蟹鳗鲡等物种,以强种、培优、赶超为目标,系统开展了种质收集、良种选育和繁育养殖攻关;以种为主线,谋划成立了大黄鱼育种团队、加大了资金投入、加强了基地条件建设,系统保障种业创新工作。

C. "蓝色粮仓"重点项目有序推进。承担了4项项目级、12项课题级和33项任务级"蓝色粮仓科技创新"研究工作,通过优化项目实施方案、调整项目节点进度等方式克服疫情影响,使项目总体推进有序。

D. 多学科方向研究取得新进展。完成了拟穴青蟹"东方1号"快速生长新品种申报。开展大黄鱼抗流基因挖掘,设计研发了大黄鱼选育专用育种芯片,建立了育种基础群体。开展了南极磷虾连续泵吸捕捞装备的优化研究及选型,建立了磷虾渔业生产综合保障服务系统。克服疫情影响,顺利完成了塞拉利昂渔业资源探捕调查任务。研发了长江口湿地生态环境加速发育修复技术模式,修复示范区平均生物量增加157%。优化完善"以渔降盐治碱"渔业综合利用共性技术,在11个省市自治区开展示范应用,推广面积86.97万亩。

E. 积极推动技术成果落地。赣榆基地首次实现了江苏省绿鳍马面鲀规模化人工繁殖,培育出苗种23.4万尾。琼海基地银鼓鱼苗种繁育取得重大突破。"海马规模化全人工繁育和养殖关键技术""渔用聚甲醛单丝网具"分别获全国水产技术推广总站和中国水产学会的渔业新技术和渔业新产品2021年度优秀科技成果奖。

F. 有效促进乡村振兴。为甘肃景泰提供盐碱水棚塘接力养殖的技术指导,并资助100万尾南美白对虾苗种和1万尾加州鲈鱼苗;为新疆建设兵团提供盐碱水罗非鱼和凡纳滨对虾养殖技术指导及水质改良方案;与塔里木大学合作,提供了天鹅湖耐盐碱淡水鱼和土著鱼类的生态养殖方案;在西藏地区探索旱地农渔循环农业模式并开展池塘养殖、土壤改良试验。

③ 中国水产科学研究院渔业机械仪器研究所。

A. 促进科研成果产出。取得发明专利48项,实用新型专利65项,软件著作权62项,新增成果转化项目114项。5月20日,由渔机所担任总体设计的全球首艘10万吨级智慧渔业大型养殖工船"国信1号"在中国船舶集团青岛北海造船有限公司交付运营,标志着全球首艘10万吨级智慧渔业大型养殖工船正式进入产业运营阶段。"内河挂桨渔船防渗漏油技术"入选渔业新技术2021年度优秀科技成果奖,"延绳吊养牡蛎机械化采收设备"入选2021年中国农业农村重大新装备,"池塘养殖水质调控与尾水生态治理技术"入选2021年农业主推技术。

B. 建设科研创新平台。在荣成桑沟湾海域完成51.8543公顷公益性渔业用海申请,用于开展养殖筏架工程学研究。完成"苏州基地"建设用地土地划拨手续,编制完成可研工作报告。

C. 推进重点项目。国家重点研发计划课题"鱼—菜综合种养关键技术与高效利用模式示范"在宁夏六盘山区形成"菜鱼复合设施种养"新模式。"筏式养殖海带自动化夹苗和机械化采收装备研发""浅海贻贝筏式生态养殖新技术研究与新模式构建"、创新海带机械化夹苗、海上采收装备技术研制成功,全面替代人工作业。海洋国家实验室深蓝渔业专项大黄鱼深远海"船载舱养"模式获得验证,实现船载舱养大黄鱼3万尾的预期目标。研制的"飞船返回舱新型高海况打捞回收系统设备",圆满完成载人航天神舟12、13号发射保障任务。

D. 服务三农助力乡村振兴。鱼菜共生系统技术在宁夏、山西、吉林等地示范推广2万余平方米。池塘养殖生态工程技术推广建立核心示范点6处，面积超过2 500亩（1亩约等于667平方米）。渔业船舶、捕捞装备以及智慧渔业技术为远洋捕捞、大型养殖工船等建设发展提供技术支持与服务。

④ 上海市水产研究所。

A. 助推本市水产养殖业绿色高质量发展。《美洲鲥人工繁育》科研团队获得第六届中国创新挑战赛（上海）长三角区域一体化发展专题赛"最具推广价值奖"。《棘头梅童鱼种质资源与人工繁育关键技术》项目参与获得上海海洋科学技术奖一等奖。推动本市5.39万亩养殖场开展养殖尾水治理行动。深入推进水产养殖用药减量行动，组织实施了10万尾二龄草鱼注射疫苗工作，草鱼成活率95%以上。推动624个养殖场开展用药减量行动，覆盖9.1万亩养殖面积。骨干基地示范推广团头鲂"浦江1号"、中华绒螯蟹"江海21"等水产新品种，示范面积2 219亩。

B. 加强新品种人工繁养殖技术创新和推广。开展了刀鲚、东方鲀、美洲鲥、长吻鮠、加州鲈、青虾、黄姑鱼、三疣梭子蟹等20种水生动物的人工繁殖及养殖技术研究工作，苗种供应至湖北、江苏、浙江、安徽四省。首次引进长吻鮠，开展人工繁殖技术研究，获得大规格苗种3.46万尾。完成三疣梭子蟹全人工亲本培育技术研究，繁育蟹苗25万只。在本市7个区、17家合作社推广养殖中华绒螯蟹"江海21"新品种，养殖面积共计3 650亩。累计向长三角地区各企事业单位及养殖户赠送优质水产苗种67.35万尾。完成了长江刀鲚等11个水生动物物种的水产遗传资源保护工作。开展了暗纹东方鲀第6代分子辅助育种工作，繁育苗种73.6万。罗氏沼虾原种经封闭式无菌苗种培育，获得F10代无菌罗氏沼虾苗种37.4万尾。完成了良种"江海21"的亲本的越冬、交配、促产以及抱卵亲蟹的培育，室内水泥池繁育大眼幼体9.1斤。选育获得杂交鳜F6代亲本600尾，繁育F7代苗种3万尾，驯食成活率80%，繁育杂交鳜回交群体9万尾。进行了超雄罗非鱼的繁育与全雄罗非鱼苗种中试，筛选得到450尾生长快、发育好的超雄亲本，繁育得到21万尾全雄苗种进行中试养殖，苗种雄性率98%以上。繁育获得15个家系的超雄黄颡鱼，建立了黄色黄颡鱼群体。开发了3个用于银鲫选育的免疫、生长相关分子标记，筛选得到200尾四倍体银鲫后备亲本。开展青虾选育群体室内育苗，培育虾苗66万余尾，保种后备亲虾16万余尾。完成了脊尾白虾耐低盐、生长快的F1代选育，建立了全同胞、半同胞家系共18组，初步筛选出了2个耐低盐品系。

C. 拓展水产品加工研究领域。完善了南极磷虾蛋白肽生产工艺线路，探明了南极磷虾蛋白多肽富硒特点，完成制备工艺技术报告。以金枪鱼鱼头动脉球为原料，研究弹性蛋白提取工艺，完成细胞学研究平台搭建工作。探索鲅鱼鳞、鳕鱼皮制备低强度粘结剂研发工艺，摸索产业转化可行性；以鱿鱼软骨为原料，探索Ⅱ型胶原蛋白的产业化工艺；研究筛选出菊黄东方鲀复合生物保鲜剂。

⑤ 上海科技管理学校。

A. 深化专业调整。成功申报"宠物养护与经营"专业。继续推进现代学徒制试点轮机管理专业的教学管理。与上海华利船舶工程有限公司签订校企合作协议，建立现代学徒制轮机实训基地。

B. 推进试点项目。工业机器人维护与操作1+X证书试点、物流1+X证书试点、中高职、中本贯通试点等扎实推进。

（3）行业自律

① 遵章按规，及时换届。上海水产行业协会第四届理事会至2021年2月23日任期届满，协会排除新冠肺炎疫情影响的困难，按规定于2021年1月21日，顺利召开上海水产行业协会第五届会员大会第一次会议暨理事会、监事会第一次会议，无记名投票选举产生新一届理事会、监事会，上海水产集团有限公司董事长谢峰同志再次当选为上海水产行业协会会长，上海海洋大学副校长李家

乐同志再次当选为协会监事长。

② 推进诚信计量。在上海市市场监督管理局计量处指导下,于2021年10月组织相关水产市场,对已经获得"上海水产行业诚信计量示范单位"称号的126家单位进行了复查评估,最终122家单位获得"诚信计量示范单位复评合格证书"。

③ 主动参与政策制定。上海水产行业协会在《上海市水产品质量安全监督管理办法》的制定过程中,主动与有关部门联系,组织协会有关理事会成员、水产专家、学者等,专题学习,逐条研究,提出修改建议及时反馈给政府有关部门。

参与由市市场监督管理局牵头召开的"水产品市场流通追溯监管平台调研座谈会""落实长江禁渔'一发一定'推进会"和"长江禁渔行业自律专题讨论会"等,并就长江禁渔追溯问题提出参考性意见。

（4）标准修制订

上海市水产标准化技术委员会积极组织东海水产研究所、上海水产研究所、上海渔机所、河蟹协会、农业科学研究院以及相关企业等,申报立项地方标准制修订项目8项,其中,3项经市场监管局批准立项。参与起草国家、行业标准制（修）订7项；农业农村领域标准预研制项目13项。

（5）拓展沟通交流

① 国际合作交流。

上海海洋大学2021年入选教育部首批国际组织青年人才培训项目,获批外交部亚洲合作资金项目、联合国粮农组织合作项目,入选澜湄合作第六次外长会合作成果展、"亚洲校园"第三期项目,扩增东盟4所高校。9月24日,来沪出席第四届全球水产养殖大会的12个国家共19位驻华使节访问了上海海洋大学。10月18日,承担农业农村部"2021年西北太平洋公海渔业资源综合科学调查"专项任务的"淞航号"顺利返抵上海浦东芦潮港码头。

东海水产研究所就欧美拟将日本鳗鲡列入CITES保护物种名单一事,出具专业报告并提供建议；推进对日本及我国周边国家渔业资料收集及分析,为渔业交流及谈判提供支撑；积极组织科研人员申报公派出国项目共8团组16人次,涉及塞拉利昂、意大利、日本、留尼汪、南极等国家和地区。

渔业机械仪器研究所与马来西亚砂拉越大学签署合作备忘录,推进项目合作；与斯特灵大学水产养殖研究院签署合作备忘录,拓展合作；通过线上会议形式,推进与马耳他政府间合作项目的实施；与泰国渔业司开展循环水系统改造方案的研讨,推动清迈内陆养殖研究与发展中心繁育车间改造方案的实施；与马耳他、挪威、斯里兰卡、西班牙等国的科研机构与专家学者保持联系,以期未来项目合作的顺利开展。

上海水产集团有限公司成功参展第四届中国国际进口博览会,以"高蛋白·鲜生活"为主题,集合"Albo"（西班牙）、"Altamare"（阿根廷）、"FCS"（加拿大）等不同品类的深海优质蛋白资源,通过"鲜品秀""鲜味馆""鲜渔市""鲜到家"等四大主题活动,分别为广大消费者带来一场以优质进口海鲜为食材的特色美食盛宴。其中,来自水产集团境外企业——西班牙卡洛斯·阿尔博的孩子们有限公司（ALBO公司）的金枪鱼王入围第四届进博会传播热度榜（企业展上榜展品）。

组团参加挪威海产局、智利、魁北克等驻沪机构举办的商务活动。接待荷兰驻沪领事馆农业专员。

② 国内合作交流。

3月23日,应邀出席"第十一届全球自有品牌产品亚洲展"暨"第二届零售生鲜食材展"。

3月27日,中国渔业协会副会长、宁夏渔业产业协会会长赵峰、副会长刘育文、秘书长刘超、秘书处冒淑英一行4人来上海水产行业协会进行调研。

3月29日,应邀出席"第三十届上海国际酒店及餐饮业博览会"。

4月9日,组团前往浙江温州东一海洋集团白龙屿国家级生态海洋牧场大黄鱼基地学习、考察、交流。

5月13日,山东省东营市与上海海洋大学大闸蟹产业发展合作协议签订仪式在上海海洋大学(临港校区)举行。

5月15日,山东省滨州市海洋与发展局局长殷梅英、副局长陈胜林、渔业科科长张新峰等一行来访上海水产行业协会,并前往江杨水产市场考察。

5月18日,组团参展"第二十一届中国国际食品和饮料展览会"。

6月3日,组团"参展2021中国(福州)国际渔业博览会"和"第三届中国渔业渔村振兴论坛"。

6月18日,组团参展"2021CFIE中国食材展——华食展"。

6月22日,应邀出席浙江省水产流通与加工协会第五届第一次会员大会。

6月23日,应邀出席"2021年亚洲食品配料展"暨"第十四届食品安全与食品添加剂研讨会"。

7月18日,上海海洋大学师生组成的"水产品产供销一体化背景下的乡村振兴战略研究与现状分析"实践团队结合专业优势,站在"水产人"的角度,对上海市内盒马鲜生、永辉超市和卜蜂莲花的水产生鲜区进行实地走访调研。

8月18日,上海水产行业协会与江苏高邮商会举行高邮湖大闸蟹推荐座谈会。

9月26日,东海水产研究所承办在沪召开的"全国盐碱地水产养殖产业发展规划"集中研讨会。

10月6日—8日,由上海水产行业协会主办,上海波蒂咨询管理有限公司承办的"2021第十六届上海国际休闲水族展览会"于上海农展馆顺利举办。展会同期举办了"2021第七届上海龟谷展""世界名龟展""爬宠狂欢节"等。

10月27日,组团参展"第25届中国国际(青岛)渔业博览会"。

11月9日,上海海洋大学"第十五届蟹文化节"暨2021年"王宝和杯"全国河蟹大赛隆重举行。

11月10日,东海水产研究所所长方辉带领有关部门负责人拜访宁德市人民政府,与宁德市市长张永宁、副市长叶其发、宁德市海洋与渔业局局长肖剑华等一同座谈。

11月19日,组团参加在上海举行的"2021中国水产品大会的平行论坛":数字化转型下的预制菜和水产品如何步入"新工业时代"。论坛吸引了来自水产加工、流通、贸易、餐饮、电商平台、菜品研发、调味料生产企业及国际机构等120余人参加。

11月22日,贵州省渔业协会会长李彬、秘书长陈善忠、总经理唐欣、工作人员李煜曦、贵州绿度集团渔大大经理邹晓明来访上海水产行业协会。

11月26日,农业农村部上海长江水生生物多样性保护基地揭牌仪式在上海市水生野生动植物保护研究中心崇明基地隆重举行。

12月9日,应浙江舟山市嵊泗县邀请,上海水产集团有限公司组团前往嵊泗实地学习、考察嵊泗渔业发展。

12月20日,组团参展中国远洋渔业协会主办的远洋自捕水产品进重庆专题推介会。

4. 行业荣誉

据不完全汇总,2021年,上海水产行业单位和个人获得的各类荣誉称号主要有:

2月,在上海市第五届工商业领军人物表彰交流会上,协会谢峰会长荣获由上海市工业经济联合会、上海市商业联合会、上海市企业联合会联合评选的"上海市第五届工商业领军人物"称号。

3月,上海农产品中心批发市场成功入选国家商务部重点联系商品市场;经中国国家质量认证评审委员会与全国品牌认证指导中心联合审定，上海市金世尊实业有限公司旗下品牌"金世尊"系列产品被评选为"中国著名品牌"。

4月，在庆祝"五一"国际劳动节暨"建功'十四五'、奋进新征程"主题劳动和技能竞赛动员大会上，上海水产集团有限公司下属上海开创远洋渔业有限公司海上指挥王国来荣获全国五一劳动奖章。

5月，上海水产集团有限公司参与完成的"智利竹荚鱼生态高效捕捞与加工关键技术创新及应用"成果荣获上海市科技进步奖二等奖；上海海洋大学赵勇教授领衔完成的"电解水冰保鲜机理"成果荣获上海市自然科学奖二等奖；陈新军教授领衔完成的"智利竹荚鱼生态高效捕捞与加工关键技术创新及应用"成果荣获上海市科技进步奖二等奖；崔维成教授、王芳副研究员领衔完成的"深渊装备耐压舱及核心组件关键技术与应用"成果荣获上海市科技进步奖二等奖；中国水产科学研究院渔业机械仪器研究所吴凡研究员主持完成的"基于水产养殖特性的生物过滤技术及系列滤器"获上海市科学技术进步奖三等奖。

6月，农业农村部渔业渔政管理局向在江西省鄱阳县参加长江退捕渔民专场招聘活动的协会、企业发出表扬信，上海水产集团有限公司名列其中。

9月，上海海洋大学方家松教授荣获2021年上海市"白玉兰纪念奖"。

10月，国家教材委员会发布《关于首届全国教材建设奖奖励的决定》。上海海洋大学海洋科学学院院长陈新军教授获"全国教材建设先进个人"称号（全国仅有200人获此殊荣）。

11月，上海市水产研究所水产科研劳模工作室施永海团队荣获第六届中国创新挑战赛（上海）最具推广价值奖。

上海江阳水产市场荣获"农业产业化上海市重点龙头企业"。

上海金世尊实业有限公司董事长刘登军被评为"2021上海商业青年杰出人物"。

上海荷裕冷冻食品有限公司、上海舟渔明珠海洋食品有限公司荣获"2021上海商业服务品牌"。

上海水产行业协会被评为"2021上海商业联合会先进集体"。

（上海水产行业协会供稿）

（六）上海瓜果行业2021年发展报告

1. 2021年上海市瓜果行业综述

（1）2021年上海瓜果行业经济运行情况

2021年，经调查统计，全市瓜果生产面积27.72万亩（1亩约等于667平方米），总产量39.44万吨，产值29.45亿元。

全市全年西甜瓜种植总面积为5.66万亩，较2019年度减少约2.26万亩次，西甜瓜总产量合计11 014万千克，总产值58 932万元。

全市水果生产面积19.6万亩，其中，投产面积18.1万亩，占总面积92.6%；新发展水果面积9 010亩。水果产量25.0万吨，产值17.7亿元。

全市果农户数3.27万户，从业人数4.63万人次，户均收入5.41万元，人均收入3.82万元。与2019年相比，面积减少3.4%，产量减少10.1%，产值减少16.8%。

全市小水果种植总面积为1.11万亩，总产量合计0.78万吨，总产值1.79亿元。

各类主要瓜果生产面积、产量、产值具体数据如表79。

表79　2021年度上海市瓜果生产面积、产量、产值统计表

序　号	种　类	总面积(万亩)	总产量(万吨)	总产值(万元)
1	西瓜	4.28	8.77	4.41
2	甜瓜	1.38	2.24	1.48
3	桃	6.04	5.15	4.99
4	梨	2.82	3.59	3.08
5	葡萄	3.86	4.79	5.99
6	柑橘	5.53	10.59	1.61
7	草莓	2.70	3.53	6.10
8	其他	1.11	0.78	1.79
合　计		27.72	39.44	29.45

各类小水果生产面积、产量、产值具体数据如表80。

表80　特色水果发展情况

(单位：亩、吨、万元、元/亩、千克/亩、元/千克)

树　种	猕猴桃	枇杷	无花果	蓝莓	火龙果	樱桃	鲜食枣	柿
面积	2 360	1 861	1 694	1 499	1 379	1 126	632	520
产量	1 996	536	1 568	462	1 793	556	382	554
产值	3 605	1 295	2 859	2 230	5 323	1 876	334	371
亩产量	1 005	391	1 007	326	1 578	599	685	1 135
亩产值	18 159	9 447	18 367	15 722	46 839	20 221	6 000	7 608
均价	18.06	24.16	18.23	48.23	29.68	33.77	8.75	6.70

(2) 2021年上海市瓜果基本生产情况

① 2021年气候因素。

2021年气候异常，不利于果树生产，主要表现为：一是桃、梨花期受雨水影响，导致坐果率低，结果明显下降；二是超长梅雨季影响果实生产，长达42天梅雨季，较去年多9天；三是8月受超强台风"黑格比"影响，果树发生涝害，特别是金山产区，造成部分果树死亡。

② 品种及种植面积情况。

A. 西瓜品种及面积

中型品种主要有：早佳(8424)、京欣、抗病948。小型西瓜种植面积约2 400亩，品种主要有：早春红玉、春光、拿比特、小皇冠、小兰。

西瓜全年种植面积4.28万亩,比去年7.97万亩减少3.69万亩。

B. 甜瓜品种及面积

全市厚皮甜瓜种植面积约1.38万亩,同比减少700亩;品种主要以玉姑、西薄洛托、蜜天下为主。

C. 桃品种及面积

桃栽培中,形成了水蜜桃、黄桃、蟠桃三大品系,桃成熟期从5月—11月7个月;水蜜桃作为最具上海特色的果品,占桃树生产面积的54.7%,黄桃占34.3%,蟠桃占6.9%。三大系列表现出明显的区域特色,水蜜桃集中在浦东新区,占全市水蜜桃栽培面积77.0%。黄桃集中在奉贤,占黄桃栽培面积47.9%。蟠桃集中在金山,占蟠桃生产面积93.7%。水蜜桃品种主要由白凤、春晓、大团蜜露、新凤蜜露、湖景蜜露、川中岛和玉露蜜桃组成,均价9.82元/千克。黄桃品种主要以锦绣黄桃为主,占黄桃总面积的82.2%;锦香、锦圆少量发展,平均销售价格9.31元/千克。蟠桃4 155亩,主要品种为玉露蟠桃,平均销售11.49元/千克。

D. 葡萄品种及面积

葡萄品种中,面积超过1 000亩以上的品种有巨峰、醉金香、夏黑、巨玫瑰、阳光玫瑰、藤稔等6个品种。葡萄设施栽培2.58万亩,占生产面积的66.8%。葡萄成熟期从5月—11月达7个月;早熟品种比例进一步增加,葡萄新品种阳光玫瑰栽培面积快速增加,藤稔品种栽培面积继续下降。

受城镇规划和种植业结构调整影响,各区葡萄栽培面积持续萎缩,栽培面积均未超过万亩,特别是奉贤区、金山区和崇明区葡萄面积减少在1 000亩以上。目前葡萄栽培面积较多的为嘉定区、浦东新区和金山区。其中,葡萄设施栽培面积较多的分别为浦东新区、嘉定区、奉贤区和崇明区,分别占各区葡萄栽培总面积78%、64%、99%、92%。

E. 梨品种及面积

2021年,上海市梨主要品种有:翠冠、黄花、清香、圆黄、早生新水、翠玉、丰水等。

全市梨种植面积为2.82万亩,梨树栽培面积稳中有升,受花期雨水影响梨园减产减收较为明显。翠冠仍然为主要品种,占比79.5%;翠玉、黄金梨、秋月、苏翠一号等优良品种栽培面积开始逐步上升。由于人工授粉技术的推广,梨树授粉品种黄花等面积持续减少,梨成熟期从6月—10月5个月。

F. 柑橘品种及面积

2021年全市柑橘种植面积为5.52万亩。柑橘面积仍是持续减少趋势,但近两年,柑橘新优品种、新技术、新模式试验示范增多,红美人、甘平、春香等优良杂柑品种开始引种适栽。柑橘产业逐步走出低迷,主栽品种仍以宫川为主,占柑橘栽培面积的85%,均价1.08元/千克。柑橘设施栽培面积2 103亩,随着设施柑橘栽培发展,红美人、甘平的栽培面积开始增加。尤其是红美人以其品质极优的特性发展迅速,栽培面积达3 100亩。柑橘成熟期从9月至次年2月共6个月。

G. 草莓

草莓品种以近几年新引进的"红颜""章姬"为主,面积约2.7万亩,其他老品种也有一定面积的栽培,如"新屯一号""丰香"等。

H. 特色小水果

特色小水果呈多样化发展。近年来果农在不断引进发展新的果树树种,开展新优果树示范,发展较快的树种有无花果、火龙果和石榴。已引进较为适宜上海栽培、发展稳定的树种有蓝莓、枇杷和樱桃。前期发展较快,但栽培效益完全依赖气候,没有解决关键栽培技术,导致面积减少较快的树种有猕猴桃和鲜食枣。

③ 栽培模式。

A. 西甜瓜：上海春季西瓜以设施栽培为主，占春季西瓜栽培总面积的91%左右。夏秋西瓜设施栽培约占总数的38%。

B. 果树：桃、梨、柑橘栽培以露地栽培为主，葡萄生产设施栽培约占到60%以上，特色小水果中50%以上采用设施栽培。

C. 草莓：2021年全市草莓生产面积2.7万亩，基本采用设施栽培。

(3) 2021年上海瓜果行业产量产值情况

据统计，上海七大主要水果中草莓生产效益最高，平均亩产值约2.1万元；葡萄、甜瓜、桃、梨平均亩产值在1万元以上；西瓜平均亩产值约9477元；柑橘产量最高，而亩产值最低，约为4574元/亩。

特色小水果中蓝莓生产效益最高，平均亩产值达到23505元；樱桃、石榴、猕猴桃、鲜食枣亩产值达到1万元以上；无花果、火龙果亩产值比较低，只有4000~5000元。

表81　2021年上海西甜瓜及主要果树产量、产值

一、七大主要水果产量产值情况				二、特色水果产量产值情况			
序号	类型	亩产量(千克)	亩产值(元)	序号	类型	亩产量(千克)	亩产值(元)
1	草莓	1 320	21 000	1	蓝莓	305	23 505
2	葡萄	1 322	14 112	2	樱桃	931	17 394
3	甜瓜	1 860	10 946	3	石榴	829	14 906
4	桃	979	10 757	4	猕猴桃	881	10 671
5	梨	1 251	10 756	5	鲜食枣	364	10 087
6	西瓜	2 456	9 477	6	无花果	285	5 260
7	柑橘	2 050	4 574	7	火龙果	538	4 693

(4) 2021年上海瓜果销售情况

① 上海果品市场价格情况。

2021年，从上海三大果品批发市场销售情况来看，全年果品供应充足，供应量200万吨左右。从桃、梨、葡萄、柑橘销售情况来看，全年桃均价8.4~23.0元/千克，平均12.2元/千克，其中5月价格最高，2月最低，品种包括黄桃、毛桃、蟠桃、油桃、水蜜桃等。

梨全年销售价格稳定在9.9~13.4元/千克，均价10.9元/千克，其中，9月—11月价格最高，7月—8月最低，品种包括翠冠、啤梨、库尔勒香梨等。

葡萄全年销售8.1~44.7元/千克，均价17.6元/千克，其中，5月价格最高，2月最低，品种包括巨峰、美人指、藤稔、夏黑、青提等。

柑橘全年价格幅度6.3~14.0元/千克，均价8.5元/千克，3月—6月最低，10月—11月最高，重点品种以橘、橙、柚为主。

② 本地瓜果销售情况。

A. 品牌销售

上海本地瓜果销售情况来看，约19%通过品牌销售，价格远高于上海果品市场价格。约25%

进入果品批发市场销售,本地果品进入批发市场以后,参与到国内外果品的竞争中,失去了鲜果优势,价格相对较低,特别是柑橘价格远低于批发市场均价。剩余约56%果品在果园周边低价卖出。可见,上海本地瓜果作为都市现代农业的一部分,生产的效益优势还没有得到充分体现。

品牌水果的销售模式主要有以下3种方式:

一是特色品牌瓜果专卖店销售。特色瓜果主要是集中在有区域优势和品牌优势的地区和企业,成立了品牌瓜果专卖店进行销售。如上海嘉定马陆葡萄研究所的葡萄、浦东大团的水蜜桃、南汇8424西瓜、松江仓桥水晶梨等这些市民耳熟能详的高端瓜果都卖得很红火。这些品牌瓜果品质上乘,一般经过无公害、绿色、有机(少部分)认证,在上海市的瓜果评比中屡次获奖,知名度很高,价格高出批发市场价,且供不应求。

二是农超对接逐步拓宽。近年来一些比较大的有生产能力的龙头企业和联华超市、城市超市、家乐福超市、好果多、百果园、妙生活等多家大型的超市和水果连锁店签订供应协议,销售利润可观,进一步拓宽了本地产瓜果的销售渠道。

三是网上销售不断提升。随着网络的不断普及,上海一些品牌瓜果企业顺应"互联网+"的时代潮流,开拓农产品销售新的有效渠道,注册了自己的网店,开展网上订单,快递送货的销售模式。2021年网上销售量有很大提升,销售总量达到企业总销售量的20%左右。网上销售不仅发展了大量小订单远距离客户,更重要的是通过网络销售进行品牌宣传,扩大了产品知名度。

B. 批发市场销售

27%左右进入果品批发市场销售,本地果品进入批发市场以后,参与到国内外果品的竞争中,失去了鲜果的优势,价格相对较低,特别是地产柑橘价格远远低于批发市场均价。

C. 果园周边地摊销售

还有51%果品在果园周边低价销售。因此,上海地产果品作为都市现代农业的一部分,生产的效益优势还没有得到充分体现。

2. 2021年上海瓜果行业发展特点

(1) 种植结构优化调整,四大主栽主导地位不变

从2021年统计数据来看,四大主栽果树依然占据上海果树产业的主导地位,面积、产量、产值分别占果树生产总面积、总产量、总产值的93.1%、96.6%、88.7%。从四大主栽果树发展来看,2021年,果树栽培面积进一步减少,总面积减少了6 600余亩。其中,四大主栽果树减少6 212亩,葡萄减少6 653亩、桃减少2 720亩,而柑橘栽培面积增加2 333亩、梨树增加828亩。产量较2019来说,由于气候原因桃、梨、柑橘均减产明显,葡萄由于设施栽培较多,受气候影响较小,产量基本维持平稳状态。由于阳光玫瑰、红美人等新优品种面积产量陆续上升,价格开始趋于理性,并且崇明柑橘销售价格大幅下滑,导致2021年果品平均销售价格7.08元/千克,较2019年果品平均单价减少7.4%。果树平均亩产值9 734元/亩,虽下滑1万元以下,但在种植业中依然保持较好的经济效益。

表82 2021年四大主栽果树生产基本情况

(单位:亩、吨、万元、千克/亩、元/亩、元/千克)

树 种	桃	柑 橘	葡 萄	梨	水 果	四大比例(%)
面积	60 372	552 812	385 732	28 237	196 086	93.1
产量	514 767	1 058 777	47 856	35 958	249 564	96.6

续 表

树 种	桃	柑 橘	葡 萄	梨	水 果	四大比例(%)
产值	49 974	16 117	59 984	30 581	176 570	88.7
亩产量	897	2 123	1 282	1 388	1 376	—
亩产值	8 709	3 232	16 063	11 803	9 734	—
均价	9.71	1.52	12.53	8.50	7.08	—

在四大主栽果树之外，特色小水果呈多样化发展。2021年栽培面积近1 000亩的特色树种有枇杷、猕猴桃、无花果、火龙果、樱桃和蓝莓。由于近年来设施栽培技术的日趋完善，枇杷、火龙果、樱桃等需设施防寒的特色水果面积有所增加，而猕猴桃、蓝莓等树种面积有所下降，发展稳定的树种主要是无花果，面积与去年相比变化不大。

表83 特色水果发展情况

（单位：亩、吨、万元、元/亩、千克/亩、元/千克）

树 种	枇 杷	猕猴桃	无花果	火龙果	樱 桃	蓝 莓
面积	2 212.4	1 775.2	1 685.2	1 452.7	1 374.7	1 223.7
产量	624.9	1 294.3	1 753.8	1 918.6	535.0	464.5
产值	1 597.0	2 542.4	3 113.0	5 669.3	1 676.5	2 937.4
亩产量	372.4	942.7	1 066.5	1 354.9	586.1	415.1
亩产值	9 517.4	18 516.8	18 930.1	40 037.3	18 366.1	26 250.1
均价	25.56	19.64	17.75	29.55	31.33	63.24

（2）瓜果主栽品种更加丰富，品种结构布局趋于合理

近年来，通过新品种引进筛选，配套栽培技术的示范推广，果树标准园的创建，果树产业财政专项的实施，主栽果树品种越来越丰富，成熟优良品种不断得到推广，优良品种栽培面积占到总面积的90%以上。

桃栽培中，形成了水蜜桃、黄桃、蟠桃三大品系，桃成熟期从5月—11月7个月；水蜜桃作为最具上海特色的果品，占桃树生产面积的54.7%，黄桃34.3%，蟠桃6.9%。三大系列表现出明显的区域特色，水蜜桃重点集中在浦东新区，占全市水蜜桃栽培面积的77.0%。黄桃主要集中在奉贤，占黄桃栽培面积的47.9%。蟠桃集中在金山，占蟠桃生产面积的93.7%。水蜜桃品种主要由白凤、春晓、大团蜜露、新凤蜜露、湖景蜜露、川中岛和玉露蜜桃组成，2021年均价9.82元/千克。黄桃品种主要以锦绣黄桃为主，占黄桃总面积的82.2%，锦香、锦圆少量发展，平均销售价格9.31元/千克。蟠桃4 155亩，主要品种为玉露蟠桃，平均销售11.49元/千克。

桃栽培中，形成了水蜜桃、黄桃、蟠桃三大品系，主要品种如下表：

表 84　水蜜桃主要品种生产情况　　　　　　　　　　　（单位：亩、吨、万元、元/千克）

品　种	大团蜜露	新凤蜜露	湖景蜜露	玉露蜜桃	白凤	春晓	川中岛	小计
面积	12 784	7 922	6 802	3 088	1 540	446	425	33 008
产量	8 010	5 734	6 986	2 777	1 371	342	369	25 589
产值	7 037	6 272	7 496	2 396	1 110	382	434	25 127
均价	8.78	10.94	10.73	8.63	8.09	11.16	11.78	9.82

表 85　黄桃、蟠桃主要品种生产情况　　　　　　　　　（单位：亩、吨、万元、元/千克）

品　种	黄　桃				蟠　桃
	锦绣黄桃	锦香黄桃	锦圆黄桃	小　计	玉露蟠桃
面积	17 006	2 967	706	20 679	4 155
产量	17 647	3 455	969	22 071	1 982
产值	17 164	2 773	605	20 542	2 277
均价	9.73	8.03	6.24	9.31	11.49

葡萄品种中，面积超过 1 000 亩以上的品种有巨峰、醉金香、夏黑、巨玫瑰、阳光玫瑰、藤稔等 6 个品种。葡萄设施栽培 2.58 万亩，占生产面积的 66.8%。葡萄成熟期从 5 月—11 月达 7 个月；早熟品种比例进一步增加，葡萄新品种阳光玫瑰栽培面积快速增加，藤稔品种栽培面积继续下降。

受城镇规划和种植业结构调整影响，各区葡萄栽培面积持续萎缩，栽培面积均未超过 1 万亩，特别是奉贤区、金山区和崇明区葡萄面积减少在 1 000 亩以上。目前葡萄栽培面积较多的为嘉定区、浦东新区和金山区。其中，葡萄设施栽培面积较多的分别为浦东新区、嘉定区、奉贤区和崇明区，分别占各区葡萄栽培总面积 78%、64%、99%、92%。

表 86　葡萄主要品种生产情况　　　　　　　　　　　（单位：亩、吨、万元、元/千克）

品种	巨峰	醉金香	夏黑	巨玫瑰	阳光玫瑰	藤稔	其他	总计
面积	12 535	6 820	5 484	5 170	4 337	2 380	1 848	38 573
产量	16 653	8 019	6 756	5 993	5 235	3 247	1 952	47 856
产值	17 210	9 954	8 527	7 865	0 662	2 891	2 877	59 987
均价	10.33	12.41	12.62	13.12	20.37	8.91	14.74	12.54

梨树栽培面积稳中有升，受花期雨水影响梨园减产减收较为明显。翠冠梨仍然为主要品种，占比 79.5%；翠玉、黄金梨、秋月、苏翠一号等优良品种栽培面积开始逐步上升。由于人工授粉技术的推广，梨树授粉品种黄花梨等面积持续减少，梨成熟期从 6 月—10 月共 5 个月。

表87 梨树主要品种生产情况　　　　　　　　　　　　　　　　（单位：亩、吨、万元、元/千克）

品种	翠冠	清香	黄花	圆黄	翠玉	早生新水	秋月	黄金	其他	总计
面积	22 423	1 273	922	876	834	691	323	265	609	28 217
产量	29 251	1 568	1 371	938	1 050	719	438	386	237	35 957
产值	24 724	1 175	931	843	1 038	972	385	284	192	30 545
均价	8.45	7.49	6.79	8.98	9.88	13.52	8.81	7.38	8.11	8.49

柑橘面积仍是持续减少趋势，但近两年，柑橘新优品种、新技术、新模式试验示范增多，红美人、甘平、春香等优良杂柑品种开始引种适栽。柑橘产业逐步走出低迷，主栽品种仍以宫川为主，占柑橘栽培面积的85%，均价1.08元/千克。柑橘设施栽培面积2 103亩，随着设施柑橘栽培发展，红美人、甘平的栽培面积开始增加。尤其是红美人以其品质极优的特性发展迅速，栽培面积达3 100亩。柑橘成熟期从9月至次年2月共6个月。

表88 柑橘主要品种栽培情况　　　　　　　　　　　　　　　　（单位：亩、吨、万元、元/千克）

	宫川	红美人	马家柚	兴津	满头红	宫本	天草	其他	总计
面积	47 876	3 100	922	585	570	432	428	1 388	55 281
产量	99 329	1 070	744	839	928	768	724	1 493	105 884
产值	10 985	2 825	1 071	183	301	160	213	391	16 121
均价	1.08	26.41	13.36	2.18	2.92	2.08	2.95	2.62	1.52

（3）新技术应用继续扩大，瓜果标准化生产稳步提高

① 西甜瓜技术培训。

上海市农业技术部门、上海市瓜果行业协会等单位根据《西甜瓜产业体系》所取得的技术成果，如特早熟栽培大棚结构优化技术、地膜覆盖技术、防早衰防裂果技术、大棚设施栽培条件下瓜果优质高效生产相关技术、西甜瓜大棚栽培蜜蜂授粉技术等，在上海郊区继续开展示范推广工作，促进了已有成果的应用与转化。

② 瓜果技术培训。

上海市瓜果行业内共组织全市乡镇、区技术人员及生产农户进行技术培训和现场会90余次，培训4 660余人次，发放技术资料4 800余册，确保了瓜果行业产业的健康稳定发展。

③ 标准化生产稳步提升。

四大主栽果树的果园基础设施配套面积49 916亩，占总面积的27.4%；应用水肥一体化面积达15 077亩，占总面积8.3%；涂白面积41 512亩，占总面积22.8%；桃、梨、葡萄套袋推广面积达78 175亩，果园生草栽培面积持续增长，达26 870亩。新的栽培模式不断推广，其中，桃树"Y"形栽培2 722亩，宽行密植栽培4 063亩，梨树棚架栽培2 287亩，宽行密植栽培2 504亩，水肥一体化技术不断完善，果园机械使用增加，新技术应用不断扩大，果树标准化生产稳步提高。

表 89　新技术应用情况　　　　　　　　　　　　　　　　　　　　　　（单位：亩）

技术推广	果园基础设施完善	果实套袋	果园生草	果园涂白	水肥一体化	桃树"Y"形栽培	桃树宽行密植栽培	梨树棚架整形	梨树宽行密植栽培
面积	49 916	78 175	26 870	41 512	15 077	2 722	4 063	2 287	2 504

(4) 认证追溯逐步推进，瓜果产业稳步发展提升

全市果农户数 32 714 人，从业人数 46 300 人。其中，瓜果生产合作社、生产企业、种植大户 1 312 家，涉及瓜农果农 5 833 户，瓜果面积 14.7 万亩，产量 18.4 万吨，产值 11.4 亿元，分别占到总面积、总产量、总产值的 70.4%、66.9%、67.8%。平均商品果率为 77.2%，注册商标 210 个，通过认证 435 个，其中，无公害认证 202 个、绿色认证 217 个、有机认证 16 个。通过团购、网络形式品牌销售瓜果 3.5 万吨，占瓜果总产量的 18.8%，全市参与上海市种植业管理平台的果园 178 家涉及生产面积 37 563 亩，使用二维码追溯管理 458 537 张，稳步推进了瓜果产业发展。

(5) 开展水果标准园创建，推进标准化生产管理

通过建立市、区两级技术指导员联络制度，加强经济作物标准园创建工作指导与服务。一是继续推进经济作物标准园创建工作。继续推进全市 18 家果树标准园创建工作，面积 3 000 余亩。二是建立了市、区两级技术指导联络员制度，强化技术指导服务。开展上海市经济作物标准园创建单位技术指导服务工作。就 18 个水果标准园创建的具体内容，开展了一对多的技术指导，对各标准园中期检查中发现的问题进行指导服务工作。三是针对果树标准园创建工作开展技术培训，组织水果标准园创建单位、市区两级标准园技术指导员，围绕减肥减药，果园绿色生产栽培、生草栽培，水肥一体化等技术，开展了集中培训工作。四是组织召开了水果标准园机械应用、果园生草栽培和增施有机肥秋季生产现场会。五是完成上海市水果标准园创建验收工作，18 家创建单位通过了验收。六是开展经济作物标准园建设情况评价工作。针对往年创建完成的经济作物标准园，从土壤质量检测、标准化生产、追溯体系评估三方面，组织专家完成 60 家上海市经济作物标准园建设情况评价工作。

水果标准园创建。一是继续推广标准化栽培技术。首先根据销售渠道、市场及品牌定位确定合理的目标产量；根据创建基地选择的主栽品种建立符合国家、地方标准要求的企业标准并开展相应的贯标措施。二是重点围绕减少化学农药和化学肥料绿色防控技术和有机肥＋生草栽培为主的生态栽培技术。在桃、梨果园全面推广梨小性迷向丝应用及果园生物有机肥＋生草栽培技术。推广面积 2 000 余亩。三是省力化栽培管理为核心的果园机械化管理措施。推广应用果园滴（喷）灌、植保机械、耕作机械、自动修剪机械、采后分级机械等果园机械设备。四是开展五项制度与品牌建设宣传，水果标准园全部建立了五项制度，实现了以二维码为载体的全程质量可追溯管理，开展了多种形式的宣传推介活动，品牌知名度得到了提升。

(6) 加强安全生产监管，完善生产管理系统

上海市经济作物质量安全追溯体系建设。全面推进以二维码为主的本地水果溯源信息管理。一是继续推进果树生产企业纳入上海种植业生产管理系统。以桃、梨、葡萄和柑橘四大主栽果树为重点，地产水果进入平台管理的企业、合作社 178 家，涉及生产面积 37 563 亩。二是由上海市农技中心联合各区农技中心对各区果树技术管理人员、果品生产企业开展了果品质量追溯管理培训，培训 2 次，培训 300 余人次。三是继续推进以二维码为载体的地产水果追溯信息管理，全年推广使用二维码 458 537 张。四是市区两级行政技术部门在果树整个生产过程开展了地产水果生产监管，保

证药肥使用的合理安全;果园生产信息采集便捷 App 进一步的扩大推广应用。

(7) 开展评优推介活动,促进品牌销售逐步增长

为不断丰富地产果品品种,优化地产果品品种结构,促进果品品牌销售,通过多种形式开展地产优质果品品牌宣传活动。

一是 7 月—8 月,根据上海市农委要求,协助上海农业展览馆组织开展了上海市水蜜桃、梨、葡萄、黄桃评比活动,制定了相关评比标准、开展果园现场检查、邀请专家开展现场品鉴。

二是 6 月—8 月,上海市农业技术推广服务中心和上海市葡萄研究所联合组织开展了早熟葡萄品鉴及研讨会、中晚熟葡萄品种品鉴会;10 月 28 日,协助上海市火龙果研究所组织开展了上海地产火龙果品鉴活动;11 月 27 日,联合上海柑橘研究所组织开展上海地产红美人品鉴活动。邀请专家、媒体、生产大户一起参加,对近年来引进的新优品种进行集中展示、品鉴和研讨,推介一批新优品种,进一步丰富地产果品种类和品种。

三是 7 月 18 日—24 日,联合诚实果品举办了"上海地产水蜜桃专场销售活动",共销售水蜜桃果品 76 979 千克,销售额 113.8 万元,平均销售价格 14.78 元/千克。通过一系列活动,扩大地产果品的知名度和美誉度,推广优质优价,为果农增收,为市民服务。

(8) 开展技术示范培训,提高从业人员技术素质

市农技中心组织了果树技术人员培训 1 次,全市乡镇、区技术人员共 100 余人参加了培训。与嘉定、闵行、浦东农技中心联合开展果树技术培训 3 次,培训人次 500 余人。在果树生产的关键季节,与各区县、市级研究所合作举办各类技术培训和现场会 10 余次,培训果农近 1 000 人次。

果树生长季节,科技人员经常深入田间地头展开调研,及时发现问题,进行现场指导并跟踪回访,确保果树产业的健康稳定发展。

(9) 推进示范基地建设,保持研究所资源技术优势

积极协助上海市葡萄、桃、柑橘、梨、蟠桃等 7 个研究所积极开展了新优品种选育工作,当年共引进新品种 20 余个。同时继续推进标准化技术展示示范工作,进一步提高果树标准化生产水平。全年,研究所为果树种植大户发放农事信息 18 期,8 000 份。

(10) 强化绿色生产技术,规范标准化生产管理

建立绿色农业发展理念,推进葡萄、水蜜桃、梨等水果的绿色栽培技术明白纸在各基地的推广,贴近实际生产指导果农进行施肥和用药等关键农事。还进行了生草栽培专项工作,推进生草栽培技术在各郊区四大主栽果树中的推广,规范标准化生产管理,从而推进上海果树产业的绿色健康发展。

3. 上海瓜果行业未来展望

(1) 分析存在的主要问题

2021 年果树生产面积持续减少,主要原因包括:一是永久农田和蔬菜保护地划分,部分果园租赁合同到期后退林还田;二是城市化快速发展,部分果园被开发或是改为绿化或市政建设;三是部分果树树龄老化、生产效益低,果农改种其他作物。存在的突出问题主要有:

① 抗灾能力较为薄弱。

果园基础设施特别是水利设施建设还不够完善,灾害性气候对水果生产影响较大,上海地区主要灾害性气候是梅雨和台风影响。

② 水果生产成本的持续增加。

2021 年产业调研数据显示,果园平均生产成本近 4 571 元/亩。劳动力价格的不断上涨,和工人对工作环境的要求越来越高,导致果园劳动力紧缺也变得越来越突出。因此,吸引较为年轻、有

知识的人群从事果树产业,开展果园的物联网建设研发,果园机械化和智能化发展势在必行。

③ 水果生产机械化水平不高。

基于上述劳动力紧缺问题,水果生产的轻简化栽培管理以及小型机械化发展势在必行。

④ 四大主栽果树之间发展极不平衡。

相比较而言,梨产业较为稳定,葡萄、桃、柑橘一直呈下滑趋势,主要原因在于:其一,葡萄产业高效益,致使许多果农未掌握技术就盲目跟风种植,经营管理不善,产后效益不高;其二,水蜜桃发展优于黄桃、蟠桃,但是均出现树龄老化等严重问题;其三,柑橘产业效益非常低,导致果农改种其他经济作物。

⑤ 果品的品牌化销售率有待继续提高。

据统计,本地产水果品牌化销售率在22%左右,导致果品生产效益不高。

⑥ 区、镇两级瓜果科技人员配套不足。

目前,区、镇两级瓜果科技人员配套不足,科技队伍力量薄弱,服务范围有限。

⑦ 瓜果生产一线"三老"现象令人忧虑。

上海瓜果生产基地,如沪郊的"中国黄桃之乡"奉贤区青村镇、金山区"蟠桃之乡"吕巷镇、浦东新区"大团蜜露"产地及西甜瓜、桃、梨、葡萄等瓜果生产基地,均出现不同程度的"三老"现象。

同时,技术人才匮乏同样是瓜果行业发展面临的一大难题,直接影响着果园的工作效率和新产品、新技术的引进。上海地产各瓜果产业90%出现了缺少年轻的技术接班人。

(2) 未来运行预测及措施建议

① 推进瓜果产业标准化建设。

A. 加快组织化规模化

经多年努力,上海瓜果的组织化程度有了很大的提高。专业合作社已有800家左右,30亩以上连片种植瓜果面积已占总面积40%以上,但是仍有一半多分散在家庭为单位的果农手中,需要加快瓜果生产的组织化程度,推动规模化生产。

制定相关政策,引导和推动产业化经营组织中的果农、中介组织、龙头企业横向和纵向联合,形成多种产业化经营组织模式的创新。通过扶持龙头企业、中介组织、协会等产业化龙头,带动果农进行水果标准化、专业化、规模化生产的能力,并借助龙头企业、中介组织、协会的资金、信息和营销网络等进行生产结构调整,以标准化生产提高水果的品质,形成品牌,提高市场竞争力。

B. 建立健全水果标准化体系

建立健全水果的标准化栽培技术、质量标准体系、质量检验体系和质量认证体系,确保与国际标准相配套,且接近或超过国际标准。按照质量标准体系制定出一套包含水果产前、产中、产后各环节的标准化生产规范。发挥市场机制的作用,建立市场准入制度,引导和提高果农的标准化意识。将标准化始终贯穿于水果生产、加工、贮藏、运输的全过程,提高水果产业化经营的整体水平。

C. 建立专业的瓜果技术服务队

在瓜果行业不断向组织化、规模化、科技现代化发展的新形势下,如何解决从业劳动力严重不足问题,以及如何高标准、高质量地完成瓜果生产中整枝、修剪、疏花疏果、套袋、病虫害防治等专业技术问题,已成为制约上海瓜果行业发展的瓶颈。把有瓜果生产技术和对农业新技术有兴趣、愿学习的人组织起来,成立"瓜果专业技术服务队",并邀请相关专家有针对性的开展培训,使他们能够熟练掌握基本实用技术,形成一支专业化的瓜果技术服务组织,为农户和瓜果生产企业及时提供各项专业而优质的服务,推动瓜果行业不断发展。

② 引导规模发展促进产业融合。

以政策为导向,引导水果产业适度规模化生产,推动一二三产联动,促进产业化经营。建议规模以 100 亩以上为好,鼓励散户合作化经营,形成资源共享、风险共担的管理模式。地域品牌与企业品牌共同发展,形成母子共赢模式,推动品牌发展,促进品牌化销售,提升产业效益。

在农业部水果产业发展的主导思想"三品"提升行动计划的指导下,结合上海整建制建设国家现代农业示范区以及都市绿色农业发展的要求,紧紧围绕"高效、生态、安全",稳步推进果树技术推广工作。

③ 提倡果树省力化、机械化栽培。

果树省力化栽培也称低成本栽培,可解决劳动力成本过高的问题。主要采取矮化密植、生草栽培、避雨栽培、自控灌溉、病虫害生物防治、大枝修剪和山地单轨运输机、上下双层喷雾机等省力高效栽培技术,使用安全、高效、新型植物生长调节剂,实现果树的高品质、高效益管理。达到高产、优质、大果、高糖、矮化、完熟、调节产期和隔年结果的目的。

④ 推进水果标准园创建。

根据沪农委的文件精神,有序推进市级经济作物标准园创建,创建的核心是标准化技术推广,关键是生态栽培技术、减肥减药措施的推广应用。

⑤ 加强品种品鉴工作。

继续推动新优果品引筛品鉴活动,不断丰富地产果品品种,优化地产果品品种结构,拉长果品供应期,促进果品品牌销售。

⑥ 建立主栽果树优良品种名录。

品种是水果产业发展的基础工作。果树育种不同于其他作物,是一项艰苦而繁重,需要几代人持之以恒几十年上百年不断努力才能有所收获的工作。

A. 科研育种单位针对四大主栽果树,继续开展相关工作,不急于求成、不盲目推荐品种给种植户。自主育种品种以科研院所试验基地和各实验站为试验地开展配套技术攻关。品种成熟后谨慎推荐。

B. 关注、加强、指导果树种植户基地芽变和其他变异品种的观测,协助基地开展优良品种选育。

C. 加强国内外优良品种的引筛工作。这也是目前我们地产果品品种的组成。建立四大主栽果树品种资源库,丰富主栽果树品种结构,推出四大主栽果树早、中、晚熟主导品种系列名录。

⑦ 推进绿色果品基地创建。

突出绿色生态导向,健全农业标准体系,根据制定的相应的果树绿色生产技术规程,推广绿色生产明白纸,建立一批绿色果品生产基地,科学减肥减药,落实生草栽培等专项工作,推进绿色认证,促进果树产业高质量发展。

⑧ 加强人才引进力度。

近年来,瓜果行业技术人才缺乏仍然是制约行业发展的一大难题。建议政府从促进城乡人才统筹协调发展、稳定农村专业技术队伍、鼓励城区人才向农村转移辐射、支持农村引进优秀人才、培育发展农村专业性人才市场、加强农村人才培养选拔、创新农业人才培训机制、创造农村吸引容纳人才的良好环境。根据农业农村发展规划,建立和完善现代农业农村人才引进综合评价指标体系,引导各类人才向农村流动和聚集;优先办理符合条件的本地和外地人才引进,在审批程序安排和审批时限上予以优先。

⑨ 引导果品加工,延伸产业链。

上海瓜果行业需要开展果品加工的产业主要是柑橘和桃,上海柑橘生产主要集中在崇明地区,每亩产值约 4 000 元左右,生产效益低下。桃鲜果不耐存储,成熟后 3 天左右如不能及时销售,就会熟烂。可以引导和扶持柑橘和桃生产企业发展罐藏、干制、酿酒、制汁等产品,通过加工,开发产品附加值,有利于产业的发展和农民的增收。

(上海市瓜果行业协会供稿　执笔人:朱龙舟　陈志强)

(七)上海及长三角汽车零部件贸易行业 2021 年发展报告

在产业周期调整和疫情冲击等因素影响下,全球汽车整体产销量调整对汽车零部件产业和贸易结构产生重要影响。尽管与美、欧、日等发达国家相比仍存在一定的差距,但中国汽车零部件产业的国际地位近年来得到逐步提升。通过兼顾深度融入全球化生产模式以及加大自主品牌建设,长三角地区目前已基本形成了布局范围广、产业链完备的汽车零部件产业集群,为提升本地以及全国零部件产业的国际贸易竞争力打下了坚实的基础。

对贸易结构产生影响的重要因素还包括贸易政策的调整,特别是中国迄今签署的贸易自由化程度最高的 RCEP,势必对亚太地区的汽车零部件贸易产生较大的影响。2021 年 11 月 2 日,《区域全面经济伙伴关系协定》(RCEP)保管机构东盟秘书处发布通知,宣布文莱、柬埔寨、老挝、新加坡、泰国、越南等 6 个东盟成员国和中国、日本、新西兰、澳大利亚等 4 个非东盟成员国已向东盟秘书长正式提交核准书,达到协定生效门槛。根据协定规定,RCEP 将于 2022 年 1 月 1 日对上述 10 国开始生效。因此,本报告重点关注 RCEP 主要内容及其影响正当其时,也十分必要。

上海作为国内汽车零部件的重要研发和生产基地,也是长三角地区和全国汽车零部件贸易的重要枢纽。RCEP 的签署并生效对上海汽车零部件产业发展既意味着挑战,也意味着机遇。报告对上海汽车零部件的贸易竞争力进行了分析,并模拟了 RCEP 关税削减可能产生的效应,得出以下主要结论:

从现有贸易竞争力表现看,上海对不同 RCEP 成员的贸易竞争力表现各异,日本在整体汽车零部件模块贸易竞争力极强,韩国在部分汽车零部件模块贸易竞争力极强,其他 RCEP 成员方贸易竞争力较弱。从模块看,动力总成模块是日本国际竞争力最强的部门,但上海与日本在电子电器模块和通用部件模块上表现出显著的产业内贸易特征。动力总成模块以及通用部件模块是韩方竞争力相对较强的部门,但上海与韩国产业内贸易特征更为明显。上海对东盟在底盘、车身系统模块和内外饰零部件模块具有较强的贸易竞争力,在电子电器模块产业内贸易特征明显。上海对澳大利亚和新西兰汽车零部件贸易规模小,贸易竞争力极强。

从 RCEP 关税削减成果看,RCEP 成员的汽车零部件关税水平普遍将降至零关税,有利于降低部门产品贸易的成本。但是,RCEP 实质关税削减幅度有限,且中国面临较长的关税削减周期(普遍 20 年,韩国 36 年)和更多的削减例外。所以,从关税削减的收益情况看,日本获益最大,其次是中国和韩国。中国汽车零部件进口的实质关税削减主要集中在前 10 年,而出口所面对的实质关税削减主要集中在前 5 年。需要指出的是,针对体现各方核心产品利益关切的对华单独安排产品,其实质影响的关税削减时间,普遍在第 15 年以后。

从 RCEP 模拟效应看,中国汽车零部件部门的进口金额将增加 37.3 亿美元,增幅 3.6%。其中,日本增加 31.4 亿美元,进口增长占比超八成,主要是电子电器模块和通用部件模块。中国出口金额将增加 47.0 亿美元,增幅 2.5%。其中,东盟增加 29.4 亿美元,出口增长占比超六成。所以,RCEP 将导致日本对华贸易逆差扩大 28.4 亿美元,以及中国对东盟和韩国的贸易顺差分别扩大 28.9 亿美元和 9.2 亿美元。中国对全球的贸易顺差将扩大 9.6 亿美元。另一方面,上海进口金额增加7.8亿美元,增幅21.7%。其中,日本增加6.9亿美元,进口增长占比近九成,且主要为电子电器模块和通用部件模块。出口金额增加7.2亿美元,增幅5.0%。其中对东盟出口增加6.5亿美元,出口增长占比近九成,主要为底盘和车身系统模块。所以,RCEP将缩小上海对日本的贸易顺差6.9亿美元,对韩国的贸易顺差缩小1 132.8万美元,上海对东盟的贸易逆差也将缩小6.4亿美元。值得注意的是,RCEP在原产地规则方面做出高度包容性的安排,并在知识产权保护政策上予以加强,这有利于促进产业和企业的跨境布局。在中国"走出去"战略和"一带一路"合作框架共同作用下,越来越多的中国车企已重点关注东南亚市场。上海汽车、上汽通用等主流车企早已在东盟设立生产基地。这不仅将利好汽车零部件企业利用国内外比较优势资源,而且有利于构建跨境产业链布局和掌控能力,打破国内产业市场发展的瓶颈,进一步提高国际竞争力。

1. 我国汽车零部件产业发展现状和特点

(1) 我国汽车零部件产业发展概况

整车产业集群的发展,离不开汽车零部件产业链集群的支持。目前,长三角同珠三角、京津冀区域构建起中国汽车零部件产业的重要产业集群。据中国汽车工业协会统计,2020年汽车零部件头部企业潍柴控股集团有限公司的营业收入达到2 493.30亿元,增加328.63亿元。上海华域汽车系统股份有限公司营业收入达到1 335.78亿元,下降104.45亿元。从汽车工业零部件三十强企业业绩表现看,2020年营业收入增长的企业数为15个,收入规模增长600.4亿元;营业收入下降的企业数为12个,营业收入规模下降421.3亿元。汽车零部件头部企业分化现象突出,如果剔除头部潍柴控股集团公司的328.63亿元营收增长,其余三十强企业的整体营业收入下降。

从零部件产业的区域分布看,长三角地区上海上榜企业2家,浙江6家,江苏2家,安徽2家,营收规模达到3 869.1亿元。虽然长三角零部件企业2020年的营业收入整体下降275.16亿元,但仍占前三十强企业营收总额的43.5%。可见,长三角是中国重要的汽车零部件集群之一。

表90 2020年中国汽车工业零部件三十强企业名单

排名	汽车零部件企业名称	排名变化	省市	营业收入(亿元)	营收变化(亿元)
1	潍柴控股集团有限公司	—	山东省	2 493.30	328.63
2	华域汽车系统股份有限公司	—	上海市	1 335.78	−104.45
3	万向集团公司	—	浙江省	695.52	−20.7
4	宁德时代新能源科技股份有限公司	↑2	福建省	483.76	25.88
5	宁波均胜电子股份有限公司	—	浙江省	478.90	−138.1
6	广西玉柴电子股份有限公司	↑3	广西省	368.63	73.73
7	广汽零部件有限公司	↑1	广东省	330.46	11.35
8	中国航空汽车系统控股有限公司	↓1	北京市	308.00	−47
9	中策橡胶集团有限公司	↑1	浙江省	281.48	5.48
10	陕西法士特汽车传动集团有限责任公司	1	陕西省	269.27	38.67
11	联合汽车电子有限公司	↑1	上海市	235.53	13.93

续 表

排名	汽车零部件企业名称	排名变化	省市	营业收入(亿元)	营收变化(亿元)
12	中信戴卡股份有限公司	↓1	河北省	216.56	−2.64
13	东风汽车零部件(集团)有限公司	↑3	湖北省	195.61	12.87
14	长春一汽富维汽车零部件股份有限公司	↑4	吉林省	187.83	15.48
15	山东玲珑轮胎股份有限公司	↑4	山东省	183.83	12.19
16	福耀玻璃工业集团股份有限公司	↓1	福建省	179.42	−10.15
17	宁波华翔电子股份有限公司	↓3	浙江省	168.92	−2.01
18	万丰奥特控股集团有限公司	↓4	浙江省	167.60	−47.4
19	北方凌云工业集团有限公司	↓3	河北省	158.52	−11.05
20	宁波继峰汽车零部件股份有限公司	↓3	浙江省	156.19	−23.82
21	一汽解放汽车有限公司无锡柴油机厂	↑7	江苏省	150.95	25.05
22	郑州煤矿机械集团股份有限公司	↓1	河南省	150.24	−11.46
23	赛轮集团股份有限公司	↑1	山东省	147.10	3.7
24	诺博汽车系统有限公司	↑3	河北省	135.28	3.77
25	精诚工科汽车系统有限公司	新上榜	河北省	130.14	新上榜
26	广西汽车集团有限公司	—	广西省	129.03	−2.48
27	无锡咸孚高科集团股份有限公司	新上榜	江苏省	124.30	新上榜
28	安徽中鼎控股(集团)股份有限公司	↑1	安徽省	124.22	16.86
29	富奥汽车零部件股份有限公司	↑1	吉林省	107.99	12.77
30	安徽环新集团股份有限公司	新上榜	安徽省	105.94	新上榜

(数据来源：中国汽车工业协会)

根据中国汽车工业协会对13 750家规模以上汽车零部件企业统计,2019年全年累计主营业务收入3.6万亿元,同比增长0.35%。2020年汽车零部件规模以上企业收入约为3.9万亿元。中国汽车零部件企业已经具备乘用车和商用车零部件系统、零部件和子系统的产业化能力,实现产品的全面覆盖。随着电动技术和智能网联技术的迅速发展,我国汽车零部件产业发生了显著变化,不少头部企业面临转型升级并在探索过程之中。与此同时,零部件企业之间的竞争也进入新的维度和阶段,都希望能跟上电动化、智能化的趋势,继续抢占新兴市场。从2021年中国汽车零部件企业百强榜单可以看到,行业内企业利润率整体小幅增长。新能源板块的营收、利润齐升,行业并购频发和大力持续投入研发两大因素驱动整个板块突飞猛进;发动机板块,受国六标准出台、技术快速迭代升级的影响,国产替代进程加速,企业营收和研发投入相继增长;传统零部件企业遇到明显瓶颈,企业正在加大研发投入,寻找新的发展机会;特别值得关注的是电子板块,受疫情影响国外上游供应链不稳定,如芯片短缺,整体营收下降。

综合来说,2020年,中国汽车销量整体比较稳定,商用车的销量不降反增,新能源智能汽车发展迅速且高端品牌逆势上涨,推动汽车零部件行业产生四大变化:

① 中国企业凭借商用车、新能源领域增势明显,整体营收逆势增长,收入占比从9%增长至11%。

② 企业研发投入增加,在营收中占比从3.9%增加至4.1%,以实现竞争力提升与前瞻布局。

③ 主营商用车零部件的头部企业营业收入增长显著,年增长17%,远高于平均值8%。

④ 传统类企业收入分化,发动机板块提升,其他板块(如内外饰)下降,产品结构调整。

从增量看,电动化、智能化升级的技术趋势拓展了零部件企业的配套空间;从存量看,合资股比放开和全球主机厂成本敏感度提升,也将推动优质中国汽车零部件企业全球替代加速。

从行业发展趋势来看,"新四化"背景下汽车供应链出现了4点变化:

① 智能化和电动化带来汽车产业链里技术向上游移动,系统和零部件的集成化程度不断提升,模块化和平台化的趋势凸显,这就要求供应链有更强的研发和技术整合能力,也意味着供应链的话语权在上升。

② 汽车的定义能力在下移,向OEM移动,车厂拥有了对于整个系统和供应链的定义能力。整车制造企业在复杂系统中定义功能和性能的话语权增加,供应商与OEM成为协作关系,联合开发。零部件、供应链跟整车厂的合作不仅是供应商的关系,更多的是生态关系。整车厂、供应链把供应商看作自己的合作伙伴、生态伙伴,非常重要。

③ 行业的人才在下移,有越来越多企业开始抢人大战。

④ 中国变成了非常重要的技术定义功能的提出者和实践者。

此外,不得不注意的是,国家发展改革委、商务部发布的《外商投资准入特别管理措施(负面清单)(2018版)》中取消了专用车、新能源汽车外资股比限制,并列明2020年取消商用车外资股比限制,2022年取消乘用车外资股比限制以及合资企业不超过2家的限制。随着股比的全面放开,市场竞争将更加激烈,车企在资本、技术、产能、品牌等方面深化合作潜力,实现资源整合、优势互补。在创新研发合作共赢的驱动下,企业发展实现壮大。就零部件企业而言,由于股比限制的取消,外资整车厂内部决策中方话语权将面临削弱,导致零部件供应商选择策略调整,亦即在零部件本土化采购或者全球采购策略上会有摇摆,本土民营的零部件企业将面临更大的挑战。

(2)长三角汽车零部件产业发展现状评述

经过多年的发展、布局和深耕,中国汽车零部件行业已经形成了东北、京津冀、华中、西南、珠三角、长三角等六大汽车零部件产业集群,上述产业集聚区的零部件产值约占整个产业的80%。其中,长三角地区零部件产值约占37%,已经成为全国最大的汽车零部件产业集群区域;上海是中国最大的零部件产业基地,产值占总产量的20%。浙江和江苏约占17%。从地域上看,江浙沪零部件企业发展基础扎实,占比60%以上。随着汽车零部件产业、贸易的深度国际化,上海及长三角汽车零部件对外贸易规模稳步增长,产品国际竞争力水平不断提升,但随着国际经贸形势的新变化,上海及长三角汽车零部件行业、企业所面临的国际经贸风险持续增大。

(3)新能源汽车发展势头强劲且潜力巨大

中国汽车工业协会数据显示,截至2020年末,中国新能源汽车保有量达到492万辆,产销量、保有量已连续6年居世界首位。世界上最先进的技术纷纷向中国聚集,研发体系建设、产业供应链培育、衍生业务拓展等领域全面扩展。与此同时,有关新能源汽车行业发展的几个重要文件在2020年接连出台,如《新能源汽车产业发展规划(2021—2035)》(2020年11月)、《节能与新能源汽车技术路线图2.0》(2020年10月)、《智能网联企业技术路线图2.0》(2020年10月)等,为行业健康发展提供了依托。2021年上半年,新能源汽车销售120.6万辆,同比增长201.5%。其中,纯电动乘用车销售94.1万辆,同比增长244.1%。新能源汽车出口8.8万辆,同比增长298.1%。新能源汽车渗透率也由年初的5.4%上升到上半年的9.4%,其中6月份渗透率超过12%。今年前7个月,国内新能源汽车产量达到150.4万辆,销量达到147.8万辆,同比增长2倍,在整体汽车销量中占比已经达到10%。同时,新能源汽车保有量超过600万辆。2021年7月,在新能源汽车主要品种中,纯电动和插电式混合动力汽车产销均刷新纪录,插电式混合动力汽车环比增速更为明显。纯电动汽车产销同比分别增长1.8倍和1.7倍;插电式混合动力汽车产销同比分别增长1.5倍和1.6倍;燃料电池汽车产销同比分别增长3.6倍和48倍。2021年1月—7月,在新能源汽车主要品种中,纯电动汽车产销同比均增长2.2倍;插电式混合动力汽车产销同比分别增长1.1倍和1.3倍;燃料电池汽车产销同比分别增长48.5%和47.7%。根据中国汽车工业协会的预测,2021年新能源汽车将稳定向好,规模进一步攀升,延续增长态势,预计销量超过240万辆左右,同比增长76%。新能源汽车的产销量增加带来了更多的想象空间,市场化程度仍在不断提升,主要体现在:

① 车型日益丰富,高低两端热销带动市场复苏。比亚迪汉等高品质明星车型和宏光MINIEV等高性价比车型成为拉动市场增长的核心主力。

② 私人消费势头强劲、购车比例快速提升,非限购城市销量占比稳步提升。

③ 跨国品牌电动化转型,市场份额大幅提升。宝马、大众、丰田等全面发力新能源汽车市场(26%)。

④ 新势力企业快速崛起、月度销量持续攀升。蔚来、理想、小鹏、威马等2020年份额达10%。

⑤ 车电分离模式加快创新,充电网络加快建设。蔚来、威马、吉利、北汽、长安和上汽等积极布局换电。

⑥ 磷酸铁锂用量回升,技术路线日趋市场化。磷酸铁锂性价比优势持续凸显,2020年装机量达38.3%。

⑦ 新能源汽车发展日趋成熟:政策法规体系逐步健全、技术创新能力持续提升、商业模式创新力度不断加大、充换电基础设施体系逐步完善。

⑧ 新能源汽车产业全面发展:产业链核心企业将成为构建新型产业生态的重要力量、氢燃料汽车进入产业化发展导入期。

在新能源汽车迅速发展、产销量猛增的背景下,如何突破关键核心技术成为亟待解决的问题。2021年9月16日,中共中央政治局常委、国务院副总理韩正视频出席2021世界新能源汽车大会(WNEVC)并致辞指出,要加快突破关键核心技术,攻克燃料电池技术瓶颈,加快车用芯片、操作系统等关键技术研发和产业化;坚持跨界融合,协同构建新型产业生态,推动网联化、智能化与电动化技术齐头并进,加快汽车产业与新一代信息通信、新能源、新材料、人工智能、大数据等新兴产业的深度融合。

《中国汽车产业发展年报(2021)》也强调,汽车产业可以紧紧抓住新一轮汽车产业变革重要机遇,进一步发挥《新能源汽车产业发展规划(2021—2035年)》的引导作用,坚定不移深入实施新能源汽车国家战略,坚持电动化、网联化、智能化发展方向,持续构建新能源汽车产业增长引擎,强化企业主体地位,关键核心技术自立自强,推动产业链上中下游融通创新,加快价值链向高端迈进,加速推进汽车产业与人工智能、5G等新兴技术融合发展,促进高水平对外开放,实现互利共赢。

此外,国务院办公厅发布的《新能源汽车产业发展规划(2021—2035年)》提出了以下愿景,2025年,我国新能源汽车市场竞争力明显增强,动力电池、驱动电机、车用操作系统等关键技术取得重大突破,安全水平全面提升。纯电动乘用车新车平均电耗降至12.0千瓦时/百千米,新能源汽车新车销售量达到汽车新车销售总量的20%左右,高度自动驾驶汽车实现限定区域和特定场景商业化应用,充换电服务便利性显著提高。

(4) 汽车零部件行业变革趋势及减碳目标

汽车行业的深度变革使整个上下游生态也在进行新的融合和重构。日益激烈的市场竞争促使整车厂商逐渐调整,从采购单个零部件转变为采购整个系统,这种转变不但有助于整车厂商充分利用零部件企业的专业优势,且使产品配套环节得到简化和优化,缩短了新产品开发周期。系统供应商由于日益深入参与整车厂商新产品的研发、设计、生产过程,其技术和经济实力也逐步强大。系统配套催生了零部件企业的模块化供应,在模块化供应中,零部件企业承担起更多的新产品、新技术开发工作,整车厂商在产品及技术上越来越依赖零部件企业,产业链集群效应日渐明显,形成以大型整车集团为核心的零部件集聚区,供应链具备一定的垂直整合能力,抗风险能力不断提升,零部件企业在汽车产业中的地位越来越重要。

此外,以新能源汽车产业为中心的新型产业生态逐步构建完成,共性瓶颈技术得到突破,品牌质量具备较强国际竞争力,基础设施体系不断完善,产品经济性和使用便利性持续提升,市场环境大幅改善,产品渗透率显著提高。

与此同时,汽车产业积极寻求产业绿色发展,为碳中和作贡献,尝试从以下两个方向实现减碳目标:

① 全生命周期减碳。

汽车碳排放量约占全国碳排放总量的7.5%,主要来自汽车运行使用阶段的能源消耗。从单车来看:新能源汽车运行使用阶段减碳效果明显,推广节能与新能源汽车可以有效降低汽车碳排放。可以将减碳拓展到汽车全生命周期,增加低碳/零碳产品的使用强度,延长产品使用寿命,提高车辆利用率等。新能源革命的核心是发展可再生能源,可再生能源发电占比越大、清洁电力的比例越高,越有利于电动汽车帮助减碳。而当电动车作为电能储存器成为电网的一部分,也将助力双碳目标实现。

② 全产业链减碳。

强化整车集成技术创新。推动电动化与网联化、智能化并行发展,从提高能效、使用清洁能源和改进生产工艺入手,与供应商协同降低生产过程中的碳排放;完善回收利用体系,实现动力电池回收利用。产业链联动减排。将减排目标贯穿于汽车产业链各个环节,覆盖技术研发、原材料获取、生产制造、售后和循环再利用等。通过材料替换+工艺创新减碳,坚持轻量化等实现汽车产业的制造低碳化。加快传统汽车节能技术的研究与应用,应用混动技术、48 V轻混技术等推动技术燃油车节能减排。汽车零部件企业作为汽车产业链重要的一环,在全产业链减碳方面发挥着重要作用,并在积极进行产业技术的升级,促进双碳目标的实现。

2. 汽车零部件贸易发展情况

根据中国海关数据统计,中国汽车商品2020年进出口总额为1 514亿美元,同比下降4.0%。其中,中国进口金额791.5亿美元,同比下降2.5%;出口金额722.5亿美元,同比下降5.6%;汽车商品对外贸易逆差达到69.0亿美元。剔除汽车整车贸易数据后,中国汽车零配件进出口金额为889.6亿美元,同比下降4.0%。其中,进口金额为324.4亿美元,同比增长0.1%;出口金额为565.2亿美元,同比下降6.2%;汽车零部件对外贸易顺差达到240.8亿美元。

(1) 长三角汽车零部件贸易发展现状

考虑到模块化生产和模块化采购在汽车产业中的广泛应用,我们在分析中将会对按照海关编码进行统计的贸易数据进行模块化集成,即根据汽车数据权威供应商全球汽车产业平台对汽车模块的划分,分别为:动力总成模块、电子电器模块、内外饰零部件模块、底盘,车身系统模块以及通用部件模块。根据全球贸易跟踪系统(Global Trade Tracker,本文简称"GTT数据库")提供的海关口岸数据,2020年长三角地区汽车零部件对外贸易额1 077.87亿美元,增长41.58亿美元,同比增长4.01%。其中,进口金额为319.40亿美元,同比增加7.1%;出口金额为758.46亿美元,同比增长2.8%。长三角地区汽车零部件对外贸易大额顺差规模达到439.1亿美元,较上年缩小21.26亿美元。

表91 长三角汽车零部件贸易结构 (单位:亿美元)

	进 口		出 口		贸 易 总 额		贸 易 平 衡	
	2020年	2019年	2020年	2019年	2020年	2019年	2020年	2019年
上海	162.93	151.68	155.09	169.07	318.02	320.75	−7.84	17.39
浙江	31.25	26.91	293.09	267.87	324.34	294.78	261.84	240.96
江苏	120.52	115.54	280.61	274.67	401.13	390.21	160.09	159.13
安徽	4.71	4.01	29.67	26.54	34.38	30.55	24.96	22.53
合计	319.40	298.14	758.46	758.46	1 077.86	1 056.6	439.06	460.32

(数据来源:GTT数据库)

从汽车零部件一级模块的贸易结构看,长三角地区五大零部件模块都是对外贸易顺差的状态。从整个零部件贸易规模看,动力总成模块和电子电器模块是最主要的组成部分,两个模块占到整个汽车零部件贸易规模的六成以上。动力总成模块和底盘/车身系统也是长三角地区汽车零部件贸易顺差的主要来源,顺差贡献率超过六成。

表92 2020年长三角地区汽车零部件模块贸易结构 (单位:亿美元)

模 块	进 口	出 口	贸易总额	贸易平衡
通用部件	40.81	132.96	173.77	92.15
底盘,车身系统	42.21	164.21	206.42	122.00
内外饰零部件	8.9	25.38	34.32	16.43
动力总成	111.98	272.19	384.16	160.21
电子电器	115.47	163.73	279.20	48.27
合计	319.40	758.46	1 077.87	439.06

(数据来源:GTT数据库)

(2)上海汽车零部件贸易发展现状

2020年,上海汽车零部件贸易的贸易总额达到318.02亿美元,较上年降低2.73亿美元,降幅为0.9%。其中,进口金额为162.93亿美元,同比增长7.4%;出口金额为155.09亿美元,同比下降8.3%。出口额的下降导致上海零部件的对外贸易平衡从2019年的17.39亿美元顺差降低为7.84亿美元逆差。

表93　长三角地区汽车零部件贸易结构　　　　　　　　　　（单位:亿美元）

	进口		出口		贸易总额		贸易平衡	
	2020年	2019年	2020年	2019年	2020年	2019年	2020年	2019年
上海	162.93	151.68	155.09	169.07	318.02	320.75	−7.84	17.39
浙江	31.25	26.91	293.09	267.87	324.34	294.78	261.84	240.96
江苏	120.52	115.54	280.61	274.67	401.13	390.21	160.09	159.13
安徽	4.71	4.01	29.67	26.54	34.38	30.55	24.96	22.53
合计	319.40	298.14	758.46	758.46	1 077.86	1 056.6	439.06	460.32

（数据来源:GTT数据库）

从上海汽车零部件各模块的贸易结构可以看出,2020年上海各模块的出口受到了不同程度的负面影响,其中,电子电器模块的出口下降了8.27亿美元。在进口结构上,除动力总成模块略有下降,其他模块均保持增长的趋势。其中,电子电器模块的进口增长了7.00亿美元。值得注意的是,不同模块下各税目的贸易专业化指数(Trade Specialization Index,TSI)显示,尽管2020年上海各个模块均出现了的出口下降的情况,但是上海贸易竞争力较强(TSI>0.5)的税目比重仍旧较高,占各模块比重约20%~25%;而贸易竞争力较弱(TSI<−0.5)的税目比重不高,最高占比为通用部件20%。由此可见,上海汽车零部件对外贸易具有产业内贸易比重高的特征。其主要原因在于上海本土的汽车零部件厂商在全球汽车零部件贸易中逐渐形成了差异化分工的格局。例如,上海动力总成模块下贸易竞争力较强和贸易竞争力较弱的税目均为5个,体现出上海在动力总成模块下具备和国外产品竞争的实力和潜力。

表94　2020年上海汽车零部件贸易结构　　　　　　　　　　（单位:亿美元）

模块	进口	变化	出口	变化	TSI>0.5税目比重	TSI<−0.5税目比重
通用部件	21.90	0.62	20.97	−0.93	20.00%	20.00%
底盘,车身系统	23.25	3.97	33.10	−2.10	38.89%	11.11%
内外饰零部件	4.40	0.12	5.44	−0.90	25.00	6.25%
动力总成	50.48	−0.46	49.16	−1.79	18.52%	18.52%
电子电器	62.89	7.00	46.41	−8.27	25.00%	5.00%
合计	162.93	11.26	155.09	−13.98	25.00%	12.50%

（数据来源:GTT数据库）

上海汽车零部件对外贸易结构中,亚洲地区是上海最主要的进口来源地和出口目的地。2020年,上海自亚洲进口汽车零部件72.94亿美元,出口62.32亿美元,逆差10.62亿美元。欧洲是上海汽车零部件贸易逆差的最大来源,上海自欧洲进口51.96亿美元,出口37.83亿美元,逆差14.14亿美元。北美是上海第三大重要的贸易伙伴,上海自北美进口37.28亿美元,出口41.07亿美元,贸易顺差3.79亿美元。可以看出,以亚洲和大洋洲为核心的RCEP协定,有利于上海进一步发挥汽车零部件产业的优势。通过RCEP的关税削减,上海乃至中国有望进一步提升汽车产业的实力。

表95 2020年上海汽车零部件对外贸易结构 （单位：亿美元）

2020年	进 口	出 口	贸易总额	贸易平衡
欧洲	51.96	37.83	89.79	−14.14
北美	37.28	41.07	78.36	3.79
南美	0.15	5.03	5.18	4.88
亚洲	72.94	62.32	135.25	−10.62
大洋洲	0.19	4.34	4.53	4.16
非洲	0.38	4.37	4.75	3.99
其他	0.01	0.00	0.01	−0.01
合计	162.91	154.96	317.87	−7.95

（数据来源：GTT数据库）

3. 上海汽车零部件领域贸易发展建议

对汽车零部件领域的贸易发展建议,将从企业、行业和政府等3个层面进行综合分析。

（1）企业经营和布局层面

对于企业来说,积极了解、深度理解、灵活运用FTA规则,关注贸易和投资机会,跟踪关注RCEP区域内的零部件发展、转移和整合趋势,做好双循环背景下的调整准备有利于自身的战略布局,可以从以下三方面着手。

① 充分甄别和利用同一汽车产品在不同协定下的优惠安排并非所有产品在RCEP协定下的优惠水平或交易条件都是最优的,部分产品在双边FTA的优惠水平更高。例如,前文提到部分关税甚至出现不降反增的现象,如中国整车出口东盟区域,比原东盟自贸区（10＋1模式）内关税门槛更高,如越南2015年根据东盟自贸协定,整车关税已下降至50%；但如果按照RCEP规定,将会变为70%,且没有减让计划。因此,中国出口企业在利用自贸协定优惠条件时,也应综合分析细分领域的具体情况和关联条件。

另外一个维度,进口企业有必要针对自身进口货物,比较不同优惠贸易协定或安排下的降税水平及原产地规则。尤其需要注意的是,同一原产国的同品类货物在不同优惠贸易协定（安排）下所适用的税率和原产地规则可能有所差别。例如,RCEP生效后,中国与韩国之间的优惠贸易协定有RCEP、中韩自贸协定、亚太贸易协定（ASIA-PACIFICTRADEAGREEMENT）3项。企业自韩国进口货物时需考虑申请适用哪个贸易协定项下的优惠关税,并须确保货物具备该协定项下原产资格。

② 提高 RCEP 原产地规则利用率,优化区域汽车供应链布局 RCEP 通过制定共同原产地规则减少了非关税壁垒,即统一信息要求和当地内容标准,使企业有资格享受协议的优惠条款。到今天为止,每个区域 FTA 都有自己的 RoO;因此,RCEP 将通过要求在成员之间运输相同产品的唯一原产地证书来促进供应链管理。这将降低与更广泛区域内多个国家进行贸易的交易成本,并为贸易创造更稳定的环境。在文献中,原产地规则的成本在出口交易额的 1.4%～5.9%。安联集团(Allianz)旗下贸易信用保险公司裕利安宜(Euler Hermes)发表报告称,共同原产地规则可以降低出口成本,从而使签署国之间的商品出口金额平均每年增加约 900 亿美元(占 2019 年区内商品贸易的 4% 和全球商品贸易的 0.5%)。虽然需要前置审批条件,但相关企业提前研究 RCEP 原产地规则中的区域成分累积原则及其实操可能性,降低供应链综合成本,充分利用各成员国汽车产业链供应链优势,对企业提质增效降成本具有重要意义。

③ 充分利用 RCEP 成员国与其他国家签署的 FTA RCEP 共有 15 个成员国,15 个成员国各自对外签署了很多自由贸易协定。对中国企业而言,充分利用 RCEP 其他 14 个成员国与汽车产品高关税国家(如印度等)签署的 FTA,针对不同零部件进行分别布局,不仅可以实现海外基地的产品出口,也可以解决部分经济体对中国产品加征高关税的问题。

(2) 汽车零部件行业发展层面

① 降低汽车行业的整体流通成本,提高竞争力。

随着整车产能在东南亚逐步落地,零部件流通成本就是一个非常重要的考量因素。RCEP 成员国的汽车零部件流通成本有所降低,将整体提升成员国对外的整车竞争力。从美洲、欧洲和亚洲三大产业集群来看,以成本、市场和发展潜力来考量,RCEP 的签署将利好亚洲整车生产,促进亚洲汽车产业链进一步优化。

② 抓住东南亚新能源汽车市场需求释放的机会 新能源汽车的市场需求快速提升,尤其在碳达峰、碳中和背景下,新能源汽车得到进一步的发展机会。在东南亚市场,新能源汽车市场潜力很大,新加坡、马来西亚、印度尼西亚、泰国等经济体都推出了相关支持政策。对于上海来说,由于自身正在推动新能源汽车产业的发展,并做了进一步规划:到 2025 年,上海新能源汽车制造业产值达到 3 500 亿元左右,纯电动汽车和燃料电池汽车比重进一步提升,推动重点汽车制造企业加速向战略性新兴产业企业转型,培育一批销售规模百亿级汽车零部件中小企业。重点发展:

A. 纯电动和燃料电池汽车。加快动力电池技术突破,提高电池能量密度、安全性和电池寿命,推动高功率密度驱动电机及控制系统向系统集成化、结构轻量化、控制智能化方向发展。推广氢燃料电池汽车逐步进入市场应用,突破膜电极、电堆、质子交换膜等系统关键零部件核心技术,降低燃料电池汽车成本,完善加氢站布局。

B. 智能网联汽车。支持相关企业加强合作,联合开展车规级芯片、车载操作系统、车载人工智能计算平台、车联网通信、激光雷达、毫米波雷达、专业测试设备、线控执行系统(制动、转向)、高精度地图、传感器等技术及装备研发,探索特定场景下智能网联汽车商业化运营及应用。

C. 新型汽车服务。发展新能源汽车电池回收、共享出行、智能网联汽车测试、展示交易等多种类型的服务。上海具备充分的产业基础和现实条件,且上汽和上海通用五菱已经进入东南亚市场,已经积累了一定的渠道资源和合作基础,再结合 RCEP 提供的优惠条件,可以为新能源汽车在东南亚的进一步拓展市场和落地发展提供便利。

(3) 政府决策和支持层面

① 积极建设安全可控弹性的核心零部件供应链体系 美欧等经济体都在推动建立富有韧性的

供应链体系,这体现在安全可控、分散多元和兼具弹性等几个方面。安全可控对于很多关键零部件的供应链体系提出了更高要求,从上文的分析可以看出,变速箱、发动机、汽车芯片等关键部分的进口依赖性非常明显,在进口汽车零部件中的占比很高,如何在上述领域建设安全可控的弹性供应链体系,就成为颇具挑战性的问题。特别需要指出的是,从信息娱乐系统到动力转向等部件,半导体芯片在汽车生产中都起到了非常关键的作用。很多汽车零部件的替代性较强,但缺芯是致命的,汽车芯片荒给很多车企敲响了警钟。很多车企产能被迫压缩,甚至断崖式下降。据悉,日产正在将预装导航系统的车辆数量削减约1/3;奔驰确保优先给S级车型使用芯片;雷诺停止向某些车型提供超大尺寸的数字显示屏等,被迫放弃某一些高级功能,缩减一些芯片数量推动其他方面的生产。

中国作为全球汽车销量最大的市场,在汽车芯片短缺方面深受困扰。虽然国内不少车企正在积极布局汽车芯片,但远水解不了近渴。以国内目前的科技水平来说,只支持28 nm制程,与5 nm制程相差5倍,所以同种功能的芯片要比国外芯片体积大很多,尚不能实现国产汽车芯片的替代。为了不被"卡脖子",努力实现国内芯片自主安全可控,比亚迪、华为也开始发力汽车用芯片。2021年2月15日,上汽通用五菱表示受疫情影响,芯片断供,全球各大车企宣布开始减产,该公司也面临着芯片供不应求的局面,严重影响到汽车产能与销售,公司决定全面推进整车芯片国产化,建立TDC芯片国产化工作小组,以保证公司各项目产能不受供应商影响。

此外,工信部将全力支持汽车半导体产业发展,支持集成电路的供给能力,为汽车半导体对接等方式加强供应,以全力提升产能配额,尽量减少国内缺芯的情况,为健康发展提供有力支持。2021年3月24日,工业和信息化部党组成员、副部长辛国斌主持召开汽车芯片供应问题研讨会。辛国斌指出,汽车芯片是关乎产业核心竞争力的重要器件,是汽车强国建设的关键基础,需要统筹发展和安全,坚持远近结合、系统推进,提升全产业链水平,有力支撑汽车和半导体产业高质量发展。需要从以下3个维度认识和推进相关工作:一要客观全面认识当前形势,近期汽车芯片供应短缺既是全球共性问题,也反映出我国自主供给能力不足的深层次矛盾,要加强分析研判、认真研究解决;二要着眼当前供应问题,加强各方协同联动,实现信息互通共享,充分挖掘存量芯片和现有产能资源潜力,优化车型排产计划,努力保障产业平稳健康运行;三要加紧长远战略布局,统筹传统车用芯片以及电动化、网联化、智能化发展需求,强化应用牵引、整机带动,加强核心技术攻关,完善技术标准规范,提升测试验证能力,推动产业链供应链安全稳定发展。

② 推动RCEP区域内汽车零部件产能调配和协同合作中国汽车产业整体取得了长足进步和全面发展,但行业发展所面临的问题与挑战也非常明显。比较明显的一个方面是国际化发展程度不高,这不仅仅体现在对核心零配件的投资、合作和研发都没有达到理想的程度,更体现在"走出去"频频遇到困难和问题。尤其在以国内大循环为主体、国内国际"双循环"相互促进的新发展格局下,汽车产业链现代化水平亟待提高。因此,在美欧市场相对饱和且门槛较高的现状下,如何利用RCEP带来的贸易和投资机会,拓展在RCEP区域内的市场,提升产业链的弹性、韧性和安全性,就成为非常值得提前准备加强合作布局的方面。为加强RCEP区域内的产能调配和协同合作,在企业和行业积极布局的同时,政府积极支持整车企业与零部件供应链企业协同"走出去",积极推进属地化的汽车产业园区建设,依托境外经贸合作区、工业园区等,承载汽车行业投资项目,为资源整合与合理布局提供条件。

③ 加强面向汽车行业的RCEP关键内容解读和培训政府及配套服务机构立足细分领域,加强专业服务体系建设,针对汽车行业的上下游配套企业举办RCEP相关内容解读培训,就企业较为关心的关税减让、原产地规则、知识产权、投资、海关程序和贸易便利化等方面的内容进行培训解读。

为了提高配套服务水平,可以进一步发挥汽车及零部件领域的国家外贸转型升级基地(位于长三角的有上海市嘉定区国家外贸转型升级基地、浙江省台州市国家外贸转型升级基地、江苏省无锡市锡山区国家外贸转型升级基地、江苏省盐城经济技术开发区国家外贸转型升级基地、安徽省合肥市包河区国家外贸转型升级基地、安徽省芜湖经济技术开发区国家外贸转型升级基地)的行业资源集聚效应和跨境贸易投资促进作用,依托政府及第三方专业机构搭建汽车零部件贸易及国际化服务平台,为企业提供海外市场和政策法规、检测认证、研发培训等服务。

(上海市汽车零部件行业协会供稿)

(八) 上海宝玉石行业 2021 年发展报告

2021年,是党和国家历史上具有里程碑意义的一年。面对百年变局和世纪疫情交织叠加,面对极为繁重艰巨的国内疫情防控和经济社会发展各项任务,以习近平同志为核心的党中央高瞻远瞩、见微知著,统筹国内国际两个大局,统筹疫情防控和经济社会发展,迎难而上、开拓奋进,党和国家各项事业取得新的重大成就,"十四五"实现良好开局,如期打赢脱贫攻坚战,如期全面建成小康社会,实现第一个百年奋斗目标!

这一年,我国珠宝行业面对极其复杂的市场环境,坚守信心、保持定力、积极有为、开拓创新,市场销售逆势上行、产业经济稳健运行、创新活力势头强劲、抗风险能力不断提高、市场容量稳步扩增、发展质量持续强健,为高质量发展赢得了主动权、奠定了坚实基础。

1. 行业综述

2021年我国珠宝行业在"稳"和"实"的主基调上,具有以下几个方面的鲜明特点:市场恢复性增长态势更加稳固,产业链、供应链韧性优势进一步凸显,双循环新发展格局加快形成,市场集中度显著提高,创新驱动更加强劲,终端渠道格局重构更趋白热化,数字化转型加快探索。

(1) 市场规模达 7 200 亿元,增速领先其他消费品类

据国家统计局的数据显示,2021年社会消费品零售总额 44 万亿元,比上年增长 10.7%。宝玉石产品的销售同比增长 29.8%,增速领先于其他品类。中国珠宝玉石市场总规模约为 7 200 亿元,较 2020 年增加 1 100 亿元,同比增长 18.03%。数据表明,在仍受疫情困扰的 2021 年,珠宝行业的恢复性增长呈现了稳中有进、稳中向好的态势,市场的"基本盘"得到进一步的巩固并不断加实加厚。

据上海钻石交易所统计,2021 年,钻交所钻石交易量累计为 771.79 万克拉,较 2020 年同比增长 90.2%;钻石交易金额累计为 70.76 亿美元,较 2020 年同比增长 81.3%。剔除以前上海钻交所曾有过的量大价低的工业用钻石粉末交易因素,2021 年上海钻交所钻石交易量和交易额双双创历史新高。一般贸易项下成品钻进口总量 278.70 万克拉,较 2020 年同比增长 95.5%;一般贸易项下成品钻进口总额 29.24 亿美元,较 2020 年同比增长 105.3%,较 2019 年同比增长 58.0%,创钻交所成立以来历史新高。

其中,上海珠宝玉石产业占全国的份额约 10%,以上海"老凤祥"和"老庙黄金"两大知名珠宝品牌为例:

上海老凤祥有限公司 2021 年实现营业收入 586.91 亿元,同比增长 13.47%;归属于上市公司股东的净利润 18.76 亿元,同比增长 18.3%,全国连锁店达 4 945 家,海外门店 16 家,在渠道及收入规模上继续领跑全国珠宝首饰行业。

"老庙黄金"和"亚一珠宝"品牌所属的上海豫园珠宝时尚集团,2021 年营业收入为 274 亿元,同比上涨近 24%;豫园珠宝时尚相关门店达 3 981 家。

(2) 主要品类全面恢复增长,市场基础得到巩固并强化

2021年,我国珠宝玉石首饰各品类均呈现增长态势。其中,黄金品类约为4 200亿元,同比增长23.5%,占比58.3%;钻石产品约为1 000亿元,同比增长25%,占比13.9%;翡翠首饰约为1 000亿元,同比增长11.1%,占比13.9%;和田玉产品约为280亿元,占比3.9%;彩色宝石产品约为315亿元,同比增长5%,占比4.4%;珍珠产品约为160亿元,占比2.2%;铂金及白银产品约为100亿元,占比1.4%,其他品类产品市场规模共计约为150亿元。

(3) 专利量持续增长,创新驱动更加强劲

据中国知识产权网数据显示,2021年,法律状态为"有效"的珠宝首饰类外观设计专利数量为8 375件,同比增长40.73%;2017年至2021年近5年间,我国珠宝类发明和实用新型有效专利数量逐年上升,年均增幅达27.81%,表明珠宝产业的竞争生态,正在从由价量换市场向由创新引领市场的模式转变,这也是珠宝产业驶向高质量发展新赛道、实现质量型增长的重要体现。

从珠宝类专利申请的国别来看,通过对国际专利数据库的数据分析表明,自2010年起,中国的专利申请量就一举超过美国,跃居世界第一并连续保持至今。

2. 行业年度发展特点

(1) 珠宝零售门店

长期以来,我国珠宝产业零售环节都是以"线下实体店铺为主,线上虚拟店铺为辅"的模式进行布局,零售门店作为珠宝行业直面消费者的最后一环,其发展状况直接决定行业整体的景气度。尽管近年来线上经济发展迅速,部分珠宝品类的线上份额已经赶超线下渠道,但整体而言实体门店目前仍是珠宝零售的绝对主力。

上海的珠宝玉器市场,已由渠道资源向优势品牌集中,珠宝产业的"品牌化"发展趋势显著。

目前协会会员单位中,不少高端珠宝的销售以会所和专卖店的形式,凸显专、精、特的产品特色,服务于高端客户群体。

会所通过展示珠宝从原材料、半成品到加工成品的全过程,珠宝历史文化及其发展展示,顶级珠宝首饰的风采以及玉雕大师、珠宝设计大师的风采展等,营造了珠宝文化的氛围,并通过专业工作人员的介绍,突出了珠宝玉石作品的文化性和艺术性,来提高其欣赏价值和艺术价值,让消费者充分理解作品的价值,并对其背后的文化产生认同感,同时适时提供珠宝个性化定制等服务,激发出消费者的收藏欲望,从而达成销售意向。

玉器古玩的销售以古玩城、专卖店和店中店的形式,品牌化优势日益显现。近几年,上海的古玩城市场,由于疫情和市场低迷等原因,普遍经营困难。

玉器尤其是高端白玉的大师工作室作品,仍凭借其作品高端、稀有和海派特色等优势,在全国收藏市场中仍具竞争力。

(2) 珠宝电商

据统计,2021年线上珠宝首饰销售总额约为1 850亿元,同比增长23.3%,占珠宝销售总额的比例较上年的24.6%增长至25.7%,相比之下增速放缓。其中,综合类电商销售额为1 420亿元,约占总额的76.7%;垂直类电商销售额为430亿元,约占总额的23.3%,同比增长24.6%。

2021年,综合类电商平台中:私域电商平台以其流量成本低、触达灵活度高、运营颗粒度细、流量及数据可沉淀等优势助力珠宝私域电商高速发展,全年增长较为突出,销售总额从去年的200亿增长至300亿元,同比增长50%。较大电商及直播平台如阿里巴巴旗下淘系平台(包括天猫、淘宝、聚划算等)、京东、拼多多、抖音、快手等,平台的珠宝类目销售总额度共计1 120亿元,较去年增长165亿元。

上海的珠宝玉器线上宣传和销售，主要依靠玉器大师工作室、珠宝首饰设计师工作平台开设的公众号、抖音等电商展示平台，宣传珠宝玉器文化的同时推广各具特色的玉器珠宝产品。

协会的副会长单位汪氏兄弟文化传播有限公司以线上销售为主要销售模式，通过多年的积累，逐步成为目前线上白玉销售市场的头牌微商企业；协会的副会长单位上海联合拍卖有限公司，每年组织以白玉为主体的春秋两季大拍，成为全国拍卖当代玉器作品数一数二的专业公司，以和田玉为代表的雕刻类作品全年成交近600件。

结合线上电商平台及企业电商部分的发展情况分析后得出，2021全年，除私域电商板块及企业电商板块增长较为迅速之外，其余电商平台珠宝品类增长趋势均较为平稳，综合各种因素，预计2022年珠宝品类线上销售仍将稳健增长。

3. 协会年度发展

上海宝玉石行业协会继续围绕"服务企业、规范行业、发展产业"的办会宗旨，持续提升协会工作的创新驱动力，凝聚宝玉石专业的核心竞争力，充分发挥行业优势。

（1）坚持政治引领，加强制度建设

发挥党组织的引领作用，坚持以党的创新理论为指导，坚定文化自信，拓展社会实践。

（2）打造协会品牌，推进产业发展

2021第十三届上海玉龙奖于12月在上海朵云轩美术馆举行。本届玉龙奖共收到来自全国各地的玉雕类、首饰类的报名作品近2 000件，经过初选916件作品入围参展，其中，玉石雕刻类作品587件、珠宝首饰类作品120件、设计图稿209件。本届玉龙奖的评选活动增加了线上评审方法，对部分受疫情影响无法送至展出现场的参评作品以视频的形式进行展示和专业评审。

现场展示作品近900件，题材多样，内容丰富，推陈出新，集中展现了当代玉石雕刻和珠宝行业的时代风貌，激励传统工艺美术工匠们用玉石雕刻和珠宝首饰的技艺，讲好中国故事，弘扬中国珠宝玉石文化。

玉龙奖创办20多年来，已是上海文化艺术品牌的活动之一，在全国玉石珠宝行业具有重大的影响力。玉龙奖将继续发挥产业引领、技术比武、收藏指导和发现新人的作用，为上海文化软实力的建设添砖加瓦。

（3）发挥平台作用，组织会员活动

发挥协会优势，推动宝玉石科普。受黄浦局市场监督管理局委托，参与黄浦区珠宝玉石检测行业能级提升专项工作，制定《珠宝玉石检验检测机构良好能力规范》团标，编辑出版《珠宝玉石选购指南》。

组织"珠宝玉石科普讲座进社区"的公益活动、"珠宝玉石销售企业专项培训"、协办"2021玉之东西——齐家文化与当代玉文化的对话""2021上海钻石文化节""2021年中国非物质文化遗产海派玉雕艺术邀请展""大国工匠文化传承"等行业专项活动，为会员单位搭建平台，学习新政策，交流新技术。

在玉龙奖举办期间，协会还组织了"后疫情时代宝玉石行业的机遇与变革"主题研讨会，来自行业内的专家分别围绕"当代玉雕行业困境与价值重建""多远视角下玉艺会所价值拓展的研究""作品创新中如何运用知识产权保护"等热点话题展开研讨交流，并通过协会视频号进行全程直播。

（4）推进人才培养，发挥辐射效应

① 第五届上海玉石雕刻大师和第三届上海首饰设计师评审。

坚持公开、公平、公正的原则，严格把关，经初审、培训考核和综合评定等严格的程序，评选出上海特级玉雕大师5名、上海玉雕大师20名、上海玉雕师12名以及首饰设计大师2名、高级首饰设计师9名、首饰设计师15名。

上海玉石雕刻大师评选从2011年的第一届至2021年的第五届,共评选出上海特级玉雕大师29名、上海玉雕大师127名、上海玉雕师70名、海外大师2名(其中,上海特级玉雕大师1名、上海玉雕大师1名)。

上海宝玉石行业首饰设计师从2017年的第一届至2021年的第三届,共评选出首饰设计大师2名,高级首饰设计师12名、首饰设计师23名。

② 职业技能等级认定。

上海宝玉石行业协会2021年通过考核认定,成为上海市企业职业技能等级"贵金属首饰与宝玉石检验员(五级至一级)"的认定机构。通过培训考核合格可颁发的技能等级证书与国家职业资格证书具有同等效力,参训认定人员可以更多地享受国家和地方政府相关技能人才的各项政策红利。

③ 开展技师继续教育培训。

2021年协会组织多次培训,围绕上海高技能人才培养与激励政策、双循环经济后中国城市产业定位、上海"十四五"产业发展、宝玉石色彩管理学、玉珠宝首饰的跨界突破以及现代玉雕理念及趋势、知识产权服务及案例分享等行业关注的热点、痛点等课题,采用课堂授课、参观学习、交流互动和线上答疑等形式,进一步提升从业者的职业素养,促进高技能人才的知识更新。

4. 未来展望

(1) 线上渠道日益凸显

"直播电商"是如今珠宝产业热度最高的词语之一,主要呈现出产业带交易日趋活跃、品牌营销活动日趋精准、垂直类主播日趋专业以及明星直播日趋频繁等特点。直播电商将推动珠宝产业线上营销的新一轮革命,众多珠宝企业加大了打造线上营销体系的投入力度。

尽管目前珠宝直播电商仍存在着产品相对低端、价格战严重、规范程度低、售后服务体系不完善等现象,但直播电商的出现和发展解决了传统线上营销渠道产品展示效果差、互动性不足、营销缺乏精准度等问题,同时突破了地域限制,有效拓宽了客户群体,将促进珠宝产业的发展。

随着信息技术的不断发展以及消费模式的持续升级,可以预见珠宝玉器产品"重视体验感"的特性与线上渠道的匹配度将进一步提升,并为产业带来新一轮的发展契机。

为把握这一机遇,协会将鼓励珠宝玉器企业提前布局,通过组建专业的运营团队,构建相互融合的产品体系,打造线上线下数据互通、协同发展的运营架构,进而打造"全渠道"营销模式,实现企业的全方位发展。

(2) 创新驱动力持续增强

珠宝产业的整体市场规模增速放缓,消费者的需求越来越个性化、多元化,产业的发展模式也逐渐由过去的规模驱动向创新驱动转型,产业链各环节的创新层出不穷,产业长期存在的单纯依靠规模扩张、产品同质化严重、竞争停留在价格层面等问题均得到改善,创新已成为产业发展的源动力。

宝玉石产业的创新主要体现在3个维度:工艺创新、文化创新和供应链管理创新。其中,工艺创新主要体现为生产技术的提升与改善,文化创新主要体现为产品设计及文化附加值的提升,供应链管理创新方面主要体现为供应链的数字化升级以及供应链金融的应用等。通过这三个维度的创新打造企业核心竞争力,推动珠宝玉石产业的结构升级。

(3) 继续发挥协会推动作用

上海宝玉石行业协会是全国成立最早的专业协会之一,从1996年成立至今见证了上海宝玉石产业的发展历程。

协会在珠宝玉石的信息传播、珠宝玉石的教育与交流、珠宝玉石的市场规范以及珠宝玉石从业者的职业道德规范等方面做了很多工作。协会将继续发挥牵线搭桥,做好政府政策引导和联系企业的桥梁纽带作用,开展产业政策和产业升级方面的研究,降税增效、维护市场秩序、制定产业发展战略等方面提供专家库等服务;创造更多的国际国内技术交流合作,继续开展富有成效的技术比武、学术交流等主题活动,树立上海宝玉石产业的文化标杆,加强宝玉石品牌和宝玉石文化的传播,促进宝玉石产业更好地与全球珠宝产业链接轨,促进宝玉石市场健康持续发展。

(上海宝玉石行业协会供稿)

(九) 上海药品流通行业 2021 年发展报告

1. 上海药品流通行业概况

2021年上海药品流通市场规模稳步增长,增速逐步恢复至疫情前水平,实现了"十四五"的良好开局。在这一年,国家医改仍在继续推进,医改工作的重点任务包括带量采购、医保支付方式改革、分级诊疗、基药目录等,上海医药流通行业积极响应,加快结构调整,转变供应链服务模式,经济保持平稳有序地发展。

(1) 销售规模

2021年全年销售规模达到1 831.33亿元,同比增长11.29%。

(2) 行业结构

本市药品流通主要包括批发、零售连锁、单体门店、电子商务、医药物流等多种业态模式,形成以国有企业为主导,包括外商独资和中外合资以及民营、私营企业等多种经济成分并存的市场格局。

根据上海市食品药品监督管理局网站数据,本市药品批发企业125家,与去年持平;药品零售连锁企业55家,比去年增加4家;零售药店4 410家,其中,零售连锁门店4 027家(直营店1 730家,加盟店2 297家),比去年增加254家,药品零售连锁率达到91.32%,连锁率有所下降,但连锁率依然全国领先;单体药店347家,比去年增加5家;乙类OTC药柜36个;医保定点零售门店1 500家,比去年增加80家。

表96 上海市零售药店区域分布

辖 区	2021年药品零售企业总数				
	直 营	加 盟	单 体	乙类OTC	合 计
浦东新区	372	512	109	18	1 011
徐汇区	63	81	33	—	177
长宁区	78	17	15	1	111
普陀区	130	54	8	2	194
虹口区	81	25	22	1	129
杨浦区	121	42	28	—	191
黄浦区	68	9	25	2	104
静安区	107	61	31	2	201

续 表

辖 区	2021年药品零售企业总数				
	直营	加盟	单体	乙类OTC	合计
宝山区	131	204	23	—	358
闵行区	149	302	25	2	478
嘉定区	111	211	10	—	332
金山区	59	98	2	—	159
松江区	107	288	4	—	399
青浦区	60	165	4	3	232
奉贤区	56	173	—	—	229
崇明区	37	55	8	5	105
合计	1 730	2 297	347	36	4 410

(3) 购进情况

2021年商品购进总额1 646.37亿元,同比增长11.54%,其中,从生产者购进982.05亿元,同比增长24.48%;从批发零售贸易业购进502.59亿元,同比增长3.27%;直接进口161.73亿元,同比下降19.80%。

图105 2021年本市医药商品购进来源(单位:亿元)

图106 2021年本市医药商品购进大类(单位:亿元)

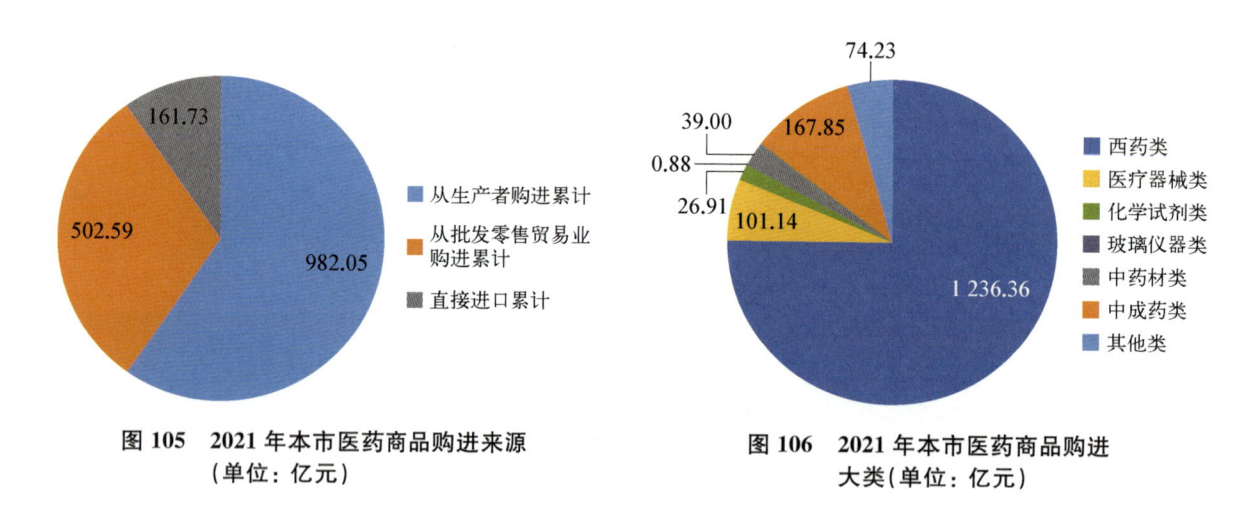

表97 2021年本市医药商业商品购进按对象分

指 标 名 称	本年累计(亿元)	同比增减(%)
从生产者购进	982.05	24.48
从批发零售贸易业购进	502.59	3.27
直接进口	161.73	−19.80

表98　2021年本市医药商品购进按大类分

大类名称	本年累计(亿元)	同比增减(%)
西药类	1 236.36	12.22
医疗器械类	101.14	9.87
化学试剂类	26.91	20.69
玻璃仪器类	0.88	−8.90
中药材类	39.00	7.43
中成药类	167.85	10.67
其他类	74.23	4.64

（4）销售情况

2021年商品销售总额1 831.33亿元,同比增长11.29%,其中,对生产企业销售11.51亿元,同比增长10.75%;对批发的销售845.75亿元,同比增长11.53%;对医院终端的销售719.60亿元,同比增长15.75%;对零售终端的销售107.89亿元,同比增长2.21%;对居民的零售额130.06亿元,同比下降1.22%,直接出口16.52亿元,同比下降17.69%。

图107　2021年本市医药商业商品销售情况(单位：亿元)

2021年行业平均销售额18.31亿元,比上年增加1.94亿元,在平均线上的企业共有21家(按独立法人计算),与去年持平。排名前20位企业总销售额1 568.17亿元,占行业总销售85.63%,其中,年销售超100亿元3家,与去年持平;年销售超10亿元32家,比去年增加2家。

销售总额中药品类销售1 541.95亿元,同比增长12.63%,其中,西药类1 357.47亿元,同比增长11.83%;中成药类销售184.48亿元,同比增长18.83%。非药品类销售289.38亿元,同比增长4.67%,其中,除玻璃仪器类和其他类下降以外,医疗器械类、化学试剂类、中药材类都有不同幅度增长。

图 108 2021年本市医药商业商品销售对象（单位：亿元）

图 109 2021年本市医药商品销售大类（单位：亿元）

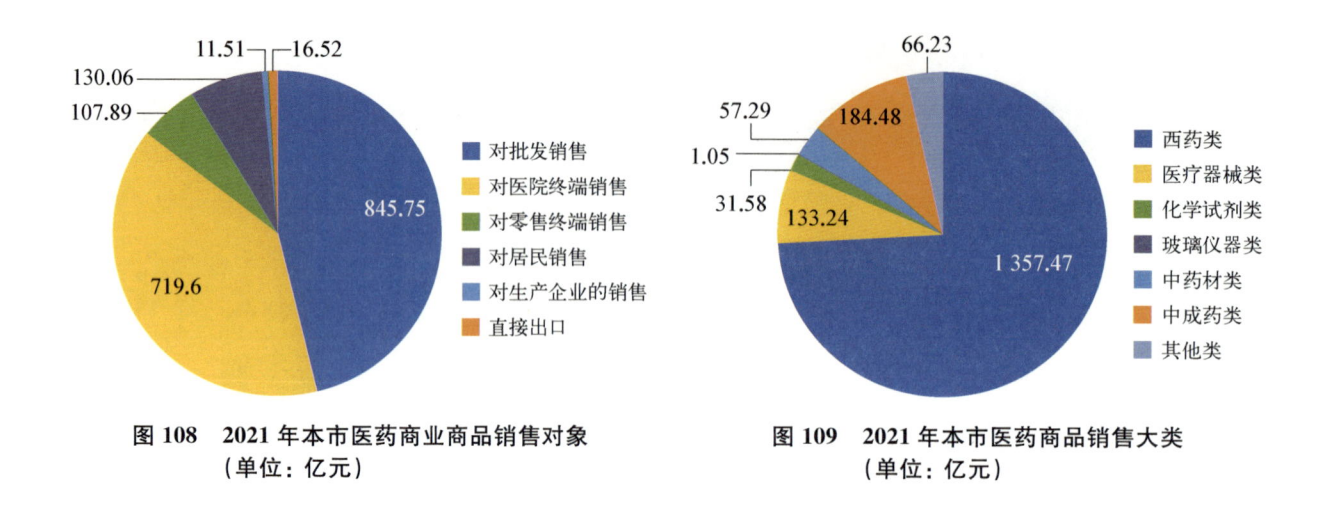

表 99 2021年本市医药商品销售按大类分

大类名称	本年累计（亿元）	同比增减（%）
西药类	1 357.47	11.83
医疗器械类	133.24	13.74
化学试剂类	31.58	22.42
玻璃仪器类	1.05	−8.61
中药材类	57.29	1.37
中成药类	184.48	18.83
其他类	66.23	−12.79

① 对批发渠道的销售有增有减。

2021年批发销售额为845.75亿元，同比增长11.53%，其中，市内批发销售额为302.74亿元，同比增长8.46%；对市外批发销售额为543.01亿元，同比增长13.33%。

对零售终端批发销售小幅增长，对零售终端批发销售额为107.89亿元，同比增长2.21%，其中，售给单体药店销售额为46.24亿元，同比增长9.33%；售给零售连锁销售额为61.65亿元，同比下降2.43%。直接出口大幅下降，直接出口额16.52亿元，同比下降17.69%，对生产企业的销售11.51亿元，同比增长10.75%。

② 医疗终端销售大幅增长。

2021年医疗终端的销售呈两位数增幅，主要是由二、三级医院贡献的，全年对医疗终端销售为719.60亿元，同比增长15.75%，其中，二级及以上医院销售额为520.46亿元，同比增长22.56%，占医疗机构销售比重为72.33%，比去年同期增加

图 110 2021年对医疗终端销售商品分类（单位：亿元）

4.02%；一级及以下医院销售额为199.14亿元,同比增长1.09%。

对医疗终端销售分类中,除其他类同比个位数增幅,其余同比增幅均达两位数,从高到低依次为：医疗器械类同比增长33.90%,化学试剂类同比增长31.57%,中药材类同比增长31.07%,中成药类同比增长26.02%,西药品类同比增长12.75%。

表100 2021年对医疗终端销售按大类分

大 类 名 称	本年累计(亿元)	同比增减(%)
西药类	561.58	12.75
医疗器械类	47.05	33.90
化学试剂类	0.58	31.57
中药材类	12.81	31.07
中成药类	92.66	26.02
其他类	4.93	4.32

③ 零售市场小幅下降。

2021年药品零售总额130.06亿元,同比下降1.22%(剔除不可比因素)。尽管年初取消药店300米的规定,但零售药店竞争越发激烈,对居民销售还是呈下降趋势,电子商务销售势头依然强劲。2021年电子商务销售额9.46亿元,同比增长35.34%,源于2020年疫情以后,网上销售爆发式增长,其中,中成药类和其他类增长最快。

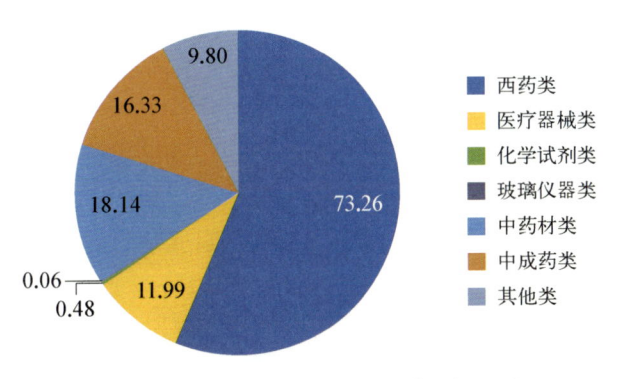

图111 2021年对居民零售商品分类(单位：亿元)

表101 2021年对居民零售销售额按大类分

大 类 名 称	本年累计(亿元)	同比增减(%)
西药类	73.26	4.57
医疗器械类	11.99	4.46
化学试剂类	0.48	0.13
玻璃仪器类	0.06	5.64
中药材类	18.14	−2.71
中成药类	16.33	−6.77
其他类	9.80	−21.70

(5) 行业盈利情况

据统计数据显示,2021年行业毛利率为11.21%,比上年同期上升0.93%;费用率为8.91%,比上年上升1.41%;利润率为2.68%,比上年同期基本持平。

2021年企业利润总额38.28亿元,同比下降1.01%,利润总额排名前10位企业是上药控股有限公司、国药控股分销中心有限公司、国药控股上海医院销售总部、上海市药材公司、上海海吉雅医药有限公司、上药康德乐(上海)医药有限公司、国药集团化学试剂有限公司、上海九州通医药有限公司、上海荣恒医药有限公司、上海第一医药股份有限公司。

(6) 行业部分财务数据

据商务部直报企业汇总数据显示,2021年上海市药品流通行业平均应收账款周转天数58天,存货周转天数61天,应付账款周转天数97天。

(7) 从业人员结构

2021年末据不完全统计,上海医药商业从业人员为5.67万人,与去年基本持平。按学历分布,研究生及以上学历有653人,大学本科学历10 330人,大专学历22 544人,大专以下学历23 179人。按专业技术职称,高级技术职称人员209人,中级技术职称人员2 144人。药学技术人员20 420人,其中,执业药师7 968人,药师(中药师)、从业药师12 452人。物流人员3 102人,具有物流师资格的25人,电子商务人员325人。

2. 2021年本市医药流通行业经济运行主要特点

(1) 医改政策频出,医药流通应势而动

2021年,国家深入实施健康中国战略,据统计发布数量看,国家层面发布医药行业相关政策共计500余条,是名副其实的"政策大年"。以"医疗、医保、医药"联动改为主体,医保目录谈判、仿制药带量采购、高值耗材集采、医保支付改革、互联网+医疗等政策持续加速推进。年内,《关于建立完善国家医保谈判药品"双通道"管理机制的指导意见》《关于全面加强药品监管能力建设的实施意见》、商务部《关于"十四五"时期促进药品流通行业高质量发展的指导意见》《关于促进上海市药品零售行业健康发展的若干意见》等文件出台,为医药流通行业高质量发展指明了方向。

(2) 医药流通加速整合,行业集中度持续提升

2021年,在疫情、带量采购等政策的影响下,医药商业领域的改变在持续发生。国药、上药、华润三大全国医药流通企业巨头基本消化了带量采购不断扩面实施所带来的影响,去年全年均实现了利润增长。去年10月,商务部发布《关于"十四五"时期促进药品流通行业高质量发展的指导意见》,明确提出提高行业集中度的要求。按指导意见,到2025年,培育形成5~10家超500亿元的专业化、多元化药品零售连锁企业,药品零售百强企业年销售额占药品零售市场总额的65%以上,药品零售连锁率接近70%。进一步优化医药流通行业结构、持续提升行业集中度将成为未来行业的主旋律。

(3) 现代医药物流发展加快,推进构建现代医药物流体系

随着药品第三方物流、多仓协同、跨区配送相关政策出台,以及新修订《药品管理法》对医药物流提出了更高要求,加快医药流通网络布局和信息化建设,推进区域一体化物流协调发展,探索分仓建设和多仓运营是提升药品流通能级的未来趋势。在面对本土疫情考验之时,上药控股作为上海市唯一的药品和医疗防疫物资保供单位,充分发挥了全国"一体化"优势,并积极寻求提升运力的方法,体现了紧急情况下的区域资源协同。同时,他们也通过深化全国多仓协同体系建设,为企业全国物流一体化建设和未来的医药网络布局奠定了基础。

(4)"互联网+"持续发力,数字赋能医药流通线上化升级

随着大数据、云计算、人工智能等数字科技的迅速发展,促进了线上线下的融合,在医药流通领域中得到应用并蕴藏着巨大的商业价值。推动医药流通数字化、智能化转型升级将成为未来主要方向。其中,上药云健康于2021年初宣布全面收购融合美国康德乐大药房、百济大药房,完善了全国布局,同时凭借行业领先的专业药事服务,进一步升级益药·药房。他们根据自身发展战略,结合各区域资源特色,陆续建设临港、广州、海南及嘉兴等专数字化、一体化、特许经营及创新平台,共建了上海市五官科医院、市中医医院、普陀中心医院等互联网医院项目,以电子处方+云药房模式,夯实了上药云健康"互联网+"医药商业科技平台领先地位。

(5)医药零售创新多元化发展,提升改善服务体验

健康是促进人全面发展的必然要求,人们对于健康的需求日益增长并走向多元化,如今前来药店的消费者不仅寻医、问药和买药,更希望获得专业化、个性化、更为丰富的附加服务。

2021年1月28日,有着238年历史的中华老字号童涵春堂位于老城隍庙地区的庙童旗舰店重新揭幕开张,"童涵春堂中药博物馆"也以崭新面貌复出,巧妙融合中华传统文化精髓与现代前沿设计元素,展现出博大精深的中国医药文化和历久弥新的童涵春堂"医药为民"的思想,对弘扬中药文化、振兴民族品牌具有重大意义;5月,雷允上药业西区在市北高新园区"健康服务点"正式揭牌启用,成为上海市首批58个"楼宇职工健康服务点"之一,作为2021年上海市为民办实事项目,健康服务点创新模式为白领提供优质、专业健康服务;10月,余天成位于松江云间粮仓的新店以与现有的众多药店不同的"药食同源"和"养生保健"为最大亮点,更注重人文气息、接地气地科普中医药文化。本市医药零售行业把握了国家发展健康服务新业态的重要机遇,坚持结合企业特色探索有效创新服务形式,从狭窄的药品零售业向大健康服务业迈进。

2021年,是承上启下的一年。在疫情影响下,各行各业都受到前所未有的挑战,但在"十四五"发展规划中也不乏创新机遇。在疫情防控常态化的今天,生物医药与新一代信息技术深度融合,大数据和人工智能被应用于医药产业各环节,都为行业发展提供了广阔空间。

(上海医药商业行业协会供稿　执笔人:王进　姚斌　刘艳雯)

(十) 上海执业药师行业2021年发展报告

随着社会经济发展和疫情防控的常态化,人民群众对健康服务需求不断提升。执业药师队伍作为提升公众健康素质和水平,保障公众用药安全不可或缺的专业技术力量,在2021年又有新的发展,执业药师相关政策更加科学完善,本市执业药师队伍规模首次超过2万人,药学服务能力素质持续提升,药学服务水平明显提高。

1. 执业药师相关政策更加科学完善

执业药师列入2021年版《国家职业资格目录》。执业药师是2012年人力资源社会保障部在对全国职业资格进行清理规范后,予以核准并公告的第一批职业准入类职业资格。

2021年6月,国家药品监督管理局印发了《执业药师注册管理办法》(国药监人〔2021〕36号)(简称《办法》)。按照"放管服"改革要求,《办法》依照法定程序优化了执业药师注册流程,精简注册申报材料,注册有效期由"三年"调整为"五年",降低延续注册频率。按照落实"互联网+政务服务"要求,《办法》规定要推进网上全程申报审批。同时,强化监督管理,药品监督管理部门要按照有关规定,对执业药师注册、继续教育实施监督检查,对挂证、违规执业等情形,严格惩处。此外,《办法》

对执业药师继续教育学时学分进行规范,并明确要加强注册与继续教育衔接,鼓励执业药师参加实训培养,确保参加继续教育并取得实效。

2021年11月,市医保局、市卫生健康委、市药品监管局发布了《关于落实国家医保谈判药品"双通道"管理机制的通知》(医管发〔2021〕40号)(简称《通知》),要求发挥定点零售药店分布广泛、市场化程度高、服务灵活的优势,将经过市、区两级医保经办机构组织评估的定点零售药店纳入"双通道"管理(简称"双通道"药店),进一步提升谈判药品的供应保障水平。《通知》明确"双通道"药店配备2名及以上执业药师。上海第一医药股份有限公司上海市第一医药商店、国药控股国大药房上海连锁有限公司南京西路店和上海华氏大药房有限公司南新分店等3家零售药店,通过评估成为首批"双通道"药店。

2. 上海市执业药师队伍发展状况

2021年,本市有982名药学专业技术人员通过国家执业药师职业资格考试,取得执业药师职业资格。截至2021年12月底,上海市取得执业药师职业资格人数20 701人,其中,注册执业药师近8 000人,较2020年增加10%,注册在药品经营企业人数占96%,达7 700余人,主要分布在本市4 000多家零售药店。

(1) 药品零售企业执业药师配备全覆盖

上海市所有药品零售企业都按药品监管部门规定配备了执业药师,平均每家药品经营企业配备执业药师人数为1.6人,"双通道"药店更是配备2名及以上执业药师,超过《国家药监局关于规范药品零售企业配备使用执业药师的通知》(国药监药管〔2020〕25号)的配备要求。

通过问卷调查,药品经营企业执业药师月收入在6 000元以下的约占51%,在6 000～10 000元和10 000元以上的分别占36%和13%。大部分执业药师对目前的工作环境表示满意或者较为满意。

(2) 执业药师作用更加凸显

执业药师在指导公众合理用药、保障公众用药安全有效、促进公众健康等方面都发挥了重要作用。

在零售药店,随着"双通道"管理机制的建立,对定点零售药店执业药师配备人数、岗位职责、专业能力都提出了更高要求。常态化疫情防控措施的实施,使零售药房成为防控"哨点",执业药师在做好进店顾客的测温、查询健康码和行程码、购买防疫类药品、实名验证及上传特药系统的工作等方面,履行着防疫一线"哨兵"的作用。

在医疗机构,本市多家医院相继开设由执业药师主导或参与的药学门诊。如华山医院、华东医院、市六医院、儿童医院、长征医院、杨思医院等都开设了药学门诊,为患者提供安全用药、合理用药、精准用药咨询和指导,不仅提高了患者用药依从性与治疗效果,减少不必要的药物治疗,降低药品不良反应和相关用药损害事件的发生风险,而且适度减轻就诊患者的经济负担,提高了患者对药物治疗的满意度。

执业药师采取线上与线下相结合的方式开展药学服务。发行《常态化疫情防控合理用药36计》《儿童用药科普36计》等科普书籍,《家庭用药》杂志每月发表1篇执业药师的科普文章;18家"老年合理用药大学"陆续开班;举办第4期老年大学讲师班培训,44名学员全部毕业;23个药品安全合作联盟上海志愿者工作站开展多期培训和用药知识宣教;结合"全国安全用药月",走进社区、走进养老院开展清理家庭小药箱活动,收集、清理家庭废弃过期药品130余盒,帮助归纳整理药箱100余件。通过移动端、PC端、公众号、互联网医院等进行线上用药咨询和药学科普讲座,受益人群在万人以上。

(3) 执业药师公众形象进一步提升

2021年,国家药品监管局、中国健康传媒集团联合组织开展第三届全国"寻找身边最美药师"活动。市药品监管局组织市执业药师协会、药品经营企业、医疗机构、专业媒体和广大注册执业药师,建立"六位一体"工作团队,广泛宣传,合力动员,共同举荐。经过评选,上海华氏大药房有限公司执业药师许小燕、国药控股国大药房上海连锁有限公司执业药师鲁梦丽荣获全国"身边最美药师"称号,上海市执业药师协会荣获"优秀组织奖"。截至2021年,本市已连续3年推荐优秀执业药师参加评选,共有5名执业药师荣获全国"身边最美药师"称号,进一步彰显了上海执业药师的良好形象。

2021年10月,《上海执业药师》创刊总第100期。这本内部资料全方位、多角度记录下了上海执业药师队伍的成长和发展历程,发挥了宣传执业药师先进事迹、引领良好职业道德的作用。它从封面设计到栏目设置,既宣传政策法规、药品监管、协会动态,又宣传药学服务、药学知识;既反映执业药师工作的大事要事及动态,也为执业药师交流分享工作经验提供了平台;具有浓郁的上海执业药师行业特色。也必将在落实"六个加强"要求,秉承"四个服务"宗旨,普及药事法规和药学发展新动态、新成果、新知识、新技能等方面发挥重要作用。

3. 执业药师继续教育水平进一步提高

国家药品监管局《执业药师注册管理办法》出台后,市执业药师协会会长在第一时间组织学习讨论,撰写了《贯彻落实执业药师注册管理办法,切实做好注册与继续教育衔接》,作为对《执业药师注册管理办法》的政策解读刊登在《中国医药报》上。

在国家执业药师继续教育管理体制实施大调整阶段,本市执业药师继续教育工作保持平稳有序、持续发展。在市药品监管局的指导下,市执业药师协会在全国同行中率先制订并实施《上海市执业药师继续教育"十四五"规划》。按照整改要求优化整体部署,组织施教机构招投标和年度教学质量评审,实现新老体制转换的无缝衔接,使继续教育更好地服务于执业药师素质能力提升新要求。2021年起,执业药师参加继续教育学分全部录入全国执业药师注册管理信息系统,有效提升继续教育和注册管理信息化水平。

2021年,市执业药师协会按照常态化疫情防控要求,执业药师继续教育所有课程,连续两年采取网络教学方式。学员通过下载协会继续教育手机App、绑定手机微信公众号、电脑登录"上海药师网"进行线上学习,按规定完成学习后,进行线上登记学分。便捷、高效、省时和无接触教学方式受到学员的欢迎。全年继续教育累计选课人数超过12 700人,创近年来的新高,继续教育质量和效率进一步提升。

(上海市执业药师协会供稿　执笔人:吕超)

(十一) 上海货物贸易进出口行业2021年发展报告

1. 2021年本市进出口贸易总体运行情况

据上海海关统计,2021年上海市进出口总值创历史新高,达4.06万亿元人民币,比2020年(下同)增长16.5%。其中,出口1.57万亿元,增长14.6%;进口2.49万亿元,增长17.7%;贸易逆差9 173亿元,同比扩大23.4%。

2. 2021年本市进出口贸易行业发展特点

(1) 按贸易方式分类

2021年,上海市以一般贸易方式进出口2.33万亿元,增长24.1%,占同期上海市进出口总值的57.4%,比重提升3.7个百分点。其中,出口7904.8亿元,增长23.7%;进口1.54万亿元,增长24.3%。同期,以加工贸易方式进出口7234.8亿元,增长2.9%,占17.8%。其中,出口4818.5亿元,增长2.6%;进口2416.3亿元,增长3.4%。

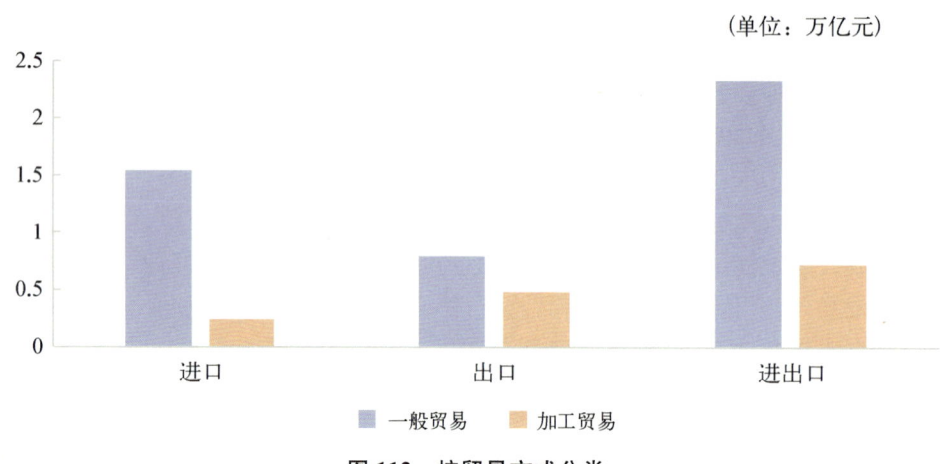

(单位:万亿元)

图112 按贸易方式分类

(2) 按企业性质分类

民营企业进出口增速是全市平均水平近2倍。2021年,上海市外商投资企业进出口2.5万亿元,增长11.2%,占同期上海市进出口总值的61.6%。其中,出口9111.3亿元,增长10.4%;进口1.59万亿元,增长11.7%。同期,民营企业进出口1.1万亿元,增长32.5%,占27.1%,比重提升3.2个百分点。国有企业进出口4505.2亿元,增长13.1%,占11.1%。

(3) 按进出口国别分类

2021年,上海市对最大贸易伙伴欧盟进出口8069.3亿元,增长15.8%,占同期进出口总值的19.9%。其中,出口2605.7亿元,增长25.2%;进口5463.6亿元,增长11.8%。同期,对东盟进出口5380.8亿元,增长11%,占13.2%;对美国进出口5081.2亿元,增长5.5%,占12.5%;对日本进出口4115.6亿元,增长8%,占10.1%。

(4) 按出口商品分类

上海市机电产品出口1.08万亿元,增长14%,占全年上海市出口总值的68.7%。其中,自动数据处理设备及其零部件出口1931.8亿元,增长2.9%;集成电路出口1691.7亿元,增长11.2%;汽车出口570.1亿元,增长206%。同期,劳动密集型产品出口1916亿元,下降3%;医药材及药品出口166.2亿元,增长13.1%。

(5) 按进口商品分类

集成电路为最大类进口商品。2021年,上海市进口高新技术产品7434.1亿元,增长7.3%,占同期进口总值的29.9%。其中,集成电路进口3048.2亿元,增长2.6%,占全市进口总值的12.2%。铁矿砂及其精矿进口1429.8亿元,增长58.1%;医药材及药品进口956.7亿元,增长6.9%;初级形状的塑料进口863.2亿元,增长18.8%;美容化妆及洗护用品进口591.2亿元,增长12.4%;服装及衣着附件进口518.8亿元,增长34.9%。

3. 当前面临的主要问题与短板

2021年,外贸行业面临着全球大宗商品价格波动、亚马逊封店潮冲击、国际海运供应链瓶颈难解、"双碳"目标、能耗双控等政策影响……

(1) 大宗商品市场波动不确定性加大

短期看,受供应量减少、运输成本上涨推动,大宗商品价格仍在持续攀升,中下游企业和中小微企业的生产成本与经营压力上升,后续可能向CPI传导。中长期看,如果国家宏观调控效应加快显现,供给紧缺情况有望得到缓解,且美国受通胀压力可能逐步退出量化宽松政策,2021年全球大宗商品价格可能产生大幅波动,影响后续商品销售和货物进出口。从供给看,俄罗斯是全球重要能源、粮食、化肥出口大国,乌克兰玉米、小麦出口占全球份额较高。俄乌地缘政治冲突导致相关产品产量下降,以及出口管制增加,将冲击全球大宗商品供应。从需求看,全球经济持续恢复将支撑大宗商品需求增长。在供给短缺的预期下,一些大宗商品进口国囤货需求增加,加剧供需失衡。同时,由于地缘政治冲突带来部分国家间的制裁和反制裁,影响全球供应链效率,大宗商品运输和交易成本上升,加大了价格上涨压力。在国际大宗商品市场供求关系偏紧、不确定性增大的背景下,价格高位波动的可能性较大。

(2) 产业链供应链调整不稳定性加大

全球经济复苏基础不牢固,部分国家采取"与病毒共存"防疫策略,将加快人口流动、加速病毒传播与变异,可能带来全球疫情新一轮反弹。2021年产业链供应链现代化过程中产业链供应链的不稳定性、不确定性大幅度上升,国际循环出现局部性梗阻,"卡链""断链"现象全球蔓延,中国产业链供应链现代化面临新挑战:要素结构升级滞后,产业链与创新链发展不平衡,影响产业链供应链的转型升级;区域发展不平衡不充分影响产业链供应链的区域布局优化;美国产业政策的泛风险化转向影响全球产业链供应链稳定;企业供应链战略调整带来不确定性。物流运输未有显著恢复态势。全球海运循环受阻,国际物流价格飙升。部分国家带疫带苗解封,境外疫情倒灌风险加大,上海作为口岸城市持续承担"外防输入、内防反弹"的艰巨任务,口岸防控日益承压,机场严格的防疫要求已影响占上海进出口约40%的空运运输能力,不少企业反映部分货物进口不得不从其他口岸进入。订单外流风险加大。东南亚地区"带病解封",纺织服装、电子零配件等行业订单或将加快向外流失。2021年底前将有欧盟等32个国家不再给予中国贸易"普惠制"待遇,部分行业将失去关税优惠。重点行业"缺芯""缺料""缺电"情况依然严重。部分汽车芯片价格暴涨超40倍,汽车行业普遍预计"缺芯"要持续到2022年下半年。外省市限电限产已对我市产生传导影响,部分原材料和零部件供应受限。若本市后续触发错峰、轮休、限停等应急预案,出口企业交货能力将受到严重制约。

4. 外贸发展现阶段的三大机遇

与此同时,外贸发展也存在三大机遇。

(1) 承接落实国家战略的机遇

进博会、浦东高水平改革开放、长三角一体化发展、虹桥国际开放枢纽建设等是现阶段国家赋予上海的重要使命,2022年都将进入全面"施工期"。

(2) 新业态、新模式发展的机遇

疫情以来,以网络购物、移动支付、线上线下融合等为特征的新型消费迅速发展,离岸贸易、跨境电商、国际分拨等贸易新业态、新模式成为外贸新增长点,是外贸领域新旧动能转换、高质量发展的关键。

(3) 全球经贸合作的机遇

RECP已于2022年1月1日起正式生效,及我国申请加入CPTPP和数字经济伙伴关系协定,都将为建设更高水平开放型经济带来重大机遇。

报告数据来源于上海海关统计及《产业蓝皮书:中国产业竞争力报告(2021)No.10》。

(上海进出口商会供稿)

五、信息传输、软件和信息技术服务业

（一）上海软件行业 2021 年发展报告

2021年是"十四五"开局之年，也是《新时期促进集成电路产业和软件产业高质量发展的若干政策》（国发〔2020〕8号）贯彻实施的第一年。广大上海软件企业在市委、市政府的正确领导下，坚持稳中求进的工作总基调，积极推动形成"大循环""双循环"相互促进的新发展格局，全面融入城市数字化转型整体战略，抓住发展机遇，以数字产业化培育新动能，以产业数字化孕育新动力，化解疫情影响，优化产业结构，提升创新能级，全年经济运行呈现提速向好态势。

1. 规模效益快速增长，产业结构持续优化

（1）营收规模持续增长

2021年上海软件全行业共实现经营收入7 149.57亿元，同比增长11.8%。全年行业经济运行呈现"前高后低"特点，下半年延续上年快速增长态势，三、四季度增速有所放缓。

图113　2017—2021年上海软件行业经营收入情况

（2）行业利润大幅增长

2021年上海软件行业共实现利润总额893.69亿元，行业利润率为12.5%。其中，利润增长主要来自信息技术服务类企业。

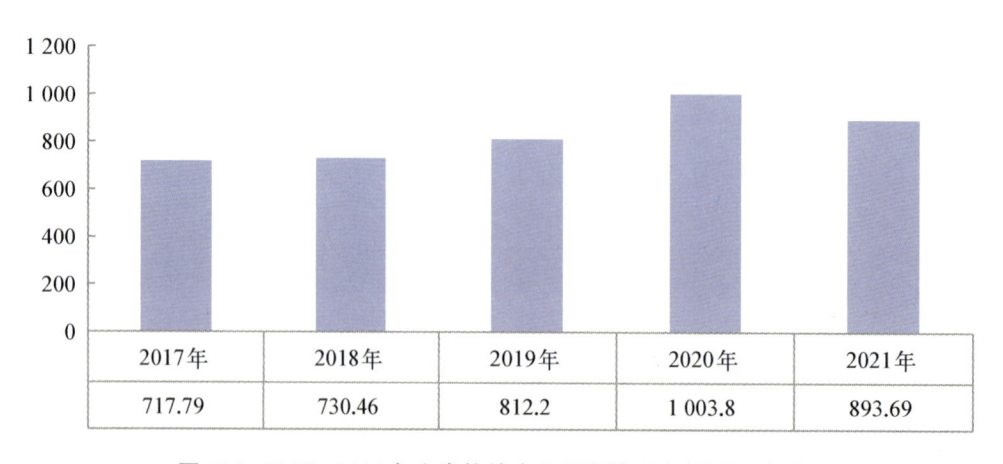

2017年	2018年	2019年	2020年	2021年
717.79	730.46	812.2	1 003.8	893.69

图114　2017—2021年上海软件产业利润情况表（单位：亿元）

(3) 产业服务化加快

根据工信部统计数据,2021年上海软件业务收入结构中,软件产品收入占比为26.3%,同比增长11.4%;信息技术服务占比为72.67%,同比增长28.2%;信息安全收入占比为0.925%,同比增长13.6%;嵌入式系统软件收入占比为0.11%,同比继续下降。

(4) 人才规模稳步扩大

2021年上海软件行业从业人员达到60.4万人,同比增长9.2%。

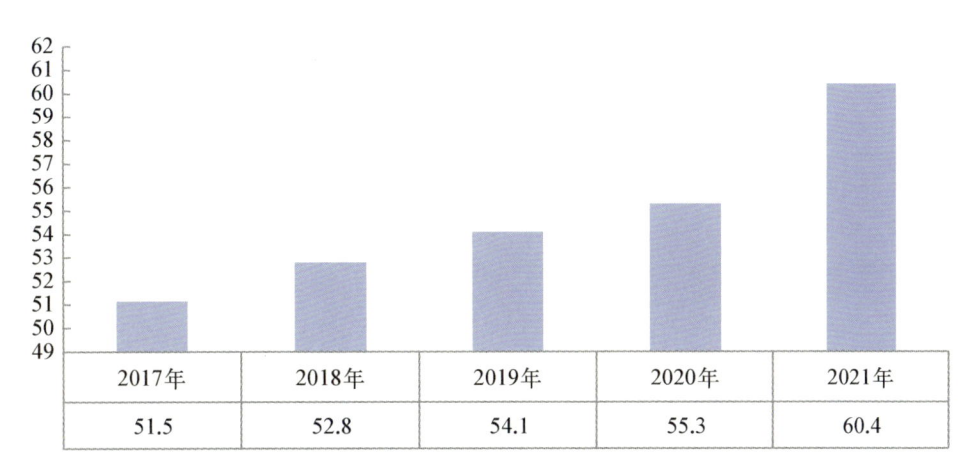

	2017年	2018年	2019年	2020年	2021年
	51.5	52.8	54.1	55.3	60.4

图115　2017—2021年上海软件行业从业人员规模(单位:万人)

2021年上海软件从业人员中,大专及本科以上学历从业人员占比为81.89%,其中,硕士占比为10.79%,博士占比为0.49%。

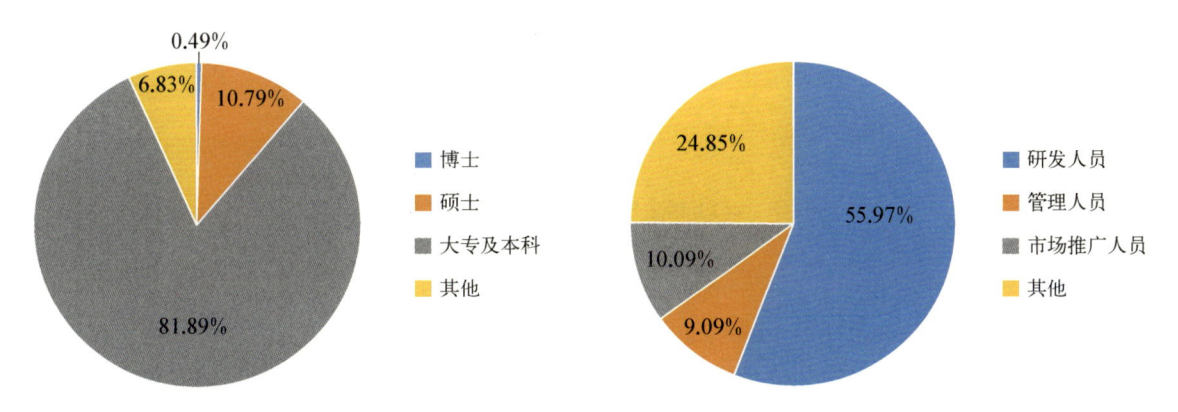

图116　2021年上海软件行业从业人员学历结构　　图117　2021年上海软件行业从业人员职能结构

2021年上海软件从业人员中,研究开发人员占从业人员占比为55.97%。

(5) 软件出口较快增长

根据市商务委统计,2021年上海软件出口额68.83亿美元,同比增长26.54%,出口排名前6位的依次是美国、中国香港地区、日本、新加坡、德国、爱尔兰,出口方式主要是信息技术外包,出口企业主体依然是外资企业。

(6) 产业布局持续优化

2021年,上海全市布局35家市级软件和信息服务产业基地,其中,示范型综合基地9家(浦东软件园、漕河泾新兴技术开发区、天地软件园等)、示范型特色基地6家(枫林科创园、金融数据港、盛大天地源创谷等)、培育型综合基地 5 家、培育型特色基地 15 家。15 家示范型基地集聚了全市主要的大型软件企业,产业营收占全市产业规模近六成。

2. 骨干企业实力提升,竞争力有所增强

(1) 企业数量继续增长

当前,数字化正以不可逆转的趋势改变人类社会,数字化越来越成为推动经济社会发展的核心驱动力。软件作为千行百业数字化流程再造、规则重构、功能塑造、生态构建的表现形式、基础载体和使能工具,正融合云计算、大数据、物联网、区块链、人工智能等新技术向广域化、纵深化发展,加速"软件定义"时代的全面到来。为软件企业的创业发展带来了广阔的历史机遇。上海软件企业数量始终保持较快增速。根据协会统计,2021 年上海新评估软件企业 547 家。截至 2021 年,上海累计认定或评估软件企业 8 112 家。2021 年,上海新评估软件企业区域分布方面,浦东新区、嘉定区、闵行区、杨浦区、崇明区位居前五。

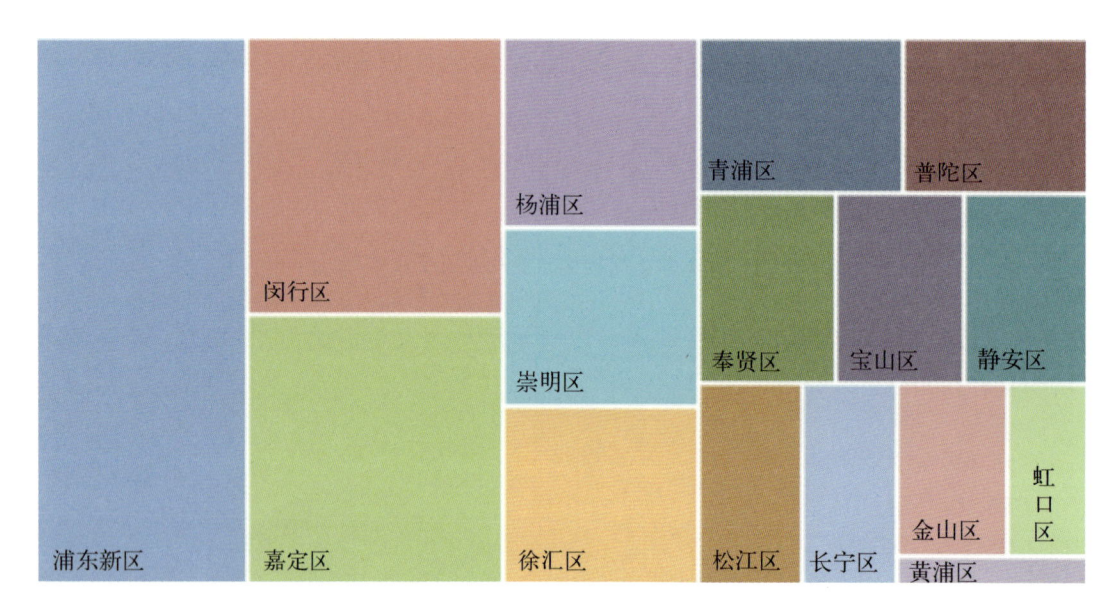

图 118　2021 年上海新评估软件企业区域分布

(2) 企业规模保持平稳

2021 年上海经营收入超 1 亿元软件企业达 663 家。企业体量(按营收计)和产业集中度继续保持提升态势。以软件企业评估数据为样本统计,2021 年软件企业体量平均值和中位值仍保持较高水平。

表 102　2017—2021 年上海软件企业体量(按营收计)分布

年　　度	平均值(万元)	中位值(万元)
2021	8 963	1 201
2020	9 078	1 258
2019	8 441	1 246

续　表

年　　度	平均值(万元)	中位值(万元)
2018	7920	1219
2017	7642	839

（3）龙头企业持续涌现

① 国家重点软件企业。

2021年5月，国家发改委、工信部、财政部、海关总署、税务总局联合评选的"2020年度国家支持的重点软件企业清单"，上海共有17家企业入选。详情如下：

表103　上海入选"2020年度国家支持的重点软件企业清单"的企业

序　号	企　业　名　称	业务领域
1	上海达梦数据库有限公司	基础软件
2	上海爱可生信息技术股份有限公司	基础软件
3	普华基础软件股份有限公司	基础软件
4	上海柏楚电子科技股份有限公司	研发设计类工业软件
5	上海海隆信技软件有限公司	新兴技术软件
6	网宿科技股份有限公司	新兴技术软件
7	中盈优创资讯科技有限公司	新兴技术软件
8	上海金大师网络科技有限公司	新兴技术软件
9	上海九方云智能科技有限公司	新兴技术软件
10	银联数据服务有限公司	重点领域应用软件
11	上海泛微网络科技股份有限公司	重点领域应用软件
12	上海宝信软件股份有限公司	重点领域应用软件
13	亿企赢网络科技有限公司	重点领域应用软件
14	万得信息技术股份有限公司	重点领域应用软件
15	卫宁健康科技集团股份有限公司	重点领域应用软件
16	上海瀚讯信息技术股份有限公司	嵌入式软件
17	上海传英信息技术有限公司	嵌入式软件

② 中国互联网百强。

2021年，上海共有14家企业入选中国互联网协会发布的"2021年中国互联网综合实力企业前

百家企业榜单",仍位居全国第二,仅次于北京。具体如下:

表104　2021年上海入选"中国互联网收入百强"企业名单

序号	排名	企业名称	品牌
1	7	上海寻梦信息技术有限公司	拼多多
2	18	携程集团	携程旅行网
3	23	上海米哈游网络科技股份有限公司	米哈游
4	24	东方财富信息股份有限公司	东方财富
5	40	上海识装信息科技有限公司	得物App
6	45	东方明珠新媒体股份有限公司	东方明珠
7	48	上海基分文化传播有限公司	趣头条
8	53	上海波克城市网络科技股份有限公司	波克城市
9	55	上海钢银电子商务股份有限公司	钢银电商
10	63	前锦网络信息技术(上海)有限公司	前程无忧
11	73	上海二三四五网络控股集团股份有限公司	二三四五
12	76	上海东方网股份有限公司	东方网
13	84	优客得科技股份有限公司	Ucloud
14	96	汇付天下有限公司	汇来米

③ 国家级专精特新小巨人企业。

2021年,上海共有30家软件企业入选工信部发布的第三批"国家级专精特新小巨人企业"名单,占上海入选企业总数的16.57%。具体如下:

表105　2021年上海入选第三批"国家级专精特新小巨人"的软件企业名单

序号	企业名称	序号	企业名称
1	上海司南卫星导航股份有限公司	5	上海扩博智能技术有限公司
2	上海瀚讯信息技术股份有限公司	6	上海万位数字技术有限公司
3	芯讯通无线科技(上海)有限公司	7	上海华兴数字科技有限公司
4	上海冰鉴信息科技有限公司	8	上海百琪迈科技(集团)有限公司

续 表

序 号	企 业 名 称	序 号	企 业 名 称
9	上海西井信息科技有限公司	20	上海繁易信息科技股份有限公司
10	上海爱信诺航芯电子科技有限公司	21	深兰科技(上海)有限公司
11	上海同岩土木工程科技股份有限公司	22	商客通尚景科技(上海)股份有限公司
12	达而观信息科技(上海)有限公司	23	上海硕恩网络科技股份有限公司
13	上海通立信息科技有限公司	24	上海直真君智科技有限公司
14	上海曼恒数字技术股份有限公司	25	竹间智能科技(上海)有限公司
15	上海擎韬信息技术有限公司	26	上海卓易科技股份有限公司
16	上海市数字证书认证中心有限公司	27	上海吉贝克信息技术有限公司
17	上海观安信息技术股份有限公司	28	上海瀚正信息科技有限公司
18	上海海能信息科技有限公司	29	上海上讯信息技术股份有限公司
19	鸿之微科技(上海)股份有限公司	30	上海泽鑫电力科技股份有限公司

（4）企业融资规模增长

① 企业上市。

2021年,上海新增6家上市软件和信息技术服务企业。其中,新炬网络在上交所主板,霍莱沃和概伦电子在上交所科创板,艾融软件在北交所,商汤集团在港交所顺利上市。此外,返利科技借壳在上交所主板上市。截至2021年底,上海国内外上市的软件和信息技术服务企业总数已达70家。

表106　上海主要软件类上市企业(截至2021年底)

序 号	股票代码	公司名称	上市地点
1	688118	普元信息	上交所科创板
2	688158	优刻得	上交所科创板
3	688188	柏楚电子	上交所科创板
4	688590	新致软件	上交所科创板
5	688160	步科股份	上交所科创板
6	688682	霍莱沃	上交所科创板
7	688206	概伦电子	上交所科创板

续　表

序　号	股票代码	公司名称	上市地点
8	600601	方正科技	上交所主板
9	600602	云赛智联	上交所主板
10	600624	复旦复华	上交所主板
11	600637	东方明珠	上交所主板
12	600640	号百控股	上交所主板
13	600845	宝信软件	上交所主板
14	600850	华东电脑	上交所主板
15	601519	大智慧	上交所主板
16	603039	泛微网络	上交所主板
17	603189	网达软件	上交所主板
18	603232	格尔软件	上交所主板
19	603236	移远通信	上交所主板
20	603381	数据港	上交所主板
21	603496	恒为科技	上交所主板
22	603918	金桥信息	上交所主板
23	605398	新炬网络	上交所主板
24	600228	返利科技	上交所主板
25	300017	网宿科技	深交所创业板
26	300059	东方财富	深交所创业板
27	300074	华平股份	深交所创业板
28	300168	万达信息	深交所创业板
29	300170	汉得信息	深交所创业板
30	300222	科大智能	深交所创业板
31	300226	上海钢联	深交所创业板
32	300245	天玑科技	深交所创业板
33	300253	卫宁健康	深交所创业板

续 表

序　号	股票代码	公司名称	上市地点
34	300286	安科瑞	深交所创业板
35	300330	华虹计通	深交所创业板
36	300378	鼎捷软件	深交所创业板
37	300380	安硕信息	深交所创业板
38	300469	信息发展	深交所创业板
39	300508	维宏股份	深交所创业板
40	300578	会畅通讯	深交所创业板
41	300590	移为通信	深交所创业板
42	300609	汇纳科技	深交所创业板
43	300627	华测导航	深交所创业板
44	2174	游族网络	深交所中小板
45	2178	延华智能	深交所中小板
46	2184	海得控制	深交所中小板
47	2195	二三四五	深交所中小板
48	2401	中远海科	深交所中小板
49	2517	恺英网络	深交所中小板
50	2555	三七互娱	深交所中小板
51	2558	巨人网络	深交所中小板
52	830799	艾融软件	北交所主板
53	HK.00772	阅文集团	香港联交所
54	HK.02013	微盟	香港联交所
55	HK.1806	汇付天下	香港联交所
56	HK.8205	交大慧谷	香港联交所
57	HK.00020	商汤集团	香港联交所
58	BZUN	宝尊电商	美国纳斯达克
59	CLPS	华钦信息	美国纳斯达克

续 表

序　号	股票代码	公司名称	上市地点
60	CTRP	携程网	美国纳斯达克
61	JOBS	前程无忧	美国纳斯达克
62	NCTY	第九城市	美国纳斯达克
63	PTT	拼多多	美国纳斯达克
64	QTT	趣头条	美国纳斯达克
65	API	声网	美国纳斯达克
66	CTK	触宝科技	美国纽交所
67	LAIX	流利说	美国纽交所
68	NOAH	诺亚财富	美国纽交所
69	PPDF	拍拍贷	美国纽交所
70	BQ	波奇网	美国纽交所

② 股权融资。

2021年，根据跟踪统计，上海共有410家企业软件和信息服务企业（不含IC设计）完成469笔不同轮次融资，均较上年度有显著增加。

从融资主题领域看，主要分布在行业应用软件（含SaaS）、智能软件、大数据、工业互联网（含工业软件）、电子商务、金融科技和信息安全等融资主题领域。具体如下：

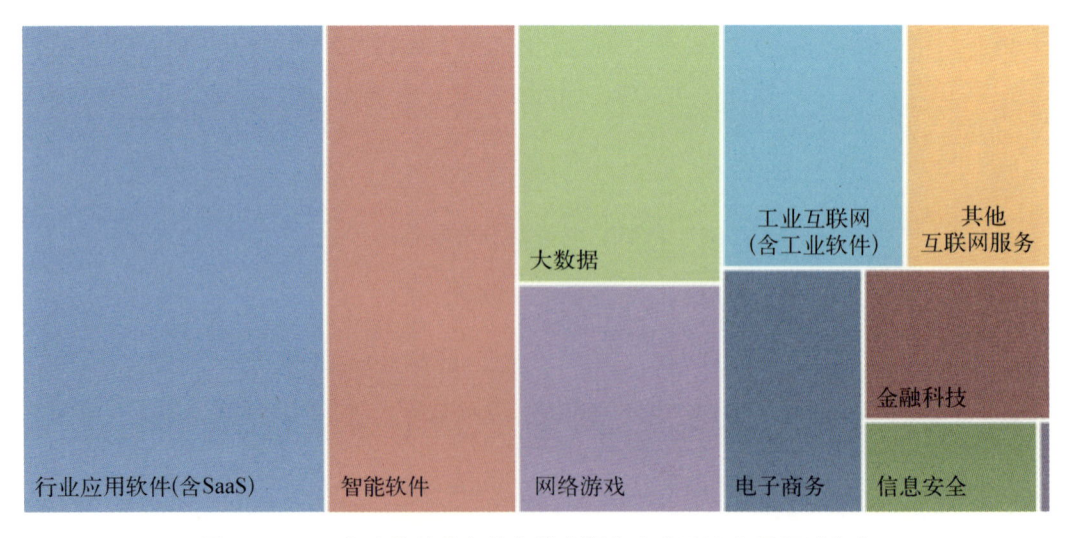

图 119　2021年上海软件和信息技术服务企业融资主题领域分布

从融资轮次看，除战略投资外，主要以A轮、B轮和天使轮为主。具体分布如下：

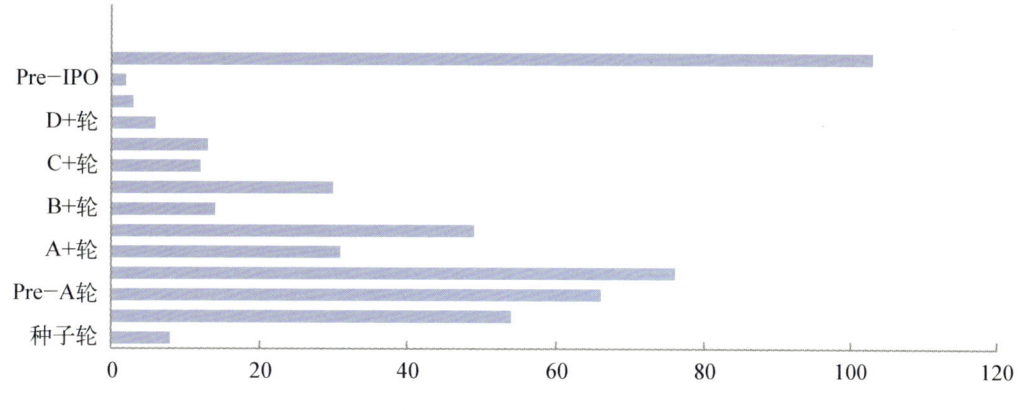

图 120　2021 年上海软件和信息技术服务企业融资金额分布

从融资金额看，有365笔披露了融资金额。其中，美元融资为76笔，人民币融资为289笔，合计金额超600亿元，较上年增加约20%。其中，最大一笔融资为30亿元人民币，为智能软件领域的斑马智行的自动驾驶项目。此外，10亿元以上的融资有13笔，1亿～10亿元的有164笔。具体融资金额分布如下：

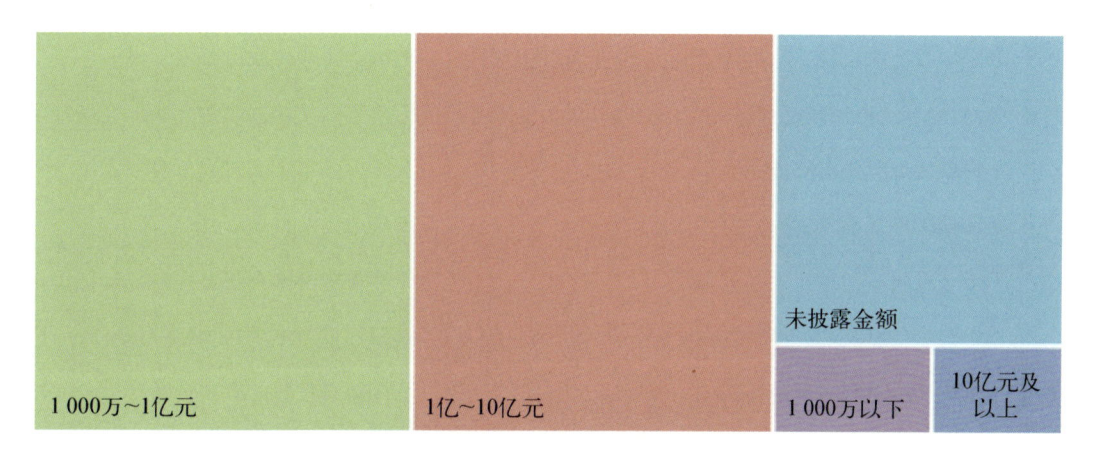

图 121　2021 年上海软件和信息技术服务企业融资金额分布

3. 创新体系日趋完善，成果产出保持增长

（1）技术中心快速成长

2021年，上海软件企业新增21家市级企业技术中心，数量占全市新增106家企业技术中心的19.8%。截至2021年底，上海软件企业技术中心总量达93家，占全市763家企业技术中心总量的12.19%。

表 107　2021 年市级企业技术中心（软件类企业）名单

序号	企　业　名　称	序号	企　业　名　称
1	上海市信息网络有限公司	4	用友汽车信息科技（上海）股份有限公司
2	安科瑞电气股份有限公司	5	中电科软件信息服务有限公司
3	上海华东电脑股份有限公司	6	上海晶赞融宣科技有限公司

续　表

序号	企　业　名　称	序号	企　业　名　称
7	上海浪潮云计算服务有限公司	36	上海帝联信息科技股份有限公司
8	上海文广科技(集团)有限公司	37	上海电科智能系统股份有限公司
9	上海中信信息发展股份有限公司	38	上海延华智能科技(集团)股份有限公司
10	东软集团(上海)有限公司	39	上海德启信息科技有限公司
11	上海海得控制系统股份有限公司	40	上海汉得信息技术股份有限公司
12	上海移为通信技术股份有限公司	41	上海天玑科技股份有限公司
13	华勤通讯技术有限公司	42	上海安吉星信息服务有限公司
14	霍尼韦尔综合科技(中国)有限公司	43	上海大唐移动通信设备有限公司
15	捷开通讯科技(上海)有限公司	44	上海恺英网络科技有限公司
16	联发科软件(上海)有限公司	45	上海中软华腾软件系统有限公司
17	联芯科技有限公司	46	上海卓易科技股份有限公司
18	龙尚科技(上海)有限公司	47	上海华虹计通智能系统股份有限公司
19	上海大智慧股份有限公司	48	上海银联电子支付服务有限公司
20	上海航天能源股份有限公司	49	希姆通信息技术(上海)有限公司
21	上海金自天正信息技术有限公司	50	千寻位置网络有限公司
22	上海理想信息产业(集团)有限公司	51	延锋伟世通电子科技(上海)有限公司
23	上海数讯信息技术有限公司	52	优刻得科技股份有限公司
24	上海欣方智能系统有限公司	53	上海华兴数字科技有限公司
25	上海新致软件股份有限公司	54	上海传英信息技术有限公司
26	上海仪电物联技术股份有限公司	55	上海互联网软件集团有限公司
27	上海亿通国际股份有限公司	56	上海拍拍贷金融信息服务有限公司
28	上海银晨智能识别科技有限公司	57	上海鸣啸信息科技有限公司
29	万得信息技术股份有限公司	58	上海帆声图像科技有限公司
30	卫宁健康科技集团股份有限公司	59	瑞庭网络技术(上海)有限公司
31	新智认知数据服务有限公司	60	宝付网络科技(上海)有限公司
32	银联数据服务有限公司	61	上海帜讯信息技术股份有限公司
33	中远海运科技股份有限公司	62	上海宝存信息科技有限公司
34	拉扎斯网络科技(上海)有限公司	63	华存数据信息技术有限公司
35	上海波克城市网络科技股份有限公司	64	上海天好信息技术股份有限公司

续 表

序号	企 业 名 称	序号	企 业 名 称
65	上海中和软件有限公司	80	上海七牛信息技术有限公司
66	上海中通吉网络技术有限公司	81	上海网达软件股份有限公司
67	上海熙菱信息技术有限公司	82	上海海鼎信息工程股份有限公司
68	上海商汤智能科技有限公司	83	深兰科技（上海）有限公司
69	上海金桥信息股份有限公司	84	鼎捷软件股份有限公司
70	芯讯通无线科技（上海）有限公司	85	上海复深蓝软件股份有限公司
71	上海电信科技发展有限公司	86	上海华讯网络系统有限公司
72	汇纳科技股份有限公司	87	上海观安信息技术股份有限公司
73	上海明品医学数据科技有限公司	88	上海金仕达软件科技有限公司
74	米哈游科技（上海）有限公司	89	上海维宏电子科技股份有限公司
75	上海东普信息科技有限公司	90	上海聚水潭网络科技有限公司
76	上海爱数信息技术股份有限公司	91	中盈优创资讯科技有限公司
77	上海兆言网络科技有限公司	92	上海威士顿信息技术股份有限公司
78	上海识装信息科技有限公司	93	上海格尔安全科技有限公司
79	上海极链网络科技有限公司	—	

（2）软件著作权大幅增长

2021年，全国共登记软件著作权228万余件，同比增长32.34%。广东、上海、江苏、北京、浙江、四川、山东、湖北、福建、陕西等省市位居全国登记量前十，共登记软件著作权约163万件，占登记总量的71.5%。

2021年，上海软件著作权登记继续保持高速增长，全年共登记近23.1万件，同比增长超39%，登记量占全国比重超9%，位居全国第二，较上年度提升2位。2021年上海软件各细分领域软件著

	2017年	2018年	2019年	2020年	2021年
	56 300	110 000	121 000	164 770	231 000

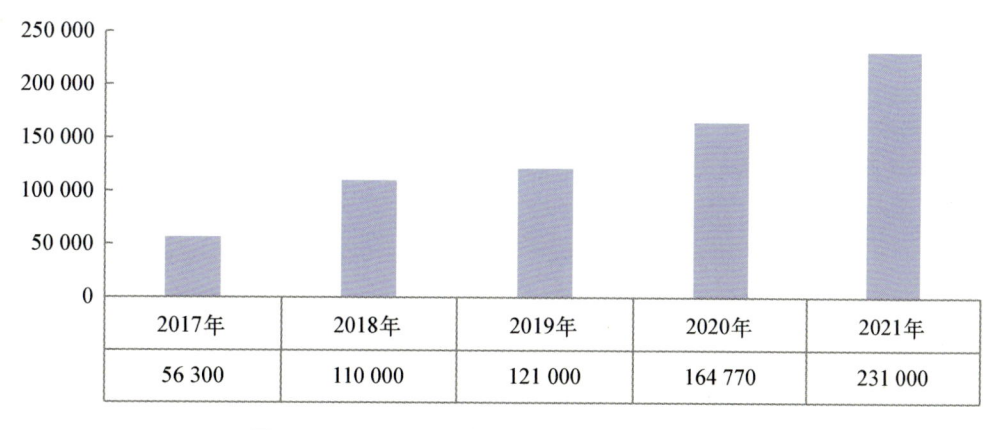

图122　2017—2021年上海软件著作权登记数量

作权登记数量均呈现不同程度的快速增长,各类行业应用软件、数据处理软件、智能软件、工业软件、网络应用软件及小程序软件等新兴软件等的著作权登记增速位居前列,高于整体增速。

(3) 软件产品继续增长

① 2021年上海软件产品数量。

根据协会统计,2021年上海共评估软件产品5 797个,同比增长7.2%。截至2021年,上海累计登记或评估软件产品共89 032个。

2021年上海新评估软件产品区域分布中,浦东新区、嘉定区、闵行区、徐汇区、静安区位居前五,合计占比超过60%。

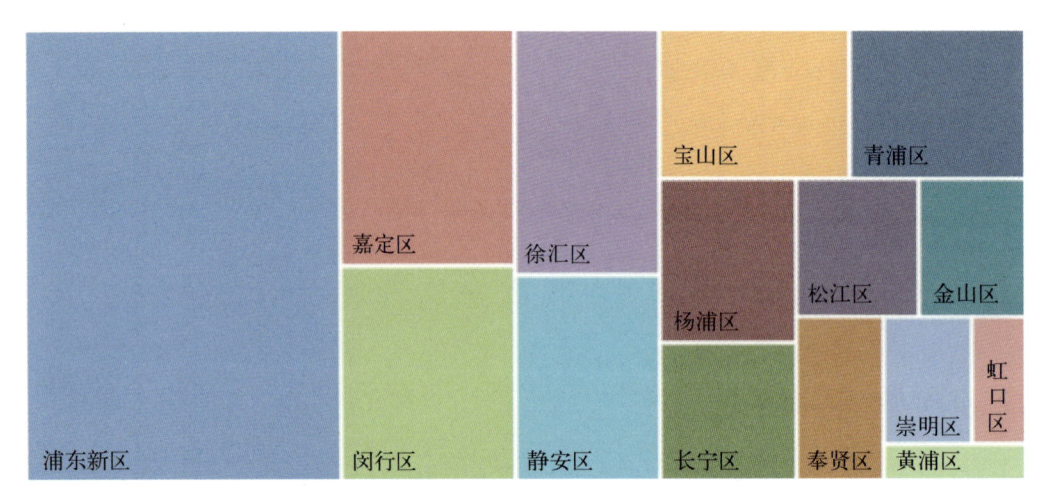

图123　2021年上海新评估软件产品区域分布

② 2021年上海软件产品结构。

根据协会数据统计,在2021年的软件产品中,系统软件产品共计26个;支持软件产品总计121个;应用软件产品共计5 650个,占总量的97.46%。

在系统软件产品中,数量较多的类型是:操作系统软件11个,嵌入式操作系统软件7个,其他系统软件8个。

在支持软件产品中,数量较多的类型是:工具软件69个、网络通信软件25个、中间件19个。

在应用软件产品中,数量较多的类型是:行业管理软件2 027个、信息管理软件748个、控制软件498个。

表108　2017—2021年上海软件产品类型分布

类　型	安全与保密软件	办公软件	行业管理软件	教育软件	控制软件	模式识别软件	游戏软件
2017年	52	64	1 544	219	485	15	213
2018年	64	88	1 898	230	701	29	127
2019年	38	89	2 083	168	582	33	152
2020年	31	77	1 780	119	594	17	117
2021年	36	70	2 027	123	498	9	86

续 表

类　型	嵌入式应用软件	数据库管理应用软件	图形图像软件	网络应用软件	信息管理软件	其　他
2017 年	300	42	98	442	728	368
2018 年	333	62	100	491	801	308
2019 年	334	41	118	349	827	706
2020 年	305	60	86	295	719	1 010
2021 年	438	63	80	301	748	1 171

4. 核心技术进步明显，赋能作用显著提升

(1) 关键软件供给能力明显提升

2021年，上海软件企业深入贯彻落实国家软件发展战略，以供给侧结构性改革为主线，全面塑造发展新优势，提升关键软件供给能力。

基础软件方面，2021年上海软件企业充分运用政策资源、行业力量，瞄准新质操作系统、图数据库、云原生等方向，全力推动核心关键技术的研发和产业化，相继推出一批有影响力的软件产品，加速构建平台化软件生态。如上汽零束发布"银河全栈解决方案"，涵盖中央集中式电子架构、SOA软件平台、智能汽车数据工厂、全栈OTA和网络安全方案等四大基础技术解决方案，加速新质汽车操作系统的演进；星环推出企业级图数据库Transwarp StellarDB，通过集群化存储和丰富算法，实现了传统数据库所无法提供的低延时多层关系查询，并成功入选Gartner《中国数据库市场指南》；普元持续迭代中间件产品，提升产品先进性和稳定性，其应用服务器平台软件与消息中间件两款产品成功入围"中央国家机关2020—2021年中间件软件协议供货采购项目"；道客推出云原生一体机，通过计算、存储、网络资源的池化，可实现软硬件协同调度，轻松横向扩展、弹性扩容，无缝接入VLAN、SDN网络，满足企业关键型应用高SLA保障要求。

工业软件方面，2021年上海软件企业大力推进工业软件与新技术的融合，积极联合工业企业，开展工程化攻关与应用，提升综合性解决方案能力，为国家和重点行业提供坚强有力的工具保证。如宝信软件发布历经10年自主研发的工业控制系统的核心部件——大型PLC（可编程逻辑控制器）。该产品性能指标可媲美欧美厂商高端产品，打破了欧美日外资产品的垄断，成为解锁"卡脖子"技术的成功案例；沪东中华—东欣软件发布全新的船舶三维设计平台软件HDSPD6.0，升级了几何内核，大幅提高了数据集成性和协同设计能力，为造船以及海洋工程设计与制造提供了完整解决方案；霍莱沃发布三维电磁仿真软件RDSim1.0版，应用改进的矩量法及其快速算法实现了任意三维结构的电磁场问题的仿真分析，可显著提升产品设计效率、降低设计研发成本；概伦电子成为国内EDA软件第一股，成功登录科创板募集资金12.1亿元，用于EDA软件技术研发。概伦EDA软件最高已实现3 nm工艺节点技术，完全可支撑7 nm/5 nm/3 nm等高端工艺节点的半导体设计、制造以及工艺平台开发；上扬软件除MES软件被广泛应用于国内的集成电路项目外，其先进过程控制（APC）软件出口美国，实现了国产集成电路专用工业软件的首次对美出口。

(2) 数字化转型赋能作用日渐凸显

2021年，上海软件企业顺势而为，全面主动融入数字化转型，以需求侧应用为牵引，强化系统集成，形成面向数字化、数据化、场景化三层架构的软件新支撑。

赋能城市复杂巨系统方面,2021年上海软件企业通过数字化创新联合体,全面参与城市数字化转型标杆场景建设,以态势感知、类脑智能、区块链、分布式计算等新技术优化应用软件供给,为构建城市数字新底座提供技术支撑,全面赋能城市复杂巨系统。如万达信息和通办信息2021年承建上海市大数据中心"一网通办"运营服务项目,通过整合现有各职能单位碎片化、条线化的政务服务事项前端受理功能,对线上线下政务服务流程进行革命性再造,实现了"纵横全覆盖、事项全口径、内容全方位、服务全渠道"的一体化政务服务。

赋能在线新经济发展方面,2021年上海软件企业加快中台、低代码、SaaS等新产品开发,为新应用、新业态、新模式加速发展提供技术支撑,全面赋能在线新经济发展。如微盟2021年发布跨境独立电商建站SaaS产品ShopExpress,可为中国卖家提供全链路数字化的出海服务。包括以零技术门槛助力商家快速构建贴合海外消费者购物习惯的独立站和全方位的品牌营销策略、广告投放策略、企业建站、店铺运营等一站式服务。

赋能新生产生活方式方面,2021年上海软件企业深入融合元宇宙、隐私计算、智能物联等前沿技术为千行百业的流程再造、规则重构、功能塑造、生态构建提供技术支撑,全面赋能新生产生活方式。如会畅通讯作为云视频会议技术服务的领先者,通过遍布150多个国家和地区的分布式融合通信平台服务网络,可为全球233个国家及地区提供全网全时段的融合式云视频会议服务。2021会畅通讯成功为第三届外滩金融峰会提供了全球化、超融合的云视频平台,实现该高规格活动的首次线上线下混合式交互的多场景无缝联动。

5. 发展展望

展望未来,数字化正以不可逆转的趋势改变人类社会,新冠肺炎疫情也进一步加速了数字化需求。"软件定义"是数字化的新特征和新标志,它赋予企业新型能力,航空航天、汽车、重大装备、钢铁、石化等行业企业纷纷加快软件化转型,软件能力已成为工业企业的核心竞争力;"软件定义"也赋予基础设施新的能力和灵活性,成为生产方式升级、生产关系变革、新兴产业发展的重要引擎。"软件定义"正推动软件产业的新一波发展。但也必须清醒地看到,新型病毒变异株增加了新冠病毒肺炎疫情防控的不确定性,给全球经济发展带来严峻的挑战。全球供应链危机延续、能源价格高企导致全球通胀上升速度超过预期,美联储加息或将引发全球债务危机,地缘政治冲突升级叠加能源转型阵痛,使得全球能源领域黑天鹅和灰犀牛事件交织出现。这些都将对我国宏观经济运行提出挑战,将不可避免地影响软件产业的发展。预计,2022年上海软件产业将在不确定性中继续发展。

(上海市软件行业协会供稿　执笔人:姚宝敬)

(二) 上海信息家电行业2021年发展报告

超高清视频是继视频数字化、高清化之后的新一轮重大技术革新,将带动视频采集、制作、传输、呈现、应用等产业链各环节发生深刻变革。加快发展超高清视频产业,对满足人民日益增长的美好生活需要、驱动以视频为核心的行业智能化转型、促进我国信息产业和文化产业整体实力提升具有重大意义。为推动产业链核心环节向中高端迈进,加快建设超高清视频产业集群,建立完善产业生态体系,工业和信息化部、国家广播电视总局、中央广播电视总台联合印发了《超高清视频产业发展行动计划(2019—2022年)》,上海市经信委、市文旅局、上海电视台也于2019年5月联合发布了《上海超高清视频产业发展行动计划(2019—2022年)》。

2021年是完成行动计划的关键年,本市超高清视频产业链上下游企业在前期技术研发的基础上,都实现了规模化生产和应用推广,硕果累累。

1. **产业规模不断壮大**

(1) 4K 频道开播,全市 4K 电视用户 360 万

2020 年 7 月 15 日,上海广播电视台"欢笑剧场"首个上星 4K 超高清频道正式开播,成为全国五个超高清频道之一。

东方有线完成了在有线电视网络内的两个 4K 超高清频道播出,399 频道的央视 4K 和 398 频道的欢笑剧场 4K 频道,并上线了 4K 极清点播专区,在全市部署 4K 智能终端约 40 万台,计划到 2022 年底部署达到 50 万台。

上海电信在新增 IPTV 用户中全部部署了 4K 机顶盒,目前已达到 330 万台。

(2) 建成超高清视频内容中心

百视通、上海文广互动电视(SiTV)、咪咕视讯都是国内超高清内容生产、储备的头部企业,内容分发涵盖全国。

百视通加强与海外版权合作,鼎级剧场跟播、FOX、CBS 高口碑热门剧集汇集;计划引进 BBC 著名纪实内容 2 000 小时;百视通的儿童品牌特色,覆盖全球八大品牌儿童节目;通过加强品牌运营和授权合作,提升核心 IP 制作能力。目前,百视通已具备 4K 版权内容 3 000 小时,且今后几年中将每年引进 1 000 小时。

SiTV 已具备 2 000 小时 4K 版权内容,其中,完全自制拍摄剪辑成品内容及素材超 200 小时,计划 2021 年完成 4K 内容整体储备 5 000 小时,自制内容及素材超过 500 小时,到 2022 年自制内容储备超过 8 000 小时,自制高质量 4K 内容及素材超过 800 小时。

咪咕全力打造体育赛事超高清直播,实现了中超、CBA、排超、滑冰等赛事的 5G+4K 赛事直播。至 2020 年已达到周均 4 场 4K 体育赛事直播,年产 350 场。在小屏端,咪咕视频 App 上开设"5G 超高清"专区,全场景有效月活跃用户数近 2 亿;在大屏端开设"4K 专区",目前已在全国 30 个省份落地。咪咕视讯 4K 内容储备已达 1 万小时。

(3) 构建超高清视频芯片产业体系

超高清视频芯片主要包括 4K/8K 电视主控芯片、超高清机顶盒芯片、4K/8K 画质图像处理芯片、高性能显示驱动芯片等。上海在超高清视频方面的芯片设计和制造上在国内处于领先地位。

① 超高清编解码芯片。

A. 上海海思技术有限公司(上海海思)生产的机顶盒用 4K 超高清 SoC 基本覆盖了全国有线电视机顶盒和 IPTV 机顶盒的芯片市场,两款芯片在 2019 年销售规模都在 1 000 万颗以上。上海海思成功研发了基于 AVS3 标准的支持 8K 分辨率、120 fps 的超高清芯片,并可小规模量产。

B. 晶晨(Amlogic)在 2020 年完成了高性能、超低功耗超高清智能多媒体中央控制处理器 T972 芯片的开发,目前系统产品已经上市,成为稳定成熟具有竞争力的国产 12 nm 支持 AVS2.0 超高清 4K 解决方案。

C. 芯原微电子(上海)股份有限公司(芯原微)是一家为客户提供芯片定制服务和半导体 IP 授权服务的企业。在超高清视频领域,芯原的视频编解码器技术已经达到单核支持 8K 分辨率(15 fps)或 4K 分辨率(60 fps)实时视频编解码,并可通过多核扩展技术实现单路更高性能的编解码。

D. 富瀚微 2021 年将推出针对监控市场的智能超高清视频编码芯片,提供 1T 算力,支持 H.265 标准 4K 30 fps 视频编码。2022 年将开发提供 2T 算力,支持 H.265 标准 8K 30 fps 视频编码芯片。2023 年进一步开发提供 4T 算力,支持 H.266 标准 8K 30 fps 的智能超高清视频编码芯片。

② 显示驱动芯片。

海思启动了多款 4K/8K TCON、Driver 显示驱动芯片的研发,并逐步支持国内主流液晶显示屏厂。

③ 传感器芯片。

思特威(上海)电子科技有限公司推出了多款超高清图像传感器系列产品,主要包括:基于全局曝光模式的图像传感器芯片(SmartGS 系列),基于滚动曝光模式的图像传感器芯片(SmartPixel 系列和 SmartClarity 系列),可以广泛应用到各类用途的超高清摄像机中。

(4) 完善超高清视频终端和制播系统

① 4K/8K 超高清智能终端。

东方有线基于上海有线电视网络,研发部署 4K 超高清智能电视机顶盒和 4K 超高清智能融合终端。产品采用标准化功能设计,选用国产 SoC 芯片,国产 TVOS 智能电视操作系统,符合 AVS2 超高清视频编解码标准和 China DRM 超高清媒体内容保护规范,具备 4K 超高清直播点播、融合服务、统一搜索推荐等功能。2019 年开始在全市部署,截至 2021 年 8 月已部署约 38 万台。

为了适应新业务形态需要以及 5G、物联网等新技术的发展趋势,东方有线积极开展基于 TVOS4.0 的家庭智能网关研制,以实现在 TVOS4.0 操作系统上 4K/8K 超高清视频的播放能力。

上海电信正在开展 8K 超高清软终端项目,计划于 2022 年实现 8K 超高清软终端用户 1 万。

② 超高清视频内容制作系统。

百视通全力打造了 VR 超高清制播系统,该项目通过整合百视通原有制作和播控资源,并融入包括 VR 拍摄、超高清编解码、5G 传输,以及动态网络适配等多项技术,以打造具有全新沉浸式体验的全景视频、VR 游戏、VR 直播和 VR 巨幕影院四大虚拟现实产品线。2020 年 6 月起,项目先后在陕西驻地、珠峰等著名景点的慢直播中应用,获得一致好评,项目获得了 2020 年中国超高清视频产业联盟"优秀创新产品和解决方案奖"。

百视通开展"基于国产视频编码标准的超高清视频制作系统研发及产业化"项目。系统基于 AVS2/AVS3 国产视频编解码标准,支持 4K,兼顾 8K,为超高清内容产业提供技术实现方案。计划于 2022 年推广应用实现产业化,探索如何在前期视频制作大投入的前提下发掘商业变现模式。

云视科技开发了基于计算机自动处理和人工辅助修复相结合的图像处理的老片修复增强系统平台,主要面向老旧影视频资源,借助自主开发的修复算法、AI 增强算法、专业软件,辅助少量的逐帧画面精致修复,进行去场纹、修复、超分增强等处理。2022 年将进行软硬件部署,系统平台上线运营推广。

SiTV 研发基于 AI 的 4K 上变换相关技术,包括分辨率提升、帧率提升、SDR 转 HDR 等,计划 2022 年实现应用。

咪咕视讯与上海美影厂等机构展开合作,修复经典老片,完成美影厂经典国漫 IP、金鸡历届获奖作品及好莱坞电影等内容高质量待转修复,为 4K/8K 超高清内容修复工作打下良好基础。

2. 核心技术取得突破

(1) 8K 核心技术研发

① 8K/120P 高规格芯片和呈现验证系统。

海思成功研发了基于 AVS3 标准的支持 8K 分辨率、120 fps 的超高清芯片。该款芯片于 2019 年在 IBC2019 欧洲广播影视设备展首次发布,目前已实现小规模量产,支持了江苏有线中超决赛的 8K 端到端实验、央视 8K 春晚测试频道、央视 2021 年春晚公共大屏落地国内主要城市的直播验证。

上海数字电视国家工程中心（简称"工程中心"）研发完成了超高清芯片主客观呈现与验证系统，为海思全球首颗支持 8K 120 fps 超高清视频解码能力 SoC 芯片提供了首部 8K 120 fps 系列演示片专用视频信号源，支持了 AVS3、7 680×4 320、120 fps、10 比特、BT.2020 色域和 HDR 等规格，通过主客观融合呈现进一步展示了海思芯片的强大处理性能及多标准的兼容能力，荣获 2020 年 CUVA"超高清视频创新产品与解决方案"优秀奖，在荷兰 IBC 展会成功展出。在此基础上，工程中心启动 8K PRO 高规格主客观演示序列，完成多个国际先进的 8K PRO 演示序列制作，进一步完成了 8K PRO 高规格主客观融合视频评估规范建议及 8K PRO 高规格主客观融合视频评估素材库，并计划于 2022 年形成国内第一个规模化的专业 8K 内容素材库。

② 超高码率 8K 专业播放器。

工程中心已完成基于国产芯片支持 AVS3 解码的 8K 120P 的"8K-AI"专业播放器及机顶盒方案设计，存储与处理能力较传统超高清产品提升四倍，成为全国首个支持"500 Mbps 超高码率输入"的 8K 播放器。建成 8K+AI+HIFI 概念客厅，并成为央视总台 8K 超高清电视频道直播试验落地平台，为 2022 年冬奥会实现全球 8K 直播打下基础。

③ 8K 超高清 MIMO 无线传输技术。

为了突破 8K 超高清在无线传输中受带宽限制的瓶颈，工程中心重点研究了多天线编码、分层调制和载波聚合等关键技术，重点突破了 8K 超高清广播多天线 MIMO 传输技术，在一个 8 MHz 频带内同时支持 60 Mbps 固定接收传输和+2 Mbps 移动传输，同时支持 4 套 4K 或 1 套 8K 超高清节目并成功进行了全国首次现场广域无线传送试验，我国成为继日本 NHK 之后成为全球第二个实现 8K 超高清 MIMO 无线传输的国家。

（2）承担国家重大专项

工程中心与中央广播电视总台共同承担了科技部《基于广播网与 5G 移动网融合的超高清全媒体内容协同分发关键技术研究》，将进一步为 2022 年北京冬奥会提供 8K+5G 的全网络无线覆盖提供关键技术基础。

上海交大和上海海思在工信部招标项目"2021 年产业技术基础公共服务平台——建设面向 8K 超高清视频制播关键技术和应用推广公共服务平台项目"中中标（中标单位包括央视总台、国家广电网络等六家）。

工程中心牵头承担 2020 年（工业强基）产业转型升级发展专项"8K 超高清产业核心芯片、关键设备与终端方案研发、设计、测试与应用"项目，项目聚集了国内在 8K 采集、制作、芯片、终端产业链的优势企业，面向 8K 超高清视频产业发展需求，协同产业链上下游攻克采集、制作、接收、测试和呈现等关键问题。

上海文广集团在 2020 年承担了"智慧媒体制播应用国家广播电视总局重点实验室"项目的研发，包含 3 个子项目，媒体内容智能生产服务中台：针对人工智能在广播电视内容生产领域的应用进行了研究开发与示范；智能移动媒资网：主要基于 AI 的媒体资产管理研究，并初步形成媒资"四个自动化"（自动采集工具、自动编目工具、自动水印工具、自动维权监测）；大数据情感交互受众测评平台：根据测试数据报告，对节目的内容环节、内容时长、内容情节设置等进行调整，达到提高节目质量、提高节目收视效果。

百视通承担了科技部课题"基于国产密码算法的超高清视频内容版权保护技术试点示范"，并完成了 20 万台超高清 DRM 终端应用。

（3）标准与专利

上海市信息家电行业协会主持编制《专有网络电视软终端体系架构》团体标准。软终端将以安装在智能电视机内的软件取代有线电视、IPTV机顶盒。该标准实施以后将使用户免去安装多台机顶盒的不便,使运营商节省配置机顶盒的成本负担。该团体标准已于2021年底通过专家评审,将于2022年发布实施。

工程中心作为超高清电视国家级研究机构,建立了高价值国际标准专利培育运营机制,参与了北美、巴西、欧洲等国际标准竞争,形成下一代超高清电视国际标准专利组合,核心专利通过国际标准专利池评估认定,计划于2022年完成国际标准专利池专利权人谈判及协议签署,成为国际标准专利池的中国专利权人,初步建成国际标准专利培育运营中心。

工程中心牵头中国首个全IP网络协同传送标准SMT,参与国际标准MPEG系统部分制定,以及牵头我国AVS2/3系统部分制定。在该系统技术基础上,进一步完成了自主智能媒体传送AVS2 SMT标准媒体传送系统研发,目前正在中央广播电视总台部署,为冬奥会提供"多屏多视角"等多个新应用。

2020年11月,工程中心与上海交大针对巴西数字电视标准组织SBTVD启动新一代数字电视标准TV3.0全球方案征集,提交了媒体传送技术提案,作为中国数字电视系统技术提案重要组成部分参与巴西新一代数字电视标准研究,后续将进一步进行方案陈述及样机测试验证工作。

上海海思协助广科院完成DRM行业标准体系的升级,今年申请国家标准;协助中国超高清联盟标准组完成了CUVA HDR标准的编写和TV大屏端的推广。

3. 网络传输更新换代

超高清视频的发展对网络的带宽、实时性等提出了更高的要求,反过来,网络承载能力的提升进一步促进了超高清视频产业的发展。

(1) 东方有线推进有线网络IP化和光纤化进程

随着IP技术和光网传输技术的快速发展,全IP光网取代传统的有线电视网络已是大势所趋。有线电视IP化不仅能够满足8K视频传输的需要,而且将无缝适应今后更大带宽视频服务的发展。东方有线为适应4K超高清电视的高质量传输和运营,加紧进行了数字电视IP化改造,主要有以下几项:

① 完成数字电视平台高清频道的IP化改造。

② 完成媒体保护融合系统升级,具备与实际应用业务对接的能力。

③ 4K超高清媒体交换承载平台CDN逐步升级,预计2021年底总吞吐性能达到480 Gbps。

④ 推动以5G和千兆光网为代表广电"双千兆"网络建设,部署全IP化和PON系统,提供带宽不低于1G的网络承载能力,推动8K视频等大带宽应用场景的实现可能性。

(2) 上海电信建设新一代综合业务承载网络

上海电信加快建设千兆宽带+千兆5G+千兆WiFi网络,主要完成了以下几项工作:

① 为超高清视频码率提升建设新一代融合CDN,IPTV内容存储升级为分布式对象存储,支撑内容中心的快速弹性扩容。

② 新一代IPTV EPG云化平台建设完成,将传统的服务器方式改为微服务架构,采取容器云化部署,具备灵活扩缩容以及灰度发布等功能,并可兼容异地灾备,已承载新型瀑布式IPTV EPG页面,提升用户体验。

(3) 加快建设5G移动通信网络

上海电信完成了发改委5G高清视频应用示范工程项目。平台包括内容分发系统与内容管理系统,部署5G试验网航华业务云平台,完全运行虚拟化的网络和服务器资源;部署云化高清视频应用的CDN MEC下沉,验证5G边缘计算与CDN的技术接口、CDN MEC下沉的用户体验,计划

2022年商用推广。

上海联通已部署5G信号站点规模全国突破30万个,用户下行峰值速率达4.7 Gbps,上海信号站点突破1.3万个,实现上海全域5G覆盖。

4. 积极推进行业创新应用

(1) "百城千屏"活动

"百城千屏"是工信部、中宣部等国家6部委联合部署的超高清视频落地推广活动,计划从2021年10月—2023年6月在全国百个城市公共活动场所建成千个4K/8K超高清大屏,旨在丰富超高清视音频服务场景,加速推动超高清视音频在多方面的融合创新发展,催生新技术、新业态、新模式。

为此,市经信委、市委宣传部、交通委、文旅局、广播电视台联合组织了开展本市"百城千屏"超高清视频落地推广活动。从2022年开始,在重要商圈、大型交通枢纽、网红地标、文化场馆等人流密集的地方改造或新建超高清大屏。通过公共大屏大力推进实施"公益宣传平台传播工程",同时通过大屏展播的优质超高清视音频内容普及市民对超高清视音频认知,培育发展新动能,促进信息消费升级。通过"百城千屏"活动,也将创新超高清视音频传播新模式,加快视音频设备升级和应用落地,推动技术标准体系和产业链成熟。

(2) 智能制造领域

上海电信聚焦工业行业垂直领域进行了工业视觉能力平台建设:通过AI算法自研和引入构建工业视觉算法仓库,提供企业生产全流程中安全生产、工业质检、日常巡检等各类场景的机器视觉算法能力需求,实现通用场景能力跨行业横向复制。开展案例有:

① 在临港新片区建立"5G智能制造实训中心",提供超高清视频技术在焊接机器人监控、智能安防管理等领域的示范应用。

② 电力行业智能视频管控解决方案:采用视觉AI能力,为电力企业在发电、输电、变电、配电、用电等环节提供可视化、智能化和智慧化的解决方案;中建钢构5G智能车库项目。

③ 通过5G+大数据实现远程预测性维护与远程指导维护以及通过5G+视频识别实现危险区域的实时安全检查。上海国茂与上海飞机制造有限公司合作,提供5G+8K+AVS2超高清视频检测系统,应用于上海商飞C919缺陷检测。

(3) 城市精细化管理领域

联通集团自主研发了基于5G模组的高清视频监控摄像机以及人脸识别、行为识别、目标分类等AI算法,并已投入商用,在城市道路、高速公路、园区等场景下均以云边结合的方式提供城市精细化管理能力,可以实现各类事件分析及预警,并建立国内首个5G+AI全场景商用示范区——张江人工智能岛。基于2020年建设基础上,结合街镇视频资源实现更多AI场景分析,如面向建筑工地的安全管理分析,电瓶车进楼道、电梯的分析管理,以及地下空间、道路的积水识别分析等场景。

上海电信积极支撑上海市府"一网统管"工作推进,利用视觉AI技术与视频资源融合,实现街镇治理的自动发现及智能研判处置管理的场景化应用,主要涉及领域:垃圾滞留识别、共享单车进小区识别、在岗人员识别,建筑垃圾滞留,树叶遮挡,高空抛物、独居老人关怀等智能识别。目前已在瑞金二路街道、南京东路街道、江苏路街道、虹桥镇、浦江镇、南桥镇、柘林镇、凌云街道等街镇城运项目中落地。

(4) 文化旅游领域

上海电信在上海国际旅度假区完成5G+VR/AR的智慧旅游应用示范,通过"VR全景实时直播""5G+LBS+AR智慧导览""自助讲解"等服务为游客提供"5G+AI导游"。项目于2021年1

季度立项实施,目前在前期魔方塔选址、信息内容准备中,计划于2022年验收完成。

(5) 教育领域

百视通开展了基于5G的超高清创新课堂的研发和示范,打造超高清直播和互动新模式;上海三大运营商IPTV上线空中课堂产品,已于3月2日上线,首日收视用户数46.4万。利用5G信号传输,支持新疆塔里木大学远程教学。

上海电信开展面向中小学的智能运动应用:通过构建智能辅助运动姿态学习系统,利用姿态估计算法,结合趣味游戏手段,实现对学生运动姿态进行纠正,提升学生体质。该场景通过蔷薇AI智慧校园建设,结合校本特色方面提供了"五禽戏"的智能运动提升解决方案,纠正学生运动姿态,推动AI成为传承中华传统文化的赋能载体。

(6) 医疗健康领域

上海联通研究了基于远程超声诊断、远程查房、远程手术协助、移动救护等医疗行业场景的医疗领域应用,携手华山医院打造上海首家5G智慧医疗应用示范基地,助力雷神山会诊新冠肺炎CT重症病例。

上海电信开发的上海市高清视频会议指挥系统在疫情期间快速完成建设,支持市政府与各委办局、医疗机构进行高清视频连线,促进高效指挥,对疫情防控起到了积极作用,目前已经覆盖市卫健委、申康医院发展中心及全市600多家医疗机构。开发基于5G的高清远程会诊和远程查房平台及多功能医疗车,帮助医联体及合作的上下级医院之间开展高清远程会诊、查房及B超等远程医疗活动,让患者在基层医院也可以享受到更好的医疗服务,今年已在金山区、宝山区试点。开发基于4K机顶盒的IPTV互联网医院,目前4K机顶盒已经适配了三家三甲医院的互联网医院客户端,基于电信IPTV的覆盖能力,方便老年人使用互联网医院进行常见病和慢性病的复诊,后续将拓展区级互联网医院的场景。

(上海市信息家电行业协会供稿 执笔:朱静莲)

(三) 上海数字内容产业2021年发展报告

1. 数字内容产业概述

数字内容产业定义、特征及分类

① 产业定义。

数字内容产业(Digital Content Industry),是指运用信息技术进行数字化并加以整合运用,依托信息基础设施和各类信息产品行销渠道,向用户提供数字化图像、字符、影像、语音等产品与服务的新兴产业。其核心是基于数字化内容的产品化和服务化,并由数字终端、内容、渠道、服务等构成的产业价值链。数字内容产业也是信息产业和文化产业的融合与衍生,包括网络游戏、网络动漫、网络视听、网络出版、数字学习、移动内容、其他网络服务以及内容软件等产业类型。

② 产业特征。

数字内容产业是建立在数字科技之上的现代智慧产业,通过多年不断发展与变化,数字内容产业呈现出数字化、公共性、全球性、文化发展性以及高速发展性。

A. 数字化

数字技术具备取消一切物理媒介形态以及由模拟信号技术构建的电子媒介形态的能力,这让一切内容全部构建在0和1的基础之上,这种媒介融合能力让文字、图片、声音、视频等媒介形态全部呈现在统一平台上。

B. 公共性

数字内容产业面向广阔社会公众，在为产业带来经济收益的同时也是公众享受的文化产品的主要提供主体。由于数字内容产业面向全社会，影响程度深、范围广，所以它必然承担着为社会文化发展竖起定向的责任和使命。因此，数字内容产业具有很强的公共性。

C. 全球化

随着移动通信技术的快速发展，国家与国家之间的界限已经被突破，全世界通过通信技术被紧密的联系在一起，跨国投资和兼并逐渐频繁。在这个趋势下，内容产品生产和内容产品销售在地域上被分离开来，数字内容产业也逐渐形成全球产业链。因此，许多数字内容产品或服务都具明显的地域文化特色。

D. 文化交融性

数字内容产品或服务是文化创意产业与信息产业相结合的产物，也是不同文化兼收并蓄相互碰撞下的产物。不同的文化产品之间、不同的文化地域之间通过这些数字内容产品相互交流和吸收，相互作用又反过来影响着数字内容产品所含的文化内涵。

E. 高速发展性

网络通讯技术高速发展使产业发展加快，新技术不断涌现使得产业高速发展。大量资本进入产业也促使产业快速发展。此外，用户需求转向数字内容也促使产业快速发展。

③ 产业分类。

数字内容产业主要分为以下几大类：

A. 网络视听：制作提供数字化电视剧、电影、音乐及短片视频等视听内容及服务的企业，包括数字音乐、网络视听、互动电视、数字电影等。

B. 网络游戏：制作提供游戏娱乐内容产品及服务的企业，包括网络游戏、电视游戏、电脑单机游戏、手机游戏以及手持游戏（如PSP）等。

C. 电子竞技：举办赛事、参与赛事、从事电竞平台搭建或运营、数据服务等相关业务的企业。

D. 数字出版：提供数字化数据出版物及相关信息服务的企业，包括数字期刊、电子书、数字图书馆、电子数据库、博客等。

E. 其他网络服务：提供基于数字内容的集成、增值服务产品的企业，主要包括数字学习、内容软件、即时通讯、搜索引擎、网络广告、电子商务等。

2. 上海数字内容产业发展现状

(1) 上海产业规模和产业链

① 上海数字内容产业总体规模。

经过近几年快速发展，中国数字内容产业已形成巨大规模。据统计，上海占据了全国40%的网络游戏市场、60%的金融信息服务市场、70%的O2O生活服务市场，具备业态较为完善的数字内容产业链。浦东新区张江、徐汇区、长宁区、杨浦区等区域形成的互联网产业带，占据上海互联网行业80%以上的产值。在区位优势的基础上，上海通过强有力的政策加持，为在线新经济发展保驾护航。

2020年4月，上海市政府印发的《上海市促进在线新经济发展行动方案（2020—2022年）》强调，上海将聚焦无人工厂、工业互联网、远程办公、在线服务、在线文娱、在线展览展示、生鲜电商零售、无接触配送、新型移动出行、在线教育、在线研发设计、在线医疗等十二大发展重点。实现集聚"100+"创新型企业、推出"100+"应用场景、打造"100+"品牌产品、突破"100+"关键技术等行动目标。到2022年末，将上海打造成具有国际影响力、国内领先的在线新经济发展高地。数字内容产业市场结构呈现出多样化发展趋势，网络游戏、网络视频（含互动电视）、网络音频、电子竞技、数字出版、虚拟现实等不断扩展其市场规模,占比不断提升。

② 上海数字内容产业链。

完整的数字内容产业链由五大部分组成,即内容素材—数字内容—网络服务—集成传输服务—接收终端。

数字内容产业并不是一个狭窄的产业,它是由生产、传输、销售数字内容产品和服务的企业群形成的产业链。如图124所示。

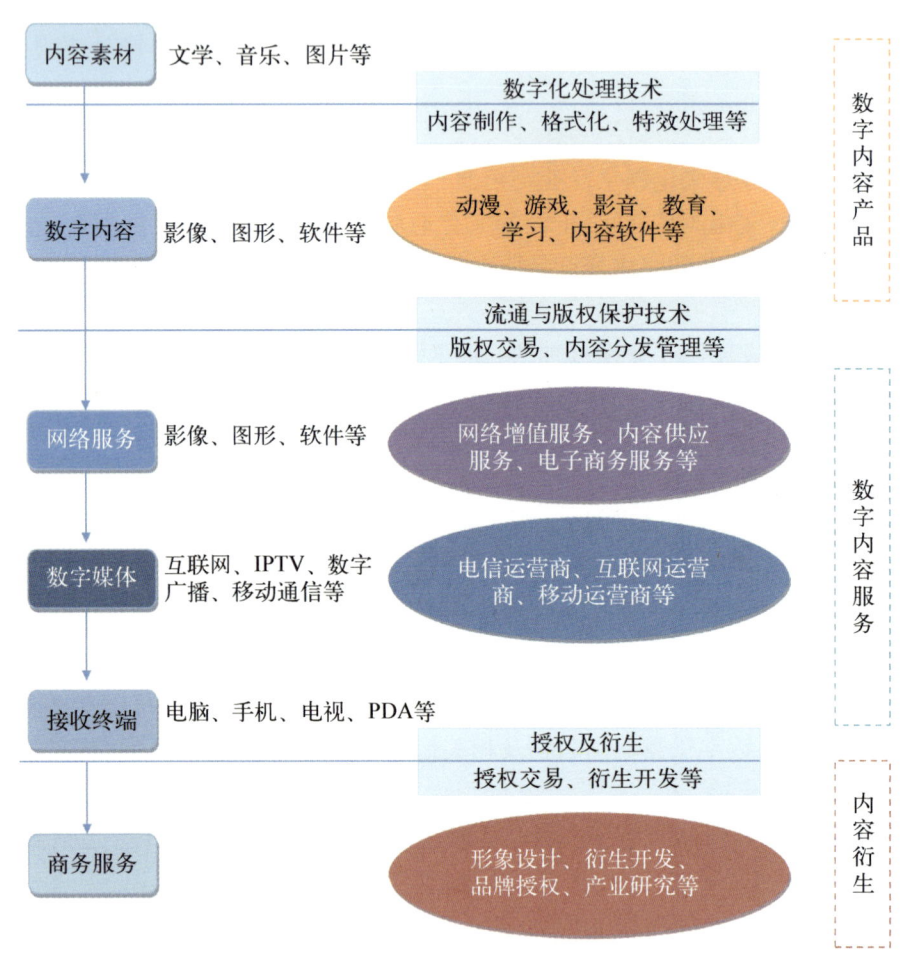

图124　数字内容产业链

(2) 上海产业结构分布现状

从产业结构上看,上海数字内容产业已经初步形成以网络视听、网络游戏、其他网络服务为主,电子竞技、数字出版等市场快速发展的产业格局。

① 网络视听。

A. 用户规模持续扩大

随着网络视听节目制作能力的显著提升,一批优质作品凭借独特的美学价值、文化内涵与传播特点为观众带来丰富的视觉体验。网络视听节目播放时长逐年提高,网络视听节目也逐渐受到权威奖项的认可。

截至2021年12月,我国网络视频(含短视频)用户规模达9.75亿,较2020年12月增长4794万,占网民整体的94.5%。

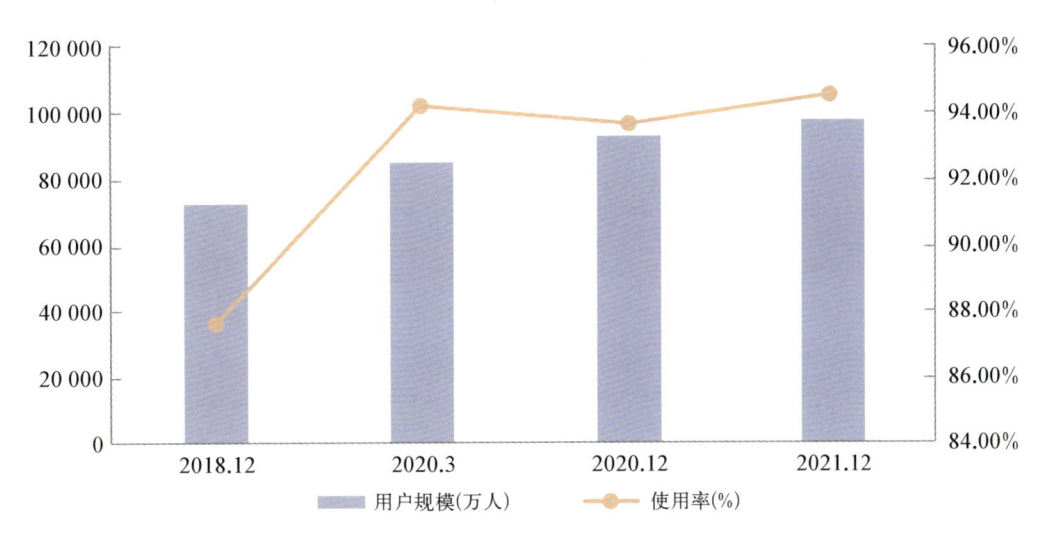

图 125　2018—2021年中国网络视频用户规模及使用率变化趋势

（资料来源：中国互联网络信息前瞻产业研究院）

B. 参与者逐年增长

随着网络视听市场的持续火爆，越来越多的企业参与到网络视听行业发展中来，据广电总局统计数据显示，2018年以来，全国持证及备案网络视听机构持续增长，到2021年，全国持证及备案网络视听机构累计675家。

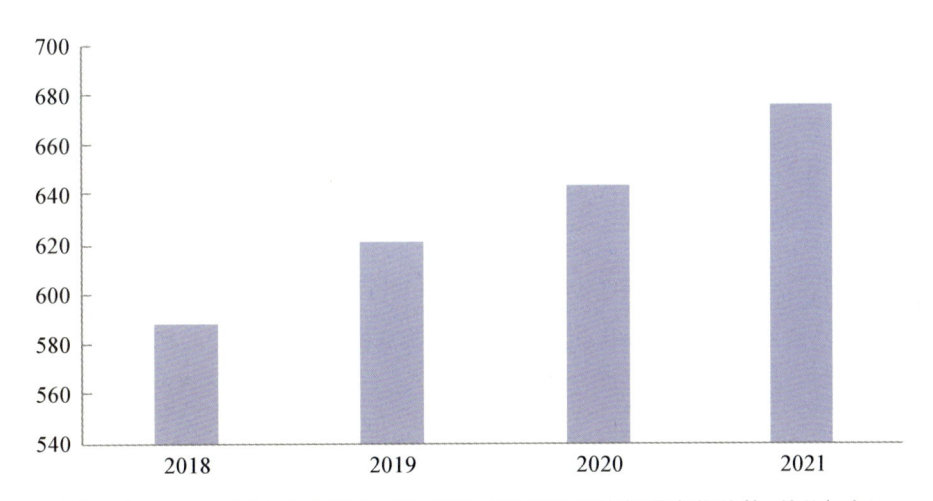

图 126　2018—2021年中国持证及备案网络视听机构数量变化趋势（单位：家）

（资料来源：广电总局前瞻产业研究院）

在内容制作方面，近年来我国加强网络视听内容建设，扩大优质网络文化产品供给。2021年获得上线备案号重点网络电影688部、网络剧232部、网络动画片199部、网络纪录片19部。

C. 行业收入持续提升

从行业经营情况来看，近年来，我国持证及备案机构网络视听收入持续快速增长。到2021年，全国网络视听收入3594.65亿元，同比增长22.10%。

从收入来源看，目前我国网络视听行业收入来源主要包括用户付费、节目版权等服务以及网络直播、短视频等其他收入。2021年，我国网络视听市场用户付费、节目版权等服务收入大幅增长，达974.05亿元，同比增长17.24%，占总收入的27.1%；网络直播、短视频等其他收入增长迅速，达

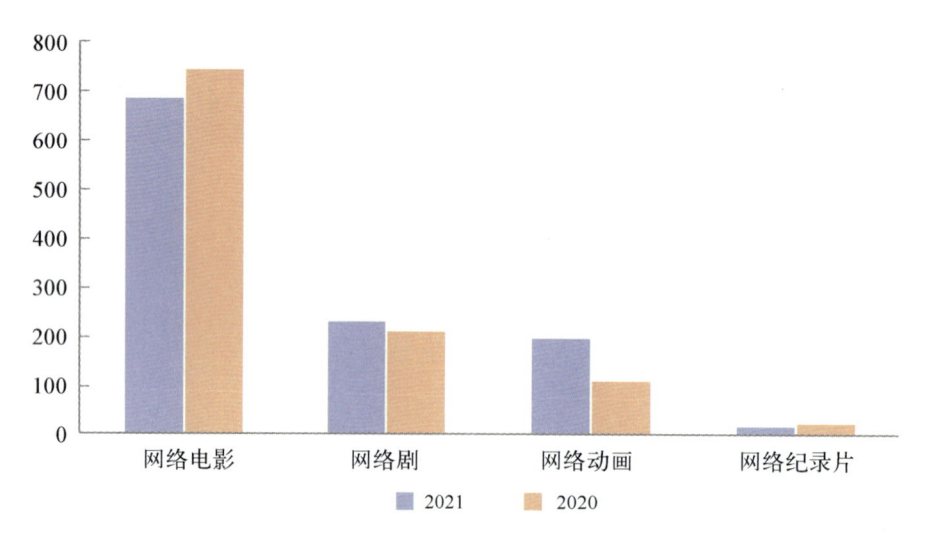

图127 2020—2021年中国网络视听内容制作情况变化趋势（单位：部）

（资料来源：广电总局前瞻产业研究院）

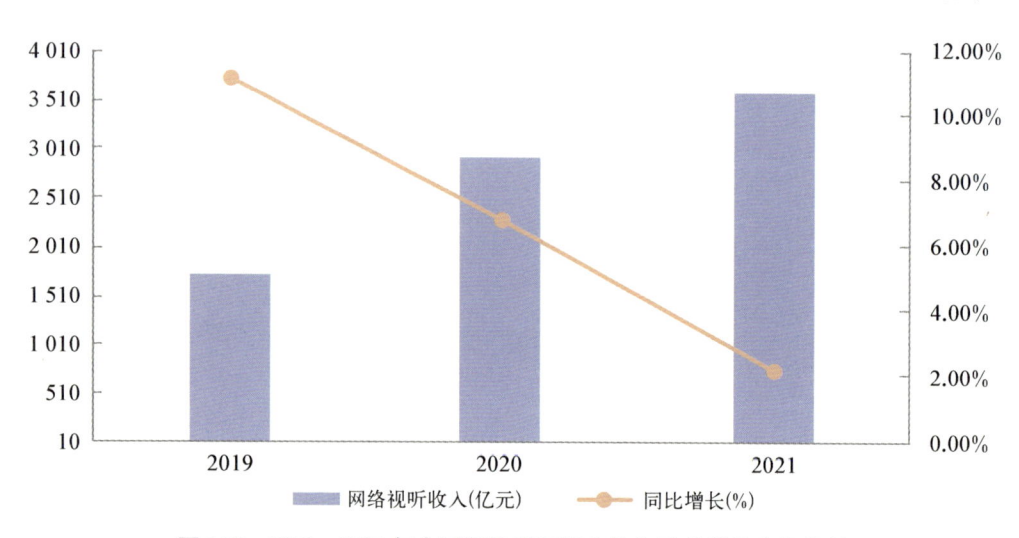

图128 2019—2021年中国网络视听行业收入及其增速变化趋势

（资料来源：广电总局前瞻产业研究院）

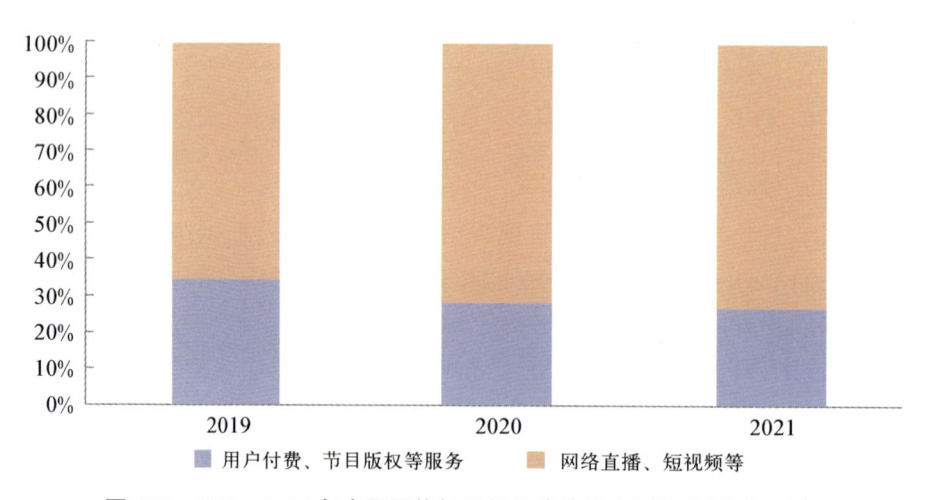

图129 2019—2021年中国网络视听行业收入按来源构成（单位：%）

（资料来源：广电总局前瞻产业研究院）

2 620.60亿元,同比增长24.02%,占总收入的72.9%。

此外,上海的网络视听产业基地在政策的帮扶下也发展迅速。截至2021年底,基地在市广电局与紫竹国家高新区的全力共建下,累计引入企业超过2 258家,年新增企业数量400家,其中,70%以上的落户企业为从事网络视听、影视动漫、网络游戏、技术研发、信息服务等新兴文化企业。在基地落户企业中,产业收入最大的5家企业为优酷土豆、喜马拉雅FM、大疆创新、心动网络与途虎养车,同时如一条视频、笑果文化、英佩游戏、灵河影视、创米科技等企业也发展态势良好。

② 网络游戏。

2021年,中国游戏用户规模达6.66亿人,中国游戏市场实际销售收入2 965.13亿元,同比增长6.4%。

上海游戏产业再次展现出强大的韧性与活力。《2020—2021上海游戏出版产业报告》披露,2020年上海国内及海外网络游戏总销售收入已达1 206亿元。其中,国内销售收入999.2亿元,占全国比重达35.9%;同比增长超过24%,增速超过全国平均水平。海外销售收入超过29亿美元,约合人民币206.8亿元,增幅超过50%。自主研发网络游戏销售收入823.8亿元,增量超过120亿元。

③ 电子竞技。

《2021上海电子竞技产业发展评估报告》指出:上海依然处于强势地位,但存在一定危机。上海电竞政策推动上海电子竞技产业有序健康发展,上海电竞政策不仅开始的早并且具有持续性和全面性,上海各区域也都积极出台政策推动电竞产业发展。加之上海拥有全国16.2%电子竞技人才以及上海的经济、游客、交通、办赛经验、住宿等方面的资源优势,上海依旧处于全国电竞城市的领跑地位,但并非不存在危机。

A. 上海依旧处于强势地位,相较于以往有所松动

上海在2021年1月—5月流水TOP移动电子竞技游戏运营商所在地区分布占比达到全国的15%,相较于2019年同期下降5%。2021年上海电子竞技赛事收入预计占比将达到全国赛事收入的50.7%。凭借着大量的办赛经验和诸多国内外游戏、电竞大厂的入驻,上海在游戏运营的品类上有所下降,但赛事举办依旧是领跑地位。

B. 电竞人才众多,但有流失趋势

上海电竞的高速发展使得电竞人才需求众多,目前上海的电竞人才需求占比达到22.3%,属于全国人才需求最多的城市。而在人才需求类型上,则超40%属于电竞赛事服务、34.6%属于电竞游戏开发。

从求职者的居住地来看,电子竞技的求职者多集中于"北上广深",其中,16.2%的电竞人才聚集于上海,超第二名的北京4.7%。目前看,上海电竞产业人才不管是需求还是人才聚集都是处于第一,但报告还显示,集中在上海的电竞人才有意愿去其他城市工作的占比达18.1%,上海存在人才流失风险。

C. 数字出版

着眼于文化强国建设的总体部署和疫情防控步入常态化下的数字内容需求变化,数字出版产业呈现出新发展趋势。

顶层设计更加完备。出版业"十四五"规划已完成编制即将出台。数字出版将作为出版实施数字化战略的重要抓手,对于出版业高质量发展将发挥更大作用。

数字内容生产分发模式加速变革。数字内容分发方式从单一机器算法,迈向"算法+身份认同"新阶段,用户对专业和权威内容更具信任度和认可度,建立健全数字内容价值评价体系的重要性更加凸显。

数字教育迎来赛道变革。2021年以来,国家加大了对职业教育等教育领域的支持力度,并对K12领域,特别是对线上K12的监管进一步强化。To G 或 To B 将成为K12教育发展的主要模式,通过智慧校园的构建,包括数字教材、线上课程、智慧教育平台、智能教育装备等在内的K12智慧教育生态体系正在形成。

此外,数字内容产业市场格局趋向竞合,全域化数字内容营销格局逐步构建,区块链提速落地构建数字版权新生态,也是数字出版产业发展新趋势。

④ 其他网络服务。

网络服务外延不断扩展,产业融合不断加深。上海其他网络服务涉及互联网、动漫及网络游戏等领域,我国其他网络服务业不仅在内容上得到了较大的发展,而且随着新技术引进,其在设计、管理、生产、营运等方面步入国际领先地位。

企业集聚优势明显,增值服务表现活跃。上海凭借先天区域优势和后天努力,网络服务业企业纷纷集聚上海,产业发展外延不断拓宽,市场开发潜力不断提高,产业具有一定的国际竞争与合作能力。目前在上海互联网增值业务市场,表现活跃的业务主要包括电子商务、电子邮箱、网络短信、网络广告、搜索引擎、即时通讯、VoIP等。这几项业务占据了互联网增值业务市场的98%以上。这几年,新型即时通信、微博等在内的新兴互联网应用迅速扩散,显示出互联网发展创新速度之快。

(3) 上海数字内容产业发展特点

从产业整体发展情况来看,具备了以下3个特征:

① 产业内涵不断拓展。

一方面,数字内容产业与文化创意结合更加紧密,打破了文化艺术原先的边界,形成横跨通讯、网络、娱乐、媒体及传统文化艺术新形态;另一方面,数字内容与信息技术高度结合,为三网融合、云计算、无线网络等新兴技术和产业提供内容支撑。

② 产业链持续完善。

从产业链来看,内容素材—信息内容—网络服务—播放载体—信息终端的基本结构已经具备。我国为促进数字内容产业发展,打造了数字内容产业服务平台,为数字内容产业发展提供良好生态服务环境,数字内容企业通过资源整合、优势互补,已形成上下游企业密切合作、共同发展的数字内容产业链。

③ 产业竞争日趋激烈。

经过多年的市场需求培育,目前我国的数字内容产业已经具备了良好的用户基础,加上产业链各环节的协作大大加强,产业规模处于快速稳步增长的阶段。然而用户需求的复杂化、多样化,以及个别领域存在的政策不确定性,决定了竞争者面临较高风险,产业竞争愈加突出。

3. 上海数字内容产业发展趋势

(1) 更加系统化的网络环境

加快上海数字内容产业领域互联网技术创新,从供给侧和需求侧两端发力,逐步形成多层次、系统化的平台发展体系,促进数字内容产业全要素连接和资源优化配置。开展面向不同行业和场景的应用创新,比如5G重点技术的推进、多屏互动、大数据应用、超高清技术、VR视频、VR游戏等新技术的创新和广泛应用。

(2) 更加完善的政策环境

制定并完善适应数字经济新技术、新应用、新业态、新产业发展的政策法规,深化放管服改革,推动从单纯的政府监管向社会协同治理转变,促进数字经济基础设施、平台经济、组织模式变革,为数字内容产业发展提供良好的政策环境。

（3）更加多元的人文环境

随着移动互联网科技不断发展，5G时代来临，网民基数不断扩大。网络视听新媒体、自媒体获得蓬勃发展，成为当前时代重要的信息载体之一，同时也为数字内容产业发展提供了更丰富、多元的人文环境。

综上所述，新兴自媒体的内容质量呈上升趋势，互联网实名制的全面推行，对时间和内容的监管，使创作的人文环境得以不断净化，同时也吸引了各路资本方的青睐，为行业的良性稳健发展提供了资金保障。从创作角度上来看，自媒体从早期的内容繁杂，发展到现在逐步呈现出垂直多元化的趋势，受众领域更加细分，产品营销更加趋于定制，创作者—平台—产品—受众之间形成了良性的循环系统。

（上海市数字内容产业促进中心供稿）

（四）上海网络和信息安全行业 2021 年发展报告

1. 行业年度发展情况综述

2021年，全球经济在疫情的反复冲击下艰难复苏。虽然疫情引发的供应链不畅、发达国家劳动力供给短缺等因素给全球经济带来严重冲击，但数字经济却逆势而起，以互联网、大数据、云计算、人工智能等为代表的新一代信息技术创新加速迭代，助推传统产业加速数字化、网络化、智能化转型升级。新冠病毒肺炎疫情对我国网络安全市场造成一定冲击，但网络安全市场总体稳中向好，政策法规、技术产品、市场主体、资本等内外部因素呈现积极变化。具体来看，政策法规方面，我国网络安全顶层设计不断完善，各地网络安全政策密集出台，推动产业发展迈向新阶段。技术产品方面，网络安全技术、理念和产品迭代升级，新场景和新技术方面布局不断优化。市场主体方面，网络安全上市企业营收增速回落，整体盈利水平优于国际同业。资本方面，网络安全融资热度不减，投资主体进一步丰富，为产业创新发展赋能。生态方面，多主体充分发挥桥梁纽带作用，产业发展要素与资源加速聚集。

（1）主要统计数据

2021年，上海网络和信息安全产业总体稳扎稳打，传统安全企业积极作为，锤炼产品及服务，奋力开拓市场，新兴安全企业也不断涌现，年产值超过175亿元，较上年增长超过40%。2021年，上海大力推动城市数字化转型，带来新的网络和信息安全需求，相关产品及咨询服务市场快速增长；身份管理、数据安全、密码等产品市场增长明显，物联网安全、工业互联网安全、人工智能安全、数据安全等新兴安全产品开始进入市场；上海的网络安全企业纷纷抓住机遇，动态边界、智能分析、主动防御、云化服务成为目前市场较为看好的网络安全技术发展方向，未来发展前景可期。

（2）政策措施

2021年被称为我国数据立法的元年。除了已经在2017年生效施行的《中华人民共和国网络安全法》外，《中华人民共和国数据安全法》于2021年6月发布，9月施行；《中华人民共和国个人信息保护法》于2021年8月发布，11月施行。至此，我国"数据三大法"正式诞生，这对维护国家安全、网络安全、数据安全和个人信息保护不仅具有重要的理论意义，更具有重要的实践价值。在此基础上，2021年7月，国务院发布《关键信息基础设施安全保护条例》，明确关键信息基础设施范围，推进依法治网向深向实；12月，国家互联网信息办公室等12部门共同发布了修订后的《网络安全审查办法》，进一步明确了对网络安全、数据安全、关键信息基础设施供应链安全的保障，维护国家安全。此外，包括车联网、物联网、5G、工业互联网、人工智能、工业大数据、云计算服务等政策指引陆续出台,如7月,工业和信息化部等9部门印发《5G应用"扬帆"行动计划(2021—2023年)》的通知;9月,工业和信息化部发布了《工业和信息化部关于加强车联网网络安全和数据安全工作的通知》;11月,工业和信息化部发布了《工业和信息化部关于印发"十四五"大数据产业发展规划的通知》。

上海也于2021年11月发布了《上海市数据条例》,成为《中华人民共和国数据安全法》与《中华人民共和国个人信息保护法》正式施行后的首个数据领域的综合性地方立法。作为地方综合性数据立法的"先行者",《上海市数据条例》具有重要的意义和参考价值。随着法律法规治理体系逐步完善,上海网络安全产业发展有法可依,有章可循;合规驱动,数据加速,政府、企业投入不断增加,安全产品加速向网络进化,云与数字化场景需求大幅提升;模式不断创新,人工智能、区块链、大数据技术日趋成熟,各场景下的安全需求创造出了大量的新兴市场。

2021年,上海网络和信息安全产业发展外部环境稳中向好。市经信委、市委网信办、市发展改革委、市科委、市财政局、市通信管理局联合发布《上海市建设网络安全产业创新高地行动计划(2021—2023年)》,着力推动技术服务转型升级,持续深化场景需求开放引导,重点打造协同创新载体支撑,全力建设产业生态制度体系。进一步激发了中小型网络安全企业的活力,有力地推动了初创企业的发展。产业内投融资活跃,年内有多家企业获得千万级以上风险投资。产业发展基础进一步夯实,2021年上海市信息安全行业协会筹建了数据安全与隐私计算专委会,旨在推动数据安全与隐私计算产业的发展,通过标准的建立、示范应用的推广,加强行业对话,提升行业安全数据流转的能力,从而打破数据孤岛,在合法合规的前提下加速数据资产安全利用,为上海数据安全与隐私计算产业高地的建设做出贡献。此外,为贯彻落实市领导在《关于发展网络安全保险新业态的报告》的批示要求,加快推动网络安全保险产业发展,助力上海打造国际金融中心和建设网络安全产业创新高地,2021年市经信委联合上海银保监局组建工作专班,加快推进网络安全保险服务模式创新。目前网络安全保险安全服务技术标准和能力评估两项团体标准框架和基本内容已确定,后续将进一步细化和完善。

2. 行业代表性企业、新项目典型案例

(1)重大项目方面,2021年主要成果

上海计算机软件技术开发中心中国国际进口博览会安全保障项目:连续4年成为进博会指定的等级保护测评机构,对进博会的重要信息系统进行等级复测评,对所有核心系统进行7×24小时的实时监测、对核心系统进行全生命周期的安全评估和等保测评、对相关重点单位的网络安全隐患进行逐一排查、提供7×24小时的全天候安全值守与应急保障。上海市疫苗综合管理和预防接种服务信息系统安全测试服务项目:服务内容涵盖了安全测试、渗透测试、源代码审计、配合关基检查,为支撑全市疫苗接种(含新冠疫苗)安全稳定运行保驾护航。

上海市网络技术综合应用研究所第十届花卉博览会安全保障:提供了从风险识别、风险评估、风险处置全流程的安全服务,保障了花博会期间信息系统安全、稳定的运行。上海市教育考试院高考综合改革全国网上录取平台安全保障:在上海高考、中考阅卷、志愿填报、招生期间,开展现场安全保障,对所有访问流量进行监测,开展日志审计与分析,保障了上海市高考的报名、成绩查询、录取等环节顺利完成。

上海启明星辰信息技术有限公司上海高速公路省级态势感知平台项目:是上海高速路网中心部署态势平台,对全市高速路网络安全态势进行整体安全分析、预警、管理,目前已完成交通部部级态势平台对接工作。上海安几科技有限公司普陀大数据中心零信任安全空间项目:使用零信任沙盒可信计算空间进行研发生产,实现了普陀大数据中心的数据不落地,也可保证中心内的数据安全。申通地铁工控安全零信任项目,对地铁内连接的工控终端进行了防护认证,实现了设备的可信连接,保障了申通地铁的运营安全。

(2)新产品、新技术研发方面,2021年代表企业案例

上海观安信息技术股份有限公司水印溯源产品:通过对外发文件/数据添加含有责任人标识的水印信息的方式,将两者信息进行绑定,当文件/数据发生泄露时,可以从中提取出水印信息,明确责任人相关信息,溯源追责。保障资产所有者的合法权益,大大提高了数据传递的安全性和可追溯能力。数据流转监测产品:具备高性能数据流量采集以及敏感数据发现和标注的能力;通过对数据库、非数据库协议以及文档文件的解析与处理,基于敏感策略配置,可以及时发现蕴含在网络传输流量中的敏感数据,防止敏感数据泄露。安全管理平台:通过登录采集、远程扫描、流量分析、Agent 采集等多种资产采集方式,发现、收集散落在网络空间各处的有效存活资产,为企业用户发现未知 IT 资产。建立有效的资产闭环管控,结合漏洞扫描、POC 漏洞检测、弱口令探测、异常分析等多种方式定位隐患资产,降低网络安全风险。安全态势感知通报预警系统:网络安全态势可见、可管、可控,形成对安全事件检测、通报、处置、追溯等一整套应急响应处理体系;构建全面的网络空间安全协调指挥体系,建立联防联控的协同防控机制。NTA:综合运用多种手段全面、快速和准确发现网络流量中的资产;智能学习出设备间互联行为并进行分析,基于流量特征识别攻击行为和攻击工具,基于统计分析和机器学习进行高级威胁检测。零信任 SDP:秉承零信任理念打造的新一代企业远程安全访问系统,具备多因子身份验证、安全可信链接、动态评估授权、用户信任评估、应用无边界安全访问的能力。通过对用户、设备、访问行为的智能分析,持续评估用户、设备的信任度,结合安全策略的配置,对用户进行动态访问控制,动态授予用户细粒度的访问权限,确保企业应用的访问安全。

瑞数信息技术(上海)有限公司在上海和北京陆续开设了新的研发中心,加大在 AI 人工智能技术和数据安全创新技术的进一步拓展。瑞数信息推出全新数据安全产品"瑞数智能数据安全检测与应急响应系统",和两大全新解决方案:"瑞数应用数据安全解决方案","瑞数微信小程序动态安全防护解决方案"。网宿科技股份有限公司上线容器安全产品,提供云原生全生命周期的自动化安全防护;推出基于 serverless 的边缘计算服务——边缘应用,提供更快更丰富的计算能力;推出可编程 CDN——边缘脚本,实现个性化业务的快速交付;发布零信任新品 SecureLink,加码企业安全。

上海豌豆信息技术有限公司 SecMind xPAM 特权账号管理产品获得公安部产品销售许可证,获得国产操作系统适配认证证书。以本产品为主要技术研究方向,先后实现三大主要技术突破:将 RPA 流程机器人技术进行场景化应用,解决 5 万以上物联网资产自动化改密和集中管理的身份安全问题;应用层会话全流程管控技术,记录登录、访问、使用、退出每个步骤、持续身份认证、保护应用会话、会话录屏、审计溯源、隐私保护等主要技术;Mesh 网络层身份识别技术,身份识别覆盖人、机器、物联、边缘能够接入网络,实现网络层访问控制平面、策略配置和管理中心,能够打通所有跨域网络形成 SD-WAN 虚拟网络平面。

上海华虹集成电路有限责任公司超低功耗安全 MCU 芯片产品开发:融合超低功耗及安全性设计实现全新的芯片架构,集成国产安全算法,实现自主可控的超低功耗安全 MCU 设计并已投片;Ecosystem 及应用方案先于芯片开发,从应用方案的角度为芯片规格定义、仿真验证、系统验证提供基于应用的技术支撑。

公安部第三研究所研发公安云平台智能在线检测系统,支撑对各地公安机关云平台开展在线检测;具备生产 216 种毒品标准物能力,成功研制 22 种氟代毒品标准物并实现国产化,研发团队荣获公安部集体二等功;研制完成所有常见合成大麻素类对照品,建立相关质谱和核磁数据库。

此外,2021年度,上海网络和信息安全企业专利、著作权等申请数量快速增长,当年新增申请

发明专利超过 400 件,企业知识产权管理意识不断提升。

（3）创新转型方面,2021 年代表企业案例

众安信息技术服务有限公司基于网络安全保险的主动风险管理平台为网络安全险提供全生命周期支撑。主要内容包括：承保前,为客户提供可量化的网络安全风险和网络安全治理能力评估；承保过程中,提供一体化安全防护和持续化安全运营服务,降低企业的网络安全风险；出险时,为客户提供专业及快速的安全止损服务,为保险公司提供准确的风控能力。该项目符合国家发展现代保险业的政策导向、积极响应国家和上海市积极推动网络安全保险的号召、助力于增强上海科创中心建设的影响力、将推动传统保险企业向互联网化方向转变。

上海上讯信息技术股份有限公司敏捷数据管理平台（ADM）：基于数据库虚拟化技术完善相应的功能优化,不限于针对数据副本的集中快速交付功能,从数据副本交付后的管理着手,开展对副本交付的批量操作,同时对交付的副本进行后续数据变更过程中的版本管理是 2021 年度产品创新转型的重点,通过对数据使用过程中的灵活版本管理,帮助用户解决数据副本使用过程中的痛点问题,如数据副本交付周期过长的问题、数据副本使用版本回退困难、数据副本存储资源浪费的问题；同时,针对备份数据的自动化恢复进行了技术创新,通过对接企业现有备份系统进行集中统一接口的数据恢复,恢复数据统一存储,进行后续数据的使用或简单验证,实现备份数据的自动化周期性的恢复校验,省时省力。此功能成功应用于华夏银行和华夏银行信用卡中心构建一体化数据自动恢复验证平台与数据抽检平台,技术成果转化显著,客户取得良好的经济收益。

网宿科技股份有限公司随着 5G 的到来,新一代 IT 基础设施向智能化、边缘化发展,公司加强 CDN 和边缘计算的协同发展、创新,借助 CDN 平台的先天优势,进一步开放边缘节点的计算能力,推动 CDN 平台云化向边缘计算平台演进,为产业成长提供基于边缘的基础设施能力、应用服务。目前,公司已推出网宿边缘计算平台 ECP,基于全球广泛分布的节点资源,融合计算、网络、存储等核心能力构建的边缘开放平台,就近为用户提供边缘算力等服务,实时完成业务处理和响应,适用于低时延、多连接、广覆盖等应用场景。

上海市数字证书认证中心有限公司完成公司新三年行动计划,强化数字信任创新研究,数字信任发展理念写入《上海市全面推进城市数字化转型"十四五"规划》；与赛博研究院联合撰写与发布数字信任报告 2.0 版。开展区块链平台建设、零信任业务解决方案、车联网电子认证方案、数据可信访问体系等方面的创新合作和技术研究；通过数字化转型数字信任联盟、数字身份与数据流通信任技术实验室、政务区块链实验室等平台加强产学研合作。

公安部第三研究所对内成立新部门集全所资源形成合力,切实提升为公安一线解决重大疑难问题和提供综合解决方案的能力,助推产业转型发展。对外与公安大学、南昌市局、一汽集团等开展战略合作,与中国电信建立联合实验室,共同开展多方数据安全共享与融合计算技术研究推广,整合产、学、研、用各界资源,实现优势互补,为提升科技成果转化效率汲取好的经验和做法。

上海安几科技有限公司在产品和业务模式上大胆创新,从客户推进、行业理解、品牌打造等方面形成了安几特色的创新驱动模式,以安全工程的思想为指导,在安几内部建立系统集成、运维服务和零信任产品服务等工作规范,让客户感受到标准化的、管家式快速需求响应,形成良好的"安几口碑"。

3. 行业新时期展望

在"十四五"的开局之年,网络安全建设成为国家安全体系能力建设的重要方向。近一年的制度建设中,我国不断强化法律法规和标准规范的引导作用,积极培育促进新技术、新应用落地,夯实关键信息基础设施安全保障,增强自主创新能力,建设各方面齐抓共管、共治共建的网络安全新生态。2021 年 3 月,我国发布《中华人民共和国国民经济和社会发展第十四个五年规划和 2035 年远

景目标纲要》,共提及"网络安全"14次,涉及数字经济、数字生态、国家安全、能源资源安全等多个领域,提出了网络安全新发展的重点思路和重点工作,为网络安全产业健康发展提出了政策保障和创新思路。

上海高度重视数字化、网络化、智能化对城市发展的引领作用,同步不断完善城市治理体系,也在逐步完善网络安全顶层设计。一是推进网络安全法制建设,二是将网络安全产业创新作为建设工作的重点之一。随着新型基础设施建设的全面铺开,新技术、新场景驱动的网络安全需求与日俱增。监管机构已洞察到这一趋势,并进行了前瞻性的引导和部署。

网络安全新技术、新理念的涌现,为市场带来重构和洗牌的新机遇。未来,上海应把握机遇,在完善网络安全政策体系、强化安全技术创新、优化安全人才结构、完善产业生态环境等方面持续发力,不断增强网络安全产业整体实力。既要客观看待产业发展面临的困难挑战,又要把握好产业升级、技术革命、全球格局变化的重大机遇,更要充分发挥制度优势、市场优势、规模优势、人才优势和配套优势,把握网络安全产业发展趋势和规律,抓住上海重点产业数字化转型契机,以关键需求和重大工程为牵引,充分发挥国际合作和区域协同效应,坚定不移高质量发展网络安全产业,夯实制造强国和网络强国基础。

(上海市信息安全行业协会供稿)

(五) 上海区块链技术应用和行业 2021 年发展报告

2021年是"十四五"规划开局之年,国家"十四五"规划将区块链纳入数字产业之一,提出了区块链发展方向和目标。工信部、网信办、科技部等多个部门均出台区块链发展指导意见及相关政策,大力支持区块链创新。《上海市"十四五"规划和二〇三五年远景目标纲要》中将区块链作为城市数字化转型、社会治理、国际金融中心建设等支撑性技术之一,鼓励区块链技术创新与应用示范。随着政策红利的持续释放,以及技术突破与应用创新的不断深入,上海区块链产业生态加速演进,脱虚入实,呈现新的发展面貌。

1. 产业政策持续引导,积极抢占发展高地

"十四五"时期是上海在新的起点上全面深化"五个中心"建设、加快建设具有世界影响力的社会主义现代化国际大都市的关键五年。区块链作为新一代信息技术代表,持续受到全社会的关注,上海市继续出台了一系列政策与指导意见,大力鼓励区块链技术创新应用。

据统计,2021年上海16个区发布的"十四五"规划中,有10个区规划文件中涉及区块链技术与创新应用。

表 109　上海部分区政府"十四五"规划中区块链关键词

地　　区	专项规划名称
静安	上海市北区块链生态谷;金融科技应用;数据智能产业集群
浦东	数字经济
徐汇	树图区块链研究院;数字技术基础
长宁	区块链与金融业融合

续 表

地　区	专项规划名称
杨浦	在线新经济；金融领袖应用；知识产权领域应用
虹口	创新型经济；金融服务业；银镜区块链科技企业
闵行	数字服务
金山	数字产业化
青浦	物流行业；物流区块链联合实验室；数字产业赋能；制造业
嘉定	数字产业；南翔区块链特色集聚区

在上海市"十四五"专项规划中，有17个专项领域的规划中提到支持区块链技术研发，鼓励区块链技术赋能领域应用。

表110　上海市"十四五"专项规划中有关区块链领域

序　号	专项规划名称
1	《上海市全面推进城市数字化转型"十四五"规划》
2	《上海市建设具有全球影响力的科技创新中心"十四五"规划》
3	《上海市社会主义国际文化大都市建设"十四五"规划》
4	《上海国际金融中心建设"十四五"规划》
5	《上海市应急管理"十四五"规划》
6	《上海市残疾人事业发展"十四五"规划》
7	《上海市就业和保障"十四五"规划》
8	《上海市综合交通发展"十四五"规划》
9	《上海市战略性新兴产业和先导产业发展"十四五"规划》
10	《上海市张江科学城发展"十四五"规划》
11	《上海市卫生健康发展"十四五"规划》
12	《上海市先进制造业发展"十四五"规划》
13	《上海市服务业发展"十四五"规划》
14	《上海市青少年发展"十四五"规划》
15	《上海市民政事业发展"十四五"规划》
16	《上海市国际航运中心建设"十四五"规划》
17	《上海市电子信息产业发展"十四五"规划》

现将2021年部分上海区块链产业政策及指导意见中关于区块链技术方面的内容呈现如下,从中也可以看出区块链能够在城市数字化转型、金融、保险、数据要素流通、物流等多个领域发挥重要作用。

2021年1月,上海市正式发布《关于全面推进上海城市数字化转型的意见》,意见指出,加快建设数字基础设施,推动千兆宽带、5G、卫星互联网等高速网络覆盖,建设高性能公共算力中心,打造人工智能、区块链、工业互联网等数字平台,坚实支撑经济发展、市民生活和城市治理等各领域的数字化应用。

2021年4月,商务部印发《上海市服务业扩大开放综合试点总体方案》,提出探索区块链技术在数字贸易、金融场景中的应用,构建贸易金融区块链标准体系等。

2021年5月,上海市科委发布"科技创新行动计划"高新技术领域项目申报指南,将区块链技术单独作为战略前沿技术的一个方向,旨在鼓励推动高性能、安全性、可扩展性的区块链底层关键技术研究,突破制约区块链系统整体性能提升的瓶颈。

2021年6月,上海银保监局发布《关于推动上海财产保险业高质量发展的实施意见》。其中提到,该行业要依托人工智能、大数据、云计算、区块链、物联网等科技赋能,持续优化运营效率与用户体验。

2021年7月,上海市人民政府印发《上海市战略性新兴产业和先导产业发展"十四五"规划》。其中提到,要重点突破智能合约、共识算法、加密算法、分布式系统等关键技术,加快建设一批区块链服务平台,推动区块链在金融、商贸、物流、能源、制造等领域示范应用,构建应用场景,形成区块链应用技术体系和产业生态。

2021年7月举行世界人工智能大会上,上海浦东新区政府与百度公司正式宣布共同成立百度智能云超级链(上海)创新中心,助力浦东打造世界领先的区块链技术高地,助推上海重点产业集群跨越发展。

2021年9月,上海市人民政府办公厅印发《关于本市加快发展外贸新业态新模式的实施意见》,鼓励探索区块链技术在贸易细分领域中的应用、数字贸易交易促进平台中的应用。

2021年10月,中国银保监会、上海市人民政府联合发布《关于推进上海国际再保险中心建设的指导意见》,提出支持上海保险交易所建立区块链数据交互规范,依托区块链等技术建立再保险信息数据共享机制。

2021年10月,上海市正式公布《上海市全面推进城市数字化转型"十四五"规划》,明确了"十四五"时期上海城市数字化转型"1+4"目标体系。其中,多处提到要利用区块链技术赋能上海市城市数字化转型,在构建城市数据中枢体系、打造城市共性技术赋能平台两大工作方向中均提及区块链技术的应用及发展。

2021年11月,上海市正式公布的《上海市数据条例》,称本市支持浦东新区加强数据交易相关的数字信任体系建设,创新融合大数据、区块链、零信任等技术,构建数字信任基础设施,保障可信数据交易服务。加强数字基础设施规划和布局,提升电子政务云、电子政务外网等的服务能力,建设新一代通信网络、数据中心、人工智能平台等重大基础设施,建立完善网络、存储、计算、安全等数字基础设施体系。

2021年12月,上海保险交易所正式发布《数字化再保险登记清结算平台数据规范(财产险)》。这是全球首个基于区块链的再保险数据交互规范,有效填补了区块链再保险应用领域数据标准的空白。

2021年12月底,上海市经济和信息化委员会印发《上海市电子信息产业发展"十四五"规划》。

其中提到,围绕人工智能+大数据、云计算+边缘计算、5G+扩展现实、区块链+量子技术等方面,推进技术协同攻关、标准规范制定和平台建设、应用创新等。

2. 重大应用试点牵引,打造区块链上海方案

(1) 全力推进国家区块链创新应用试点

为深入学习贯彻习近平总书记在中央政治局第十八次集体学习时的重要讲话精神,落实《中华人民共和国国民经济和社会发展第十四个五年规划和2035年远景目标纲要》关于发展区块链等数字经济重点产业、推动产业数字化转型等重要部署,充分发挥区块链在促进数据共享、优化业务流程、降低运营成本、提升协同效率、建设可信体系等方面的作用,中央网信办会同国务院办公厅、工信部等18个部门和单位,组织开展国家区块链创新应用试点行动,组织申报区块链创新应用试点。

经过评选,静安区作为综合性试点地区,与区块链+卫生健康、政务服务、法治等11个特色类试点共同成为本次国家区块链创新应用试点支持的重大地区(领域),使上海区块链创新发展进入新阶段。

表111 上海入选国家区块链创新应用试点的名单

序 号	申 报 方 向	申 报 单 位	类 别
1	综合性	上海市静安区人民政府	综合性试点
2	区块链+政务服务	上海市人民政府办公厅(市大数据中心)	特色类试点
3	区块链+法治	上海市司法局	特色类试点
4	区块链+审判	上海市高级人民法院	特色类试点
5	区块链+检察	上海市人民检察院	特色类试点
6	区块链+版权	东方明珠新传媒股份有限公司	特色类试点
7	区块链+卫生健康	仁济医院	特色类试点
8	区块链+贸易金融	上海期货交易所	特色类试点
9	区块链+贸易金融	上海市长宁区人民政府	特色类试点
10	区块链+贸易金融	上海欧冶金融信息服务股份有限公司	特色类试点
11	区块链+风控管理	上海保险交易所股份有限公司	特色类试点
12	区块链+股权市场	上海股权托管交易中心股份有限公司	特色类试点

静安区作为上海唯一入选综合性试点的地区,依托区位优势,以及在区块链、大数据、人工智能等领域积累的产业优势,在本次国家区块链创新应用试点中,着重打造1套区级统一商密区块链基础设施、三大专项工程、十七大场景共19项重点应用,并成立了由分管区领导担任组长,区网信办、区科委共同牵头,静安区各委办局组成的专项工作小组,由各个区属业务主管部门,组织丰富经验的行业专家、高水平研发人员以及运营人员成立专项实施小组,确保顺利完成试点工作。在实施层面,静安区组织了一大批优秀区块链企业,围绕国资、供应链、金融、教育、体育公益、检验检测、医疗健康等多个行业领域,开展面向政府公共服务和面向产业高质量发展的赋能应用,以及面向长三角

的创新协同,力争将静安区建设成上海乃至全国的区块链特色区。

(2) 打造上海区块链生态谷

在上海科创办、上海市科委、上海市经信委等支持下,通过整合高校、企业、科研院所等各方资源,围绕区块链关键共性技术与行业创新应用开展区块链重大专项研发,打造形成上海区块链生态谷。通过重大项目的建设和生态谷的打造,已集聚了上海科学院区块链技术研究所、华为上海区块链生态创新中心、万向区块链＋大数据联合创新中心、信联信息发展区块链技术研究中心,以及矩阵元、众享比特等50余家行业龙头和创新企业,同时还与复旦大学、上海交通大学、同济大学等开展联合攻关,形成"技术平台＋示范应用＋产业联动"的创新链条,以"区块链＋大数据"的发展主线,开展了面向社会治理、教育、金融、供应链管理等多个行业创新应用,为城市数字化转型和经济高质量发展提质赋能。

(3) 典型区块链应用场景及模式

伴随着"产业互联网"向数字化、网络化、智能化的"价值互联网"演进,对应于不同数字化阶段需求,领先的区块链技术服务商推出较为成熟的区块链开发平台、产品及解决方案、平台服务等多种商业模式,开展市场化运营。

当前上海区块链产业应用可分为三大类型:政府公共服务区块链应用、产业高质量发展应用,以及跨区域协同应用。政府公共服务区块链应用主要面向政务条线、公共服务领域等开展的区块链赋能应用。产业高质量发展区块链应用主要面向金融、供应链、工业互联网等行业领域开展的区块链赋能应用。跨区域协同区块链应用主要面向长三角乃至全国跨地域、跨地区的区块链赋能应用。典型应用场景及模式梳理如下:

表112 典型区块链应用场景(部分)

政府公共服务	产业高质量发展	跨区域协同
区块链＋体育公益	区块链＋检验检测	区块链＋长三角食品安全溯源
区块链＋电子材料	区块链＋供应链管理	
区块链＋教育	区块链＋供应链金融	区块链＋长三角区域医疗信息共享
区块链＋司法存证	区块链＋数据要素流通	

政府公共服务

区块链＋体育公益:基于区块链技术,通过数据信息上链加密存储,从技术上杜绝配送券重复使用、数据造假、不正当交易等舞弊行为,保证每一笔配送到市民手里的资金都有账目明细、可追溯,确保了政府资金透明使用精准投放,也提升了管理服务效能。

区块链＋电子材料:基于区块链技术,从业务方面,消除电子材料数据的二义性,使数据在一定业务范围内具有全局唯一性。从技术方面,提升数据质量,促进数据共享是材料治理的目标。从管理方面,依托材料数据治理,完成数据精准分析,提升数据驱动管理能力。

区块链＋教育:通过教育区块链技术创建全民终身学习的数字学历,一方面实现文凭证书及学分的防伪及上链存证,另一方面通过学习数据上链实现跨机构的学习数据互通,提升教育管理部门的行业管理能力。

产业高质量发展

区块链＋检验检测：旨在解决检验检测报告真伪性可验证、检验检测流程可追溯等问题,实现检验检测流程中的关键节点数据上链,保证检测环节的数据可以追溯。

区块链＋供应链管理：针对供应链管理过程中优化业务流程、提升同效率的需求,基于区块链、分布式隐私数据共享、隐私计算技术底座,结合物联网技术手段实现产业供应链数据上链存证及数据可信验证。

区块链＋供应链金融：利用区块链去中心化、防篡改的特性,拟搭建一个基于区块链的供应链金融服务平台。平台可向金融机构输出真实可信的交易数据,形成数据闭环,四流合一,打破上下游中小企业与金融机构之间的信任壁垒。

跨区域协同应用

区块链＋长三角食品安全溯源：通过区块链技术建立长三角食品安全溯源平台,立足上海,辐射长三角地区食品供应链企业,实现了食品信息的实时溯源和不可篡改,提升政府对食品安全监管的工作效率。

区块链＋长三角区域医疗信息共享：针对长三角跨域服务及应用,实现跨域、跨机构的业务协同和资源共享,基于区块链技术打造跨机构、跨区域、跨行业的可信数据运营体系,促进长三角医疗健康管理的一体化服务。

3. 产业生态不断优化,创新发展成效显著

(1) 区块链企业及服务备案情况

通过对企查查网站数据分析,以及上海科学院区块链技术研究所调研统计,截至2021年底,上海已有较为优秀的区块链企业超过450家,浦东新区注册企业较多。区块链企业数在全国名列前茅。

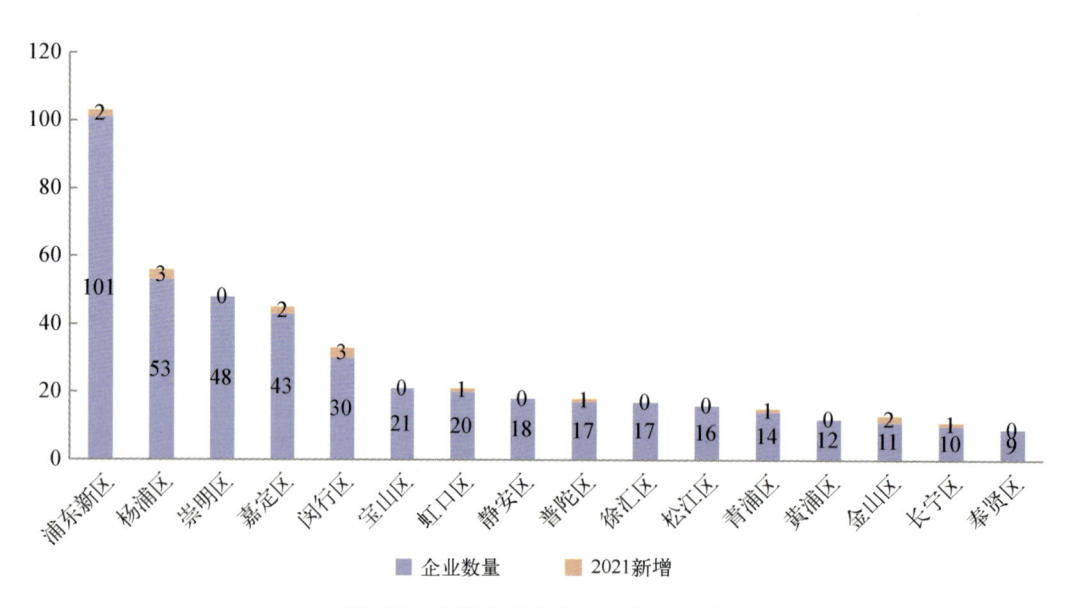

图130 上海市区块链企业分布区域

(数据来源：企查查、上海软件中心)

据中央网信办公布的境内区块链信息服务备案清单统计,截至2021年12月底,区块链信息服务备案项目已达1 440项,备案项目企业主要集中在北京、广东、上海、浙江、江苏等省市,其中上海区块链备案企业数量已达116家,备案项目144项,进一步带动了上海当地投融资、人才培养、标准制定等区块链配套服务发展。

图 131 中央网信办区块链信息服务备案 TOP10

（数据来源：中央网信办、上海软件中心）

(2) 区块链人才及知识产权情况

① 人才活动。

在人社部发布的新职业中，区块链工程技术人员、区块链应用操作员被列入其中，相关职业技能标准已经颁布，为促进区块链人才的发展起到了良好的引导作用。根据人社部等相关政策支持，上海开展了一系列区块链人才培养活动，上海计算机软件技术开发中心联合上海交通大学、同济大学等相关高校举办了"区块链创新驱动数字经济发展"高级研修班，不仅针对上海地区，同时辐射了长三角以及云南、青海等省市，提供了为期 5 天、500 多人次学员参与的区块链与数字经济培训课程。通过培训活动的开展，为区块链产业培养了一批复合型人才，有利于区块链技术与应用创新发展。

据中国知网区块链技术研究相关论文分析可知，上海的高校以上海交通大学、华东政法大学、上海大学、复旦大学、上海理工大学等为代表，发表了多篇区块链论文，如图所示（仅展示部分高校数据）。

图 132 上海高校 2021 年知网区块链论文数量

（数据来源：中国知网）

② 专利情况。

2021年，我国区块链呈现出技术创新不断涌现，从具体数量上看，我国与区块链相关的专利超过90%的专利申请集中在2018—2021年之间。2021年申请数目达15 985件，该数值虽然相较去年减少，但仍然高于往年水平。

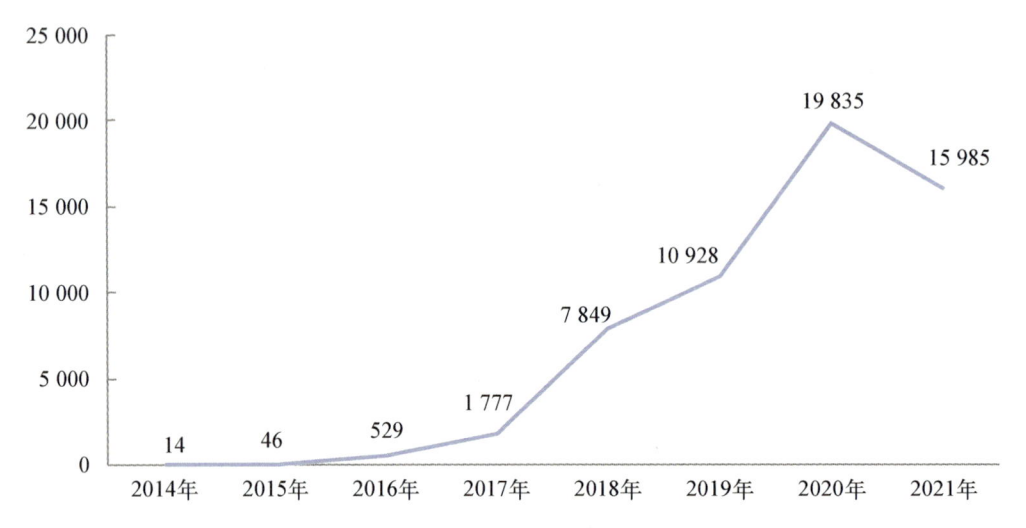

图133　历年中国区块链专利申请数量

（数据来源：零壹智库）

从区块链专利技术分布地区看，区块链专利技术主要集中在北上广等城市。据统计（不含港澳台），2021年，广东区块链专利技术申请数量为4 434项，排行第一；北京区块链专利技术申请数量为4 384项，略低于广东，排行第二；浙江区块链专利技术申请数量为1 342项，位居第三；上海区块链专利技术申请数量为847项，位居第四。

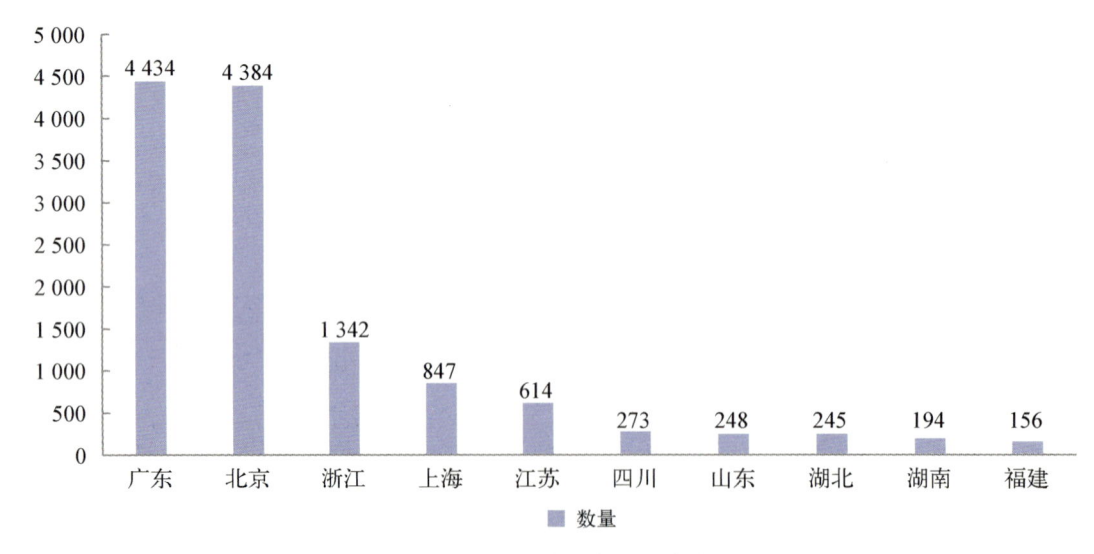

图134　2021年中国区块链专利申请城市TOP10

（数据来源：零壹智库）

③ 标准情况。

据全国标准信息公共服务平台、全国团体标准信息平台、企业标准信息公共服务平台等不完全统计,截至2021年底,我国已发布153项区块链相关标准,2021年新增82项,占现有区块链标准总数的53%。其中,2021年共新增5项国家标准、1项行业标准、3项地方标准、44项区块链团体标准以及29项企业标准。

结合已出台的地方和企业相关区块链技术标准来看,从地区分布上,江苏省以出台26项区块链标准位居第一,广东省以23项紧随其后。北京市、上海市和浙江省以十余件区块链标准位于第二梯队。位于第三梯队的包括福建省、湖南省和贵州省等地。总体看,各地区区块链标准成果与地区区块链相关企业规模和政策扶持力度息息相关。

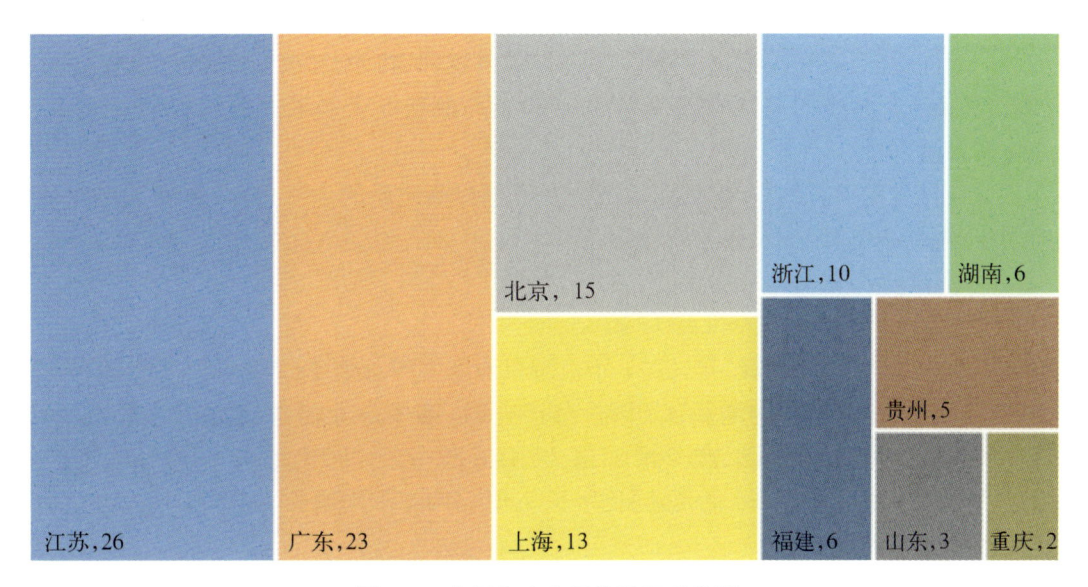

图 135　中国各省市区块链标准数量

随着上海城市数字化转型的加快,区块链在政务、民生以及商业领域的赋能价值和支撑作用将不断凸显,更广泛、更深入的区块链典型应用将不断涌现。在2021年上海各委办局产业政策引导、重大区块链专项推进以及企业研发创新能力不断增强的大背景下,上海区块链产业将进一步脱虚入实,迎来产业生态繁荣发展的景象。

（上海市信息协会供稿）

六、科学研究和技术服务

（一）上海工业设计行业2021年发展报告

1. 研究背景

（1）国家政策有助于工业设计稳步发展

2022年初,工业和信息化部在官网发布了《关于加快现代轻工产业体系建设的指导意见(征求意见稿)》提出,计划到2025年,轻工业综合实力将大幅提升,在整个工业产业大环境中也将呈稳定趋势,其中,企业创新能力、品牌影响力也会有显著提高,产业链现代化水平明显提升,产业结构和区域布局更加优化,在全球产业分工和价值链中的位势明显提升,现代轻工产业体系也将基本形成。

轻工业是重要的消费品产业,覆盖面极其广泛,包含吃、穿、住、用、行、玩、乐、教等多个民生领域。随着生活品质的不断提升,高品质的消费产品,既满足人民美好生活的需要,也是推动经济发展的重要部分。据相关资料统计,2021年全年轻工业实现营业收入22.4万亿元,增长14.4%。实现利润1.4万亿元,增长7.4%。由此说明轻工行业经济总体呈现恢复性增长态势,国内市场需求旺盛、对外出口大幅提升,投资信心稳步恢复。

(2) 工业设计是重要战略要素

随着我国经济社会的发展,人民生活水平的提高,设计带动产业发展成了当今社会热点之一,要带动产业发展,首先要优化发展环境,加强公共服务平台建设,才能实现工业设计赋能产业发展。近年来,国家各有关部门都在积极推动设计带动产业发展的一系列战略规划,其中,工业和信息化部在"十四五"期间提出,要积极推动工业设计服务链条延伸,将设计融入制造业战略规划、产品研发、生产制造和商业运营全周期,要积极推动工业设计与制造业全领域的深度结合,才能助推工业设计行业蓬勃发展。

如今工业设计旨在引导创新、促进商业成功及提供更高质量的生活,是一种将策略性解决问题的过程应用于产品、系统、服务及体验的设计活动。

2. 上海工业设计产业现状与展望

(1) 上海工业设计产业现状

根据地区生产总值统一核算结果,2021年上海市地区生产总值43 214.85亿元,按可比价格计算,比上年增长8.1%,两年平均增长4.8%。分产业看,第一产业增加值99.97亿元,同比下降6.5%,两年平均下降7.4%;第二产业增加值11 449.32亿元,同比增长9.4%,两年平均增长5.3%;第三产业增加值31 665.56亿元,同比增长7.6%,两年平均增长4.7%。第三产业增加值占全市生产总值的比重为73.3%。

在工业方面,工业生产较快增长,工业战略性新兴产业增势较好。全年全市规模以上工业增加值比上年增长11.0%,两年平均增长6.2%;规模以上工业总产值39 498.54亿元,同比增长10.3%,两年平均增长6.0%。全年全市35个工业行业中有28个行业产值实现增长,增长面为80.0%。其中,汽车制造业、专用设备制造业、电气机械和器材制造业较快增长,产值同比增速分别为21.1%、19.7%和15.1%,两年平均增速分别为15.0%、9.5%和9.9%。

全年全市工业战略性新兴产业总产值16 055.82亿元,比上年增长14.6%,两年平均增长11.7%。其中,新能源汽车、新能源和生物产值同比增速分别为1.9倍、16.1%和12.1%,两年平均增速分别为1.8倍、12.2%和7.4%。

(2) 工业设计产业的发展机遇

① 世界设计大会赋能"中国制造",与国际接轨。

中国作为制造业第一大国,拥有丰富的资源,在产品销量方面,200多种工业品销量全球第一。但在设计方面,我国与德国、日本、美国等世界工业强国相比仍存在着明显的设计短板。

2021年下半年第三次世界工业设计大会在山东烟台举办,大会以"设计·数智时代"为主题,其更精准聚焦于"数智融合",推动数智化设计在产品、服务、数据、制造、生态、创新创业等领域的全面赋能。在促进工业设计与经济社会发展深度融合,推动国家、地区间设计交流与合作上起到了关键性的作用。同时,设计大会也搭建了宣传交流平台,打造工业设计"中国名片",也扩大了工业设计社会影响力。

目前,世界工业设计正呈现几大发展趋势:一是采用并行设计和协同设计模式。产品功能与技术原理的开发逐步与造型、材料、人机界面等的设计走向统一平台,设计师与工程师实现有序分工协作。二是实现与智能技术的深度融合。人工智能、工业互联网、虚拟仿真、3D打印、大数据和云计算等新兴技术的蓬勃发展,新材料、新工艺、新装备的不断突破,成为赋能工业设计的主要支撑力量。三是产品设计引领和创新生活方式。当代工业产品设计不仅仅是技术的体现,更是通过对生活方式、生活理念变化的深度研究,实现跨自然科学和人文科学等多学科交叉的系统设计,以满足用户需求的多样化及大规模设计定制服务。四是绿色设计成为工业设计发展的必然选择。随着人们对社会和生态问题的日益关注,面向再生的设计、面向装配的设计、面向生命周期的评估设计等绿色设计有望成为主流。

② 工业设计与产业链融合创新推动行业发展。

自上海推动"设计之都"建设以来,上海把工业设计集成创新,推动制造业产业高质量发展作为重要任务,制订国家级、市级工业设计中心或工业设计研究院的培育方案,并加快建设落地,形成一批带动力强、特色突出的工业设计创新中心,从而建立起健全工业设计公共支撑平台和知识服务系统,鼓励上海工业设计向高端化、国际化、品牌化发展。近年来,中国商飞上海飞机客服、上海家化等一批国家级企业工业设计中心,上海国际工业设计中心等一批不同领域、不同类型的工业设计产业聚集区,龙创汽车等一批业务能力突出的工业设计专业服务机构都代表了我国在工业设计产业落地上取得的成就有质的突破,已经拥有较强创新能力和先进水平。此外,上海每年也会举办各类评选大赛及论坛为设计行业增添新活力。

但与上海建设全球卓越城市的发展愿景、强化高端产业引领的发展需求相比,无论工业设计显示度、产品设计创新实力、工业设计服务体系、高端设计人才培养以及工业设计与新兴技术、新材料和新工艺的融合发展方面还存在不少短板。例如,现全国各地已建有150家国家级创新设计中心和23家国家级工业设计企业,上海市分别仅有6家和2家。显见,工业设计在上海制造业和生产性服务业发展中还有较大的提升空间。

③ 打破传统设计观念,提升创新性。

充分认识设计创新对新常态下提高产品附加值、创造新兴消费潜力的重要性,打破一些制造业企业追求短期内快速推向市场的改良型、追随型、模仿式设计观念。聚焦新能源与智能网联汽车、民用航空、大型邮轮等高端制造业领域,智能家居、智能穿戴、健康管理等新型终端产品领域,结合人工智能、智能制造等新技术、新模式以及新材料、新工艺的应用,重点支持行业的龙头企业建立工业设计创新中心或研究院,鼓励工业设计的专业机构或公共平台为中小企业提供全方位设计服务,增强产品功能性、易用性和美观性,全面提升"上海制造"的品牌形象。

3. 发挥协会的桥梁和纽带作用,推动行业大发展

定期开展各类活动、讲座,服务好每一名会员,通过走访来了解企业的发展情况及发展难点,为企业提供有效的帮助和指导,解决企业诉求,从而推动工业设计行业大发展。

协会作为信息平台是传播资源的纽带。协会作为与企业、院校、政府沟通的共享平台,是实现政府与企业、企业与企业、企业与社会之间相互联系的重要纽带,并通过组织各类活动,联结企业与院校,搭建交流合作平台,促进产学研合作及成果落地,实现设计为产业赋能。

长三角工业设计产业联盟,实现设计深度赋能产业发展。协会要积极响应党中央国务院和上海市委市政府提出的"长三角一体化发展的国家战略"要求,深化长三角区域城市间、产业间合作,以设计赋能产业的力量共同助推长三角一体化高质量发展。

2021年,协会代表上海首年轮值主席带领长三角工业设计产业联盟,凝聚江浙沪皖多方力量,共举办了12场活动,联盟也逐渐扩大一共有41家成员单位加入,为推动长三角地区乃至全国工业设计产业发展,构建区域产业协作做出了新贡献。

表113 主要方法、内容及成就

主要方法	具体内容及成就
举办及支持各类创意设计大赛，致力于提升工业设计原创交流平台	2021年7月—12月，上海工业设计协会主办了《2021"白玉兰杯"上海设计创新产品大赛暨上海设计创新产品展》，本次本届大赛着眼于"绿色健康"，设置了"衣、食、住、行、养、用"六大参赛类别，共征集来自全国各地设计单位、设计高校及独立设计师们近1000件作品，最终119件作品入围，42件作品获奖，其中，18个优秀奖、6个最佳概念设计创新奖，以及18个最佳设计产品创新奖。同时，也对获奖产品进行展览，今年大赛还与中国制造之美设计大赛，建立了"白玉兰杯"优秀获奖作品的直接推荐平台。除此之外，2021年的"白玉兰杯"设计创新展览我们也特邀了CUUNION策辑携手艺术家崔旭运用白玉兰元素进行了别出心裁的定制设计，新的创新模式也推动了"白玉兰杯"设计创新大赛的进一步提升，也为打响上海设计之都建设献计献策
	2021年，协会作为支持单位参与了"第二届工业游礼"文创设计产品征选设计挑战赛"老凤祥杯"第十六届上海旅游商品设计大赛等设计创新大赛活动
以形式多样的活动搭建学习、交流及共享平台，营造工业设计及创新氛围	2021年度，协会继续办好"创意发声2.0"系列活动，年初，本协会联合日本佐藤可士和工作室举办了"创意发声2.0"特别活动——佐藤可士和上海平行精华展，该展更好地推进了上海世界设计之都建设，充分发挥了上海"设计之都"的平台作用，同时也加强了国际间的合作交流；协会一年一度的会员沙龙也与往年形式有所不同，利用了创意发声平台举办了一场属于协会的"吐槽大会"，会员们运用弹幕各抒己见，来对前一年的协会工作提出意见以便新的一年更好地开展协会内的各项事务；本年度协会关注文创产业联合红色创意设计大赛组委会以"设计驱动文创新潮流"为主题举办了沙龙论坛活动；本协会还与黄浦区就业促进中心联合主办以"融智新设计 招焕新动能"为主题的论坛活动；与本协会副会长单位上海圆周率文化传播联合主办了创意发声2.0系列活动之"设计不迷路，就业不迷茫——大学生就业指南"等论坛活动
	2021年，协会协办了"成都市青羊区工业设计投资推介会"、也与嘉善县文化产业协会内的20余家会员单位开展了相互交流活动，参访了本协会理事单位上海M50文化创意产业发展有限公司以及园区内相关单位等
	2021年6月，本协会"生活美学专委会"成立，该专委会的核心任务就是要让美学融入生活、链接产业，从而实现设计为产业赋能。与此同时，专委会也整合利用相关资源，为2021年举办的"'白玉兰杯'上海设计创新产品大赛"赋能

年底，联盟举行了轮值主席交接仪式，这意味着新的一年，联盟将进入"安徽时间"，联盟也将继续在跨区域间的"企业游学"、线下活动联办、联盟成员服务、专家资源共享等方向进行重点推进，深化联盟价值，成为促进三省一市企业间深度互动的纽带。同时，为了进一步促进工业设计产业与制造业的融合，长三角工业设计产业联盟秘书长单位中国制造之美与中国制造网也将继续为联盟的成员单位提供包括贸易对接、品牌赋能在内的服务，来推动长三角企业的高质量发展。

除此之外，本协会也将在今年拟筹设"长三角工业设计产品展示中心"，该中心旨在以集合设计产业力量为核心，力求创建"设计＋产业"生态圈，打造工业设计产品展示平台，赋能优秀设计单位，助推工业设计行业发展。未来，展示中心也希望打破常规，建立B2B线上销售平台，整合设计产品资源，形成"线下展览，线上营销"一体化模式。

（上海工业设计协会供稿）

（二）上海数字印刷行业2021年发展报告

当今的数字印刷技术是以绿色化和数字化为特征，应用范围不断扩大，在很多垂直领域不断深化融合,同时还在不断地向更多的领域延伸。数字印刷技术与其他行业在深度和广度的融合交织中带动了创新,这种创新推动了印刷业的转型升级,推动了印刷大国向印刷强国的升级。

1. 上海数字印刷行业综述

新冠疫情带来的负面效应,继续影响着数字印刷行业的生产经营,在这个形势下,行业整体发展忧大于喜。喜的是数字印刷新技术、新设备的不断更新,推动行业向融合化、数字化、绿色化和智能化发展。忧的是新冠病毒肺炎疫情的负面影响,加剧了市场竞争,业务量减少,企业经营综合成本提高,企业生存压力巨大。

(1) 数印企业众多,行业规模偏小

到2021年底,上海数字图文快印门店有3 650多家,占全国总数的9%左右。年产值在100万元以上的数字印刷企业285家,只占7.8%,而具备出版物数字印刷资质的企业只有15家。这些数字表明,虽然上海数字印刷行业企业众多,但大多数企业规模较小,营业收入相对较少。

上海数字印刷行业协会对广艺、同昆等10家有一定代表性的会员单位做了调研统计,10家受调研企业的员工总数为236人,最多的36人,最少的14人,每家企业平均人数为23.6人。其中,管理人员55人、技术操作人员135人、业务员18人、辅助人员28人。学历水平中,研究生及以上学历为4人,占员工总数的1.69%,本科学历为40人,占16.95%,高职高专学历为49人,占20.76%,高中及以下人员为138人,占58.47%。员工平均年龄为29.7岁,本地员工为66人,占员工总数的28%,非本地员工为127人,占员工总数的72%。这些数据表明,相对其他服务性行业而言,这些企业都属于小微企业,员工年龄相对偏年轻,学历层次偏低,且非本地员工偏多,造成了员工流动性强,归属感较低,企业稍有变动,流失率就高。

(2) 疫情影响使企业经营困难

经调研统计,2020年后断断续续的疫情对企业的经营状态造成了严重影响,影响的主要表现是市场竞争加剧、需求降低、订单不足或流失、原材料涨价以及用工成本居高不下,使企业运营成本上升,资金周转恶化。针对2021年营业收入在500万元以上企业调研发现,4家企业营业利润在5%以下,6家在0以下,处在低盈利和亏损经营状态,营业利润增长率与上年相比都为负增长。这些企业都采取了设备不更新、减少用工、缩小生产规模、缩小生产场地等自救措施。

2. 2021年度行业发展特点

(1) 数字印刷的应用领域不断拓展

数字印刷机凭借机动灵活、高效快捷的特点,以极快的速度渗入社会文化生活之中,满足人们对印刷品个性化、多样性、灵活性的需求。

① 商务印刷。

商务印刷利用互联网电商平台,采用数字印刷技术实现了生产资源的合理利用,最大程度发挥产能优势。数字印刷在商业印刷方面呈现出精细分工,店厂分离,小批量服务能力不断提升的现象,并衍生出会议、办公、标书、婚庆印刷等,方便消费者选择服务。

② 按需出版印刷。

按需出版是数字印刷的重要应用领域,近10年来,去库存,补短板,信息化是图书出版的改革目标,出版社加强信息化,具备了按需印刷环境和条件;高质量,降成本,短交付,数字印刷技术的发展,黑白、彩色印刷质量显著提升,特别是高速数字喷墨印刷机质量不断改进,印刷价格低廉,更促进了按需出版印刷的发展。

③ 标签印刷。

数字标签印刷具有长短版兼顾,个性化及可变数据印刷的特点,充分满足了用户对产品的细分

需求。同时缩短了工作流程,可实施自动化、规模化、集中化生产,提高生产效率并降低成本。承印材料范围不断扩大,轻松实现可变数据印刷,从而实现了对产品进行跟踪、鉴定、防伪、计数等多项实用功能。

④ 包装印刷。

数字印刷在折叠纸盒、瓦楞纸箱、软包装市场等包装印刷市场占有份额逐渐增大。许多数字印刷设备都配置了全方位的数字包装印刷解决方案,以满足诸多包装印刷领域的产品溯源与防伪、可变数据印刷、个性化及定制化应用需求。

(2) 印刷融合向外延伸

印刷融合是指数字印刷与传统印刷相融合。

一是由于数字印刷企业的订单范围不断扩大,印刷类型也多种多样,所以数字印刷企业通过自建传统印刷生产基地,或选择与传统印刷企业合作开展融合印刷。

二是传统印刷企业越来越重视数字印刷技术和工艺的应用,积极探索数字印刷与传统印刷的技术应用,不断推进的印刷智能化和数字化,将不断模糊数字印刷与传统印刷之间的界限。

(3) 图文门店与数字快印中心相结合

数字印刷行业是典型的定制生产服务型行业,其核心在于服务。在市场竞争和技术发展的双重压力下,上海数字印刷行业多家企业采用了图文门店与数字快印中心相结合的经营模式。利用图文快印门店和客户源位于中心城区,远郊经营成本低,安全快速的互联网技术、物流便利等特点,纷纷在上海城区外建立数字印刷生产中心。采用门店获取订单,生产中心通过互联网得到印刷信息,再通过印刷质量高、印刷幅面大、印刷速度快的数字印刷设备完成印刷和印后处理,及时地将印刷品送到客户手中。

(4) 不断拓宽增值服务

数字印刷企业要在市场竞争中生存发展,就必须要自主创新,必须要提高服务质量和内容。上海数字印刷行业中的头部企业几乎都已经推出基于自主创新的增值服务。

① 设计、印刷一体化增值服务。

上海数字印刷企业在产能达到饱和情况下,在设计、印刷、印后加工、仓储、运输等方面提供一体化服务,为企业开辟了增效创利的途径。特别在2021年疫情期间,提供从设计到印刷一体化的平台应运而生,实现了从设计、印刷、印后到物流的全流程服务。解决了上下游需求的供应链,促进了印刷业从生产型到服务型的转变。

② 网络印刷已成业态。

面对强大的竞争力,应对市场客户需求的逐步增加,印刷业务的网络化可以同时整合个性化与市场化元素;使用电子商务平台与客户进行报价与沟通,缩减订单制造周期,都成为印刷业趋势。新冠病毒肺炎疫情对转移客户消费习惯起到巨大作用,网络印刷在线用户数量明显增加。上海数字印刷企业在网络印刷服务方面一直走在行业的前面,如和印连锁、上海广艺、上海同昆、上海印牛牛等。

③ 印后数字增效呈新亮点。

精美的印刷品可以给人留下深刻的印象,也是在日趋激烈的市场竞争中脱颖而出的制胜法宝。当前,个性化定制逐渐成为数字印刷行业增值的重要内容,能给企业和客户带来更多的产品附加值,增值又增效。

数字增效是数字印刷技术在印后加工工艺方向上的延伸,提高印刷品的附加值。随着数字印刷技术的发展,设备的升级更迭,多种数字印刷工艺组合运用能够帮助产品实现多层次、多角度的呈现。如数字烫金、3D局部上光等数字印后整饰工艺将会成为数字印刷品增值的亮点。这些数字增效具有数字印刷普遍存在的优势,包括无需制版、没有起印张数、数据张张可变、可以实现多重效果叠加、按需生产无库存。

(5) 连锁加盟企业向外延伸

借助于工业互联网平台汇集各要素资源,实现各企业全链条业务的优化和协同共享。2021年印刷企业的数字化转型,企业经营模式由以前的内部门店的连锁逐渐向企业外部延伸。其主要体现在两个方面。一是标准化,各加盟企业制定出生产管理操作流程标准,一切工作都按规定的标准去做,即作业的标准化和企业整体形象标准化。二是专业化,各加盟企业的图文快印生产都尽可能地细分专业,突出专长,运用互联网在服务、营销与产品方面突出差异化。

上海地区数字印刷连锁企业有10多家,他们具备了品牌、设备、技术、管理、服务、培训、投资等方面的优势,以共享平台管理、股权方式参与,独立经营核算,技术设备共享等运行模式,提升了企业的市场影响力,提高了企业的经济效益,增强了企业的抗风险能力。

(6) 印刷数字化、智能化

印刷业数字化、智能化是当今的热点,在很多规模企业深入展开,取得了可喜的效果。

① 印刷数字化流程。

数字印刷设备是完全的"数字化"设备,使其容易实现设备互联、数据通讯,可以无缝接入企业资源管理等企业信息化系统,更有助于数字化快印中心的构建。数字印刷技术将更多专业知识和标准化工序融入数字化作业流程,大大降低了对操作人员经验的依赖,既可以减少人工成本,又可以降低人员流动造成的风险。

② 印刷智能化。

在印刷业智能化的推进过程中,以信息技术为核心,推进印刷生产流程信息化和生产过程自动化,推动印刷业向按需印刷、个性化印刷和多媒体融合转型。如上海同昆数码印刷有限公司投入了大量资金,建成了数字印刷智能化工厂,将数字化的印刷设备、数字印前、数字印后等通过数字化工作流程构建智能化快印中心,助力企业提高生产效率、降低成本,提高了企业市场竞争力。

(7) 数字印刷设备装机量趋于平稳

印刷业的绿色化、数字化、智能化、融合化目标推动着数字印刷设备的技术发展和应用,其独特的优势和美好前景吸引着传统印刷企业,使不少传统印刷企业购置了生产型静电数字印刷机和高速喷墨数字印刷机。

① 生产型静电数字印刷机。

经过数十年的发展,生产型静电数字印刷机都具有新一代数据处理前端,完整的数字流程解决方案,高生产率,高印刷质量,多介质支持,可扩展性和灵活性的特点。据不完全统计,2021年柯尼卡美能达、理光、富士胶片、惠普等公司的生产型静电数字印刷机在上海地区的装机量有160多台,与2020年基本持平。

② 高速数字喷墨印刷机。

数字喷墨印刷技术是业界公认的"未来技术",以其为代表的数字印刷已经在各个领域凸显其优势,并在近年来显现出了强劲的发展势头。

2019年开始,高速喷墨印刷设备在国内的装机量呈现疯狂增长,2021年上半年,市场对高速喷墨印刷设备的装机热情依然延续2020年的态势。下半年,由于疫情和"双减"政策的影响,减缓了高速喷墨印刷设备装机量的增长速度。2021年高速喷墨印刷设备在各个应用领域的装机量与2020年相似,商业印刷仍然保持着绝对占有量,装机量还略高于上一年度,按需出版占第二,但低于2020年,包装和其他领域与去年相比变化不大。

(8) 数字印后加工设备和工艺发展迅猛

随着数字印刷在印刷业的比重不断增加,应用领域越来越广,用途不同类型的小型化、智能化、数字化印后设备发展迅猛。数字印后设备的应用领域也在不断拓宽,逐步渗透到包装、商务、标签和书刊以及快印领域。在第十届北京国际印刷技术展览会上,国内厂商纷纷推出了与数字印刷设备相关的数字全流程生产线,智能化、数字化的精装书生产线、数字化精装书壳机生产线,数字印刷品智能上光烫金、模切压痕设备,可以实现可变的UV上光、可变的数字冷烫增效等,推动了数字印刷业向深层次的发展。

3. 上海数字印刷行业未来展望

(1) 数字印刷企业面临严峻挑战

2020年至今的疫情给数字印刷行业带来了许多困境和挑战,如何克服困难,渡过难关,是企业发展生存的关键。

① 数字印刷企业所面临的风险。

数字印刷是国家政策鼓励的行业发展方向,但随着现代社会对绿色环保等概念的不断普及和强化,以及"无纸化办公"和"线上会议"等概念的深入,行业经营情况存在着一定的风险。数字印刷行业准入门槛较低,竞争者众多,价格战频现,如企业在未来无法继续有效维持与老客户的稳定合作,并开拓新客户,将面临被新老竞争对手挤占市场份额的市场风险。

② 市场竞争压力加剧。

上海作为大都市,印刷市场激烈竞争,而数印企业众多,小微企业偏多,竞争能力微弱,抗压能力较低,市场有风吹草动,企业经营就会剧烈震荡,有可能影响企业的生存。特别是后疫情时期,企业在经营上将面临更大的挑战。

③ 用工成本居高不下。

数字印刷企业用工成本逐年升高,一是企业员工工资和社会保险金的增加加重了企业的负担;二是场地租金;三是印刷原材料涨价。

④ 招工留人困境加重。

上海数字印刷行业中大多数企业规模偏小、工作时间偏长、赢利弱、薪酬低、个人发展空间小,加上疫情影响,"招人难,留人难"的困境加剧。这势必会造成企业专业技术人员偏少、后备力量不足、企业市场竞争力弱、技术管理水平低、发展后劲不足等困境。

(2) 新设备、新工艺促进数印企业发展

2020年以来各大数字印刷设备制造厂商不断推出高端生产型数字印刷设备和数字印刷整体解决方案,自动化、智能化程度不断提升。其中,以喷墨技术为主导的数字印刷设备尤为引人注意,从商务快印到包装印刷,从黑白平张输出到轮转彩色印刷,从标签生产到不同承印物印刷。特别是国内厂家的喷墨数码印刷设备在价格、服务方面的优势及承印物的多样化,为传统印刷企业数字化转型提供了基础。

(3) 数字印刷渗透到多领域

在数字印刷的渗透下,印刷市场正在由规模化向细分化、个性化、多样化演进,呈现出资源聚集、黏性增强的态势。

数字印刷的每个垂直领域都向更深入、更专业的方向发展。数字印刷的深度转型需要数字技术和行业经验的深度融合。数字印刷创新发展逐渐渗透到各行各业中,能够产生更加丰富的产品。

（4）包装印刷向数字包装印刷转型

中国包装印刷市场正大跨步地进入数字包装印刷的新时代，为了满足市场绿色环保、个性化包装印刷、多元化包装印刷、可变数据、商标标签包装印刷、功能性包装印刷、智能化包装印刷、3D打印包装印刷等市场需求，包装印刷自动化、数字化、智能化技术装备已经成为全面提升产品生产效率和产品质量的必然条件。

数字印刷开始进入瓦楞包装、软包装和袋式包装。为了迎合新一代更宽幅软包装及纸箱行业的印刷需求，宽幅数字印刷机的需求会增加，既有碳粉类也有采用喷墨技术的数字包装印刷机。

（5）文创加数字印刷更加活跃

在新冠病毒肺炎疫情影响下，2021年上海的数字印刷行业进一步两极分化，市场竞争加剧，数字印刷企业转型升级已经成为行业共识。一部分图文门店进入文创领域，利用文化创意加数字印刷，加快企业转型，扩大业务范围，增加盈利水平。

综合政策、市场需求、投资盈利率等因素，文创产品的投资热将会长期存在。文化产业是创新和科技含量较高的门类之一，这也将成为文创产品未来发展的趋势。所以行业要吸纳更多优秀的设计师，满足各种材质的产品形式，设计出具有文化内涵的实用性产品。

总体来说，2021年的新冠病毒肺炎疫情给上海数字印刷行业发展带来了极大的影响，倒逼数字印刷企业数字化转型、积极进取。纵观2022年上海数字印刷业，挑战与机遇并存。在数字化、智能化、大数据等信息技术的推动下，数字印刷业将不断推陈出新，未来将在包装印刷、出版印刷、标签印刷、3D打印市场有较快的发展。

（上海数字印刷行业协会供稿　执笔人：程杰铭　张肖俪）

（三）上海生物医药行业2021年发展报告

1. 生物医药行业发展综述

从2021年医药工业发展态势来看，医药工业经济运行稳中有进，生产、效益均实现较快增长，实现了"十四五"良好开局。主要体现在三方面：

一是主要经济指标呈现高速增长。2021年，医药工业增加值累计同比增长23.1%，增速较上年同期提升15.3%，高于全部工业整体增速13.5%。医药工业增加值占全部工业增加值比重持续上升，占比达到4.1%，对稳定工业经济增长作用进一步增强。实现营业收入33 049.3亿元，累计同比增长19.1%，较上年同期提升12.1%，增速创近5年来新高。实现利润总额7 006.5亿元，累计同比增长68.7%。

二是创新发展水平逐步提升。在国家鼓励创新的大背景下，生物医药创新步入快车道，医药研发投入、在研新药数量均呈现大幅增长，完成临床研究申报上市品种日渐增多，获批创新产品数量呈现逐年快速递增态势。2021年中国创新药和创新医疗器械获批上市数量再创新高，为近5年来最高水平。

三是生物药及疫苗行业发展迅速。2021年，生物药品制造、基因工程药物和疫苗制造等子行业实现营业收入5 918.1亿元，同比增长113.8%；实现利润在医药工业利润总额中比重达41.7%，有力推动行业整体发展。

（1）药品注册审批情况

我国创新发展水平逐步提升，2021年我国创新药获批上市数量再创新高，为近5年来最高水平。公开数据显示，2021年国内企业共有48款国产创新药获批上市，创历史新高。从产品类型看，包括21个化学药、15个生物药(含4个疫苗,2个细胞疗法)和12个中药,中药新药获批数量超过了此前5年获批中药新药的总和。从治疗领域看,抗肿瘤药数量最多,共有14个品种。

(2) 医疗器械注册审批情况

2021年,我国创新医疗器械获批上市数量再创新高。

国家药监局依职责共受理医疗器械首次注册、延续注册和变更注册申请12 255项,同比增加15.8%。受理境内第三类医疗器械注册申请5 338项,同比增加26.5%。受理进口医疗器械注册申请6 917项,其中,进口第二类医疗器械注册受理共3 689项,同比增加11.4%;进口第三类医疗器械注册受理共3 228项,同比增加5.9%。按注册品种区分,医疗器械注册申请8 540项,体外诊断试剂注册申请3 715项。按注册形式区分,首次注册申请2 750项,占全部医疗器械注册申请的22.4%;延续注册申请5 875项,占全部医疗器械注册申请的48%;变更注册申请3 630项,占全部医疗器械注册申请的29.6%。

2021年,各省级药品监管部门共批准境内第二类医疗器械注册31 509项,同比增加6.3%。其中,首次注册13 041项,与2020年相比减少9.5%。首次注册项目占全部境内第二类医疗器械注册数量的41.4%。延续注册11 429项,同比增加24.5%,占全部境内第二类医疗器械注册数量的36.3%;变更注册7 039项,同比增加16.1%,占全部境内第二类医疗器械注册数量的22.3%。2021年,上海二类医疗器械注册数1 338项,占国内比例为4.2%,其中,首次注册330项,占国内比例为2.5%,另外延续注册736项,许可事项变更注册272项。

(3) 知识产权跨境授权合作情况

根据NextPharma®数据库显示,在知识产权授权交易方面,纵观2021年,国内药企共发生知识产权跨境交易192起,交易活跃度仅次于美国,居全球第二。其中License in 140起,License out 52起,较去年72起有所回落。国内License out交易,与往年不同的是,2021年创新药交易项目疾病领域不再聚焦于肿瘤领域,而逐渐向感染领域、皮肤领域、内分泌代谢、神经领域及免疫领域持续分化。从企业方来看,拥有独家技术平台的企业会获得多次对外授权,其次是微创新、成熟产品等;交易受让方不仅仅关注创新药,技术相关合作也有所增加。

此外值得关注的是:相较于去年,2021年传统药企的交易活跃度提升,国内头部企业的交易项目多集中于AI技术、mRNA技术等新兴疗法,布局的赛道领域呈现多元化。2021年,交易金额最大的是荣昌生物与Seagen有关维迪西妥单抗的合作,总额至高可达26亿美元。值得注意的是,在肿瘤领域,百济神州的替雷利珠单抗授权给诺华,君实生物的特瑞普利单抗授权给Coherus。

2. 上海生物医药行业发展现状

(1) 生物医药行业发展情况

① 总体情况。

2021年,本市生物医药制造业克服工业经济下行压力,保持高速增长,我市生物医药产业规模7 617.14亿元,比上年增长13.7%。制造领域产业规模1 812.47亿元,比上年可比增长12.0%。批发领域产业规模4 997.61亿元,增长12.5%。服务领域产业规模807.06亿元,增长26.7%。

在子行业中,工业总产值增速前三位分别是口腔科用设备及器具制造、药用辅料及包装材料和眼镜制造,同比分别增长55.5%、54.3%和50.3%。上海生物医药制造业占全市工业总产值4.3%,比上年同期提高0.3%,对本市工业的支撑作用进一步显现。纳入统计的企业数为489家,较去年增加了80家,企业规模进一步增加。

2021年,上海整个生物医药产业经济运行稳中有进,生产、效益均实现较快增长,其中,生物医药制造业重点子行业中,化学药品原料药制造业实现营业收入150.99亿元,同比增长19%,增速高出全国平均值(13.6%);生物药品制品制造业实现营业收入221.69亿元,同比增长28.9%,增速低于全国平均值(113%)。

② 上海医药工业发展情况。

2021年上海医药工业规模以上企业总计355家,占全国企业总数3.4%。医药工业总产值1 403亿元,增长11.5%;医药工业营业收入1 464.12亿元,增长23.4%,营业收入占全国4.4%。其中化学药品原料药企业数为38家,占全国企业总数的2.8%,营业收入占全国3.4%;化学药品制剂制造企业数为59家,占全国企业总数的5.1%,营业收入占全国6.3%;药用辅料及包装材料企业数为8家,占全国企业总数的3.5%,营业收入占全国7.3%;生物药品制品制造企业数为54家,占全国企业总数的5.8%,营业收入占全国3.7%;医疗仪器设备及器械制造企业数132家,占全国企业总数的5.3%,营业收入占全国8.4%;可见,除生物药品制造业受疫情影响,效益偏低外,其他子行业的效益都普遍高于全国平均值。

表114 2021年上海医药工业重点行业经济指标对比

行　业	全国主营业务收入(亿元)	上海主营业务收入(亿元)	全国企业数	上海企业数
化学药品原料药制造	4 414.9	150.99	1 335	38
化学药品制剂制造	8 408.7	527.09	1 147	59
中药饮片加工	2 056.8	50.88	1 341	15
中成药生产	4 862.2	58.47	1 561	16
生物药品制造	5 918.1	221.69	933	54
卫生材料及医药用品制造	2 352.1	38.54	1 348	24
药用辅料及包装材料	340.6	24.82	227	8
医疗仪器设备及器械制造	4 419.0	373.65	2 458	132

（数据来源：国家统计局、上海市统计局）

图136 2021年上海医药工业重点子行业规模

（数据来源：国家统计局、上海市统计局）

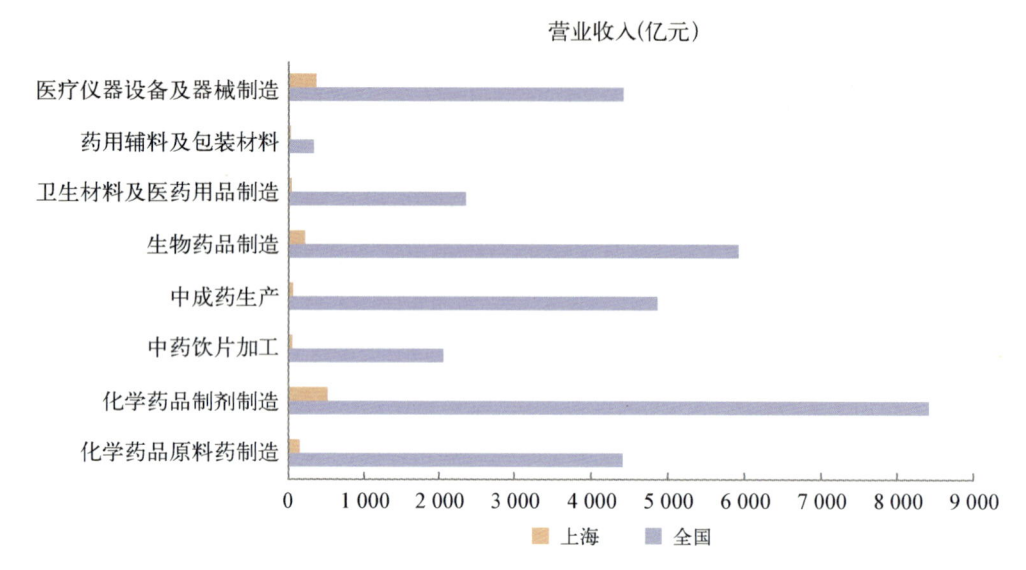

图137　2021年上海医药工业重点子行业经济指标

（数据来源：国家统计局、上海市统计局）

③ 重点子行业利润与全国对比。

从2021年利润总额来看，药用辅料及包装材料占全国利润总额的13.9%；医疗仪器设备及器械制造占全国利润总额的7.9%。增速前两位分别是生物药品制品制造和药用辅料及包装材料，同比分别增长107.7%和75.1%。其中，药用辅料及包装材料增速为全国平均值（26.2%）近三倍。

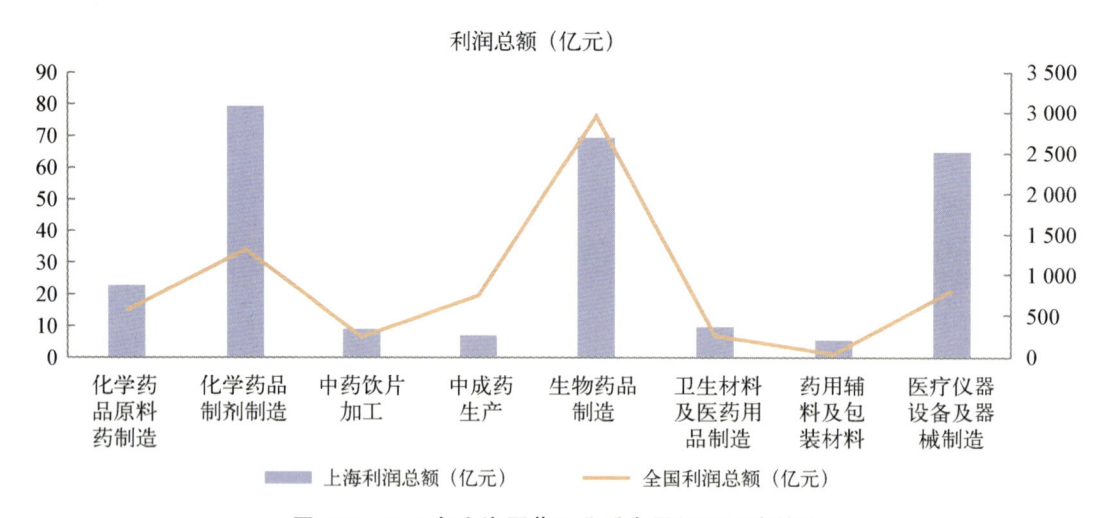

图138　2021年上海医药工业重点子行业经济效益

（数据来源：国家统计局、上海市统计局）

表115　2021年上海医药工业重点行业效益

行　　业	全国利润总额（亿元）	上海利润总额（亿元）
化学药品原料药制造	575.0	22.64
化学药品制剂制造	1 319.1	79.21

续 表

行　　业	全国利润总额（亿元）	上海利润总额（亿元）
中药饮片加工	249.3	8.91
中成药生产	755.2	6.88
生物药品制造	2 956.6	69.30
卫生材料及医药用品制造	263.6	9.56
药用辅料及包装材料	39.0	5.41
医疗仪器设备及器械制造	816.1	64.84

（数据来源：国家统计局、上海市统计局）

④ 产值分布情况。

2021年，上海医药制造业总产值1 073.11亿元，增长达到7.1%，医药制造业总产值占医药工业总产值的76.5%。

表116　2021年上海医药制造业各子行业情况（亿元）

行　　业	工业总产值	增长（%）	营业收入	增长（%）	利润总额	增长（%）
化学药品原料药制造	156.67	26.6	150.99	19.0	22.64	4.5
化学药品制剂制造	509.82	－3.3	527.09	－2.4	79.21	－1.0
中药饮片加工	50.59	26.4	50.88	19.3	8.91	30.2
中成药生产	68.52	4.5	58.47	－6.8	6.88	－33.8
兽用药品制造	15.57	17.9	17.97	9.6	3.58	5.3
生物制品制造	212.72	21.5	221.69	28.9	69.30	107.7
卫生材料及医药用品制造	34.26	－10.3	38.54	－3.8	9.56	－5.1
药用辅料及包装材料	24.97	54.3	24.82	55.8	5.41	75.1
合计	1 073.11	7.1	1 090.45	7.3	205.50	21.7

（数据来源：上海市统计局）

表117　近5年上海医药制造业总产值与上海工业总产值占比

年　　份	医药制造业（亿元）	上海工业（亿元）	占比%
2017年	949.5	36 094.4	2.6
2018年	1 062.2	36 451.8	2.9

续 表

年 份	医药制造业（亿元）	上海工业（亿元）	占比%
2019 年	1 185.3	35 487.0	3.3
2020 年	1 000.4	34 831.0	2.9
2021 年	1 073.11	39 498.54	2.7

（数据来源：上海市统计局）

（2）生物医药行业重大政策和项目进展情况

① 新药创新方面基本情况。

2021 年上海企业获批 8 款 1 类新药（7 个品种）。其中，上海艾力斯医药第三代表皮生长因子受体（EGFR）激酶抑制剂甲磺酸艾氟替尼片，上海盟科药业全合成的新型噁唑烷酮类抗菌药康替唑胺等都属于我国自主研发并拥有自主知识产权的创新药。

表 118 上海 2021 年获批 1 类化学新药数据

序号	药品名称	治疗领域	开发企业
1	甲磺酸艾氟替尼片	抗肿瘤药	江苏艾力斯/上海艾力斯
2	沃利替尼片	抗肿瘤药	上海合全/和记黄埔（上海）
3	康泰唑胺片	全身用抗细菌药	浙江华海/上海盟科
4	ZL-2401 对甲苯磺酸盐片	全身用抗细菌药	上海宣泰海门/再鼎医药（上海）
5	注射用 ZL-2401 对甲苯磺酸盐	全身用抗细菌药	浙江海正/再鼎医药（上海）
6	索凡替尼胶囊	抗肿瘤药	和记黄埔（上海）/和记黄埔（苏州）

表 119 上海 2021 年获批 1 类生物药数据

序号	药品名称	治疗领域	开发企业
1	瑞基仑赛注射液（暂定）	抗肿瘤药（细胞疗法）	苏州药明巨诺/上海药明巨诺
2	派安普利单抗注射液	抗肿瘤药	中山康方/正大天晴康方（上海）

② 热点细分领域开始发力。

2021 年，复星凯特和药明巨诺分别开发的 2 款靶向 CD19 的 CAR-T 细胞疗法（益基利仑赛注射液和瑞基仑赛注射液）获批，开启中国细胞疗法的新时代。

③ 专利申请量与授权量稳步增长。

2021 年上海市生物医药领域共申请专利 13 344 件，授权专利 13 778 件。2011—2021 年，上海市生物医药领域共申请专利 104 156 件，授权专利 57 831 件。

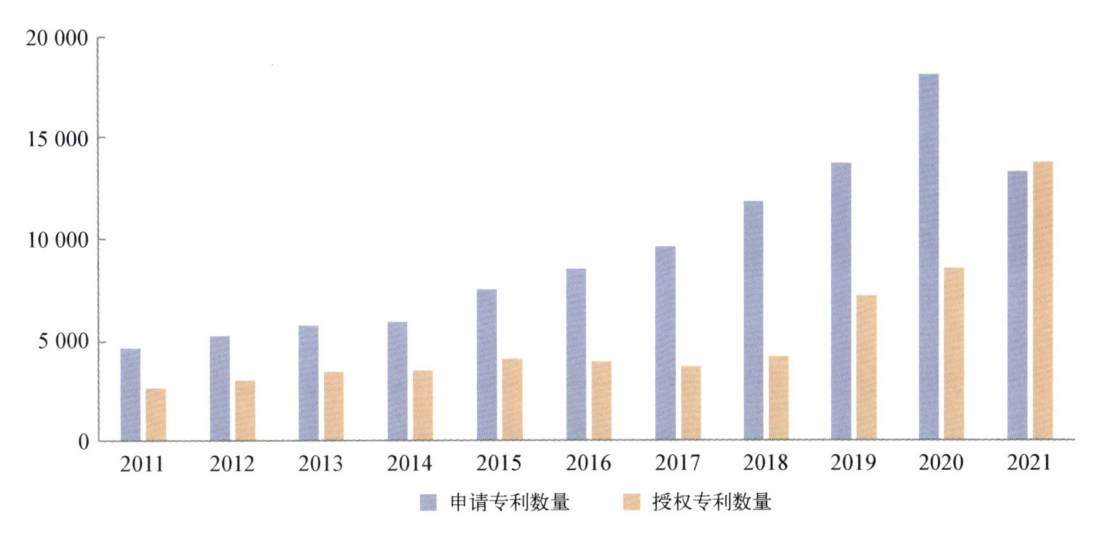

图 139　2011—2021 年上海市生物医药领域专利申请和授权数量

通过分析上海市生物医药领域专利主要 IPC 分类号,可以找出关键技术和热门技术领域,进而了解该领域技术研发的重点方向。2011—2021 年,上海市生物医药领域专利排名前 10 的 IPC 分类号分别是 A61P35/00、A61B5/00、A61Q19/00、C12N15/11、A61P29/00、C12Q1/68、G01N33/68、A61M1/00、A61L2/10、C12N5/10。由此看出,上海市生物医药领域技术研发的重点方向包括抗肿瘤药、诊断试剂、基因工程药物、抗感染药物等,其中,抗肿瘤药占主导地位。

表 120　2011—2020 年上海生物医药领域专利 TOP10 技术构成

IPC 分类号(小组)	专利数量	技术领域
A61P35/00	7 714	抗肿瘤药
A61B5/00	2 431	用于诊断目的的测量
A61Q19/00	2 309	护理皮肤的制剂
C12N15/11	2 263	DNA 或 RNA 片段
A61P29/00	2 258	非中枢性止痛剂,退热药或抗炎剂,例如抗风湿药;非甾体抗炎药(NSAIDs)
C12Q1/68	1 989	包含酶或微生物的测定或检验方法,包括核酸
G01N33/68	1 660	涉及蛋白质、肽或氨基酸的测试方法
A61M1/00	1 614	医用吸引或汲送器械;抽取、处理或转移体液的器械;
A61L2/10	1 512	紫外线辐照
C12N5/10	1 512	经引入外来遗传物质而修饰的细胞,如病毒转化的细胞

2021 年上海生物医药领域 PCT 专利申请量为 403 件,2011—2021 年,上海生物医药领域 PCT 专利申请量总体呈上升趋势,累计申请 4 105 件,说明上海市越来越重视生物医疗领域的国际竞争力和全球布局。

（3）疫情下的部分细分领域迎来发展机遇

2021年，上海生物医药产业为新冠病毒肺炎疫情防控做好坚实的保障工作，以创新求巩固，以创新求发展。

① 与新冠有关诊断试剂。

目前国内批准的新冠诊断试剂分为核酸检测、抗原检测和抗体检测，截至目前国内已批准37个核酸、36个抗体、20个抗原检测试剂，其中，上海核酸检测企业7家，分别是之江生物、捷诺生物、博杰医疗（2个）、复星长征、仁度生物、思路迪；抗体类检测企业一家，即芯超生物。当前疫情对上述企业有利好。

② 与新冠有关的疫苗。

疫苗主要用于感染前的预防。据统计，截至目前，国内有5款疫苗获批附条件上市，还有2款疫苗获紧急使用授权。从技术路线看，7款疫苗中，有5款是灭活疫苗，另外还有重组蛋白疫苗和腺病毒载体（康希诺于2021年2月25日获批）各一款。

mRNA疫苗是国外获批上市疫苗的主流技术路线。国内有做布局的在研企业有艾博生物/沃森生物、斯微生物（上海）、艾美疫苗、成都威斯津等，其中以艾博生物/沃森生物的ARCoV临床进展最快。

斯微生物于2020年初就已针对原始新冠毒株设计开发了mRNA疫苗，但后来随着新冠病毒的几次变异，公司转而针对新冠变异毒株开展疫苗设计与研发，目前正准备申请进入临床试验。

当前疫情对上述企业有利好影响。

③ 与新冠有关的治疗药物。

A. 小分子药物

目前，海外已获批的用于新冠治疗小分子口服药有3款，包括辉瑞Paxlovid、默沙东Molnupiravir以及礼来的巴瑞替尼。国内方面，已布局新冠小分子口服药研发的企业主要有君实生物（688180.SH，01877.HK）、真实生物、开拓药业（09939.HK）等。前沿生物（688221.SH）则布局了注射用新冠小分子治疗药物的研发，拟用于治疗中、重度的新冠肺炎住院患者。

其中，君实生物VV116针对轻中度COVID-19患者的国际多中心Ⅱ/Ⅲ期临床试验正在进行中。另外，2021年12月31日，乌兹别克斯坦卫生部已批准VV116的紧急使用授权。VV116由上海药物所、武汉病毒所、中国科学院新疆理化技术研究所、旺山旺水、中国科学院中亚药物研发中心共同研发，由君实生物与旺山旺水共同承担该药物在全球范围内（除中亚五国，即哈萨克斯坦、乌兹别克斯坦、吉尔吉斯斯坦、塔吉克斯坦、土库曼斯坦、俄罗斯，北非，中东四个区域外）的临床开发和产业化工作。

2021年11月17日，先声药业率先从中科院上海药物研究所、中科院武汉病毒研究所引进抗新冠口服药物SSD8432，这也是国内第一款针对新冠病毒开发的口服3CL抑制剂，具有完全自主知识产权。最新调研数据显示，众生药业与药明康德合作的口服3CL抑制剂预计将在2022Q2申报IND，进展速度较快。

2021年12月24日，广生堂药业控股子公司中霖生物与药明康德合作，开发3CL蛋白酶抑制剂候选药物。

B. 中和抗体

全球范围内已有3款中和抗体或组合疗法获得FDA紧急使用授权：再生元casirivimab/imdevimab联合疗法、礼来/君实生物的etesevimab/bamlanivimab联合疗法、葛兰素史克与Vir Biotechnology合作研发的Sotrovimab。

目前，国内在研治疗新冠中和抗体药物至少有10款：君实生物和中科院微生物所联合开发的JS016、迈威生物的MW33、神州细胞的SCTA01、绿叶制药LY-CovMab、复宏汉霖HLX70、济民可信 JMB2002 等进入临床试验阶段。

(上海市生物医药行业协会供稿　执笔人：赵婷)

(四) 上海有色金属行业 2021 年发展报告

1. 2021 年行业综述

有色金属是国民经济发展的基础材料,航空、航天、汽车、机械制造、电力、通讯、建筑、家电等绝大部分行业都以有色金属材料为生产基础。随着工业、农业、国防现代化和科学技术的突飞猛进,有色金属在经济发展中的地位愈来愈重要。

2021 年上海有色金属生产经营保持平稳增长,有色金属企业主要产品产量、主营业务收入、利润均有较大幅度增长,扭转了前几年受新冠病毒肺炎疫情及世界经济波动等不利影响而带来的疲软态势,上海有色金属工业实现了"十四五"良好开局。

(1) 主要有色金属价格持续高位运行

2021 年以来,在资金流动性充裕,全球经济逐步恢复预期的背景下,上海有色金属现货市场铜年均价格 68 552 元/吨,创历史新高,比上年上涨 40.4%;铝价年均价格 18 903 元/吨,比上年上涨 33.2%;其他有色金属除铅比上年微涨 3.3%以外,均有较大幅度上涨,尤其是锡比上年上涨了 61.1%。

表 121　2021 年上海有色金属品种平均现货价格　　　(单位:元/吨)

	铜	铝	铅	锌	镍	锡
2021 年均价	68 552.35	18 903.66	15 165.12	22 431.85	138 835.91	226 469.14
2020 年均价	48 822.61	14 193.46	14 687.45	18 291.98	110 218.62	140 604.94
同比(%)	40.41	33.19	3.25	22.63	25.96	61.07

(数据来源:上海有色网)

(2) 有色金属主要产品生产保持平稳增长

有色金属主要品种产量(不含金银)为 1 025 474.01 吨,比上年增长 11.85%。其中,铜材产量 418 838 吨,比上年增长 19.52%;铝材产量 500 120 吨,比上年增长 3.48%;铝合金产量 96 103 吨,比上年增长 31.77%。

表 122　2021 年上海有色金属主要品种产量　　　(单位:吨)

产 品 名 称	2021 年	去 年 同 期	同比%
产量合计	1 025 474.01	916 870.17	11.85
其中:铝合金	96 103.99	72 930.8	31.77
铜材	418 838.23	350 432.62	19.52
铝材	500 120.11	483 282.88	3.48

(数据来源:上海市统计局)

(3) 有色金属企业实现销售和利润同步增长

2021年,上海有色金属主要企业的主营业务收入总计为577.38亿元,比上年增长24.97%。其中,铜材主营业务收入为284.92亿元,比上年增长25.59%;铝材主营业务收入为167.57亿元,比上年增长36.06%。有色金属企业2021年实现利润总额为15.02亿元,比上年增长23.99%。其中,铜材利润总额为1.61亿元,比上年增1.26%,扭转了去年出现的负增长局面;铝材利润总额为7.19亿元,铝材利润增长明显,比上年增长36.06%。

表123 2021年上海有色金属主营业务收入情况 （单位：亿元）

	2021年	去年同期	同比%
收入合计	577.38	462.01	24.97
其中：铜材	284.92	226.87	25.59
铝材	167.57	123.16	36.06

（数据来源：上海市统计局）

表124 2021年上海有色金属利润情况 （单位：亿元）

	2021年	去年同期	同比%
利润合计	15.02	12.11	23.99
其中：铜材	1.61	1.59	1.26
铝材	7.19	5.36	34.14

（数据来源：上海市统计局）

2. 行业发展特点

(1) 聚焦产业重点,扩大铜铝材产量

近年来,上海有色金属部分中低端制造业持续向周边及外省市地区转移,目前在上海地区主要是铜材和铝材加工企业。其中,上海铜材的产能主要集中于铜管、铜带,铝材则主要集中于热传输铝合金复合材料和铝箔。

2021年传统的建筑、电力、交通、包装、家电等行业对有色金属需求恢复到了疫情前水平,尤其是与"双碳"相关的风电、光伏、新能源电池以及交通工具轻量化等对有色金属需求明显增加,成为拉动有色金属需求的新增长点。

表125 上海铜材重点企业产能分布

企 业 名 称	产能(万吨)	主要产品	主要应用领域
上海海亮铜业有限公司	12	铜合金管	空调制冷、建筑、汽车、电力、海水淡化
上海龙阳精密复合铜管有限公司	5	精密铜管	空调制冷

续 表

企 业 名 称	产能(万吨)	主要产品	主要应用领域
五星铜业(上海)有限公司	5	铜带	电器、电子、灯饰、汽配、服饰、五金
上海杨铜电气成套有限公司	2.5	电磁线	电力设备、变压器与输变电
上海飞轮有色新材料股份有限公司	1.5	铜管、异形铜材	空调制冷、电力

(数据来源：上海有色金属行业协会)

以纯铜或铜合金制成各种形状包括棒、线、板、带、条、管、箔等统称铜材。铜作为第二大有色基本金属，2021年以来，在资金流动性充裕，全球经济逐步恢复预期的背景下，行业整体运行情况良好，产量稳步增加，经济效益显著提升；同时在科技创新、智能制造和绿色发展等方面迈上了新台阶，为实现行业高质量发展奠定了坚实基础。上海铜材产能主要集中于铜管和铜带。产能超10万吨的企业有1家，为上海亮铜业有限公司，主要生产铜合金管，应用在空调、电力、建筑、汽车等领域，该企业2021年产量达到12.3万吨，同比增长33.7%；产能5万吨的企业有两家，为上海龙阳精密复合铜管有限公司、五星铜业(上海)有限公司，产品分别为精密铜管和铜带；两家企业2021年产量分别达到4.7万吨和4.5万吨，同比增长33.7%和7.9%。

表126　上海铝材重点企业产能分布

企 业 名 称	产能/万吨	主 要 产 品	主要应用领域
上海华峰铝业股份有限公司	15	热传输铝合金复合材料	汽车、工程机械、电站、家用商用空调、动力电池
格朗吉斯(上海)铝业有限公司	12	热传输铝合金复合材料	汽车、家电、新能源
上海神火铝箔有限公司	8.3	铝箔	动力电池、食品、医药、香烟等包装材料
上海鑫益瑞杰有色合金有限公司	5	挤压铝型材、棒材	3C
上海友升铝业有限公司	4	汽车零部件及铝合金型材	汽车
上海浙东铝业股份有限公司	3	建筑铝型材、工业铝型材	建筑、光伏、汽车
上海励益铝业有限公司	2	ABS阀体、保险杠防撞梁用铝型材和锻造控制臂及转向节用挤压毛坯棒	汽车

(数据来源：上海有色金属行业协会)

铝材由铝和其他合金元素制造的制品。通常是先加工成铸造品、锻造品以及箔、板、带、管、棒、型材等后，再经冷弯、锯切、钻孔、拼装、上色等工序而制成。上海铝加工企业坚持技术创新和商业模式创新，充分发挥铝的结构功能一体化特性优势，围绕国民经济发展重大需求，聚焦重点领域、重点产品，搭建上下游合作平台，产品标准及设计规范体系，发展服务型制造，不断提升铝材供给能力，充分挖掘铝在交通运输、包装容器、机械装备、建筑结构、应急抢险等领域的消费潜力。上海铝材产品主要集中于热传输铝合金复合材料和铝箔。上海7家铝材重点企业产能比重较大,约占上海铝材总产能的87%;上海铝材产能超10万吨的企业有2家,分别为上海华峰铝业股份有限公司,产能为15万吨,2021年产量为15万吨,基本达到满产。格朗吉斯(上海)铝业有限公司产能为12万吨,2021年产量为9万吨,同比增长25%。两家上海铝材龙头企业产品均为热传输铝合金复合材料。此外,由于新的扩产项目投产,2021年上海神火铝箔有限公司产能由原来年产2.7万吨,迅速提升至年产8.3万吨,2021年该企业产量增速同比约100%。

(2) 培育发展亮点,实现全面增长

得益于原材料价格上涨以及新能源车大幅增产的强劲拉动,行业内铝加工企业经营表现尤为突出,如上海神火铝箔有限公司产量、利润和出口等增长率均达到100%左右;上海华峰铝业股份有限公司利润增长达92.37%;上海鑫益瑞杰有色合金有限公司产量、销售收入、利润分别增长了23.6%、65.6%和83.2%;上海帅翼驰铝合金新材料有限公司利润也有约70%的增长;其他有色金属企业如上海海亮铜业有限公司利润增长23.5%,上海五星铜业有限公司利润30.55%,上海晶盟硅材料有限公司利润增长96.75%。

加强行业在双碳、新材料、高新技术等方面项目投资建设的同时,加快传统产业技术装备改造升级,通过不断的技术改造,众多与新能源、人工智能等战略性新兴产业相关的有色金属品种正处在快速发展的上升通道,以形成与新能源汽车为代表的及其他新兴产业相关的配套产品体系,并成为企业新的增长极。如上海海亮铜业有限公司投资4.6亿元,建设年产17.7万吨精密铜管低碳智能制造技术改造项目,上海神火铝箔有限公司在河南商丘投资年产5.5万吨铝箔项目,使企业年产规模达到8.3万吨;格朗吉斯铝业(上海)有限公司增加投资,对电池铝箔生产线进行技术改造以扩大产能;上海帅翼驰铝合金新材料有限公司与上海应用技术大学合作研发高导热铝合金的制备方法;上海晶盟硅材料有限公司先后进行8英寸、12英寸外延片生产线进行技术改造项目,项目完成后将进一步提升产品技术能级和扩大产能。

(3) 深化产业对接,推进区域合作

深化产业对接,助推有色新材料在汽车等其他新领域的导入与应用,是近几年行业协会力促有色金属产业改革转型、创新发展的重要抓手,也是有色实现高质量发展的重要目标。为此,协会会同相关行业,汇集国内知名整车、零部件厂商及科研院校的专家委员代表,采用互联网线上线下模式召开"汽车新材料与应用专业委员会"工作会议,加强技术协同创新,注重技术引领,发挥好汽车新材料领域的专家资源作用,对进一步推进汽车材料专业领域新材料研究和应用材料推广起到了积极作用;协会在上海市经信委新材料处领导下,组织上汽、一汽等多家整车零部件专家和企业家,以华东地区为重点,开展"汽车新材料企业考察活动",旨在搭建精准高效对接桥梁,进一步畅通对接渠道,打造汽车产业链绿色发展闭环,促进新材料生产企业与整车企业、汽车设计单位协同创新和深度融合;由协会与相关行业协会共同主办的"中国工博会新材料论坛——2021中国汽车新材料应用高峰论坛",聚焦"双循环、碳中和、更轻量、更智能"的主题,围绕"碳达峰和碳中和战略下汽车产业链的挑战和机遇、氢能源汽车的发展和市场前景、轻量化材料在新能源汽车上的应用与发展、高性能铸造铝合金在汽车上的应用及发展趋势"议题,共议材料解决方案。与论坛同时举行的"第三届2021年最有潜力的汽车材料与铸件产品评选活动",共收到76家企业递交的103份材料。其中,铝及铝合金铸造、挤压、压延和铸件材料74篇,铜及铜及铜合金19篇,其他材料为20篇;有32家企业分别获得"2021年最具潜力汽车材料创新奖、应用奖和铸件产品奖"。在这次获奖的材料中,自主创新的新材料有11篇,采用新技术、新工艺进行材料加工的应用材料和铸件产品有21篇。连续几年成功举办与中国工业博览会同期的"中国汽车新材料应用高峰论坛",已经成为完善汽车产业和新材料产业发展优质生态,打造汽车新材料产业对接服务的知名品牌。

近年来,加快产业布局,推进区域合作是行业战略发展的重点之一。围绕"长三角区域一体化发展战略",协会与长三角地区及相关行业协会联手筹建"长三角有色金属行业创新发展联盟",以推动长三角有色金属产业互联互动,充分发挥各地比较优势,促进各类要素合理流动和高效聚集,推动长三角地区有色金属产业集群的形成,优化资源配置,加快产业转型,推进区域整合,引领产业创新发展;同时促进和加快建设全国统一的大市场,防范和化解区域性的经贸风险,提升区域内行业技术水平和核心竞争力,探索行业发展的新模式、新业态,促进长三角有色金属产业的高质量发展。按照"长三角有色金属行业发展联盟"筹备工作的既定目标,2021年协会与江苏省冶金行业协会、浙江省冶金有色行业协会、江西省铜业协会、铜陵市铜业协会、山东省铝业协会和新疆有色金属行业协会等协同配合,紧锣密鼓地推进"长三角有色金属行业发展联盟"筹建工作。目前联盟章程(草案)、联盟《倡议书》(征求意见稿)、联盟工作组(筹建)的建议在听取成员单位意见的基础上做进一步修改完善。

作为践行"长三角区域一体化发展战略"的一项重要举措,由协会与安徽省信息家电行业协会及上海家用电器行业协会共同主办的"2021年世界制造业大会暨2021智能家电新材料应用高峰论坛"在安徽合肥成功举行。论坛旨在推进新材料与家电行业创新融合发展,共议家电材料解决方案,打造家电产业链绿色发展闭环,助力家电产业集群建设的。本次论坛吸引了产业链上下游220多家企业、300多人的积极参与;汇集了海尔、美的、格力等20多家头部企业以及政府、协会、家电企业、材料供应和贸易商及资讯平台等众多嘉宾。此次论坛是长三角跨行业区域联动、共同发展的一次有益尝试。

(4)围绕"双碳"目标,践行绿色发展

围绕碳达峰、碳中和目标,行业企业坚持绿色发展理念,正确处理好发展与减排、整体与局部的关系,加快能源结构调整和产业升级,加强标准引领,加大绿色低碳改造力度,坚决淘汰不符合相关能耗标准的工艺与装备,持续提升行业能效水平,在项目投资、技术改造、产品研发、减排降耗等方面做了许多有益探索,不断推进绿色低碳转型发展。上海海亮铜业有限公司投资4.6亿元,建设年产17.7万吨精密铜管低碳智能制造技术改造项目;上海龙阳精密铜管有限公司作为行业低碳降耗的试点,多措并举降碳减排,尤其在提升产品的技术水准上下功夫,以降低下游端产品的排放水平;上海华峰铝业股份有限公司、格朗吉斯铝业(上海)有限公司也相继进行清洁能源光伏建设项目。与此同时,协会与上海钢联电子商务有限公司共同举办"上海公平贸易公共服务项目直播培训活动——2021三季度碳达峰线上会议",邀请专家和企业领导进行宣讲,对促进企业在"双碳"目标下自觉调整生产经营模式,积极实行控碳控排放,寻求绿色低碳发展之路起到了积极作用;协会还与市能效中心、上海应用技术大学和有关企业共同修订的《铝及铝合金熔解保温炉节能运行评价指标》上海市地方标准通过专家审核,为进一步提升上海有色金属行业节能管理水平,推进企业技术创新提供了技术标准支撑。

作为国务院办公厅颁发的有关《生产者责任延伸制度推行方案》试点单位之一,协会与上海蓄电池环保产业联盟持续推进和落实《上海市废铅蓄电池区域收集转运试点工作方案》,并取得积极成果,为此受到专程来沪考察的全球环境基金"中国再生铝、铅、锌、锂行业绿色生产与可持续发展准备金项目"组一行的高度评价。

3. 行业展望与建议

(1)行业趋势展望

加快形成以国内大循环为主体、国内国际双循环相互促进的新发展格局是"十四五"时期的大战略。基于此,上海有色金属行业所面临的将是"高质量发展""绿色发展""长江经济带"建设、"长三角一体化"建设等发展战略的新要求,行业发展趋势主要体现在以下三个方面:

一是加快产品转型升级,形成与新能源汽车相关的配套产品体系。随着国家《新能源汽车产业发展规划(2021—2035年)》出台,整车企业会适时推出新规划,研发、生产新型车辆。长江经济带坐拥长三角和长江中上游地区的两大汽车产业集群,依托上海、南京、合肥、武汉、重庆等地区强盛的汽车制造实力形成长江汽车走廊。近年来,为应对双碳目标,在汽车轻量化和新能源汽车开发领域,整车配套有色金属供应商正快速构建合理的汽车产业分工合作体系,汽车轻量化和新能源的有色金属材料、零部件制造业快速崛起。上海不少汽车用轻金属材料和零部件制造厂商,已和大学形成产研合作关系,如上海帅翼驰铝合金新材料有限公司与上海应用技术大学合作研发高导热铝合金的制备方法。

二是尽快实现上海有色金属行业的碳达峰,建设国际碳金融中心。当前国家发改委正在为《有色金属行业碳达峰实施方案》征求行业意见,初步提出到2025年有色金属行业力争率先实现碳达峰,2040年力争实现较峰值减碳40%。这一计划比全国的碳达峰时间要至少提前5年。上海作为少有的生产型大城市,工业领域的减排仍然是上海实现碳达峰和碳中和的"硬骨头";上海在控制现有传统有色金属的碳排放情况下,将发展新能源汽车相关产业作为碳达峰的重要实施路径。此外上海从2013年底试点碳交易,到目前为止,累计交易量1.55亿吨,其中,上海配额交易4500多万吨;CCER(中国核证自愿减排量)交易约在1.10亿吨,总交易规模在全国位居前列,尤其CCER的交易量份额占比约40%以上;因此上海将继续利用金融人才、创新碳排放交易模式,加快推进全国碳市场建设,大力发展绿色金融,力争建成国际碳金融中心。

三是集聚有色行业高端人才队伍。行业技能培训、产业预警、标准化服务等平台功能进一步提升,特别是智能制造技术、工业机器人认知和应用的培训,不断优化从业人员素质,提高企业的人力效率。

(2)行业发展建议

2021年以来,上海有色金属产业面临许多风险和挑战,也出现了一些值得关注的问题。主要是2021年下半年以来新冠病毒肺炎疫情起伏不定,世界经济复苏动力不足,地缘政治冲突加剧,原料、能源价格上涨,不稳定、不确定因素增多,下行压力有所加大,实现"双碳"目标的硬指标、强约束,企业转型升级的任务十分艰巨,一定程度上增加了企业的经营困难。为此我们提出如下建议:

一是创新引领,推进产业对接。要高度关注需求端对有色金属需求转型升级,积极推进有色金属材料供应的转型升级,以国际领先为标杆,加快高端产品与新材料研发,在满足国内需求的同时,促进有色金属产品进入国际市场;同时要努力构建技术先进、产品高端的有色金属产业链,打造节能低碳、生态环保的产业新格局,进一步提升有色金属产业的经济效益和社会效益。

按照上海市先进材料产业"十四五"发展规划和上海有色金属行业"十四五"发展规划建议,要伴随产业科技的快速迭代和更新,加快有色金属产业由传统迈向智能化、数字化、网络化的创新步伐;对材料行业提出的"先进基础材料转型提质,实现高端化发展;关键战略材料克难保供,加强系列化攻关;特色攻坚材料聚优成势,形成规模化效应;前沿新兴材料培苗育新,加快产业化应用"的目标和要求,协会将结合实际,在已有的"企业清单、产品清单和项目清单"中,梳理出有色材料与之相适应的细化项目,助力企业找准各自的定位和方向,发挥材料最大的应用优势和效应;持续优化和完善"汽车创新材料与应用材料评选活动"的评价体系,传播汽车产业链参评企业创新材料与应用材料的推广价值,引导企业提高技术创新能力,包括提升基础关键技术、先进基础工艺、基础核心零部件、关键基础材料等研发能力,通过强链、补链,提高产业链整体效能;发挥"汽车新材料与应用专业委员会"平台作用,通过拟起草"汽车用有色材料碳排放产业链标准",达到主机厂在采购材料的倒逼方式中,明晰材料的碳排放指标,扩大材料在下游行业中的应用,共同推进有色金属材料向绿色低碳方向发展。

二是围绕"双碳",强化节能减排。要紧紧围绕绿色、低碳、减排主旋律,坚决贯彻执行国家"双碳"行动方案,积极依托上海市能效中心和上海市节能中心建立的"上海产业碳达峰碳中和服务联盟"的平台,通过该平台的技术支持、交易市场、金融助力相关产业链的协作机制,探索符合上海有色行业以创新服务为核心的碳达峰、碳中和路径,满足行业企业在碳达峰、碳中和工作背景下的咨询服务、市场交易等方面的需要,成为服务于有色行业最具创新性和前沿性的社团组织。进一步推动和贯彻《上海市废铅酸蓄电池区域收集转运试点工作方案》,促进基于产品全生命周期管理的产品回收、产品再制造、逆向物流等体系的建设。积极支持试点企业建立"上海市铅酸蓄电池集中收集和跨区域转运制度与体系",有效防控废铅酸电池环境风险,要积极培育和构建再生金属产业体系,实现循环再生的降碳,真正做到铅酸蓄电池"销一收一"的循环利用;与此同时,要大力推进节能减碳技术推广与应用,不断提升产业绿色化水平。

三是聚焦人才,打造工匠队伍。要充分发挥"上海有色金属职业技能等级认定机构"和"上海有色金属高技能人才培养基地"的作用,加强智能制造技术、工业机器人认知和应用以及金融与贸易复合型人才培训,进一步优化从业人员素质,提高企业的人力效率;做好重冶火法冶炼职业工种的技能评定,同时加强金属材热处理工、精整工技能等级评定项目的开发,为有色行业培育与生产高端材料相适应、与环保理念同进步的高端技术与技能人才;着力推进和完善人才培养机制,为产业数字化转型提供支撑。联合上海期货交易所举办"有色金属现货交易员技能大赛",通过技能竞赛引领示范作用,全面提升有色金属现货交易技能水平,从而改善职业人才供给质量结构,以满足与建设上海贸易中心相适应的既懂现货期货交易,又懂金融的高端复合型人才需求;加强与培训机构、高职高专院校的合作,发挥好行业专家委员会的作用,为企业定向培养好专业技术和技能人才;继续做好上海市工程系列(有色金属学科)的中高级技术职称(资格)和行业中高级技术职称(资格)的评审,培养发展先进制造业所急需的专业技术人才。

(3) 政策机制建议

一是建议构建广义有色金属产业链间的交流协作机制,加大产业智能制造力度,加强有色金属与其他相关产业的交流与对接,建立和完善对接交流平台,拓展有色金属产品,尤其是有色新材料产品的供应领域。

二是政府有关部门应研究把握有色金属产品价格不同周期调节的主动权,实现科学而精准的调控;密切关注国际主要经济体货币政策转向,可能引发的有色金属价格大幅波动,并针对全球能源危机蔓延,研究制订科学精准的应对预案,确保能源安全。同时,应规范市场舆论引导,发挥行业协会的作用,避免过度炒作供求及价格预期。

三是由于受疫情防控、通货膨胀、能源危机、贸易保护主义等多重影响,一些中小企业面临前所未有的生存压力,政府部门应更多关注中小企业,特别在金融、税务、外贸和社保等有关纾困政策方面,尽可能地向中小企业倾斜。

(上海有色金属行业协会供稿 执笔人:张建明)

(五) 上海重型装备制造行业 2021 年发展报告

1. 2021 年我国经济和装备制造行业发展情况

2021年是党和国家历史上具有里程碑意义的一年,我们隆重庆祝中国共产党成立100周年,实现第一个百年奋斗目标,开启向第二个百年奋斗目标进军新征程。全国按照党中央、国务院决策部署,坚持稳中求进工作总基调,完整、准确、全面贯彻新发展理念,加快构建新发展格局,全面深化改革开放,坚持创新驱动发展,推动高质量发展取得新成效,实现了"十四五"良好开局。全年国内生产总值1 143 670亿元,比上年增长8.1%。其中,第二产业增加值450 904亿元,增长8.2%。新产业、新业态、新模式加速成长,全年规模以上工业中,高技术制造业增加值比上年增长18.2%,占规模以上工业增加值的比重为15.1%;装备制造业增加值增长12.9%,占规模以上工业增加值的比重为32.4%。

2. 2021年上海经济和装备制造行业发展情况

2021年,上海巩固拓展疫情防控和经济社会发展成果,全市经济社会平稳健康发展。全年实现上海市生产总值(GDP)43 214.85亿元,比上年增长8.1%。其中,第二产业增加值11 449.32亿元,增长9.4%。全年实现工业增加值10 738.80亿元,比上年增长9.5%。全年完成工业总产值42 013.99亿元,增长10.2%。其中,规模以上工业总产值39 498.54亿元,增长10.3%。

全年新能源、高端装备、生物、新一代信息技术、新材料、新能源汽车、节能环保、数字创意等工业战略性新兴产业完成规模以上工业总产值16 055.82亿元,比上年增长14.6%,占全市规模以上工业总产值比重达到40.6%。

3. 2021年行业发展亮点情况

(1) 能源装备

在煤电技术领域,上海电气研制的国内首台百万等级超超临界带BEST双机回热系统二次再热机组通过168小时满负荷运行,创造了综合发电煤耗249.7 g/kwh的全国最低纪录,实现大容量、高参数、高效节能、清洁环保电力生产,同时能够显著降低供电煤耗;自然通风直接空冷(NDC)系统技术的全球首台660 MW超超临界燃煤空冷发电机组双塔顺利结顶,与同类型的间接空冷机组相比,年平均供电标煤耗降低3.37 g/kwh,年可节约标准煤2.45万吨,减少碳排放量5.41万吨/年。

在核电技术领域,上海电气实现了全球首台RUV湿绕组电机主泵的交付,及"国和一号"蒸汽发生器、堆内构件等12台套核电主设备的出产发运,深度参与快堆、"国和一号"大型先进压水堆、石岛湾高温气冷堆等国家科技重大专项建设。其中,CAP1400核电RUV湿绕组电机主泵技术被列入国家2021能源领域重大技术装备项目清单,为我国三代核电自主创新体系和产业链供应体系做出了重要贡献,标志着我国成为世界为数不多的具备自主三代核电技术的国家。由上海电气参建"华龙一号"示范工程第2台机组——福清核电6号机组完成168小时试运行,具备商运条件,全面建成投产;完成了2项材料国产化、5项焊接技术、4项检测技术、7项工艺技术的技术创新,实现了福清核电5号机组堆内构件制造、加工、装配、检测等全面国产化标志着我国核电技术水平和综合实力跻身世界第一方阵,有力支撑了我国从核电大国到核电强国的跨越。

在燃气轮机技术领域,上海电气首次自主开发并采用3D打印技术的F级燃气轮机DeNOx低排放燃烧器研制完成并在项目上成功应用,实现了50%~100%负荷NOx排放低于15 ppm的超低排放指标。

在风电技术领域,上海电气发布全新海上Petrel平台首款风机产品EW11.0-208;正式发布"POSEIDON"海神平台EW8.0-208机组;完成陆上半直驱卓刻平台5~6 MW系列机型研制,自主研制的百米级海上风电叶片S102顺利下线。发布了7款数字化产品,包括智能控制系统、新一代智能终端与远程听诊系统、风场监控SCADA系统、新一代场控系统、故障预测及健康管理系统、智能诊断软件平台、风电场数字化设计平台等。

在储能技术领域,上海电气国轩南通研发中心揭牌,研发中心占地8 000余平方米,构建储能系统从材料、电芯到结构、电池管理系统全产品链研发能力。完成了适用于电化学储能应用的高性能、智能化的系统级BMS技术开发,并在第十五届国际太阳能光伏与智慧能源大会上获得兆瓦级翡翠奖;自主研发的DC1500V储能变流器顺利通过第三方GB认证测试。参与完成国内首台火电调峰用双罐熔盐储热系统试验平台及低熔点熔盐材料的开发,各项指标达到设计要求,通过项目验收。

在输配电技术领域,上海电气研制出10 kV高压静止无功补偿装置(SVG)和轨道交通再生制动能量回馈装置,设备样机通过试验认证并取得CNAS认证。我们成功研制了节能型、环保型以及植物油变压器;海陆变桨产研结合,实现突破,陆上5 MW及以下风力发电机组的全系列研发完成,海上产品覆盖5～11 MW机组应用,取得海上6.25 MW风机变桨应用业绩。

(2)工业装备

在电梯技术领域,上海电气对电梯的智能产品、智能制造、智能服务持续深耕研究。上海三菱的两款电梯轿厢设计,"立体体验轿厢R-Box"和"穿梭体验轿厢Shuttle Conveyor"揽获2021年德国iF设计奖;2021年内完成了国内首台实现全规格部件全国产的10 m/s高速电梯产品研制,舒适性达到TUV最高等级水平。

在轴承领域,上海电气实现了超高温高真空固体润滑、精密制造等关键技术的突破。为国内专业生产X射线管的制造商提供联轴轴承,并逐步打入国外市场,精度达到国外一线产品水平。

在新能源动力电池模组装配测量解决方案技术领域,上海电气提出了工业4.0智能工厂的一站式解决方案,完成高效电池模组装配线,设备自动化率95%以上,设备可快速换型并换型模块化,程序一键切换,机构快速更换,兼容不同版本电芯蓝本,可实现单排模组与双面模组共线生产。

在环保技术领域,上海电气完成首台高参数垃圾焚烧余热锅炉研制并成功投运,设备采用了极具挑战的炉内再热方案,具有高效率、低排和稳定等特点,能有效解决垃圾发电中的氯腐蚀难题,对国内垃圾焚烧领域技术升级和产业发展具有突出的示范引领作用。

(3)集成服务

在工业互联网领域,上海电气发布了"星云智汇"工业互联网平台3.0,基于平台打造了20多个行业解决方案,新能源智慧管理和电站锅炉智能运行优化入选工信部优秀解决方案。

在智慧交通领域,上海电气为适应中国国情和需求而研发的支持全自动无人驾驶的城市轨道交通信号系统TSTCBTC FAO全自动无人驾驶系统获得第三方安全认证,已部署在上海轨道交通14号线上,并于2021年12月底开通运营。在轨道交通智能机电集成系统解决方案技术领域,发布了智能数字轨道交通(iDRT)系统,并于上海临港新片区落地了国内首个数字轨道交通工程"临港中运量T1项目",开创了一种全新的、高性价比的中运量公共交通制式。

在煤电综合改造技术领域,上海电气完成了大唐洛河超临界机组通过改造达到超超临界温度参数的示范应用项目,实现了机组提温增效改造的又一次技术创新尝试;成功承接了国能浙江宁海发电有限公司2×1 000 MW增容提效综合改造项目,此项目是全球首台百万等级机组增容结合汽电双驱、烟气余热深度利用等技术系统集成综合改造项目,改造后,机组出力将从1 000 MW增容至1 055 MW;成功承接了国能台山首台600 MW亚临界湿冷机组通过改造到超超临界温度参数的改造项目。

在垃圾处理技术领域,上海电气针对生活垃圾等固废焚烧烟气处理,完成"干法脱硫+触媒陶纤管除尘脱硝一体化+活性炭固定床"工艺系统的集成,并积极推进陶纤管核心的产品研制;针对中小规模(300吨/天以下)垃圾处理,开发了一套中小型垃圾热处理工艺,形成系统解决方案。

在农业废弃物处理技术领域,上海电气建成崇明农业废弃物资源化利用示范项目,生产有机肥约3万吨/年。该项目采用先进的干式厌氧发酵核心工艺,可彻底缓解农林废弃物、畜禽粪污无序处理带来的环境污染,具有较强的技术先进性和行业示范性,社会效益突出。

(上海重型装备制造业行业协会供稿)

(六)上海安装行业2021年发展报告

1. 综述

2021年是我国"十四五"开局之年,作为全国的经济中心,上海市经济社会平稳发展,建筑业继续保持稳健增长,全年实现总产值9 236.42亿元,比上年增长11.6%,其中,据不完全统计,2021年前三季度建筑业工程、安装工程产值分别为5 456.16亿元、741.58亿元;房屋建筑施工面积54 802.86万平方米,增长1.9%;竣工面积9 232.42万平方米,增长13.3%。劳动生产率760 647元/人。

上海安装业是上海建筑业及相关产业的重要组成部分,对实现建筑业和社会经济发展的作用十分重要。行业充分发挥了在建筑工程领域、冶金工程领域、化工和石化工业工程领域、城市更新工程领域、绿色环保工程领域等机电安装的特点和优势,紧紧抓住建筑业发展的机遇,不断巩固和拓展疫情防控与行业发展成果,发展规模和质量持续提升,呈现稳中加固、稳中有进、稳中向好的态势,产业规模持续增大,企业安装施工能力不断增强,实现了"十四五"的良好开局。

但与此同时,受新冠病毒肺炎疫情反复和国内外经济大环境因素影响,2021年本市安装业企业的产值利润率继续受到影响,但本市安装业企业向大而全和集群化发展的趋势更加明显,通过布局全产业链、发挥资源配置能力,提供建筑全生命周期服务,获得竞争优势,在面对疫情等发展环境下逐步具备了更高的风险承受能力。

2. 安装业的行业范围和特点

(1)行业范围和特点

安装行业无论从行业产品的类别、数量还是从业人员,都是我国工程领域内范围最广的行业,包含了不同的学科和各种专业门类及安装对象,也包含了不同种类、不同品种、不同工艺和生产流程。建筑机电安装业作为"大建筑"概念中的特定行业,是一项高投资、高技术、多专业组合的系统工程。随着自动化、专业化程度越来越高,在企业中,机电安装应用技术得到快速提高。建筑机电安装行业不仅在数量上得到了迅速发展,且更专业,技术性方面的要求越来越高,今后发挥潜力巨大。

(2)项目特点

① 施工工期。

施工活动从采购开始,涉及调试、生产运行、安装、竣工验收等各个环节,直到设备安全正常运行或者满足基本使用功能才算完工,施工战线比较长。

② 技术要求。

随着工业规模不断扩大,大型工程对吊装、装配、检测技术的要求越来越高。另外,伴随着科学技术的不断提高,以及机电设备安装工程施工过程中采用的各种新材料、新设备、新技术、新工艺也越来越多,安装工程也越来越大,对安装精度的要求随之提高。

③ 涉及面广。

机电设备广泛应用于公用、民用和工业等各领域中,具体到电气、通风、采暖、排水、自动化控制、消防等系统的安装,其中,包含电子工程、自动化、仪表、机械设备工程、环保工程等多种工程项目,涉及范围非常宽泛。

④ 检验不同。

机电设备安装工程施工质量的验收,与建筑构筑物相比较,也有着明显的不同,其特点主要表现为对质量评估方法、工程验收和售后服务手段的区别。

3. 安装业在建筑业中的地位与作用

安装行业在建筑项目的建设过程中具有不可替代的作用。这主要是因为随着建筑行业的不断向前发展,人们对建筑的功能要求越来越高,为了实现人们所要求的建筑所有功能,必须要在建筑当中安装一些相关设备来完成。相关设备在建筑当中的安装与应用便涉及了机电安装。现代建筑所需要的与机电安装行业有关的功能主要包括:电梯、供水、供热、建筑智能化以及用电。现阶段,机电安装已经成为建筑行业当中一个必不可少的、比较热门的系统行业,对建筑功能的实现发挥了至关重要的作用。

随着社会的不断向前进步以及人们生活水平的不断提高,机电安装在建筑当中的应用范围还将不断扩大。从一定程度上,显现出了机电安装行业在建筑建设过程当中的重要地位。建筑当中的机电安装行业将会随着社会的发展而不断地向前发展。

4. 上海市安装业的市场现状

(1) 行业背景

安装业现代化是我国建筑机电安装业发展趋势的必然选择。参考国际上建筑机电安装业的发展趋势全过程,当国民生产总值超过平均1 000~3 000美元后,开发设计新式的机电安装构造管理体系、保持规模化生产制造,就变成摆脱传统式安装业精益生产方式缺点、推动安装业又好又快发展趋势的关键方式。

现阶段,安装业现代化构造管理体系在国外建筑安装应用领域已非常成熟,管线综合和施工图设计、管道规模化预制构件早已遮盖了绝大多数工程建筑机电安装工程,在建筑安装销售市场中的市场占有率达到70%左右。世界建筑安装行业的总体发展趋势告诉我们,中国已经进入了加快机电安装产业化的重要历史时期。只有机电安装产业化,才能将高能耗、高污染、低效率、低效益的传统建筑安装行业彻底被迭代。

(2) 市场需要

以国内大循环为主体、国内国际双循环相互促进的新发展格局为建筑业发展环境定下基调,国家到地方各级"十四五"规划的发布也为行业指明了发展目标和方向,上海市"五个新城"的规划建设也有望成为本市建筑业发展的重要增长极。同时,包括基础设施建设、绿色建筑、海绵城市、地上地下空间、数字化转型、微更新在内的城市更新,更对存量时期沪上建筑业发展提供了市场机遇。面对高品质城市环境下城市更新的需求,碳达峰、碳中和加快推进带来深远影响,以及建筑业数字化转型赋能的新趋势,使上海市安装业挑战和机遇并存,许多安装企业已主动意识到顺应并掌握新趋势、新机遇的重要意义。

(3) 竞争格局

在上海从事建筑机电安装行业的企业大概有400~600家,但是真正能够具有较强竞争能力,在市场占有一定份额、具有明显影响力的企业并不多,不足50家,绝大多数是中小型企业。上海市安装工程集团有限公司、上海二十冶建设有限公司、中国二十冶集团有限公司、中建集团上海公司、上海华谊建设有限公司、中国核工业第五建设有限公司、江苏启安建设集团有限公司等行业头部企业在专业领域的目标市场、战略动向、技术能力、设备配备、人员组合、投入力度、市场进入策略等各有优势和特点,相对市场占有率较高。许多中小企业除个别走"专精特新"之路,在市场上保持独特优势的除外,竞争力不足,相当部分难成气候。

(4) 行业企业分析调研

为更好地掌握2021年度上海市安装行业市场情况及行业企业的基本表现,我们从企业基本概况、生产经营概况、企业发展投入、企业人力资源建设、企业创新能力、企业生存环境等方面内容制作了《2022年度上海市安装行业发展报告》调查问卷。通过对120家安装行业代表性企业的问卷调查,我们可以通过不同的视角,了解并分析和总结2021年度安装行业市场和企业大概情况。

调查问卷反馈所得的大致情况如下:

120家代表性企业中,施工安装类企业102家,占82.5%;机电产品供应类企业15家,占12.5%;建筑软件和信息服务业3家,占1.25%;其他(咨询、检测类)3家,占1.25%。

国有企业共53家,占44.17%;集体企业1家,占0.082%;民营企业51家,占42.50%;股份制企业11家,占9.16%;个人独资企业3家,占2.44%;外商投资企业1家,占0.082%。

企业经营概况中,安装工程量占企业全部工程量的占比,26家企业在50%～80%,占比21.14%;80%～100%有34家企业,占比27.64%;112家企业的市场布局主要在上海地区,占比91.06%。

2021年签订的工程合同中,安装产值在1 000万元以下18家,占比14.63%;1 000万～3 000万元的有8家,占比6.5%;3 000万～5 000万元有11家,占比8.94%;5 000万～1亿元,共13家,占10.57%;1亿～10亿元有40家企业,占比32.52%;10亿～30亿元有14家企业,占11.38%;50亿～100亿元共4家企业,占比3.25%。

企业安装工程的营业收入为:500万元以下有10家,占8.13%;500万～1 000万元5家,占4.07%;1 000万～2 000万元3家,占2.44%;2 000万～5 000万元11家,占8.94%;5 000万～1亿元,共10家,占8.13%;1亿～10亿元有30家,占24.39%;10亿元以上38家,占30.89%。

企业的营业利润率为:负数或零4家,占3.25%;10%及以下87家,占70.73%;10%～30%共31家;占25.2%,而30%以上没有。

安装企业净资产收益率为:负数或零3家,占2.44%;2%以下22家,占17.89%;2%～4%有29家,占23.58%;4%～6%共21家,占17.07%;6%～10%有9家,占7.32%;10%以上9家,占7.32%。

企业营业收入增长率为:负数或零10家,占8.13%;5%以下35家,占28.46%;5%～10%共38家,占30.89%;10%～20%有23家,占18.7%;20%～50%有14家,占11.38%;高于50%共3家,占2.44%。

企业利润增长率为:负数或零10家,占8.13%;5%以下63家,占51.22%;5%～10%共35家,占28.46%;10%～20%有9家,占7.32%;20%～50%有4家,占3.25%;高于50%共2家,占1.63%。

从以上反馈可以得出,施工安装类企业102家和机电产品供应类企业15家所反映出来的特点,基本可覆盖上海安装行业企业的情况。其中,53家国有企业,51家民营企业,11家股份制企业,也基本反映了行业主要企业的所有制属性,主要的国有和民营企业旗鼓相当,对一些未纳入统计的小型民营企业来说,从结构上来看,后者应该数量更多,但质量和规模应以前者为优。

但从市场看,共有112家企业的市场布局主要在上海地区,占此次统计企业数的绝对多数。其中,安装工程量占企业全部工程量50%～100%共有60家企业,一方面可见企业在走多元化发展,安装业务并不是企业唯一经营支撑点;另一方面或窥见本埠企业"全国化"或央企、外省市企业在沪业务发展也是互为融合,风生水起,但无论是工程量占比还是企业数量,上海安装市场依然是绝对的基本盘。

这从2021年签订的工程合同中也可以佐证,1亿～10亿元有40家企业,10亿～30亿元有14家企业,50亿～100亿元有4家,共58家企业,是上海安装行业市场呈一定规模的代表性企业,而且从签订的合同量来看,上海的建设工程的量,还是规模可观,不容小觑。

从企业经营情况来看,安装工程营业收入1亿～10亿元有30家,10亿元以上38家,这68家企业,基本占据了2021年度整个上海安装工程市场一大半以上的市场份额。

但是,企业的营业利润率差别较大,其中,负数或零有4家,10%及以下87家,10%～30%共31家,30%以上没有。这些差别涉及企业战略目标、企业竞争力、企业管理等,原因较为复杂。

同时,企业净资产收益率表现较为正常,除负数或零外,其余普遍在正常值间。负数或零3家,占2.44%;2%以下22家,占17.89%;2%～4%有29家,占23.58%;4%～6%共21家,占17.07%;6%～10%有9家,占7.32%;10%以上9家,占7.32%。

总体来看,企业营业收入增长率可谓高、中、低差距明显。负数或零有10家,5%以下有35家,5%～10%有38家,10%～20%有23家,20%～50%有14家,高于50%有3家,这说明不同规模、不同特点、不同品牌的企业,各有努力和保持的空间。

同样,从企业利润增长率总体看,一半以上企业增长率并不高,真正领头羊如高于50%以上增长率的企业,是值得进一步分析的。

(5) 头部企业风向

一定数量标杆企业的发展动态,在很大程度上能反映一个行业的主流发展趋势。本报告精心选取了部分在安装行业综合和细分领域规模较大,且最具代表性的行业头部或各领域骨干企业的生产经营情况做展示,以显示行业风向。

① 建筑机电安装领域。

上海市安装工程集团有限公司,国有企业。安装工程量在企业承接全部工程总量的占80%以上。该企业业务市场分布呈"全国化"态势,其中,上海区域业务量在该企业全部业务量的占50%以上。企业在上海区域2021年签订的工程合同中安装产值总金额为50亿～100亿元。2021年企业安装工程的营业收入为10亿元以上,营业利润率为10%及以下,净资产收益率为10%以上,营业收入增长率为5%以下,营业利润增长率为5%以下。企业在上海区域的业务涉及领域为建筑工程领域,化工和石化工业工程领域,交通设施工程领域,电力、水利、通讯工程等基建工程领域。2021年企业科技创新投入占营收比例3%以上。

中国建筑第八工程局有限公司上海分公司。作为国有企业,2021年度该公司安装工程量在企业承接全部工程总量的占80%以上,其中,上海区域业务量在本企业全部业务量的50%以上。企业在上海区域2021年签订的工程合同中安装产值总金额为10亿～30亿元之间,安装工程的营业收入为10亿元以上。企业营业利润率为50%以上,企业的净资产收益率为6%～10%,营业收入增长率高于50%,营业利润增长率高于50%。企业科技创新投入占营收比例为20%～30%。

② 冶金安装工程领域。

中国二十冶集团有限公司,作为国有企业,2021年度安装工程量占企业承接全部工程总量的30%～50%,其中,上海区域业务量在该企业全部业务量的10%以上。企业在上海区域2021年签订的工程合同中安装产值总金额在10亿元以上,企业安装工程的营业收入为10亿元以上。2021年企业的营业利润率在10%以下,企业净资产收益率为4%～6%,营业收入增长率为5%～10%,营业利润增长率为5%以下。年度企业科技创新投入占营收的3%以下。

上海二十冶建设有限公司,国有企业。安装工程量在企业承接全部工程总量的10%以上。该企业业务市场分布区域呈"全国化"态势,上海区域业务量在该企业全部业务量的10%以下。企业在上海区域2021年签订的工程合同中安装产值总金额为10亿元左右。2021年企业安装工程的营业收入为10亿元以上,企业年度营业利润率为10%以下,净资产收益率为2%以下,营业收入增长率为10%以下,企业营业利润增长率为20%以下。在上海区域的业务涉及建筑工程,冶金工程,化工和石化工业工程,交通设施工程,电力、水利、通讯工程等基建工程领域。2021年企业科技创新投入占营收比3%以下。

③ 化工和石化工业工程领域。

上海华谊建设有限公司,国有企业。安装工程量占企业承接全部工程总量的80%以下。上海区域业务量在该企业全部业务量的10%以下。企业在上海区域2021年签订的工程合同中安装产值总金额为5 000万元以下,企业安装工程的年度营业收入为10亿元以下。2021年营业利润率为10%以下,净资产收益率为6%以下,年度营业收入增长率为5%以下,营业利润增长率为10%以下。2021年企业科技创新投入占营收的3%以下。

④ 电力核电工程领域。

中国核工业第五建设有限公司,国有企业。安装工程量占企业承接全部工程总量的80%以上。其中,上海区域业务量在该企业全部业务量的10%以下。企业在上海区域2021年签订的工程合同中安装产值总金额为50亿元以上。2021年企业安装工程的营业收入10亿元以上。营业利润率10%以下,企业净资产收益率为10%以上。营业收入增长率为10%~20%,营业利润增长率为10%以下。2021年该企业科技创新投入占营收的3%以上。

华东送变电工程有限公司,国有企业。安装工程量占企业承接全部工程总量的50%以上。其中,上海区域业务量在本企业全部业务量的30%以上。该企业在上海区域2021年签订的工程合同中安装产值总金额为10亿元左右。2021年度企业安装工程的营业收入为10亿元以上。企业的营业利润率为10%以下。营业收入增长率为20%,营业利润增长率为20%。企业在上海区域的业务涉及领域为交通设施工程领域,电力、水利、通信工程等基建工程领域。2021年本企业科技创新投入占营收的3%以上。

⑤ 绿色环保工程领域。

江苏启安建设集团有限公司,股份制企业。安装工程量占企业承接全部工程总量的50%以下。其中,上海区域业务量在本企业全部业务量的30%以下。企业在上海区域2021年签订的工程合同中安装产值总金额为10亿元以下。年度企业安装工程的营业收入为10亿元以上。年度企业的营业利润率为10%以下,净资产收益率为4%~6%之间,营业收入增长率为10%~20%,营业利润增长率为5%~10%。2021年本企业科技创新投入占营收的3%以下。

上海建工四建集团有限公司机电设备安装工程公司,国有企业。安装工程量占企业承接全部工程总量的80%以上。上海区域业务量占企业全部业务量的50%以上。企业在上海区域2021年签订的工程合同中安装产值总金额为10亿元以上。2021年企业安装工程的营业收入为10亿元以上。年度企业营业利润率为10%以下,营业收入增长率为5%以下,营业利润增长率为5%以下。企业在上海区域的业务涉及领域为建筑工程,交通设施工程,电力、水利、通信工程等基建工程领域。2021年本企业科技创新投入占营收的3%以下。

5. 当前行业存在的问题与对策

机电安装行业在建筑项目的建设过程中,起的作用是业内周知的,为了更好地实现建筑项目所有预想的功能,必须加大机电安装的发展力度。除此之外,建筑机电安装行业在施工过程中,需要对其进行较为科学合理的管理,才能够使得机电安装能够顺利地完成。但是建筑机电安装在进行施工的过程当中,由于多方面原因,出现了一些问题。这些问题的存在,从一定程度上影响了建筑机电安装行业的发展。对此,我们需要更具有针对性地提出一些切实可行的解决对策,在此进行分析与介绍。

(1) 存在的问题

① 各专业领域标准体系亟待完善。

任何行业要想获得更高更远的发展,与本行业所制定的相关规定以及规定的实施力度是密不可分的,建筑机电安装行业也同样如此。要想获得长远的发展,必须在本行业当中制定一套系统的行业标准,且必须对行业标准进行认真实施。但由于建筑机电安装行业许多领域的团标不够健全,才导致了行业发展过程当中出现了一些本该避免的问题。尤其是大部分机电安装企业都是一些中小型企业,没有充足的资金对自身企业进行建设,在企业标准、行业标准制定上的能力不足,最终在施工或企业发展中出现了一些不必要的问题。

② 行业设计与安装质量需要不断提高。

设计与安装是建筑机电安装行业两个非常重要的工作流程,因此要想做好建筑机电安装方面的工作,必须对建筑机电安装的设计与安装引起足够的重视。现阶段,正因为建筑机电安装行业在设计以及安装方面所采用的技术还相对的比较落后,才使得建筑机电安装行业出现了一些阻碍自身发展的问题。如果建筑机电安装行业要想获得可持续的发展,那么相关人员在进行行业的设计与安装的过程当中,必须将一些先进的技术以及设备逐渐地运用到其中。

③ 管理能力需要加强。

建筑机电安装要想能够顺利地进行下去,最终达到合格的标准,科学合理的管理发挥着不可替代的作用。但是现阶段,我国大部分建筑在进行机电安装和管理的过程中,还存在着一些比较突出的问题。主要表现在:第一,现场管理人员的专业素质不高,是导致安装出现问题的最主要的原因。第二,所采用的机电设备在采购以及进场的过程当中,没有按照相关标准进行验收,便直接地运用到安装的过程当中。第三,施工人员专业素质不够高,或者没有经过正规的培训,也是建筑机电安装行业出现问题的一个影响因素。

(2) 对策

① 注重新战略在建筑机电安装行业中的实施。

行业未来要彻底地改变思想,以将自身发展成为国内一流、国际上有影响力的机电安装企业为自身的终身发展理念。与此同时,建筑机电安装行业在对新战略以及新思想进行贯彻执行的过程中,还要对劳动人事分配等相关制度进行改革。劳动人事分配制度的改革主要包括以下几个方面:首先,对建筑机电安装的机关进行彻底的改革;其次,对建筑机电安装行业的资源进行必要的整合;最后,对建筑机电安装行业的人员进行科学合理的管理。除此之外,建筑机电安装行业在进行发展的过程当中,一定要注重公平、公正以及公开三项原则在其中的实施,并且还要加大引进高级人才的力度。只有这样,行业才能够高速稳定地发展下去。

② 注重建筑机电安装行业自身问题的解决。

建筑安装行业要想获得真正的发展,且能够更好地为建筑行业服务,就必须采取有效的措施来解决行业存在的问题。行业问题,大部分都是内部没有得到科学合理的管理才出现的。因此,要想真正的解决发展过程中存在的问题,就必须从行业资质开始着手,一定要严格地执行国家的相关标准以及政策。

6. 安装业的发展趋势

随着现代科学技术的推动,建筑机电安装工程的发展也迎来了新的发展机遇,未来的主打发展趋势将是以机械技术、信息技术、通信技术等与机电工程融合的新技术发展和新路径作为选择,这也将成为当今社会形势下,发挥主导作用的新技术。

大体而言,安装业呈如下模式发展。

(1) 微型化发展

经过对社会发展现状及机电工程技术特点等的分析,机电工程未来将向着微型化的趋势发展。节能环保、节约能源、加强生态环境保护的倡议,正逐步成为影响世界发展的主流思想,也正是这种影响,使得机电工程的发展迎来了新的机遇和空间。机电工程必须牢牢地抓住目前的机遇,积极地进行机电设备小型化发展,将机电工程的微型化技术作为其发展的主要方向,并以现有的技术条件为基础,进行绩效元件体积和规模的进一步融合和缩小。比如,通过集成技术的方式对产品的体积和规模进行最大限度地缩小和控制,逐步推动机电工程微型化发展目标的实现,将微米级、纳米级作为未来机电工程技术微型化发展的主要方向。就目前而言,国内很多知名的企业已经开始了这方面的研究和发展,相信在不久的将来,这一发展目标一定可以实现。

(2) 智能化发展

在现代科学技术的带动和影响下,机电工程技术也逐步地向智能化的方向发展,就目前的发展形势而言,机电工程只有以智能化发展为核心,才能从根本上保证其可以满足社会各个领域发展所提出的要求。所谓的机电工程智能化发展主要指的是:自动化决策、自动换算实施等内容。与传统的机电设备项目相比较而言,机电工程在智能化机制的引导下,一旦出现问题的话,机电设备自身就可以根据问题的故障及时地予以解决,不仅有效地提升了机电设备的工作效率,同时也节省了大量的投资成本。目前,智能机器人、智能保洁技术等是我国智能机电工程技术发展得较为成熟的项目。总体而言,智能化机电技术在社会的发展和进步过程中,发挥着积极的作用。

(3) 与网络技术的融合

当代网络信息技术在社会发展的过程中,已经深入社会的各个领域,而且随着网络技术的发展和普及,也为机电工程的发展创造了新的空间。将网络信息技术与机电工程紧密地结合在一起,使其可以为更多的行业和领域进行服务,如利用网络信息技术进行机电设备实时运行状态的监测等。

总之,从作用、应用方向和前景来看,安装业作为满足当代生产、生活的使用需求,以安装技术为用户提供便捷、舒适的功能。工业化、信息化、绿色化发展战略是其基本发展方向和发展策略。绿色安装和工业化、专业化安装将进一步确保安装工程效率最大化,并成为安装工程创新发展的主要途径。

(上海市安装行业协会供稿)

(七) 长三角大健康一体化建设 2021 年发展报告

1. 前言

当今世界正经历百年未有之大变局,"把人民健康放在优先发展的战略地位",是我国新时代发展的重要标志之一。尤其是,在经历新冠病毒肺炎疫情,1949 年以来,传播速度最快、感染范围最广、防控难度最大的重大突发公共卫生事件大考之后,"把人民群众生命安全和身体健康放在第一位"战略重要性更为凸显。人类健康是社会文明进步的基础。人民安全是国家安全的基石。

2021 年,新冠病毒肺炎疫情仍在全球蔓延,我国局部地区突发疫情蔓延和零星散发病例仍然存在,疫情防控形势严峻复杂。病毒突袭而至,疫情来势汹汹,给我国经济社会发展造成严重冲击。

在以习近平同志为核心的党中央坚强领导下,坚持"动态清零"总方针,坚持人民至上的底线思维,不断推动经济持续恢复和高质量的发展。努力守护人民群众生命健康,巩固拓展疫情防控和经济社会发展成果。

上海市健康科技协会在疫情期间坚持以习近平新时代中国特色社会主义思想为指导,按照国家疫情防控和经济社会发展的总体要求,坚持以人民健康为中心,毫不放松抓好疫情防控,紧跟疫情防控形势的新发展、新变化,积极防范化解疫情冲击导致的协会工作的各类风险,及时调整更新协会工作思路和方法,研究疫情传播给协会工作和企业带来的新问题、新风险,紧紧盯住疫情科研新进展、新突破,充分整合各种资源,在疫情常态化预防中积极推进大健康产业的发展,坚定我们必胜的勇气和信心。

2. 2021上海市全民卫生健康状况

(1) 基本情况

① 居民健康状况。

2021年本市三大健康指标继续保持发达国家和地区的水平,户籍人口期望寿命84.11岁,其中,男性81.76岁,女性86.56岁,上海地区孕产妇死亡率1.60/10万,上海地区婴儿死亡率2.3‰。

② 医疗卫生机构情况。

2021年,全市各级各类医疗卫生机构总数达6 317所(含村卫生室),其中,医院432所,基层医疗卫生机构5 656所,专业公共卫生机构103所,其他机构126所。全市医疗机构实际开放床位16.85万张,比上年同期增长4.33%。全市卫生人员总数为29.33万人。

③ 医疗业务情况。

2021年全市各医疗机构诊疗总次数为27 249.09万人次,同比增长13.24%。门急诊25 785.43万人次,同比增长18.93%。出院人数475.36万人次,同比增长17.66%。住院手术人次数425.22万人次,同比增长36.12%。病床使用率86.64%,人均住院天数10.51天。家庭病床6.29万张,同比增长11.53%。

全市医疗急救中心全年院前急救完成急救2 228.5万千米;急救车次105.6万次,急救人次98.9万次,分别同比增长14.63%和18.93%。

(2) 上海坚持从严从紧,全面做好新冠肺炎病毒疫情防控

① 坚持科学防控,加强疫情研判和风险预警。注重发挥专家在科学决策、风险防范、医疗救治、科技攻关、社会引导等方面支撑作用。遴选66名知名专家组成市级疾控、医疗等专家组,定期开展疫情动态研判和科学分析,全程参与应急指挥体系。深入开展流调溯源,加强病原学监测分析,形成基础研究合力,精准科学有效阻断疫情蔓延,及时跟踪评估病毒变异情况,为疫苗研发、防控策略调整优化提供有力支撑。

② 坚持联防联控,加强人员场所管控。各部门密切配合,全市16个区在机场派驻工作组,建立隔离转接闭环管理平台,形成入境来沪人员全程"闭环管理"流程。在8个区布局建成1.1万套集中健康观察房源。加强医疗机构疫情防控,加强127个发热门诊和222个社区发热"哨点"诊室规范化标准化建设,进一步提升疑似病例筛查和预警监测能力,发热"哨点"诊室全年累计接诊超过5万人。

③ 坚持预防为主,积极推进新冠疫苗接种。根据国家要求和市委、市政府部署,加快新冠疫苗接种,做到"愿接尽接、应接尽接",尽快建立免疫屏障。各区落实属地责任,精心组织发动,优化接种服务,保障接种安全。截至12月31日,全市累计接种超过5 117万剂次,超过2 209万人完成全程接种,适龄人群新冠疫苗全程接种率已达90.5%,超过682万人接种加强针。

3. 加快推进长三角大健康产业一体化发展战略

如今,"十四五"时期发展蓝图已然擘画,健康中国正亟待推进跃升新台阶、达到新高度。作为我国经济发展最活跃、开放程度最高、创新能力最强的区域之一,长三角区域已成为率先形成新发展格局的领头羊。其中,健康长三角,即是承载探索"中国方案""健康样本"的重要议题。

(1) 协会在疫情之下积极开展大健康产业的布局

① 协会组织推动形成长三角一体化发展格局。

积极探讨长三角一体化发展新战略,思考疫情之下给长三角健康产业带来哪些机遇?后疫情时代,长三角区域的健康供给有哪些新气象?长三角如何推动医疗、健康产业和市场一体化建设?协助政府和有关机构优化城市空间格局、经济格局、城乡格局,进一步巩固对内对外开放两个扇面枢纽地位,更好地服务上海和长三角一体化发展大局。在长三角区域合作办公室和长三角三省一市科协关心和指导下,2021年6月合作成立了长三角一体化发展筹备工作小组。

② 长三角区域在我国经济社会发展中有着重要的地位和作用。

"十四五"发展蓝图中,长三角一体化,更迎来率先发展的机遇。一体化,即打破行政壁垒、提高政策协同,让要素在更大范围畅通流动,有利于发挥各地区比较优势,实现更合理分工,凝聚更强大的合力,促进高质量发展。

大数据和人工智能技术赋能多个大健康产业领域,包括公共卫生大数据、疾病快速诊断、远程医疗、识别诊断、药物研发、康复治疗等,提高了医疗服务的诊疗水平,改善就医体验,拓展大健康产业的服务疆域,降低了服务成本。人们将享受到共通的、高水平的医疗健康服务,大数据和人工智能技术在大健康产业领域的应用前景广阔。

在2020年12月世界健康产业"上海论坛"大会在由上海市、江苏省、浙江省、安徽省与会代表达成的共识基础上,于2021年3月在上海锦江饭店召开会议,就组建"长三角健康科技协同发展共同体"达成一致,乘长三角高质量一体发展进程的东风,筑基长三角健康事业的发展基础,构建数字健康服务社会化平台。

③ 贯彻新理念、构建长三角发展新格局。

长三角发展进入新的发展阶段、贯彻新理念、构建新发展格局阶段。在这一阶段,长三角地区,从好邻居到一家人,一体化首先体现为价值观和文化的认同,从本质上看,是一种"共享、共融、共赢、共福"。

协会计划2022年在上海举行"长三角健康科技协同发展共同体"成立和工作委员会组建大会,由政府主导、社团主角、专家主力、企业主体充分发挥长三角健康科技协同发展机制,不失时机抓紧开展包括有机对接国家基础设施、整合具备数字健康可区域和跨区域覆盖的应用场景以及示范区建构等各项工作。

(2) 围绕数字化转型驱动健康服务治理模式变革

聚焦数字化健康领域,长三角作为最具核心竞争力的一体化战略区,数字化大健康产业必然是重大供给的重要地。从目前来看,长三角区域在新冠肺炎疫情之后,已然形成了以数字化健康为主题的医养、信息、文化、金融、服务等业态的融合式大健康产业新供给。

① 以从治病为中心转变为以人民健康为中心。

长三角区域一直是改革开放前沿。这里承载丰富的优质资源,对接最前沿的国际经验,更为全国输出谋民生之利、解民生之忧的"民生方案"。协会和长三角健康科技协同发展共同体工作委员会筹备工作组,以从治病为中心转变为以人民健康为中心理念为指导方向,围绕数字化转型驱动健康服务治理模式变革,着眼于健康大数据要素配置公共服务机制创新,聚焦推进长三角数字健康科技协同创新,推动智慧健康服务业态发展和人本健康智能社会治理,凝聚健康服务行业数字健康发展共识,为协同发展长三角健康科技事业做出了一系列的准备工作。

② 从顶层设计上纳入绿色发展思维。

在当下以治病为中心,向健康促进为中心重大转变的大健康时代背景下,长三角的大健康首先要适应转型。一是,从顶层设计上纳入绿色发展思维,绿色设计是实现绿色发展第一杠杆,要用绿色设计的理念、方法、手段,来推动绿色转型。

协会遵循国务院《要素市场化配置综合改革试点总体方案》,面向运用数字健康科技增进民生健康福祉为核心的社会治理诉求,在对长三角已经开展的创新试点调研和分析基础上,汇聚业界共识,制订了"守正创新,筑基长三角数字健康事业要素配置公共服务支撑引擎,面向基层服务网底能力提升和居民及其家庭的健康覆盖,以实证探索'数字健康空间可持续发展与人本健康智能社会治理机制'路径为主旨的数字健康科技协同发展规划"。

③ 整合长三角大健康服务新业态。

协会汇聚、组合、整合长三角健康服务业态创新和医学人工智能应用前沿服务动能,完成了以数字健康促进社会化服务机制,赋能生命健康共同体建构,携手共创长三角数字健康科技和智慧健康服务业态发展协同创新的示范区为轴的服务机制建构准备工作,制订了实施基于生命健康共同体运行的、可持续发展的共同健康高质量发展工作机制的组建计划。长三角健康科技协同发展共同体筹备工作,先后完成了工作委员会、指导专家工作机制以及相关各项工作的组织建构工作。

④ 实现高标准、高质量发展。

协会和长三角健康产业联盟、长三角健康产业、上海院士专家服务机构、国际院士联合体工作机构、世界顶尖科学家工作机构、世界健康产业大会执委会、中国中医科学院、中国生物医学工程学会等国家学术、专家合作机构确立了共建合作关系,并与长三角现代服务业联盟、上海市健康科技医疗卫生创新联盟、江苏省现代服务业联合会智慧健康数据信息服务专业委员会、浙江省数理医学学会等机构确立了共建合作关系。健康产业链既结合各个产业,同时也可以快速推进长三角省市间的对接。在打造产业链时,要首先明确构建健康产业链的标准体系,即包括基础健康标准、产业健康标准及支撑产业的健康标准。的确,高标准是实现高质量发展的第一步。

⑤ 联合一流大学和高科技企业。

参与长三角健康产业机构有复旦大学、上海交通大学、东南大学、中国药科大学、上海中医药大学、浙江之江实验室网络健康大数据应用研究中心等院校临床医学、生物医学和医学人工智能科研机构、上海仪电集团云赛智联股份有限公司、科大讯飞股份有限公司、上海维塞特网络系统有限公司、科大国创股份有限公司、江苏鱼跃科技股份有限公司、江苏省健康信息发展有限公司等数字健康医疗大数据和信息科技企业机构确立了共建合作关系、复旦大学附属上海华山医院、上海交大附属瑞金医院、南京医科大附属江苏省人民医院、南京中医药大附属江苏省中医院、东南大学附属中大医院、浙江大学附属第一医院、中国科大附属医院等医疗机构等。

⑥ 发展基本思路。

A. 这条全新的健康产业链条之上,产业间的协同、融合、互补、共促,成为一大亮点。

B. 上海科技协会积极协调各种资源,扶强外引内育,实施医疗合作一体化,构建地方医院集团化龙头对接前沿。

C. 长三角发展战略突出项目引领,搭建学科建设一体化,让专业科室与一流学科挂钩。

D. 在大健康领域深化医养服务,结合地方自然优势,因地制宜,实现异地康养一体化。

E. 在医疗服务方面实施急救网络畅通,构建海陆空救援体系化,让康养环境充分与医疗资源结合。

F. 持续的资源投入,协同融合的产业交汇,差异化的战略指导,健康长三角,正蓄力创造出巨大的"健康红利",走出了一条符合我国国情,符合长三角区域优势的健康发展道路。

4. 积极构建城市数字化转型新发展路径

(1) 加快打造具有世界影响力的国际数字之都

积极推进城市数字化转型战略。抢抓数字化发展先机,加快构筑数字城市"四梁八柱",强化数据资源开放共享、开发利用和安全保护,推动城市整体迈向数字时代,着力构建战略新优势。《健康中国 2030 规划纲要》提出以提高人民健康水平为核心,以体制机制改革创新为动力的发展愿景,是我国一段时期内推进健康中国建设的行动纲领。人工智能、大数据、云计算等为代表的新一代信息技术正在成为引领和推动新一轮科技革命的核心力量,将会深刻影响卫生健康行业,新的医疗服务模式、健康管理形态、行业监管要素及手段将会快速迭代更新。数字健康内涵可以理解为面向卫生健康高质量发展要求,以数字或知识作为关键要素资源,以 5G、大数据中心、人工智能、区块链、云计算等新型基础设施作为重要载体,具备数字化升级、智能化应用、技术融合与创新等特征的一系列卫生健康服务与管理活动。

(2) 数字健康具有 5 个方面的基本特征

① 数字健康的五个基本特征。

A. 数字健康以数字技术为基础,广泛使用的数字技术包括信息化、大数据、互联网、云计算、5G 技术、物联网、智联网、人工智能、区块链等。

B. 数字健康的领域为所有与健康相关的领域,包括政府、社会和市场等各个方面。

C. 数字健康的基本手段是在信息加工的基础上实现资源的整合。

D. 数字健康的目标具有聚合性,目标集中为以人民健康为中心。数字健康的载体主要由电子病历、电子处方、移动医疗和远程医疗四个方面构成。

E. 数字健康的特点:以信息技术为载体、强调个性化服务、提供医疗便利。

② 推进大健康产业发展主要任务。

A. 高科技化。未来我们用可穿戴设备、远程医疗、双向音频远程、慢病监测、区块链医学等高科技将在医学领域大范围应用。

B. 精准化。未来将通过精准的检测、治疗、康养来实现个性化、标准化、专业化的全生命周期健康的照顾管理系统。

C. 智能化。人工智能、物联网+等新技术将为大健康产业带来变革。AI 智能等信息化技术够提升诊断治疗的智能化的水平。

D. 融合化。未来的大健康产业将与文化、旅游深度融合。

E. 国际化。国际合作与资源共享是未来医疗健康产业发展的趋势。通过"一带一路"大健康驿站建设,为中国与世界医疗健康产业合作搭建平台。

F. 5G+。贯彻"十四五"优质高效医疗卫生服务体系建设实施方案提出要深度运用 5G、人工智能等技术,打造国际先进水平的智慧医院,建设重大疾病数据中心。主要应用领域有"5G+急诊救治""5G+远程断""5G+远程治疗""5G+远程重症监护""5G+中医诊疗""5G+医院管理""5G+智能疾控""5G+健康管理"。

长三角发展战略将以健康医疗大数据为核心生产要素,围绕"医数共生、医信结合"的总体产业定位,聚焦健康医疗及新一代信息技术两大产业板块,在数字诊疗技术、药械研发、第三方检验、5G

通讯、物联网、智能制造设备等前沿领域进行科技探索、研究以及成果转化和应用,承载一批创新度好和产值税收高的新产业。

5. 长三角大健康产业发展趋势分析

人民健康是民族昌盛和国家富强的重要标志,预防是最经济、最有效的健康策略。国家出台了《健康中国行动(2019—2030年)》等相关文件,围绕疾病预防和健康促进两大核心,提出将开展15个重大专项行动,促进以治病为中心向以人民健康为中心转变,努力使群众不生病、少生病。随着生活水平逐步提高,人民对健康服务的需求非常迫切,在政策支持下,中国大健康产业市场前景广阔。

(1) 医疗数字化发展趋势

数字疗法发展趋势:"数据+算法+服务"模式将带来健康医疗服务新的创新生态,数字疗法在有效性初步验证后,可实现的商业路径将来自以下6种方式:

① 商保合作,数字疗法的是通过软件+药品+硬件进行管理控费,可直接辅助商保实现风险控制,同时合理用药降低赔付率。

② 患者自费,亿欧智库认为若实现该类商业路径,还需较长时间,其未来形态更像是介于家用医疗器械与软件之间的收费模式,如会员、服务费等。

③ 医保合作,若既有效性验证后,控费能力得到验证,有望进入医保。

④ 雇主合作,如具备完善弹性福利的企业,为企业员工提供相关福利待遇。

⑤ 政府合作,针对康复、残疾、老年等领域,采用公益或政府补贴方式,针对特殊人群提供相关服务,该类收入不具备规模化趋势。

⑥ 智慧医院未来趋势,医院由"信息化"向"数智化"加速发展,底层数据逐渐完善,临床数字化未来发展五大方向,医药营销数字化发展趋势:将从患者端、医生端、药店端同时发力,打造数据闭环,实现精准营销。

(2) 医疗元宇宙发展趋势

大健康产业建立现实与虚拟世界之间的连接,最终实现健康医疗服务元宇宙,由此产生巨大的价值在元宇宙中,我们或许可以通过新技术手段,解决健康医疗行业现实中无法解决的问题。在元宇宙中重建医生与患者、医疗与社会的关系,重建围绕患者产生的大数据,建立现实与虚拟世界之间的连接,最终实现健康医疗元宇宙,由此产生巨大价值。

医疗元宇宙现实与虚拟结合后的产业情况,随着科技的不断进步、政策的逐渐清晰、医疗数据的确权与流通规则明确,元宇宙与各医疗场景融合程度将不断加深。考虑到VR、AR、MR、脑机接口等技术与医疗场景交互的复杂程度,亿欧智库认为元宇宙技术下的医疗培训、外科手术等将在未来几年逐渐实现,而虚拟医生、个性化健康管理等则需要较长时间的数据沉淀与技术积累。

(3) 中医药疗发展趋势

① 产业融合及科技赋能。

中医药与科技赋能将深度融合到以患者为中心的全生命周期的服务产业链,包括养老、康复、消费医疗、慢病管理、医疗服、科技新产品、中医药,将先进科学技术模式与传统中医药深度融合,让中医药发挥最大的社会价值。

② 中药产地溯源体系建设。

助力提升临床用药安全和疗效,中药溯源体系利用互联网、物联网、区块链等技术,实现中药材从种植到加工、流通、临床使用等环节的全流程信息可追溯,满足政府监管、公众查询、产业运营的需求,提升中药临床用药安全和效果。中药材溯源系统涉及中药材全产业链,要发挥中药材溯源系统的作用,信息闭环是关键。要实现信息闭环,多种技术的综合应用和数据的互联互通是关键。在中医药溯源技术中,分子生物学、指纹图谱、同位素示踪、RFID、条形码等各有所长,未来多种技术的综合应用有望在政策支持下推动中药材溯源全行业普及化。

③ 智能制造业技术加持。

保证生产效率及稳定品质,将先进的智能制造技术与传统中医药结合,保证中药产品的生产效率、品质与灵活性。智能制造是基于新一代信息通信技术与先进制造技术深度融合,贯穿于设计、生产、管理、服务等制造活动的各个环节,具有自感知、自学习、自决策、自执行、自适应等功的新型生产方式。中药(中药饮片、中成药)智能制造将先进的智能制造技术与传统中药生产相结合,通过生产全流程的数字化,保证生产效率、中药产品的品质一致性、稳定性、可靠性和生产过程的灵活性。

④ 中医药互联网技术。

提高中医医疗可及性、传承性和创新性,互联网中医将优质的中医医疗资源与互联网技术结合,为患者提供诊前、诊中、诊后全流程中医特色服务,将名老中医和经典名方的诊疗智慧与现代互联网技术结合,通过诊疗数字化解决中医医疗资源分布不均衡、名老中医少的困境,提高中医可及性;通过互联网医生教育等赋能年轻医生,提高中医传承性;通过 AI 技术将中医辨证论治之法与智能软硬件结合,实现中医诊疗智能化,提升中医医疗服务的创新性。

(4) 新冠病毒防疫的发展趋势

新冠疫情刺激免疫疫苗市场持续放量,国内疫苗产业链配套得到全方位提升,疫苗是指用各类病原微生物制作的用于预防接种的生物制品。自疫苗问世以来,疫苗一直被认为是公共卫生科学中最重要的创新之一,其显著降低了曾经普遍且通常致命的各种疾病的威胁。当前,奥密克戎变异株多地"开花",新冠疫苗加强针陆续接种,未来几年,疫苗领域仍将是公众关注的热点领域之一。

根据国家卫健委公布的最新数据,截至 2021 年底,全国累计报告接种新冠疫苗超 29 亿剂次,完成全程接种人数超 12 亿人,接种率达 86%以上。随着 2022 上半年迎来国内加强针大规模的接种时段,新冠疫苗产能将继续释放,这必将带动企业新一轮的营收增长。

除了新冠疫苗本身的持续放量,新冠疫情发生后,大众对疫苗的整体认知增强,也刺激了整个非免疫规划疫苗接种需求的全盘增长,诸如 HPV、23 价肺炎、流感、带状疱疹疫苗等非免疫规划疫苗都成为接种需求较大的产品,非免疫规划疫苗市场前景进一步放大。

新冠疫情刺激免疫疫苗市场持续放量,国内疫苗产业链配套得到全方位提升,从产业链端来看,从研发到生产,新冠疫情锻造了中国疫苗产业链。研发上,虽然国内企业在集中度和原创性方面较欧美市场仍有较大差距,但在国家战略支持下,中国疫苗产业同步推进了多条新冠疫苗路线研发,国内新冠疫苗上市进度与欧美媲美。2022 年,随着新冠疫苗需求和产能的持续扩张,国内疫苗企业的资金实力将继续提升,原辅料及设备国产化将继续提速,批签发及冷链能力建设进一步增强,人才集聚效应将更加凸显。

(5) 精准医学发展趋势

① 精准医学场景多元化。

癌基因检测、手术机器人迎爆发前夜,人类基因组测序、生物芯片技术的革新发展、生物医学分析工具和技术的进步、大数据分析工具和技术的出现为精准医疗理念的实践提供了保证。其中,基因测序是精准医疗在预防诊断环节的底层基础,持续的降本增效夯实了精准医疗的发展。

② 肿瘤靶向药持续繁荣。

伴随诊断行业快速发展。近年来抗肿瘤靶向药数量增长迅猛,其中,针对"中国癌症患者头号杀手"的肺癌药物多数已被纳入医保。伴随诊断作为靶向药的"最佳搭档"也迎来风口。2021 年仅上半年,国内已有34款抗癌新疗法获批上市,与此同时,国内代表企业伴随诊断试剂盒获批数量也增至10余款。

③ 基因测序业务场景。

目前国内主要的伴随诊断企业包括华大基因、艾德生物、燃石医学、泛生子、世和基因、达安基因、吉因加、领星生物、百傲科技、思路迪等。其中,艾德生物、燃石医学、泛生子为代表的企业以伴随诊断作为其核心业务;世和基因、达安基因、吉因加、思路迪等则以肿瘤早筛为主营业务,基因测序赛道中游玩家开始将业务覆盖至预防、诊疗全流程。

④ 肿瘤早筛项目。

肿瘤早期筛查企业产品集中进入上市前期,加速商业生态和市场拓展,有望迎来业绩爆发期,恶性肿瘤已经成为严重威胁中国人群健康的主要公共卫生问题之一,防控形势严峻。在疗效确切且副作用小的相关治疗药物被开发出来之前,对潜在高风险人群进行早筛和及时治疗,是当前提高患者生存率最有效的途径。此前,通过影像学方法,一些癌症标志物的检测可以实现早筛的目的,但近几年来,随着液体活检在早筛领域的运用,一批致力于开发新一代肿瘤早筛产品的企业开始出现。

(6) 手术机器人

手术机器人渐成临床刚需,千亿市场逐步打开,手术机器人具有创伤更小、操作更灵活、精度与稳定性更高、学习周期短,辐射更低等优势,受到全球大量医生的青睐。对于神经外科等特殊科室而言,手术机器人更是以刚需状态呈现。目前,手术机器人已出现腔镜手术机器人、骨科手术机器人、泛血管手术机器人、神经外科机器人和经皮穿刺手术机器人等,其中腔镜机器人占据主导地位。2021年12月底,"十四五"医疗装备产业发展规划提出2025年之前腔镜手术机器人实现广泛应用。

目前,国内尚无一款手术机器人能完全代替"达芬奇"。达芬奇手术系统拥有相关专利2 000多项,包括多自由度手术机械臂、前端手术器械、人机交互等,几乎覆盖了现有同类外科手术机器人的所有技术保护点。达芬奇手术机器人第一批专利保护陆续到期。为国产手术机器人发起"侧翼战"提供了基础。

5G、AR、AI等新技术融合,新技术加速手术机器人迭代,手术机器人有标准化平台属性,与AR、5G、AI等技术融合加速打开平台价值。5G等先进通信技术将远程手术变得可能。AR、AI等技术将会进一步降低高难度外科手术的门槛,为手术机器人迎来更高的渗透率和发展空间。过去5年,中国AI市场规模增速远超国际市场平均增速,其中,计算机视觉、自然语言理解等技术的应用水平已达到国际先进水平,也是全球机器视觉第一大技术来源国。

(7) 口腔和医美市场发展趋势

口腔医疗政策长期利好,口腔医疗服务下沉三四线城市,中国的口腔服务分为种植服务、正畸服务和综合口腔服务等多种类型。在一系列利好政策及其他增长因素的推动下,2019年我国口腔服务行业市场规模就已达1 720亿元。由于新冠肺炎影响,整体市场规模小幅回落。据中国口腔医疗招股书,2020年中国牙科服务渗透率约为24.0%,低于美国的70.0%和中国台湾的48.5%。2022年,随着颜值经济兴起以及口腔医疗服务渗透率提升,预估市场规模将有序回升。

2021年,一二线城市口腔服务竞争激烈,三四线城市将成为口腔连锁机构的"新战场"。三四线城市有下沉需求,且随着居民生活条件提升,口腔健康意识的增长,市场需求增速相对较快。资本在布局口腔行业时将逐渐趋于理性,形成口碑效应的省域品牌,在获客、市占率提升上更有优势。

隐形正畸医疗+消费属性共存,机构获医能力为核心竞争力。隐形正畸的本质在于医疗,高度依赖医患场景。由于隐形正畸企业切入到了专业的方案设计环节,因此与医生产生较强的连结。

医生掌握最终决策权,获医能力强弱也是影响企业发展因素之一。

医美以医疗技术为基础,具备较强的消费属性,受消费者意愿驱动,消费者对医美行为接受度日益加强。在经过几十年发展之后,行业业态较为成熟。2021年,国家卫生健康委等八部门出台了《打击非法医疗美容服务专项整治工作方案》,并开展为期半年的打击非法医疗美容服务的专项整治工作。行业进入规范发展期,低价竞争现象得以管控,2022年医美市场预计持续回暖。

(8) 康复医疗发展趋势

国家政策再次助推康复医疗的发展,从而缓解医保基金压力,优化医疗资源配置,随着人口老龄化加深,劳动力占比下降;同时,老年人的患病率提升,居民的医疗需求和花费不断增加,社会保障体系负荷再次升级。与此同时,我国的医疗资源存在闲置,二级医疗及以下医院与基层医疗机构的床位使用率与三级医院差距较大。

2021年,国家再次聚焦康复医疗,发布《关于加快推进康复医疗工作发展的意见》,主要从均衡和补充医疗资源配置、提高康复医疗服务能力、推进创新康复3个方面促进康复医疗发展。以公立医疗为主,加速补充康复医疗资源;社会资本介入补充高端需求,政策引导,康复医院资源将加速补充。其中,以试点地区为主,公立资源的补充将较为显著,科室病种选择以疾病康复为主。公立资源是三级康复医疗体系的主力军。伴随着康复科建立与医院转型,体系将逐步完善。

各地政策推进公立医疗资源补充,民营医疗发挥协同作用,也将集中布局在疾病康复领域;而消费领域将面临洗牌,市场热情下调。不同于公立医疗机构,民营机构难以真正加入三级体系,在基础康复领域缺乏竞争力,而将集中补充高端康复需求。康复器械需求扩增,企业将通过持续创新提高竞争力。其中,康复机器人发展有望加速。

伴随着各地区康复医疗机构的补充,中游对于器械、药品等需求增加。然而,康复设备同质化严重,面对新增市场,创新是企业未来着力发展的主要方向。部分上市企业,如翔宇医疗、伟思医学等都聚焦创新,近年来公司的研发费用不断增加。康复评定系统、康复机器人赛道的创新都较为集中。其中,亿欧智库认为,康复机器人的发展将尤为迅速。一方面,其技术正从被动式康复向主动式加速探索。另一方面,市场对产品逐步认可,政府招标数量持续提升,部分地区也将康复机器人项目纳入医保报销;市场的投资热情也较为高涨。

(9) 创新医疗药品器械发展趋势

① 创新药加速走向全球市场。

国产创新药获得FDA审批并上市,一方面有助于打开欧美更广阔的市场;另一方面,也证明成长中的中国创新药企的临床开发能力和申报能力也达到了新高度。从2019年,百济神州的泽布替尼成为中国第一个在美国上市的创新药后,目前,已有10多款创新药在FDA提交NDA/BLA,大部分企业倾向于选择在海外先占据小适应症市场。可以预见,2022年,将会有更多国产创新药走向全球。

② 创新药产品国际化成药企发展重要方向。

2021年,中国创新药项目达53个,同比增长120.8%。其中,交易金额排在前两位的分别是荣昌生物的ADC药物维迪西妥单抗海外权益转让总交易金额高达26亿美元;百济神州的药物替雷利珠单抗海外权益转让总交易金额达到22亿美元,首付款高达6.5亿美元。

在前10项交易中,按照适应症划分,肿瘤占比达到80%;按照地区划分,有8项交易受让方都在美国,其余为欧洲(瑞士)。

③ 疫情下医疗器械顺势而为,AI影像初探海外市场。

创新医疗器械打开市场空间,耗材领域:国产医疗器械出口正在从低值耗材、医疗设备向高值耗材转变。高性价比(创新性+价格优势)的产品将更受国际市场欢迎。目前,低值耗材已率先完成产业国际化,如出口医用敷料、手套等。

医疗设备领域:新冠疫情也带动了医疗设备出口,从最早的呼吸机到后来的CT、MRI等。不过,医疗设备进军海外市场,对企业的售后服务能力,与监管部门的沟通能力都提出了更高的要求。未来,国内医疗设备细分赛道的龙头更有望打开国际市场,中欧、东南亚、非洲等市场增长空间客观。

2020年,国内迈瑞医疗就在国际市场完成了700多家高端客户的突破,品牌推广提前了至少5年。2021年上半年,迈瑞医疗境外收入占比达40%,迈瑞医疗目标是未来海外收入占比达到70%。

(10) 生物医药发展趋势

在刚刚过去的2021年,上海加快打造生物医药创新策源高地、高端制造高地、人才汇聚高地、政策配套高地。2021年上海生物医药产业规模超过7 000亿元,产业规模连续迈上新台阶,其中,制造业产值1 712亿元,同比增长12%。2021年度上海生物医药产业年度十件大事分别是:

① 深入实施"张江研发+上海制造"行动,加速创新成果在沪落地。
② 两款细胞治疗新药率先获批上市,我国细胞治疗进入新纪元。
③ 助力全球抗疫,新冠防控急需药械研制全面突破。
④ 构建"研发+临床+制造+应用"产业链政策支持体系,新一轮产业高质量发展意见发布。
⑤ 打造张江生物医药产业创新高地,首部地方产业立法重磅出台。
⑥ 生物医药产业发展"十四五"规划颁布,明确未来产业链协同发展方向。
⑦ 首届国际生物医药产业周瞩目开启,打造世界级品牌活动。
⑧ 产业规模持续迈上新台阶,创新药械和市场主体蓬勃发展。
⑨ 创新机制、共筑合力,长三角医药创新发展联盟和首批生物医药产品注册指导服务工作站成立。
⑩ 临床试验加速器提速显著,优质临床资源成为推动产业发展新动能。

《上海市生物医药产业发展"十四五"规划》,明确上海将瞄准生物医药产业"高端化、智能化、国际化"发展方向,深入实施"张江研发+上海制造"行动,加快打造具有全球影响力的生物医药产业创新高地和世界级生物医药产业集群。

未来上海生物医药产业发展能级将显著提升,在长三角生物医药产业协同发展中的引领作用更加突出,产业技术创新策源国际影响力持续增强,初步建设成世界级生物医药产业集群核心承载地。全市生物医药产业规模超1万亿元。

围绕产业发展目标,上海将实施创新策源能力提升、产业集群壮大、创新成果转化、产医深度融合和营造良好产业生态等五大行动。同时,围绕每项行动,开展重大基础科研平台建设、产业关键核心技术攻关、创新服务载体建设、产业链补链固链强链、优势企业价值提升工程、先进制造水平提升、临床转化能力提升、创新产品推广、产业准入服务优化和产融结合等十大工程。

(上海市健康科技协会供稿 执笔人:施向明)

七、居民服务、维修和其他服务业

(一) 上海洗染行业2021年发展报告

早在五六千年前,我国纺织业已经历了原始纺织手工业、种植天然的纺织材料和手工制作布匹。为纺织品和人民生活服务的染色、洗衣、织补等行业也已有很久历史,据史书记载,早在周代就产生了手工染坊,可见洗染业成为商业行为已很久了。随着社会的发展,科技的进步,手工染坊逐渐被现代化的印染所代替,而洗涤、织补修复行业,非但没有退出历史舞台,反而随着人们对穿着的要求越来越高,迅速发展起来,服装专业性、个性化、私人定制也越来越多,用新方法洗烫各种服装,进而出现了干洗店。上海也是开中国干洗行业之先河,并逐渐发展成门类齐全、技术性较强的洗涤行业,有的品牌已有近百年的历史。

上海的洗染业涵盖传统的洗染服务、智能化的洗涤中央工厂、规范的医疗洗涤工厂、洗涤智能装备制造、洗涤化料及辅料、互联网洗衣平台、洗衣软件配套等相关行业的上下游供应链领域,是与民生紧密相关的现代服务业。上海洗染业也一直走在全国行业的前列,以稳步开拓、勇于创新的思路发展着整个行业,2021年虽然受疫情的影响,企业经营举步维艰,但是上海洗染业还是通过不断调整优化,在抗疫复工、诚信服务、洗涤技能、智能生产、装备提升等方面取得了进一步的发展。

1. 上海洗染行业发展基本状况

2021年的上海洗染业,在常态化疫情防控的下,和其他行业一样,许多洗染企业调整运营思路,开拓新的业务来源,做好各类政府保障等工作,围绕行业相关产业供应链进行联动,线上资本逐步趋于理性化,线下门店也逐步做出调整与转型。

前几年资本市场对于洗染行业热衷度较高,近两年已逐渐趋于冷静和观望的状态。环保等要求逐步规范,特别是针对锅炉含氧量的提升有硬性的指标。整个行业还是继续以各品牌洗涤为主导,中央洗涤工厂、医疗洗涤工厂、干洗加盟连锁店、前店后场线下实体店、奢侈品护理店、自助洗衣店、洗衣装备等供应链为辅稳步发展。受疫情影响,洗染业企业处于较艰难状态,但在现代服务业的各项规范执行、标准提升、诚信服务方面均处于稳定的状态。

(1) 行业发展规模分析

据统计,1998年上海洗染网点国营、集体总计371家,从业人员2128人,营业收入1亿6507万元。经20多年发展,2020年上海洗涤网点达3500余家,从业人数7万人左右,整个行业供应链企业营业收入因疫情原因稍有下降,预计5亿元。

(2) 行业发展结构分析

上海洗染业行业协会拥有100家大型企业,含有3500个洗涤网点,其中国有(控股)9家,占9%;外资(合资)14家,占14%;民营企业77家,占74%。产业结构主要分为以下三大板块构成:

① 干洗连锁相关企业。

洗染业中40%的洗染店是服务于市民、机关、团体等企事业单位的日常生活衣物洗涤服务的品牌企业、连锁企业和互联网平台。其中,有中华老字号正章实业、正章洗染,加盟连锁有绿环洗染、福奈特、象王、威特斯、洗福莱、UCC等全国连锁加盟企业;门店收衣到中央工厂加工的有迈可、上曜家等企业;O2O线上洗衣服务平台也不断地涌现,与中央工厂合作的模式也逐步开展;奢侈品衣物护理店、洗烘自助洗衣和洗衣柜等与快递公司合作的洗衣服务,逐渐进入了大型超市和居民小区,自助洗涤涉及为养老院服务和养老护理机构的也越来越多。

② 公共纺织品洗涤相关企业。

上海洗染业中,约23%从事公共纺织品洗涤,整体公共纺织品分为几大板块:约60%的中央洗涤工厂,承接上海各酒店宾馆循环使用的布草清洗业务;20%为医疗纺织品洗涤相关的工厂,20%为高星级宾馆酒店自有的配套洗衣房。

服务于各大宾馆酒店和宾馆洗衣房的洗涤公用纺织品代表企业有:超洁智联、中航奥莱、蓝天泰润、瑞丽、威龙、锦蓝、华莲、蓝天鹅。

洗涤医用纺织品的大型洗涤公司有景禧、仕操、翎铠、涤创、一本医疗等，承接上海约90%的医院洗涤服务。

目前还有一家为铁路提供专业服务的国企——"勤佳"公司，也开始为线上服务的拓展业务。

③ 洗涤相关供应链企业。

上海洗染业中37%的企业，是行业相关供应链企业，有洗涤机械、化工、用品企业以及软件开发公司。洗涤机械代表企业有威士、中施、铂维、劼保、百强、雅森、凯尼基萨、依丽洁、万星等，从事洗涤化工的企业有白猫、康跃、优可化工、美娃、皇宇等，从事洗涤用品代表企业有东包利、础润等，从事洗涤互联网应用的公司有绿环、家彻等。

2. 洗染行业发展举措与成果

2021年在中国共产党成立100周年之际，迎来了"十四五"开局之年，我们洗染业也正在编制新的"十四五"规划。2020年突如其来的疫情给所有行业带来很大影响，上海洗染业同样举步维艰。疫情常态化的情况下，在各级政府部门的指导和帮助下，依靠全体洗染企业的支持，在全力完成各项工作的同时也在不断寻求新突破、新发展。上海洗染业行业协会砥砺前行，交出了一份写实叙事且工作内容充实的答卷。

个性化、细分化的消费需求一直存在，但想要更好满足这些需求，离不开技术的升级和行业生产组织效率的提高。不少传统家政企业通过云计算、大数据等技术实现供需精准对接，优化内部管理流程，有效提升经营管理效率。服务业多个行业领域也在想方设法捕捉并满足细分需求，在开辟新蓝海的同时，也助推行业自身转型升级。

（1）新冠疫情常态化下的系列举措

在上海市各相关部门的指导和关心下，协会领导班子在2020年的抗疫工作中，作出了很大的贡献，也得到了上海市商联会的高度认可，获得了商务委颁发的2020年抗疫特殊贡献奖。如果说2020年是抗疫年，那么2021年就是疫情防控年。根据市商务委要求，在各阶段发布各项关于继续强调做好行业常态化疫情防控的通知，在2021年9月完成并发布上海洗染服务单位《疫情常态化防控工作指南》（2021年8月版）的工作；2021年12月完成上海市洗染服务业疫情指南（简化版）；积极配合商务委统计所有会员单位的人数和疫苗接种情况；2021年11月，配合政府做好门店疫情防控检查，协调会员单位上报各区共33家洗衣店，并按上海洗染疫情防控指南要求，指导各门店防控工作。期间协会领导携带疫情防控要求的物品，和秘书处人员一同前往门店，进行实地检查和补缺，获得各门店的高度好评。

（2）在提升能级中做好会员服务

协会本着为会员单位服务为宗旨，提供会员单位更加精细化的服务，做好分类指导、精准服务，进一步完善本协会的服务机制、拓展各项服务功能，是我们的发展方向。

① 提供多项服务构建良好平台。

A. 为会员单位推荐空置厂房、业务联系牵线搭桥。

B. 了解华莲洗涤服务有限公司的寻求帮助的信息后，实地勘察了解情况，前往华住会总部与其总经理共同探讨布草洗涤的情况，了解华莲洗涤评审的状况反复协调，并按照标准指导华莲鼓励其整改后再参与复评。

C. 履行消费维权联络点的职责，定时、定点、公开、公平、公正举办洗涤质量鉴定活动，配合12345商务委转办的工作，协调解决9起衣服投诉纠纷。

D. 部分会员单位向市交警总队每年2次申请领取卡车通行证，解决部分企业收送布件和衣物的困难状况。为解决洗涤工厂车辆物流因装载不规范被屡屡罚款扣分的现状，协会向市政府提交

"关于解决上海洗染业运输衣物困难的报告"的信访件。

E. 向上海市经信委推荐会员单位上海色彩得环保科技有限公司和理事单位上海百强洗涤设备制造有限公司申报专精特新企业。向市商联会推荐威龙公司申报市商业杰出人物1名和上海商业技术能手1名。

F. 协会秘书处受上海市干部中心委托,落实好会员单位煊拓洗涤公司做公益活动,对8000多件捐助衣物消毒的工作。

② 加强会员联络,实地走访调研。

更好地做好服务,坚持问题导向、精准施策。为了解企业痛点,2021年协会领导对会员单位进行了多次走访和调研。分别走访纯纯公司、UCC、上海勤佳、洗福莱网络科技(上海)有限公司、上海华莲洗涤服务有限公司、恋衣干洗服务有限公司、颉保洗涤机械(上海)有限公司、上海蓝天鹅清洗有限公司等,协调、解决会员单位的困扰,是协会工作的重中之重。

③ 发挥平台优势,畅通信息交流。

为了使协会网站发挥更大能量进行了调研和研讨,通过网站、邮箱、微信公众平台、双月刊多种渠道进行信息传递、弘扬和表彰企业和个人的优秀事迹和最新信息。2021年通过微信公共平台推送文章信息56篇;通过微信群、电话联络等方式在政府和会员间搭建了沟通平台;用钉钉线上、腾讯线上开启会议和学习平台。

(3) 落实检测办法,积极推动洗涤服务质量达标

为提高洗涤质量,针对消保委检查洗涤质量不达标的门店,协会领导班子组织检测小组,由会长们和干洗专委会主任共同开会拟定pH值和四氯乙烯残留的检测办法,携带分检测设备,分别对正章、卡柏、福奈特等部分门店进行实地抽查,填制检测表格,汇总分析原因和整改方法,这项工作是协会需要坚持和长期开展的。

(4) 积极举办技能竞赛、培养高技能人才

第十二届全国洗染业职业技能竞赛前期准备时,上海洗染业选派老师为裁判员培训班做视频交流执裁经验分享;为帮助中国洗涤展做宣传,多家单位都拍摄了邀请视频,19个人参加了全国的裁判员线上培训、考试,取得裁判员资格;针对个别参赛选手,开展多次培训工作。

协会顺利举办了上海洗染业第八届职业技能竞赛,包含服务运营、污渍去除、服装熨烫、皮具保养和面料织补共5个项目的比赛,选拔出26名选手参加原定9月份在上海举办的第十二届全国洗染业职业技能竞赛。

7月14日"布瑞琳杯"服务运营项目在北京举行。上海派出3名选手参加,分别获得一金二银的佳绩[上海福奈特洗衣服务(上海)有限公司李燕萍获金奖、全国商业服务业十佳店长、上海乔力雅洗衣器材有限公司庄莉、上海海烟洗涤经营部王玮获银奖、全国商业服务业优秀店长称号];因疫情防控,全国大赛另4项比赛延迟至12月27日在天津举办,上海派出6位选手赴天津参加了比赛,经过上海洗染业选手奋力拼搏,取得了两金两铜的好成绩。

经过项资质审核,协会向上海市人社局推荐了1名首席技师——上海象王公司曹立东,这是上海洗染业通过各条线申报至今的第18位首席技师;2021年6月,经行业协会、中央企业推荐,经专家严格评审,人力资源和社会保障部决定,授予"全国技术能手"称号,上海绿环洗染有限公司的李昊得此殊荣;7月30日,人力资源和社会保障部授予2019—2020年度职业技能竞赛优秀选手、全国技术能手称号,福奈特洗衣服务(上海)有限公司步丽芬和上海卡柏洗衣有限公司吴克松两人上榜。

3. 发展趋势与对策举措

中国洗染业已经逐步向着绿色环保、数字智能的方向发展,上海作为全国行业的排头兵,更应

该将数字化转型运用到服务业上来,支持在线经济、数字经济、智能经济等新业态、新模式加速发展,加快制造和洗染服务深度融合发展,全面推进产业数字化转型,让洗染企业真正地凸显上海品质、上海服务、上海制造,上海洗染业服务也将趋于数字化、精细化、专业化、智能化;随着先进的装备、尖端技术、技能人才、数据管理等,洗染业必然形成规模化、大型化、集成化。同时,企业品牌经营连锁化、企业绿色经营化、企业管理信息化与企业信誉论证化也将是上海洗染业发展的必然趋势。"十四五"时期是上海在新的起点上全面深化"五个中心"建设,加快建设具有世界影响力的社会主义现代化国际大都市的关键五年。为进一步提升上海服务经济量能,打响"上海服务"品牌,构筑新阶段上海产业发展战略优势,持续提升城市能级和核心竞争力。

(1) 开展诚信服务,建立诚信服务档案

结合贯彻落实好《国务院关于开展营商环境创新试点工作的意见》(国发〔2021〕24号),上海洗染业行业协会制定了"简化洗染经营者登记手续"要继续加强对《上海洗染业行规行约》《上海洗染业质量标准》《上海洗染业的服务规范》《上海洗染业务合同格式条款操作规范》等行规进行贯彻执行,特别是对洗染业各门店的规范和服务标准要逐步修改和完善,指导洗染协会积极宣传和动员会员单位,特别是大型的洗涤工厂、干洗连锁企业、洗涤供应链相关企业开展诚信服务签约。针对诚信服务签约对象进行统一的档案管理,协会加快制定"白名单管理制度",并制定相应的检查和监督的措施,将不定时地进行自查和抽查,在行业协会的官网及微信公众号平台进行公示,适时出具白名单,将诚信服务签约内容真正落到实处。

在指导行业内会员企业"加强行业自律,提高服务质量,保护消费者健康自律签约"活动的基础上,扩大宣传范围,加大宣传力度,倡导本行业非会员企业积极与协会签约,努力实现上海市洗染业规范化有序发展。

(2) 加大扶持力度,增设优惠政策

洗染业属于劳动密集型企业,近年来,行业飞速发展,许多洗涤企业投入巨资,也有风险投资、股权投资进入洗涤行业,为企业更新、添置了洗涤设备,扩大了产能。建议针对行业发展需求与特点,制定一些减免税收、节能项目补贴、设备更换补贴等政策方面的扶持,通过行业协会进行申报,也能够做到前期的把关和初审。

(3) 建议设立"洁衣"工程,增设保障物流专用车

洗染行业随着门店和中央工厂的不断增加,一直面临物流和运输的重大困难。在运输布草车辆方面,市交警总队为行业解决了一小部分的卡车通行证的问题,缓解了一些单位大型厢式货车等收送车辆通行困难,但缺口还是很大。干洗连锁洗衣业务是为企事业单位和居民提供清洗服务,每次收送衣物数量没有布草运输量大,进出单位或居民区使用货车多有不便,目前均采用小中型的客车。企业为了保证质量,需要进行衣物的吊挂运输,但这样就导致车辆频繁因载货被罚款,小型单位1~2辆车每月罚款约2 000~3 000元;但是如果洗涤公司的衣物折叠运输的话,客户很多都不能接受,企业也只能冒着被罚款的风险继续;除装货罚款外,驾驶员会被扣分,导致企业驾驶员不愿出车,驾驶员招不到的尴尬局面,加大了企业的生存的难度,使后疫情时期本就经营困难的洗染企业雪上加霜。如这种局面近期不能解决,会加剧整个行业为企事业单位和居民洗涤服务的瘫痪困境。

建议设立"洁衣"工程,解决上海洗染行业的衣物装载的困难。

(4) 建立洗涤园区,规划统筹管理

为优化创建上海的洗染行业,使行业更加规范、有序、智能的发展,更好地落实各项环保的措施,解决上海洗染行业各大型洗涤工厂面临运营成本高、环保整治严、单独能源耗量大等问题,建议相关部门能够将洗涤园区创建纳入城市发展的规划中,对有一定规模洗染企业,需要大量的蒸汽能

源的场地,统一规划有利于节能降耗,统一排放有利于治理排污,统一管理有利于安全环保。在洗涤园区规划中,除了洗涤工厂相关的企业,还可以创建目前比较紧缺的医疗洗涤第三方洗消中心,解决卫健委相关消毒供应中心的医院内各类可重复使用的器具和衣物。

(5)加大"中华老字号"保护力度

建议推进老字号保护法治建设。修订完善中华老字号保护的条例或办法。指导法律服务机构为老字号企业提供专业法律服务,支持老字号企业依法维护自身合法权益,应出台老字号保护相关规章制度。

加强中华老字号知识产权保护,健全老字号名录共享机制,强化老字号商号注册保护,畅通维权的渠道。并落实惩处侵犯老字号企业字号权、商标权、知识产权和制售假冒伪劣的不法行为。

加大老字号非遗项目的保护。建立老字号历史文化遗产保护目录,符合条件的技艺、工艺及时纳入非物质文化遗产保护体系;鼓励老字号企业申报非物质文化遗产保护基地,落实相关保护措施。

党的十九大以来,在习近平总书记为核心的党中央领导下,在上海市民政局社团管理处、上海市商务委服务业处的指导和帮助下,上海洗染业会不断用智慧和资源积极奋进,也相信未来上海洗染业能够健康有序的发展壮大,我们所有的上海洗染人能够强精神、讲政策、增本领,一起向未来!

(上海洗染业行业协会供稿)

(二)上海空调清洗行业 2021 年发展报告

1. 2021 年行业发展概况

2021年是中国共产党成立100周年,也是实施"十四五"规划,开启全面建设社会主义现代化国家新征程的第一年,万象更新,朝气蓬勃。

2021年是新冠疫情蔓延第二年,从疫情的突如其来到进入常态化,空调清洗行业也随着公众对公共卫生的关注而变得火热起来,随之而来更多服务单位和商机涌入市场。2021年,也是上海空调清洗行业提升空调清洗技能水平、数字化转型的关键一年。

2. 2021 年行业发展状况及成效

(1)规范集中空调通风系统卫生管理,贯彻落实政策法规及标准

行业相关主管部门历来重视公共场所集中空调的卫生管理。2006年3月1日,卫生部颁布了"一法三规"系列规范性文件,从公共卫生的角度对集中空调通风系统的使用评价和清洗行为加以规范与约束,防止传染病传播保护人健康。卫生部后续又发布卫生法规和检测标准:《公共场所卫生管理条例》及其实施细则、《公共场所集中空调通风系统卫生规范》(WS394 - 2012)、《公共场所集中空调通风系统卫生学评价规范》(WS/T395 - 2012)和《公共场所集中空调通风系统清洗消毒规范》(WS/T396 - 2012)及其第1号修改单并对集中空调清洗消毒的要求、周期、规范进行了明确规定。

在新冠疫情初期,"国务院应对新型冠状病毒肺炎疫情联防联控机制综合组"就下发了50号文、国家卫健委下发了304号文,《WS696 - 2020 新冠肺炎疫情期间办公场所和公共场所空调通风系统运行管理卫生规范》对集中空调的使用、清洗、消毒进行了指引和规范,并纳入常态化疫情防控体系,加大执法力度。有效的空调清洗和消毒已成为常态化疫情防控中不可或缺的重要环节,由于疫情公众对空调卫生的管理要求也越来越高。

2021年有关部门对上海空调卫生管理地方标准进行了修改和发布,最新标准《DB31/T405 - 2021 集中空调通风系统卫生管理规范》自2021年5月8日起发布,2021年7月1日起实施。新地方标准修订后,上海空调行业对新地方标准全面贯彻和落实,有关部门开展多次标准宣贯会。

(2) 倡导数字化赋能,加快数字化转型

① 完善大数据平台构架。

行业协会的集中空调清洗消毒大数据平台已于2020年正式发布,在已有的"集中空调清洗消毒"模块的基础上,2021年增加了"通风系统检测备案""循环水系统处理""家用分体空调清洗"和"通风系统在线监测"模块,对空调清洗消毒相关的数据进行有效整合,并充分运用数据平台的即时性和可视化优势,为公众提供上海空调清洗消毒的集成式展示。

② 加快数字化赋能。

在大数据平台中,我们特别加载了"通风系统在线监测"模块。该模块可通过加装传感器和消毒设备,对布点场所的二氧化碳、TVOC、PM2.5、PM10、温度和湿度等指标进行在线监控,实时反映布点场所的空调卫生和空气质量,并对相关数据进行统计分析。该模块的有效加载,对空调清洗消毒的操作方式、运营模式等具有深远的影响,对行业的发展进行数字化赋能。

(3) 关注第三方卫生检测,强化检测流程标准化

① 坚守诚信经营,履行社会责任。

第三方检测机构作为空调清洗产业链的重要一环,对构建行业诚信、检验工程质量、保障卫生健康至关重要。2021年1月和2021年8月,分别邀请进入行业协会检测机构目录的第三方检测机构就企业的诚信经营、检测流程、社会责任等进行探讨,并要求检测机构必须坚守诚信底线、增强社会责任、保持客观独立、强化内部监管、抵制恶意竞争。

② 规范检测流程,筹划检测标准。

我们期许的第三卫生检测是更好的体现其对工程质量负责,而非仅对样本负责,所以严谨规范的检测流程显得尤为重要。行业协会于2021年期间,对各检测机构的空调卫生检测流程进行了收集和梳理,并邀请行业专家和企业代表进行了探讨和汇总。目前,已初步形成"集中空调通风系统检测技术服务流程"团体标准初稿,并争取于2022年中发布及实施。

(4) 举办空调清洗技能大赛,提升空调清洗技能水平

首届"空调清洗技能展示大赛"于2021年3月31日隆重举行,本届大赛以"筑匠心、育匠行、精匠艺"为主题,旨在切磋技艺、交流技术、展示技能。本次大赛分为分体空调清洗消毒和集中空调清洗消毒二个组别,共有12家会员单位参与。通过本次大赛,激发了企业的质量需求,提升行业的技能水平,营造工程优质化和阳光化的行业氛围。

(5) 2021年上海地区的空调清洗企业现状

据不完全统计,截至2021年底,上海地区共有8 315家注册企业的经营范围中涵盖"空调清洗",比去年统计数据增加2 320家。

表127 按成立时间分

注册时间(年)	数量(家)
2021	2 031
2020	1 165
2019	429
2018	363

续 表

注册时间(年)	数量(家)
2017	346
2016	365
2015	328
2014	351
2013	256

表 128　上述企业分别注册于下述区域

区　域	数量(家)	区　域	数量(家)
黄浦区	80	徐汇区	68
长宁区	59	静安区	93
普陀区	120	虹口区	61
杨浦区	117	闵行区	625
宝山区	497	嘉定区	852
浦东新区	535	金山区	1 542
松江区	441	青浦区	356
奉贤区	2 525	崇明区	344

表 129　上述企业的注册资本

注 册 资 本	数量(家)
500 万元以下	5 945
500 万～1 000 万元	1 349
1 000 万～5 000 万元	878
5 000 万元以上	143

表 130　对比 2020 统计数据,2021 年各区域增加空调清洗企业数量

区　域	数量(家)	区　域	数量(家)
黄浦区	9	普陀区	30
长宁区	10	杨浦区	18

续 表

区　域	数量(家)	区　域	数量(家)
宝山区	120	虹口区	10
浦东新区	180	闵行区	181
松江区	140	嘉定区	261
奉贤区	965	金山区	164
徐汇区	12	青浦区	98
静安区	24	崇明区	110

表131　对比2020统计数据，2021年各注册资本区间内增加空调清洗企业数量

注 册 资 本	数量(家)
500万元以下	1 520
500万～1 000万元	449
1 000万～5 000万元	294
5 000万元以上	57

(6) 2021年空调清洗企业发展趋势

集中空调通风系统后市场的快速形成和发展，已经吸引了一大批通风空调大型施工和生产企业进入运维市场，其业务范围已经逐渐向空调清洗产业进行延伸。行业内原有企业也要开始适应市场新形势，在增强空调清洗科技含量基础上，不断提升清洗服务水平，更要在做专做细做精做强的同时，将自己的服务范围延伸到通风空调全生命周期、全产业链的节能改造和运行维护方向。

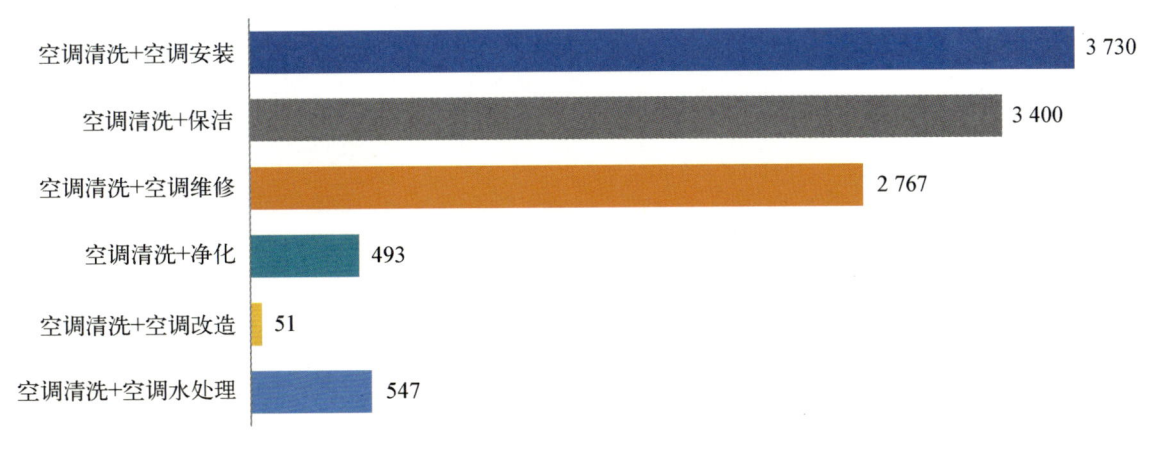

经营范围	数量
空调清洗+空调安装	3 730
空调清洗+保洁	3 400
空调清洗+空调维修	2 767
空调清洗+净化	493
空调清洗+空调改造	51
空调清洗+空调水处理	547

图140　行业企业经营范围分布图

(7) 上海市公共场所集中空调清洗情况

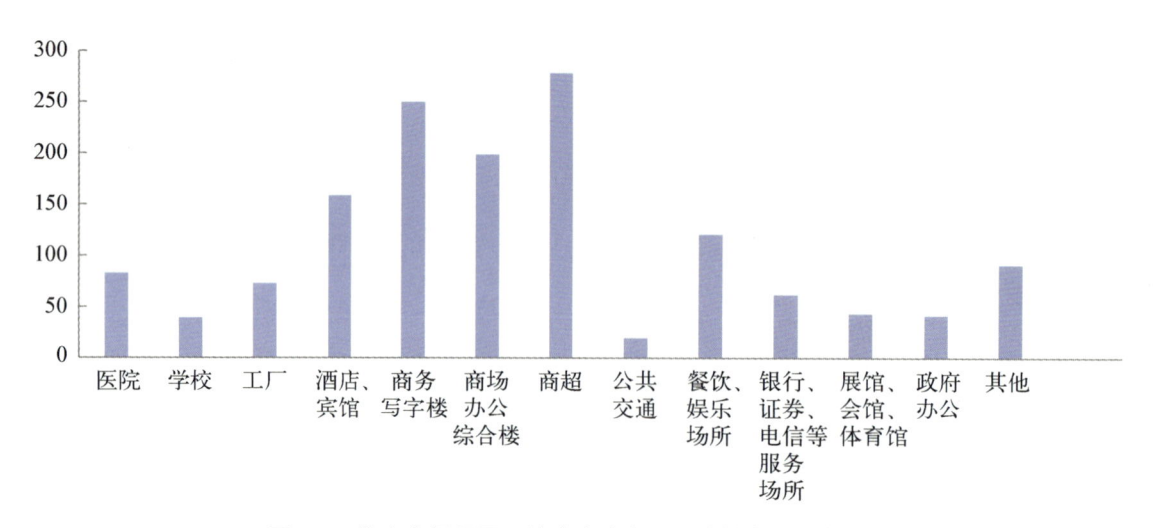

图 141　集中空调通风系统清洗消毒项目建筑类型分布数量

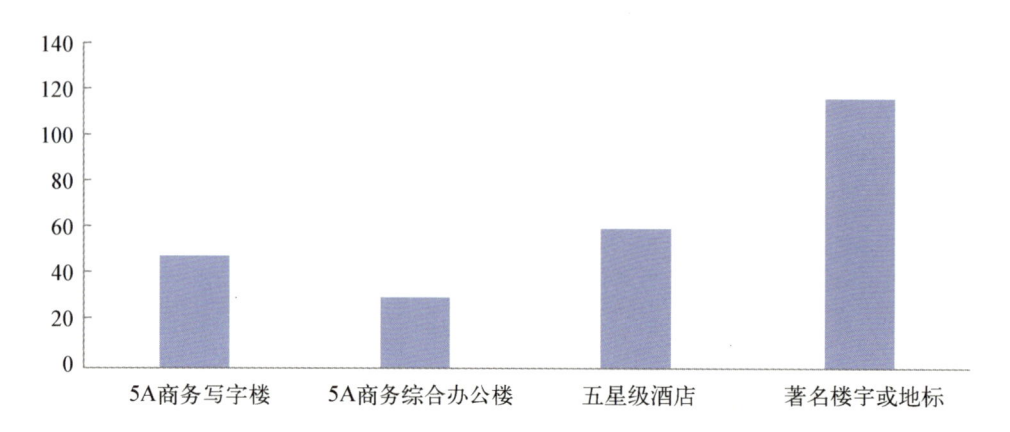

图 142　集中空调通风系统清洗消毒项目特殊建筑类型分布状况

表 132　各类酒店空调清洗比例

酒店星级	全市数量（家）	空调清洗比例
五星级	71	95%
四星级	61	72%
三星级	53	67%
二星级	10	30%

3. 行业发展特点

中国的空调清洗行业最早起源于2003年SARS疫情之后。在SARS疫情期间，政府明文规定要求停止集中空调使用，后证实此类传染病可以通过空气以及空调设备进行传播，政府开始重视空调清洗消毒。

2005年，上海有关空调以及卫生环境方面的协会，在上海政府疾控中心的指导下，筹备建立上海风管清洗协会。2007年，上海风管清洗协会正式挂牌成立。成立期间，特别邀请美国和日本风管清洗协会来上海进行行业技术交流，同时引进了许多领先的技术和设备，奠定了全国空调清洗行业的发展。2008年北京奥运会期间，所有涉及奥运会的酒店、场馆，在政府要求下进行了全面的空调清洗消毒。2010年上海世博会期间，也对所有酒店以及场馆的空调进行了全面清洗消毒。这些大型活动中，地方政府对公共卫生的重视很关键，体现出一个城市在管理上的细致性。协会于2011年正式更名为上海空调清洗行业协会，扩大了从业范围，更加符合国内的市场需求。迄今为止，协会仍然是全国第一家以及仅有的专业从事空调清洗行业的协会。

2011年底，上海地方政府改进了国家清洗标准，并增加了地方管理规范，由韩正市长特别颁发市长令，对空调不清洗、不检测的公共建筑可依法进行处罚，促进了上海在空调清洗方面的管理力度以及清洗的频次。上海地区在地标和管理办法，以及卫生监督部门的管理下，所有公共场所类似酒店、商场、超市、餐厅、影院、地铁、火车站、机场等，历年来已经可以做到每年清洗检测，市民完全可以在这些公共场所环境中放心舒适地使用空调。清洗消毒保障了空调的卫生，预防了部分传染病的爆发。根据当前生活情况来看，上海已经是一个楼宇经济型城市，人们每天大部分时间在办公楼宇中度过，只是周末或闲暇时间内才会处在公共场所之中。据统计，现在上海有超高型的楼宇将近1200栋，楼层都在35层以上。这些楼宇大多是5A级或者4A级的写字楼。另外，还有许多老式写字楼或者3A级写字楼未计入，这些楼宇因其经营范围，卫生监管部门没有有效的监管制度。所以，办公楼宇的集中空调清洗开展得并不理想。公共场所是需要卫生许可证，才可以合法经营的，每两年需要复审一次。复审条件有一条要求，复审企业提供当年和上一年的空调清洗检测合格报告。办公楼宇由于不需要卫生许可证，卫生监管部门不能对其进行此类审核，从而使办公楼宇的空调清洗，大多依靠甲方自觉和一些承租业主的要求执行。

集中空调清洗行业进入中国市场已经有20年左右的历史，设备种类繁多，主要以施工监测、机械搅动、负压集尘、雾化消毒为主来进行设备开发和制造的。相对于其他科技产品来说，产品更新升级速度比较慢。因疫情，许多企业又开始开发新技术，相信将来一定会有更好、更多清洗消毒设备问世。

消毒药剂的选择也是这个行业的重点，一定要谨慎选择药剂应用的对应环境。现阶段针对疫情，按国家卫健委的指令选择消毒药剂，如含氯产品、季铵盐类产品、过氧乙酸类产品。酒精消毒效果很好，但危险性和操作性太大，普通民众选用时要注意贮藏和防范。公共建筑可以按照WS394、WS396、GB50325、GB18883等标准来参考药剂的选择。

行业协会官方网站有检测单位名录，这些机构都有CMA认证，对室内环境检测、集中空调通风系统或者水系统卫生检测都非常专业。部分检测机构可以做卫生学评价。

总体而言，集中空调清洗消毒行业不大，责任重大，关乎每一个人的健康。行业的发展也是可持续且有很大上升空间的。只有政府加大监管力度，企业负起该有的责任，清洗单位按照标准进行施工，行业自律监督，行业才能更好发展。

4. 行业发展展望

2021年，面对行业竞争、市场起伏和疫情，我们携手与共，逆势前行，创造上海空调清洗行业的全新局面。2022年，行业将全面推行以技术服务为导向的行业自律管理，以质量提升为目标的行业质控体系，推动标准化管理，加快数字化转型，聚焦碳中和愿景，为行业的发展寻求新的契机。

（1）聚焦双碳目标，寻求技术突破

① 聚焦双碳目标。

强化节能管理，加强节能减排是实现双碳目标的有效途径。空调清洗对于空调的节能管理和节能减排至关重要,如何让空调清洗与双碳目标进行有效结合,如何将空调清洗契合双碳目标的整体布局,如何使空调清洗获得碳排放交易指标,行业协会与会员单位需要设计和考量。行业协会将对相关政策进行有效梳理,寻求产业契合途径,编制工作目标和计划,寻求行业新的突破方向。

② 梳理行业技术,关注技术引领。

上海空调清洗行业经过近20年的发展,已形成行业特有的技术特性和管理特性,但不可否认,行业的设备技术、清洗方式、经营模式等尚无重大突破。行业协会将对空调运维清洗消毒的相关技术和管理进行有效整理和汇编,并积极关注前沿技术,形成行业所需的技术资料汇编,进行刊印发放,使之成为会员单位的技术和工具手册。同时,该项工作将长期化,争取每年进行改版和刊发。

(2) 健全技术服务的管理流程

全面推行的技术服务,必须有健全的管理流程加以规范和保障。我们将依据企业的备案、设备、人员、管理、质量等状况,为企业进行定制化服务,用协议的方式将服务加以固化。同时,对服务期满的企业,进行量化评分,以此检验技术服务的有效性,作为组别更换的重要依据。希望通过健全的内部管理流程,真正实现优胜劣汰、有上有下、有进有出,强化行业自律。

(上海空调清洗行业协会供稿)

(三)上海物业管理行业 2021 年发展报告

1. 上海物业行业总体发展环境分析

(1) 政策法律环境

① "十四五"规划,展望行业新发展。

随着国家"十四五"规划公布,中国经济社会进入新的发展历程。"十四五"规划为包括物业管理行业在内的国民经济各行各业的未来发展指明了方向、坚定了目标和规划了蓝图。

② 《民法典》实施,催生行业新挑战。

2020 年 5 月 28 日,十三届全国人大三次会议表决通过了《中华人民共和国民法典》(简称《民法典》),于 2021 年 1 月 1 日起施行。随着民法典的颁布实施,物权法等物业管理行业原相关法律同时废止;法律的调整,物业管理行业随之而来也面临新的挑战。《民法典》强调了物业服务企业的合规性义务,强化业主的物业服务选择权和知情权,规范物业延伸服务的定义边界和收益分配。

③ 各部委发文,引领行业新趋势。

2020 年,中央各部委连续发文,支持和鼓励物业管理行业不断探索提升服务能级,拓宽行业宽度。2020 年 10 月,发改委等十四部门联合印发《近期扩内需促消费的工作方案》,旨在进一步扩大内需特别是有效促进消费,推动经济供需循环通畅。《方案》第六条明确提到,"推动物业服务线上线下融合发展"。12 月 15 日,住建部、工信部等六部门印发了《关于推动物业服务企业加快发展线上线下生活服务的意见》,要以智慧物业管理服务平台为支撑,大力发展居家养老服务。2021 年 1 月 5 日,住建部、发展改革委、银保监会等十部委发布《关于加强和改进住宅物业管理工作的通知》加强和改进住宅物业管理工作。通知提出:鼓励有条件的物业服务企业向养老、托幼、家政、文化、健康、房屋经纪、快递收发等领域延伸,探索"物业服务＋生活服务"模式,满足居民多样化多层次居住生活需求。

(2) 行政监管环境

① 美丽家园，行业进步新动力。

上海在全面完成美丽家园建设三年行动计划（2018—2020）的基础上，2021将深入践行"人民城市人民建，人民城市为人民"的理念，继续推出深化建设新时代"美丽家园"三年行动计划（2021—2023）。围绕全面提升服务供给水平，提升生活服务便捷度、行业管理集中度、市民群众感受度。将进一步深化物业管理行业党建工作，推进物业管理行业文明创建；提升物业服务整体水平，全面实施物业服务规范地方标准，推进物业服务供给侧结构性调整；完善物业服务市场机制，推行物业服务收费价格评估制度、业服务市场价格信息发布机制和推进相邻小微小区物业管理整合工作。

② 新城规划，区域发展新机遇。

《上海市城市总体规划（2017—2035年）》明确，将位于重要区域廊道上、发展基础较好的嘉定、青浦、松江、奉贤、南汇五个新城，培育成在长三角城市群中具有辐射带动作用的综合性节点城市。伴随新城的开发建设，上海物业管理行业迎来新的发展机遇。在传统业务板块，大量的房地产开发为物业服务企业带来了规模增量和业务增长；在城市服务板块，现代化的城市功能定位为智慧城市、智慧物业带来广阔的市场前景，市场化的城市管理理念为物业融入城市公共服务提供大量的机遇；在社区综合治理板块，全新的基层治理体系建设期为物业服务企业参与社区公共服务、为属地政府提供保障支持提供了发展空间。

③ 招标新政，行业竞争新导向。

为了探索一套既符合政府对市场招投标准入管理，又适合物业服务企业和委托人乐于接收的综合评价体系，建立满足质价相符的市场要求，上海市房屋管理局健全完善了包括物业服务企业和项目经理信用管理制度、居住物业公众满意度、企业综合服务能力星级测评、物业服务热线投诉处置考核、街镇及居民区对社会责任履行社区满意度评价、住宅物业服务履约质量评价的六维度综合评价体系。新的投标人评价体系将通过市场化机制，从企业市场竞争行为入手，引导物业服务企业在规范经营行为、增强企业综合能力、提升物业服务水准和落实基层社区治理责任，进一步推动本市物业管理行业向法制化、规范化、品牌化发展。

(3) 市场社会环境

① 资本助力，行业分化加剧。

2020年，物业管理服务企业又有17家企业上市。截至2020年底，共有38家物业服务企业成功登录港股，4家企业在A股上市，合计42家上市公司。在资本的加持和投资者的关注下，企业间的竞争角逐愈演愈烈，分化现象也日益凸显。上市企业和准备上市的大型物业服务企业继续将规模扩张设定为企业发展的核心目标之一。随着物业管理行业的发展，越来越多的领先企业从传统的劳动密集型物业管理企业向现代化的"资本＋人才＋科技"密集型企业转变，人力资源、信息化技术、产品开发能力进一步向头部企业集中。

② 疫情影响，行业定位重塑。

2020年，中国受到了新冠病毒肺炎疫情的突然袭击。面对百年来全球发生的最严重的传染病大流行，中华人民共和国成立以来我国遭遇的传播速度最快、感染范围最广、防控难度最大的重大突发公共卫生事件，物业管理行业在党中央的正确领导下，各级政府的调度下，与全国人民风雨同舟、众志成城，构筑起疫情防控的坚固防线，最终取得抗疫斗争的全面胜利。本次抗疫斗争，全行业企业和物业从业人员以自身的实际行动，提升了行业整体形象，换来了社会的普遍认同。

③ 质价相符，行业发展方向。

随着《住宅物业服务价格评估规范》《上海市住宅物业服务价格评估管理办法（试行）》等一系列

价格评估实施规范和配套措施的推出,本市住宅物业管理费的价格评估工作得以顺利推进。截至2020年12月底,已在上海市房地产估价师协会完成备案的实施评估小区共计191个,其中138个小区已完成调价或正在调价,占比72%,平均调价幅度约为35%。随着政府部门的推动、社会舆论的引导,市民的物业服务市场化消费意识得到进一步加强,住宅物业服务费价格评估工作的社会认可度和接受度正逐步提升。随着"美丽家园"三年行动计划(2021—2023)的推出,深化推行物业服务收费价格评估制度成为推动未来行业发展的重要助力。

2. 上海行业发展的整体状况

(1) 物业管理规模

① 全市房屋总建筑面积。

据市统计局提供的数据核算,至2020年末,上海房屋总建筑面积达到14.32亿平方米。其中2020年住宅建筑面积新增1515万平方米,达到7.15亿平方米,非住宅建筑面积新增512万平方米,达到7.17亿平方米,住宅和非住宅占比分别为49.9%和50.1%。近年来全市房屋总量呈稳步增长趋势。

② 物业管理总建筑面积。

本市物业管理总建筑面积11.55亿平方米,覆盖全市房屋总面积的80.6%,管理总面积同比递增2.52%。其中住宅类7.01亿平方米,覆盖率98.0%,非住宅类4.54亿平方米,覆盖率63.2%。近年来本市物业管理覆盖率保持逐年微幅增长趋势。

(2) 物业服务企业

截至2020年12月,在上海市工商注册(上海市房屋管理局网站登记备案)物业服务企业5733家,其中本市当地总部型企业5478家,同比增加5.3%。本年度物业企业数量继续承接上年度的增长态势,但增速明显放缓。

(3) 行业经营收益

据不完全统计,2020年本市物业管理行业营业总收入约为1273亿元,同比微增1.4%,占上海市GDP总量约3.29%。其中主营业务收入1174.20亿元,占总收入的92.2%。2020年受新冠病毒肺炎疫情影响,房地产业和社会零售业经济活跃度显著下降,房地产施工面积、开工面积和竣工面积,社会消费品零售总额均呈现同比下降。受此影响,物业服务企业的案场服务、房屋中介、社区零售等非主营收入大幅下降。在企业利润方面,全行业的利润总额达到86.57亿元,占营收总额的6.80%,实现净利润70.52亿元。

(4) 从业人员队伍

截至2020年末,本市共有从业人员约90.41万名,增加1.24%。其中物业服务企业在职人员约为49.57万名,市场外包服务人员约40.84万名,分别占从业人员总数的54.83%和45.17%。从业人员中约有70.34万人服务于上海市项目。

(5) 市民关切问题

据上海市物业管理事务中心统计,2020年本市"962121"物业服务热线共受理各类诉求5.69万件。相比2019年,在物业类排名前五的投诉中,"物业人员服务态度""车辆停放管理"和"公共区域秩序维护服务"投诉数量均呈现明显上升态势,"共用部位、共用设施设备维修保养服务"投诉数量虽然大幅下降,但仍然处于投诉总量第一位。

3. 上海物业行业发展展望

(1) 行业党建联建,强化社区服务能力

① 社区党建联建循环,破解小区"三难"。

随着城市基层党建"市—区—街镇—居村党组织"四级联动体系的建立,党建引领物业治理工作已经纳入城市基层党建工作格局,各区组织部、房管局双牵头的党建引领物业治理联系会议制度,愈加成熟。随着全市管理体制改革,城管、房管等职能部门力量下沉基层,属地化管理优势不断强化。发挥网格党建优势,实现事权下放和基层综合执法,将进一步加大对物业治理支撑力度。通过党建引领业委会建设工作指导委员会,构建统筹推进、议事协调的工作平台,凝聚各方力量和共识,破解小区物业费调价难、加装电梯难、停车难。

② 多元主体协同推进,强化治理模式。

2015年以来,在市、区、街镇等各级党委统一领导,政府部门主导,行业党建指导,社会、市场等多元主体协同推进下,居民区形成了"1+3+N"运作机制,其中"1",指居民区党组织,在住宅小区物业治理中,发挥领导核心作用;"3",指居委会、业委会、物业服务企业;"N",指社区民警、城管执法力量、驻区单位、社会组织、群众团体、业主居民、志愿者等。通过建立居民区党组织领导下的协同议事、协同处置、协同监督机制,理顺居委会、业委会和物业服务企业关系,实现资源共享、优势互补。

(2) 市场民生并举,探索差异发展模式

① 市场化运营,助力行业转型。

2020年,受新冠病毒肺炎疫情影响,国民经济整体增长放缓,部分行业甚至出现萎缩。但物业管理行业逆势而上,在资本市场表现抢眼,体现了投资者对行业市场价值的肯定。通过资本市场,加速物业服务企业发展,仍然是行业的市场热点。随着物业管理行业的整体发展,传统的物业管理行业的边界正在不断被打破。城市服务、资产管理、空间服务、社区经营、设施运营等越来越多的业务被纳入物业服务企业的经营版图。

② 公共性服务,塑造行业地位。

2020年,在全社会抗击疫情的过程中,物业管理行业表现突出,成为社区防疫的中坚力量和排头兵,体现了行业价值,提升了行业形象。随着上海"美丽家园"三年行动计划(2021—2023)的推出,物业行业将在公共服务保障、社区基层治理发挥更为重要的作用。伴随上海住宅小区综合治理工作的推进,住宅小区综合治理事项将全面纳入街镇城市运行中心(网格化)平台,按照责任清单统一派单,强化过程监督和综合协调,推动职能部门和专业单位履职尽责。居委会、业委会、物业服务企业"三驾马车"将成为社区治理的主体单位。

③ 差异化发展,推动行业进步。

上海作为一个特大型的国际化都市,物业管理行业面临着巨大的机遇。开放的市场、汇聚的资本、日新月异的科技进步促使着行业顺应时代的步伐,不断转型升级,同时庞大的社区基础服务、基础保障也为物业服务企业提供了广阔的市场空间。上海作为开放性城市,海纳百川、兼容并蓄,不同发展模式、服务形态的物业服务企业共同推动上海物业管理行业的进步。

(3) 智慧信息互联,重建服务组织方式

① 信息技术,提升管理幅度和管理效率。

近年来,信息技术在物业服务企业的运用愈加成熟,为企业管理、战略决策、流程控制、质量监管和服务提供的效率提升做出了重要的贡献。依托信息技术,物业服务企业可以在总部实时汇总省、市、区、点的各类经济数据,形成从集团到城市公司到区域到项目的全流程审批,为每一位员工提供实时场景化作业指导书,对每一项工作完成指令、实施、检验、整改到核查的全过程监督。物联网的发展为企业实施远程监控、维护甚至维修提供了技术支持。

② 智慧社区,创新服务模式和生活模式。

随着数字时代的到来,5G时代的到来,大批新技术,新理念越来越多应用到智慧建筑建设,智慧城市建设、智慧社区建设。智慧社区运营服务,将成为物业服务企业未来转型发展的机会。智慧社区通过物联网+互联网+数据平台将各类信息系统和资源进行整合、构建统一的社区信息平台、改善社区服务,从而让物业公司管理更便捷,管控更到位,数据更准确及时,效率更加提升,从而降低物业服务成本,改善业主生活体验,引领社区生活方式的蝶变。

③ AI技术,革新服务工具和服务场景。

作为能够大幅提高效率、降低用人成本的人工智能技术,一直是物业服务企业重点关注和运用的工具。随着技术的进步,AI技术正在逐步融入物业服务的各个环节。计算机视觉识别、语音识别、机器学习的发展,使得区域巡逻通过监控设备就能主动完成,通过监控还能自动识别垃圾满溢或堆积并安排清扫工作,还能时根据异常行为启动安全预警。随着物联网技术与AI技术的深度融合,未来机器人也将成为物业服务人员最强大的助手,繁琐的重复性工作都将由机器代替。

(4) 资源整合平台,拓展行业发展边界

① 垂直一体化,向产业链融合转型。

随着房地产行业存量市场的到来,物业管理行业的价值正在被重新定义,物业服务企业正不断推动资源整合,向房地产产业链的上下游扩张,形成覆盖业务服务全生命周期的价值链。物业管理行业长期以来处于房地产价值链的下游,随着房地产行业存量市场的到来,物业管理行业的价值正在被重新定义。通过经济高速发展,居民对服务质量的要求明显提升,个性化、服务化需求快速增长,更加注重消费体验和精神愉悦。拥有海量的客户资源,以及最丰富的服务触点的物业管理行业成为服务经济时代的焦点。

② 平台多样化,向品牌经营发展。

随着物业管理行业市场边界的不断延伸和拓展,行业领先企业正不断加快物业服务业务模式转变,品牌经营成为企业重要的发展手段。行业内的品牌企业以多元化发展为驱动力,致力于在业务服务全生命周期的品牌塑造。除了巩固基础物业服务的基础,将服务领域拓展到多元增值服务领域。根据企业战略发展,对传统服务纵向延伸,创新业务横向拓展,聚焦业主生活需求,在多种经营服务、租售服务、零售服务、生活服务等打造多个业务服务子品牌,形成品牌集群,以满足客户差异化的需求。

(上海市物业管理行业协会供稿)

(四) 上海婚庆服务行业2021年发展报告

1. 疫情对行业发展的影响

现金流受阻。2020年武汉疫情告急,波及申城,婚庆退单现象非常严重,大家心里都没底,新人想办不知道啥时能办,婚庆服务不想退单。另外,疫情期间接单少,好多公司月报表为零。对婚庆公司来讲,断了现金流就是断了生命线。到2021年,疫情带来的"阴影"还若即若离,一部分"熬"不过去的,将面临企业倒闭。

"海外板块"损失严重。从事海外婚礼和旅拍的企业几乎全员栽在疫情上,所有在国外的投资付之一炬。由于国情、体制不同,涉外婚庆企业在利益上无法得到保障,加之全球疫情不稳定,明朗的日子又遥遥无期,损失在所难免。

行业面临洗牌。婚庆服务俗称"甜蜜"的事业,而其中冷暖只有从业者自知。疫情来袭,对婚庆公司来说绝非"考验"那么简单。他们在期盼中挣扎,在挣扎中期盼。婚庆公司夹在婚礼会馆和星级酒店中间,房租、员工工资、运营费用入不敷出,压力巨大。

2. 后疫情时代行业消费变化

婚事停办,影响消费热情。 由于疫情的不确定因素造成新人消费热情受挫。首先,定好的婚期不知是会否因疫情有变数;其次,需考虑出席婚礼的嘉宾的感受。在这种不稳定因素干扰之下,婚礼的品质已显得不那么重要了。

疫情对婚礼的实质性困扰已经持续两年多。有的人麻木了,有的人在观望中沮丧,还有的人干脆选择了放弃。通常办了婚礼后,新人开始正式一起生活。受疫情影响这两年,许多新人没办婚礼就住在一起了,甚至怀孕了,但婚礼只能搁置再说。婚礼是每个人一辈子最重要的事,但碰到疫情也只能让路。

疫情遏制了消费增长。 20年来,婚礼消费金额年年在涨,有物价指数的因素,也有婚庆仪式、流程、道具及劳动力等因素,但到了2020年之后,涨幅趋于平稳,甚至出现回落现象。婚礼尽管是刚需,但在具体消费上还是很有弹性的。疫情的出现,某种程度影响了婚礼消费增长。

3. 行业发展的新态势

(1) 行业异业成员在增加

20年过去了,婚庆公司更新换代,增添了许多新面孔。同时,看好婚庆行业的异业,也纷纷入会。有平台、机构及婚庆相关产业链行业,这对提升婚庆服务品质、丰富婚庆服务内涵,起到有力的推动作用。尤其是互联网产品的介入,给婚庆服务带来了一股清新的视觉新效应。随着高科技不断进驻婚庆行业,沉浸式婚礼已不再是奢侈的梦想。

(2) 私人定制婚礼悄然上位

婚礼私人定制是个新名词,定制内容是全方位的,从酒店菜肴、婚纱礼服、婚纱摄影到会场布置、婚礼流程等等一系列,都会有定制的概念或艺术呈现。婚礼要与众不同,定制必不可少。如何将婚礼做得有水准、有特色甚至有温度,行业从业者正在探索将"定制理念"普及到中低档婚礼中去,让婚礼更具"可看性"。

(3) 婚礼会馆方兴未艾

婚礼属刚性消费需求。 据市民政局数据,每年近10万对新人登记结婚,常规估算,至少9万对需举办正式婚礼。婚礼会馆在上海风靡10年,仍方兴未艾。投资者普遍看好婚庆这块大蛋糕,目前在上海宝山、崇明都还有许多最新设立的婚礼会馆。

一站式符合消费需求。 2009年,浦东张杨路诞生了第一家罗曼园婚礼会馆,一时间声名大噪、订单如潮。紧接着,花嫁丽舍、圣拉维等相继跟进,拉开了婚礼会馆进入婚礼市场的序幕。单从新人角度看,职场竞争激烈,生活节奏加快,能够拎包去完成自己的婚礼,在以前来说是"痴人说梦"。随着婚礼会馆日趋完善,人员素质不断提高,新人的婚礼梦终于可以一篮子搞定了。婚礼会馆从价格上与星级酒店有一定优势,其设计、特点及软装形成自己独特的风格,这是星级酒店所无法比拟的,而价格要比星级酒店低得不少。

婚礼会馆的区域重要性。 就目前看,在上海的婚礼会馆企业有30家,分布于上海各个角落,宴会厅约300个,"抢"走了不少星级酒店的婚庆生意。之所以会有这么多婚礼会馆"四处开花",与新人对区域要求有关系。自古到今,办婚礼都不会离家很远。新人为了方便,选择场地,一要照顾家人,二要考虑嘉宾。总之,从目前上海的情况看,婚礼会馆受新人追捧的程度还在高位。

(4) 未来需求规模"缩水"已成趋势

上海婚庆行业,享受到第一次人口红利是2003—2013年。这十年,每档婚礼,参加人数在30～40桌;而当下情景,20桌已是常态。婚庆"缩水",主要体现有以下几大因素:一是人口红利不再;

二是因独生子女步入婚姻,与之相关联的亲戚就自然少了很多;三是随着社会深入,人际关系发生了细微的变化,同学、同事、战友走动少了,关系疏远了,就直接反映到婚礼上来。

(上海婚庆行业协会供稿)

(五) 上海家政服务行业 2021 年发展报告

家政服务业已成为上海城市生活不可或缺的重要组成部分,在满足民需、增加就业、改善生活等方面发挥着积极作用。总体上看,本市家政服务业还存在人员素质不高、企业小弱散、服务不够规范、产业化水平低、行业信息数据缺失等现实问题。

1. 家政行业发展基本情况

(1) 行业发展新趋势

本市家政服务机构众多,实际经营近1 000多家,有品牌规模的约500家;从业人员队伍庞大,达30多万人员(其中持有家政服务上门证人员17万多人),且绝大多数为外来人员,每年有近20%的流动率。随着家庭小型化、人口老龄化、生活现代化和服务社会化,以及互联网技术的广泛运用,本市家政服务新需求、行业新模式日新月异,催生了一批运用"互联网+"的新兴业态企业,培育了一批规模化、品牌化龙头企业,行业发展呈细分化、专业化、信息化趋势。

(2) 市场需求新变化

随着上海生活现代化、服务社会化快速发展,特别是老龄化加剧、生育政策开放、社会服务需求加大等因素,家政服务消费出现了一些新变化。

① 需求多元化。

家政市场需求种类多、包罗万象,已经不再局限于过去传统的洗衣、做饭、清洁卫生等日常家务料理,涵盖了照看孩子、陪护老人、病患陪护、家庭护理、母婴护理等刚性需求,以及高级管家、早教、催乳师、资金理财等私人定制式需求,其中诚信安全成为家政市场最基本的需求。根据针对5万名家政员抽样调查,家政服务需求中极速保洁占35%、钟点工占24%、育儿嫂占12%、住家保姆占14%、看护老人占7%、月嫂占8%。此外,随着境外投资者落户上海逐年增多,对高端涉外家政服务的特殊需求也在增加。

② 服务快餐化。

随着城市生活节奏的加快,家政服务消费的频次日益加大,家政服务"快餐化"发展特征日趋明显。据不完全统计,每周2次以上家政服务需求的用户比例达到53%,用户喜欢像打车、叫外卖一样"随叫随到"家政服务,其中极速保洁服务备受市场欢迎。

③ 消费年轻化。

作为拥有2 400多万常住人口的特大型城市,家政服务已成为上海城市不可或缺的重要组成部分,各个年龄群体对家政服务都存在市场需求。大都市中年轻人群体因追求更高的生活品质,日益成为家政服务消费的主流。据统计,用户中30岁以下人群占家政服务消费比重的49%。

(3) 保障供给新模式

为适应家政服务需求的新变化,上海传统家政行业与电子商务紧密融合,借助于互联网、大数据等信息技术,涌现出一批"互联网+家政服务"的运营新模式。

① 平台型服务模式——家政淘宝模式。

是指利用互联网工具和大数据技术,畅通供需渠道,优化用户需求,提高资源配置效率的服务模式,有效解决了家政服务供需信息不对称等问题。较为典型的企业代表如"天鹅到家"。

② 垂直细分服务模式——家政京东模式。

是指企业自建供应链,利用互联网工具和大数据技术,为用户提供更加精准、细化的服务模式,解决了传统家政服务效能低的问题。较为典型的企业代表如"悦管家"。

③ 定制化服务模式——家政的独特模式。

是指利用互联网、大数据等技术,把"高品质的线下定制服务"与"互联网线上数据整合功能"有机结合,为用户提供定制化、标准化的个性化服务。较为典型的企业如鲸致生活、好慷在家。

④ 实体连锁＋互联网服O2O务模式——家政的加盟连锁模式。

实体连锁＋互联网服务模式是指传统家政连锁企业,通过信息化工具包括ERP、SAAS和互联网平台运用,为用户提供家政线下结合线上的服务模式。通过家政连锁总部通过信息互联网技术,有效管理线下多家实体门店,完善用户家政体验感和安全性。典型企业如"爱君家政"。

2. 家政行业发展举措与成果

根据习总书记对家政业是朝阳产业和办成爱心工程的指示精神,认真贯彻落实《国务院办公厅关于促进家政服务业提质扩容的意见》(国办发〔2019〕30号)、《商务部、发展改革委关于建立家政服务业信用体系的指导意见》(商服贸函〔2019〕269号)等相关要求,积极贯彻落实地方立法,建设运行家政管理平台,把家政持证上门服务列入市政府实事项目持续推进建设,健全家政机构、人员信用档案,推动家政机构信用评价,定期公布行业守信、失信名单,全力推进上海家政提质扩容。

(1) 强化家政持证上门服务

为建立家政服务查询追溯机制,打造诚信、安全的家政管理体系,从2016年试点探索,2017年开始连续5年,以上海市实事项目的方式,推动家政持证上门服务,探索对家政持证上门服务人员的"可查询、可追溯、可评价",并在《家政条例》中予以固化成法律制度。今年家政持上门服务培训列入市为民办实事项目推进建设,2万名家政员持证培训任务提前超额完成。5年来,累计有400多家企业；17万余名家政从业人员参加持证培训,基本涵盖上海品牌家政企业,实现了本市16个行政区的全覆盖。从各方面来看,持证家政人员受到了社会欢迎,持证家政企业得到了市场认可,广大市民得到安全、诚信的家政服务,政府部门打造了行业监管的有效抓手,实现了多赢的局面,社会效果显著。

(2) 完善家政领域信用体系

以推进家政服务员和家政企业信用记录制度化为重点；以健全完善家政服务业信用工作机制为保障,坚持守信激励与失信惩戒并举、行业自律与政府监管并重,建立健全诚实守信的信用体系。

① 建设完善家政平台。

建设上线了上海家政综合服务管理平台,具有信用监管、公共服务和行业管理等功能,逐步与"一网通办""市公共信用信息服务平台"等系统实现数据互联互通,可提供24小时在线实时备案、业务信息归集、公共查询等功能。截至目前,家政管理平台通过政府系统数据交换,采集机构和人员的监管信息和信用信息等,通过企业系统信息上传,归集合同、培训、保险、评价等业务信息,初步形成了1 000余家企业和30余万家政人员的信用档案,累计为21.6万余人次,提供130.3万余次的信用信息查询服务,为开展信用管理提供了数据支撑。

② 优化家政服务信用信息服务。

贯彻国家商务部诚信体系建设精神,结合本市家政实际工作情况,先以上门服务证为载体,推动本市持证上门服务企业建立家政服务人员信用记录,逐步向面上企业推广。截至目前,商务部业务系统统一平台有上海815家企业；67.2万家政员登录注册信息,有9.09万家政员"人证合一"。

③ 开展家政服务信用等级评价。

以上门服务证为载体,在全行业推行持证上门服务,营造服务持证、主动亮证、市民查证验证和评价的良好市场氛围。指导市家协,依照《家政服务机构信用等级划分与评价规范》的要求,组织多名专家团队,从价值观、履约能力、社会责任、管理创新等角度构建有效评价模型,开展信用评价培训,发动企业积极申报,充分利用家政管理平台归集的信用信息和行业管理数据开展家政机构信用评价,并在家政管理平台上予以展示,供社会监督,实现家政服务信息社会化应用。

④ 营造诚信良好氛围。

开展家政信用培训,制作政府、行业组织、家政机构、家政人员、用户等维度的专题片并通过新媒体平台开展宣传,有力提高家政服务业信用体系建设的知晓度,切实营造诚实守信家政服务业发展环境。

(3) 着力推进家政提质扩容

对表72项"上海市贯彻落实《国务院办公厅关于促进家政服务业提质扩容的意见》重点任务清单",从5个维度推进落实：

① 长效机制推进。

请分管市领导召开联席会议,协调解决推进中的难点和堵点问题。每季度对表统计汇总成员单位工作进展,并予以通报。截至目前,72项"任务清单"中,13项完成,57项转为常态化工作,2项任务(发行专项债券、兼并重组)无现实需求。

② 贯彻《条例》推进。

我们把《意见》精神融入家政立法,加大《上海市家政服务条例》宣贯,制作并向社会推出5集《条例》宣传片。同时,制定《上海市家政上门服务证管理办法(试行)》等规范性文件。

③ 围绕需求推进。

市人力资源和社会保障局等相关部门,共累计培训家政人员14余万人次。本市初步建立了以政府培训为基础、企业培训和实训基地培训为主体、院校培训为支撑的家政人才培训体系。

④ 委办合力推进。

市房管局推出8 000余张公共租赁床位,优先解决家政等公共服务行业一线职工住房问题。市人力资源社会保障局,加大职业技能培训。市规划和自然资源局,支持指导家政企业在社区设置服务网点。市卫生健康委,制定颁布《上海市家政服务人员分类健康体检标准》。市税务局,推进"符合条件家政企业免征增值税优惠"及"增值税加计抵减"政策落地。市银保监局,指导保险公司推出服务家政企业及从业人员的一系列综合性保险产品。

⑤ 开展活动推进。

积极开展"领跑者"行动,指导长宁区、闵行区探索发展"互联网+家政"模式和产业化发展模式。目前,本市有2个城区、5家企业、2个学校、9个社区,分别为国家级的"领跑者"行动的示范单位。

(4) 培育品牌企业

大力推进"互联网+家政"创新模式,鼓励家政服务企业运用互联网技术推广O2O服务,重点培育了一批管理规范、运作良好的家政服务企业,鼓励社会力量创新发展多种形式的家庭服务机构。如悦管家,参与国资混改、运用数字赋能、采用员工制管理、融入社区服务,勇于探索创新,发挥龙头企业优势。上海以家政服务业"一节一会"为载体,已举办3届家政节、6届家博会,培育了富宇、千户、升华、爱君、大拇指等30多家规模化、标准化、品牌化的家政龙头企业,涌现出悦管家等一批运用"互联网+"的新兴业态。

（5）大力提升行业形象

会同行业组织办好家政节、家博会，宣传家政行业形象、提高行业服务质量，提升行业凝聚力，努力打造"上海家政"服务品牌；会同市妇联等有关部门开展"第三届全国巾帼家政服务职业风采大赛"，激励家政服务从业人员提升职业技能，展示职业风采；会同市总工会等有关部门开展"2021年上海职工家政服务技能竞赛"，培养和选拔高素质技能人才，为行业提质扩容。

（6）主动助力养老事业

家政服务与养老工作密不可分。积极响应人口老龄化国家战略，"鼓励家政服务企业在养老产业中发挥积极作用，协调推进商贸服务机构为老年人提供优先、优惠服务"。推进长宁区、闵行区"领跑者试点城市"建设，培育悦管家、千户等一批"领跑者"行动示范企业，提升企业员工制转型发展，深化家政企业进社区，助力老龄工作。鼓励养老产业的外资企业参加中国国际进口博览会和上海国际养老辅具及康复医疗博览会等展会平台，推动上海养老产业的供需对接和产品转化。加强政策协调，引导外资企业在沪设立更多养老服务机构，截至目前，本市存续的外商投资经营性养老服务机构41家，合计总投资4.8亿美元。业务主要涉及机构养老、为老年人提供社区托养、居家健康照护、配餐等社区养老服务、受养老机构委托对其进行经营管理，及养老咨询服务等为市民提供养老服务。

3. 转型创新发展的创新案例

副会长单位上海强丰实业有限公司，从原来单一的家政服务，拓展至环卫、保洁、保安、餐饮、蔬菜保供、社区物资配送等方面。

副会长单位上海悦管家网络科技有限公司，业务范围扩大至社区食堂、暖心公益、邻里中心运营等方面。

上海市家庭服务行业协会是社会组织，要充分发挥好桥梁纽带的作用，不忘初心，牢记使命，凝聚社会各方力量，整合各方资源，营造良好氛围，打响"上海家政"服务品牌，助力千家万户美好生活的目标奋斗。

（上海市家政服务业行业协会供稿）

（六）上海停车服务行业2021年发展报告

1. 停车行业发展现状

2021年是"十四五"规划的开局之年，全市停车行业呈现一派生气勃勃、知难而上、奋力拼搏、砥砺前行的新气象。认真贯彻落实市停车工作要求，以建设停车难综合治理民心工程、推进市级停车信息平台运营和服务为重点，在公共停车场(库)开展了一系列工作。

（1）本市停车的基本情况

公共停车场(库)备案基本情况：截至2021年底，全市积极推进公共停车设施规划落地，出台规划、土地、建设审批等方面的支持政策，开工建设8 300多个公共泊位，其中建设完成5 644个。科技赋能挖潜停车资源使用效率，截至2021年，累计创建753个停车资源共享利用项目，提供3.49万个共享泊位。推动机关事业单位内部停车资源错时对外开放，市区63家机关事业单位和所属国有企业提供近2 400个错峰共享泊位。

（2）本市公共停车场(库)的2021年的基本工作情况

截至2021年11月底，累计完成创建停车治理先行项目54个和开工建设公共泊位8 282个（其中已建成公共泊位5 451个),提前完成先行项目40个,开工建设公共泊位4 000个的年度任务指标。

研究制定停车难综合治理配套政策和调整优化建筑工程停车配建标准。上海市道路运输事业发展中心印发《关于进一步明确停车难综合治理配套政策的通知》《公共停车设施建设规划导则》,强化停车设施规划落地,促进停车设施投资建设;编制了《上海市停车综合治理工作手册》(老旧小区、医院、学校篇),挖掘老旧小区停车资源,提升停车资源使用效率;完成了上海市工程建设规范《建筑工程交通设计及停车库(场)设置标准》修订(2021年1月1日实施),重点针对小区和医院、学校项目,进一步完善和提高配建停车泊位指标以及交通设计要求。

(3) 重点项目的实施

① 停车信息平台进一步落实"数字化"应用场景。

为使市公共停车信息平台面向社会发挥更优质的服务功能,保障平台网络安全,市停车相关部门起草并推进与上海停车信息科技有限公司签订《"上海停车"App运营服务合作协议》和《信息安全保密协议》等相关文件,正式将"上海停车"App服务端移交有上海停车公司运营并上线1.1版本以及建立例会会商机制。

截至11月底"上海停车"APP及小程序累计用户数为152万个,其中绑定车牌用户数为79万个,日均访问次数达到12万次,用户数量和满意度不断提升。

当前,新华医院、瑞金医院、肺科医院、市儿童医院、市第一人民医院、第十人民医院、仁济医院(东院)等22家医院在"上海停车"App上线停车预约,共提供预约泊位762个,取得良好的社会反响;在错峰共享服务方面,16个区154个停车场(库)提供线上错峰签约,为周边居民提供便捷的停车服务;累计推进1 902个停车场开通"统一支付"功能。

同时,智慧监管和智能服务手段持续升级,"上海停车"App应用场景中增加医院"停车预约服务""错峰共享"一键签约、"停车缴费"等功能。在浦东新区、徐汇区、长宁区等区试点建设智慧停车场(库),不断提升智慧监管和服务水平。

至2021年底,累计建成各类充电桩超过50万根,其中公共、专用桩约13万根,全市车桩比1.36∶1,处于国内领先水平。

道路停车方面,在徐汇、浦东、静安等6个区16条道路约500个泊位开展道路智慧停车收费试点工作。

配合"十四五"期间进一步推动建设新型智能化场库,推动互联网技术、物联网、大数据等新技术,在徐汇滨江西岸智慧公共停车场(库)进行试点建设,以及AGV、SSP和VSM等先进智能停车技术的应用。

② 停车共享的实施情况。

全市创建停车错峰共享项目168个,累计提供共享泊位8 887个,其中服务于老旧小区、医院停车需求的项目实际使用率达75%,充分盘活了存量停车资源,有效提高了泊位利用率。虹口区秀苑小区和杨浦区沧州路180号挖潜改造,新华医院、瑞金医院停车预约,延安中学停车共享等项目在一定程度上缓解就医、小区居民停车难问题。

在"提升停车经营服务水平,创建100家示范性公共停车场(库),创建50条示范性道路停车场"的目标任务中,上海市停车服务业行业协会根据上海市道路运输实业发展中心的要求,开展了"评选宣传示范性停车场(库)"的工作,共评选出38家公共停车场(库)、16条道路停车场路段,并将这一评选成果拍摄录制成视频便于停车行业企业间学习交流。

2. 停车行业2022年发展方向

紧紧围绕行业发展的短板问题和年度重点任务,聚焦人民群众反映强烈、急难愁困的老旧小

图 143 近 5 年的停车共享的项目及泊位数

区、医院"停车难"问题,重点开展"民心工程—停车难综合治理工程",加强横向协调,强化市区协同,推动缓解停车矛盾。

(1) 推进停车综合治理

在全市各区推进创建 40 个停车治理先行项目,通过外部规划新建、周边资源共享、内部挖潜增建等实施路径,推动开工建设 4 000 个公共泊位,增加停车设施供给;通过及时评估示范项目成效以及总结经验做法,在全市范围内加以推广应用。

(2) 完善停车信息平台

持续完善市级公共停车信息平台的各项功能,着力提高公共停车场库(含道路)停车数据的接入数量和质量,推进 1 500 个停车场(库)接入平台统一支付入口、拓展停车预约应用、优化错峰停车范围等,为供需双方提供智能、精准、便利的信息查询、交易撮合、电子支付等服务,进一步提升"上海停车 App"用户体验效果。

(上海市停车服务业行业协会供稿)

(七) 上海摄影行业 2021 年发展报告

上海作为最早对外开埠的重要通商口岸,160 年前即引入了摄影术。上海摄影行业经历国家对私营工商业社会主义改造,随着改革开放、体制改革的深入发展,摄影业民用市场已成为上海百姓幸福产业中至关重要的地位。特别是改革开放 40 多年,其中专业人像摄影、婚纱摄影、儿童摄影尤为突现。市场需求的不断变化,文化理念的演变,摄影器材与技术的发展等行业发展景象,上海摄影业行业协会的 30 年见证了这段具有历史性辉煌发展过程。作为引领上海摄影业的标杆协会,在今后市场开拓、技术交流等发展中将一如既往做出自己应有的贡献。

1. 上海摄影行业发展综述

(1) 国内国外专业市场的合作交流

上海国际婚纱摄影器材展览会、上海国际儿童摄影展览会,始终以"创新不止,聚焦婚尚潮流"为主题,以突破的理念创新模式、升级服务,聚焦业态健康发展的新特点、新要求。上海摄影行业协会作为协办方,历经18年的培育和发展,婚纱影展专业精分展区,拥有"上海国际婚纱礼服、彩妆造型及时尚配饰展览会""上海国际主题摄影、旅拍及样片展览会""上海国际相册相框、耗材及后期制作展览会"和"上海国际婚礼产业采购大会"四大分支及特色主题功能区,将每个子展都打造成一个展+会的综合体,互相连接构筑起上海婚纱展这一结婚产业一站式贸易采购平台,力求打造全面、精品的结婚产业主题展会。展会在行业内享有号召力和影响力,见证了上海婚纱摄影行业及相关结婚产业的发展与壮大,被誉为婚尚产业的"风向标",作为知名的专业化、国际化展会,整个展期将有1 000余件海内外新品首发,更是备受业界关注。每届有10多个国家和地区参展,行业内专业观众34 500名,海外专业观众53个国家和地区,国内观众31个市、自治区和直辖市487个城市,现在已成功举办了36届。

（2）配合公安部人口办实施便民服务

在上海市公安局人口管理办公室指导授权下,上海摄影业行业协会通过严格审核制度及培训,并在专业IT企业路通公司硬件支持配合下目前已覆盖全上海16个区近300多家店铺,为广大市民实施了方便。线下实体店拍摄量达到20多万人,特别为社区年老弱病残居民,做了便民服务。会员单位路通数码与丽华摄影联合开发的技术专利——微信小程序"上海数码证照中心",从线上解决拍摄,审核,上传至上海市公安局人口数据库的功能性居民线上服务平台。

（3）"一带一路"为国内和海外企业搭建合作平台

"一带一路"是要建立一个政治互信、经济融合、文化包容的利益共同体、命运共同体和责任共同体,构建一个互惠互利的利益、命运和责任共同体。2019年2家日本企业家在国内摄影类企业加入协会成为会员单位,协会利用自身的优势资源走出国门与境外同行充分交流。同时也让国内的企业学习了海外的先进技术和管理模式,并共同开发搭建互惠互利的经济文化交流平台。也是国内同行业协会首创之举。

（4）上海制造迈向上海创造

在经济全球化、经济一体化加快的当今时代,创造力的水平高低和程度多寡已成为评判一个国家、一个民族综合实力的重要标志之一。当代上海进入了全面建成小康社会的关键时期和深化改革开放、加快转变经济发展方式的攻坚时期,文化越来越成为民族凝聚力和创造力的重要源泉,越来越成为综合国力竞争的重要因素。丰富精神文化生活,也越来越成为人民群众的热切希望。这意味着我们今天要想保护创造力,不仅需要具备坚定的人本精神,还要具备开阔的国际视野。"金贝"这一品牌在全球以及上海摄影行业内无人不晓。上海金贝摄影器材实业有限公司从创业至今已有26年。从一家10余人的民营企业,发展成为年产值2.6亿的专业摄影器材集团,专业产品拥有280余种类,全球经销分布美国、欧洲、俄国、日本以及东南亚各地。国内市场占有率为50%。近期在协会协助下已有近400家日本企业采购了金贝器材,打破了日本企业在专业摄影器材上只使用本国产品近40年的模式,上海名牌在全球的同行业中得到了充分肯定。

（5）婚纱摄影从当地拍摄延伸至上海和海外目的地拍摄

随着国民生活水平提高,以及新人的需求变化,从传统的当地影楼拍摄,已发展成上海和全球海外目的地拍摄。上海的婚纱摄影企业也不停留在原有当地摄影棚内,打造出一系列有规模全方位摄影基地。如适合长江三角洲发展的湖州龙之梦大型拍摄基地,由唯一视觉打造的拉得芳斯基地,分布欧美、东南亚等海外目的地拍摄基地,名列上海同行业之最。2018年唯一视觉线上成交,线下体验的新人数达12万对,营业额超人民币13亿元。2019—2021年实现财务合规的还有上海的几家旅拍公司和"网红"证件照拍摄公司,以往摄影行业资金收付为全现金交易。企业资金收付缺乏公开性,因此在资本市场,全国没有一家摄影类公司在主板上市。2021年,线上互联网平台交易支付,线下服务,再到物联网平台送货上门的全新经营模式,得到诸多资本的青睐。

(6) 儿童摄影和全家福照专业化

从传统的宝宝纪念照,发展成从孕照直至整个家庭成员成长的记录纪念拍摄。从客户上店铺传统的拍摄,升级为由专业的团队上门个性化提供全方位服务。其中代表性协会会员单位有上海西瓜庄园摄影有限公司和上海玛瑞莎摄影有限公司。

(7) 历史品牌的保护

"王开"摄影迄今已有100多年历史,是上海最有影响力之一的摄影老字号。近100年来王开摄影历经商海变幻,在激烈的市场竞争中屹立不倒,主要是其过硬的技术、优良的品质和良好的口碑,以及针对市场的需求变化适时进行调整。进入新的婚纱摄影时代,王开对公司员工系统的培训硬件全方位升级改造,使王开成为上海婚纱摄影行业一个屹立不倒的品牌。"王开照相馆,人民照相馆,中国照相馆"等是用相机和影像见证上海人民100多年开埠,40多年改革开放,百姓从解放,解决温饱,到人民富裕,走上小康的辉煌历程。

(8) 天真蓝,证件照的传奇

"天真蓝"品牌是近几年来证件照业一个新型的标杆,从一张小小的证件照拍摄打破了多年来市场上对普通证件照的重新认知。因注重客户的需求,不断完善自身服务与小小证件照的质量,天真蓝在上海年轻群体中逐渐积累了相当高的人气,现已为超过100万人次提供优质影像服务。2015年,天真蓝走出上海,至今已在上海开设了近60家直营门店,并持续推出全新的个人影像服务,为客户享受提高生活品质而提供优质服务,并充分展示幸福感和自信。

(9) 摄影器材销售平台,挤进世界前三甲

如今,随着人们消费水平的提高和日益增长的文化需要,摄影器材市场和影像文化消费市场发展的空前的繁荣。在上海的摄影爱好者一直把星光照相器材城当成他们最爱去的器材"血拼"(Shopping)之地,是远近闻名的摄影器材及影像产品集散地。同时满足长三角地区摄影爱好者的摄影培训,交流展示的需求。

现在星光照相器材市场已经发展到具有4个楼层共1万平方米经营面积的大型摄影器材商城,进驻商家多达105家的规模。经营项目涵盖了照相器材、感光材料、婚纱礼服、彩扩设备及配件、数码影像、背景道具、影楼用品、冷裱膜、二手相机及修理、影室灯、婚纱摄影培训班等几乎所有与影像产业相关的产品批发、零售业务。可以毫不夸张地说,凡是与摄影有关的商品和服务应有尽有,星光照相器材市场都能满足你的需求。

上海星光摄影器材城批发市场经营范围包括为照相器材商品经营者提供市场管理服务,照相器材、感光材料、摄影包装及附件、婚礼婚纱、相柜相册、影楼设备、文化办公用品零售。自1997年成立以来,星光始终秉承"诚信、专业"的企业精神,在"一站式"服务与"五统一"管理的基础上,通过举办"相机文化节"、摄影外拍活动、摄影知识讲座、摄影比赛、摄影作品展等一系列"以文促商"的品牌特色活动,力求用浓厚的摄影文化底蕴打造企业品牌并辐射至社会各个阶层。

星光市场内热情周到的服务和品种繁多、货源充足、价格低廉的器材以及及时的售后服务,已成为众多摄影爱好者一次次光顾"星光"最直接的选择,也是最明智的选择。据行业统计,上海星光照材市场已超越北京,广州,长沙,杭州等地,位居全国第一,同时从2021年起,超越德国科隆,挤进世界前三甲。

2. 行业景气指数

摄影行业是由各种类型照相馆、摄影工作室构成的、利用摄影设备和造型艺术为顾客拍摄和冲晒照片的服务行业,一般设有摄影、暗室、整修、裁切和着色等具体服务部门以及与拍摄相关的妆容

美发打造、拍摄场地商务洽谈等一条龙服务。有的照相企业还出租、修理照相机，供应照相材料。公开资料显示，2020年上海摄影行业市场规模已超过3 000亿元。随着经济的发展，其市场规模将保持持续增长，预计到2026年市场规模将达到5 000亿元。天眼查数据显示，上海目前有超过2 000家状态为在业、存续、迁入、迁出的摄影照相相关企业。从注册资本上看，67%的摄影照相相关企业注册资本在200万元以下。从企业类型上看，超六成为有限责任公司，三成是个体工商户。从行业上看，超38%的摄影照相相关企业分布在批发和零售业。其次是租赁和商务服务业，占比为34%。

从发展趋势来看，近年来摄影照相相关企业（全部企业状态）年注册量稳步上涨，2015年以来，摄影照相企业年度注册增速一直维持在20%以上。2020年，上海新增52万家摄影照相相关企业，年增量达到顶峰。截至今年6月15日，以工商登记为准，天眼查数据显示，上海今年新增摄影照相相关企业近570家，较去年同比增长83%。青浦新增数量较多，占上海新增总量的33%。

从人力资源来看，摄影专业人才培养的速度远不能满足摄影产业的迅猛发展速度，摄影行业人才需求逐年增加，现今上海摄影人才市场主要为以静安区、徐汇区、长宁区。这三大人才市场支撑起了上海摄影人才市场的框架，目前摄影人才总体处于供不应求的状态。预计未来3～5年，上海摄影专业的人才缺口依然处在15万人左右，上海的摄影人才黄金时代已经来临。

(1) 融资情况：直接融资比例低

根据天眼查数据，在摄影行业中，仅有89家企业上市，上市比例较低。无论是器材批发、零售还是租赁和商务服务，摄影照相行业对前期投入的要求较高，随着经营的持续，其业务的开展所需资金相对有限，不必通过上市融资来推动经营。

尤其是以服务特性更突出的商务服务类摄影，其经营中投入的更多是人力成本，而非昂贵的器材，因此在人力调配和统筹中也拥有了更多灵活性和可塑性。因此，摄影行业的直接融资比例较低。

(2) 发展前景：颜值时代需求强劲，新媒体提供温床

① 颜值时代，个体对"美"的追求催生新的消费需求和动力。

颜值，是网络词语，其中，"颜"在汉语中意为面容、容貌，"值"则意指数值。对于颜值的追求和个性的展示，越来越多的人喜欢用照片、视频记录下属于自己的精彩瞬间。年轻一代有更多更具个性化的想法和行动，为了纪念，为了记录，也具备一定的消费能力。在新消费理念的驱动下，消费者尤其是年轻群体愿意花时间探索摄影时的妆面、摆拍、后期等细节，也给专业的摄影团队提出了更多的要求和意见。

② 互联网技术加持，线上线下交互成主流。

摄影更多作为一种线下服务活动，有着对时间、空间的特殊要求。当下盛行的自由摄影师、摄影工作室都通过"约拍"来盈利。专门的影楼门店，也为客户提供了线上的渠道，通过约定具体时间，确保双方的合作顺利开展，以此压缩等待、推迟等不必要的时间成本。

③ 新媒体传播环境提供发展温床。

新媒体传播环境给摄影艺术、摄影创作提供了展示的空间，让有该方面需求的客户、爱好者能够随时随地通过网络在移动终端获知相关的信息。随着数码产品、无人机等摄影设备的普及，该行业的发展得到越来越广泛的关注。同时由于摄影照相行业属于技术性行业，对于技术和经验有着专业要求，因而在网络传播环境中有着广阔的发展空间和业务拓展的渠道。

(3) 终端运营模式分析：大小玩家各有生存之道

① 自有门店摄影。

当前自有门店摄影企业众多，大的品牌有如海马体、盘子女人坊等，前者以"最美证件照"出圈，

并在上海布局线下门店,当前在国内76个城市开了443家门店,并且还在继续拓展其他城市布局版图。从化妆到出片海马体提供一站式一条龙服务,且成片处理速度快,1~2天就可以完成一次服务。

后者主打女性古装摄影,成立至今已有十八年之久,同样在上海主要城市布局了分店,主要满足有一定经济能力的古装爱好者、古风拍摄爱好者进行消费,门槛相对较高。当前大型的自有门店或连锁一般配有拍摄服饰、化妆间、摄影棚、休息室、剪辑室等不同分区,且自建线上预约平台供客户提前约好时间。

② 无门店纯约拍工作室。

当前市场上有不少无门店的约拍工作室,由个人或团队组成,规模一般不大,接单也主要靠在不同的社交媒体上投放来实现。这类工作室的宣传一般以成品照片在平台上呈现来吸引有拍摄需要的消费者的注意。由于规模较小,约拍工作室的经营辐射范围也较小,一般局限于一个城市及周边城市群。当前摄影人才聚集主要分布在北京、上海、广州等主要城市,因而在这些城市及周边发展的机会相对更大。

③ 明星、模特、网红摄影工作室。

这类工作室经过长时间的资源积累,主要链接的人群为娱乐圈明星、模特、网红等,一般不对素人开放,主要接的也是明星以及网红的约拍项目,质量上乘,定价也相对高。但由于娱乐行业的空前发展,打造个人精致写真、时尚大片等对于明星或网红在"星途"上的发展大有裨益。

在媒介技术十分发达的当下,"流量"成为评判网红发展好坏的重要指标,通过拍摄大片"营业"来维持自己的热度。因此,该类工作室的发展前景向好,但目前竞争也相对激烈,且内部优劣的分层极多,需要有过硬的技术和人脉资源的支撑才可能有持续经营的活力。

(4) 摄影行业细分

① 婚纱照摄影市场。

民政部公开数据显示,2015—2019年上海结婚人数在连续几年回落之后在去年(2020年)有很大的提升,而结婚人数的增加,将会给婚纱拍摄市场带来极大的红利。

当下以婚姻摄影市场为利润高、消费潜力高的行业代表。从选婚纱、试婚纱、到取景拍摄,再到后期选片、制图的种种环节,婚姻摄影市场需要的不仅仅是拍摄器材和拍摄场景,还需要在着装——婚纱上下功夫。由于婚纱使用场景的特殊性,一般只在拍婚纱照和举办婚礼时使用,婚纱影楼不仅要提供拍摄服务,更多的还发展了婚纱出售和租借业务。

且婚纱摄影现在已不仅是年轻新婚夫妇的专利,结婚多年的老夫妻在经济条件允许的当下也会选择补拍婚纱照来纪念。

当然,在高龄少子化的大背景下,未来的结婚人数预计会逐步减少,婚姻经济的红利也会有所消退。另一方面,疫情常态化也可能导致外出取景方面受到一些限制,导致可选地点减少,拍摄效果或不及客户预期。

② 证件照拍摄市场。

随着求职就业、办理各项手续等社会活动的展开,证件照拍摄的需求越来越大。相比以往只是为了应付填表、交办各类事宜时使用一张无关紧要的个人证件照,当前作为主力消费群体的"90后""00后"更加追求个性和美感。因此,一张小小的证件照,从无关紧要到追求至美,新的消费理念给原本平淡无奇的证件照拍摄市场增添了几分活力。

③ 创意类拍摄市场。

写真、街拍等创意类拍摄需求的出现,与时下消费者个性化、多样化的消费需求有着密切关系。

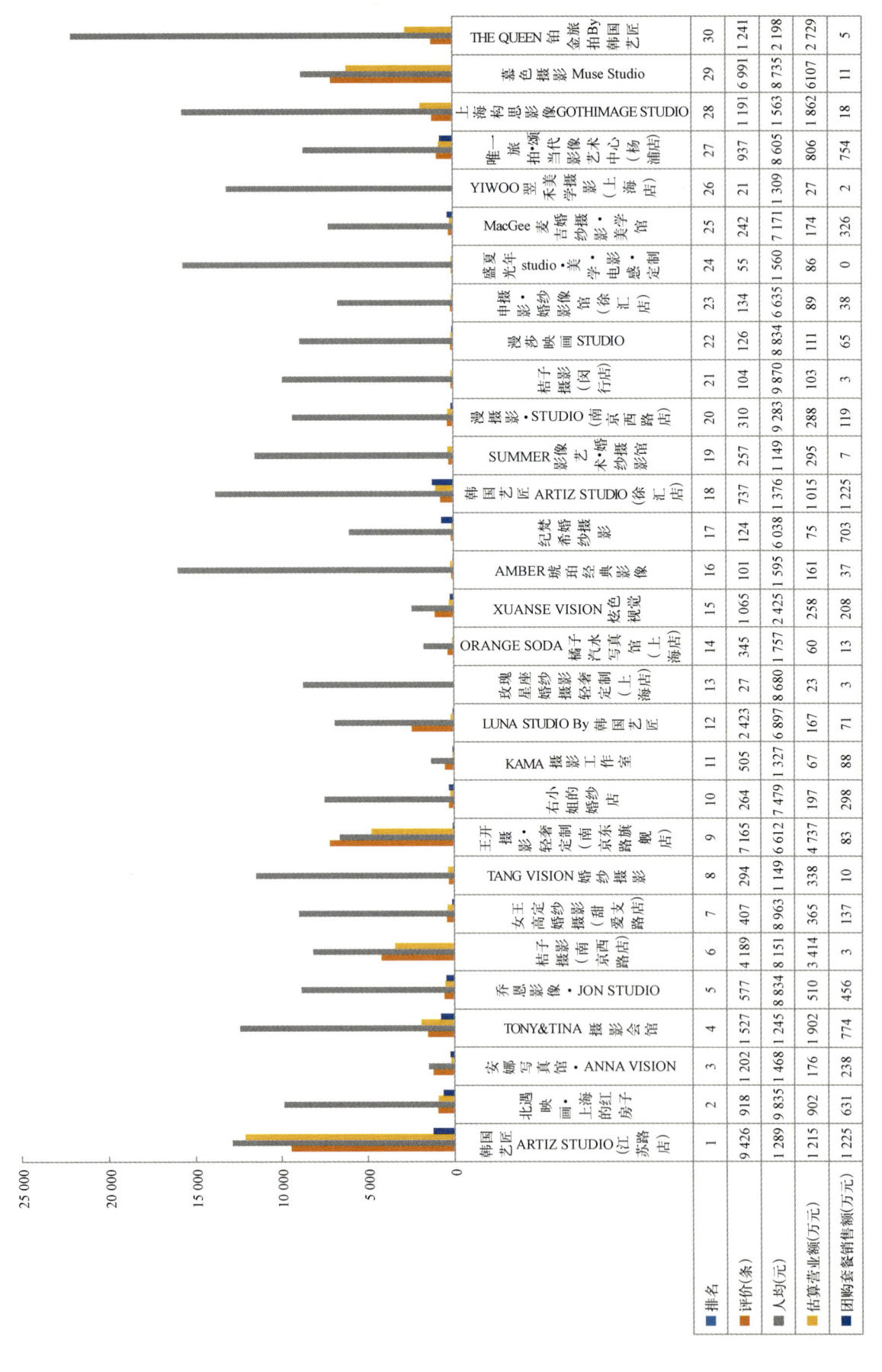

排名	1	2	3	4	5	6	7	8	9	10	11	12	13	14	15	16	17	18	19	20	21	22	23	24	25	26	27	28	29	30
名称	韩国艺匠 ARTIZ STUDIO(江苏路店)	北遇映画·上海的红房子	安娜写真馆·ANNA VISION	TONY&TINA摄影会馆	乔恩影像·JON STUDIO	桔子摄影(南京西路店)	女王高定婚纱摄影(甜爱支路店)	TANG VISION婚纱摄影	王开摄影·轻奢定制(南京东路旗舰店)	右小姐的婚纱店	KAMA摄影工作室	LUNA STUDIO By 韩国艺匠	玫瑰星座婚纱摄影轻奢定制(上海店)	ORANGE SODA 橘子汽水写真馆(上海店)	XUANSE VISION炫色视觉	AMBER琥珀经典影像	纪梵希婚纱摄影	韩国艺匠 ARTIZ STUDIO(徐汇店)	SUMMER影像艺术·婚纱摄影馆	漫摄影·STUDIO(南京西路店)	桔子摄影(闵行店)	漫步映画STUDIO	申影·婚纱影像馆(徐汇店)	盛夏光年studio·美学·电影感·定制	MacGee麦吉婚纱摄影·美学馆	YIWOO翌禾美学摄影(上海店)	唯一旅拍·颂当代影像艺术中心(杨浦店)	上海构思影像GOTHIMAGE STUDIO	慕色摄影 Muse Studio	THE QUEEN 铂金旅拍By韩国艺匠
评价(条)	9 426	918	1 202	1 527	577	4 189	407	294	7 165	264	505	2 423	27	345	1 065	101	124	737	257	310	104	126	134	55	242	21	937	1 191	6 991	30
人均(元)	12 89	9 835	1 468	1 245	8 834	8 151	8 963	1 149	6 612	7 479	1 327	6 897	8 680	1 757	2 425	1 595	6 038	1 376	1 149	9 283	9 870	8 834	6 635	1 560	7 171	1 309	8 605	1 563	8 735	1 241
估算营业额(万元)	12 15	902	176	1 902	510	3 414	365	338	4 737	197	67	167	23	60	258	161	75	1 015	295	288	103	111	89	86	174	27	806	1 862	6 107	2 198
团购套餐销售额(万元)	1 225	631	238	774	456	3	137	10	83	298	88	71	3	13	208	37	703	1 225	7	119	3	65	38	0	326	2	754	18	11	5

图 144 婚纱摄影人气排名

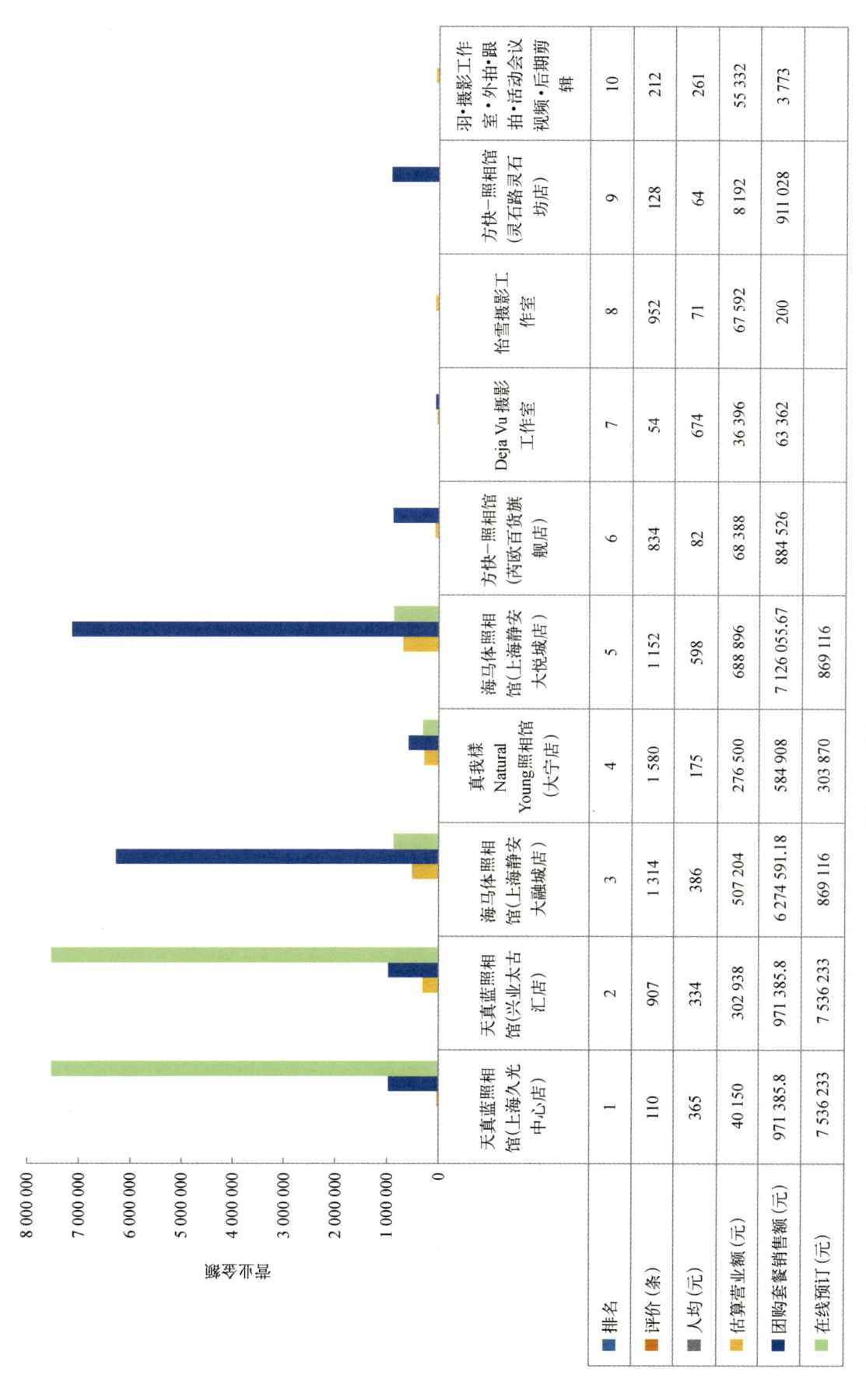

	天真蓝照相馆(上海久光中心店)	天真蓝照相馆(兴业太古汇店)	海马体照相馆(上海融融大悦城店)	真我样Natural Young照相馆(大宁店)	海马体照相馆(上海静安大悦城店)	方快一照相馆(芮欧百货旗舰店)	Deja Vu摄影工作室	怡雪摄影工作室	方快一照相馆(灵石路灵石坊店)	羽·摄影工作室·外拍·跟拍·活动会议视频·后期剪辑
排名	1	2	3	4	5	6	7	8	9	10
评价(条)	110	907	1 314	1 580	1 152	834	54	952	128	212
人均(元)	365	334	386	175	598	82	674	71	64	261
估算营业额(元)	40 150	302 938	507 204	276 500	688 896	68 388	36 396	67 592	8 192	55 332
团购套餐销售额(元)	971 385.8	971 385.8	6 274 591.18	584 908	7 126 055.67	884 526	63 362	200	911 028	3 773
在线预订(元)	7 536 233	7 536 233	869 116	303 870	869 116					

图145 静安区证件照人气排名

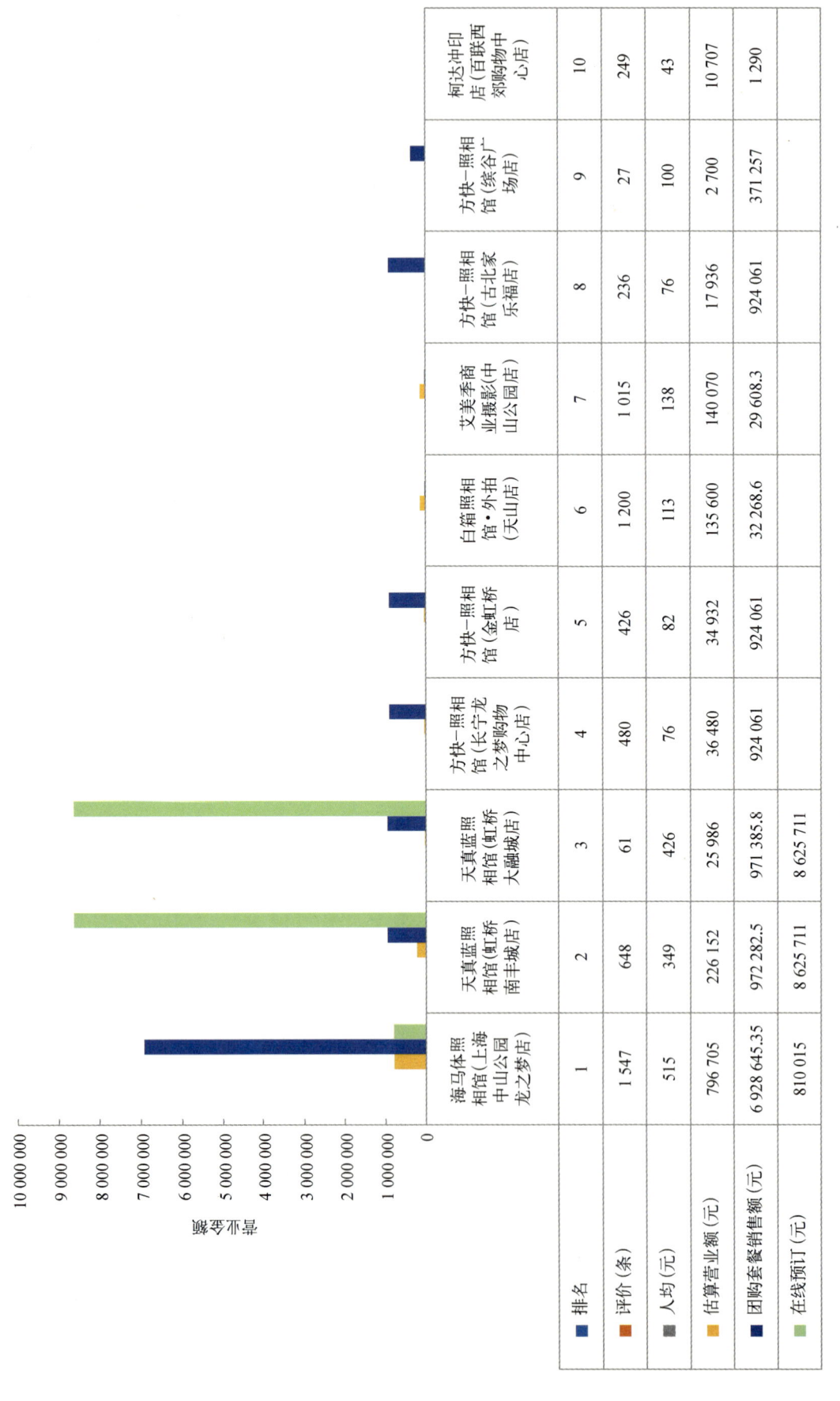

排名	海马体照相馆（上海中山公园龙之梦店）	天真蓝照相馆（虹桥南丰城店）	天真蓝照相馆（虹桥大融城店）	方快-照相馆（长宁龙之梦购物中心店）	方快-照相馆（金虹桥店）	白筱照相馆·外拍（天山店）	艾美季商业摄影（中山公园店）	方快-照相馆（古北家乐福店）	方快-照相馆（缤谷广场店）	柯达冲印店（百联西郊购物中心店）
排名	1	2	3	4	5	6	7	8	9	10
评价（条）	1 547	648	61	480	426	1 200	1 015	236	27	249
人均（元）	515	349	426	76	82	113	138	76	100	43
估算营业额（元）	796 705	226 152	25 986	36 480	34 932	135 600	140 070	17 936	2 700	10 707
团购套餐销售额（元）	6 928 645.35	972 282.5	971 385.8	924 061	924 061	32 268.6	29 608.3	924 061	371 257	1 290
在线预订	810 015	8 625 711	8 625 711							

图 146　长宁区证件照人气排名

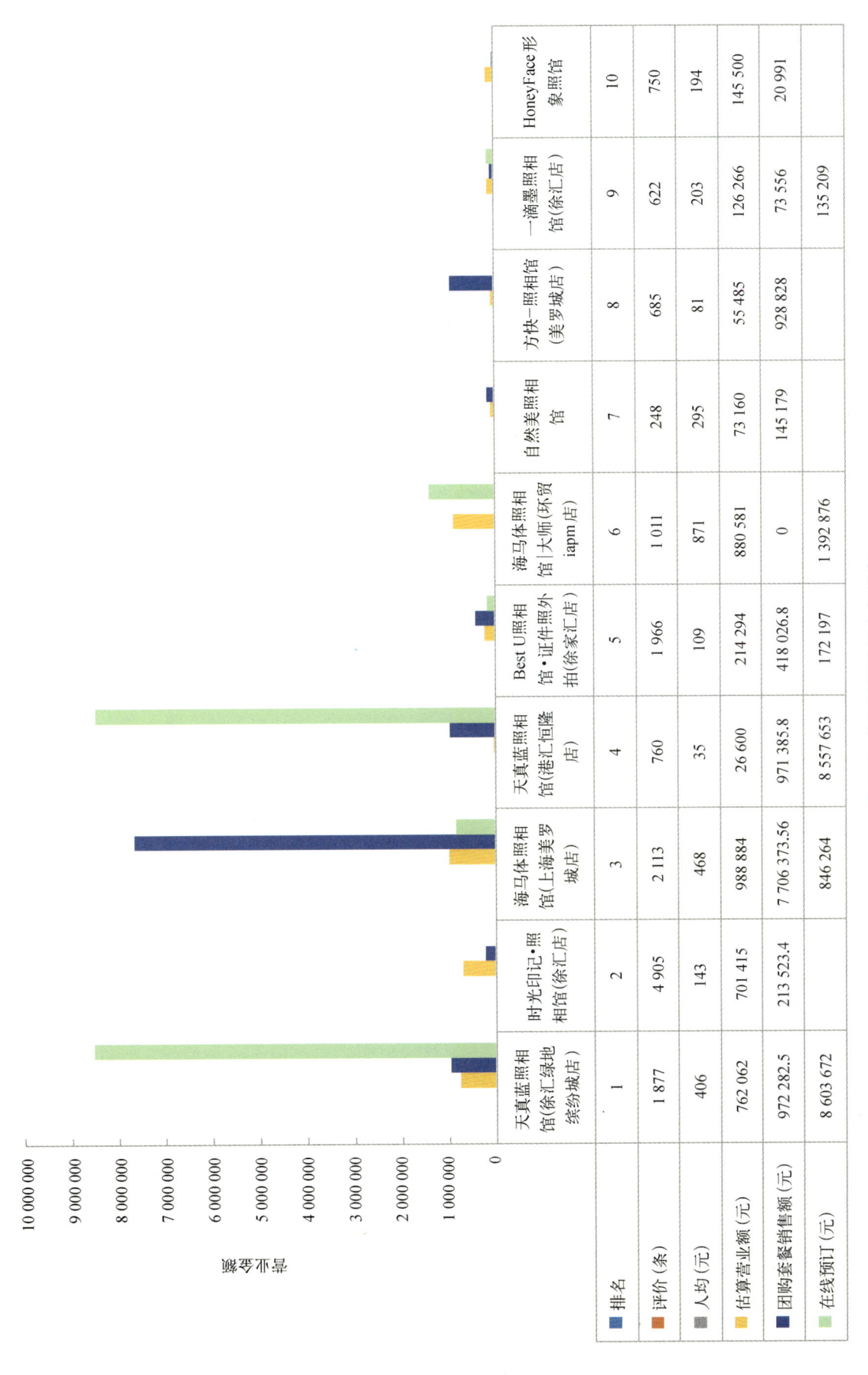

	天真蓝照相馆(徐汇绿地缤纷城店)	时光印记·照相馆(徐汇店)	海马体照相馆(上海美罗城店)	天真蓝照相馆(港汇恒隆店)	Best U照相馆·证件照外拍(徐家汇店)	海马体照相馆(大师iapm店)	自然美照相馆	方快一照相馆(美罗坡店)	一滴墨照相馆(徐汇店)	HoneyFace形象照馆
排名	1	2	3	4	5	6	7	8	9	10
评价(条)	1 877	4 905	2 113	760	1 966	1 011	248	685	622	750
人均(元)	406	143	468	35	109	871	295	81	203	194
估算营业额(元)	762 062	701 415	988 884	26 600	214 294	880 581	73 160	55 485	126 266	145 500
团购套餐销售额(元)	972 282.5	213 523.4	7 706 373.56	971 385.8	418 026.8	0	145 179	928 828	73 556	20 991
在线预订(元)	8 603 672		846 264	8 557 653	172 197	1 392 876			135 209	

图 147 徐汇区证件照人气排名

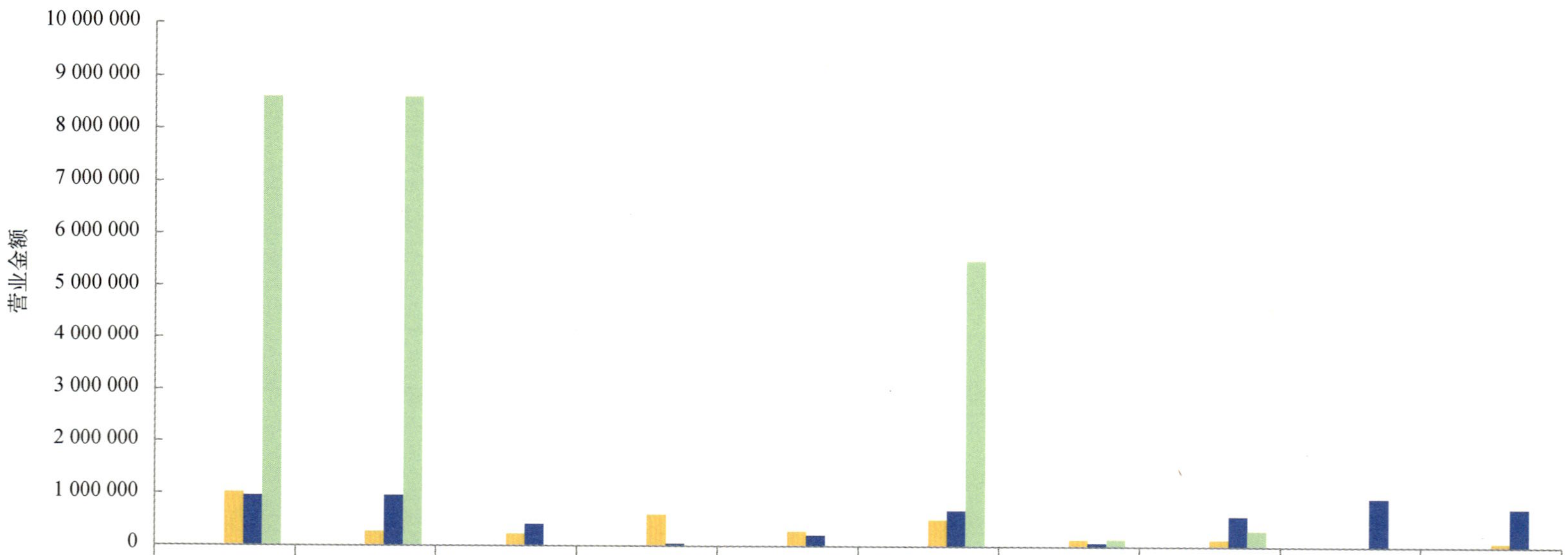

排名	1	2	3	4	5	6	7	8	9	10
	天真蓝照相馆(五角场店)	天真蓝照相馆(五角场合生汇店)	Best U照相馆证件照·外拍(五角场店)	小树照相馆·证件照(五角场店)	时光印记照像馆(五角场店)	天真蓝照相馆(大学路店)	一滴墨照相馆(五角场店)	真我样 Natural Young照相馆(五角场店)	方快一照相馆(黄兴润发店)	方快一照相馆(君欣时代广场店)
评价(条)	3 367	716	2 117	5 154	2 033	2 679	394	721	161	791
人均(元)	301	382	108	116	136	188	339	182	78	95
估算营业额(元)	1 013 467	273 512	228 636	597 864	276 488	503 652	133 566	131 222	12 558	75 145
团购套餐销售额(元)	973 141.3	972 244.6	418 420.8	51 088	214 300.5	693 856.6	73 556	586 915	929 328	734 980
在线预订(元)	8 602 960	8 590 687				5 459 858	135 209	301 969		

图 148 杨浦区证件照人气排名

	猫柠照相馆Morning Vision(南京东路店)	天真蓝照相馆(人民广场店)	海马体照相馆(上海来福士广场店)	天真蓝照相馆(打浦桥日月光店)	素照·形象摄影(马当路店)	天真蓝照相馆(新天地广场LAB店)	海马体大师店(上海凯德LuOne)店	小树照相馆·证件照(打浦桥店)	一滴墨照相馆(豫荟店)	方快一照相馆(新邻生活广场店)
排名	1	2	3	4	5	6	7	8	9	10
评价(条)	1 128	853	1 608	486	1 467	223	965	595	53	311
人均(元)	291	296	435	287	306	275	691	107	291	85
估算营业额(元)	328 248	252 488	699 480	139 482	448 902	61 325	666 815	63 665	15 423	26 435
团购套餐销售额(元)	192 851	972 784.3	7 171 269.58	694 396.3	142 842	970 713.1	0	50 491	67 764	925 956
在线预订(元)	60 618	8 554 012	943 823	5 658 927		8 071 385	1 389 267		94 027	

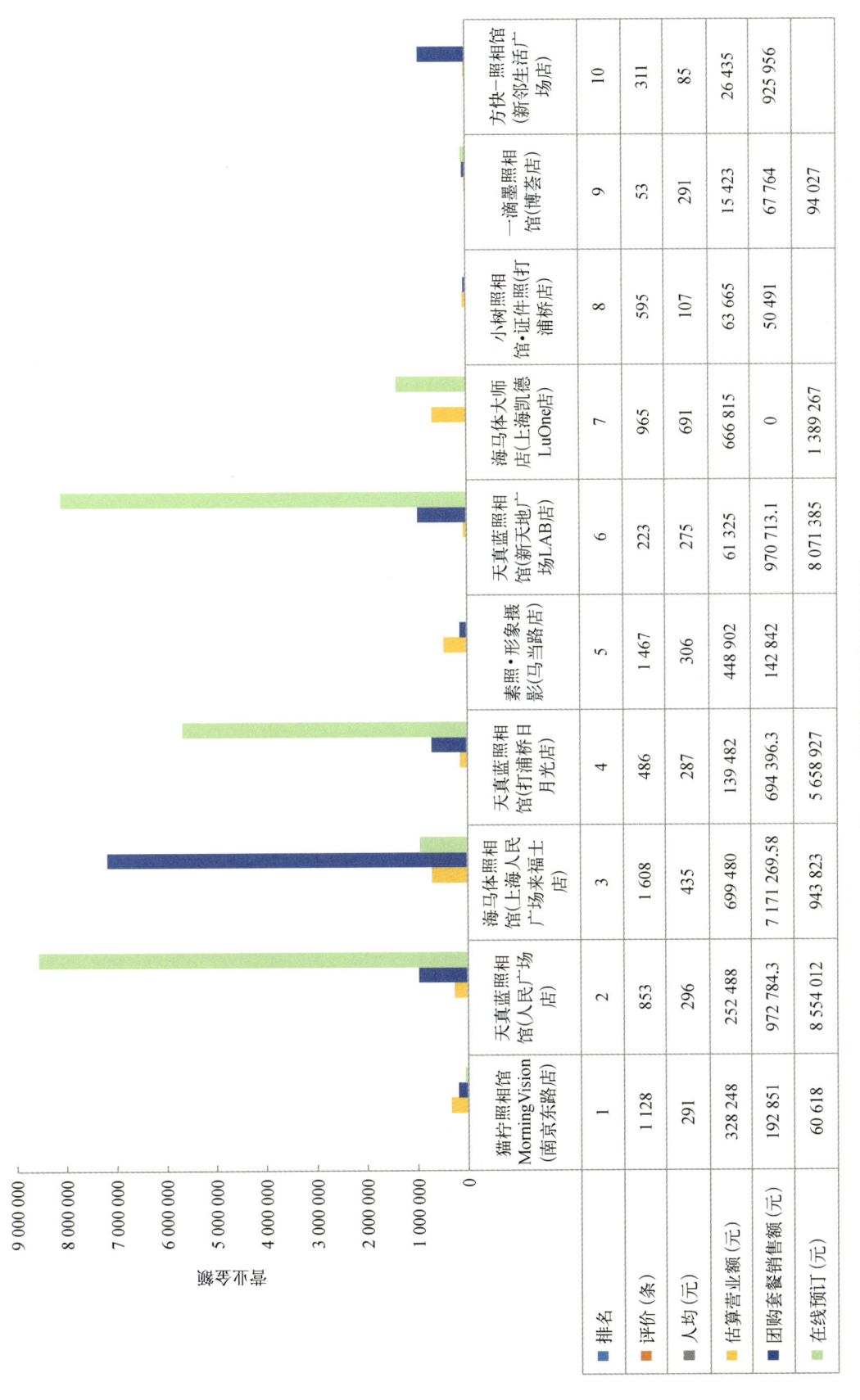

图 149　黄浦区证件照人气排名

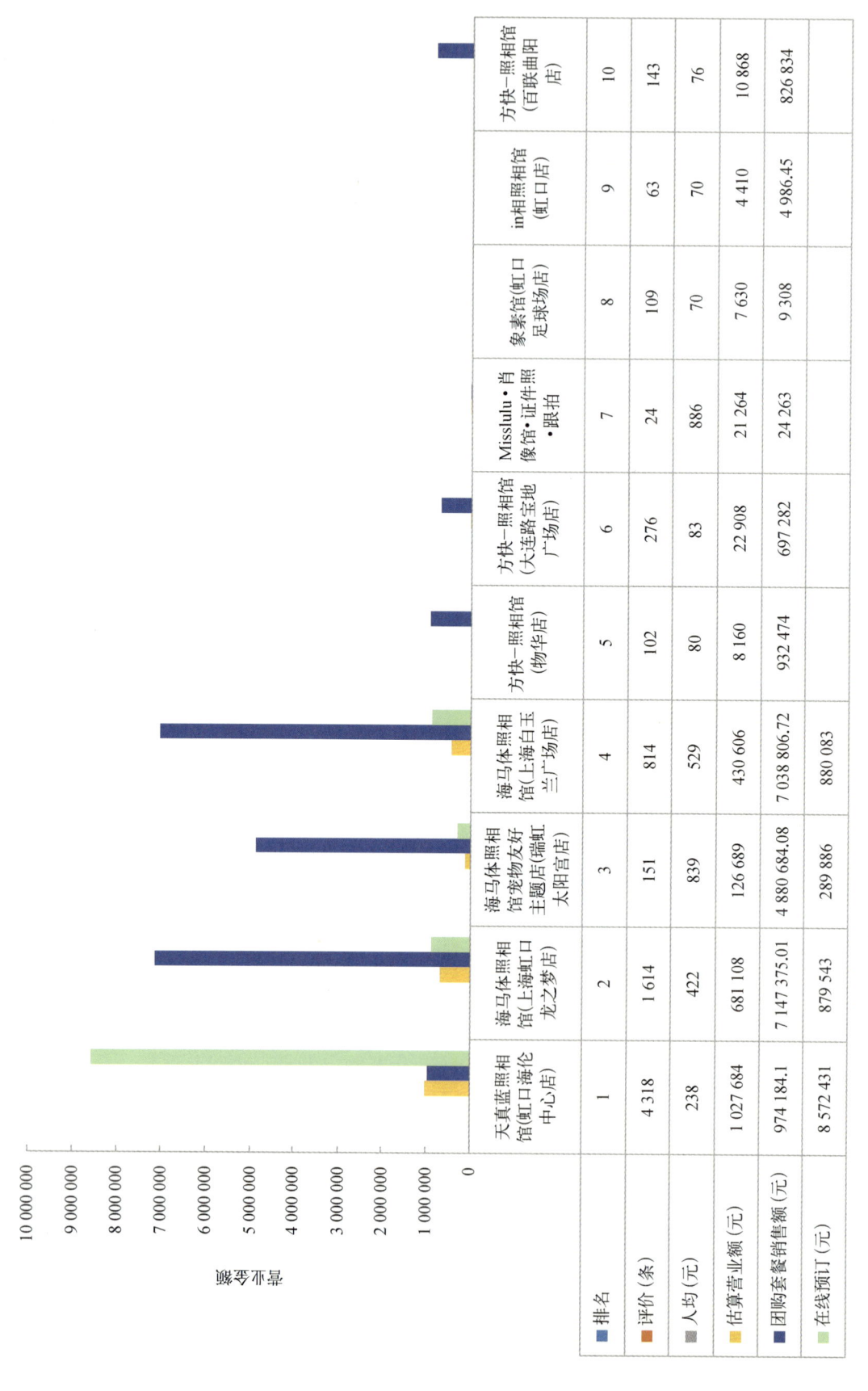

排名	1	2	3	4	5	6	7	8	9	10
	天真蓝照相馆(虹口海伦中心店)	海马体照相馆(上海虹口龙之梦店)	海马体照相馆宠物友好主题店(瑞虹太阳宫店)	海马体照相馆(上海白玉兰广场店)	方快-照相馆(物华店)	方快-照相馆(大连路宝地广场店)	Misslulu·肯像馆·证件照·跟拍	象素馆(虹口足球场店)	in相照相馆(虹口店)	方快-照相馆(百联曲阳店)
评价(条)	4 318	1 614	151	814	102	276	24	109	63	143
人均(元)	238	422	839	529	80	83	886	70	70	76
估算营业额(元)	1 027 684	681 108	126 689	430 606	8 160	22 908	21 264	7 630	4 410	10 868
团购套餐销售额(元)	974 184.1	7 147 375.01	4 880 684.08	7 038 806.72	932 474	697 282	24 263	9 308	4 986.45	826 834
在线预订(元)	8 572 431	879 543	289 886	880 083						

图 150 虹口区证件照人气排名

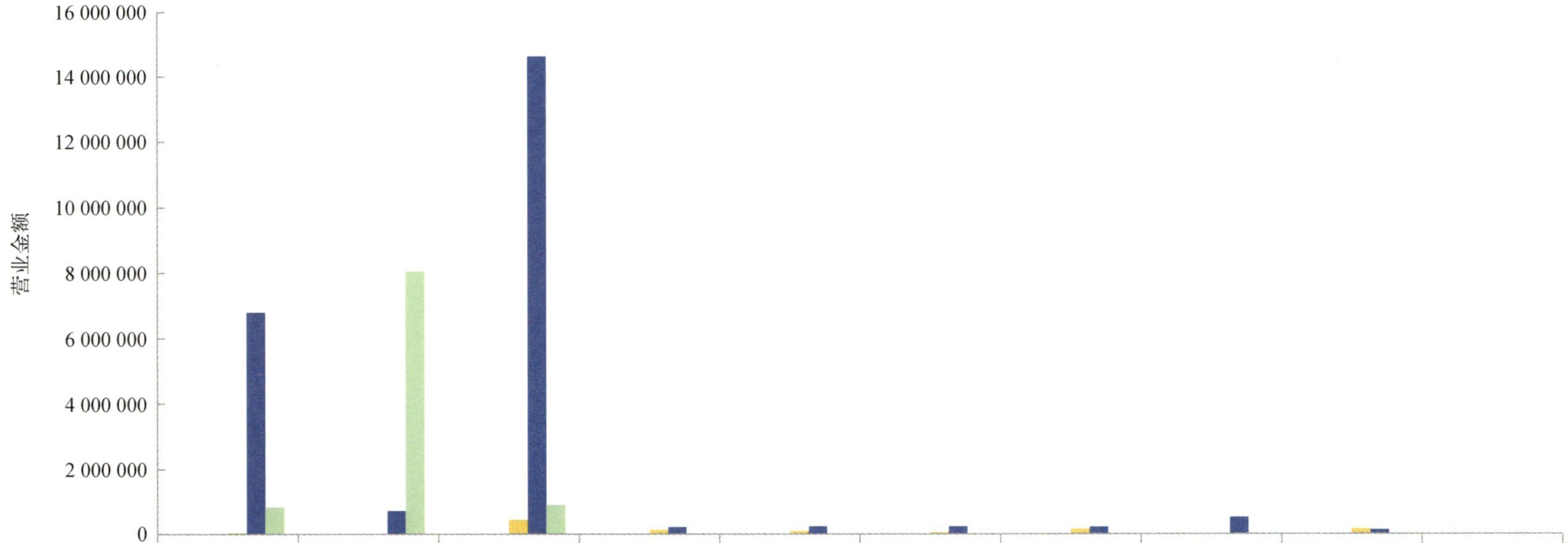

分行业发展报告

	海马体照相馆(上海松江印象城店)	天真蓝照相馆(松江印象城店)	海马体照相馆(上海九亭金地广场店)	Smile微笑摄影像馆(松江旗舰店)	一风一影照相馆(九亭店)	一风一影照相馆 证件照 形象照外拍(樱花广场店)	Smile微笑摄影像馆·肖像照(沃尔玛店)	方快一照相馆(泗泾大润发店)	完美摄影	拾六摄影16Photo
排名	1	2	3	4	5	6	7	8	9	10
评价(条)	80	82	1 344	984	656	495	699	67	1 039	105
人均(元)	583	252	336	143	151	123	215	73	144	162
估算营业额(元)	46 640	20 664	451 584	140 712	99 056	60 885	150 285	4 891	149 616	17 010
团购套餐销售额(元)	6 813 092	716 188	14 651 632	226 646	233 015	232 747	226 646	512 873	123 408	26 998
在线预订(元)	831 292	8 046 392	892 951						18 682	

图 151 松江区证件照人气排名

排名	1	2	3	4	5	6	7	8	9	10
	海马体照相馆（上海南翔印象城店）	天真蓝照相馆（南翔融创西环中心店）	海马体照相馆（上海中信泰富万达广场店）	方快一照相馆（中冶祥腾城市广场店）	欣欣阿达照相馆	白平衡照相馆	方快一照相馆（嘉定大融城店）	方快照相馆（嘉定中信泰富万达店）	8号影棚证件照·形象照（江桥万达广场5号写字楼店）	方快一照相馆（嘉亭荟店）
评价（条）	863	107	56	107	138	371	125	136	502	232
人均（元）	359	372	249	81	48	175	79	75	72	91
估算营业额（元）	309 817	39 804	13 944	8 667	6 624	64 925	9 875	10 200	36 144	21 112
团购套餐销售额（元）	7 976 519.92	716 547.9	7 538 443.85	938 698	2 625	14 562	938 698	551 178	22 794	924 370
在线预订（元）	936 157	8 554 310	789 848							

图 152 嘉定区证件照人气排名

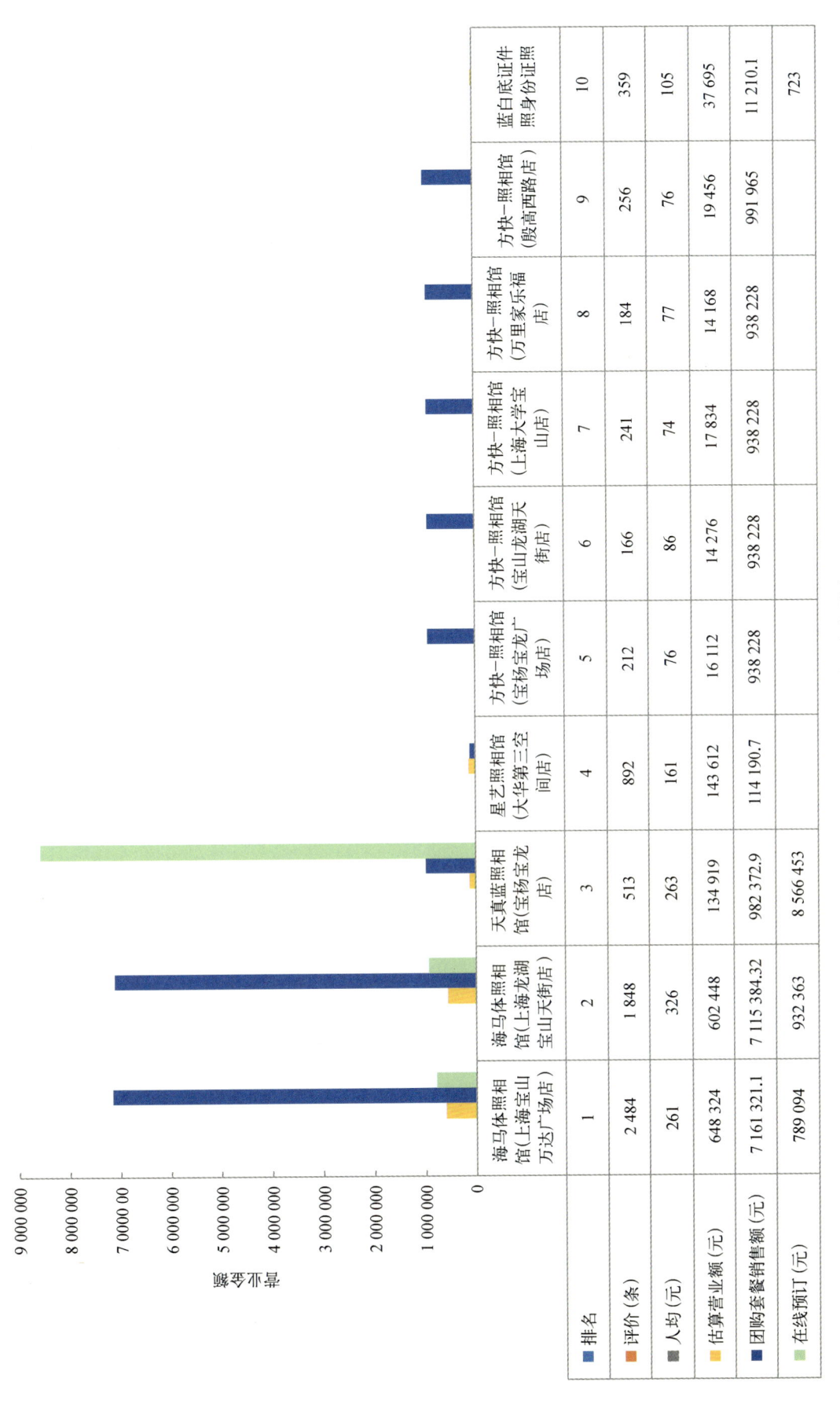

排名	1	2	3	4	5	6	7	8	9	10
	海马体照相馆(上海宝山万达广场店)	海马体照相馆(上海龙湖宝山天街店)	天真蓝照相馆(宝杨宝龙店)	星艺照相馆(大华第三空间店)	方快-照相馆(宝杨宝龙广场店)	方快-照相馆(宝山龙湖天街店)	方快-照相馆(上海大学宝山店)	方快-照相馆(万里家乐福店)	方快-照相馆(殷高西路店)	蓝白底证件照身份证照
评价(条)	2 484	1 848	513	892	212	166	241	184	256	359
人均(元)	261	326	263	161	76	86	74	77	76	105
估算营业额(元)	648 324	602 448	134 919	143 612	16 112	14 276	17 834	14 168	19 456	37 695
团购套餐销售额(元)	7 161 321.1	7 115 384.32	982 372.9	114 190.7	938 228	938 228	938 228	938 228	991 965	11 210.1
在线预订(元)	789 094	932 363	8 566 453							723

图153 宝山区证件照人气排名

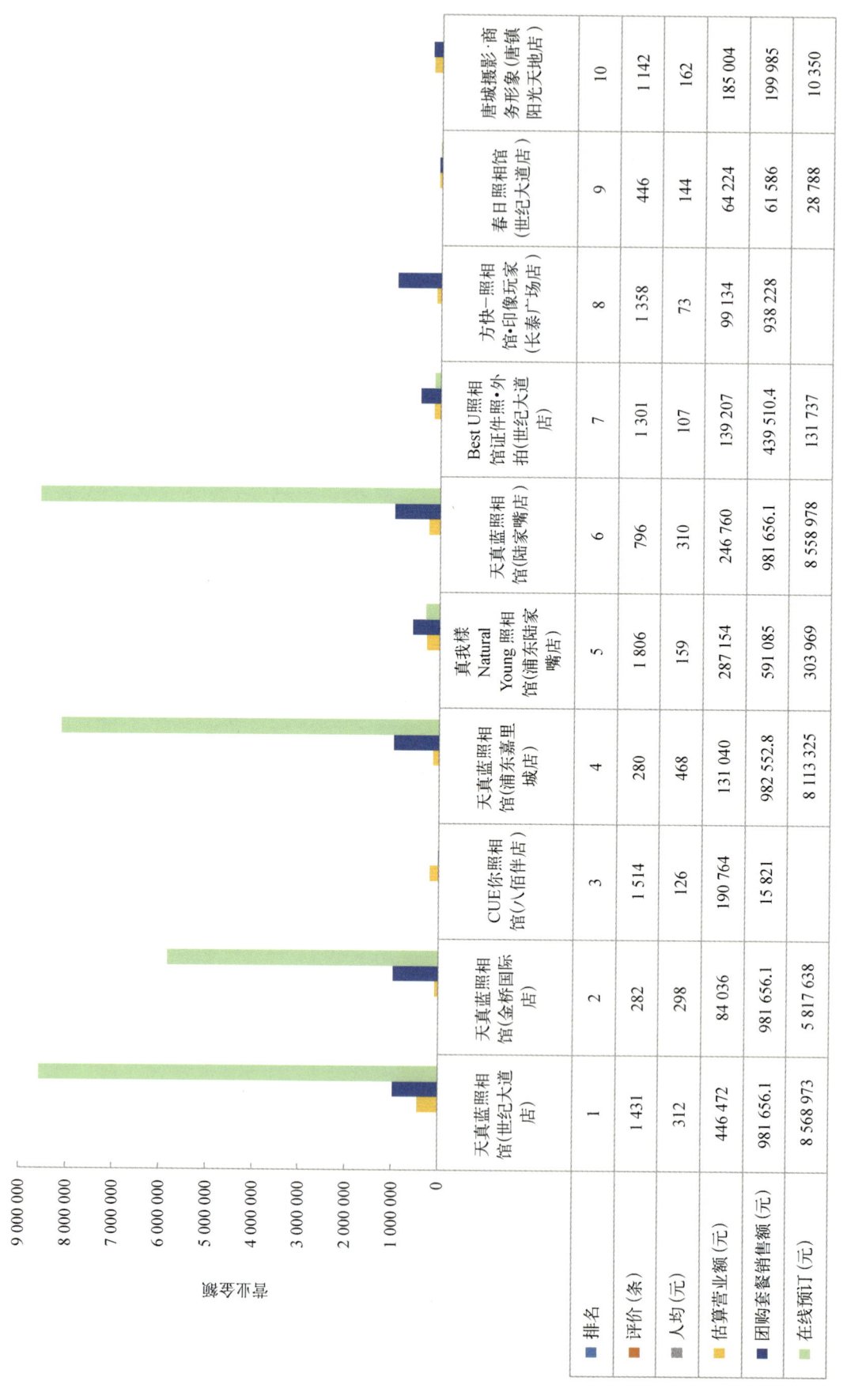

排名	天真蓝照相馆(世纪大道店)	天真蓝照相馆(金桥国际店)	CUE你照相馆(八佰伴店)	天真蓝照相馆(浦东嘉里城店)	真我样Natural Young照相馆(浦东陆家嘴店)	天真蓝照相馆(陆家嘴店)	Best U照相馆证件照·外拍(世纪大道店)	方快一照相馆·印像玩家(长泰广场店)	春日照相馆(世纪大道店)	唐城摄影·商务形象(唐镇阳光天地店)
排名	1	2	3	4	5	6	7	8	9	10
评价(条)	1 431	282	1 514	280	1 806	796	1 301	1 358	446	1 142
人均(元)	312	298	126	468	159	310	107	73	144	162
估算营业额(元)	446 472	84 036	190 764	131 040	287 154	246 760	139 207	99 134	64 224	185 004
团购套餐销售额(元)	981 656.1	981 656.1	15 821	982 552.8	591 085	981 656.1	439 510.4	938 228	61 586	199 985
在线预订(元)	8 568 973	5 817 638		8 113 325	303 969	8 558 978	131 737		28 788	10 350

图 154 浦东新区证件照人气排名

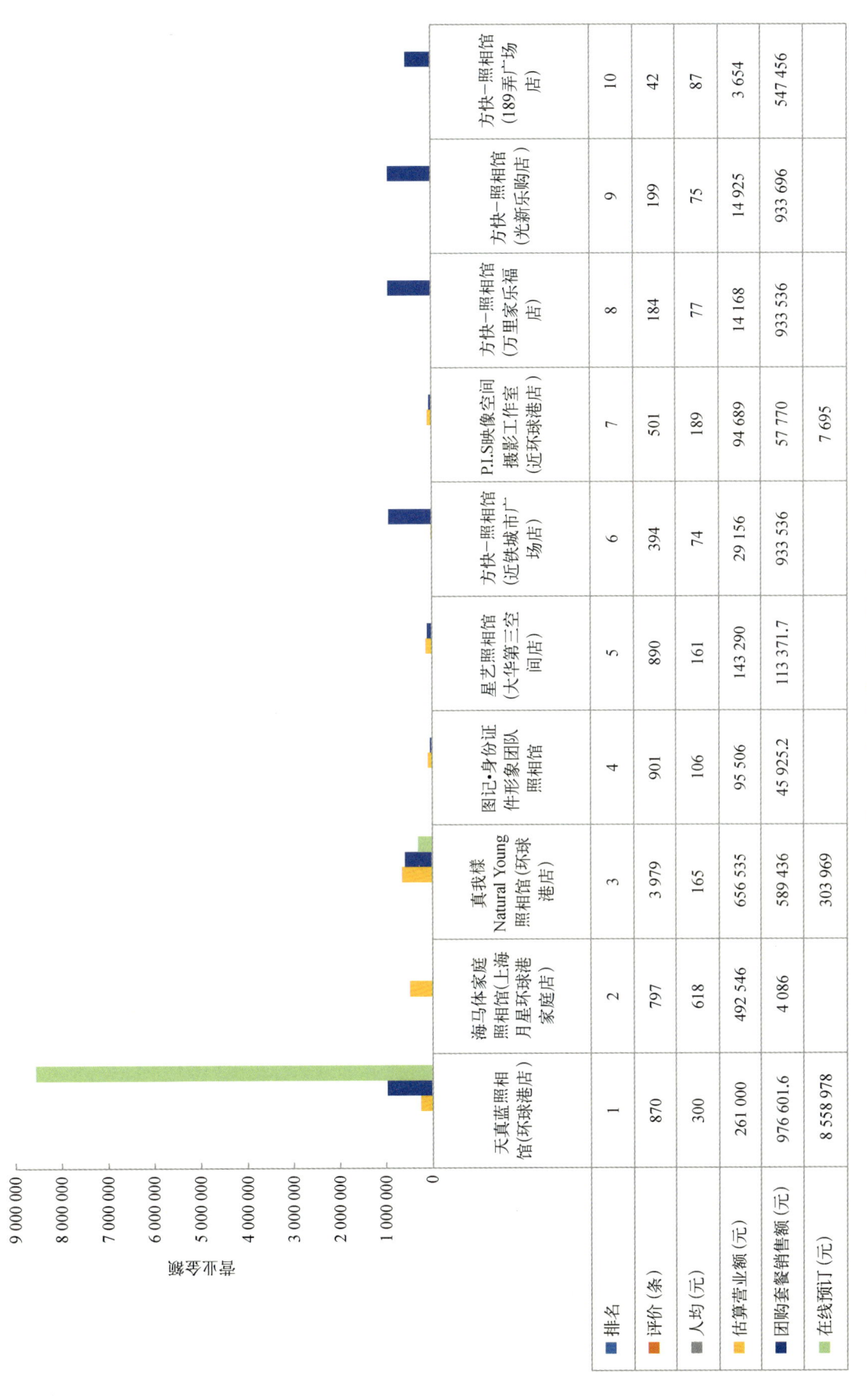

排名	天真蓝照相馆(环球港店)	海马体家庭照相馆(上海月星环球港家庭店)	真我样 Natural Young 照相馆(环球港店)	图记·身份证件形象团队照相馆	星艺照相馆(大华第三空间店)	方快一照相馆(近铁城市广场店)	P.I.S映像空间摄影工作室(近环球港店)	方快一照相馆(万里家乐福店)	方快一照相馆(光新乐购店)	方快一照相馆(189弄广场店)
排名	1	2	3	4	5	6	7	8	9	10
评价(条)	870	797	3 979	901	890	394	501	184	199	42
人均(元)	300	618	165	106	161	74	189	77	75	87
估算营业额(元)	261 000	492 546	656 535	95 506	143 290	29 156	94 689	14 168	14 925	3 654
团购套餐销售额(元)	976 601.6	4 086	589 436	45 925.2	113 371.7	933 536	57 770	933 536	933 696	547 456
在线预订(元)	8 858 978		303 969				7 695			

图 155 普陀区证件照人气排名

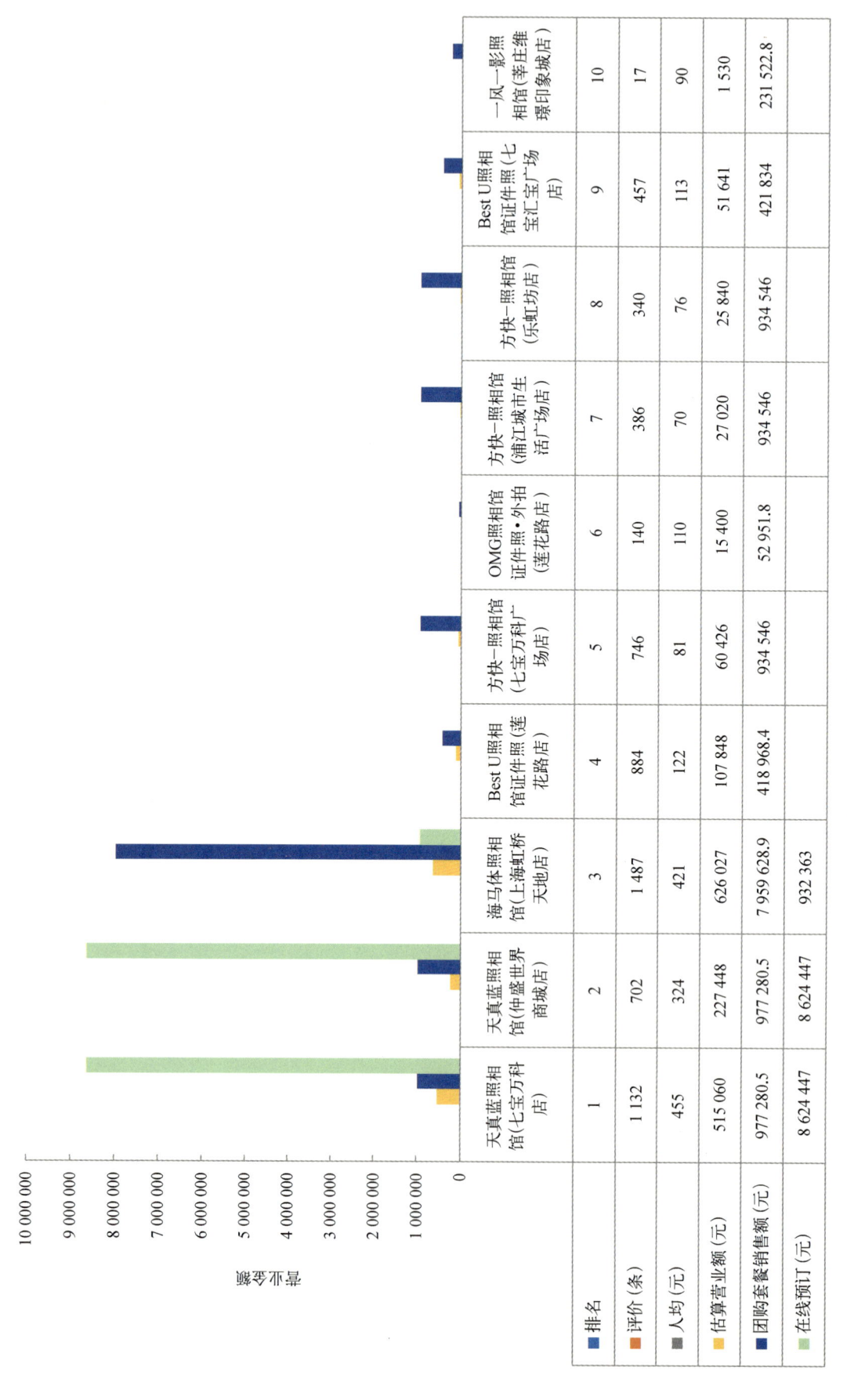

排名	1	2	3	4	5	6	7	8	9	10
	天真蓝照相馆(七宝万科店)	天真蓝照相馆(仲盛世界商城店)	海马体照相馆(上海虹桥天地店)	Best U照相馆证件照(莲花路店)	方快一照相馆(七宝万科广场店)	OMG照相馆证件照·外拍(莲花路店)	方快一照相馆(浦江城市生活广场店)	方快一照相馆(乐虹坊店)	Best U照相馆证件照(七宝汇宝广场店)	一风一影楼相馆(莘庄维璟印象城店)
评价(条)	1 132	702	1 487	884	746	140	386	340	457	17
人均(元)	455	324	421	122	81	110	70	76	113	90
估算营业额(元)	515 060	227 448	626 027	107 848	60 426	15 400	27 020	25 840	51 641	1 530
团购套餐销售额(元)	977 280.5	977 280.5	7 959 628.9	418 968.4	934 546	52 951.8	934 546	934 546	421 834	231 522.8
在线预订(元)	8 624 447	8 624 447	932 363							

图156 闵行区证件照人气排名

分行业发展报告

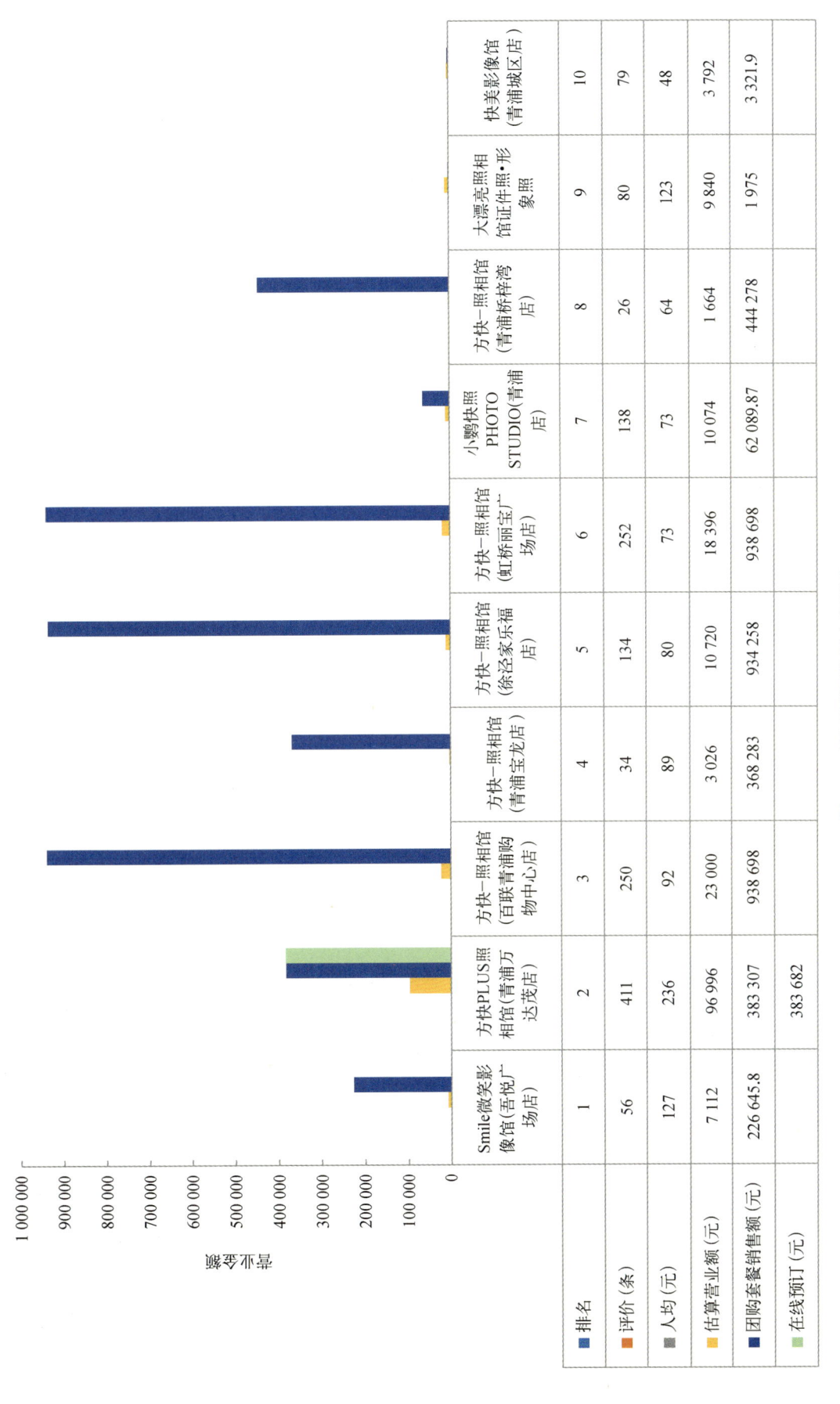

	Smile微笑影像馆(盈悦广场店)	方快PLUS照相馆(青浦万达茂店)	方快一照相馆(百联青浦购物中心店)	方快一照相馆(青浦宝龙店)	方快一照相馆(徐泾家乐福店)	方快一照相馆(虹桥丽宝广场店)	小鹦快照PHOTO STUDIO(青浦店)	方快一照相馆(青浦桥梓湾店)	大漂亮照相馆证件照•形象照	快美影像馆(青浦城区店)
排名	1	2	3	4	5	6	7	8	9	10
评价(条)	56	411	250	34	134	252	138	26	80	79
人均(元)	127	236	92	89	80	73	73	64	123	48
估算营业额(元)	7 112	96 996	23 000	3 026	10 720	18 396	10 074	1 664	9 840	3 792
团购套餐销售额(元)	226 645.8	383 307	938 698	368 283	934 258	938 698	62 089.87	444 278	1 975	3 321.9
在线预订(元)		383 682								

图157 青浦区证件照人气排名

	方快-照相馆（金山万达店）	MOSR轻时尚家庭影像（金山百联店）	缪舍影像MIAOSTUDIO（万达广场店）	枫凛子照相馆	方快-照相馆（城中路店）	子曦摄影工作室	朱泾四季照相馆	柯达最美证件照	证件照照片冲印	柯达（万安街店）
排名	1	2	3	4	5	6	7	8	9	10
评价（条）	136	245	64	38	39	7	43	5	1	2
人均（元）	63	317	84	214	73	108	26	0	0	0
估算营业额（元）	8 568	77 665	5 376	8 132	2 847	756	1 118	0	0	0
团购套餐销售额（元）	831 798	13 962	0	4 304	0	0	0	0	0	0

图 158　金山区证件照人气排名

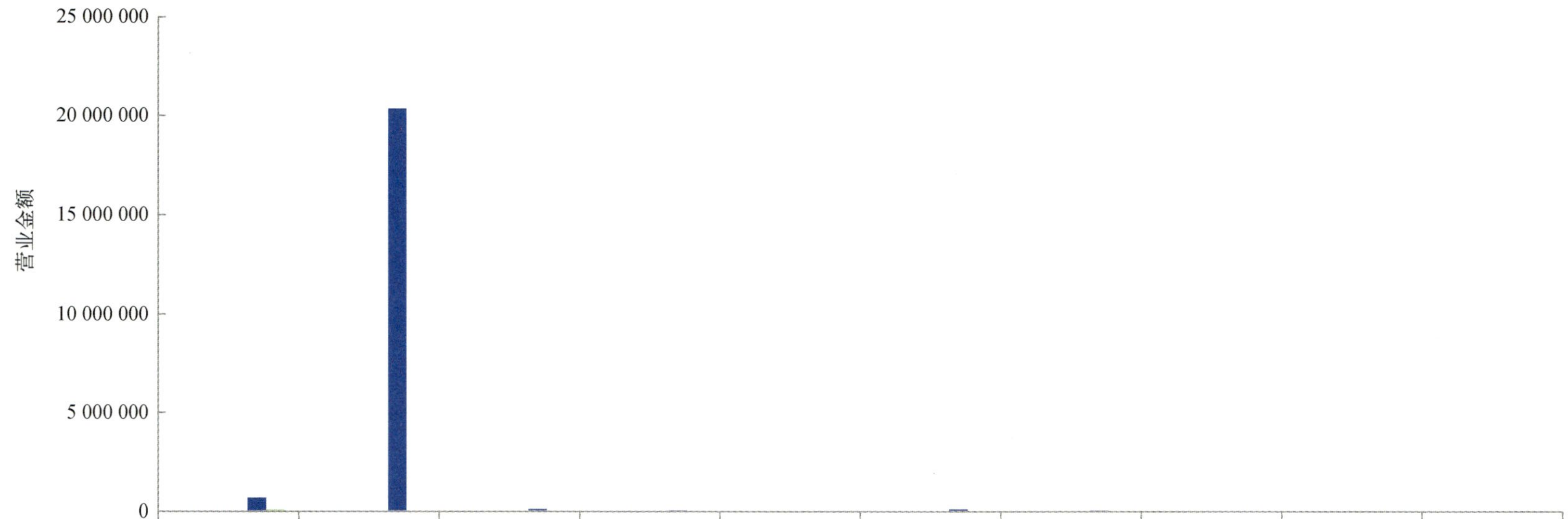

排名	1	2	3	4	5	6	7	8	9	10
	海马体照相馆（上海百联南桥购物中心店）	Best U照相馆·形象照证件照（奉贤新城店）	方快-照相馆（奉贤宝龙店）	方快-照相馆（南桥百联店）	星卡证件照相馆（奉贤人民南路店）	方快-照相馆（奉贤人民南路店）	方快-照相馆（贝港店）	月鸣毕业季（奉贤绿地未来中心店）	柯达（美好佳影像网络店）	斑马印证件照
评价（条）	275	266	240	80	523	182	26	10	5	6
人均（元）	391	126	68	65	99	81	63	100	0	0
估算营业额（元）	107 525	33 516	16 320	5 200	51 777	14 742	1 638	1 000	0	0
团购套餐销售额（元）	6 731 732.57	203 329 905.2	930 654	537 855	31 467	926 214	533 069	441		
在线预订（元）	785 524									

图 159 奉贤区证件照人气排名

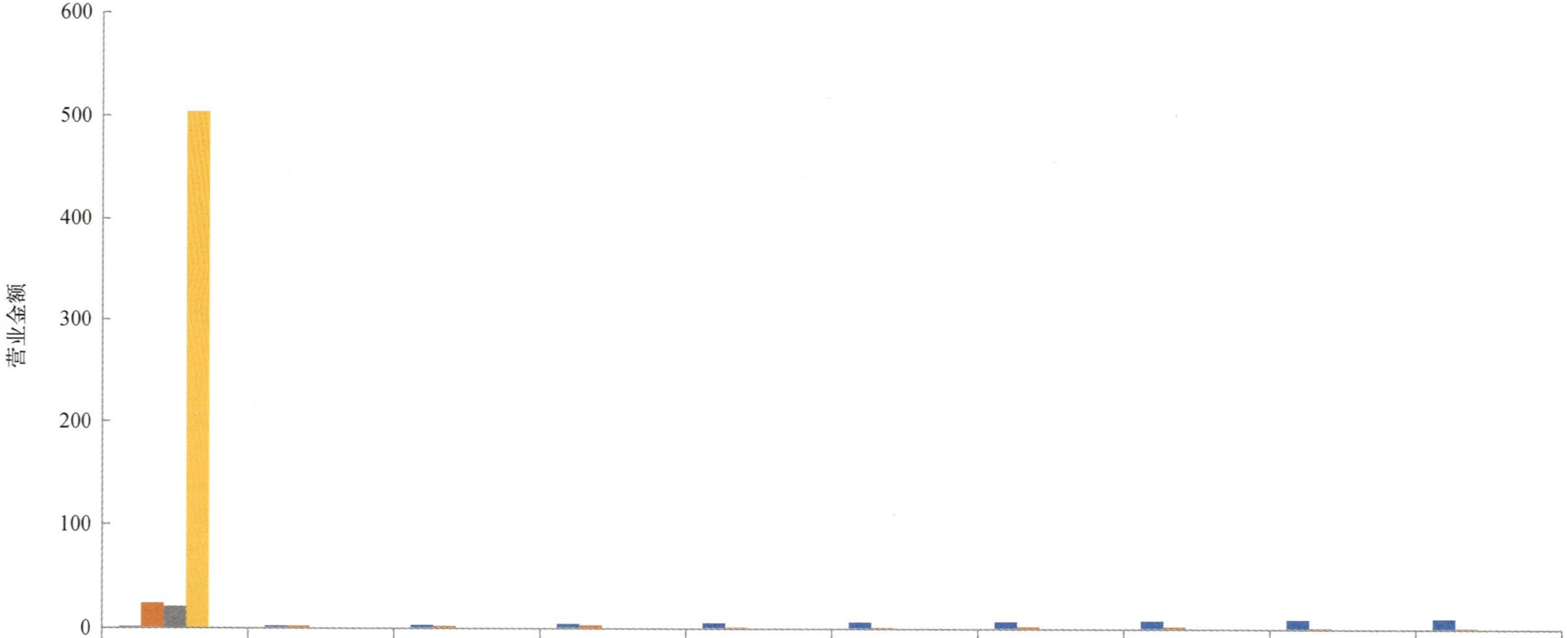

排名	爱好者摄影图片社	开发照相馆	新视觉	大头贴	凤凰照相馆	新河照相馆	时代经典照相馆	北堡照相馆	凤宇人像摄影	美新照相
排名	1	2	3	4	5	6	7	8	9	10
评价（条）	24	2	2	3	1	1	2	2	1	1
人均（元）	21	0	0	0	0	0	0	0	0	0
估算营业额（元）	504	0	0	0	0	0	0	0	0	0
团购套餐销售额（元）										

图 160 崇明区证件照人气排名

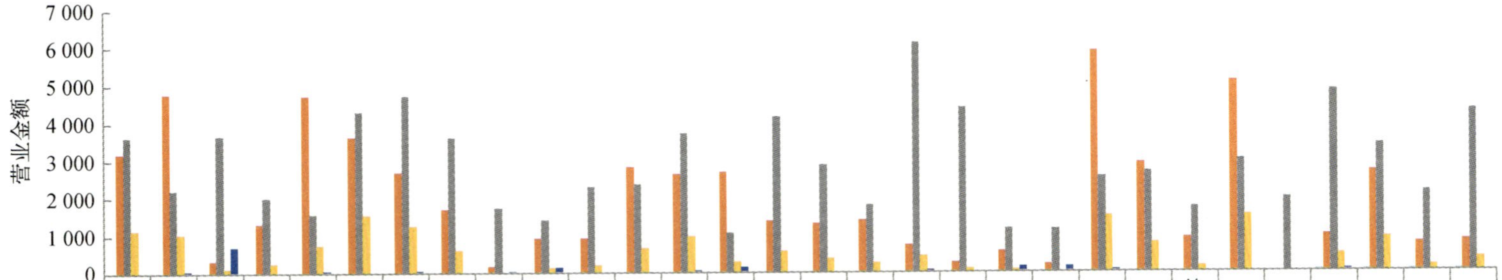

排名	店名	评价（条）	人均（元）	估算营业额（万元）	团购套餐销售额（万元）
1	韩国童感TOUCH PHOTO儿童摄影（江苏路店）	3 193	3 619	1 156	7
2	Miranda Photo 亲子儿童摄影（大融城店）	4 779	2 212	1 057	54
3	Mom's Sweets 妈妈糖自然光（静安店）	317	3 653	116	686
4	萌小主国际婴童摄影（静安旗舰店）	1 314	2 011	264	16
5	韩国sweet baby亲子儿童摄影（浦东精品门店）	4 726	1 571	742	56
6	Rainbow baby 儿童摄影（永福路店）	3 624	4 300	1 558	23
7	Heraa Wang SHCN 亲子儿童摄影	2 680	4 730	1 268	46
8	Light Time 亲子儿童摄影（中山公园店）	1 702	3 603	613	24
9	夏朵亲子儿童摄影（闵行店）	168	1 742	29	29
10	倾城宝贝儿童摄影（大融城店）	926	1 410	131	130
11	萌小主国际婴童摄影（浦东时尚店）	931	2 287	213	15
12	七色田儿童摄影（旗舰店）	2 816	2 360	665	3
13	After Rain 儿童摄影工作室（虹桥店）	2 630	3 717	976	49
14	倾城宝贝儿童摄影（浦东金谊店）	2 683	1 055	283	132
15	Rainbow Baby 儿童摄影（外滩店）	1 380	4 155	573	25
16	王开摄影·亲子儿童（南京东路旗舰店）	1 323	2 874	380	25
17	七色田儿童摄影（形象店）	1 402	1 801	253	5
18	Miranda Photo 亲子儿童摄影（米兰达虹口店）	720	6 114	440	54
19	TANG VISION BABY 儿童摄影	249	4 386	109	1
20	倾城宝贝儿童摄影（闵行维璟广场店）	562	1 171	66	132
21	倾城宝贝儿童摄影（嘉定中信泰富万达店）	200	1 153	23	132
22	Miranda Photo 亲子儿童摄影（浦东店）	5 878	2 554	1 501	54
23	韩国StarCandy儿童摄影	2 896	2 674	774	14
24	铭时私家儿童摄影工作室Jane's Studio（静安店）	909	1 733	158	12
25	玛瑞莎孕婴童摄影到家拍	5 085	3 000	1 526	10
26	TREE PHOTO 亲子儿童摄影	18	1 973	4	1
27	初时·私人摄影美学馆（徐汇店）	981	4 835	474	47
28	西瓜庄园儿童摄影徐汇滨江店	2 681	3 390	909	10
29	AIPAI亲子儿童摄影	762	2 148	163	3
30	纯真博物照相馆 Less Is More	827	4 309	356	1

图161 儿童摄影人气排名

从以前的"大头贴"到现在的"自拍",再到近年越发火热的个人写真、情侣写真、家庭写真甚至宠物写真等拍摄类型,充分体现了该行业市场的多样化需求,也同样是行业发展的突破口之一。此外,在这些写真类拍摄中,往往还需要根据客户自身的需要,布置专门的情景,如港风、民国风、小清新等不同风格,甚至需要拍出情景剧的美感和画面感。

当前不少的影楼、摄影工作室会组织专业的化妆师团队、摄影师团队、后期团队等,为客户提供化妆、拍摄、选片、售后反馈等多项服务。

④ 会议摄影市场。

会议摄影市场虽在整个摄影照相市场中占比较小,但由于各类会议、活动数量极多,摄影照相的需求也相应增加。年会、发布会、文艺晚会等不同类型和场合的会议摄影需求,也激发了该板块的发展活力,尤其是在活动会场抓拍合适、恰当角度的照片,也成为考验一个摄影师技术能力的关键要素。

⑤ 明星(网红)拍摄市场。

正如前段所言,明星、模特、网红等非素人群体拍照的需求比起普通人更大,也会有更高的要求。该市场主要由知名摄影师、剪辑师以其团队组成,同时也会配备专业的化妆、穿搭等后勤队伍。

⑥ 摄影照相器材市场。

摄影照相器材属于该行业中的上游,具有基础性地位。在该行业为数不多的上市企业中,多数属于摄影器材、摄影专业设备制造企业等资金投入较大、运营维护成本较高的企业。这是开展中下游摄影照相服务活动的基础,因而随着中下游市场规模的不断扩大和前景向好,上游的制造行业也将迸溅出新生力量,但对技术也会有更高的要求。

⑦ 摄影照相场地服务市场。

该市场包括各类拍摄场地的提供、布置服务,属于摄影行业下游市场,对拍摄质量有着重要的影响。上海以其靓丽的风景成为婚纱照拍摄、情侣纪念拍摄等的热门城市,如婚纱摄影基地,兼具旅游和婚庆的功能。该市场的发展潜能同样巨大,除了场地的搭建、布置以外,调动与旅游、婚庆、餐饮相关的产业,形成合力,将会获得更大的经济效益。

(5) 存在问题与制约条件:前期投入较大,获客成本增加

① 外部风险与市场风险分析。

摄影行业外部风险主要来自有限的资金资源。一般而言,小型的摄影照相企业在前期大量的资金投入如购买专业的摄影器材之后,难有持续的资金供其运转。一旦资金不足,则无法按照预定计划到位,公司将无法运转建设。

市场风险则有着多方面的因素:

A. 市场的巨大变化,激烈竞争带来的结果就是市场的高度细分,个性化消费逐步取代大众消费成为市场的主流。面对高度分化的市场,对于摄影行业来说,好的作品越来越脱颖而出。而对企业而言,则是摄影与消费者沟通方面的作用降低。随着新科技不断涌现,拍摄与编辑的模式和设计也日新月异,最基本的摄影素材也千变万化。

B. 市场的不确定性。目标客户可能存在与商家在信任和习惯上的障碍,因而要让目标客户在短期内接受并委托企业为之服务,也存在较大的难度和成本。

② 影响用户体验的重要因素。

片子效果质量和处理速度是影响用户体验的重要因素,而决定这一体验的正在于拍摄剪辑技术的优劣。从拍摄、选片、P图、交片这一整个过程中,摄影企业需要与客户进行多轮沟通,片子处理的质量和速度,也成为困扰很多企业尤其是中小企业的重要问题。由于成片处理对技术要求较高,在订单量大而人手有限的情况下,处理速度自然降了下来。而如果选择将该部分业务外包出

去,则会大大增加成本。如不转嫁该部分成本至消费者,由企业自行承担实在是"费力不讨好"。因此,不少企业选择拖延时间交付成片,但这又影响了用户体验,因而是一个相对棘手的问题。

③ 马太效应明显,中小企业难突围。

当前摄影行业突出的马太效应导致中小企业所占据的市场份额相对较小,其所能开拓的市场和资源也比较有限。而作为行业龙头的企业由于自身抓住行业发展风口和红利,凭借精湛的技术和丰富的资源能够在业内占据越来越稳固的地位。长此以往,这种突出的马太效应对于整个行业生态的健康构建并不利。

④ 入驻平台加大经营成本。

现今汇聚吃喝玩乐在线预订功能的平台众多,头部平台如美团、饿了么、携程、大众点评等均手握大量用户数据,对于摄影照相企业的商家来讲,迎合用户的使用习惯在所难免。但入驻各类平台所需要缴纳的广告费、管理费甚至订单抽佣等费用加大了经营成本,如不转嫁给消费者则要由商家自行承担,这也成了企业经营的痛点。

(6) 改善措施:慢慢来,比较快

正如海派证件照品牌的来源一样,其认为天真蓝等是人脑的记忆中枢,只要被它记忆过的事都会永久保存,以此命名自己的品牌正暗合了年轻人内心的愿望,记录所有发生过的美好。越是在快节奏生活的当下,越要规避随波逐流的发展路径,有个性的门店风格会更易在泥沙俱下的市场大潮中被关注,如打造照相馆发展历史长廊,打造轻奢浪漫拍摄场地,哪怕打造网红怀旧打卡地又有何妨,毕竟怀旧是人类戒不掉的习惯。

① 提供精细化、个性化服务。

为客户提供高附加值和更具个性化的服务项目,给客户更好的服务体验。同时及时跟紧市场反映,认真对待顾客的使用反馈,做到"千人千面"而非流水线生产的"速食经济"。

② 自建宣发平台。

精进品牌营销,通过自建平台和媒体矩阵,减少对当前互联网社交平台的依赖,学会引流,提高用户黏性。如自建运营的公众号中坚持日更、周更,保持活跃度。同时可以在自建的自媒体平台上发布一些拍摄技巧教程、修图软件推荐、美颜功能测评等,亦能吸引到更多消费者的关注。

③ 创新发现,打造高性价比产品。

面对渡过爆发期并进入洗牌阶段的摄影市场,如何降低成本应该是当前摄影行业头疼的问题。摄影行业商家必须全面提高服务能力和创新能力,才能保持自身的行业竞争力。消费人群的年轻化、个性化,并不意味着经济能力上能够与个性需求有同等的匹配,高性价比仍然是诸多年轻人的追求。

④ 整合资源,打通上下游产业链。

既要做大,更要做精。在扩大影响力的同时,要与摄影场地提供方、广告品牌方、后期团队等资源密集整合。例如与旅游景点结合,抓住节日风口,打造有吸引力、有趣的活动。

3. 建党百年华诞,上海摄影行业新风采

作为党的诞生地,上海摄影行业以 2021 年建党 100 周年为契机,参与百年建党摄影图片展,摄影拍摄活动,同时在私营企业,小微摄影企业,在符合基层党建的条件下,纷纷成立企业党组、党支部。

在喜迎建党百年之际,上海摄影业纷纷开展丰富多彩的活动,运用影像艺术讴歌党、讴歌人民,记录沪上大地欣欣向荣的巨大变迁。为了回顾党的光辉历程,传承党的优良传统,深化爱国主义教育,以实际行动庆祝建党 100 周年,活动过程中,摄影师面对着广恩村的美景,频频按动快门,不仅从各个角度记录了上海的美景及具有地方特色的历史建筑,更是记录了乡村振兴建设中农民美好

的幸福生活。广大摄影家和摄影爱好者是我市宣传的重要群体和艺术人才,"十四五"徐徐开篇之际,希望大家立足我市,用镜头记录、用心创造最美的申城,为发展新上海、宣传新上海,建设富强民主文明和谐的新上海做出新的更大的贡献。

4. 行业协会换届选举,注入新鲜血液

为了贯彻落实习近平总书记有关"文艺两新"讲话精神,加强联络,延伸工作手臂,加强对上海摄影行业协会组织引导,上海摄影业行业协会第八届第七次理事大会,在 2021 年 12 月 30 日下午,在上海绿地金庭庄园胜利召开,有 500 多家行业单位代表参与。上海摄影业行业协会任洪良会长做上海摄影业行业协会第八届理事会工作报告,俞祖懋、叶晓春、李雪华副会长分别做了上海摄影业行业协会第八届理事会财务收支审计报告、协会章程修改情况说明及协会第九届理事会候选单位(理事)、会长推荐名单及情况说明。叶晓春曾是区人大代表,李雪华曾是区政协委员,新一届协会领导的核心力量,将为上海的摄影行业的发展,作无私的奉献。

(上海摄影业行业协会供稿　执笔人:李雪华)

(八) 上海室内环境净化行业 2021 年发展报告

2021 年,是中国共产党成立 100 周年,也是"十四五"开局之年,随着洁净产业纳入上海市"十四五"发展规划,室内环境净化行业也步入新篇章。行业积极融入上海新发展格局,在室内环境净化领域积极践行推动高质量发展、创造高品质生活的上海市发展目标。

1. 行业综述

2021 年,直面疫情挑战,行业整体呈现稳中有升的发展态势。但也表现较多的不平衡,机遇与挑战并存。

总体来看,大型企业较为稳定,中小微企业发展乏力;品牌影响力较强的企业发展较好,国货新品牌市场份额上升。

从市场分布看,受疫情影响,在工业领域,国家对卫生健康、生物医药、智能制造、芯片制造领域的政策倾斜,会员单位中从事生物医药、实验室、医院改扩建、电子洁净等工业洁净设计、施工、产品销售等企业增长强劲。但工业洁净领域存在忽视新产品、新技术研发生产,行业缺乏龙头标杆企业,业内专家青黄不接、企业专业技术人才缺乏等问题。

在民用领域,民用室内环境净化行业逐步复苏,业务情况虽比 2020 年相对较好,但行业内缺乏规模以上企业,同样存在新技术、新产品研发能力较弱、市场同质化低价竞争激烈等现象,少数企业已经意识到通过提高产品品质、品牌意识、服务体系、技术储备获得市场占有率,有待进一步做大做强。

2. 年度发展特点

(1) 行业战略发展新起点,洁净纳入"十四五"规划

全国首次——洁净技术服务业被写入政府规划!协会坚持 15 年编制行业发展规划。在"十四五"规划编制期间,协会多次组织汇报会、调研等得到政府肯定,2021 年 7 月,洁净产业被上海市发改委、经信委分别纳入《上海市服务业发展"十四五"规划》和《上海市生产性服务业发展"十四五"规划》,对洁净产业作出重要部署:"加大技术研发力度,突破产业技术瓶颈,在洁净技术重点领域突破和掌握一批具有自主知识产权的关键技术""加快发展契合集成电路、生物医药等特殊生产制造环境所需的室内洁净技术,提升高端制造全生命周期洁净服务能级""加强节能环保服务特别是洁净技术服务对集成电路生产环境的服务保障"等。这是洁净技术产业在全国首次被写入政府五年规

划,具有历史里程碑意义。既是行业开天辟地的大事件,也是上海洁净产业发展新起点。

(2) 开展工业洁净产业发展调研

① 编制《上海市节能环保(洁净产业)发展研究报告》。

2021年10月—12月,为实现"十四五"规划目标,协会承担了市有关部门洁净产业深度调研,此次调研得到了启信宝和协会近50家会员企业的支持。第一次梳理出行业产业链,提交了《上海市节能环保(洁净产业)发展研究报告》,该报告为实现"十四五"规划目标提供政策决策依据。

② 承办市委党校第16期处级干部进修班第四组领导洁净产业企业走访调研活动。

2021年10月20日—21日,协会承担了市委党校第16期处级干部进修班产业调研活动,实地走访调研了上海开纯洁净室技术有限公司、上海钛米机器人股份有限公司、上海至纯洁净系统科技股份有限公司、上海飞域实验室设备有限公司。调研让政府掌握了上海市工业洁净产业实际现状、存在问题并提出了解决建议。这是政府部门处级干部第一次深入调研洁净产业,为推动洁净产业发展壮大、提质扩容贡献了巨大力量。

(3) 谋划洁净产业三年行动计划

2021年底,按照市经信委生产性服务业工作部署,为实现"十四五"规划中的洁净产业目标,协会再次受有关部门委托,负责编制上海市洁净产业三年行动计划(2022—2024)编制工作,计划于2022年底完成并发布。

(4) 质量工作扎实开展

在市市场局指导下,撰写《2020年上海室内环境净化行业质量白皮书》、编制行业质量强国建设纲要实施方案和2021年上海市质量发展工作要点,组织推荐4家会员企业参加上海市企业质量管理领域数字化转型典型案例评选,组织推荐5家会员企业参加市重点产品质量攻关成果申报,积极配合市场局开展知识产权调查工作。设立"室内环境质量月",发起行业质量月活动倡议,并与中国台湾、香港地区同业协会共同开展质量提升活动,召开"室内空气质量在线监测"为主题的沪港台三地室内环境行业协会线上交流会。此外,还开展了"质量月——打击网络虚假宣传"专项活动。

(5) 发布3项团体标准,积极参与国家、行业和地方标准编制

2021年,协会组织编制发布了《生活垃圾集中收运场所环境净化用次氯酸水》《负压救护车》和《空气除菌膜的除菌率试验方法》等3项团体标准,立项制定《空气净化剂安全技术要求》,全年共有52家企业参与了协会组织的团体标准编制工作。同时,协会带领会员积极参与TC/319国家标准、国际标准化工作,共有10家企业参与了《洁净室及受控环境中细胞培养操作技术规范》《洁净室及相关受控环境第13部分:达到粒子和化学洁净度要求的表面清洁》《洁净室及相关受控环境 第14部分:按评估粒子污染浓度评估设备适用性》和《洁净室及相关受控环境 第15部分:按空气中化学污染物浓度评定设备及材料的适合性》等标准的编制。

协会的标准化工作2021年获得3项奖项。一是《负离子空气净化液》等团体标准试点建设工作荣获上海市标准化试点示范优秀案例;二是团体标准《空气净化用电解水》荣获民标委全国工商联团体标准"领先者"评选全国第二名;三是团体标准《过氧化氢雾化消毒机》荣获2021年度上海市团体标准优秀典型案例。这三项荣誉是协会与参编会员企业共同辛勤工作的集体成果,也是我们室内环境净化行业的集体荣誉。

(6) 产品质量风险信息监测工作扎实开展

2021年,协会代表行业共提交报送12个产品的质量安全风险信息,分别是生物安全柜、空气加湿器、空气净化剂、臭氧发生器、空气净化器、家用甲醛检测仪、硅藻泥、烟雾报警器、功能性窗帘、彩钢板、凝胶类甲醛清除剂、除湿机。通过产品风险监测启动《空气净化剂安全技术要求》团体标准制

定工作,设立与人员保护相关的安全性等关键指标。完成2021年《产品质量安全形势专题分析报告——空气加湿器》,组成空气加湿器产品质量技术帮扶专家库开展技术帮扶,开展《空气加湿器》团体标准制定调研工作。新增15家企业产品质量风险监测点,进一步推动产品质量风险监测点向行业企业延伸。

(7) 行业信用建设持续推进

2021年,协会积极推进承担的市发改委2020年信用建设专项试点项目,建设完成基于行业信用的信用指标体系和动态管理与查询的"室内环境行业信用查查查"专门网站和小程序,上海纯天实验室设备有限公司、上海图强净化科技有限公司、上海沪试实验室器材股份有限公司、上海凡斯环保技术有限公司、上海清悠空气净化科技有限公司、上海舒庭环境工程有限公司、上海誉净环保科技有限公司、上海尚远建设工程有限公司、上海佐岚门窗有限公司、上海中增科教设备有限公司等10家企业参与此次信用试点项目,10家企业各获得信用报告和信用提示1份,现该项目已顺利通过评审。

协会将通过此平台持续为行业企业在项目招投标、信用贷款、融资上市等领域提供信用行业信用报告及信用提示等行业信用咨询服务。

(8) 室内环境净化行业细分消毒行业健康发展

协会秘书长王芳作为上海市政协委员,积极履行建言献策和监督的职能。在2021年上海"两会"期间,王芳秘书长根据我市消毒市场存在的乱象,向大会提交了《关于规范消毒市场监管,保障疫情防控的建议》。在该提案当中向上海市有关部门提出了"规范消毒服务监管和指导""支持市场竞争,促进良性发展""制定《上海市疫情防控消毒服务管理办法》"等3项建议。

市卫健委、市市场局和市民政局同意并采纳了王芳委员的提案建议,结合王芳等委员的建议,完善并将持续完善消毒行业管理工作。一是持续加强对消毒服务措施与消毒服务机构、从业人员的技术支持和指导;二是支持市场竞争,各消毒服务机构可自行选择与有关社会组织开展合作,落实市场监管领域关于反垄断、反不正当竞争等管理要求,促进消毒市场良性发展;三是开展消毒立法研究,顺应市场对规范消毒的迫切需求,加强消毒服务的技术指导和质量监管。

今年3月来的上海抗疫战斗中,协会率领200多家行业消毒企业不畏疫情、逆行奋战、积极消杀,为上海打赢疫情攻坚战贡献了行业力量。

(9) 为法规制修订提供建议

2021年,协会分别参与了上海市场局负责的《上海市产品质量安全风险信息监测站工作规范(征求意见稿)》制定、上海市卫健委组织的《上海市消毒管理办法(草案)》立法咨询以及市教委组织的《中华人民共和国职业教育法(修订草案)》立法修订建议等工作。在《上海市消毒管理办法(草案)》的立法建议中,协会根据国家《传染病防治法》《消毒管理办法》等相关法律法规,把持续加强对消毒服务人员的培训指导、清除消毒服务行业壁垒、促进消毒服务市场化发展等建议反映到相关部门。

(10) 行业专业人才进一步增加

2021年,上海市室内环境净化行业学校——上海市室内环境净化高技能人才培养基地围绕行业教材开发、师资队伍建设、技能人才培养,不断提升行业人才建设水平。

① 举办长三角职业技能比武大赛。

市经信委20多个高技能人才基地当中,我基地是唯一开展长三角技能比武大赛的人才基地。2021年4月1日,由上海市室内环境净化高技能人才培养基地以及长三角三省一市室内环境净化行业协会,共同举办的"吉大·小天鹅杯"2021年第四届中国长三角(上海)室内环境空气治理技能比武大赛,在上海新国际博览中心隆重举行,本次大赛技术支持单位为长春吉大·小天鹅仪器有限公司。进入决赛的20名选手中，有9名选手来自浙江、安徽、江苏三省。上海凡斯环保技术咨询有限公司、上海跃彬建材有限公司选手和江苏、安徽两省的选手成为这次技能竞赛的前三甲。此次技能比武，进一步促进了长三角各参赛选手、各企业之间互相的交流学习和共同发展。

② 深入开展校企合作。

A. 持续开展大学生创新创业实训活动。

协会与上海理工大学环境与建筑学院共同成立的"大学生创新创业实训基地"持续发挥桥梁纽带作用。这是行业高技能人才培养基地的创新服务，也是一大特色。2021年3月23日，在上海理工大学举办了"机电工程综合管线深化设计培训讲座"，邀请天俱时工程科技集团有限公司上海设计研究院总工程师邱济夫，为同学们讲解医药领域工业洁净厂房暖通的设计及节能措施，帮助学生了解行业前沿技术。12月，上海理工大学师生先后拜访了江森自控（约克空调）、上海飞域实验室设备有限公司、上海禾益净化设备有限公司进行协同创新教学实践活动。

B. 积极对接名校专家开展行业技术培训。

根据疫情需要，为应对全国大量的生物安全实验室建设高潮，2021年3月10日，邀请复旦博士生导师、卫生部医学分子病毒学实验室副主任、复旦P3实验室主任、高等级实验室领域领军人物瞿涤教授开展了题为《高致病性病原微生物——生物安全实验室的建设和运行维护》的线上培训。7月2日，协办了上海交通大学继续教育学院"生物药生产设施QbD全生命周期研讨"研修班。

③ 4家企业和7名中职教师对口开展中职教师进企业实践项目。

2021年共有7位中等职业院校教师进入上海市计量测试技术研究院（上海市环境保护产品质量监督检验总站）、上海华测品标检测技术有限公司、谱尼测试集团上海有限公司、上海谱诺检测技术有限公司进行为期2个月的企业实践。中职教师企业实践项目一方面让更多行业优质企业成为教委中职院校的实践基地，同时也将更多院校课题、招聘实习资源带给会员企业，是为会员提供的特色优质服务之一。

④ 培养25名行业讲师。

为保障行业企业教师力量建设，让更多企业家走上行业讲台，培养行业精英。针对行业讲师"教学经验缺乏、授课技巧薄弱"的特点，从会员企业中选拔行业讲师25名并进行精心培养。居怡乐环保科技（上海）有限公司的王枫、蓝莘环境检测技术（上海）有限公司顾佳俊、杜斯曼（上海）管理有限公司顾红亚、上海逸族环保科技有限公司刘祖、上海约克商贸有限公司徐小兵、上海熙迈检测有限公司宋金辉、上海茂盟洁净工程有限公司周建峰、上海建科环境有限公司樊娜、上海莘风环保科技有限公司陈娜、上海雍锐电子科技有限公司乔学明等讲师，已经走上行业人才基地讲坛授课。遴选企业人才参与高技能人才的培养工作，打破了协会专门邀请院校专家的模式，让会员高管和精英参与行业人才发展建设，是我协会服务行业又一大亮点和特色。

⑤ 30多位行业技术人员开展职称评定辅导。

职称申报评审的事关乎专业技术人员的切身利益，也关系企业的发展，员工职称数和职称评定已成为提升企业竞争力的重要抓手之一。协会积极与相关部门沟通，协调对接市经信委、市建委、高新技术、轻工等各评委会，整合政府与社会优质资源，开设职称申报服务项目，以协助行业企业的专业技术人员参加职称评审，获得相应职称证书。2021年，协会多次举行职称评审申报专题讲座，现已有30多名会员企业技术人员接受职称辅导。

⑥ 培养200名学徒制技能人才。

2021年7月，经人保局审批通过的《洁净室运行检测》《室内空气治理》《公共场所消毒防控》《新风技术与维护》《洁净室设计与运行管理》共5个企业新型学徒制项目正式启动实施。该项目是上海今年为民办实事项目之一,所有学员享受免费培训政策补贴,企业带教享受带教补贴。粤海酒店、上实物业有限公司、上海东富龙德惠净化空调工程安装有限公司等3家企业200人参与本项目。该培训项目采取集中授课、线上学习及岗位实操等三部分实施,员工由企业中层直接带教考核,既锻炼企业中层的管理能力,又提高企业员工专业技能。该项目也是上海企业有别于外地同行企业,唯一享受政府惠企人才补贴政策地区。

⑦ 培养558名行业新技能人才。

2021年依然是疫情较为严峻的一年,协会响应企业需求,将线下集中课程逐步转为线上,最短时间编辑培训大纲、考核要点,召集专家录制开展消毒防控员专业培训和考试系列、室内环境空气治理、P2和P3实验室设计与建设等线上行业培训课程,为行业培养规范化专业技术的新技能人才558人。

(11) 科技引领产业发展

上海市室内环境净化行业院士专家服务中心,作为行业内全国唯一的院士专家工作中心,广泛吸收社会专家进入行业专家库,积极帮助会员企业建立院士工作站,大力开展技术研发、融资调研、科普宣传、科技成果转化和创新创业实践。

① "上海国际室内环境净化技术交易服务平台"揭牌。

2021年5月8日,杨浦区人大副主任、杨浦区科协常务副主席吴晓童,上海技术交易所总经理助理陆继军为"上海国际室内环境净化技术交易服务平台"揭牌。该平台是中国科协的试点项目,是全国第一个设立在行业协会的专门提供科技成果买卖服务的平台。该平台是实现本行业"专利全球买、全球卖"的载体。协会作为科技服务券商,为全球的室内环境净化领域提供专利科技咨询、服务、专利成果、科技需求的信息发布、价格评估、交易转让和许可,是促进行业科技成果转化的一项重要举措。8月6日,"室内环境净化联合创新中心"正式揭牌成立,这也是服务平台"成立以来,在绿色技术领域展开交易服务的又一重要举措。中心由上海技术交易所、上海市室内环境净化行业协会联动专业服务机构旌珩科技公司共建,旨在为行业企业提供技术创新能力培训、技术成果供给资源、技术供需挂牌和对接、技术交易方案及鉴证服务等,以协助企业提升技术转化效率,促进企业生产力的提升。

② 行业科技服务大力开展。

协助企业申报科技专项。随着政府专项资金申报的发布,协会会员服务部通过一对一上门走访调研,精准配对相应政府专项补贴项目,指导企业政策项目申报,给企业送去政府的各项"干货",受到了企业的好评。2021年,推荐多家会员企业申报"专精特新""高新""民营企业总部""领军人才/青年菁英""两融/服务型制造""上海市重点产品质量攻关项目""最具投资价值上市培育企业100家""上海市企业质量管理领域数字化转型典型案例"等资质荣誉类项目申报。成功推荐上海尧伟建设工程有限公司为"高新"企业、至纯科技股份有限公司为"民营企业总部"、上海钛米机器人股份有限公司CEO潘晶为"领军人才/青年菁英"、上海开纯洁净工程有限公司为上海重大项目单位等。

(12) 深入开展行业专项调研

① 开展政府办公大楼空气质量调研。

2021年,在去年开展《2020上海市酒店室内空气质量状况调研报告》基础上,继续组织上海大学、上海空猎环保科技有限公司、蓝莘环境检测技术(上海)有限公司、上海迪勤传感技术有限公司针对上海市政府机关大楼开展空气质量调研,该调研报告已提交给上海市有关部门,为政府办公大楼"十四五"规划中的空气质量管理提供决策依据。

② 开展室内环境空气污染状况调研。

开展了为期 8 个月的室内环境空气状况调研，在上海、北京、长春、济南、郑州等代表性城市开展了 1000 户入户空气质量检测，对室内环境空气污染物浓度数据进行测试分析。本次入户检测均为房屋装修 2 年内的居室，由于污染物的释放速率与温度相关，将五大城市数据按四季不同温度分类，分析其超标情况和污染状况，并对改善措施进行了实验研究，形成《中国室内环境空气污染白皮书》。

（13）积极举办行业展会论坛

① 举办第 19 届上海国际室内空气净化展览会。

2021 年 3 月 29 日—4 月 1 日，由协会主办的第 19 届上海国际室内空气净化展览会在上海新国际博览中心开幕，此次展会展品范围覆盖新风系统及配件、空气净化器、室内空气污染治理、检测仪器等等，协会众多空气净化产业链会员企业携精品、新品亮相。本届展会也是空气净化行业在抗击疫情、恢复生产、保持行业平稳增长方面取得重大成果的一次集体亮相。

② 举办第 8 届"中国好空气　中国好未来"主题论坛。

3 月 31 日，第 8 届"中国好空气　中国好未来"主题论坛暨第 12 届上海国际室内环境净化技术论坛隆重举行。此次论坛由上海市室内环境净化行业协会、协会院士专家服务中心、上海博华国际展览有限公司主办，上海市研发公共服务平台管理中心、香港室内空气协会、台湾室内环境品质管理协会协办。上海市经济和信息化委员会生产性服务业处副处长张莉出席论坛并致辞，她指出，协会应更好发挥中介作用，加大对行业专家和企业的服务与指导，同时根据国家发展部署紧密围绕生物医药、集成电路等重点产业对生产空间环境的特殊要求，创新开展相关行业标准的研究制定，探索主导和推进行业评价、认证体系的国际化，在室内环境净化行业领域发出权威的"中国声音"。本次论坛还邀请了上海疾控中心环境健康科科长许慧慧、台湾室内环境品质管理协会会长郑仁雄、香港室内空气协会主席林俊康、中国科学院城市环境研究所研究员李要彬、上海迪勤传感技术有限公司董事长刘思坦、浙江拓力环境科技有限公司常务副总经理蔡一敬等行业领军人物和专家，通过线上线下结合的形式，开展演讲和讨论。

③ 举办 2021China-Pharm 展"洁净行业秋季活动周"。

10 月 12 日—15 日，协会组织会员参加国家医药交流中心、国药励展举办的 2021China-Pharm 展（武汉），并举办了包括企业参展、同期论坛等"行业秋季活动周"各项活动。此次论坛得到了上海市经济和信息化委员会生产性服务业处的大力支持，该处四级调研员罗椿桥同志赴武汉作论坛致辞。全国洁净室及相关受控环境标准化技术委员会杨子强秘书长和麦克维尔中央空调有限公司、苏州苏信环境科技有限公司、中国电子系统工程第二建设有限公司、宜昌人福药业有限责任公司作了技术分享。此次活动还组织了 2020 年捐赠武汉青山区政府的抗疫捐赠会员单位，对武汉第九人民医院等受赠单位回访活动，编制《行业抗疫纪念册》赠作纪念。

3. 未来展望

（1）围绕标准工作推进规范行业

① 完成《空气净化剂安全技术要求》《洁净室及相关受控环境用夹芯洁净板》的编制并发布，启动《洁净管道服务规范》《过滤器》《空气质量在线监测设备》《室内环境治理服务规范》《净化器租赁服务规范》等 5 项团体标准。

② 深挖行业新产品、技术、服务，组织编制行业新团标。

③ 深挖技术点，组织编制消毒服务与产品标准，为疫情发挥行业积极作用。

④ 组织跟进参与国标、行标及地标等各级标准的制修订工作。

(2) 继续以人才培养为重点推进发展行业

① 继续加强行业高技能人才培养基地建设。通过完善基地各项目环节制度流程，做到工作标准化。

② 开发满足行业发展及企业人才需求的紧缺岗位，根据市场、技术发展，加强专业和教材建设。

③ 加强师资队伍建设，提升基地师资教学能力水平。

④ 开发行业特有的技能等级认定项目及职称辅导工作，提升行业技术人才和企业核心竞争力。

(3) 继续积极开展行业科技服务

① 建立行业科创企业信息库。汇总梳理科创企业，通过走访调研形式为每家企业建档立卡，有针对性地开展科技服务。

② 加强项目申报辅导，为会员赋能。引导鼓励符合条件的企业申报高新、"专精特新"、院士专家站（服务中心）及政府专项资金等项目，不断扩充协会科技型会员队伍，争取更多科技政策支持和倾斜，增强会员的科技研发能力。

③ 继续发挥技术交易服务平台、企业创新服务平台优势，梳理会员科技现状、为会员企业在技术交易所提供技术专利买卖挂牌服务。围绕企业和市场需求开展技术路演活动。

(4) 编制洁净产业三年行动计划

继续大力开展洁净产业调研，结合洁净产业"十四五"发展规划和产业调研情况，编制可行性高、可操作性强、可实现性好的对上海3+6产业支持力度更大的洁净产业三年行动计划。

(5) 继续开展行业专项调研

围绕疫情后室内环境净化行业发展新动向、"双碳"战略、数字化转型等行业重点开展专项调研，为行业产业发展提供智力支撑。

(6) 以展会论坛增进行业交流

① 根据疫情形势，认真组织好第20届上海国际室内空气净化展览会和2022China-Pharm展。

② 积极推进协会和集成电路协会共同牵头举办的"集成电路——洁净产业长三角双碳峰会暨集成电路产业受控环境技术论坛"。

③ 认真组织好第9届"中国好空气 中国好未来"主题论坛暨第13届上海国际室内环境净化技术论坛。

④ 积极组织将于2022年7月在苏州举办药厂实验室论坛和2022年10月在南京举办API洁净论坛。

（上海市室内环境净化行业协会供稿 执笔人：王芳、李笑宇、魏婷婷）

(九) 上海餐饮行业2021年发展报告

2021年，从餐饮的视角看上海：全国"城市商业魅力""人均消费""购物中心""首店经济"餐厅数量"餐饮多样性指数"等各类榜单，及推介餐饮消费指南的"必吃榜""米其林""橄榄中国餐厅大奖"等餐厅入选榜单等，上海都位居全国第一。

走进上海，可以感受和体验：马路因美食而有味，弄堂因风味而飘香，商区因餐饮而繁华，周边古镇因餐饮而愈加展现既有历史积淀，又有现代气息的美食文化烟火……在这座大都市的每一个角落，咖啡的香味特别诱人。全世界咖啡店最多的城市，既不是纽约、东京或巴黎，而是上海。

走进上海，不管是高档餐厅还是街头排挡，精美菜肴或是家常小菜，这座城市饮食文化中的精致与包容，对八方来客而言，带来无限惊喜！已入选国家非遗的上海老饭店本帮菜、功德林素食、南翔小笼,以及40多种市级餐饮非遗,品味过程齿颊生香……

走进上海,品尝经典美食,感受海派风味,尤其是见证上海变化、历史和文化的64条马路,永不拓宽,风情永恒……那里的美食,在最有腔调、最有特色的海派克勒文化熏陶下,自然凸显"海纳百川,有容乃大"的上海城市文化精神。

走进上海,2021年是上海"十四五"规划"率先基本建成具有全球影响力、竞争力、美誉度的国际消费中心城市"的开局之年,也是首次明确打造"具有全球吸引力的美食之都"的起始之年,新的思路、新的感悟和新的期盼,上海餐饮必定在时间的年轮中铸就精彩。

1. 市场基本态势

2020年,疫情得到有效防控,2021年餐饮市场得以恢复,年内"总体增长、规模增大,业态整合、变革加速"走势显见。

(1) 总体增长,规模增大

首先,通过统计局数据,2021年上海餐饮旅馆收入为1 455.93亿元(限额以上企业),同比2019年增幅达22.32%(2020年因疫情影响同比上年减幅17.19%)。2021年实现正常反弹,反映出上海餐饮市场需求整体向好趋势。

其次,通过"表133"看5年乃至7年:从2017年收入1 025.39亿元,到2021年1 455.93亿,后4年总增额430.54亿元,总增幅为41.99%,年均增收56.5亿元,年均增幅为4.91%。2015年,上海餐饮旅馆收入即突破1 000亿元,为1 007.96亿元,同比增长7.3%;2016年为1 072.42亿元,同比增长4.7%。后6年增额总量为447.97亿元,总增幅为30.77%,年均增收40.57亿元。

表133 近5年餐饮住宿收入统计分析　　　　　　　　　　　　　　　　　　　　　（单位:亿元）

	餐饮住宿业收入(限额以上企业)										
	2017年			2018年			2019年			2020年			2021年		

| | 收入 | 同比 | | 收入 | 同比 | | 收入 | 同比 | | 收入 | 同比 | | 收入 | 同比2019年 | |
		增额	%		增额	%		增额	%		增额	%		增额	%
数据	1 025.39	−47.03	−4.3 报7.9	1 099.86	74.47	7.22	1 190.25	90.39	8.22	985.71	−204.54	−17.19	1 455.93	265.68	22.32
平均	1. 按5年年均1 151.43亿元计算:后4年均增收入56.5亿元;均比增4.91%; 2. 按7年年均1 119.65亿元计算:后6年均增收入40.57亿元;均比增3.62%。														
备注	1. 2016年餐饮住宿业收入为1 072.42亿元(同比增收64.46亿元),所以2017年增额为负; 2. 2021年的收入增额数已达到5年来年平均收入1 151.43亿元的26.45%;5年来餐饮收入有减有增,总体向上的态势依旧韧性很强,尤其是比2020年增收近470亿元,表明恢复很快; 3. 2015年餐饮住宿业收入首次突破千亿元,为1 007.96亿元,为此上海已6年在1 000亿元以上(2020年因疫情回跌1 000亿元以下); 4. 从2015年至2021年,上海餐饮住宿业规模7年提增了447.97亿元,占7年前市场规模的44.44%,占2021年总量的30.77%。														

(资料来源:上海市统计局)

可见上海餐饮业2015—2021年实际提增447.97亿元,占7年前统计规模总量的44.44%,占2021年统计规模总量的30.77%。当然,这并不是上海餐饮市场的全部,限额以下的餐饮收入尚不在统计范围。

(2) 业态整合,变革加速

上海经济发展一直处于国内领先地位,对餐饮业的发展从市场布局到经营竞争,都具有"推进业态整合,加速产业变革"的助推力量。2020年疫情对餐饮业的影响巨大,更是引发思考,倒逼着餐饮业的业态整合,变革加速。

站在国际大都市的视野看,在"海纳百川,有容乃大"的文化精神和新时代建设"全球有影响力的国际消费中心"的背景下,上海餐饮市场走向有序成熟,从企业创建、融资渠道、经营模式、菜系帮别、销售方式,乃至餐厅的氛围打造及服务展示,都趋向多元多样、品牌品质、组合融合、创建创新、合作共赢、分享蛋糕的趋势。

2. 观察整合变革,八个视角浅析

从"八个视角"浅析上海餐饮市场的整合变革。

(1) 资本拥抱餐饮显见

前瞻产业研究院披露数据显示,2021年全国餐饮赛道融资86起,投资金额为4 391亿元;上海领跑各城市餐饮融资,位居全国之首。

2011—2021年中国餐饮行业投融资事件数量与金额

(单位:起,亿元)

年份	投融资金额(亿元)	投融资事件数(起)
2011年	5.67	22
2012年	13.33	34
2013年	17.39	46
2014年	131.31	138
2015年	299.6	309
2016年	248.35	256
2017年	379.08	178
2018年	467.71	185
2019年	279.82	118
2020年	219.53	132
2021年	439.1	86

(数据来源:前瞻产业研究院整理)

2021年截至8月中国餐饮行业区域投融资金额分布情况

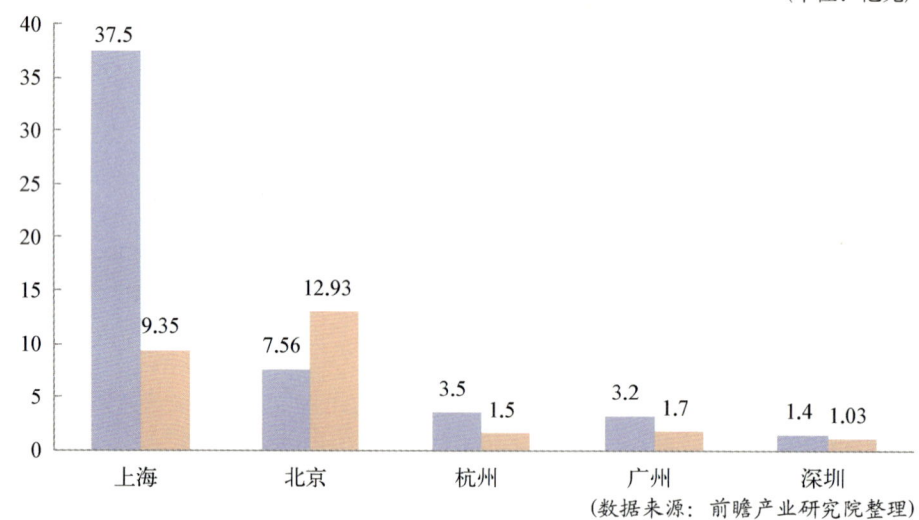

(单位:亿元)

城市	上海	北京	杭州	广州	深圳
金额1	37.5	7.56	3.5	3.2	1.4
金额2	9.35	12.93	1.5	1.7	1.03

(数据来源:前瞻产业研究院整理)

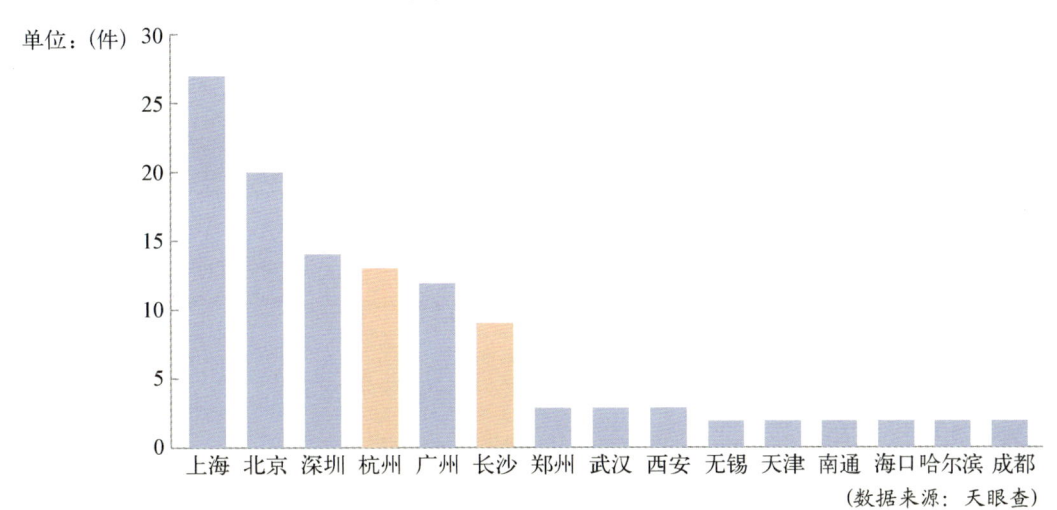

2021上半年餐饮投融资事件TOP15城市（截至7月15日）

单位：（件）

上海 27、北京 20、深圳 14、杭州 13、广州 12、长沙 9、郑州 3、武汉 3、西安 3、无锡 2、天津 2、南通 2、海口 2、哈尔滨 2、成都 2

（数据来源：天眼查）

2021年部分获得融资的典型餐饮品牌

餐饮品牌	品类	轮次	金额
和府捞面	面条	E轮	8亿元
霸蛮	米粉	B+/C轮	数亿元
夸父炸串	炸物	A轮3轮	1.5亿元
菊花开	卤味	B轮	1亿元
熊大爷	饺子	天使轮/A轮	数千万
贵凤凰	地方菜	A/A+轮	数千万
巴奴毛肚火锅	火锅	战略投资2轮	5亿元
丘大叔柠檬茶	饮品	战略/Pre A轮	超亿元
椿风	饮品	Pre-A轮	数千万
Seesaw咖啡	咖啡	A+轮	超亿元
墨茉点心局	甜点	战略/Pre A/A	数亿元

图162 前瞻产业研究院等机构数据

上海餐饮2021年上半年获得资本投资就达27起，占全国餐饮融资总次数的31.4%，比位居第二的北京多8起；截至8月份，上海餐饮获得资本投资达37.5亿元，同比2020年翻了4倍；餐饮融资额占全国全年总额的8.54%，比位居第二的北京翻了近5倍。这些数据表明，金融资本向上海餐饮投资态势，具有汇集之势，且前所未有。

金融资本投资餐饮业态，就全国餐饮市场而言，几乎集中在品牌连锁的中式点心、休闲餐饮食品、火锅、咖啡饮品等。而资本聚焦上海餐饮业态则不同，如下表11个餐饮品牌融资案例，均在上海创建且2021年都得以高速扩张，立足上海，走向全国，业态涵盖面点、米线、饼、汤粥、咖啡5个品类，可圈可点。

（2）餐饮在商业业态占比得以超常提升

以上海购物中心业态占比为例。

上海现代服务业发展报告 2021

表 134　基本上获得资本投入在上海创建的轻餐饮品牌简要概况

序号		品牌	上海开业		获资本(资金)投资		截至 21 年底发展			原创成立		备注
			时间	特色	时间	金额	门店	效益估算		时间	地域	
面类	1	陈香贵	2020年3月	兰州牛肉面	2021年7、11月	3亿元+	9月沪58家预开46家	测算数：单店500万~600万元/年		无信息		2022年后又获得融资
	2	马记永	2019年7月		2021年5月1日获得天使轮5家资本融资		9月沪46家预开43家					红杉资本递出10亿元以上估值投资意向书
	3	五爷拌面	2021年3月	浇头拌面	2021年6月	3亿元+	1100家	20亿元(中位测算)		2018年初	黑龙江	高瓴创投7月首投餐饮
米线	4	咪咪米线	2017年底	鲜香麻辣搭配组合	依托阿香米线集团直营体系形成投资加盟经营支撑保障		350家	单店净利达90万~100万/年		阿香米线是阿香米品牌子品牌2020年山东青岛		
	5	肥汁米兰	2017年3月	粤式小锅香港风味	2021年11月	过亿元	已开22家计划共52家	单店营收2万~3万元/天		2015年创始人夫辰饮引进香港米线进内地		门店效益信息来自创始人夫辰说法
饼	6	粮全其美	2004年	从台湾手抓饼到"粮手抓"	2018年	周杰伦入股	10多国家100+海外连锁门店	10亿元+		从手工制作到自动化；从加盟商到电商、超市		2012年拥有1.2万家加盟商覆盖全国300城市
	7	虎头局渣打饼行	2019年	烘焙点心中点西做	2021年1月	5000万美元	30余家预开150家	单店100万/月		长沙首店一炮打响数十平米日进3万		3月又拿到红杉中国，挑战者资本，IDG投资
麻辣烫	8	小蛮椒	2015年	麻辣烫	2021年	获3轮千万元级融资	300家+2022年达千家店	4万~9万元/月县地省城市		2016年起		外卖为突破线上占50% 60平方米，每单3人以下的数字化标准堂食小店
粥	9	三米粥铺	2016年	粥品类	无信息		1400+门店遍布全国	7万~13万元/月三二一线城市		开启"堂食+外卖+外带"的多场景经营模式		优品力+营销力+品牌力，年销2000万份皮蛋瘦肉粥
咖啡	10	Manner Coffee	2015年	咖啡连锁	2021年5月	数亿美元	384家截至2022年3月	首店2平方米，月收入10万元		快速扩张的开店选择注重优质商圈		低价路线和半自动制作与星巴克错位经营
	11	Seesaw Coffee	2012年	精品咖啡连锁	到2021年	已完成数亿元A++轮融资	100家+到年底	日均单量/店400~500杯+		价格比星巴克高一点营收几乎全靠咖啡		2022年底达门店200家继续实现3倍业绩增长

① 《上海购物中心 2021/2022 年度发展报告》显示"在外聚餐用餐的比例不断增加,不断推高购物中心的餐饮业态的比重""一些传统餐饮将不断创新升级,复合型的……组合餐饮更受'Z世代'(指新时代人群)的欢迎"。

② 赢商云智库从九大城市 254 个 5 万平方米以上购物中心(上海选取 57 个)样本分析显示,"餐饮业态在体验式购物中心占比接近三成"。

③ 以"上海 K11 购物艺术中心"的餐饮布局为例,其业态中餐饮(蓝色图示)比重明显加大,突破了国际标准的 25%,数量占比达 41%,面积占比达 39%。

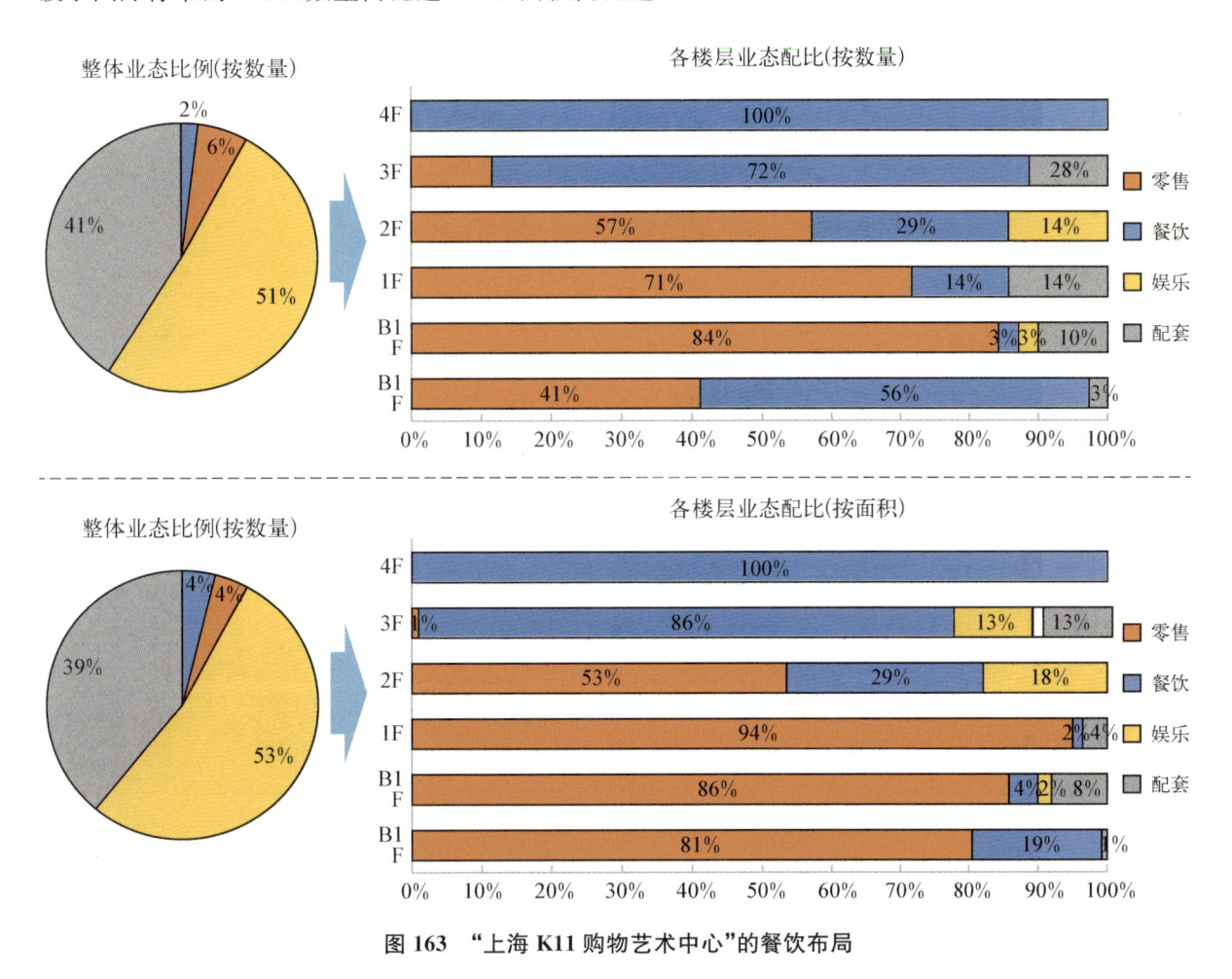

图 163 "上海 K11 购物艺术中心"的餐饮布局

④ 据网上整理购物中心餐饮品牌占比数据:黄浦区日月光中心广场 50%;杨浦区五角场合生汇为 33.4%;普陀区环球港为 30%;大宁地区久光中心布局了 100 多家餐饮品牌(共 400 余个商位);虹口瑞红地区太阳宫 5~7 层打造中西结合的美食天堂。

餐饮在各商业体业态占比趋高的态势,表明餐饮新增规模量的客观存在。

(3) 外卖已成增长引擎

国家信息中心报告显示,2021 年,我国在线外卖收入占餐饮业收入总额 21.4%(国家统计数据:全国餐饮收入为 4.69 万亿元)。其中,美团外卖交易金额为 7 021 亿元,外卖交易量达 144 亿笔。

据上述信息,2021 年的全国在线外卖收入约 1.004 万亿元,美团在全国的市场占有率为 69.95%,其对一线(上北深广)商家的渗透率为 55%。

2017.12—2021.12网上外卖用户规模及使用情况

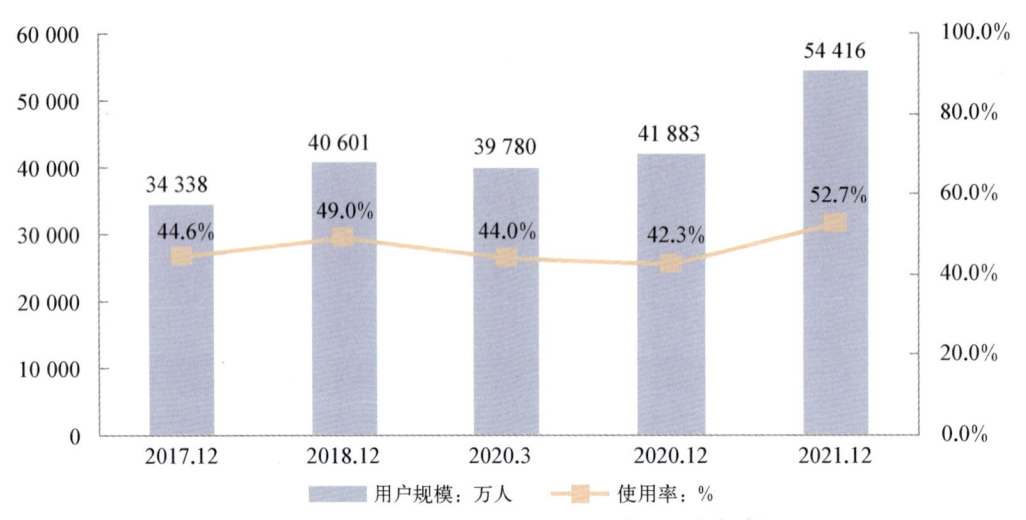

时间	用户规模（万人）	使用率
2017.12	34 338	44.6%
2018.12	40 601	49.0%
2020.3	39 780	44.0%
2020.12	41 883	42.3%
2021.12	54 416	52.7%

[数据来源：中商情报网(www.askci.com)]

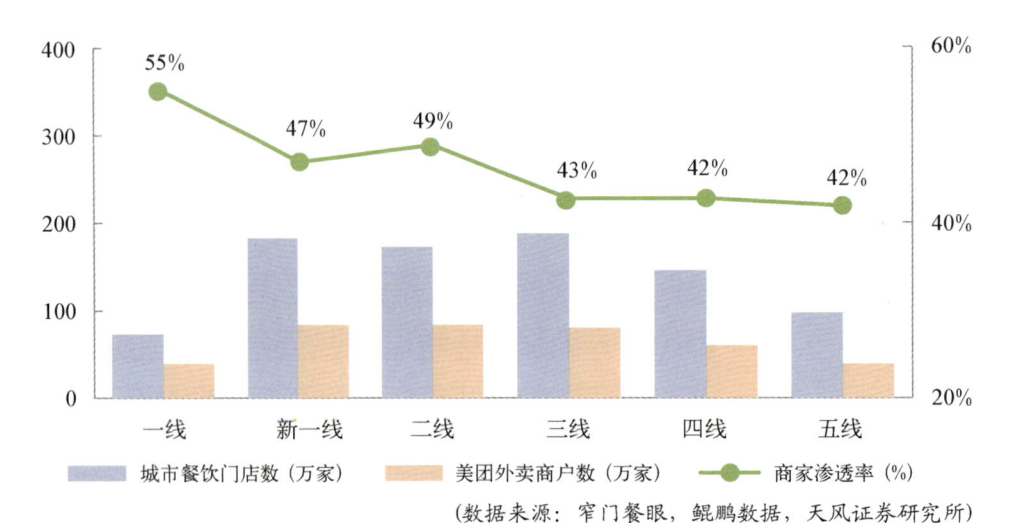

城市线级	城市餐饮门店数（万家）	美团外卖商户数（万家）	商家渗透率（%）
一线	~75	~40	55%
新一线	~185	~85	47%
二线	~175	~85	49%
三线	~190	~80	43%
四线	~150	~60	42%
五线	~100	~40	42%

（数据来源：窄门餐眼，鲲鹏数据，天风证券研究所）

2015—2020年中国外卖市场份额(%)

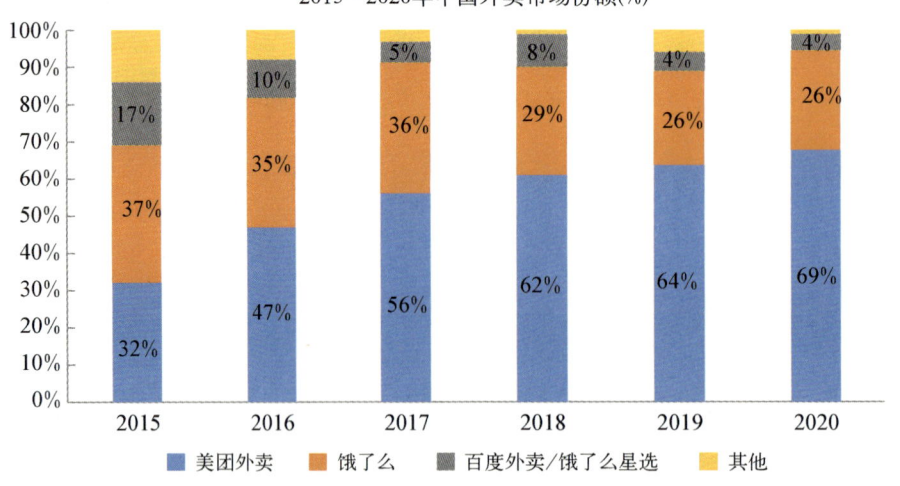

年份	美团外卖	饿了么	百度外卖/饿了么星选	其他
2015	32%	37%	17%	14%
2016	47%	35%	10%	8%
2017	56%	36%	5%	3%
2018	62%	29%	8%	1%
2019	64%	26%	4%	6%
2020	69%	26%	4%	1%

[数据来源：智研咨询(www.chyxx.com)]

图 164 全国及美团的外卖数据

可以看出：用户使用率占用户规模的52.7%；网上外卖用户规模同比增速达29.9%，用户规模增长1亿2533万人。另据商务部新闻发布会披露信息，2021年在线餐饮整体增速加快，销售额同比增长30.1%，增速比上年提高27.9%。

"外卖已成增长引擎"，在上海更是如此，以下数据分析为证：

① 从本市统计和全国占比看上海餐饮外卖规模。2021年上海限额以上餐饮住宿收入1 455.93亿元，按全国外卖占比21.4%计算，上海外卖规模为311.57亿元（不含小餐饮）。

② 从美团外卖对商家渗透率看上海餐饮外卖市场。美团财报披露：2021年，美团外卖收入为7 021亿元。依据美团披露的相关数据：

骑手成本为682亿元，年佣金收入（技术服务费）为285亿元，餐饮配送服务收入为542亿元，合计收费1 509亿元，占其外卖收入的21.49%。可见，餐饮商家为携手美团外卖服务"应经营的餐饮外卖总额"是8 530.87亿元，美团外卖占69.95%的市场份额，可得出全国商家"应经营的餐饮外卖总额"为12 195亿元。

美团外买在一线城市对商家的渗透率为55%，上海餐饮单位据市场监管局2021年公布的近13万家，则有7.15万商家被美团渗透。同时，从美团外卖占70%的市场推算，上海餐饮外卖商家总数约10.21万家。

美团外卖为更好获得上海更多市场，精心推出"外卖不嗲不上海"的主题传播，宣传接力操作，体现在美团外卖的商家"嗲"以及点美团外卖的人和他们所代表的生活方式"嗲"。

虽然美团外卖尚无在上海餐饮市场数据，但其对上海市场高度看重是无疑的。

③ 从餐饮外卖品质和活力看上海餐饮外卖形象。美团外卖发布的《2021年外卖新势力城市榜单》显示，苏州、上海、广州成为"外卖用户活跃之城"，并且上海位居"外卖品质之城"首位。数据还显示，上海"春节年夜饭"外卖为五大城市第一。尤其是市场监督管理局将实施多年的"脸谱公示"推广到了外卖领域，已覆盖饿了么、美团平台中超过70%的本市餐饮企业，共约5.7万家。"餐饮脸谱"数据显示，笑脸餐饮商户约占40%、平脸餐饮商户接近60%、哭脸餐饮商户不到1%。

品质外卖之城	外卖用户活跃之城
上海市	苏州市
北京市	上海市
舟山市	广州市
4 南京市	4 北京市
5 三亚市	5 深圳市
6 天津市	6 温州市
7 无锡市	7 无锡市
8 苏州市	8 杭州市
9 武汉市	9 东莞市
10 杭州市	10 泰安市
（数据来源：美团外卖）	（注：外卖用户数增速最快）（数据来源：美团外卖）

图165 美团展示2021年外卖"上海形象"

④ 从网络数据看上海餐饮外卖前景。据艾媒咨询《2018上半年上海市互联网发展报告》,"2017年上海市互联网网民规模达1 857.3万人,网民渗透率达76.8%。随着上海市社会消费水平的升级与网络技术的完善,上海市网民规模也呈现稳步上升趋势"。如以2017年为中点,前5年,依据《新闻晚报》2012年5月14日讯,上海网民总数已达1 250万。网民数5年增长48.58%,共增607.3万人。如此推算到2021年,上海网民总数至少在2 000万以上。另据上海市通信管理局2021年全年电信业务统计数据:"截至2021年底,三家基础电信企业发展手机上网用户数达3 612.9万户(上海)"。

⑤ 上海市民"吃"到了全国第一。美团外卖研究数据显示,无论是精致的上海本帮菜、印度菜、法国菜、新加坡菜、居酒屋、葡萄牙菜、意大利菜等,还是充满市井烟火气的生煎、锅贴、馄饨等小吃,都是上海市民的最爱,上海市民将它们"吃"到了全国第一。同时,外卖前10名以小吃快餐居多,包括锅贴、小份麻辣香锅、大肉包、咸豆花、香菇菜包、酸辣土豆丝等。

(4) 首店经济呈现活力

2021年,上海新增首店1 078家,同比增长18.6%,其中餐饮首店占比为60.2%,自2017年引进首店以来,餐饮业态是占比最高的商区布局,且首店总数和餐饮首店数均为全国第一。

图 166 上海首店经济数据

(数据来源:上海市商务委)

表 135 上海首店经济中的餐饮首店数据 (单位:家)

项　目	2021年	2020年	同比(%)	2019年	同比(%)	2018年	同比(%)	2017年	平均增幅(%)	五年总量
首店数	1 078	909	18.6	986	−7.8	835	18.1	226	269	4 034
餐饮店数	649	527	23.15	505	4.36	443	13.10	118	275.42	2 242
餐饮占比%	60.2	58		51.2		53		52		55.58

(数据来源:市商务委)

由此可见,上海建设"国际消费中心城市"无"首"不欢;打造"国际美食之都"无"餐"不活。打造"上海品牌"首店和引进全国、亚洲,乃至世界的名牌为上海首店,自然具有风向标意义的"聚集效应"。而增加餐饮首店占比、数量和提升餐饮首店的品质、品位,其引客聚客的人气效应就更不一般了。

5年来,2 200多家餐饮首店,活跃在上海各大商业综合体、购物中心和特色街区,已经成为申城各实体商业的"标配"与"名片"。餐饮首店所展示的美食风味是多元的、国际的、地域的、特色的……

2021年餐饮首店有：淮海路巴黎春天的美国超人气"汉堡店Five Guys";前滩太古里的"星巴克向绿工坊概念店全球首店";衡山路永嘉路口的"COLCA秘鲁西班牙餐厅";新天地的丰收日集团高端线——"甬江春";月星环球港的长沙湘菜排队王"炊烟小炒黄牛肉"。

另如,虹口瑞虹天地太阳宫5～7层的"主题餐饮",让"美食、文化、运动、宠物、亲子"交融,共集聚了30%的餐饮首店;浦东金桥的日本海外首家"啦啦宝都"(潮玩空间)里的粤式菜点"陶陶居",星巴克臻选、Tims咖啡,以及日本餐饮"大户屋"料理、"八酷唐"烧肉、"都恩客"面包、"coco壱番屋"咖喱饭等。

上海首店经济体现建设国际消费中心城市的内涵品质和丰富内容;上海餐饮首店展示打造国际美食之都的内涵品质和丰富内容。

据上海商学院与上海市商务委员会联合发布的《上海商业发展报告(2020)》,"首店效应"正成为上海商业(含餐饮业)的新标签,推动上海商业(含餐饮业)高质量发展;"首店经济"(含餐饮首店)通过营造新的消费场景和美学体验,激发消费者对商品和服务的潜在欲望和需求,从而引领社会潮流。所以,上海餐饮首店作为打造国际美食之都的重要举措,激发上海大都市餐饮消费进一步差异化,推动餐饮经营模式创新,推动餐饮消费升级,引领社会餐饮消费潮流。

(5) 跨界融合提升品质

首先,观察一下跨界。

一方面是上海海派文化的内在规律及动力,凡成为上海餐饮的,自然走向包容和融合,这也许是揭示上海容易接受跨界餐饮的内在原因;另一方面遭遇2020年疫情冲击和竞争加剧等因素,对原本进入市场不难,拓宽市场空间并获得盈利却必然艰难的餐饮企业而言,必须在竞争赛道上有所突破。2021年,餐饮业各个赛道"内卷"网络流行语,反映餐饮企业原有经营业态既没办法稳定,也没有能力转变为新业态的困惑及思考,进而选择融合跨界的组合业态,以谋求新的市场。有意思的是,这一原本违背市场细分规律,让简单变得复杂的餐饮模式,在新时代人们消费不断提升,寻求品味、玩味,品质、品位等感受体验等需求下,居然也形成态势,因市场需求而为众多商家选择,形成联动发展、相互驱动的局面。表现在市场上就具有"别出心裁"的特点。跨界的如：

2021年2月,全球首家DIESELHUB(意大利高端丹宁品牌)进驻上海,卖牛仔裤的也跨界餐饮业了,在港汇恒隆广场将游戏厅、服装陈设体验和无国界先锋美食酒廊融合,打造了一处900平方米体验感超强的新派生活空间,荟萃世界各地的美味佳肴,成为沪上首屈一指的生活文化新地标。

2021年4月,必胜客第二家电影主题餐厅在上海静安寺商圈开幕。

事例举不胜举。可以说2021年的上海购物中心,无论是存量的改造升级,还是新建的商业打造,在布局构思和经营模式上,业态组合的跨界经营,几乎都内含"+餐饮"和"餐饮+"的趋势选择。这样的趋势不仅顺应了高质量发展要求,更是新时代人们消费提升的必然结果。对部分餐饮经营者而言,面对"内卷",也许无奈,但挑战就是机遇,竞争市场能够合作共赢。而资本对餐饮的投入,也是跨界餐饮形成态势的外在力量之一。

其次,分析一下融合。

上海有2500万人,随改革开放进入的"新上海人"越来越多,流动人口无论是数量还是频率都可以说独一无二。对餐饮而言,"胃口"很大,自然市场就很大。只要抓住胃,就能得市场,如何抓住胃,必须吃有"味"。上海美食容融天下,就趋势而言,多样性和国际化在全国举世无双,也是国际美食之都的内在要求和客观规律。

融合不仅体现在对上海餐饮行业、企业乃至经营者和厨师等主体上,更直接的是对中餐、西餐、本帮菜、海派菜、各地来沪特色菜、中点、西点,乃至茶饮、咖啡等品类上的创新。2021年值得提一下的几个事例:

① 2021年"凤凰网美食盛典金梧桐上海餐厅指南"发布。48家餐厅从108家入围中脱颖而出,斩获"年度餐厅"殊荣。凤凰新媒体高级副总裁刘春先生致辞:"上海的味觉不仅触及中国的各大菜系,也将异域世界的饮食风情悉数收下。在过去物资匮乏的年月里,这里积攒出独特的西餐文化;衣食丰盈的今天,跨洋而来的灵感仍然滋养着上海餐饮人的精致追求。在这里,我们将无限地接近世界美食。"发布会上,金梧桐上海餐厅指南评委会主席周元昌介绍了创新上海菜的经验,并分析了上海菜这些年的变化和发展。其中,对上海菜(含本帮菜)的传承创新,容融天下的品质提升、烹饪匠心精致,装盘组合精美,菜肴美滋美味,以及对协会注重发展本帮菜"传承不搬旧,创新不刨根"等给予诠释。

② "2021FHC上海环球食品展"(第二十三届)烹饪赛事和论坛:

FHC中国国际烹饪艺术比赛,吸引了来自香港特别行政区、韩国、中国台湾、马来西亚、新加坡、澳大利亚和加拿大的800多位厨师同台竞技23项赛题。

2021FHC上海国际厨艺锦标赛,展现中西餐文化交汇相融,协作共赢。上海万豪餐饮团队获得冠军,其赛品:前菜挑选了黑盒里的比目鱼和黑虎虾,采取烟熏和低温慢煮的烹饪手法,由奶油蒜泥、青豆慕斯、酸橘汁以搭配调味;主菜选用羊前腿和羊里脊,分别加以慢炖和焗烤,配以薯蓉、脆炸羊肉芝士丸子;甜品由蔓越莓干、柚子果酱、新鲜百香果3种食材搭配呈现。从西点制作到盘饰展示,凸显海派"容融"特点。该赛事还设立了"兴华青年厨师奖学金"。

同时,在FHC展会再次举办"再论上海菜传承创新发展"论坛,主持协会工作的老会长沈思明特邀请对上海菜及本帮菜的践行和理论有造诣的专家、大师上台主题演讲,并进行视频传播,为数百名到会同仁及更多在关注者,呈展从本帮菜到上海菜、从上海菜看上海国际大都市餐饮市场"海纳百川,有容乃大"的现状、趋势和前景。

③ 多年来上海在多家有影响力的"餐厅评定"获奖数据。

表136 上海入围有影响的"餐厅评定"数据

餐厅评定 (其他内容省略)	2017年			2018年			2019年			2020年			2021年		
	总数	上海	占比%	总数	上海	占比%	总数	上海	占比%	总数	上海	占比%	总数	上海	占比%
必吃榜餐厅 大众点评主办	50城市		20	36城市		10.5	50城		9.4	44城市		—	46城市		10.5
	50	10		867	91		1463	136		1288	121		1241	130	
黑珍珠餐厅 美团点评主办	尚未开始			27城市		16.1	27城市		18.8	27城市		19.4	25城市		22.0
				330	53		287	54		309	60		296	65	

续 表

米其林餐厅 美企拓展服务	上海 25		内地 首评 25	上广 39		79.5 31	北上广 68		50.0 34	北上广 75		53.3 40	北上广 76		56.6 43
	香港 64	澳门 16	合计 80	香港 63	澳门 19	合计 82	香港 63	澳门 46	合计 109	香港 70	澳门 20	合计 90	香港 69	澳门 18	合计 87
橄榄中国 餐厅大奖 橄榄画报主办	总数	上海	占比 %	总数	上海	占比 %	总数	上海	占比 %	总数	上海	占比 %	总数	上海	占比 %
	20 余城市 108	58	53.7	20 余城市 182	92	50.5	35 城市 201	99	49.3	32 城市 198	92	46.5	31 城市 307	128	41.7
上榜餐厅菜式多元 上海占据市场前沿	本帮、淮扬、苏浙、京鲁、粤、潮、闽、川、滇、火锅、健康、甄选、新开、风味必吃、高端会所、亚洲菜菜、西餐与葡萄酒、杰出餐饮品牌、杰出连锁餐饮品牌等20多项。此大奖已颁布第12年头,在上海的餐厅获奖率之高凸显市场前沿意义。														

	第一届(2018)		第二届(2019)		第三届(2020)		第四届(2021)	
世界食材 上海味道 市餐饮烹饪行业协 会主办和上海商情 信息中心承办	寻味 上海	必吃 榜单	入围 餐厅	公测 餐厅	餐厅 品牌	甄选 餐厅	上榜 餐厅	升级 开店
	尚未开始		100家	50余家 (名店)	100家	35家	300多家	36家	300多家 (累计)	50%
			发布上海味道美食地图、小程序美食榜和人气餐厅、年度十大餐厅、年度十大菜品。		发布"上海味道年度榜"及2019年度上海味道美食地图,体现名菜、名厨、名店特色。		累计有32.5万大众投票,近220万人次关注;经过近20个菜系,72道美味品鉴。		"环球美食节"有300余个餐饮品牌的2 000余家海外风味餐厅参与。

(数据来源:各主题榜单的网上发布)

"表136"数据及表述,足以表明上海餐饮市场的品牌力和影响力,足以表明上海餐饮业态的多样性和国际化,足以表明上海早已呈现"国际美食之都"餐饮消费市场的事实,足以表明在上海建成"具有全球影响力、竞争力、美誉度的国际消费中心城市"及打造"具有全球吸引力的美食之都"规划部署下,餐饮首店经济作为风向标,前景将更加美好。

(6)美食体验更加多元

2021年5月17日,第一财经联合上海商情信息中心发布《上海环球美食指数》报告显示,上海的"餐饮多样性"指数常年位居全国首位,环球美食餐厅在上海正餐餐厅中占比达16.9%,堪称"环球美食之都"。报告还显示,上海环球美食中,47.7%属于西餐大类,包含意大利菜、法国菜、西班牙菜等细分领域;33.89%为日本餐厅,可细分为日本料理、日式居酒屋、寿司店、日式火锅等专营业态;13.4%为韩国餐厅;4.7%为东南亚餐厅,专攻泰国菜、新加坡菜、越南菜、印度菜和南洋中菜等不同地域特色。

然而,上海餐饮市场在多元趋势下,餐饮各业态的变化是迅猛而惊奇的:

图 167　上海餐饮市场业态多元

注：图示数据已因市场变化而变动。

① 火锅店 1.2 万家。

2021 年 7 月 16 日，大众点评数据显示，2021 年上海火锅店数量已接近 1.2 万家，而 2020 年仅为 8 000 家。另据调味品行业主流媒体"调料家"披露，2020 年上海火锅底料市场保守估计为 4 亿元。由此延伸上海餐饮市场的"辣味"。2017 年大数据就表明，上海最能吃辣。上海外来人口增加至 1 000 万人以上，年轻群体成为主流消费，他们求新、求变，很多人以口味刺激减缓工作和生活压力等，正在改变上海餐饮市场。

② 湘菜店 5 000 多家。

第十六届中国湘菜美食文化节在上海持续进行，并披露"近年来，湘菜品牌在上海落地生根，发展壮大。从 2006 年的 20 多家店，快速成长到现在的 5 000 多家，来势喜人"。湘菜以"辣"著称，讲究色、香、味、形，味道浓烈醇厚，赢得上海市场。

③ 咖啡店 7 500 家。

上海交通大学公布的《2020 国际文化大都市评价报告》显示，截至 2021 年 1 月，上海已有 6 913 家咖啡馆（2022 年 5 月 31 日，据光明网报道，上海咖啡馆的数量为 7 494 家）。全球 50 个国际文化大都市中，上海的咖啡馆总数排名第一。其中，星巴克在上海已经有 900 多家门店，远超首尔的 500 多家。更能代表上海咖啡文化的是数以千计的本地独立咖啡馆。第一财经统计显示，55.88% 的上海咖啡馆为独立咖啡馆。

④ 上海已成为中国下午茶之都。

上海有高星级酒店 150 家之多，其中五星级的就有 86 家，位居全国第一。依据酒店的市场定位，各中式、英式、日式、泰式、法式、南美、中东等各式下午茶获特定的"茶息"，都分别得以满足需求。整个社会面的"下午茶"，可以说也是别样缤纷。由上海市餐饮烹饪行业协会主办的 2021"环球食材·上海味道——环球美食节"，遴选 20 家环球特色下午茶餐厅进行现场展示，并发布了"下午茶大赏甄选榜单"及上海《人气下午茶地标图鉴》。比较数据显示，上海已成为中国的下午茶之都，并由于上海世界进博会让世界食材汇聚上海，使上海的下午茶有了世界气质。

表 137　城市生活网(上海)公布世界和全国进上海的餐饮美食连锁品牌　　　　　　　　　　　　(单位：家)

	该网展示部分餐厅连锁品牌(皆餐饮品牌企业)													
上海城市生活网数据	美食数量	上海菜		川菜		湘菜		东北菜		粤菜		徽菜		西北菜	
		数量	占比%	数量	占比%	数量	占比%	数量	占比%	数量	占比%	数量	占比%	数量	占比%
	3 897	13	0.33	62	1.59	45	1.15	24	0.62	13	0.33	13	0.33	12	0.31
	表内各菜系合计数为 182 家,占美食数量的 4.67%													
各菜系占比是指在美食数量中的占比%	此数据尚无法与迅猛发展的上海餐饮市场,尤其是业态格局相一致(表 136 图示也是如此),如以川、湘菜系为例(见文)													
	该网展示部分餐厅连锁品牌													
	美食数量	浙江菜		潮州菜		云贵菜		台湾菜		北京菜		鲁菜		火锅	
		数量	占比%	数量	占比%	数量	占比%	数量	占比%	数量	占比%	数量	占比%	数量	占比%
	3 897	7	0.18	5	0.13	3	0.08	3	0.08	2	0.05	1	0.025	163	4.18
	表内各菜系合计数为 184 家,占美食数量的 4.72%													
	此数据尚无法与迅猛发展的上海餐饮市场,尤其是业态格局相一致(表 136 图示也是如此),如以火锅为例(见文)													
上海城市生活网数据	该网展示部分餐厅连锁品牌													
	美食数量	中餐		快餐		地方风味		清真菜		海鲜酒楼		综合酒楼		中式素菜	
		数量	占比%	数量	占比%	数量	占比%	数量	占比%	数量	占比%	数量	占比%	数量	占比%
	3 897	2 172	54.32	468	12	201	5.16	56	1.44	49	1.26	13	0.33	3	0.08
	表内各菜系合计数为 2 962 家,占美食数量的 76%													
	此数据尚无法与迅猛发展的上海餐饮市场,尤其是业态格局相一致(表 136 图示也是如此),如上海 2021 年就引进 1 000 余家首店													
各菜系占比是指在美食数量中的占比%	该网展示部分西式餐厅连锁品牌									备　注				
	美食数量	外国餐厅		咖啡		其中星巴克咖啡品牌 3 家,门店 928 家						此西式餐厅数据尚无法与迅猛发展的上海餐饮市场,尤其是业态格局相一致(表 136 图示也是如此),如上海咖啡及茶饮市场全国第一,已近 1 万家,且本地独立品牌占 50% 以上			
						星巴克门店		星巴克咖啡门店		星巴克甄选				
		数量	占比%	数量	占比%	数量	占比%	数量	占比%	数量	占比%			
	3 897	205	5.26	100		838	21.5	2		88	2.26			
	表内各菜系合计数为 1 233 家,占美食数量的 31.64%													

通过对各餐饮业态占比核计,总占比已达 117%,表明有 662 家餐饮连锁品牌被重复与相关业态。尤其是依据该表 3 897 家餐饮品牌计算连锁化比例仅 3%,与实际完全不符。如按照中国烹饪协会餐饮发展报告,一线城市的餐饮连锁化比例皆 20% 以上,保守计算上海餐饮连锁品牌餐饮至少达 2.6 万

家。可见"表137"只是一个餐饮窗口数据的多元化展示,如烧烤业态乃至许多"新餐饮"就不在其内。

⑤ 烧烤在上海"烤串"香、"韩味"浓。

2021年,烤肉热度一路攀升,尤其在国潮烤肉品牌的强势带动下,赛道正释放出巨大的增长潜力,在美团点评和大众点评的搜索数据中,烤肉的搜索量增幅一度高达30.2%,位列全部关键词之首,风头盖过餐饮头一大赛道火锅。

上海"烧烤"市场据《2021年中国烧烤行业发展研究报告》,展现"韩味"浓、"烤串"香的特点。

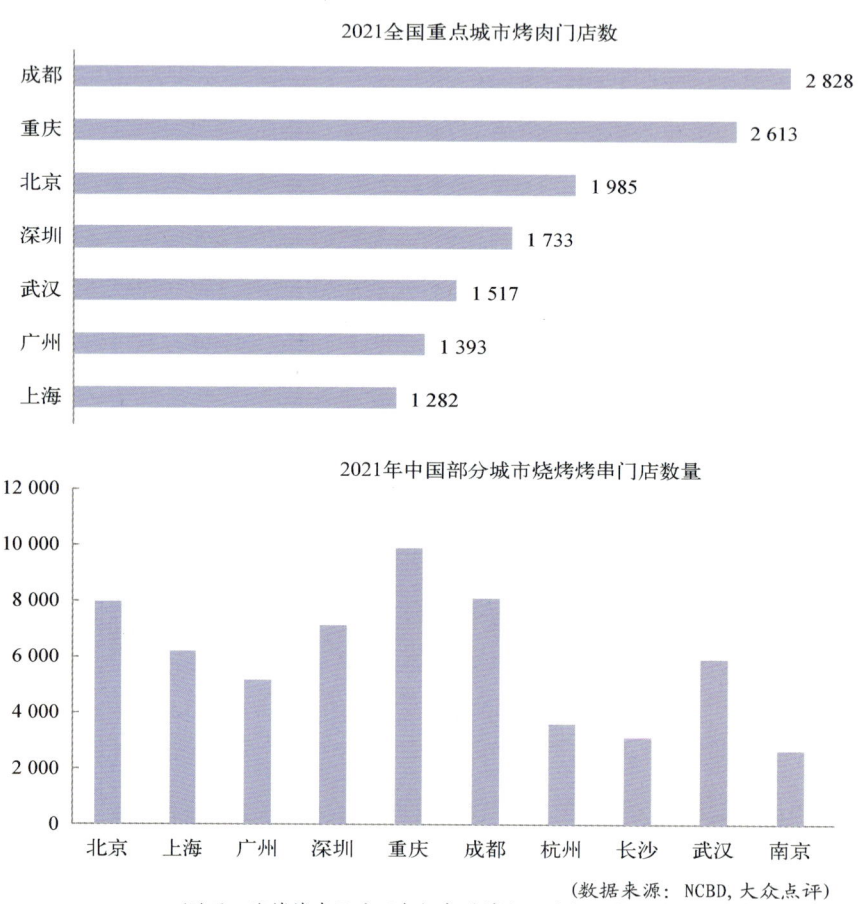

2021全国重点城市烤肉门店数

城市	门店数
成都	2 828
重庆	2 613
北京	1 985
深圳	1 733
武汉	1 517
广州	1 393
上海	1 282

2021年中国部分城市烧烤烤串门店数量

(数据来源：NCBD,大众点评)
(说明：烧烤烤串门店不包括各种烤肉门店数,监测时间2021年8月3日)

2021重点城市韩式烤肉门店数在烤肉店中的占比

广州	上海	天津	北京	杭州	南京	重庆	成都	深圳	武汉	长沙
33.2%	31.4%	30.1%	27.3%	25.8%	20.3%	16.3%	15.8%	14.3%	13.4%	10.5%

(数据来源：NCBD,大众点评)
(注：数据截止日期为2021年4月20日)

图168 上海烧烤市场数据

"图168"显示2021年上海：烤肉门店1282家；烧烤烤串门店6000余家；韩式烤肉门店占比为31.4%，有403家，可谓"烤串"香、"韩味"浓。

据艾媒咨询《2021中国夜间经济最新发展报告》显示，烧烤作为夜经济餐饮的首要支柱品类，占尽天时地利人和。并且，红餐品牌研究院数据显示，国内烧烤的门店数量众多，其中三、四、五线城市为59.3%，高于一、二线城市。从各城市烧烤门店数来看，北京、上海、武汉分别摘得前三名。

据《2021年中国烧烤行业发展研究报告》，"2020年中国烧烤门店数达到45.5万家，市场规模达到2010亿元，同比增长3.6%，且继续保持增长……"，以此计算（加同比增长因素）2021年上海烧烤门店数占比为1.6%以上，市场规模似应32.16亿元以上。

（7）数字技术运用加快

虽然数字技术在餐饮业的运用，就整体相对走前的工业、金融业而言，可以说是"初级阶段"，刚起步但运营加快的速度还是明显的。可以从两个角度观察分析：

① 数字技术助推竞争。

据《CCFA餐饮行业数字化调研报告2021》显示，"伴随着应时顺势进行的各类转变，大多数餐饮企业都认识到了加速数字化进程的必要性，调研数据显示多达85%的企业已经充分认识到了数字化转型的必要性；同时本年度协会收集的创新案例中，70%都与数字化建设有关，也从另一个方面说明了企业对数字化的重视程度"。

A. 市场客观需求

该报告还显示，大数据表明"95后已经成为餐饮消费第一大群体，贡献了近四成的餐饮消费总额"，且"95后是跟随互联网成长的一代，更容易接受数字化的消费方式"。

同时，推动"银发经济"的消费融入数字化已成趋势，2020年11月，国务院办公厅印发《关于切实解决老年人运用智能技术困难的实施方案》，12月，工信部印发《互联网应用适老化及无障碍改造专项行动方案》。在这些数字经济大建设、大发展、大驱动下，老人的触摸网站率、手机功能使用率等提升很快，使用网上外卖、手机结账、智能点餐的老人越来越多。虽然现有数据表明老年群体的触网比例不到四成，但对任何一个行业或企业的经营而言，绝对数已经很大。现有数据显示，微信、美团是中老年群体相对满意的主流App，意味着中老年群体对于社交通讯、生活服务以及娱乐资讯有强烈的需求。餐饮业分享"银发经济"的奶酪刻不容缓。

B. 餐企主观追求

近年来在众多数字化技术当中，餐饮企业最为关注的是大数据、人工智能以及物联网，这些技术目前在餐饮行业中已经被广泛运用并初具成效，展示出各餐饮企业主体对数字化助推企业升级的追求：

携手合作分享市场。如，携手美团等数字生活服务平台，推出线上外卖市场。

创新打造经营模式。如无论是餐饮＋，还是＋餐饮等新餐饮业态，都离不开包括OTO、供应链在内的数字化链接。

助推内部人财物管理的"一网通办"、提升企业的运营效率。比如，餐饮大企业（集团、公司）实施网格化管理。

运用"数字技术"的服务项目，可以让消费者的服务体验与价值得以提升。如上海的购物中心推出的亲子、娱乐、运动、休闲等体验式、组合式等"主题餐饮"。

据阿里新服务研究中心发布的《上海市餐饮服务数字化发展环境分析报告》显示，"上海市拥有优质的服务业土壤：城镇化率超过88%、第三产业GDP占比73%、餐饮服务数字化水平全国领先；

扎实的数字化发展环境;消费人群数字消费习惯成熟、消费场景特点鲜明、对多元品类接受度高;领先的创新创业模式,这些构成了上海市餐饮服务数字化的基石,让上海成为餐饮服务数字化的桥头堡"。

② 数字方式助推销售。

数字化也助推餐饮企业销售渠道的多管齐下,不仅大大推动餐饮业从堂吃外卖到线上线下,从成品、半成品外卖到工业化、包装化冷冻品、即食品等预制品餐饮零售,从人工服务到智能服务,乃至智能餐厅等发展,而且大大推进餐厅销售渠道,尤其是销售方式的拓宽。小程序、社群、平台直播,公众号、私域、流量变现,餐饮企业商家完全可以通过公众号+小程序+视频号+直播实现微信生态内的全渠道营销的品牌塑造,再结合小程序里的营销工具,或者企业特定的网络化销售平台,可以更快速地提升店铺流量、转化率、复购率,完成粉丝流量的变现,并且能够与用户建立非常紧密的服务关系,增强用户的忠诚度。

更重要的是,数字化推进的餐饮销售方式,对餐饮经营提出新的考量:

A. 如何提高企业的跨界融合力。

2021年,上海餐饮市场的创新变革不层出不穷:有不同业态跨界组合的"一体化体验",有各业态在一个相对空间连接的"一站式消费";还有正餐的快餐化、快餐的小吃化、小吃的正餐化,以及餐加饮等。面对这样的市场,更多的餐企业如何应变?

B. 如何实现企业的数字生产力。

餐饮企业数字生产力的关键也是人才和技术。餐饮数字化不可能在一家企业单独完成,需要合作、借力、让利,否则不可能落地、提升、加速。在2021年,甚至更往前几年,至少已经看到数字化给餐饮企业带来的两个变化:

a. 餐饮业跨类别的融合能力越来越强。在正餐和快餐之间、餐和饮之间、餐和零售之间已经发生了很强的融合。正餐的快餐化,快餐的小吃化,小吃的正餐化,餐加饮的整个结合。本质原因是新一代消费者的崛起,他们带来了消费升级和在不同消费场景下的新需求,促使传统餐饮企业变革。

b. 数字化在餐饮行业的落地越来越快。从2021年来看,餐饮数字化大幅提速,其中包括了一些跨界行业的团队和供应商。另外,现代化科技解决方案越来越多,从支付的数据化到社交的数字化,再到运营的数字化,这些红利已经在部分餐饮企业里逐渐显现。

这两个变化,必将进一步推动不上海餐饮业新模式、新业态、新消费的蓬勃发展,继续创新经营模式,加快线上线下深度融合,大力发展线上订购、非接触配送、成品半成品零售等餐饮销售新模式。

(8) 新零售助推餐饮消费新体验和餐饮食品工业化

在"新零售"此模式下,商家依托线上电商平台提供数据支持,进行精准营销,同时线下环节承接线上流量,功能趋于多元化,一方面负责物流配送;另一方面提供体验服务,线上线下共享资源、协同发展,引导了线上下单、线下取货的消费习惯,重构融和消费体验,完善"OTO"交易闭环。

显然,餐饮新零售并不是简单的"+餐饮"或"餐饮+",餐饮新零售的工业化更不是简单的作坊生产,餐饮"O2O"在近年来餐饮业的快速发展,离不开餐饮业"与数字接吻"和"与资本拥抱"。2021年的上海餐饮市场,线上寻求跨界共赢,携手打造餐饮融合空间,线下满足消费体验,一起分享餐饮经营成果。"新餐饮"由此应运而生。

① 餐饮"新零售"发展的市场内在动因离不开"Z世代"主流消费的需求。

所谓应运而生,自然是应运餐饮市场的主流需求主体而生,以接受餐饮"O2O"为例,未来智库数据显示,"90后""95后"在餐饮消费人群占比由2018年的29%增长至2021年的46%,"Z世代"逐渐成为餐饮行业消费主力军。此外,超75%的"90后"会在内容平台上分享网红美食打卡、聚餐菜品、餐厅装修等内容,与"Z世代"的社交需求契合。

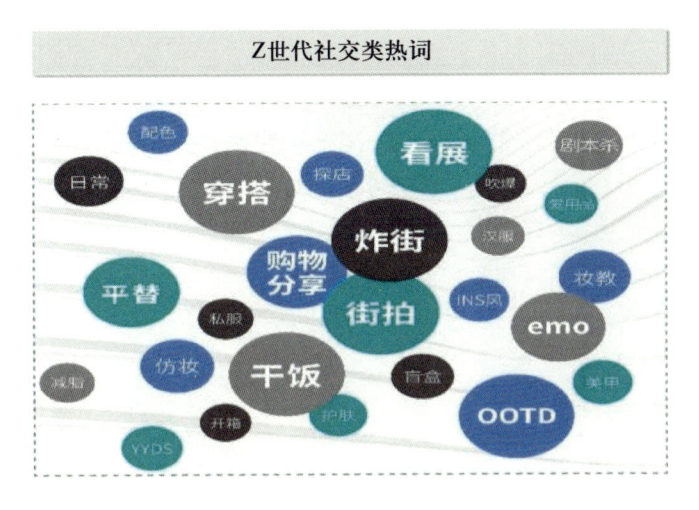

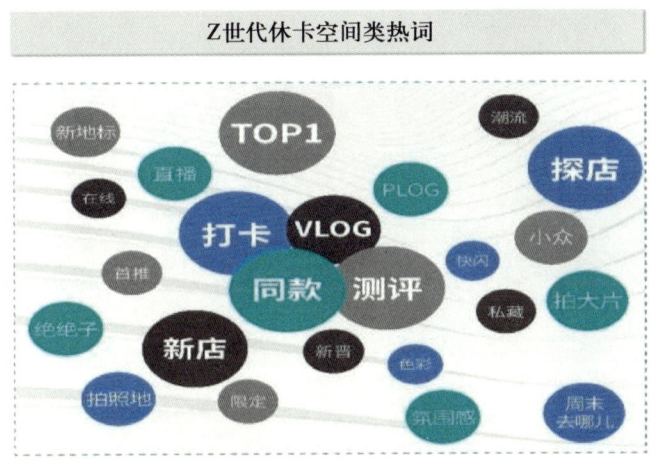

图169 "Z世代"消费特点

"Z世代"的"社交热词"如"干饭"以及"TOP1""炸街""探店""打卡"等,皆与餐饮有关,且在社交平台分享美食的占到75%。

以"干饭"为例,"95后"堪称撑起了整个深夜食堂。据饿了么统计,夜间餐饮线上消费人群中,18岁—24岁群体占比最大,达到44.3%,在午夜时段更是达到46.4%,这一比例未来预计将进一步增加。针对Z世代的夜间繁荣体质,上海TX淮海专门为其开启夜间模式,暑期将周五周六营业时间延长至24点。

据国家统计局数据,中国"Z世代"人群超2.6亿人,"Z世代"崛起释放出强大的消费潜力,成为消费市场的生力军。据第三方机构估算,2021年"Z世代"群体撬动消费支出高达5万亿元。由此推算上海"Z世代"消费支出约2 344.18亿元。另据第一财经记者梳理《中国统计年鉴2021》,发现"上海人均食品烟酒支出超1.1万",则按总人口2 487万计算,该消费在2 735亿元以上。而《2021年中国连锁餐饮行业报告》显示"'Z世代'用户可支配收入更高……",可见上海"Z世代"的餐饮消费力及其未来潜力都是很高的。

② "Z世代"喜欢夜间消费,助推"小酒馆"市场的加速发展。

中国网财经专栏播报"Z世代"购买力,其中显示,"作为夜间小酒馆的消费主力军,'Z世代'的小酒馆消费占比已高达60%,几乎已一己之力撑起了全国的"微醺"生意市场。而社交聚会则是去小酒馆消费的最主要目的"。

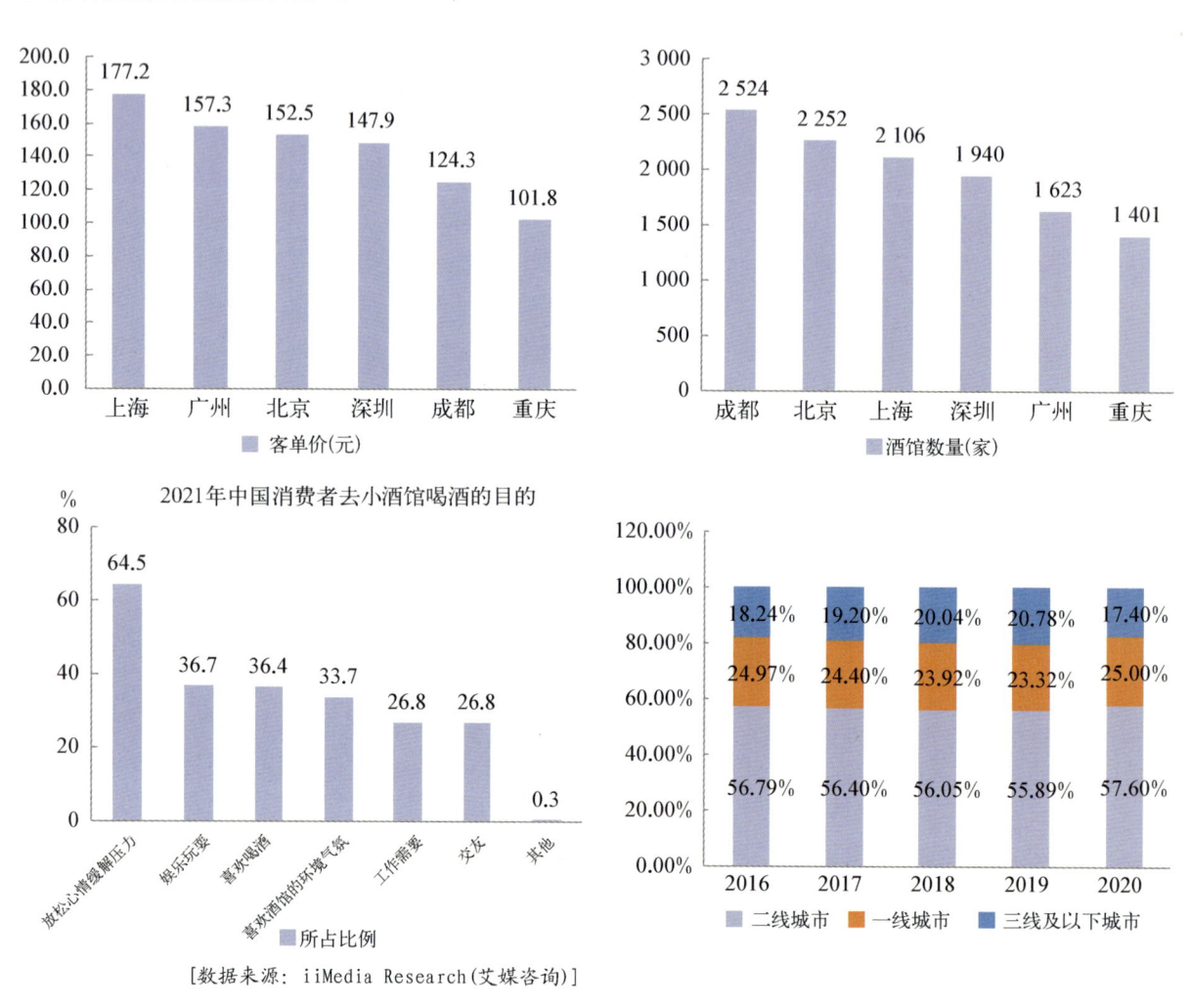

[数据来源: iiMedia Research(艾媒咨询)]

图170 2021年上海小酒馆及有关数据(观研天下的图示数据,截至2021年5月)

上海小酒馆为2 106家,其中有演出的Livehouse近400家,位居六大城市第三;而每单客消费金额达177.2元,位居六大城市之首,表明上海"Z世代"及白领等相关人群在小酒馆的消费比较高。对"Z世代"群体为何去小酒馆的目的,"放松心情,减轻压力"的占到64.5%,喜欢喝酒为36.4%。艾媒数据中心的图示也表明了小酒馆迎合消费需求,提供场景式体验消费,得到"Z世代"及白领等的青睐。

《艾媒咨询2021—2022年中国小酒馆行业发展及标杆案例研究报告》数据显示,2021年中国小酒馆行业市场规模为1 280.4亿元,小酒馆相关企业总注册量达14 658家。观研天下披露2020年一线城市小酒店规模为194亿元,占比25%,并揭示2021年的增长率为6.3%,达到206.2亿元。上北广深的小酒店总数为8 822家,估算2021年平均每店年收入230万元左右(按9 000家计算);上海2 000余家酒店,加上店数增加和平均单价较高等因素,规模在50亿元以上,且单店效益高于其他一线水平。

③ 餐饮"新零售"助推餐饮食品"工业化"和餐饮"OTO"的发展。

A. 关于餐饮"新零售"和餐饮食品工业化

正如中国烹饪协会发布《2021年中国餐饮市场分析及2022年市场前景预测报告》,"新零售为餐饮业工业化标准化发展提供了重要途径,有助于行业降低成本、提高效率、规模扩张,丰富了菜品种类,也满足了消费者快捷、便利、标准化的消费需求。餐饮零售化还降低了管理难度,也有利于食品安全监管,对减少餐厨垃圾、减少餐饮浪费也起到了一定作用"。

餐饮食品工业化是餐饮品牌连锁的必然产物和趋势。机器生产和包装销售,品类标准化和生产流程化是餐饮食品工业化的基本特征。从这一意义上来说,即便上海也只能说是起步阶段或"初级阶段"。2021年的餐饮市场有一个明显特征,就是资本投资餐饮在上海出现历史性突破和市场性涌入,催生着上海包括熟食系列、预制菜系列,乃至中餐走向标准化和半工业生产,如多年来的芭比馒头、吉祥馄饨、小杨生煎等因拥有工业化而拥有市场,以及在2021年进入高速扩张,从上海走向全国的陈香贵、马记永等拉面店,在打造经营模式始,就已经涵盖原产料和部分产品的工业化了。比较典型的事例有:

"味千拉面"2021年财报显示,其营收为12.74亿元,同比增长34.89%;净利润为8846.41万元,同比增长15.51%。其中,预制菜销售额为1400余万元,同比增长34.35%。

杏花楼集团拥有杏花楼、新雅粤菜馆、功德林、沈大成、小绍兴、扬州饭店、洪长兴、燕云楼、五芳斋、老正兴、德大西菜社、德兴面馆、老半斋、鲜得来等一大批老字号著名企业,这些餐企的"名品菜肴"和中式点心很早就实现工厂生产、门店零售,并走向超市,2021年餐饮食品的工厂化生产收入继续保持在60%以上,且利润稳步攀高。

2021年3月,在由央广网、红餐网和HOTELEX上海酒店及餐饮展三方举办的"2021中国餐饮产业峰会"上,巴比食品创始人刘会平认为,"巴比馒头能顺利上市,核心在于巴比馒头已经在多年发展中,逐渐成长为餐饮食品供应链企业,生产的所有中式餐点,不仅通过门店销售,还供给各类食堂、零售店,甚至直接进入家庭、在互联网渠道、传统渠道销售",他强调"准确来说,巴比食品是一个食品供应链企业"。

上海餐饮业的工业化之路,当前只能是"起步加速,前景美好,趋势必然"。广义上定义餐饮食品工业化,自然还有工厂生产的冷冻食品、卤味熟食制品、餐饮预制品等。这些,在新零售的趋势推动下,发展速度和市场占有也正在加速。

B. 关于餐饮"新零售"和餐饮"OTO"选择

"客如云"《2022中国餐饮经营参数蓝皮书》显示,"疫情加速了渠道融合,堂食+外卖+电商'三店一体'已经成为许多头部品牌大力布局的方向;后疫情时代,堂食+外卖双线布局成为多数餐饮经营者的共识,其中,西快、中正、茶饮占比均达到90%以上"。据"凯度数据"显示,"我国2020年的餐饮O2O市场规模接近1.87万亿元,占整个OTO市场规模的71.1%";2020年我国餐饮O2O行业到店餐饮和外卖餐饮占比分别为37%和63%。

"图171"显示,2021年第一季度,上海餐饮"前十区OTO企业"占全国OTO企业11.7%,9月份就达到了15.1%,半年内提升3.4%。全国餐饮OTO规模为1.87万亿元,占比为71.3%。

另据中烹协发布《2021年中国餐饮大数据白皮书》,全国餐饮收入46895亿元,餐饮门店数突破930万家。《2021凯度O2O白皮书》显示,OTO整体的全国渗透率已经达到74%。

上海餐饮外卖中的到店OTO市场如何,可作如下分析。

截至2021年H1餐饮O2O企业数量前十区域占比(单位：%)

- 广东省 24.8%
- 上海市 11.7%
- 山东 11.5%
- 江苏 11.2%
- 北京 10.9%
- 河南 8.3%
- 浙江 7.9%
- 安徽 7.0%
- (未标) 6.7%

截至2021年9月餐饮O2O企业数量前十区域占比(单位：%)

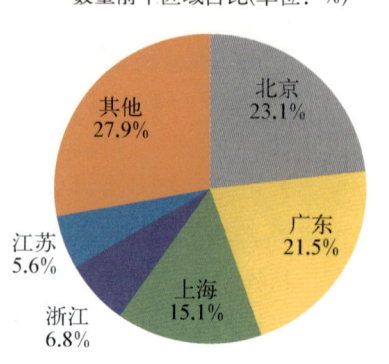

- 北京 23.1%
- 广东 21.5%
- 上海 15.1%
- 浙江 6.8%
- 江苏 5.6%
- 其他 27.9%

2020年中国餐饮O2O行业市场规模结构(单位：%)

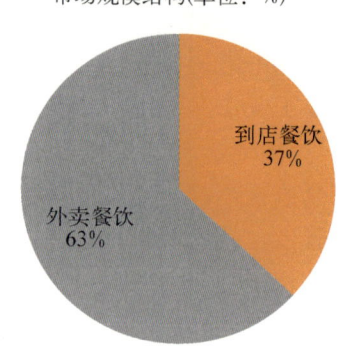

- 到店餐饮 37%
- 外卖餐饮 63%

(数据来源：前瞻产业研究院整理)

中国餐饮O2O行业市场规模测算(单位：万元，%)

年份	O2O市场规模(亿元)	餐饮O2O市场规模(亿元)	餐饮O2O市场规模占比(%)
2015	0.47	0.31	65.6%
2016	0.74	0.49	66.0%
2017	1.24	0.84	67.6%
2018	1.78	1.21	68.0%
2019	2.38	1.65	69.2%
2020	2.63	1.87	71.2%

(数据来源：由前瞻产业研究院整理)

图171 上海餐饮2021年"OTO"到店餐饮数据

表138 上海餐饮到店OTO市场及相关数据

2021年全国餐饮OTO	总店数	渗透力%	OTO门店(万家)	OTO规模(万亿元)	OTO单店效益					
	930	74	688.2	1.87	27.17万元					
2021年上海餐饮OTO	美团外卖全国到店OTO和到店餐饮需做经营额测算(门店渗透力按一线城市55%计算)					测算上海到店OTO规模				
	餐饮外卖交易收入	到店OTO占比%	到店OTO收入	收取餐饮平台服务%(计算数)	到店餐饮需做经营额(121.4%)	门店OTO门店	门店OTO效益	OTO单位	OTO收入(美团)	+30%其他市场		
										全市	全国	占比%
	7 021	37	2 597.8	21.4	14 737亿元	511.5	28.8万元	7.15	206亿元	294.3	1.87	1.57
数据提示	1. 图表中涉及美团的数据源于公开的公布数，以及再次计算上的数字 2. 前表五揭示美团平台对商家的渗透力是55%，并占据线上69.95%的份额 3. 图表中的数据结果具有假设性和推理，仅供参考。											

由于得不到确切的上海餐饮OTO市场数据,所以"表138"分析应该是保守的,接近300亿元的上海餐饮OTO市场不是全部。但有一点是肯定的,2021年的上海餐饮市场,新餐饮和工业化都在提升和推进,超过往年。比较显著的特征是餐饮的"新零售""工业化""OTO"在2021年更具有互动交融、携手合作、共同展示于餐厅,吸引着消费者纷至沓来。

3. 全国涌入上海,八个视点分析

站在上海打造"全球有影响力的国际美食之都"的基点上看,2021年上海餐饮市场,已是"早起步、有规划、有行动纲领及部署实施"。实际映入眼帘的数不胜数,通过前叙的"八个视角"能够窥见上海餐饮市场规模之大。令人瞩目的是,全国各地涌入上海餐饮市场,有很多视点可以分析。

(1) 餐饮服务单位年增万家

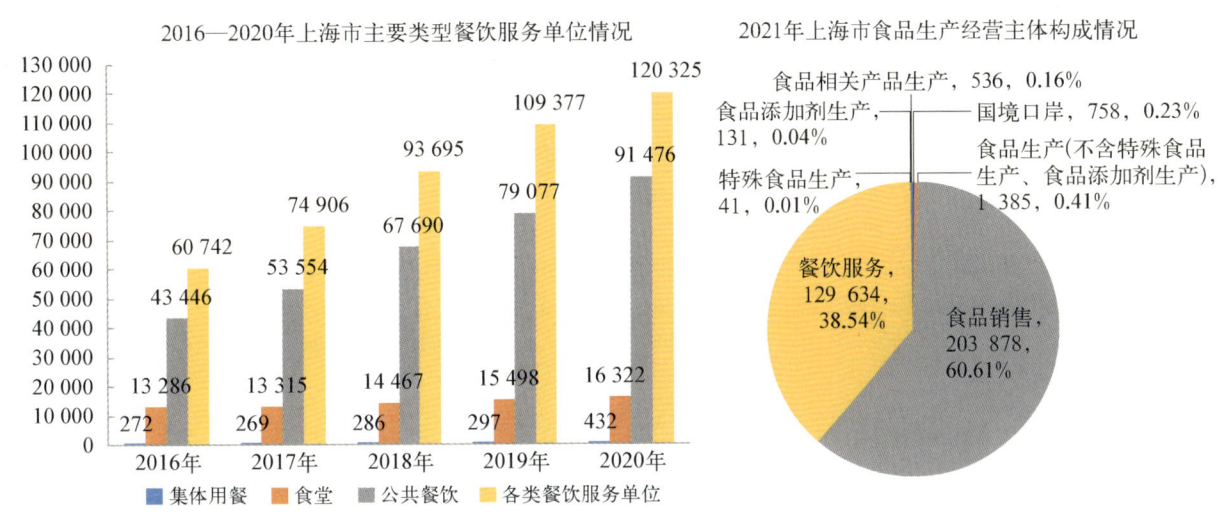

图 172　上海餐饮服务单位及食品单位数量

(数据来源：上海市市场监督管理局)

2021年上海餐饮市场发展情况：

餐饮许可证单位达到13万家。这万家餐饮给全市带来的新增餐饮收入,按市统计局2021年公布的1 455亿元(限额以上企业)来测算,新增餐饮收入约有112亿元。

同时考虑食品生产业对餐饮业的渗透、跨界合作等因素,新增量更大。以"预制菜"为例,艾媒咨询发布了《2022年上半年中国预制菜品牌百强榜》：总部在上海的食品和餐饮企业占了18家(18%);其中,排位前20有5(25%)家;前40共10家(25%)。上榜数位居第一,综合排位也是第一。据《2022年京东超市即享食品消费趋势报告》,2021年上海地区预制菜销量占比最多,达到17.1%。

(2) 上海购物中心餐饮增量历年来最大

"表139"显示,上海购物中心6年来,年均增量面积250多万平方米,2021年达到262万平方米,购物中心总量已达到343家,位居全国第一。餐饮在购物中心的份额在"不断推高比重"。按坪效计算,餐饮销售额在购物中心已达1 361亿元,2021年新增292亿元,同比增幅27.3%。

(3) 餐饮品牌连锁在上海发展位居前位

据艾媒咨询和中商产业研究院数据,2021年中国西式快餐市场规模为2 800.7亿元,同比2019年的2 729亿元增幅0.4%。

据智研咨询和中商产业研究院数据,2021年中国中式快餐市场规模达7 744亿元,同比2019年7 557亿元增幅2.5%。

表 139　上海城市商业综合体(购物中心)及餐饮业态(2016—2021 年)数据　　　(单位：亿元)

城市商业综合体购物中心	商业总量					餐饮业态							
	总量（家）	面积万平方米	新开		商业销售总额（亿元）	商业面积餐饮占比%	销售额餐饮占比%	面积（万平方米）		坪效：元/平方米/天	按坪效计算餐饮销售（亿元）	同比±%	按商业销售额计算餐饮销售（亿元）	同比±%
			家	面积万平方米				总量	经营面积70%					
2016 年	189	1 376	39	271	1 360	24.3	25.4	334	234	51.6	629		345	
2017 年	235	1 637	46	360	1 562	24.2	24.7	396	277	49.9	721	12.7	386	11.9
2018 年	258	1 828	23	239	1 799	24.4	25.1	446	312	50 假定	814	12.9	452	17.1
2019 年	290	2 200	32	239	2 010	24.5	25.0	492	345	50 假定	898	10.3	502	11.1
2020 年	306	2 344	16	144	1 815	25 以上	30 左右	586 以上	410	50 假定	1 069	19	545	8.5
2021 年	343	2 488	37	262	2 343	不断推高比重	30 以上	746 以上	522	50 假定	1 361	27.3	703	29

（数据来源：上海购物中心协会发展报告分析）

中西快餐合计规模为 1 054.47 亿元。西式快餐的市场规模约为中式快餐的 2.77 倍。

智图 GeoQ 行业研究的《2021 餐饮行业数据报告——中国餐饮市场连锁格局》显示，一线城市的快餐连锁门店为 9 116 家，连锁化率突破了 20%；上海的餐饮快餐连锁店为 2 675 家，占一线店总数的 29.3%，门店数多于一线平均店数 851.8 家。

依据市场一般规律，门店数数量超前，意味着单店效益和发展前景较好，可以说，上海品牌快餐连锁发展走在全国乃至一线城市前列。

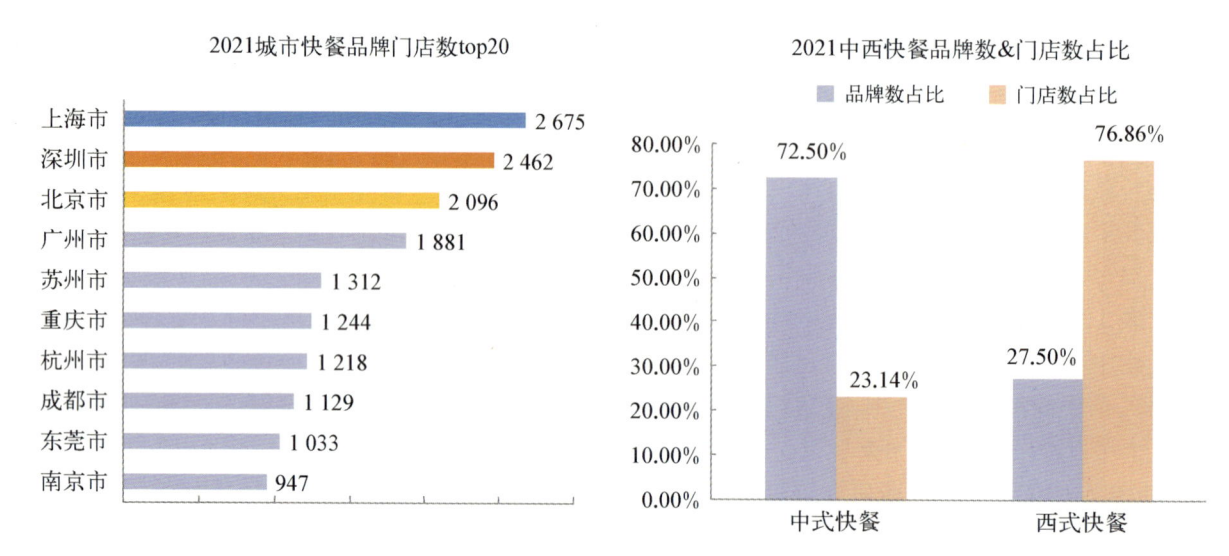

图 173　2021 年快餐连锁数据

（数据来源：智图 GeoQ 行业研究、观研天下）

中西快餐比较时显示,在快餐品牌上,中式占 72.5%,西式占 27.5%;在门店数量上,中式占 23.14%,西式占 76.86%。这也是西式快餐规模约为中式快餐 2.77 倍的原因,说明品牌做大,优势在于门店数对市场的占领。

2021 年的中式快餐门店数为 399.5 万家,如按连锁率 17.5% 计算,中式连锁快餐门店数为 70 万家,然后再按中、西连锁快餐的门店数各自占比(21.14% 和 76.86%),计算西式连锁快餐门店数为 232 万家,中西连锁快餐合计门店数为 302 万家,体现出连锁快餐业态的发展态势。

需要说明,上海快餐品牌 2 765 家门店并没有全部反映出实际市场情况。本从近期上海市商务委披露的数据,"全市 178 家连锁餐饮企业旗下 9 148 个网点",即使按 75.6% 的占比计算,连锁快餐有 6 916 家,是"图 173"显示的 2.5 倍。

继续依照"图 173"的数据和已经计算出的数据分析如下:

表 140　2021 年上海快餐品牌连锁数据比较(一)　　　　　　　　　　　　　(单位:亿元)

数据源于上网机构并计算调整(见文字)	上 海 市 场					中 国 市 场					
	上深北广一线总店数 9 116 家,连锁化率突破 20%					规模:1.054 4 万亿元;同比增 17.5%					
	店数	中式	西式	连锁化%	店数多于一线平均	中式	占比%	西式	占比%	比上年增	同比增%
	6 916	1 600	5 316	29.3+	852+ (按表 141 数据)	2 800.7	26.6	7 744	73.4	1 154	17.5
说明	1. 艾媒咨询数据:2021 年中国西式快餐市场规模为 2 800.7 亿元;图表中的连锁率是指快餐中的比例 2. 智研咨询:2021 年中国中式快餐市场规模达 7 744 亿元,较 2020 年增加了 1 154 亿元,同比增 17.5%。(连锁比例同上) 3. 智图 GeoQ 行业研究的《2021 餐饮行业数据报告——中国餐饮市场连锁格局》显示,一线城市的快餐连锁门店为 9 116 家,连锁化率突破了 20%,但对上海的餐饮快餐连锁店为 2 675 家的数据不确切,故用了实际计算数据 6 916 家										

上表数据中的同比增幅 17.5%,得益于 2020 年的新冠疫情,与常态下的 2019 年比较,中式增幅仅 0.4%,西式为年 2.5%。

表 141　2021 年上海快餐品牌连锁数据比较(二)　　　　　　　　　　(单位:亿元;万家)

数据汇总计算	上海市场快餐品牌连锁规模					中国市场快餐占餐饮总规模				
	按市商务委披露数据计算规模					店 数			营 收	
	品牌	店数	单店收入	总收入	占全国%	餐饮店数	快餐	占比%	快餐	平均单店
	178	6 916	38.4 万元	265.6	2.52	930	302	43	10 544	34.9 万元
说明	1. 上海快餐连锁单店收入源于在全国单店收入基础上加 10%,是从客单价高 5 元和客流量更多于其他城市来估算的 2. 图表数据通过机构数据和已知数据来估算,应该是比较你保守的,在上海购物中心经营餐饮店日进万元,在街面店日进数千元是很一般的。所以按日进千元来算是很低的									

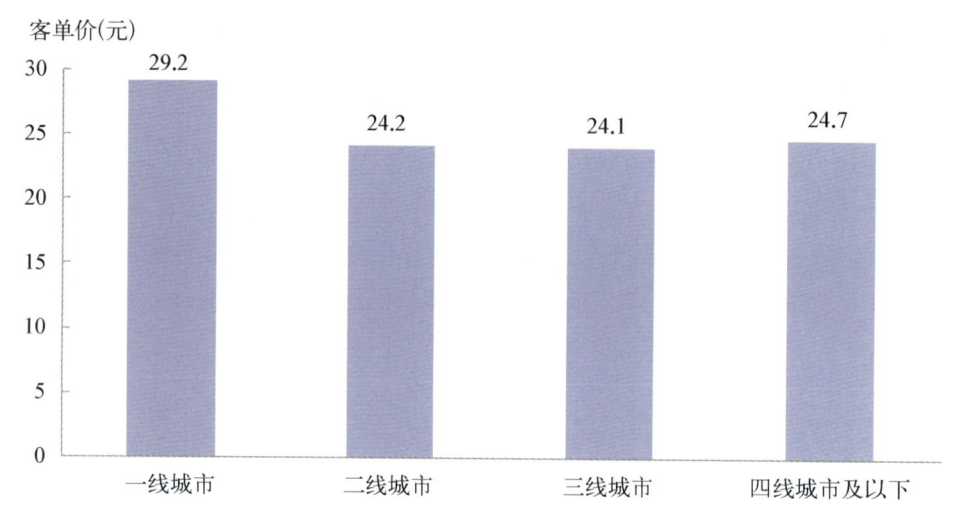

图 174　各等级城市快餐客单价

餐饮品牌连锁在上海发展位居前位的个案,如:

上海肯德基,据百胜中国布财报,肯德基2021年全年门店数量为8 168家,全年新增1 232家;整体销售增加8%,同店销售全年同比降低3%,餐厅利润率为14.9%,营运利润为8.27亿美元,折合人民币约为53.35人民币,可推算营业收入为358亿元,单店效益为438.4万元/年。以此计算上海400家肯德基餐厅的营业收入约为17.54亿元,考虑上海的客单价高、消费流量大等因素,至少上浮10%,保守为19.3亿元。

在其他品牌连锁快餐方面:

表 142　三家中式快餐连锁品牌效益估算　　　　　　　　　　　　　　　　（单位:万元;家）

近似数据	老盛昌(包子店+)			小杨生煎+			和府捞面+			三　　家		
	上海店数	年单店效益	合计收入	上海店数	年单店效益	合计收入	上海店数	年单店效益	合计收入	上海店数	平均年单店效益	总计收入
	162	600	97 200	177	400	79 800	115	660	75 900	454	553.33	251 213
说明	1. 由于3家品牌尚不是上市公司,除和府捞面的单店收入有相关财报披露外,老盛昌和小杨生煎的单店收入只是一般调研下的估算数 2. 3家中式快餐连锁发展势头皆很好,都已在全国部分城市布点开店营业											

通过以上数据对照比较,不得不思考机构公布的上海快餐、连锁快餐用相关数据。予以推算,即使增加10%,也似乎被大大低估。肯德基品牌属上市公司,市场数据真实,但和3家中式快餐对照,似乎也被低估了。众所周知,肯德基在中心商区的日营收突破10万元,儿童节等节庆日可达几十万元。

接下来,进一步推算:

麦当劳截至2021年底共有40 031家餐厅,公司营业收入232.23亿美元,同比增长20.90%,可计算出年平均单店效益为374万元,上海店按上浮10%,为411.7万元,估算上海市场年收入为14.28亿元。

表 143　快餐 14 家品牌连锁在上海门店数

数据	快餐 14 家品牌连锁在上海门店数															合计
	华莱士	麦当劳	达美乐	必胜客	汉堡王	提姆餐饮	味千拉面	吉祥馄饨	吴茂兴	巴比	大米先生	谷田稻香	张亮麻辣烫	杨国福麻辣烫	
	317	347	148	220	127	169	120	302	148	1 280	105	143	210	207	3 843
说明	1. 数据源于商务委披露上海 178 家连锁餐饮复工 9 148 家门店复工，这里门店数占全部复工门店数的 42% 2. 数据来源截至 2022 年 5 月份，因上海疫情，与 2021 年不会有太大的变化，即使有所增加，表明常态下发展良好															

杨国福麻辣烫，2021 年餐厅总数 5 783 家（3 家上海直营店，其余皆是加盟店），已知财报披露，截至 9 月份收入为 11.26 亿元，推算全年（+25%）在 14 亿元以上。由此推算，单店效益 24.33 万元，上海店上浮 10%，为 26.8 万元，207 家门店营业收入为 5 542 万元。

巴比财报披露 2021 年营收为 13.75 亿元，期末加盟门店达 3 461 家，单店营收达到 32.39 万

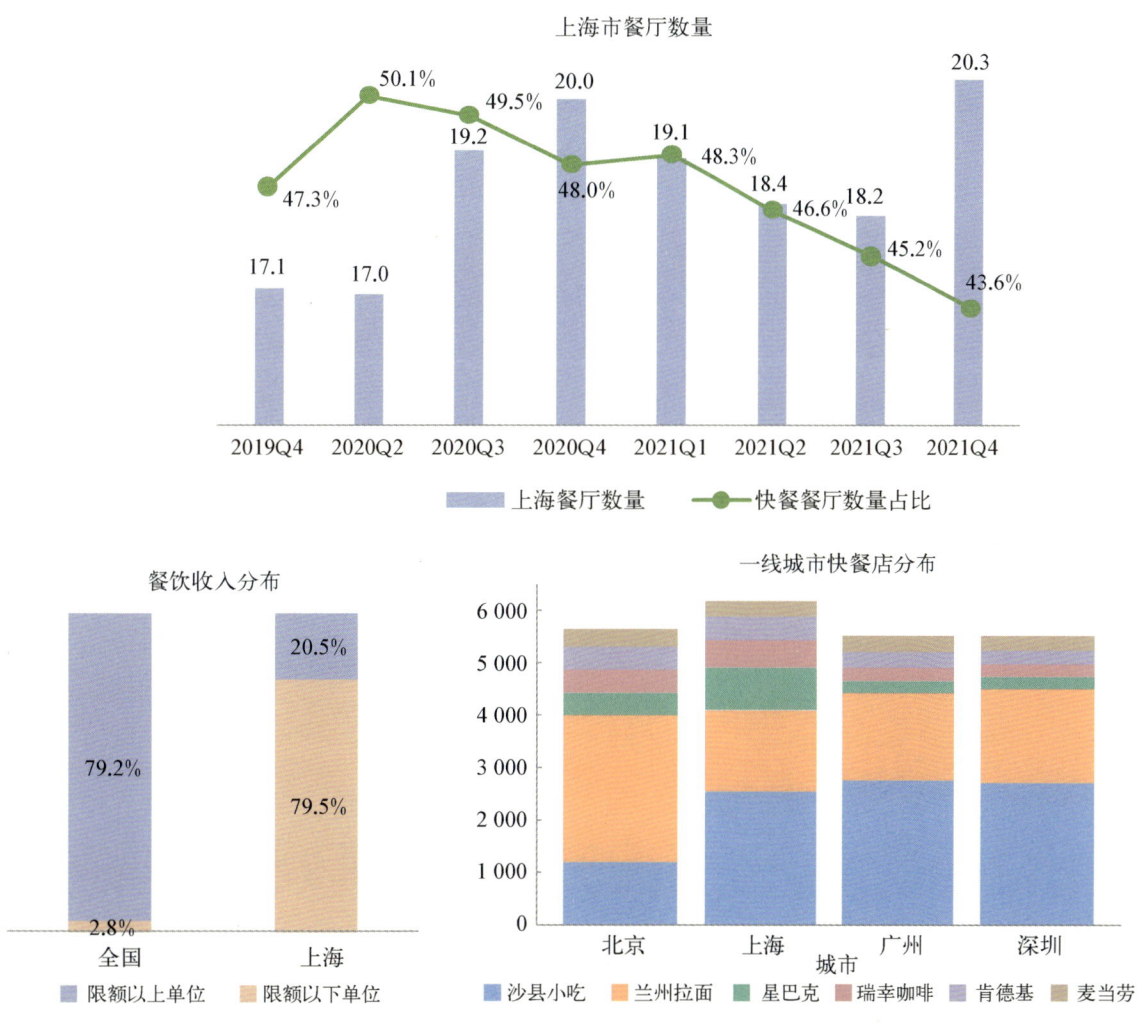

图 175　上海快餐厅数量占比和餐饮市场收入分布

（数据来源：《老乡鸡上海餐饮市场分析》）

元。由此推算,上海1 280家门店收入在4.5亿元以上。

此外,大众点评披露的上海餐饮市场信息可以参考:总门店数为20.3万家,其中快餐厅共8.8万家,约占43.6%,快餐门店总量增加,但占比下降。

如此推算8.8万家快餐厅收入,按上海年营收200万的餐厅占79.5%计算,可得出1 399亿元的总收入。

(4) 卤味熟食制品销售突破性增长

2021年,卤味熟食在上海市场乃至全国得以迅速发展。据公布数据整理,2021年,上海卤制品品牌连锁店有2 600家,其中总部在上海的紫燕、三林,以及走进上海的绝味、周黑鸭、煌上煌等全国前位的上海门店数共有1 200家以上。

从地域分布来看,上海的卤味相关企业数量一枝独秀,超5.65万家,占全国数量的近一半(企查查显示,至2021年全国卤味相关企业的注册量超过12.3万家);上海卤味"清淡鲜美",味型普适性较强。山林大红、杜六房等都是上海老牌的熟食卤味品牌,它们不仅深受本地人的喜欢,不少店内招牌产品更是成为外地人来上海必带的食品。

依据专业分类观察上海卤味熟食市场,可以说"应做尽做"和"应有尽有",消费者也是"应买尽买"和"应吃尽吃",可谓"一锅卤水,卤尽百味;上海卤味,百亿市场"。经历了2020年疫情后,2021年的餐饮消费反弹,也在卤味熟食市场尽展尽显。

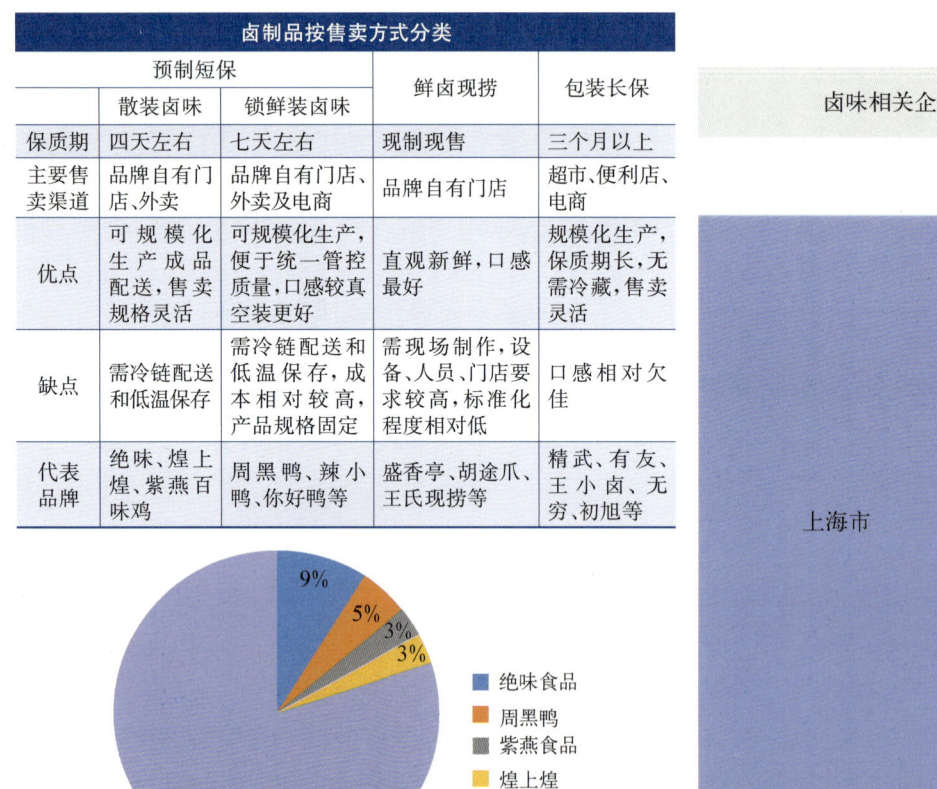

卤制品按售卖方式分类			
预制短保		鲜卤现捞	包装长保
散装卤味	锁鲜装卤味		
保质期	四天左右	七天左右	现制现售	三个月以上
主要售卖渠道	品牌自有门店、外卖	品牌自有门店、外卖及电商	品牌自有门店	超市、便利店、电商
优点	可规模化生产成品配送,售卖规格灵活	可规模化生产,便于统一管控质量,口感较真空装更好	直观新鲜,口感最好	规模化生产,保质期长,无需冷藏,售卖灵活
缺点	需冷链配送和低温保存	需冷链配送和低温保存,成本相对较高,产品规格固定	需现场制作,设备、人员、门店要求较高,标准化程度相对低	口感相对欠佳
代表品牌	绝味、煌上煌、紫燕百味鸡	周黑鸭、辣小鸭、你好鸭等	盛香亭、胡途爪、王氏现捞等	精武、有友、王小卤、无穷、初旭等

卤味相关企业地区分布top10

(单位:家)

饼图:绝味食品 9%、周黑鸭 5%、紫燕食品 3%、煌上煌 3%、其他 80%

图176 卤味分类和市场占比

据"图176",卤制品可分为预制短保(散装和锁鲜装)、鲜卤现捞、包装长保三种形式。预制短保由于兼具可规模化生产、成品配送、口感较佳,且门店易实现标准化复制等优点,已诞生绝味、周黑鸭、煌

488

上煌、紫燕百味鸡等龙头企业,在上海门店的布局渗透于购物中心周边、街区等,也有走进购物中心的。

山林大红创立于1929年,是上海老牌的熟食企业,产品涵盖100余个品种,年产能达1.5万吨,2021年产值达5亿元。山林食品已遍布市区各渠道,立足上海,并走出上海。

精武鸭脖、杏花楼、牧童卤味鸡爪,丁义兴、福荣祥烧腊、卤三国、麻辣卤菜,凉菜卤菜、乡巴佬卤菜、太白醉卤菜店以及老天母熟食、久久丫熟食、王有福叫花鸡、须水猪蹄叫花鸡、吴老头黄泥熟食、子熏鸡、留夫鸭、味芝丫熟食、三不沾猪蹄等,这些品牌在上海的知名度较高,口味地道,受上海市民青睐。

总部在上海的"紫燕百味鸡",据财报2021年实现营收26.13亿元(全国门店已超5 000家,以4 500店计算年均单店效益仅58万元,日营收1 591元)。

上海品牌连锁卤味熟食经营单店效益高于全国,达到日均2 000元。

表144 部分菜场卤味熟食等餐饮品类盘点

部分"菜场"餐饮品牌盘点					
品牌名	创立时间	品 类	发源地	店数/家	主要分布区域
紫燕百味鸡	2000	熟食卤味	上海	4 760	江浙沪、山东、湖北等
袁记云饺	2016	水饺云吞	佛山	667	广东、上海、江苏
卤江南	2013	熟食卤味	无锡	615	江苏、上海
九多肉多	1997	熟食卤味	三门峡市	590	河南
山林大红	1949	熟食卤味	上海	500+	上海
佬街佬味	2015	熟食卤味	上海	241	上海、江苏
阿满食品	1998	熟食卤味	长春	400+	吉林、辽宁
奥饺皇	2013	水饺云吞	广州	216	广东
冷记卤品	1998	熟食卤味	武汉	165	湖北
福荣祥烧腊	2009	烧腊	上海	175	上海、江苏
波尼亚烤肠	1990	熟食卤味	青岛	150	山东
杜三珍	1886	熟食卤味	苏州	154	江苏
真真厦港卤味	1983	熟食卤味	厦门	141	福建
圣都熟食	1999	熟食卤味	济南	100	山东
京鼎熟食	2007	熟食卤味	济南	91	山东
京八珍	2012	熟食卤味	北京	81	北京
嘉鸣扬	2005	烧腊	广州	68	广东
社六房	1938	熟食卤味	上海	49	上海
廖排骨	—	熟食卤味	绵阳	500+	四川
徐家鸭子店	2011	熟食卤味	南京	36	江苏
采荷光头卤鸭	—	熟食卤味	杭州	14	杭州
眉州东坡菜站	2020	—	北京	6—7	北京
佬霥阁熟食	—	熟食卤味	上海	4	上海
糯勿糯	—	熟食卤味	上海	3	上海
小浦东特色白斩鸡	—	白切鸡	上海	3	上海

值得一提的卤味熟食新气象更有:

① 餐饮老字号门店外卖。杏花楼、新雅粤菜馆、光明邨、大富贵等的卤味熟食深受市民喜欢,

如光明邨淮海店门口长期排队,年营业收入近 1 亿元,卤味外卖收入几千万元。

② "卤味现捞"成网红。如五角场万达广场的"本弄鲜卤现捞"店,近 50 种卤味,60 平方米体量日营收 1 万元。在"餐饮新零售"的潮流中,"卤味+"(+饭、+面、+粉、+火锅)乃至卤味现捞,也出现在市场。虽然"鲜卤现捞"为行业最早的经营形式,因其有"现卤现捞、现制现吃"的特点,口感最佳,越发受到消费者认可,近几年上海出现了盛香亭、研卤堂等一众新锐品牌。

很多餐饮品牌都起步于菜市场,周黑鸭就是从武汉菜市场里走出来的,如今已经成为休闲卤味三巨头之一,煌上煌亦然。另如紫燕百味鸡开店 4 500+,定位"佐餐卤味",门店开在菜市场、社区附近,如今筹划 A 股挂牌上市。

判断上海卤味熟食市场的规模究竟多大,按品牌连锁店 2 600 家和紫燕的全国年单店效益 58 万元+10%算,约有 16.6 亿元;但按全市超 5.65 万家计,就有 360 亿的市场规模。

"小卤味""大市场"的背后是工业化、供应链,乃至数字化和金融投资的支撑。随着"Z 世代"、外卖到家及"卤味+"消费方式的兴起,到店到家都可以"卤味+",还适应于旅游、会展活动以及商务楼里的白领午餐等,为"吃在上海"尽添风采。

(5) 团餐的需求存在决定市场份额

2021 年全国团餐的市场份额占据餐饮收入在 1/3 以上,占中国餐饮业总规模的 39.7%的数据。

《深圳商报》曾报道"深圳团餐企业年收 600 亿元,我市团餐行业每天为 800 万人供餐",据深圳

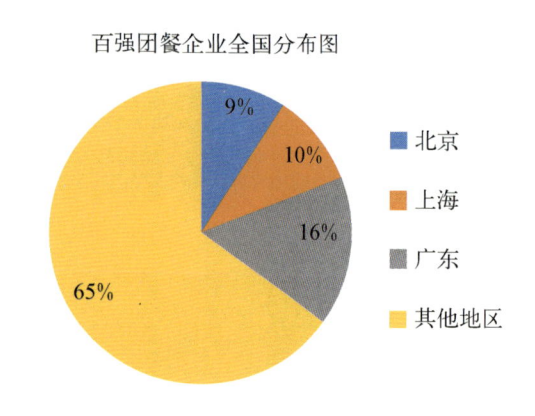

2021 中国团餐企业 TOP20

序号	企 业 名 称
1	河北千喜鹤饮食股份有限公司
2	北京健力源餐饮管理有限公司
3	深圳市德保膳食管理有限公司
4	北京金丰餐饮有限公司
5	广东好来客集团有限公司
6	快客利(北京)集团有限公司
7	蜀王优芙得餐饮服务有限公司
8	武汉华工后勤管理有限公司
9	广东中膳金勺子食品集团有限公司
10	上海麦金地集团股份有限公司
11	北京东贸国际餐饮管理有限公司
12	广州中味餐饮服务有限公司
13	广东新又好企业管理服务有限公司
14	北京振达餐饮管理有限公司
15	广东乡谷村膳食管理有限公司
16	东莞市鸿骏膳食管理有限公司
17	宁波康喜乐佳餐饮管理有限公司
18	安徽大佳一餐饮管理有限公司
19	广东中膳健康产业科技有限公司
20	江苏松霖餐饮有限公司

(资料来源:中国饭店协会前瞻产业研究院整理)

图 177 全国团餐市场份额数据

团餐行业协会相关数据,深圳团餐企业数量约为1 500家,从业人员近80万人。按2021年中国团餐百强企业前二十位排名,上海仅有"麦金地"位列第十,深圳"德宝膳食"排位第三,另有广东6家品牌位列其中。

据"百强团餐企业"全国分布图:上海占10%份额,广东占16%份额;但仅深圳团餐收入高达600亿元。

在以上数据下,上海团餐市场总规模究竟多大?还得用数据来分析估算。

首先,上海的团餐需求很大。通过数据查询可知:

城市数据查询平台汇聚数据:上海641.1万从业人员。

智研咨询数据:2021年上海在校学生人数合计376.28万人。

上海新一轮学前教育三年行动计划公布:2019年上海共有幼儿园1 627所,三年新建改建90所,如此推算2021年大概在2 650所左右。按照2017年12月解放日报披露"全上海仅今年新开办幼儿园达33所,最高可满足约14 580名适龄幼儿入园需求",估算可容学前幼教117万人左右。

"周到上海——上海市民的生活指南"公布:上海教职工总数32.09万人,专任教师数22.65万。

《上海市医疗机构设置规划(2021—2025年)》披露:"截至2020年末,全市各类医疗卫生机构5 905家,核定床位共14.1万张;卫生技术人员总数22.6万人"。

《沪上白领"一日谈":"吃力"》在京沪穗等一线城市职业人群中,白领占比超过50%,已成城市主体人群;上海七成白领是新上海人。

上观号作者上海民政披露:截至2021年9月底,全市共有社区老年助餐服务场所1 400余个,其中,社区长者食堂近300家。

表145　上海从业人员各行业合计641.1万及在校学生人数表

	从业人员	教 育 系 统					医 疗 系 统			白领午餐	老人助餐食堂		总计规模	
		大学以上	义务教育	学前教育	教职员工	合计	床位	卫技人员	合计		堂数	供餐	教医白老	总计
人数	641.1	73.97	302.3	117	32.09		14.1	22.6		200	1 400个	100/天		
午餐单价	20		15	20	20		40	20		25				
月餐费		1 200												
日餐费												30		
工作日	250		200	200	200		300	250		250		320		
需消费金额	320.6亿元	106.4亿元	90.7亿元	46.8亿元	12.84亿元	256.74亿元	16.9亿元	11.3亿元	28.2亿元	125亿元		13.44亿元		395.18亿元
从业+非从业	320.6亿元	106.4亿元	90.7亿元	46.8亿元			16.9亿元					13.44亿元		594.84亿元

说明	1. 图表中估算的团餐数据是依据各项目人数的计算数,基本上是按低估算,如每天用餐基本只计算午餐,价格也从低 2. 此数据中教医白老的团餐需求,应该不是团餐经营规模的全部,比如老年助餐食堂没包括社会餐厅的助餐因素 3. 图表显示团菜总计需求594.84亿元,应该是上海客观存在,实际在消费的数据

2020年京沪各行业从业人员数量(万人)

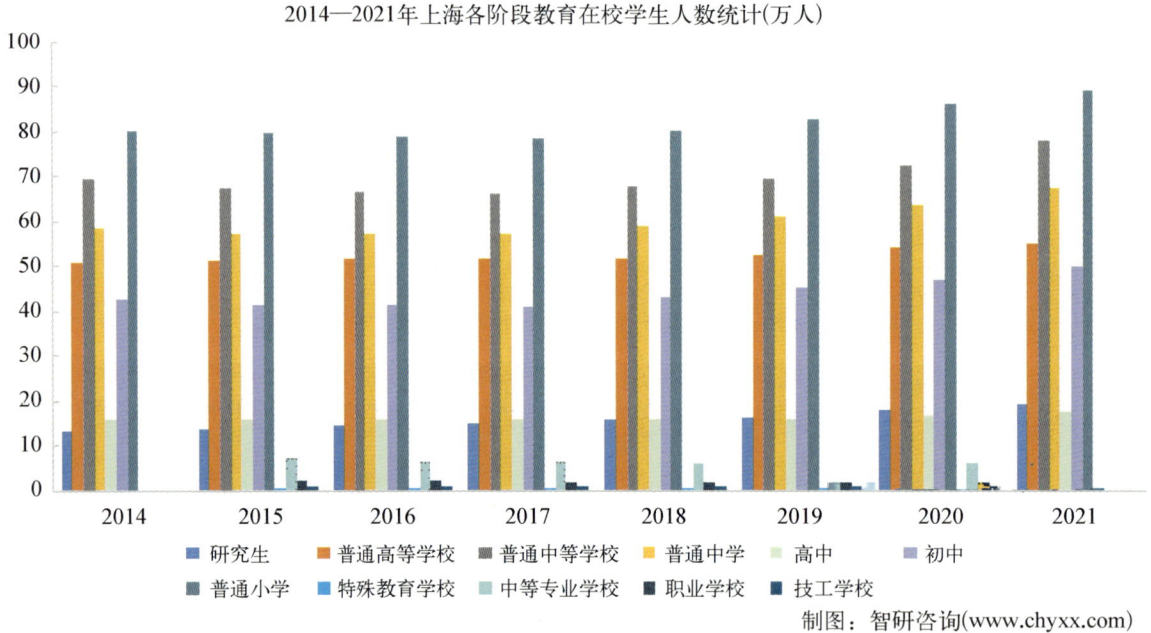

行业	北京	上海
制造业	59.8	130.5
建筑业	45.4	28.5
交通仓储邮政	56	47.8
信息技术	92.3	44.8
批发零售	52.9	89
住宿餐饮	26.8	26.3
金融业	62.8	29.7
房地产	45	28.5
商务服务	62.3	68.9
科研和技术服务	58.2	32.1
公共设施管理	11.6	10.2
居民服务	5.9	11.1
教育业	58	38.1
卫生和社会工作	31.6	29.6
文体娱乐	17.9	6
公共管理	39.7	20

2014—2021年上海各阶段教育在校学生人数统计(万人)

制图：智研咨询(www.chyxx.com)

图178 团餐市场整理估算人数(单位：万人)

上图数据估算，有理由说上海2021年团餐经营也接近深圳600亿元的规模。

此外，上海团餐市场被全国乃至世界分享。虽说上海仅占全国百强团餐企业10%的份额，但上海餐饮团餐市场是国内乃至世界团餐品牌争夺的前沿阵地。

站在上海看团餐的五大板块市场，可以感受到"全国涌入"的态势。从行业参与者阵营来看，行业参与者可划分为国际团餐企业、传统团餐企业、新兴团餐企业和跨界团餐企业等。国际团餐企业包括索迪斯、爱玛客、康帕斯等国际品牌商；传统团餐企业则包括千喜鹤、健力源等老牌龙头企业；新兴团餐企业包括美餐、潘多拉等；同时一些跨界企业也开始在团餐市场分一杯羹，比如社餐领域的海底捞（其上海店长披露：上海的50%餐厅在做团餐）、食品加工行业的思念、物流快递行业的顺丰、地产行业的万科、文娱行业的趣头条、外卖行业的美团等。

中国团餐行业跨界团餐企业类型

企业类型	具 体 情 况
社餐	必胜客、云海肴、西贝、老乡鸡、阿香米线、望湘园等开始为企业提供工作餐
食品加工	正大集团在青岛、秦皇岛、温州三地,均投资数十亿生产团餐食品;思念食品与团餐品牌德保膳食合作入局团餐市场,成立了郑州哪吒餐配食品有限公司。
物流快递	顺丰推出企业团餐平台"丰食"。
地产	万科成立食品事业部,主要布局生猪养殖、蔬菜种植、企业餐饮三大领域。
文娱	趣头条扶持的库盒,不仅包含了外卖平台,还包括了菜品的制作,是一个提供餐饮"一条龙"服务的平台
外卖	美团、饿了么相继聚焦于社餐进行深挖、拓宽。

(资料来源:猎云网前瞻产业研究院整理)

中国团餐行业竞争层次

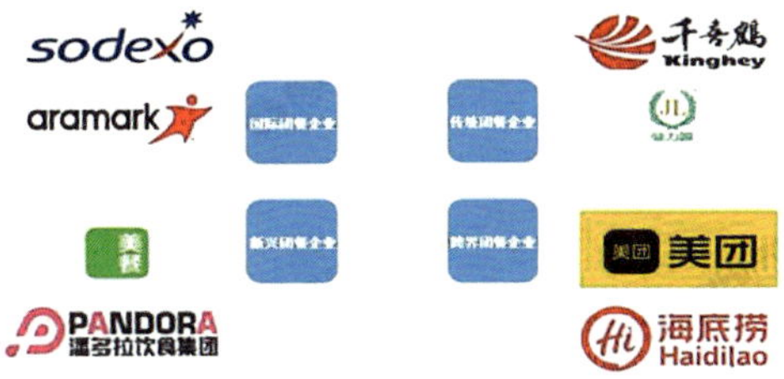

(资料来源:中国饭店协会头豹研究院、前瞻产业研究院整理)

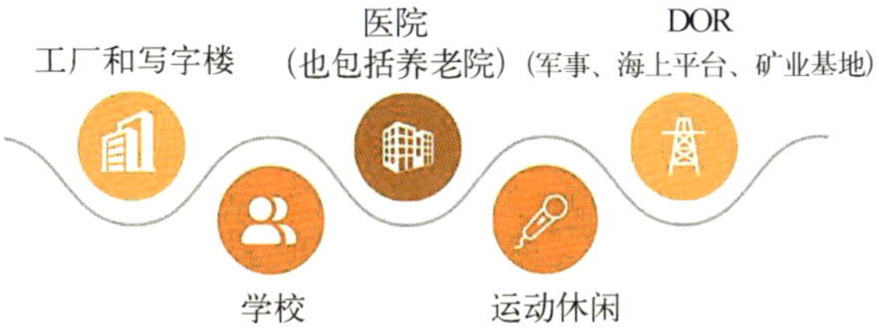

图 179　中国乃至世界的团餐涌入上海团餐市场

同时,上海团餐品牌的市场影响力具有向上趋势。

上海"麦金地"团餐的管理与服务,是建立在拥有超级供应链和健康大数据等支撑之上的,其丰富的产品业态通过自主研发与整合社会品牌,形成了有108个＋的麦金地产品品牌构成的团餐"美食广场模式",能够为包括通用电气、阿里巴巴、珠海中心等以及从政府部门到学校的餐厅,提供团餐服务,年经营收入多年前就突破10亿元以上。

总部在上海、"港交所"上市的"新城悦服务"披露2021年报数据:截至2021年底,其团餐类增值业务营收达8 190万元,若计入未并表的"上海学府餐饮",营收将达到3.13亿元,同比2020年暴增538%。

上海有影响力的团餐品牌还有:绿捷(日供应量30万份);龙神(日供应量16多万份)珍鼎;才众(日供应量10万份);国福欣欣(龙厨);鑫博海、宝钢后勤、交大后勤等,在2021年都有新的发展。

总之,上海团餐市场在2021年及以后会得以快速发展,工业化推进、数字化赋能以及智能设备在团餐业的应用,大大提升团餐运营效率。然而,从上海2021年的餐饮单位结构来看,单位食堂1.7万多,集体用餐配送单位261户,中央厨房112户。团餐发展所需工业化+数字化,还是有距离的。团餐是产业链的产品,具有较强产业链整合能力的企业将会占据优势地位,从田头到餐桌的供应链是团餐经营必不可少的环节和关键流程。

(6) 夜经济中的餐饮夜市活力空间

2019年4月,上海市九部门联合出台《关于上海推动夜间经济发展的指导意见》,标志着上海开启建设具有"国际范""上海味""时尚潮"的夜生活集聚区。

2021年,上海市商务委在新天地-158坊等12个地标性夜生活集聚区的基础上,又新增定西路—上生新所地区这一地标性夜生活集聚区,推出南京路U479等深夜营业新地标。早在2020年初,上海已设立了15名夜间区长与98名夜生活首席执行官。其中,黄浦区更是成立了"夜间经济发展共同体理事会"。

银联数据监测分析,上海夜间经济销售收入已超过5 000亿元,夜间休闲娱乐消费占全天休闲娱乐的40%以上。多方数据显示,上海的夜生活指数稳居全国首位,也是夜间餐饮消费活跃度最高的城市。

显然,夜经济发展与餐饮同在,夜生活活力需餐饮添味,上海不夜城的夜食文化与生俱来,不仅是酒吧、餐厅,还有集市、摆台……站在新时代"民生为本,就业为重"的大方针、大政策下,具有民族

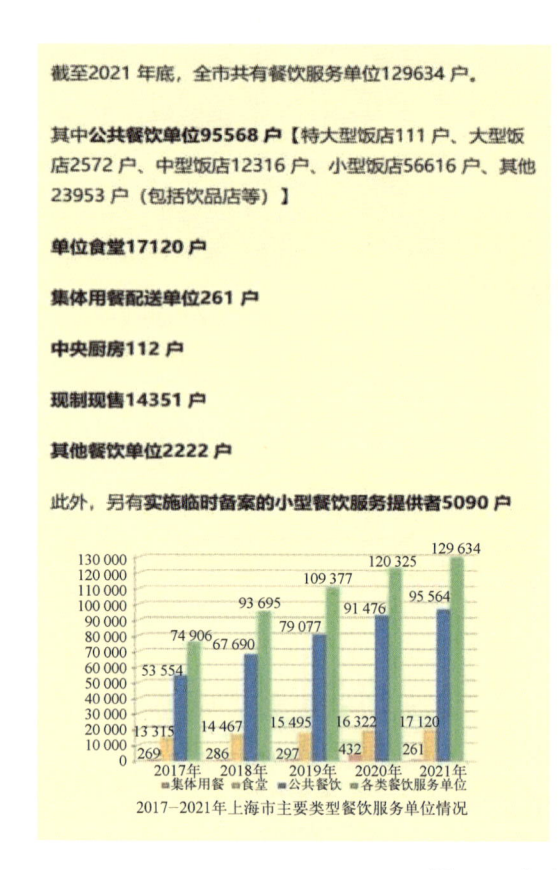

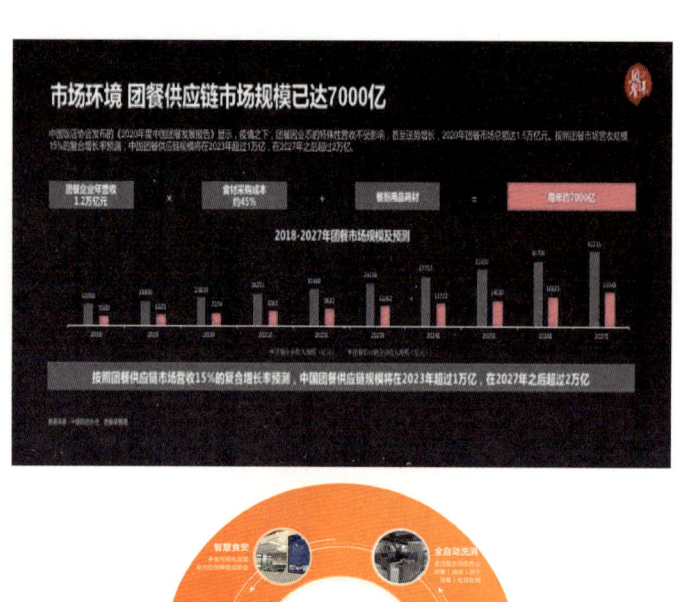

图 180　与上海团餐相关的数据和图示

（资料来源：市场监管局、艾谋、雄伟科技）

特色、上海风味的餐饮气象，更能凸显"民族的才是世界的"海派饮食文化潮流。外国人看中国、看上海，看的就是中国风和上海味，还有国际潮……

2021年6月，由政府主导的第二届"上海夜生活节"，围绕"夜购、夜食、夜游、夜娱、夜秀、夜读"等主题，推出上海酒吧节、深夜食堂节、深夜书店节、购物不眠夜、夜上海LIVE秀等180余项特色活动，打造具有烟火气、上海味、时尚潮、国际范的夜上海新形象。期间，网易商业之家通过对微信公众号、新浪微博、抖音、大众点评网、小红书及新闻门户等媒体平台的公开数据，多维度统计和加权，计算推出"2021上海夜生活节·上海夜市声量榜"。

率先打造的上海市标杆"外滩枫泾夜市"，在2020年成为上海唯一入选《全国文旅"网红打卡地"TOP20价值推荐榜》——夜经济集聚区。该夜市大半都是各种吃喝，餐车沿路两侧整齐排好。夜市靠近外滩一侧是喝小酒集散地。光啤酒分日系、德系、美系，尤其鹅岛精酿的生意火热。然而，黄浦区不仅有"外滩枫泾"，还有"思南夜派对""外滩源·集""豫园文化夜市"，以及"六合路小尖顶游园会"等

五大常态化运营的夜间市集，区夜间经济重点项目158坊、新天地也开展了一系列活动，整体取得了较好的经济效益和社会效益。如外滩枫泾夜市于2020年6月6日正式开街，到2021年1月3日，共计开展了34次夜间市集，每期摊位平均约110家，实现摊位总营收额达2 160万。夜市举办期间，BFC外滩金融中心累计总客流达到498万人，同比增长270%，商场销售同比增长150%。

2021年5月28日，上海首尔夜市第二届泡菜音乐节拉开帷幕，持续至8月31日。在这里可以感受韩式烤肉、烤鳗鱼、章鱼锅、部队锅、石锅拌饭、海鲜火锅、各式泡菜、韩式胖卡龙等众多韩国美食。

仅700米长的大学路夜市，聚集着丰富的酒吧、餐吧、外摆餐位，咖啡、茶饮比比皆是。大量的

各媒体平台声量得分

- 锦江乐园夜市
- 佰集东里
- 一万种咖啡市集
- 首尔夜市
- 思南夜派对
- 安义夜巷
- 外滩源集
- BFC外滩枫泾

统计时间：2021年6月5日—6月20日

夜生活节声量得分

- BFC外滩枫泾
- 外滩源集
- 安义夜巷
- 思南夜派对
- 首尔夜市
- 一万种咖啡市集
- 佰集东里
- 锦江乐园夜市
- 七宝夜市

统计时间：2021年6月5日—6月20日

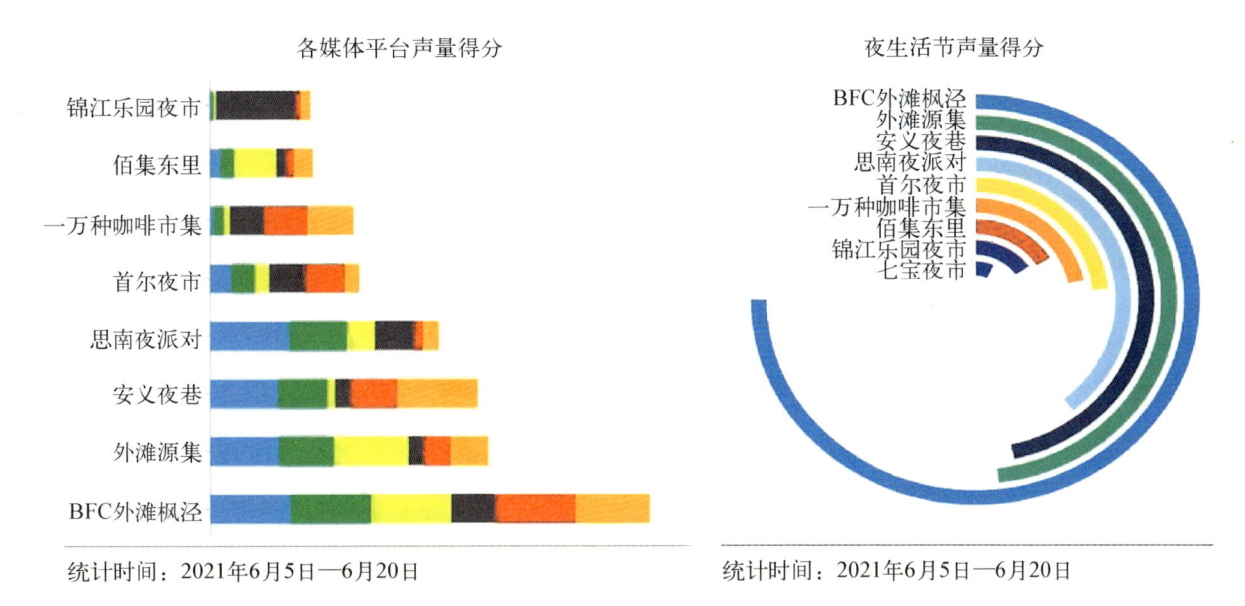

图181　2021上海夜生活节·上海夜市声量榜

小食餐饮与五角场成规模的购物中心互融，与周边的高等学府、创智天地共荣，成为年轻人为消费主体的夜市生活消费圈。由此，大学路也成为杨浦区有影响的夜经济集聚区。

有着"泰国拉差达火车夜市"魔都复刻版之称的七宝夜市，面积1.8万平方米，从头吃到尾不重样。2021年以"泰好看""泰好玩""泰便宜""泰好吃""泰好停"五大特色为主题，推出2.0夜市升级版。

餐饮是上海夜市经济中的重要组成部分，有了吃就有了烟火气，有了聚集力，品味闻香而来。2021年上海的夜市样本就达59个（夜市声量榜披露），其中前10或前20分布见图182。

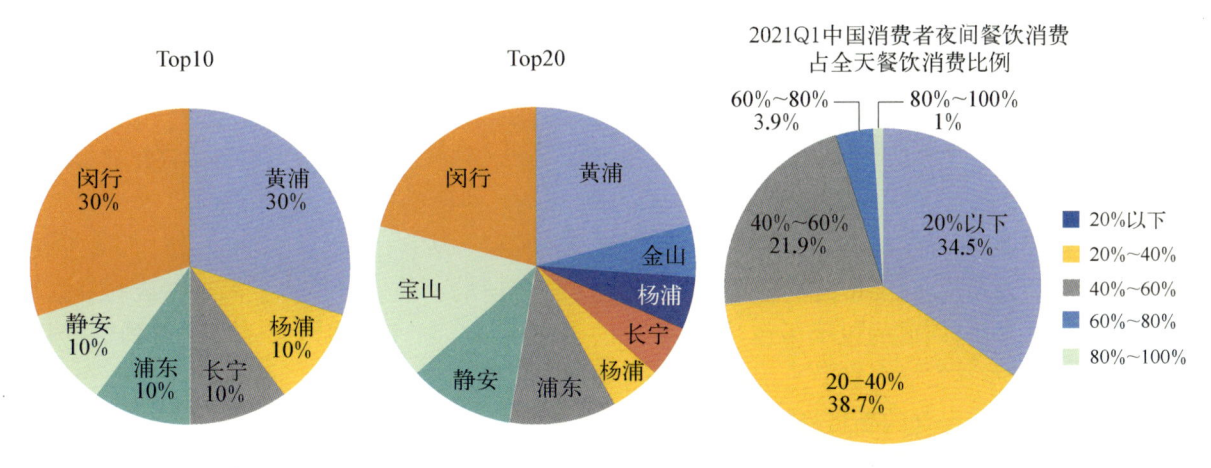

Top10
- 闵行 30%
- 黄浦 30%
- 静安 10%
- 浦东 10%
- 长宁 10%
- 杨浦 10%

Top20
- 闵行
- 黄浦
- 金山
- 杨浦
- 长宁
- 杨浦
- 浦东
- 静安
- 宝山

2021Q1中国消费者夜间餐饮消费占全天餐饮消费比例
- 80%~100%：1%
- 60%~80%：3.9%
- 40%~60%：21.9%
- 20%以下：34.5%
- 20%~40%：38.7%

图182　上海排位靠前的夜市在各区分布和中国夜经济餐饮业态消费分析

上海夜市分布面广但各区呈不平衡发展态势，其中黄浦区、闵行区两区并驾齐驱为领头羊。并且，艾媒咨询数据显示，2021Q1中国38.7%消费者夜间餐饮消费占全天餐饮20%～40%，及以下区间的消费者比例为73.2%。

由此回溯"上海夜间经济销售收入已经超过5 000亿元"，自然也有餐饮夜间外卖的份额，因夜市而产生的餐饮收入增量数百亿是可能的。

（7）餐饮小店经济的市场趋势宽广

上海餐饮小店数量，以下数据可参考：

2019年5月31日,市商务委某处长介绍,上海约有47.5万个商业网点,90%为小网点。其中,67条特色商业街区和64条永不拓宽的马路上的小店约有9 400多家,各类特色小店中,餐饮类约占37%,有3 478家。

2020年6月3日,支付宝数据显示,上海近26万小店营收实现反弹。

表146 上海餐饮小店在商业网点中的占比(含估算)

数据整理	上海2019年有47.5万个商业网点;2020年6月26万家小店营收反弹					
	67条特色商业街区和64条永不拓宽马路			90%小网点（万家）	如低估餐饮占比20%	
	特色小店	餐饮类	占比%		餐饮小店（万家）	营收反弹餐饮小店（万家）
	9 400	3 478	36.7	42.76	8.55	5.2
说 明	此数据无法完全反映2021年上海餐饮小店真实数据,但从2021年是商业经济遭遇2020年疫情后的恢复反弹年,应该说小店开业势态向好					

可以说,没有餐饮小店也就没有餐饮市场的活力,国际美食之都,不仅需要餐饮的"大",更需"小",小而精、小而美、小而俗、小而特……无论是致力民生就业,还是注重人文,餐饮小店都是不可缺少的。从2021年餐饮市场的角度分析:

① 到2021年9月,黄浦区已对2 247户小餐饮单位完成标准化建设并实施评估。

② 2021年上海新增早餐网点1 764个,绝大部分是小店。

③《2020年中国便利店发展报告》显示,上海有6 430家便利店。DT财经数据显示,2021年上海便利店门店数全国排第一。便利店里有餐饮,盒饭、点心、寿司、关东煮等。

④ 天眼查大数据:上海的卤味相关企业数一枝独秀,超过5.65万家,占全国数量近一半。一般来说卤味无大店,由此推算上海卤味店数量亦有数万。

⑤ 微信公众号"城市数据团"披露,上海街边美食(非大型连锁)经营者,上海籍占13.9%,河南籍占9.8%,其他地区更少;唯安徽籍独步武林,占到25.3%的比重。

"城市数据团"还显示,安徽籍经营者涉猎餐饮范围广泛:从包子、生煎到烧烤、涮肉,从盖饭、牛肉汤到炸鸡、糖葫芦,只要市面上有的,鲜有安徽老板不做的。他们掌控着上海近三成的豆浆油条,五成的生煎小店,六成的包子汤包,乃至八成的牛肉汤馆。就连看似八竿子打不着的螺蛳粉,18.9%小店也掌握在安徽老板手上。

大店变小,小店提升的必然趋势:

红餐品牌研究院的品牌数据显示,在小吃快餐品类中,粉面门店数占比20.8%,是小吃快餐第一大细分品类。在粉面品类中,中小型连锁品牌以及街边小店、夫妻店仍然是主流。由于粉面是大众刚需、制作工艺不复杂、开单店成本可控、门槛低,吸纳了相当多的餐饮创业者。

2021年,资本对餐饮的投入和布局显见,资本助力的大多都是连锁小门店小餐饮,从茶饮、咖啡、面食到串串、卤味、烘焙甜品等。

社区餐饮是对小店餐饮最好的呈现,如现在比较火热的"堂食+外卖+外带"的经营模式,大多数的社区餐饮是这种模式。

市场竞争下,错位经营的制胜之道是餐饮品类的细分化提升。细分化即大店变小、小店提升,加上资本、数字、食品工业化、餐饮标准化及政策力量,2021年上海餐饮市场,除了兴起的各种新风

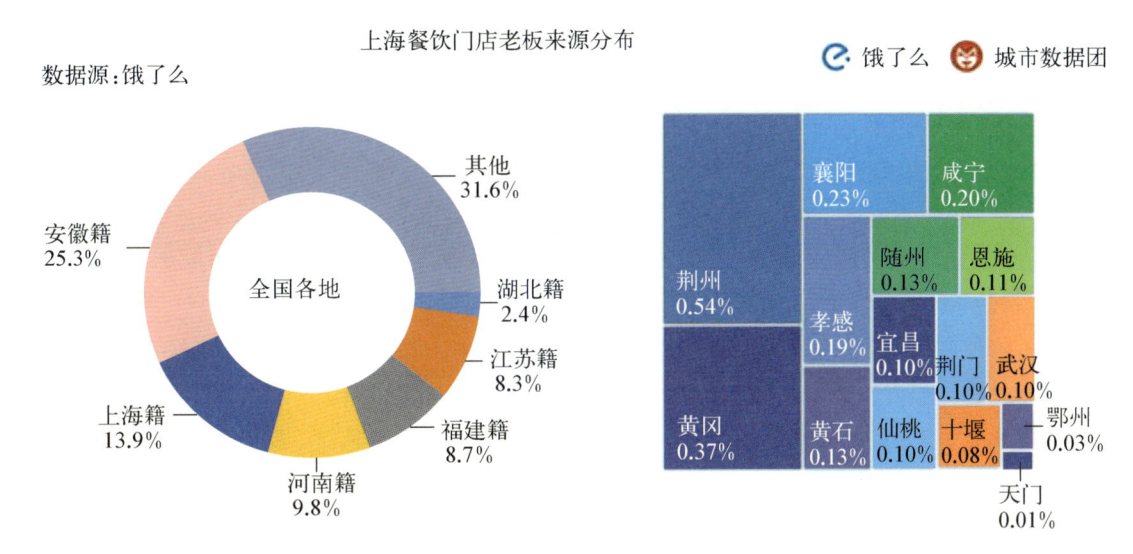

图183 非大型连锁的上海餐饮老板数据

口、新品类、新模式等门店,大店变小似乎成为新趋势。提升品质的小酒馆、小吃店、小众咖啡、小餐饮……各式美食小吃从肇周路耳光馄饨、思南路阿娘面馆等老牌"网红",到东湖路皮爷咖啡等新兴"网红",都吸引大批食客前来打卡就餐。

总之,餐饮小店也是上海经济的毛细血管,网布全市,是上海餐饮市场的活力之基,且拥有经营灵活,成本易控等优势。在餐饮市场内卷下,大餐饮(如正餐业态的大餐厅等)更容易遭遇成本、资金,乃至人力资源的困境,也是其"大变小"的原因,正餐品牌延伸副牌小餐厅、轻餐饮的事例举不胜举。

(8)上海菜系的传承创新和市场发展

上海菜系在历史中形成,随时代发展,是"海纳百川,有容乃大"城市精神的饮食文化体现和美食风味的传承创新。在新时代,"建成具有全球影响力、竞争力、美誉度的国际消费中心城市"中,"打造国际美食之都"的主要内容和重点任务。

① 上海菜的传承创新。

上海菜系的传承创新包括本帮菜、海派菜以及遍及各区的风味小吃、卤味熟食等美食,上海市餐饮烹饪行业协会于2021年下半年成立"发展上海菜工作委员会",设置"老字号发展""非遗发展""上海菜发展"四块牌子,组织建立一套工作班子,开启新时代下发展上海菜的工作步伐。

在上述背景下,2021年有关"上海菜传承创新"的研讨及其相关活动也多次呈现。如:

A. 揭示上海菜传承创新趋向

2021年11月12日,由上海市餐饮烹饪行业协会、上海博华展览有限公司共同举办"上海菜传承创新高峰论坛",烹饪大师们纷纷支招如何传承上海菜:

上海顾客对江南风味的餐厅及本帮菜餐厅青睐有加,在上海中餐品牌TOP50中,本帮菜品牌占比高达27%,包括上海小南国、苏浙汇、金时代顺风大酒店、食庐等27家品牌。上海菜既要保留传统的原汁原味,又要在做法上进行更新,才能赢得新一代年轻人的青睐。

当下消费者需求不断变化,存在求新求异的心理需求。菜品生命周期不断缩短,顾客期望常来常新。单一地方风味已经很难满足食客需求。

上海人家常的传统菜肴,要烧出经典、烧出家乡的味道并非易事,拿雪菜肉丝为例,选择雪菜大有讲究。经过大师与团队的反复讨论与试制,在周庄雪菜、老咸菜、青雪菜三款雪菜原材料中,最终决定选取鲜嫩爽口、咸淡适中、色泽翠绿的"青雪菜"为雪菜肉丝的主角,搭配上粗细均匀的肉丝、金衣白玉的笋丝,成就一道色香味形俱全的上海家常菜。

B. 本帮菜皆浓油赤酱是认知偏颇

浓油赤酱并不能涵盖本帮菜的全部。揆诸所有归入"本帮"菜谱中的菜肴,不难发现,至少一半以上的本帮菜与浓油赤酱无缘。如:腌笃鲜、扣三丝,以及提及食材就让老饕垂涎三尺的清蒸刀鱼、鲥鱼,乃至"糟烹"类菜肴,涵盖荤素,品类至多,最适合夏季品尝,糟香润入的菜肴,深得上海人青睐。上海人口味一年四季,春夏喜欢清淡鲜香,秋冬偏向色厚味重。至于浓油赤酱,虾子乌参、红烧肉、鮰鱼、鳝丝,讲究汁红浆包,浓汁似浆,红润透彻,油多了不行,酱黑了更不行,浆包之内的东西,无论是山珍海味,还是各类荤素,要嫩要鲜要入口后原味本味依在,齿颊留香……如此的浓油赤酱,是本帮菜的传统特色,是传承创新中不可丢失的上海饮食文化精粹。

早在2006年,协会会长沈思明就为传承创新本帮菜提出"传承延续、博采众长、贯通中西、创新发展",至今依旧管用。

2021年3月,世界中餐业联合会就繁荣中国菜座谈,沈思明老会长发言:繁荣中国菜对上海而言,就是繁荣上海菜,要在体现高质量的"品质内涵"和"品味特色"下,展示上海"海纳百川,有容乃大"的人文精神,把历史积淀和时代潮流中形成的非遗餐饮、老牌餐饮、本帮菜肴、海派菜肴等,用"上海菜"予以概括,用"上海味道"予以集聚和发散,味传天下,要体现食材绿色、菜品绿色、餐厅绿色,乃至整个餐饮经营服务过程绿色,要以工匠之心,践行上海菜的传承和创新。

C. 为上海菜发展融入新时代而努力

a. 要认识新趋势。近年来,上海餐饮市场呈现3个趋势性特征:

一是国际大都市餐饮的集聚性特征更加凸显。全国、亚太、世界餐饮都走进上海,使餐饮市场愈加多样化、多档次、多业态、多品类,包容天下,融合世界。

二是现代餐饮集约化生产方式特征更加突出。方便饮食消费的预制品、半成品等越来越受到市场青睐,推动上海餐饮业的中心厨房、工厂化、供应链等建设。

三是餐饮新模式、新零售的经营特征崛起。融资发展、线上销售、智能管理、平台打造、私域场景打造和流量策划,加速了业态跨界组合经营等。

所以,今天发展繁荣上海菜,不是传统意义的烹饪上海菜,或仅局限于烧好本帮菜、海派菜以及在上海各地特色菜。而是要与时代驱动的国际大都市餐饮市场、餐饮行业和产业联系起来,更具有系统性和创新性。

b. 要具有新思路。2021年,协会发展上海菜工作委员会提出新思路和新计划:

注重四个结合:传承和创新结合;品质和品牌结合;特色和绿色结合;健康和营养结合。

注重活动展示:充分运用法定节假日、国际展会,展示上海菜、上海美食文化等。

注重扶持"老字号":发掘申报餐饮"非遗"及"非遗传承人",为餐饮老字号争取政策支撑,帮助其创新转型、拓展市场,与数字化对接、数字化赋能等。

注重具体计划落实:人才培训、交流拓展、成果展示等实施计划的落实。比如:

结合郊区"上海古镇"和"特色小镇"建设,组织当地特色菜和海派菜肴的厨艺交流,推进市郊餐饮食材和菜肴品类的互通。

做好每年"进博会"餐饮服务的遴选,供应和展示上海菜、上海味道的品牌特色和品质内涵。

继续办好"环球美食节",打造成代表上海城市品质建设的更具影响力和规模的国际美食盛会。

参与市府"打造国际美食之都行动计划",发挥协会功能和作用。

c. 要凸显新突破。如近年来的上海老字号餐饮:

随消费市场不断升级,融入直播、跨界、联名、文创等"出圈"新方式,以此激活更多消费者,扩大品牌在不同年龄段客群中的知名度,让"90后"乃至"Z世代"都能成为自己的新拥趸。

2021年10月18日,豫园文化饮食集团发布了联手"真尝家"餐饮新品牌,首批推出旗下上海老饭店八宝鸭、松鹤楼苏式汤面、松月楼素菜包等"塑封礼品装",这套"传承+创新"的组合拳,延展了老字号餐饮的产品链和品类的升级换代,也将曾经这些市民餐桌上的,原本年销量就能数以万计的上海名菜,变身为具有IP影响力的上海伴手礼。集团创新事业部总经理说,"我们发现'宅'生活已成为常见的生活方式之一,同时在现代生活的快节奏下,消费者已经非常习惯于'动动手指就能送货上门'的新消费模式"。

2021年春节前,上海老饭店与盒马合作推出年夜饭礼盒套装,将生意提升到"以数据驱动生意"的新境界。在盒马上海门店,上海老饭店的八宝鸭、四喜烤麸、本帮熏鱼赫然在列。询问、订购盒马年夜饭的消费者络绎不绝,"不少都是冲着老饭店的八宝鸭来的"。

② 在本帮菜的市场空间揭示未来发展。

本帮菜是上海菜系的根,根系发达,菜系大树才会茂盛长青,果实累累。

A. 立足全市16区看本帮菜

一份2017年克而瑞研究中心的调研报显示,本帮菜兼具布点密、人气高、受众广三大特征,店铺数量全市排名第3,仅次于小吃和面包甜点;总人气排名第3,仅次于国民餐饮火锅和小吃;人均消费排名第10,店铺消费标准差排名第5,不论是日常聚餐还是宴请宾客,都能找到适合自己一家本帮菜馆。

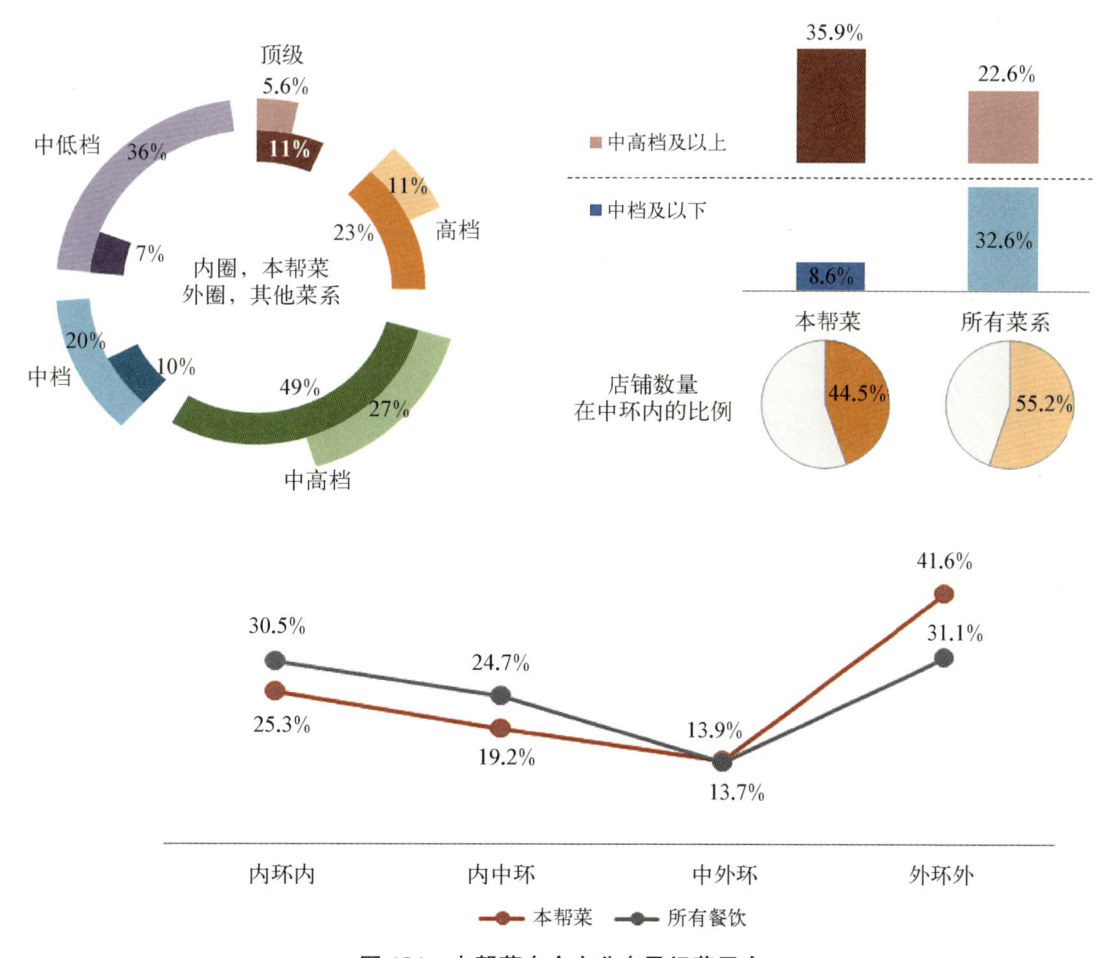

图184 本帮菜在全市分布及经营层次

报告图示本帮菜在全市分布：

a. 内环内，本帮菜平均档次更高。本帮菜在内环内，归属顶级标准为11%，比其他餐饮高出5.4%；归属高级标准店铺占23%，比其他餐饮高出一倍还多；本帮菜中档和中低档占比只有17%，相较菜系则达到了56%。

b. 中环内，本帮菜数量明显较少。44.5%的本帮菜店铺位于中环内，相比所有餐饮类型低10.7%；而分布在外环外的比例更高，占比较所有餐饮高10.5%。

c. 中环外，本帮菜的竞争力比较。表147显示，青浦朱家角本帮菜"竞争力"稳居首位。朱家角共有327家餐厅，开设了88家本帮菜餐，按全市各板块餐饮中本帮菜餐厅占比中位数应是14家，而这里达到全市平均的6倍以上。

表147　上海市郊区域本帮菜前十五竞争力比较

排名	板块商圈	本帮菜		所有类型餐厅		"竞争力"	房价
		数量	占全市比例	数量	占全市比例		
1	朱家角	88	2.0%	327	0.3%	74	32
2	惠南镇	78	1.8%	974	0.8%	39	3.5
3	松江镇	69	1.6%	814	0.7%	36	3.7
4	川沙	81	1.9%	1 348	1.1%	27	4.4
5	青浦城区	51	1.2%	624	0.5%	26	3.5
6	南桥	54	1.3%	725	0.6%	25	3.1
7	金山卫	42	1.0%	450	0.4%	24	1.9
8	浦江镇	53	1.2%	763	0.6%	22	5.1
9	佘山	34	0.8%	287	0.2%	22	7.1
10	外高桥	51	1.2%	761	0.6%	20	4.8
14	嘉定镇	62	1.4%	1 114	0.9%	17	3.3
—	南翔	20	0.5%	691	0.6%	—7	5

站在全市16个区看本帮菜，其生命力更是鲜活的。

表148　郊区本帮菜前五十对其他菜系"竞争力"比较

序号	板块	店铺数量	"竞争力"	平均人气	平均单价	高级餐饮占比	房价(万元)
1	朱家角	88	74	244	77	5%	3.2
2	惠南镇	78	39	91	73	14%	3.5
3	松江镇	69	36	160	75	7%	3.7

续 表

序号	板 块	店铺数量	"竞争力"	平均人气	平均单价	高级餐饮占比	房价(万元)
4	川沙	81	27	239	78	15%	4.4
5	青浦城区	51	26	139	85	11%	3.5
6	南桥	54	25	126	88	17%	3.1
7	金山卫	42	24	84	81	23%	1.9
8	浦江镇	53	22	244	76	9%	5.1
9	佘山	34	22	180	75	7%	7.1
10	外高桥	51	20	232	85	22%	4.8
11	南门	27	20	99	90	9%	2.7
12	枫泾	25	20	134	64	5%	2.2
13	老闵行	56	18	182	84	11%	4.2
14	嘉定镇	62	17	247	93	30%	3.3
15	美兰湖	31	15	113	76	13%	4.3
16	新场	17	11	114	56	0%	3.5
17	长兴岛	15	11	26	62	0%	2.8
18	康桥/周浦	78	10	346	68	3%	5.1
19	祝桥	16	10	43	68	7%	4.1
20	南汇新城	19	10	158	69	7%	2.7
21	朱泾	17	9	27	81	18%	2.5
22	杨行	32	8	138	95	24%	4.5
23	浦东机场	24	8	71	70	0%	3.9
24	航头	15	8	42	65	7%	4.2
25	安亭	27	7	180	86	18%	3.3
26	华漕	23	7	223	90	15%	6
27	东滩	9	7	207	97	13%	2
28	淞滨地区	21	6	250	73	6%	4.9
29	松江新城	9	6	291	81	0%	4.1
30	横沙乡	7	6	25	56	0%	2
31	淞南	24	5	90	64	10%	5.4

续　表

序号	板　块	店铺数量	"竞争力"	平均人气	平均单价	高级餐饮占比	房价(万元)
32	堡镇	8	5	200	76	0%	2
33	松江老城	7	5	36	64	0%	3.7
34	桃浦	30	4	134	73	8%	5.3
35	动物园	19	4	306	170	30%	8.1
36	临沂	19	4	276	56	0%	6.7
37	重固	7	4	34	58	0%	3.4
38	亭林	6	4	21	70	0%	1.8
39	华新	8	4	78	68	0%	3.6
40	江桥	41	3	218	76	11%	4.6
41	城隍庙	22	3	1 355	89	30%	9.7
42	徐泾	16	3	97	86	13%	5.6
43	吴泾	12	3	142	61	0%	4.3
44	颛桥	12	3	208	73	0%	4.9
45	马陆	13	3	175	82	8%	4.5
46	泰晤士小镇	9	3	165	94	29%	4.5
47	陈家镇	5	3	195	69	0%	2.3
48	外冈	5	3	37	95	0%	3.1
49	秦城镇	6	3	21	56	0%	1.6
50	新河镇	4	3	15	78	0%	2

随着旅游经济的提升,本帮菜在古镇美食、特色小镇美食、旅游景点美食、农家乐美食中自然也是充满活力的。

B. 中心区内本帮菜品质品位提升的必然性

近年来,本帮菜系进一步高端化,即便是在企业总部集聚、外地就业人口众多的内环内,消费者对本帮菜档次要求仍是有增无减,这大概也是"海纳百川"城市精神能够吸引人才的一种体现。

何况,上海有外滩的"万国建筑群",有太多的洋房小楼,有64条永不拓宽的海派风情保护道路,还有太多的"石库门"弄堂……深藏在里边的本帮餐厅,高雅而充满韵味,时尚却内涵典雅……所有这些,随着新时代的进一步开放、包容,以及生活方式的提升,品味的需求自然提升。本帮菜展现了更多的海派印象:

从烹饪过程到餐桌服务体现"克勒精神"。讲究"原料精细、产品精致、装盘精美、服务精湛";讲究菜肴的色香味形、器皿型景;讲究用餐规格礼仪的隆重高雅。

从用餐时刻到消费全程突出"享受体验"。不仅给予消费者品质品位的享受,而且在品味中感到养身养心的体验。

总之,在全国乃至世界菜系涌入上海的时代趋势中,具有全球影响力的"上海国际美食之都",从本帮菜到海派菜,从上海小吃到上海味道,是民族的,才是世界的。上海菜传承不丢魂,创新不挖根的市场之路一定越走越宽。

4. 揭示上海餐饮市场规模

上海餐饮市场究竟多大,仅从上海市统计局"限额以上餐饮住宿收入"中,是无法完全反映上海餐饮市场的真实规模。在此,有必要真实体现这一"民以食为天"的消费数据,在经济发展及社会消费中的作用。然而现有的本市统计轨迹,在餐饮统计方面似乎没完全反映该市场的实际。

表 149　上海市统计局餐饮住宿收入统计分别在社会消费品总额和 GDP 中的占比

限额以上餐企	2017 年			2018 年			2019 年			2020 年			2021 年		
	餐饮住宿业收入	社会消费品零售总额	占比%	餐饮住宿业收入	社会消费品零售总额	占比%	餐饮住宿业收入	社会消费品零售总额	占比%	餐饮住宿业收入	社会消费品零售总额	占比%	餐饮住宿业收入	社会消费品零售总额	占比%
	1 025.39	1.183 0 万亿	8.67	1 099.86	1.266 8 万亿	8.68	1 190.25	1.349 7 万亿	7.41	985.71	1.593 2 万亿	6.19	1 455.93	1.807 9 万亿	8.05
同比%	7.6	8.1		4.2	7.9		4.3	6.5		−21.3	0.5		22.32	13.5	
均增%	注:1. 餐饮住宿业五年内平均增 4.28%(无论是在业务中心) 　　2. 社会消费品零售总额五年内平均增 9.125%														

按表中统计数据,近 5 年来,限额以上餐饮住宿收入基本上锁定在占社会消费品零售总额 8% 左右。然而,已有数据显示 2021 年:

上海饮食消费力全国第一,其中食品烟酒消费人均超 1 万元;

上海夜生活指数全国第一,夜经济收入超 5 000 亿元,假定餐饮消费占 20% 比例,其收入超 1 000 亿元;

上海美食多样性全国第一,近年来获得许可证的餐饮服务单位,年增量在 1 万家左右;

上海拥有世界上最多的咖啡店,达 7 000 多家;其中精品咖啡店门店数达 3 244 家位列全国第一;

上海拥有的卤味熟食店全国第一,多达 5.65 万家的卤味熟食相关企业,在全国该业态占据"半壁河山";

上海实现旅游收入 5 357 亿元,以旅游中一般餐饮消费占 20% 估算,即是 1 071.4 亿元;

上海拥有 1.5 万个以上的"早餐工程"网点;

值得一提的还有:上海拥有全国城市中最多的五星级酒店,星级酒店数占全国总数近 1/4,约 2 500 家,在全国星级酒店 1 000 亿元数额中占有 200 亿元以上份额,按文旅部发布数据"餐饮占营业收入的 40.74%"来估算,应有 81 亿元以上的收入,体现了星级酒店在自助餐、下午茶、各式正餐、小吃、商务宴、国宾宴、婚宴的多样性的消费需求供给。

表 150　上海部分餐饮业态的市场规模估算

上海部分餐饮业态的市场规模估算	快餐市场	卤味熟食市场	团餐市场	火锅市场	每年购物中心面积新增
	909亿～1 399亿元	360.47亿元	594.84亿元	150.86亿元	292亿元
	1. 市场监管局数据餐厅13万家+ 2. 大众点评数据8.8万家快餐厅，限额以上占79.5%	依据天眼查数据：上海的卤味相关企业数量超过5.65万家和紫燕的全国门店平均年收入58万元+10%的上海市场因素为63.8万元估算	依据上海从业人员数，以及重点需求团餐的教育、医疗、白领、老人助餐等需求的最低估算	大数据披露：2021年上海火锅店接近1.2万家。全国火锅门店数量已经突破70万家，营收突破8 800亿元。以单店平均收入+10%的上海市场因素为125万元估算	2021年达到262万平方米，按坪效（低估）估算新增营业收入五年来平均每年新增250万平方米
说明	1. 此表中全市四个业态和购物中心新增面积所形成的市场规模，都是按比较低的标准来估算的 2. 补充两个餐饮业态的市场规模估算数：烧烤收入32.16亿元；小酒馆收入50亿元 3. 除火锅以外的皆在成百上千门店的正餐业态：本帮、海派融合餐厅，以及全国，乃至世界在上海的几乎应有仅有的餐饮业态的规模，自然也在数百亿元至多				

上表中，快餐、卤味熟食、团餐、火锅四个业态估算总数2 260多亿元。从夜经济和旅游收入的角度，估算餐饮收入也在2 000亿元以上。如按《2021中国夜间经济最新发展报告》中提及餐饮夜间消费占全日消费40%数据估算，上海餐饮规模约在2 500亿元之上。

从此角度，可以比较真实地反映上海餐饮收入在社会消费零售总额和GDP中的占比，分别在13.83%和5.79%以上。这一数据还可以用近几年来，购物中心、商业综合体、社区等商业中餐饮业态占比从20%上升至30%以上，予以佐证。

5. 上海餐饮市场的未来走势及政策建议

由于本报告在形成过程中，已遭遇上海2022年前所未有的疫情灾害，封控3个月的上海餐饮市场元气大伤，太多的餐饮企业资金流断裂，餐饮堂食到上半年底依旧无望。如果没有强有力的政策扶持措施，餐饮企业会出现断崖式的关店或退市现象，不确定因素难料。

（1）关于对餐饮市场未来走势的判断

正如本报告以数据说明上海餐饮市场的需求所在，只要和平盛世的发展趋势依然，人民对餐饮的需求也依旧是向上的。所以，疫情过后的上海餐饮市场，在《上海服务业发展"十四五"规划》指引下，以打造"全球有影响力的国际美食之都"为总体部署：

将是餐饮业"首店经济""特色小店""餐饮夜市""早餐工程""学生营养餐""白领午餐""助老餐厅"的进一步发展；

将是包括本帮菜、海派菜、餐饮非遗、上海小吃、古镇美食在内的上海菜系的进一步繁荣；

将是全国各地乃至全球美食涌入上海，在"有容乃大"的城市精神下融汇创新，在"上海味道"的大市场里，各显特色，展示品质品位的餐饮消费需求多元提升，从业态到品类，应有尽有，应享尽享，美味无穷……

在整个经济发展和社会需求的大变革中，数字技术、资本渗入、工业化和信息化互动发展，必将使上海餐饮市场加快从传统服务产业向现代服务产业的创新转型，打造新的餐饮经营模式，包括餐饮+、+餐饮，主题式、组合式、沉浸式、新零售等餐饮新体验、新需求的消费大市场……

然而，餐饮业作为市场经济产物，成本管理、错位经营、品类品质、人本主义等基本规律和特色

内涵,必须依旧融入餐饮经营者的血液里,唯有如此,餐厅乃至餐饮模式的可持续生命力得以体现:

小而美、小而精、小而特有生命力;

绿色生态、健康营养有生命力;

品牌有影响力,品质有认知度的老店、名店、大店、小店、非遗有生命力;

数字赋能、资本青睐、有工业化和供应链支撑的连锁经营有生命力;

拥有"粉丝"群、消费群的"OTO"有生命力。

工业化提升质量和效益,预制品提供需求和方便有生命力;餐饮食品工业化的趋势还将打破餐饮和食品,餐饮和零售的界限,你中有我,我中有你,融合跨界在预制品、包装化中愈加展示消费体验的便捷乃至品质和营养。

融入旅游经济、假日经济、文化经济、体验经济、夜经济有生命力;

融入社区、商务区,为民便民利民的早餐、简餐、点心、小吃、茶饮等有生命力;

自由连锁、独立核算,中央厨房和供应链共享,统一品牌标识、统一原料采购、统一物料配送、统一质量管理,经营者能够独立打造品类的有生命力;

标准化+品质提升有生命力;

好食材、好味道、好品位,有特色、可定制的高档高雅餐厅有生命力;

跨界合作,品类细分,营销破圈,菜品组合融合创新,服务顾客至上的有生命力。

社会已进入信息时代,越来越多的餐饮人面对数字化的消费、生产、管理、销售等方式,认识到数字化落后就落后于市场。餐饮企业的信息化和数字化,是提升企业竞争力与经营效率的重要手段和依托,实现数字化转型是餐饮企业提高生命力的必然选择。同时也深知,只要勇毅前行、创新作为,餐饮业被称为"永无止境的黄金产业",上海餐饮市场的未来生命力也必然永无止境。

(2)关于餐饮政策应该落实到位

上海餐饮业的发展,无论是政府打造国际美食之都,还是餐企在市场经营发展,离不开政府对餐饮企业的政策支持和纾困扶持。尤其是2020年前所未有的疫情,对餐饮业冲击也是前所未有的。一旦政策明确,就当快速落实到位,包括到企、到店、到人,尤其是一线职工群众,他们是企业活力的源泉,不应该成为无辜无奈的"牺牲者"。

同时,建议政府部门应完善对全市餐饮市场的完整统计和精准分析,应加快与餐饮经营及整个市场有关的政府部门之间的数据联网,搭建相对独立的"上海餐饮市场大数据平台"为行业、产业、企业所共享。要更好发挥餐饮业协会的功能和作用,既要更好管理,又当激发活力,尽最大可能,依法为协会提供"政府服务项目"。

上海打造国际美食之都,要有清晰可行的"行动计划和操作举措",当发挥企业、协会、政府,以及与此相关的利益主体和资源主体的积极性和创造力,形成政府统领,各方参与,有责任主体、有投资预算、有具体实施的运行机制和操作方案。

(上海市餐饮烹饪行业协会供稿)

(十)上海食品行业2021年发展报告

1. 2021年上海食品行业发展综述

2021年,上海食品行业经历了新冠病毒肺炎疫情带来的考验,以及复杂的国内外环境影响,食品经济实现了先降后升、由负转正逆转,产值利润完成情况良好,达到预定目的。

全年生产销售情势都呈现先扬后抑的态势,2020年初疫情对食品行业整体生产销售影响较大,2021年疫情进入常态化管控后,食品行业生产销售逐渐回归正轨,生产态势亦逐步回归平稳。

2021年,本市425家规模以上食品工业企业完成工业总产值1 295.83亿元,同比增长9.8%。

2021年度自疫情常态化管控以来,本市食品工业企业总体生产水平恢复至以往。食品制造业涨幅达到11.5%,为近5年来最高。呈现稳步复苏的增长态势,展示了上海食品经济增长的韧性和可持续性,有力保障了上海特大型城市的食品供应。

上海食品工业企业通过产品出口、文化输出、海外建厂、并购等方式,实施"走出去"的发展战略,积极主动参与国际市场的竞争,开始全球市场的布局。

2. 2021年上海食品工业经济运行情况

2021年上海食品工业受疫情影响好转,生产基本恢复正常,实现增长;销售回升,利润增长。

(1) 产值增长逐月回落

表151 工业总产值完成 (单位:亿元)

	工业总产值(现价)		
	2021年1月—12月	2020年1月—12月	同比增长%
上海食品工业合计	1 295.83	1 179.77	9.8
其中:农副食品加工业	364.99	340.35	7.2
食品制造业	812.27	728.79	11.5
饮料、酒和精制茶制造业	118.57	110.63	7.2

2021年,本市425家规模以上食品工业企业完成工业总产值1 295.83亿元,同比增长9.8%。自疫情常态化管控以来,本市食品工业企业总体生产水平恢复至以往。食品制造业涨幅达到

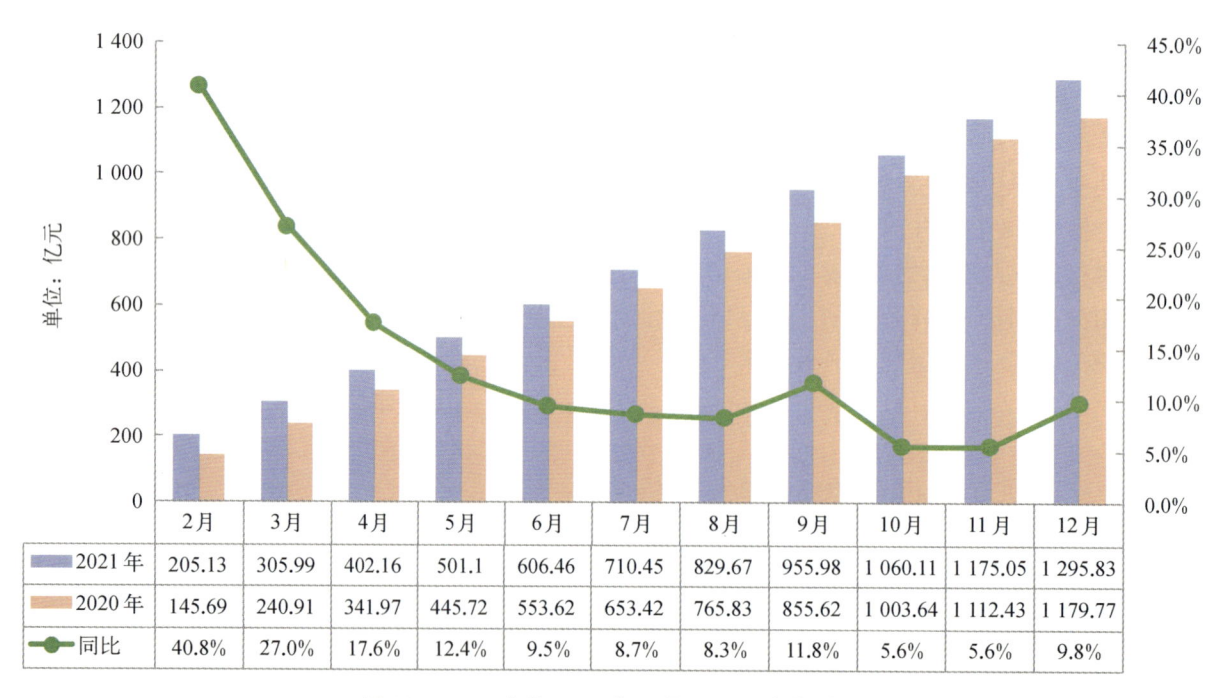

	2月	3月	4月	5月	6月	7月	8月	9月	10月	11月	12月
2021年	205.13	305.99	402.16	501.1	606.46	710.45	829.67	955.98	1 060.11	1 175.05	1 295.83
2020年	145.69	240.91	341.97	445.72	553.62	653.42	765.83	855.62	1 003.64	1 112.43	1 179.77
同比	40.8%	27.0%	17.6%	12.4%	9.5%	8.7%	8.3%	11.8%	5.6%	5.6%	9.8%

图185 2021年和2020年2月—12月产值对比

11.5%,为近 5 年来最高。

2021年全年生产增幅处于先扬后抑的态势,受 2020 年初疫情影响,2021 年一季度生产回归平稳后,产值涨幅较大,二季度开始逐步回归平稳增长态势。

(2) 销售增长稳步回调

表 152 营业收入完成　　　　　　　　　　　　　　　　(单位:亿元)

	营业收入		
	2021年1月—12月	2020年1月—12月	同比增加%
上海食品工业合计	1 560.18	1 406.72	10.9
其中:农副食品加工业	470.19	434.56	8.2
食品制造业	957.8	839.44	14.1
饮料、酒和精制茶制造业	132.19	132.72	−0.4

2021 全年完成营业收入 1 560.18 亿元,同比上升 10.9%,增速较上半年小幅收窄。主要原因在于,随着疫情影响的减弱,市场较 2020 年同期,销售趋势反弹明显,也反映出市场环境已经基本恢复到疫情之前。

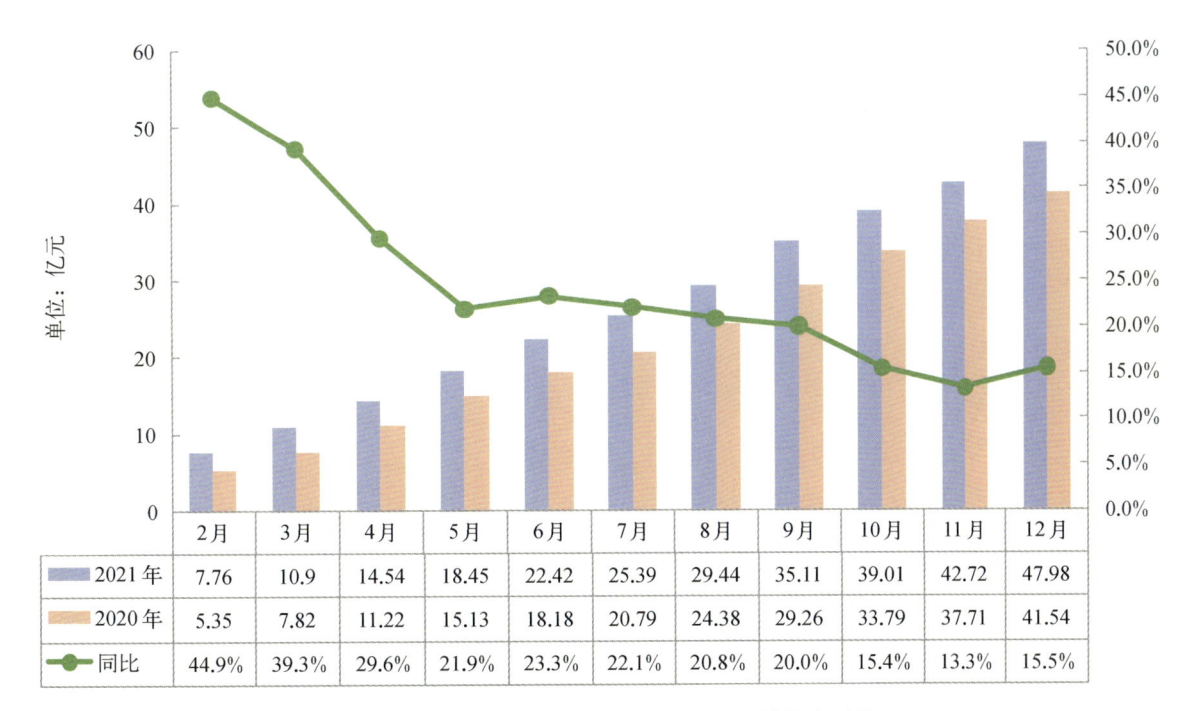

	2月	3月	4月	5月	6月	7月	8月	9月	10月	11月	12月
2021年	7.76	10.9	14.54	18.45	22.42	25.39	29.44	35.11	39.01	42.72	47.98
2020年	5.35	7.82	11.22	15.13	18.18	20.79	24.38	29.26	33.79	37.71	41.54
同比	44.9%	39.3%	29.6%	21.9%	23.3%	22.1%	20.8%	20.0%	15.4%	13.3%	15.5%

图 186　2021 年和 2020 年 2 月—12 月累计税金对比

子行业方面,调味品制造业增长较快,同比增长 22.2%;其次是其他食品制造业以及糖果、巧克力及蜜饯制造业和乳制品制造业。调味品的增长,主要得益于太太乐近年在主营鸡精调味料等固态调味料的基础上,拓展了液态调味料等方面业务板块,受到市场的认可;另一方面,餐饮的复苏及反弹性增长也一定程度带动了相关食品制造业的营销增长。

表 153　出口交货值　　　　　　　　　　　　　　　　（单位：亿元）

	出口交货值		
	2021年1月—12月	2020年1月—12月	同比增加%
上海食品工业合计	36.09	38.47	－6.2
其中：农副食品加工业	10.6	11.38	－6.9
食品制造业	23.35	25.29	－7.7
饮料、酒和精制茶制造业	2.14	1.79	19.7

2021年上海食品出口交货值36.09亿元，同比下降6.2％。本市食品行业产品进出口，同时受到世界范围疫情持续影响以及国际物流运输价格上涨等多重因素的影响，出口交货值连年呈下降趋势。

（3）赢利增速大幅收窄

表 154　利润及税金完成　　　　　　　　　　　　　　（单位：亿元）

	利润			税金		
	2021年1月—12月	2020年1月—12月	同比增长%	2021年1月—12月	2020年1月—12月	同比增长%
上海食品工业合计	132.92	122.65	8.3	47.98	41.54	15.5
其中：农副食品加工业	27.71	27.71	0	6.34	5.32	19.1
食品制造业	94.26	82.54	14.2	35.67	30.10	18.5
饮料、酒和精制茶制造业	10.95	12.40	－11.7	5.97	6.12	－2.4

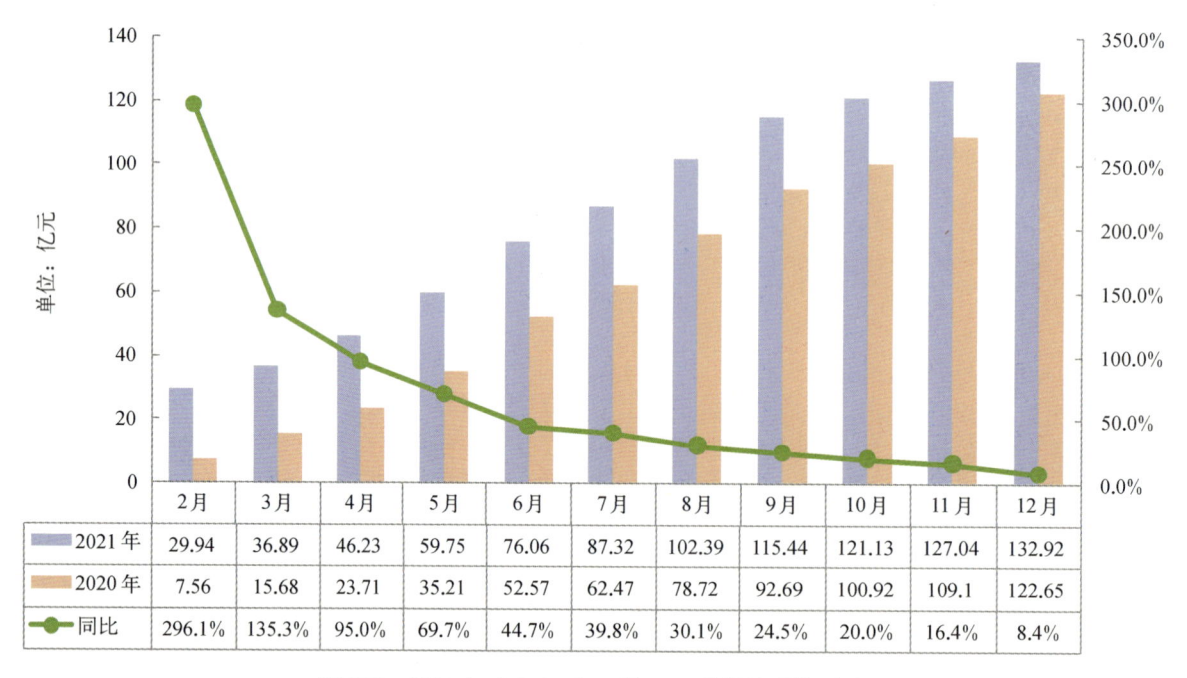

	2月	3月	4月	5月	6月	7月	8月	9月	10月	11月	12月
2021年	29.94	36.89	46.23	59.75	76.06	87.32	102.39	115.44	121.13	127.04	132.92
2020年	7.56	15.68	23.71	35.21	52.57	62.47	78.72	92.69	100.92	109.1	122.65
同比	296.1%	135.3%	95.0%	69.7%	44.7%	39.8%	30.1%	24.5%	20.0%	16.4%	8.4%

图 187　2021年 & 2020年2月—12月累计利润对比

2021年实现利润132.92亿元,同比增长8.3%,企业亏损面29.9%,较去年同期上升2.1个百分点。缴纳税金47.98亿元,同比增长15.5%。时近年底,原物料价格大幅上涨对企业的赢利影响开始显现,进入四季度后,食品工业整体赢利增长明显降低,虽然大部分企业通过调整产品结构与产品价格予以弥补,但是利润增速下降仍要快于营业收入的下降速度。

从子行业看,赢利增幅较大的有乳制品制造业,糖果、巧克力及蜜饯制造业以及调味品制造业。乳制品制造业涨幅达66%,由于2020年同期数据大幅下滑,2021年销售结构迎来调整后,数据呈现大幅增长现象。糖果及调味品制造业利润也有超过20%的涨幅。

	2月	3月	4月	5月	6月	7月	8月	9月	10月	11月	12月
2021年	7.76	10.9	14.54	18.45	22.42	25.39	29.44	35.11	39.01	42.72	47.98
2020年	5.35	7.82	11.22	15.13	18.18	20.79	24.38	29.26	33.79	37.71	41.54
同比	44.9%	39.3%	29.6%	21.9%	23.3%	22.1%	20.8%	20.0%	15.4%	13.3%	15.5%

图188　2021年和2020年2月—12月累计税金对比

税金方面,增长较快的子行业是糖果、巧克力和蜜饯制造业,市场销售快速增长的同时,税金也大幅增长,同比增长58.0%。其余子行业中,除开饮料制造业,也均有不同程度的增长。

表155　2021年1月—12月营业收入利润率

	主营业务收入利润率(%)	
	2021年1月—12月	2020年1月—12月
食品工业总计	8.5	8.7
其中:农副食品加工业	5.9	6.4
食品制造业	9.8	9.8
饮料、酒和精制茶制造业	8.3	9.3

2021年营业收入利润率8.5%,同比下降0.2个百分点。

随着防疫防控进入常态化,企业生产基本恢复正常,本市食品工业整体运行将会逐步回复以往的稳定增长趋势。

2022年,食品行业将全面迎来原物料价格上涨带来的一系列问题。农副食品制造业也将在疫情平稳后,受到市场供需影响,逐渐走低;饮料行业将进入生产淡季,也将处于低位运行的情势。

3. 2021年上海食品行业发展特点

2021年,上海食品行业发展,主要呈现以下6个主要特点:

(1) 产业结构逐步优化

2021年,上海食品经济的产量、主营业务收入逐年增长,经济规模不断扩大,已经形成了一批覆盖全国区域市场,具有一定品牌知名度的龙头企业,为经济的持续发展奠定了较为坚实的基础。2021年,上海食品工业产业结构明显优化。基本完成现代食品工业产业布局,培育壮大一批骨干企业。

同时,上海食品工业规模以上企业节能指标进一步提高,绿色制造水平明显提升,一大批关键共性绿色制造技术实现产业化应用,形成一批绿色发展的示范企业。

(2) 品牌质量意识增强

2021年,上海食品企业在品类、质量、安全、包装、口感等多方面不断优化改善,以满足人们日常饮食中多元化的消费需求。为消费者提供安全优质的产品,成为经济的共识。

与此同时,上海食品行业通过不断摸索、学习,运用各种方式加强品牌的品质和口碑。比如,已经举办了多届的蝴蝶酥大赛,成功地将蝴蝶酥打造成上海特色旅游食品的代表之一;"单品"起来了以后,更是带动了整体的蓬勃发展,目前上海已有许多家有一定规模的企业正在制作、销售蝴蝶酥,使得一批品牌食品得到了新的发展。

(3) 建立健全食品行业创新体系

2021年,上海食品行业进一步建立健全食品行业创新体系,推动食品行业技术创新平台建设。

与此同时,根据上海建设数字城市的特征和趋势,上海食品行业努力破解数据应用瓶颈,开发激活应用场景,进一步提高经济运行分析质量,逐步形成覆盖全行业、全地域、多指标的行业运行分析研究系统,为政府决策、企业发展,提供实用有效的数据,引导企业在大数据的背景下有序发展。

(4) 做大食品行业优势产业

2021年,上海食品行业积极推动国内外食品行业、企业之间的交流与合作,拓宽企业的全球视野,借鉴各地地先进经验和做法,做大上海食品行业优势产业,创建辐射和赋能更广区域的头部企业和具有核心竞争力的食品行业产业集群。

(5) 建设创新型经济高地

2021年,上海食品行业进一步通过科技创新赋能,促进行业创新和品牌建设工作的有序开展。发挥专家团队的作用,组织专家深入企业开展专题调研、专题研讨。进一步加强与科研单位、大专院校的联系与沟通,借助于他们的智力,推动产品结构向多元化、优质化方向发展。充分发挥上海市食品行业高技能人才培训基地的优势,联合社会力量,进一步加强技术人才的培训力度,高质量做好上海市食品行业人才培养和各类职业技能竞赛组织、赛前培训和比赛等工作。

(6) 打造食品经济增长新格局

2021年,上海食品经济以更开放的理念、更包容的方式,搭建国际化跨界融合、创新合作平台,高效利用全球创新资源,打造多点支撑的食品经济增长新格局。

上海食品工业企业通过产品出口、文化输出、海外建厂、并购等方式,实施"走出去"的发展战略,积极主动参与国际市场的竞争,开始全球市场的布局。

4. 2021年上海食品行业存在问题诉求和对策

上海食品产业中小企业数量多、种类繁,产业比较分散,难以发挥产业集聚优势。经调研,2021

年上海食品生产企业存在的主要问题如下：

（1）主要问题

① 政策法规方面。

A. 优惠政策细则尚未落地。疫情防控期间，上海市政府和有关部门先后出台了一系列优惠扶持政策，各区也制定了相应政策，但具体条例未能细化，普及力度不够。企业享受政策成本高，审批过程冗长。

B. 中小企业税负过重。现行税制使中小企业没有税负优势。折旧费过低，无法满足企业固定资产更新改造的需要，也不利于扶持中小企业发展。

C. 没有享受到政策红利。国家针对不同农业企业有相应的优惠政策，但是作为菜篮子工程的食品企业，没有享受到相应优惠政策。

② 企业生产经营方面。

A. 劳动力配置严重不足。由于疫情防控，许多外地员工进不来，造成食品行业劳动力配置严重不足。员工招聘困难，现有劳动力严重缺乏，尤其是专业技能人才和高级技术人才缺口较大，影响生产发展。

B. 科技创新能力不足。食品企业属于充分市场竞争且劳动密集型产业，科技创新能力薄弱，产品同质化严重，品牌效应发掘力度不够，不能满足客户个性化越来越强的消费趋势。

C. 生产要素成本上升。随着原材料、劳动力、能源管理销售、运输等成本的不断上升，制约上海食品工业发展的生产要素问题日益突出，不少企业经济效益下滑。

D. 供应链物流不稳定。防疫期间，道路封闭或者半封闭，造成物流运输不稳定，引发产业链、供应链中断。同时，因防疫要求，降低了物流流通效率，增加了物流环节、在途时间、配送时间，推高了运输成本，导致物流成本上升。

E. 销售额断崖式下跌。疫情暴发后，消费者响应市政府防控要求居家不出，致使客流急剧下降，降幅达80%，客流的骤减带来销售的断崖式下滑。

③ 企业资金方面。

A. 融资途径不畅通。从内源融资来看，中小企业的现状不尽如人意，一是中小企业分配中留利不足，自我积累意识差。二是折旧费过低，无法满足企业固定资产更新改造的需要。三是自有资金来源有限，难以支持企业快速发展。从外源融资来看，目前中小企业的外源融资渠道方面并不畅通。

B. 融资结构不合理。中小企业主要依靠自身积累、依赖内源融资，外源融资比重小。单一的融资结构极大地制约了企业快速发展和壮大。

在外源性融资中，中小企业一般只能向银行申请贷款，主要表现为银行借款；在以银行借款为主渠道的融资方面，企业想纯信用贷款，几乎不可能；在借款期限方面，中小企业一般只能借到短期贷款，若申请以固定资产投资进行科技开发为目的长期贷款，则常被银行拒之门外。

C. 融资成本较高。中小企业在借款方面不仅与优惠利率无缘，而且还要支付比大中型企业借款更多的浮动利息。同时，为寻求担保或抵押，中小企业还要付出诸如担保费、抵押资产评估等相关费用。正规融资渠道的狭窄和阻塞，使许多中小企业为求发展，不得不从民间高利借贷。

（2）主要诉求

① 希望加大财政支持力度。

出台因疫情而造成企业亏损的政策性补助条文，在解决中小食品企业面临资金难的问题时，加大对其财政补贴、减免税收及政策担保等扶持措施。

② 希冀解决技能人才招聘难。

由于疫情，原有的招工渠道关闭，尤其是招聘高技能的技术人才更难，很多企业因此减少产量；同时，几乎所有企业为了能招到员工和稳住原有的员工，大幅度提高工资福利，造成用工成本上升。

③ 盼望建立合作交流平台。

希望政府相关部门能设立合作交流平台和共享体系；搭建品牌交流窗口，促进品牌间沟通与合作；举办产品推介会，开展行业交流活动。

（3）对策

针对调研中发现的食品企业存在的主要问题和诉求，笔者提出如下对策：

上海市食品协会响应和落实上海市委市政府关于复工复产的有关文件精神，引导会员企业在做好疫情防控工作的前提下，克服困难，努力完成今年目标任务，当好推动会员企业复工复产的"参谋"。

① 加强开展调查研究工作。

本轮疫情暴发以来，市食协组织秘书处成员开展新型冠状病毒感染的肺炎疫情对会员企业影响调查。调查采取在线填写问卷方式，深入了解疫情对企业生产经营的影响、企业目前所面临的主要困难、希望政府出台的政策措施等情况，为市级部门决策提供支撑、当好参谋，帮助会员企业渡过难关。

② 做好企业复工协调服务工作。

按照有关文件精神，市食协支持有条件的企业成为疫情期间保供生产单位，并协调保供企业生产许可审批和建立物流运输"绿色通道"。

为能尽快帮助会员企业大面积复工复产，市食协反复学习，吃透有关复工复产文件精神，细致解读国家、市及各区政府助力企业抗击疫情惠企政策，通过微信等形式向全体会员企业传达各级部门推进疫情防控和经济发展工作精神，协调并积极向上级主管部门反映企业在复工复产中所遇到的堵点、难点问题以及主要诉求。

③ 加大企业复产用工保障力度。

市食协在指导复工复产企业做好疫情防控工作，确保生产生活平稳有序同时，利用协会法律工作室积极为会员企业提供法律援助，对于企业受疫情影响而造成的合同履行、劳资关系等纠纷，开展法务服务，依法保障企业和员工的合法权益，保持生产和职工队伍的稳定。鼓励企业用好用足政府援企稳岗政策，实施灵活用工政策。引导因受疫情影响而导致生产经营困难的企业，可以通过与职工协商一致的办法采取调整薪酬、轮岗轮休、缩短工时、待岗等方式稳定工作岗位，尽量不裁员或者少裁员。

④ 加强中小企业经济运行监测。

市食协密切监测会员企业经济运行状况，聚焦疫情对经济运行带来的冲击和影响。组织开展线上各类业务培训活动。针对中小企业贷款难，与上海市中小企业发展服务中商榷加大融资服务力度，支持金融机构加大对中小企业的信贷支持。

⑤ 发挥专项扶持政策作用。

利用政策法规、财政金融、税收优惠等多种杠杆，促进食品工业向产品多元、优质、安全、功能化方向发展。

⑥ 加大人才储备及引进力度。

上海食品产业人才流出比较严重，多数是因为薪酬问题。所以，应建立健全合理的薪酬制度，并采取适当的激励措施，留住员工和人才。同时，要加大对企业人员的培训力度，加大技术人才引进力度，加大与大中专院校和科研单位的合作力度，建立人才储备库。

⑦ 建立协作生产平台。

按照布局合理、特色鲜明、用地集约、生态环保的原则,通过协作生产平台,引导中小企业集聚发展,培育一批重点示范产业集群。加强产业集群环境建设,改善产业集聚条件,完善服务功能,壮大龙头骨干企业,延长产业链,提高专业化协作水平。

⑧ 完善中小企业信用担保体系。

设立包括中央、地方财政出资和企业联合组建的多层次中小企业融资担保基金和担保机构。综合运用资本注入、风险补偿和奖励补助等多种方式,提高担保机构对中小企业的融资担保能力。

(上海市食品行业协会供稿　执笔人:沈源琼)

八、文化娱乐和其他服务业

(一) 上海文化娱乐行业 2021 年发展报告

1. 上海市文化娱乐行业发展综述

2021 年是中国共产党成立 100 周年,也是"十四五"规划开局之年。全行业坚持以习近平新时代中国特色社会主义思想为指导,深入贯彻党的十九大和十九届二中、三中、四中、五中全会精神,对标国际同行业先进水平,牢牢守住政治底线和安全底线,坚持高质量发展,更加奋发有为地推动"十四五"各项工作开好局、起好步,主动融入上海加快建设国际文化大都市和世界著名旅游城市大局。

(1) 文化娱乐产业结构

自文化部《关于推动文化娱乐行业转型升级的意见》下发以来,上海市文化娱乐行业数年来持续推进转型升级、创新发展、跨界融合,行业内除成熟的、传统的、经典的文化娱乐项目外,已涌现一批依托高新网络科技创新开拓的新兴文化娱乐项目;企业规模进一步扩大,在上海乃至全国范围内涌现了一批一流的文化品牌、国际国内时尚的娱乐样式以及创新模式下的新型消费模式,在本市构成了上海文化娱乐产业新的支撑点,从而促进了文化娱乐产业结构的变动、演化和升级,上海的文化娱乐产业结构的升级也推动了文化娱乐产业的增长,为城市发展和城市数字化转型注入了新动能,增添了阳光娱乐生态圈,经济总量不断提升。

① 文化娱乐产业的基本结构。

按行业划分的文化娱乐产业结构,上海市文化娱乐业主要分为"歌舞娱乐""游戏游艺""主题乐园""剧本娱乐""在线娱乐""综合娱乐"等六类 17 个行业类别,行业结构中剧本娱乐、在线娱乐的产值遥遥领先,其次分别是游戏游艺和主题乐园。这种特征可以在上海市中心城区楼宇经济的行业结构中得到体现。

2021 年,本市楼宇经济的文化娱乐行业构成中,剧本娱乐、游戏游艺始终占企业的绝对数量和比重的前三位。其次,歌舞娱乐企业绝对数量逐年下降,2019—2021 年,降幅达 49.48%;同期,沉浸式剧本娱乐企业的数量上升较快。从经济成长和波动的角度看,这意味着剧本娱乐产业的成长和其产业周期将主导本市整个文化娱乐产业经济的波动变化。由于目前上海剧本娱乐产业与国内一线城市的联系较为密切,所以,外部环境的影响也很容易通过该行业传导到上海楼宇经济的波动中来。

② 传统文化娱乐与新兴剧本娱乐经营机构此消彼长。

A. 传统文化娱乐经营机构数量逐年减少

据不完全统计,2021 年末,全市文化娱乐行业中歌舞娱乐和游戏游艺经营机构总数 1 509 家,较2019年底2 956家减少1 447家,降幅48.95%;与2020年末2 376家,减少867家,降幅36.48%。2021年末,全市文化娱乐行业中歌舞娱乐和游戏游艺场所经营场地面积总共300.25万平方米,比2020年减少90.02万平方米。

B. 新兴剧本娱乐经营机构数量逐年递增

2021年,上海剧本娱乐经营机构有1 596家,比2020年987家增加609家,增幅61.70%;从业人员100 500人,比上年新增从业人员21 870人,增幅27.81%;全市文化娱乐行业中剧本娱乐经营场地面积共计260.33万平方米,比2020年绝对值增加120.62万平方米,增幅115.82%。

会员单位不断扩容。2021年1月—12月,上海市文化娱乐行业会员单位1 350家,其中剧本娱乐专委会会员单位345家,占全行业会员单位总数的25.55%,比上年专委会会员单位总数绝对值增加245家,增幅71.01%,从业人员10 100人,比上年会员单位从业人员总数绝对值增加3 200人,增幅46.37%。

(2) 文化娱乐行业经济总量

2021年全行业经营收入总额520.26亿元,上缴税收总额31.23亿元。其中,全行业会员企业排名前10位经营收入407.96亿元,上缴税收24.49亿元,比2020年上涨绝对值0.55亿元。全行业200家抽样调查,有效样本182家企业,营收总额112.30亿元,上缴税收6.74亿元。

① 2021年游戏游艺、剧本娱乐和在线娱乐营收概况。

游戏游艺:上海卡通尼24家会员企业,2021年1月—12月营业收入5亿零110万元,比2020年4亿8 020万元增长4.35%;上海汤姆熊25家会员企业,全年营业收入3亿8 310万元,比2020年3亿3 050万元增长15.91%。

剧本娱乐:上海密仕实业、上海奇闻影飞等30家头部会员企业,2021年1月—12月营业收入总额29亿5 030万元,比2020年18亿5 020万元增长59.45%。

在线娱乐:上海盛趣信息技术全年营业收入48亿1 630万元,比2020年47亿元增长2.47%;上海哔哩哔哩全年营业收入125亿元,比2020年120亿元增长4.16%;上海优道网络全年营业收入1亿9 210万元,比2020年1亿7 250万元增长11.36%。

② 2021年歌舞娱乐和主题乐园营收概况。

歌舞娱乐:好乐迪33家连锁店,全年营业收入2亿4 950万元,比2020年2亿6 020万元下降4.12%;欢乐迪20家连锁店,全年营业收入1亿5 020万元,比2020年1亿6 130万元下降6.88%。

主题乐园:安徒生童话乐园全年营业收入4亿5 320万元,比2020年6亿零620万元下降25.23%;上海迪士尼乐园全年营业收入70亿3 200万元,比2020年80亿5 000万元下降12.64%。

(3) 文化娱乐市场体系不断健全

文化娱乐业市场是文化市场的重要组成部分。改革开放和市场经济的发展,为文化娱乐业提供了新的发展空间,出现了迅速发展和日渐繁荣的局面。

2021年,上海市文化娱乐市场已初步形成门类相对齐全的文化娱乐市场体系,其中包括传统业态:歌舞娱乐、量贩KTV、游戏游艺、游乐场、主题乐园,新兴业态:沉浸式剧本娱乐、密室.剧本杀、在线娱乐、综合娱乐等。

文化娱乐市场主体不断扩大。文化娱乐产业融合新风向,打通上下游平台做内容,通过转型升级,得到创新发展,效益显著提高。截至2021年底,上海文化娱乐产业共拥有法人企业和单位约2万个,文化娱乐产业经营收入总额520.25亿元,上缴税收总额31.23亿元。

文化娱乐市场管理更趋规范。上海文化娱乐市场管理法规相对健全,管理执法机构不断完善,综合执法力度明显加大;行业自律机制不断增强;文化娱乐要素市场更加健全,文化娱乐市场主体进一步壮大,文化娱乐市场创新能力明显加强,文化娱乐产品更加丰富,现代文化娱乐产品和文化娱乐服务流通体制更加完善,文化娱乐消费显著扩大,市场配置文化娱乐资源基础性作用充分发挥,文化娱乐市场管理水平进一步提高,统一、开放、竞争、有序的现代文化娱乐市场体系基本形成。

（4）常态化疫情防控,严而有序不断推进

2021年全市文化娱乐经营企业慎终如始巩固疫情防控成果,将常态化疫情防控放在全行业各经营企业生产首位。坚持"一手抓防控,一手抓经营"。根据国家和本市行业防控工作指南和属地疫情防控工作领导小组的统一部署,本着"审慎、安全、有序"的原则,严而又严、细而又细、实而又实做好常态化疫情防控工作。

自律组织服务效能不断升级,认真指导督促全行业各类文化娱乐经营企业,强化落实各项疫情防控措施和主体责任,严格开放文化娱乐经营场所的阵地管理和人员管理,严控主题乐园景区和歌舞娱乐、游戏游艺、剧本娱乐经营场所接待规模,严格把关集聚性活动举办。

提升文化娱乐行业服务水平。针对疫情所带来的不确定因素,指导督促文化娱乐企业开展线上技能培训;持续开展歌舞娱乐业、游戏游艺业和剧本娱乐业年度星级评定复核工作和标准化建设工作;提升全行业服务管理水平。

综上所述,2021年上海市文化娱乐行业经营机构的变化、产业结构的升级、经济总量的增加以及会员单位的迅速扩容,不仅显示出行业发展的模式与产业投资的意向,而且预示着产业发展的趋势。尤其是,市场体系日趋完善,倒逼剧本娱乐脱颖而出,开创了"80后""90后"族群新时代的文化娱乐产品。2019—2021年连续3年,上海剧本娱乐进入快速发展轨道,也正是新文化娱乐融合趋势下最具代表性的业态,符合国家供给侧改革的方向和要求,对国内"双循环"发展格局、经济高质量发展将起到有效助力。

囿于本文的范围,上海传统的歌舞娱乐、主题乐园未作详略分析。但综上数据显示,2021年上海歌舞娱乐和主题乐园企业营业收入实现负增长,究其原因,除了受疫情影响和不具备一定的抗风险能力外,其他原因尚有待进一步调查研究。

未来上海文化娱乐衍生品、沉浸式剧本娱乐等领域仍处于培育期,文化娱乐市场发展空间极大。从上海文化娱乐产业链角度来看,文学剧本和新技术"AR与VR设计"应用为文化娱乐产业链的培养和孵化层,影视和音乐为文化娱乐产业链的影响力放大、运营和辅助变现层,游戏游艺、衍生品为文化娱乐产业链的主要变现层,三大产业链层次和谐衔接,并逐步实现优化升级。

2. 上海市文化娱乐行业发展现状

2021年,上海市文化娱乐行业坚持"转型升级,创新发展",继续鼓励全行业充分利用互联网、物联网、大数据、云计算、人工智能等新技术,培育壮大在线娱乐、剧本娱乐等新业态,支持一批高成长创新型中小企业,以培育发展文化娱乐新业态,为文化娱乐行业提供了新的发展空间,出现了迅速发展和日渐繁荣的局面。

随着经济和社会发展,上海作为新的消费主力带来新的消费理念、消费方式以及新的文化潮流。以剧本娱乐为代表的"沉浸式娱乐"行业,将注重消费体验感作为主要特点,成为颇受消费者青睐的文化娱乐方式。沉浸式娱乐作为新业态,呈现出蓬勃发展的势头,其中,剧本娱乐的受关注度逐年攀升,并成长为沉浸式娱乐行业的代表项目。与此同时,沉浸式娱乐经营场所也迎来爆发式发展,尤其是沉浸式剧本娱乐经营场所,据不完全统计,已突破2 000家。

由于传统的文化娱乐业面对"沉浸式娱乐"等业态的冲击,市场被逐渐蚕食,市场份额也连续下滑,而利用新技术带来的机遇推行,新型的歌舞娱乐和游戏游艺等综合娱乐体也正在不断改造升级。

(1) 上海市文化娱乐行业经营机构总量统计

截至2021年12月底,全市文化娱乐行业单位总数1 503家;娱乐场所总数1 605家。其中,舞厅89家,迪斯科舞厅12家,歌舞厅17家,交谊舞厅58家,卡拉OK歌舞厅2家,KTV包房场所1 077家,卡拉OK厅199家,游戏机9家,小型游乐场2家,中型游乐场8家,游艺机112家,餐饮卡拉OK厅8家,主题乐园12家;KTV包房总数28 022间。全市文化娱乐场所总经营面积为370.25万平方米,其中歌舞娱乐场所营业面积51.12万平方米,游艺娱乐场所22.83万平方米;游乐场162.14万平方米,主题公园133.16万平方米。

表156 2021年度上海文化娱乐业经营机构变动情况

变动年份 地区	2019年	2020年	2021年	经营机构升降(↑↓)数量		较上年度 升降幅百 分比(%)
				2020年	2021年	
全市	2 956	2 376	1 509	↓580	↓867	↓49.48
市属	53	58	75	↑5	↑17	↑240
黄浦区	135	98	57	↓37	↓41	↓10.81
徐汇区	94	68	39	↓26	↓29	↓11.53
长宁区	75	62	23	↓13	↓39	↓200
静安区	134	107	55	↓27	↓52	↓92.59
普陀区	35	15	18	↓20	↑3	↓85
虹口区	95	87	32	↓8	↓55	↓85.45
杨浦区	90	77	42	↓13	↓35	↓169.23
闵行区	415	347	187	↓68	↓160	↓135.29
宝山区	276	281	133	↑5	↓148	↓1 380
嘉定区	158	148	141	↓10	↓7	↓42.85
浦东新区	594	401	244	↓193	↓157	↓18.65
奉贤区	109	92	92	↓17	0	0
松江区	253	234	137	↓19	↓97	↓410.52
金山区	200	149	86	↓51	↓63	↓23.53
青浦区	130	100	111	↓30	↑11	↓63.33
崇明区	110	49	37	↓61	↓12	↓80.32

说明:1. 2021年浦东新区包括临港新片区22家文化娱乐业经营企业。2. 数据来源于上海市文旅局社文处。

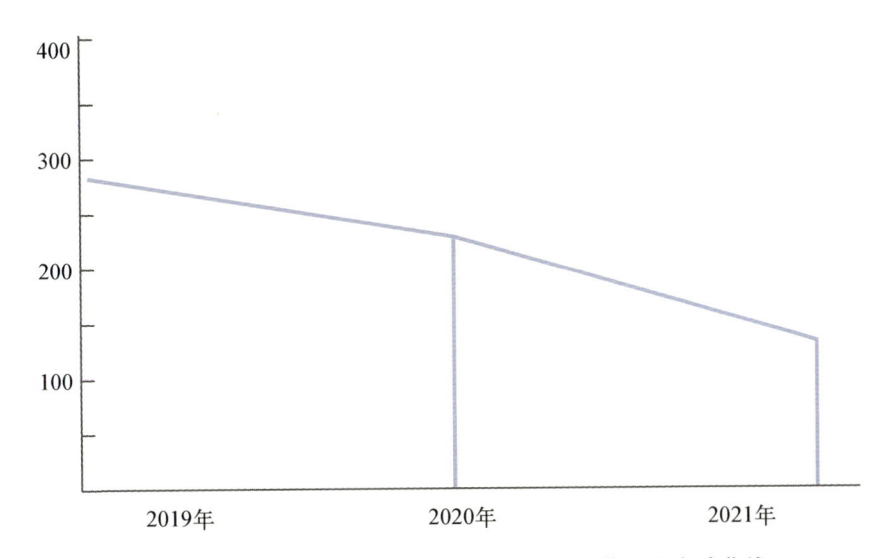

图 189　2019—2021 年度上海文化娱乐业经营机构变动曲线

2021年上海共有文化娱乐经营机构1 509家，比2019年底2 956家减少1 447家，降幅48.95%；比2020年末2 376家，降幅36.48%。

从各区分布情况来看，自2019年以来，降幅在80%以上的区域有长宁区、静安区、普陀区、杨浦区、松江区、闵行区、宝山区、松江区、崇明区；降幅在40%以上的区域有金山区、嘉定区；降幅在30%以上的区域有黄浦区、徐汇区、静安区、金山区、青浦区；降幅在10%以上的有浦东新区、金山区、徐汇区、黄浦区。数据显示：2019—2021年经营机构总量变动曲线呈持续下滑趋势。

表157　2021年度上海文化娱乐行业剧本娱乐经营机构变动情况

变动年份 地区	2019年	2020年	2021年	经营机构升降(↑↓)数量		较上年度 升降幅百 分比(%)
				2020年	2021年	
全市	550	987	1 596	↑437	↑609	↑39.35
黄浦区	75	135	176	↑60	↑41	↑31.66
徐汇区	82	152	190	↑70	↑38	↑45.71
长宁区	52	75	95	↑23	↑20	↑13.04
静安区	61	134	183	↑73	↑49	↑32.87
普陀区	49	110	164	↑61	↑54	↑11.47
虹口区	32	62	87	↑30	↑25	↑16.66
杨浦区	23	55	125	↑32	↑70	↑118.75
闵行区	34	60	112	↑26	↑52	↑50
宝山区	26	35	73	↑9	↑38	↑23.6

续 表

变动年份地区	2019 年	2020 年	2021 年	经营机构升降(↑↓)数量		较上年度升降幅百分比(%)
				2020 年	2021 年	
嘉定区	20	37	69	↑17	↑32	↑53.12
浦东新区	46	62	129	↑16	↑67	23.88
奉贤区	19	25	46	↑6	↓21	↓28.57
松江区	16	23	73	↑7	↓50	↓14
金山区	6	10	30	↑4	↓20	↓20
青浦区	9	12	44	↑3	↓32	↓9.37
崇明区	0	0	0	0	0	0

（数据来源于上海市文旅局社文处）

表 158　2019—2021 年度上海文化娱乐行业剧本娱乐经营机构、场地面积与从业人员数量变动情况

变 动 年 份	经营机构(家)	场地面积(平方米)	从业人员(人)
2019 年	550	52 万	2 650
2020 年	987	106 万	4 835
2021 年	1 596	1 490 万	7 680

以上数据进一步表明：2021 年，在我国经济向高质量发展转型的背景下，上海传统的歌舞娱乐业、主题乐园面对着来自新兴业态剧本娱乐等为代表的"沉浸式娱乐"行业的冲击，经营机构快速下滑。反之，2021 年上海剧本娱乐经营机构数量、场地面积与从业人员数量却增速加快。

（2）2021 年上海文化娱乐业经营总收入及总利润统计

2021 年全市文化娱乐经营收入总额为 520.26 亿元，比上年增加 24.01 亿元；税收总额 31.23 亿元，比上年增加 1.46 亿元。其中，全市文化娱乐行业排名前 10 位营收总额 407.96 亿元；全市 200 家抽样调查，有效样本 182 家企业，营业总额 112.30 亿元。

2021 年全市文化娱乐会员企业排名前 10 位经营收入总额为 407.96 亿元，其中，传统业态 101.72 亿元，包括歌舞娱乐类 2.49 亿元，游戏游艺类 8.84 亿元，主题乐园类 88.87 亿元；新业态 306.23 亿元，包括在线娱乐 175.08 亿元，剧本娱乐 29.50 亿元，综合娱乐体 100.06 亿元。就营收及贡献值分析，传统业态营收占全行业营收总额 19.54%；新业态营收占全行业营收总额高达 50.13%。

2021 年全市文化娱乐会员企业排名前 10 位上缴税收总额 31.23 亿元。就贡献绝对值比较而言，新业态比传统业态增加 12.27 亿元。其中新业态 18.29 亿元，包括在线娱乐 10.51 亿元，剧本娱乐 1.77 亿元，综合娱乐 6.01 亿元；传统业态 6.09 亿元，包括歌舞娱乐 0.24 亿元，游戏游艺 0.53 亿元，主题乐园 5.32 亿元。

表 159　2021 年新文娱（会员单位）营业收入前 10 位排名

线上娱乐、剧本娱乐、综合娱乐类营业收入前 10 位排名表						
序号	行业类别	单位名称	经营项目	主营收入（万元）	税收（万元）	从业人数（人）
1	在线娱乐	哔哩哔哩	视屏网站	1 250 000	75 030.01	3 800
2	综合娱乐	哈曼国际	电子、音响	951 000	57 082.83	1 210
3	在线娱乐	盛趣信息技术	网络游戏	481 630	28 909.36	3 200
4	剧本娱乐	上海密室 30 家店	沉浸式娱乐	295 030	17 708.88	150
5	综合娱乐	环娱电子商务	商务文娱	47 100	2 827.13	1 100
6	在线娱乐	上海优道网络科技	在线娱乐	19 210	1 153.06	110
7	游乐场	上海密室惊魂	网络娱乐	7 010	420.76	130
8	游乐场	世嘉电竞乐园	电子竞技	6 100	366.14	280
9	游乐场	田子坊室内游乐场	网络游戏	2 730	163.86	120
10	综合娱乐	上海智集三 D 打印	文化传播	2 510	150.66	210
		合计		3 062 320	183 812.69	10 310

表 160　2021 年传统业态（会员单位）营业收入前 10 位排名

主题乐园、游戏游艺、歌舞娱乐营业收入前 10 位排名						
序号	行业类别	单位名称	经营项目	主营收入（万元）	税收（万元）	从业人数（人）
1	主题乐园	上海国际主题乐园有限公司（迪士尼）	主题公园实景娱乐	703 200	42 208.88	13 200
2	主题乐园	上海华侨投资管理有限公司（欢乐谷）	主题公园含游乐场	91 251	5 477.19	1 150
3	游戏游艺	卡通尼（16 家门店）	游艺场所	50 110	3 007.80	670
4	游乐场	默林室内儿童乐园（黄浦·普陀）	文化游乐场	47 521	2 852.40	130
5	主题乐园	上海安徒生童话乐园	主题公园	45 320	2 720.28	310
6	游戏游艺	汤姆熊（15 家门店）	游艺场所	38 310	2 299.51	560
7	歌舞娱乐	好乐迪（33 家门店）	量贩式 KTV	25 020	1 501.80	1 220
8	歌舞娱乐	欢乐迪（20 家门店）	量贩式 KTV	15 130	908.16	852
9	游乐场	上海锦江乐园	主题公园含游乐场	761	45.67	260

续 表

主题乐园、游戏游艺、歌舞娱乐营业收入前10位排名						
序号	行业类别	单位名称	经营项目	主营收入（万元）	税收（万元）	从业人数（人）
10	游乐场	上海基创体育有限公司（大鲁阁）	文体游乐园	693	41.59	170
	合计			1 017 246	61 059.18	18 522

表161 上海文化娱乐业2019—2021年经营总收入　　　　　　　　　　（亿元）

年　份	经营总收入	上涨绝对值	同比上涨（%）
2019年	417.13	76.12	18.24
2020年	496.25	79.12	15.94
2021年	520.26	24.01	4.16

表162 上海文化娱乐业2019—2021年经营总利润　　　　　　　　　　（亿元）

年　份	经营总利润	上涨绝对值	同比上涨（%）
2019年	25.02	4.56	18.22
2020年	29.77	4.75	18.98
2021年	31.22	1.45	4.64

表163 上海文化娱乐业2021年传统产业与"新文娱"营业收入比较　　　　　（亿元）

行业类别	传统文化娱乐业			新业态：新兴文化娱乐业			合计
	歌舞娱乐	游戏游艺	主题乐园	线上娱乐	剧本娱乐	综合娱乐	
营业收入	2.49	8.84	88.87	175.08	29.50	100.61	405.39
税收总额	0.24	0.53	5.32	10.42	1.77	6.01	24.29
行业类别	传统文化娱乐业营业收入累计			新文娱：线上娱乐、实景娱乐、供应商营业收入累计			贡献比较绝对值

3. 上海市文化娱乐行业发展的特点及存在的主要问题

（1）主要特点

上海市文化娱乐经营机构数量自2019年以来持续下跌，尤其是传统业态中游戏游艺机经营机构数量大幅减少。而传统文化娱乐产业包括歌舞娱乐业与游戏游艺业经跨界融合，转型升级，发展态势良好。

① 传统文化娱乐产业处于稳中有降，线上文化娱乐发展迅速。

2019年以来，上海市传统文化娱乐行业通过转型升级，呈现三大特征：A. 传统的文化娱乐行业营收状况处于稳中有降，进入"平台期"。B. 传统的文化娱乐行业内部出现重大结构性变化，"转型升级，创新发展"，很多传统文化娱乐行业领域发展速度下降，有些领域甚至是负增长。C. 线上娱乐的出现导致传统文化娱乐产业结构呈现重大变化。特别是随着线上娱乐发展迅速，众多传统的文化娱乐企业与线上娱乐跨界融合，实现双赢。如量贩式KTV：好乐迪、欢乐迪、温莎等企业纷纷入驻线上娱乐平台，与抖音跨界融合，获得了大量的粉丝与关注度。

② 新兴文化娱乐产业崛起，快速形成蓬勃向上的发展潮流。

2021年上海剧本娱乐行业在新兴文化娱乐领域迅速崛起。剧本娱乐隶属上海市文化娱乐行业协会会员单位，截至2021年底，上海已拥有1596家剧本娱乐企业，分布在全市16个区。2021年上海剧本娱乐业整体规模已突破30亿元，相比2019年翻一番。

经调查，上海剧本娱乐业呈现出3种明显的发展特征：剧本娱乐行业商家的线上化率和连锁化率高，单均价较高；剧本娱乐行业的经营者大多学历较高，专业水平高；剧本娱乐行业用户以20—35岁的年轻人为主。剧本娱乐在管理上与传统业态相比，注重于模式创新；剧本娱乐行业在消费上，更具有黏性高、消费频次高的特征；剧本娱乐内容的沉浸程度、专业程度不断加深；剧本娱乐消费夜间化趋势明显，发展剧本娱乐能够助推上海夜间经济的发展。

③ 用户在线娱乐习惯持续养成，上海在线娱乐市场持续升温。

在流量红利逐渐消退的背景下，"90后"年轻用户群将成为上海在线娱乐平台重点布局的新消费群体。

④ 在线娱乐市场呈现新内容、新业态趋多。

短视频、网络直播、网络动漫、网络游戏、网络K歌等在线娱乐内容形态进一步交叉结合。此外，在线娱乐与文化、旅游等业态已经深度融合。与此同时，伴随直播、短视频等新媒体的发展渗透，传统文化娱乐业也开始加速线上化进程，以抖音、创图文化云为典型的新型在线娱乐，着力推动了传统的文化娱乐行业转型升级，创新发展。

⑤ 5G技术驱动硬件与软件结合，用户在线娱乐体验提升。

5G新基建在加速落地，5G时代下AR、VR等技术也将进一步提升虚拟界面的表达能力。据调查分析，上海哔哩哔哩、上海优道网络、上海世嘉都市乐园等企业新科技将为上海在线娱乐行业带来全方位的体系重构以及娱乐体验升级，以互动360°全景视角、AR虚拟人等全新的交互体验将不断优化。

(2) 企业发展所面临的主要问题分析

在调查问卷中，对文化娱乐（包括沉浸式剧本娱乐）企业发展面临的主要问题进行了调查。对于文化娱乐企业发展所面临的主要问题，有13家文化娱乐企业选择"信息渠道不畅通"，其中有2家企业认为关于新技术发展的信息渠道不畅，有4家文化娱乐企业认为市场动态信息不畅通，5家文化娱乐企业认为政策法规信息渠道不畅，还有2家文化娱乐企业认为与行业内技术沟通等信息渠道不畅；19家文化娱乐企业认为"企业专业人员缺乏训练"，其中有6家文化娱乐企业认为专业技术人员缺乏专业知识训练，5家文化娱乐企业认为专业技术人员缺乏专业技能训练，8家文化娱乐企业认为技术人员缺乏管理知识训练；11家文化娱乐企业认为"先进共性的新技术应用不够"；17家文化娱乐企业认为"专业演员和专业技术人员不足"；9家企业认为"文化娱乐企业管理基础有待提高"；11家文化娱乐企业认为"市场开拓能力差"；6家文化娱乐企业认为"文化娱乐产品开发能力弱"。

由上述统计分析可以看出,专业技术人员不足是企业发展所面临首要问题,而现有的专业人员又缺乏专业技能、知识以及管理的训练,已经严重影响了企业应用新技术以及竞争力水平。被调研企业产品研发能力弱也是一个主要发展问题,这也是上海文化娱乐企业所共同面临的问题。因此,提高企业自主研发能力,已经成为提高上海创新力和科技竞争力的核心。技术、市场、政策法规信息渠道不畅也是面临的主要问题,但总体并不显著。新技术的掌握与应用问题,以及市场开拓能力虽存在问题,但其影响不是很大。

4. 上海市文化娱乐行业发展对策与建议

结合本次对全行业问卷调查和简要对国内文化娱乐产业现状与分析,针对上海市文化娱乐行业发展和科技竞争力现状及反映出的主要问题,提出以下对策建议,以此来促进上海市文化娱乐行业的发展和科技竞争力的提升。

(1)将发展文化娱乐产业提到战略高度

文化娱乐产业是现代服务业的基础,发展文化娱乐业应该处于发展先进文化的首位,也是上海文化娱乐产业能力提升与经济发展的重中之重。同时,上海发展高附加值现代服务业具有比较优势。因此,上海在提倡发展文化娱乐业的同时,应该将发展高附加值的文化娱乐业放在战略高度,给予应有的重视。

(2)加大创新资金投入

文化娱乐企业的发展、互联网技术的应用与竞争力提升,有赖于技术进步,因此,文化娱乐企业进行技术创新尤为重要。而目前上海传统文化娱乐业科技进步面临首要问题是资金投入问题,技术研发投入不足。为此,企业自身应该主动加大对技术研发的投入,同时政府支持也应从直接投资、财政税收政策、金融政策等方面直接或间接地进行资金投入。

(3)提高文化娱乐产品竞争力

上述分析结果显示,上海文化娱乐企业的产品竞争力有待提升。一方面,需要改善文化娱乐企业的科技基础,使其逐步具备先进的文化装备、研发中心以及技术检测中心,努力提升文化娱乐产品的标准覆盖率,向先进水平靠近。另一方面,加大核心技术的研发和创作自主知识产权。此外,与国外技术绑定的同时加强技术的引进、吸收、转化能力,培养自主创新力。

(4)加快数字化转型

文化娱乐企业要加快数字化转型,以新文化娱乐的思维来重构文化娱乐内容生态。本次疫情间接推动了线上新兴数字文化娱乐产业的加速发展,企业一定要用大数据、人工智能、云计算等数字技术,创新更多的线上交流文化场景,营造文化娱乐新体验,提高客户参与度,开拓新的文化娱乐企业经营模式,不断满足并创造顾客的需求,让数字技术更好地连接现实生活,形成线上线下文化娱乐相结合的联动效应。

(5)加强对文化娱乐企业的技术创新管理

通过现代科学的管理方法为传统的文化娱乐企业技术创新提供组织保障,有效地将各种新技术手段、人员、信息等资源协调配合,促进文化娱乐企业的技术创新投入和产出达到良性状态,使文化娱乐装备企业有序地进行技术创新和文化娱乐产品生产,提高文化娱乐企业的科技竞争综合实力。同时,文化娱乐企业应该有意识地加强企业间的管、产、学、研的合作交流、优势互补。

5. 展望上海市文化娱乐行业发展前景

展望未来,上海市文化娱乐行业协会将进一步发挥行业优势,继续引领全行业。

围绕一条主线:加快推进上海文化娱乐行业转型升级,创新发展,着力补齐文化娱乐业短板。鼓励、支持、培育和发展文化娱乐行业头部企业。

立足一个动力：以改革创新为文化娱乐行业发展的战略基点和前进动力，以转型升级为切入点，以激发全行业文化创造力为中心环节。

突出一个主题：培育"上海文化"为主题，打响新一轮上海文化品牌，锁定目标，精准发力，深入贯彻文化部关于推动文化娱乐行业转型升级的指导意见。

（1）产业结构不断升级

文化娱乐产业结构不断优化。网络视听、移动多媒体、数字出版、动漫游戏、创意设计、3D和巨幕电影等新兴产业，将推动文化娱乐等传统产业转型升级，鼓励歌舞娱乐、游戏游艺等传统业态实现线上线下融合。开发文化娱乐新产品，扩大中高端文化供给，推动现代服务业发展。

（2）行业品牌不断提升

构筑上海发展战略优势，对标国际"卓越全球城市"，擦亮"上海文化"城市品牌；上海文化娱乐行业中"迪士尼""欢乐谷""乐高乐园"等一批大型品牌游乐场持续、健康、规范、有序地发展，"乐高探索发现中心"等有影响力的文化娱乐地标在上海脱颖而出，将吸引多个文化娱乐"头部"企业入驻上海，形成一批国内乃至国际知名的文化娱乐品牌。

（3）市场体系不断完善

有完善的行业测评标准。健全的行业巡访督查制度和科学的行业统计制度，根据国家统计局《关于文化及相关产业统计指标体系》，依托上海统计部门、政府网站和大众点评等相关信息平台，不断完善本行业统计制度，对本市歌舞娱乐场所、游戏游艺及大型娱乐场所、主题乐园、剧本娱乐、在线娱乐以及综合娱乐等业态进行系统梳理、科学统计。

（4）不断融入五大新城建设

① 全面推动"五大新城"传统文化娱乐业转型升级与创新发展。

上海"十四五"发展规划中明确提出建设"五大新城"战略目标，作为上海市文化娱乐行业协会集聚行业力量、整合行业资源，着力推动"五大新城"传统文化娱乐业转型升级，主动服务和融入新发展格局。

2021年，上海市文化娱乐行业新一轮三年行动计划，明确目标：坚持以服务为宗旨，打造五大新城建设综合性专项服务平台，全面推动"五大新城"传统文化娱乐业转型升级。通过大数据、云计算、人工智能等手段，助推新技术应用，提高"在线娱乐"普及率。

制订和实施"五大新城"建设行动方案，顺利召开了上海市文化娱乐行业协会三届三次理事会，审议通过了上海市文化娱乐行业协会实施"五大新城"建设行动方案，全行业上下紧紧围绕以下3项工作：一是与"五大新城"所在区域文旅行政主管部门建立了联络服务机制；二是了解"五大新城"建设的差异化功能定位、资源配置要求、建设进度、配套优惠政策等；三是针对"五大新城"的建设提供文化娱乐行业专业化、个性化的服务。

② 助力"五大新城"建设文化品牌。

积极引导松江新城歌舞娱乐业内容创新，积极培育"人文松江、唱响中国"文化品牌。

彰显青浦新城"上海之门"的城市形象，文化内涵和人文特色，引导文化娱乐综合体建设项目，提升青浦新城的宜居指数。

依托奉贤新城"东方美谷"品牌，整合行业资源，服务奉贤文化新地标，确立一批具有品牌效应的文化项目，入驻新城，提升新城软实力。

融入嘉定新城"人文教化高地"，强化行业从业人员培训，增强从业人员素质，提高从业人员服务水平。

助力南汇新城"世界海岸、未来之城"，鼓励企业以"新城"建设作为拓展机遇，跨界融合、创新发展,为"南汇新城"量身定制新型文化娱乐项目。

(上海文化娱乐行业协会供稿)

(二) 上海文化创意产业 2021 年发展报告

1. 上海文化创意产业概述

2021年是"十四五"规划开局之年,是中国共产党建党100周年,全球新冠疫情依然对文化创意产业产生重大影响。上海聚焦特殊时期文化创意产业发展实际情况,加大对企业的扶持力度;继续深入落实"上海文创50条",主动融入国家战略部署,将文化创意产业发展融入中国上海自由贸易试验区新片区建设、长江三角洲区域一体化发展、"一带一路"建设等趋势中,推动文化创意产业持续健康发展。上海通过促进政策保障体系、提升金融服务能力、完善文化科技融合创新体系等,加快促进文化创意产业融合创新发展,推动文化创意产业高质量发展。

在加快建设具有世界影响力的社会主义现代化国际大都市的进程中,上海文化创意产业通过推动城市文化数字化转型升级、持续升级文化消费、进一步优化营商环境,推动产业高质量发展的使命与要求,牢记使命,守正创新,以实际行动体现"两个维护",以优异成绩迎接党的二十大胜利召开。

2. 上海文化创意产业发展概况

(1) 上海文化创意产业发展规模

据上海市统计局初步核算,2021年上海市生产总值完成43 214.85亿元,比上年增长8.1%。其中,第三产业增加值31 665.56亿元,增长7.6%,第三产业增加值占上海市生产总值的比重为73.3%。

据《上海市第十二次党代会报告》,在上海国际文化大都市建设中,文化创意产业增加值占全市生产总值比重达到13%。根据上海市文创办数据,2020年上海文化创意产业全年实现总产出20 404.48亿元人民币。其中,互联网和相关服务业、软件和信息技术服务业逆势上扬,分别同比增长18%和12.5%,占文创总收入的28.4%,在线新经济成为拉动上海文化创意产业发展强有力的引擎。

根据新闻报道,目前,上海文创产业增加值占全市GDP比重达13%左右。全市已有市级文创园区149家,总面积达到836万平方米,入驻文创企业总数2万余家,入驻企业创造的税收贡献超过300亿元。受新冠肺炎疫情影响,上海文化创意产业与数字有关领域发展强劲。移动游戏、网络视听、数字阅读等新业态纷纷实现增长。2021年,上海网络文学全年实现销售收入133亿元,同比增速达15.6%;网络游戏实现销售收入1 250亿元,占全国三分之一。

(2) 文化创意产业的发展环境

① 建立政策保障体系,推动疫情下企业发展。

2021年,上海继续推进《上海市全力防控疫情支持服务企业平稳健康发展的若干政策措施》《上海市全面深化国际一流营商环境建设实施方案》《全力支持服务本市文化企业疫情防控平稳健康发展的若干政策措施》《上海市促进在线新经济发展行动方案(2020—2022年)》《上海在线新文旅发展行动方案(2020—2022年)》《中国(上海)自由贸易试验区临港新片区促进文化产业发展若干政策》《上海市促进中小企业发展条例》《关于进一步做好金融支持稳企业保就业工作的指导意见》等政策的实施;同时,出台《2021年度上海市促进文化创意产业发展财政扶持资金项目申报指南》《上海市社会主义国际文化大都市建设"十四五"规划》《全力打响"上海文化"品牌深化建设社主义国际文化大都市三年行动计划(2021—2023年)》《上海市关于促进文化和科技深度融合的实施意见》《关于支持中国(上海)自由贸易试验区临港新片区自主发展自主改革自主创新的若干意见》《关于推动上海市数字广告业高质量发展的指导意见》等政策文件,建立政策保障体系,推动新冠肺炎疫情下文化创意企业健康持续发展。

② 提升金融服务能力,加速资本与产业形成共振。

2021年,上海构建起协同合作机制,加速资本与产业形成共振。在市委宣传部指导下,由上海精文投资有限公司、上海众源资本管理有限公司、上海瑞壹投资管理有限公司、上海文广资本管理有限公司、上海东方明珠股权投资基金管理有限公司、上海双创文化产业投资管理合伙企业、上海文化产业发展投资基金管理有限公司、海通创意资本管理有限公司、上海敦鸿资产管理有限公司、上海合鲸乐宜投资顾问有限公司等联合发起设立上海文化产业投资联盟。联盟遵循"政府引导、平等协商、资源共享、共同发展"原则,积极发挥资本对文化创意产业的助推作用,为文化领域投资提供全方位服务和支持。

我国首个以媒体融合为主题的国家级产业投资基金央视融媒体产业投资基金于9月26日在上海成立。央视融媒体产业投资基金由中央广播电视总台所属中国国际电视总公司、中国电信、中国文化产业投资母基金等26家企业共同发起设立,总规模100亿元,首期规模37亿元。基金以融媒体技术、内容和生态建设为投资方向,主要投向5G、超高清、人工智能、云计算、区块链等前沿技术应用,扶持新媒体、新业态,打造媒体融合新业态的全国性投资平台。

上海健全中小微文创企业融资服务渠道,升级"文金惠"文创金融服务方案,加快标准化金融产品创新;此外,由市文创办、市文促会指导,接力担保联合多家银行,成立了文创接力贷,专项服务于中小微文创企业。

③ 完善体系建设,全面推进文化科技融合发展。

2021年,上海发布《上海市关于促进文化和科技深度融合的实施意见》,提出到2025年,文化科技融合创新体系持续完善,科技新动能主导文化产业发展的新格局基本形成,并且提出12项重点任务和4项保障措施,使文化和科技融合成为文化高质量发展的重要引擎。

上海通过实施优势文化产业科技赋能、开辟文化新技术应用场景、提升文化装备智造技术水平、加强文化科技融合载体建设、完善文化科技融合创新体系建设、加快文化科技成果产业化推广、加强文化科技知识产权保护与利用等,引导文创企业加大对关键核心技术和软件的研发力度,培育一批专业性强、行业优势显著、产业带动效应明显的文创科技融合示范企业,全面推进文化科技融合发展。

(3) 重点产业发展情况

2021年,上海文化创意产业继续聚焦影影视产业、电竞游戏业、网络出版业、演艺业、创意和设计业等产业领域。在新冠疫情影响下,文化创意产业产业结构持续优化。

在影视产业,上海全面助力中国电影市场回暖复苏。2021年上海电影票房继续蝉联年度全国城市票房冠军,影院数、银幕数、座位数继续保持全国城市第一。据上海市电影局统计,截至2021年12月21日,全市2021年新增影院25家。据媒体报道数据,2021年全市共有389家影院,银幕数2483个,座位数33.75万个。上海的影院数量和银幕数继续位列全国城市第一位,银幕新增同比2020年末上升3.5%,且全年全市影院无一例涉及疫情的特殊情况发生。2021年上海电影全年票房共计25.44亿元,放映场次421.9万场,观影人次4986万人次。上海是全国各城市中票房唯一突破25亿元的城市,占全国总票房的5.4%。2021年,上海共有195家乡镇影院贡献了11.48亿元票房,其中53家五个新城影院共产生2.76亿元票房。

2021年，上海出品电影共完片87部，有45部影片进入院线放映。截至12月31日，上海出品影片全年累计票房约70.75亿元，约占全国国产影片总票房的1/5。《1921》等12部影片票房过亿，其中《刺杀小说家》《扬名立万》《我的姐姐》等3部进入全国国产影片票房前十。在第34届中国电影金鸡奖上，上海出品的5部影片收获5座奖杯。

2021年，上海全力保障影院的发展，充分发挥国家电影事业发展专项资金的导向性作用，进一步提高扶持的精准性、有效性，本着"取之于影院，用之于影院"的原则，共对全市335家影院和3家电影机构资助近7 000万元，扶持影院覆盖率接近90%。上海市国家电影事业发展专项资金及时落实上海市电影局出台的《关于推进五个新城、乡镇影院建设和农村电影放映工作的意见》精神，加大对五个新城、乡镇影院建设的支持力度，在影院建设、安装先进技术设备等方面予以重点支持，对273个新城及乡镇影院申报项目予以资助，项目占比52.6%，总资助金额占比55.49%。

在电竞游戏业，上海巩固全球电竞之都地位，多层次电竞赛事体系逐步完善。据统计显示，2021年上海电竞市场与赛事直接相关的收入55.2亿元，全国占比超50%，全国有影响力的电竞赛事超过40%在上海举办；全年游戏产业实现销售收入1 250亿元，同比增长3.6%，占全国1/3。根据上海交通大学徐剑团队发布的《全球电竞之都评价报告》，上海凭借完善的基础设施、备受关注的赛事、不断规范完善的市场环境，在亚洲电竞之都综合排名中名列首位，在全球电竞之都排名中位列第2位，综合得分为94.9分，仅次于洛杉矶。截至2021年，上海电竞公司、俱乐部、明星团队数量约占全国80%，全国每年500多项具有一定影响力的电竞赛事中，超过40%在上海举办。上海还表现出强劲的移动电竞游戏开发能力。沪上电竞游戏的规模和影响力逐步扩大，形成对城市更新和文化消费的辐射溢出效应。竞技赛事承办运营、5G通信等基础设施项目联动，让上海电竞业开辟了多个新赛道。

在网络出版业，网络游戏、网络视听、网络文学等新业态呈现井喷式增长。据统计显示，2021年，上海网络文学全年实现销售收入133亿元，同比增速达15.6%；网络游戏实现销售收入1 250亿元，占全国1/3。业内人士认为，上海网络出版企业以互联网思维打造具有市场价值、能够产生经济效益的数字融合产品，不断探索新业态，打造新引擎，实现新增长，开拓出可持续、可复制、可推广的"上海道路"。上海网络出版企业正进一步开拓新兴市场，用网络文学、游戏、电竞讲好中国故事、传播中国声音。《原神》《万国觉醒》等爆款游戏"扬帆出海"；立足上海的"起点国际"上线1 700余部翻译作品，吸引全球近19万名作家创作了28万部海外原创作品，累计访问用户近1亿，成为全球最大网络文学平台；国际奥委会特别支持、英特尔和完美世界共同打造的IWO电竞赛事落地上海，阅文集团将网络文学天马行空的想象力等创作特点，以及持续更新、与读者互动的创作模式推广至全球。

当前，5G、大数据、云计算、人工智能等新技术快速迭代应用，包含多种新一代互联网技术的"元宇宙"异军突起。据悉，多家上海网络出版企业正积极布局"数字＋"新业态：世纪华通运用VR、AR、全息影像、裸眼3D等技术，打造数字化党史教育的空间"复兴·颂"，探索"游戏＋红色文旅"发展新路径；莉莉丝致力于研发游戏引擎，为非专业用户提供游戏编辑器，超过4 600名高校开发者由此创作了773个游戏。与此同时，上海传统出版企业敞开心扉，真诚拥抱数字出版技术，提升融合出版水平。

在演艺业，上海通过丰富剧目业态、完备剧场设施、活跃演艺主体与强劲消费市场打造亚洲演艺之都。据媒体报道数据，2021年，上海共举办营业性演出38 366场，几乎追平疫情前2019年的38 960场；"演艺新空间"达100家，演艺大世界品牌持续打响。18家市级国有文艺院团2021年演出6 865场，同比增长高达81.4%，演出收入3.28亿元；91家上海民营院团全年演出达到了9 895

场,收入2.56亿元。

从年初到年末,申城舞台精彩纷呈,展演活动轮番登场,优秀文艺作品发出时代"潮"音。从评弹《王孝和》、芭蕾舞剧《白毛女》等红色经典,到"庆祝中国共产党成立100周年新创舞台艺术作品展演季""2021年度上海舞台艺术优秀剧目展演",越剧《山海情深》、话剧《师者之路》、歌剧《晨钟》等一批思想精神、艺术精湛的主旋律力作展现上海文艺界的原创实力。2021年10月起,"演艺大世界 艺聚大上海"舞台艺术作品展演季聚集了来自辽宁、广东、江苏、浙江、湖南、海南、陕西等省份的16台精品新作,涵盖了音乐、舞蹈、戏剧、戏曲等多种艺术形式,为"演艺大世界"圈层拓展提供有效支撑,为上海打造"亚洲演艺之都"带来蓬勃活力,全面助推城市软实力建设。

在创意和设计业,上海自2010年加入联合国"创意城市网络"以来,"设计之都"建设成效显著。2021年,创意和设计产业总产出超过1.2万亿元,增速近20%,优秀设计企业、设计人才加速集聚。上海充分发挥设计赋能效应,增强城市竞争力和软实力,加快推动设计理念和设计服务融入城市的产业发展、空间环境、公共服务、民众生活、城市品牌等;并对标全球顶尖城市,加强创意设计产业与国家战略对接,提升产业发展能级。上海构建设计生态体系,促进全球优质设计要素集聚,打响"世界设计之都大会"品牌。

(4) 重点品牌活动情况

在新冠肺炎疫情的影响下,第十一届国际传统艺术邀请展、第24届上海国际电影节、第十七届中国国际动漫游戏博览会、第十九届中国国际数码互动娱乐展览会、上海设计100+、第三届上海国际艺术品交易月、第七届影像上海艺术博览会、第八届西岸艺术与设计博览会等重要活动创新形式,品牌化、国际化、特色化水平进一步提升。

① 第十一届国际传统艺术邀请展。

2021年6月11日—7月10日,第十一届国际传统艺术邀请展在上海艺术品博物馆举行。展览以"艺由心生"为主题,由上海市长宁区人民政府和上海市创意产业协会主办,上海艺术品博物馆和上海工艺美术职业学院承办,吸引了来自中国、日本、韩国、波兰、美国、法国、加拿大、伊朗、韩国、奥地利、伊朗、捷克、挪威、土耳其、罗马尼亚、阿根廷、乌克兰、匈牙利、斯洛伐克、巴基斯坦、委内瑞拉、印尼、哥伦比亚、老挝等24个国家的150余位知名艺术家、国家级工艺美术大师、非遗传承人等的240余件作品参展,无论是参展国家数量还是参展作品种类,都创历史之最。作为第16个"自然和文化遗产日"的重点活动,本次展览被列入上海市"文化品牌"建设内容和《上海市传统工艺振兴计划》的项目,同时还是上海市政府推进"一带一路"友城建设的重点文化交流项目。

② 第24届上海国际电影节。

第24届上海国际电影节于2021年6月11日—20日举行。在严格做好新冠肺炎疫情防控、执行上座率上限75%的保障下,上海国际电影节在10天会期内为观众展映了来自62个国家和地区的405部精选影片;"一带一路"电影周展映首次走进长三角地区;线上线下国际影视文化交流持续升温;金爵奖评选、金爵论坛、青年影人扶持计划、市场、创投、电影学堂、新人培育等充满活力,备受瞩目。

汲取2020年首次推出国际影视云市场的成功经验,本届电影节恢复线下电影市场,优化完善线上"云市场",以线上线下双平台模式,尽心尽力为中外电影展商提供更加丰富完善的"上海服务",也吸引了更多海内外专业机构的参与。据统计,本届电影节电影市场线上线下展商共459家,来自45个国家和地区,其中海外展商占比近六成,汇集德国global screen、西班牙filmax、意大利vision distribution、俄罗斯wizart animation等重点影片销售及发行公司,此外伊朗法拉比基金会、泰国电影协会和马来西亚华语电影联盟等海外影视组织携多家机构联合参展。

2021年电影节共收到来自113个国家和地区的报名影片4 443部。在展映影片中,世界首映73部,国际首映42部,亚洲首映89部,中国首映99部。上海40家影院共计放映场次1 423场,观影人次超过32万,举办映后见面会26场。

③ 第十七届中国国际动漫游戏博览会。

2021年7月15日—18日,在中华人民共和国文化和旅游部、上海市文化和旅游局等支持下,第十七届中国国际动漫游戏博览会(CCG EXPO 2021)在上海世博展览馆举行。本届展会由中国国际动漫游戏博览会组委会主办、上海广播电视台、上海文化广播影视集团有限公司(SMG)、(上海)国家动漫游戏产业振兴基地、东方明珠新媒体股份有限公司(东方明珠新媒体)承办。本届CCG EXPO展出面积近4万平方米,参展商囊括东方明珠新媒体、腾讯视频、哔哩哔哩、快看、万代、天闻角川、假面骑士、恺英网络、DeNA、盛趣游戏、巨人网络、羚邦、玄机科技、MegaHouse、GOODSMILE、塑唐玩具＆寿屋、网易LOFTER、中航环球、百度X热度潮玩、艾漫等近300家企业,分为动画、漫画、游戏、文学、互联网社区、周边衍生品等六大板块。入场观众总计15.5万人次、♯我爱CCG♯主话题阅读量突破1.8亿,讨论量逾9万。

④ 第十九届中国国际数码互动娱乐展览会。

2021年7月30日—8月2日,第十九届中国国际数码互动娱乐展览会将在上海新国际博览中心举办。展会以"科技创梦乐赢未来"为主题。本届ChinaJoy展会规模盛大,较上一年受疫情影响恢复显著,共使用上海新国际博览中心12.5个展馆,展出面积达15.6万平方米。其中,BTOC展商共计300余家,展馆面积达14万平方米。BTOB展商共计200余家,展馆面积达1.6万平方米。其中外资参展企业超过100家,约占30%。

配合第十九届ChinaJoy线下展会,2021 ChinaJoy Plus线上嘉年华重磅推出。项目分设两大子品牌:ChinaJoy Plus"超级播"和"超级购",协同九大主流线上流量平台(包括:抖音、快手、B站、微博、斗鱼、腾讯视频、咪咕、优酷直播、淘宝直播)共同打造,全面提升ChinaJoy这一全球知名展会品牌IP的影响力,并将受众覆盖人群,扩大至更为广泛的线上用户。

与此同时,第十九届ChinaJoy各项同期展览、会议、活动,内容丰富多彩。展览部分,同期举办:第六届国际智能娱乐硬件展览会(eSmart)、第八届中国国际动漫及衍生品授权展览会(CAWAE)、第二届ChinaJoy潮流玩具展(CJTS);会议部分,同期举办:中国国际数字娱乐产业大会(CDEC)、2021全球电竞大会、全球游戏产业峰会、全球云游戏产业大会、中国数字娱乐与虚拟现实产业大会、中国数字娱乐投融资大会、中国元宇宙产业发展论坛、中国游戏开发者大会(CGDC)、国际游戏商务大会;活动部分,同期举办:ChinaJoy Cosplay超级联赛、ChinaJoy舞艺超群-全国舞团盛典、洛裳华服·赏、洛裳华服·新秀大赛等主办方举办的官方赛事活动,以及由各家参展商举办的精彩纷呈的展商同期活动。

⑤ 上海设计100+。

为进一步宣传推广上海设计力量,打响"上海设计"品牌,根据市委、市政府重点工作安排,上海市经济和信息化委员会推进"上海设计100+"工作。

此次共征集2020年度设计产品、设计事件和设计案例1 541件,数量远超上届,更有长三角、京津冀、珠三角设计企业积极申报。920个设计师和设计团队,30+产业领域覆盖,100位评审专家,公众网络投票超245万,1 535万网络点击量。287项成果入围,已实现销售259.1亿元,预计实现总销售3 701.8亿元。经公众投票、专家投票和产业部门投票,最终产生新一届"上海设计100+"榜单。

⑥ 第三届上海国际艺术品交易月。

2021年11月1日—11月30日,由市委宣传部指导,市文化旅游局与徐汇区、浦东新区、黄浦区和静安区政府共同主办的第三届上海国际艺术品交易月顺利举办。第三届上海国际艺术品交易月围绕"全球艺场、艺术上海"的主题,在前两届"全球艺场、艺术西岸""全球艺场、上海时间"基础上,进一步跨界融合、迭代升级。交易月期间,集中举办了302场艺术活动,包括6场艺术博览会、118场文物艺术品拍卖会、132场美术展览、46场展览展销活动。参与交易主体420余家,累计交易艺术品货值达108亿元。

⑦ 第七届影像上海艺术博览会。

2021年11月3日—6日,第七届影像上海艺术博览会重回上海展览中心。本届博览会汇集国内外50余家参展画廊、机构与出版商,携手多家合作伙伴呈现多场兼具趣味与研究价值的主题展览。此外,博览会更携手多家合作伙伴呈现多场兼具趣味与研究价值的主题展览由参展艺术家、出版机构及各艺术界专家参与的"对话",并带来一系列精彩讲座,与现场观众互动探讨影像艺术界所持续关注的话题与理念。

⑧ 第八届西岸艺术与设计博览会。

2021年11月11日—14日,第八届西岸艺术与设计博览会(简称"西岸博览会")在上海西岸艺术中心A馆、B馆与西岸穹顶艺术中心举行。相较于往届,今年的博览会从规模体量、参展画廊数量等方面均有所扩大,画廊单元中,国外画廊的比例超过六成。为期4天的展期内,来自18个国家、45个城市的120余家优秀画廊、设计品牌及艺术机构呈现了近1万件高质量作品。今年的西岸博览会在空间上进行了再一次的扩容,六大板块、5个特展、首次三馆联展,呈现历届西岸博览会以来规模最大的一届。除了画廊单元外,还设置设计单元、xiàn chǎng 单元、videAI PLAZA 影像单元、Perspective 特展单元等多个板块,并举办多场论坛。

3. 上海文化创意产业发展特点

(1) 推动城市文化数字化转型升级

2021年,上海落实《上海市促进在线新经济发展行动方案(2020—2022年)》,依托大数据、云计算、物联网、移动互联网、人工智能及5G+4K/8K、区块链、边缘计算、人脸识别等新技术,加速推动在线新经济的资源集聚,布局远程办公、在线设计等重点领域应用场景。上海把握数字化发展先机,实施文化创意产业数字化战略,加快文化大数据体系建设,推动城市文化数字化转型升级。

(2) 文化消费持续升级

在后疫情时代,上海继续通过文化消费补贴扶持、提升加强政府采购力度、推动文商旅联动发展、发挥文化建设投资带动作用等举措,联动线上线下,鼓励"在线演出""在线展览""在线销售""在线预约"等模式经验,加快文化消费新业态探索、新模式培育和新技术应用,实现文化消费升级,着力"构建文化消费促进体系,助力产业提质升级"远期目标。

(3) 营商环境进一步优化

上海通过建立协同推进机制、加大政策支持力度、深化"放管服"改革等,进一步优化营商环境为文化企业降成本、减负担,加快吸批国内外龙头文化企业落沪发展;健全市区联动机制,引导各区整合优势资源,发展特色产业集群;同时在金融、科技方面创新服务,进一步全面提升产业服务能力,优化营商环境。

4. 上海文化创意产业发展展望

中共上海市委书记李强在上海市第十二次党代会报告中指出,在今后五年,上海将以"世界影响力"的能级显著提升、"社会主义现代化"的特征充分彰显、"国际大都市"的风范更具魅力等作为推进具有世界影响力的社会主义现代化国际大都市建设的目标。上海将深入推进国际文化大都市建设,彰显"上海文化"品牌标识度,加快建设全球影视创制中心、国际重要艺术品交易中心、亚洲演艺之都、全球电竞之都、网络文化产业高地、创意设计产业高地,培育新型文化业态,在后疫情时代,建立起文化创意产业可持续发展的政策经济环境,全面推动文化创意产业保持健康快速发展。

《上海市社会主义国际文化大都市建设"十四五"规划》提出,要推动文化创意产业创新发展,提升城市文化核心竞争力,"实施'文化＋''＋文化'战略,聚焦重点发展,推动跨界融合,构建多层次产业发展格局,提升版权产业服务能力,着力建设具有核心竞争力、国际影响力的文化创意产业中心","力争形成'头部'企业带动、'腰部'企业支撑、小微企业创新,活力迸发、内生互补的文化创意产业创新发展生态。"

2021年是"十四五"规划开局之年。上海将充分把握新趋势、新机遇,切实担负起进口博览会、自贸区临港新片区建设、"一带一路"建设、长三角一体化等国家战略赋予上海的新使命,推动社会主义国际文化大都市建设,支持影视、演艺、动漫游戏、网络文化、创意设计、艺术品交易等重点领域创新发展,进一步彰显上海城市文化影响力,持续推动文化创意产业高质量发展。

(上海市创意产业协会供稿)

(三) 上海朗诵行业2021年发展报告

1. 行业综述

截至2021年底,协会共有会员542名(其中老艺术家30名,与朗诵艺术专业相关的专业会员333名,社会各朗诵团体成员57名,具有推动朗诵艺术发展各类资源的爱好者52名),单位会员10家,共建单位3家,文化阵地9个,会员组22个;服务会员2311人次,慰问理事55人次,举办讲座8场,沙龙5场,大型演出5场,举行其他各类活动26场,为社会提供服务371人次,公众号关注人数3694人,发布信息63篇,小视频发布37条,各类媒体正面报道123次。

截至2021年12月底,实现收入237.10万元,完成年初计划的114.54%;支出186.32万元,完成计划的91.13%;资产总计71.68万元,增长253.24%;负债合计14.96万元,增加4.4%;净资产总计56.72万元,增长854.75%。

2. 年度发展特点

(1) 协会发展紧跟党的方向和步伐

协会在业务主管单位和登记管理机关的指导下,于第一时间发动会员学习中国共产党的十九届六中全会精神,会员们纷纷撰写学习感言。大家一致认为,要更加紧密地团结在以习近平同志为核心的党中央周围,增强"四个意识",坚定"四个自信",做到"两个维护",响应伟大号召,凝聚一切有利于朗诵艺术发展的磅礴力量。要以党的十九届六中全会精神为指引,从党的奋斗历程中汲取智慧和力量,以史为鉴、勇毅前行、开创未来,以永不懈怠的精神状态、一往无前的奋斗姿态,走好新时代赶考之路,践行初心使命,在实现第二个百年奋斗目标的伟大征程中贡献更多力量、更多智慧、更多作为。

(2) 协会演出体现了上海朗诵水平

2021年适逢中国共产党建党100周年的重要历史时刻,协会以大型交响史诗朗诵《曙光》向建党百年献礼,130多位老中青艺术家及会员联袂参演,体现了上海朗诵艺术界的整体水平,得到国内朗诵界好评。10月,协会和语协等单位共同主办"百年心韵诵中国"庆祝建党100周年大型诗文朗诵晚会。国庆期间,协会还组织会员参与了市卫健委等单位主办的大型医学人文情境叙事"生命至上"的演出活动,体现了协会高度的政治意识、大局意识,展示了会员良好的艺术素养和朗诵水平。

(3) 协会服务受到了普遍好评

① 为老艺术家提供好服务。

老艺术家是协会里艺术的精髓、灵魂和财富,"爱老、尊老、为老、助老"是协会始终恪守的传统美德。

在春、秋两季开展了"老艺术家口述人生和疗休"活动,请富有相关经验的老艺术家牵头,组建了专门的采访和写作班子,今年为6位老艺术家提供了这项服务,同时启动"口述历史"的采写。

11月份,为30位老艺术家送上了农产品健康大礼包,并于12月28日召开"老艺术家迎新座谈会"活动,对老艺术家们进行慰问并听取他们对协会发展的建议。

② 为会员提供好服务。

会员是协会的主体,秘书处是为会员提供服务的机构,为会员做好服务工作,是协会工作的基本职责。

搭建展示的平台。在公众号推出《会员馨声》栏目,由会员自由投稿、专家质量把关,让更多会员的作品能够通过协会公众号进行发布和展示,不但促进会员间的互相学习和交流,也向社会展示协会整体的艺术水平和会员实力。

组织朗诵专业培训。开展朗诵艺术系统化培训,有近100名会员参与了第一期培训。孙逊、林沙、丁薇、陈静、吴笑为第一期教员。通过培训,对会员进行"分等定级",为市、区、社区等不同层次的舞台储备和输送配套人才。

提供活动机制保障。建立会员分组活动机制,让每位会员都能就近就便获得活动平台和参与机会。每个会员归属一个组,活动可以横向流动。这种"网格化"+开放性的会员管理模式,让服务会员的理念落到实处,有利于提升会员水平,有利于朗诵艺术的普及和发展。

③ 为社会提供好服务。

服务社会是协会发展的根本,服务社会能力的强弱,是协会发展好坏的试金石。

成立少儿朗诵艺术团,弥补了上海市级少儿朗诵团的空白;并在15个区成立了10个区团,响应国家"双减"政策,积极开展艺术教育和素质教育。

积极为社会提供专业的艺术和文化服务,以品牌发展共建,以资源凝聚各界,从而为新时代社会文化的大发展助力。

3. 未来展望

(1) 朗诵活动形式的数字化转变

中共中央办公厅、国务院办公厅2022年5月22日印发了《关于推进实施国家文化数字化战略的意见》(简称《意见》),并发出通知,要求各地区各部门结合实际认真贯彻落实。《意见》明确,到"十四五"时期末,基本建成文化数字化基础设施和服务平台,形成线上线下融合互动、立体覆盖的文化服务供给体系。到2035年,建成物理分布、逻辑关联、快速链接、高效搜索、全面共享、重点集成的国家文化大数据体系,中华文化全景呈现,中华文化数字化成果全民共享。

线上展演因不受时间和空间限制,成本小而受众广的特点,收到了各种表演艺术的青睐,朗诵活动的形式也将从舞台向线上进行数字化转变。传统的声音艺术将朝着视觉和听觉高度融合的形式发展。协会正在为这种发展方向做研究布局。

(2) 朗诵艺术对于中华传统文化的推动作用

朗诵作品许多都是脍炙人口的诗词散文,是中华文化艺术的瑰宝。朗诵艺术是中华优秀传统文化最直接的载体,易于传播,且受众面广。朗诵艺术可作为全球传播中华优秀文化的有效手段,宣传中国文化,促进构建人类命运共同体。

(上海市朗诵协会供稿)

(四)上海工艺美术行业 2021 年发展报告

1. 2021 年工艺美术行业经济运行基本情况

上海工艺美术行业 2021 年度经济发展逐步平稳,生产、效益保持向好态势。1 月—12 月,国外新冠肺炎疫情仍然严峻,国内疫情基本得到控制,部分地区零星散发,但对行业整体影响不大。上海工艺美术行业稳中向好,带动消费潜力稳步释放。行业有关情况如下。

(1) 工业总产值与营收情况

2021 年上海工艺美术规模以上企业工业总产值 385.3 亿元,营业收入 574 亿元。与 2020 年相比,2021 年行业规模以上企业工业总产值同比增长 0.21%;与 2019 年相比,2021 年行业规模以上企业工业总产值同期相比增长 0.16%。

(2) 工艺美术规上企业利润与税金

2021 年度工艺美术规上企业利润 24.2 亿元,税金 4.2 亿元。与 2020 年相比,2021 年年利润总额同比增长 −0.02%,税金总额同比增长 1.1%;与 2019 年相比,2021 年年利润总额同比增长 1.1%,税金总额同比增长 0.49%。

(3) 工艺美术规上企业出口交货值

2021 年工艺美术规上企业出口交货值 3.57 亿元。与 2020 年相比,2021 年行业企业出口交货值同比增长 0.15%;与 2019 年相比,2021 年行业企业出口交货值同比增长 −0.22%。

通过以上数据可以看出,上海工艺美术行业在工业总产值、营业收入、税金等方面均有所增加,但利润、出口等方面,由于国际大环境影响还未恢复至疫情前水平。在全球疫情不断反复的情况下,上海工艺美术企业积极应对,其中,珠宝黄金首饰及有关物品制造保持良好增长态势。

珠宝黄金首饰及有关物品制造发展态势持续向好,除产值和营收有所提升外,还增加了传统技艺的体验和制作活动等,增加大众的参与度,提升人气。其中,老凤祥等企业销售额同比增长两位数以上。以嘉定西银楼为例,举办了非遗文化市集,打造沉浸式"海派水韵—江南古风"场景,节日销售额环比节前一周提高 26.8%。从国内大环境来看,周大福门店拓展成绩斐然,计划至 2025 年门店突破 7 000 家;豫园股份在去年秋拍中实现 1.002 亿元销售额,同比增长 82%;珠宝黄金首饰业是工艺美术行业的重点子产业,珠宝黄金首饰业绩大增体现了目前的工艺美术产业发展态势较好,但需进一步调整优化产品产业结构,提高工艺美术其他子产业在全行业的占比,增加行业的整体抗风险的能力。

上海工艺美术行业的出口交货值与 2020 年相比,已呈现上升趋势,但尚未恢复至 2019 年疫情前水平。国际贸易的情况和新冠肺炎疫情反复扩散及世界格局区域关系紧张等情况有关,关税的增加和物流的运输管控是首要因素;其次,人们的消费观念发生改变,快消品、实用性弱及保值性不高的产品销售受到较大影响,消费热情降低。上海工艺美术行业充分发挥自身优势,积极应对后疫情时代和"Z 世代"的消费需求等,加强工艺美术产品的实用属性和创新性,运用工艺美术行业的特殊性,满足人们对美好生活的向往。

除重点子产业珠宝首饰业和进出口情况趋于向好外,2021 年上海工艺美术行业规上企业 27 家,亏损企业数 9 家,和 2020 年相比亏损额同比增长 −0.03%。2020 年上海工艺美术行业规上企业 30 家,亏损企业数 11 家,疫情前 2019 年上海工艺美术行业规上企业 31 家,亏损企业数 7 家,可以看出2021年亏损企业情况已趋好转,但仍未恢复至疫情前水平。

2. 2021年行业发展概况

(1) 开展"市工艺美术精品""市工艺美术大师"评审工作

按照2014年1月《上海市人民政府关于公布本市第七批取消和调整行政审批事项目录的通知》,在上海市经信委都市产业处指导下,制订"第五批上海市工艺美术精品评审认定方案""第四批上海市工艺美术大师评审认定方案"并先后启动申报工作。经过申报受理、材料审核、申报作品实物公示、专业小组推荐、评审会议等程序,从357件参加"申报作品实物公示展"中,最终评审认定97件第五批上海市工艺美术精品,其中,工艺雕刻43件、工艺家具7件、漆器工艺5件、工艺陶瓷10件、金属工艺5件、首饰工艺9件、工艺织毯1件、工艺编织1件、其他工艺美术8件。6月下旬颁发"上海市工艺美术精品证书"。

5月10日启动受理申报第四批上海市工艺美术大师,共收到申报者135名,经过申报者作品实名公示、网上申报、面试、送交材料等,可进入专家评审的共118名。申报作品经实名公示、申请破格面试、受理申报材料、评审委员会评审、公证处程序公证,58人被评审为第四批上海市工艺美术大师。

根据中国轻工业联合会安排,为"第八届中国工艺美术大师评选"开展相关调研工作。完成中国轻工业联合会部署"中国工艺美术大师自律"年度资料更新及登记,本市21位国大师进行网上系统填报工作。开展"工艺美术大师传承创新基地"申报活动,根据中国轻工业联合会创建基地要求,上报6家市工艺美术大师工作室创新基地,待批准。

(2) 中级职称评审工作上台阶

人才是工艺美术行业发展关键。发现人才、培养人才的重要抓手是服务好工艺美术中级职称申报工作;工艺美术与其他产业一样边界模糊,产业融合是趋势;在市经信委职称改革办公室(简称"职改办")、市人力资源社会保障局指导下(简称"人社局"),拓展工艺美术行业覆盖面,发挥产业园组织资源优势开培训辅导进修班等。召开"工艺美术专业继续教育课程研讨会",确定10门专业讲座课程。与此同时,同上海张江信息技术专修学院合作,针对"视觉传达学科组"新增6门电脑绘图、动漫设计相关专业课程。人社局官网发布中级任职资格评审通知后,共计2 000余人次参加进修班。人社局职称申报系统,共计591人注册,510人提交申报材料,最终458人网上材料审核通过,并于11月6日、11月13日参加手绘测评和电脑绘图测评,12月20日召开工艺美术中级任职资格评审会,359人评审通过,通过率78.5%。

(3) 完成高研班培训工作

在上海市人力资源和社会保障局、上海市经济和信息化委员会指导下,举办高级研修班"大数据时代工艺美术转型升级趋势"。来自本市工艺美术、服装设计、产品设计、平面设计等专业,且具有高级工艺美术师、中级工艺美术师职称的55名专业技术人员参加培训。本次高研班采用授课讲解与研讨相结合、案例讲解与授课采用集中的上课方式。在开班前对于课程设置做广泛调研,不仅多方了解学员诉求,而且听取了行业内外专家意见,选择一套适合当今工艺美术专业高端人才需要的培训课程。充实上海工艺美术人才队伍,完善初、中、副高、正高相关人才补充,为行业"十四五"发展提供保证。

(4) 服务"十四五",完成两轮"行动计划""评估报告"

在上海市经信委指导下,加强上海工艺美术行业发展的战略性研究,建设"工艺美术产业智库"。通过"每日简讯"(双休日除外)服务政府、服务行业、服务会员、服务长三角城市工艺美术行业协会、服务全国各省市工艺美术行业协会、服务中国轻工业联合会等行业社会组织、服务工艺美术爱好者；根据工信部、中轻联的要求，引领、指导"上海康宇""乐印琥珀""老凤祥珐琅有限公司"先后拟写《室内外琉璃艺术装饰件制作标准》《琥珀蜜蜡首饰镶嵌品标准》《铜锌合金饰品标准》《珐琅首饰饰品标准》等，为上海工艺美术行业高质量发展打好基础。在市经信委都市产业处指导下完成了中国工艺美术协会中国工艺美术"十四五"规划建议；《上海16个区工艺美术产业"十四五规划"研究报告》《上海市工艺美术产业发展三年创新计划（暂定名）(2022—2024年)》《2020年上海工艺美术产业发展研究报告》《2021年各季度行业统计研究报告》《传统工艺美术创新产品研究报告》《上海市工业年鉴》《上海现代服务业年鉴》《轻工业志》(1990—2010年)《上海时尚消费品产业提高供给能级路径研究》大纲等，扩大工艺美术行业的影响，为上海工艺美术行业"十四五"开局之年打下基础。继续抓紧并跟踪《中国工艺美术全集》（上海卷）的后续编写工作，服务、督促主编们对编写《中国工艺美术全集》的进度，及时调整修正工作计划，为完成《中国工艺美术全集》（上海卷）做出应有的贡献。

（5）采集长三角工艺美术大师数据

为推进长三角区域工艺美术数据库建设，"泛长三角工艺美术产业联盟"（简称"联盟"）各城市成员单位服务，加强服务工艺美术行业的能力，了解大师尤其是创作思路活跃大师的创新特点、独门绝技、工艺传承、学术成果等，提升大师知名度，促进工艺美术行业健康可持续发展。进一步做好数字化建设工作，服务政府、服务企业、规范行业、发展产业。邀请专业软件公司编写数据库，提供给联盟各成员单位共享使用。在数据库建设工作中，制定了《长三角工艺美术大师数据库数据采集和管理》和《长三角工艺美术大师数据库〈数据采集和录入〉标准》两套规范性文件。截至2021年底，"工艺美术行业专家库"已完成收集行业专家、工艺美术大师数据信息160多人，有力推动大师数据集聚性和规模化效应。

（6）抓住组织建设助推产业发展

红木雕刻艺术专委会调整为上海工艺美术行业协会红木艺术专委会、水晶艺术专委会、玉石琥珀蜜蜡雕刻艺术专委会；组建微雕微型艺术专委会、砚台印纽文房雕刻艺术专委会等，助推时尚工艺美术品、美学生活用品产业的发展。

3. 积极开展助推工艺美术产业发展的活动

举办"攀登"——工艺美术创作作品展、砚台印纽文房雕刻艺专委会的"文房雅器"活动、香文化专委会"申香杯"香事用具精品展等。支持企业、工作室探索新模式，如"上海工艺美术行业协会销售服务平台"（直播营销）；第二季度协助承办第二届"长三角工艺美术精品展暨时尚生活用品博览会"；举办"2021上海新锐首饰设计大赛作品展"，入选200多位参赛者创意作品，通过活动发现设计人才，为"上海设计之都"建设添彩，为营造良好的设计环境助力；举办"2021年春季艺术品拍卖会"并签订战略合作框架。

2021年7月，举行了现当代工艺美术专场预展"美巧嘉秀"和拍卖会，探索上海打造工艺美术品拍卖集聚地、探索工艺美术销售新的载体；"第56届全国工艺品交易会"在福州市海峡国际会展中心举办，同期举办"2021'金凤凰'创新产品设计大赛"，展现中国传统工艺美术的技艺、装饰和文化，体现当代工艺美术工作者在材料、技术、工艺和理念方面的传承与创新，突出作品的传统性、学术性和当代价值。上海展团引入巴基斯坦企业参加展览，让观众欣赏到异域风情的手工丝毯和各式家具，并获得1金1优的成绩。协办第十六届"老凤祥杯上海旅游商品设计大赛"，以"抖出你的上海礼物"为主题，扩大上海各旅游景点的影响，促进旅游纪念品的销售。

2021年8月，由中国旅游协会、中国工艺美术学会主办的"2021中国（大连）国际文化旅游产业交易博览会"在大连星海会展中心举办，本届博览会以"文旅融合品质生活"为主题，展会期间举办了"2021'中艺杯'工艺美术优秀作品大赛",上海展团获得1金2银1铜。组织"2021年上海市行业职业技能竞赛"——首饰设计师、陶瓷设计师赛项,挑选出职业组和学生组选手参赛,并配合轻工协会落实选手集训工作会议。首饰设计师赛项上海老凤祥首饰研究所和上海工艺美术职业学院分别获得职工组和学生组银奖;陶瓷产品设计师获得学生组银奖。

4. 工艺美术产业发展展望

2021年上海工艺美术行业呈现持续稳定恢复态势,但由于全球新冠病毒肺炎疫情还未完全控制住,新型病毒还在不断变异升级,国内外环境仍然面临着较多不确定因素和压力,工艺美术行业企业产值、效益总体情况的稳定和复苏仍面临挑战和考验。随着工艺美术行业正逐步从传统型行业转型到智能化产业,企业需要投入大量的设备成本和高技能复合型人才成本,企业稳定恢复发展的基础仍需巩固。

2022年是"十四五"规划的第二年,是第八届中国工艺美术大师评审年,是第五批上海市传统工艺美术品种、技艺评审年,是《上海市工艺美术产业发展三年创新行动计划(2022—2024年)》发布和实施年,行业会结合自身的特点,推动工艺美术消费结构优化、产业能级提升,为"十四五"中期发展和正在制订的"工艺美术产业创新行动计划"(2022—2024年)打好基础。

(1) 按照中轻联部署开展本市第八届国大师推荐工作

按照中国轻工业联合会的部署,按照计划开展本市第八届中国工艺美术大师的评选推荐工作。

(2) 创新护工作,服务产业发展

按照传统工艺美术保护工作要求开展工作,按时召开"第五批上海市传统工艺美术品种、技艺"颁证会。

根据中轻联对工艺美术大师的自律管理工作要求,照计划复审"上海市工艺美术大师传承创新基地",开展对本市工艺美术领域高端人才的再教育工作,探索举办上海工艺美术大师高级进修班,适时开展境内外线上线下工艺美术交流合作工作,拓展视野、丰富营养、捕捉机会,为发展工艺美术时尚产业服务;为提高上海工艺美术大师的素质,增强上海工艺美术大师的综合竞争力服务。

(3) 完成"三年行动"计划编写发布工作

在"十四五"的第二年,抓住市人民政府布局"五个新城"的机遇,谋划工艺美术产业创新发展规划;抓住引进国内外工艺美术产业发展的头部企业,抓住产业转型升级的重点"项目"研究,完成《上海市工艺美术产业发展创新三年行动计划(2022—2024年)》。通过"工艺美术产业智库平台",建立与"三年创新行动计划"重点项目之间的联系,加强衔接服务工作。

(4) 凝聚人才、服务人才发展事业

积极完善中级任职资格申报程序,根据已设置的4个学科组,开设有学科针对性的继续教育课程。在长三角城市工艺美术大师人才库的基础上,开拓本市工艺美术产业高质量发展人才库。通过上海工艺美术设计服务平台、工艺美术产业智库服务平台,推荐工艺美术大师的设计创意成果,塑造有影响力的工艺美术大师,扩大上海城市的影响力。

(5) 服务行业会展工作,引进头部企业入户上海

通过组织会员会参加全国层面的中国工艺美术博览会(南京);第57届全国工艺品交易会(成都)等,为上海参展企业提供专业、优质的服务,将具有上海特色的工艺美术展示在全国舞台上,通过中国工艺美术传承发展高峰论坛、中国玉(石)器"百花奖"评选、"百鹤杯"工艺美术设计创新大赛等的洗礼,提高上海工艺美术从业者的综合素质。

(6) 按照"全集办"要求,完成《全集》(上海卷)修改工作

根据"中国工艺美术全集办"预审上海卷工作视频会议的要求和对(上海卷)提出的具体修改要

求,落实(上海卷)的四卷书稿的进度和质量,重点是(首饰)、(民间工艺)卷,按照"大书"规范和统一,年内做到符合编撰出版的要求。

(7) 长三角大师数据库采集和管理工作

2022年行业将继续推动长三角三省一市工艺美术大师数据库共享,加强数据维护和对数据的监管检查工作。

(8) 加强行业党建工作

按照上海市工业经济联合会党委2022年的工作要求,紧抓行业党支部建设;发挥共产党员在行业的先锋模范作用,以优异的工作成绩迎接党的二十大胜利召开。

(上海市工艺美术行业协会供稿)

(五) 上海黄金珠宝行业2021年发展报告

上海作为国内最具影响力的黄金珠宝零售市场,占据全国黄金珠宝零售市场超过10%的份额,也是国内黄金珠宝行业品牌集中度最高、产品更新速度最快、企业零售模式最多元的市场,被视作反映全国黄金珠宝行业景气指标的"晴雨表"。与此同时,上海已经成为全世界贵金属、钻石最重要的交易市场之一,上海黄金交易所、上海钻石交易所等要素市场的交易额不断上升,上海黄金交易所年交易额突破40万亿元;2021年上海钻交所钻石交易量累计为771.79万克拉,较2020年同比增长90.2%,较2019年同期增长81.8%;钻石交易金额累计为70.76亿美元,较2020年同比增长81.3%,较2019年同期增长67.1%。近年来,行业尽管受疫情冲击,但老凤祥、豫园珠宝、中国黄金、周大福等各大品牌在上海市场的销售额屡创新高,充分展示了上海黄金珠宝市场的重要地位。

1. 2021年上海黄金珠宝行业概况

(1) 全国黄金珠宝消费数据

2021年,按销售额计算,中国黄金珠宝首饰市场总规模一举而跃上了7 200亿元新台阶,同比2020年的6 100亿元增幅达18%。2021年,黄金珠宝行业进口总额为774.17亿美元,同比增长143.9%;出口总额为293.34亿美元,同比增长59.1%。整体来看,受上一年低基数影响,2021年进口额和出口额均实现高位数增长,且与2019年同比也分别增长28.5%和43.6%,超过疫情前水平。2021年全国黄金消费量1 120.90吨,同比增长36.53%。其中,黄金首饰711.29吨,较2020年同期增长44.99%,较2019年同期增长5.18%;金条及金币312.86吨,较2020年同期增长26.87%,较2019年同期增长38.56%。

(2) 部分重点企业的表现

老凤祥2021年营业总收入为586.9亿元,同比增长13.47%;豫园股份珠宝业务2021年度营收274.48亿元,同比增长23.82%。而港资品牌也有较大幅度增长,周大福2021财年度销售收入989.4亿港元,同比增长了41%;周生生2021年销售收入为219.88亿港元,同比上涨47%。

(3) 上海黄金珠宝市场的概况

2020年受疫情影响,国内消费需求锐减,珠宝行业更是首当其冲。2020年下半年开始,随着疫情防控的常态化,黄金珠宝的销售逐步恢复。进入2021年,国内的新冠病毒肺炎疫情得到有效控制,黄金珠宝行业消费增长明显。国家统计局发布的数据表明,所有限额以上单位商品零售统计数据中,金银珠宝类增幅位列前茅。上海黄金珠宝行业增长同样十分明显,在政府各项促消费活动的推动下,几个黄金周期间,上海市场黄金珠宝销售额呈现爆发式增长,各大品牌的销售额纷纷创出历史新高。

为做好进一步稳增长、促消费工作,打响上海"四大品牌"、打造建设国际消费中心城市,2021年上海市政府继续举办第二届"五五购物节"活动。黄金珠宝行业作为此次活动的重点行业,深度参与其中,各大黄金珠宝品牌推出了一批有主题、有亮点、促销力度大的特色营销活动。通过一系列的促消费活动,上海再一次掀起一波黄金珠宝消费高潮。2021年国庆假日期间,上海举办了"金秋购物旅游季"等促消费活动,进一步拉动节日市场消费。据统计,2021年国庆期间,上海7天消费总额765.88亿元,同比2020年增长16.0%,同比2019年增长12.8%,黄金珠宝首饰增速排名位列前三,消费增幅显著。

在一系列稳增长、促消费举措的带动下,2021年整个上海黄金珠宝行业呈现出了十分明显的复苏势头。

2. 上海黄金珠宝首饰产业发展现状

(1) 产品创新实现加速

近年来,上海黄金珠宝行业开始流行"文化黄金""产品力"等词。从市场上许多零售企业包括部分品牌加盟商反馈的信息,发现一个现象:产品好不好卖,价格因素的影响越来越不那么明显。如果产品不好,即使工费再便宜也卖不好。而很多硬金、文化黄金工费高总价高,但市场反应却很好。近两年来,行业的产品革新正在以前所未有的速度提升,新品研发和创新已成为很多企业最重视的环节之一,市场上的产品质量越来越高,也越来越创新。

(2) 品牌格局更加清晰

回顾近年来上海黄金珠宝市场整体表现,行业整合的速度正在加剧。一边是强势品牌的持续发力,行业集中度越来越高;一边是单品类品牌向专业细分领域不断深耕。随着行业集中度逐步提高,市场向知名品牌聚集趋势很明显,优质企业所占的市场份额越来越大。老凤祥、豫园珠宝集团、周大福、中国黄金等行业龙头企业占据超过一半的市场份额。同时,随着市场"轻奢化、个性化"消费升级的趋势显现,很多珠宝品牌尝试与年轻化的消费者建立情感链接,寻找新的发展空间和运作模式,由此行业也衍生出许多创新类珠宝品牌,主打定制、个性、情感类特色产品。它们和传统品牌一起,推动了上海珠宝市场呈现出百花齐放的局面。

(3) 市场新模式层出不穷

我们可以看到,这两年上海黄金珠宝市场也迎来了众多新模式、新概念的推出,像智能首饰、共享珠宝、IP品牌等,另外还有一些由多方联合推动、跨界合作的新模式。不过,这里要值得注意的是,尽管行业里的新模式层出不穷,但真正落地获得成功的模式还不多。

在概念模式之外,通过新媒体营销"指尖营销"正在成为珠宝企业进行市场拓展的新手段。在上海,很多珠宝企业都在通过直播、微信、微博、自媒体等平台,与消费者展开双向互动,尤其在疫情期间,这些新的营销方式起到了一定的效果;此外,一些企业联合IP、做跨行业营销,打造联名产品;还有一些企业投资、打造专属电影、微电影、影视剧,与各行业展开了跨界合作。其他行业与珠宝的深度融合,未来前景十分乐观,连接不同的行业,也是一种商业模式赋能。

3. 上海黄金珠宝行业发展展望

(1) 进行明确的品牌定位

品牌是企业发展的基石,也是企业竞争的核心资产,打造企业品牌是企业做大做强的必要条件。据相关调查显示,在购买黄金珠宝产品因素中,品牌知名度是顾客选择产品的一个重要因素,尤其是年轻消费者选择购买产品,考虑品牌知名度的比例要高于其他年龄段。这也说明,即使未来年轻消费者成为消费主力的市场,企业品牌建设依然极为重要。发力品牌建设,最重要的还是要开发出具有自己特色的产品,并且能把社会文化、珠宝文化、企业文化融入产品中,形成核心竞争力。

未来的品牌营销将是一个更为深刻的课题,品牌营销的前提是品牌有独特的个性。在打造特色品牌的过程中,大而全的品牌需要对自己现有品牌进行梳理,让目标人群很容易识别和认可。同时,未来品牌发展,并不意味着一味追赶时尚,特别是传统珠宝企业不应盲目放弃自己原有的消费沉积,急于求新,而要仔细思考品牌的核心价值、定位,选择与品牌核心价值相符的形象,包括尝试多品牌。

随着新冠病毒肺炎疫情的到来,未来珠宝市场品牌的洗牌将进入更深的层次。大企业的生意会越做越顺,特色经营模式也会有市场。相比这些大企业,日子最难的可能就是没有品牌特色的企业,因为品牌定位不够清晰,目标消费者定位难以聚焦。这些企业如何发展,人无我有,走文化路线,做个性化的产品可能就是一个方向。

(2) 迎合新消费理念的创新产品

对于珠宝首饰行业,产品永远是最重要的,黄金珠宝产业零售端拼的就是渠道和产品。如何让珠宝具有更多情感和文化内涵,让传统技艺更加贴近消费生活,让文化创新成为提升品牌力的核心要素,显得尤为重要。另外,在中国传统文化迈向复兴的当下,如何从本民族、本地的文化土壤中汲取养分,以满足新兴消费群体更加独立、自信、多元的审美,也会是大家面对新一轮消费升级的一个挑战与机遇。

在未来上海黄金珠宝行业,主打时尚产品的快销品牌,将有机会与传统大型黄金珠宝店分居不同领域市场。而他们的核心产品,也将不再是传统的大批量生产出来的黄金珠宝,而是具有鲜明的设计风格,精良的制作工艺、方便和舒适的佩戴设计。

(3) 可持续性的商业模式

技术突破和商业模式的变革,一直被视作行业变革成功的核心前提,也是行业发展的重要动力。经过多年摸索和新设备引入,珠宝产品的工艺技术已不再是珠宝业进一步升级的障碍。这也是近两年里,国内珠宝企业产品层出不穷的重要助力。

与技术突破相比,我们认为,上海黄金珠宝行业目前面临的最大挑战仍然是商业模式的变革。在过往两年行业模式创新的过程中,不少业者已经看到了暴露出来的主要问题:其一是模式的改变,是否得到消费者的认可,是否真正满足消费者的诉求;其二则是这种创新,能否支撑企业到长远目标的实现,保持持续性。因此,对行业企业来说,需要更精准的、更开放的、更具视野的开展市场营销,并保持模式可持续性。

(4) 黄金珠宝行业各类标准的制定与完善

由于中国黄金珠宝行业发展起步相对较晚,标准化方面工作较为欠缺,极大地限制着黄金珠宝行业的规范运作与持续性发展,产业发展到一定程度,企业间会出现激烈的竞争,是在质量、价格上竞争,还是在服务品牌上竞争,直接决定着产业未来发展的方向。制定标准,开展标准化工作的实质是制定竞争规则,将有助于未来行业的健康发展。

为使黄金饰品回收行业服务有标准可依,促进回收网点规范经营管理,树立诚信经营理念,提升服务质量,维护消费者合法权益,进一步完善商务服务质量标准体系,由上海市商务委提出,上海黄金饰品行业协会联合国家金银制品质量监督检验中心以及"老凤祥""豫园珠宝""中国黄金"等龙头企业共同起草上海市地方标准《黄金回收经营服务规范》,作为全国首个黄金回收服务规范地方标准,该标准于2020年12月17日发布,2021年4月1日正式实施。此外,由世界黄金协会、中国珠宝玉石首饰行业协会、中国黄金协会、上海黄金饰品行业协会、深圳市黄金珠宝首饰行业协会五大行业协会以及老凤祥、周大福、豫园珠宝集团、中国黄金等龙头品牌共同发起并联合起草了《硬足金饰品行业标准》,并召开了倡议发布会。希望通过建立一套规范与标准来导引"硬金"发展,维护整体黄金珠宝生态链健康永续的发展,避免少数不规范的企业在逐利的驱使与恶性竞争下,为行业带来不可预期的冲击与隐患。

未来几年,诸如此类行业标准还将会被不断推出与完善。在未来一段时间里,通过黄金珠宝行业各项标准的不断修订完善,将有助于我们的黄金珠宝产业可持续健康发展。

(5) 推动长三角黄金珠宝产业一体化发展

长三角是国内最大的黄金珠宝零售市场,是零售领域的风向标,长三角的未来发展将引领国内黄金珠宝市场的走向。所以推进长三角江浙皖沪三省一市珠宝业界的紧密合作,以"合作、开放、共享、共赢"的发展需要,共同把长三角黄金珠宝产业做大做强,对于上海乃至中国黄金珠宝产业发展具有十分重要的意义。在未来一段时间,我们希望通过以下几个方面措施,切实有效地推动长三角一体化发展。

① 推进区域内产业合作。组建发展联盟,以战略眼光推进长三角黄金珠宝产业整体发展,探索三省一市相关产业协作及合作的有效机制。

② 推进区域内品牌联盟建设。以老字号品牌文化技艺交流为纽带,加强老字号品牌联盟建设,探讨联盟体系下的技术交流、产权保护等共同发展和促进机制。

③ 推进区域内相关产品服务标准的统一。让区域内黄金珠宝消费更放心,推进区域内黄金珠宝首饰产品在标准、服务上的协同。

④ 推进区域内市场规范的统一。联合质检、消保等部门建立统一配套体系,推进长三角区域内黄金珠宝市场的各项规范的统一完善。

⑤ 推进跨界跨区域联合。积极加强三省一市间的沟通与互动,充分发挥和利用双方共同的文化基因,鼓励跨界跨区域协作。

⑥ 推进国际化拓展。共同推进海外交流,以平台的形式与国外机构、企业间展开交流合作。

上海作为长三角区域的龙头,推进长三角黄金主要产业一体化发展,将为上海的黄金珠宝业界带来更多合作、共享的发展机遇,也将对上海整个黄金珠宝产业发展起到积极推动作用。

上海珠宝市场被誉为中国珠宝行业零售市场的风向标,显然在未来一段时间里,上海黄金珠宝企业在新零售方面的创新对行业将起到积极的引领作用。虽然,目前受到全球新冠疫情影响,黄金珠宝零售市场受到了一定的冲击,但上海仍将打造全球购物新零售之城,将继续在吸引包括全球零售品牌在内的众多品牌来上海开店。同时,上海将继续举办进口博览会。可以预计,未来更多的国际珠宝品牌、国内一线零售品牌,都会在上海市场同台竞争。各大品牌、各种产品、各种模式、各种概念、各种新零售创新,百花齐放。上海的黄金珠宝行业也将有更美好的未来。

(上海黄金饰品行业协会供稿)

社会团体公共服务平台发展报告

一、上海经贸商事调解中心2021年发展报告

（一）中心基本情况介绍

上海经贸商事调解中心（简称"调解中心"）是由上海现代服务业联合会发起设立的市级社会服务机构，于2010年12月28日登记成立，是全国率先设立专业从事商事纠纷调解的机构。调解中心先后成为最高人民法院司改办确定的多元纠纷解决机制课题单位以及国际商事法庭"一站式"特邀调解组织，被上海市浦东新区政府评为"国际贸易功能性机构"，被上海市民政局评为"上海市品牌社会组织"、上海市"十佳公益机构"、5A社会组织。2022年1月，荣获全国先进社会组织，被誉为"中国最具标志性、影响力的商事调解机构"。

（二）高质量发展的实践经验、创新模式、理论成果

调解中心成立之时，正是上海积极响应国务院《关于推进上海加快发展现代服务业和先进制造业建设国际金融中心和国际航运中心的意见》的开创之际。调解中心紧紧围绕上海"四个中心"建设的战略目标，结合自身发展定位，积极推动商事调解机制在中国的发展，坚持对标世界最高标准、最好水平，坚持走专业化、国际化、市场化道路，经过多年发展，探索形成了具有中国特色、上海特点的中国社会服务机构参与国家现代化治理的新模式、新机制。

1. 积极参与司法改革，优化社会治理模式

习近平总书记在2019年中央政法工作会议上提出："坚持把非诉讼纠纷挺在前面。"全面深化多元化纠纷解决机制改革，是人民法院贯彻中央改革部署，深化司法改革，实现司法为民、公正司法的重要举措，是提升社会治理水平，发挥司法资源最大效能的有效途径。

自成立以来，调解中心积极参与中央多元化纠纷解决机制改革，携手各级法院加强诉调对接建设，充分发挥社会力量专业优势。早在2012年，调解中心就成为最高人民法院司改办确定的多元纠纷解决机制课题单位，自2014年开始在自贸区与浦东法院自贸庭探索诉讼与非诉讼相衔接的纠纷解决机制，设立全国首个国际商事联合调解庭，并形成可复制、可推广的示范经验，与上海高院、中院、基层法院建立全流程对接机制。

2015年4月9日，最高人民法院在四川眉山召开了全国法院多元化纠纷解决机制改革工作推进会，调解中心主任张巍在会上作了专题汇报，介绍了调解中心成立以来的探索实践并重点阐述了调解中心着力打造具有中国特色的商事调解机构的五大特性与多元解纷诉调对接的实务经验，引起了周强院长重视并获得高度赞扬，充分肯定了调解中心作为中国最具标志性商事调解机构的工

作,对调解中心今后的发展给予了更多的期许。

随着最高人民法院《关于深化人民法院一站式多元解纷机制建设推动矛盾纠纷源头化解的实施意见》等相关重要文件的出台,2020年3月,调解中心实现与"上海法院一站式多元解纷平台"的全面对接,对接全市法院,对于优化繁简分流起到了积极的作用,实现了上海诉调对接工作的能级提升,是目前唯一一家实现从最高人民法院到基层人民法院四级法院全部对接的调解组织。

为进一步促进长三角一体化高质量发展,调解中心自2019年与长三角三家示范区法院(上海市青浦区人民法院、江苏省苏州市吴江区人民法院、浙江省嘉兴市嘉善县人民法院)建立了共同推进长三角一体化示范区多元纠纷解决的协同机制,并成为长三角现代服务业示范基地,探索长三角经贸商事调解机制的创新与实践。2021年,调解中心与南京江北新区法院建立诉调对接机制,更好服务保障江北新区开放高地,成功化解多起纠纷,起到良好示范效应。为进一步助力浦东新区打造社会主义现代化建设引领区,调解中心积极参与临港新片区亚太纠纷解决高地的建设,在临港设立工作站点。目前,调解中心已打通"调解+司法确认""调解+仲裁""调解+公证"多元渠道,保证了调解协议的执行效力。

调解中心在与上海各级法院的对接工作中,多次接受重任,协助处理多起影响颇大的陈年积案,处理多起影响大、标的高、涉外性的案件,办理了诸如某省制药业百年老字号商标争夺纠纷等疑难杂案,世界500强企业、国企之间的商事纠纷等,得到当事人的一致好评,取得良好的社会效果。

据统计,自成立之日至2022年7月31日,调解中心经双方当事人同意调解而正式受理上海各级法院委派、委托调解2259件,涉案标的近519亿元人民币,调解成功1369件,调解成功率约为60.6%,远高于全国平均水平,且无一起因当事人违反调解协议而申请执行,为推进全面依法治国、打造上海高标准营商环境做出积极贡献,成为专业服务领域的上海品牌。

2. 积极推动顶层设计,促进商事调解立法

调解中心一直把积极推动顶层设计,促进商事调解立法为己任,通过国家层面、市政府相关部门推动商事调解专门立法以及出台相关条例、法规,规范行业发展。调解中心多名调解员作为政协、人大代表、市委法律专家库成员,也多次在两会提出相关议案,积极推动上海出台了《上海市促进多元化解矛盾纠纷条例》。市人大常委会法工委、法制委以及市司法局曾多次带队至调解中心听取关于《上海市促进多元化解矛盾纠纷条例》的相关建议与意见。其中,特别采纳了调解中心对于推动国企参与调解的相关规定,即《条例》第五十八条。

3. 加强对接国际规则,构建联合调解机制

建设成为全球一流的商事调解机构,积极提升中国商事调解服务在国际上的话语权是调解中心长期以来的奋斗目标。目前,调解中心已在全球12个国家和地区,20多个城市与国际ADR同行及律所(分所)建立了合作关系,其中包括:联合国知识产权组织(WIPO)仲裁与调解中心、欧盟知识产权局(EUIPO)、美国司法仲裁调解服务有限公司(JAMS)、欧盟仲裁协会(AIA)、英国有效争议解决(CEDR)、比利时仲裁和调解中心、巴塞尔商会调解中心、新加坡调解中心(SMC)、香港国际仲裁中心(HKIAC)、韩国国际仲裁中心(KIMC)、菲律宾达沃市律师协会等,这不仅为调解中心展示中国专业品牌社会组织提供窗口,更为接轨国际通行规则,构建跨境调解工作机制奠定、夯实基础。这些国际合作伙伴为我们开展海外知识产权维权、跨境争端解决、行业预警提供有效的帮助。

2015年,调解中心携手国际顶尖调解机构率先探索、建立了"双通道"的合作调解机制,服务跨境经贸纠纷解决。为更好助力国家知识产权强国战略的实施,调解中心先后与世界知识产权组织

（WIPO）仲裁与调解中心展开了深入合作，共同推出了调解示范条款，WIPO吸收了调解中心的9名中国籍调解员，为调解中心处理国际知识产权纠纷打下了坚实基础；2020年7月，新冠疫情期间，调解中心与欧盟知产局上诉委员会进一步探索在知识产权领域的国际合作，率先在全球共同推出了首个中欧知识产权联合调解机制；同年九月，与全球最大的调解与仲裁机构美国司法仲裁调解股份有限公司（JAMS）共同制定了《国际商事调解规则》，创设了中美国际商事联合调解机制，并组建了"11＋11"中美国际商事联合调解专家团队；2020年，调解中心在国家商务部和上海市商务委的指导和支持下，在全国率先探索海外法律服务建设项目，建立海外法律服务网络，在德国慕尼黑设立了首个欧洲知识产权维权海外工作站，不断强化海外知识产权维权协作，为探索全球现代化治理提供中国经验，为促进多边贸易高质量发展提供了坚实的机制保障。

2021年11月，陈群副市长特别调研走访调解中心，专门听取调解中心在积极探索多元纠纷解决机制的创新实践，以及在知识产权领域专业化、国际化发展的工作汇报，高度肯定了调解中心的工作，认为调解中心发展之路为上海科创中心的建设做出了积极贡献，为中国社会服务机构参与社会治理创新树立了典范。

4. 积极推广商事调解，助力营商环境优化

努力把"非诉讼纠纷挺在前面"形成常态化机制，助力国际化、法治化、便利化的营商环境建设。调解中心深刻领会把握矛盾纠纷发展与化解趋势，努力为中国的营商环境提供专业解纷服务，践行新发展理念对促进国家治理体系和治理能力现代化的重要意义，勇于承担社会责任。为进一步做好非诉讼机制的宣传工作以及矛盾源头治理工作，调解中心和香港律政司多年合作，创设的"沪港两地商事调解论坛"系列宣传活动已成为沪港两地常态化交流重点项目，得到了沪港两地政府的高度重视。此外，调解中心采用多种形式大力宣传推广商事调解机制对于优化营商环境的积极作用，推动"商事纠纷调解优先"理念的普及，成功打造"上海商事调解宣传周"系列活动等精品项目，积极开展各类研讨会、专题讲座、培训等活动。"上海商事调解宣传周"也成为法律界精品宣传项目，引起社会各界广泛关注并获得一致好评，促进了中国法律服务业多元化发展。

5. 引领商事调解发展，创设行业合作机制

调解中心长期以来，积极助力全国各地商事调解组织的建立与建设，为不断完善中国商事调解业态的发展，制定行业标准，发布了全国首个《商事调解规则团体标准》，引领全国商事调解的发展。此外，作为中国最具标志性的ADR机构，为商事调解的发展开辟了一条市场化的发展道路与模式。至今调解中心共接待全国各省市政法委、司法局、律师协会、工商联组织、贸促会以及调解组织40多家单位和机构，协助制定调解规则，搭建组织架构，培训调解员，大大促进了中国商事调解的专业化发展。

2021年1月8日，调解中心发起倡议，北京多元调解促进会、中国贸促会调解中心、深圳蓝海调解中心等20家商事调解机构发起、设立了中国商事调解发展合作机制（简称"合作机制"），为各地商事调解机构搭建交流合作平台。合作机制的成立为中国商事调解行业组织的规范化发展，助力建设专业化、国际化、制度化的中国商事调解机制，实现行业的共建共治共享，促进中国商事调解业态有序、健康发展，更好地维护境内外商事主体的合法权益搭建了桥梁。

（三）高质量发展优秀案例

1. 探索构建跨境联合调解机制，服务多边贸易高质量发展

经济的全球化发展必然促进法律服务国际化发展。携手国际顶级调解机构助力中国商事调解

发展,对标国际先进经验并结合中国国情精细耕作,积极参与全球治理,是调解中心的发展之道。在多年的商事调解实践与国际化交流中,调解中心深刻认识到,跨境商事争端的妥善解决有赖于国际商事纠纷调解平台的体系化、功能化、精细化建设。经过多年磋商与探索,调解中心与欧盟知识产权局上诉委员会(简称"EUIPO")、全球最大的争议解决机构美国司法仲裁调解股份有限公司(JAMS)2020年第三季度推出了中欧、中美国际商事联合调解机制,标志着跨国界、跨机制的跨境商事争端解决合作开启新篇章,成为中国参与全球治理的有益尝试。

2. 助力知识产权强国战略实施,中欧开启知识产权争端解决新机制

习总书记曾说,中欧都在走前人没有走过的路,做前人没有做过的事。中欧携手,征途壮阔,要打造更具世界影响力的中欧全面战略伙伴关系。调解中心和欧盟知识产权局上诉委员会经过两年多的沟通交流,共同制定了聚焦于中欧商标、外观设计的知识产权联合调解规则,该联合调解规则于2020年7月1日正式生效。这是跨境知识产权纠纷争端解决领域的一个重要里程碑。

欧盟知识产权局上诉委员会(EUIPO)是欧盟知识产权局内设的独立机构,专注于欧盟商标和外观设计争端解决。它依照《欧盟商标委派条例》《欧共体外观设计条例》等法律规定审理和裁决相关争议。本次机制创新是欧盟官方组织与中国社会服务机构之间首次合作,为中欧知识产权保护提供了"中国方案"。

2018年10月,调解中心与EUIPO提出了中欧知识产权联合调解机制的初步设想,2019年5月调解中心应EUIPO邀请赴阿利坎特共同举办模拟联合调解庭,充分展示了调解中心的专业素养和业务能力,得到了EUIPO上诉委马杰洛主席的高度肯定,为双方更深入合作打下基础。经过两年多的沟通协商,双方携手在2020年7月1日推出了中欧知识产权联合调解机制,为中国和欧洲的商事主体在商标权、著作权、工业外观设计等领域的争端提供了最高效、便利的解决方式。

联合调解机制兼顾了不同的文化背景,强调了调解的规范性、保密性和中立性,充分体现了中欧知识产权争端解决领域更广范围、更深层次和更高水平的合作。

3. 加强商事调解领域国际通行规则对接,率先构建中美国际商事联合调解机制

中美国际商事联合调解机制是中美商事调解机构之间为跨境商事争端提供的纠纷解决方案,这一突破性的合作是调解中心和JAMS公司五年密切合作中集经验和专业知识的产物,于2020年9月15日正式施行。作为中美两家具有国际影响力的标杆机构,调解中心与JAMS公司五年的精诚合作不仅为推动中美多元纠纷解决机制的构建积累了丰富的经验,取得了良好成效,并为调解中心加强与国际规则通行形成重要成果。

双方作为在贸易、投资、证券、知识产权、房地产和保险等领域颇具经验的争端解决机构,在筹建联合调解机制时充分考虑到中美两国在文化、法律制度方面的差异性,共同制定了《国际商事调解规则》并组建了"11+11"中美国际商事联合调解专家团队,从2020年7月中旬开始定期组织专家组成员线上强化培训,内容包括在线调解技术的运用、联合调解的共同配合、调解技巧的精进探讨以及调解程序的模拟训练,通过不断磨合,跨越双方在法律和文化认知上的差异,从而更好地解决两国间的经济、贸易争端。

2020年9月12日,《联合国关于调解所产生的国际和解协议公约》(简称《新加坡调解公约》)已经正式施行,中国、美国作为《新加坡调解公约》的首批签署国。中美联合调解机制的建立将是对《新加坡公约》的积极回应,我们所有的准备与举措也都将为《新加坡公约》的贯彻贡献丰富的经验,为中国社会服务组织持续在世界舞台上发声,讲好中国故事奠定强有力的基础。

(上海经贸商事调解中心供稿)

二、上海现代服务业促进中心 2021 年发展报告

2021年，上海现代服务业联合会促进中心（简称"促进中心"）紧紧围绕"服务企业、服务会员、服务社会、服务政府、服务理事"主线，狠抓工作落实、夯实业务能力，为推动现代服务业高质量发展做出应有贡献。

（一）立足专业服务职能，助推行业发展

1. 完成现代服务业发展报告

依靠各方力量，克服种种困难，完成了《2020 上海现代服务业发展报告》（简称"白皮书"）编撰工作。白皮书于 2021 年 12 月 27 日，由徐汇区人民政府和上海现代服务业联合会共同主办的"徐汇创新论坛"上正式出版发布。为上海现代服务业专业研究机构、政府决策部门以及众多投资者提供一份客观公正，有益、有效、有权威的参阅资料，赢得了领导和社会各界的好评。

2. 努力办好服务业发展论坛

协助上海现代服务业联合会、上海市物流协会、物流与供应链专委会，在浦东国际会议中心，成功举办主题为"发展现代物流体系，服务新发展格局"2021 上海物流日高峰论坛的"5.6 上海物流活动"。本次论坛，做到了会前，认真策划、精心筹备；会中，仔细周全、严密组织；会后，收集情况、听取意见。

3. 助推服务业发展办好展会

办好创意产业博览会，"促进中心"作为 2021 第十一届上海创意业产业博览会承办方之一，积极配合协助筹备会办好此次大型活动。年初以上海现代服务业投资咨询公司名义申请市级文创扶持资金，完成并通过区、市两级专项答辩评审。但由于疫情关系，会展将延期。

4. 积极开展服务业课题调研

为上海市发展和改革委编写了夜间经济发展及物流供应链应急物流等课题，并协助做好后续项目落地工作。与上海市物流协会、上海工程技术大学、上海海事大学等共同编纂《2020 上海物流年鉴》。协助《物流年鉴》编辑部"5·6 物流日"活动上发布《上海物流年鉴》及《2020 上海物流景气指数》。

（二）推进多方位交流合作，提升平台影响力

1. 推进和扩大区域现代服务业合作

推进与长宁区人民政府第三轮区域合作协议签署，进一步扩大本市现代服务业专业领域合作交流的区域。加强与外省市的联系与合作，协助合作外省市开展相关行业招商推介活动，共同做好合作项目落地服务工作，助推现代服务业纵深发展；先后与内蒙古自治区，青岛市城阳区、城北区，天津滨海区等签订战略合作协议。全年共接待 8 批次约 50 多人。积极参与赴长三角区域调研走访及考察交流活动，为推进长三角区域经济的合作与发展，扩大上海现代服务业的影响力，找到了最佳路径。

2. 聚焦重点开展服务业调研和签约

11 月初，联合会常务副会长陈振鸿率领联合会直属机构负责人、会员单位、部分企业家前往江苏

省太仓市进行现代服务业考察，与太仓市发展与改革委签约，共同推进太仓市与上海服务业高质量发展，实现双方互利共赢。积极组织联合会领导参观第三届中国国际进口博览会，与参展客商交流。

3. 积极助力会员单位扶持资金咨询

组织相关政策说明会，邀请市相关咨询专家分别作有关政策介绍，提高政策知晓度，让企业了解政策、用足用好政策，真正发挥政策的最大效应。为联合会会员单位申报市级扶持资金提供全方位咨询服务。

4. 积极争取联合会的继续教育基地

在郑惠强亲自领导和指导下，在市商务委领导和相关处室的大力支持下，积极配合联合会刘宇副秘书长，多次联系市商务委和人社局等，努力争取上海市专业技术人员继续教育基地资格，充分发挥联合会行业协会联合体和企业集聚优势，以获批的"上海市高技能人才培养基地"为平台，整合联合会内外培训资源和力量，聚焦服务业新技术、新业态和新模式等领域，工作得到联合会领导的肯定和称赞。

（三）年度重大事项推进落实

1. 年度重大论坛活动

（1）举办2021上海物流日高峰论坛

5月6日，以"发展现代物流体系，服务新发展格局"为主题的2021上海物流日高峰论坛暨华辰优安食品供应链生态平台启动在上海举行。活动由上海现代服务业联合会、上海市物流协会、上海市物流学会、上海商学院主办，上海现代服务业促进中心、上海现代服务业联合会物流与供应链服务专委会等共同承办。

上海现代服务业联合会会长郑惠强表示，当今社会，现代物流业伴随着国民经济的增长应运而生，这些年得到了快速发展，为产业结构调整升级和生产效率、效益提升，起到了重要的推动作用。物流业的发展程度已成为衡量综合国力的重要标志之一。本次活动把"发展现代物流体系，服务新发展格局"作为主题，针对性强，对于进一步繁荣本市物流业发展具有重要意义。科技发展已进入数字化时代。本市"十四五"规划纲要把建设数字化城市作为重要发展目标。与数字化要求相比，物流业的发展空间还十分广阔，能级的提升更有相当的潜力。其出路就是大力发展现代物流体系，在服务新格局上下功夫。

会上发布了2021年版《上海物流年鉴》，并成立了华辰优安进口冷链食品生态平台。联合会常务副会长陈振鸿、上海海关副关长叶建、市商务委市场体系建设处处长肖刚、中国物流与采购联合会副会长蔡进、上海华辰隆德丰企业集团董事长朱永兴共同开启华辰优安进口冷链食品生态平台启动仪式。

（2）主办徐汇创新论坛，发布2020版白皮书

12月27日，主题为"数字化转型引领现代服务业高质量发展"徐汇创新论坛暨《上海现代服务业发展报告2020》发布会在徐汇区西岸智塔成功举行。本次活动由上海现代服务业联合会与徐汇区人民政府共同主办，上海现代服务业促进中心与上海徐汇商城集团有限公司承办。上海现代服务业联合会会长郑惠强出席并致辞，常务副会长陈振鸿、副会长李关德等出席活动。

联合会会长郑惠强在讲话中表示，近年来徐汇区坚持把创新放在发展全局中的核心地位，找准区域发展战略重点，积极构建功能集聚、中心辐射的卓越城区，努力把徐汇建设成科学新发现、技术新发明、产业新方向、发展新理念的重要策源地。随着创新驱动型现代产业体系加快形成，徐汇现

代服务业主导地位不断巩固，人工智能、生命健康、艺术传媒、金融科技等产业实现集聚发展。集产业链、创新链、资金链、服务链为一体的产业生态圈正在构建和形成中，为上海承担国家使命、参与国际合作与竞争更多地贡献徐汇力量。

郑惠强会长指出，此次发布的《上海现代服务业发展报告2020》是上海现代服务业联合会与市政府发展研究中心在徐汇区支持下，共同编纂出版的第七本年度发展报告。报告从行业发展角度，通过大量数据与事实，集中反映了上海现代服务业当年的发展状况。期待着发展报告能对加快上海城市数字化转型起到助推作用。

2. 年度重大合作项目推进

（1）携手中国金融信息中心与青岛城阳区签订战略合作框架协议

1月14日，青岛城阳区与上海现代服务业促进中心存在战略合作的基础和条件，将遵循"市场主导、政府推动、优势互补、协同发展"的原则，建立两地有效交流合作平台和长效协调沟通机制，实现联手互动，共同促进青岛、上海现代服务业跨越式发展。

2021年，青岛城阳区按照青岛市委、市政府"全面对接上海现代服务业"的战略部署，派出两批干部赴上海实训，学习改革真经，通过学、思、践、悟，深刻汲取上海现代服务业发展的新理念、新思想、新模式，体悟开放真谛，构筑起两地资源和机遇互联互通的"桥头堡"。

除了在招商引资方面的常规化合作外，双方还将加强产业集聚平台合作，在现代物流、生产性服务（服务外包）、信息服务（电子商务）、文化创意、融资服务、商务服务、会展、休闲旅游、健康养生及其他现代服务业领域实现多方位合作，促进两地现代服务业企业走出去和抱团发展。一方面，城阳区要主动承接上海有意向向青岛转移的企业，支持上海现代服务业龙头企业到青岛设立区域性总部；另一方面，促进中心要支持青岛现代服务业企业到上海设立研发和培训基地，建立华东区域性、功能性总部，协助做好服务工作。

此外，上海现代服务业促进中心将发挥其综合优势和桥梁作用，为城阳区现代服务业的科学规划、高效开发和项目引进提供战略咨询、专业评估和信息服务。双方也将强强联手，共同促进两地现代服务业重点领域人才的交流，着力构建两地人才交流长效机制。

（2）与内蒙古自治区签订战略合作协议

4月9日，内蒙古商务厅在上海举办了"内蒙古自治区——上海市现代服务业合作交流洽谈会"。会上，联合会副会长兼秘书长李关德与内蒙古自治区商务厅副厅长尚志强，分别代表双方签署战略合作协议。同时会上还签署了智慧文旅转型升级商家数字化服务、区域供应链金融和运贸一体等29个合作项目，签约金额近111亿元。

内蒙古自治区高度重视服务业发展，先后出台了促进生产性服务业和生活性服务业发展的实施意见，大力扶持新兴服务业发展，使全区金融保险、信息咨询、电子商务、现代物流、旅游、会展等现代服务业呈现快速发展的态势。

联合会会长郑惠强致辞指出，此次内蒙古自治区商务厅领导率队来上海交流洽谈，标志着我们两家合作进入了新的发展阶段。内蒙古是我国环渤海地区的腹地、东北经济区的重要地区，也是华北连接大西北的经济通道；上海地处我国东部，是黄金水道长江的入海口、长三角区域的龙头。内蒙古与上海加强相互间的交流与合作，对于两地发挥各自独特的区位优势，更好地服务和融入国家构建新发展格局、推动双循环经济发展格局的形成，具有重要意义。联合会愿与内蒙古自治区商务厅携手，推动相互之间特别是企业之间的往来，加强服务业行业协会和企业的深度合作，实现双方各取所需、互利共赢。

（上海现代服务业联合会促进中心供稿）

三、上海现代服务业标准创新发展中心 2021 年发展报告

标准化工作是事关经济社会发展全局的战略工程。党中央国务院高度重视标准化工作。党的十八大以来,习近平同志就标准化工作做出了一系列重要论述,国家出台了一系列实施标准化战略的政策和举措。上海市高度重视标准化工作,积极落实党中央、国务院标准化工作部署,大力实施标准化战略。继 2020 年 7 月颁布《上海市标准化条例》后,今年 2 月,为贯彻落实中共中央、国务院印发的《国家标准化发展纲要》,上海市又发布了《上海市标准化发展行动计划》,其中明确指出,到 2025 年,基本建成具有上海特色的高质量发展标准体系;到 2035 年,全面形成市场驱动、政府引导、企业为主、社会参与、开放融合的标准化工作格局,全面建成具有上海特色、国内领先、国际先进的高质量发展标准体系。

上海现代服务业联合会(简称"联合会")作为上海服务业跨行业跨领域、枢纽型社会组织,高度重视标准化工作。2020 年 11 月,在上海市市场监督管理局支持下,联合会凭借拥有 186 家行业协会组织和 1 000 余家上海服务业各领域领军企业会员单位,具有"跨界融合、异业联盟、学科交叉"的独特优势,与中国质量认证中心强强联合,发起成立民非机构——上海现代服务业标准创新发展中心(简称"标创中心")这一功能性服务平台,致力于推进服务业标准研制与宣贯实施,建设服务业评测培训体系,为广大会员单位的标准化工作提供一站式服务;助推新兴服务业、高端服务业、专业服务业领域新技术、新产业、新业态和新模式的创新发展,打造服务业标准化行业标杆及示范;在服务业等领域形成一批高水平标准,建成结构合理、重点突出、符合上海经济社会高质量发展需求的标准体系;推动标准化引领现代服务业高质量发展,夯实现代服务业标准化发展基础。

标创中心自成立之日,始终贯彻落实上海市市场监督管理局以及上海市民政局对社会组织管理的各项要求,严格在章程的规定下开展各项业务,完善内部组织管理,规范开展项目运营,不断加强能力建设,组织团结联合会会员单位以及各行业协会致力于服务业标准化高质量发展。充分发挥联合会本市服务业行业协会联合体和服务业领域头部企业集聚之优势,携手各行业协会和企业共同开展服务业先进标准研究、团体标准发布修订、服务标准示范、标准制定培训、标准创新论坛以及承接政府委托事务等工作;同时通过行业联合与界别融合,将标准化工作由产品领域扩展到服务、管理、生产经营等领域,重点关注服务业的新技术、新产业、新业态和新模式,研制推出新的服务标准;通过标准的宣贯和执行、市场认可与政府采信,推进国际国内服务标准接轨,提升"上海服务""上海标准"在国内外的影响力。

截至目前,标创中心已与上海临港集团、中国干细胞集团、前海联合交易中心、万物新生集团、深兰科技公司、上海旗华水上工程建设公司、诚泰融资租赁公司、上海市汽车销售行业协会等 11 个团体标准建设项目签约。项目涉及人工智能、生物医药、循环经济、金融科技、民生服务、人力资源等多个领域,涵盖国企、民企、外企、社会组织等各个方面,彰显了标创中心以先进标准引领产品和服务质量提升的宽广的覆盖面,也体现了联合会"服务企业、服务会员、服务社会"海纳百业、包容千家的积极态度。

当今世界,标准已成为企业、行业、地区乃至国家竞争力的综合体现和战略资源,产业标准制定的竞争更是全球新一轮产业竞争的焦点。标准计量、认证认可、检验检测等国家质量基础设施,在促进中国经济迈向中高端水平中发挥着越来越重要的引领性支撑性的作用。目前,上海服务业已成为上海市经济增量的主导引擎和城市功能的主要载体,"十四五"期间将成为上海新经济创新迭代的支撑源泉和产业优化布局的重要方向,对服务业如何进一步提质增效提出了更高更新的要求。世界发达国家的成功经验证明,服务标准化是实现服务业提质增效的重要手段,也是推进服务业高

质量发展的重要前提。2021年9月,全国首个关于现代服务业团体标准编制的指南性文件——《上海现代服务业团体标准编制指南》团体标准正式发布,得到社会的广泛关注以及政府主管部门的高度肯定。标创中心依托中国质量认证中心"国字号"权威第三方认证机构等技术支持,以标准服务为平台,以市场化运作为手段,对标国际先进标准,协调各类市场主体开展团体标准化合作,共同研制发布满足市场需求的团体标准,以此推动不同领域、多个产业间的相互融通,扩大团体标准应用的覆盖范围,引领新技术、新产业、新业态和新模式不断涌现与持续发展。通过评价、认证向社会传递标准执行的结果,扩大标准的应用和价值,构建与政府沟通的桥梁和纽带,借助自身渠道与会员单位携手积极推动政府及相关部门在产业政策制定、行政管理、政府采购、社会管理、检验检测、认证认可、招投标等场景应用的团体标准,从中发挥穿针引线的独特作用。

未来,联合会将依据《上海现代服务业团体标准编制指南》继续编撰《上海现代服务业标准汇编》蓝皮书,推动上海服务业标准提质升级;并适时创建上海现代服务业"标准创新贡献奖",开展本市服务业标准创新100强评选,树立标杆品牌,形成示范效应;筹建"上海现代服务碳中和碳达峰标准创新研究院",开展服务业"双碳"路径研究,发布本市服务业碳中和碳达峰发展研究报告,推出一批服务业碳中和标准。还将与中国质量认证中心共同开展上市公司绿色年报行动,实施服务业碳中和认证,引导企业主动承担绿色社会责任。为更好地服务上海服务业标准化高质量发展,现就2021年上海市服务业标准化情况做报告如下:

(一)服务业标准化专业技术机构

截至2021年,上海市现有的35个地方标准化技术委员会涵盖农业、城市管理、公共服务、高新技术、服务业、节能环保等6个领域,其中,服务业领域的地方标准化技术委员会数量为6个,占比17.14%。

全国共有4914家社会团体在全国团体标准信息平台注册(见图1),其中上海市社会团体注册数为231家,占社会团体注册总数的4.7%。

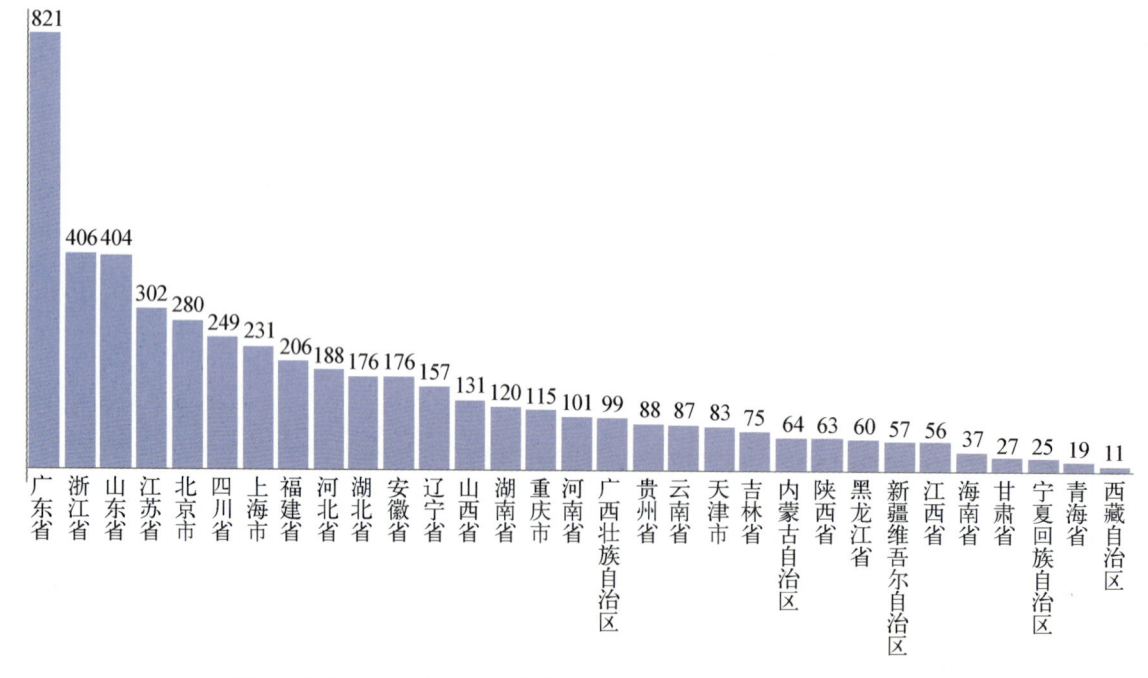

图1 各省、市、自治区社会团体在全国团体标准信息平台注册情况

（二）服务业标准化试点示范状况

1. 国家级标准化试点示范

2021年上海市承担服务业领域国家级标准化试点项目共6项，分别是：老年人运动健康促进服务标准化试点、母婴服务标准化试点、工业旅游服务标准化试点、大宗商品行业资讯与数据服务标准化试点、人力资源服务标准化试点、人力资源外包服务标准化试点。2021年上海市承担服务业领域国家级标准化试点项目验收通过的共有3项，分别是：钢铁电商平台服务业标准化试点、上海招商局物业管理有限公司智慧物业服务标准化试点、上海小木屋会务中心旅游服务标准化试点。

截至2021年，上海市共承担各领域国家级服务业领域标准化试点示范项目46项（见图2），主要涉及旅游、物业、购物、物流、信息、基础设施、大数据等领域，基本覆盖了本市服务业重点发展方向。

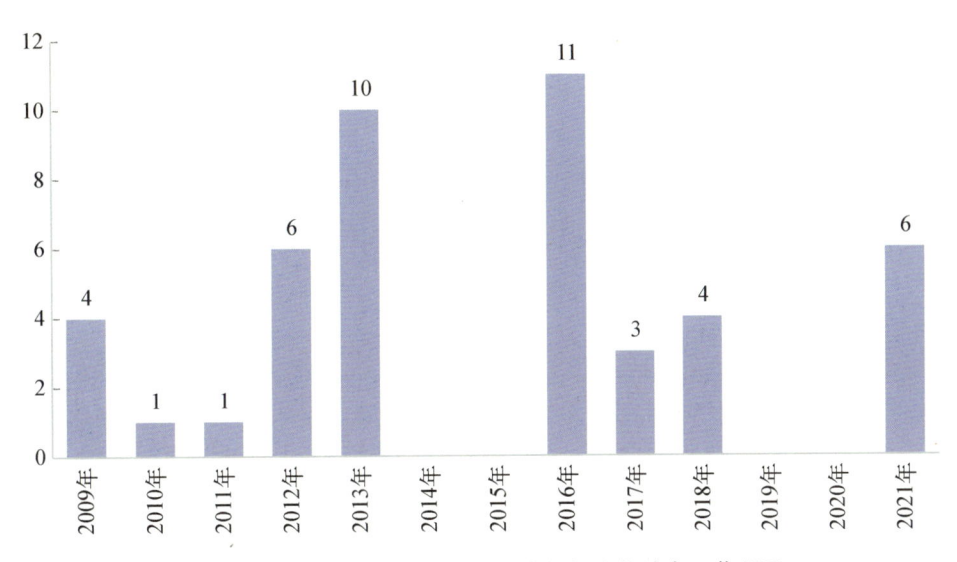

图2 上海承担的服务业领域国家级标准化试点示范项目

2. 市级标准化试点示范

2021年，上海市共下达82项市级标准化试点项目，涵盖社会管理、公共服务、高新技术、现代服务、农业农村、节能环保等领域，其中现代服务业领域标准化试点项目共19项，占总体的23.17%（见图3），分别是：钢铁服务业品牌培育管理体系实施指南团体标准化试点、民宿抱团经营服务标准化试点、全球拼箱联盟流程和服务标准化试点、现代供应链服务标准化试点、自动驾驶出租汽车出行服务标准化试点、既有多层住宅增设电梯全流程服务标准化试点、AI客服团体标准化试点、临床供应链服务标准化试点、新能源汽车售后维修服务标准化试点、建设工程数字化BIM（建筑信息模型）技术团体标准化试点、"文创+科技"展馆布展设计施工一体化服务标准化试点、异地异店退货服务标准化试点、在线新娱乐服务运营标准化试点、兰桥菜场管理服务标准化试点、信托业务数据标准化试点、乐器在线陪练服务标准化试点、云计算服务标准化试点、技术交易服务标准化试

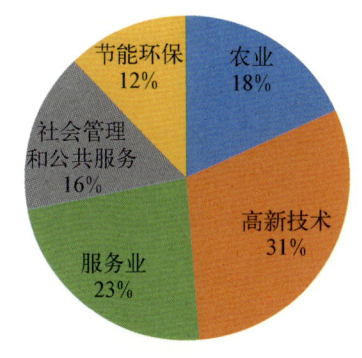

图3 服务业领域市级标准化试点示范项目占比情况

点、在线新经济企业联合系列标准化试点。2021年上海市服务业领域标准化试点项目验收通过的共有13项,分别是:B2B供油服务标准化试点、文化创意服务标准化试点、母婴服务标准化试点、汽车交易线上线下服务标准化试点、联合办公类众创空间服务团体标准试点、医用织物智能配送服务标准化试点、医院物业环境管理服务标准化试点、教学楼服务标准化试点、马术行业管理团体标准试点、水利行业综合保障服务标准化试点、闵行区招商资源管理标准化试点、食用农产品检测流程标准化试点、高新技术与研发产业园区服务标准化试点。

"十三五"以来,上海市组织开展的673项市级标准化试点项目中,服务业领域试点项目共159项(见表1)。

表1 "十三五"以来服务业领域市级标准化试点项目数量

年　份	数　量
2016年	28
2017年	22
2018年	21
2019年	39
2020年	30
2021年	19
合计	159

(三)服务业重点领域标准化发展状况

1. 功能型服务业

2021年在交通运输部,上海市委、市政府的强力领导下,市交通委标准化工作以习近平新时代中国特色社会主义思想为指导,全面贯彻党的十九大和十九届二中、三中、四中、五中全会精神,落实新时期标准化改革发展要求,以创新和完善适应高质量发展要求的综合交通标准体系和标准化工作体制机制为主线,扎实推进标准化战略,着力提升标准化治理能力,着力加强重点领域标准的有效供给,着力提高标准化工作的创新性、适用性、有效性,按照对标国际最高标准、最好水平的要求,逐步推进。加强政策制度保障,科学规划有序推进;聚焦智能交通领域,构建高质量标准体系;推动区域标准编制,助力长三角一体化建设。

2. 生产性服务业

2021年,市经济和信息化委员会将标准工作纳入重大政策的顶层规划,在牵头制定的全面推进上海城市数字化转型意见、产业基础再造工程上海方案等重要文件中,均将标准体系建设作为考核目标或重要工作,在先进制造业十四五规划和产业技术创新十四五规划制定过程中,也纳入了标准的相关内容,为标准化工作的统筹推进奠定了政策基础。激发企业活力,以标准提升产业创新动力;将标准工作作为评价企业创新活力的"硬指标",利用创新平台推动全产业链标准体系建设,以"标杆"推动企业标准化建设,以品牌培育为抓手建设"上海制造"品牌强梯队。聚焦重点领域,强化标准对产业发展的引领力;以标准化支撑城市数字化转型,以标准化为抓手促进形成产业发展新优势。

3. 生活性服务业

(1) 旅游文化服务标准化

根据市标准化工作联席会议办公室工作要求,积极发挥标准基础性和引领性作用,上海市文化和旅游标准化工作在上海市市场监督管理局的指导和支持下,围绕国际文化大都市和世界著名旅游城市的建设目标,践行"人民城市人民建,人民城市为人民"理念,将文化和旅游标准作为推动文旅融合的重要抓手,以标准化推动数字文旅等重点领域建设,加强对文旅融合新业态的规范发展。优化完善标准化工作机制,积极参与旅游行业标准制定,建立健全上海旅游标准体系,积极推进文化旅游标准化宣贯,加强标准化前瞻研究。编制《旅游标准化动态研究》工作专报,瞄准国际标准引用和"上海标准"体系,强化对标准化实践案例对比分析,获市领导批示肯定。旅标委委员 3 篇论文入选国家级标准化刊物。编制 2021 年度旅游标准化试点经典案例。加强旅游标准化人才培养,开展旅游标准化试点单位和人才培训,不断加强标准化对旅游高质量发展的牵引推动作用。

(2) 商业与居民服务标准化

2021 年,上海市商务委员会贯彻落实商务部《关于加强"十四五"时期商务领域标准化建设的指导意见》和《上海市标准化发展行动计划》,充分发挥政府统筹、重点企业引领、行业共治的方式方法,围绕商贸流通提质增效、内外贸一体化两个方向,加强本市商务领域标准化体系建设,研究制定《关于加强商务领域标准化建设的实施意见》,加快构建企业、行业协会、专业机构、政府部门各司其职,合力推进的商务领域标准化工作格局,充分发挥标准化作用和效能,助力商贸流通高技术创新,促进内外贸高水平开放,引领商务高质量发展。

4. 商贸流通服务标准化

(1) 开展标准体系建设,推动探索,加强实践

标准化对完善现代商贸流通体系起到支撑作用,也是推动内外贸一体化、加快制度型开放的重要抓手。近年来,在市场监管局的指导支持下,商务委持续推进商务领域标准化建设,着力构建和完善标准体系,强化标准实施与推广,充分发挥标准在商务工作中的基础性、引领性作用,初步取得成效。一是全面实施,开展商贸流通领域标准体系建设。"十三五"时期,商务领域标准化各项工作取得了积极成效,为推进商贸流通业规范、创新发展发挥了重要作用。以商贸物流、居民生活服务、电子商务、农产品流通、消费品流通、会展业、商务诚信等重点领域为主体,覆盖主要行业的标准体系基本建成,行业内标准实施力度不断加大,标准化工作基础不断夯实,现行商务领域地方标准 27 项,团体标准 38 项,承担国家服务业标准化试点 17 项,组建国家级标准化技术委员会 1 个,为"十四五"商务领域标准化建设奠定了坚实基础。二是聚焦重点,推动关键领域标准化探索。围绕上海建设国际贸易中心,打响上海购物品牌、建设国际消费中心城市战略,商务领域标准化建设坚持需求导向、问题导向、目标导向,充分挖掘商贸流通发展中的行业需求、市场需求和行业发展中的关键难题,探索以标准化方法予以破解。如,上海作为全国首批试点城市推广物流标准化,在快消品、农产品、医药等产业链上下游,推进以托盘社会化循环共用为重点的带托运输作业模式,试点企业标准化托盘保有总量达 351 万块,比试点前翻番。在长三角 9 城市建立了一批标准化托盘公共营运中心。试点企业实施带托运输,供应链效率提升 35%,装卸效率提升 2 到 3 倍,人工成本降低 15%,商品破损率降低 50%,标准化托盘循环共用体系基本形成。三是强化引领,加强商务领域标准化创新实践。在夯实基础性标准的前提下,商务领域标准化建设更为强调创新引领。围绕商贸流通新技术、新业态、新模式等优势领域,高起点建设高水平标准,形成上海实践、上海经验、上海方案、上海模板。如推动制定团体标准《首发经济评价通则》第 1 至第 4 部分("引领性品牌""引领性品牌新品""引领性品牌首店""活跃指数"),同步发布了"上海'首发经济'活跃指数",开展"上海购物"市场信用环境标准化试点,黄浦区开展《黄浦"两街"商业零售服务质量提升》标准化试点,助推消费模式创新,提升上海购物环境。

(2)国家级服务业标准化试点(商贸流通专项)开展情况

2021年4月,国家市场总局和商务部共同策划,在国家级服务业标准化试点的框架下,支持开展商贸流通专项试点。这是两部门立足构建以国内大循环为主体,国内国际双循环相互促进的新发展格局,面向"十四五"时期商贸流通标准化建设,着力推动的一项重要工作。上海市市场局、商务委高度重视,广泛宣传,积极组织各区、商务领域相关企业申报,经过初审和终审,最终黄浦区入选试点城区,盒马、红星美凯龙、东亚储运、巴比、叮咚买菜、路威供应链、绿地全球贸易港等7个企业入选试点企业,试点内容涵盖了农产品流通、商贸物流、批发零售、居民服务业、跨境电商等多个行业和领域。

5. 新业态标准化

(1)人工智能领域标准化

发布《关于推进本市新一代人工智能标准建设的指导意见》和《上海市新一代人工智能标准体系》,立项《人脸识别分级分类应用标准》《人脸识别系统通用建设规范》《人脸识别系统工程验收规范》三项地方标准,围绕"上海标准"、人工智能相关标准和制度法规共举办6场活动,和上海市法学会、公安三所、中国电信研究等机构形成深度互动合作。

(2)新能源及智能网联汽车领域标准化

成立智能网联汽车标准化委员会,积极开展标准宣贯,推动制定《自动驾驶虚拟仿真场景重建数据要求》《整车级C-V2X车载信息交互系统数据一致性评价指南》《车用氢燃料电池系统安全技术规范》《电动汽车废旧动力蓄电池回收网点建设技术规范》等地方标准。

6. 区域标准化

2021年,根据《长三角区域交通运输标准一体化建设框架协议》精神,本年度会同长三角两省一市交通厅和市场监管局,推动了三项长三角标准的编制工作。已完成《长三角省际毗邻公交运营服务规范》《市域快速轨道交通客运服务规范》两个项目编制,预计最晚明年初发布实施。另外,经"三省一市"交通厅(委)联合推荐的《智能网联汽车开放测试风险评估技术规范》《交通运输行业碳排放清单核算规范》《大直径盾构隧道结构运营期安全评价与病害处置技术规程》《纯电动公交车运营管理规范》《长大桥梁无人机巡检作业技术规程》,即将组织召开联合立项评审会,分重点在智能交通、道路运输、水路运输等领域开展研究,做好长三角统一标准的预研储备,助力区域综合交通一体化发展。

数据来源:全国团体标准信息平台、上海市市场监督管理局
(上海现代服务业标准创新发展中心供稿　执笔人:刘宇　王宗挺　靳园园)

四、上海现代服务业联合会国际交流服务中心2021年发展报告

(一)年度主要成果

1. 策划组织海峡两岸企业系列交流活动

筹组海南交流考察团。9月22日至26日,交流中心策划组织了由台湾新党前主席郁慕明为团

长,两岸企业家近30人参加的两岸经济融合自贸港前进团,赴海南考察,先后走访了海口、洋浦、琼海、万宁、陵水、三亚等海南市县区,实地考察了海口未来城、洋浦港经开区、博鳌乐城国际医疗旅游先行区、陵水黎安国际教育创新试验区、三亚中央商务区、美丽乡村中寥村、崖州湾科技城和种子实验室等项目,受到沈晓明书记的热情会见及接待,并与海南省委常委、统战部部长符彩香以及市县属地党政主要领导召开座谈会6场。考察团达成初步合作意向包括"兴隆咖啡""三合书院"等4个项目,全部都在继续洽谈中。后续又有两批团队跟进海南。此次活动央视、海南电视台、《海南日报》以及相关媒体都做了实时报道,产生了积极的影响,取得了双赢的效果。

推进两岸企业交流。8月份,交流中心积极促成陈振鸿常务副会长,郁慕明先生分别率团走访联仁建康医疗大数据科技股份有限公司。11月中旬,策划协调郁慕明带队,两岸16多位企业家赴江苏靖江,学习考察江苏奥凯环境技术有限公司。

2. 为企业"走出去,请进来"搭建合作平台

4月24日,李关德副会长兼秘书长带队,近20位企业家参加,赴苏州高铁新城交流考察。双方进行了比较深入的了解沟通,在此基础上达成了共识,正式签订的合作交流协议。

7月中旬,经交流中心积极协调,促成能链众合科技有限公司与中国汽车零部件工业有限公司签署战略合作协议。

9月14日下午,李关德副会长兼秘书长带队走访了闵行区南虹桥管理委员会办公室,与管委办主任,南虹桥投资开发有限公司党委书记、董事长孙二平等领导进行了热情的交流和深入地沟通,达成多项共识,于11月26日与联合会正式签订的了为期一年的合作协议。

10月下旬,两次组织研讨会,专题调研山西大同"漱心谷"大健康产业项目,并出席大同市政府来沪举办的经贸洽谈会。

3. 牵线搭桥助推国际交流项目实施

协调组织系列文体交流活动。2021年,交流中心积极发挥交流服务平台功能,先后组织各种文化体育活动。3月份,先后3次召开专题会议,研讨中日青少年书法文化交流活动。4月上旬,与宝山区体育局青少年篮球训练中心研讨组织青少年国际训练营培训。9月初,协调庞杰团队采访邮轮专委会协助拍摄《工匠》电视片工作。11月初,经过多次协调,中国诗书画研究会上海分会与临港新片区达成文体活动合作策划协议。

牵线《福布斯》推进商事调解决宣传。12月中旬,交流中心牵头,先后邀请《福布斯》杂志中国总编和德国海外商会联盟宣传负责人以及德国联邦外贸与投资署官方刊物《外贸新闻》记者来会,《福布斯》杂志主动提出开设固定专栏,《外贸新闻》将向中德两国企业大力推介商事调解,有力促进了商事调解的对外宣传。

(二) 特色服务案例

1. 上海之帆——中小企业的国际交流平台

上海之帆是致力于服务各协会、中小企业与各国、地区开展国际会议展览、经贸交流的国际交流平台。上海之帆包括展、会、数字平台、供应链管理四大产业:上海之帆经贸巡展、"上海之帆"经济团体合作伙伴会议、上海之帆365数字经济平台、供应链管理。

2020年以来,"上海之帆"共举办了近10场国家周、60场商业对接会和上海之帆经济团体合作伙伴会议(BTPC)。

2021年上海之帆举办了上海之帆塞尔维亚产品周、上海之帆斯洛文尼亚产品周、上海之帆泰国产品周、上海之帆新加坡产品周、上海之帆匈牙利产品周等。活动涵盖：开幕式、企业对接会、特色产品线上（上海之帆365平台）和线下展示。同时，"上海之帆"国家周活动也得到了驻沪使领馆的大力支持，塞尔维亚驻沪总领馆总领事戴阳·马林科维奇、斯洛文尼亚驻沪领事馆馆长李美霞、泰王国驻沪总领馆总领事乐达·普玛、新加坡企业发展局中国司华东区主任侯思颖分别出席"上海之帆"国家周活动，国家周和对接会主题涵盖：食品饮料、化妆品、珠宝、旅游、服务业、IT、新能源、信息通信技术产业、半导体照明产业、环保产业等。参与国家周和对接会活动的中外商协会近100家，中外方参会协会和企业共计约500多人。国家周的开幕式上，"上海之帆"分别与塞尔维亚工商会、马里博尔投资局、中国泰国商会等合作伙伴签署了、匈牙利工商会"全面战略合作备忘录"，为今后"上海之帆"和各合作单位线上线下开展的国际交流活动建立了完善的沟通机制。

1月19日，上海之帆联合塞尔维亚工商会举办了新年第一场国家周活动——塞尔维亚国家周。在塞尔维亚产品周上，近20家塞尔维亚企业通过Zoom线上行业协会与企业进行交流。主题以食品，酒类和宠物用品为主吸引了在场的国内商家。

1月21日，由中国泰国商会与上海之帆"一带一路"经贸巡展组委会举办的"上海之帆"线上新能源主题对接会在上海现代服务联合会召开。近10家泰方企业均通过视频连线的方式与中方10家企业进行对接。期望通过形式的改变，以促进区域经济发展为目标，搭建国内和国际企业的沟通桥梁，切实地为企业服务，把服务落到实处。

3月30日，举办了斯洛文尼亚国家产品周开幕式暨企业线上对接会，主题涵盖旅游置业、食品饮料、IT及相关服务。共有18家斯洛文尼亚企业与近20家中方企业开展线上对接。2020年9月28日，斯洛文尼亚国家商会斯中商务委员会正式成立，进一步加强了中斯之间的合作及良好的商业关系。

4月28日，上海之帆联合中国泰国商会在绿地全球商品贸易港举办了上海之帆-泰国产品周开幕式暨中泰企业线上对接会，主题涵盖食品饮料、化妆品、珠宝及服务产业。共有20家泰国企业与近11家中方企业通过线下和线上方式参与，期间上海挚达科技发展有限公司丁振宇经理与泰方企业就电动车智能充电桩在泰国的推广应用前景做了充分的交流。

5月25日，"上海之帆"经贸巡展组委会和新加坡中华总商会在绿地全球商品贸易港举办了新加坡产品周开幕式，近15家上海市各行业协会及中新企业共40家机构出席。新加坡中华总商会黄山忠会长亲临现场，希望中国企业能与新加坡商家携手合作，将品牌与业务进驻东盟地区等第三方市场，通过"上海之帆新加坡产品周"的举办，将为新中企业搭建合作交流的桥梁，为新加坡产品出口到中国提供更多的机会，促进两国经贸合作。对接会主题涵盖食品、日用消费品、新能源、服务业，中新双方共25家通过线上线下参加了对接会。最终，上海五矿有限公司和新加坡企业就进口Kara椰子水签订了采购合同。

10月28日，上海之帆在上海自贸壹号生命科技产业园举办"2020上海之帆经济团体合作伙伴会议（BTPC）"。会议主题："合作，决定未来"。"上海之帆经济团体合作伙伴会议"作为"上海之帆经贸巡展"的系列活动，每两年一届在展会期间举办，会议旨在加强上海市各商协会、企业与各国、各地区经济团体的交流沟通、合作共赢。参会代表包括：欧洲、亚洲共33家国外工商会、50家上海市各行业协会和50位企业家代表通过线上的形式参加会议。会上颁发了2021年经济团体最佳合作奖项。会中举办了以服务贸易、生物医疗、智能制造类和日用消费品为主题交流对话会，线上线下50位企业和部分商协会代表参与对话讨论。

2. 协同保安——构建专业的海外安保服务

协同集团下属的上海协同保安服务有限公司（原全保特卫安全咨询服务有限公司）于2008年

起向海外基建项目派遣安保人员,与央企建立了长期战略合作伙伴关系。期间为多家央企提供涉外特卫安保服务以及安全咨询评估服务,并陆续派遣多批特卫队赴利比亚、刚果等执行政府援外项目的境外特保任务,派遣人员达300余人。公司为海外中国企业和人员的资产和人身安全提供了一道坚实可靠的安全保障,做到了将风险控制在可接受范围之内,保证在国外工作的中方人员的人身和财产的安全,将损失最小化。

近年来,中国在斯里兰卡投资建设了"科伦坡金融城""汉班托塔港"等重大工程项目。斯里兰卡是"一带一路"倡议的重要节点国家,海外安保在"一带一路"建设中的重要性更加凸显,建设具有中国特色的海外安保事业迫在眉睫。上海协同保安服务有限公司凭借海外安保领域多年积累的丰富经验,为斯里兰卡诸多项目提供了可行、可靠的安保方案。

公司自2014年起,开启了对斯里兰卡的全方位合作,历时7年。于2020年正式与斯里兰卡国防部直属的保安公司,注册成立R&A合资保安公司,并成功打造"飞狼"国际安保品牌。专门为"一带一路"沿线国家的政府、企业、组织、团体和个人提供专业安全服务:为客户提供整体安全解决方案、提供实体和技术防范设计/装备/施工/维保,为中资企业提供境外陆上安全、海上(武装)安保服务及应急处置服务。公司于2021年在斯里兰卡首都-科伦坡成立了,国际海-陆保安培训基地,占地面积五万平方米的。

目前除了斯里兰卡之外,公司已拓展了印尼、中亚等国国际贸易,及低碳环保的风能发电项目。

(上海现代服务业联合会国际交流中心、上海之帆会展有限公司、
上海供上海协同保安服务有限公司供稿)

五、上海现代服务业联合会培训中心2021年发展报告

上海现代服务业联合会培训中心是联合会根据国家大力提倡培养高技能人才和大国工匠以及专业技术人员知识更新工程需要而设立的内设机构,于2020年12月成立。培训中心负责统筹、协调、组织、支持会员单位,面向社会重点开展高技能人才培训、职业技能培训、岗位技能等级评价和专业技术人员继续教育等工作。服务宗旨是为上海现代服务业高质量发展提供专业技术和技能人才支撑。

培训中心主要职责:围绕高技能人才服务,重点开展职业能力培训项目开发、制定培训评价标准、认定师资与机构、备案教材与标准、组织考试和颁证、设立评审委员会、建立质量督查、评选表彰和奖励制度、与政府有关部门对接申报项目目录、协助申请政府补贴等工作。围绕技术人员服务,重点开展专业技术人员继续教育、技术技能人才职称服务、职业院校专业师资培训、助力高校1+X证书制度实施。还将组织面向现代服务业新业态新模式的高水平技术技能竞赛等工作,以赛促训、以赛促培,积极助推劳动者素质提升和专业技能人才培育,为重塑"上海工程师""上海师傅"品牌助力。

2020年12月,根据《关于批准授予第十批上海市高技能人才培养基地的通知》,联合会正式获批上海市第十批高技能人才培养基地。根据上海市人力资源和社会保障局《关于在本市行业企业中开展建立高技能人才培养基地试点工作的通知》,2020年8月开始,联合会与有关行业协会合作申报了2020年上海市高技能人才培养基地。经市人力资源社会保障局组织专家评审、结果审议,上海现代服务业联合会等13家单位符合本市高技能人才培养基地申报的相关条件。联合会获批上海市高技能人才培养基地,为联合会开展技能人才培养提供了市级平台。

表 2 　2020 年新认定上海市高技能人才培训基地公示名单

2020 年新认定的上海市高技能人才培养基地公示名单（排名不分先后）
中交上海航道局有限公司
中国核工业第五建设有限公司
上海市工业互联网协会
上海市网络视听行业协会
上海医药商业行业协会
上海市供水行业协会
上海市眼镜行业协会
上海市信息家电行业协会
上海市电子商务行业协会
上海船东协会
上海市呼叫中心协会
上海现代服务业联合会
上海建桥学院

2020 年 12 月 28 日，联合会文件沪服务联秘〔2020〕3 号文件，决定成立培训中心，任命杨俊和同志为联合会副秘书长兼培训中心主任。

2021 年 1 月 20 日，按照上海市人社局要求，联合会编制并正式上报了《"高技能人才培训基地"2021—2023 年发展规划及 2021 年工作计划》。

2021 年 2 月 2 日，上海现代服务业联合会获批上海市高技能人才培养基地授牌暨上海现代服务业联合会培训中心成立仪式举行。

授牌暨成立仪式由上海现代服务业联合会副会长简大年主持。上海市人力资源和社会保障局职业建设处处长杨武星宣读《关于批准授予第十批上海市高技能人才培养基地的通知》，并代表上海市人力资源和社会保障局向上海现代服务业联合会会长郑惠强颁授"上海市高技能人才培养基地"牌匾。

郑惠强发表了热情洋溢的讲话。他指出，培育和建设技能人才队伍是全社会的责任。联合会作为一个跨行业、跨领域的综合性枢纽型社团组织，大力推行职业技能培训和评价，既有必要，又有基础。郑惠强表示，在经过数月走访协会和企业调研听取意见的基础上，联合会决定在会内设立培训中心，统筹、协调、组织、支持会员单位开展相关工作，充分发挥联合会行业协会联合体和企业集聚优势。培训中心将以获批的"上海市高技能人才培养基地"为平台，充分发挥联合会行业协会联合体和企业集聚优势，整合会内外的培训资源和力量，聚焦服务业的新技术、新业态和新模式领域，重点推进开发技能培训项目、制定培训评价标准、认定师资与机构、备案培训计划与教材、组织考试和颁证、设立评审委员会、督导项目运作质量、建立评选表彰和奖励制度、协助申请政府补贴等工作。通过建立完备的培养制度、科学的评价机制和健全的工作机制，逐渐形成统一的运营体系、工作标准和教学制度,构建规模化培训示范效应,争取形成可复制可推广经验。与此同时,培训中心将努力创造条件,积极组织举办各类各级高技能竞赛和高技能成果交流展示,积极参与承担中高级专业技术职称评审和继续教育以及高校1+X证书制度实施等工作,为健全职业技能等级认定与专业技术职称评审的贯通机制、为推进职业教育改革与发展做出应有的贡献,走出一条产业和教育融通、技术和技能贯通、学历和技能证书互通的特色之路。郑惠强强调,联合会衷心地期待培训中心,秉承"服务企业、服务会员、服务社会"的办会宗旨,奉行"构筑平台、汇聚资源、提供服务、助推发展"的工作方针,积极助力重塑"上海师傅",厚植工匠文化,造就能工巧匠,培养大国工匠,为我国经济转型升级和高质量发展提供更多的人力资源发挥应有作用。

上海现代服务业联合会副会长李关德宣读了《关于成立上海现代服务业联合会培训中心的决定》。

上海现代服务业联合会常务副会长陈振鸿与上海现代服务业联合会副秘书长兼培训中心主任杨俊和为培训中心揭牌。杨武星与市人社局专业技术人员管理处处长林华、上海市职业技能鉴定中心主任孙兴旺、上海市教委终身教育处处长苏铁分别对联合会高技能人才培养基地和培训中心提出希望和要求。来自联合会行业协会、专委会、企业和媒体代表出席授牌暨成立仪式。

2021年5月24日,培训中心与联合会医疗服务专委会、养老服务专委会、上海市咨询业行业协会、上海交大健康传播发展中心、上海是松文化传播有限公司联合举办的健康管理师、公共营养师、养老护理员、互联网营销师(初级、高级)等岗位技能首批培训班在总部多功能厅开班。郑惠强会长出席开班式并致辞,简大年副会长出席开班式并宣布首批项目开班,杨俊和副秘书长主持开班式。上海交大健康传播发展中心主任鲍勇教授、上海市咨询业行业协会营销咨询专委会主任刘波博士、联合会副会长兼养老服务专委会主任叶黎明、上海是松文化传播有限公司董事长彭历洲、龙华社区卫生服务中心主任陈碧华、联合会金融科技服务专委会副秘书长李春捷等分别代表培训教师、首批办班会员单位、培训机构、学员单位及第二批高技能人才培训单位代表发言。标志着经过3个月紧张准备,联合会高技能人才培训工作正式启动。

2021年7月11日,举办"健康管理师"培训班。

培训按照线上线下结合的模式举行,有40余位学员参加了开班仪式以及线下课程,学员分别来自医疗服务机构、社区卫生服务中心、健康管理公司、营养咨询公司等。为期两个月的培训课程于9月12日结束。培训学习期间,联合会医专委为学员不仅提供课程学习,还提供了实训、专业沙龙、继续教育、讲座和相关论坛,为学员提供持续性的学习实践和交流的平台。在后疫情时代,公共卫生与公共健康管理提升到了前所未有的战略新高度,健康管理师已成为当今健康产业中不可或缺的专业人才。

本次健康管理师培训班是继国务院全面取消水平评价类职业考核项目后,上海首次启动健康管理师的全新考核等级模式。后续医专委将在总会的指导下,积极配合将在本市高技能人才培养基地的基础上,积极申报相关职业资格的鉴定工作,使广大学员能在培训中不仅提升能力,还能获得更多的附加值,提升自己的职业影响力。并结合会员单位企业的需求,制定"健康管理师"内训课程体系。

2021年7月23日,首期"专利转化专员"培训班开班。

为全线下3天课程,这是培训中心和联合会医专委聚焦医疗机构专利转化的专题培训班,第一期人数37人。2021年7月25日,文汇报在《要闻版》针对上海现代服务业联合会高技能人才培养基地(上海市人社局授权)和上海现代服务业联合会医疗服务专委会联合主办的首期"专利转化专员"培训班,发表了专题报道《从事科技成果转移转化服务有望获评高级职称》。

首期培训班的学员来自医疗机构专利管理人员、专利发明人、医护人员和科研人员;生产企业中的管理人员、产品研发人员、市场部、销售部和法务部人员;各科技园区、创业服务中心的科技管理人员、招商引资人员、项目孵化人员;投资公司和专利转化的服务机构,将自然形成专利转化的生态环境,学员间的交流,会促成专利转化项目的对接,提高专利转化的效率。培训采用了小班线下授课,既保证了教学质量,又便于学员间的交流和讨论,同时也便于日后开展专利转化工作的项目对接,多一个有共同理想、能相互帮助的朋友圈。

专利转化专员班是针对上海市生物医药、医疗器械领域技术转移"十分紧缺"人才的培训班,培训课程有别于现有专利及技术转移的培训班,除了专利的基础知识外,针对医疗机构专利转化的痛点,设置了指导实践的课程,尤其是引入的《医疗器械分类及注册要点》课程,将填补医疗机构中医生、科研人员和专利转化人员的知识"盲区",是本培训班的创新和特色,同时也是医疗机构专利转化的关键点。

《专利转化专员》第二、三期培训班分别于2021年10月15日、12月11日开班。已经培训结业近200人次学员。学员通过"专利转化专员"培训并经笔试考试合格,将取得盖有上海现代服务业联合会、上海市高技能人才培养基地公章的证书。为成为上海成果转化类生物医药方向"十分紧缺人才"奠定基础。

2021年7月29日,根据上海市人社局"第二批职业技能岗位等级社会化培训鉴定通知"精神,培训中心组织力量,申报了"社会化培训鉴定组织"及"室内装饰设计师""互联网营销师""呼叫中心服务员""电子竞技运营师""电子竞技员"五个职业岗位技能鉴定项目。

2021年8月25日,在初评通过基础上,上海市人社局组织专家,对联合会申报的社会化鉴定组织进行了现场考察,就进一步完善社会化鉴定组织有关制度、硬件条件等提出了建议和要求。

2021年11月2日,上海市人力资源和社会保障局文件(沪人社职〔2021〕399号)《关于公布本市第二批职业技能等级认定社会培训评价组织的通知》,经单位申报、专家评估、现场考察、结果公示等,确定上海现代服务业联合会等25家机构为上海市开展职业技能等级认定工作的社会评价组织。联合会同时获得"室内装饰设计师""呼叫中心服务员"两个职业等级认定资格备案(备案号S000031300031),具备对这两个职业进行"高级技师"和"技师"等岗位等级认定。

2021年11月20日,培训中心93位教师获得上岗资格。做好培训中心内涵建设,根据市人社局技能鉴定中心通知,培训中心组织开展了培训教师上岗资格认定申报,经有关评审等,根据上海市就业促进中心"关于公布本市职业培训教师上岗资格认定结果"的通知,由联合会培训中心遴选申报的30位教师获批普通培训教师上岗资格、63位教师获批特聘教师上岗资格。

2021年9月13日,联合会收到上海市人力资源和社会保障局《关于开展2021年度上海市专业技术人员继续教育基地申报工作的通知》。培训中心按照要求组织申报了上海市专业技术人员继续教育基地。期间,上海市人社局专业技术人才服务处林华处长、杨阳副处长,崔颖主管,上海市专业技术人员继续教育协会会长凌永铭等专程来联合会点烟指导基地申报和建设。

2021年12月8日,获批上海市专业技术人员继续教育基地。2021年10月,接上海市人力资源和社会保障局文件"沪人社专〔2021〕456"文件"为加强本市专业技术人员队伍培养培训工作,经专家评议,市人力资源社会保障局决定在上海现代服务业联合会等4家单位设立第六批上海市专业技术人员继续教育基地"。

上海市专业技术人员继续教育基地,是根据《专业技术人员继续教育规定》(人力资源和社会保障部令第25号),经上海市人力资源和社会保障局认定,以对专业技术人员进行补充、更新知识,拓展知识结构,提高综合素质和创新能力为基本内容开展教育培训,是本市培养培训高层次、急需紧缺和骨干专业技术人才的市级社会化服务平台。

联合会专业技术人员继续教育基地,将根据现代服务业发展需要,聚焦数字经济、技术转移与成果转化、健康服务与管理、城市治理等重点领域,面向全市专业技术人员,开展新理论、新知识、新技术、新方法的培训活动。积极承办国家和本市知识更新工程重点项目,为本市相关领域和行业培训培养高层次、急需紧缺和骨干专业技术人才;承办政府部门委托的继续教育公共服务项目,举办行业部门、区、企事业单位委托的培训班,协助开展专业技术人员公需科目或专业科目的培训、考核和管理工作,主动为本行业、专业领域各类单位和专业技术人员提供业务培训、岗位进修、职业资格继续教育等服务等工作。

六、上海现代服务业联合会大数据中心 2021年行业发展报告

(一) 上海现代服务业联合会大数据中心

1. 行业背景

2021年3月12日,国家"十四五"规划纲要发布,对数字经济发展和数字化转型等方面做出了重要部署。"十四五"规划明确指出,要加快发展数字经济,推进数字产业化和产业数字化,推动数字经济和实体经济深度融合,打造具有国际竞争力的数字产业集群,建立数据资源产权、交易流通等基础制度和标准规范,推动数据资源开发利用。

在推进城市数字化转型方面,上海始终走在前列。对于构建城市数字化转型的标准体系,在《关于全面推进上海城市数字化转型的意见》和《上海市全面推进城市数字化转型"十四五"规划》均有重要布局。两份城市数字化转型重磅政策文件提出要打造城市数字底座标准体系,坚持标准引领战略,建立统一、开放、可操作的数字底座建设标准体系和评价指标体系,创建数字化转型领域"上海标准"。

与此同时,上海现代服务业蓬勃发展。数据显示,2020年,上海服务业增加值达到2.83万亿元,占全市生产总值比重73.1%。根据《上海市服务业发展"十四五"规划》,到2025年,上海市服务业增加值占全市生产总值比重力争达到75%左右。服务业在经济社会发展中的地位和作用日益提升,成为产业数字化和数字产业化的重要组成部分。生产性服务业要向专业化和价值链高端延伸,生活性服务业要向高品质和多样化升级,服务业升级转型势在必行。

在"十四五"开局之年,上海现代服务业联合会大数据中心(简称"中心")在联合会领导的支持和推动下顺势而生。2021年7月8日,中心正式揭牌成立,落户市北高新。成立现代服务业大数据中心,对加快推进现代服务业的数字化进程和水平,促进现代服务业转型升级,创新现代服务业发展方向,有着极其重要的推动作用,可谓中国在现代服务业的数字化方面的"排头兵",意义重大,影响深远。

2. 服务宗旨

上海现代服务业联合会大数据中心作为联合会的内设直属机构与功能平台,肩负着充分利用上海的产业、科技及人才优势,建成一站式的大数据赋能平台,让数据真正成为智能的使命,秉承着信任为纲,创新为要,商业向善的价值观,希望为服务业集好大数据,助服务业用好大数据。

3. 行业战略蓝图

上海现代服务业联合会大数据中心是联合会与上海市北高新集团合作创立的上海首个服务业行业性大数据中心。旨在依托联合会丰富的服务业行业企业资源和市北高新专业资源集聚优势,

充分发挥上海的产业、科技及人才作用,围绕大数据中心建设,开展关键共性技术研发,打通现代服务业数智化进程中遇到的"行业面临没有数据可用""有数据但不敢用""有数据不知道怎么用"三大痛点问题,推动行业数据资源归集、治理、共享、开放、应用、安全等技术标准及管理办法的制定,提供有行业针对性的数据全链路服务,构建面向全市乃至全国服务型企业的数据资源共享体系,打造现代服务业一站式大数据赋能平台。推动上海服务业数字经济和实体经济的深度融合,服务上海、服务长三角、服务全国,助力服务业的数字化转型。

大数据中心核心业务包括四大板块:

(1) 数字化的战略规划:基于企业的转型方向,设计匹配的数字化落地蓝图,提出数据价值的变现路径;

(2) 数字化系统开发与运营:根据企业的数字化蓝图,结合业界成熟的方案能力和前沿技术,建设数字化系统。也可以提供陪伴式的运营服务;

(3) 数据治理与分析:为企业提供完整的数据资产化的能力;结合人工智能和大数据,打造企业的大数据分析引擎,训练大数据模型;

(4) 大数据课题研究与高技能人才培训:专注于数据合格,跨行业的数据共享,数字资产的前沿课题研究。为服务业所需的紧缺人才提供实训服务。

(二) 行业趋势:数据要素价值释放

1. 年度重大战略实施

随着数字经济的蓬勃发展,数据已经成为重要生产要素,并成为国家基础性战略资源,是数字经济深化发展的核心引擎。近年来,党中央、国务院高度重视数据要素及其市场化配置改革,陆续出台了多项关注数据要素的相关政策。

2020年3月,《中共中央国务院关于构建更加完善的要素市场化配置体制机制的意见》,将数据作为与土地、劳动力、资本、技术等传统要素并列的第五大生产要素,把数据作为一种新型生产要素写入国家政策文件中,提出要加快培育数据要素市场。

2020年5月,《中共中央国务院关于新时代加快完善社会主义市场经济体制的意见》提出,进一步加快培育发展数据要素市场,建立数据资源清单管理机制,完善数据权属界定、开放共享、交易流通等标准和措施,发挥社会数据资源价值。推进数字政府建设,加强数据有序共享,依法保护个人信息。

2020年9月,《国务院办公厅关于以新业态新模式引领新型消费加快发展的意见》提出,安全有序推进数据商用;在健全安全保障体系的基础上,依法加强信息数据资源服务和监管;探索数据流通规则制度,有效破除数据壁垒和"孤岛"。

2021年1月,《建设高标准市场体系行动方案》提到,要加快培育发展数据要素市场,建立数据资源产权、交易流通、跨境传输和安全等基础制度和标准规范,推动数据资源开发利用,积极参与数字领域国际规则和标准制定。

2021年3月,《中华人民共和国国民经济和社会发展第十四个五年规划和2035年远景目标纲要》提出,要对完善数据要素产权性质、建立数据资源产权相关基础制度和标准规范、培育数据交易平台和市场主体等做出战略部署。

2021年11月,《"十四五"大数据产业发展规划》提出,要建立数据价值体系,提升要素配置作用,加快数据要素化,培育数据驱动的产融合作、协同创新等新模式,推动要素数据化,促进数据驱动的传统生产要素合理配置。

2022年1月6日,《要素市场化配置综合改革试点总体方案》提出,建立健全数据流通交易规则。探索"原始数据不出域、数据可用不可见"的交易范式;探索建立数据用途和用量控制制度;规范培育数据交易市场主体。

2022年1月12日,《"十四五"数字经济发展规划》提出,充分发挥数据要素作用。强化高质量数据要素供给,加快数据要素市场化流通,创新数据要素开发利用机制。

为加快培育数据要素市场,促进数据要素价值释放,各地积极开展探索。广东、江苏等地率先探索数据要素市场化配置,上海、深圳、贵州等地出台数据条例。2021年11月,上海数据交易所挂牌成立,首提"数商"新业态,积极推动数据从资源到资产的跳跃。

2. 释放数据要素价值的思考与实践

中国的数据技术产业已蓬勃而起,我们正在加速迈入以数据为关键生产要素的数字经济时代!在不久的未来,无法快速构建起数据使用和变现能力的企业将被时代淘汰,而大数据能力突出的企业必将引领下一个时代。然而,当前不少企业对数据资产缺乏深刻的理解和灵活地运用,逐渐陷入无法利用数据带来价值的困境,如何充分挖掘与发挥出数据作为关键生产要素的价值,成为企业数字化转型过程中普遍面临的新挑战。

针对企业在数据资产业务管理过程中存在的普遍困惑,2021年12月,上海现代服务业联合会大数据中心联合毕马威推出的《价值为纲-数智领航——数据价值解析2022蓝皮书》(简称"蓝皮书"),对企业数据资产价值进行了全周期解析,并以数字营销场景来展示数据价值的实际运用情景、示例数据的增值过程,希望为各个企业衡量数据价值提供顶层视角指导,为数据价值落地体系的打造提供实际实施思路,在数字化转型的关键节点为企业的发展指明方向。

蓝皮书定义了数据全生命周期价值公式,数据全生命周期价值=数据收益/数据成本 $\times f\{$周转率,时效性,关联度$\cdots\}$,即在数字经济时代背景下,数据全生命周期价值取决于数据价值、数据成本,以及包括周转率、时效性、关联度等的影响因素。其中,数据成本产生于数据获取成本、计算及存储成本、合规成本与人才成本;数据收益体现在透过数据决策价值、风控价值、运营价值与营销价值,支撑企业业务稳健运营;此外,在使用数据全生命周期价值公式时,应严谨考虑具体使用场景,包括周转率、时效性、关联度等影响因素。

在落地应用上,蓝皮书提出了数据价值链π体系,真正助力企业形成数据资产、实现数据价值落地应用。数据价值链π体系的核心在于从数据汇集,数据管理到数据应用的全链路管理。"3"代表数据供应链的三层结构底层,汇集企业内各类数据,集中储存,中间层通过数据管理手段使孤岛式的数据得以整合使用,顶层输出可为业务提供价值的数据应用;"1"代表一个数据资产管理平台,不同历史时期、各种来源的数据以可读形式集中存储在数据资产管理平台上,并形成数据资产,根据使用者需求及多种数据管理手段进行整合、调度、模拟,输出成为可用的资产形式。"4"即四方面数据智能应用服务,客户及销售、产品及服务、运营及供应链,管理及决策,已具有可用性的数据将得到进一步处理,帮助数据应用方迈进数智化阶段,打通数字赋能的最后一环。

在案例方面,蓝皮书精选了营销领域的中获新客和老客经营两大场景进行案例解读,展示了数据价值公式的实际运用情景、示例数据的增值过程。

(三)行业趋势:数据合规与风险治理

1. 年度重大战略实施

近年来,各国加快了数据领域的立法和监管,数据合规体系正在快速建立。在此背景下,企业的数据合规与风险治理的步伐亟待加速。围绕数据安全广泛适用行业及场景，在民法、行政法、刑法的立法框架上，我国形成了由三部单行法——《中华人民共和国网络安全法》《中华人民共和国数据安全法》《中华人民共和国个人信息保护法》组成的数据安全立法体系，分别适用于境内所有网络运营者的包含处理个人信息及数据在内的行为、所有主体处理网络数据和非网络数据的行为、个人信息保护。

2016年11月7日，中华人民共和国第十二届全国人民代表大会常务委员会第二十四次会议通过《中华人民共和国网络安全法》，自2017年6月1日起施行。作为我国互联网领域第一部专门法律，《网络安全法》申明了网络主权原则，建立了关键信息基础设施保护制度，明确了互联网信息内容管理部门、网络运营者与个人在网络安全保护领域的权利与义务，进一步完善了个人信息保护规则，并为构建网络安全法律法规体系提供了基础性依据。

2021年6月10日，中华人民共和国第十三届全国人民代表大会常务委员会第二十九次会议通过了《中华人民共和国数据安全法》，自2021年9月1日起施行。《数据安全法》涵盖了数据安全与发展、数据安全制度、数据安全保护义务、政务数据安全与开放及相关法律责任等具体规定。作为中国首部针对数据安全领域的立法，本法明确了国家对数据安全的监管范围、确立了相关监管机关对数据安全的监管地位、阐明了维护数据安全的核心意义等，为数据安全各领域后续立法工作（如《个人信息保护法》等）与安全监管工作提供重要法律依据。

2021年8月20日，中华人民共和国第十三届全国人民代表大会常务委员会第三十次会议通过《中华人民共和国个人信息保护法》，自2021年11月1日起施行。《个人信息保护法》厘清了个人信息、敏感个人信息、个人信息处理者、自动化决策、去标识化、匿名化的基本概念，从适用范围、个人信息处理的基本原则、个人信息及敏感个人信息处理规则、个人信息跨境传输规则、个人信息保护领域各参与主体的职责与权力以及法律责任等方面对个人信息保护进行了全面规定，建立起个人信息保护领域的基本制度体系。

同时，我国先后发布《儿童个人信息网络保护规定》《网络安全审查办法》《汽车数据安全管理若干规定（试行）》《个人信息出境安全评估办法（征求意见稿）》等重要法规。在标准建设上，基于数据安全和隐私保护，我国正在形成更体系化的安全标准。此外，《网络数据安全管理条例》《数据出境安全评估办法》《金融数据安全数据安全评估规范》等重要规定与国家标准则在征求意见，后续发布将为个人信息保护与数据安全处理提供更为具体的指导。

在地方立法方面，各省市基于地方情况出台了地方性数据保护法规及综合性数据立法。当前，贵州、天津、海南、山西、吉林、安徽、山东、辽宁、黑龙江、陕西、宁夏等地区面向公共数据领域，已出台大数据保护条例（包括草案）。上海与深圳则分别出台发布《上海市数据条例》《深圳经济特区数据条例》，不仅涉及公共数据，还涵盖了个人数据等相关规定。

2. 构建LET数据合规体系

随着数据合规配套法规体系的日益完善，数据安全和个人信息保护的要求渗透于各行各业，数据合规一跃成为所有企业合规体系建设的重中之重。

不过，国内企业目前对于数据合规的认知还处在一个比较原始的状态。在商业向善逐渐成为主流的数智化时代，企业的数据合规体系建设是大势所趋。不管是数据价值的不断升高，还是监管压力的持续加大，都对企业在采集、持有、使用、转让和销毁数据的行为中，提出了更多合规性要求。无论在国内还是国际市场，无论是政府还是各类国际组织，对于合规的需求都不断地在增加。近两年来国内外的各类案件的爆发，一定程度也展现出众多国内企业在合规方面的建设存在着缺失。

对此，大数据中心探索出了一套适用于本土企业的数据合规新体系——即法律、伦理、技术三位一体的"LET"合规体系。"L"即 Law,法律是底线;"E"即 Ethics,伦理落地是优势;"T"即 Technology,技术赋能是保障。值得注意的是,法律、伦理、技术始终处于动态变化中,并且企业自身业务、人员、生态也在不断变化,企业若试图用静止的、一次性的体系来指导未来发展相当危险。所以,大数据中心一直在推广"LET"模型,希望用这套智能自学习的合规体系帮助企业实现动态可持续发展。

企业根据自身资源、能力、经营领域和合规重点的不同,可以将数据合规制度内嵌于企业整体合规机制当中,也可以建立专门的数据合规制度。在操作指引方面,2022年2月7日,上海市发布了首份《企业数据合规指引》(简称《指引》)可供参考。指引要求企业对于数据合规引起高度重视,包括三项建议:

(1)企业的最高管理者作为数据合规的第一负责人。
(2)设置专门的数据合规管理部门,而不是由法务部门履行合规管理职责。
(3)由董事会直接设立企业合规部门,并下设各专业合规部门。

整体而言,企业数据合规建设需要相对漫长的时间,但从发展的长远角度和维护国家良好的营商环境来看,它的存在具有必要性。随着我国立法层面上的逐步完善,随着企业数据合规建设试点的逐步展开,我国终将迈入依法治企的合规新时代。大数据中心也将继续在助力企业合法合规成长的路上持续发力,一往无前!

(上海现代服务业联合会大数据中心供稿)

七、上海现代服务业联合会评估中心 2021 年发展报告

(一) 设立基础

上海现代服务业联合会评估中心是上海现代服务业联合会与上海国信社会服务评估院(国评院)共建集"调评研培"于一身的社会服务机构,是依托同济大学、复旦大学、华东理工大学、上海理工大学、上海社科院、中国浦东干部学院、上海市委党校等高校科研院所组成的新型智库,专业从事评估评价,调查研究,决策咨询,学术实践等领域工作。

上海现代服务业联合会评估中心名誉主任系全国政协常委,民盟中央副主席郑惠强教授,上海国信社会服务评估院名誉院长为系全国政协常委,民进中央副主席邓伟志教授。中心执行主任为同济大学社会发展研究所所长,上海国信社会服务评估院院长郭强教授。评估中心依托联合会专业力量和社会资源,聘请国内外知名专家学者和行业精英组成专家委员会,确保评价评估质量和水平。评估中心拥有一批专业能力强、评估经验丰富的高素质人才组成的评价评估服务队伍,并与国内多所高等院校、科研机构建立了深度合作关系。现有的专职评估人员具有经济学、金融学、管理学、社会学、教育学、法学、计算机科学等相关专业背景,95%以上全职评估师具有硕士及以上学历,30%以上评估师具有海外学习背景。

(二) 服务宗旨及功能设置

评估中心旨在以推动服务业高质量发展和提升国际竞争力为驱动力,构建服务业发展评价创新体系,努力建设成为具有一定影响力的服务业发展评估评价理论创新、服务业政策规划评估评

价、服务质量评价评估,服务上海、辐射长三角、影响全国的高水平专业性评估平台。

评估中心在上海现代服务业联合会的领导下,以服务政府决策、服务会员单位和服务社会发展为追求目标,以评估标准研制、评估技术创新和评估效果卓越为优势特色,以强化服务评估、拓展服务方式、增强服务能力、提升服务质量、促进服务发展为主要任务,致力于提供社会发展支撑,打造新型民间智库。

评估中心基本功能是根据联合会的发展需要和企业需求,开展服务业行业的规范标准、评估互认、项目合作、信息共享、学术交流、机构认证等业务。包括创建服务业服务质量标准体系、研发服务质量评价系统、研制服务质量指数、发布服务业发展地方指数、编写服务质量评估报告、建立服务品牌评选机制和数据库、研制最佳服务创新实践案例库、创建"现代服务业示范园区"等,通过功能平台创新再造,更好地服务企业、服务会员、服务社会。

评估中心目前的业务重点聚焦于数字经济服务、双碳环保服务、金融服务、信息服务、专业服务、医疗教育文化服务、生产性服务、消费性服务、社区家政服务等多个服务业领域以及相关社会领域。

未来的评估中心将充分发挥联合会跨界融合、异业联盟、学科交叉的综合优势,努力以现代化的评估理念、科学化的组织体系、专业化的评估方法、规范化的评估程序促进服务业各类测评评估事业快速发展,在构建服务业新发展格局、推动经济高质量发展的进程中发挥更为重要的智力支撑作用,以建立集研究开发、技术服务、测量评价等为一体的综合性能力验证实施机构为目标,努力打造具有国内影响力的品牌机构。

评估中心揭牌仪式上,上海现代服务业联合会与上海国信社会服务评估院联合发布了《2021年国家评估政策汇编》,将国家2021年有关各个领域、各个行业的第三方评估政策进行汇编并加以解读。

(上海现代服务业联合会评估中心供稿)

上海现代服务业联合会各专委会年度报告

一、服务外包专委会：上海离岸服务外包2021年发展报告

2021年1月—12月全国承接离岸服务外包合同金额1 717亿美元，执行金额1 303亿美元，同比分别增长22.3%和23.2%。

2021年1月—12月，上海离岸服务外包合同金额158.42亿美元，同比增长15.85%；离岸执行金额119.08亿美元，同比增长21.91%。总体呈现以下特点：

一是从离岸执行金额看，信息技术外包（ITO）为62.10亿美元，同比增长15.79%；业务流程外包（BPO）为28.35亿美元，同比增长33.90%；知识流程外包（KPO）为28.64亿美元，同比增长25.18%。三者占比分别为52.15%、23.81%和24.05%。

二是企业类型看，以外资企业为主，执行金额占比为71.78%；港、澳、台资企业和内资企业的占比分别为13.66%和14.57%。

三是离岸服务外包前六位来源地分别为：美国、中国香港、新加坡、爱尔兰、日本、瑞士，离岸执行金额占比分别为42.90%、13.80%、8.47%、5.95%、5.55%和4.89%。除日本执行额为负增长（-4.36%）外，美国、中国香港地区、新加坡、爱尔兰、瑞士增速分别为27.36%、31.42%、40.64%、23.67%和3.01%。"一带一路"沿线国家和地区的离岸执行金额为12.05亿美元，同比增长33.60%。RCEP国家的离岸执行金额为20.28亿美元，同比增长56.48%。

四是各区执行额超过1亿美元的依次为：浦东新区、闵行区、静安区、徐汇区、黄浦区、杨浦区、长宁区、嘉定区，执行额增速分别为25.55%、1.45%、68.95%、12.66%、9.21%、22.53%、-24.80%和-15.50%。

表1　2021年1月—12月上海离岸服务外包按类别统计数据　　（金额单位：万美元）

合同类别	接包合同		接包合同签约		接包合同执行	
	数量	同比增长（%）	金额	同比增长（%）	金额	同比增长（%）
总计	7 598	-7.19	1 584 242.60	15.85	1 190 826.59	21.91
信息技术外包（ITO）	3 455	-4.90	828 839.37	12.34	620 958.64	15.79
信息技术研发服务	2 705	-2.87	782 049.52	16.13	586 819.53	20.76

续 表

合同类别	接包合同		接包合同签约		接包合同执行	
	数 量	同比增长(%)	金 额	同比增长(%)	金 额	同比增长(%)
信息技术运营和维护服务	738	−12.14	44 300.89	−20.37	32 295.23	−22.41
新一代信息技术开发应用服务	12	50.00	2 488.97	−71.44	1 829.82	−79.00
业务流程外包（BPO）	2 319	−19.67	361 763.98	34.95	283 516.28	33.90
内部管理服务	461	16.71	50 770.00	10.39	37 726.06	0.94
业务运营服务	1 789	−25.46	308 125.88	40.40	243 056.22	41.72
维修、维护服务	69	−25.00	2 868.10	12.65	2 708.39	−4.37
知识流程外包（KPO）	1 824	9.42	393 639.25	8.86	286 351.68	25.18
商务服务	211	4.46	29 713.03	8.16	21 658.28	38.34
设计服务	596	−13.37	36 013.16	27.10	18 920.46	−1.80
研发服务外包	1 017	30.89	327 913.06	7.23	245 772.94	26.80
医药和生物技术研发服务	877	37.68	240 797.85	19.87	186 808.48	32.68

表 2　2021 年 1 月—12 月上海离岸服务外包按国家（地区）前十位统计数据

（金额单位：万美元）

序号	国家或地区	接包合同		接包合同签约		接包合同执行	
		数 量	同比增长(%)	金 额	同比增长(%)	金 额	同比增长(%)
一	全球	7 598	−7.19	1 584 242.00	15.85	1 190 826.00	21.91
1	美国	1 135	7.58	653 989.00	9.27	510 906.00	27.36
2	中国香港地区	618	−4.48	206 851.00	16.94	164 328.00	31.42
3	新加坡	349	−18.65	120 042.00	31.85	100 850.00	40.64
4	爱尔兰	55	7.84	76 940.00	22.06	70 859.00	23.67
5	日本	2 583	−7.82	87 961.00	6.09	66 102.00	−4.36
6	瑞士	94	17.50	96 235.00	36.26	58 264.00	3.01
7	德国	215	−2.27	66 253.00	18.67	52 193.00	12.67
8	英国	150	−12.28	36 503.00	34.42	22 280.00	11.38
9	荷兰	68	11.48	46 502.00	179.64	21 919.00	71.56
10	瑞典	43	−14.00	31 283.00	50.43	15 948.00	−5.02

表3　2021年1月—12月上海离岸服务外包按区统计数据　　　（金额单位：万美元）

序号	区/园区	接包合同 数量	接包合同 同比增长（%）	接包合同签约 金额	接包合同签约 同比增长（%）	接包合同执行 金额	接包合同执行 同比增长（%）
	全部	7 598	−7.19	1 584 242.00	15.85	1 190 826.00	21.91
1	浦东新区	4 212	−14.89	950 825.00	11.20	746 650.00	25.55
2	闵行区	503	102.82	167 628.00	19.66	109 149.00	1.45
3	静安区	300	2.04	132 458.00	69.87	93 677.00	68.95
4	徐汇区	397	17.80	98 384.00	−10.88	90 621.00	12.66
5	黄浦区	383	−15.27	66 512.00	23.68	41 752.00	9.21
6	杨浦区	225	−33.04	47 519.00	44.85	38 332.00	22.53
7	长宁区	505	8.60	35 847.00	−7.61	19 200.00	−24.80
8	嘉定区	144	−15.79	28 698.00	8.42	16 314.00	−15.50
9	虹口区	65	−27.78	15 481.00	137.23	6 292.00	68.52
10	普陀区	153	11.68	7 315.00	79.73	4 696.00	22.96
11	宝山区	35	−2.78	6 316.00	47.70	3 414.00	−3.84
12	漕河泾新兴技术开发区	384	−13.90	5 393.00	−21.06	5 071.00	−28.46
13	奉贤区	60	−46.90	3 556.00	−36.27	1 343.00	−42.73
14	松江区	36	89.47	3 407.00	92.46	1 522.00	−1.98
15	崇明区	64	25.49	2 697.00	5.85	1 643.00	−16.56
16	青浦区	36	5.88	251.00	331.93	90.00	55.37
17	金山区	4	−20.00	149.00	−65.38	55.00	−51.61

注：以上数据由上海市商务委员会国际服务贸易处提供。

（服务外包专委会供稿）

二、设计服务专委会：上海勘察设计业2021年发展报告

2021年是中国"十四五"开局之年，也是奔向2035年远景目标的新起点。在全面贯彻党的十九届五中全会和中央经济工作会议精神的指引下，上海勘察设计行业以国家的发展战略为指导，在国内外宏观经济形势相对复杂，新冠疫情深刻影响社会、经济以及行业秩序的情况下，立足新发展阶段，贯彻新发展理念，以改革创新为根本动力，推动高质量发展；坚持稳中求进，加强技术创新，实现技术与业务双向融合；同时积极推进横向联合，更加注重创新平台建设；高度重视开展全过程咨询，

注重提升服务品质以及核心竞争力。

(一) 企业总体情况、资质类型分析

1. 企业总体情况

因新冠疫情的反复,全国各地各行各业都受到不同程度的影响。随着国家经济下行压力叠加疫情负面冲击,再加之需求收缩、供给冲击、预期转弱三重压力,全国勘察设计行业呈持续走低的态势。而上游房地产企业由于 2021 年三道红线等政策的出台,采用缩表出清等方式加快资产优化配置;加上政府对专项债的治理,使得上游房地产市场大幅度萎缩。受此影响,建筑设计行业的发展异常艰难。

根据统计,2021 年上海勘察设计行业的从业人数近 26.04 万人,从业单位数近 2 400 家,营业额近 8 683 亿元,约占全国的 12%。无论从行业发展的规模还是质量来讲,上海勘察设计行业在全国都起到了举足轻重的作用,在建设管理和改革创新方面上海也一直承担着先行者和排头兵的作用。

2021 年本市有 1 290 个具有工程勘察设计资质的企业参加年报统计,与 2020 年相比增加 31 家,占本市应报企业数的 53.75%。

其中内资企业 1 241 家、港澳台商投资企业 23 家、外商投资企业 25 家、事业单位 1 家。

2. 资质类型分析

(1) 主营工程勘察业务的企业 71 家,占申报企业总数的 5.5%。其中,综合甲级 9 家,甲级 18 家、乙级 45 家、劳务 3 家。

(2) 主营工程设计业务的企业 771 家,占申报企业总数的 59.77%。其中,设计综合甲级 6 家,甲级 313 家、乙级 169 家、丙级 48 家;建筑装饰甲级 68 家、乙级 275 家、丙级 91 家;环境工程甲级 11 家、乙级 23 家;建筑智能化甲级 37 家、乙级 43 家;建筑幕墙甲级 30 家、乙级 22 家;轻型钢结构甲级 4 家、乙级 5 家;照明工程甲级 5 家、乙级 17 家;风景园林甲级 18 家、乙级 28 家。

(3) 主营工程施工业务的企业 446 家,占申报企业总数的 34.57%。其中,勘察甲级 1 家、乙级 3 家,工程设计甲级 34 家、乙级 67 家、丙级 17 家,建筑装饰甲级 34 家、乙级 144 家、丙级 40 家,环境工程甲级 2 家、乙级 8 家,消防工程乙级 2 家,建筑智能化甲级 23 家、乙级 25 家,建筑幕墙甲级 15 家、乙级 13 家,轻型钢结构甲级 2 家,乙级 2 家,照明工程甲级 1 家、乙级 2 家,风景园林甲级 3 家、乙级 8 家。

(二) 从业人员情况分析

1. 2021 年末从业人员情况

(1) 从业人员总数为 260 435 人,其中,勘察人员 5 510 人,设计人员 79 761 人,施工人员 83 558 人。

(2) 专业技术人员 167 139 人,其中,高级职称人员 28 869 人,中级职称人员 55 402 人,初级职称人员 50 558 人。

2. 数据分析

(1) 从业人员总数与 2020 年相比下降 12.1%(2020 年为 296 195 人)。其中,勘察人员增加 17.7%,设计人员增加 13%,施工人员减少 30.6%。

(2) 专业技术人员总数与 2020 年相比减少 13.4%。其中,高级职称、中级职称、初级职称人数

与2020年相比均有所减少,高级职称减少了3 252人,中级职称减少了12 375人,初级职称减少了19 426人。

(三) 经营与营业收入情况

在疫情防控的大背景下,由于各地隔离政策不同,项目人员出差隔离成本加大,许多外地项目均无法正常开展,密集的疫情防控措施也使得项目人员无心继续经营。受此影响,部分项目推进缓慢,尤其是政府项目因疫情防控要求停滞不前,公司合同及营收相比同期下降。

1. 合同情况

(1) 2021年具有勘察设计资质的企业工程勘察设计新签合同额合计460 648.449万元,其中,

① 工程勘察新签合同额合计272 758.641万元,境外工程勘察新签合同额合计6 917.100万元。

② 工程设计新签合同额合计186 455.877万元。其中,全过程工程咨询新签工程设计合同72 706项,设计合同额224 818.856万元;房屋建筑工程新签设计合同27 981项,工程设计合同额3 033 378.999万元;市政工程新签设计合同额1 588 137.345万元;境外工程新签设计合同额86 358.104万元;工程设计新签合同对应投资额713 009 035.848万元,面积1 634 487 408.130平方米。

(2) 其他工程咨询业务新签合同额合计770 616.900万元,其中,前期咨询新签合同额260 024.731万元,招标代理新签合同额4 559.797万元,工程监理新签合同额97 190.127万元,项目管理新签合同额178 952.051万元,工程造价咨询新签合同额20 939.006万元,境外其他工程咨询业务新签合同额1 582.74万元。

(3) 工程总承包新签合同数29 254项,合同额合计69 206 818.6万元,其中,房屋建筑工程总承包新签合同额约32 793 336.80万元,合同数10 694项;市政工程总承包新签合同额约12 950 041.23万元,合同数1 168项;专项设计施工一体化新签合同额约8 139 952.35万元;境外工程总承包新签合同额约1 218 921.56万元。

2. 数据分析

(1) 根据统计的数据来看,工程勘察设计新签合同额与2020年相比下降17.9%。

(2) 工程勘察新签合同额较去年有所下降。

2021年工程勘察新签合同额,相比2020年下降17.9%。境外新签合同额相比2020年下降21%。

① 主营勘察业务的企业,工程勘察新签合同额占总额的59.2%。

② 主营设计业务的企业,工程勘察新签合同额占总额的40.48%。

③ 主营施工业务的企业,工程勘察新签合同额占总额的0.31%。

(3) 工程设计新签合同额、对应的投资额、建筑面积呈较大幅度下降。

2021年工程设计新签合同额,相比2020年下降30.2%(2020年比2019年增长33.7%)。其中,工程总承包新签合同额中设计部分,相比2020年下降33.56%;房屋建筑工程设计新签合同额,相比2020年下降7.24%,2021年房屋建筑工程设计新签合同额占工程设计新签合同总额的76.85%,与2020年相比有所增加;市政工程设计新签合同额,相比2020年增加8.59%。

(4) 其他工程咨询业务新签合同额,其中,工程造价咨询、项目管理的新签合同额均有下降,境外工程咨询下降严重;而前期咨询、招标代理、工程监理等新签合同额均有上升。

2021年其他工程咨询业务新签合同额,相比2020年上升14.7%;2020年相比2019年下降16.6%。前期咨询新签合同额和项目管理新签合同额,分别占了其他工程咨询业务新签合同额的33.74%与23.22%。工程监理新签合同额相比2020年上升69.43%、项目管理新签合同额相比2020年下降20.26%,其他咨询业务的新签合同额,如前期咨询、招标代理等有所上升。

① 主营工程设计业务的企业,其他工程咨询业务新签合同额总额的87.77%。
② 主营监理业务的企业,其他工程咨询业务新签合同额占总额的4.87%。
③ 主营施工业务的企业,其他工程咨询业务新签合同额占总额的6.2%。
④ 主营工程勘察业务的企业,其他工程咨询业务新签合同额占总的1.16%。

(5) 工程总承包新签合同额有所上升,新签合同数同比增加。

工程总承包新签合同额较2020年上升22.1%,合同数10 694项。房屋建筑工程总承包新签合同额、市政工程总承包新签合同额、专项设计施工一体化新签合同额分别占工程总承包新签合同总额的42.67%、16.85%、10.59%。

① 主营施工业务的企业,工程总承包新签合同额占总额的69.40%。
② 主营工程设计业务的企业,工程总承包新签合同额占总额的30.48%。
③ 主营工程勘察业务的企业,工程总承包新签合同额占总额的0.12%。

(四) 财务情况

1. 营业收入

(1) 2021年全市具有工程勘察设计资质的企业营业收入总额约为86 838 714.96万元。
(2) 工程勘察收入总额约773 409.95万元。
(3) 工程设计收入总额约27 458 509.39万元。其中,总承包工程中设计收入约13 468 136.34万元,房屋建筑工程设计收入约3 675 843.14万元,市政工程设计收入约710 988.33万元,境外工程设计收入约459 751.22万元。
(4) 其他工程咨询业务收入总额约442 643.45万元,其中,前期咨询收入约135 550.54万元,招标代理收入约1 074.07万元,工程监理收入约37 694.63万元,项目管理收入约154 037.50万元,工程造价咨询收入约12 494.93万元,境外及其他工程咨询服务业务4 150.20万元。
(5) 工程总承包收入总额约36 011 664.42万元,其中,房屋建筑工程总承包收入约16 109 822.68万元,市政工程总承包收入约6 178 421.45万元,专项设计施工一体化收入约3 315 313.74万元,境外工程总承包收入约1 020 985.65万元。

2. 营业成本、营业税金及附加、利润总额等

(1) 全年营业成本约82 180 596.37万元,营业税金及附加约238 021.13万元。
(2) 营业利润约2 625 059.67万元,利润总额约2 700 702.63万元,净利润约2 407 780.63万元。
(3) 资产合计93 371 859.32万元。其中,流动资产约68 216 062.81万元,固定资产4 727 145.99约万元,负债合计约69 548 598.60万元,所有者权益合计约23 823 260.72万元,应付职工薪酬约1 143 797.57万元。

3. 数据分析

(1) 2021年勘察设计企业营业收入总额相比2020年下降1.73%。
(2) 工程勘察收入总额相比2020年增加4.05%。

① 主营勘察业务的企业，工程勘察收入占勘察收入总额的3.07%。
② 主营设计业务的企业，工程勘察收入占勘察收入总额的39.57%。
③ 主营施工业务的企业，工程勘察收入占勘察收入总额的57.35%。

(3) 工程设计收入总额相比2020年上升0.4%。
① 主营工程设计业务的企业，工程设计收入占总额的95.42%。
② 主营施工业务的企业，工程设计收入占总额的4.43%。
③ 主营招标代理业务的企业，工程设计收入占总额的0.15%。

(4) 其他工程咨询业务收入总额相比2020年上升17.94%。其中，工程监理收入比2020年上升6.05%，项目管理上升35.28%，招标代理上升5.9%，工程造价咨询的收入上升11.48%；以上指标都高于2020年的水平。境外工程咨询服务收入比2020年下降35.33%。
① 主营工程设计业务的企业，其他工程咨询业务收入占总额的82.55%。
② 主营施工业务的企业，其他工程咨询业务收入占总额的15.88%。
③ 主营勘察业务的企业，其他工程咨询业务收入占总额的1.57%。

(5) 工程总承包收入总额相比2020年上升53.79%，其中，房屋建筑工程总承包、市政工程总承包、专项设计施工一体化、境外工程总承包收入都比2020年有不同比例的上升。
① 主营施工业务的企业，工程总承包收入占总额的62.47%。
② 主营工程设计业务的企业，工程总承包收入占总额的22.00%。
③ 主营勘察业务的企业，工程总承包收入占总额的0.09%，并有减少的趋势。

(6) 人均营业收入333.43万元，相比2020年增加32.22%（2020年为252.18万元）。

（五）科技活动情况

1. 科技活动支出和成果
(1) 2021年行业科技活动支出总额4 705 841.304万元。
(2) 科技成果转让收入总额2 280 227.518万元。
(3) 新增专利6 964项，累计拥有专利38 112项。
(4) 新增专有技术1 035项，累计拥有专有技术6 264项。
(5) 获国家级、省部级奖5 343项，其中，国家级712项。
(6) 参加编制国家、行业、地方技术标准2 197项，其中，国家级1 048项。
(7) 参加编制国家、行业、地方标准设计（册）73册，其中，国家级26册。

2. 数据分析
(1) 2021年科技活动费用支出总额约4 705 841.30万元，相比2020年增加78.98%。企业创新意识不断增强，在科技活动方面加大了人力、资金投入，但仍要持续增加投入，长期重视技术创新和管理创新，提高企业核心竞争力。

(2) 科技成果转让收入总额相比2020年增加15.5%。这反映了勘察设计企业加大科技投入，推进科技创新，健全科技管理机制，对科技成果转化率的提升起到了显著的推动作用。

(3) 累计拥有专利相比2020年增加9.15%。因此企业在加强技术创新的同时，要重视专利申请和保护工作，维护专利权人的合法权益，不断增加专利数量。

(4) 累计拥有专有技术相比2020年增加30.17%。专有技术一般属于单位的商业秘密，要在制度上严格规定，一方面不让专有技术外传和泄密，保护好专有技术拥有人的利益；另一方面要通

（5）获国家级、省部级奖项相比 2020 年上升 18.57%，其中，国家级奖项 743 项，增加 4.35%。

（6）参加编制国家、行业、地方标准设计（册）相比 2020 年增加 4.29%，其中国家级比 2020 年增加 10 册。

（六）上海勘察设计行业发展状况分析

上海勘察设计企业坚持新发展理念，积极围绕着创新驱动发展、服务国家战略开展工作；重视人才培养和发展，还在技术创新上持续高投入，占据着行业技术优势。截至 2021 年末，行业累计拥有专项专利 38 112 项，累计拥有专有技术 6 264 项。2021 年，上海企业获行业或国家级、省部级奖 6 335 项，其中，国家级 743 项；参加编制国家、行业、地方技术标准 2 197 项，其中，国家级 1 048 项；参加编制国家、行业、地方标准设计（册）73 册，其中，国家级 26 册。上海勘察设计行业的整体技术水平处于全国领先行列。

新冠病毒肺炎疫情对全球经济运行产生明显影响。经济陷于停滞，国际贸易严重萎缩，部分产业短期"休克"，对全球供应链关键节点造成影响。疫情给国内经济社会发展也带来前所未有的冲击。

本市勘察设计行业同样面临着前所未有的机遇与挑战，对勘察设计企业的转型发展提出了新要求。虽然政府有关部门相继出台了资质资格审批、工程项目审批、招标投标等领域的改革，为勘察设计企业创造了高效、快捷、有序的营商环境，使得勘察设计企业在合同签订、项目管理、企业资质申报等方面提高了效率，但市场竞争格局进一步加剧。为应对这种发展趋势，不少勘察设计企业力争在转型发展上有所突破，在体制机制、经营布局、内部管理、绩效考核、技术升级、投融资模式等方面进行改革创新。

1. 发展现状

（1）行业发展总体平稳，但发展动力不足

① 全年勘察设计行业营业收入额比 2020 年下降 1.73%，多项主要经营指标均有下降（营业利润相比 2020 年下降 1.72%，利润总额相比 2020 年下降 8.03%，净利润相比 2020 年下降 9.04%）。

② 传统工程勘察设计业务有一定发展，行业发展速度略高于全国。

③ 在全球范围来看，受内、外部因素的影响，整个市场发展增长乏力或不均衡。其他工程咨询业务的收入相比 2020 年上升了 17.95%；工程总承包收入总额上升了 27.45%。

（2）全过程工程咨询、以设计为龙头的工程总承包业务发展有待提升。

《房屋建筑和市政基础设施项目工程总承包管理办法》明确了工程总承包范围、项目发包和承包要求、工程总承包单位的条件、项目实施要求以及工程总承包单位的责任等五方面的内容。此文件将进一步规范工程总承包活动、提升工程建设水平，促进行业高质量发展。

基于政策普及助推以及市场需求的变化，越来越多的企业开始关注工程总承包模式的重要性。从统计数据来看，全过程工程咨询发展不稳定，总量小，营业收入增长率、年新签合同额增长率均低于全国水平，其他工程咨询业务亟待拓展产业链，形成全产业链、全生命周期、全过程的工程咨询业务。其中，主营设计业务的企业其他工程咨询业务收入占其他工程咨询业务收入总额的 91.6%，说明此类企业应更加重视全过程工程咨询业务，并配置更多资源，大力拓展全过程工程咨询业务空间。

设计企业开展总承包业务较为分散。由于受资质影响，只有部分大型设计企业在工程总承包方面做了不少工作，取得了一些成绩。全过程工程咨询业务也只在少数企业开展，营业收入规模不大。有些主营工程勘察设计业务的企业处于等待和观望态度。上海勘察设计行业需加快以设计为龙头的工程总承包业务模式的转型步伐。

（3）从营业收入上看，工程勘察、工程设计的营业收入占比有所下降，其他工程咨询业务、工程总承包营业收入占比有所增加，今后本行业的业务发展结构更趋多元化。

（4）从其他工程咨询业务营业收入上看，招标代理、项目管理、工程造价咨询、前期咨询营业收入、工程监理收入相比2020年有所增加，境外工程咨询收入有所下降。开展全过程工程咨询并不是前期咨询、招标代理、工程监理、项目管理、工程造价咨询等环节的简单叠加，是以客户需求为导向，为工程项目策划、实施和运行的全生命周期提供技术、经济、管理等方面的服务，扩大工程咨询服务范围。

（5）从工程总承包营业收入上看，主营施工业务的企业工程总承包收入占工程总承包收入总额的73.88%，主营工程设计业务的企业工程总承包收入仅占工程总承包收入总额的26%。由此可见，以设计为主导的工程总承包业务进展还需大大加快，设计企业开展工程总承包利润率有待提升。

（6）全过程咨询发展还不完善，行业发展受外部周期性影响，呈波动性变化态势。

2. 新冠疫情对设计勘察企业的影响

新冠病毒肺炎疫情在全球蔓延，疫情对全球经济运行产生明显影响，给国内经济社会发展也带来前所未有的冲击。

疫情带来不确定性，线上线下联合发展。企业积极采取线上与线下相组合的工作方式，与产业链上下游企业携手共进，促使企业自身与合作伙伴一起协同发展。注重价值创造，在合作共赢的基础上提质增效，应对一切不确定性。

此外，根据客户类型的不同，采取分级差异化的应对策略；在新的市场环境下坚持"设计创优，科技创新"双轮驱动战略，不断拓展设计边界，紧跟国家政策，聚焦绿色、双碳、低能耗、健康、智慧等领域为城市创造价值，从满足客户需求、引导客户需求，直至创造客户需求，紧紧抓住业务中的各项场景来选择新的赛道，使业务多元化。

（七）行业发展趋势展望

在过去的几年中，勘察设计企业完成了大量的国家重点工程项目，行业实力稳步提升，行业管理初见成效。根据中央对于国民经济发展新的战略部署，新基建、区域发展、国家重大战略项目实施、新型城镇化、国企改革三年行动计划等成为社会发展改革的新目标、新任务，对勘察设计行业发展来讲是重大利好。

从国家战略层面来看，习近平总书记近期系列讲话以及《中共中央关于制定国民经济和社会发展第十四个五年规划和二〇三五年远景目标的建议》等，都是重要的学习材料，希望全行业认真学习，从中寻求未来发展的机会。其中，以下几个重要方面需要关注。

1. 经济增长引擎的变化

将实施消费拉动和扩大内需战略，满足人民日益增长的美好生活需求。

2. 构建国内大循环、国内国际双循环的发展格局

以后一段时期，"拉长长板，补齐短板，提升产业链、供应链现代化水平，发展战略新兴产业，统筹推进基础设施建设，加快数字化发展，"都是勘察设计行业的市场空间。

3. 城市发展、城市更新

"完善城市化发展战略,统筹经济生活、生态安全需要,打造宜居城市、韧性城市、智慧城市,建立高质量城市生态系统和安全系统,建立一批产城融合、职住平衡、生态宜居、交通便利的郊区新城,形成多中心、多层级、多节点的网络型城市群结构,"将为城市业务发展提供重要指引,这都和我们未来的市场息息相关。

4. 绿色发展

促进人与自然和谐共生,扎实做好碳达峰、碳中和各项工作。绿色低碳发展,提高资源利用效率,持续改善环境质量,形成自然保护地系统,提升生态系统质量和稳定性,为勘察设计行业发展提出了更高的要求。

5. 健康中国

"建设公共卫生体系,应对人口老龄化,"将为勘察设计行业提供巨大的市场空间。

另外,还有几个因素需要考虑。一是受新冠肺炎疫情影响,企业"走出去"受到严重影响,跨国、跨地区供应链受阻或受到影响;二是世界政治、经济环境变换。中美关系由于美国总统更替带来新的不确定性,民粹主义抬头,仇恨与冲突风险增加,欧美输出通胀风险加剧;三是RCEP协定。该协定覆盖"10+5"国,辐射人口众多,包括原材料供应,制造产业链、消费市场、技术研究,将会推动产业链、供应链重构,解决资源供应、产品销售、技术问题;四是贯彻落实2021年度中央经济工作会议精神。

行业发展面临新形势,高质量发展要求带来市场新机遇,一体化业务模式带来业务拓展新空间,智能建造提出数字设计新要求,国内、国际新环境带来双向新挑战,全行业上下需要明确指导思想,发挥党的领导核心作用,发挥政府市场监管作用,发挥行业协会的服务职能和自律作用,坚持市场化、坚持创新发展、坚持国际化为基本原则,要深化改革,以服务质量高、企业效益好、创新能力强、从业人员满意度高、市场认可度高、国际竞争力强为标志的行业高质量发展为目标,引领行业服务能力升级,引导企业发展模式再定位。

未来设计勘察行业的发展,总体形势向好,但不确定、不稳定因素始终存在;给企业发展带来挑战,经济形势仍然复杂严峻。所以要认清形势,抓住机遇,做好设计勘察行业发展的顶层设计工作,加快落实区域发展战略;抓住建筑行业新机遇,提升建筑设计的服务能力和科技含量,以扎实的发展动力来应对变化,推动企业获得更大的发展空间。

(八)建议

后疫情时代环境下,市场需求减弱,存量市场释放疲软。建筑设计企业要密切关注市场变化,灵活调整业务布局。当下,城市更新、园区建设、双碳绿建、装配式建筑、美丽乡村建设项目多,建筑设计企业要主动出击,争取项目。

1. 重视建立长期发展战略,坚持深化改革,提升行业的综合竞争力

过去的20多年里,国家基建项目、城市开发以及房地产业高速发展,勘察设计行业的增量式发展、规模化增长取得了不错的成绩。但是为认知和经验所限,管理与生产方式比较粗放;服务碎片化、缺少全生命周期的一体化服务;大多企业业务趋同,服务单一,竞争力不强;营业利润率逐年下降等,离高质量发展还有相当长的距离。

未来要加快转型升级,尤其要积极倡导并有效促进内资与外资设计机构同台竞技,国有与民营设计单位并驾齐驱,综合与专业设计院所比肩发展,设计公司与上下游产业链企业良性互动,共同组成上海勘察设计行业的蓬勃力量。齐心协力推进业务创新、管理创新、科技创新、数字化融合与

应用,延伸产业链服务,向全过程、全生命周期延伸,充分发挥勘察设计在工程建设中的主导作用,促进行业高质量、可持续发展。

(1) 根据发展需要,做好勘察设计行业的长期战略,为企业制订"十四五"发展规划和中长期高质量发展远景目标

"十四五"是我国两个百年目标的交汇期,无论国内国外都面临前所未有的大变局,机遇与挑战并存。因此,根据国家"十四五"发展规划宏伟蓝图,要制订好企业的"十四五"发展规划。要全面回顾"十三五"期间的发展概况和存在的主要问题,研究分析目前面临的形势,提出"十四五"规划的指导思想、基本原则和发展目标,深入贯彻"创新、协调、绿色、开发、共享"的发展理念和"适用、经济、绿色、美观"的建筑方针,推进单位的业务创新、管理创新、科技创新、数字化应用,提升建筑工程的品质和效益,促进高质量、可持续发展。

要加强行业引导,优化行业组织架构,鼓励通过优化重组强强联手;同时打造行业领军机构,引导不同规模的企业根据自身特点确定各自的行业细分市场,做专做精。通过全市性的培训,提升行业人员的业务素质。坚持问题导向,培养具有强烈创新意识、竞争意识的综合型、复合型高层次人才,满足行业前沿发展的需求。此外,鼓励和带动一批有条件的单位向高端智库发展打造具有较大影响力和国际知名度的高质量智库。抓住发展机遇,为推进城镇化高质量建设提供全过程工程咨询、工程总承包等服务,提升勘察设计行业的服务水平和社会影响力。

(2) 坚持深化改革,推行业务创新,建立应急管理机制,快速调整经营方式,提升勘察设计综合竞争力

勘察设计行业面临的市场竞争环境有以下几个类别:

一是同类型企业竞争。从行业企业规模大小、规模差异性看,同等规模企业竞争加剧,行业竞争态势是大小企业之间出现"两级"分化,大项目向大企业靠拢。业内企业业务、能力趋同,供应量大,缺少核心能力。

二是上游企业讨价还价能力极强。投资方、开发商的规模和集中度高。

三是下游企业的讨价还价能力正在增强。设备、材料供应商规模较大,技术在提升,施工企业实力强,可能导致中小勘察企业、中小项目的工程总承包很难做。

四是潜在进入者增多。工程总承包方面,施工企业集团从资本端进入;专业工程方面,专业供应商进入系统集成和EPC总承包,蚕食相当大的设计、施工和总承包业务;全过程工程咨询方面,传统工程指挥部、代建企业、监理企业,都有可能成为业务的进入者;方案设计前端咨询方面,外资企业是重要的竞争对手。

五是替代品。现在,行业都在推产业化、BIM深化设计,通过标准化的建筑设计以及模数化、工厂化的部品生产,从而实现建筑产业化。

从以上行业竞争力分析可以得出,我们行业企业的竞争力在下降,随之而来也带来了地位的降低。

未来市场空间将由增量市场转变为增量与存量并存,存量市场空间潜力较大。要推行业务创新,寻找新的经济增长点,就要加强行业领导,优化行业组织架构;围绕区域协调发展、产业升级、旧城改造、乡村振兴等,投资热点将聚焦智慧城市建设、城市更新、生态环保、建筑工业化、新基建等,发挥行业优势,大力推进设计主导的工程总承包、全过程工程咨询、建筑师负责制在工程建设中的深度融合。开拓新业务市场,打通产业服务链,促进服务方式升级,提升服务价值。

(3) 部署数字化升级,加强理论方法和科技创新,积极打造新型咨询模式,加快推进勘察设计行业数字生态建设

充分利用互联网信息技术优势,加强大数据、物联网、BIM等信息技术在勘察设计行业的应用,

构建工程咨询的信息化平台,逐步提升行业的服务效率、效益和质量。推动行业内成立新的技术联盟、合作平台等,本着"共商、共赢、共建"的原则,共同推进新技术在行业内的广泛应用,形成"互联网＋勘察咨询"的全新行业服务格局。

加快推进勘察设计专业技术与数字技术的融合与应用。工程勘察设计企业掌握了丰富的工程基础数据,加大行业数字化建设,建立工程基础大数据库平台系统,推进行业数字化、信息化与业务创新、技术创新的发展,提升工程勘察设计的质量和精度,优化全过程工程咨询服务和工程总承包的效率。

（4）建立有价值的长期战略,推动组织结构性变革;坚持推进更加先进与合理的专业化、特色化发展方向

工程勘察设计单位作为建筑业中的人才密集型组织,开展全过程工程咨询和工程总承包业务虽具有先天优势,但也存在人才结构和管理结构的不完整性,需要从人员结构、工作流程、管理体系、技术体系等方面转型升级。企业如果选择设计咨询的定位,就要在专业领域做精做专,实施差异化竞争。如果选择在工程总承包业务上发展,其业务能力要强化设计与施工的深度融合,向工程公司模式转型。总之,由于工程建设组织方式的转变提倡全过程工程咨询、设计牵头的工程总承包等模式,有利于综合型的大企业,中小型设计企业要坚持专业化、特色化的发展道路。

（5）强化人才队伍建设

后疫情时代,疫情和动态清零将成为常态,企业员工的培训要结合这种变化开展。企业注册人员考前学习,考后教育培训,新技术、新材料、新工艺的学习培训,转岗学习培训等都要列入计划,有序推进。

在数字化、信息化与勘察设计专业技术深度融合,推行设计主导的工程总承包、全过程工程咨询业务的大趋势下,工程勘察设计企业对人才的需求有较大变化,设计业务从单一环节的业务,向多环节或全生命周期的一体化服务转变,要求工程勘察设计技术人员不仅具备良好的专业素养、丰富的实践经验,还要具有工程造价、项目管理能力等跨专业、跨学科的综合能力。

利用大数据平台,开展数字化、智能化设计和全生命周期服务,对熟悉大数据、云计算、人工智能、网络安全等技术的人才需求持续旺盛。

加大行业领军人才（两院院士、全国勘察设计大师、上海市领军人才等）的选拔和培养力度,发挥领军人才的引领作用,提高行业人才队伍的全国影响力和国际地位。

积极探索和采用社会引进、培养和录用高校大学生、与高校有关学院联合办学、在职人员在岗/脱产培训等多种方式,加快紧缺、高精尖人才的引进和培养力度,不断提升行业人才队伍的整体素质。

（6）推进工程设计创新

① 找准勘察设计发力点,确定业务定位,提升相应能力。

一是创新方案。要发挥先导和集成创新作用,赋予工程更多价值,减少不必要的投资,提高工程投资经济性,并形成后发投资优势,贯穿工程设计全过程,特别是前期投资决策和初步设计阶段的方案创新,在工程建设中发挥着灵魂和引导作用,赢得客户信任。促进方案创新也是全过程工程咨询的核心内容。二是精准设计。使工程设计更具科学性,方案更加优化,提升工程品质,降低造价。具体措施包括精确计算、BIM 应用、数字孪生,设计深度直达施工安装。这些也是防范 EPC 总承包风险的有效措施和利润来源,成为优秀设计企业承担 EPC 总承包的优势。三是精细管理。对工程投资意图的理解、对设计方案的把握、对设计信息的全面掌控等优势,更能实现工程建设目标,实现工程建设的"多、快、好、省"。适合的业务有全过程工程咨询、工程项目管理、工程总承包、系统

集成等,工程总承包推荐采用"EP+CS"、EPC等合同模式。四是智慧运维。智慧运维是工程建设的终极目标,可以持续为客户服务,成为工程"4S店"。服务内容包括运维软件系统、远程诊断、运维管理、技术提升改造等,目的是提高运维效果和效率。

② 企业业务模式再定位。

按照业务定位,勘察设计企业可以分成以下几大类:一是工程设计咨询(顾问)公司。是在设计业务基础上,发展工程咨询业务,包括投资咨询、工程建设过程咨询、运维咨询和技术改造;二是国际化工程公司技术公司。以海外业务EPC总承包业务为主,发展工程投资咨询和工程全过程咨询业务;三是细分行业工程技术公司。主要业务为工程EPC总承包与工程设计、咨询;四是专业工程技术公司。主要业务为跨行业专业工程EPC总承包与工程设计、咨询。五是专业设计师事务所。主要是专有技术相关服务业务。

③ 科技创新。

开展技术研究与合作,掌握工程的核心技术,发展核心技术载体业务和产品。如果没有载体,创新就没有意义。

④ 数字化、大数据、物联网、人工智能等技术在工程设计相关业务上的应用。

要跟上技术革命的步伐,增强竞争优势,实现超越或至少保证不被淘汰。

⑤ 实施企业重组、合伙、合作,建设企业产业生态圈,增强企业竞争力。

企业高质量发展的标志是要有适应市场需求的产品组合,成本领先,保证企业能生存下去;产品技术、服务价值领先,才能有好的发展;研发投入与无可替代的核心技术、品牌价值、高端人才、劳动生产率、风险承受能力等指标要良好。有条件的企业业务要向前端、高端发展,创新业务、创新技术、创新管理。

还要规范会员行为。专委会将以上工作纳入协会年度重点工作清单管理,长期推进,不断深入。

2. 采取多项措施实现信息共享,推进执行工程勘察设计统计报表制度,进一步完善年报统计分类,营造高质量发展的良好氛围和环境

专委会应积极引导、监督管理勘察设计企业做好年报统计工作,相关部门相互配合,提高行业数据申报和统计工作的及时率和准确率。

安排专人负责,做好宣传,主动推进和优化服务,提高上报率和准确率、强化数据统计分析和研究,继续为政府收集建设工程领域的一手信息、做好科学决策,发挥好参谋和助手作用。

本行业大多数勘察设计单位对工程勘察设计统计报表工作更加重视,并积极按时申报,对行业数据统计分析工作给予了大力支持。今后应继续加强勘察设计统计报表的申报管理工作,安排专门的部门和人员落实责任,常态化地把数据统计申报工作做细致、做扎实。

注:原始数据来自全国勘察设计行业统计年报。

(设计服务专委会供稿)

三、商务服务专委会:上海商务服务业2021年发展报告

(一) 2021年行业发展全景

1. 上海商务服务业持续回暖显韧性

2021年是"十四五"规划的开局之年,也是中国开启经济发展的新阶段。2020年常态化防控新

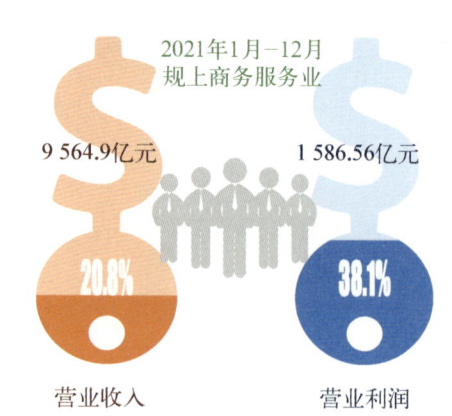

冠病毒肺炎疫情态势延续,2021年上海商务服务业有所回暖复苏,规上商务服务业企业的营业收入、营业利润实现同比正增长,在稳就业、保利税等方面展现出了发展韧性。

根据2021年上海市规上服务业企业统计数据显示,规上商务服务业企业实现营业收入9 564.9亿元,同比增长14.9%,占上海市规上服务业企业营业收入的20.8%;实现营业利润1 586.56亿元,同比增长1.4%,占上海市规上服务业企业营业利润的38.1%。

从2021年上海市规上商务服务业发展增长情况看,复苏的动力和阻力胶着。一方面,商务服务业延续2020年复苏走势,全年保持了同比正增长。另一方面,复苏阻力大,恢复难。新冠病毒肺炎疫情的不确定性和国内防控政策给商务服务业复

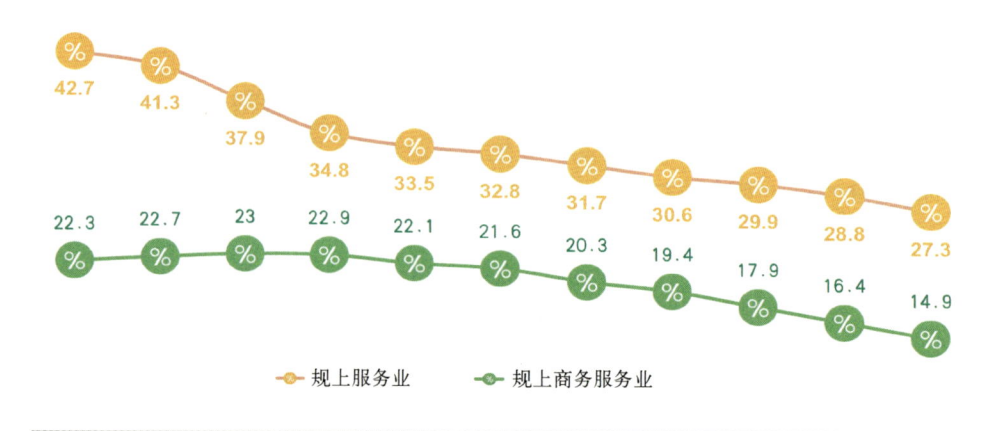

图1 2021年上海规上商务服务业营收情况

(数据来源:上海市统计局)

图2 2021年规上商务服务业企业月营业收入同比增长情况

(数据来源:上海市统计局)

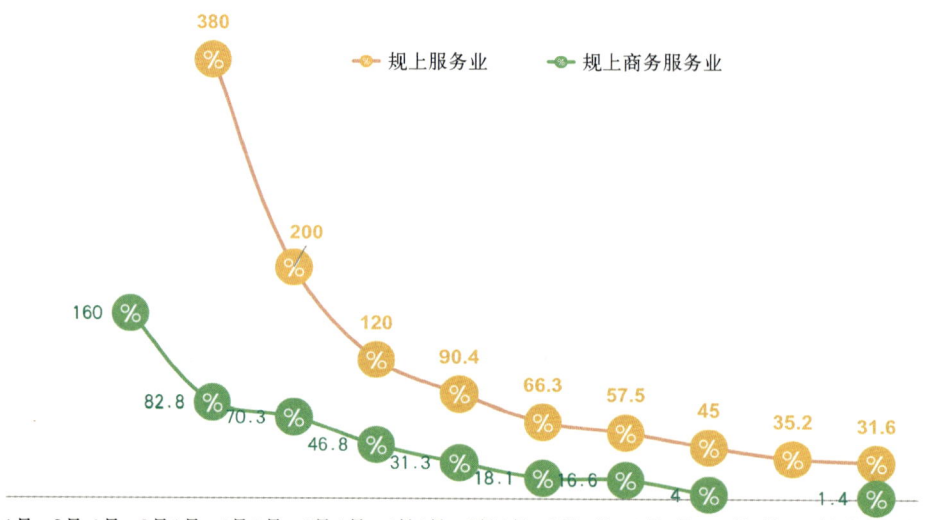

图3 2021年规上商务服务业企业月营业利润同比增长情况

(数据来源:上海市统计局)

苏带来了较大压力。全年上海市规上商务服务业营业收入和营业利润增长呈下降趋势,这表明了商务服务业整体增长节奏和复苏难度在加大。

从北上广深四大城市商务服务业发展看,2021年整体发展趋势基本一致。其中,上海商务服务业在营业收入规模上依旧保持领先地位,且商务服务业对整体服务业的影响和占比贡献较其他城市高。但营业利润方面,上海整体盈利能力低于北京。上海与香港相比,香港商务服务业显示出更强的行业增长势头和发展活力。据香港统计署数据显示,香港地区专业、科学及技术业按季业务收益指数全年稳步上升。

相关链接:2021年重点城市租赁和商务服务业发展比较〔资料来源:北京市统计局、上海市统计局、广州市统计局、深圳市统计局(深圳市统计为1—11月同比增速)、香港统计署〕

注:内地和香港地区统计体系和统计口径不一,数据仅供行业趋势对比。

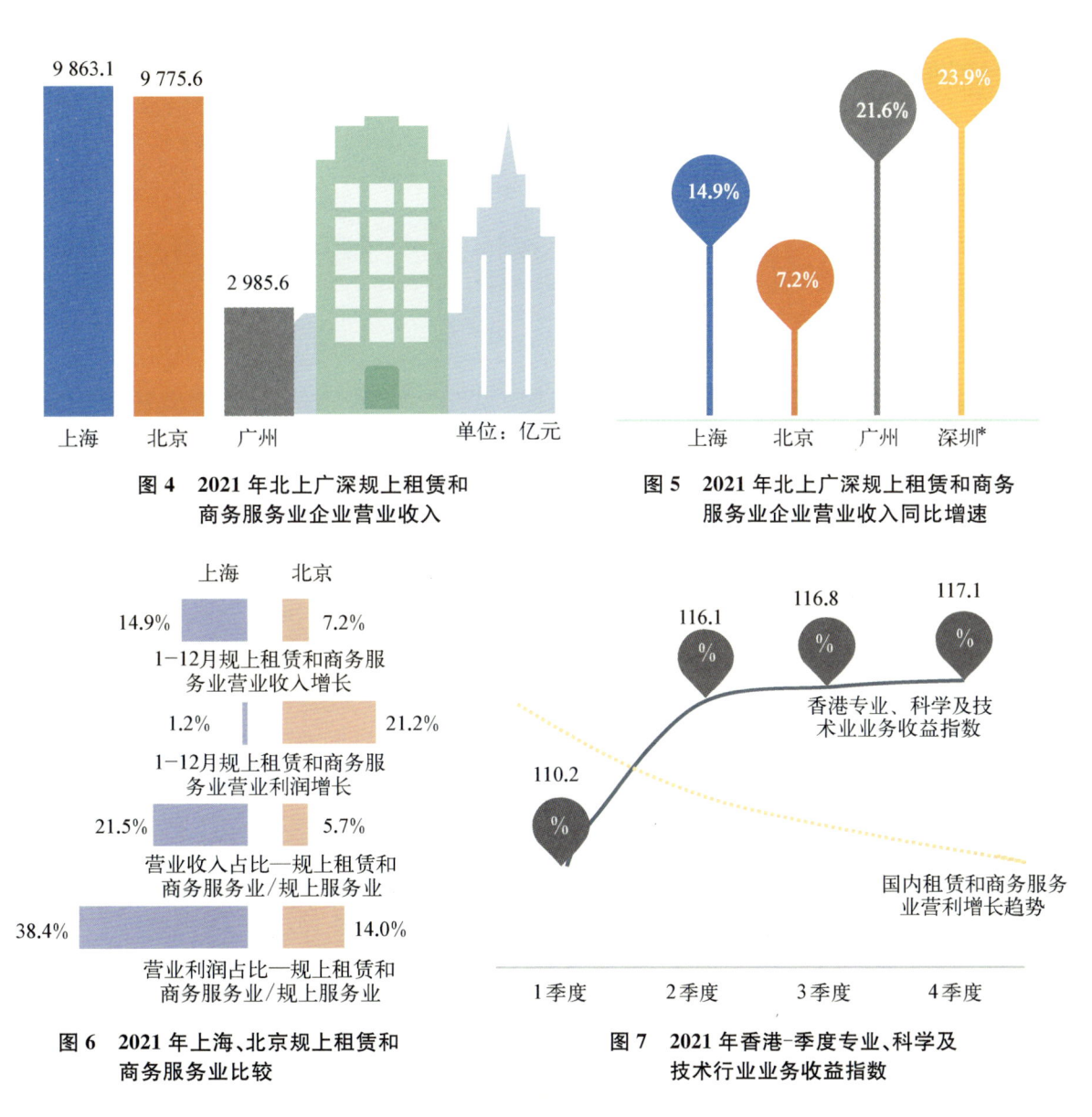

图4　2021年北上广深规上租赁和商务服务业企业营业收入

图5　2021年北上广深规上租赁和商务服务业企业营业收入同比增速

图6　2021年上海、北京规上租赁和商务服务业比较

图7　2021年香港季度专业、科学及技术行业业务收益指数

2. 中心城区商务服务业优势持续巩固

"十四五"开局之年,上海中心城区商务服务业平稳发展,商务服务业集聚优势持续巩固,区级

浦东新区

2021年，浦东新区租赁和商务服务业实现营业收入2 009亿元，增长26.4%。陆家嘴区域集聚效应明显，计划到2025年，各类专业服务机构突破3 500家。

黄浦区

2021年，黄浦区商务服务机构增至4 700余家，单位面积税收近6亿元/平方公里。淮海中路-新天地、南京东路-人民广场及外滩金融集聚带集聚效应明显。
发布《黄浦区专业服务业发展"十四五"规划》，明确"4+4"产业体系，打造"环球服务枢纽"。

静安区

2021年，静安商务服务业实现区级税收实现123.48亿元，同比增长15.29%。南京西路集聚效应明显，商务服务业写字楼租户近1/4，在各行业中领先。拥有贝恩咨询、毕马威、方达律所、瀚纳仕、仲量联行、米高蒲志、君合律所等外资知名专业服务机构。

徐汇区

2021年，商务服务业营业收入实现1 474.25亿元，同比增长28.7%；区级税收实现93.98亿元，同比增长18.3%。

注：为统一全文表述口径，本报告将黄浦区、静安区、徐汇区等各区专业服务业口径统一替代为商务服务业。

图8 2021年重点城区商务服务业发展情况

（数据来源：浦东新区、黄浦区、静安区、徐汇区统计局以及各区2022政府统计公报）

2021年 黄浦/静安 商务服务业重大推进

黄浦区

发布《黄浦区专业服务业发展"十四五"规划》，明确"4+4"产业体系，打造"环球服务枢纽"。"十四五"期目标产业营业收入突破2 000亿元，税收贡献率超过20%。

"4" 四大核心行业：咨询与调查服务、商务管理服务、人力资源服务、航运专业服务

"4" 四大基础行业：法律服务、社会交流服务、工程与规划服务、商务支持服务

静安区

- 举办"上海服务 链接全球——上海静安'全球服务商计划'推进大会"
  ——发布了二批全球服务商企业名录
- 推进上海市专业服务业联盟建设
- 静安区政府与12家全球服务商签订全球服务战略合作协议
- 成立全球服务商理事会
  ——首批理事会成员63家全球服务商企业
- 全球服务商计划列入上海市"十四五"规划
- **出台静安区全球服务商计划专项政策**

图9 2021年静安区、黄浦区商务服务业重要推进

（资料来源：黄浦区、静安区政府公开信息资料）

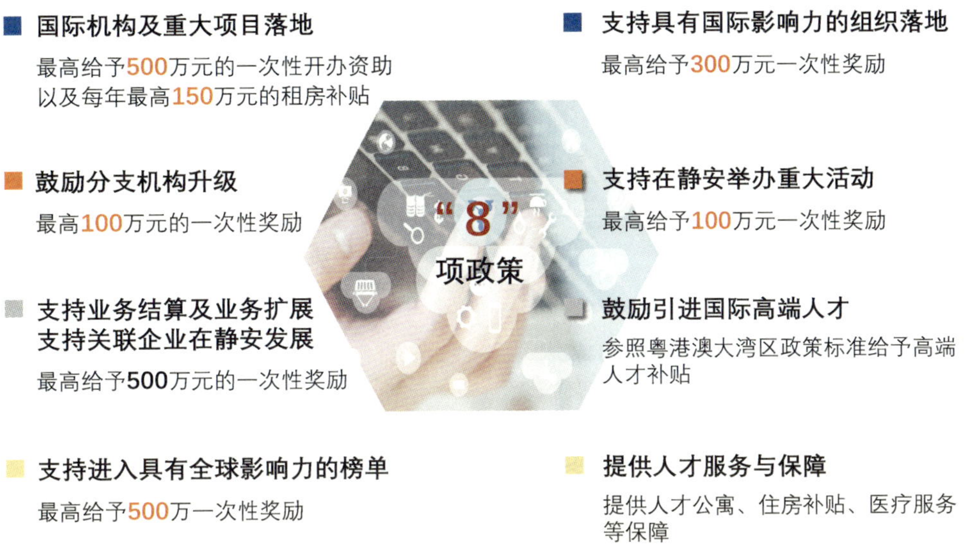

- 国际机构及重大项目落地
  最高给予500万元的一次性开办资助以及每年最高150万元的租房补贴

- 鼓励分支机构升级
  最高100万元的一次性奖励

- 支持业务结算及业务扩展
  支持关联企业在静安发展
  最高给予500万元的一次性奖励

- 支持进入具有全球影响力的榜单
  最高给予500万一次性奖励

- 支持具有国际影响力的组织落地
  最高给予300万元一次性奖励

- 支持在静安举办重大活动
  最高给予100万元一次性奖励

- 鼓励引进国际高端人才
  参照粤港澳大湾区政策标准给予高端人才补贴

- 提供人才服务与保障
  提供人才公寓、住房补贴、医疗服务等保障

"8"项政策

图10　2021年静安区全球服务商专项政策

（资料来源：静安区政府）

经济"稳定器"作用突出。

3. 2022年上海商务服务业展望

2022年，上海经历疫情的巨大冲击，经济和社会发展都经受严峻考验。目前来看，此次新冠疫情产生的负面影响远大于2020年，2022年上海商务服务业发展压力和挑战显著，特别是二季度受到剧烈冲击已成定局。

疫情阻断上海行业发展，商务服务企业虽然可以居家办公，但研发人员和项目（产品）经理分开，效率大幅降低，而营销部门则完全无法进行商务洽谈，新项目零增长导致后续经营压力显著。预估2022年商务服务企业营收和利润均将出现大幅调整，全年增长压力显著。同时，商务服务业结构分化也将进一步明显，具有国际影响力的品牌企业、率先数字化的企业将引领全行业复苏，而中小企业将承受更大压力，修复难度将显著大于以往。

后疫情时代，城市发展面临经济、生活恢复正轨和依然存在的疫情传播风险的平衡难题。上海商务服务业也在新的形势下不断探索着新的发展模式和发展路径。2022年6月，上海在疫情防控方面取得了阶段性显著成效，城市生态正逐渐步入正轨。

无论如何，上海在国内、亚洲乃至全球城市和产业经济地位仍然不容忽视。在国家及上海经济重振政策下，上海商务服务业仍将展现其国际化、高端化、高能级的发展韧性，在上海经济修复和增长中发挥"稳定器"的作用。

展望未来，上海经历2022年抗疫磨砺和考验，必将通过更加科学、有效的防控措施，平衡经济发展和疫情防控，重振上海经济，重塑城市品牌。上海——这座东方明珠，这座将中国和亚洲，乃至世界连接起来的城市也将逐渐恢复往日的风采。

（二）2021年上海总部经济与楼宇经济

1. 2021年上海总部经济

2021年全球疫情仍在蔓延，但上海"总部经济"动力强劲。

2021年上海跨国公司总部发展情况

从数量看,据上海商务委数据显示,截至2021年底,上海市累计认定跨国公司地区总部831家,外资研发中心506家,其中,年内新增跨国公司地区总部60家,外资研发中心25家。截至目前,在上海投资的国家和地区达190个,主要以欧洲、美国和日本企业为主,占总数的79%。

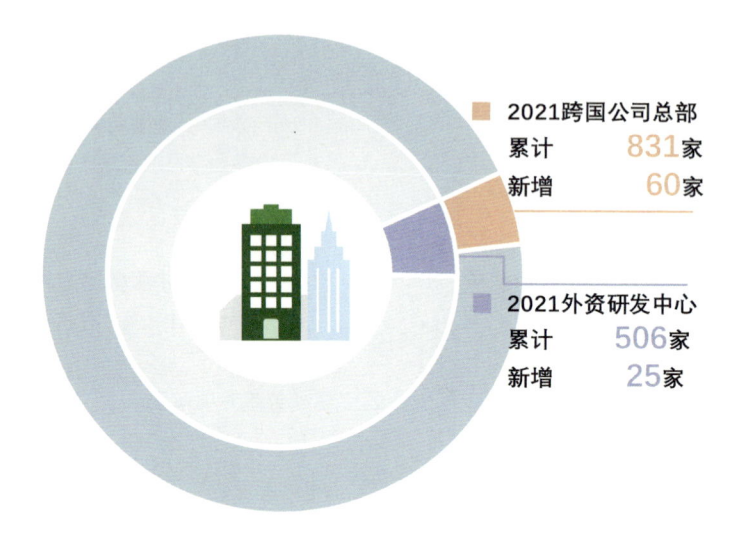

2021跨国公司总部
累计 831家
新增 60家

2021外资研发中心
累计 506家
新增 25家

图11 2021年上海跨国公司情况

(数据来源:上海市商务委)

从能级看,沃尔玛、苹果、霍尼韦尔、福特汽车等知名跨国公司都在中国设立了亚太区总部、大中华区总部等地区总部。其中,由世界500强企业设立的地区总部占比约15%,如沃尔玛、苹果、采埃孚、圣戈班、通用等;大中华区及以上级别的地区总部占比约18%,如诺基亚贝尔、苹果设立大中华区总部,霍尼韦尔、汉高、福特汽车、沃尔沃建筑设备等设立亚太区总部。

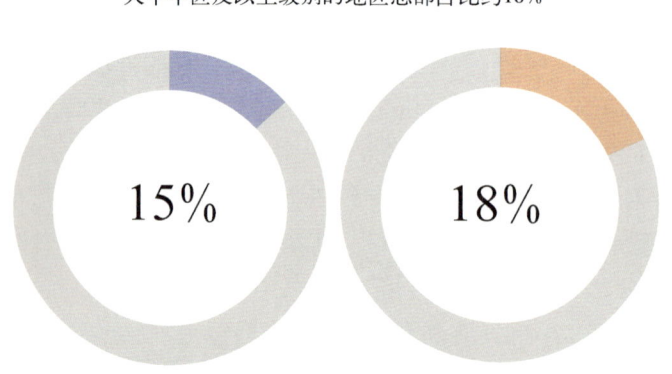

由世界500强企业设立的地区总部占比约15%
大中华区及以上级别的地区总部占比约18%

15%　　18%

图12 2021年上海跨国公司总部能级情况

(数据来源:上海市商务委)

从效益看,截至2021年11月,上海跨国公司地区总部仅占上海市外资企业总量的1.1%,但贡献了上海市外资企业18.2%的税收,同比提高1.9个百分点;1月—11月,有20%的跨国公司地区总部的税收超过1亿元。

从产业结构看,母公司以制造业企业为主的在沪跨国公司地区总部占比71%,主要集中于生物

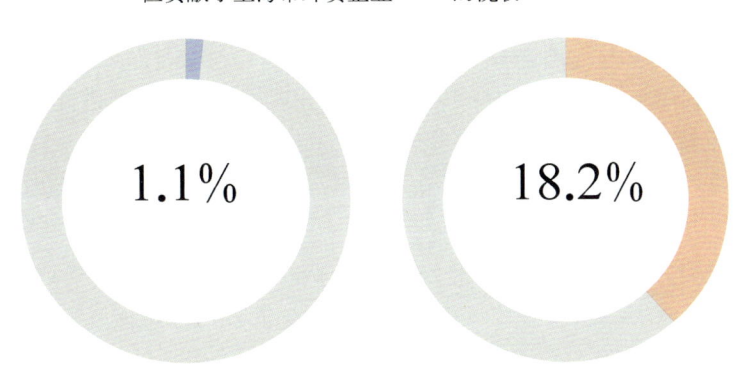

上海跨国公司地区总部占上海市外资企业总量的1.1%
但贡献了上海市外资企业18.2%的税收

1.1%　　　18.2%

图 13　2021 年上海跨国公司总部经济税收贡献情况

（数据来源：上海市商务委）

医药、集成电路、汽车制造、智能制造等行业；服务业企业占比 29%，主要集中于商贸、物流、检验检测等行业。与此同时，在沪跨国公司地区总部也在不断拓宽产业边界。如年内保时捷（中国）汽车销售有限公司把原来的中国区总部升级为亚太区总部，同时还宣布在上海成立 3 家新的分公司，涉及融资租赁、数字科技和赛车贸易 3 个全新领域。

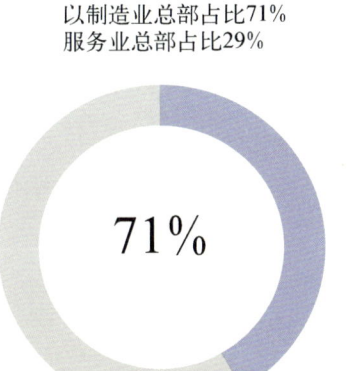

以制造业总部占比71%
服务业总部占比29%

71%

浦东新区是上海市跨国公司地区总部最集中的区域，新增占比45%。

45%

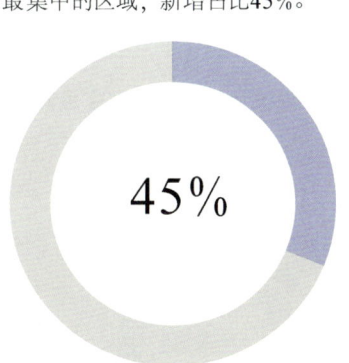

区	跨国公司总部
浦东新区	389
黄浦区	58
静安区	100
徐汇区	100
长宁区	75
普陀区	41
其他	68

图 14　2021 年上海跨国公司总部产业结构　　　**图 15　2021 年上海各区跨国公司总部情况**

（数据来源：上海市商务委）　　　　　　　　　　　（数据来源：上海市商务委）

从各区发展看，浦东新区是上海市跨国公司地区总部最集中的区域，占比 45%，主要分布在陆家嘴、张江、金桥、保税区等片区。而浦东之外，各区也积极进行"错位"发展。其中，徐汇区已经成为全球商贸品牌总部的集聚地，如亿滋、乐高、星巴克等；静安区在已有全球三大奢侈品集团以及罗兰贝格等专业服务业龙头企业入驻的基础上，于 2021 年 3 月推出促进发展"总部经济"十大举措等。

面对世界经济衰退和新冠肺炎疫情严重冲击，上海全力以赴"稳外资""稳预期"，把"发展更高能级的总部经济"放在外资工作的重中之重，吸引跨国公司亚太总部和功能性全球总部落户，将在沪跨国公司地区总部提质增能作为经济高质量发展的"策动力"。

2. 2021 年上海民营企业总部发展情况

2021 年，上海市持续做好民营经济总部发展，进一步放大总部企业溢出效应。

从规模能级看，2021年上海累计认定的民营企业总部达到388家。全年新认定114家民营企业总部，其中，全国民营企业500强2家，贸易型总部18家；总部企业数达到112家，总部机构2家；年度营业收入合计7 945亿元，其中，达到1 000亿元以上的有1家，为新城控股集团有限公司(1 455亿元，全国500强直接认定)，达到100亿元以上的有17家，100亿元能级以上的企业占此次认定企业的15.8%。

从地区分布看，民营企业总部覆盖上海全部各区。其中，浦东为88家，占总数的22.7%；闵行、青浦分别为42家和37家，占总数的10.8%和9.5%，名列第二、三位。郊区民营企业总部累计认定数量占比达70%。

从行业分类看，批发零售业89家，占比23%；制造业101家，占比26%；软件与信息服务业80家，占比21%；物流仓储业29家，占比7%；房地产与建筑业34家，占比9%。

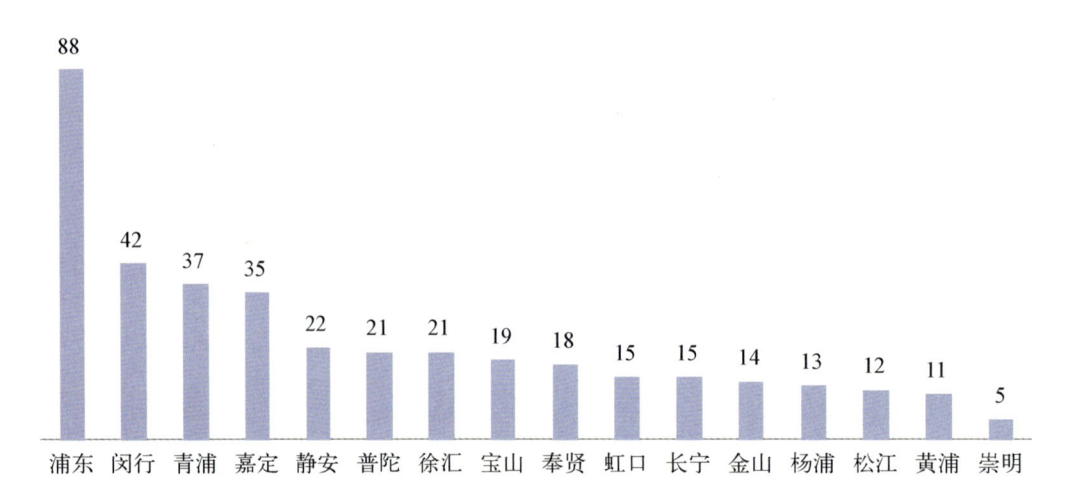

图16 上海累计认定的388家民营企业总部的各区分布情况

(数据来源：上海市商务委)

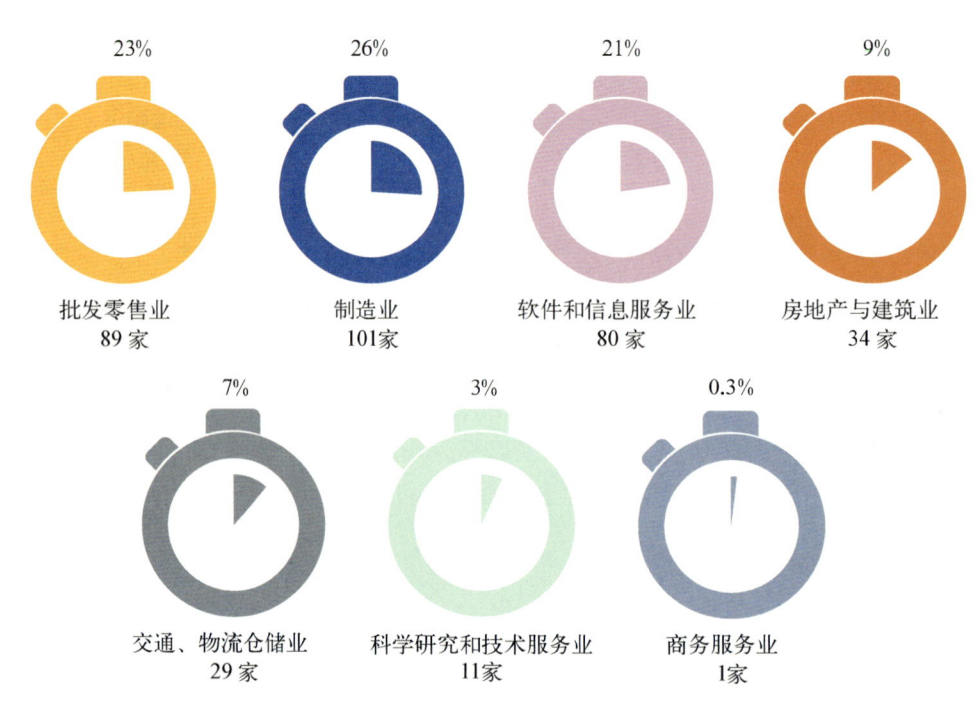

图17 上海累计认定的388家民营企业总部的行业分布情况

(数据来源：上海市商务委)

3. 2021年上海楼宇经济

2021年,上海楼宇经济持续提档升级,年内上海高品质楼宇供应保持高位,净吸纳量创历史新高,并诞生两幢税收"百亿楼"。

从"亿元楼"发展看,全年各区"亿元楼"继续扩容,接连诞生静安区恒隆广场、浦东新区陆家嘴国金中心两幢"百亿楼",为上海楼宇经济发展增添了新注脚,也折射上海经济高质量发展新脉动。

2021上海诞生两幢税收"百亿楼"

静安 101.4亿 税收百亿楼
商场年销售额 **157亿**
恒隆广场
恒隆办公楼内知名企业众多,如全球奢侈品巨头LVMH、全球四大会计师事务所之一的毕马威、全球五大房产咨询公司之一的戴德梁行等。其购物商场内则云集100多个国际知名品牌如LV、爱马仕、迪奥等。

国金中心则吸引了大量金融企业、专业服务机构的落户。商场内云集了250多家国际顶级零售店和全球旗舰店。

浦东新区 ≈105亿 税收百亿楼
商场年销售额 **189亿**
国金中心

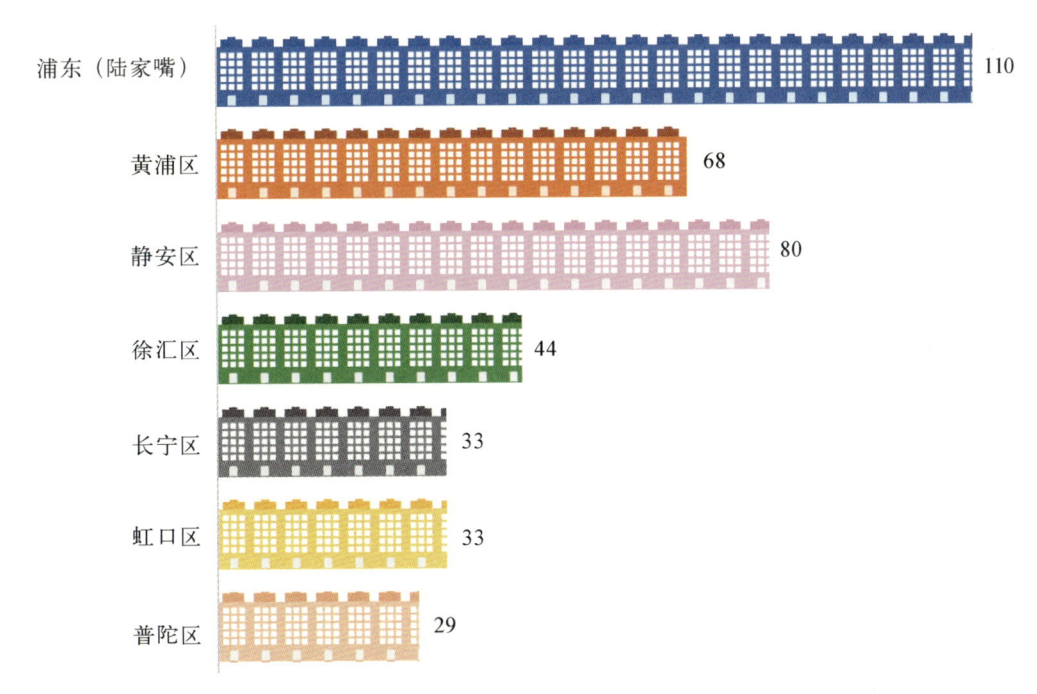

区	数值
浦东（陆家嘴）	110
黄浦区	68
静安区	80
徐汇区	44
长宁区	33
虹口区	33
普陀区	29

图18 2021年上海主要中心城区税收亿元楼情况

（数据来源：浦东新区、黄浦区、静安区、徐汇区、长宁区、虹口区、普陀区等2022政府统计公报）

从写字楼市场看,据世邦魏理仕《2021年上海房地产市场回顾及2022年展望》报告显示,2021年上海写字楼净吸纳量创历史新高。其中,陆家嘴、南京西路、前滩、北外滩、虹桥商务区五大板块聚增幅明显。在行业方面,金融、电子信息科技及专业服务三大主流行业引领上海写字楼交易。

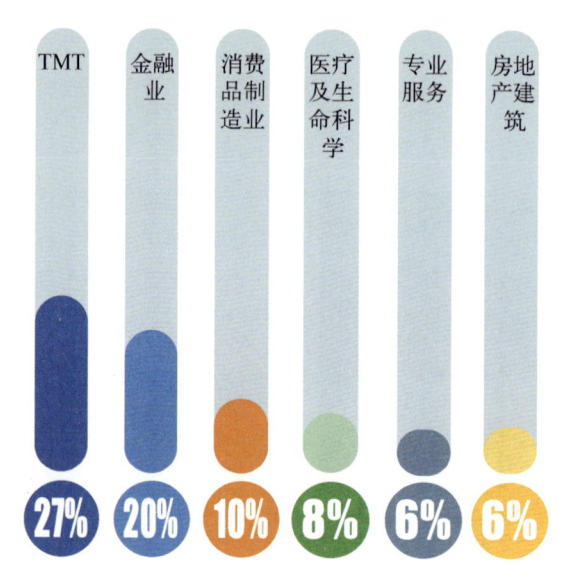

图 19　2021上海市场新租需求主要行业

TMT 27%　金融业 20%　消费品制造业 10%　医疗及生命科学 8%　专业服务 6%　房地产建筑 6%

（资料来源：世邦魏理仕）

（三）重点细分行业发展现状

1. 法律服务业

2021年上海法律服务能力持续提升,在推动法治建设、护航经济发展、服务对外开放等方面发挥作用。截至2021年12月底,上海共有律师事务所1 776家,人数规模大于50人的律所93家,其中总部位于上海本地的律所58家,总部位于外地的律所35家;律师人数达到35 065名（包括两公律师）。从行业创收看,上海律师行业业务总收入超过300亿元人民币,年均增长超过7%。

从服务领域看,律师服务业务多元发展,涉及金融银行、知识产权、海事海商、公司、证券、建设工程与房地产、劳动法、破产重组、反垄断等诸多细分领域。在2021年司法部对全国律师行业的优秀代表表彰中上海有6家律师事务所荣获"全国优秀律师事务所"和18名律师荣获"全国优秀律师"称号。

从上海律所分布看,各律所坐落于上海市各个区域,但在静安、黄浦、虹口、长宁等中心城区集聚效应明显。其中,静安区的律所分布最为密集,南京西路是上海唯一拥有30家以上律所的道路,也是全上海律所数量最多的一条道路。杨树浦路、浦东南路、肇嘉浜路、中山西路、世纪大道、延安西路等6条道路,也各自汇集着20家及以上数量的律所,含"律"量极高。郊区律所的数量和密度则低于中心城区。

2021年上海市发布《上海司法行政"十四五"时期律师行业发展规划》。规划指出,到2025年上海预计拥有50名律师以上的大中型律所达到100家左右,其中,100名律师以上的规模所达到60

家,300名律师以上的规模所达到15家;聚焦涉外业务高水平,积极培育国际一流的律师事务所,到2025年,上海涉外律师人数达到7 000人左右,上海律所在境外设立分支机构达到50家,提升上海律师在世界主要律师组织的话语权和影响力,助力国家和上海更高水平开放。

当前,数字化正在重构法律服务产业的全新样态。部分律所,尤其是公司化管理的律所,已经或正在独立研发内部管理数字化系统。如金杜律师事务所——金杜云办公室,盈科律师事务所——Law Wit一站式律所和律师工作平台,道可特律师事务所——绿云VIT律所管理系统、线上知识管理系统等。此外,也涌现了一批法律科技公司,如iCourt、法和、华宇元典、必智、法蝉、金助理、律和、律谷等。

上海法律服务机构在此浪潮中也积极探索新业态、新技术、新模式。2021年,上海律协与飞书合作备忘录签约,聚焦上海律师行业"律师会员服务移动平台"项目建设,"上海律师"App正式上线,电子律师执业证应用试点工作在上海拉开全面实施的序幕,上海市首家互联网律所——上海因咖律师事务所成立……

上海律师行业数字化正进入全新的发展阶段。

2. 注册会计业

2021年,围绕服务国家、服务上海、诚信建设等主线,上海会计师事务所做强做优、做专做精,行业持续健康发展。截至2021年底,上海市共有327家会计师事务所(不含分所),约43家会计师分所,拥有14家全国百强事务所;行业从业人员约3.5万人;全行业业务收入超过170亿元,注册会计师审计鉴证、经济鉴证、社会监督和咨询服务等业务稳步增长,其中,普华永道、德勤华永、立信、上会、众华、上海公信等事务所在全市行业创收、规模中排名前列。当前,无论是百强事务所数量、全市行业收入,还是人均创收,上海都超过全国大部分省市。

2021年,国家发布了《会计改革与发展"十四五"规划纲要》《注册会计师行业发展规划(2021—2025年)》《注册会计师行业信息化建设规划(2021—2025年)》《关于进一步规范财务审计秩序促进注册会计师行业健康发展的意见》等,为上海注册会计师行业持续发展指明方向。其中,注册会计师行业数字产业化和产业数字化为重要方向。

上海会计师事务所在财务智能化、数字化等方面走在全国前列。电子支付、电子票据、电子档案等技术普遍应用,事务所在审计作业系统、内部管理和项目管理信息化建设等方面均成效显著。顺应行业数字化趋势,上海进一步深化探索财务数字化、智能化,加速行业数字化转型进程。2021年上海智能财务研究院成立,举办第四届智能财务高峰论坛,探索将上海打造成国内智能财务高地,上海注册会计师行业在行业数字化和智能化建设方面不断迈出新步伐。当前,"四大"及部分本地事务所也先后开展了人工智能、区块链、大数据、无人机、机器人、虚拟现实、物联网和3D打印等前沿信息技术应用研究,如财务机器人。

3. 人力资源服务业

2021年,上海人力资源服务业持续稳健发展。2021年底,上海市共有各类人力资源服务机构3 082家,同比增长35.29%,3家世界500强、五大猎头公司、国有大型综合服务机构等在内人力资源服务机构百花齐放。产业规模持续保持全国领先,全年营业收入再次超过4 000亿元,税收近100亿元。上海人力资源服务产品日益丰富,服务能力进一步提升,为上海城市能级和核心竞争力的提升提供了强有力的人力资源支撑。

上海人力资源服务业国际化程度持续提升。截至目前,上海共有外资、港澳台资人力资源服务企业103家,20多家国际知名人力资源服务机构在上海设立亚太区或大中华区等区域总部。2021年,外服控股鸣锣上市,成为上海A股主板市场人力资源服务企业第一股。众多人力资源服务机构通过跨国收购、绿地投资、基金持有等方式,将上海人力资源服务向全球延伸。

上海人力资源服务业创新业态喷薄涌现。上海人力资源服务数字化探索加速,与互联网、大数据等新一代信息技术广泛融合的新兴业态快速发展,网络招聘、网络培训等在线服务充满活力,如上海外服(集团)有限公司与埃森哲(中国)有限公司签约开启"数字外服"转型;CDP集团——国内新一代HCM SaaS+业务模式,总部上海,开启上市之路。2021年,上海市35家人力资源服务机构被认定为高新技术企业。

上海人力资源服务业标准化建设不断加强。年内上海市组建成立上海市人力资源服务标准化技术委员会,参与制定5项国家标准,出台5项地方标准。举办"梅园论剑""大咖谈创新""先锋讲坛"等行业交流活动,促进产业健康融合发展。

上海人力资源服务业政策持续完善。年内,上海市人社局会同相关部门联合制定了《关于促进本市人力资源服务业高质量发展的实施意见》,提出了23条政策举措,重点就加大"伯乐"奖励计划完善通过猎头机构开展市场化引才机制、持续优化"一园多区"产业布局、引进培养产业专业人才、完善产业人才职称评价机制、建设行业智库等方面予以扶持。

中国上海人力资源服务产业园(静安)

全国首家国家级人力资源服务业发展集聚区

2021再创佳绩

截至2021年底,园区共集聚人力资源服务机构327家,同比增长20.22%;园区全年营业收入突破300亿元,为362.09亿元,同比增长40.85%。产业规模持续保持全国领先地位。

目前,园区已集聚一大批国际、国内领先的知名人力资源服务机构。其中世界500强企业1家,五大猎头公司1家,全球人力资源50强企业8家,亚太区、大中华区等区域总部23家,A股和港股上市公司有2家。2021年,11家人力资源全球服务商年均服务企业数量近1.2万家次,推荐中高端人才数量5742万人次。中国上海人力资源服务产业园区虹桥园成立。

图20 2021年中国上海人力资源服务产业园发展概况

(数据来源:中国上海人力资源服务产业园公开资料)

4. 咨询与调查业

工业设计、创意设计是上海咨询服务中的重要大类。自从2010年加入联合国"创意城市网络"以来,2021年上海创意和设计产业总产出超过1.2万亿元,增速近20%,2021年总产出超过1.2万亿元,增速近20%,拥有木马设计、DIA丹健国际、WJID维几设计、华都、天华、法尚、浪尖、黑桥设计、同济大学建筑设计研究院(集团)、华东建筑设计研究院、上海建筑设计研究院等一批优秀设计企业和机构,设计人才加速集聚,创新设计成果不断涌现,国际国内影响力日益增强。

2021年,上海发布了《上海建设世界一流"设计之都"的若干意见》提出上海力争创意和设计产业总产出保持年均两位数增长,到2025年,总产出超2万亿元,建设国家级设计示范区,扶持国家级设计研究院,培育20家国家级工业设计中心等,基本建成设计产业繁荣、品牌卓越、生态活跃、氛围浓郁的"设计之都"。到2030年,全面建成世界一流"设计之都"。

此外,上海还要着力构筑设计生态体系,合力共建设计之都;全力打响"世界设计之都大会"品牌,促进全球优质设计要素集聚,打造国内外优秀设计首发地、"设计+"新业态新模式策源地;加强市区协同,整体推进工业、建筑、时尚、数字、服务"五大设计"发展,引导行业组织、产业园区、相关企业等积极发力,共同构建合作共赢的设计创新生态体系。

上海杨浦区"环同济"知识经济圈是代表性的设计企业集聚地。该区域是以建筑设计、城市规划、工程咨询、环保科技、工程设计软件等为核心的知识型服务业集聚群,拥有近1 000家大大小小各具特色的设计企业,成为国内最具影响的设计产业基地,产值规模已超过500亿元。

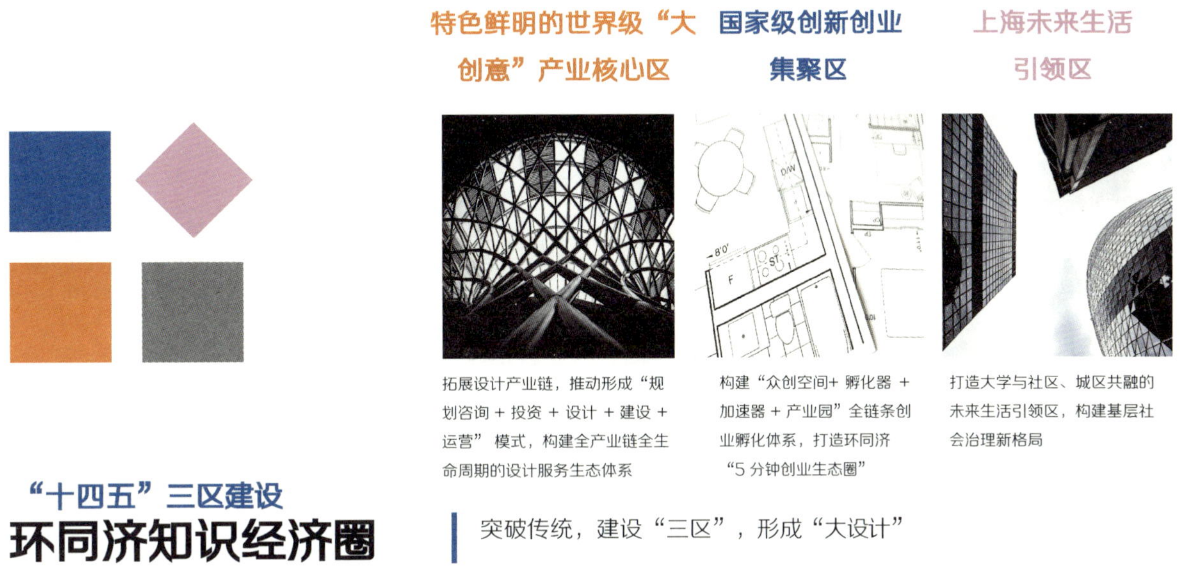

图21 "环同济"知识经济圈

5. 广告业

2021年是疫后恢复的关键一年,从整体看,2021年广告市场不断恢复,但仍未恢复至2019年水平。数据显示,截至2021年11月,上海市经营范围有广告业务的企业55.8万户,其中,主营广告企业7.6万户,外商投资广告企业8 403户,上海市年广告营收近2 000亿元。

2021年,上海的广告业"多元、创新、国际化"特色进一步巩固。上海已成为奥美、智威汤逊、盛世长城、阳狮、电通、博报堂等众多国际4A公司的入华首选之地,上海国际广告节更是逐步成为业内国际性活动,也成为行业发展的重要风向标。上海是众多广告人的向往之地,中国广告产业的三大中心之一。

2021年,上海数字广告迎来发展新时期。数据显示,上海互联网媒体广告发布收入占上海市广告收入的60%以上,互联网头部企业在上海设立双总部或分支机构,创新型数字技术公司和创意热店明显增多,数字广告新的产业动能正在形成,新兴要素成为发展重要力量。而且从企业类型上来看,上海创新型数字技术公司和创意热店明显增多。年内,上海正式发布《关于推动上海市数字广告业高质量发展的指导意见》(简称《指导意见》),明确提出以数字化转型为主攻方向,推动广告业智能化、集约化、国际化发展,将上海建设为"国际数字广告之都"。

在《指导意见》中,强调要聚焦强化科技创新,依托上海数字信息技术产业布局优势,加快发展短视频、网络直播等营销传播新模式,推进新型广告经营模式发展。同时要打造数字广告创意设计高地,培育一批数字广告重点企业、搭建国内外交流平台,加强与RCEP成员国家广告业合作互动,推动广告业跨境服务。

值得关注的是,上海将重点培育扶持一批有成长性的中小微特色数字广告企业,鼓励落户广告产业园区和产业集聚区。2021年,普陀区政府已率先发布《加快发展数字广告产业实施意见》,共出台11条政策,并正积极打造国内首个数字广告园区。青浦区政府正在研究制定《长三角数字广告产业园产业规划》和《关于进一步支持青浦区加快发展数字广告产业发展的若干政策》,将给予园区企业更多的政策扶持。

嘉定区

中广国际广告创意产业园

主要企业:时尚集团、蓝色光标、际恒品牌、十月妈咪、中国元素、观池文化传播、二更文化传播、马马也、安布思沛、声力广霸、恪络广告、域邑广告等。企业规模超过1500家。

2021年,园区引入了"滨江星""旭航网络""游良文化"等数字营销及传媒领域龙头企业,全力打造数字广告产业新的增长集群。

普陀区

数字广告产业园

2021年7月,普陀区率先发布《加快发展数字广告产业实施意见》,并选取位于长寿路街道的东方国际元中大厦与M50创意园联合打造数字广告产业园。

主要企业:利欧集团、上海聚胜万合广告有限公司、上海氪氟广告有限公司、琥之珀文化传播(上海)有限公司、北京微创时代广告有限公司、江苏万圣伟业网路科技有限公司、上海智建广告有限公司等。

图22 2021年上海重点广告产业园区发展概况

(数据来源:上海市商务委、经信委公开资料)

(四) 2021年上海商务服务业营商环境及政策情况

1. 2021年上海市商务服务业发展营商环境

2021年上海持续深化"五个中心"建设,着力发展五型经济,瞄准最高标准、最高水平,打造国际一流营商环境,持续提升城市能级和核心竞争力。年内《上海市服务业扩大开放综合试点总体方案》《上海市加强改革系统集成持续深化国际一流营商环境建设行动方案》《上海市营商环境创新试点实施方案》等发布,上海营商环境建设再上台阶。2022年度GaWC《世界城市500强》排行榜、GPCI"2021全球城市综合实力排名"权威排行榜中,上海均入围全球前十强,无论是经济实力、交通、居住、政务、营商环境等均在全球城市中赢得赞誉,在国内城市中排名领先。在国家发展改革委组织的全国营商环境评价、国务院办公厅委托中央党校组织的省级政府和重点城市一体化政务服务能力评估、工信部组织的中小企业发展环境评估等权威评估中,上海也均名列第一。这些均为上海商务服务业发展创造了更加有利的发展环境。

2. 2021营商工作机制

部门合力推进优化营商环境、"放管服"改革、"一网通办"等工作;组织实施专项行动计划等;依托上海市企业服务云平台为全市企业提供兜底式服务,累计访问量已达4345万人次;推出企业服务专员移动工作平台,6000多名企业服务专员上线;推进企业专属网页建设;市区两级领导带头持续开展企业大走访;市纪委、监察委制定《关于规范政商交往行为进一步推动构建亲清政商关系的意见》;发挥市营商环境咨询会、外资企业圆桌会议、民营企业座谈会等平台作用。

3. 2021年对标改革任务举措

(1) 办事流程

企业开办方面,升级"一窗通"系统,完善网页版身份核验和电子签名功能,实现"即报即办"。

电力接入方面,推出"一键接入"和临时接电预装服务,企业可实现无感获得用电。

纳税服务方面,推广财产行为税综合申报、实行留抵退税报退合一。

(2) 政策体系

招投标方面,以公路养护工程招投标为突破口,优化整体流程,形成公开透明、全程网办、统一监管的政策框架。

跨境贸易方面,优化"通关＋物流"作业流程、简化单证、升级港口设施、规范口岸收费、强化服务等政策体系更加全面精准。

商事审判方面,健全审判质效管理体系、建设"智慧执行"系统、优化一体化诉讼服务体系,上海执行合同耗时表现全球领先。

(3) 瓶颈问题突破

办理建筑许可方面,低风险社会投资项目实现一站式合并办理规划许可和施工许可、一站式联合检查、一站式验登合一,工程审批审查中心实现实体化运作。

不动产登记方面,完成协税人员划转,企业间不动产转移登记可实现当场核税、立等可取。

办理破产方面,优化破产管理人选任机制、推广简易程序,案件审结用时明显压减,重整、和解成功率稳步提升。

4. 2021年政务服务便利化

"一网通办"平台已接入政务服务事项3 232项,涵盖超32万项业务办理项,行政权力事项全部接入。"一网通办"实现与企业和群众生产生活密切相关的服务全覆盖,涉及十八大领域97项服务场景应用。

开通国际版、上线长者版,"随申办"小程序月活峰值超1 517万,以"随申码"作为个人及企业的数字身份识别码,实现一码通办、一码通行。

各级政务服务大厅实施"综合窗口"改革,综窗设置比例达80%。

推出全过程智能辅助办理"好办"服务和极简易用"快办"服务,104项"好办"、123项"快办"服务年内全部上线。

2020年推出15项"一件事",实现平均减环节69%、减时间54%、减材料75%、减跑动71%。2021年新增支持资金申请、挖掘路施工、社会救助、公共信用信息修复、居住证办理等12项"一件事"全部上线。

推出大数据普惠金融应用2.0版;开发上线"信易贷"微信程序。

5. 2021年市场环境开放性、规范化

证照分离和"一业一证"改革:523项涉企经营许可事项的证照分离改革在全市推开,其中实行告知承诺事项78项,直接取消审批和审批改备案的事项83项。浦东新区"一业一证"试点深化推进并在全市推广浦东试点经验。

公共资源交易体系:出台《上海市公共资源交易管理办法》《上海深化公共资源"一网交易"改革三年行动方案(2021—2023年)》等,规则框架基本形成。

知识产权保护:将知识产权保护考核纳入全市绩效评价。开展打击商标恶意抢注行为专项行动;探索专利侵权纠纷行政裁决案件分级办理和知识产权行政调解协议司法确认机制。

人才发展环境:完善引进人才、留学回国人员、高校应届毕业生就业落户、居转户等户籍政策以及海外人才居住证管理办法;出台临港新片区、五个新城等重点区域人才支持政策及产业类、科技创新类、金融类等重点领域紧缺人才开发目录。

6. 2021年市场监管公平性、审慎性

(1) 公平竞争机制

建立公平竞争审查三级把关机制。在临港新片区开展强化竞争政策试点。开展商务楼宇宽带接入、商业贿赂、刷单炒信等专项整治。

(2) 市场监管体系

动态调整"互联网＋监管"系统监管事项清单，45家市级部门共同梳理形成监管事项目录清单1 765项。

加快行政执法领域数字化转型，探索"空壳公司预警"等智慧监管模式。出台公共信用信息修复工作若干意见。推进"双随机"抽查与信用分类监管相结合，抽查事项根据企业信用等级设置不同抽查比例。

(3) 包容审慎监管

出台市场监管领域轻微违法行为免罚清单2.0版。目前免罚清单已覆盖市场监管、文化市场、生态环境、民防、城管、消防等6个领域，包括94项轻微违法免罚事项。

(4) 营商环境法治化保障

营商法制文件：出台《上海市优化营商环境条例》《上海市促进中小企业发展条例》《上海市外商投资条例》《上海市知识产权保护条例》等地方法规，以及《关于加强浦东新区高水平改革开放法治保障制定浦东新区法规的决定》。

公共法律服务体系：梳理各类法律服务资源，在全国率先建成贯通市、区、街镇、居村四级的热线、网络、实体"三横四纵"公共法律服务平台，各类法律服务资源在平台上"应驻尽驻"，提供7×24×365不打烊服务。

多元化纠纷解决机制：出台《上海市促进多元化解矛盾纠纷条例》。深化推动各类调解组织及仲裁、行政复议等其他非诉争议解决机构入驻非诉讼争议解决中心。

7. 2021年营商环境创新引领

浦东新区探索首创性改革：滚动实施浦东新区营商环境优势倍增行动方案，在信用赋能促进企业发展、服务业开放、人工智能辅助审批等方面推出了系列新举措。

临港新片区更高水平开放压力测试：围绕"五自由一便利"为核心的制度框架，在国际人才薪酬激励、执业资格开放互认、涉外法律服务、跨境投融资等方面，加大开放型经济风险压力测试，率先开展企业投资承诺制试点等改革创新，持续提升投资贸易自由化便利化水平。

虹桥国际开放枢纽打造国际贸易营商环境：设立国际互联网专用通道、放宽外资投资性公司准入、便利国际贸易企业跨境金融服务、票据业务创新、离境退税"即买即退"、跨国公司开展跨境资金集中运营管理等支持国际贸易创新政策落地实施，对区域发展的带动效应逐步显现。

长三角营商环境一体化创新：政务服务方面已实现119个高频事项"跨省通办"。长三角统一的市场准入规则逐步建立。区域科技创新共同体加快建设，跨区域产业协同持续深化。一体化示范区聚焦规划管理、生态保护、项目管理、要素流动与财税分享、公共服务等领域，探索形成一批制度创新成果。

8. 2021年上海市商务服务业主要政策

2021年，上海市在全速推进优化营商环境的同时，积极出台商务服务业专项政策，进一步加快全球高端资源集聚，推动商务服务业规模化、专业化、高质量发展。

以下是2021年各区出台的相关商务服务业主要政策文件。

表 4　2021 年上海市商务服务业相关政策文件

区　域	政　策　文　件	发　文　号
上海市	上海市人民政府关于印发《上海市营商环境创新试点实施方案》的通知	沪府发〔2021〕24 号
	上海市人民政府办公厅关于印发《上海市服务业发展"十四五"规划》的通知	沪府办发〔2021〕7 号
	上海市人民政府办公厅印发《关于加快推进上海全球资产管理中心建设的若干意见》的通知	沪府办规〔2021〕6 号
	上海市人民政府办公厅关于支持多渠道灵活就业的实施意见	沪府办规〔2021〕9 号
	上海市商务委关于印发《全面推进上海数字商务高质量发展实施意见》的通知	沪商电商〔2021〕121 号
黄浦区	《黄浦区专业服务业发展"十四五"规划》	黄府办发〔2021〕43 号
	《黄浦区关于进一步促进外资研发中心发展的实施意见》	黄商务委规〔2021〕1 号
普陀区	《普陀区加快发展法律服务业实施意见》	普司规范〔2021〕1 号
	《普陀区加快发展数字广告产业实施意见》	普文旅规范发〔2021〕2 号
虹口区	《虹口区促进楼宇经济发展转型升级的实施意见》	虹投促规〔2021〕1 号
	《虹口区支持服务业发展的意见》	虹发改规〔2021〕3 号
	《虹口区支持总部企业发展的意见》	虹发改规〔2021〕4 号
杨浦区	《杨浦区关于促进楼宇经济发展办法》	杨发改规范〔2021〕1 号
	《上海市杨浦区关于促进工程总承包、全过程工程咨询发展的若干政策》	杨科规〔2021〕1 号

（商务服务专委会供稿）

四、品牌服务专委会：上海品牌服务业 2021 年发展报告

（一）品牌发展与市场趋势

1. 全球品牌发展回顾与展望

表 5　2021 年凯度 BrandZ™ 最具价值全球品牌榜

2021 年排名	品　牌	2021 年品牌价值（亿美元）	品牌价值同比变化
1	亚马逊	6 838.52	64%
2	苹果	6 119.97	74%

续　表

2021 年排名	品　　牌	2021 年品牌价值（亿美元）	品牌价值同比变化
3	谷歌	4 579.98	42%
4	微软	4 102.71	26%
5	腾讯	2 409.31	60%
6	Facebook	2 267.44	54%
7	阿里巴巴	1 969.12	29%
8	Visa	1 912.85	2%
9	麦当劳	1 549.21	20%
10	万事达卡	1 128.76	4%

根据 2021 年凯度 BrandZ™ 最具价值全球品牌榜显示，亚马逊卫冕全球最有价值品牌宝座；品牌价值增速最快的是特斯拉，其品牌价值较前一年增长 275%，是最具价值的汽车品牌；在全球前十强品牌名单中，腾讯和阿里巴巴上榜，分别位列全球第五和第七，其中腾讯品牌价值增幅 60%，远高于全球前 100 品牌 42% 的平均价值增幅。

表 6　2021 年凯度 BrandZ™ 最具价值全球品牌榜上榜中国品牌

2021 年排名	2020 年排名	2021 年品牌价值（亿美元）	品　　牌	品牌价值同比变化
5↑	7	2 409.31	腾讯	60%
7↑	6	1 969.12	阿里巴巴	29%
11↑	18	1 093.30	茅台	103%
34↑	54	523.65	美团	119%
44↑	52	445.16	京东	75%
45↑	79	435.16	抖音	158%
49↓	38	380.54	平安	13%
50↓	45	380.21	华为	29%
51↓	31	377.65	中国工商银行	−1%
65↑	68	264.22	海尔	41%
68↓	36	258.21	中国移动	−25%
70↑	81	248.85	小米	50%
77↑	91	233.58	百度	57%

续 表

2021年排名	2020年排名	2021年品牌价值（亿美元）	品　牌	品牌价值同比变化
81	新上榜	217.32	拼多多	131%
87	73	205.99	友邦保险	16%
93↓	64	200.41	滴滴出行	0%
94↓	58	197.76	中国建设银行	−6%
96	新上榜	194.93	贝壳找房	新上榜

2021年作为疫情缓解后的首年，不同于众多机构的悲观预测，中国品牌仍然有较为强劲的增长，连续2年超越欧洲品牌而成为全球品牌的重要板块。进入后疫情时代后，越来越多的中国企业也开始从产品向品牌转变，加大在品牌建设方面的投资。2021年，中国有18个品牌入围全球最有价值品牌前100，连续两年成为上榜品牌数量第二多的国家。入围的18个品牌中，拼多多和贝壳找房是首次上榜，去年就在榜的15个品牌中有13个品牌实现品牌价值增长，8个品牌实现了排名提升。

中国品牌整体的排名位次，除前几个品牌都较为靠后，但中国品牌在增速方面表现较为亮眼。全球一共有5个品牌实现了超过100%的价值增长，除了特斯拉之外，其余4个全部来自中国或是中国企业拥有的品牌，分别是拼多多、美团、茅台和TikTok。

2. 新消费下的品牌发展方向

疫情作为近两年的全球热点，对经济社会的发展造成了巨大的冲击，也让新的经济业态、经济模式加速发展。突然的疫情改变了消费行为，企业管理方式甚至政府部门的决策机制调整，传统的IT系统建设也被迫直面了转换成本的压力和阻碍，云计算、人工智能、大数据等新型基础建设得到大规模应用和发展，由此衍生和加快发展出了更多的新经济新业态。

（1）跨境直播电商

直播带货在国内已经非常火爆，整个直播带货的体系也进入成熟发展期，很多跨境电商平台也开始进入电商直播领域，跨境直播带货便开始崭露头角，疫情以来，跨境直播电商更是成为支持"外循环"的重要引擎。

2021年，全球互联网巨头都在进军直播电商。亚马逊、Youtube、Instagram、Twitter、Pinterest等均在去年陆续推出或加码直播购物功能，国内的字节跳动更是早就关注到了跨境电商。2020年底，作为海外营收增长渠道之一，跨境电商被字节跳动确定为重要的新业务方向，2021年1月字节跳动推出了独立站——Dmonstudio试水跨境直播电商，随后又推出TikTok电商，而直播带货是TikTok电商的核心玩法。2021年7月—8月，TikTok开始采用邀请制在印尼和英国尝试直播带货，几个月后开放注册权限并将业务向东南亚拓展。2021年12月，TikTok Shop官方正式宣布，向中国卖家全面开放入驻，所有卖家均可立即入驻，自此，字节跳动的海外电商版图逐渐成形。

电商平台和商家对直播模式的探索，被越来越多消费者所接受，新技术发展，以及政策支持等因素将会继续推动直播带货市场呈现井喷式发展态势，在后疫情时代这种模式还会持续发展，成为推动中国电商甚至中国新经济继续增长的火车头。

（2）无接触配送

线上消费成为整个消费市场的最大亮点。以互联网技术为基础的新业态新模式新经济呈爆发式增长,无接触式经济异军突起,生鲜电商、在线教育、在线医疗问诊等线上消费纷纷逆势上扬。

2021年7月26日,市场监管总局等七部门联合印发了《关于落实网络餐饮平台责任切实维护外卖送餐员权益的指导意见》,其中明确指出,鼓励通过推广铺设智能取餐柜等形式,实行无接触配送,提升外卖送达的便利度。"接触配送"已成为饿了么物流布局重点。饿了么物流部负责人表示,未来预计在上海投入1 000个智能取餐柜,在全国投入3 000个。

(二) 上海面向新时代的发展战略

1. 五大新城——独立成为新的综合性节点城市

国务院批复的《上海市城市总体规划(2017—2035年)》提出,将位于重要区域廊道上、发展基础较好的嘉定、青浦、松江、奉贤、南汇等五个新城,培育成在长三角城市群中具有辐射带动作用的综合性节点城市。2021年1月,"五个新城"被首次写入上海的《政府工作报告》,进入当年上海制定"1+6+5"新城规划建设总体政策框架。

(1) 嘉定新城

2021年,嘉定区抓住市政交通设施建设和新城建设机遇全力推进产业高质量发展,大力发展站点经济、总部经济、楼宇经济、园区经济,服务业发展取得显著成效,全区GDP达2 705.6亿元,同比增长6.1%。同时,产业转型成效进一步凸显,战略新兴产业产值继续实现两位数增长,占全区工业比重明显提升;三个千亿级产业实现总产出1 678.7亿元,增长28.9%,在线新经济实现总产出3 393.9亿元,增长23.5%。

(2) 青浦新城

青浦连续3年制定招商引资和产业项目推进"一号文件",出台支持经济小区高质量发展意见,持续优化营商环境,打造"一网通办、青浦好办"品牌,2021年企业总数达14.6万户,GDP达1 270亿元,年均增长5.8%。区级一般公共预算收入从2016年的160亿元,增加至2021年的231亿元,年均增长7.6%。

2021年9月,位于虹桥商务区青浦片区的虹桥e通世界智慧物流产业园揭牌成立。该园智慧物流产业集聚,目前已集聚300余家物流相关企业,园内企业累计融资金额已突破500亿元。青浦已逐步形成快递物流、绿色金融和软件信息3个千亿级产业集群以及一批百亿级平台,其中,商贸服务型国家物流枢纽建设成效初显,快递物流2021年业务收入达1 350亿元。

(3) 松江新城

2021年3月份,长三角G60科创走廊被纳入国家和上海市"十四五"规划《纲要》;"松江G60科创走廊数字经济创新型产业集群"成为全国数字经济领域首个纳入国家试点(培育)的创新型产业集群。

松江新城锚定独立的综合性节点城市建设目标,努力增创"一廊一轴两核"空间发展优势,通过创建重点领域示范区域和示范项目,共安排6个重点地区和48项重大项目,着力推动松江新城在"五个新城"中率先发力,2021年GDP达到1 782.28亿元,同比增长6.5%。

(4) 奉贤新城

2021年,聚焦新城建设,奉贤着力塑造"十字水街、田字绿廊,九宫格里看天下,一朝梦回五千年"城市意象,7月"一川烟雨"项目推进会暨沿河"冷江雨巷""良渚江海""青春港湾"开工仪式同步举行,正式掀开奉贤区城市乡村空间蝶化序幕。

此外,奉贤区聚焦50余万家各类市场主体,大力实施"金字塔"式"淘金工程",将区内5万家年纳税额5万元以上的企业作为"金字塔"底层,用"五型经济"的标准遴选出5 000家有发展潜力的企业作为"金字塔"中层,再将现有区内财富百强、"三个一百"、科技"小巨人"等优质企业作为顶层,以逐步构建适应奉贤城市发展的经济结构,推动产业链向高端迈进,形成千亿级的产业集群。

(5) 南汇新城

南汇新城地处临港新片区,是五个新城中唯一的特殊经济功能区,突出开放性与国际化,侧重以"对外开放+功能平台"为功能引领的区域联动一体化,在经济发展方面需要在若干重点领域率先实现突破。

2021年4月,《南汇新城"十四五"规划建设行动方案》正式对外发布,根据规划,南汇新城将实施人才全方位导入计划。实施高端人才引领发展战略和"一十百千万"职工技能登高计划,支持校企共建产教融合实训基地,强化青年人才的培育和引进,初步建成国家产教融合示范区。

2. 金山、宝山——推动南北转型发展

上海南北地区具备宝贵的发展空间,是上海重要的产业承载地。2021年6月,上海印发了《关于加快推进南北转型发展的实施意见》,宝山、金山将成为上海南北转型支点。

宝山、金山两区是制造业大区,宝山的钢铁和金山的石化是支撑上海发展的重点产业,贡献了上海市50%以上的石化产能以及近100%的钢铁产能。仅在2021年,两区在地规模以上工业产值合计超过5 000亿元的,占全市比重达到12.8%。

根据《实施意见》要求,到2025年,南北地区基本成为产城融合发展、新兴产业集聚、生态宜居宜业的现代化转型样本,地区生产总值年均增长率高于全市平均水平,新增规上工业总产值占全市增量比重达到20%以上。

其中,宝山要构筑上海科创中心主阵地,打造现代化、创新型、生态化国际大都市主城区和全市绿色低碳转型样板区。金山要建成打响"上海制造"品牌的重要承载区、实施乡村振兴战略的先行区、长三角高质量一体化发展的桥头堡。

3. 临港新片区——打造成为世界一流滨海城市

临港自贸区成立至今已经近3年的时间,这段时间里已经诞生了一个千亿级产业集群。临港新片区的数据显示,2021年,临港新片区规模以上工业总产值完成2 642.3亿元,增长72.7%。全社会固定资产投资增长62%,其中,产业项目投资完成513.1亿元,增长53.4%。

根据上海的"十四五"规划,到2025年,聚焦临港新片区产城融合区,建立比较成熟的投资贸易自由化、便利化制度体系,打造一批更高开放度的功能型平台,集聚一批世界一流企业,区域创造力和竞争力显著增强,经济实力和经济总量大幅跃升,初步实现"五个重要"目标。

(三) 疫情之后的上海品牌

1. 老字号

(1) 凤凰

受新冠病毒肺炎疫情影响,全球范围内选择自行车出行和健身的人群逐渐增多,自行车销量明显上升,由于电助力自行车对缓解交通拥堵,降低碳排放,充分嫁接公共交通与城市慢行系统,推动绿色健康出行有积极意义,预计未来几年国内外自行车需求量将会持续增长。凤凰自行车迎来发展的黄金机会,2021年实现营收约20.58亿元,同比增长49.59%,2021年归母净利润1.04亿元,同比增长71.26%。

受到电动车的热潮推动,凤凰也布局了电动自行车领域。经过两年多努力,凤凰高端品牌fnix

系列锂电助力自行车目前已成功打入挪威、瑞士、澳大利亚、加拿大、墨西哥等国的市场。未来随着国人消费观念的变化,锂电助力自行车也逐渐"出口转内销",一旦市场得到充分培育,锂电助力自行车在中国这个自行车大国前景更是不可限量,凤凰老字号也能为早日实现"双碳"目标做贡献。

(2) 豫园

豫园股份已成为涵盖珠宝时尚、文化商业、文化饮食、美丽健康、智慧零售、国潮腕表、复合功能地产以及白酒、航空等产业的快乐消费产业集团,零售行业、房地产行业,均属于市场化程度高、竞争十分激烈的行业。

随着疫情防控形势不断好转,居民消费需求稳步释放,消费市场持续恢复,豫园股份2021年营收510.63亿元,同比增长12.15%,在营收大幅增长的同时,品牌矩阵也得到很好的夯实,旗下现有的五大品牌近年来一直结合国潮进行创新,持续深化发展经典品牌。其中,"老庙"和"亚一"两大老品牌结合中国传统元素进行创新设计,突显传统文化元素的同时,契合当下年轻消费者群体的消费需求。此外,豫园股份通过投资收购或内生增长培育发展了DJULA、Damian等新品牌,还成功创新孵化了实验室培育钻品牌LUSANT。

(3) 光明

光明食品集团是立足上海、全球布局、三产融合发展的全产业链综合食品产业集团,多年来培育了光明、冠生园、大白兔、石库门等众多具有高知名度和美誉度的品牌,在食品领域有着雄厚实力和创新优势。

在新经济时代,光明集团通过挖掘老字号的IP价值,旗下品牌合作互补、共享流量、协同发展,让老品牌展新貌,打造老字号集聚效应。

(4) 老凤祥

老凤祥诞生于1848年,跟诞生于1847年的法国高级珠宝品牌卡地亚(Cartier)有着相同悠久的历史。卡地亚是高级珠宝艺术的文化符号,而老凤祥尽管掌握着古法黄金铸造工艺,却被视为面向大众市场的黄金和黄金饰品零售商。

如今随着本土市场金饰需求的猛增,以及国潮东风刮起,老凤祥强调古法制金工艺文化也体现了品牌为展示文化优势所做的尝试。此外,2021年,老凤祥的营销策略也在向场景化转变。比如老凤祥公司新开的"凤祥喜事"主题店,可预见是强调在婚庆场景下的黄金珠宝首饰,不过具体的如何通过不同的主题概念店来展示品牌新的面貌,目前并不明朗,市场的反映还需要一段时间的观察。

2. *新品牌*

(1) 优时颜

优时颜品牌诞生于2018年,是专研国人肌肤的抗老品牌,产品以抗老为主打功效。作为创立5年的国产新锐护肤品牌,优时颜从品牌定位到产品研发,甚至商品定价都选择了一条截然不同的差异化之路。

优时颜在创立之初,通过对所处赛道的洞察发现,大多欧美护肤品,并不是以聚焦国人肤质研发,很少会做针对中国人皮肤的研究。因此创始团队开始针对中国人皮肤建立数据库分析,研制适合中国人肤质的活性功效成分和高效配方体系。从创立至2020年8月,优时颜已自主建立起近3万份中国人皮肤数据库,成为一家将皮肤多组学检测技术完全应用于护肤场景的品牌。

2021年,优时颜品牌SKU数基本维持在40~50,品牌类目涵盖眼霜、精华、洁面乳等。其中,眼霜为主打类目,占年销售额的40%以上。同时凭借爆品"微笑眼霜",完成了从0~1的品牌破圈。截至今年3月份,优时颜一共完成三轮融资,投资方包括红杉资本、和玉资本等知名投资机构。在不差钱的情况下,未来,优时颜将继续提高自身研发实力,用产品本身进行营销,同时加大线下渠道的投入，使品牌在未来的护肤品的海洋中拥有自己的游泳圈。

(2) 钟薛高

该品牌成立于 2018 年，是一个新消费品牌，但销售成绩并不俗：成立 16 个月营收就超过 1 亿元，成立 18 个月销量突破 1 500 万支，2020 年销量突破 4 800 万支。2021 年，天猫冰淇淋品牌销售排行榜中，排名前十的品牌中，钟薛高居榜首。钟薛高官网数据显示，天猫旗舰店"粉丝"数超过 216 万，累计到店访问量超过 4 亿，单日最高访客数为 316 万。

钟薛高的设计理念大都来自中国传统文化，积极与时下潮流相融合，使产品更具时尚感。品牌旗下承办的活动都会围绕主题进行活动场地的独特设计，承载品牌的概念与想法，营造品牌的体验空间，增加曝光率的同时，也与消费者之间产生不断的情感共鸣，累计触达人数 1 000 万+。

随着整个中国冰品行业的蓬勃发展，国内外巨头纷纷开始调整定价策略和产品策略，加入中国中高端冰品市场中来，钟薛高将以品质和客户体验为先，秉持高品质、专业化、创新等理念，多场景、多角度地为消费者打造不同的消费体验。

(3) 永璞咖啡

永璞咖啡成立于 2014 年，自创立之初便专注于便携的高品质咖啡，国内最早推出便携冷萃咖啡液及常温闪萃浓缩液。除了拥有独家授权合作的咖啡工厂和咖啡产业链外，在牙买加蓝山和云南怒江流域，还拥有独家授权合作的咖啡庄园。

永璞咖啡在国内开创"咖啡液"品类，并研发出首款便携冷萃咖啡液。之后一步步应市场而变，启动形态创新，逐步发展出常温浓缩咖啡液、冻干咖啡粉、冷萃咖啡液和咖啡挂耳包四条产品线，所有产品的标签中，"便捷与风味"成为永璞产品的有力注脚。

不同于以往其他品牌切中细分需求、抢占电商及流量红利打造爆款单品等普遍路线，永璞将品牌的人格化感知、温度感连接作为破题之义，不仅跨界品牌，还透过多维圈层联结、打造生活方式文化圈。

(4) 薄荷健康

薄荷健康只是一款工具类应用，由于收录了营养数据和食物数据，使它成为不少健身减肥人群的"健康伴侣"。数据显示，包括 App 及小程序在内，其应用平台累计注册用户近 1.3 亿人，月均活跃数达千万。

沉淀了庞大用户群体以后，薄荷健康开发了功效型食品、健康零食、健康速食等四类营养食品品线，整体 SKU 数超过 200 个。凭借着健康减肥社区、食物数据查询，薄荷健康早期聚拢了一批黏性较高、追求健康饮食的用户。随着 App 端经年累月的内容积累，让薄荷健康的用户洞察越发清晰，薄荷健康也开始发挥服务优势，为用户提供"营养科技+健康产品+营养服务"的一站式健康营养解决方案。

3. 国际品牌

(1) 欧莱雅

得益于"HUGE 美好计划"战略，欧莱雅在疫情首年实现了逆势增长，中国大陆市场更一举成为旗下 7 大品牌的全球最大市场。2021 年，欧莱雅提出全新"BEAUTY HUGEVOLUTION·美的进化"战略，以变异、选择、自立与文明作为业务发展的四大支柱，同时在最新的欧莱雅集团地域架构中，中国上海升级为集团东亚区总部。

2021 年上海"五五购物节"期间，欧莱雅在沪开设巴黎欧莱雅全球首家旗舰店"美礼殿堂"，通过焕新的店铺形象搭建品牌与消费者间全新触点；2021 年底，欧莱雅携 YSL 美妆在中国市场正式推出 Perso 智能 AI 系统，该系统为全球首款家用定制化妆品配方产品，在上海举办的第三届进博会上完成亚洲首秀，一经亮相便备受关注。

(2) 特斯拉

特斯拉作为全球排名第一的电动汽车品牌,目前有两个已投产的生产基地,其中之一就是位于中国上海的特斯拉超级工厂,该工厂年产能达到 45 万辆。特斯拉 2021 年全年产量为 930 422 辆,交付量达到 936 172 辆,该工厂实现了 48.41 万辆的年度交付量,总交付量占比达 51.7%,在产能环节的重要性在逐渐提升。

2021 年,特斯拉总营收为 538.23 亿美元,同比增 71%,除去新工厂建设及其他资本支出花费的 65 亿美元,特斯拉仍创造了 55 亿美元的 GAAP 净利润以及 50 亿美元的自由现金流。

(四) 上海品牌服务业总体概况

1. 上海品牌服务业总体概况

根据《上海市服务业发展"十四五"规划》到 2025 年,上海市服务业增加值占全市生产总值比重力争达到 75% 左右,生产性服务业增加值占服务业增加值比重达到 66.7% 左右,知识密集型服务业增加值占全市生产总值比重达到 40% 左右,并创建 25 个以上服务业创新发展示范区。

未来 5 年,上海努力构筑新时期"上海服务"品牌战略发展新优势。第一个"5"即遵循"数字赋能、业态融合、规则创新、生态培育、品牌塑造"5 个发展方针;第二个"5"即围绕"优结构、升能级、增动力、提效率、强品牌"5 个目标维度;"3"就是围绕"三个导向"发展"三大板块",即发展城市能级导向的功能性服务业板块、价值增值导向的生产性服务业板块和消费升级导向的生活性服务业板块。

上海从生产性服务业着手,立足金融中心、航运中心、贸易中心、科创中心的城市功能定位,系统性的打造占据价值链高端、体现全球城市站位和功能的高端服务业,也打响了"上海服务"的品牌,为全国提供了可供复制推广的经验。

2. 上海本土及外资品牌咨询公司简介

(1) 上海本土咨询公司

上海锦坤品牌管理有限公司

锦坤由资深品牌营销专家石章强等领衔成立,专注于为产城园企第一品牌及连锁与互联网领域提供营销咨询、品牌传播、形象设计、天使投资、产业落地等咨询—运营—投资全价值链一站式品牌营销整体服务,系上海市政府品牌专家委单位,也是国家名片提名人和终审评委单位、清华大学品牌学院院长单位。总部位于上海,在上海南部科创中心拥有 5 层楼自有物业,在北京、广州、武汉、成都、西安、合肥等拥有合伙机构。

多年来锦坤服务了超过 500 家企业和单位,荣获了 100 多个国内外顶级品牌和营销类奖项,累计为社会创造了 10 万多亿的产值,打造了 300 多个全国行业第一品牌和 200 家上市公司,缔造了 100 多个城市品牌。先后多次被全国政协、国务院发展研究中心、上海市政府、上海现代服务业联合会等领导亲切评价和称赞为"中国品牌的加工车间、上海品牌的优秀推手、连锁与互联网品牌营销管家"!

艾瑞咨询

基于 18 年在互联网领域的研究和积累;为客户提供基于情报+数据+服务的多元化大数据解决方案,涵盖市场竞争监测、消费者洞察、营销决策、企业精细化运营及数据共享等业务。

艾瑞研究体系自 2003 年开始研究中国互联网产业,已经累计出版超过 3 000 份互联网研究报告,涵盖互联网、移动互联网、电子商务、互联网金融、网络营销、网络服务等各个领域。

专注新技术、新经济领域 18 年,员工总数超过 500 位,超过 200 位专家研究团队,研究范围广泛；累计发布近1 000份行业报告，承载数百个咨询研究项目。

（2）外资品牌咨询公司

麦肯锡

麦肯锡是世界级领先的全球管理咨询公司，是由美国芝加哥大学商学院教授詹姆斯·麦肯锡于1926年在美国创建。自成立以来，公司的使命就是帮助领先的企业机构实现显著、持久的经营业绩改善，打造能够吸引、培育和激励杰出人才的优秀组织机构。

麦肯锡采取"公司一体"的合作伙伴关系制度，在全球44个国家有80多个分公司，共拥有7 000多名咨询顾问。麦肯锡大中华分公司包括北京、香港、上海与台北等4家分公司，共有40多位董事和250多位咨询顾问。在过去10年中，麦肯锡在大中华区完成了800多个项目，涉及公司整体与业务单元战略、企业金融、营销/销售与渠道、组织架构、制造/采购/供应链、技术、产品研发等领域。

波士顿

波士顿咨询公司，简称BCG，是一家著名的美国企业管理咨询公司，在战略管理咨询领域被公认为先驱。公司的最大特色和优势在于公司已经拥有并还在不断创立的高级管理咨询工具和理论，管理学界极为著名的"波士顿矩阵"就是由该公司在20世纪60年代创立的。BCG的四大业务职能是企业策略、信息技术、企业组织、营运效益。作为一家极具创新精神的咨询公司，从该公司走出了不少的咨询界的奇才，国际著名咨询公司的创始人都是来自波士顿咨询公司。

（五）上海品牌发展存在的问题与不足

从20世纪30年代开始，上海就是全国商品流通集聚程度最高的城市，上海品牌也曾是品质与身份的代表，然而随着近年来上海经济结构调整和城市化快速发展，"上海牌"逐渐褪去光环。豫园股份董事长徐晓亮做过一份调查：10余年前上海152个名牌产品，如今已有1/3彻底消失，剩下的2/3也大多在市场中艰难维持，"'上海牌'急需回归城市中心、公众视野。"

近年来上海市委市政府提出要打响上海"四大品牌"。李强书记强调：为打响"四大品牌"，需要提高"上海服务"辐射度，彰显"上海制造"美誉度，增强"上海购物"体验度，展现"上海文化"标识度。而上海传统老字号品牌，对于上海打响"四大品牌"至关重要。上海老字号品牌，在由早先的"新"变为今天的"老"的过程中不断打磨技艺、积攒文化内涵、树立百年不倒的口碑。老字号品牌是上海不可分割的一部分，更是中华文化的瑰宝，是上海独有的"长处"，然而近年来，很多老字号一直在走下坡路，因此传承、重振上海老字号是打响上海"四大品牌"的当务之急。

1. 上海品牌缺乏新活力

许多上海品牌在产品结构、营销手段、品牌识别系统、广告语等方面趋于老化，缺乏时代感和活力。上海市政协一项调查显示，在被问及"在上海购物，你在品牌选择上有什么倾向"时，仅11.5%的消费者选择"上海本土品牌优先"。调查数据同时显示，曾经风靡全国、消费者以此为荣的上海本土品牌，优势已经不复存在。上海品牌要激发活力，需要在多方面补课，加强全市顶层统筹规划，改造升级商业街区，创新消费升级的体制，优化国际消费城市环境建设等，通过对商业转型、消费升级、新模式新业态创新的有力引导和扶持，强化商品消费和服务消费间的融合互动，促进旅游、文化、购物、娱乐、健康、餐饮等行业之间的集聚和一体化发展，打造一批引领消费潮流、具有时代气息和鲜明"上海元素"的新龙头品牌。

2. 上海品牌的产品附加价值较低

品牌价值的建设不仅仅是优化品牌，还有产品的创新，提升产品品牌附加值。而提升产品品牌的附加值不仅仅是工艺、技术的创新,还有基于消费者用途化的创新,生产各种不同用途等。另外全球制造业正由"生产型制造"向"服务型制造"转变,制造和服务之间呈现明显融合和相互增强的态势,上海产业结构中以附加价值、技术含量为主要特征的水平较低。随着国际生产力布局的新调整,上海产业发展面临着"高端技术不如人、低端又被转移出去"的挑战。上海产业各自的利润空间和增长潜力尚未形成动态优势互补效应,产业融合的结构升级效应较弱。这不仅阻碍上海高端制造业生产率的提高,也会影响上海高技术、高附加值的服务外包发展。低端生产要素所形成的国际分工,使得我国出口贸易难以有效促进技术进步,不利于我国经济长期增长。上海作为全国经济领头羊,在高新技术和高端服务业等高附加值产业发展还有很长的路要走。

3. 缺乏代表上海品牌的新元素

在中国经济几次大转型过程中,上海的企业,尤其产业型企业没能适应新的经济形势发展需要,没有抓住市场机会并适应消费者需求的变化,错失迅速做大做强的良机,使品牌没有成长起来。上海把自己定位为国际经济、金融、IT、汽车航运中心,而这些行业内基本上都是跨国公司所把持,导致上海缺乏本地支柱性产业的企业和产品品牌胜出的机会。上海诸多著名品牌由于和国外的企业合资和合作,丧失了企业固有品牌和诞生新品牌的可能。老牌国有企业面临改制和市场压力的时候,它们选择了合资。上海企业缺乏适合全国市场的品牌策略和市场推广策略,而上海的市场又具有独一无二的特性。上海的国际性大都会的特点,与其他内陆城市和周边市场的差距,其特殊的消费习惯、消费特点和独特的市场环境,使上海市场往往不具有代表性和普遍性。

(品牌服务专委会供稿)

五、低碳经济服务专委会：上海低碳经济服务业 2021 年发展报告

(一) 2021 年上海市生态环境发展综述

2021年,是党和国家历史上具有里程碑意义的一年。这一年,在以习近平主席为核心的党中央坚强领导下,上海市坚持以习近平新时代中国特色社会主义思想为指导,深入学习贯彻习近平生态文明思想和习近平总书记考察上海重要讲话精神,坚持把生态环境保护放在经济社会发展全局中的突出位置,深入打好污染防治攻坚战,坚定不移走生态优先、绿色发展之路,生态环境质量持续改善。

1. 全市生态环境质量持续改善,主要污染物浓度进一步下降

环境空气质量六项指标年均浓度连续两年全面达标。2021年,上海市环境空气质量指数(AQI)优良天数为335天,AQI优良率为91.8%。细颗粒物($PM_{2.5}$)年均浓度为27微克/立方米,二氧化硫(SO_2)、可吸入颗粒物(PM_{10})、二氧化氮(NO_2)年均浓度分别为6、43、35微克/立方米,均为有监测记录以来最低值;臭氧浓度为145微克/立方米,一氧化碳(CO)浓度为0.9毫克/立方米。6项指标实测浓度连续2年达到国家环境空气质量二级标准(其中SO_2、CO持续达到一级标准)。2021年,全市道路扬尘移动监测平均浓度为81微克/立方米;各区道路扬尘移动监测平均浓度范围在76~89微克/立方米。

酸雨污染总体呈改善趋势。2021年,全市降水pH平均值为5.56,酸雨频率为26.4%。近5年的监测数据表明,上海市酸雨污染总体呈改善趋势。

地表水环境质量稳中有升,在用集中式饮用水水源水质状况保持稳定。2021年,全市主要河湖断面中,Ⅱ~Ⅲ类水质断面占80.6%,Ⅳ类断面占18.7%,Ⅴ类断面占0.7%,无劣Ⅴ类断面。上

海市4个在用集中式饮用水水源水质全部达标(达到或优于Ⅲ类标准)。

地下水环境质量总体保持稳定。2021年,上海市国家地下水环境质量中水质为Ⅲ类、Ⅳ类和Ⅴ类的分别占比为7.0%、62.8%和30.2%。

海洋环境质量总体保持稳定。2021年,上海市海域符合海水水质标准第一类和第二类的面积占25.4%,符合第三类和第四类的面积占14.4%,劣于第四类的面积占60.2%,长江河口水域水质总体稳定。

农用地土壤环境质量总体稳定。2021年,根据上海市国家土壤环境监测网基础点位的例行监测结果,农用地土壤环境质量总体稳定。

声环境质量基本保持稳定。2021年,上海市区域环境噪声和道路交通噪声均基本保持稳定。

辐射环境质量总体情况良好。2021年,上海市辐射环境背景值和辐射设施周边的辐射强度均处于正常水平。

生态环境状况良好。2020年,上海市生态环境状况指数(EI)为62.4,生态环境状况评价等级为"良",植被覆盖度较高,生物多样性较丰富。

2. 坚持精准科学依法治污,深入打好污染防治攻坚战

系统谋划深入打好污染防治攻坚战各项工作,印发实施我市"十四五"生态环境保护规划和第八轮环保三年行动计划,开启建设美丽上海新征程。

蓝天保卫战方面,持续推进新一轮工业源挥发性有机物(VOCs)综合治理,印发专项扶持办法及相关配套细化方案,完成工业VOCs治理约1042家。累计完成约1663.43万吨钢铁产能超低排放改造,完成本轮次国三柴油车限行淘汰共计8.43万辆。碧水保卫战方面,依托河湖长制的全面落实,实施河道整治、生态清洁小流域建设、雨污混接改造等工作。开展上海市水生态分区分类方法及评价技术指标体系研究,推进饮用水水源地规范化建设以及长江入河排污口规范整治。净土保卫战方面,出台《上海市建设用地土壤污染状况调查、风险评估、风险管控和修复、效果评估等工作的若干规定》,更新公布《上海市建设用地土壤污染风险管控和修复名录》。完善建设用地环境管理制度,印发《上海市建设用地土壤污染风险管控和修复施工过程环境管理技术要求(试行)》。公布土壤污染重点监管单位名单,监督在产重点单位落实土壤污染源头防控措施。

3. 持续推进应对气候变化,促进减污降碳协同增效

深化本地碳市场建设,强化对第三方核查机构的管理,上海碳排放企业连续8年100%完成履约。积极推进本市"十四五"期间低碳示范创建工作,印发《上海市低碳示范创建工作方案》,创新近零碳排放实践区和社区建设。探索温室气体精细化管理,在长宁区、金山区启动区级温室气体清单编制试点工作。积极推动本市碳普惠工作,长三角三省一市签署了长三角区域碳普惠机制联动建设工作备忘录。

4. 深化生态环境领域改革创新力度,加快构建现代环境治理体系

深入贯彻落实《中共上海市委办公厅 上海市人民政府办公厅印发〈关于加快构建现代环境治理体系的实施意见〉的通知》,全面推进领导责任、企业责任、全民行动、监管、市场、信用、区域协作和法律法规政策八大体系建设。印发《关于进一步加快构建现代环境治理体系的通知》,通过建立跟踪评估机制,分类分批开展试点示范,进一步夯实责任,积极引导全社会共同参与。

深入推进生态环境损害赔偿改革及案例实践,明确督察与生态环境损害赔偿的衔接机制。启动浦东新区生态环境损害赔偿地方立法研究,进一步深化改革探索。深入推进案例实践,搭建多方协作机制,加强行政与司法协作,进一步探索生态环境修复责任与刑事责任追究对接。

（二）上海市2022年节能减排和应对气候变化重点工作安排

2022年是"十四五"各项工作的提速之年，是上海市构建"中心辐射、两翼齐飞、新城发力、南北转型"的关键之年。为扎实推进本市大气环境和应对气候变化工作，实现减污降碳协同增效，持续改善大气环境质量，2022年上海市节能减排和应对气候变化工作计划如下：

1. 工作目标

2022年，本市各区PM2.5年均浓度≤32微克/立方米，空气质量优良率≥87%，巩固全面消除重污染天气成效。本市及各区单位国内生产总值二氧化碳下降率满足上级下达的目标要求。

2. 重点工作

（1）深入打好蓝天保卫攻坚战

将全面完成第二轮清洁空气行动计划，做好评估与经验总结。根据国家深入打好蓝天保卫战攻坚方案总体部署要求，研究下一阶段环境空气质量全面改善计划，全力打好臭氧污染防治和柴油货车污染治理两个攻坚战。在固定源方面，推进宝钢股份严格落实钢铁行业超低排放改造工作方案，年底前全面完成钢铁超低排放改造任务目标，分阶段启动监测评估。持续深化工业企业VOCs治理。全面完成工业VOCs2.0深化治理，开展减排量核查和专项补贴审核工作。持续推动低VOCs含量产品源头替代。持续推进VOCs简易治理设施精细化管控试点，适时试点推广。开展VOCs突出问题排查与整改。在移动源方面，力争提前半年实施非道路移动机械国四排放标准。持续推进老旧高污染机动车的淘汰工作，研究实施新一轮国三柴油车、国一国二汽油车限行淘汰政策。重点组织开展内部加油站、年检站等专项执法检查。

（2）减污降碳协同增效，助力碳达峰行动

在本市碳达峰、碳中和工作的统一部署下，编制完成减污降碳协同增效和绿色低碳生活行动和示范创建两个保障方案并推进实施。在生态环境部的统一部署下，加快全国碳交易机构设立。大力推进本市碳普惠机制，印发本市碳普惠工作方案，初步搭建碳普惠运营平台，建立方法学申报制度，开发示范性应用场景，建立碳普惠与碳排放交易市场衔接机制。

3. 常规工作

（1）应对气候变化

① 扎实推进全国碳市场第二个履约周期工作。

在生态环境部的指导下，做好本市2021年度纳入全国碳市场重点排放单位数据报送、核查、配额分配、清缴履约、监督管理等各项工作。梳理报送纳入2022年度全国碳市场第三个履约周期配额管理的重点排放单位名录。建立健全碳市场排放数据质量管理机制，不断夯实碳排放数据质量基础。

② 深化本市碳排放交易市场建设。

完善本市碳排放核算技术方法。做好本市2021年度纳入碳排放配额管理企业的管理工作，加强对第三方核查机构考核评估结果的应用。

③ 稳步推进本市低碳示范创建工作。

持续推进国际旅游度假区等低碳发展实践区创建工作，根据上海市低碳示范创建工作方案启动新一轮低碳发展实践区/社区、近零碳排放实践区/社区创建，建立定期跟踪评估与技术交流机制。

④ 持续推进区级温室气体排放清单建立。

编制区级温室气体清单编制技术规范与工作规范，扩大区级温室气体排放清单试点范围，力争年底前推动各区全面建立区级清单。

⑤ 完善应对气候变化相关政策研究。

开展应对气候变化立法前期调研,组织上海市碳排放管理试行办法修订调研,完善应对气候变化考核评价机制,探索制定大型活动碳中和实施细则等。

⑥ 系统提升本市应对气候变化相关能力建设。

筹划组织碳达峰、碳中和、碳交易、低碳试点示范等一系列培训,提升各区生态环境局在纳入碳排放管理企业监管、区级温室气体清单编制、低碳示范区创建等工作方面的能力。

（2）固定源

① 开展重点行业储罐专项整治。

按照国家统一部署全面开展本市重点行业储罐调查,指导各区开展储罐专项整治。

② 强化扬尘管控。

强化施工、道路、堆场、裸露地面等扬尘管控,研究推动扬尘管理制度创新。完善更新散货堆场、码头等易扬尘堆场的无组织排放管理台账,并完成治理。

③ 推动餐饮油烟污染治理和精细化管理。

推行餐饮油烟在线监控和第三方治理,推广集中式餐饮企业集约化管理。

④ 持续加大重点企业大气污染治理力度。

督促本市重点企业继续加大大气污染治理力度,按照"一厂一策、分步实施"原则,制订并实施年度治理计划。

⑤ 完善固定源法规标准体系。

启动钢铁工业和燃煤电厂两项大气污染物排放标准研究,完成设备泄漏检测与修复标准文本编制,启动工业炉窑大气污染物排放地方标准修订研究工作,开展《上海市燃煤发电机组环保排序管理办法》修订工作。研究编制汽修行业挥发性有机物排放控制技术指南。

（3）移动源治理

① 完善移动源法规标准体系。

扎实推进移动源污染防治条例立法调研工作,推动移动源立法工作取得实质性进展。研究推进车用油品提标升级、在用车检验标准提标等工作。

② 继续做好机动车大气污染相关监测和检查工作。

按照国家和本市相关要求,制定机动车监管年度计划,开展新车环保一致性检查,在用柴油车路检执法、入户监督抽测及其使用的燃油和车用尿素抽检,加油站、储油库监督检查和企业内部加油站的监管抽测。

③ 深化非道路移动机械监督管理。

持续开展新生产非道路移动机械环保一致性检查,深化在用非道路移动机械属地化管理,研究在港口、机场等重点区域划定更为严格的高排放非道路移动机械禁止使用区。启动非道路移动机械更新淘汰政策研究。

④ 完成移动源信息平台建设,加强管理应用。

完成移动源智慧管理信息化系统项目建设,推进加油站、油库在线监控安装联网并强化数据应用,研究推动重型柴油车 OBD 远程在线监控等的数据应用,进一步提升移动源信息化管理能力。

（4）区域

推进落实长三角一体化发展重点协同深化大气污染治理。

根据《关于扎实推进长三角一体化发展重点协同深化事项有关工作的通知》和《长三角一体化发展重点协同深化大气污染治理工作方案》要求,细化工作任务并组织推进落实。

(5) 其他

① 做好重点时段大气污染攻坚工作。

更新空气重污染应急减排措施清单和大气污染源排放清单。做好第五届进博会、第十九届亚运会和第四届亚残运会空气质量保障工作。

② 加强消耗臭氧层物质(ODS)和氢氟碳化物管理。

开展相关行业企业 HFCs 的调研工作。落实好各区"全国 ODS 信息管理系统(MIS 系统)"的使用工作。继续开展 ODS 备案和监督执法检查工作。

③ 做好环境噪声管理工作。

宣传并贯彻落实《噪声污染防治法》，启动编制《上海市噪声污染防治三年工作方案》。部署启动声环境功能区划评估自查工作。继续做好安静小区创建等相关工作。开展光污染防治与管控调研。

④ 加大宣传力度。

做好全国低碳日宣传工作，征集低碳日形象大使，开展碳交易市场启动一周年宣传。做好六五环境日和 9.16 世界臭氧层日的宣传工作。

(低碳经济服务专委会供稿)

六、"互联网＋科创"服务专委会：上海市终身教育学习者分布画像 2021 年发展报告

2021 年 10 月 27 日，在韩国延寿举行的联合国教科文组织第五届国际学习型城市大会上，上海成为 10 个获得联合国教科文组织 2021 年学习型城市奖之一，也是本届中国唯一的获奖城市。正如联合国教科文组织终身学习研究所所长戴维·阿乔莱那在颁奖仪式所说：上海在为市民提供终身学习机会方面取得了突出进展，在一个快速变化的世界中，让所有市民都有机会不断发展自己，并为解决当地和全球的挑战做出贡献。2021 年 7 月 26 日，上海市人民政府发布《上海市教育发展"十四五"规划》的通知，通知要求"完善学分银行制度，健全各级各类学习成果认证机制。加大推广个人终身学习账户应用，探索建立个人终身学习空间"。这为擘画学分银行"十四五"发展图景，增强服务市民终身学习和终身发展的能力，提供了政策基础。

(一) 学分银行实践发展理论之基——"终身教育"思想的启示

终身教育作为未来教育战略的一种理论，能够突破时间和空间限制，为探寻人类教育形式的道路上产生具有变革性意义。然而，终身教育思想及理论的形成不是一蹴而就，从耶克斯利最早于 20 世纪 20 年代末提出终身教育概念，到 20 世纪 60 年代保罗·朗格朗确立了终身教育概念化和体系化之后，在世界学者的倡导推行下，终身教育逐渐得到发展，对于学分银行的发展产生了深远的影响。

在终身教育思潮影响下，推进终身教育理念成为全球的共同行动。随着我国终身教育政策的深化与拓展，学分银行建设日趋成熟。2010 年，《国家中长期教育改革和发展规划纲要(2010—2020 年)》(简称《纲要》)颁布，明确提出"建立继续教育学分积累与转换制度，实现不同类型学习成果的互认和衔接"。2012 年 7 月 23 日，上海市教育委员会发布《关于成立上海市终身教育学分银行的通知》，终身教育学分银行正式从理念迈进现实。7 月 24 日，上海市终身教育学分银行在上海市学习型社会建设与终身教育推进大会上揭牌并正式运行，成立国内首家省市级终身教育学分银行，使《纲要》首先在上海得到落地实施，对全国省市学分银行建设发挥了标杆作用。学分银行也成为搭建终身学习"立交桥"，拓

宽终身学习新通道,开凿人才成长新途径,推进上海市终身教育体系和学习型社会建设的重要载体。

(二) 学分银行服务终身学习现状——上海市终身教育学分银行学习者画像研究

上海市终身教育学分银行作为对学习者的各类学习成果进行认定、积累和转换的工作实施机构和信息化服务平台,目前已为463万余人建立了"个人学习账户",积累了包括学习者学历教育、职业培训和文化休闲教育等各种学习成果,累计成绩数达9 010万条,学分转换人数达9.9万余人。通过对学分银行十年学习者数据进行特征抽取、分类和聚类模型整合等数据挖掘手段,能够对学分银行学历教育、职业培训、社区(老年)教育三大业务板块学习者画像形成翔实刻画,充分反映了学分银行在搭建人才培养"立交桥",服务学习型城市建设所发挥的价值和作用。

1. 终身教育学习者情况概述

根据上海市终身教育学分银行数据来源分析,根据性别分类,学习者女生人数共2 478 781人,占比53.76%;男生人数共2 131 841人,占比46.24%。从整体来看,学习者性别分布相对较为平均,女性学习者用户多于男性,这主要与不同性别学习者的自主学习能力相关,男性学习者更倾向于自主式学习,而女性学习者更倾向于寻求外部帮助,因此对培训教育、学历证书更感兴趣。此外,也和女性学习者在工作过程中由于生育等原因有中断之后,对再学习的需求更为强烈有关。

性别段		百分比	总人数
女		53.76%	2 478 781
男		46.24%	2 131 841

图23 上海市终身教育学分银行学习者数据

根据出生地分析,排行Top10的地区有上海市、安徽省、江苏省、浙江省、河南省、江西省、四川省、山东省、湖北省、湖南省。来自长三角地区的学员占71.34%,其中,48.69%均是上海本地

学员出生地排名

排行	出生地		百分比	总人数
1	上海		48.69%	2 227 848
2	安徽		10.02%	458 327
3	江苏		8.32%	380 600
4	浙江		4.31%	197 024
5	河南		4.14%	189 565
6	江西		2.72%	124 503
7	四川		2.54%	116 448
8	山东		2.51%	115 066
9	湖北		2.24%	102 314
10	湖南		1.47%	67 133

图24 学分银行学习者来源分布

学员,共 2 227 848 人;来自安徽省学员有 458 327 人,占 10.02%;来自江苏省学员有 380 600,占比 8.32%;来自浙江省学员有 197 024 人,占比 4.31%;来自河南省学员有 189 565 人,占比 4.14%;来自江西省学员有 123 503 人,占比 2.72%;来自四川省学员有 116 448 人,占比 2.54%;来自山东省学员有 115 066 人,占比 2.51%;来自湖北省学员有 102 314 人,占比 2.24%;来自湖南省学员有 67 133 人,占比 1.47%。今后可以将学分银行推广到更多地区,获取更多的学分样本数据。

学习者的专业主要有管理学、工学、财经商贸、经济学、文学、医药卫生、公共管理与服务、法学、艺术学、医学、理学、文化艺术等。其中,深受学员欢迎的 5 个专业为:管理学、工学、财经商贸、经济学、公共管理与服务;选择管理学专业的学员有 292 766 人,占比 19.78%;工学专业的学员有 253 311 人,占比 17.12%;财经商学专业的学员有 168 811 人,占比 11.41%;经济学专业的学员有 76 243 人,占比 5.15%;公共管理与服务专业的学员有 66 200 人,占比 4.47%。

专业	百分比	总人数
管理学	19.78%	292 766
工学	17.12%	253 311
财经商贸	11.41%	168 811
经济学	5.15%	76 243
公共管理与服务	4.47%	66 200
文学	4.36%	64 586
医药卫生	3.53%	52 196
法学	3.32%	49 131
艺术学	3.17%	46 870
未知	3.13%	46 390
医学	2.88%	42 680
理学	2.54%	37 603
文化艺术	2.48%	36 734
电子与信息	2.46%	36 366
装备制造	2.35%	34 711
教育与体育	2.15%	31 758
交通运输	2.03%	30 103
教育学	2.00%	29 607
土木建筑	1.61%	23 880
旅游	1.09%	16 180

图 25 学习者专业人数分析

2. 职业培训类继续教育情况

在职业培训的学员里根据不同年龄段分析,90 后学习者居多,占比 33.57%,有 1 487 574 人;80 后学习者位居第二,占比 31.44%,有 1 393 108 人;70 后学习者,占比 14.63%,有 648 506 人;60 后学习者占比 8.30%,有 367 762 人;50 后学习者占比 6.05%,有 268 253 人;00 后学习者占比

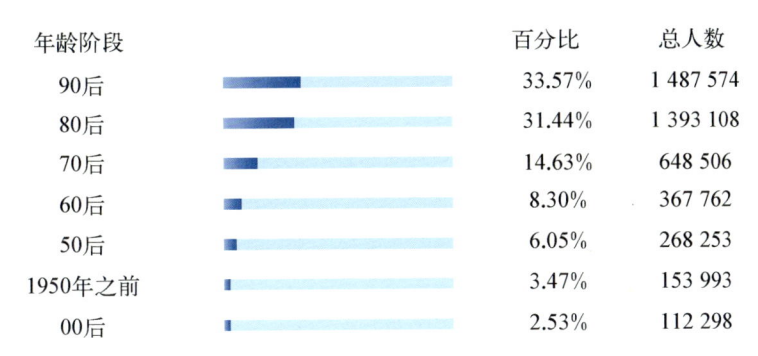

年龄阶段	百分比	总人数
90后	33.57%	1 487 574
80后	31.44%	1 393 108
70后	14.63%	648 506
60后	8.30%	367 762
50后	6.05%	268 253
1950年之前	3.47%	153 993
00后	2.53%	112 298

图 26 职业培训类继续教育学员年龄段分布

2.53%,有 112 298 人。

(1) 职业培训的证书人数分析 Top10

深受学习者喜欢的前 10 个证书分别为计算机操作员(选择人数 100 988 人)、家政服务(选择人数 99 369 人)、创业能力(选择人数 94 752 人)、母婴护理(选择人 79 233 人)、保安人防(选择人数 74 892 人)、西式面点师(选择人数 72 144 人)、保育员(选择人数 52 518 人)、办公应用软件操作员(选择人数 51 186 人)、美容师(选择人数 46 160 人)、中式烹调师(选择人数 43 855 人)。

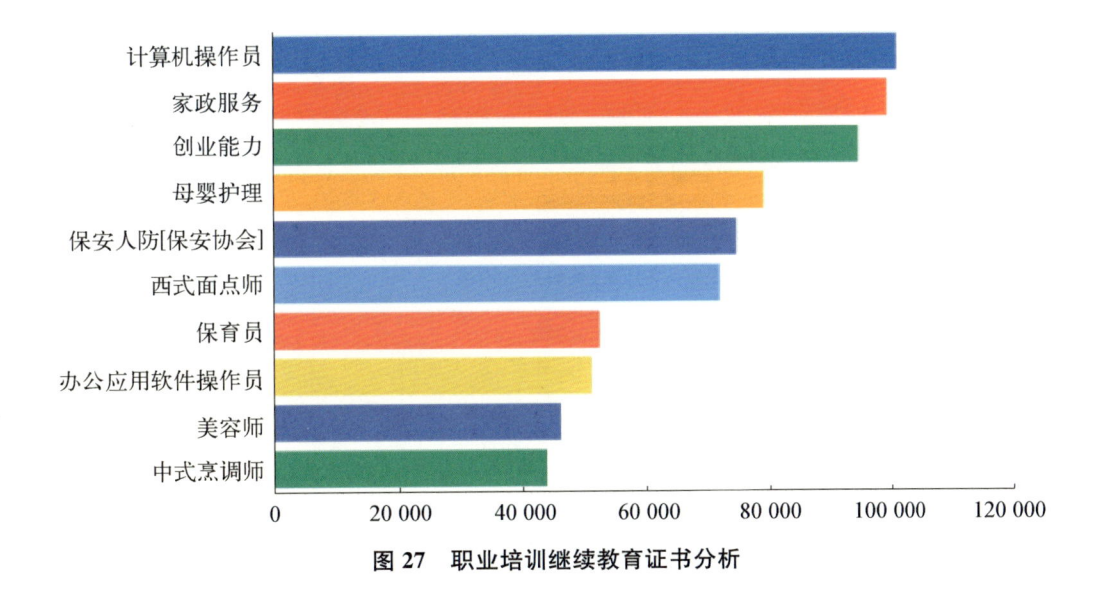

图 27 职业培训继续教育证书分析

(2) 学习者性别与证书关联分析

在获得证书里,男生学保安人防证书的最多,共 68 009 人,学母婴护理证书的最少,共 26 人;女生学家政服务证书的最多,共 95 109 人,保安人防证书的最少,共 6 006 人。

(3) 年龄阶段和证书类别分析

00 后学习信息服务类的最多,共 34 030 人;90 后学习信息服务类的最多,共 246 687 人;80 后学习生活服务类最多,共 168 480 人;70 后学习生活服务类最多,共 185 249 人;60 后学习生活服务类最多,共 121 999 人。

(4) 职业培训证书类别人数分析

职业培训证书类别里,以生活服务类最多,有 608 298 人;信息服务类位居第二,有 491 877 人;机电技术类有 226 664 人,旅游服务类有 139 418 人,农林牧渔类有 115 465 人。

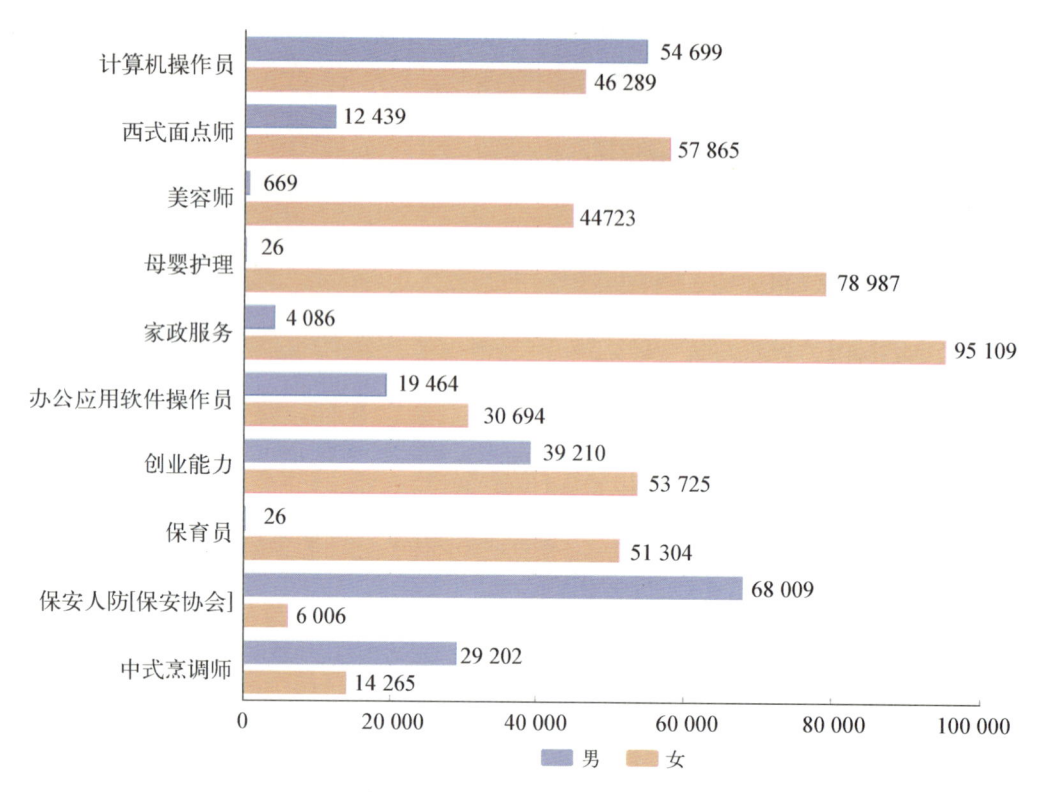

图 28 培训证书类继续教育学习者性别与证书

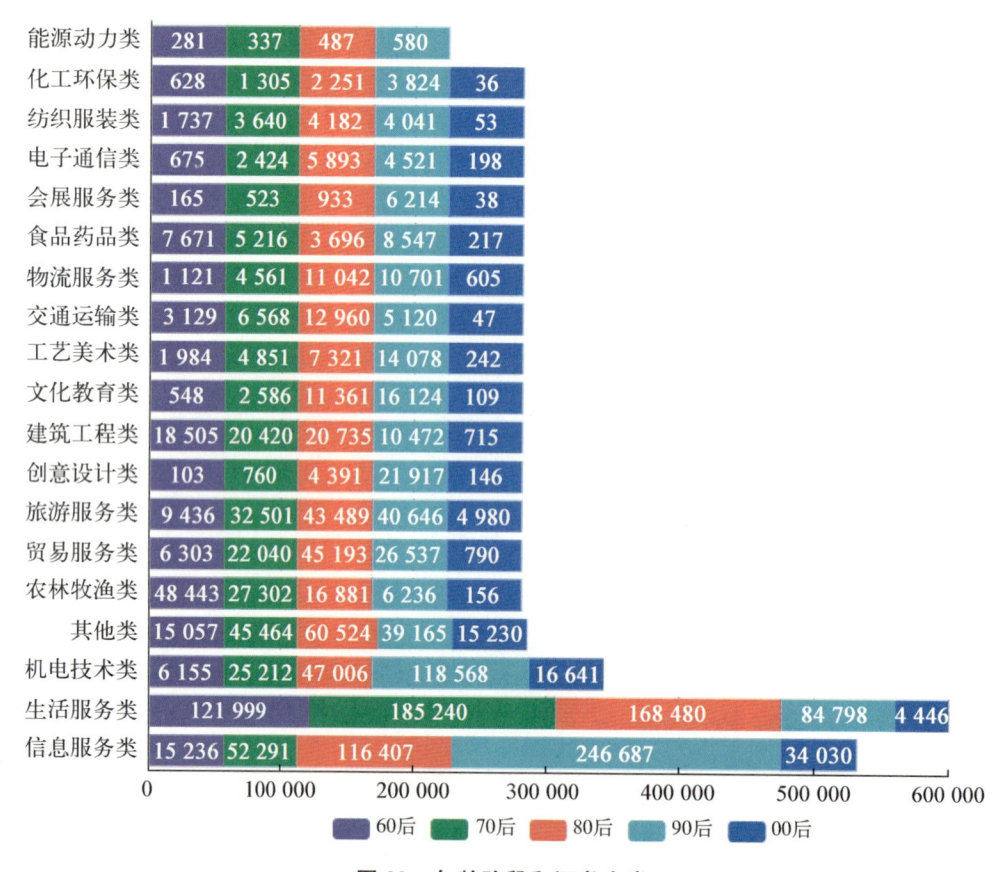

图 29 年龄阶段和证书大类

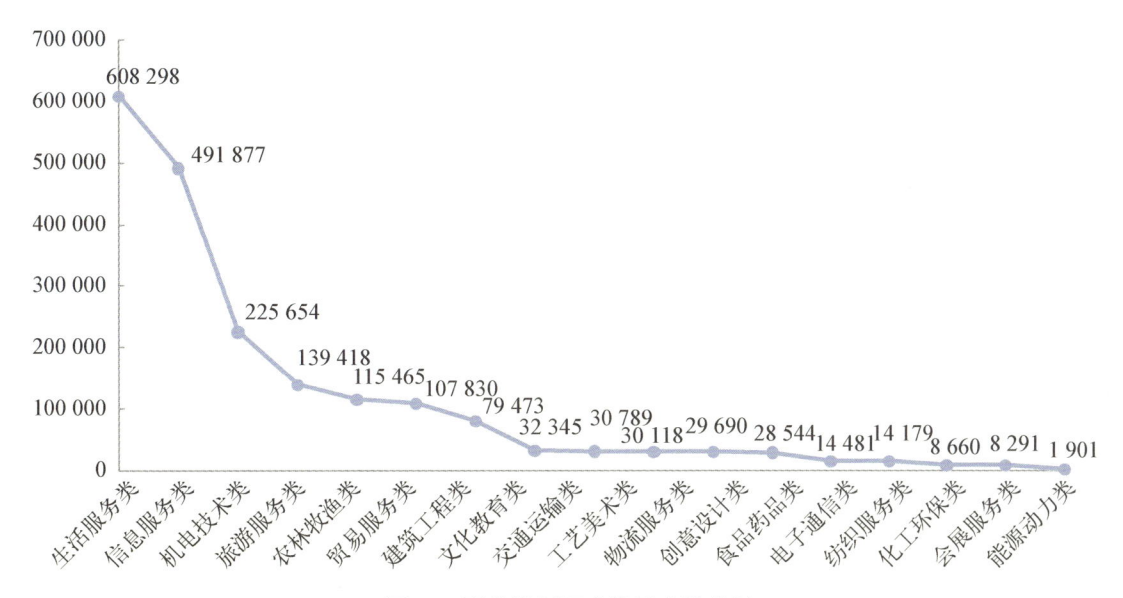

图30　职业培训证书类别人数分析

3. 社区老年教育继续教育情况

截至2022年8月份,在上海市终身教育学分银行中社区老年教育储户人数为360 031人,占学分银行总人数的7.76%。累计课程审核通过数量为7 442门,累计存入课程成绩数1 667 151条。

在社区老年教育的学员里女生占68.13%,约有24万人,男生占比31.87%,约有12万人。

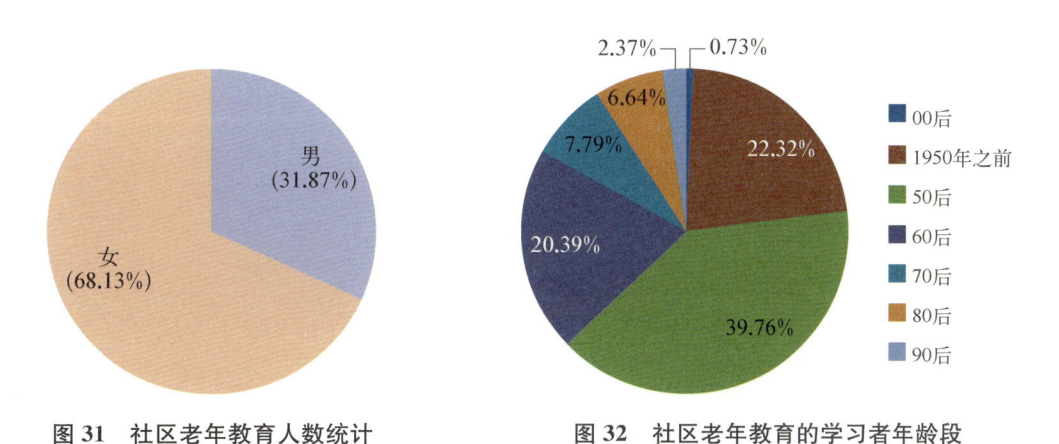

图31　社区老年教育人数统计　　**图32　社区老年教育的学习者年龄段**

(1) 社区老年教育的学习者年龄段画像

在社区老年教育的学员里根据不同年龄段分析,50后学习者居多,占比39.76%,有138 765人;60后学习者位居第二,占比20.319%,有71 184人;70后学习者占比7.79%,有27 206人;80后学习者占比6.64%,有23 163人;90后学习者占比2.37%,有8 260人;00后学习者占比0.73%,有2 551人。

(2) 社区老年教育年度人数画像

社区老年教育中学习课程主要包括艺术修养、实用技能、健康教育、体育健身、文化素养、社会科学等。2011—2019年这些课程呈持续上涨,2020年受"新冠疫情"影响急剧下降,可见疫情期间对线下教育带来很大影响,但在2021年学习者又开始逐步增多,渐渐朝好的方向发展。

图 33　社区老年教育人数趋势

（3）热门课程 TOP10

深受社区老年教育学习者喜欢的前 10 个热门课程分别为声乐（选择人数 29 217 人）、民族舞（选择人数 17 520 人）、声乐基础（选择人数 15 923 人）、书法（选择人 12 086 人）、合唱（选择人数 11 887 人）、沪剧（选择人数 11 125 人）、交谊舞（选择人数 10 649 人）、烹饪（选择人数 10 437 人）、太极拳（选择人数 8 220 人）、声乐提高（选择人数 8 117 人）。

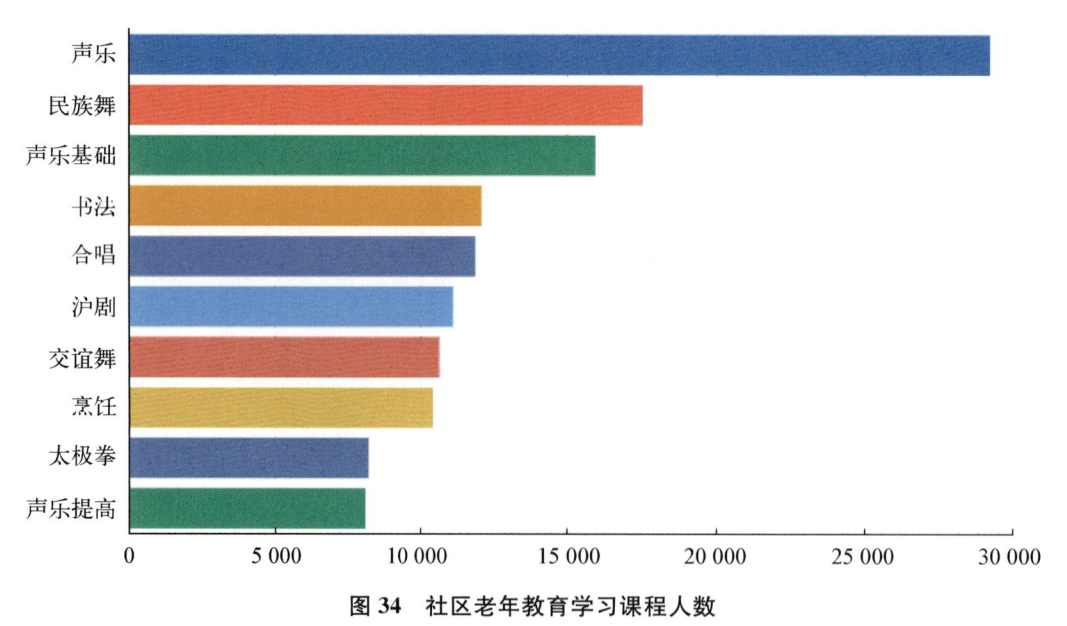

图 34　社区老年教育学习课程人数

（上述报告中的数据已获得上海市终身教育学分银行授权，数据画像成果来源于由上海网班信息科技股份有限公司承建的《上海市终身教育学分银行大数据分析平台》。）

（三）上海市终身教育发展趋势展望

构建终身教育体系是建设学习型城市最基础的大教育建设工程，"十四五"时期，上海终身教育发展也呈现了新趋势、新特点，为上海终身教育事业发展再上新台阶提出了新期待和新要求。

一是构建新时代上海职工继续教育新模式。针对新时代职工继续教育,上海将提升高等学历继续教育办学水平和人才培养质量,以能力和学历双提升为导向,以校企联动、工学互促为路径,以现代信息技术为支撑,以各类学习成果认定和转换为通道,构建具有上海特色的"双元制"继续教育模式。这无疑将直接造福上海千万产业工人,包括几百万的进城务工人员。

二是提升老年教育服务城市发展能级。鉴于上海老年人口规模不断攀升,上海也将培育老年教育多元举办主体,加强老年教育基层社会学习点建设,扩大老年教育资源供给。伴随着城市数字化转型,上海正在构建覆盖全市的老年教育数字化服务网络,提升老年人数字素养。到2025年,上海将建设100个老年智慧学习场景,创建100个老年智慧学习品牌,开展1 000名助老智慧学习骨干教师培训,推进1 000个助学团队培育。上海对老年人终身学习需求的研究、关注与满足,持续而务实。

三是提升平均受教育年限助力城市发展。"十三五"时期,劳动年龄人口平均受教育年限达到12.6年,为社会发展和产业升级提供了有力的人才支撑。到2025年,劳动年龄人口平均受教育年限将达到13年左右,受过高等教育的比例达到50%左右,这将直接助力"五个中心"建设,提升城市创新活力和发展品质。

促进市民的终身发展,可彰显人民城市风采,体现社会主义制度优势。如规划对于特殊教育、老年教育的关注,对缩小城乡、区域、校际差异的重视,要求家庭经济困难群体资助保障体系更加健全、特殊群体学生接受教育的需求得到更好满足、来沪务工人员随迁子女接受教育服务供给机制更加完善,都有助于建成"人人都有人生出彩机会、人人都能有序参与治理、人人都能享有品质生活、人人都能切实感受温度、人人都能拥有归属认同"的人民城市。

("互联网+科创"服务专委会供稿　执笔人:王静、伍琳、张杰人、陈丽莉、戴剑飚)

七、健康服务专委会:上海大健康服务业2021年发展报告

2021年,已经进入新冠的"后疫情时代",大健康产业在受到严峻挑战的同时,也迎来了新的发展机遇。2021年,上海市大健康产业在提升全民健康素质、提升健康服务水平、扩大就业等方面,都实现了重要突破。

(一) 2021年上海大健康产业情况综述

根据上海市卫生健康委员会发布的《上海市卫生健康状况报告》(2021)中显示,2021年,本市居民期望寿命84.11岁,其中,男性81.76岁,女性86.56岁;上海地区婴儿死亡率2.30/千;上海地区孕产妇死亡率1.60/10万。〔注:人口平均期望寿命(英文:Life expectancy)是指假若当前的分年龄死亡率保持不变,同一时期出生的人预期能继续生存的平均年数。人均期望寿命是一个综合指标,反映了一个国家/地区当前的医疗保健投入、经济发展情况等,成为联合国人类发展指数的重要评价指标之一。〕

2020年上海市居民期望寿命为83.67岁,相隔一年,上海市居民期望寿命增长0.44岁。2021年我国居民人均预期寿命为78.2岁,上海市高出全国人均期望寿命5.91岁。如图1所示,10年来,上海市居民期望寿命逐年稳步增长;与10年前相比,上海市居民期望寿命增长了1.7岁,其中,女性增长了1.89岁,男性增长了1.58岁。

图35 2012—2021年上海市居民人均期望寿命变化图

上海市居民人均预期寿命的提高,离不开以下两方面因素:一方面,来自社会经济条件、卫生医疗水平的提升;另一方面,来自生活条件、身体素质的综合改善。2021年,上海市全年地方一般公共预算支出8430.86亿元,其中卫生与健康支出633.13亿元,比上年增长16.3%。

1. 医疗卫生行业发展概况

2021年上海市医疗卫生机构数量为6317所,比2020年增加412所;卫生技术人员人数为23.96万人,同比增长5.8%。其中,2021年上海市医院数量为432所,同比增长6.7%;上海市门诊部卫生机构数量为1397所,同比增长13.3%;上海市社区卫生服务中心数量为335所,同比增长1.2%;疾病预防控制中心数量为19所;卫生监督所数量为17所。2021年全市各医疗机构诊疗总次数为27249.09万人次,同比增长13.24%。

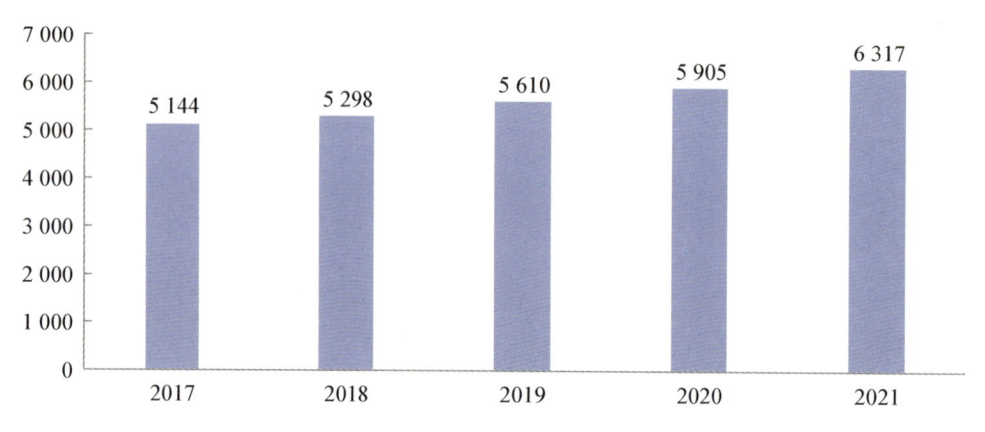

图36 2017—2021年上海市医疗卫生机构数量变化

(数据来源:上海市卫生健康委员会)

2021年医疗服务水平持续提升,上海市积极推进"互联网+医疗健康",全年新增互联网医院29家,总数增至76家。社区卫生服务网络不断夯实,全年新建19家智慧健康驿站,全市标准化智慧健康驿站达到238家,实现街镇全覆盖。家庭医生签约服务做实做优,2021年,上海市家庭医生"1+1+1"累计签约人数为864万人,签约率为77%。

在资本市场方面,《2021年全球医疗健康产业资本报告》显示,中国医疗健康投融资事件发生最为密集的五个区域,依次是上海、广东、北京、江苏和浙江。上海累计发生306起融资事件,较去年增加108起,共筹集资金超517亿人民币,领先排名第二的北京近66亿元人民币;其中包括26

起过亿美元融资事件,有138家生物医疗企业在上海完成融资。

2. 心理咨询行业发展概况

据世界卫生组织(WHO)发布的报告称,新冠病毒肺炎疫情导致全球抑郁症发病率大幅上升了28%。不同于通常的情绪波动和对日常生活中挑战产生的短暂情绪反应,抑郁症可能成为一个严重的健康疾患,尤其是当抑郁症反复发病,并达到中度或重度时。

据流行病学调查显示,我国抑郁症发病率呈逐年上升趋势。全国抑郁症患者超9500万。我国每年大约有28万人自杀,其中40%患有抑郁症。《2022年国民抑郁症蓝皮书》显示,患有抑郁症的群体中,分别有86%和68%的患者认为,引发抑郁症的主要原因是情绪压力和家庭亲子关系。

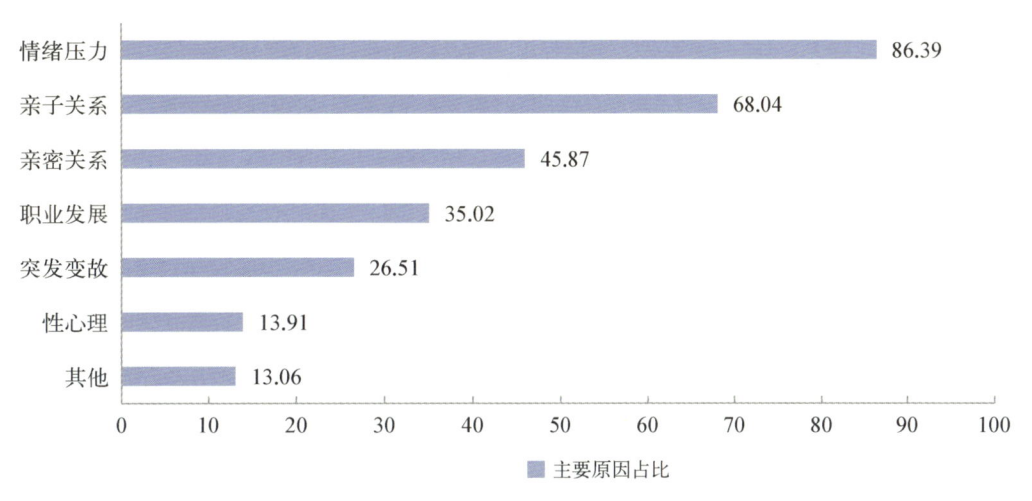

图37 引发抑郁症的主要原因

(数据来源:《2022年国民抑郁症蓝皮书》)

此外,抑郁症发病群体呈现出年轻化趋势,青少年心理健康亟须社会重视。数据显示,18岁以下的抑郁症患者占总人数的30%;50%的抑郁症患者为在校学生。青少年抑郁症患病率已达15%～20%,接近于成人。

通过企查查,在企业名、产品、经营范围、企业简介中搜索"心理咨询"关键词发现,上海目前共有心理咨询相关企业4900家;2021年,上海市新增心理咨询企业796家,较2020年新增427家有大幅度上升,成为近5年来,新增企业数量最多的一年。通过对2021年各区之间新增企业的对比发现,奉贤区心理咨询企业增量最多,共新增162家。

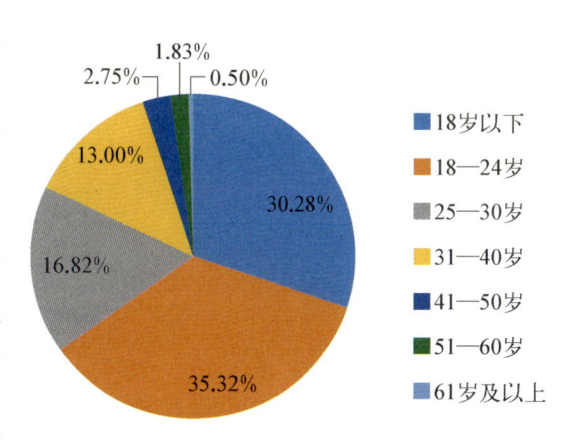

图38 抑郁症发病群体年龄分布

(数据来源:《2022年国民抑郁症蓝皮书》)

3. 体育健身行业发展概况

作为全国最早全面启动建设健康城市行动的特大型城市,上海全领域构建"大健康格局",全方位、全周期保障人民健康,加快建成全球健康城市的步伐。2021年,上海共举办46项国际、国内重大赛事。成功举办上海赛艇公开赛、2021—2022年国际雪联城市越野滑雪中国巡回赛上海杨浦站、首届上海杯象棋大师公开赛等品牌赛事。组织以"一起上赛场,人人享健康"为主题的城市业余

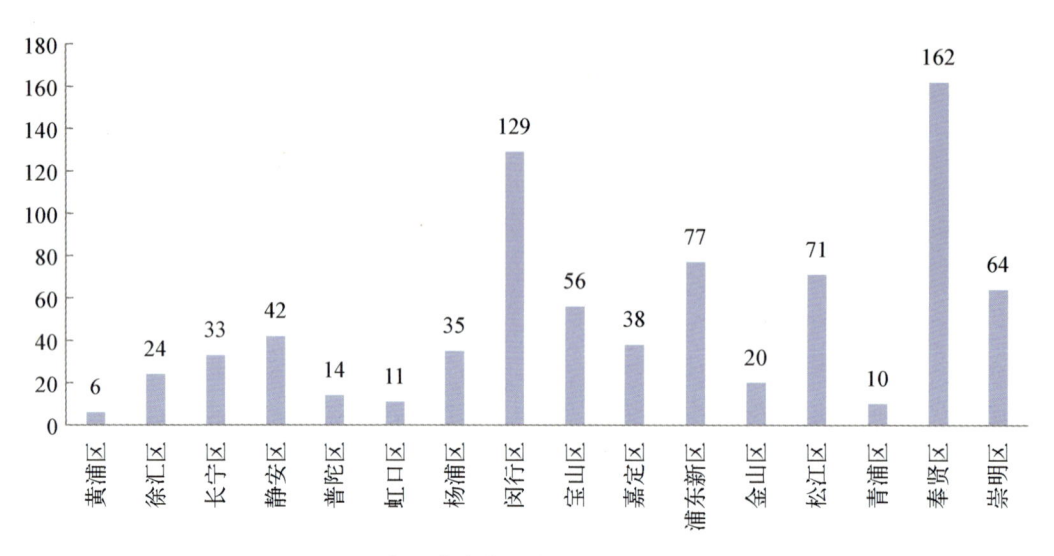

图 39　2021 年上海市各区新增心理咨询企业注册量

联赛,共举办 6 121 场赛事活动,870 万人次参与。

在东京奥运会上,46 名上海运动员参加了 17 个大项、22 个分项、50 个小项的比赛,获得 5 枚金牌、4 枚银牌、2 枚铜牌,取得了历史最佳成绩。在第 14 届全运会上,上海体育健儿获得 36 枚金牌、27 枚银牌、28 枚铜牌、91 枚奖牌,奖牌、金牌和总分均超上届。

重大体育设施项目顺利推进,浦东足球场项目顺利竣工。全年新建 107 条市民健身步道、743 个市民益智健身苑点、98 片市民多功能运动场。至年末,全市体育场地面积 6 072 万平方米,人均面积 2.44 平方米。

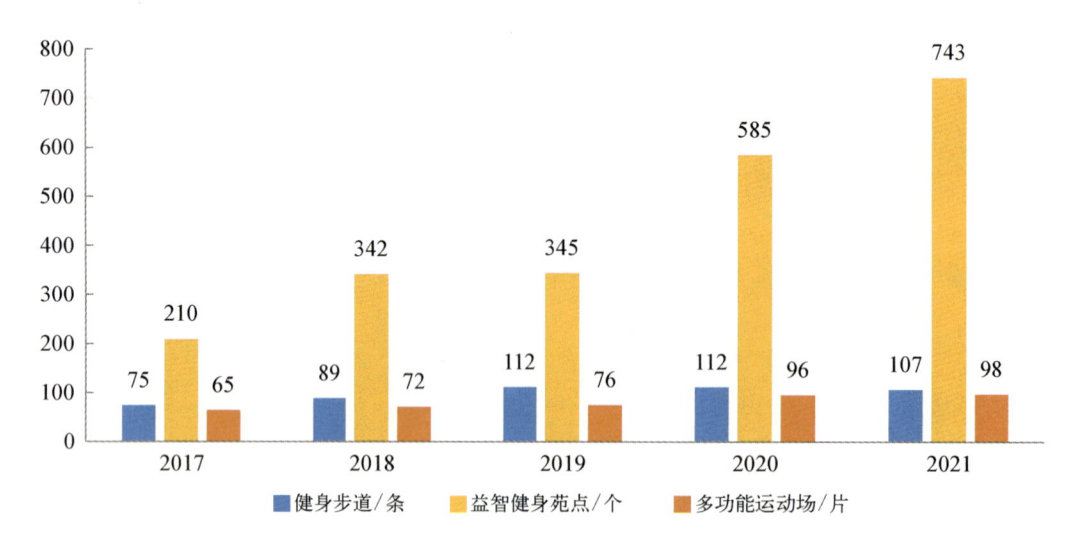

图 40　2021 年上海市新建体育运动场地数量

（数据来源：上海市统计局）

2021 年国内疫情仍有波动,各类运动健身场馆数量略有下滑。全国各类运动健身场馆数量,一线城市上海、北京、深圳、广州分列前四位。2021 年,上海市各类运动健身场馆共 6 718 家,增幅－3.02％。上海市作为中国的金融商业中心,成为欧美健身文化最早引入中国的先驱城市。与此同时,改革开放之后跨国公司、外企的蓬勃发展为上海人的生活方式带来了变革,也为健身行业培养了具有较高消费能力的中产阶级群体基础。

中国健美协会颁布的《健身产业城市景气指数排行榜》显示,2021年上海市成为首个在景气指数上突破80的城市。上一年度,上海的景气指数为72.98,提升较为显著,这主要依赖于行业供给和经济效益这两方面的提升。

城市	景气指数
上海	80.5
北京	66.87
深圳	58.48
广州	55.34
杭州	48.45
重庆	48.17
武汉	44.01
长沙	42.64
苏州	41.33
成都	41.27

图41　2021年健身行业城市景气指数TOP10

(二) 2021年大健康产业年度重要事件

1.《上海市卫生健康发展"十四五"规划》颁布

2021年7月15日,上海市举行市政府新闻发布会,介绍了《上海市卫生健康发展"十四五"规划》主要内容。"十四五"时期,上海市卫生健康发展目标可以用"3+7"概括,即"三个总体目标":一是建设以人民健康为中心的高品质健康服务体系;二是建设具有全球影响力的健康科技创新中心和全球健康城市典范;三是建设成为全球公共卫生体系最健全的城市之一。

"七个分目标":一是居民健康水平持续提升。市民健康素养水平达到36%以上,常见恶性肿瘤诊断时早期比例达到37%以上;二是健康服务体系更加完善。基本建成现代化疾病预防控制体系,重大疫情和突发公共卫生事件应对能力达到国际一流水准,区域性医疗中心服务水平明显提升,初步建成适宜、综合、连续的社区健康服务体系;三是医疗服务品牌更加响亮。医学科技创新能力显著增强,打造一批世界知名、全国领先的医学学科,重大疑难疾病诊治能力逐步提升;四是健康服务业规模和质量显著提升,成为城市重要支柱产业;五是卫生健康智慧化程度不断提升,成为智慧化健康服务高地;六是医疗保障体系进一步完善,建成多层次医疗保障体系;七是全行业治理水平明显提高,基本建成智慧化监管体系。

2. 世界人工智能大会健康高峰论坛在上海举办

2021年7月9日,2021世界人工智能大会健康高峰论坛(简称"健康高峰论坛")在上海成功举办。大会以"数字健康·智享未来"为主题,汇聚国内外政府机构领导、全球AI+医疗领域的专家、学者、产业界人士,就后疫情时代人工智能等新一代信息技术赋能医疗数字化转型的新应用、新思路、新场景等业内关注的焦点进行深入探讨,促进政、企、学、研、医多方资源整合及紧密合作,把脉数字中国战略下智慧医疗的发展方向。

会议强调,新冠病毒肺炎疫情在全球范围内蔓延,人工智能及信息化手段在辅助疫情研判、创新诊疗模式、提升服务效率等方面发挥积极作用,为疫情防控做出了突出贡献。当下,国际疫情仍然严峻、国内疫情不断反复,人工智能等数字技术在后疫情时代的常态化防控中将被赋予新的责任与方向。人工智能不仅能分析过去,还能预测未来。通过人工智能对流行病学预测的模型,可使判断更准确,对疫情变化进行预测,能更好地指导行政、卫生等各方面政策的制定。

3. 碳排放管理员被列入《中华人民共和国职业分类大典》

2021年3月,"碳排放管理员"被列入《中华人民共和国职业分类大典》,一些培训机构,针对碳排放项目特点,立足碳排放管理的需求,建立满足碳排放管理师职业技能人才的培养,开展碳排放管理师的岗位能力培训及等级考试项目,培养适合当下碳排放、管理的专业型人才。

根据联合国环境规划署最新发布的《2021年排放差距报告:热火朝天》显示,各国上报的新版和更新版气候承诺,远远落后于实现《巴黎协定》温控目标所要求达到的水平,这将使世界步入"在21世纪末至少升温2.7℃"的轨道。环境和气候方面日益增长的风险,加剧了人们所面临的健康危害,尤其是粮食和水质安全、热浪及传染病传播问题。因此,碳排放管理员相关培训,需要通过分析大健康领域的人才需求,整合优质、专业的行业资源,集结行业专家,加大教学内容的创新研发,培养适合岗位需求的人才。

4. 海外数字心理健康爆发,领跑垂直赛道

2021年,海外数字心理健康的投融资热度全面爆发,全年发生115起融资事件,累积融资额约超过34亿美元(约219亿元人民币)。自2015年以来,全球数字心理健康就维持增长态势,尤其在新冠疫情爆发的近两年,在工作方式和医疗流程变动等不稳定因素影响下,心理健康服务需求量激增,再加上以美国为代表的医疗数字化基础设施建设加快,一定程度上刺激了数字心理健康市场发展。

不仅如此,在海外数字健康按适应症分类的垂直领域中,心理健康服务的数字健康初创公司,也保持了2018年以来的领跑态势,同时还拉开了与其他临床适应症的差距,超出至少20亿美元。

(三)大健康产业发展趋势

1. "数智化"大健康

2021年,国家《"十四五"规划和2035年远景目标纲要》确定了发展数字经济的战略举措,推动数字经济与实体经济融合发展,数字产业化、产业数字化愈演愈烈。在这一背景下,大健康产业也将迈入数字化、智能化融合发展的快车道。

依托数智创新技术,通过数智化大健康生态体系的搭建,围绕大数据所带来新的产业洞察和流程再造,通过多维度的分析驱动业务发展和创新,利用数智化实现精准运营,智能决策,是未来大健康产业发展的大趋势。在后疫情时代,不少传统医药企业已经开始迈出数智化升级的步伐,而已经开始数智化转型的医药企业也正借着疫情下社会认知改变、政策推动等有利因素,加速向智能化前进,但医药产业数智化并非一蹴而就,仍然需要产业链各方的积极参与,加强交流。

2. 全民健身智慧管理

根据上海市全民健身实施计划的思想,以及当前大数据和人工智能的应用,在未来全民健身的领域,会逐步建立系统完备的全民健身大数据,推进全民健身信息、数据资源开发和利用,打造以全民健身电子地图、社区体育设施管理、社区体育服务配送、体质监测、体育场馆、赛事活动、健身指导等事项为核心的综合信息化全民健身公共服务平台,推进办公协同化、管理信息化,提升全民健身

智慧管理水平。

同时,未来5年,上海会着力于推进全民健身领域政务服务"一网通办",以区块链、大数据、云计算、5G、人工智能等为依托,积极发展"体育+""+体育"新业态、新技术、新模式。优化体质监测站和智慧健康驿站构建的体质健康服务网络。围绕解决老年人运用智能技术面临的困难,加强体育领域"智慧助老"服务。

3. 居民健康消费和不健康消费同时增加

2021年的618和双11购物狂欢节中,营养保健产品及日常设备,占据了一席之地,各类健康体检套餐等线下服务也内卷起来,新锐营养健康品牌摸索出新进化路径,养生茶饮、玻尿酸饮料等更多细分市场催生,产品更加多元,居民健康消费指数有所增长。(中国居民健康消费指数,是涵盖营养摄入、身体活动、吸烟、饮酒等几个维度,参考权威医学实证研究得出消费行为对于健康的影响系数。)

受新冠病毒肺炎疫情等因素影响,尽管随着人们健康消费观念的升级,与身体活动相关的健康消费指数略微上升,但仍无法逆转因烟酒消费增加和膳食结构不合理所导致的居民健康消费指数下滑趋势。一方面,经济水平提高既可以促进居民购买更多健康型消费品,又会在一定程度上引致对健康不利的消费品需求激增;另一方面,地区医疗水平的提升、社会保障体系的完善使得居民可以获得更好的医疗健康服务,但也可能导致其相对忽视"不健康"消费所带来的危害。倡导健康消费理念,塑造健康消费习惯,仍然需要持续不懈的努力。

从大健康产业的整体格局来看,疫情加速了行业的转换,培育健康经济新业态是未来的发展趋势。促进大健康产业的发展,一是要把大健康产业变成创新的产业,不断加强在产品、服务、技术方面的创新;二是要从业态融合的角度发展大健康产业,做到有机衔接、良性互动。从而调整产业结构、推动大健康产业可持续发展。

(健康服务专委会供稿 执笔人:金梦迪)

八、养老服务专委会:上海养老服务业2021年发展报告

(一)上海市养老服务发展概况

上海市养老服务供给体系不断深化,在"9073"格局的基础上,在全国率先打造社区嵌入式养老服务体系,发展农村互助性养老,形成居家、社区、机构养老服务齐头并进、协调发展的态势。养老服务保障体系日益成型,形成了以长期护理保险、养老服务补贴制度为主体的养老服务支付能力保障,并从医养结合、人才队伍、信息技术等方面着重保障养老服务的内涵式发展。

"十四五"时期,党中央把积极应对人口老龄化上升为国家战略。在此期间,上海老年人口的规模将持续扩大,人口老龄化率持续提高。

1. 人口老龄化形势严峻

从历史上来看,上海一直是全国老龄化程度最高的地区之一。上海人口老龄化程度高和上海城市人口发展的历史变化是密切相关的。20世纪50年代是上海人口出生的高峰期,1951—1960年上海累计出生人口为272万人,峰值出现在1954年。这一阶段上海出生人口总量大,且比较集中,是造成现阶段上海人口老龄化程度高于全国水平的最主要原因。1982年,上海60岁及以上人口比重就达到11.5%,是全国最早进入老年型人口结构的城市。2000年和2010年,上海60岁及

以上人口比重分别比全国高 4.5% 和 1.8%。上海市第七次全国人口普查结果,上海比全国高 4.7%。

根据上海市统计局发布的数据,截至 2021 年 12 月,上海户籍 60 岁及以上老年人口 581.56 万人,占户籍总人口 36.1%,该比例较 2020 年末的 35.2% 提高 0.9%。截至 2021 年底,上海 80 岁及以上的老年常住人口约 83.59 万,占全市 60 岁及以上老年人口的比重为 15.4%。其实早在 2019 年上海老龄化率就达到 14.3%。"十四五"时期,上海老年人口规模持续扩大,人口老龄化率持续提高,预计到 2025 年全市 60 岁以上户籍老年人口将接近 600 万人,且高龄化趋势越发明显,户籍人口中 80 岁以上老年人口数量将增加至近 86 万人。

表 7　第七次人口普查常住人口分户籍年龄构成

项　目	常住人口	户籍常住人口	外来常住人口
合计	2 487.09	1 439.12	1 047.97
0—4 岁	85.75	52.14	33.61
5—9 岁	91.40	59.10	32.30
10—14 岁	66.48	46.87	19.61
15—19 岁	71.02	39.50	31.52
20—24 岁	151.42	44.09	107.33
25—29 岁	220.58	60.29	160.29
30—34 岁	274.13	102.67	171.45
35—39 岁	229.58	121.25	108.33
40—44 岁	185.75	103.11	82.64
45—49 岁	177.63	83.98	93.64
50—54 岁	178.57	89.10	89.47
55—59 岁	173.24	118.30	54.94
60—64 岁	176.65	149.92	26.73
65—69 岁	164.76	143.78	20.98
70—74 岁	101.40	92.97	8.43
75—79 岁	55.16	51.60	3.56
80 岁及以上	83.59	80.46	3.13

(数据来源:上海统计局官网)

同时我们也看到,上海 60—69 岁低龄老年人口占全市老年人口比重是 58.7%,高于全国平均水平。这部分老年群体大多蕴藏着技能、经验和智慧,他们在社会建设、社区建设以及家庭(家风)建设中发挥着不可或缺的重要作用。

表8 户数、人口、人口密度和户籍人口期望寿命(1978—2020年)

年 份	常住人口 (万人)	人口密度 (人/平方千米)	总户数 (万户)	平均每户人口 (人)	年末户籍人口 (万人)	按性别分 男性
2003	1 765.84	2 785	486.06	2.76	1 341.77	675.47
2004	1 834.98	2 894	490.58	2.76	1 352.39	680.38
2005	1 890.26	2 981	496.69	2.74	1 360.26	683.51
2006	1 964.11	3 098	499.54	2.74	1 368.08	686.66
2007	2 063.58	3 255	503.29	2.74	1 378.86	691.08
2008	2 140.65	3 376	506.64	2.75	1 391.04	695.57
2009	2 210.28	3 486	509.79	2.75	1 400.70	699.25
2010	2 302.66	3 632	519.27	2.72	1 412.32	703.57
2011	2 355.53	3 715	522.01	2.72	1 419.36	706.37
2012	2 398.50	3 783	524.31	2.72	1 426.93	709.62
2013	2 448.43	3 862	527.52	2.72	1 432.34	711.93
2014	2 467.06	3 891	532.55	2.70	1 438.69	714.71
2015	2 457.59	3 876	536.76	2.69	1 442.97	716.37
2016	2 467.37	3 891	541.62	2.68	1 450.00	719.35
2017	2 466.28	3 890	546.13	2.66	1 455.13	721.29
2018	2 475.39	3 904	551.95	2.65	1 462.38	724.14
2019	2 481.34	3 913	556.23	2.64	1 469.30	726.75
2020	2 488.36	3 925	560.96	2.63	1 475.63	729.04

① 户数和年末户籍人口由市公安局提供。2016年起,年末户籍人口为公安局公布的11月底数据(后表同)。户籍人口期望寿命由市卫生健康委员会提供

② 上海取消农业户口和非农业户口性质区分

③ 2011至2020年末常住人口为国家统计局根据上海市第七次全国人口普查结果的推算数

(数据来源:上海统计局官网)

综上所述,无论是人口老龄化还是老龄社会,我国已经正式迈入未富先老的时代,是挑战也是机遇。十九届五中全会通过的《中共中央关于制定国民经济发展第十四个五年规划和二〇三五年远景目标的建议》中特别强调,积极应对人口老龄化已经上升为国家战略任务。老龄产业与科教兴国、人才强国、创新驱动、乡村振兴、健康中国等并列成为最高层级的国家战略,成为党和国家的中心工作之一。

2. 养老保障体系日趋完善

李克强在国务院第四次廉政工作会议上的讲话指出:要确保养老金按时足额发放。养老金发

放总体是有保障的,但个别地区基金收支缺口较大,今年加大了中央调剂力度,同时提高了退休人员基本养老金水平。养老涉及每一个家庭,老年人有幸福的晚年,年轻人才有可期的未来。保养老金发放不能有丝毫麻痹,各地要压实责任,有缺口的及时补齐,该调剂的调剂,确保按时足额发放到位,决不允许拖欠。还要加快补养老托育服务的短板,政府既要履行好保基本、兜底线的职责,又要加大政策支持,引导社会力量增加服务供给,特别是发展社区养老托育服务。这涉及多个部门,政府工作人员要以深厚的为民情怀做好促进工作。

深化发展养老服务。上海市政府近年来在养老事业上投入力度巨大,2021年新增社区综合为老服务中心51家、老年助餐服务场所201个、养老床位5 748张,改造老年认知障碍照护床位2 303张。至年末,全市建有社区综合为老服务中心371家,老年助餐服务场所1 433个。全市共有养老机构730家,床位15.86万张。其中,由社会投资开办的352家,床位6.67万张,但从市场上来看仍然供不应求。由于上海老人养老观念较为开放,同时财富基础较好,总体相较于其他城市上海老人的养老需求旺盛,老年人群往往会提前规划自己的养老生活,上海地区较为推崇的社区养老模式成了老年市民的重点考虑对象。

社会保险覆盖面持续扩大。《2020年上海国民经济和社会发展统计公报》(以下简称"公报")显示,2020年底,上海共有1 616.67万人(包括离退休人员)参加城镇职工基本养老保险,比上年末增加27.1万人,有76.19万人参加城乡居民基本养老保险。养老服务覆盖面继续扩大。

加强基本民生保障。提高退休人员基本养老金、优抚对象抚恤和生活补助标准。推进养老保险全国统筹,规范发展第三支柱养老保险。完善传统服务保障措施,为老年人等群体提供更周全更贴心的服务。推进智能化服务要适应老年人需求,并做到不让智能工具给老年人日常生活造成障碍。

(二) 全市养老服务需求现状

1. 医养大融合,健康大发展

医养融合推动养老大健康的发展,有利于老年人防范和化解健康风险能力的提高。老年人会随着年龄的增加对医疗的需求逐步增加,而当下的养老机构中的医疗服务更多是在提供传统养老模式所包含的养老服务的基础上,为老年人提供医疗和康复服务,是传统养老服务与现代医疗服务的结合。

未来,对于民营企业来说,医养融合所带来的市场发展机遇是巨大的,将会有更多的民间资本,结合自身行业优势,以各种方式逐步参与到医养融合的赛道中来,丰富"医养融合"的产品,满足不同群体需求。发展医养融合的康复护理机构、综合性的老年病医院等。对于政府来说,进一步细化优化扶持鼓励政策,提高针对性和有效性,尤其要注意吸引医疗资源的投入是其推动医养融合的重要方式。

医养融合发展过程中所需要的人才资源是巨大的,无论是企业还是政府,都将不断探索医养融合人才的系统化培训、薪酬管理和晋升体系,投入更多的资源继续加快培养老年医学、康复、护理、营养、心理和社会工作等方面专业人才。

未来,养老与医疗逐步朝着融合的方向发展,不仅仅只是医疗服务,同时更多地融入大健康的思路,在健康管理、疗养护理、医疗服务等方面逐步完善。对于养老机构来说,应加快思路转变,从简单的医疗服务逐步转向医养融合思路上,从日常的运营中,融入健康管理思路,提升老年人群的健康水平。

2. 社区养老居家化，机构养老社区化

我国老年人的养老模式仍是以居家为主，也是未来几十年的养老主流模式。居家养老必须借助于社区医疗机构来解决老年人群的就医问题，同时满足老年群众日益增长的其他医疗服务需求。目前，在上海社区卫生服务中心建立了全科医生团队，希望通过实施社区居民健康责任制服务来进行有效服务，但在实际运营中仍遇到很多问题，如全科医学队伍人员数量不足，医疗技术、保健支撑体系不够健全和得不到有效的保障，致使没有从根本上缓解问题。社区居家健康服务有效落地，必须有专业医疗服务团队及时提供服务。

养老机构作为养老服务体系中的重要一环，上海市近年来的发展走在了国内的前列，但是其发展还处于相对独立的状态，缺乏和社区养老以及居家养老的融合。

从老年人需求来看，老年人随着年龄的不断增长，身体健康状况不断下降，相较于集中居住的养老机构服务，老年人更希望在熟悉的社区获得连续性、综合性的服务。而对于很多老年人来说，不愿意到郊区没有一个亲朋好友的养老机构居住，远离自己之前的居住地。

从国际养老机构发展趋势看，"就地养老"是大势所趋。国际上许多国家经验表明，无论是从经营管理、专业化角度，还是老年人宜居舒适角度，养老机构规模不是越大越好，床位不是越多越好，养老机构最佳规模在300张床位左右。小型化、社区化是其发展的主要态势。

未来，随着市场的发展，养老机构逐步朝着社区融合化发展，社区周边的养老机构对老年人来说是一个较好的选择。政府鼓励通过辐射居家养老的照料中心形式大力增加床位供给，保障中心城区老龄人口的入住需求。而对于机构来说，打造小型化养老机构，扎根社区是未来发展的重要方向之一。此外，在机构社区化的过程中，社区养老朝着居家融合化发展，最终形成社区、居家、机构相互融合，相互补充发展的态势。

3. 机构、社区、居家养老智慧智能化

随着老龄化社会的到来，各路资本抢滩养老市场的格局正在形成，以智慧养老模式为代表的互联网企业也开始布局养老产业。业内人士分析，至2025年养老市场将迎来5万亿元的市场空间，智慧养老将成行业趋势。

机构养老作为养老市场的重要一环，智慧化、智能化将是其发展过程中必不可少的部分。而随着5G技术的成熟，技术支持为机构养老的智慧化升级奠定了基础。智慧养老通过改变信息交流传递方式、强化资源配置整合力度、提升服务管理效率等手段对现有养老服务模式存在的各种问题予以破解，势必给养老的发展带来革命性的改变。智慧养老能够帮助养老机构、社区大幅提升管理效率，并使得居家养老、社区养老成为可能。

未来，通过智慧养老服务系统使养老信息能够互联互通，整合养老机构、社区、社会等服务资源，如将健康管理、家政服务、医疗服务、康复护理服务、餐饮服务、文化娱乐服务、养老用品以及旅游休闲服务提供商进行整合，从而能够通过一个入口统筹各种养老服务资源，提供专业高效的养老服务，为老人提供所需要的服务。

4. 精神文化嵌入养老日常

人到老年，精力变差，退休在家，告别事业。倘若加以子女离家，老伴辞世，人际交往冷落，与现代文化生活疏离，会产生失落感、孤独感、困惑感乃至黄昏感。特别是空巢及失独家庭，老人孤苦无依，精神尤为空虚苦闷。对养老机构中的老年人来说，很多人子女无法陪伴在身边，这类群体对精神文化需求更多。因此，从现实状况出发，结合老年人的生理、心理特点，适当满足其精神文化生活需求，丰富他们的文化娱乐活动，做到"老有所乐"，十分必要。

(三) 我市养老服务业发展存在的问题

尽管上海养老服务发展基础较好,但与建设社会主义现代化国际大都市、提升城市软实力的要求以及老年人日益增长的高品质养老服务需求相比,还存在一些瓶颈问题。老年人口规模的增加、养老服务总需求增长的同时,人民群众对老年美好生活的新期盼日益增长,对养老服务的品质、效率、便利性、均等化的要求和预期不断提高,特别是伴随着高龄老年人的增多,失能、失智老年人数量的日益庞大,全社会对长期照护服务的需求将越来越凸显。主要表现在:养老服务供给总量增长与结构性矛盾并存,优质养老机构"一床难求"与部分养老机构床位空置现象并存,面向失能、失智老年人的照护床位相对稀缺,社区养老服务设施的布局均衡性有待优化;养老服务设施运营的专业性有待进一步提升,持续运营的财力保障机制有待完善;社会力量参与的活力尚未充分激发,从事养老服务的社会组织和企业在数量、专业水平、项目执行能力等方面与行业发展的需求还存在差距,营商环境需要进一步优化;此外,还有一些短板问题,包括养老护理员队伍建设、行业监管、郊区农村养老服务水平、老年人养老服务支付能力等,仍需要聚焦突破。

1. 养老服务供需矛盾突出

养老虽然是国之必需,但与之相对的是养老产业,特别是养老服务业的发展相对滞后。目前虽然养老服务本身聚集大量资本共谋出路,但是为老年人提供服务的企业依旧面临着严重的生存和发展困境,比如资金不足,养老机构入住率偏低,服务质量低,管理和服务不规范等问题。我市581.56万老年人口,每1 000名老年人口拥有养老床位约27.28床位,社区日间照料中心仅作为一个过渡的方式,而大量居家养老的老人需要社区为其提供上门送餐、医疗护理、家政料理,呼叫热线等服务,社区居家养老服务才开始探索,投入方式、服务内容、运行模式、管理办法还不成熟,能为老年人提供的服务十分有限。

2. 养老服务机构功能单一,覆盖面窄

我市虽然建设了一大批容量大、高规格的养老院,但大部分配套设施简单,服务单一,以吃住为基本保障。当前最缺乏"医养融合"的养老服务机构,满足失能、半失能老人的特殊养老服务需求。失能、半失能老人主要依靠家庭养老,生活状况十分恶劣。一个家庭要有一名失能老人,就必须有一个劳动力专门在家照护,不但不能从事经济创收,还要支出基本的医疗费用,给家庭也带来了沉重负担,这部分老年人的养老问题十分突出。我市养老服务机构主要以政府投入建设保底兜底为主,部分收入高的、条件优越的空巢老人想入住功能完备的品质养老机构还相对较少。

3. 养老服务机构自我保障力差

养老机构本来就是一个投入大、风险大、利润低、周转时间长的微利行业,这就造成了民办养老机构负债大,运行艰难状况。目前民办养老机构两极分化,高端的大多数老人承担不起,低端的因政府没政策、优惠少,全靠自身资金支撑;有刚性需求要入住的失能、半失能老人,因医疗设施不足而无法入住,而真正有财力的刚性需求老人少,这样就造成了民办养老机构入住率低的尴尬境地。

4. 养老服务业发展缺乏刚性的政策支持

目前政策扶持粗线条,支持力度不强。如民建老年公寓、康复中心、临终关怀医院、医疗保健中心、老年活动中心等老年服务设施,对政府及相关部门土地供应、资金扶持、财政补助、政府补贴、购买服务等没有明确规定,具体项目无法落实。养老服务业发展由于缺乏刚性奖励扶持政策,所以目前社会力量投入社会养老服务业积极性不高,且规模不大,配套不完善,不能满足老年人迫在眉睫的养老服务需求。上海市政府办公厅日前印发《上海市促进养老托育服务高质量发展实施方案》

（简称《实施方案》），提出促进养老服务结构优化功能提升、扩大托育服务有效供给等方面的22项促进措施。希望此举措的推出可以有效缓解以上问题。

《实施方案》明确，上海将深化形成居家社区机构相协调、医养康养相结合的养老服务体系和构建政府主导、家庭为主、多方参与、教养医相结合的托育服务体系。到2025年，上海市养老床位将从15.9万张增加到17.8万张，其中护理型床位不低于60%；上海各区社区养老服务设施均不低于常住人口每1000人40平方米，有条件的区力争达到常住人口每1000人50平方米。

《实施方案》提出，制定上海市基本养老服务清单，完善保障基本养老机构（床位）建设与管理办法；制定"十四五"养老服务设施布局专项规划，重点老年人口密集地区新增养老床位；增加护理型床位和认知障碍照护床位。到2025年，认知障碍照护床位将达到1.5万张；探索组建区域医养联合体，推广"养老院＋互联网医院"模式；深化长期护理保险试点，研究提高养老机构照护服务长期护理保险支付标准，推进长三角长期护理保险养老机构延伸结算试点，鼓励商业保险机构开发长期护理保险产品。

同时，应鼓励各类资本投资养老服务业，组建上海健康养老领域国有企业集团；积极发展老年人生活用品、护理产品、康复辅具等老年用品产业，培育一批优秀企业；开展互联网应用适老化和信息无障碍改造专项行动，探索利用市场机制推广适合中国，甚至上海的养老服务模式。

（四）医养融合企业案例

上海海阳互联网养老服务集团股份有限公司（简称"海阳"）自2004年进入养老服务行业，一直致力于打造"医养康护健"五位一体的立体型养老服务体系。"医"即通过自建护理站、护理院、康复医院、中医门诊等自身优势，与上海多家三甲医院进行合作并开通远程问诊服务；"养"即通过运营居家养老、老人照顾之家、养老院、养老社区等不同服务场景，来适用于不同地区与阶层老人；"康"即与医疗结构相结合，设立护理院、康复医院，帮助老人逐渐恢复自理能力；"护"即通过专业护理团队、护理院，对于失能老人进行全面的护理工作；"健"即通过管家式的管理理念，针对老年慢性病、多发病进行早期筛查、干预，并给予正确的健康指导，提供一体化的健康和养老服务。海阳在医护人员、服务人员类型配比供给上会有很大不同，需要满足不同人群的多层次需求，提供不同的养老服务供给。如60—70岁之间的长者，更倾向于居家养老，拥有自己的住房及日常生活习惯，仅提供基本的居家照料即可满足养老服务需求；70—80岁之间的长者因体力和脑力不足，需加入一些触手可及的医疗服务，来保障日常的便利就医需求；80岁以上的长者对医疗需求的依赖程度相对较高，且一般需要靠他人关注来保障，无法独立生活。

目前，海阳与上海市华东医院建立医联体信息共享平台、与瑞金医院合作利用新的信息技术为心血管等慢病患者提供安全、便捷的医疗技术服务；与华山医院全科医学科达成战略合作，将华山医院优质医疗资源与社区、基层医疗机构相结合，实现社会资源利用的最大化，提高就诊服务体系整体运作效率，集医疗、康复、护理、养老和养生等为一体，为就诊者提供分级、连续、便捷、高效等医养结合融合服务。

人工智能、5G、物联网、云计算、大数据等新一代信息技术手段的深化应用，未来临床信息系统的发展方向一定是集成的平台化管理，而不是现在各医疗机构系统孤立的体系架构，所有系统将通过一个平台对接，一个界面进行整体展现。海阳自行研发了"互联网＋护理"系统、"互联网＋康复"系统，通过定期完善老人电子健康档案和电子病历数据库，加强老人疾病预测预警，为老人提供健康管理等个性化服务。同时，老人能够通过系统平台与医生进行实时在线问诊服务，提高居家健康服务实效性,尤其是为失能、高龄、残疾等行动不便或确有困难的老年人提供便利。这样,当老人去医院看病时,医生就能实时获得该老人全生命周期的医疗信息,包括全程的门诊、住院、急诊、体检等所有数据。相信通过这种与专业医疗机构开展合作,促进了多学科交叉融合,将进一步推进老龄健康研究和养老医疗产业发展进程。

(五) 上海市养老服务发展展望

上海作为国内率先步入老龄化,同时也是老龄化程度最高的城市。为了积极应对人口老龄化,自2006年,上海就建立了《老年监测统计调查制度》,全面了解和掌握本市老年人口规模和老龄事业发展现状,为政府各部门研究、制定涉老政策提供了重要的数据支撑,取得了良好的社会效果。从调查结果看,多年来在本市老年人口规模大、增速快、高龄化突出压力下,本市不断完善养老社会保障体系,健全社会养老服务体系,积极发展养老服务业,老年人家庭赡养、社会保障、社会服务、社会优待、社会参与等各项权益保障不断加强。

但从老龄产业统计来看,由于老龄产业涉及行业非常宽泛,既包括生产性产业,也包括服务性产业,具体来说,老龄产业的主体是专门为老年群体生产产品与服务的经济活动单位。目前不管是从国际还是国内层面来看,关于老龄产业的行业分类缺乏统一的统计分类标准,各种调查数据在统计口径上不一致,缺乏可比性。因此,考虑到老龄产业的特殊性,如何创建老龄产业统计,建立上海老龄服务业指数有待进一步研究分析。

与此同时,外部环境更趋复杂严峻,经济恢复仍然不稳固、不均衡,财政增长所面临的不确定因素明显增加,对资金投入的使用效率会提出更高要求。实施积极应对人口老龄化国家战略和提升上海城市软实力,为养老服务发展提供了坚实的支撑,社会各方对养老服务的认同和推动更加有力,养老服务发展环境更加友好。人工智能、5G、物联网、云计算、大数据等新一代信息技术手段的深化应用,有助于推动养老服务管理机制、服务方式等积极创新和转型。深化养老服务领域供给侧结构性改革,注重需求侧管理,充分发掘养老服务市场发展潜力,上海养老服务发展必将迎来新的发展机遇。

根据当前上海人口年龄结构、人口机械变动和自然变动情况以及上海城市人口总量规划目标2 500万人等因素测算,2030年左右,上海常住老年人口规模将达到历史峰值,约为580万人,常住人口老龄化率为19.2%。人口老龄化问题是上海社会发展过程中必然面临的最严峻挑战,也是必须承担和解决的社会责任,是关系到上海每一个家庭的重大民生问题。因此,有必要尽快提高现有社会公共服务能力,完善社会保障体系并提高保障标准,以适应一个人口迅速老化的社会结构,让每一位老人能够安享一个健康安全而有尊严的晚年。

(养老服务专委会供稿　执笔人:徐超　李丽娜)

九、汽车产业金融服务专委会:上海汽车产业金融行业2021年发展报告

(一) 全方位推进"陆家嘴产业金融论坛"

1. 聚焦数字化转型,2021届论坛顺利举办

由上海现代服务业联合会汽车产业金融服务专委会携手毕马威中国、上海市人工智能技术协

会、上海国际汽车城(集团)有限公司等单位共同举办的《陆家嘴产业金融论坛》2021届年会,论坛以"从陆家嘴到汽车城,金融赋能汽车产业数字化转型"作为主题,深入剖析了数字化在汽车、交通产业中的应用场景,并从金融视角,就如何全方位赋能行业的数字化转型进行探讨交流。同时,公布了第四届毕马威"中国汽车科技50"榜单,并为相关上榜企业颁奖。

本届榜单除评选出50家领先企业之外,同时也通过设立新锐企业榜,关注了一批独具技术特色以及积极拥抱数字化变革的企业,最终共25家企业入围。报告对全部75家企业从核心业务分布、地域分布、团队规模分布、技术人员比例分布等多个维度进行了分析。

数字化浪潮正在重塑汽车行业,"传统硬件为主导"的局面正在逐渐转变为"以软件和解决方案为中心",作为制造业创新的集大成者,汽车产业在新一轮数字化科技革命中走在了前沿,不仅推动着生产数字化、产品数字化,更呼唤着服务数字化、组织数字化。

联合会会长郑惠强出席论坛并发言,认为当前随着数字化进程快速推进,汽车行业发展取向正从"以传统硬件为主导"逐渐转变为"以软件和解决方案为中心"。广大消费者对不断升级的数字化生活方式的追求,以及对新颖的创新服务模式的提升,直接助推了汽车产业的数字化转型和升级。

2. 线上线下并行,夯实论坛撮合机制

"陆家嘴产业金融论坛"(简称:LIFF)自2011年创办以来,每年一届线下论坛,并配合诸多线下或线上的交流撮合活动。2021年论坛积极开展撮合与项目对接,正在进一步发挥更大能级效应。

疫情期间,各项联络工作受到限制,论坛亦积极开展工作,从4月中旬到6月上旬,已经连续举办了线上论坛4场,话题涵盖:汽车产业金融创新、数字孪生与工业元宇宙、汽车流通与营销新变量、建设面向未来的碳金融服务体系等,形成了重大的效应,市场活动共计6万多人次的观看,并得到了包括上汽集团、吉利汽车集团、宁波银行、TUV德国莱茵技术、KPMG毕马威中国等众多参与机构的高度好评。

目前已与理事单位——亿欧公司、融易学公司的相关团队形成紧密合作态势(连续合作举办3届),形成合作项目组,开展综合性运营,上述两支团队各有侧重,亿欧公司侧重产业、园区、科技创新应用,融易学侧重金融、监管体系等。

进一步夯实"论坛"的撮合机制,将媒体化、线上和线下撮合的各项体系建立企业、并逐步强化,目前已开始相关工作。

3. 专业团队操盘,强化论坛区域化产业对接

考虑到产业金融与产业资本所处的"执牛耳"的重要地位,对各种产业的真实驱动效应,不仅限于汽车产业,更延伸到智慧交通与物流、生命科学、低碳环保、时尚与新零售、城市更新、工业地产、智能制造等多种产业领域。目前团队已开始针对上海各区、镇、街道的产业项目进行调研,并形成数据库,部分已开始实际对接,以期形成供应链服务及招商落地的效应。

(1)强化论坛的"金融信息平台"属性,及"陆家嘴"的IP属性,以会员单位——圆石金融研究院的研究团队为基础,紧密联系上海市银行同业公会、上海市证券同业公会、上海市基金同业公会、上海市保险同业公会,以及各类产业投资机构,携手这些专业协会、平台的金融会员单位资源,开展金融服务"供应链"、中小企业及产业科技创新等联系与研究工作。

(2)在产业密集分布的产业区、镇开展基础性的平台建设,计划在相关区、镇、街道设立联络服务机制,深入具体的人脉和产业资源对接。目前在汽车领域,已在上海国际汽车城设立了"未来车智谷"的产业金融服务联络机制,以服务项目(主要围绕数字化转型、汽车产业低碳化转型等)。今后,在其他领域的产业(如医药、交通物流、装备制造领域)、其他街镇经济中也可逐渐复制其经验。

4. 落实理论成果，提升论坛的品牌价值

在"理论化"、标准化建设方面，论坛正携手 PwC 普华永道等机构开展针对中国"产业金融"领域的相关建设工作，尤其围绕科技化、资本化、垂直化和生态化的"产业金融新四化"积极探索，为形成"现代服务业"领域的产业金融新格局探索新路。

目前已开始编撰相关出版物——《陆家嘴产业金融论坛，"产业金融新四化"——以金融眼界洞悉产业、以产业需求对接金融》。

根据郑惠强会长在接受人民网采访时，将"陆家嘴产业金融论坛"作为联合会举办的品牌论坛之一的论述，提议将该论坛作为联合会举办的，以金融驱动产业与科技创新发展的平台。

（二）发挥专业价值，助力行业复工复产

5月24日，在民革上海市委的指导下，携手民革上海市委联一总支、民革上海市水务局支部，召开了"财税战略、金融服务"助力中小型制造业"复工复产"的专题线上论坛，集合了监管单位、中小企业、金融机构、第三方服务机构共同探讨，形成"参政议政"报告等，在得到民革市委领导及各方参会企业高度好评的同时，亦为"抗疫工作"与经济社会的恢复，起到了非常积极的作用。

（上海现代服务业联合会汽车产业金融服务专委会供稿）

十、自驾房车露营地服务专委会：上海自驾车房车露营地2021年发展报告

（一）行业发展综述

后疫情时代，消费者对出行安全及品质的要求进一步提升，推动自驾游热度不断上涨。传统旅游业在过去几年因疫情受到极大影响，也纷纷将自驾游产品提升到整体战略的主要位置。2021年，"自驾游"热度不减，搜索热度较上年同期增长137%，约有70%的用户选择"自驾"作为大交通后的出行方式。

2021年1月—5月，"近距离、短耗时"的出行受到自驾游客的青睐。出行距离在10～50千米占全部出行人次的71.3%，出行时间在12小时以内占全部出行人次的42.1%。全国来看，选择参与周边游、都市游的自驾游客分别达到69.5%和62.7%。跨省人次仅占12%，跨市人次仅占31%。本地人游本地、周边人游周边、都市人游都市是典型的自驾行为，构成区域内小循环。中远程自驾游参与度不足，市场仍处于缓慢恢复期。

但得益于国内自驾游市场的韧性，相信在疫情常态化下的自驾游市场，必定会恢复元气，并将以市场繁荣、科技赋能、政策完善和融合发展为新发展特色，持续释放旅游市场活力。

（二）行业发展主要特点

1. 自驾游行业发展概述

2021年全国出游率恢复至2019年同期的98.96%，相较自驾出游人次108.1%的恢复程度，出游率恢复相对缓慢。对比2021年与2020年同期的自驾出游率，青海、海南、上海、天津、辽宁、湖北等省市出游率呈现倍速增长，而西藏、山西、宁夏、甘肃、广西等地出游率恢复缓慢，较疫前仍有进步

空间。

东部地区市场表现优于中部、西部。结合各省出游人次占全国出游总人次比重与各省出游人次较疫前出游人次恢复程度来看,东部地区率先恢复。以全国平均恢复程度和出行占比为坐标原点绘制坐标轴,市场占比高且恢复速度快于全国平均水平的省份中,东部占一半以上。

中东部地区为主要出行客源地。得益于中心城市的支撑与广阔的腹地,华东、华中、华南三大经济区为全国出行人次贡献五成以上客流。客流集中由秦岭淮河和东部沿海一线向区内外输送,基本构成自驾出行的丁字形网络。

热门目的地以一线城市为主,呈现南热北冷态势,北方城市仅有北京、西安两席,东西分布相对均衡,东中西部城市分布呈现"五二三"格局。以净流入占比来衡量目的地热度,西安净流入游客占三成以上,位居净流入游客占比的首位,杭州、广州、北京、深圳比例相近,位于西安之后。

从需求侧来看,在大众旅游向小康旅游的过渡时期,家庭出游的增长、品质休闲的提升、假日旅游的带动、智慧出行的普及,将持续加速自驾旅游增长。在散客化、自由行的大趋势下,自驾是重要的交通方式,自驾出行正在成为刚性消费。

从供给侧来看,高质量发展将持续不断丰富体验空间。产业融合发展将会是自驾游的下一个发展窗口,自驾出行不再是探险和越野的时代。自驾+乡村、自驾+研学、自驾+避暑、自驾+冰雪、自驾+度假等为游客提供不同的自驾体验场景。

从政策角度,"十四五"文化和旅游发展规划3次提及自驾,从服务体系、营地和线路建设、区域多程联运一体化三方面顶层推进自驾旅游发展,各地也加速规划布局,自驾目的地和服务网络正在由点状结构向网状结构演化。在规划的带动下,自驾游不再只是前往目的地,最美的风景在路上,公路由交通廊道向消费空间、游憩空间转化。

2. 露营行业发展概述

数据统计,2020年中国露营市场规模大约在7 000亿元左右,每年增长速度为40%,预计未来市场规模5~10年将达到2万亿元。国内露营人数达3.6亿次,其中精致露营占到总露营人数的20%,人群集中于21—45岁,年轻一代和年轻家庭占主导。精致露营(Glamping),正在中国的中产群体中逐渐普及开来,成为体验式经济时代下的一种户外休闲生活方式。中国式精致露营更接近日本的"搬家式露营"。处于地震带的日本将露营从基本的生存技能升级至一种彰显个性的生活方式。"搬家式露营"需要提前购置帐篷、炊具等装备,规划好行程和餐食,以及有较强的动手能力。再者欧美国家的露营品牌比较注重产品功能性,日本、韩国的品牌结合了美观与实用,后者更贴合中国消费者对精致露营体验的需求。

疫情之下,无法出国旅行的中产人群们发现,随着露营设备逐步更进,精致露营摆脱原先艰苦的体验感,是一种相对舒适、解压且接近自然的户外活动。帐篷好比露营爱好者居住于户外的家,里头的陈列、格局以及摆设充分体现他们的审美和品位。他们开始在城市和郊野寻求新的生活体验,露营活动正好满足他们放松身心的需求。

2020年,小红书社区露营相关笔记发布量同比增长271%;2021年端午3天假期期间,露营的搜索量同比增长约4倍,北京、成都、上海、重庆和杭州成为露营搜索量最高的5个城市。

2021年,政府提出的双减政策和《全民健身计划(2021—2025年)》,让大家对中国露营甚至户外运动的前景抱以乐观态度。相关业内人士表示,"精致露营井喷是行业趋势,是大趋势下的产物。"

中国露营产业处于一个初级发展的阶段,不仅体现在品牌、营地和人群规模上,还包括国家政策、行业标准的制定和规范。虽然在双减政策和体育政策下,户外运动发展是必然的趋势,但是露营在中国仍是自由生长的景象,只能描绘出大概的发展轮廓。

(三) 年度行业发展典型案例

2021年,在疫情常态化的背景下,专委会各成员单位为做好防疫和复工复产各项工作作出积极的贡献。与此同时,专委会领导及相关会员单位在上海市旅游行业协会的组织下,参与了多场全国各地区省市的旅游推介会,包括广州市、无锡滨湖区、浙江兰溪市、西藏阿里、贵州省、湖北省、云南省、青海省黄南州等。此外,专委会领导还受邀参加了会员单位蔚来BN俱乐部、领克时空俱乐部以及多家上海车友俱乐部联合举办的各类年会庆典及自驾游活动,扩大了专委会在上海自驾车行业内的知名度。

2021年,专委会还积极参与长三角旅游协会组织的各类产业发展大会,包括象山北纬30度最美海岸线踏沙季、第二届长三角自驾游产业发展大会(镇江)、长三角红色旅游发展峰会、沪闽红色教育主题活动暨沪闽(三明)旅游合作对接会、2021安徽自驾游大会、2021新时代江苏旅游发展论坛等一系列论坛会议。加深、加强与长三角各自驾房车旅游协会、相关组织以及周边省市行业翘楚的沟通。与时俱进,共同探讨长三角一体化自驾房车露营旅游行业的未来发展方向。

专委会之中的上海自驾车俱乐部也以崭新的面貌和年轻的内容形式,受到各界人士的认可和支持,其中,自驾俱乐部中的路虎(上海)俱乐部、蔚来BN俱乐部、奔驰MBCS俱乐部、领克时空俱乐部、宝马BiDC俱乐部以丰富的俱乐部活动、友善和谐且极具正能量的社群氛围,已然成为在上海乃至全国具有活力及影响力的汽车品牌车友俱乐部。

2021年,路虎(上海)俱乐部为西藏定日尼辖小学捐赠羽绒服358件,共价值15万元人民币左右。让358位藏区小朋友,在冬天可以抵御严寒,从身暖到心。西藏自治区宣传部相关领导代表全体师生感谢路虎(上海)俱乐部的爱心人士们。与此同时,俱乐部为江西上饶广丰视底镇铜山完小小学,捐赠5台学习多媒体机以及各类生活物资,把爱心口号落实在了实际行动中,值得专委会其他自驾俱乐部学习。

2021年4月,蔚来BN俱乐部在松江国际食品产业园举办了拍车阵活动,近60台车排出了10 000的造型,以此来庆祝蔚来汽车第100 000整车下线。同年10月,蔚来BN俱乐部一行30余台车近70人,在常熟举办了俱乐部的秋季自驾活动。

2021年3月,领克时空俱乐部在安徽宁国举办了第三届年会,共计80余台车、约300人参与,规模与体量在沪上自驾车友俱乐部中名列前茅。年会当天,上海自驾房车露营专委会、上海旅游行业协会、领克品牌官方等相关领导莅临参加。

2021年暑期,专委会联合蔚来BN车友会、宝马新能源车友会、领克时空俱乐部、MBCS奔驰俱乐部四家沪上活跃车友会组织,共计50余台车、近150人,共同举办了名为"旅行的意义"首次上海—安吉联合自驾活动。活动获得浙江省旅游协会自驾房车露营分会、湖州市旅游协会、安吉县文化和广电旅游体育局相关领导的到场支持。

2021年底,第八届路虎(上海)俱乐部年度盛典于上海奉贤宝华喜来登酒店隆重举行。上海现代服务联合会、上海自驾房车露营专委会、上海旅游行业协会等相关领导莅临祝贺。共计近100辆车、约400人参与活动,各品牌赞助商大咖们也给年会带来了众多惊喜。

(四) 疫情常态化背景下行业未来展望及工作计划

1. 行业未来展望

(1) 自驾游与房车露营要提升站位,增强使命感。要具有做中国旅游业高质量发展践行者的使命,推动旅游供给侧的重要抓手,顺应旅游消费升级的需求。

(2) 自驾游与房车露营需要重视顶层设计。要登高望远、也要脚踏实地。要做好顶层设计,规划好方向和目标,每年做成几件实事,从高处着眼,小处入手;要匠心打造。自驾游服务的是中高端消费群,注重的是体验,注重的是过程,注重的细节;要制定行业标准,保证行业持续健康发展。

(3) 自驾游与房车露营合作给自驾游带来了新机遇。随着出行方式的变革,旅游需求多样化,自驾游与房车露营迎来了爆发契机,自驾游将吸引巨大客流。要善于创新和造势,扩大影响力,营造热点,打造网红自驾游线路和产品,吸引更多的自驾游客群。使自驾游从跟跑、并跑、领跑跨越式发展,成为品质体验新引擎。

(4) 自驾游与房车露营合作应开展"三新"行动。一是"新看点",充分利用已有产业资源,通过恰当的组合改造形成新的旅游产品。打造新看点,形成新卖点,培育新热点。二是"新作为",创新旅游体验模式,创新消费场景,创新思路,围绕新需求提供新产能、新服务,推出一批针对自驾客群定制产品,激发消费,提振市场活力。三是"新担当",发展工业旅游是做好"六稳"落实"六保"有力举措,推动构建国内大循环的有效支撑。

2. 行业未来工作计划

(1) 优化会员结构,健全运作机制

经过前段时间新晋会员吸纳的工作,吸收多家有实力、有资源的会员单位。抓住有利时机,将在行业中有代表性的企业吸纳进来,特别注重做好露营地企业代表、房车企业代表、户外旅游装备企业代表的吸纳工作,使会员整体结构更加合理化、多元化、互补化。

(2) 加强长三角自驾游与房车露营行业联系合作,扩大专委会组织影响力

基于2021年良好沟通的基础上,继续加强与"长三角旅游协会自驾游与房车露营联盟"的联系与合作,逐步打通各层级、自上而下的对接及合作形式。并期待在长三角区域联合办公室的支持帮助下,将专委会在长三角区域的影响力和号召力不断扩大,吸引更多圈层的关注。

(3) 不断加深联合、开展多样化自驾房车露营及相关活动,积极培育活动品牌

2021年被定义为"露营元年",露营在后疫情时代突然间井喷式发展。2022年专委会在此大好契机和背景下,期待通过更多的互动沟通,加深会员单位间的联合,组织推出多条自驾游线路,并开展更加多样化自驾房车露营活动,求新、求变、求突破!通过不断尝试新模式,培育并打造出适合专委会,且具有上海特色的优质活动品牌。

(4) 加大探索以会养会路径办法力度,助推专委会长期健康发展

2021年所提出的"以会养会"指导意见,得到了专委会多位成员单位的认可及支持,也先后交换了想法和建议。2022年,将继续加大"以会养会"力度,在确保与专委会整体大方向一致的前提下,在可行性路径上开展实践,诸如结合轻资产模式的新露营形式等一系列自驾房车露营产业商业模式的探讨。探索在疫情防控常态化大环境下,自驾房车露营的未来发展方向。为专委会今后长期的活力健康发展提供动力。

(5) 强化会员服务,提高队伍凝聚力

2022年通过多渠道,多资源的引入,不断加强对于会员单位的服务,开展各类贴合会员单位需求的活动,以期增加会员单位的黏性、活跃度,提高整体凝聚力。并在专委会5个部门整体调整完成的情况下,计划2022年下半年的换届工作,为专委会今后整体统一扩大发展打下基础。

(上海自驾房车露营地服务专委会　执笔人:陈玮)

十一、物流与供应链服务专委会：上海物流与供应链服务 2021 年发展报告

2021 年是专委会成立以来工作难度较大的一年，受新冠疫情影响，整个经济发展呈现滑坡的态势，大多数物流企业举步维艰，尤其对一大批中小企业而言，更是雪上加霜。然而很多企业在严峻的形势面前，并没有坐以待毙，而是积极为企业寻找新的出路、开拓新的市场、寻求新的合作伙伴、探索新的运作及合作方式，以求在持续不断的疫情中突出重围。

在这种形势下，联合会领导及时给我们专委会的工作指出了努力的方向：贴紧市场、贴近企业、贴身服务。要充分发挥社会组织的资源优势和信息优势，更积极主动地了解行业和企业在疫情中表现出的有共性的症结，设身处地为企业提供个性化的解决办法。

回顾过去一年的工作，大致有以下几个方面。

（一）为企业寻求新的市场对接

物流企业的优势在于渗透性强，转型也快。他们善于跟不同类型的企业合作，且能根据对方的需求量身定制不同的合作方式。针对这些特点，我们积极利用在活动与交流中获取的各类信息，为企业开拓新的市场牵线搭桥。2020 年我们和几个兄弟协会合作，为东方雨虹、大华产业园、哈瑞克斯、世崛资本、宁波银行、万家物流、郑明国际等提供业务对接，帮助寻找新的经济增长点。

（二）与兄弟行业组织及有关院校合作

合作的方式主要是策划、举办各类座谈会和研讨会，通过这样的方式，一方面集思广益请有识之士为企业献计献策、指点迷津，帮助企业进一步解读和用好政策；另一方面也为企业提供一个合作交流的平台。2020 年协会与物流协会、供应链发展促进会、建设协会、生产性服务业促进会、上海市航空学会、上海物流行业社会组织联盟、上海工程技术大学、上海商学院、上海开放大学航空运输学院、国家信息共享工程技术实验室等举办了多场此类活动，增进了企业家之间的了解及互通有无。

（三）积极筹划成立"空港物流服务中心"

位于浦东机场物流大道的大华产业园，将产业定位于为物流企业，尤其是航空物流企业服务。多年来，已经基本形成了航空物流供应链服务体系。园区的班子成员都比较年轻，且敬业努力。自 2020 年成为联合会会员之后，该园区一直希望能与联合会进一步的合作，借助于联合会的品牌效应，筹划成立"上海现代服务业联合会空港物流服务中心"。经过我们多次洽谈，并邀请联合会有关领导实地考察，大家都觉得航空物流是物流业的重要组成部分，尤其是在疫情期间，更显现出巨大的发展空间，而大多从事航空物流的企业都需要链接式的服务，如果将中心与园区的工作合为一体，将会大大扩展其影响力和服务范围。为此，我们专门向联合会递交了书面请示，得到有关领导的认可。

（四）主动配合政府部门的工作

过去的一年，企业遇到了前所未有的困难，对此，政府部门也加大了服务的力度，在政策和融资方面都给予一定支持，在政府要求提供情况和数据的同时，我们也积极地向政府有关部门反映行业和企业的实际情况，并参与一些支持项目的评审。由于疫情干扰，有关部门的一些正常工作受到影响，如标准化、培训考核等，去年这些工作都在恢复之中，专委会也积极地参与其中。

（五）完成联合会布置的有关工作

2021年虽然受疫情影响，经济形势、企业运作以及社会组织的工作都出现了一定的困难。但联合会许多工作仍然有条不紊地积极推进。专委会遵循联合会要求，也做了一些配合工作。如积极筹划和举办每年5月6日的"物流日活动"；组织编纂"2021年物流年鉴"和"上海现代服务业白皮书"的物流与供应链部分，均按时圆满地完成了任务。专委会根据联合会相关要求，认真参加了上海现代服务业促进中心各项活动，还参与了促进中心党支部的筹备和活动，并要求专委会的同志不管组织关系是否在该支部，都要积极参加各类活动，一起为创建一个学习型的党支部而努力。

（物流与供应链服务专委会供稿）

十二、邮轮经济服务专委会：上海邮轮产业2021年发展报告

在过去40年，邮轮产业始终是旅游业中增长最快的行业之一。自20世纪70年代以来，无论是从邮轮乘客数量、邮轮公司利润还是邮轮运力数量上来看，全球邮轮业一直并仍将处于快速增长之中，但对于2021年上海的邮轮产业来说，无疑正值寒冬。

2020年全球新冠病毒肺炎疫情的爆发导致了全球大量邮轮停运，邮轮公司运营受到重大影响，三大邮轮公司的收入同比下降约70%以上，大量邮轮公司被迫采取降薪、裁员，甚至是出售、报废老旧邮轮在内的手段以控制运营成本。

国家文化和旅游部办公厅于2020年1月24日发布《关于全力做好新型冠状病毒感染的肺炎疫情防控工作暂停旅游企业经营活动的紧急通知》，全部出境旅游业务随即暂停，1月30日，中华人民共和国交通运输部出台《关于统筹做好疫情防控与水路运输保障有关工作的紧急通知》，自此各大邮轮运营商停运所有中国航线，我国各邮轮港口全部暂停开放。

截至2021年底，我国仍未恢复国际邮轮航线运营，除悬挂五星红旗的"招商伊敦号"外，沿海各邮轮港口均没有其他邮轮停靠。上海作为邮轮游客接待量亚洲排名第一、全球第四的重要邮轮港口城市，两年间邮轮产业受到冲击巨大，发展一时陷入停滞。但突如其来的"黑天鹅"并未浇灭众人对邮轮产业的热情，尽管复航日期仍不明朗，上海市政府与众多企业仍然怀抱着对产业的信心，全心投入在产业发展工作当中，为上海市邮轮产业再起航全力蓄能。

（一）邮轮建造工作持续进行

邮轮被称为造船业"皇冠上的明珠"，在一定程度上代表着国家科技创新与工业制造的综

合能力。上海作为国产首制大型邮轮的建造地，同时也肩负着引领我国海洋科技工业向全球产业链价值链中高端跃升转型的战略使命，2021年上海市的邮轮建造工作仍在有条不紊地进行着。

2021年12月17日，中国首制大型邮轮——13.5万吨Vista级邮轮在上海外高桥造船厂顺利完成坞内起浮，这是我国大型邮轮建造工程中的历史性里程碑。完成邮轮整体起浮标志着该工程从结构和舾装建造阶段全面进入内装和系统完工调试阶段。通过整船起浮，使邮轮处于自由浮态，可以测量收集相关数据，以验证重量重心控制流程和管理体系，同时释放和消除船体结构的残余应力，测定和验证空船重量重心的控制效果，确保整船的结构安全和重心重量的稳定，可以为后续工程提供可靠的结构背景和数据支撑。

截至2021年12月，国产首制邮轮总体建造进度已经达到55%。当前上海市正全力推进大型邮轮的设计建造工作，这将对我国建设海洋强国、制造强国、科技强国产生重大、深远的影响。

（二）邮轮旅游规划持续推进

作为中国首个邮轮旅游发展示范区，疫情期间上海市仍坚持积极布局邮轮旅游产业，为中国邮轮旅游发展打造新样板。2021年10月22日，由上海市宝山区编制的《上海国际邮轮旅游度假区总体规划》正式发布，规划总面积约12.48平方千米，待开发区2.98平方千米，涉及岸线13.5千米。

规划将形成"四港一心、两带三园、五大组团"的功能布局，即国际邮轮码头、近海沿江游轮码头、"一江一河"观光码头、帆船游艇码头四个码头，一个邮轮旅游中心区，北部长江口休闲观光带、南部吴淞口文化体验带两带联动，长江口文化公园、炮台湾湿地公园、百年军港博览园三个主题旅游园区，吴淞记忆服务组团、塘后老街服务组团、时尚长滩服务组团、科创宝钢服务组团、半岛1919服务组团等五大特色服务组团。

建成后的度假区将集聚邮轮、游船、游艇（帆船）以及水上运动等以水上消费供给为主业的市场主体，打造水上产品首发基地，加快建设水上消费地标商圈，提供丰富多彩的水上消费模式选择，形成水上消费新业态，其中包括长江口水上运动体验中心、邮轮文化体验中心、中国海军爱国主义教育基地、阅江汇奥特莱斯购物中心、长三角水上产品首发基地、长江口水上科技应用集聚区等。

（三）邮轮会议论坛持续开展

2021年11月28日，"2021上海邮轮经济发展高峰会议"在上海如期举办，本次会议主题为"双循环格局下中国邮轮经济发展新趋势"，上海国际邮轮经济研究中心联合上海市人民政府发展研究中心共同发布了2021上海市人民政府决策咨询研究邮轮经济专项课题以及《中国和亚洲邮轮经济发展景气指数》《中国邮轮产业发展报告（2021）》。

未来，我国国际邮轮的复航时间将是一众邮轮企业关注的焦点，虽然上海的邮轮产业受影响已有两年之久，但众多邮轮企业仍然坚信我国一旦恢复国际邮轮运营，市场一定会迎来强劲反弹，而上海邮轮产业也将继续蓬勃发展。寒冬虽然尚未消散，但上海邮轮产业已在为破冰蓄积力量，相信随着全球疫情防控技术手段的进一步加强完善，上海邮轮产业也将在不久的将来重回正轨。

（邮轮专委会供稿　执笔人：张天伦）

十三、区块链应用服务专委会：上海区块链应用行业2021年发展报告

2022年初，上海市经信委开会谋划2022年产业和信息化工作，强调加快布局数字经济新赛道，布局元宇宙新跑道，紧扣城市数字化转型，积极开拓新的开发应用场景，培育重点企业，引导企业加紧研究未来虚拟世界与现实社会相交互的新平台。《上海市电子信息制造业发展"十四五"规划》提出，上海要前瞻性部署量子计算第三代半导体，6G通信和元宇宙等领域。同时，支持满足元宇宙要求的图像引擎、区块链等技术攻关，鼓励元宇宙在公共服务、商务办公、社交娱乐、工业制造、电子游戏等领域的应用。

（一）区块链已成为世界多国发展战略

2019年中央政治局第十八次集体学习时，就将发展区块链技术提上国家战略层面，习近平总书记强调"要把区块链作为核心技术自主创新的重要突破口，明确主攻方向，加大投入力度，着力攻克一批关键技术，加快推动区块链技术和产业创新发展。"

2022年3月5日，李克强代表国务院在十三届全国人大五次会议上所做《政府工作报告》，对数字经济发展再次提出要求和目标。

《报告》指出"促进数字经济发展"，"完善数字经济治理，培育数据要素市场，释放数据要素潜力，提高应用能力，更好赋能经济发展、丰富人民生活"。

世界一些发达国家也将区块链产业上升到国家战略层面，出台各项措施鼓励区块链技术创新和产业发展。2020年10月，美国政府公布了"国家关键技术和新兴技术战略"，将区块链纳入管制技术，以保护国家基础设施的安全。美国绝大多数州政府已明确对区块链技术的监管立场，很多州政府已制定或颁布区块链领域相关法律。此外，德国、澳大利亚、新加坡等国也纷纷明确发展区块链的政策。2019年9月，德国联邦政府审议通过并发布"德国区块链战略"，明确区块链国家战略，认为区块链技术在未来是互联网的组成部分，可以有效助力德国数字经济的发展。

2020年2月，澳大利亚政府发布了长达52页的《区块链产业路线图》，强调了区块链技术的潜力，并提出了设计特定行业监管框架的方法。新加坡在技术创新方面也投入了大量的资金，政府于2020年12月拨款1 200万美元，以促进区块链的创新和商业用途的采用。

（二）我国区块链产业规模不断扩大

区块链技术作为数字经济时代的重要底层支撑技术之一，在推动数字产业化、健全完善数字经济治理体系、强化数字经济安全体系中发挥着重要作用。"十四五"规划提出，将区块链列为数字经济七大重点产业之一，明确提出要推动智能合约、共识算法、加密算法、分布式系统等区块链技术创新，以联盟链为重点，发展区块链服务平台和金融科技、供应链管理、政府服务等领域的应用方案，完善监管机制。与此同时，各地也纷纷发布区块链相关政策文件，涉及政务、工业、农业、金融等领域，多项政策强调区块链与物联网、云计算、大数据、人工智能等新一代信息技术的融合攻关与应用。

从区块链应用市场来看，我国区块链垂直行业应用持续发展，应用市场规模不断攀升。加强与

实体经济深度融合,促进场景可复制推广。鼓励区域联合发展,共建区块链协同发展模式。持续探索区块链在实体经济领域应用场景落地和案例推广。加快推动区块链技术在工业供应链管理、工业互联网等领域的应用,借助于高峰论坛、区块链赛事等活动推广成熟的应用解决方案。

区块链和其他分布式账本技术在提高业务运营效率和创造新的价值交付方式方面,表现出极大的潜力,各行业正在实施这些技术,并将其集成到现有的基础设施和产业规划中。根据statista数据,2021年全球在区块链解决方案上的支出预计将达到66亿美元。预测表明,未来几年区块链解决方案的支出将继续增长,到2024年将达到近190亿美元。

此外,从各行业看,银行业在采用区块链方面处于领先地位,其次是电信、媒体和娱乐、制造业、医疗保健和生命科学、零售和消费品、政府。且预计到2024年,零售和消费品的区块链支出增长最快。

(三)元宇宙科技发展与区块链技术

随着NTF平台和区块链技术在飞速发展,元宇宙很有可能是改变社会和商业运作方式的关键因素。元宇宙通常被定义为一种数字现实,它结合了社交媒体、在线游戏、增强现实(AR)、虚拟现实(VR)等技术与功能。元宇宙是下一个大型技术平台,吸引了在线游戏制造商、社交平台和技术领导者来占领这个发展迅猛的市场。

元宇宙具备不受空间限制、体验感强、可免费访问等特点,以数字化为重点,并可能涉及娱乐、社交、工作等方面。我们将看到元宇宙为开发人员、应用程序、广告和新的数字创新创建一个完整的生态系统,未来的元宇宙很可能会提供各种娱乐甚至是工作机会。

1. NFT平台的影响越来越大

NFT是一种数字对象:传达所有权的计算机代码和数据。财产可能是数字化的,例如虚拟房地产或视频游戏中的特殊设备;它也可能是真实的,如房地产、一幅画或音乐会上的一个地方;又或许是两者的结合,如支配空间中房间的权利。

物理世界和数字世界的不断碰撞,使得大众对于NFT的前景十分看好。

投资银行Jefferies预测,其NFT到2022年将超过350亿美元,到2025年将超过800亿美元。该银行将数字资产视为一种新兴技术,并建议客户广泛的投资,包括视频游戏、玩具和社交媒体公司等。

NFT将会越来越普及,无论是在电影、电视节目还是书籍中,都将看到NFT的身影。

NFT是数字经济的一部分,并且会是未来的主流趋势,因为它们允许以往不能掌控的东西,比如一件艺术品或一个角色。数字经济由各种在线市场组成,包括游戏经济、虚拟房地产,甚至是Facebook等社交媒体平台。

2. 区块链在元宇宙技术占主导地位

区块链是一种创新的分布式账本,使公司能够跟踪交易并与未经验证的各方开展业务——没有金融机构的帮助。这种新功能既减少了业务冲突,又增加了其他优势,如安全性、不变性和去中心化等。

区块链在比特币等加密货币系统中起着关键作用,用于维护安全和分散的交易记录。区块链的创新在于它保证了数据记录的保真性和安全性,无须第三方即可产生信任。

区块链技术目前已被广泛采用,涉及从游戏到金融的许多行业。在NFT和元宇宙的发展中,区块链将尤为重要,毫无疑问,区块链技术会创造重大商机。

3. 区块链技术在防疫中发挥积极作用

2022年3月以来，上海疫情防控形势一度严峻复杂。上海一些区块链技术相关学会、协会等社会组织勇担社会责任，响应上海市委、市政府号召，利用专业技术服务社会、服务人民、帮困解忧、共克时艰、疫起守沪，以实际行动为抗击疫情贡献力量。

期间，主要做了几方面工作：

（1）服务政府。如上海区块链技术协会第一时间组织技术力量为市科协开发"上海科协学会服务"小程序，了解学会、协会、研究会及广大科技工作者的心声和市民要求，在疫情期间及时为需求人群开展心理疏导，传播暖心正能量。为市经信委搭建"金融直通车"线上直播平台，为金融机构服务于产业提供咨询服务及政策解读。同时，就当前经济形势下企业发展和需求情况，开展调研问卷；为市民政局开发社会团体分支（代表）机构自查自纠调查问卷。协会努力发挥技术优势，用数字化的管理方式，为政府各部门做好技术保障服务，做好基层服务，为群众排忧解难，为复工复产做好准备。

（2）服务企业。疫情以来，从事区块链研究开发的企业和相关会员单位组织，利用讲堂和线上直播会客厅开展区块链技术发展专题讲座，帮助企业了解前沿技术，掌握科技知识，推动数字经济在产业中的推广和应用。尤其，协会还组织全国区块链社会组织联席会议，开展《区块链赋能社区自治》授课，得到了广大基层社会管理组织的欢迎。

（3）服务社会。疫情期间，由于封控时间变化较多，不少居家隔离的市民在生活物资供应方面出现困难，有些独居老年人不会使用智能手机，出现断粮、断菜和就医配药等方面的困难，一些协会发动会员单位当好志愿者，帮助社区居民筹措急需物资，为困难老人送药送粮，守望相助、共克时艰。

（区块链应用服务专委会供稿）

十四、金融科技服务专委会：上海金融科技行业 2021 年发展报告

（一）金融科技行业年度发展综述

1. 行业发展经济指标概况

从中国金融科技市场近年来的变化看，整体市场规模依旧保持了较好的增长势头。与 2020 年相比，2021 年金融科技市场增速更快，也反映出 2021 年金融科技行业在中国人民银行首轮金融科技发展规划——《金融科技（FinTech）发展规划（2019—2021 年）》阶段性战略收官之年的繁荣，最终 2021 年中国金融科技市场规模达到 4 631 亿元，增速达 17.1%。

我国金融科技、投融资市场热度逐步回归理性，但依然存在结构性投资机遇。从我国近年来金融科技投资规模看，金融科技投资市场规模在 2018 年达到顶峰，随后投资规模逐步下降，到 2021 年又稳步回升。2021 年前三季度中国金融科技行业融资交易额达到 317 亿元，比 2020 年整年度增长 62.4%。2021 年前三季度总融资交易量为 183 起，比 2020 年整体增加了 8 起。

2021 年在监管部门加强对金融科技行业的监管力度的背景下，行业融资交易金额的规模增长叠加交易量的稳定变化，说明投资主体越来越倾向于相对成熟的优质标的公司，行业投资呈现谨慎且向头部标的集中的特点。从 2021 年金融科技行业公司融资单笔交易来看，第四范式、镁信健康等共计 8 家公司单笔融资额不低于 10 亿人民币。在单笔融资额不低于 10 亿人民币的交易中，投资方更青睐保险科技的公司，这与目前国家大力发展第三方保险的政策导向不谋而合。其中，业务专注保险科技的镁信健康在 2021 年内融资两次，获得了北极光创投等明星投资机构的青睐。

图 42　近年来中国金融科技行业市场规模情况

（数据来源：中关村互联网金融研究院）

图 43　近年来中国金融科技行业融资情况

（数据来源：中关村互联网金融研究院）

表 9　2021 年中国金融行业融资交易梳理

公司名称	融资金额（人民币）	所在地	业务领域	融资公开时间	融资阶段	本轮投资机构
第四范式	45.15 亿	深圳	智能风控	2021 年 1 月 22 日	D 轮	高盛资本、博裕资本、春华资本、中国建投等
镁信健康	10 亿	上海	保险科技	2021 年 3 月 5 日	B 轮	北极光创投、博远资本、创新工场、蚂蚁资本等
	20 亿	上海	保险科技	2021 年 8 月 10 日	C 轮	博裕资本、礼来亚洲基金、中金公司等

续表

公司名称	融资金额（人民币）	所在地	业务领域	融资公开时间	融资阶段	本轮投资机构
众安科技	20亿	深圳	保险科技	2021年9月15日	战略融资	母公司众安在线
大童保险	15亿	北京	保险科技	2021年11月29日	战略融资	德弘资本（DCP）、招商局创投、众为资本、华盖资本
杭银消费金融	13.01亿	杭州	消费金融	2021年3月26日	战略融资	滴滴出行
Airwallex	12.9亿	深圳	跨境支付	2021年9月20日	E轮	红杉资本中国、Salesforce Ventures、DST、Vetamer Capital Management、G Squared、Lone Pine Capital
元保数科	10亿	北京	保险科技	2021年5月10日	C轮	SIG、北极光创投、凯辉基金等
中和农信	10亿	北京	农村金融	2021年6月23日	D轮	Teachers' Innovation Platform、ABC World Asia

（数据来源：网络公开信息整理）

补充说明：仅统计单笔融资额不低于10亿人民币的交易，表内美元投资额换算人民币按照2021年年均汇率1∶6.4515计算。

2. 行业企业经济运行情况

从传统金融机构在金融科技领域的拓展来看，2021年金融机构成立金融科技子公司的脚步加快，据零壹智库不完全统计，截至2021年4月9日，中国人民银行及持牌金融机构共成立科技子公司45家，传统金融机构在赋能自身数字化转型的同时，加强技术能力的对外输出。

另外，由于监管机构对行业的监管收紧以及反垄断政策的出台，从大型互联网公司的金融科技业务发展情况来看，更加注重其科技服务与旗下金融业务的区隔。例如，2021年6月蚂蚁金服成立重庆蚂蚁消费金融公司，落实消费信贷业务整改办法，对旗下的花呗、借呗等消费金融业务进行合规整顿；字节跳动通过并购整合拥有多张金融资质牌照，设置独立的财经业务部门，于2021年1月成立商业保险理财公司海南字跳商业保理有限公司，用于开展企业客户的产业链金融业务。

同时，对于第三方金融科技公司而言，更专注于技术在金融业务不同场景下的应用尝试和解决方案输出。

① 大数据类公司更加专注在金融大数据应用专业化的提升上，主要表现为利用数据存储、分析及挖掘等技术不断提升信贷风险管理、信用评估等精准性和风险预警的时效性。

② 人工智能类公司则更广泛应用于各种智能金融业务场景中，主要表现为应用无监督机器学习、文本情感分析、NLP技术、生物识别及知识图谱等技术在智能客服、智能投顾、金融在线交易反欺诈、量化投资等场景，提升金融服务自动化和智能化的水平。

③ 云计算类公司更侧重利用高性能计算、边缘计算和分布式存储计算来提升应用产业化程度，使得更多金融机构拥有更安全、便捷的数据存储和计算服务。

④ 区块链类公司利用其防篡改、可追溯等优势在例如数字钱包、数字货币、供应链金融等领域上有了更多创新、突破。

3. 行业期末从业人员情况

2021年是金融业传统机构数字化转型及信创全面开花的一年,随着大多数大中型银行、保险、券商及资管机构成立科技子公司进行内部数字化流程再造,行业内大力发展人工智能、大数据等技术在移动支付、智能投顾、风险控制等方面的应用,因此相关人才在近两年较为紧缺。且随着2021年9月1日《关键信息基础设施安全保护条例》的颁布,信息安全在金融科技领域的重要性也逐渐提升,因此对信息安全渗透测试、安全运维等人才的需求也不断上升。

从金融科技人才需求分布和流动情况来看,2021年尤其是上海、北京、粤港澳大湾区对技术研发类岗位的需求最高。另外,在政府对于互联网巨头反垄断监管加强、金融数据安全监管趋严的背景下,金融科技人才流动更倾向于大型传统金融机构的科技子公司、大型持牌互金机构及金融科技明星独角兽公司等。

4. 金融科技区域发展情况

2021年,金融科技行业发展呈现以点带面的特点。例如,上海是我国高等教育资源最发达的地区之一,金融科技人才资源优势明显,凭借着国际金融中心和国际数字之都的定位,上海引进外国人才的数量和质量均居全国第一。由于上海金融科技产业聚集深耕多年,其产业的辐射作用明显,带动了其周边的江苏省和浙江省也在不断发展金融科技行业,重视金融科技与实体经济的融合和高科技人才的引入,逐步形成江浙沪区域金融科技行业的整体发展竞争力。同时,深圳作为改革开放的前沿创新城市,发挥其特区优势,在2022年4月7日发布了《深圳市扶持金融科技发展若干措施》,致力于推动粤港澳大湾区金融市场互联互通,不断完善该区域的金融科技产业生态链。

5. 金融科技招商引资措施(以上海为例)

上海作为金融科技的技术高地,在区块链和人工智能技术等方面实现了一系列的探索和成绩:

(1) 区块链技术方面,上海区块链联盟数量位居全国第一,具有"技术+资本+场景"的生态优势,其中网信办发布的506个境内区块链项目,上海占72个,位居全国第三,已在杨浦和静安区形成产业聚集。

(2) 人工智能技术方面,上海人工智能行业产值超1 400亿元,企业数量1 100余家,且连续5年举办世界人工智能大会WAIC,颇具世界影响力。取得如此斐然的成绩离不开上海市及各区政府在金融科技行业上积极的招商引资政策扶持,使得金融科技企业拥有良好的营商环境。

6. 浦东新区招商引资政策支持

受益于上海政府对浦东新区的政策支持,近年来浦东新区金融科技行业迎来爆发式增长,拥有重点金融科技企业200余家,产业生态已较为成熟。浦东新区推动了一批金融机构达到世界领先水平,以完善的金融科技生态圈吸引更多资源流入。同时,浦东新区也培育了一批创新性强、应用性广、示范性良好的金融科技创新项目,推动在金融科技领域形成一批技术和业务创新的标准。

表10 2020—2021年上海市浦东新区金融科技招商引资相关政策梳理

2020年7月	出台《人工智能创新发展浦东方案》
产业集聚工程分布	将围绕张江机器人谷、张江人工智能岛、浦东软件园、金桥5G产业园、集成电路设计园等开展AI核心产业集聚布局

续 表

2020 年 7 月	出台《人工智能创新发展浦东方案》
"1+3+6"总体蓝图	坚持 1 个主线：坚持以全国首个人工智能创新应用先导区深化建设，赋能实体经济高质量发展为主线
	建设 3 个高地：成为国际领先的人工智能创新策源地、产业集聚地、应用示范地之一
	实施 6 项重点工程任务：创新孵化工程、产业集聚工程、赋能实体工程、"中国赛道"工程、智慧应用工程、公共服务工程
2020 年 7 月	出台《自贸试验区陆家嘴片区发展"十四五"规划》
陆家嘴金融城建设目标	将陆家嘴金融城建设成"金融机构集聚、金融人才密集、要素市场完备、资本集散功能集中、金融科技应用丰富、金融产业生态完整"的上海国际金融中心核心区和与中国国际地位相匹配的国际一流金融城

（数据来源：政府官网公开信息整理）

7. 杨浦区招商引资政策支持

受益于政策引导，杨浦区 2021 年有金融科技企业近 100 家，分散于重要商圈和环同济大学知识经济圈。在金融科技垂直领域中，杨浦区更重视区块链技术的研发和应用，注重"区块链+金融"的发展，培育了众多早期的区块链公司。杨浦区已连续 3 年举办全球（上海）区块链创新峰会。

表 11　2020—2021 年上海市杨浦区金融科技招商引资相关政策梳理

2018 年 9 月	出台《上海市杨浦区关于促进科技金融创新发展若干政策》
产业集聚工程分布	对于在本市税务登记的，经国家金融监管有关专业部门批准设立的、从事金融活动或专业性金融服务的各类机构，享受投资机构政策、改制上市政策、贴费贴息政策等支持政策
"1+3+6"总体蓝图	坚持 1 个主线：坚持以全国首个人工智能创新应用先导区深化建设，赋能实体经济高质量发展为主线
	建设 3 个高地：成为国际领先的人工智能创新策源地、产业集聚地、应用示范地之一
	实施 6 项重点工程任务：创新孵化工程、产业集聚工程、赋能实体工程、"中国赛道"工程、智慧应用工程、公共服务工程
2020 年 7 月	出台《杨浦区推进区块链产业升级发展政策》
总体目标	打造"基金+基地+智库+社群生态+培训"的区块链集聚区
具体措施	产业生态构建：布局 1 万平方米以上的区块链集聚载体，每年最高 100 万元运营补贴；给予创新平台最高 600 万元补贴；成果转化补贴 10%，最高 500 万元
	企业集聚引领：新注册企业房租补贴最高 150 万元和最高 100 万元开办补贴，龙头企业最高奖励 1 000 万元
	人才招引培养：人才房租补助最高 10 万元，人才公寓补贴 30% 房租，打造区块链专家智库

（数据来源：政府官网公开信息整理）

（二）金融科技行业年度发展特点

1. 年度重大金融科技战略实施

截至2021年末，中国人民银行公布首轮金融科技发展规划《金融科技（FinTech）发展规划（2019—2021年）》（简称首轮《规划》），其主要目标"建立健全金融科技'四梁八柱'"已经基本实现，金融科技正在成为驱动金融变革的重要引擎。在此背景下，中国人民银行于2021年12月发布了《金融科技（FinTech）发展规划（2022—2025年）》（简称第二轮《规划》）。

第二轮《规划》分为发展环境、总体部署、重点任务和实施保障四部分。其中重点任务包括8个方面，即"健全金融科技治理体系、充分释放数据要素潜能、打造新型数字基础设施、深化关键核心技术应用、激活数字化经营新动能、加快金融服务智慧再造、加强金融科技审慎监管、夯实可持续化发展基础"。第二轮《规划》在多个重点任务上有了更加深入和细化的发展要求，例如"健全金融科技治理体系"方面突出"完善""全面"和"穿透式"的治理模式，从顶层设计到数字化能力再到伦理建设，全方位完善金融科技治理体系，构建互促共进的数字生态。目前科技伦理建设已纳入"十四五"规划纲要，部分省市已陆续创建"金融科技伦理委员会"，未来伦理审查、信息披露等工作机制将逐渐常态化。

相比首轮《规划》，数据要素是第二轮《规划》新增的内容。数据要素被升级为金融业的生产要素，是金融科技行业和企业发展的核心。如何在保障数据安全和以技术作为驱动的前提下，充分激活数据要素潜能，推动数据的高效治理、有序共享和综合应用是各家金融机构接下来的发力点。

另外，在金融科技监管方面，从首轮《规划》的"强化金融科技监管"升级为"加快监管科技全方位应用，加强数字化监管能力建设，对金融科技创新实施穿透式监管"，未来监管工作将会覆盖更加全面，管理更加精准。

2. 年度重大领域进展及成果

（1）数字人民币

2021年是中国数字人民币从理论走向现实落地的重要一年，根据中国人民银行2021年7月发布的《中国数字人民币的研发进展白皮书》，中国数字人民币系统采用分布式、平台化的设计，能够支持数字人民币支付交易量的快速增长，综合运用了可信计算及软硬件一体化专用加密等技术来确保可靠性和稳健性，设计了多点多活数据中心解决方案，保障城市级容灾能力和业务连续性，提供7×24小时连续服务。

截至2021年6月30日，数字人民币试点场景已超132万个，覆盖民众的生活缴费、餐饮服务、交通出行、购物消费、政务服务等领域。开立个人钱包2 087万余个、对公钱包351万余个，累计交易笔数7 075万余笔，金额约345亿元。

目前，试点省市基本涵盖长三角、珠三角、京津冀等不同地区，在地方政府的积极参与支持下，在一些地区开展了数字人民币红包活动，实现了不同场景的真实用户试点测试和分批次大规模集中测试，验证了数字人民币业务技术设计及系统稳定性、产品易用性和场景适用性，增进了社会公众对数字人民币设计理念的理解。

（2）绿色金融

中国政府2021年工作报告和"十四五"规划等重要文件明确提出要实现碳达峰、碳中和，其中金融作为实现目标的助推器，其作用不可小觑。中国人民银行、银保监会及证监会等金融业监管部门把金融支持碳中和作为2021年重点工作，大力支持金融科技创新在绿色金融中的推动。

在政府的大力支持下,金融科技与绿色金融在融合方面开始了一系列的探索。例如,湖州在国务院的指导下于2017年6月开展设立绿色金融改革创新试验区,目前所建立的"绿贷通""绿信通"等以科技赋能的绿色金融平台具备了绿色贷款颗粒化数据采集、绿色项目智能化识别、环境效益测算等功能。2021年以来,在全国率先实现全域银行机构环境信息披露,打造全国首个区域性碳中和银行体系,通过金融科技手段采集ESG数据来支持ESG评价,上线了全国首个区域性ESG评价系统。另外,一些人保财险等保险公司通过利用大数据、现代测绘及地理信息技术,生成巨灾保险洪水地图,提高了理赔的效率。

(3) 金融信创

根据银监会及中国人民银行的指导要求,为加快金融数据自主可控,推进信创国产化进程,2020年8月金融行业启动了47家一期试点机构,以头部银行保险券商、一行两会和交易所为主;2021年5月金融行业启动198家二期试点机构。

根据零壹智库对工信部及下属机构、地方经信委等职能部门公开的优秀信创案例情况测算,截至2021年12月底,信创落地应用进展最快的分别为党政领域和金融行业,落地实践率分别为57.01%、29.55%。在金融机构中,银行、证券和监管机构信创参与度较高,招标项目数量占比分别为52.02%、23.70%和15.03%。

其中,数据库服务作为金融信创国产化的重要环节,面临着技术门槛高、跨国公司垄断的局面,因此国产信创替代化的政策导向对国内云计算厂商等起到利好导向,促使其在非关系数据库、分布式数据库等领域不断突破。一方面,金融行业业务数据的来源不再是单一的银行网点,随着数据来源日益增多例如电商、工商等,数据利用价值和数据量越来越大,促使向分布式数据库转型。另一方面,传统关系型数据库已经无法满足监管、风控、投研等图计算需求,由于金融机构有大量的时间序列数据例如行情数据、企业生产数据,需要在投研和量化投资环节结合机器学习、多维度分析等来应用,因此分布式图数据库以及时序数据库在2021年越来越受到金融机构的青睐。

3. 年度重大技术及产品创新

(1) 隐私计算技术

2021年隐私计算技术在金融行业重点探索的技术分支主要包括多方安全计算、联邦学习、可信执行环境等,这些新兴隐私计算技术经过密码学算法、安全协议、分布式计算等全方位优化,技术性能得到提升。例如,基于密码学的隐私计算方法能够保证金融数据在流通中依旧保有与原先明文数据相同的计算价值,保证原始数据不被泄露和复制,还可辅以计算合约精确控制数据的具体用途和用量。

从隐私计算技术的应用看,目前六大国有银行、证券公司、少数城商行参与到隐私计算平台建设中,主要集中的应用场景以智能风控和智能营销为主,涉及精准营销、存量客户促活、借贷风险识别及额度定价等。例如,2021年5月微众银行将自研的多方大数据隐私计算平台WeDPR-PPC的核心功能开放体验。该隐私计算平台结合了区块链和多方安全计算的优势,在确权、授权和维权的全生命周期管理下实现多方数据的联合报表、联合计算、隐私查询等功能。平台具备10亿级别的大数据处理能力,支持任意多方的隐私数据跨域协作,同时提供横向通用性计算能力和纵向定制型计算能力覆盖全域场景。

(2) 区块链技术

① 2021年,区块链核心技术不断加速创新,最为突出的是在拜占庭容错共识机制、对等网络以及智能合约的优化上。

A. 拜占庭容错共识机制:异步共识算法取得进展,中科院软件所张振峰团队与美国新泽西理工学院共同提出的国际上首个完全实用的异步共识算法小飞象拜占庭容错算法(DUMBOBET),有望应用于实际生产环境中。

B. 对等网络:对等网络深度优化,例如,蚂蚁链推出 BTN(Blockchain Transmission Network)以提升区块链节点的通信能力,加速区块链网络数据传输。

C. 智能合约开发框架持续探索,FISCO-BCOS 发布基于 Rust 的新型 Wasm 合约语言框架 Liquid,探索智能合约新模式。

② 除了核心技术的加速发展之外,区块链技术也在与物联网和云计算等其他金融科技相互补充和融合。

A. 区块链与物联网的结合能够实现打通数字世界和物理世界的可信连接通道,物联网设备可有效提升上链数据真实性,而区块链也能为数据要素流转和价值挖掘提供可信保障,两者结合能够促进数据要素发挥作用,促进区块链在物联网的应用拓展。

B. 区块链与云计算的结合 BaaS(区块链即服务)以云计算为基础,通过融合区块链底层、集成开发工具、智能合约管理、自动化运维、数字身份、跨链服务等功能,实现区块链底层和应用一站式开发与部署。

技术的不断发展促使相关区块链技术有了更多元化的应用场景。区块链技术 2021 年主要在银行有更多的应用尝试,例如,银行业在区块链领域的探索应用主要集中在中间业务和非银行业务场景,例如,平安银行开展了区块链存证、区块链投票表决、SAS 区块链平台等尝试。

(3) 人工智能图形技术

大数据时代下数据呈现方式由简单到复杂,出现越来越多非结构化的数据,例如,图形数据、视频数据、音频数据等,这也意味着对于每类数据处理的技术要求越来越高,针对大量图形数据存储、计算、分析的高频需求促使图技术有了更多应用层的突破。2021 年,Gartner 将图形技术纳入数据和分析领域的十大趋势。根据 Gartner 预测,截至 2025 年,图形技术将应用于 80% 的数据分析创新项目里,高于 2021 年的 10%,以支持企业的快速决策。

对于金融机构而言,随着在线金融业务的不断增加,来源于用户远程客户端的图形数据沉淀量会越来越大。图形技术一方面能够帮助金融机构提升金融智能风控能力,通过基于图形技术的关联图谱分析来推理不同账户的关系、进行关联度监测、集中度监测、团伙发现等反欺诈交易分析;另一方面还能根据海量沉淀的图形数据进行数据挖掘,对用户进行更为精准的行为特征描述及标签化工作,以此优化目前的智能金融产品营销系统。

(4) 大数据技术应用深入

随着金融机构的在线金融业务飞速发展,数据量暴增,非结构化的数据越来越多,为了满足金融机构对于实时、交互式分析的需求。数据湖开始汇集各方面技术,逐步演进为集多源异构数据统一储存、多范式计算分析及统一管理调用的大数据综合解决方案。它可以更加高效率、低成本地管理海量多源异构数据,打通数据孤岛,释放数据价值。

2021 年,领先银行机构均推进了在数据湖、数据仓库沉淀数据资产的数据治理工作,向着全量业务数据入湖方向转变,通过沉淀数据挖掘来提升赋能风控建模、业务分析、营销拓客等各类场景的数据分析应用。

例如,2021 年 3 月 31 日,中国银行 UDP-Dlake 数据湖平台上线。该平台与腾讯云合作,基于腾讯云的大数据套件 TBDS 大数据处理平台建设的,首次实现了全行数据资产汇集一处,能够为中国银行统一数据分析层、展现层、数据沙箱等探索提供平台支撑,也为沉淀和深度挖掘全行数据资产打下了坚实技术基础。目前,该系统已经实现了对中行核心、信贷、渠道、信用卡、中间业务、反欺诈、支付、手机银行等278个源系统数据文件的全面覆盖。

4. 年度金融科技企业创新案例

(1) 平安金服

自2004年平安集团正式启动财务共享集中后,平安金服财务服务中心致力于打造统一、标准、高效的财务共享服务平台,提供从顶层架构设计、财务流程再造、系统平台建设到运营管理的端到端一揽子财务解决方案。

平安金服财务服务中心在2021年推出费用管理全流程数字化创新项目,旨在为企业费用报销管理减少差错、降低风险、提高效率,主要包括四大模块:

① 报销数字化:实现报销单据中的发票、合同、附件等信息数字化,推动报销审核的自动化及归档信息化。

② 审核自动化:通过NLP技术识别对报销品类进行自动归类,通过费用审核规则智能图谱构建智能规则引擎、实现费控前置,将业务规则转换为系统语言,实现单据合规性自动审核,自动审核率超过50%,处于行业领先水平。

③ 档案电子化:通过搭建会计档案管理系统,实现索引体系建立、多维度档案查询及档案自动移交、鉴定和销毁等功能,提升了文件归档的规范性以及会计资料的自动化控制及线上流转。

④ 客服智能化:自主研发财智云客服机器人,覆盖多个财务作业场景及业务模块,实现7×24小时财务问题咨询服务。

(2) 基煜基金

上海基煜基金销售有限公司(简称"基煜基金")于2014年在上海成立,是经中国证监会批准的B2B独立基金销售机构。通过运用人工智能、大数据、分布式微服务、开放API等前沿技术,极大提升了金融机构从事基金投资业务的效能。

2021年基煜基金主要在以下4个方面做出创新性突破:

① 极速开户:通过"基构通"让金融机构能够在10分钟内处理上百笔基金交易,解决烦琐流程,在加强内控的前提下大幅提升交易效率。

② 集中交易:解决多个账户下所有产品逐笔交易耗时耗力问题,"基构通"支持单次百笔以上的批量下单,节约投资者的交易处理时间,精简至上传系统的3分钟以内。

③ 自定义角色功能:解决不同机构个性化岗位分工及权限控制的诉求,最新升级的"RABC权限体系解决方案"可以帮助分工复杂或者有定制权限诉求的机构自定义角色名称和对应的功能权限。

④ 基金池管理数字化:独创机器人自动生成入池报告以及构建匹配机构内控制度的全流程基金池管理工具,一份标准化入池报告只要10秒钟,极大提升投资经理工作效率。

(3) 画龙科技(Datatist)

上海画龙信息科技有限公司(简称"画龙科技")是领先的商业智能决策大脑供应商。目前已研发包含赋能企业内部运营的"AI运营官"和驱动数据对外变现的"AI权益联盟"两大产品。针对金融业,画龙科技搭建了面向金融行业的用户智能运营决策系统。

例如,2021年画龙科技与某头部券商企业合作,帮助其搭建用户全生命智能体系,将模型算法应用到全渠道营销中心,帮助其荣国科技赋能营销,从而提升财富管理产品的销售,具体涉及以下四方面:

① 帮助客户搭建了用户全生命周期智能运营体系,为全生命周期的每个转化环节设计相应的场景、转化目标与指标体系。

② 在每个客户转化环节设置相对应的智能运营决策引擎,比如,促进空户激活、ETF 基金复购、客户资产升级等。

③ 搭建营销自动化平台,为不同的客户分群定义流程化的运营活动。

④ 对接 App 运营栏位实现个性化运营,通过个性化推荐模型,显示给最有可能关注的人群。

在画龙科技的科技赋能下,该券商 App 线上已完成超过 1 500 场活动运营,服务访问日均超过 3 500 万次,活跃度转化率从 1% 提升至 8%,发现页弹窗点击用户数提升 160%,点击率提升 3%。

(三) 趋势展望与发展建议

金融科技行业赋能金融机构,加快数字化转型,不断提升内在动能。一方面,金融信创的浪潮在全国各级各类金融机构展开,内部基础软硬件领域机构更加注重于金融科技基础技术厂商合作进行自主科技创新和保障供应链安全。另一方面,基于与第三方金融科技公司的技术合作,金融机构的金融科技子公司逐渐形成自己的技术创新产品能力,并在垂直领域参与更深入的核心系统建设和迭代。

金融科技行业监管力度逐渐加大,加快监管科技升级,持续扩大创新监管试点。近一年来,国家层面针对金融科技行业的监管政策陆续出台,尤其是社会公民信息及数据安全、反垄断等重点领域监管措施不断强化。对于被监管主体而言,一是有责任推动行业层面的金融科技伦理治理共识和体系建设来应对迭出的个人隐私保护、信息茧房效应、算法歧视等问题;二是做好业务合法合规工作,确保所有金融业务活动全面纳入监管,持牌经营。

对于监管主体而言,建立金融科技监管框架是一个长期的过程。尝试将创新监管试点在更大范围拓展,积累试点推广过程中出现的经验与教训,同时利用金融技术手段升级监管科技,使得行业监管工作更加高效化、完善化、标准化。

1. 高效化方面,推动"监管沙盒"持续扩容,借助于不断更新的监管科技对内幕交易和操纵市场等违法行为进行更快、更精确的发现和打击。

2. 完善化方面,持续推动第二轮《规划》的落地实践,在金融科技风控与信息安全、行业规范与监督管理措施等方面动态调整和完善更新。

3. 标准化方面,逐步加强金融科技标准化建设,例如,在中国人民银行已实行的支付计划、支付信息保护、移动金融客户端应用软件等技术标准基础上继续扩充可标准化的技术要求。

(金融科技服务专委会供稿)

十五、城市更新与保护服务专委会:上海城市更新和保护行业 2021 年发展报告

(一) 城市更新和保护发展综述

近年来,国家的发展环境发生了重大变化,新发展理念、新发展阶段和新发展格局正成为经济、社会和城市发展的主基调,并在此背景下出现了 3 个"首次",即:2019 年 12 月,中央经济工作会议首次提出"城市更新";2020 年 10 月 29 日,第十九届第五次全体会议审议通过的《中央关于制定国民经济和社会发展第十四个五年规划和二〇三五年远景目标的建议》(即国家"十四五"规划)提出要"实施城市更新行动";2021 年 3 月 5 日,第十三届全国人民代表大会第四次会议上,李克强总理

做《政府工作报告》时更是提出"发展壮大城市群和都市圈,实施城市更新行动,完善住房市场体系和住房保障体系,提升城镇化发展质量"。此后,全国多地响应号召纷纷出台相关新政策,全国共同推进城市更新进程,因此,2021年也被称为"城市更新元年"。

由此可见,城市更新已经成为落实新发展理念、推进新发展阶段、打造新发展格局,以及促进城市发展方式转变的重大国家战略。

纵观国家发展对城市更新行动提出的要求和目标,主要呈现出四大特点:

1. 保持更新

在经济和模式转换、城市更新试点和顶层政策设计方面,由于新时代的要求变化,国内城市更新在快速发展中存在不太完善的问题,需随着社会发展实时调整目标及方式。

2. 指标量化

在2021年8月发布的《关于在实施城市更新行动中防止大拆大建问题的通知》中,重点提到作为约束和考核标准的四个量化指标,分别是严格控制大规模拆除、严格控制大规模增建、严格控制大规模搬迁及确保住房租赁市场供需平稳。科学地建立城市更新评估模型,量化指导城市更新工作。

3. 持续发展

不沿用过度房地产化的开发建设方式,不片面追求规模扩张带来的短期效益和经济利益。鼓励推动由"开发方式"向"经营模式"转变,探索政府引导、市场运作、公众参与的城市更新可持续模式,政府注重协调各类存量资源,加大财政支持力度,吸引社会专业企业参与运营,以长期运营收入平衡改造投入,鼓励现有资源所有者、居民出资参与微改造。支持项目策划、规划设计、建设运营一体化推进,鼓励功能混合和用途兼容,发展新业态、新场景、新功能。

4. 强调传承

2021年9月,《关于在城乡建设中加强历史文化保护传承的意见》强调:严格拆除管理,在城市更新中禁止大拆大建、拆真建假、以假乱真,切实保护能够体现城市特定发展阶段、反映重要历史事件、凝聚社会公众情感记忆的既有建筑;弘扬历史文化,在保护基础上加强对各类历史文化遗产的研究阐释工作,多层次、全方位、持续性挖掘其历史故事、文化价值、精神内涵。

总之,2021年"城市更新元年"的开启,标志着我国正式加速进入"城市更新大时代"。

(二)上海城市更新和保护发展现状

1. 上海城市更新和保护发展指引

2021年8月25日,上海举行市十五届人大常委会第三十四次会议,表决通过了《上海市城市更新条例》,明确:建立健全城市更新公众参与机制,依法保障公众在城市更新活动中的知情权、参与权、表达权和监督权。该条例的出台,将原本分散在各个条线的更新政策体系化、法定化,开始建立起全门类、全口径、全社会、全流程的一体化城市更新制度与技术体系。

始终以民生需求为先,充分体现人民群众意愿,这是《上海市城市更新条例》遵循的重要原则之一。《上海市城市更新条例》将许多民生实事项目也明确列入更新清单。譬如,多层住宅加装电梯、"城中村"改造、快递设施等新型集约基础设施建设等;持续改善城市人居环境,构建多元融合的"15分钟社区生活圈"。试行10多年的"社区规划师"也成为一项制度被写入《条例》,将发挥社区规划师在城市更新活动中的技术咨询服务、公众沟通协调等作用,推动多方协商、共建共治。

2021年9月1日起,《上海市城市更新条例》正式施行,标志着上海的城市更新进入全新的阶段。主要体现在以下四个方面：

第一，建立了完整的规划引导体系。市规划资源部门制定全市更新指引，确定更新原则；区政府制订各区行动计划，遴选更新实施主体以后，开展区域更新的实施方案；实施主体负责制订方案并推动实施。

第二，建立了更新实施机制。关注区域更新的统筹机制，通过区政府和市政府相关部门遴选更新统筹的主体，统筹开展区域的城市更新工作。区域更新由统筹主体进行统筹，原有的物业也可以参与编制区域方案，最后纳入规划进行执行。此外，对于零星更新，也可以通过有更新意向的原物业权利人，直接进行项目方案编制，通过规划程序，进行实施更新。

第三，建立了保障机制及监督管理机制，明确了法律责任。

第四，建立了全过程的物业权利人和公众的参与机制，建立专家委员会制度。

目前而言，上海城市更新市场的活跃主体以本土国企为主，其中，上海地产在 2019 年就参与了全年旧城改造量的四成以上。2020 年上海市城市更新中心在上海地产公司挂牌成立，作为全市统一的旧区改造功能性平台，负责旧区改造、旧住房改造、城中村改造及其他城市更新项目的实施。自 2020 年成立以来，城市更新中心已经参与旧改量占到全市旧改总量的 60% 以上。

城市更新项目中的公共服务配套占比高、投入大、运营周期长，自然少不了资金支持。为此，上海市分别于 2021 年 6 月和 12 月成立了由国资公司牵头的城市更新引导基金，募集资金总规模达到 900.02 亿元。

在新政策指引下，上海市一方面推进已获批的城市更新项目建设，一方面改进部分项目的开发方式，探索全新的城市更新路径。

得益于政策支持以及资金扶持，上海市在城市更新领域将迎来更大的突破，在扮演城市更新试点先锋角色的同时，也为国内其他城市提供了良好的示范。

2. 上海城市更新和保护发展趋势

城市更新的对象及目标正在变得多维，从单一环境改善到经济社会环境全面提升，从整体性规模更新到渐进式微更新，从政府主导到物业权利人主动发起，呈现出新趋势、新路径。

未来的城市更新不仅应关注经济要求，更应将社会文化发展和民生保障作为重要考量。基于对历史的总结和未来趋势的研判，综合空间、政策、机制等多维度考虑，上海的城市更新地区可分为潜力发展和改善提升两大类型。其中，潜力发展地区主要承担着国家战略、城市功能提升与稳定就业等多重使命，如"一江一河"地区、各级公共中心地区、轨道交通站点周边地区等；改善提升地区承载着城市生活与文化本底，如成片老旧小区、历史文化风貌区等地区。未来更新工作宜围绕 3 条主线分类施策，探索差异化的政策供给和实施机制。

（1）制定差异化的规划与土地政策

潜力发展地区具有较好的资源本底，能够通过环境改善与增量型开发实现持续营利，进而提升城市竞争力，因此，应重点关注土地集约高效利用、高品质城市空间供给，以及城市功能完善等方面的政策供给。例如，充分发挥轨道交通枢纽和站点在交通集散、公共服务、土地价值方面的优势，通过规划编制转移平衡开发规模，轨道交通站点 600 米范围内适用"特定强度"，外围腾挪用地布局公共绿地和开放空间。

改善提升地区具有规模体量大、更新任务重的特征，同时又是城市生活和文化的本底，应聚焦于降低实施门槛，在保护地方多样性、延续地区文脉、提升活力等方面主动发力。如近年来上海老旧小区加装电梯的政策松绑，将产权所有人同意比例从 100% 降低为 2/3，允许利用公积金进行更新改造，缩减审批环节，新政实施后仅 2019 年完成的项目数量就已超过前 7 年的数量总和。

（2）完善更新过程中的实施组织机制

潜力发展地区对功能业态、空间品质要求较高,需要发挥政府或国有企业平台优势,保障区域整体利益。鼓励通过平台公司积极协调各权利主体,充分听取社会公众意见,形成统一的更新愿景,并统筹规划、设计、开发、运营等各阶段工作,开展公共服务及基础设施的配套建设。

改善提升地区的产权分散且较难归集,业主更新意愿也较难达成一致,需要以原权利人为核心,整合行政部门、自治组织与设计团队等多方力量,形成面向更新实施的社区共同体。如上海浦东地区的缤纷社区行动,通过培育当地居民的自主参与意识,通过"一图三会"制度,将多元主体整合在规划、建设与运营的全过程中,使其获得了原住民自我更新的长效动力。

（3）构建上下结合的社会治理模式

城市更新是具有多元价值内涵的城市治理过程,需要"上下结合"凝聚社会共识,加强城市更新的实施导向和公共价值导向,在多元主体、多元目标的背景下,寻找最优解决路径。

政府职能应从"行政主导"向"协同治理"转变。在潜力发展地区,政府要起到示范引领作用,推动从效率优先向公平优先转变,保障政策红利得到合理、充分释放,保证更新高质量进行。在改善提升地区,政府治理重心需要不断下沉,做好服务者,激发原主体的参与意识,用好市场规律,做好底线控制与必要的资金支持。

社会公众应从"被动参与"向"主动作为"转变。社会公众参与是一个长期培育的过程,不可操之过急,更不可越俎代庖。对于潜力发展地区,社会公众要发挥与市场力量制衡的作用,积极吸纳非政府组织（NGO）、非营利性组织（NPO）、行业协会、半公共治理机构共同参与,共同推动人居环境改善。对于改善提升地区,社会公众决定了更新工作的意义与成效,需要全过程充分参与。

城市更新是未来城市发展中最重要的公共议题,应将公共利益作为最核心的价值取向,探索规划和土地政策支持,完善建设实施中的协商协调,构建城市更新的社会治理模式,最终形成"上下结合、区域统筹、多元主体协商、多种方式实施"的更新模式。

（三）2021年上海城市更新与保护的新机遇、新方向

1. 在更新中重塑产业格局

《上海市城市更新条例》中对于重点产业发展区域的更新也提出了相关要求：要求市区两级人民政府加强产业统筹发展力度,引导产业转型升级；鼓励存量产业用地根据区域功能定位和产业导向实施更新,通过合理确定开发强度、创新土地收储管理等方式,完善利益平衡机制；鼓励产业空间高效利用,根据资源利用效率评价结果,分级实施相应的能源、规划、土地、财政等政策,促进产业用地高效配置；鼓励更新统筹主体通过协议转让、物业置换等方式,取得存量产业用地。

2021年底,《上海市产业园区转型升级"十四五"规划》中重点提出关于加快重点区域城市更新,建立政府统筹、市场运作、多元参与的产业用地更新机制,政府与市场协同发力,推动重点产业发展区域和园区更新转型,形成一批试点示范项目,有效提升土地利用强度和产出效益水平,实现生产、生活、生态良性互促。

此外,在北京、广州、深圳、成都、武汉、南京等城市先行实践中,也已释放出产业第一、都市制造业回流的强烈信号,纷纷将其作为重振城市核心竞争力、谋求可持续发展的核心抓手。

把产业更新作为上海城市更新的核心所在,既有其他城市更新践行区域的经验借鉴,更是基于多年来空间发展受限的困境、三次产业结构不合理、提升中心城区首位度等诸多现实情况的充分考量,城市更新将成为解决目前这些问题及困难的突破口。

2. 银发经济下的适老化改造

我国的城市更新不仅是民生工程，更是发展工程。上海作为超大城市实施城市更新行动的本质，是对现有城市空间的优化配置，着力于解决"大城市病"的同时推动城市空间结构调整优化，以无障碍环境建设和适老化改造为手段，提升居民生活的便利度和舒适度。其中，老旧小区改造就是重要抓手。这不仅将有利于充分释放巨大的内需潜力，形成新的经济增长点，还能畅通大循环，促进经济长期持续健康发展。

2019年以来，全国累计新开工改造城镇老旧小区11.2万个，惠及居民2 000多万户。各地结合城镇老旧小区改造加装电梯近2万部，增设或改造提升养老、助餐等各类社区服务设施近3万个。但总体看，老旧小区适老化改造仍在起步阶段，存在一些问题。比如，老旧小区软硬件设施不足，适老化配套缺口较大；资金筹集存在一定困难且相关业主难以达成一致，制约适老化改造的加快发展。

因此，提升改造效率、推动适老化改造多元化发展，也成为超大人口城市上海未来更新的主要方向之一。

（四）2021年城市更新和保护服务专业委员会工作回顾

2021年是上海"十四五"的开局之年，也是奔向上海2035"卓越的全球城市"的重要节点。上海的城市更新已步入以反映新时代要求、承载新内容、重视新传承、满足新需求、采用新方式为特点的城市"有机更新"新阶段。

2021年专委会在上海现代服务业联合会的领导下，积极贯彻新发展理念，进一步放大专委会平台效应，以城市更新形态的多样性融合现代服务业的丰富性，促进城市产业升级，激发上海城市新活力。

2021年专委会的主要工作如下：

1. 积极筹备2021年首届"长三角城市更新论坛"

2021年，专委会积极筹备了2021年首届"长三角城市更新论坛"。在论坛筹备过程中，上海市长宁区人民政府、上海现代服务业联合会、长三角现代服务业联盟给予了大力支持，同时专委会各会员单位也给予了积极的响应。2021年9月23日，"2021年长三角城市更新论坛"在上海市长宁区西郊宾馆会议中心百花厅顺利召开。

本次长三角城市更新论坛以城市更新研学、主分论坛分享交流、长三角城市更新案例分享等形式，聚焦城市生活的共同建设，为践行城市更新的个人、组织、企业提供了灵感的发生平台、实践的空间条件和未来更多的可能性。

上海市人大常委会副主任肖贵玉，第十一、十二届全国政协常委、上海现代服务业联合会会长、长三角现代服务业联盟主席郑惠强，中共上海市长宁区委书记王岚为论坛致辞。中共上海市长宁区委常委、副区长岑福康分享了"'人民城市'理念引领下的城市更新"，来自江浙皖等长三角城市的嘉宾也带来了三地城市更新的精彩案例。

本次长三角城市更新论坛邀请专家、长三角城市更新头部企业精英聚焦"城市更新的美好愿景"，激情碰撞理念，形成共识。论坛就如何在城市更新中尊重城市发展的经济规律，如何兼顾城市"高度"与"温度"，着力提升城市能级与空间品质，如何为城市赋能等诸多方面问题进行了广泛探讨，取得了丰硕的思想成果。论坛发布了《2021年城市更新发展系列报告》，收录了近年来长三角地区城市更新的优秀案例，并对上述城市更新的优秀案例进行了颁奖。据不完全统计，本次论坛活动辐射人次超100万,引起了广泛的社会反响。

2. 夯实专委会工作基础,加强专委会内部建设

2021年3月12日专委会在上海市长宁区愚园路1107号1号楼5楼召开上海现代服务业联合会—城市更新和保护服务专业委员会第一届第二次理事会。会议上,上海现代服务业联合会副会长、专委会主任卞百平再次强调了未来专委会的工作重点,并提出了相关完善建议。

2021年,专委会动员会员单位积极为《上海市城市更新条例》建言献策,还通过各种渠道收集各会员单位对专委会的意见和需求,从而进一步细化和完善组织工作。同时,专委会通过举办各类参观和交流活动,继续吸引高质量的会员单位加入。

3. 专委会积极走访会员单位,建立会员单位之间联络

专委会成立后,在卞百平主任的带领下,积极走访会员单位,了解会员单位城市更新项目进展中的难点和痛点。充分发挥专委会信息共享、创造机会、协作共赢的职能和职责,把服务会员单位落到实处。

(城市更新和保护服务专业委员会供稿)

十六、教育服务专委会:上海教育服务行业2021年发展报告

2021年是不平凡的一年,新冠肺炎疫情的冲击仍在继续,国家在教育领域的各项相关政策规定也相继出台落实。民办教育既面临着新的机遇,也面临着严峻的挑战。教育服务专委会继续依托平台优势,致力跨界合作,重点做了以下几项工作。

(一)发挥智库功能,举行年度教育论坛

1月12日下午,联合会教育服务专委会举办了以"贯彻新发展理念,服务构建新发展格局"为主题的年度教育论坛,来自教育服务专委会各会员单位、联合会各专委会以及部分行业协会秘书长等共100余人出席论坛活动。

全国政协委员、民进上海市委专职副主委、联合会副会长兼教育服务专委会主任胡卫做了题为"教育的新理念新格局"的主旨报告,论述未来教育的变革与创新。

随后,上海市教科院普教所课程与教学研究室主任夏雪梅研究员、英孚教育青少儿英语中国区总裁白皎宇、上海小荧星艺校校长沈莹、启行教育机构/好时光连锁幼儿园创始人潘斌、上海爱立诚教育集团董事长李懿、上海市电化教育馆馆长张治、掌门一对一联合创始人吴佳峻、上海商贸旅游学校校长李小华、上海为匠文化传播有限公司联合创始人张小贝等进行了精彩的演讲和分享。

郑惠强会长对教育论坛成功举办以及专委会全年工作予以高度肯定。他最后强调,在疫情与政策的双重困境下,办学人要主动思考管理新政下民校如何破局。他认为,办学人要树立信心,不忘自己所肩负的公益性社会责任。只要人民群众对更好教育的要求与教育发展不平衡不充分之间的矛盾和问题长期存在,民办教育必定会有一个较大的发展空间。

(二)搭建桥梁,组织行业主题调研

5月27日,上海现代服务业联合会会长郑惠强、副会长简大年率队走访下属教育服务专委

会,参观了上海协和教育中心(集团)及集团与上海小荧星集团合作的幼儿培训项目。上海现代服务业联合会副会长、教育服务专委会主任胡卫等陪同接待。教育服务专委会会员单位参与交流研讨。

参与座谈交流的会员单位代表就各自遇到的发展困境,以及行业存在的共性问题展开了激烈探讨,一致认为,无论是民办教育还是教育培训机构,都应该立足教育本身,尊重教育规律,重视教学质量,做有益于学生发展的事情;也呼吁应树立行业规范,防止因资本的过分介入而影响整个行业的公益性发展。

(三)加强组织建设,壮大平台服务力量

2021年,联合会教育服务专委会在组织建设方面取得了多方面的成绩和进展。

6月3日,联合会教育服务专委会召开主任会议,对专委会的定位进行了再思考,将专委会定位为:坚持公益属性,以实现信息互通、资源共享为目标,落实会员的基础服务及发展工作。

11月10日,上海现代服务业联合会会长郑惠强、副会长简大年率队赴青浦协和双语学校考察并举行工作会议,上海现代服务业联合会副会长、教育服务专委会主任胡卫等陪同接待。在此次工作研讨会上,专委会增补了专委会副秘书长;研究了专委会工作规程;调整了专委会单位结构,确定增加优质公办学校、装备信息化、素质教育服务机构等;还研讨了课后服务教师培训项目。

2021年,专委会还扩容了会员单位,增加了上海泽阳智能科技、中文在线教育、上海观安信息技术股份有限公司、上海琳铧房地产营销策划中心、中国电信股份有限公司上海分公司、上海瑶娱文化传播有限公司等会员。

(上海现代服务业联合会教育专委会供稿)

十七、医疗服务专委会:上海医疗服务行业2021年发展报告

(一)2021年上海市医疗卫生机构及卫生技术人员数量

2021年上海市医疗卫生机构数量为6317所,比2020年增加412所。其中:2021年上海市医院数量为432所,同比增长6.7%;上海市门诊部卫生机构数量为1397所,同比增长13.3%;上海市社区卫生服务中心数量为335所,同比增长1.2%;疾病预防控制中心数量为19所;卫生监督所数量为17所。

2021年上海市卫生技术人员人数为23.96万人,同比增长5.8%。其中:2021年上海市执业医师人员为8.32万人,同比增长1.1%;医院执业医师人员数量5.3万人,同比增长3.9%;注册护士人员数量为10.87万人,同比增长5.4%。

(以上数据来源于上海市统计局)

(二)2021年新建医疗机构

2021年上海市落地的重大建设项目有166项,其中,有14项与医疗卫生相关。

表12 2021年上海市重大建设项目清单

序 号	项 目 名 称	项目进度
(二)	医疗卫生(14项)	
68	上海市疾病预防控制中心新建工程	在建
69	新虹桥国际医学中心	建成
70	上海老年医学中心	建成
71	国家儿童医学中心(上海)	新开工
72	上海市第一人民医院眼科临床诊疗中心	在建
73	仁济医院肝脏泌尿外科临床诊疗中心	在建
74	瑞金医院消化道肿瘤临床诊疗中心	在建
75	上海市第六人民医院骨科临床诊疗中心	在建
76	复旦大学附属中山医院医疗科研综合楼	在建
77	中国福利会国际和平妇幼保健院奉贤院区	建成
78	上海市中医医院嘉定院区	在建
79	岳阳医院门诊综合楼改扩建工程	在建
80	龙华医院浦东分院	在建
81	上海养志康复医院	在建

(信息来自上海市发改委《2021年上海市重大建设项目清单》)

从上述清单中可以看出,共有在建项目10项、计划建成项目3项、计划新开工项目1项。建设方向包括疾病预防控制中心、老年儿童医学中心,以及肝脏、泌尿、肿瘤等多项专科诊疗中心。

1. 在建项目(10项)

(1) 上海市疾病预防控制中心新建工程

上海市疾病预防控制中心新建工程项目已于2020年12月15日正式开工建设。该项目位于上海虹桥商务区主功能区北部Ⅲ-A01-08地块,主要建筑包括一幢综合业务楼和两幢实验楼,总建筑面积达117 420平方米。该项目集上海市公共卫生应急指挥中心、国家突发急性传染病防控应急平台、各类应急检测实验室等为一体,将全面提升上海市疾病预防控制中心硬件设施,成就全球高标准公共卫生基地。

(2) 上海市第一人民医院眼科临床诊疗中心

上海市第一人民医院眼科临床诊疗中心为国家眼部疾病临床医学研究中心的依托单位,也是上海市"十三五"规划中第一批立项的社会民生类医疗卫生项目。项目已于2018年9月开工,将于2022年落成。据了解,该项目总建筑面积近10万平方米,包括两幢建筑与一个地下空间。此外该项目将建设成上海第一家无围墙医院,特别引入BIM(建筑信息模型)技术,以实现医疗建筑全生命周期智慧化管理。

(3) 仁济医院肝脏泌尿外科临床诊疗中心

仁济医院肝脏泌尿外科临床诊疗中心项目于2020年5月奠基,预计2023年9月竣工。诊疗中心项目建筑占地面积4 963平方米,建成后将成为国内最大儿童肝移植中心。该中心建成后,仁济医院将拥有目前上海规模居前的儿童肝移植病区和重症医学(ICU)病区,还将拥有直升机停机坪和空中转运绿色通道,有利于急危重患者的空中转运和紧急救治。

(4) 瑞金医院消化道肿瘤临床诊疗中心

上海交通大学医学院附属瑞金医院消化道肿瘤临床诊疗中心,于2020年12月19日开工,将于2022年12月建成。据悉,瑞金医院消化道肿瘤临床诊疗中心项目投资8.38亿,计划总建筑面积6万平方米,地上23层,地下3层,总建筑高度为99.8米,项目设置床位500个。消化道肿瘤临床诊疗中心将以"多学科联合诊疗(MDT)""一站式诊疗服务"为特色,将"临床医疗、科技创新、教学培训"集成一体,设独立的组织标本库、数据库、二代测序个体化诊疗平台,并打造具有实体瘤"个体化治疗"精准医学特色的一体化诊疗中心。

(5) 上海市第六人民医院骨科临床诊疗中心

上海市第六人民医院骨科临床诊疗中心项目是上海市重点工程、上海"十三五"规划医疗重点项目。包含门急诊医技科研教学综合楼和住院楼两个部分,总建筑面积10.3万平方米,由美国NBBJ建筑设计事务所与上海建筑设计研究院合作设计。项目建设已于2019年6月份启动施工,预计将于2022年完成。据了解,新建的骨科诊疗中心由南、北两个体量组成,中间设置东西向中庭,三个部分共同形成一个整体。原本分散于医院各处的骨科住院、手术、影像中心等功能将被集中在新的骨科诊疗中心。建成后,该诊疗中心将会成为上海最具先进水平的骨科医院。

(6) 复旦大学附属中山医院医疗科研综合楼

复旦大学附属中山医院医疗科研综合楼项目位于上海市徐汇区枫林路200号,于2019年9月正式开工,预计于2022年12月竣工。据了解,该项目由国家发改委批准立项,并列入2019年上海市重大项目。项目建设规模10余万平方米,其中包括医疗科研综合楼、辅助楼等地上20层,地下3层,主要功能为临床研究、临床治疗、全科医师培训基地等。

(7) 上海市中医医院嘉定院区

上海市中医医院嘉定院区位于嘉定新城东区。新院区床位设置650个,总用地面积近7万平方米,总建筑面积112 582平方米。据了解,嘉定院区将是该院3个院址中规模最大的院区。2020年6月,上海市中医医院嘉定院区开工建设,计划于2023年12月竣工,预计于2024年3月试运行,2024年6月正式运行。

(8) 岳阳医院门诊综合楼改扩建工程

岳阳医院门诊综合楼改扩建工程于2019年8月开工奠基,建成后将成为上海市东北地区急危重症救治的区域中心之一。据了解岳阳医院新门诊综合楼总建筑面积近5万平方米,地上13层,地下3层。其中1—6层为具有中西医结合特色的门诊部,以上部分为手术科室住院部,地下室新建有近300个车位的机械式停车库。

(9) 龙华医院浦东分院

龙华医院浦东分院新院项目位于浦东新区航头镇,项目分二期执行,一期设置床位500个,新建总建筑面积76 550平方米,项目总投资8.39亿元,项目已于2020年4月开工奠基,预计于2022年12月竣工。项目将立足浦东新区、辐射长三角,旨在打造浦东西南地区综合性区域医疗中心。此外,新院依托总院肿瘤科临床、科研基础,还将建设浦东西南地区肿瘤医疗中心,重点发展创伤外科专业,建立创伤急救中心。

（10）上海养志康复医院

上海市养志康复医院将是上海市首家公立康复医院。2020年8月扩建工程在该院松江院区正式奠基。建成后，康复床位由300个增加至1000个，医院将成立神经康复中心、骨与关节康复中心、儿童康复中心、脏器康复中心及重症康复中心等，同时将开展中西医结合骨与关节康复的临床与基础研究、生物力学与康复工程研究、神经调控与脑康复研究、脑机接口与脑控康复机器人研究等方向的研究。

2. 计划建成项目（3项）

（1）上海新虹桥国际医学中心

上海新虹桥国际医学中心项目位于上海虹桥交通枢纽商务区内，于2010年3月正式启动。该项目占地面积100万平方米，首期开发40万平方米，定位为从事高端、国际化的健管家服务园区。据了解，根据上海卫计委（2018年改为"上海市卫生健康委员会"）相关规划指导意见，拟形成1个医技中心、7家高端医院、若干个特色门诊的"1+7+X"布局，床位规模约为1900个。此外，毗邻地块将建设复旦大学附属华山医院临床医学中心，重点设置神经外科等优势学科，与园区医疗服务模式形成互补，迎合不同市场需求。园区北面地块规划建设酒店、餐饮、会务中心等配套商务设施。

（2）上海老年医学中心

上海老年医学中心是上海第一家提供老年康复服务的三级医院。该项目由上海申康医院发展中心建设，2018年12月13日打桩开建，计划2022年初竣工。根据规划，上海市老年医学中心总建筑面积近13万平方米，设计床位数1000个，停车位706个，日门诊量预计将达6000～8000人次，年急诊量将达10万人次。项目建成后，委托复旦大学附属中山医院管理。

（3）国妇婴奉贤院

中国福利会国际和平妇幼保健院奉贤院区于2018年9月在奉贤新城开工建设，2020年8月封顶，计划2021年投入使用。该项目总建筑面积100 524平方米，设置床位500个。据了解，国妇婴奉贤院区计划设置生殖中心、胎儿医学中心、产前诊断中心及女性专病中心，主攻"妇女生育力保护体系构建""遗传性出生缺陷孕前阻断""高危孕产妇保健体系构建与优化"和"产后女性盆底障碍性疾病防治"等新兴学术攻关领域，围绕妇女、儿童的疾病救治和健康开展临床业务。

3. 计划新开工项目（1项）

国家儿童医学中心（上海）

2020年12月30日，上海交通大学医学院附属上海儿童医学中心的国家儿童医学中心张江院区建设项目正式开工，将于2023年底竣工。据上海儿童医学中心院长江忠仪介绍，国家儿童医学中心张江院区，占地40万平方米，总建筑面积10万平方米，设置500个床位、8个现代化手术室、40个骨髓移植舱，同时还将在国内儿童专科医院中率先设置、建设放疗中心、细胞治疗中心和临床试验中心。

（三）上海市部分公立医院2021年发展报告

1. 门、急诊、出院和住院手术业务量

2021年市级医院门诊量8 175.85万人次、急诊量719.78万人次、出院280.38万人次、住院手术119.57万人（其中介入9.88万人），分别比去年同期增长28.82%、24.15%、23.82%、21.51%（介入35.18%），恢复至2019年同期的106.09%、91.79%、105.77%、11.43%。

2. 数字化便民

门诊号源预约控制率：2021年12月市级医院门诊号源预约平均控制率为99.78%。其中，综合性医院为100%,中医类医院为100%,妇产科类医院为98.91%,儿科类医院为100%,其他专科医院为100%。

智能预问诊使用率:2021年12月市级医院智能预问诊平均使用率为1.73%。其中,综合性医院为1.62%,中医类医院为0.14%,妇产科类医院为2.61%,儿科类医院为3.70%,其他专科医院为2.62%。

检验检查结果互认率:市级医院检验检查结果全年平均互认率为96.47%。其中,综合性医院为96.26%,中医类医院为98.00%,妇产科类医院为90.77%,儿科类医院为99.50%,其他专科医院为94.94%。

门急诊医保电子凭证使用率:市级医院急诊医保电子凭证全年平均使用率为21.15%。其中,综合性医院为26.63%,中医类医院为11.94%,妇产科类医院为26.50%,儿科类医院为16.87%,其他专科医院为17.52%。

信用就医使用率:市级医院信用就医全年平均使用率为4.76%。其中,综合性医院为4.08%,中医类医院为5.01%,妇产科类医院为11.14%,儿科类医院为3.53%,其他专科医院为5.62%。

电子出院小结上传率:市级医院电子出院小结全年平均上传率为75.44%。其中,综合性医院为83.28%,中医类医院为40.83%,妇产科类医院为85.54%,儿科类医院为100%,其他专科医院为50.30%。

智慧急救实时确认率:市级医院智慧急救全年平均实时确认率为62.02%。其中,综合性医院为62.00%,中医类医院为71.82%,妇产科类医院为82.83%,儿科类医院为44.92%,其他专科医院为56.45%。

线上核酸检测占比:市级医院线上核酸检测全年平均占比为13.97%。其中,综合性医院为15.43%,中医类医院为9.57%,妇产科类医院为14.59%,儿科类医院为18.10%,其他专科医院为10.66%。

3. 健康科普

第三届上海市级医院"市民健康科普宣传周"和"医院开放日"活动于2021年11月11日—17日采取全线上模式开展。活动期间,各市级医院参与申康中心组织的科普直播共39场次,在"申康科普周"健康科普公众平台共展播83个健康科普类视频和71个线上体验类视频,医务工作者参与健康科普宣教工作3 200余人次,累计吸引浏览量1 123万人次。

(本节数据来自35家市级医院统计)

(四) 上海市互联网医疗 2021 年发展报告

上海市互联网医院总平台为用户提供高效便捷、智能化的便民服务,覆盖了38家市级医院,包括预约挂号、在线咨询、寻医问药、新冠早筛、影像云胶片、报告查询、院内导航、互联网医院总入口、长三角精准预约、健康档案查询等便民服务,为市民提供便捷、统一的就医服务,是助力疫情防控的重要举措。

1. 总体情况

目前上海市已批准76家医疗机构的互联网医院资质,包括市级医院、区级医院、社区卫生中心和部分社会办医疗机构,总注册用户1 103万,其中外地注册用户占57.03%,在线医生19 157名,累计预约量8 178万人次。

2. 年度预约挂号情况

2021年预约挂号量545万人次，较去年同比增长14%，单笔完成时间5.8秒（2020年6.6秒）；人均预约2.91次（2020年2.53次）。

电话预约服务。60岁以上人群占比48.97%，达到了32万人次；51—60岁人群占比13.12%；41—50岁人群占比8.3%；31—40岁人群占比8.18%；21—30岁人群占比5.24%；11—20岁人群占比5.18%；0—10岁人群占比11.01%。

亲情账户功能。60岁以上人群和18岁以下人群为主要使用人群。其中，60岁以上老年人挂号154万次，18岁以下青少年挂号68万次。两类人群占预约总数的41%。

预约号源类型分布。专家号258万次，特需号101万次，专病号32万次，普通号154万。

3. 人工智能技术甄别黄牛

采用人工智能，创建智能甄别模型，助力打击黄牛。拦截恶意攻击1 437万次，封杀黄牛账号10 477个。

4. 实名认证

提供统一身份注册与实名认证服务共计700万次。其中，身份证认证占比84.85%，手机号认证14.61%，医联卡认证0.54%。

5. 互联互通提供便利

有效利用卫生资源，减少重复检查、缩短等候时间、切实减轻用户负担，38家市级医院于2019年11月1日率先实现部分医学检验报告和医院影像检查报告与图像的互联、互通、互认。

互认总量1 327万人次，同比增长66%。平均为每位用户减少检查项目3项，减少检查项目1项。互认项目总数为5 723万项，同比增长77%。

检验项目互认前三项。血液分析：834万项，肝功能：642万项，肾功能：586万项。

检查项目互认前三项。胸部CT平扫：334万项，胸部正位X摄片：124万项，肾尿管膀胱彩超：115万项。

6. 互联网医院惠及百姓

截至2021年底，线上市级医院36家，诊疗项目共计287个，服务医生3 068名。互联网诊疗服务达245万人次，咨询服务占比36.63%，诊疗服务占比63.37%；在线处方147万余张，医保患者占比61.84%，非医保患者占比38.16%；在线医疗费用达5 476万元，医保费用占比46.83%，非医保费用占比53.17%。

7. 年度用户行为偏好

（1）预约时间分布：周一、周二、周三为预约量高峰日，其中，周一预约最多，占总量16.72%。用户集中在上午9:00—11:00发起预约。

（2）预约分布渠道

移动端预约挂号已成为用户的首选，其中，微信预约占比65.85%；手机App预约占比15.90%；其余端口分别为网站预约占比7.08%，电话预约占比11.17%。

（3）用户人群分布

各省市籍贯挂号用户占比：上海60.79%，江苏9.93%，安徽6.84%，浙江5.20%，江西2.24%，河南2.17%，山东1.53%，湖北1.45%，黑龙江1.20%，四川1.10%，其他省市7.55%。

异地预约用户占比：异地预约用户占全部用户的39.21%，其中，长三角（除上海外）用户占总挂号用户的56.03%，占异地预约用户的211.97%。

用户年龄分布：60岁以上人群占比28.83%，51—60岁人群占比14.04%。41—50岁人群占比12.73%,31—40岁人群占比18.75%,21—30岁人群占比12.24%,11—20岁人群占比4.21%,0—10岁人群占比9.20%。

(本节数据来自《2021上海市级医院互联网总平台便民服务大数据报告》)

(五)医疗器械2021年发展报告

1. 医疗器械生产企业

2021年,本市共计有医疗器械生产企业1 045家,其中,持有有效《医疗器械生产许可证》企业713家,持有《医疗器械生产备案凭证》585家(部分企业同时有许可证和备案凭证)。

表13 2021年上海市医疗器械生产企业按产品分类数量

产品类别	有源	无菌	试剂	义齿	植入	软件
企业数量(家)	287	152	106	99	57	26
所占比例(%)	27.5	14.5	10.1	9.5	5.5	2.5

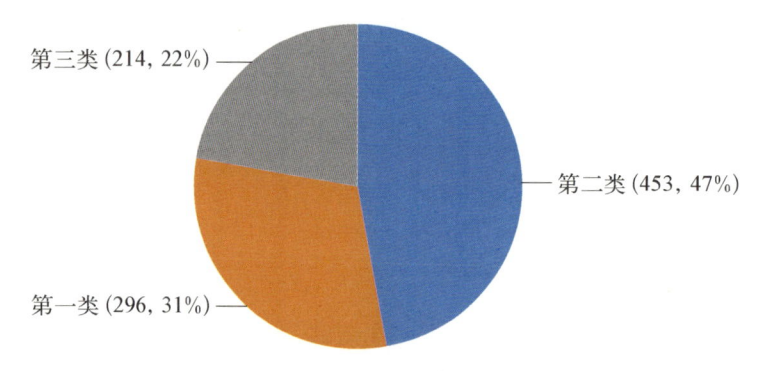

图44 2020年上海市医疗器械生产企业类别分布(单位:家)

注:跨类别企业分别统计在相关类别内

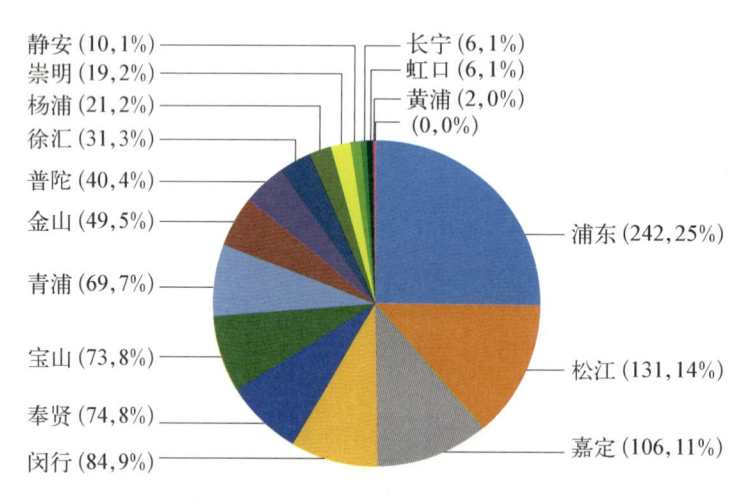

图45 2020年上海市医疗器械生产企业区域分布(单位:家)

截至2021年底,本市有效的《二类医疗器械产品注册证》共3 662项,取得有效《一类医疗器械备案凭证》的产品有7 239项。全年本市共办理一类产品备案1 243项,备案变更1 377项,取消备案321项。

表14　2021年上海市各区市场监管部门办理第一类医疗器械备案数量　　　　　　　　　（单位:项）

区　域	产品备案	备案变更	取消备案	区　域	产品备案	备案变更	取消备案
闵行	126	462	49	浦东	192	334	30
嘉定	221	47	29	奉贤	96	134	36
虹口	56	57	25	松江	84	75	34
宝山	292	103	10	青浦	51	108	38
金山	103	38	7	普陀	5	2	61
杨浦	6	4	1	崇明	0	0	0
静安	1	1	0	徐汇	7	12	1
黄浦	0	0	0	长宁	3	0	0
临港	0	0	0	合计	1 243	1 377	321

2. 医疗器械经营企业

2021年,本市共有医疗器械经营企业34 880家,其中,仅持有《第二类备案凭证》企业17 723家,仅持有《第三类经营许可证》企业2 661家,同时持有《医疗器械经营许可证》和《第二类备案凭证》企业14 496家。其中,医疗器械网络销售企业5 538家,医疗器械第三方平台企业31家。

表15　2021年上海市医疗器械经营企业各区域数量　　　　　　　　　　　　　　　　　（单位:家）

区　域	企业总数	持许可证兼备案凭证	仅持许可证	仅持备案凭证
浦东	6 044	1 448	552	4 044
临港	3	0	0	3
徐汇	1 143	283	131	729
长宁	898	174	130	594
普陀	1 109	348	77	684
虹口	728	165	106	457
杨浦	1 229	390	166	673
黄浦	658	137	108	413
静安	1 256	298	177	781
宝山	2 629	918	262	1 449

续　表

区　域	企业总数	持许可证兼备案凭证	仅持许可证	仅持备案凭证
闵行	2 225	395	315	1 515
嘉定	1 649	485	96	1 068
金山	4 490	2 843	100	1 547
松江	2 084	694	185	1 205
青浦	3 645	2 673	93	879
奉贤	4 055	2 585	108	1 362
崇明	1 035	660	55	320
合计	34 880	14 496	2 661	17 723

表16　2021年上海市各区医疗器械经营企业数量及类别　　　　（单位：家）

区域	分　类								
	无菌类	植入类	诊断试剂类	角膜接触镜	设备类	计划生育类	冷链类	性别鉴定类	其他
浦东	1 015	687	250	432	591	363	250	51	3 922
临港	0	0	0	0	0	0	0	0	2
徐汇	197	76	80	171	84	76	81	36	752
长宁	169	101	34	130	76	68	40	19	566
普陀	268	101	57	123	83	416	59	41	369
虹口	217	50	37	125	74	301	35	30	185
杨浦	302	148	91	151	152	273	94	70	522
黄浦	134	46	23	84	54	47	27	19	414
静安	238	100	49	164	92	222	46	35	689
宝山	570	380	178	254	299	657	171	109	937
闵行	318	88	112	259	82	265	107	24	1 426
嘉定	395	158	78	159	147	347	81	72	745
金山	944	1 153	304	90	601	135	282	203	2 536
松江	499	347	110	237	338	447	110	45	913
青浦	1 373	1 665	176	112	844	355	238	432	1 064
奉贤	962	1 453	218	115	764	136	202	453	1 763
崇明	355	411	79	64	281	89	91	89	383
合计	7 956	6 964	1 876	2 670	4 562	4 197	1 914	1 728	17 188

注：部分企业存在同时多个分类并存。

表 17　2021 年上海市各区医疗器械网络销售企业数分布　　　　　　　　　　　　　　　　（单位：家）

区域	生产(含经营)	仅生产	经营(许可兼备案)			经营(仅许可)			经营(仅备案)			企业总数
			批发	零售	批兼零	批发	零售	批兼零	批发	零售	批兼零	
浦东	13	0	17	99	17	3	256	19	70	625	82	1 195
临港	0	0	0	0	0	0	0	0	0	0	0	0
徐汇	0	0	1	25	2	0	103	1	4	112	7	255
长宁	0	0	1	13	6	0	83	4	4	128	8	248
普陀	1	0	2	115	9	1	31	6	4	127	9	304
虹口	0	0	0	14	2	0	82	1	2	76	5	182
杨浦	1	0	3	21	6	0	106	3	2	82	11	234
黄浦	0	0	0	10	5	1	43	2	3	69	2	135
静安	0	0	4	34	10	3	114	8	2	141	11	327
宝山	3	0	8	40	8	0	169	23	18	167	35	468
闵行	4	0	3	51	5	2	220	12	24	322	27	666
嘉定	6	3	5	92	6	0	29	4	20	169	12	340
金山	1	0	12	24	3	1	28	2	28	106	9	213
松江	8	1	9	31	5	3	74	9	18	309	37	497
奉贤	1	0	10	15	2	1	40	2	25	87	15	198
青浦	3	0	12	14	9	4	32	0	15	121	10	217
崇明	0	0	3	1	7	0	10	0	0	34	4	59
合计	41	4	90	599	102	19	1 420	96	239	2 675	284	5 538

3. 医疗器械产品注册审批、备案和注销

全年共完成第二类医疗器械注册相关事项的审批 2 534 项，其中，首次注册 330 项，延续注册 736 项，许可事项变更 272 项，登记事项变更 852 项，说明书变更告知及各类申请报告等事项 344 项。共办理第一类医疗器械备案 2 941 项，其中，首次备案 1 243 项，取消备案 321 项，备案变更 1 377 项。根据企业申请，共注销注册证 61 张。

4. 医疗器械生产企业许可

本市医疗器械生产企业开办许可 110 家次，变更 829 家次，延续 92 家次（见图 46）。

5. 医疗器械经营企业许可和注销

全年本市新增持《医疗器械经营许可证》企业 5 489 家，注销 4 570 家；新增持《第二类医疗器械经营备案凭证》企业 8 443 家，注销 1 634 家。

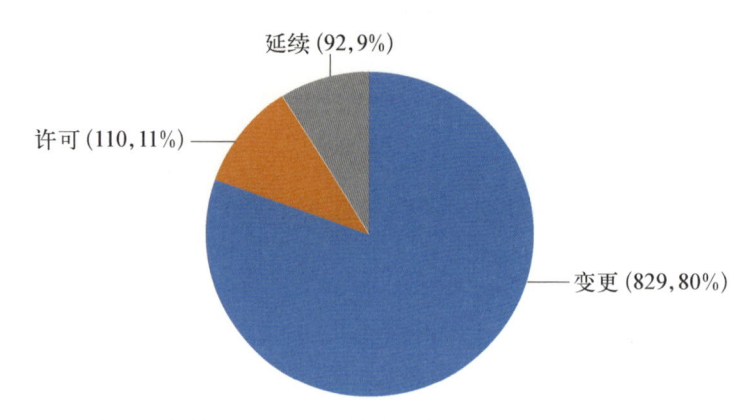

图 46 2021 年上海市第二、三类医疗器械生产企业行政许可审批占比（单位：家）

饼图：变更 (829, 80%)；许可 (110, 11%)；延续 (92, 9%)

表 18 2020 年上海市各区持有医疗器械经营许可证和备案凭证企业数 （单位：家）

区	医疗器械经营许可证									第二类医疗器械经营备案凭证							
	新开	延续	登记类变更	许可类变更	外区迁入	迁出本区	许可注销	过期注销	公告注销	新备案	登记类变更	许可类变更	外区迁入	迁出本区	补发	取消备案	公告注销备案
浦东	406	150	147	600	7	25	133	126	0	995	683	515	8	22	7	20	22
临港	1	0	0	1	1	0	0	0	0	2	2	1	1	0	0	0	0
徐汇	45	46	24	154	1	8	32	14	1	178	187	85	2	11	2	3	45
长宁	32	58	47	94	5	5	17	16	0	110	78	53	3	5	0	6	0
普陀	75	41	53	126	12	4	25	11	0	208	184	111	7	2	1	6	0
虹口	30	22	28	98	1	9	23	7	0	100	105	67	1	10	0	1	66
杨浦	69	75	33	153	0	8	38	33	6	167	182	126	4	8	0	4	85
黄浦	31	39	32	77	3	5	15	15	0	138	104	47	3	3	0	4	0
静安	63	60	47	150	0	4	42	20	3	225	125	93	4	0	0	6	47
宝山	375	56	87	314	18	11	116	29	0	639	308	225	20	9	5	28	0
闵行	171	81	87	170	10	2	49	21	1	521	235	121	14	2	2	14	44
嘉定	110	38	52	180	15	1	58	17	0	308	228	146	14	0	3	4	0
金山	1 152	280	179	849	4	11	1 021	98	2	1 476	469	415	6	13	11	312	0
松江	233	59	36	315	15	7	53	15	4	486	266	143	17	8	5	15	34
青浦	1 378	298	199	1 156	17	15	1 353	24	6	1 380	834	735	14	14	7	516	33
奉贤	1 100	152	134	798	15	21	837	128	2	1 254	514	465	8	19	8	246	19
崇明	218	32	43	237	13	9	148	11	0	256	128	88	13	10	3	40	14
合计	5 489	1 487	1 228	5 472	145	145	3 960	585	25	8 443	4 632	3 436	139	139	54	1 225	409

6. 医疗器械质量监督抽验

2021年,医疗器械抽样500件,完成检验486件,不合格15件,不合格率3.0%。

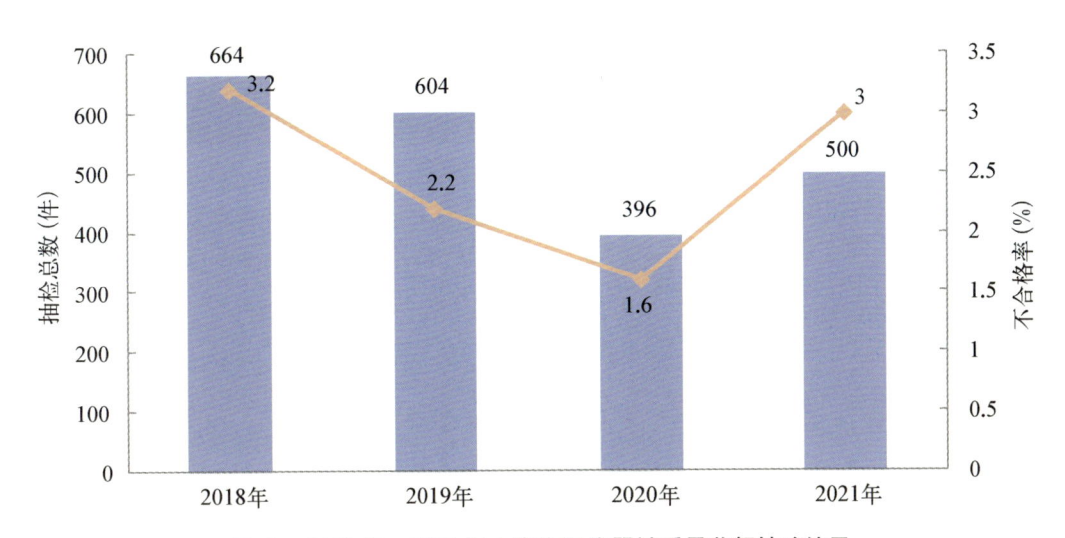

图47　2018年—2021年上海市医疗器械质量监督抽验结果

(本节数据取自《上海市药品监督管理局年报2021年度》)

(六) 药品 2021 年发展报告

1. 药品生产企业

2021年,本市持有《药品生产许可证》的企业共有203家(182个生产地址),涉及化学药、中成药等7类产品的生产,分布在上海市15个区。

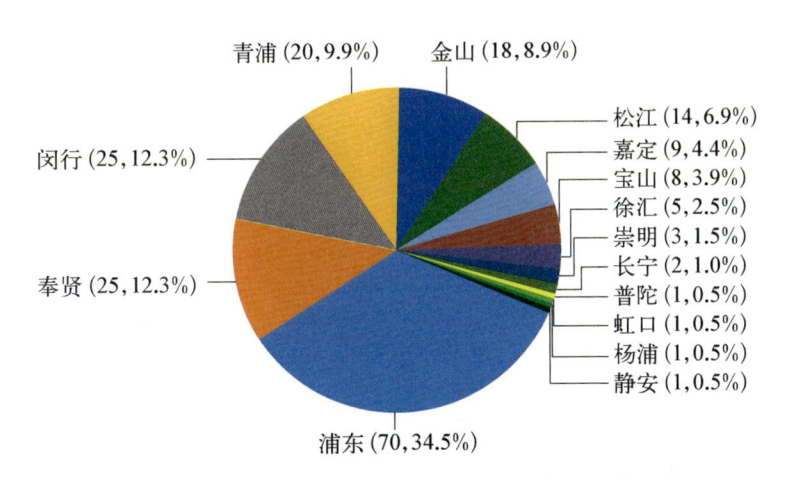

图48　2021年上海市持有药品生产许可证的企业类别分布
(部分企业可有多个生产类别)(单位:家)

2. 药品经营企业

2021年,本市共有药品经营企业4 608家,其中药品零售企业4 401家(单体药店328家,连锁门店4 012家,乙类OTC药柜61家),药品批发企业(含药品类体外诊断试剂专营企业)152家,药品连锁企业55家。

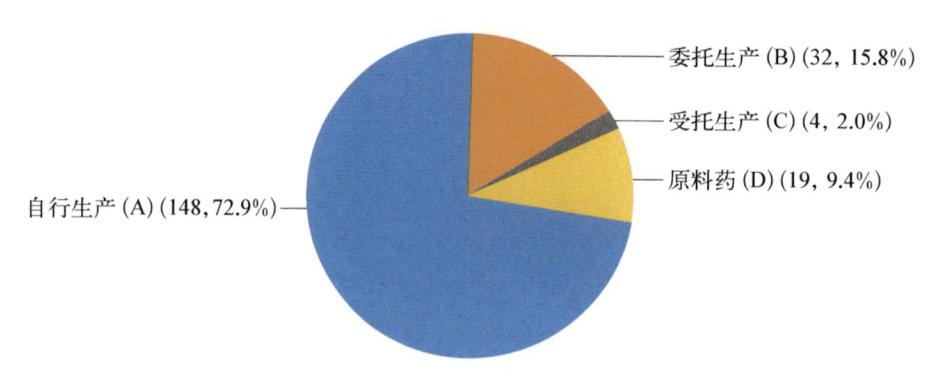

图49　2021年上海市药品上市许可证持有人区域分布(单位：家)

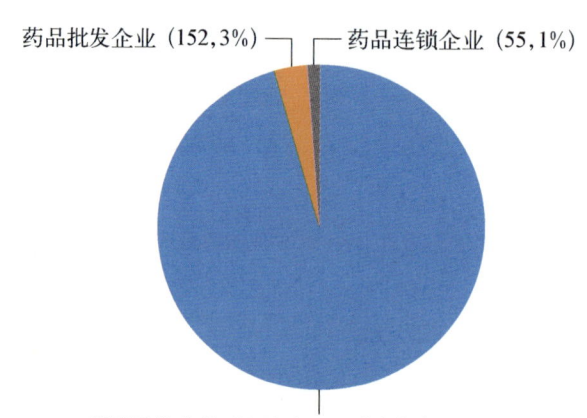

图50　2021年上海市药品经营企业类别分布(单位：家)

注："乙类OTC药柜"即仅经营乙类非处方药的药品零售企业，下同。

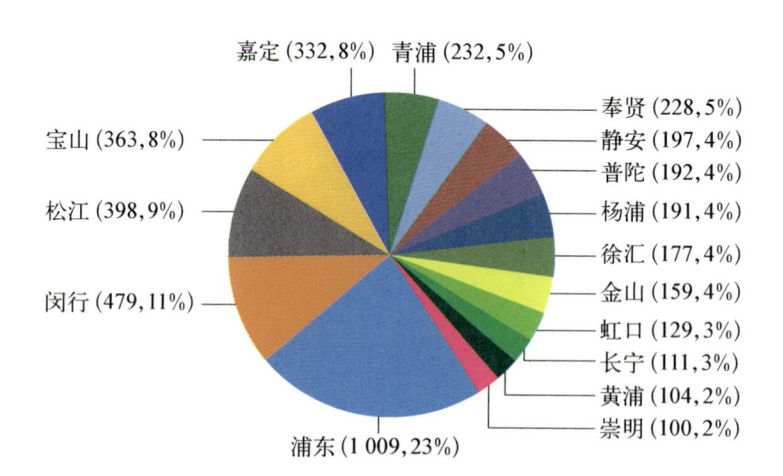

图51　2021年上海市药品零售企业区域分布(含乙类OTC药柜)(单位：家)

3. 医疗机构制剂室

本市共有医疗机构制剂室13家，分布于本市9个区，由二、三级医院构成。

4. 药物研究机构

本市共有药物临床试验机构65家，药物非临床安全性评价研究机构8家。

5. 药用辅料及药包材生产企业

本市共有药用辅料生产企业24家，涉及26个生产地址。

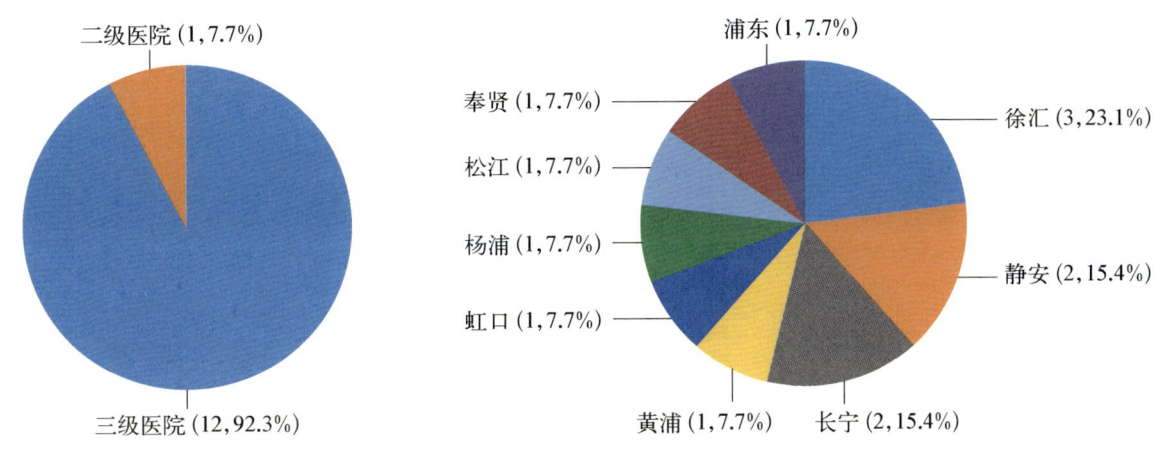

图 52　2021 年上海市医疗机构制剂室各级医院占比（单位：家）

图 53　2021 年上海市医疗机构制剂室区域分布（单位：家）

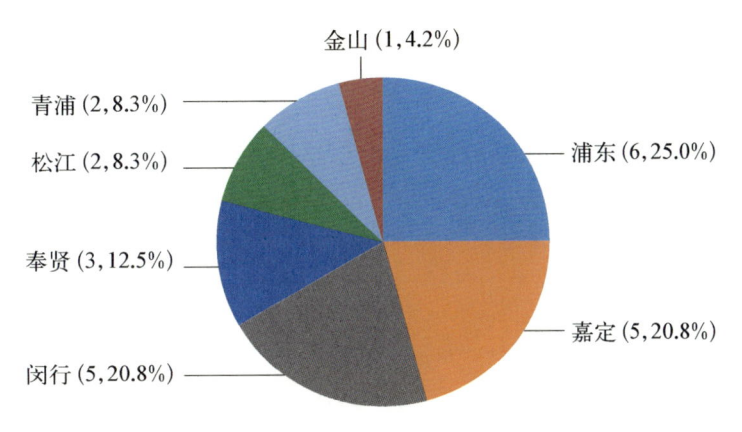

图 54　2021 年上海市药品包装材料生产企业区域分布（单位：家）

2021 年，本市共有药品包装材料生产企业 47 家，涉及 52 个生产地址。

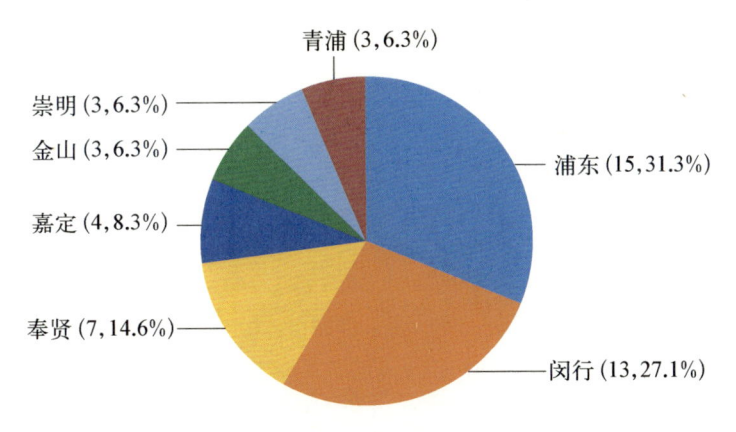

图 55　2021 年上海市药品包装材料生产企业区域分布（单位：家）

6. 特殊药品生产经营企业

2021 年，本市共有特殊药品（包括含特殊药品）生产企业 48 家，涉及 7 个区，特殊药品经营企业 154 家，覆盖本市 16 个区。

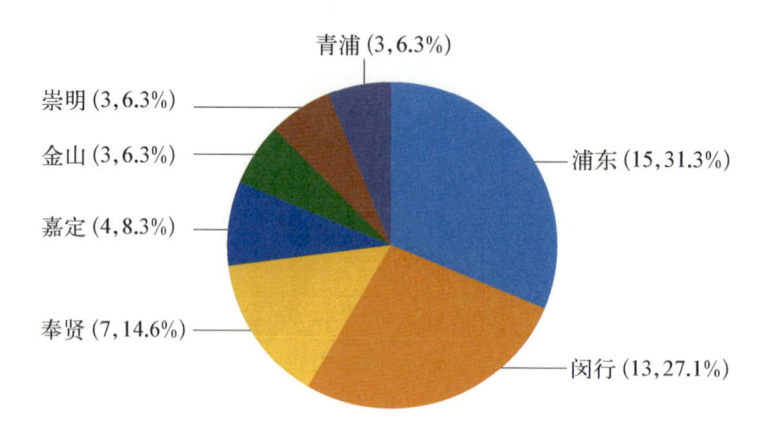

图 56　2021年上海市特殊药品生产企业区域分布（单位：家）

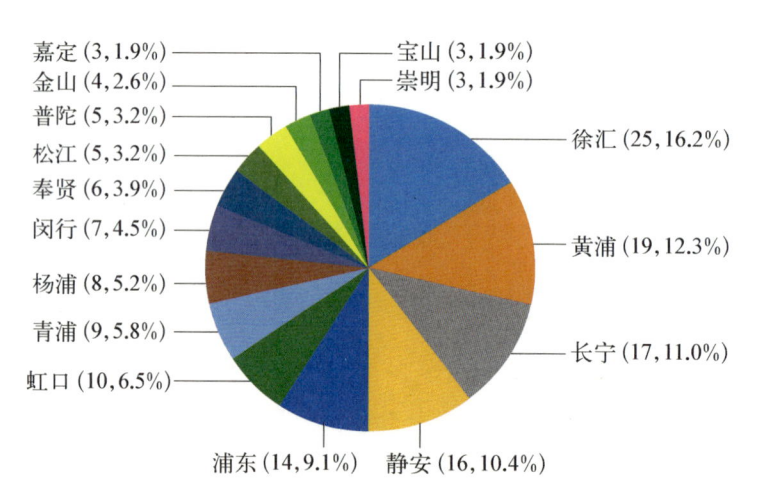

图 57　2021年上海市特殊药品经营企业区域分布（单位：家）

7. 药品与医疗机构制剂受理及批准情况

2021年，受理药品注册申请519件（以受理号计），其中，省局备案的药品上市后变更申请350件，受理再注册申请169件。对持有人药品注册批准证明文件及其附件载明的生产场地或生产企业的变更信息进行更新25件。本市获批上市药品51个（以品规计）。

全年批准医疗机构制剂情况。

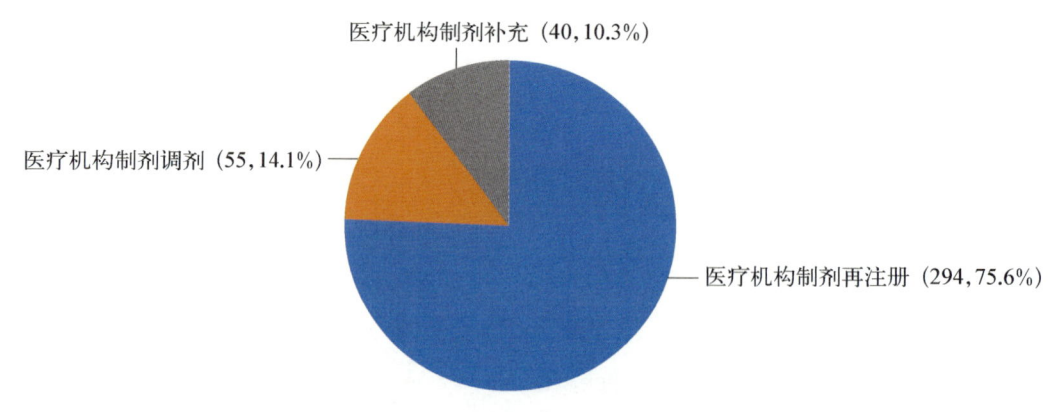

图 58　2021年上海市医疗机构制剂各类行政许可审批占比（单位：件）

8. 药品生产及特药管理相关行政许可

2021年本市药品生产及特药管理领域相关行政许可审批项目。

表19　2021年上海市药品生产及特药管理领域相关行政许可审批项目汇总表

序　号	行政审批项目	数量(件)
1	药品生产企业新开办	22
2	《药品生产许可证》变更	320
3	放射性药品生产、经营许可证重新审查发证	2
4	核发《医疗机构放射性药品使用许可证》、电子备案	20
5	医疗机构制剂委托配制	83
6	医疗机构制剂室新开办	0
7	《医疗机构制剂许可证》变更	9
8	药品类易制毒化学品购用证明	18
9	咖啡因购用证明(业外)	26
10	蛋白同化制剂、肽类激素出口证明	64
11	蛋白同化制剂、肽类激素进口证明	67
12	科研教学用麻醉药品、精神药品标准品(含对照品)、医疗用毒性药品购用证明	63
13	麻醉药品、第一类精神药品原料药需用计划、第二类精神药品原料药生产计划和麻醉药品、第一类精神药品收购计划初审	7
14	使用第二类精神药品原料药备案	37
15	变更药品批发企业特殊药品定点经营范围、变更仓库	4
16	第二类精神药品定点批件、美沙酮配制定点批件	1
17	出口欧盟原料药证明文件	6

2021年本市药品流通领域相关行政许可审批情况。

表20　2021年上海市药品流通领域相关行政许可审批情况汇总表

序　号	行政审批项目	数量(件)
1	药品零售连锁企业新开办许可	6
2	药品零售企业新开办许可	615
3	药品批发企业重组许可	1

续 表

序 号	行政审批项目	数量（件）
4	药品批发企业换证许可	5
5	药品批发企业许可证变更许可	134
6	药品零售连锁企业许可证换证许可	2
7	药品零售连锁企业许可证变更许可	40
8	药品零售企业许可证注销	302
9	药品类体外诊断试剂批发企业新开办许可	2
10	互联网药品信息服务许可	518
11	药品批发企业新开办许可	1

9. 药品质量抽验情况

2021全年完成药品抽检11 092件，不合格32件，合格率99.7%。其中，在生产环节抽检2 203件，不合格2件，合格率99.9%；经营环节抽检4 565件，不合格15件，合格率99.7%；使用环节抽检4 042件，不合格15件，合格率99.6%；医院制剂抽检282件，合格率100%。抽样的药品中，原辅料以及药包材抽检554件，不合格1件，合格率99.8%；化学药抽检5 312件，不合格6件，合格率99.9%；中成药抽检2 989件，不合格5件，合格率99.8%；中药材和饮片抽检1 869件，不合格19件，合格率99.0%；生物制品抽检368件，不合格1件，合格率99.7%。

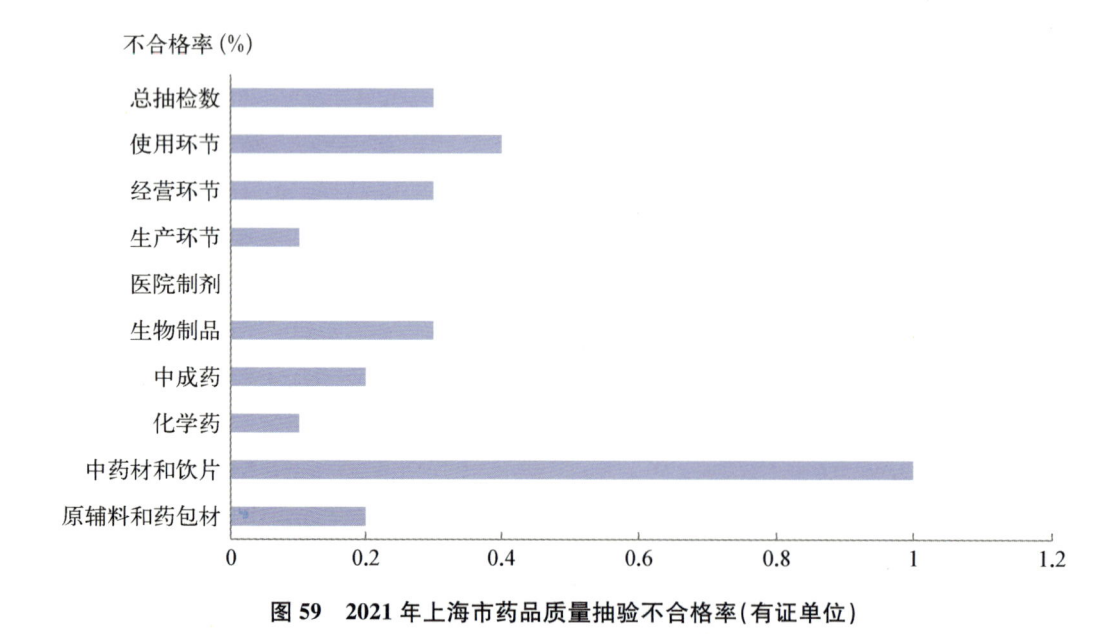

图59 2021年上海市药品质量抽验不合格率（有证单位）

（本节数据取自《上海市药品监督管理局年报2020年度》）

（医疗服务专委会供稿　撰稿人：徐梁）

经济产业园区与现代服务业专题报告

一、中国（上海）自由贸易试验区临港新片区2021年发展报告

（一）园区概述

2018年11月4日，习近平总书记在首届中国国际进口博览会开幕式上宣布增设上海自由贸易试验区新片区。2019年8月6日，国务院印发《中国（上海）自由贸易试验区临港新片区总体方案》。2019年8月20日，中国（上海）自由贸易试验区临港新片区正式挂牌成立。

1. 临港概貌

临港新片区规划范围为上海大治河以南、金汇港以东以及小洋山岛、浦东国际机场南侧区域，总面积873平方千米。其中，产城融合区范围为431平方千米，按照"一带三核、三廊九片"的远景空间结构和"整体规划、分步实施"的原则开发建设，重点构建由滴水湖核心带、沿海发展带和洋山特殊综合保税区、前沿科技产业区、综合产业区、新兴产业区组成的"一核一带四区"功能布局。

到2025年，临港新片区将建立比较成熟的投资贸易自由化、便利化制度体系，打造一批更高开放度的功能型平台，集聚一批世界一流企业，区域创造力和竞争力显著增强，经济实力和经济总量大幅跃升。到2035年，建成具有较强国际市场影响力和竞争力的特殊经济功能区，形成更加成熟定型的制度成果，打造全球高端资源要素配置的核心功能，成为中国深度融入经济全球化的重要载体。

2. 区域规划

临港是一座典型的海港城市，依海而建，因港而兴。2002年，德国GMP公司参与了临港的规划设计，给出了一个将经典与时尚融合的理念：一滴水从天而降，泛起层层涟漪形成功能各异的城市环带。从一张草图开始，临港这座城市逐步发展繁荣。

国际创新协同区规划范围约10.3平方千米。该区域由科技创新城社区、顶尖科学家社区、科创总部湾和未来城等组成。围绕前沿产业和科技变革提升基础研究和创新策源能力，加强产业创新平台孵化转化和全球跨境研发、跨境技术贸易服务功能，聚焦集成电路、人工智能、新能源、新材料、智慧海洋等前沿科技产业，和工业互联网、5G、云计算、大数据、信息安全及科技成果转化服务。目前，在建物业体量超过200万平方米，已有360余家实体企业、6家功能性科创平台，5 000多名科技人员入驻。未来，将进一步突出以制度创新为引领，数字经济加快赋能实体经济，构建开放创新连接全球的产业创新聚源地。

现代服务业开放区规划面积19.67平方千米，着重发展现代服务业。未来，现代服务业开放区

将作为临港新片区的中央活动区,承载新型贸易、跨境金融、总部经济、航运服务等功能,构建文化艺术岛、金融创新功能区、中央商务区、跨境国际贸易与国际社区、国际信息产业集聚区及配套产业服务区等在内的"一岛五区"空间布局,为新片区乃至全市提供文化博览、休闲娱乐、创新创意、旅游观光功能。高品质文旅宜居区规划面积8.6平方千米,集聚"站城一体化"核心区域并配套大量居住社区和社区中心,布局上海海昌海洋公园、冰雪世界等旅游地标。未来将打造一座具有全球影响力、竞争力、美誉度的国际消费中心城市的主要承载区,和凸显商、文、体、旅、居等复合功能的世界级文体旅游目的地。

洋山特殊综合保税区规划面积25.31平方千米,于2020年5月16日正式揭牌,是我国众多海关特殊监管区域中唯一的特殊综合保税区。包括芦潮港区域、小洋山岛区域、浦东机场南部区域。洋山特殊综合保税区实行具有国际竞争力的贸易便利化、自由化监管制度。境外货物入区保税或免税,货物出区进入境内区外销售按进口办理报关手续,境内区外货物入区视同出口实行退税,区内企业之间的货物交易免征增值税和消费税;一线对于不涉证、不涉检的货物径予放行,在二线核验监管证件;区内货物免于海关账册管理,免于手册核销、单耗管理等海关常规监管;二线进出由区内外企业双侧申报制度改为区外企业单侧申报;并实行特殊的海关统计方式。区内企业可依法开展物流仓储、中转集拼、展示交易、分销配送、研发制造、检测维修再制造等业务。

自揭牌成立以来,临港新片区已经积累了丰富的产业基础,初步形成了新能源装备、海洋工程、智能制造、生物医药、人工智能等一些骨干企业,集聚了一批国内外行业领军企业,实现了一系列国家重大技术突破,诞生了一批世界之最、全国第一的技术和产品。

(二) 园区现代服务业概况

1. 新型国际贸易

概要介绍:临港新片区已集聚一批重点企业项目,已具有外贸转型发展基地、服务贸易创新基地等多项功能载体,通过搭建研发、检测、销售、信息、培训等公共服务平台,促进各类创新要素在基地内优化整合。截至2021年底,数字贸易交易促进平台临港新片区分站已累计入驻数字贸易典型企业19家,数字贸易相关平台13个,数字贸易产品51个。

相关政策:围绕新型国际贸易的新业态集聚发展,研究出台《中国(上海)自由贸易试验区临港新片区促进离岸贸易高质量发展的若干措施》《关于在上海自由贸易试验区临港新片区等部分区域开展跨境贸易投资高水平开放试点的通知》《临港新片区新型国际贸易发展"十四五"规划》等政策和规划,率先启动支持离岸贸易高质量发展行动方案,全面建设临港新片区离岸贸易创新发展实践区。打造一批以产业链为纽带,主题特色鲜明,优势互补、协作共赢的外贸企业聚集群。

长远目标:依托新片区高标准的贸易自由化,大力发展离岸贸易、跨境电商、数字贸易等新型国际贸易,打造亚太供应链管理中心和服务贸易新高地。

2. 跨境金融

概要介绍:汇华理财、汇丰金科等多个全国"首家"项目先后落户,广发银行上海自贸试验区分行、中信银行临港新片区支行等19家商业银行入驻临港新片区并设立分支机构。截至2021年底,共落地金融和贸易项目367个,注册资本2 015亿元,同比均增长超50%。滴水湖金融湾作为新片区跨境金融总部集聚、金融业务创新的核心承载区,其集聚效应正在逐步显现。

相关政策:围绕跨境金融的新业态集聚发展,《中国(上海)自由贸易试验区临港新片区支持金融业创新发展的若干措施》《全面推进中国(上海)自由贸易试验区临港新片区金融开放与创新发展的若干措施》《关于进一步加快上海国际金融中心建设和金融支持长三角一体化发展的意见》《加快建设跨境资产管理示范区的若干措施》等相继出台，先行先试优质企业跨境人民币结算便利化、境内贸易融资资产跨境转让等创新举措，试点推广取消外商直接投资人民币资本金专户、推进临港集团基础设施领域不动产投资信托基金（REITs），以跨境金融、新型国际贸易为重点的"2＋X"现代服务业体系已逐步形成。

长远目标：衔接国际标准，推动金融制度、业务与产品创新，大力提升跨境金融服务能力，有序探索资本项目开放，打造具有较强影响力的金融开放创新试验区和国际金融服务区。

3. 高能级航运

概要介绍：集聚中谷物流、瑞泽集团、中远物流、达飞物流、东航集团、东方海外、中电投铝业、远行供应链、马士基航运、德国贝仕、梅特勒托利多、环世捷运、鑫裕盛船舶等重点企业。2021年期间，新增登记注册及迁入航运物流企业124家，累计注册资本458亿元。洋山港国际中转和集拼箱量达到394万标箱，同比增长13％。加快培育国际中转集拼、保税船供、保税维修检测、绿色再制造、跨境电商等功能，强化航运能级建设。

相关政策：《中国（上海）自由贸易试验区临港新片区总体方案》提出，临港新片区将实施高度开放的国际运输管理，提升拓展全球枢纽港功能和建设高能级全球航运枢纽；将拓展跨境金融服务功能，加快发展飞机、船舶等融资租赁业务。《关于进一步加快上海国际金融中心建设和金融支持长三角一体化发展的意见》明确，鼓励金融机构按照市场化原则为临港新片区内高新技术产业、航运业等重点领域发展提供长期信贷资金、支持重大科技创新和研发项目。海关监管便利化、船舶保税燃油加注等具体措施落地落细。

长远目标：拓展提升海空国际枢纽港功能，建设区域性航空总部基地和国际领先的航运物流中心，增强全球航运资源配置能力和航运服务功能。

4. 科技创新服务

概要介绍：顶尖科学家实验室、亚太台风研究中心等重要研究机构落地进驻。特斯拉、三一重工、华大积塔、电气核电、安恒信息等一批重点企业建成打通上下游、产业链、创新链的企业级研发中心。国家级高新技术企业2021年实现倍增，在有效认定期内的高企数量超过900家，创晶科技中心、创新魔坊等100多万方的研发大楼投入使用，近7万方孵化载体空间实现在孵企业409家。累计14个创新研发平台"面向产业创新需求，促进科创资源开放协同"作用逐步凸显，2021年累计引进核心团队35个、领军人才38人、国内外一流人才133人、平台人数近千人，运营科创项目166个，实现孵化科技企业13家。

相关政策：《中国（上海）自由贸易试验区临港新片区科技创新型平台管理办法（试行）》《中国（上海）自由贸易试验区临港新片区高新产业和科技创新专项实施细则（2020版）》《中国（上海）自由贸易试验区临港新片区提升科技创新策源能力建设若干政策》等政策相继出台，多链条布局、点线面成网的产业发展与科技创新政策架构逐步完善，临港新片区科技创新"十四五"规划编制完成，"1＋4＋X"的产业政策体系快速迭代。

长远目标：全力打造国际科技创新策源地，积极承接国家和本市重大科技战略任务，加速集聚全球优质创新资源。

5. 商业文化体育旅游

相关政策：落实《中国（上海）自由贸易试验区临港新片区促进商业发展若干政策》，支持社区农贸市场、基本商业配套建设，解决居民日常生活需要，提升居民生活便利度。支持引入各能级、高品质品牌商业，助力临港新片区商业能级提升。

落实《中国(上海)自由贸易试验区临港新片区促进文化产业发展若干政策》，支持临港新片区范围内影视、演艺、直播、数字文化、艺术品、创意设计、出版、文化装备制造等文化产业发展，促进文化与旅游、体育、科技、商业、金融、贸易等产业的融合发展。

落实《中国(上海)自由贸易试验区临港新片区促进旅游及体育产业高品质发展若干政策》，支持工商注册地、实际经营地和财税户管地在临港新片区产城融合区的旅游、体育产业领域企业、机构和与之相关的配套服务企业、机构，以及经认定后可列入支持范围的与旅游、体育产业相关的重大项目和品牌活动。

长远目标：参照《中国(上海)自由贸易试验区临港新片区"十四五"商业发展专项规划》《中国(上海)自由贸易试验区临港新片区"十四五"文体旅产业发展专项规划》等规划，推动形成"一核、一带、一网、多组团"的文体旅产业空间结构和商业体系空间布局。

6. 法律服务业

概要介绍：推动香港国际仲裁中心在临港新片区设立业务机构、英国鸿鹄律师事务所在临港新片区设立首个外资律所代表处，推进金杜律师事务所等项目，临港新片区法律服务中心已签约法律服务机构34家。

相关政策：为促进临港新片区集聚境内外知名法律服务机构和高端法律服务人才，研究出台《中国(上海)自由贸易试验区临港新片区促进法律服务业发展若干政策》，支持境内外仲裁机构、调解机构等争议解决机构在临港新片区设立的业务机构，支持律师事务所、公证、司法鉴定、域外法律查明等法律服务组织或机构，支持其他有利于临港新片区法律服务业国际化或加强国际法律合作交流的组织或机构。

(三) 2021年园区发展概况

1. 经济保持快速发展态势

2021年，临港新片区规模以上工业总产值完成2 642.3亿元，比去年同期增长72.7%。全社会固定资产投资增长62%，其中，产业项目投资完成513.1亿元，增长53.4%。第三产业营业总收入完成2 724.8亿元，增长49.1%，其中，规模以上服务业营业收入完成369.7亿元，增长23.8%，限额以上商品销售额完成1 954.8亿元，增长52.6%。税收收入完成349.9亿元，增长29%。

2. 开放型政策制度体系不断完善

《总体方案》分解出的78项任务已完成90%，特殊支持政策80项任务基本完成，累计发布210余份政策文件，形成典型创新案例63个，全面系统集成改革创新的成效逐步显现。认真落实《市委、市政府关于支持临港新片区自主发展自主改革自主创新的若干意见》，牵头起草《临港新片区条例(草案)》，协同浦东新区落实《中共中央国务院关于支持浦东新区高水平改革开放，打造社会主义现代化建设引领区的意见》《上海市推进浦东新区高水平改革开放打造社会主义现代化建设引领区行动方案》《浦东新区推进高水平改革开放打造社会主义现代化建设引领区实施方案》。

3. 规划体系"四梁八柱"基本建立

新片区成立以来第一个五年规划《临港新片区发展"十四五"规划》发布，编制形成人才发展、数字化发展等16个专项规划。制定《南汇新城"十四五"规划建设行动方案》，编制《南汇新城高品质建设导则》，为全面打造独立综合性节点滨海城市提供规划保障。国土空间总体规划编制完成，滴水湖核心片区等单元规划启动公示，奉贤园区南扩等19个区域控详规划编制完成，现代服务业开放区枢纽TOD地区、国际创新协同区顶科社区西片区完成深化城市设计。

4. 科技创新策源功能持续增强

成功举办第四届顶尖科学家论坛，推进"1+4"的顶尖科学家事业集群，启动国际创新协同区建设，设立世界顶尖科学大奖，顶尖科学家实验室、基金会等入驻新片区。新增认定8家科技创新型平台，国际台风专业研究机构"亚太台风研究中心"揭牌，复旦临港产业化创新平台、朱光亚战略科技研究院等首批科创平台入驻创新魔坊，北京大学临港新片区国际创新中心在临港落地，科创平台"虹吸效应"不断显现。成功举办国际智能投研大会、世界人工智能开发者大会，年内有效期内高企数量达844家，增速排名全市前列。

5. 前沿产业和现代服务业集群逐步形成

发挥前沿产业引领作用，打响"数联智造"特色品牌，"信息飞鱼""海洋创新园"纳入上海市第二批特色产业园名单。中芯国际、宁德时代、延锋汽车、康明斯、思朗科技、芯原股份、亚盛医药等一批项目签约落地，华领糖尿病创新药平台、中芯东方临港12英寸晶圆代工生产线、铸韬智能网联汽车等一批项目开工建设。积极发展"五型经济"，提高全球要素资源配置能力。中建资本、瑞信证券、太保基金、毅峰资本、葛兰素史克等代表性企业落地，首期规模300亿元的道禾资产配置基金成立，累计注册与签约基金总规模超2710亿元。滴水湖金融湾扩区项目完成土地出让，中银西岛金融中心开工建设。首批认定6家总部型企业，梦饷集团、威富集团等总部项目落地。上海证监局支持服务临港新片区领导小组办公室、上交所临港新片区资本市场服务基地揭牌。

6. 高能级全球航运枢纽功能加快培育

2021年1月20日，洋山特殊综合保税区（二期）顺利完成封关验收，三期扩区正在全力推进中，洋山特殊综合保税区功能持续提升。一是围绕航运物流、大宗商品贸易、高新科技产业、平台型经济产业等重点领域加强招商引资，2021年，新增落地项目750个，比去年增长超300%；全年累计新增企业注册资本金1025亿元，增长超500%。二是发挥港口枢纽功能，丰富功能业态，推动在洋山特殊综合保税区成立"洋山国际中转集拼服务中心"，实现近、远洋航线直接在口岸分拨；推动设立上海港东北亚空箱调运中心，缓解由于空箱不足对国际中转集拼业务的影响，提升港航物流资源配置能力和港口航运综合服务水平。三是拓展保税维修业务，推动船用发动机跨港维修试点扩大业务范围和规模，推进跨境维修规模化运作；推动璞擎电子（AST）二手电脑保税维修业务落地实现量产运营，首期25万台产能正式上线。四是培育跨境电商新业态，推动1210新模式在上海落地，推动新蛋网、邮瞬通等一批跨境电商企业利用制度型开放优势培育新发展动能。2021年，洋山港集装箱吞吐量达2281.3万标箱，洋山特殊综合保税区实现区域经营总收入增长66%，其中，货物贸易进出口总额达1758.8亿元，实现限额以上商品销售总额增长52.6%。

7. 南汇新城建设高标准推进

制定《南汇新城高品质城市建设导则》，加快推进上中东校高中部、临港青少年活动中心和21所公建配套学校建设。积极引进优质教育资源，与上海交通大学、华东师范大学、上海师范大学签署战略合作协议。推进上海师范大学附属浦东临港中小学、建平临港中学、上海中学国际部临港教学点高起点开办。市六院东院整建制并入市六医院，实施六院东院二期改扩建项目。引进熙康医院落户临港奉贤园区。推进2个社区卫生服务中心、芦潮港养老院、万祥社区文化中心及4个公共服务设施建设。成立上海市第六人民医院—临新片区紧密型健康联合体和临港新片区教育发展联盟。两港大道快速路、S2公路海港大道立交、申港大道改建工程等项目完工并顺利通车，累计完工新改建道路45千米；长空路（云水路—新元南路）等项目开工，累计开工新改建道路28千米。上海天文馆正式开馆，星空之境海绵公园开园，北岛水上乐园运营，工业旅游线路拓展至22条，累计接待游客633.5万人次。新增生鲜超市及便利店、自动售货机、流动餐车等社区商业网点约61个。

8. 优化营商环境跑出"加速度"

在全国率先实施商事主体登记确认制＋企业名称申报承诺制,实行"一业一证"＋"证照联办"的准入准营高效办理模式,推出首批10项"一业一证"行业综合许可和63项"证照联办"涉企经营事项。实施"即申即准"便利化举措,归集12项简易登记办理事项。设立市场化运行的知识产权维权互助基金,建立专利快审通道。全年完成企业注册22 508户(其中含外资629户),注册资本金4 063.7亿元。

9. 各类人才吸引力不断提高

户籍、居住证政策效应显现,人才引进落户4 363人(含随调迁),办理居住证积分核定8 679人,合计13 042人,为2020年全年的3.1倍。全方位培养用好人才,推荐申报40人成功入选国家级、市级高层次人才计划。办理最长5年居留许可106人,推荐办理永居28人,20人取得永久居留身份证。发放购房资格确认函8 867份,新增供应公租房2 247套,新增开工各类住房面积400万平方米,新增达供应条件的各类住房2.1万套。

(四) 2021年园区发展特征

1. 重大事件

1月4日,临港新片区10个产业项目参加全市重点产业项目集中开工仪式,涵盖生物医药、集成电路、人工智能、新能源汽车、航空航天等产业领域,总投资超300亿元。

1月20日,洋山特殊综合保税区实现全域封关验收,20个涉及高端航运服务、民用航空、大宗商品、生鲜冷链、跨境电商、融资租赁等业态的重点项目落户洋山特殊综保区,总投资约105亿元。

1月30日,国际创新协同区"科创总部湾"首批项目集中开工,共有7个地块,总占地面积约8.5万平方米,总投资约72亿元。

2月3日,临港新片区2021年生物医药产业项目集中签约,共15个项目,涵盖创新生物药、重点疫苗、高端医疗器械、CRO/CDMO服务等多个领域,总投资超150亿元。

3月20日,2021年临港新片区招商宣介暨首批城市功能项目签约活动举行,涵盖教育、医疗、生态、商文体旅四大类共计12个城市功能性项目正式签约,投资额约185.5亿元。

3月28日,2021年临港新片区城市建设项目集中开工仪式暨国际创新协同区世界顶尖科学家论坛会址开工仪式举行,共9个项目集中开工,总面积121万平方米,总投资160亿元。

4月28日,临港新片区举行"数联智造"数字经济发展推介活动,启动上海(临港新片区)国际互联网数据专用通道,共10家数字经济产业重大项目签约,涵盖新一代信息基础设施、5G通信、文化数据、信息安全、智慧教育等多个领域,总投资超180亿元。

5月21日,"造车进临港"——2021临港新片区智能新能源汽车产业项目集中签约暨产业发展研讨活动举行,18家智能新能源汽车产业项目落地临港,涵盖汽车整车、汽车芯片、自动驾驶系统、汽车内饰、车身、新材料、检验检测、氢燃料汽车核心零部件、精密加工等多个领域,总投资超160亿元。

6月8日,临港新片区"1+3+1"离岸贸易平台体系正式启动,离岸贸易创新发展实践区、离岸贸易监测中心、离岸贸易服务中心、离岸贸易创新发展研究基地四大平台揭牌,临港离岸贸易与国际金融服务平台上线。

6月18日,首期规模300亿元的上海临港新片区道禾资产配置基金成立启动。

6月20日,临港新片区第二季度建设工程集中开工(奠基),共有12个项目,总建筑面积160万平方米,总投资224亿元。

7月17日,上海天文馆(上海科技馆分馆)开馆,7月18日起正式向公众开放。

8月10日,上海港东北亚空箱调运中心签约暨揭牌仪式在临港新片区举行。

8月16日,临港新片区31个代表项目竣工启运,首批科技创新功能平台集中入驻创新魔坊。

8月17日,临港新片区成立两周年项目集中签约活动举行,共42个项目,总投资近280亿元,涵盖集成电路、高端装备制造、生物医药等前沿产业领域,以及新型国际贸易、跨境金融服务、现代航运服务和商文体旅等现代服务业领域。

8月18日,上海市政府举办新闻发布会,介绍临港新片区成立两年以来改革创新总体情况,发布《关于支持中国(上海)自由贸易试验区临港新片区自主发展自主改革自主创新的若干意见》。

8月18日,临港新片区两周年项目集中开工仪式举行,共24个项目,总建筑面积约328.1万平方米,总投资496.9亿元,涵盖住宅、仓储物流、产业、市政交通、社会民生、商办项目、生态项目等各类别。

9月27日,临港新片区管委会与浦东新区政府、奉贤区政府分别签署合作协议,有效叠加放大浦东新区社会主义现代化建设引领区和临港新片区两大国家战略效应,推动改革开放联动、创新发展协同。

9月27日,2021滴水湖产业投资者大会举办,吸引了近60家知名股权投资基金管理机构参加,18家基金现场签约,总资金规模超过587亿元。

10月13日,2021年上海国际生物医药产业周临港新片区分论坛暨生物医药集中签约仪式举行,24个生物医药产业重点项目落地临港新片区,总投资147亿元。

11月1日,临港新片区举行国际创新协同区全面启动仪式,区域规划总面积约6.95平方千米,分为科创总部湾、顶尖科学家社区和科技创新城社区三个板块。

第四届世界顶尖科学家论坛开幕,包括68位诺贝尔奖得主在内的131位世界顶尖科学奖项获得者、数十位中国两院院士、132位各国顶尖青年科学家、各界嘉宾代表和百位"小科学家"代表参会。论坛宣布创设"世界顶尖科学家协会奖",首设"数学与智能科学奖"和"医学与生命科学奖"两个单项奖,每年评选一次,每个单项奖奖励金额为1 000万元。

11月6日,临港新片区重点企业落地签约仪式在第四届中国国际进口博览会贸易投资对接会主舞台举行,一批高能级总部项目、产业项目签约,总投资65亿元,行业领域覆盖先进农业、智能制造、航空、生物医药、半导体等。

11月9日,世界顶尖科学家论坛永久会址投运倒计时一周年启动暨项目结构完成仪式举行。

11月16日,临港新片区举行产教融合基地授牌暨项目签约仪式,临港新片区国家产教融合试点核心区建设市区协同推进机制同步发布。

"中国人民银行上海总部支持临港新片区领导小组办公室"在临港新片区揭牌,并举行《临港新片区管委会与外汇局上海市分局跨境资金流动数据信息交流合作协议》及《临港新片区管委会与新片区银行绿色金融合作协议》签约仪式。

12月13日,临港新片区管委会与交银金融租赁有限责任公司签约,国内首单自贸区SPV跨境设备租赁创新项目落地临港新片区。

12月20日,国家(上海)新型互联网交换中心在临港新片区揭牌并正式启动运营。

12月27日,"上海银保监局支持服务临港新片区领导小组办公室"揭牌。

2. 创新案例

(1) 强化竞争政策试点

着力推进竞争政策试点，规范公平竞争审查流程；建立面向各类市场主体的有违公平竞争的投诉举报和处理回应机制；加强公正监管，构建完善竞争政策实施体系；试点经营者集中反垄断审查，开展国际竞争政策和临港新片区市场状况研究。

相关成果：依托改革创新优势，临港新片区完善了公平竞争框架体系，充实了竞争政策实施工具。在前期试点基础上，根据市市场监管局下放事权，专门设立经营者集中反垄断审查受理和咨询服务窗口，集中提供相关服务。进一步完善公平竞争审查规则，简化审查程序，发布业务操作手册和用户指南，营造公平竞争氛围。

(2) 加强知识产权保护

强化"政企银保服"联动，加强知识产权保护工作，推动知识产权融资业务深入企业和金融机构。西伯瀚（上海）海洋装备科技有限公司经银行综合评估以及知识产权评估机构知识产权评估，成功试点完成首单知识产权质押融资业务。依托上海自贸区公证法法律服务中心、华东政法大学国际知识产权研究中心等国内外法律服务机构，为企业提供优质的知识产权法律服务。

相关成果：依托更高标准的知识产权保护，临港新片区积极探索知识产权证券化，鼓励企业加强知识产权认证，重估知识产权资产价值，为企业加快发展注入新的资本活力，有效缓解创新型中小企业融资难、融资贵问题。

(3) 取消外商直接投资人民币资本金专用账户

临港新片区率先试点取消外商直接投资人民币资本金专用账户。外商投资企业在新片区完成工商登记手续后，可使用基本户直接接收外方股东投入的资本金，仅需一个基本户便可用于公司的日常结算和接收境外母公司的投资资金，提高企业账户使用效率，降低财务管理成本。新政对外商投资企业的注册资本规模或经营年限均不设门槛，适用于注册在临港新片区内的所有外资企业。

相关成果：依托便利化的投资渠道，为企业节省开户费用和时间成本，提高企业财务人员办事效率。外商投资企业纷纷表示，这不仅仅是简单地少开一个账户，更是一次金融开放政策便利化、市场环境公平化的探索，进一步坚定了外资企业对中国市场持续投资的信心。

(4) 实施具有国际竞争力的税收政策

临港新片区落实重点企业15%企业所得税、国际运输船舶增值税退税、境外人才个人所得税税负差额补贴、完善启运港退税、洋山特殊综合保税区内交通运输等服务免征增值税等税收政策，发挥税收减免在优化营商环境过程中的重要作用。

相关成果：依托具有国际竞争力的税收政策，吸引企业和个人落户临港，促进制造业和服务业融合发展。

(5) 实行人员从业自由制度

临港新片区率先放宽现代服务业高端人才从业限制，深化涉外职业资格管理改革，推动就业执业自由化便利化。率先实施出入境、停居留和工作许可便利措施，提高境外人才参与创新创业的便利化程度。创新人才集聚平台与载体，为海外人才提供更加便利的服务。

相关成果：2021年实现自主审批外国人来华工作许可178份，其中30人获得两年以上工作许可。临港新片区全年吸引人才落户超过1万人，集聚效应逐步显现。

(6) 上线跨境人民币贸易融资转让服务平台

为满足跨境贸易企业低成本资金需求，拓展金融机构海外筹资渠道，临港新片区上线跨境人民币贸易融资转让服务平台,首批参与机构共64家,其中境内机构24家、境外机构40家,覆盖15个国家和地区。

相关成果:通过将金融科技与贸易融资业务相结合,解决传统跨行贸易金融在身份认证、信息传输、数据安全等方面的痛点难点问题,实现跨境贸易融资二级市场业务的线上集中化处理,有效提高市场交易效率,降低外贸中小企业融资成本,促进实体企业健康发展。

(7)落地大宗商品质押融资业务

临港新片区坚持业务创新从企业需求出发,在保证风险可控的前提下,突破保税货物融资难问题,打通实物监管部门与金融监管部门之间的工作流程,逐项梳理保税标准仓单备案、登记、质押、融资全流程和关税保函条款细节,设计专业解决方案。所有质押和后续解质押过程办理均在上海国际能源交易中心标准仓单管理系统中完成,大幅简化各方业务环节操作流程,降低企业交易及融资成本。

相关成果:依托大宗商品质押融资功能建设,疏通了大宗商品企业流动性堵点,帮助企业实现高效融资,有效支持大宗商品交易发展。推动保税交割从物流属性向金融属性扩展,增加保税交割业务内涵价值,为形成大宗商品规模化市场奠定基础。

(8)落实国际中转集拼业务

启动洋山国际中转集拼服务中心,为进口分拨与国际中转、出口集拼货物提供便利化监管运营环境,实现近、远洋航线直接在口岸分拨,减少国际中转货物物流运作时效及成本,并出台吸引企业的支持政策,推动首单跨关区国际中转集拼业务落地,引导全球性供应链服务商将国际中转集拼业务向上海集聚。

相关成果:依托国际中转集拼功能建设,洋山港积极开展国际中转集拼业务,帮助企业大幅节省转运时间和成本,同时吸引国际采购及分拨配送等高附加值物流增值服务,提高国际中转货物比例,助力上海国际航运中心建设。

(9)推进外资班轮沿海捎带业务

临港新片区研究在对等原则下允许外籍国际航行船舶开展以洋山港为国际中转港的外贸集装箱沿海捎带业务,形成通关模式方案和便利化措施,推动出台有关业务操作流程,成功实现业务落地。

相关成果:依托外资班轮沿海捎带政策落地契机,加快集聚国际航运企业,推动建设国际中转集拼中心,全面提升国际中转集拼公共服务中心能级。

(10)创新跨境船舶租赁业务

临港新片区以资金自由为目标,结合产业特色,推动保税SPV租赁业务创新。临港新片区成功落地了首单2条11380标准箱集装箱船舶经营性租赁业务。

相关成果:依托跨境船舶租赁功能建设,让国外企业体验到在临港新片区租赁船舶的便捷性,预计在未来吸引更多的金融租赁公司和航运企业开展类似业务,推动金融和航运产业集聚,打造金融开放的新高地。

(11)实行国际船舶登记制度

临港新片区研究制定《中国(上海)自由贸易试验区临港新片区国际船舶登记管理规定》,集中宣介相关便利化措施以及配套船舶登记、船舶检验、船舶管理、船员劳务外派、海事服务、航运保险等制度集成创新亮点。优化船舶登记流程,实现"一次申请、多证齐出"多证联办模式,引入申请材料预先审查机制,显著提升登记便利程度。

相关成果:依托国家船舶登记功能建设,吸引多家重点企业将大型集装箱船舶批量登记为"中国洋山港"籍,为企业节省船舶停泊成本、船舶管理费和租金等费用,推动临港新片区船籍港建设迈向新台阶。

(12) 试点国际航行船舶保税 LNG 加注业务

临港新片区通过安全性验证、规章制定、管理制度创新等大量前期工作,顺利开通国际航行船舶保税 LNG 加注业务,使得上海港成为全球第三个拥有 LNG 加注服务能力的港口。

相关成果：依托 LNG 加注功能建设,完善上海港服务功能,吸引双燃料国际船舶靠泊,提升上海国际航运中心的综合竞争力,促进航运业可持续发展。

(13) 实行"证照联办"准入准营办理新模式

临港新片区建立"证照联办"一体管理制度,建立营业执照核发与各项许可审批的联动办理机制,形成业务流程手册,制定实施细则,发布办事指引。在行政服务大厅设立"一业一证"和"证照联办"综合窗口,实现从咨询至发证的业务闭环,打通信息流动渠道,推动线上办理流程。强化改革事项审批端与监管端的关联,提高精准监管能力。

相关成果：依托"证照联办"办理模式,填补市场主体"证后照前"的政务服务空白,构建完整的市场主体准入准营体系,提高企业登记注册和经营许可办事便利度。

(14) 试点水保和排污"两证合一"机制

临港新片区探索水保方案合并审批,实现环评、水保和排污许可"一表申请、一口受理、一并审查、一张许可",方便市场主体"一件事一次办"。

相关成果：依托"两证合一"机制,实现跨领域、跨行业、跨专业的行政审批事项横向整合,最大限度压缩项目审批时限,实现资源整合,进一步简化审批流程,便利企业办事。

(15) 推行供水、供电、供气配套工程免费机制

临港新片区厘清政府部门、公用事业企业与用户的责任边界,针对非居民用户试行水电气配套工程免费接入。各公用事业企业根据地块专项规划,结合开发进展,每季度更新工程建设计划和资金需求,有序推进区域公共管网建设。研究建立用量评估机制、设备利用率考核机制、工程建设成本监管机制,着力避免公共资源浪费。

相关成果：依托配套工程机制,进一步提高运维效率,降低用户运维负担。

[中国(上海)自由贸易试验区临港新片区管委会供稿]

二、上海市市北高新园区 2021 年发展报告

(一) 园区概况

上海市市北高新技术服务业园区成立于 1992 年 8 月,园区总规划面积 3.31 平方千米,规划建筑面积 550 万平方米,紧邻共和新路南北高架与中环,距离人民广场仅 8 千米。

经过 30 年开发建设,园区已构筑起"数智赋能＋总部增能＋科创释能"的发展内涵,先后成为首个上海市云计算产业基地、首个上海市大数据产业基地、首批上海市超高清视频产业示范基地,被纳入《上海市城市总体规划 2035》以及《上海市产业地图》。当前,作为静安"一轴三带"发展战略的重要组成部分,在上海聚焦经济、生活、治理全面推进数字化转型的背景下,市北高新正着力打造"市北数智生态园",成为静安承接上海"全球科创中心""国际数字之都"建设的核心区域,并获得全市首批"在线经济特色产业园区""民营企业总部集聚区""数字化转型示范区"等市级资质。

截至目前,园区在地经营企业超过2700家,其中跨国公司地区总部26家、具有总部特征的龙头企业100余家、数据智能企业近580家。园区企业年度总营业收入已经超过2400亿元,上缴总税最高达到了95亿元,在上海市开发区协会组织的产业园区综合评价中,市北高新园区单位土地税收产出强度连续多年排名全市第二,仅次于自贸区。

(二) 发展情况

多年来,市北高新园区始终以"打造中国大数据产业之都、建设中国创新型产业社区"为战略目标,以助推"上海城市数字化转型"、助力"上海国际数字之都"为指引,紧密围绕"五个凸显"工作重心,持续为上海中心城区和静安区经济的迭代发展贡献力量。

1. 抓紧上海打造"数字之都"的大好机遇,凸显"数智市北"的显示度

作为静安区构建"国家区块链创新应用试点"以及"可信数据经济试验区"的核心承载,市北高新园区走出了一条以"云数智链"为核心的产业迭代路径。在新兴的区块链产业领域,市北高新园区不遗余力打造全市区块链产业新高地,已在上海率先揭牌首个区块链生态谷,成功获批上海科创办全市产业重大项目。园区联合上海科学院软件中心、华为、信联信息发展、万向区块链等一批行业龙头,积极构建"1+3+N"产业创新生态。目前,生态谷内已初步集聚70余家区块链优质企业,包括蚂蚁链、趣链科技、矩阵元、信医科技等,将共同在区块链底层共性技术自主研发上形成重点突破。同时,以区块链生态谷为核心试点区,静安在今年成功入选国家网信办公布的"国家区块链创新应用试点"名单,并成为上海唯一入选该项目"综合性试点"的地区。

同时,作为全市首批数字化转型示范区,市北高新园区立足上海数字化转型"十四五"规划,将着眼于"元宇宙、数字经济、智能终端、绿色低碳"的规划布局,迅速入场、抢占先机,与虚实交互联合创新中心进一步深化合作,把握元宇宙技术的赋能作用,推动园区在新的产业赛道上抢占先机,做优、做大数智产业特色,打造市北数智产业高地,积极为城市全面数字化转型输出市北智慧、静安方案。

2. 提高精准招商细分行业领军企业能力,凸显"特色园区"的带动力

目前市北高新园区内集聚了一大批优质的大数据企业,遍布在政务、交通、医疗、文旅、金融、教育等数据流通体系的各个重要环节上,园区大数据产业生态雏形初现。未来,园区将积极聚焦行业领军企业与专精特新、高新技术企业、小巨人企业的招引工作,以名企带动名园,持续提升园区产业高度。具体如下:

(1) 聚龙头、建平台

进一步加强对龙头企业的招引力度,构建产业链核心,从而吸引更多上下游企业主动聚拢。联合政府相关部门、行业协会机构、科研院所等,打造更多、更优质的覆盖大数据全生命周期的功能性平台。特别是在大数据算法训练平台上,要加大扶持构建力度,能够有效激发处在成长期的大数据企业快速生长。

(2) 主牵头、引增量

市北高新园区要主动发起倡议,号召并携手园区以及社会上的数智产业细分领域行业龙头,依托大数据、区块链、人工智能、数字孪生等前沿技术的底层架构,以社会应用需要为发展主轴,以服务外包形式为运作逻辑,带领企业走出园区,辐射上海、长三角及全国各地,承接大量社会应用场景的研发任务,进而反哺推动园区数智产业迈向高质量发展,推动园区运营模式和公司的商业模式的不断创新和提效增能。

(3) 外输出、内赋能

对外,要以需求为核心导向,在园区新的载体开发建设过程中,着重体现应用场景的实用性、体验感、可复制性、可塑造性,突破场景开发的技术瓶颈和落地转化问题,进一步强化园区品牌传播度,提升数智赋能显示度,扩大场景展示集中度,从而吸引资本关注和政策倾斜。对内,一方面要激发大数据企业的创新思维,形成横向扩散,激活研发动能;另一方面要切实提升园区数字化运营效能,全盘考虑数字基建的内嵌需要,抢先布局智慧园区建设,进一步优化营商环境和数字化服务体验度。

携手园区优质大数据企业,以开发应用外包服务为导向,打造"功能环环相扣、产业链分工明确"的综合性开发平台,市北高新作为数据应用场景的总集成商,围绕智慧城市建设、数字化园区运营等,带领相关企业承接上海、长三角和全国的数字化转型项目。

3. 加快重大项目建设,高质量完成节点目标,凸显中环发展新形象

据统计,市北高新园区在建项目有5个,总建筑面积超过57万平方米,总投资达到135.8亿元。园区全年新建项目6个,总建筑面积超过28万平方米;新建道路工程2个,道路总长超过1200米;代建学校项目1个,建筑面积1.8万平方米。全年新建项目合计总投资71.03亿元。合计在建项目和新建项目总投资达到207亿元。为此,园区在持续做好疫情常态化防控的同时,抢抓进度,确保质量,以高质量完成各项目标建设任务。现阶段,园区存量办公楼宇的空置率逐年下降、去化率不断提高,同时随着企业对办公需求的不断升级,园区重点项目力争实现"拿证即开工"和"落地即投产"的方针,其中静安国际科创社区新建项目已实现与光影工坊、金柚网等一批优质企业签订入驻协议,将进一步推动数智产业集聚,加快优质项目落地,对提升园区核心竞争力、吸引力,带动区域经济发展具有重要意义。

此外,市北高新园区聚焦区委、区政府提出的低效工业用地转型和楼宇资源盘活目标,在园区管委会的架构下,设立了"市北高新园区走马塘区域城市更新工作推进领导小组办公室",联合区相关部门共同推动走马塘区域的存量改造与转型升级,将陆续释放140万方产业载体,为中环发展提供一片绿色低碳、功能多元的产业新空间。

4. 加强企业服务,以问题导向为抓手解决困难,凸显优质营商环境

为进一步健全基础设施建设,完善各项配套服务,市北高新集团将围绕"数字化产业社区服务商"的发展定位,深入优化"两张网"建设,持续构建一流营商环境。

园区打造了全市"104"产业区块内的首个政企通服务中心,进一步探索各类政企服务前移机制,确保区、园两级涉企审批标准事项90%实现只跑一次、一次办成。同时,园区还与静安区相关部门开展积极合作,深度对接全市"一网通办、一网统管"平台,在政企通服务大厅内设置启用了上海首个"智慧税务社会共治点",实现了远程传输办税、空气成像咨询、劳模互动办税、政务共治通办四项功能首创,有效解决园区及其周边近4平方千米、3500余户企业纳税人"最后一公里"的办税问题。

同时,市北高新园区积极创建"管家式"云智服务平台,以区块链技术手段为企业们建立统一身份识别,为不同发展阶段、不同特点的企业提供精准的一企一策"画像"服务,为企业提供优质的营商服务。

此外,未来将在园区及周边集中推出近5000套租赁住房,吸引优秀人才在此安居立业。

5. 强化企业管理,确保经济指标正增长,凸显发展改革的新动能

为适应市场的不断变化,市北高新园也在积极拓宽各项发展路径。除了通过税收引进、楼宇去化、商品房销售等方式提质增效稳增长之外,园区还将持续优化各子公司商业模式,提升盈利水平,

实现"自我造血"功能,多维度提升集团营收能力。

(上海市市北高新园区供稿)

三、虹桥国际中央商务区(闵行)2021年发展报告

2021年9月23日李强书记调研虹桥国际中央商务区后,闵行区深入贯彻落实虹桥国际开放枢纽国家战略和市委市政府决策部署,聚焦"把握重大机遇、提升核心功能、突破瓶颈制约、凝聚各方力量"四方面要求,结合商务区管委会"七个专项行动"的总体部署,深入研究、制定并发布了《闵行区贯彻落实市委市政府部署要求推进虹桥国际中央商务区(闵行部分)建设行动方案》(简称《行动方案》),明确了21项重点任务和60个重点项目清单。并在此基础上分解细化成97项任务,作为闵行加快推进虹桥国际中央商务区的重要抓手,持续推动"大虹桥"加快成为长三角强劲活跃增长极的"极中极"、联通国际国内市场的"彩虹桥"。

(一)高效率推进政策措施落地,加快打造创新政策策源地

在国务院发布的29项政策中,闵行区已落地11项,涉及跨境金融、外资准入、人才管理改革、离境退税等方面,奇石乐、邓白氏等数十家企业已享受开通自由贸易账户、接入国际互联网数据通道等政策红利。其余18项政策中,除2项涉及航运服务外,另外16项正在积极对接市区相关部门。同时,加快深化研究近期市政府常务会通过的关于支持虹桥国际中央商务区进一步能级提升的20项政策,会同管委会搭建应用场景,制定实施细则,配套相关措施,加快这些高含金量政策落实落地。

(二)高标准建设中央商务区,加快打造总部经济首选地

结合市委、市政府"促发展"大走访行动和管委会"经济发展倍增"专项行动,聚焦"五型经济"蓄势发力。充分发挥国际化中央商务区虹吸效应,主动出击加大招商引资力度,加强"清楼扫地"释放存量空间载体,加快总部经济集聚。截至2021年底,核心区已累计落户企业9 000余家(其中,以壳牌、罗氏诊断等为代表的外资企业490家,红星美凯龙、安踏等总部类企业208家)。2021年,核心区完成税收收入44.52亿元,同比增长68.5%;新增企业注册数2 911户,同比增长104.0%;新增内资企业2 770户,同比增长109.1%;新增外资企业141户,同比增长38.2%;累计吸收合同外资15.25亿美元,同比增长179.8%;新增跨国公司地区总部5家(泰森、爱达克、电计科技、皮埃西、达涅利)、上市公司3家(达丰、宇培、港龙)、非房产亿元企业1家(安踏)。闵行区与上海地产集团开展全面合作,协同商务区管委会加强联合招商,在核心区内探索创新土地全生命周期管理新模式,推动恒力油化通过股权转让成功获取土地,首开股转供应土地模式的先河。

(三)高水平打造功能型平台,加快构建要素出入境集散地

在持续提升虹桥进口商品展示交易中心、虹桥国际商务人才港等既有平台功能效益的基础上,围绕企业服务、国际交易、国际仲裁、法律服务和数字贸易等领域,搭建虹桥国际中央商务区企业服务中心、虹桥数字贸易产业创新赋能服务中心等一批高能级专业服务新平台。

1. 虹桥进口商品展示交易中心一期已建成40万平方米，二期A栋新展销空间正式启用，新增入驻摩贝化学、链接者集团等贸易型企业800家。

2. 虹桥国际商务人才港取得突破性进展，获得国家级产业园授牌批复，已落地60家行业知名人力资源服务企业，虹桥园已于2022年2月25日开园。

3. 上海虹桥国际中央法务区吸引24家律所和1家公证机构入驻，成功签约一批长三角仲裁一体化联盟等机构。

4. 虹桥国际中央商务区企业服务中心已于2022年2月14日正式启用，开设综合服务、专项特色服务、外籍人士服务、"虹管家"服务等特色窗口，实现35个高频事项长三角通办、400多项政务服务跨四区通办，为企业提供全方位优质服务。

5. 虹桥数字贸易产业创新赋能服务中心已投入运营，吸引一批数字贸易企业入驻，帮助国内企业出海。这些平台持续助力面向世界的企业、人才、法律、金融等服务功能落地，服务能级进一步提升。

（四）高质量发展特色产业集群，加快构筑长三角研发总部新高地

以数字经济、绿色低碳、智能终端等新赛道为引领，进一步突出特色产业集群亮点，扩大产业集群效应，提高产业经济密度。生物医药产业链基本成型，依托新虹桥国际医学中心，快速集聚落地了信达生物、云南白药、威高研究院等10余家生物医药研发总部（其中4家已开工），累计投资额超150亿元，初步形成了集研发、临床、服务于一体的大健康产业集群。文创电竞生态圈初具雏形，投资超50亿元的国际文创电竞中心项目正加快建设，并联动核心区皇族电竞（RNG）等龙头项目，进一步筑牢电竞产业链优势。数字经济和绿色低碳产业正加速布局，已成功引进天合光能、赛意、通正等项目签约落地。实现开工一批、供地一批、储备一批重点项目。

（五）高起点抓好区域品质与精细化管理水平，加快打造高品质开发样板间

结合管委会"区域品质提升"专项行动，加快推进核心区四大绿地、财富走廊、景观灯光、商业业态等专项方案设计，打造国际化品质风貌示范区。配合管委会推进职住平衡方案研究，增设公租房、社会租赁房、人才公寓等住房供给。结合"多位一体"城市综合养护管理模式和"一网统管"城市运行管理体系，全面提升精细化管理水平。坚持前湾地区高标准规划和高品质开发，在三个单元控详修编正式获批基础上，邀请国际一流设计机构按照地上、地下、云端一体化建设思路，开展城市设计深化研究，加快推进低碳发展实践示范区和城市数字化转型示范标杆建设，打造国际化未来之城。

（六）高水平推进区域开发建设，加快打造国际化产城融合示范标杆

前湾地区历经6年开发建设，共投入200多亿资金（累计动迁居民2 557户、集体非居330家、国有土地企业60家，腾地5 000亩），拆出了10平方千米的空间，全力承载高能级产业集群和城市功能。加快推进繁兴路等29条道路、许浦水韵生态公园等7个水务绿化和华师大新虹桥小学等13个公服配套项目落地，进一步完善基础设施框架搭建。推动前湾公园生态地标、13号线西延伸等地标性项目率先落地，力争快出形象、早出亮点。

（闵行区南虹桥管理委员会供稿）

附　　录

附录一　长三角区域发展与现代服务业专题报告

（一）江苏省现代服务业 2021 年发展报告

1. 服务业发展年度主要经济指标

2021年，江苏省服务业条线和服务业领导小组各成员单位统筹经济社会发展和疫情防控，服务业总体运行保持恢复态势，主要经济指标增长平稳：江苏省实现服务业增加值 59 866.4 亿元，同比增长 7.7%，比上年提升 3.9 个百分点；江苏省服务业增加值占 GDP 比重为 51.4%，支柱地位仍然保持稳健。

（1）总体指标平稳增长，市场环境平稳复苏

2021年，江苏省服务业增加值继续增长，统计数据显示，江苏省服务业税收稳步增长，服务业用电量快速增长。规上服务业重点行业支撑稳定，新动能加速积聚，恢复态势稳健。金融业、软件业运行良好，邮政快递行业保持增长趋势，电信业务总量保持较快增长，旅游业主要指标呈现恢复性增长趋势。但受基数不断抬升、疫情多点散发等因素影响，服务业部分行业指标增速有所回落。分行业看，住宿和餐饮业、批发和零售业增长较快，增速分别为 11.9% 和 11.1%；营利性服务业实现增加值 11 406.2 亿元，增长 10.2%，两年平均增长 7.7%，复苏势头稳健。

江苏省服务业市场环境平稳复苏，景气度略有回落，但处于合理区间。2021 年 12 月份，江苏非制造业商务活动指数为 50.0%，环比回落 0.3 个百分点，位于临界点。同月的江苏省服务业商务活动指数为 49.4%，回落 0.4 个百分点。分行业看，生产性服务业保持扩张，生活性服务业则呈现收缩趋势。2021 年 12 月份，生产性服务业的商务活动指数为 51.8%，环比上升 0.8 个百分点；其中，金融、信息软件服务、生产性租赁和商务服务均保持在较快扩张区间。生活性服务业依赖于接触式消费，受散发疫情影响更为明显，指数回落至 46.3%。

2021 年江苏省服务业用电量为 1 118.2 亿千瓦时，同比增长 18.8%，高于全社会用电量增速 7.4 个百分点；增速比上年提升 18.2 个百分点，两年平均增长 9.3%，呈现快速增长的趋势。分行业看，用电量占比前三位的行业中，批发和零售业用电量为 222.9 亿千瓦时，同比增长 21.1%；房地产业用电量为 184.0 亿千瓦时，同比增长 19.5%；交通运输、仓储和邮政业用电量为 118.25 亿千瓦时，同比增长 19.3%。其他大部分行业用电量均呈现两位数较快增长。

2021 江苏省服务业税收收入 8 007.1 亿元，同比增长 8.8%，增速比上年提升 6.7 个百分点，两年平均增长 5.4%。全年服务业税收收入占税务部门税收总收入比重为 51.1%。分行业看，在疫情常态化防控背景下，住宿和餐饮业实现 51.8% 的高速增长；批发和零售业、金融业、信息传输、软

件和信息技术服务业、交通运输、仓储及邮政业也呈现两位数较快增长,增速分别为18.9%、17.6%、16.2%和15.7%,成为服务业税收的有力增长点。

省发展改革委作为江苏省服务业发展的牵头部门,在"十四五"开局之年,着眼于高质量统筹谋划,锐意改革,创新发展,巩固疫情防控和高质量发展成果,聚焦现代服务业转型升级重点领域,全面增强江苏省现代服务业综合实力。在2021年南京、扬州两市疫情发生后,及时提出"发挥'苏服贷'普惠金融发展风险补偿基金作用,降低服务业领域中小微企业融资成本"的建议,被纳入纾困解难"苏政30条"中。

2021年以来,省发展改革委积极推动两业深度融合发展,强化主体培育,增强集聚效应,特别是组织推进服务业重点项目建设,着力提升专项资金使用效能。2021年确定的150个省服务业重点项目,总投资5 558.8亿元,年度计划投资1 215.5亿元。无锡量子感知产业园、南京烽火通信活动总部基地、苏州中城捷运总部基地、徐州新沂智慧光电产业园等一批产业辐射力强、规模体量大的优质项目陆续建成,逐步成为服务业"排头兵"。全年服务业重点项目基本完成年度投资计划。推荐重点服务业项目优先进入省重大项目,共有苏州京东全球研发中心、南京58集团华东总部等29个项目入选。其中,常州微亿工业人工智能及大数据研发创新中心被列为省领导挂钩项目。

2021年,江苏省充分发挥现代服务业专项资金对江苏省服务业发展的引导作用,采取投资补助、贷款贴息等方式,安排现代服务业发展专项资金4.06亿元,支持无锡小天鹅电器基于供应链协同管理一体化的智慧仓储等两业融合发展项目、常州国云大数据信息产业园等服务创新项目、苏宁废旧家电回收换网络及逆向物流回收系统等废旧家电回收体系建设项目等,共159个,预计带动社会投资277.1亿元,助推江苏服务业转型升级,增强服务业发展后劲。

正是一系列高质量谋划和扎实有力的措施,使得2021年江苏省服务业投资在困难情况下保持增长,同比增长1.5%,两年平均增长2.8%。分行业看,增速前三位的行业中,信息传输、软件和信息技术服务业同比增长27.8%,科学研究和技术服务业增长24.9%,卫生和社会工作增长18.0%。

(2) 规模以上服务业运行良好

规上服务业营收增长是江苏省服务业稳定增长的基础。2021年,江苏省规上服务业同比增长24.8%,增速高于全国(20.7%)4.1个百分点;增速环比回落0.7个百分点,环比回落幅度较1月—10月收窄0.2个百分点,创年内新低;两年平均增长14.8%,高于全国(10.7%)4.1个百分点。分行业看,列统的10个门类行业增速环比"3升7降",其中租赁和商务服务业、科学研究和技术服务业、居民服务修理和其他服务业营业收入增速分别环比加快1.3个、0.2个、1.3个百分点,其余7个门类行业增速环比均不同程度回落。5个行业增速超过20%,其中交通运输、仓储和邮政业,租赁和商务服务业,文化、体育和娱乐业实现30%以上的较快增长;从两年平均增速看,6个门类行业两年平均增速达2位数,其中科学研究和技术服务业,居民服务、修理和其他服务业,信息传输、软件和信息技术服务业两年平均分别增长20.2%、18%、17%。房地产业、教育、卫生和社会工作3个门类行业平均增速仍低于2019年同期水平。

在江苏省2021年规上服务业增长中,呈现出两个特点,体现了技术创新的贡献和生产性服务业优先发展。

① 高技术服务业引领增长。

科学研究和技术服务业营业收入同比增长26%,两年平均增长20.2%,比2019年同期(7.1%)高13.1个百分点,平均增速位列10个门类行业之首,拉动江苏省规上服务业营业收入增长3.4个百分点。2021年1月—11月,信息传输、软件和信息技术服务业营业收入同比增长17.6%,两年平均增长17%,拉动江苏省规上服务业营业收入增长4.3个百分点。苏州药明康德新药开发有限公司、昭衍（苏州）新药研究中心有限公司、"阿里系"的阿里巴巴华东、阿里巴巴信息港以及常州悦亿网络等一批头部企业快速成长；科技推广和应用服务业营业收入同比增长47%，其中技术推广服务同比增长50.1%。

② 生产性服务业加快恢复。

交通运输、仓储和邮政业营业收入同比增长30.9%，两年平均增长13.8%，比2019年同期（5.6%）高8.2个百分点，拉动江苏省规上服务业增长9.1个百分点。2021年1月—11月，租赁和商务服务业营业收入同比增长32.2%，增速环比加快1.3个百分点，两年平均增长16.2%，比2019年同期（9.8%）高6.4个百分点，拉动江苏省规上服务业营业收入增长6.3个百分点。行业龙头企业今日头条（广告业）、江苏邦芒（人力资源），以及盐城城南新区开发建设投资有限公司、常州武进西太湖滨湖城建设投资有限公司等国有融资平台，均实现高速增长。

（3）主要行业态势较好，有力支撑全行业增长

2021年软件、邮政快递、电信、金融、交通运输、旅游等主要行业的较好态势，有力支撑了江苏省服务业全行业增长。

2021年江苏省软件业运行态势良好。截至2021年12月末，江苏省拥有软件企业6 633家，增长6.9%，全年实现软件业务收入12 066.64亿元，同比增长11.5%，增速比上年同期提高0.9个百分点。从业务类型看，信息技术服务收入和嵌入式系统软件收入增长较快。全年软件外包服务收入494.51亿元，增长14.7%；软件业务出口69.00亿美元，增长5.6%。

江苏省邮政快递行业2021年保持增长趋势。江苏省实现邮政业务收入1 001.1亿元，增长8.9%，两年平均增长10.9%；实现快递业务收入788.4亿元，增长11.2%。电信业务总量也保持较快增长：江苏省2021年实现电信业务营业收入1 135.5亿元，增长10.3%，增速比上年同期提高5.3个百分点。2021年1月—12月，江苏省互联网宽带接入户数4 071.6万户，增长8.4%；江苏省电话用户数1.1亿户，增长2.0%。

金融业务方面，2021年江苏省银行业运行平稳，人民币存贷款保持稳定增长。2021年12月末，江苏省金融机构人民币存款余额为18.94万亿元，比年初增长9.8%，两年平均增长11.3%。2021年1月—12月，江苏省人民币贷款保持在15%左右增速，变动幅度较小。年末金融机构人民币贷款余额为17.80万亿元，比上年增长15.2%，两年平均增长15.5%。2021年江苏省实现保费收入4 051.1亿元，同比增长5.2%。其中，财产险保费收入增长2.3%，人寿险增长5.5%，健康险增长8.8%，意外伤害险增长10.3%。2021年，保险赔付支出增长较快，江苏省保险赔付支出为1 254.8亿元，增长18.4%。

2021年江苏省交通运输业各行业增速不一，但除公路客运外均保持增长趋势。铁路客运保持增长，货运增速提升。2021年江苏省实现铁路总周转量1 023.3亿吨千米，同比增长21.9%。江苏省铁路完成旅客发送量19 074.9万人，增长26.8%；完成旅客周转量678.1亿人千米，增长30.8%。江苏省完成铁路货运量8 187.7万吨，增长19.3%；铁路货物周转量345.2亿吨千米，增长7.6%，增速均有提升。公路货运保持增长，客运出现下降。江苏省实现公路总周转量3 718.0亿吨千米，同比增长4.3%。江苏省公路实现客运量4.4亿人次，同比下降35.3%；旅客周转量301.6亿人千米，下降27.2%。江苏省完成公路货运量18.7亿吨，同比增长6.9%；公路货物周转量3 687.8亿吨千米，增长4.6%。水运周转量增速略有回升。2021年1月—12月江苏省实现水运周转量7 743.7亿吨千米，同比增长10.0%，增速比2021年1月—9月提高0.8个百分点。民航旅客吞吐量低速增长。2021年，在疫情局部爆发和多点散发背景下，江苏省民航运输克服多重困难，旅客运输实现正增长，全年实现旅客吞吐量3 941.3万人次，比上年增长0.5%。全年货邮吞吐

量65.3万吨,比上年下降2.8%。9个机场客运除南京、扬泰机场外,均实现正增长。其中,常州机场增速最快,同比增长29.6%;连云港机场、无锡机场、徐州机场实现较快增长,增速分别为27.8%、18.9%和18.8%。

受疫情影响较大的江苏省旅游业,2021年主要指标呈现恢复性增长趋势。江苏省实现旅游业总收入11 672.7亿元,同比增长41.5%,增速比上年同期提高83.9个百分点。其中:接待入境过夜游客61.89万人次,同比下降19.7%,降幅比上年同期收窄61个百分点;旅游外汇收入11.43亿美元,同比下降31.0%,降幅比上年同期收窄34.1个百分点。接待国内游客7.06亿人次,同比增长49.7%,增速比上年同期提高95.9个百分点。

2. 服务业重点项目高质量发展概况

2021年江苏省服务业重点项目清单共安排项目150个,总投资5 558.8亿元,年度计划投资1 215.5亿元,年度计划投资占总投资的比重较上年进一步提高。

服务业重点项目是江苏省推动服务业高质量发展的重要抓手。近年来,江苏省聚焦重点发展的服务业产业领域,按照年度调整、滚动管理的要求,聚力推动服务业重点项目建设。今年列入清单的服务业重点项目规模效应明显,整体质量较高,与此前列入省重大项目清单的现代服务业项目一起,有望在扩大有效投入、提升产业层次中发挥较好的示范带动作用,为江苏省经济社会高质量发展汇聚澎湃动力。

(1) 突出重点领域,引领转型升级

今年,省发改委对服务业重点项目进一步优化投向、加快投速、提高投效,从行业分布情况看,重点鼓励现代服务业和民生服务补短板领域的优质项目。经过梳理,项目主要分布于10个服务业重点产业领域,其中,科技服务38个、软件和信息服务13个、金融服务8个、现代物流23个、商务服务17个、现代商贸10个、文化创意9个、旅游服务21个、健康养老7个,以及体育服务、教育培训等领域。清单中数量多投资大的项目主要集中在科技服务、现代物流、旅游服务、商务服务、软件和信息服务等5个领域,占项目总数的3/4,总投资3 923亿元,占全部项目总投资的比重超七成。

(2) 关注投资增量,带动产业热点

2021年省服务业重点项目清单安排的150个项目,包括新增项目104个,结转项目46个,新增项目数量占总项目比重较上年提高12.6个百分点,总投资3 947.6亿元,年度计划投资862.6亿元,新增项目的年度计划投资约占全部项目的比重为71%。新增项目总体建设周期一般在3~4年,投资时效性较强,其中科技服务、现代物流、旅游服务成为新增项目的投资热点,占新增项目总数近六成。

这些新增项目从总投资额来看,计划总投资50亿元以上项目有20余个,其中,投资100亿元以上项目有9个,包括恒力苏州湾国际企业中心、南京金地商置苏鲁区域总部、溧阳曹山文化旅游综合体、南通阿里云计算中心倍增项目、盐城城北现代物流园区、中国移动长三角(扬州)数据中心等。

恒力苏州湾国际企业中心项目主要建设高水准的企业总部大楼,集合科研、办公、人才公寓等为一体的综合型企业创新创业集聚地。该项目依托太湖沿岸的绿色生态产业,通过建设以云数字体验、科技共享为特色的科技园区,搭建科技共享平台,从技术研发共享、技术创新共享、技术设备共享等多方面助力企业发展。

溧阳曹山文化旅游综合体计划项目总投资280亿元,建筑面积340万平方米,整体规划"一山两湖十组团",一山即为曹山,两湖为曹山旅游度假区内面积最大的两湖美音湖与归心湖,十组团分别为水桥古镇、会议会展中心、文化艺术中心、水疗康养小镇、民宿及康养小镇、旅游文创小镇等,全方位涵盖会议会展、娱乐休闲、度假旅居等多种业态。

盐城城北现代物流园区规划面积28.4平方千米,其中核心区6平方千米,重点推进公铁水联运基础设施建设,构建长三角北翼以多式联运枢纽为核心,集物流、服务、制造业联动发展的高质量枢纽经济片区。

(3) 立足省情特色,兼顾区域平衡

从区域经济发展角度看,今年省发改委在编制重点项目清单时,充分结合苏南、苏中、苏北地区的资源禀赋、区位优势和产业特征等,促进优势互补、协同推进。苏南、苏中、苏北地区项目数量分别为67个、36个、47个,南京高端研发和总部经济、苏州信息大数据和品质化商务服务、扬州新兴科技服务和康体养老、南通智慧物流、徐州现代商贸会展等领域均涌现出一批层次高、质态优的产业项目,集聚程度和服务功能进一步提升。

江苏省产业技术研究院专业化研究所项目位于南京江北新区产业技术研创园内,总建筑面积约50万平方米,其中将重点建设8~10个人工智能、新一代信息科技等方向的专业化研究所。项目建成后将为江苏省提供一个拥有高端科技、国际专业研究院及高端技术人才的聚居区,带动南京江北新区战略性新兴产业的蓬勃发展。

苏州苏驼智慧云谷大数据中心项目,项目总投资20亿元,新建5.8万平方米建筑,将按照国标A级标准建成机柜数8 000个,目标建成吴中区新一代IDC大数据园区,在推动吴中区经济结构转型发展上,发挥积极的先试先行、产业联动和案例样板参考效果,助力吴中区经济结构转型和实现产业能级提升。

(4) 发挥牵头职能,注重项目落实

今年的服务业重点项目清单印发后,省发改委充分发挥江苏省服务业发展牵头部门的职能,协同各地和有关部门,加大重视并统筹抓好省服务业重点项目建设,有力支撑实体经济发展。

重点项目清单的高效实施,离不开优质的服务与保障。各设区市发展改革委将紧扣年度目标任务,严格落实服务业推进主体责任,切实履行相关决策、审批流程,依法合规予以协调指导和服务推进。在符合相关法律法规及政策规定的前提下,积极保障支持重点项目所需资源要素,会同有关行业部门,密切协调配合,加强重点项目用地保障、规划调整等基础性指导工作。

日前,省发展改革委启动了2021年省级现代服务业发展专项资金项目的申报工作,根据申报指南,在同等条件下,专项资金对于2020年、2021年度省服务业重点项目和列入省重大项目清单的服务业项目,以及苏中、苏北地区产业支撑明显、示范带动作用强的服务业项目给予优先支持。与此同时,省市联动完善监督检查,建立健全情况报送、协调调度等工作机制,跟踪掌握并及时解决重点项目推进过程中存在的实际困难和问题,力促重点项目早开工、早实施、早见效,以项目促产出、以投资促增长,带动服务业规模化、集聚化、融合化、高端化发展。

3. 疫情常态化下服务业中小企业发展路径

2020年以来,新冠肺炎疫情给江苏经济运行带来诸多负面影响。中小企业由于自身规模小、实力弱、抗风险能力低,遭遇的挑战更为严峻,尤其是中小企业广泛分布的零售批发、交通运输、住宿餐饮、电影娱乐、文化旅游等服务业行业,受到冲击较大。

疫情防控常态化背景下江苏中小服务业企业所面临的困难:

(1) 经营压力普遍较大,外部融资存在困难

受疫情冲击,服务业中小企业去年以来普遍遇到经营困难,同时,由于资本实力弱、抗风险能力低,疫情期间出现现金流断裂和经营成本上升,很多企业更需要外源性融资;很多中小服务业企业因为资产抵押限制等,融资难度进一步凸显。

(2) 防控压力依旧不小，市场有待全面恢复

当前国内疫情多点散发，国际疫情日趋严重，给中小服务业企业全年甚至更长远发展带来更多不确定性。疫情防控进入常态化阶段后，多措并举营造安心消费环境、激发居民消费欲望、逐步恢复居民消费信心的意义更大。

(3) 市场格局重新洗牌，面临严峻竞争环境

在抗击疫情过程中，适应消费者需求的新业态、新模式企业获得了扩大市场机会，而固守传统业态、模式的企业将失去市场，市场竞争愈加激烈。

疫情防控常态化背景下促进江苏省中小服务业企业健康发展。

首先需要把好脉、对症下药，采取多种措施，切实降低企业的融资成本，避免企业因资金链断裂而倒闭。此外，还需从中长期考虑，抓紧这轮调整的契机，促进中小服务业企业高质量发展。

① 加大金融扶持助企纾困力度。

一是舒缓现金流压力。协调商业银行加大中小企业信贷投放，安排中小服务企业亿元专项信贷，精准帮扶企业积极应对疫情影响，不盲目抽贷、断贷、压贷；对确实存在还款困难的中小企业，可给予贷款展期和续贷。二是加大信贷和融资担保支持。银行业金融机构应积极对接中小企业融资需求，建立绿色通道，简化贷款审批流程，适度下放审批权限，应贷尽贷快贷。三是加大知识产权质押融资力度。可以用好知识产权质押融资风险补偿基金和专项资金，支持企业通过专利权、商标权质押获得资金支持。鼓励银行提前放款后续完成知识产权质押登记，组织评估机构提供公益性融资评估服务。

② 推动中小服务业企业加快数字技术应用。

一是设立中小服务业企业数字化专项扶持基金。江苏可将数字化生活服务纳入新基建，出台政策和措施在一定程度上向中小服务业企业数字技术应用倾斜。二是搭建面向中小服务企业的技术水平高、集成能力强、行业应用广的数字化平台。结合企业业务特点，与5G、工业互联网等数字化服务提供商合作，将自身单个企业的资源以网络化形式融入整个产业集群当中，扩大产业集群内企业间的协同效应，实现技术、产能与订单等资源的共享。三是提供精准化的组织供需对接。建立中小服务业企业数字化可信服务商、优秀数字化产品与服务评价体系，征集、培育和推广一批技术力量强、服务效果好、深受中小企业欢迎的数字化服务商、优化数字化产品与服务。

③ 推动中小服务业企业联合兼并重组。

一是进行中小服务业企业兼并重组的制度创新。要大力支持有核心竞争优势的中小服务业企业积极开展兼并重组，实现低成本扩张发展。对企业兼并重组发生的土地使用权、不动产所有权和相关股权转让，均不征收营业税，并免收变更过户手续费。二是对链内中小型企业联合重组给予支持。鼓励和支持有条件的中小服务业企业按照创新链、产业链和产品链分工特征联合重组、协同发展，增强实力、壮大规模，提升服务水平，提高抵御风险能力。三是制定出台相关的政策措施以规范制度环境。严格规范企业改制、妥善解决富余人员的安置、企业资产的划转、债务核定与处置、财税利益的分配等问题，保障职工合法权益。

④ 推动中小服务业企业形成专业化协作配套。

一是鼓励中小服务业企业参与产业链协作。鼓励和引导各类中小服务业企业围绕上下游产业链和价值链，积极与大企业、行业龙头企业开展专业化协作配套，建立稳定的产、供、销和技术开发等协作关系，形成专业分工、紧密协作、优势互补的新型生产组织形式，提高专业化生产水平。二是支持龙头企业与中小服务企业开展协作配套。重点支持我省地标性产业集群中的行业龙头企业，通过专业分工、服务外包、订单生产等方式，加强与中小服务企业协作配套，积极提供技术、人才、设备、资金等支持,构建新型生态圈。三是加快"制造业与服务业"深度融合。推进企业"制造＋服务""产品＋方案"的服务化发展,为中小服务业企业与制造业企业之间的融合互动提供途径,以专业化、系统化的一揽子解决方案,提高专业化生产和服务水平。

⑤ 推动中小服务业企业加快创新发展。

一是加大对中小服务业企业科技创新的支持力度。调整完善科技计划立项、任务部署和组织管理方式,逐步提高中小服务业企业承担研发任务的比例。二是搭建中小服务业企业创新载体。推进中小服务业企业创业创新示范基地、科技孵化器、众创空间、专业园区等双创载体建设,提升服务能力,实现对创新创业的精准支持。三是健全全省中小服务业企业公共服务平台网络。打造一批专业性、区域性公共服务平台,鼓励高等院校、科研院所和各类社会科技人才,积极创办为中小服务业企业提供产品研发、技术创新、质量检测等服务的共性技术服务平台。

4. 年度大事记

1月18日,由江苏省现代服务业联合会组织,省美术家协会省直分会、省紫金艺术书画院的20多位省内书画艺术家走进东部机场集团,为旅客"写春联、送福字",送去新春的美好祝福。江苏省现代服务业联合会会长、江苏省发展改革委原副主任赵芝明,东部机场集团董事长、党委书记冯军出席了活动,并代表集团向各位书画艺术家的到来表示热烈的欢迎和衷心的感谢。

1月22日,江苏省发改委服务业处组织召开"十四五"现代服务业发展规划编制推进工作会议,了解规划工作进展,修改完善规划内容,省工程咨询中心有关专家参加会议。

4月22日,江苏省发改委组织召开了"十四五"现代服务业发展规划专家评审会,邀请南京大学、南京财经大学、南京审计学院、江苏省社科院、江苏省战略与发展研究中心的教授和专家等组成了专家组进行论证,江苏省发改委二级巡视员、服务业处处长陆建康等参加了论证会。论证会上,编制单位从发展背景、总体要求、发展思路、重点任务和保障措施等方面详细汇报了《江苏省"十四五"现代服务业发展规划》(简称《规划》)编制工作开展情况。专家们听取了课题组汇报后,对《规划》的文本进行了审阅、讨论和审定后提出了建设性意见。

5月13日,江苏省现代服务业联合会智慧健康数据信息服务专业委员会成立大会暨学术报告会在南京钟山宾馆成功召开。江苏省现代服务业联合会会长赵芝明、中国科学院院士陈国良分别为大会致辞。会议特邀之江研究室网络健康大数据中心主任李劲松教授、浙江求是数理医学研究院院长孔德兴教授、讯飞医疗科技公司副总裁刘洋博士、京柏医疗科技股份有限公司副总裁刘娟做学术报告。陈国良院士和赵芝明会长共同为专委会揭牌。

5月28日,江苏省现代服务业联合会举办以"加快数字化服务化转型,赋能制造业高质量发展"为主题的江阴数字化转型高峰论坛。江苏省现代服务业联合会携手近100家服务型制造相关园区、企业、职业学校、高校、科研机构、行业协会等,共同发起设立了江苏省现代服务业联合会服务型制造产教联盟。江苏省服务型制造产教联盟公共服务平台亦在此间揭牌,这也是服务型制造产教联盟成立后首个授牌的实训基地。江苏省现代服务业联合会赵芝明会长、工信部装备工业一司副处长樊烨出席论坛。

8月9日,《江苏省"十四五"现代服务业发展规划》(简称《规划》)由江苏省政府办公厅印发实施。《规划》全面回顾总结"十三五"以来江苏省服务业发展取得的成绩和存在问题,系统分析"十四五"时期江苏省服务业发展所面临的发展环境,提出了"十四五"时期服务业发展的指导思想、发展原则和发展目标,并明确了"十四五"服务业发展的主要任务及相关保障措施,着力强化"江苏服务"在主体培育、集聚示范、融合发展、品质提升、综合改革等方面的国内标杆引领作用。

11月2日,根据江苏省委、省政府关于组织开展第五届"江苏服务业专业人才特别贡献奖"评选表彰工作要求,由江苏省人社厅、江苏省发展改革委共同组织开展了评选工作。"江苏服务业专业人才特别贡献奖"旨在表彰先进、树立典型,进一步营造尊重人才、尊重知识的良好社会风尚,弘扬精益求精的敬业精神,推动服务业创新发展,为打造国际一流、国内领先的现代服务业高地,谱写"强富美高"新江苏的现代化篇章提供坚实保障。

11月9日,江苏省现代服务业"331"工程《实施方案》印发实施。《实施方案》由《江苏省现代服务业高质量发展集聚示范工程实施方案》《江苏省现代服务业高质量发展领军企业培育工程实施方案》和《江苏省先进制造业和现代服务业融合发展标杆引领工程实施方案》三部分组成。"331"工程着力在"十四五"时期培育形成省级现代服务业高质量发展集聚示范区300家、现代服务业高质量发展领军企业300家和两业融合发展标杆引领典型100家,加快推进"十四五"时期江苏服务业高质量发展。下一步,服务业处将抓紧制定"331"工程2021年度申报指南,确保工程实施开好头、起好步。

12月4日,江苏省现代服务业联合会联合致公党江苏省直法律支部共同组建"法律服务中心",江苏省现代服务业联合会会长赵芝明、致公党江苏省专职副主委米其智出席会议并讲话。

12月24日,由江苏省现代服务业联合会主办、中国大地保险江苏公司承办的"江苏省现代服务业联合会2021年终联谊座谈会"在南京召开,来自全省50家会员单位及应邀嘉宾出席了本次年终座谈。江苏省现代服务业联合会会长赵芝明、中国大地保险江苏分公司党委书记、总经理陶韬出席座谈会。座谈会期间,由会长赵芝明、副会长陶魄给18家新晋副会长、常务理事、理事单位授牌。

11月26日,江苏省发改委联合江苏省12个相关部门联合印发《江苏省加快推动制造服务业高质量发展的实施方案》(简称《实施方案》)。《实施方案》聚焦制造服务业发展的重点领域和关键环节,提出围绕科技服务、专业化技术服务、信息服务、节能环保、金融服务、商务咨询等重点方向,培育壮大制造服务主体,加快提升面向制造业的专业化、社会化、综合性服务能力,力争到2025年,在制造服务业领域培育形成高质量发展集聚示范区、领军企业各200家左右,两业融合标杆引领典型100家左右。为确保目标任务落实,《实施方案》提出谋划推进制造业研发设计能力提升、制造业数字化转型赋能、制造业供应链优化升级、两业融合发展试点示范、制造服务业品牌质量提升、制造服务业主体培育、制造服务业载体建设、制造业绿色化改造和制造服务业扩大开放等九大重点行动和优化发展环境、强化组织保障和创新要素保障等3个方面的保障措施,着力推动全省制造服务业高质量发展。

5. "十四五"规划,构筑服务业新优势

2021年,《江苏省"十四五"现代服务业发展规划》(简称《规划》)由省政府办公厅印发实施。《规划》全面回顾总结"十三五"以来江苏省服务业发展取得的成绩和存在问题,系统分析"十四五"时期江苏省服务业发展面临的发展环境,提出了"十四五"时期服务业发展的指导思想、发展原则和发展目标,并明确了"十四五"服务业发展的主要任务及相关保障措施,着力强化"江苏服务"在主体培育、集聚示范、融合发展、品质提升、综合改革等方面的国内标杆引领作用。

(1) 着力构建江苏特色"775"现代服务产业体系

《规划》着眼江苏省产业基础、资源禀赋,瞄准前沿,引领未来,不断发展新业态、新模式,主攻发展科技服务、软件和信息服务、金融服务、现代物流等7个具有竞争力的优势型服务产业,壮大发展健康服务、养老服务、节能环保服务等7个具有高成长性的成长型服务产业,突破发展大数据服务、工业互联网应用服务等5个具有前瞻性的先导型服务产业,为江苏实现经济高质量发展提供有力支撑。

(2) 重点实施现代服务业"331"工程

推进实施现代服务业高质量发展领军企业培育工程,增强领军企业创新引领力和辐射带动力,培育形成现代服务业高质量发展领军企业300家。推进实施现代服务业高质量发展集聚示范工程，加快推动现有服务业集聚区提档升级，提升集聚区对区域经济的支撑力和带动力，培育形成省级现代服务业高质量发展集聚示范区300家。推进实施两业融合发展标杆引领工程，开展先进制造业与现代服务业深度融合发展试点示范，打造一批两业深度融合的优势产业链条、标杆企业、新型产业集群、融合示范载体，培育形成省级两业融合发展标杆引领典型100家。

(3) 推进落实服务业发展九大重点任务

优化空间发展格局，加快构建面上辐射、线上联通、点上集聚的"三核、四带、多极"的现代服务业高质量发展空间格局。推进制造服务创新，以高质量的服务供给引领制造业转型升级和高质量发展。促进服务消费升级，切实增强消费对经济增长的基础性作用。创新培育市场主体，全面提升现代服务业市场主体创新力、影响力和竞争力。加速协调融合发展，推进先进制造业和现代服务业相融相长，促进服务业内部融合发展。提升集聚示范效能，打造业态高端复合、产业特色鲜明、配套功能完善的各类服务业集聚发展载体。强化品牌标准引领，积极推进服务标准化、规范化和品牌化。扩大对外开放合作，积极探索从商品和要素流动型开放向规则等制度型开放拓展。深入推进综合改革，加速形成充满活力、富有效率的最优服务业营商环境。

(江苏省现代服务业联合会供稿)

(二) 浙江省现代服务业2021年发展报告

1. 年度发展概况

2021年，浙江统筹疫情防控和经济社会发展，服务业高质量发展再上新台阶，全省服务业增加值突破4万亿元。服务业运行总体趋稳、向好的格局持续巩固，"十四五"开局良好，为2022年开门红、开门稳打下了坚实的基础。

(1) 服务业

全年服务业增加值40 118亿元，突破4万亿元大关，按可比价计算，比上年增长7.6%，两年平均增长5.9%。一季度、上半年、前三季度同比分别增长15.4%、11.5%和9.1%；两年平均分别增长6.6%、6.9%和6.2%，总体比较平稳。由于上年基数的影响，2021年，服务业发展增速呈现"前高后低"的走势，符合预期，运行总体稳固。

规模以上服务业企业营业收入26 929亿元，比上年增长22.8%。10个服务业行业门类营业收入比上年均实现增长，其中，交通运输、仓储和邮政业，租赁和商务服务业，科学研究和技术服务业营业收入分别比上年增长40.3%、23.9%和18.3%，居前三位。规模以上服务业企业户均营业收入2.2亿元，比上年提高0.4亿元。年营业收入10亿元以上企业合计304家，占规模以上服务业企业数的2.5%，营业收入占规模以上服务业的63.4%。

(2) 交通运输和邮电业

全年交通运输、仓储和邮政业增加值2 252亿元，比上年增长10.3%。

年末全省公路总里程12.39万千米，其中，高速公路5 184千米，实现陆域县县通高速。共有民航机场7个，全年旅客吞吐量5 183万人，其中发送量2 659万人。铁路、公路和水运货物周转量12 936亿吨千米，比上年提高5.0%；旅客周转量714亿人千米，增长5.9%。全省港口货物吞吐量19.3亿吨，增长4.0%，其中，沿海港口14.9亿吨，增长5.4%。宁波舟山港货物吞吐量12.2亿吨，连续13年居全球第一，集装箱吞吐量3 108万标箱，连续4年全球第三，继上海港、新加坡港之后，跻身"3 000万俱乐部"港口。

年末全省小型载客汽车保有量1 726万辆,其中,私家车(个人小型、微型载客汽车)保有量1 593万辆。

邮电业保持稳中有进的发展态势,继续走在全国前列。全年邮政业务总量2 232亿元,稳居全国第二,比上年增长28.0%。活跃的电子商务交易促进快递需求大幅增长,快递业务量228亿件,仅次于广东省(295亿件),比上年增长26.9%,占全国比重21.0%。全年电信业务总量1 088亿元,居全国第三,增长27.3%。移动电话用户8 860万户,普及率达137.2部/百人,居全国第三。5G基站总数达到11.3万个,每万人拥有5G基站数达17.6个,居全国第四,仅次于北京、上海、天津。固定互联网宽带接入用户3 117万户,普及率达48.3%,居全国第一。

(3) 国内贸易

全年社会消费品零售总额29 211亿元,比上年增长9.7%,两年平均增长3.4%。按经营地统计,城镇、乡村社会消费品零售分别增长9.6%和10.1%,两年平均分别增长3.2%和4.0%。按消费类型统计,餐饮收入增长15.5%,商品零售增长9.0%,两年平均分别增长2.8%和3.4%。

在限额以上批发零售企业商品零售额中,饮料、烟酒、服装鞋帽针纺织品类、日用品类零售额增速平稳,比上年分别增长20.4%、17.3%、18.3%和20.2%。消费结构持续提升,升级类商品零售额增长13.4%,保持较快增速。其中可穿戴智能设备、照相器材、金银珠宝类、化妆品类、通讯器材类商品零售额分别增长92.4%、41.9%、27.2%、22.6%和19.5%。线上消费持续增长。限额以上批发和零售业单位通过公共网络实现的零售额比上年增长25.9%,高于限上批发和零售业单位零售额增速12.0个百分点,拉动限上批发和零售业零售额增长5.9个百分点,占限上零售额的25.2%,比上年提高2.9个百分点。

全省各类商品市场3 255家,全年实现成交总额23 271亿元,比上年增长9.6%,其中,年成交额超10亿元的有243家、超100亿元的有38家、超1 000亿元的有2家。中国社会科学院发布的"2021年中国商品市场综合百强榜单"和"中国商品市场十大数字化领跑者榜单",我省分别获33席和6席,继续领跑全国。

(4) 金融、证券和保险

年末全部金融机构本外币各项存款余额170 816亿元,比上年末增长12.2%,其中人民币存款余额增长12.0%。住户本外币存款余额67 487亿元,增长9.6%。全部金融机构本外币各项贷款余额165 756亿元,增长15.4%,其中人民币贷款余额增长15.4%。主要农村金融机构(农村信用社、农村合作银行、农村商业银行)人民币贷款余额24 317亿元,比上年末增加4 084亿元。

年末境内上市公司606家,累计融资16 063亿元。其中,主板434家,占全国主板总数的13.8%,位居全国第二;创业板137家,占全国创业板总数的12.6%,位居全国第三;科创板32家,占全国科创板总数的8.5%,位居全国第五;北交所3家,占全国北交所上市公司总数的3.7%,位居全国第七。新三板挂牌企业612家,占全国新三板挂牌企业总数的8.8%,位居全国第四。

全年保险业保费收入2 860亿元,比上年增长2.8%。其中,财产险保费收入921亿元,下降0.5%;人身险保费收入1 939亿元,增长4.5%。各类赔款及给付1 030亿元,增长14.9%。其中,财产险赔付619亿元,人身险赔付410亿元。

(5) 房地产业

全省房地产业增加值5 304亿元,比上年增长4.4%。房地产开发投资比上年增长8.5%,拉动投资增长3.7个百分点;两年平均增长7.7%。其中,住宅投资8 802亿元,增长8.8%;办公楼投资457亿元,下降4.7%;商业营业用房投资890亿元,增长11.0%。商品房销售面积

9 991万平方米,比上年下降2.5%,两年平均增长3.2%。商品房销售额增长11.1%,两年平均增长15.2%。

(6) 其他服务业

① 教育和科学技术。

年末全省共有幼儿园7 890所,在园幼儿200.9万人,比上年增长1.1%。共有小学3 257所,招生67.0万人;在校生383.4万人,增长2.9%,小学学龄儿童入学率为99.99%。小学生均校舍建筑面积10.4平方米;生均图书34.1册;每100名学生拥有教学终端20.8台;体育运动场(馆)面积达标的学校比例为99.7%。共有初中1 768所,招生56.7万人;在校生166.4万人,比去年增加2.7万人,初中入学率为99.97%。初中生均校舍建筑面积23.1平方米;生均图书57.2册;每100名学生拥有教学终端35台;体育运动场(馆)面积达标的学校比例为99.8%。全省各类中等职业教育学校249所(不含技工学校),招生18.7万人,在校生57.2万人;普通高中631所,招生28.5万人,在校生83.7万人,毕业生25.2万人。

全省共有普通高校109所(含独立学院)。研究生(含非全日制)、本科、专科招生比例为1∶3.9∶4;高等教育毛入学率为64.8%。全年研究生(含非全日制)招生47 505人,其中,博士生5 014人,硕士生42 491人。幼儿园专任教师15.2万人,比上年增加0.91万人;幼儿教师学历合格率为99.99%。义务教育中小学专任教师36.4万人,增长2.6%。中等职业教育(不含技工学校)专任教师3.8万人,生师比14.6∶1;专任教师学历合格率为97.8%。双师型教师占专任教师和专业(技能)教师的比例分别为44.9%和86.4%。普通高等学校专任教师中副高及以上职称教师比例为48.5%;具有硕士及以上学位教师比例为92%。

全年全社会研究和试验发展(R&D)经费支出与生产总值之比预计为2.9%,比上年提高0.02个百分点。财政一般公共预算支出中科技支出579亿元,比上年增长22.5%。

全省有国家认定的企业技术中心138家(含分中心)。新建省实验室2家、累计6家,新建省技术创新中心6家。新认定高新技术企业7 179家,累计有效高新技术企业28 581家。新培育科技型中小企业18 922家,累计86 597家。全年专利授权量46.5万件,其中发明专利授权量5.7万件,比上年增长13.8%。科技进步贡献率为66%。新增"浙江制造"标准627个,累计2 606个。

② 卫生。

年末全省卫生机构3.51万个(含村卫生室),其中,医院1 486个,卫生院1 055个,社区卫生服务中心(站)4 659个,诊所(卫生室、医务室)13 412个,村卫生室11 218个,疾病预防控制中心103个,卫生监督所(中心)99个。卫生技术人员57.6万人,比上年末增长5.1%,其中,执业(助理)医师23.2万人,注册护士25万人,分别增长6.8%和7.3%。医疗卫生机构床位数37.0万张,增长2.4%,其中,医院32.7万张,卫生院1.93万张。医院全年总诊疗2.99亿人次,比上年增长15.2%。

全年诊疗服务平台预约请求量1 338万人次,预约成功量904万人次,分别比上年增长28%和34%,日均预约成功量2.48万人次;新增注册用户961万人,增长109%,日均注册量为2.63万人;新接入医疗卫生机构201家,累计接入医疗卫生机构1 693家。

③ 文化。

年末全省县级以上公共图书馆102个,文化馆101个,文化站1 351个,博物馆406个,世界遗产4个,县级文化馆和图书馆覆盖率均达100%,乡镇文化站和行政村文化活动室覆盖率均达100%,公共图书馆虚拟网络基本全覆盖。广播人口覆盖率为99.8%,电视人口覆盖率为99.9%。全年制作完成影片119部,获得公映许可证影片45部,电影票房收入35.7亿元。图书出版社15

家,公开发行报纸64种,出版期刊239种。

④ 体育。

浙江运动员全年共获取全国一类比赛冠军45个。经常参加体育锻炼(不含学生)人数占总人口的29.6%,城乡居民国民体质合格率保持在94%以上。省级全民健身中心38个、中心村全民健身广场(体育休闲公园)908个、社区多功能运动场1317个。国家级体育后备人才基地18个,省级体育后备人才基地64个。国家级体育传统项目学校8个。省级青少年体育俱乐部413所。国家体育产业示范基地(运动休闲示范区)11个、体育旅游示范基地2个。省级运动休闲基地28个、运动休闲旅游示范基地31个。

全年销售体育彩票169.1亿元,比上年增长28.0%。

(以上数据来源:2021年浙江省国民经济和社会发展统计公报)

2. 服务业年度对外开放发展概况

(1) 2021年服务业使用外资基本情况

根据商务部统计数据,2021年全省服务业新设外商投资企业3095家,合同外资282.3亿美元,实际使用外资131.5亿美元,同比增长27.1%,占全省实际使用外资的71.7%。2021年有5个领域实际使用外资达到10亿美元以上,分别是信息传输、软件和信息技术服务业,房地产业,科学研究和技术服务业,批发和零售业,租赁和商务服务业。其中,增长较快的是科学研究和技术服务业,批发和零售业,同比分别增长91.7%和83.6%。

(2) 服务业使用外资的主要特点

高技术服务业使用外资保持稳定增长。2021年,全省新设高技术服务业外商投资企业968家,同比增长18.8%;合同外资123.8亿美元,同比增长26%;实际使用外资59.3亿美元,同比增长91.6%。其中,信息服务实际使用外资33.1亿美元,同比增长71.1%;电子商务服务实际使用外资3.9亿美元,同比增长217.9%;研发与涉及服务实际使用外资10.5亿美元,同比增长193.5%;科技成果转化服务实际使用外资9亿美元,同比增长56%。

中国香港地区依旧是服务业引资的第一大来源地。2021年服务业投资来源地前五位分别为中国香港地区、新加坡、德国、丹麦和日本。其中,来自中国香港地区的实际使用外资111.3亿美元,同比增长24.8%,占全省服务业实际使用外资总量的84.7%。

服务业外商投资主要集中在杭州、嘉兴、宁波地区。其中,杭州地区占比超五成,实际使用外资66.3亿美元,同比增长15.5%,占全省服务业比重50.4%;宁波地区增长较快,实际使用外资22.4亿美元,同比增长66%,占全省服务业比重17%;嘉兴地区实际使用外资17.4亿美元,同比增长21.5%,占全省服务业比重13.2%。

3. 服务业高质量发展年度典型案例

(1) 推进服务业高质量发展典型经验做法——杭州市服务业高效惠企纾困工作实践

近年来,杭州市把加快服务业转型升级作为培育经济增长新动能、推动经济高质量发展的重要抓手,2016年成为全国第4个GDP过万亿且服务业占比超60%的大中城市。2021年,杭州服务业增加值超1.2万亿元,占GDP比重67.9%,总量占浙江省近1/3。今年以来受国际形势、新冠疫情等多重因素影响,杭州服务业面临诸多困难,特别是旅游、餐饮、住宿、物流等行业出现阶段性亏损。面临严峻形势,杭州市全力打好服务业助企纾困"组合拳",推动政策红利全面释放,全市服务业恢复发展工作逐步落地,成效初显。

① 经验做法。

强化政策供给,上量提质加大帮扶力度。2022年以来,杭州高效统筹疫情防控和经济社会发展,谋划推出"5+4"稳进提质、"杭十条"助企减负等多批政策措施。3月底,在全省率先出台40条纾困举措,第一时间落地政策,为企业纾困送上"及时雨"。截至目前,服务业纾困40条政策累计落实惠企资金289.61亿元,其中增值税留抵退税151.29亿元;减免承租国有房屋租金18.43亿元。

聚焦市场主体,走访服务确保政策见效。服务业纾困政策覆盖面广、信息量大,对政策的解读与宣传很关键。5月下旬以来,杭州开展服务业企业"三服务"活动,市、区两级四套班子领导对全市300家重点服务业企业,以及所辖区内其他重点服务业企业实施全覆盖走访服务,建立分级协调和闭环管理机制。截至目前,市区两级累计走访服务业企业220余家,协调解决企业"融资成本高、物流不畅、用工难"等问题50余个,倒逼补齐房租减免等政策短板。

突出数字赋能,推动惠企政策快享直达。面对信息不对称、政策兑付难等涉企政策服务问题,杭州依托"亲清在线"平台,横向覆盖31个职能部门,纵向贯通201个基层单位,全国首创政策"申报零材料、审批零人工、兑现秒到账"直达模式,通过对政策服务流程再造,实现政企间的直达服务、主动服务。截至目前,全市共上线惠企政策1508条,兑付资金136.9亿元。

全力保供稳链,专班作战打通堵点卡点。3月以来,面对企业断供和产业链停摆,杭州第一时间成立总指挥部,迅速落实全国统一式样重点物资运输车辆通行证制度,截至目前,申请量和发放量均位列全省第二。精准采取应急运输"白名单"、产业链"一键通"等务实举措,动态管理白名单企业1260家,协调解决302条运输保障诉求,涉及物资744余万件,举全市之力以物流和供应链之稳促经济稳进提质。

优化顶层设计,多措并举提振发展信心。6月24日,杭州召开全市推进现代服务业高质量发展大会,旗帜鲜明地提出打造具有全球影响力的现代服务业标杆城市,推进"两地四中心"建设,提振发展信心。政策体系上,发布"1+N"产业支持发展政策体系。工作机制上,建立市委市政府主要领导领衔的双月协调推进机制,建立量化目标问题攻坚、政策落地清单推进机制。保障体系上,每年安排15亿元服务业专项扶持资金,探索新型混合用地模式。

② 推广意义。

一是能快则快、应享尽享,以数字化改革推动流程最简、效能最优。杭州依托"亲清在线"强化数字赋能,变"人找政策"为"政策找人",按照"第一时间+顶格优惠+政策直达"原则,政策快速落地落实。二是条线贯通、横向联动,以稳主体为中心抓好政策落实落细。杭州始终牢牢把握稳市场主体这一关键,清单化、台账式推进纾困政策落实,聚焦突出问题进一步丰富政策储备"工具箱",持续打好政策补丁,以确定的政策和举措来应对不确定的风险和困难。三是长短结合、综合施策,以增强服务业发展内生动力为落脚点。杭州将短期纾困与长远发展相结合,集中精力出台一系列"快、准、狠"的纾困政策,大力支持企业应对风险的同时,持续优化政策支持体系和工作机制,提升精准化服务水平和服务业核心竞争力。

(2) 服务业新技术新业态新模式——菜鸟电商供应链全链路数智化融合实践

浙江菜鸟供应链管理有限公司(简称"菜鸟")由阿里巴巴集团联合多家企业共同组建,是一家全球化数智供应链服务企业,现已形成消费者物流、国内供应链、国际供应链、数智园区、物流科技等板块,坚持把物流链路场景与数字技术深度融合。2021年底,菜鸟国内供应链配送网络覆盖超2700个区县,仓储面积超3000万平方米,专业运输路线超600万条,合作快递网点超20万个,国际包裹服务覆盖超220个国家或地区。2021年,菜鸟中国跨境电商物流市占率排名各服务商第一,跨境电商国际市占率约为12%,获评商务部数字商务企业、全国供应链创新与应用试点、工信部绿色供应链管理示范企业、国家邮政局中国快递绿色创新实验室等多项国家级荣誉。

① 经验做法。

电商领域具有高爆发、时效要求高、渠道和信息分散等特点，"仓、运、配"是竞争的关键环节，但商家普遍缺少广域覆盖、多维联动、精密计算的体系支撑，不具备系统、精准的运筹能力。为此，菜鸟创新性地推出电商供应链全链路数智化深度融合服务。全链式数智方案，打造"高效仓"。针对"资源碎""信息断""预估难"等痛点，菜鸟研发了全链宝数智供应链方案。"分仓宝"模块基于系统中沉淀多年的商家数据、行业大数据、平台大数据及场景，以产品维度指导商家分仓、计算实时分仓比、判断分仓安全库存、测算分仓科学补货频率，提供离消费者更近、成本更低的配送服务。"预测宝"模块打通销售平台和商家数据，为商家计划和补货提供科学依据。"决策宝"模块提供可视化数据看板，为商家提供更精准科学的运营决策。系统上线以来，已为宝洁、飞利浦、西门子等10余个知名商家提供健康诊断、仓网设计及优化、供应链计划及库存、促销资源管理等服务，平均帮助商家GMV提升5%，存货成本降低20%，物流费比降低10%。

高水平AI调度，实现"智慧运"。针对运输路径规划环节中普遍依靠人工经验、约束条件多、资源不能充分利用等难点，菜鸟研发了配送调度AI解决方案。打通仓、配数据流，在严格遵守所预设的约束（如装载量上限、允许派送的时间窗）下，达到总车辆数或总成本最优，实现按车生产和交接。其核心算法模块——车辆路径规划求解器已在全球标准评测平台上打破多项世界纪录，并入围2021 Informs Franz Edelman Finalist，是技术产生商业价值的代表场景之一。

系统化集成配送，做到"精准达"。为解决"最后一公里"问题，菜鸟驿站广泛推广应用了菜鸟自研的自助取件终端、实人寄件机设备、菜鸟智能柜等，与驿站包裹管理系统、云监控系统等打通，菜鸟驿站数智化"三件套"独有的秒级出库、刷脸取寄大大提升了消费者体验。在送货上门环节，菜鸟自研的城市物流计算系统可实时调配快递员，提升25%运力揽配人效，支持小区颗粒度履约，有效提升配送精准度和效率。

② 推广意义。

一是龙头企业带动上下游融通创新，是产业集群实现高水平跃升的重要路径。菜鸟依托阿里系的强支撑，为关联企业提供高效的资源共享和业务协同，关联企业又反过来巩固菜鸟的市占率和行业地位，这种集群效应实现了更高水平的利益共赢。二是覆盖全行业的数字化顶层设计，是产业体系迈向高质量发展的重要标志。菜鸟依托跨地区、跨行业的数字化网络，在更大范围、更广领域搭建体系架构，避免了低水平重复建设和碎片化投入，引领行业整体踏入高质量发展的新阶段。三是有效资源整合所形成的复合体系，能支持供应链实现更强的韧性。菜鸟依托强大的资源整合能力，在构建数智化应急物流体系时设计了多层级、多路径解决方案，在国内疫情防控大背景下，有力承担疫苗国际转运、抗疫物资配送任务，2020年至今已配送应急物资超2.6亿件，被评为浙江省抗击新冠肺炎疫情先进集体。

(3) 服务业数字化改革应用——湖州市南浔区卫生健康局"5G+社区智慧健康管理"

① 总体概况。

近年来，南浔区围绕《浙江省现代服务业发展十四五规划》中"556"服务业产业体系发展纲要，以"防大病、管慢病、促健康"为目标，以医防融合、数字赋能为突破口，率先探索慢性病"5G+社区智慧健康管理"服务模式。依托智慧健康管理系统和5G物联网智能监测终端，为慢病患者提供信息采集、智能评估、精准干预、跟踪随访，形成24小时健康管理闭环，为管理人群提供连续、综合、便捷、高效健康服务，不断提升群众对健康服务的满意度和获得感，逐步实现"足不出户"享受全程健康管理服务的目标，为浙江省健康服务业发展提供南浔力量。南浔区"5G+社区智慧健康管理"成功入选国家工信部、国家卫生健康委"5G+健康管理"试点项目，应用场景入选浙江省数字化改革成果展,今年5月被评为省卫健委2021年基层创新优秀案例。相关做法获成岳冲副省长批示肯定,人民网、《浙江日报》等多家主流媒体宣传推广。

② 建设背景。

《健康中国行动2030》将慢性病发病率上升趋势得到遏制和死亡率明显降低作为行动的总目标,然而基层医疗卫生却一直面临"老龄化严重＋慢病首位"的双重挑战。目前我们开展了一系列慢病的综合防治工作,虽然取得了一定成效,但在管理服务中一些"痛点"和"难点"亟待解决:一是慢病管理服务精准度不够导致管理效能低,要解决精准服务的问题。二是老年人出门不方便及疫情隔离期间无法出门,要解决便捷服务的问题。三是动态数据缺乏无法及时掌握病情变化,要解决连续服务的问题。四是数据采集多应用少及大数据分析能力不足,要解决数据综合利用的问题。五是对异常情况处置的及时响应不够,要解决高效服务的问题。

③ 基本做法。

A. 构建"动态采集"子模块,"一屏掌握"健康信息。全面准确的健康信息采集是健康管理的基础。一是构建标准化健康问卷。根据智慧健康管理标准,规范制定常规、中医、心理三大类问卷,居民可在家庭(全科)医生处进行填写,或通过浙里办—健康南浔—"问卷"模块在线填写,填写的问卷会自动进行归档。二是开展5G智能监测。家庭(全科)医生为在管的两慢病高危风险人群配发带有5G、物联网功能的血压仪和血糖仪,通过设备与人绑定,动态采集个人居家监测信息,实时掌握管理对象重要指标的动态变化情况。三是打通数据共享通道。以个人身份证号为主索引,建立健康大脑数据共享通道,及时采集居民在各医疗机构产生的健康档案信息、门诊住院诊疗信息和健康体检信息,为下一步健康管理服务的开展提供数据支撑。

B. 构建"智能评估"子模块,"一键评估"健康风险。科学精准的健康评估是健康管理的核心。一是健康信息智能归纳。家庭(全科)医生为服务对象建立智慧健康管理专项档案,对"动态采集"子模块收集的居民健康信息进行清洗、归纳,构建个人健康数据库。二是健康风险智能分析。建立了精准评估模型,利用大数据、云计算等新技术,对个人健康数据进行深度挖掘与智能分析,自动精准评估患者健康分数和风险指数,预测并发症发生风险。三是健康状况智能评估。通过智能分析结果,自动生成个人健康评估报告,涵盖当前健康状态、健康发展趋势、疾病风险因素等方面,并给出相应预防要点和建议。

C. 构建"健康干预"子模块,"一端智享"健康管理。及时有效的健康干预是健康管理的关键。一是智能健康指导。家庭(全科)医生根据个人健康评估结果,智能创建干预计划,包括生活行为指导、膳食指导、运动指导等,并将干预计划细化为任务列表,在线上对服务对象进行健康教育的同时,督促并指导按时执行干预计划。二是智能监测预警。应用会对服务对象的血压、血糖监测数据进行智能监控,一旦超出设定的阈值,会自动预警并提醒家庭(全科)医生,家庭(全科)医生会立即提醒患者注意病情并指导配合使用药物控制。服务对象也可通过浙里办—健康南浔—"健康监测"模块,在线开展自我健康管理。三是实时在线咨询。通过打通服务端(浙里办健康南浔)和医生端(数字家医)两端应用,为服务对象提供线上咨询互动服务,获得心理、用药、保健等各方面在线的专业指导,有效解决长期居家行动不便和疫情期间出门不便等问题。

④ 取得成效。

A. 服务模式创新。建立"管理平台＋服务团队",实现了线上＋线下双闭环管理和服务。引入了"5G＋物联网"技术,打破了时间及地域限制,可将健康服务从医院延伸至社区或家庭,对社区慢性病综合防治和主动健康管理具有重要意义。建立了"云计算＋大数据"精准评估模型,提高了健康管理精准度和服务的有效性。实施"跟踪预警＋在线互动",提高了服务效能和紧急情况的处置效率。

B. 服务效能提升。一是慢性病管理质量提升,健康行为明显改善。呈现出良好的自我健康管理态势。二是慢性病并发症下降,患者医药费用明显减轻。今年全区高血压、糖尿病病人因并发症住院人次较上年度同期下降17.73%,自付医药费用分别下降了10.23%至30.41%。三是基层就诊率上升,患者满意度和获得感明显增强,智慧健康管理对象满意度测评达到97.01%。

C. 理论制度创新。南浔牵头制定发布《社区慢性病智慧健康管理规范第1部分总则》(DB3305/T167.1—2020)和《第2部分高血压》(DB3305/T167.2—2020)两个市级地标。目前正与上海交大公卫学院开展课题合作,共同推进《南浔区"两慢病"智慧管理体系优化研究》,迭代升级基于"5G+AI"的慢病数智健康管理平台,为两慢病人群提供更精细化的智慧健康管理服务。同时,也为健康领域5G、物联网产业发展提供平台支撑。

4. 年度大事记

1月7日 浙江省服务业联合会制定了《长三角现代服务业创新企业评选办法》。

1月8日 《浙江省发展和改革委员会等13个部门关于印发〈浙江省推动先进制造业和现代服务业深度融合发展的实施意见〉的通知》(浙发改产业〔2021〕1号)。

1月19日 《浙江省人民政府办公厅关于印发浙江省科技企业"双倍增"行动计划(2021—2025年)的通知》(浙政办发〔2021〕1号)。

2月5日 《浙江省体育局关于落实做好人民群众就地过年体育健身服务工作的通知》(浙体群〔2021〕43号)。

2月7日 《浙江省人民政府办公厅关于继续实施惠企政策促进经济稳中求进的若干意见》(浙政办发〔2021〕9号)。

2月10日 《杭州市人民政府办公厅关于支持重大服务业发展用地的若干意见》(杭政办函〔2021〕12号)。

3月1日 《浙江省人民政府办公厅关于加强技术创新中心体系建设的实施意见》(浙政办发〔2021〕12号)。

3月3日 《浙江省人民政府关于印发浙江省深入实施促进经济高质量发展"凤凰行动"计划(2021—2025年)的通知》(浙政发〔2021〕6号)。

3月15日 《浙江省人民政府办公厅关于印发浙江省进一步推进跨境贸易便利化行动计划的通知》(浙政办发〔2021〕14号)。

3月16日 《关于加快推动制造服务业高质量发展的意见》(发改产业〔2021〕372号)。

3月26日 《省发展改革委关于印发〈浙江省现代物流业发展"十四五"规划〉的通知》(浙发改规划〔2021〕82号)。

3月31日 《省发展改革委省交通运输厅省农业农村厅省邮政管理局关于印发〈关于推进浙江省乡村物流补短板强弱项工作的意见〉的通知》(浙发改服务〔2021〕100号)。

4月6日 《浙江省文化和旅游厅关于印发厅文化和旅游数字化改革方案及2021年工作要点的通知》(浙文旅〔2021〕23号)。

4月7日 《国务院办公厅关于服务"六稳""六保"进一步做好"放管服"改革有关工作的意见》(国办发〔2021〕10号)。

4月9日 《商务部市场监管总局关于开展国家级服务业标准化试点(商贸流通专项)的通知》(商建函〔2021〕132号)。

4月12日 《省发展改革委关于印发〈浙江省两业融合试点创优导则(试行)〉的通知》(浙发改

产业〔2021〕109号)。

4月13日　《省发展改革委省统计局关于印发〈关于构建全省现代物流统计体系的工作方案〉的通知》(浙发改服务〔2021〕131号)。

4月16日　《浙江省经济和信息化厅关于开展2021年度服务型制造示范创建工作的通知》(浙经信服务〔2021〕58号)。

4月28日　《浙江省现代服务业发展工作领导小组办公室关于印发〈高质量建设全省现代服务业创新发展区的实施意见(2021—2025年)〉的通知》(浙服务业办〔2021〕1号)。

5月11日　省委、省政府举行全省金融工作座谈会，要求实施融资畅通工程升级版，加快构建数智化区域金融运行体系。

5月17日　《浙江省体育局关于进一步推进公共体育场馆服务大提升工作的通知》(浙体群〔2021〕124号)。

5月18日　《浙江省现代服务业发展工作领导小组办公室关于印发〈浙江省现代服务业发展"十四五"规划〉的通知》(浙服务业办〔2021〕4号)。

5月20日　《省发展改革委省文化和旅游厅关于印发〈浙江省旅游业发展"十四五"规划〉的通知》(浙发改规划〔2021〕179号)。

5月24日　《民政部国家发展和改革委员会关于印发〈"十四五"民政事业发展规划〉的通知》(民发〔2021〕51号)。

6月2日　《浙江省人民政府办公厅关于印发浙江省商务高质量发展"十四五"规划的通知》(浙政办发〔2021〕31号)。

6月3日　《关于开展省级产业创新服务综合体建设期满考核及年度绩效评价的通知》(浙科发基〔2021〕26号)。

6月4日　《浙江省人民政府关于印发浙江省数字政府建设"十四五"规划的通知》(浙政发〔2021〕13号)。

6月4日　《浙江省人民政府办公厅关于印发浙江跨境电子商务高质量发展行动计划的通知》(浙政办发〔2021〕32号)。

6月8日　《浙江省人民政府关于印发浙江省金融业发展"十四五"规划的通知》(浙政发〔2021〕15号)。

6月10日　《省发展改革委省商务厅关于印发〈浙江省新型贸易发展"十四五"规划〉的通知》(浙发改规划〔2021〕248号)。

6月10日　《浙江省人民政府关于加快促进高新技术产业开发区(园区)高质量发展的实施意见》(浙政发〔2021〕16号)。

6月16日　《浙江省人民政府办公厅关于印发浙江省数字经济发展"十四五"规划的通知》(浙政办发〔2021〕35号)。

6月17日　《省现代服务业发展工作领导小组办公室关于印发〈浙江省现代服务业创新发展区建设导则(试行)〉的通知》(浙服务业办〔2021〕6号)。

6月24日　《浙江省人民政府办公厅关于进一步深化企业减负担降成本改革的若干意见》(浙政办发〔2021〕37号)。

6月25日　长三角现代服务业联盟组织主办的"首届长三角服务创新高峰论坛暨创新企业榜单发布会"在杭州召开。本届论坛收获满满，成果多多：一是3省1市共同发布了《长三角现代服务业高质量创新发展倡议书》。二是对长三角现代服务业"试点示范培育项目"和"战略合作联盟"进行了签约。三是对长三角服务业创新企业进行了榜单发布与授牌。四是对《2020年浙江服务业发展报告》(蓝皮书)进行了推介。五是原浙江省常委、杭州市委书记王国平作了主旨演讲。

6月28日 《浙江省人民政府办公厅关于印发浙江省切实解决老年人运用智能技术困难实施方案的通知》(浙政办发〔2021〕39号)。

7月2日 《国务院办公厅关于加快发展外贸新业态新模式的意见》(国办发〔2021〕24号)。

7月6日 《关于编报积极应对人口老龄化工程和托育建设2021年中央预算内投资计划建议的通知》(发改办社会〔2021〕544号)。

7月30日 《浙江省人民政府办公厅关于对2021年真抓实干成效明显地方进一步加大激励支持力度的通知》(浙政办发〔2021〕46号)。

8月12日 《浙江省卫生健康委员会关于深化"互联网＋护理服务"提升居家护理服务质量的通知》(浙卫发〔2021〕24号)。

8月14日 《浙江省人民政府办公厅关于进一步整合优化政务服务便民热线的通知》(浙政办发〔2021〕49号)。

9月3日 《浙江省民政厅浙江省财政厅关于印发浙江省养老服务补贴制度实施办法的通知》(浙民养〔2021〕164号)。

9月13日 《省发展改革委关于公布2021年省级先进制造业和现代服务业融合发展试点名单的通知》(浙发改产业〔2021〕344号)。

9月15日 《浙江省民政厅关于印发〈推进民政事业高质量发展建设共同富裕示范区行动方案(2021—2025年)〉的通知》(浙民办〔2021〕166号)。

9月17日 中国质量(杭州)大会在浙江开幕。

10月13日 《国务院办公厅转发国家发展改革委关于推动生活性服务业补短板上水平提高人民生活品质若干意见的通知》(国办函〔2021〕103号)。

10月26日 由中国物流与采购联合会主办的"数字化仓库中国行——浙江站"座谈会在杭州召开。

11月12日 《浙江省卫生健康委员会等12部门关于深入推进医养结合发展的若干意见》(浙卫发〔2021〕34号)。

11月18日 《中共中央国务院关于加强新时代老龄工作的意见》(中发〔2021〕42号)。

11月26日 《国务院办公厅关于印发"十四五"冷链物流发展规划的通知》(国办发〔2021〕46号)。

12月3日 《中共浙江省委宣传部关于印发〈关于推进浙江省文化产业高质量发展的实施意见〉的通知》(浙宣〔2021〕59号)。

12月5日 浙江省服务业联合会出版了《2021浙江省服务业发展报告》。

12月8日 《浙江省教育厅浙江省公安厅浙江省交通运输厅关于进一步完善中小学生交通安全保障体系的意见》(浙教安〔2021〕59号)。

12月13日 浙江省服务业联合会在杭州召开了"数字服务创新座谈会"。

12月16日 《关于印发2021浙江省数字经济发展综合评价报告的通知》(浙数办〔2021〕13号)。

12月23日 《浙江省人民政府办公厅关于支持冷链物流高质量发展的若干意见》(浙政办发〔2021〕76号)。

12月27日 《关于印发〈杭州市促进家政服务业提质扩容"领跑者"行动〉计划的通知》(杭服办

〔2021〕4 号）。

12 月 28 日 《浙江省卫生健康委员会等六部门关于印发浙江省儿童医疗服务发展行动计划（2021—2025 年）的通知》（浙卫发〔2021〕47 号）。

12 月 29 日 《省发展改革委等 29 个部门关于印发〈浙江省基本公共服务标准（2021 年版）〉的通知》（浙发改社会〔2021〕457 号）。

12 月 30 日 《国务院关于印发"十四五"国家老龄事业发展和养老服务体系规划的通知》（国发〔2021〕35 号）。

12 月 30 日 《浙江省人民政府办公厅关于加强养老服务综合监管促进养老服务高质量发展的实施意见》（浙政办发〔2021〕88 号）。

12 月 31 日 《浙江省文化和旅游厅印发〈浙江省文化和旅游厅关于加快推进数字文化产业高质量发展的实施意见〉的通知》（浙文旅产〔2021〕30 号）。

12 月 31 日 《浙江省商务厅等 16 部门关于印发加快推进内外贸一体化发展若干意见的通知》（浙商务联发〔2021〕182 号）。

12 月 31 日 《省推进钱塘江金融港湾建设联席会议关于印发〈钱塘江金融港湾发展实施计划（2021—2025 年）〉的通知》（浙金融港湾发〔2021〕4 号）。

（浙江省服务业联合会供稿）

（三）安徽省现代服务业 2021 年发展报告

1. 行业综述

（1）2021 年现代服务业主要分类统计数据

2021 年全省生产总值 42 959.2 亿元，比上年增长 8.3%，两年平均增长 6%。三次产业协同发展，第一产业增加值 3 360.6 亿元，增长 7.4%；第二产业增加值 17 613.2 亿元，增长 7.9%，其中工业增加值 13 081.7 亿元、增长 8.9%，制造业增加值 11 354.1 亿元，占全省生产总值比重为 26.4%、比上年提升 0.6 个百分点；第三产业增加值 21 985.4 亿元，增长 8.7%。三次产业结构由上年的 8.4：40.0：51.6 调整为 7.8：41.0：51.2。2021 年，面对国内部分地区疫情散发等挑战，服务业经济显示强大韧性、保持恢复性增长态势。

全年批发和零售业增加值 4 073.9 亿元，比上年增长 10.8%；交通运输、仓储和邮政业增加值 2 056.9 亿元，增长 8.2%；住宿和餐饮业增加值 798.5 亿元，增长 17.2%；金融业增加值 2 779.5 亿元，增长 5.9%；房地产业增加值 3 300.2 亿元，增长 6.4%；信息传输、软件和信息技术服务业增加值 964 亿元，增长 10.6%；租赁和商务服务业增加值 1 267.4 亿元，增长 9.8%。全年规模以上服务业企业营业收入增长 16.8%，其中以互联网信息技术、商务服务等新兴行业为代表的其他营利性服务业营业收入增长 18.4%。

① 交通运输、仓储和邮政业。

A. 交通运输业

安徽省全年货物运输量 40.1 亿吨，比上年增长 7.2%。货物运输周转量 11 023.9 亿吨千米，增长 8%。全年港口货物吞吐量 5.8 亿吨，增长 7.8%。全年旅客运输量 2.8 亿人次，下降 15%。旅客运输周转量 784.7 亿人千米，增长 7.7%。全省民航机场旅客吞吐量 1 100.1 万人次，增长 6.5%，其中，合肥新桥机场旅客吞吐量 879.5 万人次，增长 2.3%。

铁路旅客运输。完成铁路客运量 10 996.0 万人次、旅客周转量 603.5 亿人千米，同比分别增长了16.3%和14.5%,已恢复至2019年的84.6%。

公路旅客运输。完成公路客运量1.6亿人次,旅客周转量147.8亿人千米,同比分别减少28.5%和12.1%,与2019年同期分别减少64.3%和56.5%,较前三季度增幅分别减少了7.8个和6.9个百分点。疫情持续多点散发以及出行方式多元化等因素影响,公路客运量降幅进一步扩大。

水路旅客运输。完成水路客运量161万人次、旅客周转量2 130万人千米,同比分别增长45.7%和40.2%,与2019年同期分别减少27.4%和29.9%。水路客运持续呈现规模小波动大的特点。

民航机场吞吐量。全省运输机场完成旅客吞吐量1 100.1万人次,同比增长6.5%,与2019年同期相比减少27.6%,降幅比前三季度扩大了2.7个百分点。2021年全省完成营业性货运量40.1亿吨,同比增长7.2%,与2019年同期相比下降6.8%。

铁路货物运输。完成铁路货运量7 616.7万吨、货物周转量782.5亿吨千米,同比增长0.9%和11.6%,与2019年同期相比分别增长-2.7%和8.0%。铁路货物运输平均运距约1 027.4千米,同比增加98.9千米,与2019年同期相比增加101.2千米,铁路货运长距离运输有所增长。

公路货物运输。完成公路货运量25.9亿吨、货物周转量3 727.9亿吨千米,同比分别下降6.4%和9.3%,比2019年同期分别下降12.9%和35.1%。疫情期间低基数因素逐渐消除后,公路货运量增长趋于平缓。

水路货物运输。完成水路货运量13.5亿吨、货物周转量6 513亿吨千米,同比分别增长9.2%和6.9%,比2019年同期分别增长7.7%和4.6%。

民航货邮吞吐量。全省运输机场完成货邮吞吐量10万吨,同比增长7.7%,与前三季度以及2019年同期基本持平。

高速公路通行量。2021年全省高速公路收费站日均通行87.8万辆自然车,与2019年同期相比增长11.9%。一季度受疫情就地过年政策的影响,增幅稍微收窄,与2019年同期相比增长了16.4%,而二季度尤其是"五一"、清明长假强势反弹,高速通行量与2019年同期相比增长25.6%,三季度受局部疫情交通管控影响,与2019年同期相比仅增长1.6%,四季度与2019年同期相比增长6.9%。

普通国省干线交通量。2021年普通国省干线机动车日均交通量13 560辆(当量标准小客车,下同),同比增长4.8%。一季度、二季度、三季度、第四季度日均分别通行10 305、10 164、14 630、13 841辆。其中客车日平均交通量为5 197辆,同比增长4.1%。货车日平均交通量为7 315辆,同比增长7.6%。摩托车、拖拉机等日均交通量为898辆,同比下降21.4%。

水运船闸过闸量。2021年,港航集团公司所属船闸企业累计完成过闸量2.9亿吨,完成全年目标任务101.6%,同比增长29.1%。

港口吞吐量。2021年完成货物吞吐量58 326万吨,同比增长7.8%,完成集装箱吞吐量204万标箱,同比增长5.0%,比2019年同期分别增长6.0%和13.7%。

B. 邮政业

全年邮政行业业务总量393.6亿元,比上年增长31.8%。快递业务量31.3亿件,快递业务收入216.8亿元,分别增长42%和23.9%。2021年,全省邮政行业业务收入(不包括邮政储蓄银行直接营业收入)累计完成324.84亿元,同比增长18.67%;邮政行业业务总量累计完成393.6亿元,同比增长31.75%。

邮政寄递。邮政寄递服务业务量累计完成13.12亿件,同比增长16.25%;邮政寄递服务业务收入累计完成20.10亿元,同比增长11.53%。其中,函件业务大幅增长,全年函件业务量累计完成

4 313.78万件,同比增长77.22%;包裹业务下降明显。全年包裹业务量累计完成42.40万件,同比下降17.07%;报刊业务继续下滑,全年订销报纸业务累计完成5.93亿份,同比下降0.38%,全年订销杂志业务累计完成3 098.09万份,同比下降2.20%;汇兑业务继续萎缩,全年汇兑业务累计完成9.29万笔,同比下降39.71%。

快递业务。全年快递业务量累计完成31.27亿件,同比增长41.97%;快递业务收入累计完成216.81亿元,同比增长23.90%。快递业务收入占行业总收入的比重为66.74%,比上年提高2.81个百分点;全年同城快递业务量完成34 013.57万件,同比增长35.02%,业务收入完成17.95亿元,同比增长30.82%;全年异地快递业务量完成277 692.30万件,同比增长42.99%,实现业务收入129.60亿元,同比增长23.62%;全年国际/港澳台快递业务量完成958.93万件,同比增长15.96%,实现业务收入7.36亿元,同比下降11.14%。

同城、异地、国际/港澳台快递业务量分别占全部快递业务量的10.88%、88.81%和0.31%,同城、异地、国际/港澳台和其他快递业务收入分别占全部快递收入的8.28%、59.78%、3.39%、28.55%。

② 信息传输、计算机服务和软件业。

信息传输、软件和信息技术服务业增加值964亿元,增长10.6%;其中,电信业务总量594.1亿元,增长24.1%。年末全省电话用户总数6 984.8万户,其中移动电话用户6 443.8万户。移动电话普及率105.6部/百人。固定互联网宽带接入用户2 383.9万户,比上年末增加238.7万户,其中固定互联网光纤宽带接入用户2 185.2万户,比上年末增加229.7万户。全年移动互联网用户接入流量82.3亿GB,增长33.9%。

③ 批发和零售业。

全年增加值4 073.9亿元,比上年增长10.8%。2021年,全省实现社会消费品零售总额21 471.2亿元,比上年增长17.1%,高于全国4.6个百分点,增速自2018年以来已连续4年居全国前5位;两年平均增长9.6%,高于全国5.7个百分点。一季度、二季度、三季度、四季度两年平均增长9.6%、12.1%、8.8%和8.1%,分别高于全国5.4、7.5、5.8和4.1个百分点。

商品零售增长较快。全省商品零售额18 550.3亿元,增长14.5%,两年平均增长9%。限额以上23类商品中,21类商品零售额增长,其中16类商品实现两位数增长。吃、穿、用、行类商品零售额分别增长16.3%、8.4%、18.5%和11.1%,两年平均分别增长13.3%、1.8%、11.5%和6.4%。

新型消费扩容提质。2021年全省实现网上零售额3 049.8亿元,增长15.9%,比全国快1.8个百分点,两年平均增长17.5%,快于社会消费品零售总额两年平均增速7.9个百分点。其中,限额以上批发零售业中,通过公共网络实现的商品零售额增长32.9%;限额以上住宿餐饮业中,通过公共网络实现的客房收入和餐费收入分别增长26.8%和18.7%。

升级类消费需求持续释放。限额以上单位通讯器材类、金银珠宝类和家用电器类等商品保持较快增长势头,零售额分别增长33.3%、33.2%和14.2%。其中智能手机类商品增长1倍,能效等级为1级2级的家用电器和音像制品增长32.9%,智能家用电器和音像器材增长52.3%。新能源汽车增长4.1倍。

④ 住宿和餐饮业。

住宿和餐饮业增加值798.5亿元,增长17.2%。

⑤ 金融业。

A. 银行业

银行业资产规模平稳增长,机构体系不断优化。2021年末,安徽省银行业资产总额8.5万亿元,同比增长9.9%。其中,法人银行业资产总额3.3万亿元,同比增长9.1%;占全省银行业总资产的39.4%,占比较上年末基本持平。

存款。2021年末,安徽省金融机构本外币存款余额6.7万亿元,同比增长10.6%,增速较上年末提高0.2个百分点;较年初增加6 400.2亿元,同比多增718.7亿元。分部门看,住户存款余额同比增长13.9%,高于各项存款增速3.3个百分点;非金融企业存款余额同比增长7.8%,低于各项存款增速2.8个百分点;广义政府存款余额同比增长2.2%,增速较上年末提高2.6个百分点;非银行业金融机构存款余额同比增长21.9%,增速较上年末回落2.4个百分点。

贷款。2021年末,安徽省金融机构本外币贷款余额5.9万亿元,同比增长12.6%;较年初增加6 542.1亿元。从期限结构看,中长期贷款增长加快。2021年末企(事)业单位中长期贷款同比增长17.1%,高于全部贷款增速4.5个百分点,反映出经济复苏动力增强,企业生产投资意愿回升。从信贷投向看,2021年末全省普惠小微企业贷款、涉农贷款、制造业贷款同比分别增长22.8%、13.5%、13.1%,分别高于各项贷款增速10.2个、0.9个、0.5个百分点。

货币政策。2021年末,安徽省再贷款再贴现余额923.9亿元,全年累计发放1 686.1亿元,共支持15万余户小微、科技创新、绿色低碳、乡村振兴等领域市场主体。继续发挥两项直达实体经济政策工具稳企保岗作用,支持金融机构为3.1万户普惠小微企业(含个人)592.8亿元贷款提供延期还本付息,为10.7万户普惠小微企业(含个人)发放信用贷款305.1亿元。省政府召开全省专题会议布置金融支持碳减排工作,碳减排支持工具和支持煤炭清洁高效利用专项再贷款在安徽快速落地。认真贯彻存款准备金框架优化政策,落实两次降准和三农事业部考核政策,为金融机构释放资金共271亿元。

表外融资。2021年,安徽省表外融资减少710.3亿元,同比少减355.7亿元。其中,委托贷款继续下降,全年减少26.2亿元,同比少减357.6亿元;信托贷款减少709.5亿元,同比多减360.0亿元;未贴现的银行承兑汇票增加25.4亿元,同比多增358.3亿元。

B. 证券业

证券期货机构加快培育,经营水平持续提升。2021年末,安徽省共有证券期货机构399家,其中法人证券公司2家、法人期货公司3家。全省法人证券公司总资产1 656.3亿元,营业收入74.2亿元,同比分别增长30.3%、12.9%。全省法人期货公司总资产179.0亿元,营业收入15.7亿元,同比分别增长19.0%、34.0%。全年证券营业部实现证券交易额11.2万亿元,同比增长19.6%;期货营业部实现期货交易额23.6万亿元,同比增长2.4%。

C. 保险业

保险业务稳步发展,分支机构数量略增。2021年末,安徽省共有法人保险公司2家,均为财产险公司,较上年同期增加1家。共有保险分支机构72家,连续两年保持增长。保费收入稳定增长,各类赔付增速较快。2021年安徽省实现原保费收入1 531亿元,同比增长9.1%,增速较上年提高1.6个百分点。其中,全年各类赔款给付588亿元,同比增长23.2%,高于原保费收入增速14.1个百分点。

⑥ 房地产业。

2021年安徽省房地产开发投资商品住宅累计投资金额为5 976.82亿元,投资金额累计同比增长6%。2021年安徽省房地产开发企业商品住宅施工面积中新开工面积有所下滑,竣工面积呈现上升趋势,新开工面积与竣工面积的差距有所缩小。商品住宅累计施工面积为35 151.05万平方米(其中本年新开工面积为8 140.41万平方米,竣工面积为5 349.76万平方米),累计施工面积在中国各省市排名第7。商品住宅销售面积为9 507.67万平方米(其中销售现房773.41万平方米,销售期房 8 734.26 万平方米),销售额为 7 514.62 亿元,销售均价为 0.79 万元/平方米。

⑦ 租赁和商务服务业。

租赁和商务服务业增加值 1 267.4 亿元,增长 9.8%。

⑧ 养老服务。

2021年,《安徽省养老服务条例》被列入立法计划、"十四五"养老规划列为省政府重点规划、养老服务新三年行动计划已经省政府常务会议审议发布,草案和文件陆续审议发布,基本形成以立法为法律保障、规划为中期指引、行动计划为操作指南的系统的制度框架,构建起养老服务政策的"四梁八柱",全省配建社区养老服务设施总面积 225 万平方米,建成县级、街道、社区养老服务中心 3 236 个。建成养老机构 2 508 家、床位 40.5 万张,其中护理型床位占比 48.8%、社会力量运营床位占比 62.2%。

⑨ 旅游业。

国内旅游收入 5 578.4 亿元,增长 32.1%。全年全省国内游客 5.8 亿人次,增长 23.4%。皖南国际文化旅游示范区旅游总收入 2 854.6 亿元,增长 31.7%。年末全省有 A 级及以上旅游景点(区)657 处。

⑩ 民营服务业。

全省规上民营服务业企业对 2022 年一季度经营状况的预期指数为 63.2%,同比提高 2.8 个百分点。生产经营平稳运行。盈利增加的企业占 23.1%,提高 0.8 个百分点;企业资金周转情况基本正常的占 80%,提高 0.2 个百分点。无融资需求的企业占 64.6%;有融资需求的企业中,74.1%的企业融资渠道为银行贷款。政策受益面扩大。惠企政策效应持续显现,2021 年四季度,受益相关政策帮助和支持的占 46.1%,提高 1.7 个百分点,连续两个季度提升。其中,文化体育和娱乐业、租赁和商务服务业分别提高 4.6、3.1 个百分点。受益的政策措施中,81.8%受益于减税降费。新兴服务业发展势头良好。以信息传输软件和信息技术服务业、科学研究和技术服务业为代表的民营新兴服务业发展较快,盈利增加的企业占比分别较上季度提高 6.8、5.1 个百分点,高于全省平均水平 9.8、11.9 个百分点;预期指数为 70.7%、69.1%,位居民营服务业行业前两位,高于全省平均水平 7.5、5.9 个百分点。

(2) 2021 年规模以上服务业企业主要经济指标总体情况

全年规模以上服务业实现营业收入 4 779.4 亿元,比上年增长 16.8%,两年平均增长 11.7%、高于全国 1.7 个百分点。

总体恢复态势延续。 促进经济发展各项措施持续显效,多数行业运行保持稳定。32 个行业大类中,29 个行业营业收入比上年实现增长,增长面为 90.6%,持续保持在九成以上的较高水平;18 个行业营业收入保持两位数增长,其中 11 个行业增速在 20%以上。

新兴领域行稳势好。 线上经济热度不减,互联网平台、城市配送、快递服务行业营业收入分别比上年增长 43.9%、41.7%和 19.9%;科技创新加快推进,新能源技术推广、科学研究试验、物联网技术服务、集成电路设计行业分别增长 93.2%、60.3%、47%和 34.9%;灵活用工持续发力,劳务派遣、外包服务行业分别增长 47.2%和 25.2%。

幸福产业蓬勃发展。 "银发经济"迎来加速期,社会看护、医学研究、健康咨询行业营业收入分别比上年增长 60.4%、44.3%和 21.4%;数字化赋能文化产业,文化体育娱乐业营业收入比上年增长 26.3%,增速快于规上服务业 9.5 个百分点。

企业效益持续改善。 全省规上服务业实现利润总额 510.8 亿元,比上年增长 15.7%,高于全国 2.3 个百分点。分行业看,32 个行业中有 25 个行业实现盈利,盈利面为 78.1%;从企业看,76.1%

的企业实现盈利,55.2%的企业盈利状况较上年有所好转。

(3) 2021年现代服务业发展重大事件

① 省委省政府高度重视,前瞻谋划《安徽省十四五服务业发展规划》。规划提出,到2025年,安徽服务业在全省稳增长、强功能、优结构、惠民生中的作用更加凸显,在全国服务网络中的地位不断提升,初步建成联动长三角、辐射中西部、通达全世界的高能级服务枢纽。服务业增加值年均增速高于地区生产总值增速,服务业从业人员占比稳步提高到42%以上。

② 安徽科技大市场创新科技服务新模式。2020年8月,习近平总书记在安徽考察调研期间,在合肥参观了安徽创新馆,现场了解安徽科技创新和发展新兴产业情况,对安徽在推进科技创新和发展战略性新兴产业上取得积极进展表示肯定。他指出,安徽要加快融入长三角一体化发展,实现跨越式发展,关键靠创新。要进一步夯实创新的基础,加快科技成果转化,加快培育新兴产业,锲而不舍、久久为功。安徽创新馆认真贯彻落实习近平总书记重要讲话指示精神,在省委及合肥市委统一部署下,以建设"政产学研用金"六位一体,省市县三级、线上线下相融合的安徽科技大市场为核心,全力提升运营水平,努力建设国际知名、国内一流的科技成果转化交易中心。安徽科技大市场正式运营以来,已完成近1 000个技术成果项目交易,促成科技成果转化项目金额近400亿元。

③ 金融合作全面深化,助力现代金融服务再上台阶。2021年,安徽省人民政府分别与中国太平洋保险(集团)股份有限公司、中关村融信金融信息化产业联盟、国际投资促进会、春光里产业资本集团、中国人民保险集团等举行工作会谈或签订战略合作协议,为金融产业高质量发展提供了基础。特别是,7月3日2021清华五道口金融发展论坛在合肥举行,以"多层次资本市场与创新安徽"为主题,汇集来自政、商、学界的200多位专家、学者、企业家线下参会,围绕中国与安徽、金融与科创、学术与实践三大层面问题,探讨新发展格局之下安徽经济发展及"三地一区"建设的当下和未来。

④ 一系列交通领域重大工程动工或完工。在港口方面,"富航之鑫"号货轮从安徽芜湖港运抵上海洋山港,标志着芜湖港—洋山港"联动接卸"模式顺利落地,长三角区域海关协同发展取得新进展,安徽省港航集团与山东省港口集团战略合作协议签约,表示安徽港口、航空运输能力得到进一步加强;在高铁方面,马鞍山长江公铁大桥、安九高铁,是国家"八纵八横"高铁网络的重大成果,是安徽省高铁骨干网建设又一标志性重大成果,在高速公路建设方面,全省"县县通高速"取得良好成效,有效促进了县域经济、城乡一体化的进程。

⑤ 现代服务产业集群优势显现。中国声谷产业集群区建设、安徽自贸试验区建设、新兴产业聚集地建设、合肥新桥科技创新示范区建设等取得新进展,特别是9月10日—12日,省长王清宪在黄山市开展专题调研,要求黄山以开放的视野、系统的思维谋划好现代服务业特别是文化旅游业的发展,聚力打造高端现代服务业集聚区和生态型、国际化旅游目的地。以旅游、科技、电商贸易为主要的现代服务产业集群优势进一步得到显现。

⑥ 举办多项全国性或世界性活动。第二届中国—中东欧国家博览会暨国际消费品博览会路演推介活动、第十一届中国国际机器人高峰论坛暨第七届恰佩克颁奖仪式、2021世界制造业大会、2021中国合肥苗木花卉交易大会等相继在合肥、芜湖等地举办,搭平台,促合作,服务能力以及安徽品牌影响力得到进一步提高。

(4) 2021年发展大事记

1月7日　长三角人工智能产业链联盟成立大会在合肥召开,并举行联盟揭牌。

1月25日　省政府新闻办召开安徽自贸试验区建设情况新闻发布会。安徽自贸试验区内已新设立企业3 857家,签约入驻项目341个,协议引资额2 922亿元。

2月20日　安徽省港航集团与山东省港口集团战略合作协议签约。

2月26日　安徽省人民政府与中国太平洋保险(集团)股份有限公司签署战略合作协议。

3月10日　"富航之鑫号"货轮从安徽芜湖港运抵上海洋山港,标志着芜湖港—洋山港"联动接卸"模式顺利落地,长三角区域海关协同发展取得新进展。

3月14日　巢马城际铁路(巢湖至马鞍山)控制性工程马鞍山长江公铁大桥主墩开始施工。该大桥是国家"八纵八横"高铁网沪汉蓉快速通道合肥至上海间的重要组成部分,是超大规模、超大双主跨、超高塔、超大直径钻孔桩的组合体,建成后将创多项世界之最。

3月25日　省长王清宪与中关村融信金融信息化产业联盟理事长李滨一行举行工作会谈。

3月25日　工信部、安徽省政府共同推进安徽智能语音产业发展领导小组会议在北京召开,推动智能语音和人工智能产业高质量发展,实现中国声谷"十四五"开局之年强力起跳。

4月8日　安徽省优秀民营企业家和优秀民营企业表彰暨推进"十四五"民营经济高质量发展大会在合肥召开。

4月16日　省长王清宪在合肥与国际投资促进会会长王平一行就深化大健康产业等领域项目合作举行工作会谈。

4月16日　第二届中国—中东欧国家博览会暨国际消费品博览会路演推介活动在合肥举行。安徽省商务厅与浙江省商务厅、宁波市政府联合举办路演推介活动,推进长三角一体化发展,共享中国—中东欧发展新机遇,促进更多从事贸易的客商到博览会洽谈交易。

4月17日　省长王清宪在合肥与春光里产业资本集团董事长杨守彬一行举行工作会谈。

4月19日—20日　省委书记李锦斌,省委副书记、省长王清宪率安徽省党政代表团,赴上海开展学习考察和项目对接,举行沪皖经济社会发展座谈会。

4月26日　首届中国(安徽)科交会在合肥隆重开幕。

5月11日　省委省政府与中国邮政集团公司举行工作座谈。

5月27日　长三角一体化发展高层论坛在江苏无锡举行。长三角三省一市主要领导、有关专家学者,围绕"服务新发展格局、走在现代化前列"的主题,进行了深入交流。

6月3日　文化和旅游部、中央宣传部、中央党史和文献研究院、国家发展改革委联合发布"建党百年红色旅游百条精品线路",安徽有7条精品线路入选。

6月19日　加快打造新兴产业聚集地暨2021年全省第六批重大项目集中开工动员会在马鞍山市举行。

6月28日　省委书记李锦斌、省长王清宪深入合肥新桥科技创新示范区调研战略性新兴产业发展情况。

7月3日　2021清华五道口金融发展论坛在合肥举行。

7月8日　安徽省人民政府与中国人民保险集团在合肥签署战略合作框架协议。

7月12日　省长王清宪主持召开省政府专题会议,听取省交通运输厅工作汇报,对加快构建安全、便捷、高效、绿色、经济的综合交通体系,作出深入部署和安排。

8月26日　全省"万企兴万村"行动启动大会在合肥召开。

8月30日　安徽省共有24家入选国家级外贸转型升级基地。

9月9日　省政府召开"五个一"创新主平台和"一室一中心"分平台建设专题会议。

9月10日—12日　省长王清宪在黄山市开展专题调研,要求黄山以开放的视野、系统的思维谋划好现代服务业特别是文化旅游业的发展,聚力打造高端现代服务业集聚区和生态型、国际化旅游目的地。

9月13日　省委书记李锦斌主持召开省委常委会会议,深入学习习近平总书记在2021年中国国际服务贸易交易会全球服务贸易峰会上的致辞。

9月14日　2021年第十一届中国国际机器人高峰论坛暨第七届恰佩克颁奖仪式在芜湖开幕。

9月23日　安徽省人民政府与中国科学院在合肥签署全面合作协议。

9月28日　省政府举办北交所相关政策报告会暨专精特新企业发展推进会。

10月4日　我国首个量子计算双创平台——合肥量子计算创新创业平台,由合肥市大数据公司依托合肥先进计算中心和本源量子共同打造并正式上线。

10月8日　省委书记郑栅洁赴中国科学技术大学和大健康研究院调研人才工作,并出席大健康研究院挂牌仪式。

10月15日—24日　2021中国合肥苗木花卉交易大会在中国中部花木城(肥西)举办。

10月18日—19日　2021长三角一体化院士论坛暨第四届安徽院士创新发展论坛在合肥开幕。

10月15日　北京证券交易所鸣钟开市,10家新上市公司和71家原精选层挂牌公司集体登场。首批81家挂牌上市企业中有5家来自安徽,分别为晶赛科技、浩森科技、翰博高新、佳先股份、安徽凤凰,皖企数量位居全国第五。

10月20日　长三角区域首次申领居民身份证"跨省通办"试点工作正式启动。

10月30日　安徽省商贸服务业第四届"赛菲杯"技能竞赛在合肥市瑶海区宝业东城广场圆满落幕。

11月19日　2021世界制造业大会开幕式暨主旨论坛在合肥隆重举行。

11月22日　国家玻璃新材料创新中心、智能语音创新中心获工信部正式批复组建,标志着安徽省创建国家级创新平台取得关键性突破,制造业创新能力加速提升。

12月15日　省政府对《安徽省实施长三角一体化发展规划"十四五"行动方案》《安徽省"十四五"制造业高质量发展规划》《加快发展保障性租赁住房的实施方案》等进行审议。

12月16日　全省"县县通高速"暨交通重大项目集中开工仪式在合肥举行。

12月16日　由省政府联合团中央、人力资源社会保障部、农业农村部、商务部、国家乡村振兴局举办的2021年中国青年创新创业交流营活动在合肥启动。

12月19日　省长王清宪主持召开助企纾困激发市场主体活力专题会议,系统梳理、检视、整合各项支持政策。

12月30日　安九高铁正式开通运营,京港通道合肥至深圳首发列车发车,是安徽省高铁骨干网建设又一标志性重大成果。

12月30日　国家发展改革委印发《沪苏浙城市结对合作帮扶皖北城市实施方案》。根据安排,上海市闵行区与安徽省淮南市结对、上海市松江区与安徽省六安市结对、上海市奉贤区与安徽省亳州市结对、江苏省南京市与安徽省滁州市结对、江苏省苏州市与安徽省阜阳市结对、江苏省徐州市与安徽省淮北市结对、浙江省杭州市与安徽省宿州市结对、浙江省宁波市与安徽省蚌埠市结对。

2. 发展特征

(1) 年度行业新趋势、新业态、新模式

① 制定系列措施促进服务业恢复发展。

为了减少疫情对服务业的冲击,安徽省委省政府出台了一系列服务业纾困扶持措施,提出落实国家服务业增值税加计抵减、扩大"六税两费"适用范围、中小微企业设备器具税前扣除等支持政策;执行科技、就业创业、医疗、教育等11项税费优惠政策;落实科技型中小企业研究开发费用税前加计扣除有关优惠政策。企业在改制过程中因有特殊困难、不能按期缴纳税款的,可依规在规定的期限内延期缴纳相应税款。鼓励各地结合实际,对缴纳房产税、城镇土地使用税确有困难的、符合条件的服务业纳税人按规定给予减免。支持各地进一步优化城镇土地使用税等级划分,在规定的税额幅度范围内,依规进一步降低城镇土地使用税征收标准;对符合条件的法人银行机构发放的普惠小微企业和个体工商户贷款,落实按余额增量的1%提供资金,加大对困难行业特别是服务业领域的倾斜力度。特别是对于餐饮业、零售业、旅游业、公路水路铁路运输业、民航业等困难行业提出了针对性帮扶政策。

② 推进"十四五"首批先进制造业和现代服务业融合发展试点建设。

开展先进制造业与现代服务业深度融合发展试点示范行动,深入推进国家"两业融合"试点建设,认定一批省级"两业融合"试点。坚持因地制宜、因企制宜,培育发展"两业融合"新业态新模式,推动制造业企业向附加值高的服务环节延伸、服务业企业向制造领域拓展。鼓励发展智能工厂、工业互联网创新应用、柔性化定制、共享生产平台、优化供应链管理等新业态新模式,积极探索制造业和互联网融合发展、现代物流和制造业高效融合、研发设计服务和制造业有机融合、消费品工业和服务业深度融合等新路径。

③ 聚焦科技转化服务。

安徽省积极构建"政产学研用金"六位一体的科技成果转化服务机制,组建安徽科技大市场建设运营有限责任公司,作为市场化运营平台,积极推动创新、创业、创投、创客"四创"联动,建设并拓展安徽科技大市场科技成果产业孵化基地。2021年4月,安徽科技大市场鸣锣开市。继11月举办了首场安徽科技大市场科技成果转化交易会后,在此次举办的安徽科技大市场12月科技成果转化交易会上,重点突出聚焦科技成果的就地交易、就地转化、就地应用上。在就地交易上,现场签约项目14项,同时线上发布142项转化交易成功项目;在就地转化上,共展示发布20个省内外成果产业化项目;在就地应用上,展示发布14个科技成果应用场景,线上线下参与企业200余家。安徽科技大市场的组建旨在扎实推进省内、长三角、全国乃至全球技术大循环,构建更加高效的技术大循环体系。通过安徽科技大市场,面向全国乃至全球发放技术攻坚榜;依托科大硅谷和高新园区等,以人才流汇聚成果流,吸引高端人才携带更多的先进科技成果到安徽转化。

④ 加强服务业集群效益。

安徽省把科技服务、软件与信息服务、现代物流、金融商务、电子商务、新型专业市场、创意文化服务、旅游休闲、健康养老服务等九大领域列为服务业的培育重点,不断加快推进省级服务业集聚区建设,引导全省服务业集聚、加快发展。全省共有省级服务业集聚区195家,集聚示范区73家。2021年,经专家评审、现场核查、网站公示等程序,新认定合肥庐阳大数据产业园科技服务集聚区等35家集聚区为省级服务业集聚区,新认定合肥启迪科技城科技服务集聚示范区等13家为省级服务业集聚示范区(包括3家省级示范物流园区)。采取政府引导集聚示范、强化运营监测、增强政策保障、开展交流合作的方式,为各类集聚区创造良好的发展环境,推动集聚示范区发挥好示范带动作用。

(2) 行业重大创新成果介绍

① "安徽省新兴产业发展与金融服务创新"研究成果发布。

该研究成果分别围绕智能及新能源汽车产业、新型显示产业、集成电路产业等安徽省重点新兴产业领域,就金融服务创新支持安徽省新兴产业发展的新理念、新途径、新方法进行研究和探讨,为金融服务科技创新支持新兴产业发展提供了新思路。

② 首届中国(安徽)科交会。

2021年4月26日—27日,首届中国(安徽)科交会在安徽创新馆举行。本届中国(安徽)科交会以"夯实创新基础,加快科技成果转化"为主题,采取线上线下相结合的形式举办,发布了1 000余项科技创新成果。其中,中科院发布5项重大科创成果,分别是:工业园区有毒有害气体现场监测技术系统及产业化、泛媒体数据智能计算与服务、新一代氢燃料电池技术研发与应用、循环流化床煤气化技术开发与产业化和GEOVIS空天大数据平台。合肥综合性国家科学中心建设和重大创新成果包括:面向世界科技前沿,构建全球首个星地量子通信网;面向经济主战场,研发新型黑磷复合材料;面向国家重大需求,发布"国产首款量子计算机操作系统";面向人民生命健康,成功研发"紧凑型超导回旋质子治疗系统",揭示天然淋巴细胞的骨髓外发育新路径等。

本次科交会还在安徽创新馆1号馆和3号馆进行科技成果展示,共展示展品300余件,主要展示安徽省在基础研究和应用基础研究等方面、国家级战略性新兴产业基地集群建设方面、国家安全、公共安全以及社会发展等"卡脖子"领域方面、疫情防控应急科技攻关、大健康与生物医药、公共卫生服务体系建设、粮食安全(种源技术等)等方面取得的成果。应用型科技成果。

科交会首次增设了"安徽省科技成果公开竞价会"专项活动,让有价值的科技成果不再束之高阁。来自省内外的意向竞买方及参会嘉宾共100余人参会。筛选了其中16项参与本次科技成果竞价会活动,总计底价8 310.9万元,最终有7个项目顺利成交,总成交金额680.9万元。

另外,云直播、云端购,线上直播也被纳入活动当中。以"皖美科创云端购"为主题,遴选出253家企业985款科技创新产品,通过电商平台对外销售,取得了良好的经济和社会效益。

③ 合肥金融广场项目一期。

作为长三角G60科创走廊金融科技产业合作示范园区载体,也是安徽省金融总部集聚区核心承载地,合肥金融广场项目于2021年10月正式竣工交付。合肥金融广场是合肥市、庐阳区两级政府核心平台共同出资建设的5A级综合写字楼群,总投资额超30亿元。项目位于四里河板块黄金地段,占地面积约121.74亩,总建筑面积约36万平方米。建成后,将有利于庐阳区构建创新引领、集聚发展、跨界融合、品牌突出的现代服务业发展体系,促进庐阳从"服务业大区"向"现代服务业强区"的跨越。

(3) "十三五"省级服务业综合改革试点典型案例

① 合肥市包河区《加速推动生活性服务业高质量发展》。

"十三五"以来,包河区围绕提升服务业便利化、精细化和品质化发展水平这一主题,稳步推进省级服务业改革试点,取得预期成果。2020年地区GDP突破1 430亿元,完成三产增加值1 034亿元,突破1 000亿元大关,"全国百强"争先进位,综合实力挺进全国40强。"两级中心"模式位居安徽省基层社会治理创新十大成果首位,"大共治模式"入选2020全国创新社会治理优秀案例,方兴社区、万年埠街道入选"全国第四批智慧健康养老示范单位"。服务业已成为包河经济发展新引擎,更是把包河经济发展质量和能级推升到一个新高度。

A. 创新"两级中心"建设模式,提升服务便利化水平。社区"两级中心"具备社区办公、公共安全、公共卫生、老年福利、文化教育、群众体育、娱乐休闲、社区金融等八大功能服务,确保满足居民基本生活服务需求。建设社区"两级中心",构建社区"15分钟"综合服务圈,完善公共服务设施配套,打造生活服务和社区治理平台,推进城市建设与社区治理服务一体化发展,从根本上补齐城市管理短板,让群众生活更舒心。

B. 创新"大共治""大社区"模式,提升服务精细化水平。创新"大共治"模式,打造大共治一体化信息平台,实现数据集成、实时监测、闭环处置、指挥协同、多元应用五大功能;创新块状化执法模式,组建"4+X"综合执法队伍,按照集中派驻和"吹哨报到"两种模式,探索推进执法联动工作;构建网格化治理体系,将全区划分为460个大共治基础网格,实现"多网合一",探索"网格+网络"掌上云社区模式,城市管理由"单项并列"向"多项合一"转变。创新"大社区"模式,在全省率先启动社区治理体制改革,以新型"社区制"取代传统"街居制",变"区—街道—社区"三级管理为"区—社区"两级,形成"党委领导、多元共治、居政分离、一社多居"组织架构。通过集中设立便民服务中心、康养中心和文化活动中心等,优化资源配置,丰富服务种类,增强大社区服务功能,实现"一站式""一门式"业务办理。

C. 创新基础教育集团化发展模式,提升教育服务品质。从"强校带动弱校发展",到"名校办分校",推动薄弱学校快速发展、优质发展、特色发展,缓解"择校热",打破学校间壁垒,实现资源共享。推动教育集团化发展,实施集团化办学,通过由点到面、点面结合的方式,构建教育集团化发展的优质环境,实现优质资源配置公平、推进教育优质均衡发展。包河区先后成立义务教育阶段8个教育集团和4个教育联盟,凝聚多方力量,让教育品牌利用效益不断提升、扩充与发展,让更多孩子接受优质公平的教育。

D. 创新居家养老模式,提升养老服务化水平。推动建立多层次需求的养老服务体系,整合政府和社会等各方资源,建设老年养护院、区域养老中心、社区居家养老中心等养老设施,探索养老服务多元化;创新"职业社工+家庭成员+志愿者+养老员"服务,形成社工推动养老、家庭承担养老、社会支持养老的社区合作养老模式,探索基层社区治理创新;启动高龄空巢老人社区关怀计划,整合社会资源,完善基层老年管理服务系统,为空巢老人提供全方位服务。

② 马鞍山经开区《全力推动主辅分离试点 促进两业融合提质发展》。

"十三五"以来,马鞍山经开区围绕试点主题,立足良好的制造业发展基础,稳步推进制造业企业主辅分离,培育壮大生产性服务业。园区2020年实现营收828.51亿元,其中非工业营收422亿元,第三产业增加值57.5亿元,现有高新技术企业103家,国家级服务型制造示范企业1家,省级服务型制造示范企业3家,并获批省"十四五"首批先进制造业和现代服务业融合发展试点。

A. 探索一套试点模式。遵循"企业主体、政府引导、分类实施、逐步推进"的原则,厘清政府和市场的功能定位,引导大中型制造企业分离服务环节,培育壮大分离非工业企业,倒逼"散乱小"生产性服务企业集聚发展,打造公共服务平台,提升生产性服务业企业整体水平,接续推进"两业融合"试点工作,形成"分离企业—服务平台—两业融合"发展模式。

B. 创建一套工作机制。成立省级综合改革试点领导小组,建立联席工作机制,制定年度综合改革试点工作要点,协助企业制定主辅分离实施方案,明确分离重点方向、实施步骤、完成时限和包保体系。建立主辅分离企业储备库,每年做好企业主辅分离培育库的精准排摸,摸清分离发展的底数,分类梯次推进园区企业"主辅分离"改革试点工作,为试点工作推进提供长期资源储备,同时考虑不同性质企业分离难度,国有企业借助于现有发展战略要求坚决执行,民营企业结合现状分步执行。

C. 出台一套政策体系。市、区两级分别制定《马鞍山市扶持产业发展若干政策》《马鞍山经济技术开发区扶持产业发展若干政策》等政策,印发《关于报送2018年制造业主辅分离奖励资金需求的通知》《关于开展制造业主辅分离奖励资金申报的通知》等,针对主辅分离企业提供奖补资金和税收优惠。同时结合推进"标准地"改革,制定经开区项目"标准地"出让操作流程图,全力服务主辅分离项目落地和企业发展。协助企业积极争取中央、省级相关资金支持,加大对制造业主辅分离重大示范项目支持力度。

D. 树立一批标杆企业。通过推进主辅分离,一批生产性服务业加速成长壮大,示范效应明显。国有企业代表马钢(现为宝武集团)通过主辅分离,成立马钢实业集团,分离出4A级物流园、和菱实业有限公司等强竞争力企业。民营企业代表科达制造股份有限公司安徽片区,将生产性租赁和商务服务等非核心辅助性业务有序分离,分别成立安徽信成融资租赁有限公司和安徽科达新能源汽车销售有限公司、科达华东旅行服务等公司。重组提升企业代表华菱星马汽车集团(现为汉马科技集团)先后分离出汉马科技工程研究院、马鞍山嘉恒储运等研发检测平台和专业物流公司。

③ 芜湖市《创新工作方法推动物流业提质增效降本》。

A. 开展"百分之一工作法"物流直通车活动,采用发起政企对话、召开项目推荐会和主题交流会等多种形式,服务近百家工业生产企业,协调解决或作出答复事项共计35个。

B. 积极探索"联动接卸"江海联运新模式。今年3月起,芜湖港与上海洋山港探索开展"联动接卸"江海联运新模式,实施沪皖港口一体化监管。"联动接卸"模式实施以来,货物运输效率大幅提高,每个集装箱费用降低约2 000元,运输时间节省1天左右。

C. 推动跨境电商"双基地"联动。为解决跨境电商"多频次、小批量"的痛点问题,合肥市探索发展海内外跨境电商"双集散基地",通过"跨境电商+合肥中欧班列"定制化专列专线,让跨境电商货物从"拼车"转为"专车"。跨境电商"双基地"启用以来,每趟中欧班列跨境电商专列搭载出口货物90吨,运量大幅提升;分拨运抵消费者手中的时间,相较之前缩短了60%。

D. 建立重大物流项目政企面对面协调机制。为更好推进国家物流枢纽、国家骨干冷链物流基地等重大物流项目建设,安徽省发展改革委建立全省流通领域政企面对面沟通协调机制,定期召开重大物流项目建设协调推进会。今年以来,召开协调推进会3次,主动服务对接20余家企业、40多个重点项目,协调解决近60余项问题。

④ 黄山市黟县《"四聚焦四促进"打造省级服务业综合改革试点建设样板》。

"十三五"期间,黟县按照生活性服务业便利化、精细化、品质化发展试点要求,扎实推进以全域旅游为特色的服务业创新发展。2020年全县服务业增加值26.1亿元,占地区生产总值57.3%,三次产业结构调整到2020年的9.8∶32.9∶57.3,服务业对经济增长贡献率达64%,服务业税收占全县税收总额73.93%。先后荣获国家历史文化名城、国家首批全域旅游示范区、全国休闲农业和乡村旅游示范县、全国旅游标准化示范单位、中国乡村民宿发展示范县等荣誉,全域旅游强县地位进一步凸显。

A. 聚焦公共服务体系建设,促进便利发展。积极构建"精品带动、多点支撑、产业融合"的"全域旅游"新格局。先后建成S42黄浮高速、G237歙黟一级公路、G530世界遗产公路、S222皖南金项链风光带,全域旅游公交开通,逐步形成"铁路—公路—骑行—徒步"四位一体的"快旅慢游"全域旅游交通网络。建成运营"黟家人""徽黄游"两个综合服务平台。建设自驾车旅游服务、旅游标准化、旅游安全保障和智慧旅游服务体系,旅游服务便利化显著提升。

B. 聚焦传统文化传承保护,促进创新发展。在服务业业态培育打造过程中,注重将优秀传统文化蕴含的思想观念、人文精神、道德规范与服务业要素相结合。挖掘整理非物质文化遗产保护项目74项,通过申报国家级非遗名录、培育非遗传承人及工艺美术大师等促进非遗项目生产性保护。《宏村·阿菊》获省"五个一工程"奖、"十佳夜娱活动"称号,《凤鸣宏村》在北京国家大剧院公演,光影秀《西递传奇》多次被《新闻联播》等央视主流媒体直播报道。创新举办西递乡村音乐节及写生艺术节,成功打造秀里影视村、守拙园等影视拍摄创作基地,《菊豆》《卧虎藏龙》《武林外传》《邓小平在黄山》等100余部影视剧在此拍摄。

C. 聚焦产业转型升级,促进融合发展。一是按照"围绕旅游抓休闲农业发展,抓好休闲农业促进乡村旅游发展"的总体思路,打造县城盆地田园风光带、石林花海观赏景区等森林景区景点,年吸引游客200余万人次。精心培育"黟品五黑"区域品牌,召开中国黑色食品产业发展黟县峰会,打造绿色食品产业发展集群。二是积极打造乡村品牌赛事节庆,连续举办16届国际山地车公开赛、15届中国黄山(黟县)乡村摄影大展、中国黄山(黟县)超级越野赛等赛事活动,其中,中国黄山(黟县)国际山地自行车节、"黟县骑行线路"分别获评中国体育旅游十佳精品赛事和精品推介项目。

D. 聚焦农户增收致富,促进均衡发展。大力发展农家乐、民宿等新兴休闲乡村度假旅游,在撬动旅游产业资源融合和产业链延伸的同时,带动了大批农民增收致富。截至2020年,全县旅游直接和间接从业人员达3万多人,占全县劳动就业人口的一半以上。全县住宿单位共1 195家,民宿903家,其中精品民宿115家,占黄山市精品民宿的70%,入选省"不得不住的民宿二十佳"7家。2020年全县农村居民人均可支配收入达18 488元,同比增长8.2%。

⑤ 阜阳市临泉县《注重搭建为农服务平台　助推农业高质量现代化发展》。

"十三五"以来,临泉县全力推进农业服务业综合改革,取得了明显成效。2020年全县服务业增加值达到208.3亿元,是2015年的4.1倍多;服务业增加值占地区生产总值的比重由2015年的32.8%提高到2020年的52.8%,提高了20个百分点。现代服务业增加值占第三产业增加值比重由2015年的23.8%,提高到2020年的39.1%,提高了15.3个百分点。

A. 创新服务方式,搭建技术服务平台。一是精心组织农技培训。根据现代农业需要和参训人员的培训需求,采取"点单式"培训,实现由"政府端菜"向"群众点菜"转变、由"课堂授课"向"实际操作"转变。全县累计培训新型农民3 700人,培训农机技术人员5 000余人次。二是强化农产品质量检测等标准化服务。全县共建立国家级标准示范园2个、省级农业标准化示范基地5个、市级农业标准化示范基地13个,农业标准化示范基地达56万亩,主要优势农产品标准化生产覆盖率达60%以上;新增农产品无公害农产品认证9个,绿色食品认证34个、农产品地理标志认证1个。三是推进产学研相结合。建立了集"人才培养、科学研究、社会服务、创新创业"四大功能于一体的现代农业科技服务平台—皖西北综合试验站,组建了果树、农区草牧业、健康养殖等九大产业联盟,先后引进新品种356个、应用新技术64项、探索新模式6项;建立试验示范基地15个,示范推广面积5万余亩。

B. 强化信贷担保,搭建金融服务平台。为解决种养大户、家庭农场、农民专业合作社等新型农业经营主体缺乏有效抵押担保标的、贷款难、资金缺乏导致发展后劲不足难题,启动了农业信贷担保"劝耕贷"试点工作,将金融"血液"配置到农业生产最需要的地方,实施了"输血",实现了"造血",满足了新型农业经营主体生产发展的现实需要。2020年担保农业新型主体1 366户,授信总额67 112.24万元,放款总额67 492.34万元,担保贷款总额66 472.24万元。

C. 培育经营主体,搭建流通服务平台。积极培养造就各类新型农业经营主体,发展适度规模经营。引进建设了中国供销农副产品批发市场、天邦股份年500万头生猪养殖及屠宰深加工、柳桥集团禽一体化建设、中原冷鲜城、牛羊交易大市场等,配套建设以污水处理厂,实现集中屠宰、冰鲜上市、冷链运输,建立了"基地+农户+合作社+产品深加工+仓储物流"一体化产销模式。积极发展电子商务,引进海航电子商务、多彩尼、小伙电商、农村淘宝等企业入驻,设立农村电商服务网点192个。2020年,实现电商交易额34亿元,农产品上行交易额突破10亿元。

⑥ 合肥市庐阳区《围绕服务业集聚集群　持续深化综合改革试点》。

庐阳区高度重视服务业发展,自2018年被确定为省级服务业综合改革试点以来,庐阳区将试点工作列入党委和政府年度重要工作,制定政策、科学谋划,加快培植服务业集聚集群发展新动能,高端服务集聚效应凸显,率先实现从"服务业大区"向"现代服务业强区"跨越。2020年全区服务业增加值达901.18亿元,占GDP比重达81.6%,为合肥市服务业占比最大的城区。服务业质量、效益和水平不断提升,试点工作取得了显著成效。

A. 用好用活国家战略,提升服务业发展能级。抢抓长三角一体化国家战略机遇,对标沪苏浙推动长三角服务业一体化,主动参与长三角主要城市中心城区高质量发展联盟。加快G60科创走廊金融科技产业合作示范园区、G60科创走廊工业互联网标杆园区建设,积极引入沪苏浙服务业企业、项目、资金、人才,对标优化发展体制和发展环境。

B. 强化产业政策扶持,增强服务业发展动能。出台"金十条""商八条"、推动经济高质量发展等政策,搭建庐阳产业政策云平台,召开融创项目资本对接会,设立区级产业投资基金等,进一步优化金融、科技、商务等现代服务业。2020年全区金融业实现增加值308亿元,占GDP比重28%;金融业税收占全区税收比重达43%,占合肥市四成。全区商贸市场份额,人流、物流、信息流为安徽省之最,在全省的国际高端知名品牌聚集度超过90%。

C. 推动产业创新变革,促进服务业集聚发展。一手抓金融、商贸等传统优势产业创新和转型升级;一手抓数字经济、大健康、新能源等战略性新兴产业发展壮大,围绕产业链创新链布局服务链,加强集聚产业创新支持和数字化赋能,促进服务业集聚发展。已形成涵盖科技服务、金融商务、创意文化等领域的1个省级服务业集聚示范园区、8个省级服务业集聚区、9个市级服务业集聚区。

D. 深入推进双招双引,壮大服务业发展潜力。创新招商机制,充分发挥招商小分队和平台招商作用、瞄准各行业领军企业和细分领域的服务业头部企业,招大引强,坚持招才与招商并重,发挥庐阳教育、医疗、政策和服务优势,推动楼宇经济发展。全区投入使用的商务(商业)楼宇达127幢,总面积490万平方米,税收亿元以上楼宇达10幢,销售额亿元以上商业综合体达16个。

E. 创新资源要素支撑,夯实服务业发展基础。围绕创新赋能抓改革试点,高质量建设大科学装置集中区,聚力打造高能级创新平台,引入能源研究院、安理工高等研究院、中科太赫兹等项目,加强与中科院合肥研究院等合作,共建一批协同创新交叉研究平台和新型研发机构,吸引国际顶级科研机构和人才汇聚,制订高层次人才全周期服务计划。

(4)行业领军型企业发展概况

安徽省企业联合会、省企业家联合会连续第17次发布"2021安徽百强企业""2021安徽制造业百强企业""2021安徽服务业百强企业"榜单。其中,合肥百货大楼集团股份有限公司、中国石化销售股份有限公司安徽石油分公司、安徽省交通控股集团有限公司位列前三。

表1 2021安徽服务业百强企业名单(前50名)

序 号	企 业 名 称	2020营业收入(万元)
1	合肥百货大楼集团股份有限公司	5 658 549.00
2	中国石化销售股份有限公司安徽石油分公司	3 928 778.56
3	安徽省交通控股集团有限公司	3 614 276.86
4	文一投资控股集团	3 327 056.00
5	金鹏控股集团	2 891 226.01
6	安徽省皖煤国贸有限责任公司	2 735 847.94
7	合肥维天运通信息科技股份有限公司	2 576 226.15
8	合肥市建设投资控股(集团)有限公司	2 127 289.63

续 表

序 号	企 业 名 称	2020营业收入（万元）
9	安徽出版集团有限责任公司	1 766 343.23
10	安徽辉隆投资集团有限公司	1 634 649.49
11	联合利华服务（合肥）有限公司	1 565 961.00
12	安徽新华发行（集团）控股有限公司	1 385 342.15
13	安徽华源医药集团股份有限公司	1 331 907.00
14	安徽省技术进出口股份有限公司	1 209 357.00
15	国药控股安徽有限公司	1 166 339.05
16	安徽建工建筑材料有限公司	1 100 731.40
17	安徽天星医药集团有限公司	1 083 939.00
18	安徽华文国际经贸股份有限公司	1 012 533.63
19	安徽文峰置业有限公司	854 504.00
20	安徽国祯集团股份有限公司	845 499.56
21	安徽鸣华投资集团	808 027.00
22	安徽省盐业投资控股集团有限公司	692 237.46
23	安徽省高速石化有限公司	644 270.00
24	安徽灵通集团控股有限公司	615 018.00
25	合肥城建发展股份有限公司	535 928.22
26	东华工程科技股份有限公司	521 030.48
27	合肥市产业投资控股（集团）有限公司	490 573.62
28	安徽省通信产业服务有限公司	457 094.80
29	铜陵物华集团股份有限公司	430 527.00
30	安徽省旅游集团有限责任公司	421 655.10
31	马鞍山市润华钢铁材料有限公司	420 757.00
32	国能神皖安庆发电有限责任公司	419 257.73
33	合肥伊利乳业有限责任公司	405 985.00
34	安徽新建控股集团有限公司	404 730.00
35	安徽中辰投资控股有限公司	395 899.91
36	皖能铜陵发电有限公司	385 900.00
37	安徽老乡鸡餐饮有限公司	369 935.00

续　表

序　号	企 业 名 称	2020营业收入(万元)
38	合肥建筑装饰(集团)有限责任公司	349 335.00
39	合肥燃气集团有限公司	307 763.43
40	安徽皖信人力资源管理有限公司	302 695.37
41	安徽神通物联网科技集团有限公司	288 622.00
42	合肥亿帆生物医药有限公司	284 263.00
43	合肥华南城有限公司	279 301.98
44	合肥供水集团有限公司	250 070.43
45	阳光新能源开发有限公司	246 836.27
46	亳州药都农村商业银行股份有限公司	204 903.74
47	马鞍山当涂发电有限公司	191 745.80
48	安徽省交通规划设计研究总院股份有限公司	190 994.00
49	安徽菜大师农业控股集团有限公司	170 185.00
50	安徽燕之坊食品有限公司	169 182.82

① 合肥百货大楼集团股份有限公司。

合肥百货大楼集团股份有限公司(简称"百大集团")是合肥市属国有企业,前身系合肥百货大楼,于1959年8月建成开业,1993年改制,1996年"合肥百货"A股在深交所主板上市,是安徽省首家商业零售上市公司。经过63年的创新变革,合肥百大集团已由当年的一家单体百货店,发展成为安徽省规模最大的综合型商贸流通企业集团。目前合肥百大集团产业覆盖零售业及农产品流通两大主业,旗下共有子公司50家,参股公司9家,拥有25家百货购物中心、201家合家福超市、25家百大电器门店、21家百大易购跨境直销中心、5个大型农产品批发市场、1家加工配送中心、28家标准化菜市场等300余家连锁经营网点,品牌分销代理覆盖8 000多个商店,连锁及批发分销机构遍布安徽14个地市。同时参股徽商银行、合肥科技农村商业银行等金融企业,拓展小贷业务,涉足电子商务、跨境直销领域,运营合肥空港进境口岸,形成了多业态、全品类、全渠道和线上与线下融合、内贸与外贸结合的产业体系。

② 中国石化销售股份有限公司安徽石油分公司。

安徽石油前身为安徽省石油总公司,划转前由省政府委托省商务厅代管,1998年7月正式划归中国石化管理。是安徽省内最大的成品油销售企业,主要经营汽油、柴油、天然气、非油品销售等业务。公司本部位于合肥市,设12个管理部门、4个专业中心,下辖合肥等16个市级分公司以及高速石化等合资公司。拥有在营加油(加气)站1 500余座,在营油库16座。全省系统用工总量8 000余人。现有党委17个,党总支1个,党支部130多个。党员2 300余人。公司党建工作连续7年在集团公司党建考核中进入A档行列,连续6年获得销售企业"比学赶帮超"党建工作先进红旗;连续9年被中华总工会、国家安监总局授予全国"安康杯"竞赛优胜单位;连续5届获得"安徽省文明单位"荣誉称号。2020年,荣获安徽省十大服务行业"居民最满意供油公司"称号并蝉联全省唯一"金口碑奖",同时获评"安徽省十佳履行社会责任最满意企业"称号。

③ 安徽省交通控股集团有限公司。

安徽省交通控股集团有限公司成立于2014年底,由原高速集团和原交投集团合并重组成立。经过重组整合,集团成为全省统一的高速公路投资运营管理平台。截至2021年底,集团资产总额3 020亿元,拥有交通运输、投资与资产管理、房地产和建筑等三大主业,下辖16家直属单位,控股"皖通高速""设计总院"两家上市公司,在岗职工23 500余人。2021年,集团公司获得"全国脱贫攻坚先进集体"荣誉称号。

交通运输:包括高速公路建设、营运和路域产业、运输产业等。目前,集团营运高速公路里程4 715千米,占全省的91%,在建高速公路1 400余千米。高速公路营运首创的"微笑服务"品牌,享誉全国、引领风尚,成为交通运输行业一张靓丽的名片。高速公路建设塑造了"安徽精度"品牌,建成了马鞍山长江大桥、芜湖长江二桥等一批品质徽道,先后荣获詹天佑奖、鲁班奖、李春奖以及乔治·理查德森奖等创新大奖。

投资与资产管理:包括金融租赁、类金融、基金投资、金融股权等业务。交控资本公司统一管理类金融业务,自主运作交控自营基金,主导发起设立交控产业基金、交控并购基金,参股中央企业扶贫基金、省属企业改革发展基金、国家集成电路产业基金等股权投资基金,形成"交控系"基金群。

房地产和建筑:包括房地产、酒店、建筑施工等业务,累计房地产开发面积1 500余万平方米,在合肥、黄山等地运营6家酒店,在京、沪、深等一线城市拥有11万平方米高端商办物业。

2021年集团获"全国脱贫攻坚先进集体"荣誉称号,资产证券化项目顺利落地,境外美元债创造多项纪录,6个项目入选年度交通运输行业重点科技项目清单。

资料来源:安徽省人民政府、省统计局等官方网站
(安徽省科学家企业家协会供稿)

(四)长三角G60科创走廊2021年发展报告

2021年,长三角G60科创走廊深入学习贯彻落实习近平总书记关于长三角一体化发展重要讲话和重要指示精神,牢牢把握长三角G60科创走廊写入国家"十四五"规划和2035年远景目标纲要重大机遇,在推动长三角一体化发展领导小组、推进G60科创走廊建设专责小组和长三角区域合作办公室的统筹指导下,围绕《长三角G60科创走廊建设方案》和本年度22项重点工作目标任务,紧扣"一体化"和"高质量"两个关键,坚持市场化、法治化导向,推进"科创+产业+金融"深度融合,加快建设中国制造迈向中国创造的先进走廊、科技和制度创新双轮驱动的先试走廊、产城融合发展的先行走廊。2021年11月8日,推进G60科创走廊建设专责小组第三次全体会议在上海召开,指出长三角G60科创走廊要在服务构建新发展格局中勇担新的历史使命,共同打响"科创"品牌,奋力当好长三角一体化高质量发展的排头兵。根据《长三角G60科创走廊建设报告评议制度》,现将2021年度工作推进情况报告如下:

1. 深化九城协同创新,推动形成区域发展新动能和区域整体性国际综合竞争优势

长三角G60科创走廊建设得到沪苏浙皖三省一市党委政府的高度重视和关心支持,上海"十四五"规划《纲要》明确要更好发挥G60科创走廊等跨区域合作平台作用,加强科技和制度创新双轮驱动;《2022年江苏省政府工作报告》指出将加快推进长三角科技创新共同体建设,协同打造G60科

创走廊；浙江省科技厅牵头完善《G60科创走廊（浙江段）建设行动计划》，并二轮征询24家省级有关单位和相关市政府意见；安徽省委全面深化改革委员会讨论通过《安徽省推动长三角G60科创走廊建设实施方案》。一年来，长三角G60科创走廊九城市深化分工合作、强化政策协同、凝聚强大合力，推动形成区域发展新动能和区域整体性国际综合竞争优势，高质量发展的含"金"量、含"新"量明显增强。

(1) 经济高质量发展取得新成效

2021年，九城市地区生产总值7.55万亿元，同比增长8.97%，一般公共预算收入8 115.9亿元，同比增长12.17%，规模以上工业增加值同比增长14.44%，超1 100个省级重点项目开工建设，实际利用外资占全国比重近1/6，进出口总额超全国比重1/8，实现了"十四五"良好开局。

(2) 科创驱动取得新成果

九城市全社会研发投入强度均值达到3.25%，专利授权总量超过40万件，同比增长50%，PCT专利申请量7 206件、同比增长63.92%。九城市获国家科学技术奖项48个，其中高密度高可靠电子封装关键技术及成套工艺等6个项目获国家科学技术进步奖一等奖。《2021中国城市科创实力调研报告》显示，九城市中有4个城市位居全国十大科创领军城市，且在长三角形成了极其强势的科创产业集群和联动态势。

(3) 区域协同取得新进展

九城市分别成立由市（区）政府领导牵头抓总、相关职能部门协同推进的专责机构，深化人大、政协定期会商、协同履职机制，常态化开展工作交流、要素对接、干部培训。G60成员城市纷纷规划建设"G60之眼"地标建筑，嘉兴地标于2021年12月亮灯，芜湖地标即将竣工，金华地标预计今年3月建成。全年举办商飞·G60产业链供应链合作推进会、第三届G60科技成果拍卖会、科创论坛暨G60产融结合新高地建设大会等各类跨区域重大要素对接活动50余场且已形成常态化机制，持续激发九城市要素资源"聚合反应"。

(4) 社会影响力打开新局面

长三角G60科创走廊加快构建区域协同创新共同体的做法成效纳入"长三角一体化发展上升为国家战略三周年成果云上展馆"。中国浦东干部学院将长三角G60科创走廊作为现场教学点。国内外近5 000批次、逾15万人次现场考察长三角G60科创走廊（覆盖全国31个省、市、自治区以及港澳台，美国、英国、日本、韩国等9个国家），得到全球政界、商界、学界等广泛关切。国内外媒体相关报道超过8万条，《人民日报》、新华社、央视等媒体纷纷聚焦，长三角G60科创走廊高质量发展经验做法在央视《新闻联播》连续报道。

2. 加强区域协同创新，共同打造科技创新策源地

(1) 加快建设重大创新平台，构建原始创新先发优势

聚焦重大战略领域和前沿技术，推动建设松江G60脑智科创基地、安徽合肥综合性国家科学中心、苏州市国家生物药技术创新中心、湖州西塞科学谷、之江实验室、科恩实验室、优图实验室等一批重大研发平台，打造高水平基础研究力量，聚集国家和省级重点实验室及工程技术研究中心1 262个、高等院校196所，涌现出生物节律紊乱体细胞克隆猴模型、量子通讯、"G60星链"等体现高水平科技自立自强的重大原创成果。

(2) 围绕产业链部署创新链，实现关键核心技术自主可控

推动九城市与中科院上海分院、上海科学院开展战略合作，项目化、清单化、制度化推进创新要素精准对接，形成首批15个合作项目。聚焦战略性新兴产业编制产业链核心技术攻关清单，解决一批卡脖子问题，实现了12英寸大硅片、光刻胶、人造太阳、超重力模拟离心与实验装置、新型航空

发动机、CR9综合航电系统等关键核心技术重大突破,填补国内急需领域多项空白。

(3) 集聚培育创新主体,激发企业创新内生动力

九城市纷纷出台支持"双创"务实举措和相关政策,完善优化科技创新生态。松江推进科技部火炬中心G60数字经济创新型产业集群国家试点建设,嘉兴建立全国首个跨省域行政区划科技产业园区,杭州引进华为人工智能(昇腾)计算中心,金华积极推行"揭榜挂帅"全球引才机制,苏州获批国家新一代人工智能创新发展试验区、国家第三代半导体技术创新中心,湖州组建科技发展集团,宣城建设长三角航天科技JMRH产业发展示范区,芜湖设立市本级质量提升发展专项资金,合肥出台科技创新条例。九城市已集聚高新技术企业2.9万余家,各级孵化器众创空间1300余家,国家级专精特新"小巨人"企业339家。

(4) 促进科技资源开放共享,加速科技成果转化

在科技部指导下设立长三角G60科创走廊科技成果转化基金,由国家引导基金参与设立、九城市政府共同出资、社会资本共同投入,规模不少于100亿元。实体化运作长三角G60科创走廊创新研究中心,G60专家咨询委员会已集聚233位专家学者(包括60位院士)。举办第三届G60科技成果拍卖会,交易金额突破10亿元。升级"G60科创云"科技资源共享服务平台,优化形成找成果、找路演等功能。联合上海公共研发平台等30家单位搭建科研院所、高水平研究大学、新型研发机构等战略合作矩阵,率先应用创新券通存通兑等制度创新成果。组建由浙江清华长三角研究院、苏州工业园区、安徽创新馆等首批41家单位组成的长三角G60科创走廊路演中心联合体,为国内外高科技项目落户长三角搭建创新平台。

3. 推动产业链深度合作,共同打造先进制造业产业集群

(1) 加强产业规划指引

在专责小组成员单位指导下,对标国家"十四五"规划对长三角G60科创走廊的建设要求,联合九城市发改、经信、科技等部门,共同编制完成《长三角G60科创走廊"十四五"先进制造业协同发展规划》,勾勒产业链贯通、价值链互补、供应链对接、数据链共享、创新链整合"五链协同"路径,指导跨区域优势产业协同、错位发展。

(2) 强化头部企业引领

建立九城市首批百家龙头骨干企业培育库,推动中国商飞、中芯国际、腾讯等头部企业引领产业链供应链深度合作。九城市近1000家企业纳入G60大飞机供应商储备库,为大飞机装机设备领域输送的合格(潜在)供应商增幅超过30%,完成工业材料领域25家企业70种产品供应对接,中国商飞致信感谢G60科创走廊在大飞机关键机载系统研制、多货源开发和航空产业培育等方面取得了务实成效和重大合作突破。为中芯国际搭建百家产业链合作企业储备库,面向九城市开展多轮现场考察。组织开展"腾讯·G60行"活动,在松江、苏州、合肥召开专题要素对接大会,建立400多家企业储备库,推动九城市越来越多企业成为腾讯生态合作伙伴。

(3) 深化"1+7+N"产业联盟体系建设

成立长三角G60科创走廊光伏协同创新产业联盟和"专精特新"中小企业协作联盟,G60产业(园区)联盟发展为15个。召开G60产业联盟、合作示范园区2021年度建设大会,出台产业联盟(园区)建设发展指导意见,发布首批产业链核心技术攻关清单。支持G60产业联盟参加世界制造业大会,指导产业联盟举办第四届中国人工智能与机器人开发者大会等各类要素对接活动。

(4) 推动产业数字化转型

与工信部直属单位共同研究长三角G60科创走廊工业互联网一体化发展路径。评选第三

批84家G60工业互联网标杆工厂、标杆园区、平台和专业服务商。着眼全球新一代卫星通信技术，加快实施"G60星链"计划，成功发射"G60号""松江号"等6颗低轨道、高通量多媒体卫星，开工建设全数字化卫星制造超级工厂，打造形成集卫星制造、发射运维、数据服务、地面设备全产业价值链。

（5）强化质量标准建设

苏州轮值举办第四届长三角G60科创走廊质量标准论坛，发布《长三角G60科创走廊质量标准评价指标体系研究报告》。举办长三角G60科创走廊企业首席质量官培训班。九城市企业主持或参与制定国家标准806项、行业标准426项。

（6）加速产业协同创新中心建设

发挥上海龙头带动作用，探索建设以九城市国资平台为主体、跨行政区域的长三角G60科创走廊产业协同创新中心，充分利用九城市既有产业链资源，进行协同孵化、技术攻关，带动高端研发创新资源集聚，构建跨区域产业合作新模式。浙江科创基地一期竣工，积极推进项目导入；安徽省科创园首期7万平方米开园；金华（上海）科创中心研发成效逐步显现；宣城（上海）科创中心顺利交付；芜湖产业创新中心一期于2021年11月签约，购地自建和现有物业购置均取得实质性进展。

4. 提供高质量金融服务供给，共同打造产融结合新高地

（1）强化金融政策支撑

深化落实央行"15+1条"金融支持政策，推出"G60科创贷"、批次包等专属科技金融产品，试点跨区域联合授信。推动九城市累计发行"双创债"35单，融资金额215.9亿元，占同期全国已发行总规模的1/6，并率先实现长三角首只债券市场跨区域双创集合债。

（2）强化多层次资本市场服务

依托上交所资本市场服务G60科创走廊基地，对九城市拟上科创板储备企业进行常态化诊断培训，发布《科创板白皮书2021》，成立G60科创板企业家联盟，科创板已受理九城市企业132家、发行上市87家，均占全国总数1/5。上证G60创新综合指数、战略新兴产业成分指数走势强劲，成功推出ETF产品和增强型基金。

（3）强化全方位综合金融赋能

G60金融服务联盟覆盖银行、券商、基金、信托等368家金融机构，为企业发展提供全生命周期的融资服务。启动首批13家G60产融结合高质量发展示范园区建设，构建8类35项评估指标体系，赋能十方面金融资源支持园区科技企业发展。G60综合金融服务平台实现6个城市线上平台共联，解决融资需求2.66万项，授信融资总额超1.7万亿元。

5. 着眼深化改革创新，共同打造国际一流营商环境

（1）打造高效便捷的政务服务生态

经国家知识产权局同意，设立长三角G60科创走廊知识产权行政保护协作中心，九城市市场监管部门共同签署《长三角G60科创走廊知识产权一体化发展合作协议》。九城市联合举办首届长三角G60科创走廊营商环境法治论坛，共建G60法治研究中心。拓展企业涉税事项在九城市跨省通办，实现G60"一网通办"专窗管理规范九城市全覆盖。

（2）打造众人青睐的人才发展生态

建立"基地+中心+峰会+培训"四融合工作机制，通过打造国家移民政策实践基地、建设产业人才协同中心、轮值举办G60人才峰会、联合开展高层次人才培训等，共建共享人才发展高地，九城市共聚集国家级人才1000余人，院士专家工作站547个，博士后流动站771个。经国家移民管理局备案通过,印发实施《长三角G60科创走廊推荐外籍高层次人才申请在华永久居留的认定管理办法(试行)》,实现九城市相关人才认定标准和流程统一。举办九城市第二期中青年干部、第一期高层次人才深入学习贯彻习近平总书记关于长三角一体化发展重要论述专题培训班。

(3) 打造协同开放的国际合作生态

协同九城市组团参加第四届进博会并举办G60高质量发展要素对接大会,开展跨区域创新链产业链合作以及重大战略协同项目集中签约,九城市和沪西五区围绕科技创新合作、推进先进制造业数字化转型等签署协议。联合海关开展G60外贸高质量发展路径研究,3条中欧班列服务"一带一路"建设。加强国际科技合作交流,深化G60俄罗斯院士创新基地建设。

长三角G60科创走廊将始终以习近平新时代中国特色社会主义思想为引领,按照立足新发展阶段、完整准确全面贯彻新发展理念、构建新发展格局、推动高质量发展要求,坚持稳中求进工作总基调,坚持供给侧结构性改革主线,聚焦"三先走廊"战略定位,加强央地协同和区域联动,唯实唯干,拼搏奋进,全面落实《长三角G60科创走廊建设方案》提出的建设目标和具体任务,持续增强科技创新策源功能和产业链韧性,高质量推进"三先走廊"建设,以优异成绩迎接党的二十大胜利召开。

(上海市松江区委办公室供稿)

(五) 社会组织服务长三角一体化发展报告

1. 搭建社团联合体,推进长三角服务业更高质量一体化发展

为推进落实长三角区域一体化国家战略,更好发挥长三角区域社会团体在助推现代服务业发展中的作用,2020年9月25日,江苏、浙江、安徽和上海三省一市服务业社会团体经友好协商,携手成立长三角现代服务业社团联盟,以进一步扩大三省一市服务业企业间的交流合作,推动实现三省一市服务业行业和企业优势互补、资源共享、合作共赢。联盟亦称"长三角现代服务业社团联合体"(简称"长三角社团联合体"),内设"联盟联络办公室"(简称"联络办"),负责协调推进各团体间的交流合作。

江苏省现代服务业联合会、浙江省服务业联合会和上海现代服务业联合会是两省一市综合性、枢纽型的经济类社会团体组织,其拥有的会员单位基本覆盖了两省一市服务业领域的各层面,在业内和社会上拥有广泛的资源与影响力。加上安徽省发展改革委的政府资源和力量,通过组建联合体方式开展活动,有利于进一步扩大三省一市服务业企业间的交流合作,推动实现三省一市服务业行业和企业优势互补、资源共享、合作热融、互利共赢。

长三角社团联合体是松散型、开放性、非营利性的经济类社会组织,主要通过沟通发布三省一市服务业发展相关信息,组织会员单位和服务业企业调研考察,举办服务业发展论坛、招商会、项目推介会等活动,为所属会员单位和企业搭建平台提供服务。

推进长三角一体化发展是国家战略所向,是从事服务业企业的发展机遇所在。长三角社团联合体成立,必将有利于三省一市联合会会员单位更好的携起手来,抢抓机遇、应对挑战,优势互补、共享资源,在推进长三角服务业更高质量一体化发展中实现自身更好的发展。同时,联合体的成立,给三省一市联合会的会员单位带来更多的优势互补、资源共享和投资商机,带来更多的创新活力,合作便利和互利共赢,为推进长三角一体化发展注入强大的动力。在联合体成员共同努力下,把长三角社团联合体打造成为参与一体化发展的重要平台,为一体化建言献策的重要智囊,推动服务业协同发展的重要载体,展示一体化成果的重要窗口。

2. 四方协同，推进多层次、多内容、多功能的区域活动

（1）联络办积极推动区域行业协同交流

积极推进区域考察学习。2021年，联络办公室分数批组织会员单位学习考察了江苏产业经济和产业发展模式、浙江数字经济和企业新能力、安徽科创服务与旅游休闲等发展特色，对江浙皖三省联合会主要工作、特色工作和未来发展进行了深入学习和交流。

顺利完成长三角现代服务业社团联合体会议暨轮值单位交接仪式，长三角现代服务业社团联合体轮值秘书长李关德与江苏省现代服务业联合会副秘书长田宁中完成了轮值单位交接仪式。在疫情等不确定因素下，有条不紊地推动各项工作的正常开展，持续加强了三省一市的交流，顺利完成了许多合作项目。

（2）组织年度重大行业主题论坛

自2020年9月联合体成立，联络办先后组织联合体成员和部分企业参加了第十届上海创意产业博览会、首届长三角服务创新论坛、2021长三角城市更新论坛等。

① 2021长三角养老产业协同发展研讨会。

1月5日，2021长三角养老产业协同发展研讨会在上海虹桥郁锦香大酒店举行，来自长三角养老领域的政、企、社会各界精英齐聚上海长宁，共享合作，共谋发展，推动三省一市养老事业和养老产业发展迈出新步伐。

会上，联合会会长郑惠强、上海市民政局局长朱勤皓、长宁区委书记王为人、安徽省民政厅副厅长耿学梅、江苏省民政厅副厅长沙维伟、浙江省民政厅副厅长方仁表共同上台发布"2021长三角养老深化合作年"，揭开了长三角区域"十四五"养老服务一体化、高质量发展的序幕。会议发布了长三角养老服务一体化发展10项成果、2021年五大任务和五大共建共享平台。

上海现代服务业联合会会长郑惠强在致辞中表示，随着长三角区域一体化发展上升为国家战略以来，长三角区域越来越令人关注。当今的长三角地区，既是经济处于高速发展的地区，也是人口老龄化水平均明显高于全国平均水平、应对人口老龄化压力较大的地区。同时，又是养老服务发展水平比较靠前的地区。近些年来，长三角养老一体化呈现出区域互访增多、交流合作加速、信息整合发布、标准互认启动、市场活力增强等趋势及特点。"三省一市"联手推进"一体化战略下长三角区域的社会养老服务"，通过养老产业集聚发展，逐步打破省市之间的地理界线，在政策联动、规划衔接、资质互认、标准统一、人才流动等方面探讨研究，不断促进了区域养老资源共享，激发养老服务市场活力，推动长三角养老产业协同发展，为服务长三角一体化发展战略发挥了积极作用。希望与会者通过本次论坛，进一步形成共识，激发活力，推动资源共享、实现政策互鉴，共同助力"十四五"长三角区域养老产业更好更快更持续地协同发展。

圆桌对话环节，万宏集团董事长祝华、金之福养老集团董事长徐兵、张家港澳洋优居壹佰养老公司总经理季六一、朗诗常青藤养老服务有限公司总经理罗丹、建信养老金管理有限责任公司业务总监史军、上海长三角区域养老服务促进中心理事长冯建光围绕长三角区域养老产业创新与发展进行深入探讨。与会嘉宾表示，养老产业作为朝阳产业正在以难以估量的速度飞速发展，需要在新时代，以博大的养老情怀拥抱行业变化，通过自主创新推动养老产业发展实现新的跨越。

② 首届长三角服务创新高峰论坛暨创新企业榜单发布会。

6月25日，长三角服务业社团联合体组织主办的"首届长三角服务创新高峰论坛暨创新企业榜单发布会"在杭州举行。本次论坛的主题"聚焦服务创新，共促高质量发展"出谋划策，同绘创新蓝图，共促高质量发展。

本次论坛暨发布会由浙江省服务业联合会、长三角服务业社团联合体主办，杭州国际城市学研究中心(浙江省城市治理研究中心)、浙江经略视界承办,共有长三角三省一市相关单位负责人、服务业联合会会员代表、获奖企业代表、省内外相关媒体代表170余人参加论坛并听取讲座。本届论坛上发布了《长三角现代服务业高质量创新发展倡议书》,完成长三角服务业社团联合体与杭州城市学研究会战略合作等4项签约仪式,并为长三角服务业创新企业进行了榜单发布与授牌,对《2020年浙江服务业发展报告》(蓝皮书)进行了推介;原浙江省常委、杭州市委书记王国平作了主旨演讲。

论坛现场宣读"长三角现代服务业高质量创新发展倡议书"发出七大倡议:勇做现代服务业一体化、高质量发展的引领者;营造更为趋同的长三角地区服务业发展制度环境;共推长三角现代服务业产、学、研、融互动合作新机制;共建跨区域高端生产性服务业基地,提升赋能制造业的服务能力;共谋长三角地区现代服务业数字化跃升;合力培育长三角现代服务业示范基地,树立服务业转型升级典范企业;共评长三角地区现代服务业优秀创新企业,树立长三角地区服务业企业转型升级典范。

论坛发布了长三角服务业创新企业榜单,授予8家单位为"长三角现代服务业示范创新企业",30家单位为"长三角服务业优秀创新企业"。现场还进行了长三角现代服务业"试点示范培育项目"和"战略合作联盟"的签约仪式。

《2020浙江服务业发展报告》在论坛上发布,其描述了过去一年里浙江服务业的创新举措和突出成效,总结了数字服务的若干特点。

杭州城市学研究理事会理事长王国平作《打造中国开发区2.0的思考》主旨演讲。他表示,开发区2.0是通过高水平开放集聚高端创新要素,坚持产业结构服务化、园区功能平台化、投资管理多元化、运营生态智慧化、产城融合一体化,将开发区打造成高端化城市业态、优美化城市生态、特色化城市文态与现代化城市形态充分融合的品质新城,最终实现"造城"的目标。

③ 2021长三角城市更新论坛。

9月23日上午,由上海现代服务业联合会、长宁区人民政府、长三角现代服务业社团联合体共同举办的"2021长三角城市更新论坛"在上海市西郊宾馆会议中心隆重举行。本次论坛聚焦"城市更新的美好愿景",以城市更新为主议题,从城市更新发展及历程、城市更新的研究及深层次解读,着力推进落实长三角区域一体化国家战略,凝聚江苏、浙江、安徽、上海三省一市的多方力量,四地资源共享、合作热融、互利共赢。

上海现代服务业联合会会长郑惠强在致辞中指出,长三角地区是我国经济发展最活跃、开放程度最高、创新能力最强的区域之一,在国家现代化建设大局和全方位开放格局中具有举足轻重的战略地位。推动长三角一体化发展,增强长三角地区创新能力和竞争能力,提高经济集聚度、区域连接性和政策协同效率,对于引领全国高质量发展、建设现代化经济体系意义重大。长三角区域内城市都肩负着通过城市更新激活产业、改善环境、让百姓生活得更美好的重任。他期待与会专家提出真知灼见,破解城市建设瓶颈、为提升长三角区域城市的环境品质和空间尺度,打造有温度、可触摸、更真实的未来城市,积极献计出力,共谋创新发展。

会上,来自江浙皖城市的嘉宾也带来了三地城市更新的精彩案例。江苏省南京历史城区保护建设集团副总经理黄洁就"南京老城南小西湖历史风貌区保护与再生"进行了案例分享;浙江省临海市副市长江峰分享了"以活化古城赓续千年台州文脉";浙江省嘉兴市南湖区副区长张芳军以"筑梦为民赓续百年初心,砥砺奋进齐绘共富蓝图"为题,分享了南湖区片区改造经验;中共安徽省铜陵市委常委、常务副市长何田分享了铜陵市的城市更新系列成果。

(长三角现代服务业社团联络办供稿)

附录二　2021年上海现代服务业创新发展案例

（一）笑果文化：脱口秀行业创新发展报告

1. 行业综述

上海笑果演艺集团有限公司（简称"笑果文化"）坚持融合创新，专注中国新时代喜剧，是一家内容驱动的年轻态喜剧产业公司。公司以内容创作为基础，专注打造不同平台、不同形式的年轻态喜剧产品，以"喜剧＋"为业务逻辑，发展"喜剧＋长视频内容""喜剧＋线下娱乐消费体验"和"喜剧＋整合营销"三大业务板块。

（1）"喜剧＋"长视频内容

笑果文化的线上综艺业务以长视频节目为主，公司先后打造出多款备受欢迎的大型网综，如《脱口秀大会》《脱口秀跨年》《周六夜现场》《吐槽大会》《怎么办！脱口秀专场》等。其中，《脱口秀大会》是笑果文化联合腾讯制作的脱口秀节目，四季累计超过50亿人次观看，节目邀请杨澜、上海交警黄俊等各领域正能量人物，根据不同话题，以不同的视角切入，用专业的喜剧创作能力进行高质量内容输出，满足人民日益增长的美好生活需要。国内首档脱口秀跨年晚会《脱口秀跨年》以脱口秀为载体邀请罗翔、陶勇等不同圈层的嘉宾围绕年度话题进行一场"态度跨年"，节目累计1.1亿人次观看。此外，笑果文化还将不断探索全新的喜剧形式，为行业和广大观众提供更多精品综艺喜剧内容。网络综艺《冒犯家族》《故事王》《笑场》、女性年轻态创新综艺《姐妹俱乐部》、都市喜剧《燃烧吧！废柴》、国内首档体育脱口秀《环环环环环》等创新喜剧内容产品深受观众喜爱。

2022年，笑果文化和联合腾讯视频推出全新的脱口秀节目《怎么办！脱口秀专场》，聚焦生活中各行各业，展现从幕后到台前的全过程，将以"各行各业"为切口的脱口秀主题专场带到观众面前，更贴近生活，更能引发大众共鸣。

（2）"喜剧＋"线下娱乐消费体验

笑果文化目前在上海拥有两个自营场地——笑果工厂和山羊GOAT。笑果工厂打造场景化喜剧综合空间，山羊GOAT提供开放麦，两个场地常年位居"大众点评"上海地区文化艺术热门榜第一、第二。此外，笑果文化2021年打造的南京特色喜剧地标——笑场，是笑果文化于上海之外落地的首家直营空间。

笑果文化将用户从线上引入线下演出场景，通过驻场演出，笑果文化不断拓展年轻态喜剧类型，演出品类包括脱口秀、情景小剧（Sketch）、即兴互动秀、车间访谈、音乐脱口秀、漫才专场、Roast Battle等。2021年，笑果文化在全国举办了超1500场演出及开放麦，覆盖全国30个城市的40多万观众，全年演出票房超8000万元。2021年3月，脱口秀演员周奇墨的个人专场《不理解万岁》全国巡演正式开启，《不理解万岁》是笑果文化打造的首个脱口秀个人专场大型巡演产品，加上年末在上海的成功首秀，周奇墨此次巡演共为21座城市举办了21场演出，时长3个月，挑战了多个千人级别的大剧场，覆盖观众超1.8万人次。

2020年，笑果文化承办了第六届上海国际喜剧节脱口秀板块，为大家带来一个多月的喜剧盛宴。除此以外，笑果文化还积极尝试不同的线下喜剧形式，将年轻态喜剧和生活场景结合，拓宽剧场使用时间，打造丰富有趣的喜剧消费场景，致力将喜剧文化渗透至生活的每一个角落。

（3）"喜剧＋"整合营销

笑果文化持续探索不同场景下"年轻态喜剧＋品牌营销"的创新模式。笑果文化除了擅长在线上节目中做深度营销植入以外,还依托持续稳定的喜剧内容产出能力,用脱口秀这一全新的沟通方式与年轻消费者对话,占领消费者心智,目前已经为超过300个主流消费品牌提供整合营销服务,所提供的营销服务覆盖了短视频、微综艺、大型综艺、直播、艺人代言、IP联名等各个领域。笑果文化业已成为中国营销领域,面向Z世代消费者展开营销推广策略及内容提供商首选品牌。

2. 年度发展特点

(1) 脱口秀行业蓬勃发展

作为脱口秀行业的引领者,笑果文化凭借《脱口秀大会》等综艺节目及高质量的演出,带动了脱口秀行业在国内的蓬勃发展。

2021年,笑果文化在全国举办了超1 500场演出及开放麦,覆盖全国30个城市的40多万观众,全年演出票房超8 000万元。据不完全统计,2021年,全国脱口秀演出票房已达2.24亿元。截至2021年12月,全国共有175家脱口秀俱乐部,已知有76家俱乐部注册公司;全国共统计到有将近1 000名脱口秀演员,在2021年下半年内增长超过400人。同时,越来越多的年轻人开始考虑将脱口秀作为自己的职业选择。

笑果文化的核心优势是拥有优秀的脱口秀演员以及编剧团队,能够持续稳定地产出高水平、独特的喜剧内容。为了最大程度扩展喜剧人口的基数,从根基上为行业输送营养,从2017年起,笑果文化开启了训练营项目。笑果训练营是一个具有高度系统化、专业化的公益喜剧培训产品系列。据悉,训练营将喜剧行业经验与先锋的理论研究,通过专业课程设计团队转化为高质量课程,以三种不同的喜剧形式(如脱口秀、漫才、素描喜剧等)作为培训方向,针对性设计了入门级、中间级、资深级三种难度的课程和产品,构成了"九宫格"的培训框架体系。2021年,笑果训练营报名人数近2 000人,创历史最高。同时,2021年11月起,笑果文化开启了"笑果训练营·飞行计划"——一个面向大众爱好者的无门槛公益培训产品,向全国多地招募更多人才,为喜剧行业的奠基添砖加瓦。

(2) 脱口秀逐渐国民化

脱口秀正在被越来越多的人所认可,2022年初,王勉携音乐脱口秀走上虎年春晚的舞台,让更多的人认识并喜爱脱口秀这一年轻的喜剧形式。一路走来,笑果文化倡导主流文化,坚持创作精品喜剧内容,打造出形态丰富、深受观众喜爱的年轻态喜剧作品,在线上和线下给观众带来欢乐的同时,也为行业发展提供了样板。

经过脱口秀全体从业者的努力,目前脱口秀已从小众走向大众视野,笑果文化作为行业领头羊,推动脱口秀在越来越多的公共领域中亮相,展示了笑果文化践行企业社会责任的努力和担当。

2021年7月,2021世界人工智能大会的闭幕式上,笑果文化呼兰以脱口秀的形式,与现场嘉宾及线上观众畅侃人工智能,解读了上海城市数字化转型的亮点和特色。2021年10月,笑果文化脱口秀演员徐志胜受邀参与上海市"禁传"宣传季,带来以"禁传"为主题的脱口秀演出,号召大家远离传销,守护自身幸福。

(3) 每个人都能有5分钟脱口秀

笑果文化提出"每个人都可以讲5分钟脱口秀",将幽默、轻松和对生活的观察思考方式带进各行各业的同时,让更多人了解不同岗位平凡人幽默、可爱、努力付出的一面,助力满足人民日益增长的美好生活需要。

2020年底,笑果文化联合静安公安在线下开展脱口秀反诈宣传,帮助民警准备脱口秀稿件,在开放麦的舞台上用脱口秀的形式向年轻群体进行反诈知识普及。2021年,笑果文化联合黄浦消防救援支队和淮海中路街道,举办"消防安全季系列活动之消防安全科普脱口秀",四位消防官兵通过"脱口秀"的方式向市民群众宣传消防安全知识和消防队伍形象。

3. 未来展望

业内人士认为,目前全国脱口秀的需求已经被激活。作为脱口秀喜剧领域的领跑者,面对行业规模日渐增长,以及行业发展中演出质量参差不齐等问题,笑果文化一直致力于建立行业标准,计划成立行业协会,建立行业准则与规范,营造诚信、不媚俗的行业氛围等,引领脱口秀行业走上健康规范的发展之路。

未来,笑果还计划打造属于中国的未来"喜剧+"概念生活区,一个衣食住行吃喝玩乐一体化的笑果喜剧街区,引导沉浸式生活化喜剧消费,打造一个纯享喜剧文化的地标。

笑果文化作为以内容核心的喜剧产业公司,还将探索更多的喜剧形式,为更多人提供行业机会的同时,也将为观众提供更多的喜剧精品内容。在构建线下线上商业模型的同时,也放眼于更大的野心与未来,力争带动中国喜剧文化的世界地位,构建成熟的世界领先的喜剧文化场景。

(上海笑果文化传媒有限公司供稿)

(二)盈展·年轻力消费集团2021年创新发展报告

1. "十四五"开局之年,2021年国内实体商业发展稳健

作为"十四五"规划与2035远景目标纲要的开局之年,2021年是新中国发展史上具有光辉且深刻印记的一年。2021年,上海出炉的"十四五"规划明确,要在提升配置全球资源能力上下功夫,在增强创新策源能力上下功夫,实现更高质量发展。以创新商业思考为起点,在商业环境全面升级和商业新模式层出不穷的挑战下,零售业唯有敏锐洞察、创新突破,才能保持竞争优势和获得可持续发展的能力,从而赢得未来。

2021年,中国零售消费市场由于受到疫情的反复的影响较大,但整体商业客流呈现恢复态势。根据"中购联"报告显示,2021年1月—6月我国社会消费品零售总额均保持超10%的单月同比增长率,2021年社会消费品零售总额累计超2019年同期水平。当前客流仍受疫情反复影响,但恢复速度加快。基础性消费与高端消费相对稳健,购物中心的主力消费群体——中产阶层反而成为市场的不确定因素。根据上海购物中心协会近期发布的《上海购物中心2021/2022年度发展报告》,2021年上海各购物中心,总体经营呈恢复性增长,经营规模总额为2 343.2亿元,同比增长29.1%,加上新开购物中心的经营额,两年平均增幅超过10%,经营总额占全市社会消费品零售总额1 296%,比上年增加了1.56个百分点。

服务业已经成为支持上海经济发展的主力,在国内双循环背景下,国务院提出用5到10年时间培育建设国际消费中心城市,有利于促进商业的多样性发展。上海因商而兴,因商立市,是我国最大的经济中心城市和最具消费基因的城市。上海市"十四五"规划《纲要》提出,上海要加快建设现代化经济体系,建设国际消费中心城市。新发展格局下,上海国际消费中心城市建设进入重要战略机遇期。

2. 2021年URF盈展的积极求新:"新触点、新场景、新内容"

2021年,上海实体商业竞争激烈,尤其在空间内容的创新上不断推陈出新。在线上线下融合的发展格局下,线下实体商业也在积极寻求突破。根据德勤咨询《2021中国商业地产活力40城研究报告》中显示,随着品牌的获客成本越来越高,以及线上直播电商在2021年受到系统性的规范管

理,品牌方们都在迅速击破壁垒,加速布局线下体验店。实体商业仍拥有着线上难以比拟的高度体验感与互动感,可增强消费者对产品的体验,通过线下场景互动打出品牌声量。另一方面,随着"元宇宙"概念的加速蔓延,各大开发商开始探索购物中心离场经济新思路。可以说,实体商业空间都在探索"新触点、新场景、新内容",以不断提升自我的核心竞争力。

在新一轮全球商业变革背景之下,整个消费行业的逻辑在世界范围内都发生了一些根本性变化,也催生了国内新消费行业强大的内生发展动力。创新性的成长型品牌将拥有更多的可能发展为成熟的世界性品牌。

(1) 持续发扬"策展型零售"优势,为年轻人创造对话与消费场景

作为国内首个专注于探索"新世代生活方式"的创新消费集团,URF|盈展·年轻力消费集团凭借年轻活力、潮流先锋、创意无限的品牌形象,在国内年轻群体中迅速掀起了线下新消费的热潮。

由 URF 盈展·年轻力消费集团首创的 CURETAIL 策展型零售,通过将空间视作一个策展的场景,使品牌和商品成为展示表现的一部分,打造公共空间、商业空间、主题空间,通过场景、商品、文化的闪动变化、跨界合作、价值传递,将"普通"商场变"不普通"。并于 2019 年底,将此创新商业模式运用于与百联集团合作改造运营的百联 TX 淮海|年轻力中心。该项目位于传统商业街区淮海路中段,瞄准新消费势力,创新商业模式,以"策展型零售"为突破,自开业至今的短短时间内,便取得了较好的商业成效,吸引了大批业内外人士的关注。

当下全球均在关注年轻消费趋势,百联 TX 淮海作为中国首个策展型零售空间,致力于打造中国年轻力潮流文化策源地。百联 TX 淮海就"95 后""00 后"消费群体作了详细的消费习惯、生活方式等多维度的调研,发现其较之 1990 年代前的人群发生了重大变化。针对这一结论,URF 盈展采用了"策展型零售(CURETAIL：Curated Retail)"的模式定义了全新商业空间,即把空间视作一个策展的场景,为消费者提供完整的沉浸体验,文化艺术的内容编织其中,使品牌和商品成为展的一部分。

URF 盈展充分利用"策展型零售"这一商业模式的优势,在百联 TX 淮海这一项目上用"多变的消费场景"作为吸引年轻消费群体的重要回访方式,取代了固化不变的传统零售陈列,毫无新意的感官体验;用策展的方式将艺术与商品的文化故事演绎,取代老旧单纯无趣的摆设展示售卖手段,新零售概念增加了场景的趣味性和参与互动感;积极与社群团体发生联系,主动提供社群举办活动的场地,通过社群经济增加客户黏性,取代了传统商业纯粹的银货交易关系;线上线下数字化营销,精准调研消费者数据,把握消费行为,取代了传统"人货场"消费模式。

据不完全统计,从开业至今,百联 TX 淮海共举办了超 500 场活动,月均超 25 场,类型涵盖快闪、艺术、社群、品牌等不同类型活动。此外还通过与不同的品牌,不同社群领袖合作,实现几乎每天都有新鲜事在发生在场地中,从而带动目标消费者重回实体。据司徒文聪介绍,策展所用的空间约在 25%～30%,空间的效率却是固定租金的 2 倍左右。TX 淮海小程序的技术发展使得消费者忠诚计划及会员计划可以在商场内成功的实现,涵盖所有的商家租户,通过与营销活动和商户促销活动的结合,提升会员在销售中的占比。截至目前"粉丝"量累计 25 万多。

策展型零售重在"策"划,强调的是动态运营,为此,盈展重视多元化内容的整合发展,摒弃传统商业各自为政的"招商、市场、运营、内部管理"的部门分工,根据新模式的目标和营销方式,构建新的内部管理架构,共有 4 个不同部门负责不同环节:一是新消费场景构建部门,通过研究、构思、搭建不同的消费场景,迎合新消费群体的不同需求;二是社群管理部门,通过组织各种活动,凝聚不同消费"圈层",形成 TX 淮海的"流量入口";三是策展部门,将艺术与商品发生关系,拉动商业空间中商品的消费,同时,为中国新兴艺术家、设计师等提供专业展示平台,促进艺术家与品牌的对接,实

现艺术与商品之间的转化;四是品牌与媒体中心,不同于传统的"文案、媒体公关",该部门更注重打造网络媒体生态圈,在不同的平台上"养成"自媒体账号,注重内容分享和输出。

由URF盈展操盘的百联TX淮海的流量现象不仅吸引到了年轻的消费者,更引起了政府的注意与重视。2021年1月6日,上海市副市长宗明女士一行到访百联TX淮海项目视察调研。2021年9月12日上午,百联TX淮海更是迎来了商务部党组书记、部长王文涛的莅临考察调研,上海市副市长宗明,市商务委主任顾军,黄浦区区委书记杲云,百联集团党委书记、董事长叶永明等陪同调研。王文涛部长表示,"TX淮海结合沉浸艺术体验、策展型零售品牌和社群联接平台,创造出一个传递多元文化与年轻生活方式的空间,成为承载'年轻力'的最佳载体,希望百联TX淮海不断引领商业潮流的风向标,推动更多新国潮品牌走到前台,成为中国新国货、新国潮、新国风的聚集地。"同时,他希望上海商业的"领头羊",主动求变出新,助力上海持续提升"国际消费中心城市"的能级,在构建新发展格局中继续发挥重要作用。

(2) 从"年轻力"到"元宇宙",URF盈展靠三大"X"全方位布局

URF盈展·年轻力消费集团还将目光聚焦在拓展更宽广的"年轻力"赛道,通过"CENTERX,RETAILX,METAX"3个维度深耕"年轻力文化"。在其三大平台(商业模式)中的CENTERX年轻力中心,是URF盈展旗下年轻力IP品牌,专注营造中国新生代生活方式及策展型渠道场景。目前,CENTERX分布重要城市核心圈的大型年轻力中心,营造区域性的年轻力文化及消费的流量入口,给予新生代的线下潮流体验及各类尖端的潮流文化在社群交流平台成为年轻力社群的朝圣景点,重要年轻文化事件发生地。比如,URF盈展·年轻力消费集团"CENTERX"系列的线下流量阵地之一——X88,坐拥上海静安寺商圈黄金地段,经过新一轮的优化与升级,X88迎来一大波潮流时尚新品牌的入驻,这些自带年轻力生活方式和社交属性的品牌,会为X88注入更多生活灵感与活力,提供更为多元的消费场景,为中国新世代带来健康、潮流的生活方式体验。X88努力让消费者与商业空间、品牌之间建立起更为多样化的关联,将不同社群身上的"个性标签"与生活创意于此激活。从DOEXNewBalanceMADE系列大陆地区独家首发,到"Seesaw铜仁三项"等富有趣味和创意的社群活动,无不吸引了大批志同道合的年轻人前来寻找生活的灵感火花。

RETAILX则分布在全国年轻的一二三线城市及店线上的平台经营;小红书、抖音店铺、微信店铺、微信小程序等年轻流量平台,通过CENTERX在主要城市的发芽,影响全国更大批量的年轻新生代拥抱年轻力的文化与消费,发展成为一套完善的思考及消费文化体系,并融入强大的RETAILX线上平台经营力度,迎合这一代"数字原住民"的线上消费习惯,打造成为一个坚盾的集"文化、消费、体验"为一体的闭环。

METAVERSEX年轻力元宇宙则是为未来或将来来临的Web3.0做好准备,延续了线下实体建筑的原型和其年轻力文化属性,开放探讨了更多赋予年轻人认同感的数字场景和虚拟体验,通过元宇宙加强更多与年轻人更多的互动。值得注意的是,URF|盈展·年轻力消费集团已与全球最具影响力的区块链线上虚拟世界——Decentraland平台正式合作,为盈展旗下X年轻力消费阵地完成虚拟线上空间的搭建,为国内开启元宇宙空间与商业实体空间融合的新纪元。这是盈展集团在虚拟数字化进程中迈出的重要一步。

盈展的年轻力元宇宙空间延续了线下实体建筑的原型和其年轻力文化属性,开放探讨了更多赋予年轻人认同感的数字场景和虚拟体验。在年轻力元宇宙中,线下发生的活动场景会以虚拟数字的形式在线上展开,盈展旗下空间的强社群属性会在元宇宙中扮演重要角色,以此为基石进一步满足使用者的多元社交需求,建立现实与虚拟交互的精神秩序。

（3）年轻力不打烊！夜间经济发展同样重要

从年轻人昼伏夜出的消费习性洞察上，百联 TX 淮海希望可以成为真正迎合该人群节奏的商业体，因此不断尝试在不同时间段的消费体验创造。2021 年 6 月，URF 盈展旗下位于南京东路步行街的 U479 项目，其将部分商户营业时间延长到凌晨 2 时。由此百联 TX 淮海成为上海首个夏季"常态化"营业至 24 时的商场，吸引了大量年轻人夜间停留。从效果来看延长营业时间的部分较平时段人流增加了约 10%，2 小时内拉动销售额约占全天 8%～15%。

不仅如此，百联 TX 淮海│年轻力中心开业以来，也在影响着淮海中路商圈的数据变化：

淮海路中段流量：超 10 万人次/天。

TX 淮海空间流量：日均 2 万～2.5 万人次（单日峰值 4.5 万人次，工作日 1.5 万～1.8 万人次，周末 2 万～2.5 万人次）。

淮海路中段商铺平均租金 20% 上涨。

国际品牌新增个数：5 个。

国潮品牌新增个数：20 个以上。

在淮海路的新市场活动：354 场。

2021 年消费者在淮海路平均停留时间：82.7 分钟。

年龄层的改变："95 后"增长明显，全年带来超 60 万年轻人群重回淮海路中段。同时，36 岁以上的人群较 2019 年有 5.2% 的下降，淮海路的消费人群年龄构成正发生变化。

大型首店新增 42 个，上海首店新增 14 个，全国首店新增 26 个，亚太首店新增 2 个。

百联 TX 淮海项目着力推动上海国际消费中心城市的建设，引进了总商铺数量的 80% 的首店及旗舰店，以及每季度多达 5 次的限量首发活动，助推"夜间经济"持续稳定发展，深度探究各类品牌文化，探索艺术沉浸体验，融合科技及人工智能及 5G 技术商业嫁接数字化商业的应用场景转换，关注城市可持续发展的环保技术应用。

3. 迎接未来，持续拓展年轻力街区影响力

关于未来发展，URF 盈展集团会继续着眼于满足年轻人诉求。年轻人对实体"体验"本身的需求会更多，而这也是线下消费区别与线上消费的魅力所在。通过过去 2 年的运营实践和市场考验，URF 盈展·年轻力消费集团已经形成一套非常有效的方法来拉动年轻人回归线下。如，长时间"宅家"会让本就好动的年轻人有更强烈的出门欲望，一旦有了非常强的体验场景和体验平台，他们出门的动力和驱动因素更多，而在到达现场之后也会随之产生更多消费的可能性，自然而然地在回归线下的过程中"无缝衔接"地完成消费。

今后，URF 盈展会继续以街区、片区打造为目标，通过逐个盘活重要商业节点，以点概面从而使区域商业得到有效活化，同时保留原有生态。以百联 TX 淮海为例，其作为辐射淮海中路商圈的"重要节点"，正引导青年主力军重返淮海中路商圈。但仅限于此是不够的，在进一步扩大对区域生态的影响力上，可以掌握一个区域片区上的"多个重要节点"至关重要。作为上海首屈一指商业老街，优势在于绝大部分产权业权均属国有，因此合理调配资源，集约化招商管理等均可实现片区生态保护和平衡。

消费是拉动经济增长的三驾马车之一，抢抓国内扩大内需的新机遇，上海"十四五"时期为消费提出了更高要求，要大力发展线上消费、体验消费、健康消费等新型消费，也要积极发展高端消费。作为凝聚当代年轻力的先锋平台，未来，URF 盈展希望能够孵化更多中国本土未来创意和艺术品牌，推动中国未来创意和艺术发展，从而发展出更多中国人自己认可的年轻力消费品牌。

[盈展商业管理（上海）有限公司供稿]

附录三 2021年上海现代服务业发展报告(特邀版)

(一) 全球数字产业发展报告

当前,全球已进入数字经济时代,我国高度重视数字经济发展,《中华人民共和国国民经济和社会发展第十四个五年规划和2035年远景目标纲要》(简称"十四五"规划)对于大数据的发展做出了重要部署。历经多年发展,大数据从一个新兴的技术产业,正在成为融入经济社会发展各领域的要素、资源、动力、观念。我国提出"加快培育数据要素市场"后,大数据的发展迎来了全新的阶段。可以看到,2021年以来,全球各国大数据战略持续推进,聚焦数据价值释放,而国内围绕数据要素的各个方面正在加速布局和创新发展。政策方面,我国大数据战略进一步深化,激活数据要素潜能、加快数据要素市场化建设成为核心议题;法律方面,从基本法律、行业行政法规到地方立法,我国数据法律体系架构初步搭建完成;技术方面,大数据技术体系以提升效率、赋能业务、加强安全、促进流通为目标加速向各领域扩散,已形成支撑数据要素发展的整套工具体系;管理方面,数据资产管理实践加速落地,并正在从提升数据资产质量向数据资产价值运营加速升级;流通方面,数据流通的基础制度与市场规则仍在起步探索阶段,但各界力量正在从新模式、新技术、新规则等多角度加速探索变革思路;安全方面,随着监管力度和企业意识的强化,数据安全治理初见成效,数据安全的体系化建设逐步提升。

1. 全球数字产业发展步入快车道

(1) 数字经济加速推动数字产业的发展和变革

新一轮科技革命和产业革命的孕育兴起在推动全球数字经济快速发展的同时,推动了数字产业的持续扩张,尤其在新冠肺炎疫情后,以互联网、大数据、云计算、AI等为代表的新一代信息技术创新加速迭代,推动传统产业加速向数字化、网络化和智能化转型升级。中国信通院数据显示,2020年全球数字经济规模达到32.6万亿美元,同比名义增长3.0%,占全球GDP比重的43.7%,其中,产业数字化占数字经济比重为84.4%,数字产业化占比15.6%,同时,伴随着量子技术、下一代通信等数字技术的持续深入发展,若干领域将实现重大突破,推动社会生产力发生新的质的飞跃,在更广范围、更高层次、更高层次、更深程度上提升人类认识世界、改造世界的能力。

(2) 科技创新对数字产业发展驱动力日益增强

国家"十四五"规划明确将科技自立自强作为国家发展的战略支撑,面向世界科技前沿、面向经济主战场等,以国家战略性需求为导向,瞄准人工智能、量子信息,集成电路等一批具有前瞻性、战略性的重大科技项目进一步推进实施。

数字技术的交叉融合为数字产业实现迭代创新和应用。数字产业本身具有科技和产业双重属性,通过交叉重组融合和不断延伸,从集成电路、互联网,到人工智能,大数据、物联网、云计算,区块链,5G等,再到量子计算、量子通信、集成电路(半导体)等前沿关键数字技术与生命科学、材料等基础学科的交叉创新,形成了庞大且交叉组合的技术簇群,加快推动数字产业化和数字经济社会的快发展,科技创新先行投资奠定了数字产业发展的核心地位。《2021年欧盟产业研发投入记分牌》数据显示,2020年全球TOP2 500家企业研发投入规模达到9 089亿欧元,较2019年增长6%,其中,ICT领域研发投入占总投入的比重达到41.5%,较2019年增加1.5个百分点,是增长最快且投入规模占比最大的产业领域,可见,各国对数字产业的研发投入呈不断上涨趋势,高素质创新人才基座赋能数字产业高质重发展。高端人才是实现科技创新最活跃、最先进的生产力要素,是数字产业高质量发展的核心驱动力。

(3) 与传统产业深度融合为数字产业提供活力

在数字经济范式下,数字技术与传统一二三产业的创新融合为数字产业发展不断注入新活力。数据显示,2020年,一二三产业数字经济占行业增加值比重分别为8.0%、24.1%和43.9%。

不断催生新业态、新应用和新模式。跨界融合创新是数字产业实现创新发展的典型特征,如通过融合创新涌现出的共享经济、数字贸易、零工经济、在线消费、无接触配送、互联网医疗等新业态,都是融合创新的成果,同时,数字技术与传统产业的融合过程也是制造业创新发展的过程,基于数字技术的制造技术、产品、模式、业态、组织等各方面,实现从技术创新到产品创新、横式创新和应用创新等,为经济社会发展注入动力,推动生产、消费、制度模式的变革。数字产业可以被认为是一种新型生产要素。重构生产端,推动社会再生产各转型升级,通过高级化生产要素,革新生产模式推进智能化、数字化转型,催生新产品和服务;改进消费端,推动经济可持续发展。数字产业的规模化发展将提高收入分配效率,进一步创新技术和融合智能应用,改进消费观;推动制度创新,提高管理运行效率和市场经济良性循环。

在此背景下,为推动数字产业快速发展及提高其核心竞争力,全球各国纷纷加快了对数字产业的战略布局。

2. 主要国家和地区加快数字产业战略布局

近年来,全球主要经济体纷纷加速布局全球数字产业战略。尤其自2008车国际金融危机后伴随着各国再工业化战略的不断推进及制造业回流,各国对诸如高科技产业、战略性新兴产业等的重视程度不断显现,无其以美欧为代表的发达国家和以中国为代表的新兴经济体国家,对数字产业战略尤其是前沿数字产业战略规划和部署的重视程度不断加大。全球各国对数字产业战略部署进程加快。不完全统计,截至2021年底,全球60多个国家和地区已部署了AI战略;超过15个国家和地区推动了量子技术战略,制定研究框架及投资布局。数据显示,2021年全球主要国家的前沿数字产业战略文件数量是2017年战略文件数量的1.5倍,战略制定速度不断加快,数字产业战略日益成为提升一国和地区科技创新和综合实力的重要手段,第四次工业革命的到来,令数字产业战略在各国综合国力竞争中的地位日益凸显,各国尤其聚焦新一代人工智能、量子计算等前沿数字技术领域,从战略政策、科技研发(投资规划)、人才建设及国际合作等各层面进行周密战略部署,如美国自2011年以来陆续发布《美国创新战略》系列、《关键与新兴技术国家战略》及《2021年美国创新与竞争法案》等战略;欧盟自1984年开始每四年制定一次《研发框架计划》,近年来通过了《未来新兴技术旗舰计划与大型研究计划》报告、"地平线2020"计划和《欧洲数字计划》;中国主要发布《十四五规划和2035年远景目标纲要》;德国近年来主要发布了《高科技战略2025》和《国家工业战略2030》;日本于2021年发布《科技创折六五计划》;韩国于2021年12月发布《国家关键路技术选择、开发和保护战略》,将AI、5G/下一代通信、先进生物、半导体、量子等10个关键领域的技术确定为"国家关键战略技术"等。

美国:确保全球领导地位和技术领先

自2008年国际金融危机爆发以来,美国先后发布《美国国家创新战略》三个系列、《美国将主导未来产业》《关键与新兴技术国家战略》《2021年美国创新与竞争法案》等,不断加大对新兴和关键技术、未来产业等的重视力度。如美国率先全面布局了人工智能,把振兴集成电路(半导体)产业作为国家战略,加快打造自动驾驶的政策和法规高地,将量子信息科学列入联邦研发预算优先领域,通过全面协调战略布局,确保其全球领先地位和核心竞争力。

推动立法及战略强化国家科技领导地位。2020年,特朗普政府在《美国将主导未来产业》中明确将发展未来产业(IotF)提升至国家战略高度,首次提出要提升美国在人工智能、先进制造、量子信息科学及下一代通信等领域的全球领导地位;并制定《关键与新兴技术国家战略》,推动《无尽前沿法案》,涵盖未来产业系列关键领域,明确技术战略与国家战略的统一。2021年以来,美国政府先后发布《国家安全战略临时指南》《美国就业计划》《2021年美国创新与竞争法案》等,旨在提高美国科技研发和基础设施创新能力,强化半导体、AI等核心技术及产业的竞争力。

欧盟:强化"数字主权"及监管创新

2021年3月9日,欧盟委员会正式发布《2030数字罗盘:欧洲字十年之路》计划,为欧盟到2030年实现数字主权的数字化转型指明方向,构筑一个以人为本、可持续发展的数字社会。该计划旨在实现两个目标,即降低技术依赖和实现隐私监管领先,进而创造更具弹性、繁荣、数字化和绿色化社会。

通过立法和战略文件捍卫"数字主权"和以人为本的欧洲价值观。2020年以来,欧盟发布了相关"数字主权"10余份,通过发展关键数字技术、推动数字化转型、强化监管规则等,捍卫"数字主权"。一是降低对外技术依赖。欧盟于2021年3月发布了《2030数字罗盘》战略,其中提出了四大具体目标,包括提高前沿领域的人才数字技能、培育尖端数字基础设施、推进企业数字化转型和公共服务数字化;设定了11项先进技术发展目标,包括在2030年前实现先进芯片制造全球占比达到20%,先进制程达到2毫米,5年内自行打造首部有量子加速功能的量子电脑等,重点目标在于降低对美国和亚洲关键技术的依赖。二是引领全球监管创新。欧盟通过发布《欧洲数据战略》《人工智能法案》等战略文件,强化了数字产业监管框架,引领全球数字技术监管治理及规则制定,如《人工智能法案》已成为全球AI领域监管规则及治理领域的风向标。同时,通过积极参与和引领前沿数字领域的国际标准制定及强化技术治理,在推动前沿数字技术标准及规则制定的同时,达到引领全球监管创新的重要目标。

德国:强化突破性创新和工业竞争力

德国作为国际公认的制造业强国,为维护其竞争优势,通过制定高科技战略、推动高科技领域乃至前沿数字领域的研发创新,持续提升制造乃至工业整体竞争力的目标。

推动系列高科技战略实现突破性创新。截至目前,德国相继发布了《德国高科技战略》系列文件,加大对关键技术的战略部署。2006年德国发布《德国高科技战略》,首次提出国家高科技发展战略,涵盖健康、通信及交通、前沿科技三大领域,为产业发展明确方向。2010年发布的《德国高科技战略2020》,着力部署前沿科技发展,力图实现战略性新兴技术突破,重点包括信息与通信技术、国家安全技术等。2014年,德国在《新高科技战略:创新3.0》中聚焦工业4.0等数字经济及社会六大领域,强化科技创新和中小企业在前沿数字技术和服务的应用近年来,德国更加强化了前沿数字领域的技术突破。在《高科技战略2025》中,德国将AI具体应用等列入12个优先发展主题,强化德国和欧洲的AI发展达到世界领先水平;2019年在《国家工业战略2030》中,重点发展人工智能、自动驾驶、量子计算、生物技术等前沿领城,维护和确保德国在工业、技术和经济方面的世界领先地位。

日本:以"社会5.0"愿景推进科技创新

2016年,日本在第五期科技创新计划中首次提出了社会5.0概念,但缺乏具体图景。2021年,日本发布了第六期科技创新计划《科技创新"五六计划"》,明确了社会5.0具体图景,即确保国民安全与安心的可持续发展的强韧社会和实现人人多元幸福的社会。对此,日本明确了实现"社会5.0目标的三大支柱,通过强化推动前沿数字技术及人才建设等,在推动社会变革和科技创新进程中,确保国家安全和在前沿基础领域具备国际竞争力"。强化战略制定与社会5.0愿景的对接。

自 2016 年以来,先后发布的《科学技术创新综合战略》系列文件,及各领域战略文件如《人工智能战略 2019》《自动驾驶政策方针 4.0》及《后 5G 促进战略——下一代通信路线图》等,逐步实现了用数据代替资本,用前沿数字技术/新兴技术来推动经济社会增长,实现生产变革的目标。通过三大支柱落实社会 5.0 和强化科技创新。在数字化社会变革方面,注重以数字技术推动产业"数字化转型",建设脱碳社会,加强 5G、超级计算机、量子技术等重点领域的研发。在强化研究能力方面,尤其注重对博士人才的支持与培养,鼓励女性研究者做出贡献。日本政府计划拨发 10 万亿日元(1 日元约合 0.06 元人民币)的大学专项资金,用于青年研究人员的培养和基础设施建设,促进日本建设世界一流的研究型大学。在人才培养方面建设可以增强探究力和激发继续学习意愿的教育体系等。

3. 全球数字产业战略发展整体态势

(1) AI、量子等成为数字产业战略部署重点方向

人工智能战略是全球最优先也是布局较为深入的数字产业领域。从 2016 年开始,全球各国开始纷纷将人工智能上升至国家战略。截至目前,全球已有超过 60 个国家布局了 AI 战略;近 5 年中,全球 AI 战略在主要的前沿数字领域整体战略布局中占比 27%,优势明显。从具体战略部署看,人工智能、5G/下一代通信、自动驾驶、量子技术及半导体等成为重点布局领域,占比分别为 27%、20%、16%、13%、11%。其中,人工智能是最优先布局领域。但从部署趋势看,综合战略、5G/下一代通信、自动驾驶及量子技术等领域的部署力度不断增强,而人工智能领域的部署在 2019 年更为密集,2020—2021 年部署力度稍微减弱。伴随着人工智能已纷纷上升至全球各国的国家战略及商业化的推进,各国在商业化及治理层面的部署可能会更加强化。未来几年,全球各国对 5G/下一代通信、自动驾驶、量子技术等领域的战略布局可能会进一步强化。

(2) 各国/地区数字产业研发投入规模持续增加

各国和地区对数字产业领域的研发投入力度不断加大。一是全球主要经济体整体研发投入持续增加。OECD 数据显示,美国是全球研发投入支出最多的国家。2018 年美国研发投入总额超过 5 815 亿美元,占全球总投入比重为 28.9%,奠定了美国科技发展全球领先的地位。其次是中国。2018 年中国研发投入总额为 4 680 亿美元,全球占比 23.2%。日本、德国研发投入紧随其后,全球占比分别为 8.5% 和 7%。二是全球各国和地区研发支出强度(研发投入/GDP)逐年增加。OECD 数据显示,2019 年全球主要国家和地区研发投入占 GDP 比重排名韩国、日本等排在前列等。虽然美国研发投入总额全球第一,但研发强度和创新程度仍在不断提升。中国研发强度在逐年提高,增速明显。2020 年韩国研发投资费用近 24 万亿韩元,执政 4 年间年平均增长 7.2%,其投资规模显著扩大,其中基础研究投资及对中小企业的支持是重要部分,尤其在生命、ICT(向半导体及自动驾驶等领域投资 2.4 万亿韩元,约 10.8%)等革命性增长动力领域。

(3) 各国家地区不断加大高端科技人才战略储备

数字产业的发展依赖于科技创新人才,各国对高端人才培养和未来科学教育体系的发展提出了新的方向和理念,在战略部署中不断加强基础教育、人才引进及技能培训等。全球主要经济体高端人才培养战略侧重点不同。美国将人才教育纳入战略优先事项,侧重于通过强化 STEM 教育、移民政策和激励机制吸引和留住人才;德国更倾向于通过管理政策和产学研合作的方式培养人才,强调国家干预政策,打通人才在大学、科研机构及企业间的流动,促进产学研深度交流,并加强高科技人才的国外进出;欧盟以提高全民数字技能为中心,通过制定数字教育行动计划和国家数字技能战略,强化数字技能培训,推动教育现代化和一体化数字素养项目,健全数字能力标准和完善人才评价体系等,强化人才数字技能;中国注重政产学研合作培养人才,加大人才数据库及全国人才中

心的建设,构建一流创新生态和提高人才智利支撑。日本强调联合高校和企业对人才的培养力度,并通过加快人才科研项目资助体系建设强化高端人才培养。

(4) 各国家地区数字产业国际合作程度不断增强

技术研发合作日益增强。通过梳理全球主要国家和地区近两年(2021年为主)国际合作情况,国际合作领域重点聚焦5G/下一代通信、人工智能、量子计算和半导体。数字产业领域合作仍以美国等发达经济体为主,如下一代通信领域掀起全球合作潮。美国主要跟韩国、欧盟、英国、日本、加拿大在下一代通信、人工智能、量子计算、半导体等领域展开全面合作。美韩就下一代通信领域签署合作备忘录和发布联合声明,通过加强投资、原创技术研发及标准制定等方式,全力占据下一代通信核心技术制高点;芬兰与新加坡、日本合作联合创建芬兰下一代通信旗舰项目;美国和英国领导人正考虑就下一代通信进行合作以形成更广泛的技术联盟等。我国在下一代通信领域通过企业间达成的国际合作较为明显,如MT-2030下一代通信推进组。

4. 全球数字产业战略未来展望

(1) 智能、绿色和可持续是未来战略部署重要导向

智能主要体现在各国对新一代信息通信技术层面的优先基础布局,各国优先将人工智能、量子技术、半导体、下一代通信、先进计算、大数据、区块链、物联网、超智能社会、传感器、机器人、脑神经信息、人机交互、网络安全、虚拟和增强现实技术、智慧城市等纳入未来数字产业战略部署范畴。伴随着数字技术与一二三产业的不断深入融合,及全球经济社会逐步向网络化、数字化、智能化转变,智能将成为未来数字产业战略部署关键。

绿色主要体现在全球气候治理和"双碳"减排目标下推动绿色技术应用创新的必然布局中。《巴黎协定》释放出全球绿色低碳转型积极信号,依靠技术创新与合作应用气候变化及绿色科技治理等成为国际共识和主要行动,如中国在十九届五中全会中提出"全面绿色转型"的经济社会发展目标,推动绿色新兴产业和绿色科技创新作为国内大循环关键;美国在2021年12月发布的《通往2050年的科技之路》中将实现净零排放作为未来科技发展重要目标;欧盟《新工业战略》塑造有竞争力的绿色转型和数字欧洲等。实现绿色技术应用创新和绿色化转型将成为未来各国数字产业战略部署中的重要因素。可持续是畅通未来数字产业战略布局的重要趋势。将联合国可持续发展目标纳入全球各国战略部署中,实现紧密融合,是未来各国前沿数字产业战略布局的一大趋势。如欧盟坚持推进《2030数字罗盘》计划,构筑以人为本的可持续繁荣的数字未来。日本明确将"确保国民安全与安心的可持续发展的强韧社会"和"实现人人多元幸福的社会"作为社会5.0的具体图景和未来社会发展的新愿景。在此基础上,进一步推进全球共同发展和增进人类福祉。

(2) 各国研发投入将在基础和应用领域寻求平衡

近年来,全球主要国家在不断加大科技研发投入总额和基础研发投入的同时,也相对注重在基础、应用、试验等领域的研发资金配比。全球主要国家应用领域研发投入占比不断增加。OECD数据显示,从2013年至2018年,法国、德国、美国、英国、韩国等2018年在应用领域的研发投入占比分别增加13%、7%、4%、4%和3.5%,可以看出,全球各国不仅重视基础研发,近年来对针对性应用研究的重视力度也不断增加。

各国对各类研发活动的投入与全球整体数字产业战略态势相互调整,寻求获得最大竞争优势和发展平衡。如中国拥有全球相对丰富的商业化应用场景,并在AI、自动驾驶等应用领域实现更多突破。未来,中国在保证本国应用领域竞争优势的同时,也会更注重对基础研发及理论的创新。未来全球主要国家将会充分结合他国战略态势,在稳定本国科技研发和创新基础上,实现研发内部的及时动态调整,进一步寻求最大竞争优势平衡。

(3) 数字产业的竞争格局可能拉大"数字鸿沟"

全球数字产业发展呈现出以欧美发达国家联合为主、中国等新兴经济体和发展中国家依旧追赶的总态势。近年来，以中国为代表的新兴经济体虽然在 AI、下一代通信等数字产业领域取得重要突破，但与发达国家间仍存在较大差距。尤其在新冠病毒肺炎疫情爆发后，伴随着各国欧美发达国家合作态势强化、数字主权意识增强、对外技术依赖降低等格局的日益稳定化，国家间的数字鸿沟/数字技术鸿沟可能不断拉大。

欧美发达国家的"技术联盟"进一步强化未来数字产业全球领导地位。如美国 NextG 联盟、"跨大西洋智能联盟"、量子技术联盟及半导体联盟等，都致力于推动以价值观为基础的发达国家间的数字技术合作。一是对外形成技术壁垒和发展屏障。欧美等发达国家通过联盟合作实现数据共享、技术可互操作等目标，进一步强化合作空间和技术能力。二是通过统一标准强化国际合作。如美欧通过联合推动美—欧技术与贸易理事会（TTC）强化标准设计合作等。发达国家在强化数字主权意识和降低对外技术依赖的同时也改变了国家间的竞争模式。数字主权将成为继边防、海防、空防之后的又一个大国博弈领域。对国家战略而言，充分掌握数据和技术主导权，也将意味着抢占了未来数字技术制高点。

(4) 数字治理规则在国际合作中将更趋广泛化

伴随着数字产业及技术向纵深发展，"负责任""可持续性""以人为本"及"可信"等科技治理的相关原则不断被纳入各国数字产业的综合战略及 AI、量子等国家领域战略中。

未来，数字治理规则将作为"科技向善"评估标准的一部分，更成为国际合作的重要内容和前提。将"科技向善"作为驱动数字产业战略制定及参与国际竞争的重要保障，如积极倡导"负责任"发展和创新，加强数字伦理等制度化建设，针对相关数字技术制定伦理准则并积极参与、推动数字技术领域的全球治理等，强化"科技向善"理念。将数字治理规则作为国家间合作的主要内容和前提。如美国等发达国家在推进 AI 等数字技术领域合作中，指出数字技术的设计、开发、治理和使用方式等都要建立在共同利益和价值观基础上，在公平和包容环境规则下，建立可信、弹性、开放性和互操作性的技术创新生态系统。未来，全球主要国家在 AI、量子技术、半导体等领域的具体合作时中，如数字技术、标准、伦理等规则设计及治理原则等都可能被纳入国际合作和相关战略制定议程中。

（上海数据交易中心有限公司供稿）

（二）元宇宙数字鉴权与 NFT 权属流转、运营合规

1. NFT 交易权属流转解析与元宇宙里的财产流转合规

（1）NFT 交易权属流转解析

NFT 交易，在技术层面是对区块链上智能合约所载的 Token 的转移，同时也是对 Token 映射的法律文件所载权利的移转，即获得 Token 就获得了其映射的法律文件所载的权利和义务。因此，NFT 交易权属不是单独的虚拟代币交易，也是其映射权利和利益的交易。NFT 交易权属的流转，不同国家法律规定各有不同。

① 国内 NFT 交易权属流转风险分析。

在中国法律体系和司法实践下，尚无明确的法律规定确定 NFT 的性质，但司法实践不认可其虚拟货币的属性，交易权属需要根据 NFT 平台规则和 NFT 铸造者意愿分析。NFT 涉及著作权作品的，映射的底层资产一般包括许可作品（除署名权外的知识产权，非排他性著作权）、作品、复制

品、衍生品。NFT本身属于数字商品,在无明确规定或者约定的情况下,交易权属流转系数字商品及其映射的原件或者复制件所有权的转移,属于《著作权法》规定的发行权,其铸造并上链并交易的行为属于《著作权法》规定的信息网络传播权。杭州互联网法院〔2022〕浙0192民初1008号民事判决书持此观点。NFT不涉及知识产权的,交易权属流转系NFT映射的底层资产的所有权或者铸造者确定的权利、权益转让,即所有权或者其上附载权利的转让,如体育赛事门票;但底层资产不宜涉及许可类事项,倘若底层数字资产涉及证券、保险、信贷、贵金属等金融资产,则可能被认定为发行、交易金融产品;如通过分割所有权或者批量创设等方式削弱NFT非同质化特征,则可能被认定为发行代币融资;为NFT交易提供集中交易(集中竞价、电子撮合、匿名交易、做市商等)、持续挂牌交易、标准化合约交易等服务,则可能被认定为设立交易场所,前述情形均需取得主管部门批准。中国互联网金融协会、中国银行业协会、中国证券业协会倡议会员单位不实施前述行为。

② 全球NFT交易权属流转风险分析。

相比之下,在全球范围其他国家对NFT交易的法律合规性要求较为宽容,大多数国家认可NFT虚拟货币以及数字资产的属性,交易权流转属于所有权转移,允许设立交易所或者交易平台。美国还将其参照证券予以管理,交易权流转具有证券交易的属性,纽约南区的检察官以涉嫌内幕交易指控并逮捕了线上交易市场OpenSea的前产品经理纳撒尼尔·查斯坦(Nathaniel Chastain)。但与中国相同的是,NFT数字商品知识产权属性,NFT交易权属流转是附载的知识产权权利的移转。

(2) 元宇宙里的财产流转合规

① 元宇宙的财产性质。

在元宇宙的场景中,对于财产的取得、流转、消灭都需要依赖于区块链技术的应用,即财产是以一种虚拟的电子形式存在,类似于电子游戏中的游戏装备和金币。而目前,对于此类虚拟财产,在《民法典》第一百二十七条规定,法律对数据、网络虚拟财产的保护有规定的,依照其规定。因此,对于元宇宙里的财产也是应当受到法律的保护。

② 元宇宙的财产流转风险分析。

根据前述分析,对于元宇宙中的财产同样受到我国法律的保护。但由于技术上的原因,元宇宙里的财产在流转过程中,并非像现实生活中,直接以物理交付的形式进行流转,而是以NFT的形式,通过电子密钥的方式进行交付。虽然与常见的虚拟货币相比,两者存在区别,但也不能就此完全否认NFT的代币性质。因此在这个过程中,元宇宙的财产交易会受到虚拟货币相关法律规定的规制。

最近几年,我国相继颁布实施多部规制虚拟货币的法律法规,包括2017年生效的《关于防范代币发行融资风险的公告》、2018年生效的《关于防范变相ICO活动的风险提示》及《关于防范以"虚拟货币""区块链"名义进行非法集资的风险提示》、2021年生效的《关于防范虚拟货币交易炒作风险的公告》及《关于进一步防范和处置虚拟货币交易炒作风险的通知》。因此我国对于通过虚拟货币非法吸收资金,炒作虚拟货币以及开展虚拟货币相关业务等行为,目前都是法律明确禁止的。对于此部分规定,将是元宇宙里财产流转的合规重点。

其次,对于元宇宙的财产,由于其在流转过程中依赖于NFT的方式,因此同样会存在与NFT相同的知识产权侵权风险、数据信息泄露风险等,在此不再赘述。

(3) 元宇宙的财产流转暨NFT交易权属流转合规建议

元宇宙财产流转暨NFT交易权属流转中首先要规范数据的收集、存储、传输和使用。数据作为重要的生产要素已经成为各界共识,但公共数据的产生和处理尚缺乏统一的立法规范。我国的

《数据安全法》保障数据处于被有效保护和合法利用的状态,而《个人信息保护法》确立在使用个人数据时需以单独同意为基础进行数据收集,但实际操作中难免流于格式条款。元宇宙财产流转中在个人数据获取和公共数据收集以及衍生利用规制等方面还有待推进,要平衡数据安全与数据利用之间的关系,保护与发展并重,在确保信息安全的基础上最大程度激发、释放数据潜能。

对于元宇宙财产流转暨 NFT 交易权属流转中涉及知识产权数字商品的流转可以引入具有知识产权鉴定资质的第三方接入底层区块链,成为元宇宙或 NFT 交易平台链中一个节点,通过数据存证,数据鉴定知识产权权属形成数字鉴权能力,为元宇宙财产流转和 NFT 交易权属流转中的双方提供数字商品的知识产权权益鉴定,为日后维权诉讼成为有利的证据,同时通过知识产权的鉴定为数字商品定价提供参考依据,通过价值鉴定,权属鉴定,知识产权所有权鉴定,知识产权侵权鉴定实现元宇宙中 NFT 交易的数字鉴权,助力元宇宙的财产流转暨 NFT 交易权属流转合规。

2. NFT 运营下的法律风险与合规建议

(1) NFT 运营下的法律风险

NFT 运营链条由非同质化铸币内容和交易流转组成,其风险点主要聚焦在内容上传主体与交易平台的侵权风险。

① 内容上传主体侵权风险。

NFT 项目集中在数字藏品、游戏资产和虚拟世界等三大领域,其中内容上传主体的风险产生主要关涉数字藏品领域,具体包括版权侵权风险与其他权益侵权风险。

对版权侵权风险而言,包括未经许可将他人拥有知识产权的图片、音视频等内容数字拷贝生成 NFT,或者直接数字化"铸币"所创作的内容与他人作品构成实质性相似,均涉及对他人享有的信息网络传播权、复制权的侵害。至于是否构成对发行权的侵害,在既有判决中,对发行权仍限于基于物质载体的流转,因此 NFT 的流转行为不构成对发行权的侵害。

对其他权益侵权风险而言,包括未经许可将他人的肖像、声音、卡通形象等其他人身元素及商标等商品化权上链生成 NFT,构成侵害他人肖像权等合法权益。

因此,作为内容上传主体需要注意和规避侵害他人版权、商品化权益及其他人身权益的法律风险。

② 交易平台侵权风险。

NFT 生态应用从功能属性上可分为 4 层:基础设施底层、项目创作层、交易流通层、衍生应用层,其中交易平台的风险产生主要集中在交易流通层,具体包括数据泄露风险和平台审核风险。

针对数据泄露风险,所有 NFT 交易模式下形成的数据均保存于平台中,特别是用户上传作品后至完成 NFT "铸造"前,均是由单一平台控制整个流程以及所有内容,包括用户的实名认证信息、网络虚拟财产信息、银行账号或虚拟货币钱包等金融个人信息,甚至是用户个人行为数据、社交数据等。在 NFT 流转过程中,未经允许将用户个人信息向境外提供或向第三方提供,构成对个人信息权益的侵害。

针对平台审核风险,从审核对象来看,平台控制能力较强。用户按照平台要求上传作品并提交后即进入审核环节,只有通过审核才能上架交易,且每个用户每次提交审查的均为单个作品。从盈利模式来看,平台可直接从 NFT 数字作品获得利益。有些平台不但在铸造时收取作品 gas 费,而且在每次作品交易成功后收取一定比例的佣金及 gas 费。平台应对审核负有更高的注意义务,否则将产生与上传方共同的责任承担风险。

因此,作为平台运营主体,需要注意和防范数据泄露风险及未尽到相应审核义务下的责任承担风险。

（2）NFT 运营下的合规建议

结合上述两点风险，总结以下 5 点合规建议可供参考。

① NFT 交易平台需严格履行审核义务。

在内容上传主体通过 NFT 交易平台上传作品时，NFT 交易平台需要对 NFT 的每位发行者提交的 NFT 内容中涉及第三方权利进行合理审查，以保证发行方获得授权链条的完整性。

② NFT 交易平台需履行通知—删除责任。

一方面，需要明确约定在 NFT 平台进行交易的规则，即侵犯第三方合法权益的情况下 NFT 参与的各方应当享有的权利与承担的义务；另一方面，在此规则下，当有第三方提供初步证据证明他人存在侵犯其合法权益时，交易平台需对提供的初步证据进行审查，判断是否存在侵权风险。在确认可能存在侵犯他人版权的必要情况下，采取删除、屏蔽、断开链接、下架等措施。

③ NFT 交易平台需采取数据安全保护措施。

对于交易平台存在大量的网络数据，需要建立完备的数据安全保护体系，根据《网络安全法》《个人信息保护法》《数据安全法》的相关规定，对不同类别的数据采用包括备份、加密访问控制、网络安全等级保护等安全防护、网络产品和服务安全漏洞管理和补救等网络和数据安全保护措施。数据安全保护措施的建立降低了交易平台的审核风险，加强网络数据的保护。

④ NFT 交易平台需建立网络安全审查。

NFT 交易平台上的大量数据信息不仅涉及个人信息安全与隐私，甚至可能存在危害国家安全的风险。因此，网络平台运营者需加强网络数据安全的审查，防止其将用户个人信息泄露或买卖。

⑤ NFT 交易通过知识产权数字鉴权保护交易，助力维权。

NFT 交易平台上数字藏品分涉及知识产权的数字商品和不涉及知识产权的数字商品，对于涉及知识产权的数字商品为了保障交易双方的权益，并且对于交易后涉及的知识产权纠纷，NFT 交易平台可以引入具有知识产权鉴定资质的中立方在交易平台内基于底层区块链技术实现数字鉴权，自动出具电子鉴定证书，为交易双方维权提供具有诉讼证据效力的鉴定，从而保护交易，助力维权。

3. 基于区块链技术的数字鉴权司法实践与合规实务

（1）区块链技术在司法领域应用现状

近年来，区块链技术在司法领域得到广泛应用，区块链在促进司法公信、服务社会治理、防范化解风险、推动高质量发展等方面具有积极作用。目前。我国已建成人民法院司法区块链平台，司法区块链上链存证超过 22 亿条，存固证据、智能辅助、卷宗管理等方面应用效能和规范程度不断提升，电子证据、电子送达存验证防篡改等应用场景落地见效。

（2）区块链技术在司法领域应用法律依据

2022 年 5 月 25 日，最高人民法院发布《最高人民法院关于加强区块链司法应用的意见》（简称《意见》），目的在于进一步加强区块链在司法领域应用，充分发挥区块链在促进司法公信、服务社会治理、防范化解风险、推动高质量发展等方面的作用。《意见》包括 7 个部分 32 条内容，明确人民法院加强区块链司法应用总体要求及人民法院区块链平台建设要求，提出区块链技术在提升司法公信力、提高司法效率、增强司法协同能力、服务经济社会治理等 4 个方面典型场景应用方向，明确区块链应用保障措施。

（3）知识产权数字鉴权在 NFT 交易中的实践与合规特点

① 建设互信共享的区块链知识产权数字鉴权公共服务。

元宇宙、NFT 交易、司法链、智能合约、跨链协同等基于区块链技术的应用不断发展，建设互信共享的区块链数字鉴权公共服务实现数据核验、可信操作、知识产权鉴定保护NFT交易和元宇宙财产转移合规。数字鉴权是基于区块链技术结合知识产权鉴定资质针对NFT知识产权权益进行知识产权鉴定的应用。

② 知识产权数字鉴权平台建设方向。

数字鉴权平台是互联网司法区块链验证平台的重要组成、建立健全数字鉴权标准规范体系,打造互信共享的区块链数字鉴权公共服务,加强数字鉴权与各行业区块链平台跨链联盟建设,持续提升协同和可信鉴权能力;要在元宇宙财产转移和NFT权属交易中引入知识产权数字鉴权的平台,支持交易双方当事人等相关主体对知识产权权属,知识产权价值,知识产权维权进行交易保护。

③ 引入数字鉴权提升元宇宙财产转移、NFT交易公信力。

元宇宙财产转移、NFT交易中通过区块链节点数据上链存储、数据鉴权,实现链上数据和操作上链存证,保障交易数据安全、操作合规。交易平台通过引入知识产权数字鉴权的第三方中立性,对平台上交易双方和平台运营主体的交易公信力都将有显著提升。

④ 应用数字鉴权优化交易流程提高维权效率。

NFT交易中应用数字鉴权将提高交易流程互信水平,降低知识产权交易风险,提升交易双方维权效率。知识产权数字鉴权通过价值评估,知识产权权益归属转移确认,知识产权侵权的数字化服务能有效帮助NFT交易平台运营方提供交易保障,为交易双方维权实现快速权威确权和鉴定。

(上海计算机行业协会供稿)

(三) 上海道路货物运输行业发展回顾

1. 道路运输市场率先开放

十一届三中全会召开以后,上海交通运输进入恢复起步、探索发展新阶段。交通运输领域中的道路运输市场率先开放,形成多种经济成分并存、多家经营的新局面。1980年代初期,上海市交通运输局打破所有制单一、封闭的道路运输经济格局,对全市进入运输市场参加社会流通货物运输的组织车队进行统一管理,即各组织车队除自行为本单位、本系统运输物资外,均由市交运局组织参加社会流通货物运输,并施行统一业务受理、统一运价标准、统一调剂运力的管理。上海新组建非公路交通部门汽车队20个,共组织货运汽车289辆,以工业、财贸、基建系统为最多,一部分逐步走向市场演变为为社会服务的营业性的专业道路运输企业,如宝钢、纺运等;一部分仍保留自货自运的特征,主要运送本单位的产品或生产生活所需物资,大多是散户,限于承运与其生产、经营范围相一致的货物。另一部分单位将自备车辆承包给个人,产权也随之转让,形成"私挂公"的新经济成分。

1983年3月7日,全国交通工作会议提出"有河大家走船、有路大家走车","各部门、各行业、各地区一起干"和"国营、集体、个人以及各种运输工具一起上"的政策,上海推出一系列放宽搞活道路运输市场的举措,包括允许非交通部门的企业进入市场,组建合资公司,发展集体、个体经营户等。

1984年9月1日,上海市交通运输局实施局属汽车运输企业体制改革,将上海市汽车运输公司下属的9个汽车运输场改组为7家独立核算的国营汽车货运企业,直属上海市交运局领导,原上海市汽车运输公司建制撤销。新建的企业中,包括经营钢铁运输、大型物件、化工物品三大类物资运输的3个专营汽车运输公司;按地域建立了4个综合性物资汽车运输公司,即上海市沪东、沪西、沪南、浦东汽车运输公司,并试行直属汽车运输企业吨千米工资含量包干制,下放12方面的企业自主经营权。

1985年,由交通、港务、外运等单位联合成立上海市国际集装箱汽车运输联营公司,随后改制为股份有限公司,将原来松散的联营企业组成一个独立核算、自负盈亏的经济实体。与此同时,一批历年来被限于运输本系统、本单位货物的非交通部门汽车货运企业先后参与运输市场经营竞争,或以部分运力经营社会货物运输。

2. 1980年代的疏港大会战

1980年9月起,上海港压港船舶增多,最多时已超过100艘,到10月底,港区又一次濒临堵塞。11月初国家经委疏港领导小组来沪部署突击疏港。上海市交运局组织汽车运力,突击疏运港口物资36万吨;1981年初,大批进口物资到港,上海港再次几乎堵塞。2月5日开始疏港,上海市汽车运输公司先后组织14个疏港战役,历时179天,超额完成疏港运输量246.31万吨,是1949年后上海汽车运输工人突击疏港历时最长的一次,受到国务院和市有关部门的表扬。1983年6月开始,上海港待卸船只达到177艘,港区栈存货物73万吨,已大大超过正常吞吐能力。国务院口岸办、上海市人民政府交通办公室组织大规模突击疏运,上海市交运局专门成立疏港领导小组,于7月20日—8月20日共疏运货物81万吨,平均每天达2.53万吨,其中22.2%的货运量在夜间完成。同年9月起,从国外进口的大批危险品货物压港,国家经委发来电报要求上海港加快疏运。专运化工危险品的上海市汽车运输第七场组织管理干部加班突击,平均每天多出20个车班,一直坚持到11月底,共疏运危险品4.2万吨。1985年9月份,有21个阴雨天,其间正值外贸出口高峰,有些货物雨天不能运输和装卸。上海市交运局所属各汽车运输公司发动工人抢晴天,战雨天,在外贸、港区等单位的配合下,克服阴雨天所带来的许多困难,保证了当月外贸出口物资运输任务的完成。

3. 货运车夜间通行的来历

1985年东亚运动会在上海召开期间,为控制交通总量,上海市委、市政府决定6月1日起实行货车夜运。主要是:7时—19时禁止货运车在中山环路内行驶;禁止外地客货车白天进入市区;非经营性小客车按单双号行驶。东亚运动会之后,货运车白天在中山环路内禁止行驶(少量凭证通行)又作为一项长期措施坚持下去。上海市交运局安全处、市公路内河运输协会(上海市道路运输行业协会前身)安全生产工作委员会召开夜间运输安全管理研讨会,各汽车运输公司努力掌握夜间运输特点,加强对货运车的安全检查,保障车辆的灯光、喇叭、刹车等完好有效,对驾驶员合理调度,劳逸结合,避免疲劳开车,使本市实行夜间货运安全工作在道路运输系统顺利贯彻,是年,上海市交通局专业运输单位的夜运量已达到总量的37.5%。货运夜运的这一举措一直延续,至今仍实行货运车市区白天凭证通行的政策。

4. 道路货物运输市场化加速

1990年,交通部对本单位运输的含义作了解释,将本单位货物运输纳入营业性运输的范畴,非公路交通部门的运输范围发生了新的变化,即由原来以本单位、本系统货物运输为主,变为本单位、本系统自运与经营各类社会货物运输兼顾的格局;1990年,上海全市民用货运汽车共有79 192辆,其中公路交通部门有8 278辆,非公路交通部门有70 914辆,分别占10.5%和89.5%。全年完成市内汽车货运量2.41亿吨,其中公路交通部门完成0.87亿吨,非公路交通部门完成1.54亿吨,分别占36.1%和63.9%。

至1990年底,上海道路运输业有260余户国营和集体所有制汽车货运企业经营社会货物运输或部分经营社会货物运输,180余户外省市汽车货运企业驻沪经营社会货物运输,1 021户个体户购买货运汽车或拖拉机从事道路货运经营活动,5户首批在沪设立的中外合资和沪港合资汽车货运企业;上海道路运输经营户数量增至1 546户。同时,国有道路运输骨干企业抓住机遇,转变机制,推行以承包经营为核心的经济责任制,划小核算单位、实行分级分权管理等。

1992年10月,上海市人民政府交通办公室制颁布《上海市关于外商投资公路、水路交通运输项目审批、审核管理的若干规定》。1993年4月底,上海向交通部报批审核的合资企业计37家,经交通部审批同意开办立项并批准成立32家合资企业,其中从事国际集装箱运输的企业19家、集装箱车526辆;从事国际展览品运输的企业1家,车辆8辆;从事运输服务的企业3家;从事公路跨省市客运的企业3家,客运车辆65辆;从事普通货运及快件、零星运输的4家,车辆572辆;从事冷藏运输的企业2家,冷藏车23辆。上述企业中外商投资额美元1 968.9万元,人民币7 324.8万元,港币1 175万元。

上海浦东新区开发开放后,各类国有、集体企业、企事业单位的自备车队,转换机制,组成灵活机动的队伍,参与竞争,外省市大批运输车辆涌进,从而加速道路货物运输的市场化。1993年,根据交通部交政法发〔1992〕357号关于启用《中华人民共和国道路运输证》的通知和交通部和国家统计局〔1992〕36号令关于《公路、水路运输全行业统计工作规定》等文件精神,上海市对非营业性货运汽车核发道路运输证:凡本市企事业、机关、团体等单位自备货运汽车以及外省市、中央驻沪直属单位及其他常住本市单位的本市牌照车辆(以下简称企事业单位),直接为本单位内部生产(主要指内部生产环节与环节之间的货物运输)和为职工生活服务,不发生任何方式费用结算的汽车货物运输,均属核发《道路非营业运输证》的范围。

1995年,上海企业经营机制的转换和深入,出现一大批企事业自备车辆由个人承包经营,产权也转为个人所有的新情况。由于这部分车辆的产权转移后,原有企事业单位已不负责他们的日常经营行为管理,部门经营者出现不使用统一发票、乱收运费,车辆维护保养失控等种种违章行为。上海市陆上运输管理部门从规范经营行为着手,因势利导,按自愿的原则,将这部分"私挂公"的运输经营者引入合法经营的轨道。如南汇区,用组织起来的办法,成立了南汇汇通和南陆两个公司,采取集中管理,分散经营的方法,统一管理,提供服务,使他们合理合法地开展经营。1995年末,全市已有道路货运企业23 700多户,拥有货运车辆78 059辆,其中非交运系统的独立车队2 118户,12 758辆车;企事业单位的自备车队(从事营业性运输)17 407户,52 412辆车;个体业主3 995户,4 008辆车。

5. 治理整顿道路运输市场

道路运输市场的开放,多种经济成分的互为补充,使上海交通运输业日趋兴旺,在一定程度上缓解了上海的运货难状况,但运输市场中也有不符合开业条件的经营者和不符合规范的运输工具出现,非法交易、垄断货源、违反价格政策、乱收费用、偷逃税款、违反安全质量规定等情况屡有发生。1990年起,上海市交通运输局根据国家有关规定,对全市道路水路运输市场着手治理整顿,上海市人民政府批准实施《关于治理整顿道路、水路运输市场的意见》,上海市交运局同市工商,物价、税务、公安,公用等5个局建立了治理整顿工作例会制度,及时研究、协调、安排运输市场治理整顿工作,在工商、物价、税务、公安等部门的配合下,交通部门通过上门核对、逐户清理、现场稽查、全面登记和制定准则等途径,结合年度审验和发证、换证工作,对在本市从事道路、水路运输的国营、集体、个体以及外省市、部队等经营者进行了全面的清理和经营资格的审验取缔了398户道路运输无证经营者;查处一批行贿受贿,垄断货源,倒卖运力,非法牟利,倒卖票证,粗暴待客、超越技术等级等扰乱运输市场的行为;1991年,经过近一年的治理整顿,运输市场的秩序有了好转,全市道路运输经营违章率由原来的25.4%下降至20.1%。同年,上海逐步建立计划经济与市场调节相结合的运行机制,对国家重点企业、疏港疏站、重点工程、能源、外贸、粮食等有关国计民生的货物运输和抢险救灾、军备等物资运输加强市场货源和计划运输管理,其他则实行市场调节。

6. 道路货运实施宏观调控

货运汽车总量增长对繁荣运输市场,加速物资流通和缓解运货难的矛盾起了重要作用。但随即产生了运力大于运量的矛盾,运输市场的竞争也日趋激烈。盲目投资造成运输车辆空驶上升,运输效率下降。

1992年,上海交通部门对新增营运车辆实行"先审批、后购置"的制度,在部分行业还实行了额度管理,使营运车辆的增加和运力的结构朝着合理的方向调整。上海市陆管处安排新增运力投资的基本做法是:以分布在基本覆盖全市地域的市交通局所属各大运输企业及分支单位的运输生产情况,和主要为这些运输生产企业受理运输业务的市汽车运输代理公司业务变化情况作为测定市场供求是否相对平衡的温度表,当各大运输公司实际停车班率在5%以下,投放相适应的新增车辆;当停车班率在10%以上,则运力显得有余而停止运力投放;考虑到局部的不平衡因素,以及新增指标落实有一个时间过程,在经过综合分析,大体得出需要新增运量的前提下,以该额度指标先引进外地的运输车辆(并尽可能注意车种导向)临时填补运力缺口,并原则以引进外地车辆作为该年度新增运力缺口的临时填补,进而测算下应新增运力。

由于道路水路运输市场机制尚不健全,无证经营、违章经营等活动时有发生,运输市场秩序比较混乱,运输价格的市场机制尚未形成,上海交通主管部门对道路运输的宏观调控力度逐步增大,运用行政手段约束市场主体行为,强化行政执法检查监督,在抓好日常检查工作的同时,会同有关方面,组织开展多次有声势的执法大检查和专项整治工作,上海道路运输管理机构还会同公安、工商、税务、公路等部门进行联合检查。通过经营资格审验、查处无证经营、违章经营等不法行为,加大了打击力度。1999年共查处无证经营21 100多起,超越经营范围3 300起,违反票据管理12 600多起,从而提高了经营者守法意识,规范了经营行为。

7. 加快形成竞争充分的道路运输市场体系

1990年代以来,上海市道路货运行业根据经济发展和人们生活的需要,新的业态和形式正在不断涌现,形成以商品配送、货运出租、集装箱运输、危险品运输、冷链运输、省际公路快运为主体的业态体系,在道路货运各业态中都有几家标杆企业在不断发展壮大,如网络化、规模化经营的交运日红、华宇、德邦、顺丰、佳吉等企业,但相对于4万余家货运企业来讲,市场集中度仍是非常低。

1996年1月,党中央、国务院在提出"进一步开放长江沿岸城市,尽快把上海建成国际经济、金融、贸易中心"的重大战略决策之后,正式对外宣布建设上海国际航运中心;同年,上海市颁布实施《上海市道路运输管理条例》,明确道路运输市场运作规则、市场主体权利义务、政府管理职责等;上海道路运输业深化体制改革,探索投融资体制改革,上海交运集团属下的上海钢铁运输公司进行股份制改造并成功上市,引入规范化的公司治理结构;市场经济的发展促使道路经济结构有了相应变化,作为道路运输市场补充的私营、个体、股份制、中外合资等非公有制经济成分进一步发展,1996年底,在道路货物运输经营户41 331户中,私营经济、个体经济、股份经济、中外或中港合资经济、外商独资经济等经济成分为8 018户,占道路运输经营户总数的19.4%。

进入21世纪以来,上海国际航运中心建设成效明显,为集装箱道路运输提供良好的发展机遇,2006年,上海港通过道路运输集疏的集装箱有1 463万箱标准箱,占集装箱总吞吐量的67.41%;道路集装箱运输覆盖面南达广东深圳、西南达广西北海、西北达甘肃兰州、东北达黑龙江哈尔滨。上海道路运输行业调整运力结构向专用化、专业化发展,2007年,占企业总数4.3%和运力总量34.8%的专业运输企业承担了63.7%的社会运量;货运车结构按市场需求形成厢式车、集装箱车、冷藏车、槽罐车、商品车发送车、搅拌车等多功能货运体系;货运车中,专用车占17.3%,厢式车占12.4%。

上海陆上运输管理处指导本市陆上货运交易中心拓展服务功能。通过这一公共信息平台,将真实有效的车源、货源、车位、仓储、交易等信息向全社会发布,并通过该平台整合社会资源,提高社会物流资源的使用效率,降低全社会物流成本;同时为用户提供包括物流交易、运价、企业诚信等资讯的专业物流信息搜索服务。

2008年1月,上海陆上货运交易中心集运力、货运信息、配载、交易信息、验证、中介功能、票据、统计管理为一体的上海陆上交通货运交易中心物流信息平台正式上线,并建立国内规模最大的物流企业数据库,为用户提供交易、仓储、运价、企业诚信等资讯和信息搜索服务。

2006年,上海市交通运输主管部门会同市建设交通、公安等部门联合颁布了《关于促进本市甩挂运输发展有关事项的通知》,成立"上海市推进道路甩挂运输发展工作小组",在全国交通系统内率先启动减少挂车检验次数、降低贷款道路通行费以及异地牵、挂互相甩挂等工作,建立联席制度,为进一步推广甩挂运输创造了良好的政策环境。

2008年受全球金融危机影响,货物运输量和集装箱运输量均出现下降,集装箱运输由于对进出口贸易依存度较高,所受影响更为明显。到2010年,行业发展总体已经摆脱全球金融危机的影响并呈现上升趋势。

8. 实现要素合理流动资源优化配置

2009年,根据苏浙沪两省一市道路运输管理部门共同签订的《长三角地区道路运输一体化发展议定书》《长三角地区道路货运一体化共同宣言》,由上海市交通局牵头,组织苏、浙两地交通物流重点企业来沪与上海物流重点企业交流讨论,2009年8月1日,两省一市交通厅、局联合颁发了《关于推进长三角地区道路货运(物流)一体化发展的若干意见》,明确建立交通运输信息资源的开放共享机制,进一步实现要素的合理流动和资源优化配置,推进物流网络建设,长三角地区的物流运输企业,需在异地设立分公司从事除化学危险品以外营运的,自2009年10月起,属"内资"性质的企业,分公司所在地运管部门应在一周内办妥相关营运手续;属"外资"性质的企业,分公司所在地交通主管部门同意,由母公司所在地交通主管部门直接报交通部批准;简化了分公司所在地交通主管部门向设立地交通主管部门层层征询意见的往来函。2010年共计有20余家企业按此程序办理。

2010年,上海引导企业向品牌化、专业化方向发展,启动道路货运重点企业培育工作,由行业协会牵头,制定了《上海市道路货运(物流)重点企业认定标准》。同年,指导北芳储运集团公司开展中心城区零星危险品配送试点,推出首批20辆符合《城市配送物流车营运技术规范》的车辆;同时全面启动《上海城市现代商业配送网项目》试点运作,100辆具有冷藏功能符合规范的专用配送车已经上路运营。

21世纪,上海道路货运已是高度开放的市场,其资源配置由市场自发调节,道路货物运输从过去以原材料为主、批量大、品种单一的货源结构逐步转向货类多、批量小、价值高的货源结构,适应市场经济深入发展,道路运输市场的结构也有了明显的变化,各类与经济建设和人民活动密切相关的专项方式如零星快运、大件、搬场、商品车发送、零担专线等项目迅速发展,成为运输增长点,运力结构有较大改观,一批技术先进、性能良好、高效低耗的车种快速发展,上海货运车结构从原来的传统化、适用型、低档次向特种货、专用化、专业化发展,形成了集装箱、冷藏、危运、商品车发送、搬场运输、货运出租、零担货运、汽车租赁等多功能、多方式经营的货运体系;根据物流运输的货物属性,新鲜农产品、保鲜食品、日用品、药品、家电、服装、家具等类物品,分别用专用车辆进行运输,不同的车辆运输不同的货物,以提高物流运输效益。

同时,上海道路运输实施以信息化、智能化为核心的新的管理模式,初步形成三个面向的信息系统,一是面向过程安全营运监控的信息系统;二是面向社会公众的运政管理服务的信息系统;三是面向市场经营的信息系统;货运交易网建设实现了部分道路车货交易信息的网上发布。车载式GPS运行安全监控系统不断推进,定位系统已在集装箱车、危运车和省际客车上运用;危险品运输管理信息系统对所有危险品运输车实现全过程监控。

近年来,道路运输企业全力以赴保障第二、三、四届进博会召开,落实窗口服务、环境整治、安全管控措施,加大隐患排查,全面推进进博会运输服务、安全保障等各项工作,万无一失地确保进口博览会货运物流、参商展品、行包物品、工程物资等各项运输任务圆满完成。

新冠疫情爆发3年来,道路运输行业步履维艰、负重前行。本市道路运输特别是关系行业稳定基本盘的单位履职尽责、共克时艰,积极响应政府号召保运保通,主动采取自救措施稳企稳员,始终坚持服务社会保障民生,充分体现了道路运输人的责任担当和发展韧劲。

(上海市道路运输行业协会供稿 执笔人:任远)

(四)上海国际物流行业发展简报暨东泽国际2021年经营报告

2021年是我国现代化建设中"十四五"开局之年,是全面建设社会主义现代化国家新征程的开启之年。延续着"十三五"打下的基础,我们迎来了具有特殊重要性的一年,然而复杂多变的国际形势以及国内疫情的持续肆虐,仍严重影响着上海的民生与经济发展。在临港新片区管委会的引领扶持下,始终坚决贯彻落实市委市府精神,不忘初心牢记使命砥砺前行。不断完善创新意识,提高创新服务能力,加强行业内的交流学习,谋求合作共度危机。

1. 进口汽车物流的现状

2021年中国汽车进口量93万辆,与2020年基本持平,上海口岸进口量占全国约40%。从月度走势看,近几年汽车的进口呈现季节性特征,夏季走高随后见顶回落,疫情后的进口乘用车恢复正常走势。2021年1月—12月,全年进口总量较2019年度稍低,形成与2020年同期月度较大反差。2021年我国新能源汽车进口量139 826台,同比增长7%。

整体来看,中国汽车完整的工业产业链带来的供给优势在海外疫情影响下被进一步放大,中国自主品牌的乘用车竞争力增强,使得我国汽车进口量持续下降。进口车数量从2017年以来持续10%左右下降,2021年的进口车市场受到2020年低基数和市场需求回暖刺激而走强。

而包括汽车物流在内,整体物流降本增效的大方针正面临着"爬坡过坎"的境地。在物流行业,通常以社会物流总费用与GDP的比值来衡量物流效率。中物联数据显示,2020年,我国社会物流总费用与GDP的比例为14.7%,跟上年基本持平。2021年前三季度,社会物流总费用与GDP的比例也为14.7%,跟2020年持平,甚至还要略高于疫情前2019年同期水平。从总体上看,我国物流行业的降本增效,在取得了阶段性成果之后,开始进入"爬坡过坎"的攻坚期。

国务院印发的《2030年前碳达峰行动方案》中提出,加快形成绿色低碳运输方式。而碳减排的压力不仅仅体现在企业的生产环节,物流环节同样影响巨大。公路运输是多数企业物流的主流运输方式,但公路运输的碳排放,在全国交通运输碳排放总量中占比达85%以上,其中重型货车的排放量又占了公路运输碳排放总量的54%。实现物流的绿色低碳,也需要一套碳感知、碳预测的技术提供底层支撑。

物流行业的高成本低效率,究其原因根源仍在相对落后低效的运营方式上,突出体现在货物周转效率低、车辆空驶率高、中间环节多以及人工作业比重大等诸多方面。

上海东泽国际物流有限公司2010年成立以来,历年来进口整车数量持续稳健增长,2021年清关数量256 170台、运输数量311 299台,占上海口岸60%以上。东泽国际通过自我研发运输一体化平台项目,精准化调度每一台运力,提高调配效率,通过信息化手段降低运输资金成本、时间成本,减少运输在途空放时间,降低单位运输的碳排放,增加能源利用率。

运输一体化平台项目需要 TMS 运输管理系统从发货到客户评价,业务全程可视。支持订单信息、订单任务配载、调度状态、物流状态等一键查询。通过 GPS、基站定位设备,从运输发车、启运、到达、签收、反馈信息全程可视。全链条信息追踪,实时监测车辆状态,支持车辆全程轨迹回放。通过 PC 端、移动端 App、微信小程序协作系统,全程连接货主、承运商、司机与客户,实现多方协同支持。支持运输线路多维度、多节点异常报警,客服及时跟进车辆运输情况,让车辆运输更可控,信息更清晰。因此,运输一体化平台是提供运输过程中各个环境重要信息交换纽带。

作为软件系统解决方案提供商,东泽国际致力于研发行业系统软件,涵盖报关、仓储、运输,在专家团队不懈的努力下成为自主的 VR 视觉解决方案提供商,不断为各个领域带来提升效率、引领行业潮流的信息化解决方案和科技产品。目前已研发自动报关申报平台、运输一体化平台、智能仓储管理系统、车载身份识别、疲劳预警与后台可视化监控平台、基于区块链技术的供应链管理平台等多项具有自主知识产权的重要技术。

在物流系统设计的过程中,要充分考虑"异常流程"。在一个物流科技项目正常运作的时候,也许我们看不出任何问题,只觉得无人化、自动化运作的场景十分"高大上"。但一旦系统停摆了,对于生产进程的影响会立刻显现出来,尤其是在制造业,生产线停滞一分钟的成本都有可能是数以万计的。在这个时候,我们需要有非常充分的预案:在 A 场景之下如何应对,B 场景之下如何补救。要求做到在每个场景下必须以最快速度解决问题。软件 BUG 需要快速定位、硬件故障必须及时排除。从这个角度说,人在意外情况下的反应往往会比机器灵活得多。但是要全面普及智能物流科技,必须要过"异常情况处理"这一关。在计算系统总体成本的时候,故障维修等相关成本也必须考虑在内。

信息系统的应用往往都是以标准化为前提的,这就可能导致"例外"情况的发生:如果一项技术在 90% 的情况下可用,但是在 10% 的情况下不可用,那么这 10% 往往就足以让技术的应用效果大打折扣。

在落实方案设计阶段,我们会依赖于物流规划人员的工作:如何通过合理配置各种资源,让整体物流路线更短、大幅度减少物料的空置时间、工序衔接更加紧密、生产制造整体效率得以提升。今后我们工作中会越来越依赖于仿真工具,通过计算机系统中的模拟,在实际物流系统落实之前就已经对其指标有充分的掌握。随着数字孪生等技术的进一步成熟,更多在数字世界中借助于智能算法完成规划。

在实际业务中,运输涉及订单转运单、运力管理、车辆配载、线路规划等,是相对最复杂的环节,业务端要与客户、司机、仓库花费相当多的时间在沟通确认上。不同于邮件或微信等线下沟通方式,业务端可通过系统查看订单、运力状态一键配载,运输端直接在系统上查看详细准确的运输指令。此外,业务端可以批量操作订单、自定义订单发货状态、运力紧张时自由选择与订单匹配运力。同时在驾驶环节,若司机发现货物异常时需要上报时,可通过手机端上传异常信息及照片,安质人员只需登录系统即可查看处理。

北斗定位信息通过与北斗供应商接口实时获取,系统实时存储车辆轨迹定位数据,Web 端实时展示,在订单、运单跟踪上报业务中,实现了操作界面更友好、交互更流畅、功能更多样、信息更全面等系统特点,从而提高了运输业务的工作效率。系统根据用户需求将运单历史数据进行加工处理,生成提炼出用户需要的各种报表,如运单明细、出运力明细、司机运载质量能力属性分析、车辆质损、月收入总额、月支出总额等等。

终端客户的需求升级叠加核心竞争力构建的要求,倒逼物流企业纷纷采用大数据、人工智能等新一代物流技术,并体现在从采购仓储到运输配送的各个供应链环节,以及从销售、客服到企业后台的各个职能体系。由此,越来越多的物流企业开始通过设立物流科技产业基金和提高集团研发投入的形式加紧布局。

为了避免各种难点带来的隐患,我们要在规划阶段正确认识方案的行业特性、充分考虑异常流程的影响,以及智能装备在整体数据集成中的位置;在落地阶段要有全流程视角、保证对系统充分测试、并通过仿真测算来预先考虑各种运行细节的影响;此外,还要充分预计能源管理和绿色低碳问题,并重视物流科技的售后服务,以确保产品在全生命周期的顺利运行。

2. 医药冷链

近年来,我国政府逐步推进医药物流建设,国家对医药物流政策经历了从"加快医药流通体制改革"到"发展现代绿色医药物流"再到"发展互联网+药品流通模式"的变化。

"十一五"时期,提出加快医药流通体制改革措施;"十二五"时期,提出规范药品流通秩序,完善以政府为主导的省级网上药品集中采购办法;"十三五"时期,提出发展现代绿色医药物流,培育大型现代药品流通骨干企业的要求;"十四五"时期,提出推动移动互联网、物联网等信息技术在药品流通领域广泛应用的设想。

近年来,我国疫苗、生物制剂、药品等冷链产品市场需求快速增长,营商环境持续改善,推动了冷链物流快速发展。现阶段广大人民群众对高品质消费品以及对高质量物流服务的需求急速增长,政府对新冠病毒肺炎疫情防控常态化管理,对冷链物流提出新的更高要求,冷链物流发展面临新的机遇和挑战。

从运行体系看,缺乏集约化、规模化运作的冷链物流枢纽设施配套,存量资源整合和综合利用率不高,行业运行网络化、组织化程度不够,覆盖全国的骨干冷链物流网络尚未完全形成,与"通道+枢纽+网络"的现代物流运行体系匹配不足。冷链产品安全关系人民群众身体健康和生命安全。当前,冷链物流"断链""伪冷链"等问题突出,与此相关的产品质量安全隐患较多,特别是新冠病毒肺炎疫情发生以来,冷链物流承担着保障疫苗安全配送和食品稳定供应的艰巨任务,要求提高冷链物流专业服务和应急处置能力,规范市场运行秩序,完善全流程追溯体系,更好满足城乡居民消费安全需要。

完善专业冷链物流信息平台,广泛集成区域冷链货源、运力、库存等市场信息,通过数字化方式强化信息采集、交互服务功能,为冷链干线运输、分拨配送、仓储服务、冷藏加工等业务一体化运作提供支撑平台。推动专业冷链物流信息平台间数据互联共享,打通各类平台间数据交换渠道,更大范围提高冷链物流信息对接效率。

提升医药产品冷链物流应急保障水平。研究将医药产品冷链物流纳入国家应急物资保障平台,整合行业医药冷库、车辆、标准化载器具等资源,健全应急联动服务及统一调度机制,提高医药产品冷链应急保障能力。完善全国统一的医药产品冷链物流特别管理机制,保障紧急状态下疫苗及其他医药产品冷链运输畅通和物流过程质量安全。

2021年10月,商务部发布《"十四五"时期促进药品流通行业高质量发展的指导意见》,其中指出,到2025年药品流通行业与我国新发展阶段人民健康需要相适应,创新引领、科技赋能、覆盖城乡、布局均衡、协同发展、安全便利的现代药品流通体系更加完善。要培育形成1~3家超5 000亿元大型数字化、综合性药品流通企业。

桦拓冷链致力于专注服务于医药冷链物流综合服务平台,在2021年已经在构建全国18个分子公司网络,冷藏车30多台,业务能力覆盖全国200多个城市和地区,可实现多温区,全链路的冷链物流服务。桦拓自主研发智能调度系统平台,在实现全链路可视化,存、取、运、转、派环节,全程全链路系统管理,为客户提供包装、运输、配送、信息、客服、售后的冷链物流解决方案,进一步提升客户的物流效率和消费者的物流极致体验。

从五力竞争模型角度分析,医药物流行业市场集中度较低,大型物流企业加速物流网络布局,现有市场竞争较为激烈;由于医药物流行业有一定的资金壁垒,因此医药物流行业潜在进入者威胁相对较小;医药物流产业上游主要为医药制造企业,由于医药物流行业企业数量较多,对上游议价能力较弱;医药物流产业的下游主要为基层医疗机构、医院等,随着"两票制"的推行,逐步压缩药品流通环节,医药物流企业对下游的议价能力较弱;在药品流通过程中对运输环境条件要求较高,对医药物流企业有一定的技术要求,替代者威胁较小。

3. 跨境电商

在疫情的冲击下,直播电商模式全面爆发,"直播+电商"的新零售业态加速兴起,不仅影响了人们的消费方式,也助推了企业拓展境内外市场。2020—2021年,国内外知名社交、电商、短视频平台纷纷加入跨境直播电商行业,将跨境直播电商推到了一个历史高度。上海跨境电商行业发展潜力大,应全面利用完善的工业生产制造体系以及华人优势等发展跨界电商行业。

目前整体的行业趋势是业务平台类型丰富,跨境直播电商行业布局全产业链发展。基于这样的市场大背景之下,上海东泽国际物流有限公司旗下瑞鲨(上海)网络科技有限公司在2020年成立,致力于打造国际国内双循环的跨境电商及商贸公司,依托于公司完善的国际国内优质供应链资源,专业的物流仓储供应链服务,强大的系统开发能力,自主研发、自有渠道的智能通关系统及国际金融结算平台。

在线直播平台运营成本较高,用户群体的娱乐性需求日趋强烈。在市场逐渐回归理性以及流量红利逐渐消失的情况下,对于平台的制约因素将更加突出,因此也更需要在线直播平台去探索新的商业模式。传统直播平台盈利模式需要探索更多元化的发展,加强全产业链的布局。

在一般贸易和跨境电商领域,由于受到全球疫情的持续影响,易和投资限制可能增加,加之地缘政治不确定性上升等多重因素,全球贸易环境整体情况较为复杂。同时也要看到,国内经济长期向好的基本面没有改变,外贸依旧保持稳中向好发展的总体势头,支撑外贸发展的有利条件依然很多。

上海在发展跨境电商业务之初看到有关发展契机,多年前已出台支持有关促进政策和措施,例如《关于促进本市跨境电子商务发展的若干意见》《中国(上海)跨境电子商务综合试验区实施方案》等,明确建设和完善跨境电商公共服务平台,提升服务能级,积极推进跨境电商综合园区建设,优化和完善配套的海关、检验检疫等监管政策措施,提升跨境支付与收结汇服务,创新支持跨境电商税收机制并加大财税金融支持力度。自获批跨境电商试验区域以来,上海跨境电商更取得了长足的发展和进步。中国(上海)自由贸易试验区是被认定为上海市跨境电商示范园区之一,区内的上海自贸试验区酒类跨境电商平台于2018年3月7日正式启动,是内地为数不多的以专业细分市场为主的跨境电商平台。

总括而言,上海不但是内地最大的口岸和商贸城市,跨境电商的发展优势明显,跨境电商产业的集聚效应初步显现。2018年,上海以跨境电商公共平台为通路的跨境电商交易额达到48.7亿元,同比增长16.6%。2019年,全上海市跨境电商进一步加速发展,进口业务规模已经上升到全国第五位。此外,以邮寄、快件、海外仓等为通路的跨境电商交易规模也位居全国前列。可以预期,跨境电商在不久的将来会成为世界贸易的主要方式之一,而小企业也可跻身成为未来世界贸易的主要力量。事实上,不论是通过一般贸易进口形式,还是跨境电商进口渠道,上海都可以成为国际企业开拓长三角乃至整个中国内地市场的有效进口平台。

作为跨境电商行业的一支新兴力量,由东泽国际孵化瑞鲨网络开发了公司自有平台品牌"真汇品"。以"数字生态联盟、官方正品溯源、跨境售后无忧"的平台优势,为每一名用户打造"自用省钱,分享福利,共富健康小事业"。"真汇品"跨境电商平台正式上线,并荣获"数智赋能创新潜力奖"。瑞鲨"真汇品"平台,旨在以全球化视野、国际化胸怀,成就高端消费者的健康生活。瑞鲨"真汇品"跨境电商平台,以"客户至上,求真实务"的理念,力求为精英客群甄选全球好物,缔造高品质健康生活方式"以全球化视野、国际化胸怀,成就高端消费者的健康生活"。瑞鲨推出了自有商品品牌"真汇品""玥",完成了跨境电商平台真汇品小程序和官网1.0版本,力求为精英客群甄选全球好物,缔造高品质健康生活方式。

作为一个新行业的兴起,人才培养是重中之重,目前上海各大高校均开设有电子商务相关专业,甚至近年来推出了主播专业。而为了能够让每一名专业领域的在校生,能够对行业不迷茫,充分了解未来就业环境及发展前景,促进校企一体,瑞鲨网络与上海第二工业大学"经济与管理学院"正式签署校企合作框架协议,落地"校企联合直播教学基地",双方奔着共同参与、资源共享、平等互利、携手发展的原则,将在直播电商、跨境电商及跨境物流供应链等领域,就应用型人才培养、课题研究、技术开发、项目合作等方面开展战略合作。此次合作的意义,还在于公司希望通过校企导师共同带教直播实战项目,培养一批能直接从事直播运营的人才,逐步探索出移动直播的新道路、新方式。

2021年7月8日,上海跨境电子商务行业协会年度大会在上海杨浦区成功举办,作为跨境电商行业的一支新兴力量,瑞鲨"真汇品"跨境电商平台正式上线,并荣获"数智赋能创新潜力奖"。瑞鲨"真汇品"平台,旨在以全球化视野、国际化胸怀,成就高端消费者的健康生活。

在疫情期间,上海的直播行业已成为经济复苏的重要平台。随着"直播带货"消费模式的兴起,市场已显示出强大的潜力和活力,并加快了实体商业向数字化转型的步伐。同时,跨境物流需求量也是快速增长,对于物流配送的高品质追求将成为跨境电商公司整体运营的重要组成部分。随着物流体系的完善和跨境电商平台的壮大,跨境物流需求量的快速增长。东泽国际通过自身的供应链优势,结合跨境电商平台,减少跨境电商物流的中间环节冗杂,优化操作流程,规避流程复杂、消耗时间长的行业痛点,自建物流管理体系,加强运输配送的效率,减少用户等待物流时间。

4. 上海品牌及报关服务团体标准

《上海市技术基础发展和改革"十三五"规划》中明确提出"把质量和品牌作为产业竞争力的核心要素",上海市委、市政府正式发布《关于全力打响上海"四大品牌"率先推动高质量发展的若干意见》,把上海品牌建设作为落实和服务国家战略、加快建设现代化经济体系的重要载体,推动高质量发展、创造高品质生活的重要举措。

随着全球经济一体化进程的不断深化,代理报关服务作为国际贸易领域的重要环节,持续良性健康发展离不开指导性、标杆性的服务认证要求。行业的发展壮大成熟需要国家法规政策支持和约束,同样需要行业内标杆企业、领军者作示范带头。

团体标准的制定和发布无需向行政管理部门报批或备案,主要目的是为了填补市场的空缺,起一个引导和监督的作用,以此来提高市场的竞争力,从而保障产品的质量和安全。因为团体标准是由市场自主定制的,灵活性相对比较高,没有限制性规定,不像国家标准那么严谨,另外国家也是一直在鼓励企业能够做属于自己的标准,现如今它诞生于市场经济和改革新常态的沃土,作为我国标准体制改革的方向。

在上海市大力推进上海品牌建设的背景下,为了填补行业的空缺、发挥自身专业化标准化的优势,由上海市质量体系审核中心和上海市物流协会的联名推荐,上海东泽国际物流有限公司开展上海品牌的认证以及编制整车报关服务的团体标准相关工作。标准根据《GBT37518-2019 代理报关服务规范》《GBT32849-2016 国际货运代理报检服务质量要求》《HST38-2013 报关服务质量要求》《HST32-2010 报关服务作业规范》进行编制，从客户、海关等相关方角度，深入挖掘和分析报关的委托、接单、申报、制单、交单、缴税、查验、出证放行的各个服务环节、服务行为和服务接触特性，运用服务技术蓝图和服务接触理论甄别并确定了报关服务要求及其管理要求，并建立报关服务认证要求。

标准是人类文明进步的成果。伴随着经济全球化的深入发展，标准化在便利经贸往来、支撑产业发展、促进科技进步、规范社会治理中的作用日益凸显。通过标准化的建立，标准旨在为报关服务组织进行自我评价和第三方评价等提供操作标准和方法，并从服务要求、管理要求、服务认证评价要求等方面对报关服务认证的规范性提出了要求。培育和发展团体标准，是发挥市场在标准化资源配置中的决定性作用、加快构建国家新型标准体系的一项重要改革措施。团体标准是国家标准、行业标准、地方标准的补充，为国家标准、行业标准的发展做好了坚实的梯队建设。鼓励团体标准发展，引入市场竞争机制，大浪淘沙，优胜劣汰，为国家标准、行业标准的后续发展提供可行性的市场检验。

"上海品牌"认证定位于"国内领先、国际一流"水准，塑造品质卓越、技术领先、管理科学的自主品牌形象，全力打响"四大品牌"和"上海标准"，持续扩大高品质服务和产品供给，推动高质量发展、创造高品质生活。获得认证的企业代表行业内高品质品牌标杆，代表中国参与国际合作和竞争的高端品牌头部集群。

（上海东泽国际物流有限公司供稿）

附录四　2021年度上海现代服务业相关政策

（一）2021年服务业部分政策文件（中央政策）

文 件 名 称	文 件 号
《关于加快建立健全绿色低碳循环发展经济体系的指导意见》	国发〔2021〕4号
《关于深化"证照分离"改革　进一步激发市场主体发展活力的通知》	国发〔2021〕7号
《关于推进自由贸易试验区贸易投资便利化改革创新若干措施》	国发〔2021〕12号
《"十四五"国家知识产权保护和运用规划》	国发〔2021〕20号
《2030年前碳达峰行动方案》	国发〔2021〕23号
《关于开展营商环境创新试点工作的意见》	国发〔2021〕24号
《关于同意在天津、上海、海南、重庆开展服务业扩大开放综合试点的批复》	国函〔2021〕37号
《建设高标准市场体系行动方案》	中办发〔2021〕2号
《关于加快发展外贸新业态新模式的意见》	国办发〔2021〕24号
《国家发展改革委关于推动生活性服务业补短板上水平提高人民生活品质若干意见》	国办函〔2021〕45号

续　表

文　件　名　称	文　件　号
《关于推动生活性服务业补短板上水平提高人民生活品质若干意见》	国办函〔2021〕103号
《知识产权强国建设纲要（2021—2035年）》	法发〔2021〕29号
《关于深入开展中小微企业金融服务能力提升工程的通知》	银发〔2021〕176号
《"十四五"大数据产业发展规划》	工信部规〔2021〕179号
《关于加快推动制造服务业高质量发展的意见》	发改产业〔2021〕372号
《工业和信息化部关于继续实施小微企业融资担保业务降费奖补政策的通知》	财建〔2021〕106号
《上海市服务业扩大开放综合试点总体方案》	商资发〔2021〕63号
《国家及服务业标准化试点（商贸流通专项）工作指南》	商建函〔2021〕132号
《关于加强"十四五"时期商务领域标准化建设的指导意见》	商建函〔2021〕421号
《关于进一步加大改革力度　不断提升企业开办服务水平的通知》	国市监注发〔2021〕24号
《关于2021年进一步推动小微企业金融服务高质量发展的通知》	银保监办发〔2021〕49号
《"十四五"促进中小企业发展规划》	工信部联规〔2021〕200号
《提升中小企业竞争力若干措施》	工信部企业〔2021〕169号
《关于推动公共文化服务高质量发展的意见》	文旅公共发〔2021〕21号

（二）2021年服务业部分政策文件（上海市）

文件分类	文　件　名　称	文　件　号
综合	《上海市关于加快建立健全绿色低碳循环发展经济体系的实施方案》	沪府发〔2021〕23号
	《上海市建设国际消费中心城市实施方案》	沪府办发〔2021〕24号
	《关于本市加快发展外贸新业态新模式的实施意见》	沪府办发〔2021〕25号
	《上海加快打造国际绿色金融枢纽服务碳达峰碳中和目标的实施意见》	沪府办发〔2021〕27号
	《上海市促进城市数字化转型的若干政策措施》	沪发改规范〔2021〕8号
	《上海市鼓励企业设立贸易型总部的若干意见》	沪商规〔2021〕5号
	《关于进一步支持本市资源循环利用行业稳定发展的实施意见》	沪发改环资〔2021〕133号
	《关于推动上海市数字广告业高质量发展的指导意见》	沪市监广告〔2021〕616号
	《上海口岸2022年深化跨境贸易营商环境改革若干措施》	沪商自资〔2021〕335号

续　表

文件分类	文件名称	文件号
政务	《上海市绿色建筑管理办法》	沪府令〔2021〕57号
	《上海市城市管理行政执法条例实施办法》	沪府令〔2021〕58号
	《上海市建筑消防设施管理规定》	沪府令〔2021〕59号
	《关于上海市促进综合保税区高质量发展的实施意见》	沪府发〔2021〕1号
	《关于加快推动基础研究高质量发展的若干意见》	沪府发〔2021〕22号
	《上海市关于加快建立健全绿色低碳循环发展经济体系的实施方案》	沪府发〔2021〕23号
	《上海市营商环境创新试点实施方案》	沪府发〔2021〕24号
	《关于加快推进上海全球资产管理中心建设的若干意见》	沪府办规〔2021〕6号
	《上海市促进城市数字化转型的若干政策措施》	沪发改规范〔2021〕8号
	《上海市循环经济发展和资源综合利用专项扶持办法》	沪发改规范〔2021〕13号
	《上海市服务业发展引导资金项目申报指南(2022年)》	沪发改服务〔2021〕37号
	《关于下达2021年第二批上海市服务业发展引导资金计划的通知》	沪发改服务〔2021〕42号
	《上海市基本公共服务实施标准(2021年版)》	沪发改社〔2021〕67号
医药卫生	《关于本市加快医学教育创新发展的实施意见》	沪府办〔2021〕5号
	《关于推进上海市公立医院高质量发展的实施方案》	沪府办发〔2021〕31号
工业交通运输	《上海市智能网联汽车测试与应用管理办法》	沪府令〔2021〕60号
	《上海海上搜救应急预案》	沪府办〔2021〕68号
	《上海海上船舶污染事故专项应急预案》	沪府办〔2021〕68号
	《上海市促进现代航运服务业创新资金管理实施细则》	沪交行规〔2021〕11号
	《关于促进本市快递业与制造业深度融合发展的实施意见》	沪经信生〔2021〕766号
国有资产监管	《关于进一步做好上海市基础设施领域不动产投资信托基金(REITs)试点项目申报有关工作的通知》	沪发改财金〔2021〕46号

（三）上海"十四五"发展专项规划（服务业相关部分）

文件名称	文件号
《"十四五"时期提升上海国际贸易中心能级规划》	沪府发〔2021〕2号
《上海市综合交通发展"十四五"规划》	沪府发〔2021〕8号

续 表

文 件 名 称	文 件 号
《上海市卫生健康发展"十四五"规划》	沪府发〔2021〕10号
《上海国际金融中心建设"十四五"规划》	沪府发〔2021〕15号
《上海市教育发展"十四五"规划》	沪府发〔2021〕18号
《上海市知识产权保护和运用"十四五"规划》	沪府发〔2021〕25号
《上海市知识产权强市建设纲要(2021—2035年)》	沪府发〔2021〕25号
《上海市知识产权强市建设纲要(2021—2035年)》	沪府发〔2021〕25号
《上海市老龄事业发展"十四五"规划》	沪府办发〔2021〕3号
《上海市服务业发展"十四五"规划》	沪府办发〔2021〕7号
《上海市残疾人事业发展"十四五"规划》	沪府办发〔2021〕15号
《上海市住房发展"十四五"规划》	沪府办发〔2021〕19号
《上海市体育发展"十四五"规划》	沪府办发〔2021〕21号
《上海市全面推进城市数字化转型"十四五"规划》	沪府办发〔2021〕29号
《上海市生产性服务业发展"十四五"规划》	沪经信生〔2021〕1111号
《"十四五"上海市审计工作发展规划》	沪委审办〔2021〕7号
《上海广告产业发展"十四五"规划》	沪市监广告〔2021〕578号

后 记

自2014年首次编撰出版,《上海现代服务业发展报告(2021)》作为第八本成果面世。在编委会及各参编单位不懈努力下,本报告已成为客观反映上海现代服务业发展面貌的重要参考文献。面对近两年疫情反复冲击及严峻的外部经济环境,报告更是直观、真实地展现出上海现代服务业发展的强大韧性和活力,间接地提振从业者对行业发展的信心和动力。

经过七年的不断探索积累,本报告已形成相对稳定的框架和编撰体例。相较往年,2021版报告涉猎范围进一步扩大,总体容量有了大幅提升,全书收录了行业相关报告达95篇。鉴此,在延续既往框架和体例基础上,我们对2021版报告的章节结构做了较大调整,大致内容安排如下:

第一篇"综述"包含上海服务业发展巡礼和2021年上海服务业主要统计数据两部分,直观反映年度现代服务业发展的总体特征面貌,由编者据政府统计数据汇编提炼成稿。

第二篇"2021年上海现代服务业景气指数报告",基于近千份行业调研问卷数据而成,由上海市商学院课题组负责研究编制。

第三篇"分行业发展报告",按既往体例的八大行业分类编撰,共收录57篇报告,相较2020版新增"仓储与配送行业发展报告""上海房地产经纪行业发展报告""上海公证行业发展报告""上海广告行业发展报告""上海摄影行业发展报告""上海室内环境净化行业发展报告""黄金饰品行业发展报告""朗诵行业发展报告"等8个行业协会。

第四篇"社会团体公共服务平台发展报告",为年度新增章节,聚焦功能平台的专业服务价值,报告由7个专业服务平台提供。

第五篇"社会团体公共服务平台发展报告",由17个跨行业、跨产业的服务专委会提供报告。

第六篇"经济产业园区与现代服务业专题报告",在原有上海自贸区临港片区和市北高新园区基础上,年度新增"虹桥国际中央商务区(闵行)2021年发展报告"。

附录部分,在往年基础上,统筹编排部分新增板块,包括:

附录一"长三角区域发展与现代服务业专题报告",首次呈现江、浙、皖三省及G60科创走廊区域现代服务业发展面貌;

附录二"2021年上海现代服务业创新发展案例",首次收录创新案例报告,特选取脱口秀行业发展及TX淮海年轻力中心"策展式商业"两大案例报告;

附录三,按既往编制体例,对部分主题虽不合征稿要求,但其内容对行业发展具有重要参考价值的报告,予以保留。

附录四,汇编年度现代服务业发展相关政策信息,以资读者参考。

因报告主体部分由近百家单位供稿,文稿体量、撰写形式等各有差异。综合考量全书篇幅及体例规范,编辑部在统稿审订中对收录稿件做了如下修订:其一,不合主题内容,如非本年度信息、协会层面工作、机构简介等予以删减;其二,针对部分文稿整体篇幅过长,其中与主题关联较弱的章节段落,酌情予以删减;其三,部分文稿存在结构及表述方面的逻辑性问题,予以精简修订;其四,为求体例统一,报告正文中非数据相关图片、资料出处,均不予保留。以上望相关撰稿者周知,也请读者理解。

以往报告的编撰工作,得力于各行业协会等供稿单位大力支持。今年编撰过程虽受疫情影响,但各参编单位保持一如既往的热忱,及时高效完成报告。部分行业协会突破疫情带来的各种困难,如安装行业协会、拍卖行业协会等,短期内组织力量完成报告更新;基金同业公会、建设工程咨询协会、咨询业协会等,持续保持对数据更新修订,以确保报告准确性;凡此种种,无法一一列名,谨在此一并致谢!

为持续提升报告的品质和影响力,本报告新增加上海市商学院服务业指数研发课题组、江苏省现代服务业联合会、浙江省服务业联合会、安徽省科学家企业家协会、松江区委办公室、闵行区南虹桥管理委员会、上海笑果文化传媒有限公司、上海盈展资产管理有限公司等社会编撰力量,在此一并致谢。

为方便数字化时代读者的使用,报告首次制作发行电子版本,将在当当云阅读、京东读书、亚马逊 Kindle 等电子书平台上架销售,纸质版报告附赠电子文本,可由封底二维码进入阅读。

希望每年一度的发展报告能够对读者有所帮助。鉴于我们的水平和专业经验的局限,报告中错漏之处和不妥处在所难免,欢迎各位读者指正,以便我们在后续编撰中不断改进和提高。

《上海现代服务业发展报告》编辑部

图书在版编目(CIP)数据

上海现代服务业发展报告.2021/上海市人民政府发展研究中心,上海现代服务业联合会编著.—上海：上海社会科学院出版社，2022
ISBN 978-7-5520-3972-6

Ⅰ.①上… Ⅱ.①上… ②上… Ⅲ.①服务业—经济发展—研究报告—上海—2021 Ⅳ.①F726.9

中国版本图书馆CIP数据核字(2022)第186041号

上海现代服务业发展报告2021

编　　著：上海市人民政府发展研究中心、上海现代服务业联合会
责任编辑：周　萌
封面设计：黄婧昉
出版发行：上海社会科学院出版社
　　　　　上海顺昌路622号　邮编200025
　　　　　电话总机021-63315947　销售热线021-53063735
　　　　　http://www.sassp.cn　E-mail:sassp@sassp.cn
排　　版：南京展望文化发展有限公司
印　　刷：上海雅昌艺术印刷有限公司
开　　本：890毫米×1240毫米　1/16
印　　张：48
插　　页：14
字　　数：1340千
版　　次：2022年11月第1版　2022年11月第1次印刷

ISBN 978-7-5520-3972-6/F·719　　　　定价：399.00元

版权所有　翻印必究